主　编 / 郭生臣
副主编 / 王　和　张孝礼　李秀芳

中国财产保险重大灾因分析报告（2014）

Analysis of Property Insurance Catastrophes in China

首都经济贸易大学出版社
Capital University of Economics and Business Press
·北 京·

图书在版编目(CIP)数据

中国财产保险重大灾因分析报告.2014/郭生臣主编.—北京:首都经济贸易大学出版社,2016.8
ISBN 978-7-5638-2555-4

Ⅰ.①中… Ⅱ.①郭… Ⅲ.①财产保险—灾害保险—研究报告—中国—2014 Ⅳ.①F842.65

中国版本图书馆 CIP 数据核字(2016)第 217778 号

中国财产保险重大灾因分析报告(2014)
主　编　郭生臣
副主编　王　和　张孝礼　李秀芳
Zhongguo Caichan Baoxian Zhongda Zaiyin Fenxi Baogao(2014)

责任编辑　晓　云
出版发行　首都经济贸易大学出版社
地　　址　北京市朝阳区红庙(邮编 100026)
电　　话　(010)65976483　65065761　65071505(传真)
网　　址　http://www.sjmcb.com
E-mail　publish@cueb.edu.cn
经　　销　全国新华书店
照　　排　首都经济贸易大学出版社激光照排服务部
印　　刷　北京市泰锐印刷有限责任公司
开　　本　889 毫米×1194 毫米　1/16
字　　数　1120 千字
印　　张　44
版　　次　2016 年 8 月第 1 版　2016 年 8 月第 1 次印刷
书　　号　ISBN 978-7-5638-2555-4/F·1436
定　　价　158.00 元

中国财产保险重大灾因分析报告（2014）

编　委　会

课题研究及编写组

主要负责人　杨雅明

台风小组　罗阒薇　罗　洋

地震小组　李运博

洪涝小组　杨雅明　刘　娜

暴雨小组　袁　泉　罗　敬

火灾小组　李效平　刘　蕾

交通小组　王悦郦　黄忱慧

城市风险管理专题　刘　娜

北京城市内涝风险点挖掘专题　邓平紧

空难专题　罗阒薇　罗　洋　黄忱慧　李效平　刘　蕾

导言

PREFACE

自古以来，自然的力量都是令人敬畏的，大自然滋养着人类繁衍生息，同时也让人类时刻遭受着自然灾害的威胁，所以人类的发展史是一部依存于大自然又与大自然搏击的历史。人类在利用各种自然资源的同时，还要不断地与台风、地震、洪涝、暴雨等自然灾害进行抗争。伴随着人类文明的发展，诸如火灾、交通事故、城市风险灾害等一系列非自然意外事故也成为影响人类社会发展的重大阻碍。在与自然社会相互适应的过程中，人类兴利避害，借助自己的智慧不断认识灾害规律，利用自己的力量积极减小灾害损失，通过自己的活动竭力遏制灾害发生，实现人与自然的相互依存、和谐发展，推动着人类社会进步与经济发展。

自然灾害的客观存在是保险制度产生的前提。自共同海损分摊制度在地中海兴起，保险作为人类在社会生产活动中规避自然灾害和意外事故风险的工具开始萌芽。随着商品经济的不断发展，特别是概率论与大数法则的运用，人类找到了自然灾害和意外事故等各种随机现象运动的规律，能够较为准确地预测未来损失，从而采取必要的措施将可能的风险化解、分散、转移。此时，保险真正发展成为损失补偿的科学机制，真正发展成为风险管理技术中最有效率的手段，参与到社会管理中来。

近年来，极端天气以及重大人为灾难频繁出现，导致全球保险业发生巨额赔付。据*Sigma*杂志统计，因自然灾害和人为灾难导致的保险损失从20世纪70年代末的每年30亿美元左右猛增到近十年年均640亿美元的水平。2014年，全球自然灾害和人为灾难造成的经济损失高达1 100亿美元，灾害件数高达336起，灾害事件发生次数是有记录以来数量最多的一年。于是，全球非寿险业近年来加强了对自然灾害、人为灾难和意外事故的研究，积极运用传统技术开发新型工具，力求更为准确地了解和掌握灾害事故发生的频率和分布特征，更为精确地评估灾害事故造成的损失，在灾害事故频发的情况下，改善经营业绩。

《中国财产保险重大灾因分析报告》应时而出。该书始运作于2004年中国人民财产保险股份有限公司对财产保险产品改造开发过程中，是与南开大学风险管理与保险学系合作开展的财产保险灾因课题项目，该课题对影响财产保险的重大灾因进行了系统的研究，对风险要素进行聚类分析，使财产保险费率的确定与风险水平更加匹配，提升了公司的风险选择能力和承保技术。此后，课题组经过两年的跟踪研究，于2007年将第一期成果——《中国财产保险重大灾因分析报告（2006）》（以下简称《灾因报告（2006）》）出版发行，2009年出版发行第二期成果——《中国财产保险重大灾因分析报告（2008）》（以下简称《灾因报告（2008）》），2012年出版发行第三期成果——《中国财产保险重大灾因分析报告（2010）》（以下简称《灾因报告

(2010)》)，2014年又出版发行第四期成果——《中国财产保险重大灾因分析报告（2012）》（以下简称《灾因报告（2012）》）。该系列丛书在业内广受好评，中国保险监督管理委员会（简称“中国保监会”）领导对本套书给予充分肯定，业内多位知名学者也对本套书做了很高的评价。继《灾因报告（2006）》于2008年12月被中国金融教育发展基金会评为“2008年金融教育优秀科研成果著作类一等奖”后，《灾因报告（2008）》又于2010年12月被中国金融教育发展基金会评为“2010年金融教育优秀研究成果著作类二等奖”。

伴随着近几期成果的出版，世界各国已逐步从2008年金融危机给全球经济带来的严重冲击中复苏，世界经济已经重新回到增长的轨道之中。2012—2014年，中国经济社会转型发展，结构优化升级，民生进一步改善，呈现新特点和新规律，其中我国保险市场呈现快速增长、效益提高、协调发展的良好态势。然而2014年我国各类自然灾害共造成2.4亿人次不同程度受灾，因灾直接经济损失高达3 373.8亿元。一系列的灾害和风险，进一步唤起全社会对风险管理的更多关注，对灾害相关问题进行研究的重要性更加凸显。

我国是自然灾害多发的国家。联合国有关统计资料显示，20世纪世界范围内54次最严重的自然灾害就有8次发生在我国。在巨大的经济损失面前，保险业风险承担和经济补偿能力显然不足，我国巨灾保险制度尚未完全建立。2008年年初我国南方发生特大雨雪冰冻灾害，直接经济损失达1 516.5亿元，保险赔款仅为10.4亿元；“5·12”汶川大地震导致直接经济损失达8 451亿元，保险赔款仅为16.6亿元。可喜的是，近几年来我国保险行业在巨灾赔付方面的作用已有逐步提升，2013年东北区域性洪水事件导致直接经济损失达447.1亿元，保险赔款为27.16亿元。2013年强台风“菲特”导致直接经济损失达631.4亿元，保险赔付超过35亿元，但与巨灾保险成熟市场中保险赔款占比30%以上的情形相比，我国保险赔付占巨灾损失的比例仍然明显偏低。

我国在巨灾保险制度方面的缺失问题逐步引起了我国政府的高度重视。最近两年来，我国对于巨灾保险制度的建设脚步显著加快，一系列政策与意见的提出以及保险试点的建立为我国巨灾保险的进一步发展铺平了道路。2014年国务院发布的《关于加快发展现代保险服务业的若干意见》为保险业发展规划了前进方向，其中特别强调要“建立巨灾保险制度。围绕更好保障和改善民生，以制度建设为基础，以商业保险为平台，以多层次风险分担为保障，建立巨灾保险制度。研究建立巨灾保险基金、巨灾再保险等制度，逐步形成财政支持下的多层次巨灾风险分散机制。鼓励各地根据风险特点，探索对台风、地震、滑坡、泥石流、洪水、森林火灾等灾害的有效保障模式。制定巨灾保险法规。建立核保险巨灾责任准备金制度。建立巨灾风险管理数据库”。

2014年，中国保监会联合财政部制定《完善保险经济补偿机制建立巨灾保险制度工作方案》，成立巨灾保险制度课题研究组，并在充分考虑我国实际情况和巨灾保险现实需求的基础上，选取地震保险作为巨灾保险的立法突破点，制定《地震巨灾保险条例》。从法律层面明确政府与市场合作的巨灾保险运行模式、参与地震巨灾保险制度各主体间的权利义务、地震巨灾保险制度的组织形式、核心机构的组建方式及巨灾保险经营规则和经营风险防范，为巨灾保险制度的顺利实施提供法律保障。

2015年4月16日，中国城乡居民住宅地震巨灾保险共同体在北京正式成立，推动了我国地震巨灾保险制度在全国范围内先行先试，标志着我国巨灾保险制度建设迈出坚实的一步。

保险是市场经济条件下风险管理的基本手段，发挥保险业在灾害风险管理中的作用，是保险业应当承担的社会责任，也是保险业发展的自身要求。推动我国巨灾保险制度的建立，既要以制度为先导，更要靠技术作支撑。以技术为支撑，需要保险企业大力提高自身对于基础风险的认识和掌握能力，借助先进的技术和手段来完善自身对于风险的管理能力。基于这种认识，中国人民财产保险股份有限公司从战略的角度出发，持续深入地对中国财产保险重大灾因进行动态研究分析，以期满足在新形势下中国保险业对风险管理和企业经营的更高要求，进一步推动我国巨灾保险制度，特别是地震保险体系的建设和完善。

纵观保险制度的发展历史，不可否认，保险是经营风险的技术手段，风险的增加推动着保险业的创新和发展，但同时，风险的不断变化更需要保险业不断提高经营风险的技术和水平。金融危机引发了我国保险业内对于基础风险的高度关注，也促使业内更加理性地思考保险经营的本质。

经过多年的持续跟踪研究，我们深刻地体会到对重大灾因数据进行定期更新与分析并定期修订结果是一项非常有意义的工作。它的意义就在于，为保险人提供一套分析重大灾因的工具，使保险人能够在识别风险、估测风险和评价风险的基础上，提高专业化经营水平。中国人民财产保险股份有限公司是中国最大的非寿险公司，我们希望《中国财产保险重大灾因分析报告》的研究成果能够给生机勃勃的中国保险市场提供有价值的参考，从而提高中国非寿险市场的整体经营水平。为此，在《灾因报告（2006）》《灾因报告（2008）》《灾因报告（2010）》《灾因报告（2012）》的基础上，灾因报告课题组对已有的成果进行了适时更新和完善，以精益求精和与时俱进的态度完成了《中国财产保险重大灾因分析报告（2014）》（以下简称《灾因报告（2014）》），希望它能够在中国非寿险业的专业化经营和持续健康发展中发挥更大的作用。

保险应随着经济社会发展新变化、新情况，转变发展方式，回归商业本源和经营逻辑，防范系统性和区域性风险，保护消费者利益，提升服务质量和水平，实现又好又快发展。

中国财产保险重大灾因项目不仅涉及非寿险精算领域，更重要的是，它是一项将自然灾害和意外事故的分析与非寿险精算研究相结合的综合性工作，它要求研究人员对各类自然灾害和意外事故有较为深入的了解和认知，能够较为精确地分析和研究各类灾害事故的孕灾环境、致灾因子、承灾体和灾情，并且在此基础上将其与保险工作和精算原理相结合。《灾因报告（2014）》在基本继承前四版研究体系的前提下，集合了保险业内和学界多位专家和学者的力量，对数据结果做了全面的更新、补充及完善，经过两年的跟踪研究和数据分析最终成书。整个项目分为搜集与整理资料、数据分析、形成报告等三个步骤展开，最终完成研究工作。

收集与整理资料是进行统计分析的基础。在充分利用网络、图书、年鉴等共享资源基础上，课题组开发了公共数据之外的新的数据来源，与民政部门、气象部门、气象研究所以及灾害统计机构合作获取数据。为保证数据的权威性与真实性，课题组对不同来源的数据进行了甄选，并据此开展汇总、分类、补充等工作。收集和整理的数据来源可靠，数量也较为充分，能够有效地支持现阶段的分析工作。

数据分析是此项研究的关键所在。课题组运用了多种统计方法对数据进行分析，主要分为定性分析和定量分析两个方面。其中，定性分析主要涉及各种灾害的成因、特性，各类技术指标的含义及关系等因素。对于各类灾害的定量分析是本课题的重点。课题组以收集和整理的数据为基础，以自然灾害理论及其分析方法为依据，结合非寿险精算理论，综合利用 Excel，Eviews，SAS，R，MATLAB，Easyfit 等多种统计软件以及 ArcGIS 地理信息系统，对灾害的分布（空间分布、时间分布和概率分布等）、灾害的分类、灾害的分级、灾害损失的影响因素、灾害的区域脆弱性、灾害的极值和灾害的发展趋势等方面进行了较为细致的分析，并在此基础上对辅助费率区域的划分和费率级别的制定给出了有价值的参考。

在数据分析基本完成之后进入报告形成阶段，在此阶段，为了更好地说明数据所代表的含义和数据背后的逻辑，以及力求站在读者的角度理解灾害发生的特征，并对今后的灾害做好预警与防范，本课题组对《灾因报告（2014）》的结构和内容都进行了积极改进。课题组将每篇灾因的编写结构调整为基本特征分析、区域差异分析、影响因素及脆弱性分析、趋势分析、异常损失分析五大部分。第一部分为基本特征分析，内容包括对相应灾害发生特征、形成机理等方面的叙述以及对灾害在我国发生的频数与损失等指标进行定量分析；第二部分为区域差异分析，内容包括基于对全国各省、自治区、直辖市相应灾害的聚类分析，考察省（区、市）间、组间差异，为保险差别化定价提供依据；第三部分为影响因素及脆弱性分析，是对因灾损失和致灾因素之间的关系进行剖析；第四部分为灾害趋势分析，内容主要包括利用灾害预测的经典统计方法对灾害的发生与损失情况进行定性与定量预测；第五部分为灾害的异常损失分析，内容包括对灾害的极值和赔期计算以及对近几年相应灾害的重大典型事件的描述和经验总结。

在语言描述方面，课题组以通俗易懂为目标，特别加强了对统计分析结果的深入解读和原因分析，利用更加直观的语言和简洁的图表将统计语言转化为文字总结；在本版灾因报告编制过程中，课题组大量删除与前版重复的内容，对图、表进行合并与压缩，对描述加以精简与提炼，突出重点、条理明晰、层层深入。

除此之外，《灾因报告（2014）》在前四期的基础上，增加了以下三个方面的内容：一是更新了相关灾害数据。在前四期的积累数据基础上，课题组又补充了各类灾害的最新数据。二是细化了分析程度。本版灾因报告为及时充分将统计结果转化为文字描述，特将上版的每章小结细化到每节小结，方便读者通过简练的文字总结迅速获取数据分析的结果。三是分别针对北京城市内涝车险高风险点以及空难问题开展专题研究。在北京市内涝车险事故高风险点挖掘专题中，利用北京市近几年较大的内涝事故中车险的真实报案数据，通过词频分析、词云可视化等方法，借助R等软件进行了北京市内洪涝高风险点的筛选与定位，并积极探索文本信息与地理数据信息相转换的新方法，提高了对历史赔付数据的挖掘深度，为今后政府部门以及保险公司对于北京市城市内涝事故风险的防范与控制提供了依据；在空难问题研究专题中，分析了国内外重大空难发生的现状与成因，剖析了国内外空难赔款制度的差异，最后以伊春空难事件为例，分析了我国保险业对空难事故赔偿方面的表现。

在研究方法方面，本版灾因报告与上版不同的是，在趋势分析部分，引入了“马尔可夫趋势预测”预测方法，该方法根据每年度灾害与上年灾损程度的变化关系构造马尔可夫转移矩阵，对下年的灾害变化方向以及趋势进行预测。此外《灾因报告（2014）》对于上版灾因分析中的已有分析方法也进行了改进，在灾害脆弱性分析部分，为克服各种灾害影响因素相对重要性赋权的主观性问题、增加脆弱性评估合理性，本版灾因分析采用熵权法对脆弱性指标进行赋权，进而更加客观地评估各省（区、市）灾害损失的脆弱性。在小波分析部分，为消除数据边际效应，数据处理时对边缘数据进行了延拓，并在小波变换过程中选用可以同时刻画灾害变化相位与振幅信息的molet复小波变换，更能准确观察出灾害发生的周期性与不同时间尺度下的灾变趋势；此外，该部分还增添了小波系数模方图，用于观测灾害次数或损失的能量谱。

《灾因报告（2014）》由中国人民财产保险股份有限公司郭生臣总裁担任主编，负责全书的总撰、审稿工作。由王和副总裁、张孝礼副总裁与南开大学李秀芳教授担任副主编，负责整个项目的统稿、组织与研究工作。编委会的其他成员对于本书的最终出版也都做出了重大的贡献。在此谨对参与项目研究及报告编写的所有人员表示衷心的感谢。

在整个项目开展的进程中，公共数据的统计口径不同，数据不完整，缺乏连续性等问题，为我们进行深入的分析带来了一些困难；另外，将自然灾害与保险定价相联系在中国无论是学术界还是实务界都缺少现存的研究成果，定量分析主要依靠课题组自身力量完成。加之我们水平所限，时间仓促，不足之处在所难免，恳请读者批评指正。

编　者

2016 年 2 月

目 录

CONTENTS

第一篇 台风灾因分析

第二篇　地震灾因分析

第三篇　洪涝灾因分析

第四篇 暴雨灾因分析

第五篇　火灾灾因分析

第六篇 交通事故灾因分析

第一篇

CHAPTER ONE

台风灾因分析

第一章　台风灾害基本特征

第一节　台风与台风灾害

一、台风的界定

（一）台风的定义

台风是热带气旋的一个类别。在气象学上，按世界气象组织定义：热带气旋中心持续风速达到12级（即每秒32.7米或以上）称为飓风（hurricane），飓风的名称使用在北大西洋及东太平洋；而在北太平洋西部（赤道以北，国际日界线以西，东经100°以东）使用的近义词是台风（typhoon）。在非正式场合，“台风”甚至泛指包括热带低气压、热带风暴、强热带风暴和台风等所有在北太平洋西部出现的热带气旋。

台风的横断面，即典型的水平截面，就像画在水平面上的一个大圆。这个大圆的周围，是呈逆时针旋转的气流。这个大圆的直径一般为600～1 000千米，在它的中心可以看到一个小圆圈，它的立体结构就是一个小圆柱，叫作台风眼。台风眼的水平范围，大小不一。台风眼区的范围用小圆圈的直径来表示。

在台风眼的周围，有一圈宽几十千米的眼壁，它是环抱着台风眼的一座高耸的云墙。这种环形的眼壁，是台风中天气最为恶劣的地区，那里风力极大，强对流作用形成了高耸如塔的积雨云，带来了很大的降水，而且多为特大暴雨。

综上所述，可以把台风定义为：台风是发生在热带大洋上的一种具有暖中心结构的强气旋性涡旋，其总是伴有狂风暴风，常给其所影响的地区带来强烈的气象过程。

（二）台风的基本概念

如图1－1所示，台风的结构分为台风眼区、旋涡风雨区和外围大风区三部分。

1. 台风眼区

台风眼区位于台风中心，半径5～30千米，形状基本为圆形，少数为椭圆形。台风眼中，气流下沉，天气为少云或晴朗，温度较高，风很小或静风，这是由于离心力的作用使得围绕中心急速旋转的气流进不了中心。台风眼内气压最低，台风越强，台风眼越明显，待台风登陆减弱，

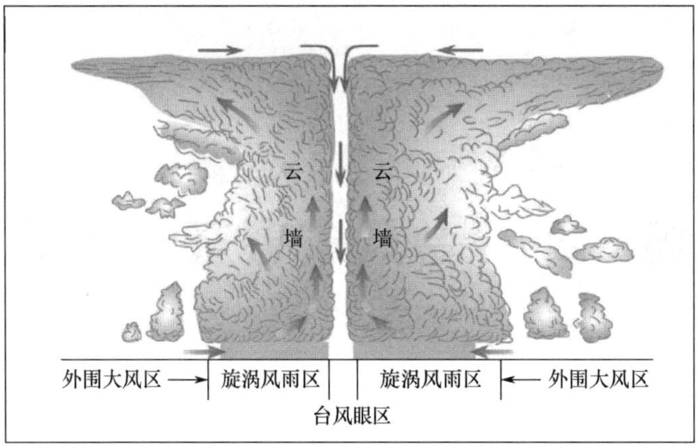

图 1－1　台风结构示意图

资料来源：http：//baike. haosou. com/doc/6580446－6794214. html

则台风眼逐渐模糊至消失。

2. 旋涡风雨区

由台风眼外围到最大风速区外缘，半径 50～100 千米。区内上升气流强烈，形成宽数十千米、高十余千米的垂直云墙（积雨云），云墙环抱着台风眼区，云墙下，狂风暴雨，电闪雷鸣，是台风中天气最恶劣、破坏力最大的区域。

3. 外围大风区

自最大风速区外缘到台风边缘，半径 200～300 千米，区内风速一般在 6～8 级，天空中常出现卷云、卷层云和高积云等，也会出现雨层云，有连续的降水。

二、台风灾害概述

（一）台风的特点

进入我国近海和登陆我国的台风每年都会带来不同程度的危害。虽然在干旱地区遇到台风会使旱情得到缓和或解除，但多数情况下，台风中心经过的地方所遭受的是风灾和洪涝灾害。台风发生具有频繁性、突发性、季节性与区域性特征，其破坏性强、影响范围广、成因复杂，但具有可预报性。

（二）台风的成因

1. 台风形成的动力

结构上来说，热带气旋是一个由云、风和雷暴组成的巨型的旋转系统，它的基本能量来源是在高空水汽冷凝时汽化热的释放。所以，一方面，热带气旋可以被视为由地球的自转和引力支持的一个巨型的热力发动机；另一方面，热带气旋也可被看成一种特别的中尺度对流复合体（Mesoscale Convective Complex），不断在广阔的暖湿气流来源上发展。因为当水冷凝时有一小部分释放出来的能量被转化为动能，水的冷凝是热带气旋附近高风速的原因。高风速和其导致的低气压令蒸发增加，继而使更多的水汽冷凝。大部分释放出的能量驱动上升气流，使风暴云层的高度上升，进一步加快冷凝。

2. 台风形成的条件

台风一般在温暖的海面上生成。基础动力来自太阳。在纬度低的热带，夏季太阳辐射作用很强，这给海洋表面的水加了热，使海面温度升高。海洋表面的水，由于蒸发而进入空气中，使水面上的空气不稳定，产生上升运动，这个位置四周的空气必然乘虚而入，从四面八方汇聚而来，这些汇聚来的空气，也吸收洋面的热辐射产生上升运动，这就形成一般的或较强的对流作用。但由于地球的自转，在地转偏向力的作用下，这些空气就成了逆时针转动的涡旋了。

有了涡旋，就好比有了鸡蛋。但要使其孵化成小鸡，还得有孵化的条件。台风是如何进一步“孵化”出来的，还需要以下四点条件：①热带海水提供巨能；②存在热带涡旋；③地球自转；④台风有个自上而下的暖心空气柱，使中心与周围形成很大的气压差。

（三）台风的危害

台风给人们带来的危害可以说是相当巨大，台风的破坏力主要由风暴潮、强风和暴雨三个因素引起。以上 3 种现象引起的灾害又常常是交错在一起的，如引起人员伤亡、农田被淹、房屋倒塌等，这些危害总结如图 1－2 所示。

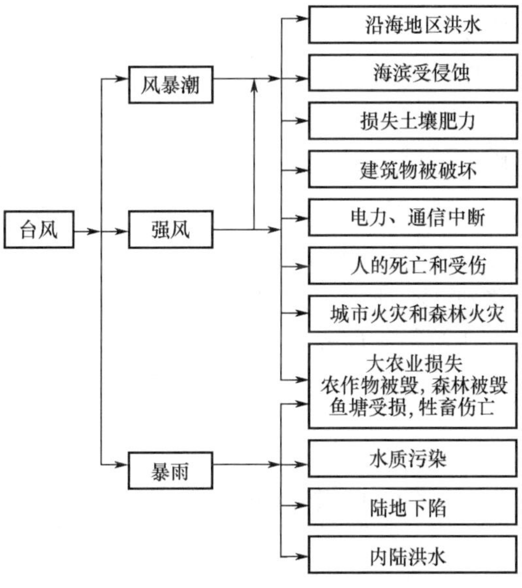

图 1－2　台风引起的三种灾害

（四）台风的分布

1. 台风在全球的分布

从全球范围看，台风大多数发生在南、北纬的 5°～20°，尤其是在 10°～20°占到了总数的 65%。台风生成的源地主要有 8 个海区：北半球有北太平洋西部、北太平洋东部、北大西洋西部、孟加拉湾和阿拉伯海，南半球有南太平洋西部、印度洋东部和西部。其中，北太平洋西部是最主要的台风生成海区，约占全球台风的 38%。影响中国的台风的生成区有两个，即菲律宾东部和琉球群岛附近海面及南海海面，中国的台风均来自这两个洋面。

受地球自转影响，台风生成后沿偏西方向运动，进而转向偏东方向，因此欧洲大陆近海不受台风影响，而我国东南沿海是台风登陆最为频繁的地区。台风形成后要发生移动，且基本上沿副热带高压外缘，自东向西移动。但受众多因素影响，移动路径又很复杂，以北太平洋西部地区台风移动路径为例，其路径分为三条：

（1）西移路径

台风从菲律宾以东洋面一直向西移动，经过南海，在我国海南岛或越南一带登陆。

（2）西北路径

台风从菲律宾以东洋面向西北方向移动，穿过琉球群岛，在我国江浙或浙闽一带登陆。

（3）转向路径

台风从菲律宾以东洋面向西北方向移动，然后转向东北方向移去，路径呈抛物线状。

2. 台风在我国的分布

我国沿海各省区受台风影响程度存在很大差异，随纬度的向南变化，台风影响愈加严重。台风登陆后，受到地表粗糙度的阻碍，强度逐渐减弱，即台风影响程度随离岸距离的变化而变化。

三、我国台风的特点

具体到在我国沿海省份登陆的台风路径，在不同的月份是不同的。西太平洋的登陆台风路径大概有7条，其中有4条可以在我国登陆。1949—2013年这段时间里，在我国登陆的台风平均为9.34个，但各年次数差异很大，多的年份为18个，少的年份只有5个。在我国登陆的台风，登陆地点最多的省份是广东，其次是台湾，再次是福建。在广东登陆次数约占50%～60%。在浙江及以北沿海各省，总计不到10%。同时台风路径的季节变化也是很大的。

直到20世纪80年代以前，气象专家研究台风路径，一直以海上路径为主。其实，台风在登陆之后，向哪个方向去，能移到什么地方，是在陆地上填塞消失，还是移过陆地入海，这些都很重要，因为台风深入陆地可能很远。据统计，在我国登陆的台风，西可到陕西，北可到黑龙江，给陆地上造成的经济损失非常巨大。中国内陆台风路径特点及其对江淮地区雨量的影响如表1－1所示。

表1－1　侵袭我国的台风路径表

路径类别	路径特点	对江淮雨量的影响
1	在福州附近登陆，穿闽、赣、皖，由苏、鲁边界出海（或在内陆消失）	雨量大，如7504号台风过程，雨量为850毫米
2	在浙江登陆，经皖西北转向或入豫消失	主要降雨区在皖南、皖西
3	在广州登陆转向东北，由长江口出海	主要降雨区在江淮东南，雨量一般不大
4	台风沿海岸线北上，在长江口附近，擦大陆边转向	对江淮东部雨量稍有影响
5	由冲绳岛北上，向西转向，在上海以北登陆后西行	影响皖东、皖南局部地区
6	由菲律宾北部向西北方向移动，在闽南登陆，至湘、鄂消失	大别山、江南西部，淮北局部地区雨量较大
7	由黄海向西北行，在山东半岛登陆	影响皖东北

台风路径尽管是千变万化的，但是在相似形势和条件的影响下，有其共同的特征。根据它们的主要特点，可以将对我国影响最大的西太平洋台风的基本路径概括为以下4类：

第一类为西移路径：台风从菲律宾以东海面一直向西移动，经我国南海，在华南沿海和海南岛、越南沿海一带登陆。这条路径的台风对我国华南地区影响较大。

第二类为西北移路径：台风自菲律宾以东海面向西北方向移动，横穿我国台湾和台湾海峡，在闽、粤一带登陆；或者穿过琉球群岛，在江、浙沿海登陆。这条路径的台风常常侵袭我国大陆，对华东、华南均有很大的影响，所以有人称之为“登陆型台风路径”。

第三类为转向路径：台风在菲律宾以东海面先向西北方向移动，以后转向东北，呈抛物线状，是最多见的路径。如台风在远海转向，主要袭击日本或在海上消失；如台风在近海转向，大多向东北方向移动，影响朝鲜，但有一小部分在北上的后期会折向西北，登陆我国辽鲁沿海。冬季这类台风的转向点偏南，有可能影响菲律宾和我国台湾一带。

第四类为其他路径：如涡旋、盘旋、蛇移等，由于路径过于特殊，统一将其归入其他类。

四、台风灾害研究的理论、思路和方法①

（一）灾害研究的相关理论

目前国际和国内关于灾害研究的文献有很多，但主要有以下几种灾害理论：

1. 致灾因子论

致灾因子主要包括自然致灾因子，像洪水、台风、暴雨等，也包括人为致灾因子，如战争、动乱。致灾因子论认为，没有致灾因子就没有灾害，因此对于一种灾因的研究分析应主要从致灾因子的角度出发，研究致灾因子的形成机制及风险评估。

2. 孕灾环境论

孕灾环境论认为近年来的灾害频发与区域和全球的环境变化有密切关系，包括气候与地表覆盖的变化、物质文化环境的变化等。因此，灾害研究应重点关注区域环境演变的时间规律、不同空间的环境变化等。

3. 承灾体论

承灾体主要指各种致灾因子作用的对象，是人类及其活动所在的社会与各种资源的集合。承灾体论认为没有承灾体就没有灾害，研究内容包括承灾体的分类、承灾体的脆弱性评估等。

4. 区域灾害系统论

区域灾害系统论认为一种灾害并不是单一因素造成的，而是致灾因子、孕灾环境和承灾体共同作用的结果（如图 1－3 所示）。

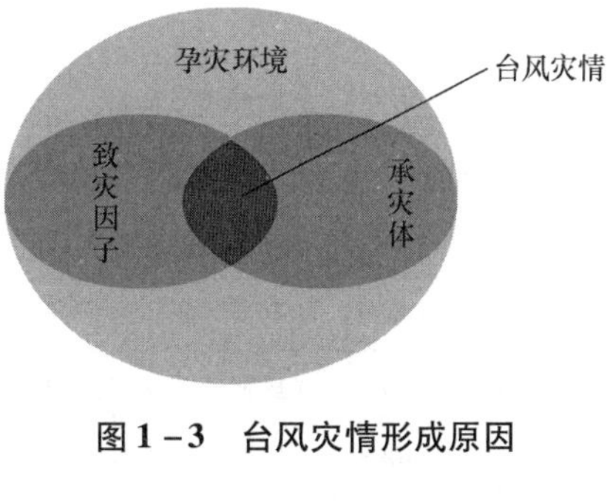

图 1－3　台风灾情形成原因

① 各个灾害研究的理论、思路和方法都类似，以后各篇不再赘述。

对于台风来说，致灾因子主要包括强风、暴雨和风暴潮，并且表现为多重性，在外海为风、浪致灾，近海为风、浪、风暴潮致灾，内陆则表现为大风、暴雨以及暴雨引起的洪水。孕灾环境主要是指台风途径地区的自然环境，包括气候、地理环境、水文、土壤、植被等多种要素，与台风配合可以在一定程度上加强或减弱台风致灾因子及次生灾害。台风灾害的承灾体主要是指台风灾害侵袭的各种主体，包括人员、农作物、水利设施、通信交通设施、建筑物等。

（二）灾害研究的思路和方法

1. 灾害研究的思路

目前国内外关于灾因研究的主流是区域灾害理论，并且主要针对致灾因子和承灾体，而对孕灾环境的研究较少。因此，台风灾因的研究分析结合保险精算知识和灾害理论，主要从以下角度出发：台风灾害的基本统计分析；不同地区台风灾害损失额的差异；影响台风灾害损失额的因素分析，回归方程中自变量的选取全面关注了致灾因子、孕灾环境和承灾体；不同承灾体的脆弱性研究；台风灾害的极值分析和台风灾害的趋势分析，力图从不同角度对台风灾因进行清晰、全面的研究分析。

2. 灾害研究的方法

进行灾害研究，主要采用Excel，SAS，Matlab，Easyfit，R和ArcGIS等软件，台风灾害不同地区的差异分析采用聚类的方法，台风灾因的影响因素分析采用多元线性回归的方法，采用多种指标分析了台风灾因的脆弱性，而趋势分析则主要采用小波分析、灰色模型、马尔可夫、神经网络分析和时间序列等流行的趋势分析法。

五、数据来源及说明

（一）数据的来源

台风自身的数据特征及损失数据是对台风灾害进行定量分析的基础。在数据的搜集和整理过程中，本章主要依赖相关年鉴、网站、相关网页及杂志提供的数据。具体数据来源如表1－2所示。

表1－2　数据来源表

变量名称		文　献
台风基本信息	编号	《台风年鉴》（1983—1988）、《热带气旋年鉴》（1989—2013）、台风资料查询、中国灾害性天气数据库
	名称	《台风年鉴》（1983—1988）、《热带气旋年鉴》（1989—2013）、台风资料查询
	生命期（起讫日期）	《台风年鉴》（1983—1988）、《热带气旋年鉴》（1989—2013）、台风资料查询
	到达台风强度	《台风年鉴》（1983—1988）、《热带气旋年鉴》（1989—2013）
	中心气压	《台风年鉴》（1983—1988）、《热带气旋年鉴》（1989—2013）
	最大风速（风力）	《台风年鉴》（1983—1988）、《热带气旋年鉴》（1989—2013）、台风资料查询
	发现地点	《台风年鉴》（1983—1988）、《热带气旋年鉴》（1989—2013）
	登陆时间	《台风年鉴》（1983—1988）、《热带气旋年鉴》（1989—2013）、中国灾害性天气数据库

续表

变量名称		文　献
台风基本信息	登陆地点	《台风年鉴》（1983—1988）、《热带气旋年鉴》（1989—2013）、台风资料查询、中国灾害性天气数据库
	登陆风速（风力）	《台风年鉴》（1983—1988）、《热带气旋年鉴》（1989—2013）、中国灾害性天气数据库
	登陆中心气压	《台风年鉴》（1983—1988）、《热带气旋年鉴》（1989—2013）
	台风路径	CMA - STI 热带气旋最佳路径数据集
台风灾害信息	受灾地区和受灾面积	中国灾害性天气数据库、中国可持续发展网①
	伤亡人数	中国灾害性天气数据库、中国可持续发展网
	损坏倒塌房屋数量	《台风年鉴》（1983—1988）、《热带气旋年鉴》（1989—2013）
	直接经济损失	中国灾害性天气数据库、中国可持续发展网、其他期刊②
	过程降水量	中国灾害性天气数据库
地区发展信息	GDP 和农业 GDP	中国统计年鉴、地区统计年鉴、中国统计 50 年
	人口密度	中国统计年鉴、地区统计年鉴、中国统计 50 年

鉴于数据来源的广泛性，相同编号台风在不同渠道来源上的记录出现差别在所难免，距离现在越远的年份，数据的可信程度会大幅降低。因此，课题组以《台风年鉴》作为最权威的数据，其他文献的数据只用于补充。同时需要说明的是，每年在西北太平洋上产生的台风有 10 多个，而有些台风虽然登陆我国，但是并未造成损失或者损失不明显，在这里不予考虑，统计的台风都是对我国部分地区实际造成损失，并且有资料可查的台风。

（二）损失的标准化方法③

损失的标准化考虑的问题是：如果过去的台风发生在现在，会对社会经济带来多大的影响。这个方法是由皮尔克和朗诗（Pielke & Landsea，1998）提出的，他们所使用的标准化公式被称为 PL05 方法。该方法的具体公式为：

$$D_{2013} = D_y \times I_y \times PWPC_y \times P_{2013/y}$$

式中：D_{2013}为调整后的损失；I_y 为通货膨胀调整因子；$PWPC_y$ 为人均实物财富的调整因子；$P_{2013/y}$为沿海乡镇人口调整因子。

这些因子的具体表达式为：

$$I_y = \frac{GDP_{2013}}{GDP_y}$$

$$PWPC_y = \frac{(Wealth_{2013}/Wealth_y)/I_y}{CP_{2013}/CP_y}$$

$$P_{2013/y} = \frac{P_{2013}}{P_y}$$

① 中国可持续发展网中记录了 1990—2001 年所有风暴潮所引起的灾害损失。

② 由于篇幅所限，无法把所有期刊的名称一一列出，该数据是关于分省台风损失记录，用于省份的聚类分析。本节所查到的记录是 1983—2013 年的。

③ 其他灾因分析部分损失的标准化方法相同，以后各篇不再赘述。

式中：$Wealth_y$ 代表 y 年国家的财富水平；CP_y 代表 y 年国家总人口数。

另外，关于标准化的方法，柯林斯和洛（Collins & Lowe，2001）针对房屋财产保险，建立一个新的标准化方法，称之为 CL05 方法。它的具体表达式为：

$$D_{2013} = D_y \times I_y \times RWPHU_y \times HU_{2013/y}$$

式中：D_{2013} 为调整后的损失；I_y 为通货膨胀调整因子；$RWPHU_y$ 是平均每间房屋的实物财富的调整因子；$HU_{2013/y}$ 是沿海房屋数量调整因子。

由于本节使用的都是官方公共数据，所以关于国家财富和沿海地区人口这些数据无法得到，所以在本节中，课题组所使用的标准化公式为：

$$D_{2013} = D_y \times I_y$$

由于在本节中，主要考虑台风对社会造成的整体损失，而不是只考虑对房屋的损失，所以采用 PL05 方法进行标准化。

本节小结

从世界各国经验来看，台风大多数发生在南、北纬的 5°～20°，尤其是在 10°～20°占到了总数的 65%。其中，北太平洋西部是最主要的台风生成海区。我国台风灾害的分布主要集中在沿海地区，随纬度的南移，台风影响愈加严重，另外，台风的影响还随离岸距离的变化而变化。在我国登陆的台风，登陆地点最多的省份是广东，其次是台湾，再次是福建。台风灾害的形成需要海水提供巨能，需要热带涡旋，需要地球自转，还需一个自上而下的暖心空气柱。本节以孕灾环境、致灾因子和承灾体三者结合的理论，具体分析了台风灾害的成因，详尽地分析了台风的路径以及台风的危害。

第二节 台风灾害的发生频数特征

一、台风登陆频数分析①

以全球的台风发生情况来看，台风大多数发生在南、北纬 5°～20°，尤其在 10°～20°发生率占到 65%，而在 20°以上的高纬度发生的台风仅有 13%，发生在 5°以内赤道附近的台风极少。而我国海岸线较长，所处纬度也较为广泛，因此我国受台风袭击次数较多。

（一）热带气旋生成数与台风登陆频数之间的关系

对中国来说，西北太平洋和南海中部形成的热带气旋造成的损失最大。每年在这两个海区形成的热带气旋数大概在 35 个左右，但是并不是所有的热带气旋都会登陆成为台风。热带气旋生成数与台风登陆数之间的关系如图 1－4 所示。

① 登陆频数中“登陆”是指该次台风初次登陆我国。

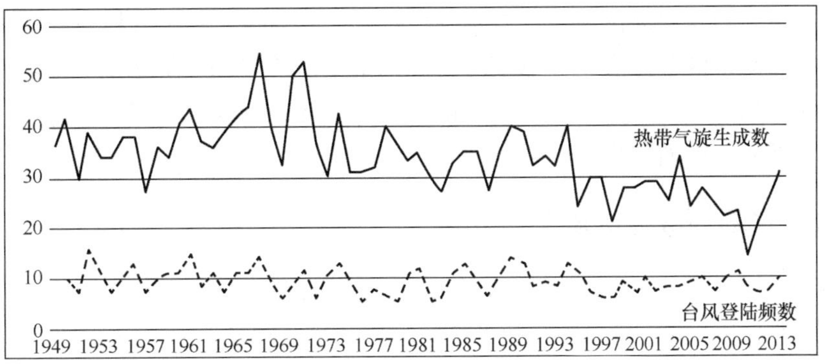

图 1-4　热带气旋生成数与登陆频数的关系图（1949—2013 年）

为了找出这两者之间的数量关系，用热带气旋生成数来对台风登陆频数做回归分析。

自变量热带气旋生成数的系数为 0. 170 9，并且系数通过了 t 检验。回归方程如下：

$$台风登陆频数 = 3.6070 + 0.1709 \times 热带气旋生成数$$

从长期趋势来看，在西北太平洋上每生成一个台风，就有 17. 09% 的概率在我国登陆。但回归的调整 R^2 为 0. 235 6。这说明回归方程对台风登陆数的解释能力比较弱。

（二）频数在月份上的分布

每年我国沿海台风影响的情况大致是这样的：每年大约 4 月，台风开始在越南登陆，以后发生的台风逐渐向北移动；到 5 月，台风向北移至我国汕头附近登陆，台风开始影响我国东南沿海地区；6 月，台风在汕头与温州之间登陆的次数最多，影响地区逐渐扩大；7—9 月，台风在温州以南和以北的地区都会登陆，这一时期内我国受台风影响地区最广；9 月以后，在温州以北登陆，不过在汕头以北、温州以南的地区登陆的机会还是有的，这种机会一直到 11 月以后才完全消失，但是其影响地区仍然包括从江苏到广西的整个华南地区。虽然每个月份中发生台风的概率有所不同，但是可以认为台风在季节上是呈周期变化的。

这些西太平洋和南海上产生的热带气旋几乎每个月都有，但是热带气旋登陆我国集中于 6—11 月。根据中国气象科学院中国自然灾害天气网和《台风年鉴》的数据整理了 1949—2013 年的台风登陆频数，从分析的结果上来看，台风登陆我国以 7—9 月居多，约占全年的 77%；1—3 月基本上没有台风登陆我国；而其余月份总共登陆次数仅为 23%。在前人的研究里，7—10 月被称为台风季，这一阶段正是各省集中防灾防损的关键时节，也是保险公司赔付集中的时期，见表 1-3。

表 1-3　登陆频数在月份上的分布情况（1949—2013 年）①

月份	1～3	4	5	6	7	8	9	10	11	12
频数	0	4	17	70	156	187	130	33	16	0
频率	0. 000 0	0. 006 5	0. 027 7	0. 114 2	0. 254 5	0. 305 1	0. 212 1	0. 053 8	0. 026 1	0. 000 0

同时，我们对 1983—2013 年我国各省（区、市）受台风影响频数的数据（注：这里并不是台风的影响范围统计）进行了统计，通过观察 6—10 月共 5 个月每月横向统计结果，可以发现，每年的 7 月和 8 月台风对我国影响最大，影响地区广泛，几乎包含半个中国；而东南沿海地区则

① 该数据是指台风的登陆数，其中包括登陆我国但并未造成损失的台风。

是在这5个月里一直遭受台风的侵扰，尤其以广东、福建为最。整个台风对我国的影响形式是，从6月份开始，台风陆续登陆我国，影响东南沿海5省；至7月、8月，影响范围扩展至华南、华中、华北及东北地区；9月份以后，台风威力减小，影响地区为华南地区；至10月份以后，台风在华南沿海5省仍时有发生。

（三）台风登陆频数在区域上的分布

我们在将各省（区、市）及台风登陆影响地区分类汇总之后，对1949—2013年存在损失记录的31个省（区、市）的台风登陆频数进行了统计。统计结果见表1-4。

表1-4　1949—2013年全国各省（区、市）台风登陆频数表　　（单位：次）

省份	广东	海南	福建	浙江	广西	山东	香港	辽宁	上海	江苏
登陆频数	352	151	135	42	28	15	9	9	5	3

从表1-4可以看出，台风在广东和海南登陆的频数远远超过别的省份，其次是福建和浙江。

（四）台风受灾频数在区域上的分布

在将各省（区、市）及台风登陆影响地区分类汇总之后，对1983—2013年存在损失记录的31个省（区、市）台风受灾频数进行了统计。各省（区、市）台风受灾频数情况见表1-5，1949—2013年台风登陆频数直方图如图1-5所示。

表1-5　1983—2013年全国各省（区、市）台风灾害频数①表　　（单位：次）

省份	广东	福建	浙江	广西	海南	江苏	江西	山东	安徽	湖南	辽宁
受灾频数	87	66	51	51	44	23	16	15	13	12	9
省份	上海	湖北	吉林	云南	天津	黑龙江	河南	河北	贵州	北京	内蒙古
受灾频数	9	7	6	5	3	3	3	2	2	1	1

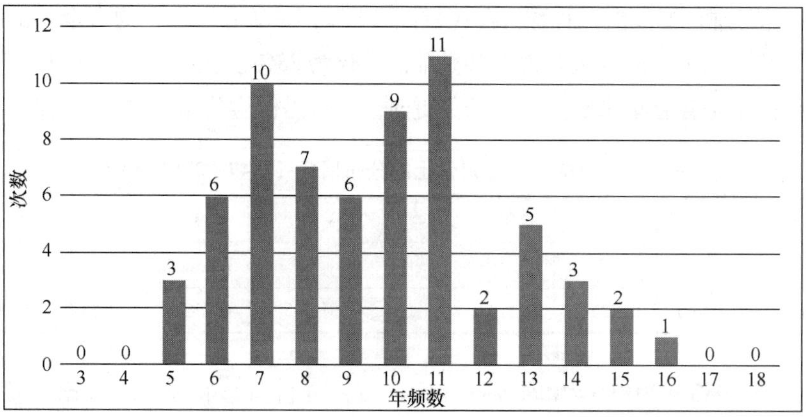

图1-5　1949—2013年台风年登陆频数直方图

① 这里的受灾频数统计，不包括受灾但没有损失统计的次数。

从表 1－5 可以看出，位列前几位的省（区、市）依次为广东、福建、浙江、广西、海南，全部为东南沿海各省（区、市）。其中，位列前三位的广东、福建、浙江、广西的受灾频数远高于其他地区，依次为 87 次、66 次、51 次和 51 次，之后海南为 44 次，江苏为 23 次，江西为 16 次，山东为 15 次，安徽为 13 次，湖南为 12 次，其余各省受灾次数均在 10 次或以下。

二、登陆频数的拟合分布

1949—2013 年，西北太平洋共发生热带、强热带风暴及台风 2 204 起，其中登陆我国的热带、强热带风暴及台风共 607 起。登陆频数描述统计分析如表 1－6 所示。

表 1－6　登陆频数描述统计表（1949—2013 年）

平均	9.338 5	区域	14
标准误差	0.322 5	最小值	5
中位数	9.0	最大值	16
众数	7	求和	602
标准差	2.599 7	观测数	65
方差	6.758 7	最大	16
峰度	－0.446 5	最小	5
偏度	0.358 1	置信度（95.0%）	14

（一）登陆台风频数的离散分布拟合

根据表 1－6，台风登陆次数 X 的均值、二阶原点矩和有偏方差为：

$$E(X) = 9.338\,5, E(X^2) = 93.861\,5, D(X) = 6.758\,7$$

由于均值大于方差，因此不能使用泊松分布以及泊松混合分布（比如负二项分布、泊松逆高斯分布）。这里所考虑的是均值大于方差的二项分布、广义二项分布。

1. 广义二项分布的拟合以及检验

广义二项分布的分布函数为：

$$\Pr(X = k) = \frac{\Gamma(n+1)}{\Gamma(n-k+1)\Gamma(k+1)} p^k (1-p)^{n-k} \qquad (k = 0,1,2\cdots)$$

式中：矩估计法得到参数估计为：

$$\begin{cases} \hat{n} = 33.863\,63 \\ \hat{p} = 0.276\,256 \end{cases}$$

这里得到的拟合结果为：

广义二项分布的分布函数：

$$\Pr(X = k) = \frac{\Gamma(34.863\,63)}{\Gamma(34.863\,63 - k)\Gamma(k+1)} 0.276\,256^k\, 0.723\,744^{33.863\,63-k} \qquad (k = 0,1,2,\cdots)$$

拟合的效果见图 1－6 和图 1－7。

经过 χ^2 拟合优度检验，$\chi^2 = 7.923\,3$，由于计算得到的 p 值为 0.160 5，因此不能拒绝年台风次数服从广义二项分布。

2. 二项分布的拟合以及检验

由于广义二项分布过于复杂而不利于后面的分析，并且这里 $\hat{n} = 33.863\,63$，如果近似取 $\hat{n} = 34$，就可以尝试用简单的二项分布来拟合年台风次数。

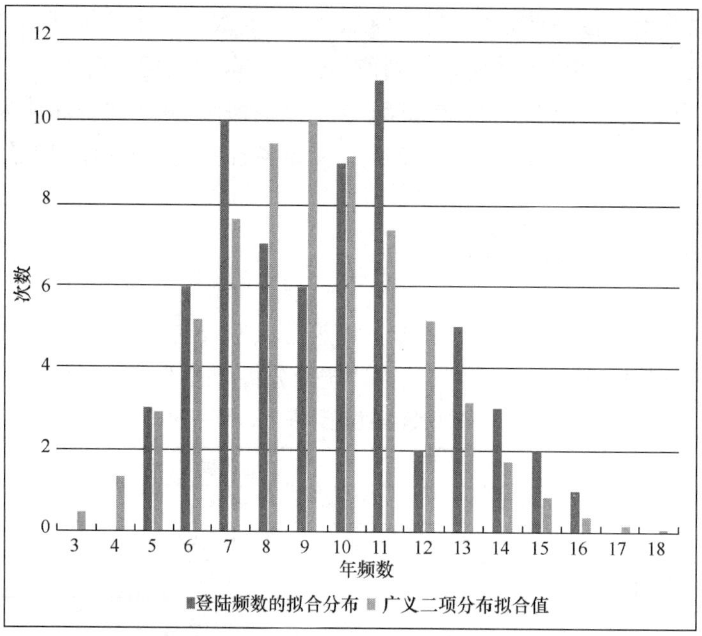

图1－6　广义二项分布的拟合效果直方图

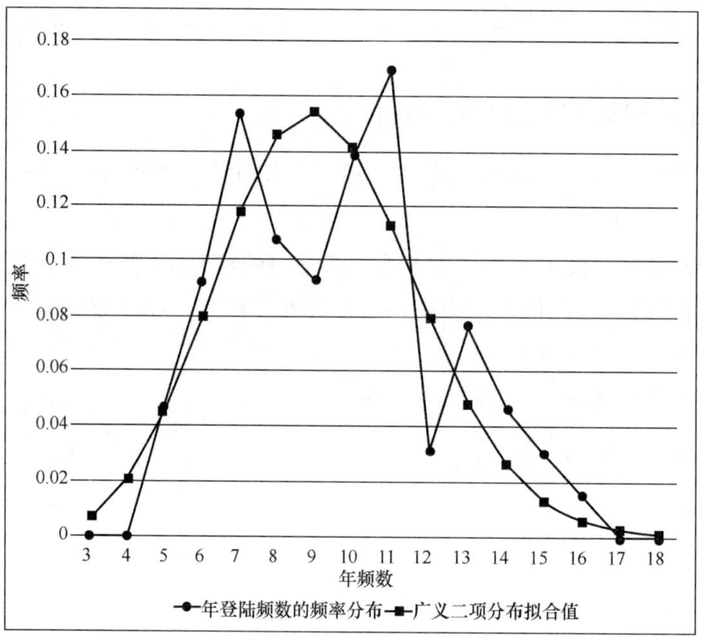

图1－7　广义二项分布的拟合效果折线图

二项分布的分布函数为：

$$\Pr(X = k) = \binom{n}{k} p^k (1 - p)^{n-k} \qquad (k = 0,1,2\cdots)$$

式中：n 为正整数，$0 < p < 1$。

矩估计法得到参数估计为：

$$\begin{cases} \widehat{n} = 34 \\ \widehat{p} = 0.274\ 661 \end{cases}$$

拟合的结果为：

二项分布的分布函数：

$$\Pr(X = k) = \binom{34}{k} 0.274\,661^{k}\,0.725\,339^{34-k} \qquad (k = 0,1,2,\cdots)$$

拟合效果见图 1－8 和图 1－9。

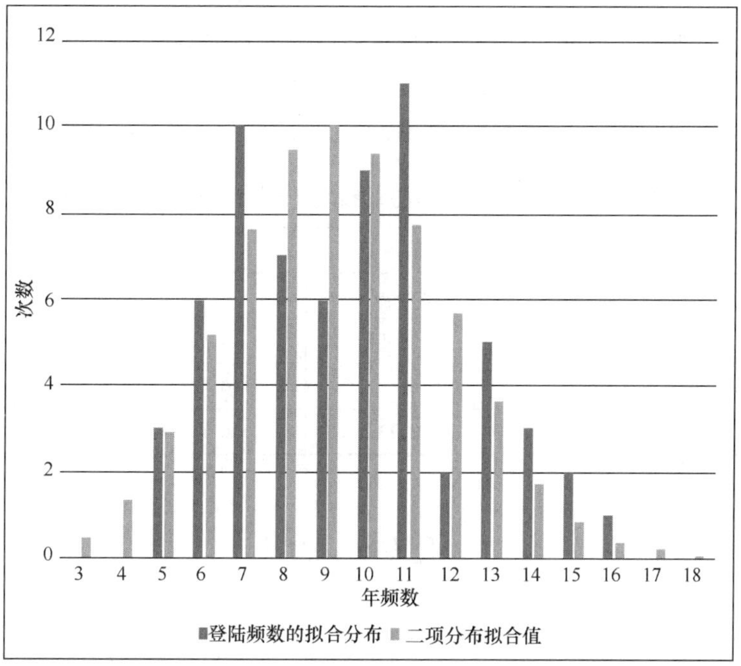

图 1－8　二项分布的拟合效果直方图

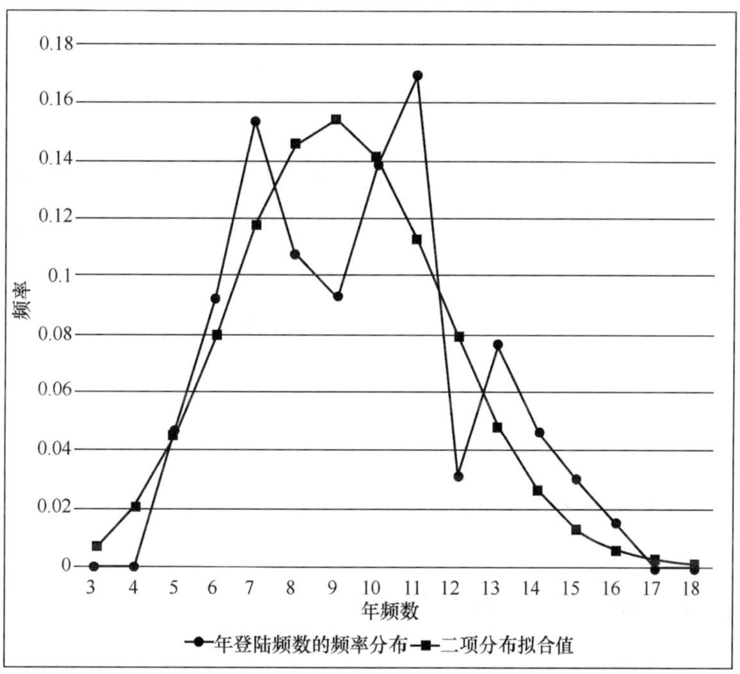

图 1－9　二项分布的拟合效果折线图

经过χ^2拟合优度检验，$\chi^2=7.9148$，由于计算得到的p概率的值为0.161，因此不能拒绝年台风次数服从二项分布。

（二）台风频数的连续分布拟合

使用指数分布、韦伯分布、伽玛分布等连续型分布拟合台风的年登陆频数，所得SAS结果如表1－7所示（连续型分布使用K－S检验拟合效果）。从表1－7可以看出，连续型分布对台风登陆频数的拟合效果都不理想，对数正态分布和指数分布都不能通过5%置信水平的K－S检验，而正态分布和韦伯分布都只能勉强通过检验。因此，以后将不再使用连续型分布拟合台风登陆频数。由于二项分布较广义二项分布简单，因此选用二项分布进行后续分析。

表1－7　1949—2013年台风年登陆频数（连续型分布拟合登陆频数）

分布	参数1	参数2	K－S统计量	K－S结论（5%置信度）
正态分布	$\mu=9.3385$	$\sigma=2.5997$	0.1235	不通过
对数正态分布	$\mu=2.1951$	$\sigma=0.2848$	0.1394	不通过
指数分布	$\mu=9.3385$	—	0.4279	不通过
韦伯分布	$\theta=3.9211$	$\tau=10.3138$	0.1333	不通过

本节小结

我国台风灾害的热带气旋数总体呈现缓慢下降趋势，而登陆频数总体比较平稳。台风灾害的季节性和地域性依然明显，夏季和秋季是台风灾害多发季节，各月份灾害发生频数延续了台风灾害的季节性特点，8月份登陆频数最高，7—9月台风登陆频数约占所有月份登陆频数的77%；广东、福建、浙江、广西、湖南等沿海地区是台风频发省份。自1949年以来我国台风灾害登陆频数为年均9.3次，其中，台风登陆频数最多的两年是1952年和1961年，次数为16和15次，频数最少的两年是1976年和1982年，为5次，其余年度频数波动较为平稳，2012年和2013年我国台风灾害频数维持在平均频数附近。台风登陆频数在拟合时，离散分布中广义二项分布和二项分布均通过检验；而连续分布对台风登陆频数的拟合效果却都不理想，因此，选用二项分布进行后续分析。

第三节　台风灾害的损失分布特征

一、全国台风灾害损失情况

（一）损失的标准化（Normalization）

在开始台风灾害损失程度分析之前，首先将原有损失额进行了一下调整。根据损失的标准化（Normalization）理论，结合公共数据的情况，使用如下公式对年损失额进行调整：

$$LOSS = LOSS_y \times \frac{GDP_{2013}}{GDP_y}$$

之所以把数据都调整到2013年，是因为课题组所能掌握的最新的官方数据是于2013年公布的。之所以用GDP作为调整因子，有两个原因：一是GDP数据是课题组能找到的分省数据中最全面和准确的；二是GDP数据作为一国宏观经济的重要数据，最能综合体现各省的经济发展状况。

（二）台风灾害年度总损失

由于1983年之前的数据甚为稀少，无法用其做年度损失额的统计，所以使用1983—2013年的年度总损失数据。将数据进行标准化后（见表1－8），用Excel软件获得台风灾害年总损失与标准化年损失直方图（见图1－10）。

表1－8　1983—2013年年损失额数据表

年份	损失（亿元）	标准化损失（亿元）	年份	损失（亿元）	标准化损失（亿元）
1983	2.5	245.069 1	1999	185.39	1 215.615 4
1984	8.8	717.886 8	2000	95.92	568.492 8
1985	43.23	2 819.426 5	2001	691.30	3 707.051 8
1986	46.7	2 672.506 0	2002	186.10	909.397 9
1987	17.16	836.779 6	2003	300.22	1 299.745 4
1988	27.81	1 087.083 4	2004	230.88	849.156 8
1989	42.6	1 474.172 0	2005	759.04	2 413.410 5
1990	79.51	2 504.490 0	2006	569.99	1 549.433 6
1991	58.02	1 566.322 4	2007	192.87	426.662 1
1992	131.75	2 877.469 3	2008	374.35	700.933 1
1993	100.84	1 678.155 4	2009	190.9	329.280 9
1994	642.44	7 837.834 0	2010	148.06	216.835 1
1995	157.66	1 524.944 2	2011	175.76	218.554 0
1996	991.05	8 187.467 5	2012	1 048.30	1 154.078 9
1997	537.41	4 001.456 7	2013	1 260.30	1 260.300 0
1998	12.44	86.667 7	—	—	—

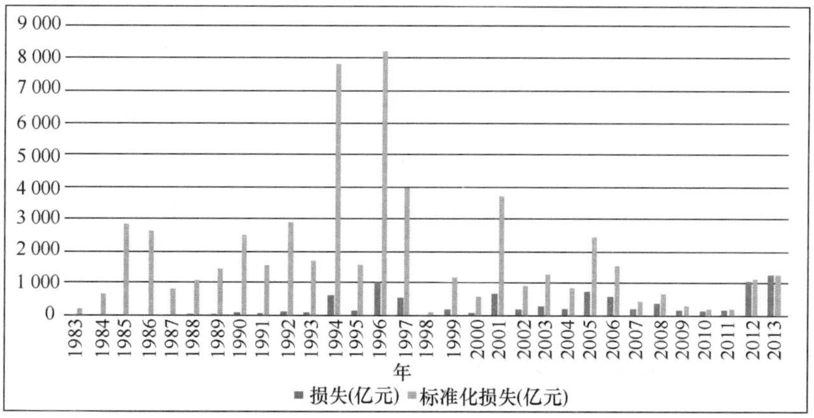

图1－10　1983—2013年总损失与标准化年损失直方图

二、全国台风灾害损失程度统计分析

（一）台风灾害总损失额的分析

通过对 1983—2013 年全国台风灾害调整后年损失进行统计分析，得出统计结果如表 1－9 所示。

表 1－9　1983—2013 年年总损失的描述统计

平均（亿元）	1 836. 67	区域	8 100. 802 3
标准误差	347. 933 5	最小值	86. 667 7
中位数	1 260. 30	最大值	8 187. 47
众数	—	求和	56 936. 68
标准差	1 937. 21	观测数	31
方差	3 752 789. 92	最大	8 187. 47
峰度	5. 375 2	最小	86. 667 7
偏度	2. 249 1	置信度（95. 0%）	7 837. 83

（二）台风灾害单次损失额的分析

考虑到我国遭受台风灾害严重的几年，当年均发生了某起或某几起重大台风灾害，因此对历年我国的台风次损失数据进行了一下统计，损失数据采用 1983—2013 年各次产生台风灾害的损失数据，并利用 GDP 数据逐一对其标准化。标准化后的基本统计分析如表 1－10 所示。

表 1－10　1983—2013 年次损失的描述统计

平均（亿元）	288. 633 7	区域	5 392. 150 0
标准误差	40. 381 6	最小值	0. 100 0
中位数	119. 683 0	最大值	5 392. 250 0
众数	1. 605 8	求和	56 293. 560 0
标准差	563. 898 6	观测数	195
方差	317 981. 62	最大	5 392. 250 0
峰度	39. 560 9	最小	0. 100 0
偏度	5. 452 8	置信度（95%）	1 005. 470 0

可以看出，历年台风造成损失的平均值为 288. 633 7 亿元（按 2013 年的 GDP 换算之后），标准差是 563. 898 6 亿元。根据这个结果，统计出共 8 次的台风损失均超出 2 倍标准差（约 1 127. 797 2亿元），它们都属于台风巨灾，正是这几次巨灾所造成的损失严重影响了台风灾害年总损失的平均值与标准差。

（三）登陆台风次损失额的分布拟合

这一节中需要对次损失额的分布进行讨论，运用各种概率模型拟合标准化的次损失额，并试图寻找能够最好拟合标准化的次损失额的概率模型。

首先，使用核估计的方法拟合损失数据的经验分布，并根据数据的特点和国际上台风损失数据拟合常用连续性分布的经验，选取正态分布、对数正态分布、指数分布、韦伯分布、帕累托分布和伽玛分布对损失数据进行拟合，使用 Kolmogrov－Smirnov 检验（K－S 检验）样本是否服从相应的分布函数，并用施瓦茨—贝叶斯（SBC）统计量选取最优拟合模型。

拟合分布的结果如表 1－11 所示。

表 1－11　1983—2013 年次损失额的分布拟合结果比较

分布	参数 1	参数 2	K－S 统计量	K－S 结论	SBC 统计量
正态分布	$\mu=288.6337$	$\sigma=563.8986$	0.304	不通过	－0.814
对数正态分布	$\mu=4.361$	$\sigma=1.974$	0.096	不通过	－1.602
指数分布	$\theta=288.634$	—	0.220	不通过	－1.783
韦伯分布	$\theta=195.544$	$\tau=0.618$	0.075	通过	－3.892
帕累托分布	$\alpha=2.017$	$\theta=176.432$	0.087	通过	－3.612
伽玛分布	$\alpha=0.489$	$\theta=590.468$	0.065	通过	－3.945

由正态分布、对数正态分布、指数分布、韦伯分布、帕累托分布和伽玛分布拟合的 K－S 检验可以看出，正态分布、对数正态分布和指数分布不能通过 K－S 检验，即这三个分布无法描述损失的分布情况，而韦伯分布、帕累托分布和伽玛分布能够较好地拟合标准化损失数据。利用 SBC 统计量筛选模型可知，SBC 统计量越小，则模型对损失数据的拟合越好，从表 1－11 可以看出，伽玛分布的 SBC 统计量最小，因此，伽玛分布是描述损失数据的最优模型。利用拟合的结果，笔者给出标准化损失数据服从的伽玛分布的密度函数如下：

$$f(x)=\frac{(0.489x)^{590.468}\times e^{0.489x}}{\Gamma(590.468)}$$

本节小结

台风灾害经济损失方面，由于我国 2012 年和 2013 年的实际直接经济损失较大，所以即使经 GDP 调整，调整后的损失仍然很大。1983—2013 年，我国台风灾害直接经济损失最高的一年是 2013 年，其次是 2012 年，这两年台风灾害直接经济损失均超过 1 000 亿元。历年台风造成损失的均值为 288.633 7 亿元（按 2013 年的 GDP 换算之后），标准差是 563.898 6 亿元。共 8 次的台风损失均超出 2 倍标准差，属于台风巨灾。根据损失分布特征，利用常用连续函数来拟合 1983—2013 年的台风灾害损失（调整后），参数与《灾因报告（2012）》差别不大。

第二章　台风灾害的区域差异分析

第一节　区域聚类及分组

一、聚类分析概述

聚类分析是指将抽象对象的集合分组为由类似的对象组成的多个类的分析过程。聚类分析可通过特定的距离计算方法将我国不同省市的灾害根据相似性聚成不同类，区分出灾害程度等级，对相关灾害的防灾减灾、保险产品设计与费率制定做出指导。

聚类分析依赖于对观测值间的接近程度（距离）或相似程度的理解，定义不同的距离量度和相似性量度就可以产生不同的聚类结果，SAS 中提供了谱系聚类、快速聚类、变量聚类等聚类过程，这里简要介绍一下谱系聚类方法的思路，本节将采用谱系聚类法进行聚类分析。

谱系聚类是一种逐次合并类的方法，最后得到一个聚类的二叉树聚类图。其主要思路是，对于 n 个观测，先计算其两两的距离，得到一个距离矩阵，然后把离得最近的两个观测合并为一类，于是只剩下 $n-1$ 个类，再计算其两两之间的距离，找到离得最近的两个类并将其合并，就只剩下 $n-2$ 个类……直到剩下两个类，把它们合并为一个类为止。当然，真的合并为一个类就失去了聚类的意义，所以上面的聚类过程应该在达到某个类水平数（即未合并的类数）时停下来，最终的类就取这些未合并的类。

二、聚类方法简介[①]

根据类间距离的计算方法的不同，可以有多种不同的聚类方法。这里介绍其中最常用的几种。

设观测个数为 n，变量个数为 v，G 为在某一聚类水平上的类的个数，x_i 为第 i 个观测，C_K 是当前（水平 G）的第 K 类，N_K 为 C_K 中的观测个数，$\bar{x}$ 为均值向量，$\bar{X}_K$ 为类 C_K 中的均值向量（中心）。假设某一步聚类把类 C_K 和类 C_L 合并为下一水平的类 C_M，则定义 B_{KL} 为合并导致的类内离差平方和的增量。用 $d(x, y)$ 代表两个观测之间的距离或非相似性侧度，D_{KL} 为第 G 水平

① 以后各篇不再赘述。

的类 C_K 和类 C_L 之间的距离或非相似性测度。

（一）类平均法

测量两类中每对观测间的平均距离，即：

$$D_{KL} = \frac{1}{N_K N_L}\sum_{i\in C_K}\sum_{j\in C_L} d(x_i, y_j)$$

（二）Ward 最小方差法

Ward 最小方差法也称 Ward 离差平方和法。组间距离为：

$$D_{KL} = B_{KL} = \| \bar{X}_K - \bar{X}_L \|^2 / (1/N_K + 1/N_L)$$

三、聚类使用指标说明

台风登陆频数：台风登陆频数的定义可以是在某一时间段内台风在某一省份登陆次数的总和，也可以是某段时间内台风在某一省份每年登陆的平均次数。

台风受灾频数：台风受灾频数的定义可以是台风在某时间段在某一省份造成灾害的次数的总和，也可以是某时间段内台风在某一省份每年造成灾害的平均次数。同样可以证明选择哪种定义对聚类结果不存在影响，但是后者便于解释。所以把每年受灾的平均次数作为一个变量。该变量实际上是把经常受灾的省份和不经常受灾的省份区别开来。

次均损失额：既然要计算次均损失额，首先需要把所有的损失额用如下公式进行标准化：

$$LOSS = LOSS_y \times \frac{GDP_{2013}}{GDP_y}$$

然后计算出次损失额的平均值，具体公式为：

$$MLOSS = \frac{\sum_{i=1}^{K} LOSS_i}{K}$$

定义次均损失率为次均损失额除以 2013 年的 GDP 水平。

四、聚类的过程、结果及分组

（一）聚类分组过程

本节使用 Ward 方法进行聚类。综合考虑 CCC 指标、PSF 指标、PST2 指标和实际情况，根据次均损失率把 31 个省（区、市）分为 8 个组，分组结果如下，其树形图如图 2－1 所示。

第一组：河南、重庆、新疆、西藏、四川、山西、陕西、宁夏、青海、甘肃

第二组：北京、黑龙江

第三组：内蒙古

第四组：安徽、湖南、江苏、湖北、江西、上海、云南

第五组：天津、福建、河北

第六组：海南、辽宁

第七组：广东、贵州、山东

第八组：广西、吉林、浙江

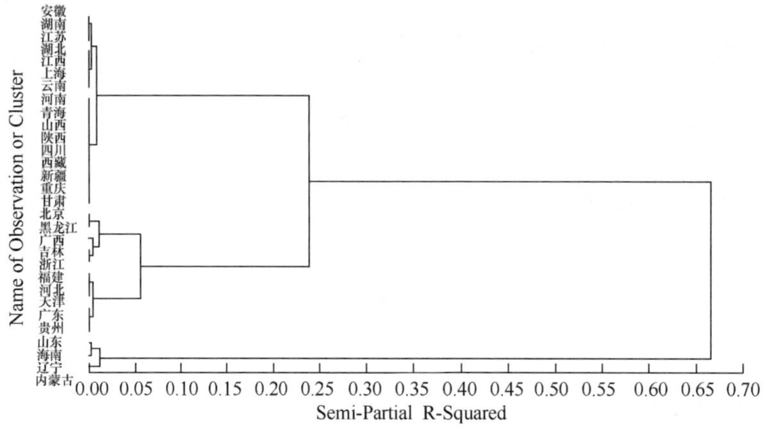

图 2－1　Ward 法按次均损失率聚类的树形图

（二）各组定量分析

上一部分根据次均损失率对我国各省、市、自治区 1983－2013 年遭受台风损失的情况进行了分组，次均损失率相对于次均损失额来讲，加入了各省 GDP 的数据，从而分组的结果更能够反映划分为同一组的各省市承灾程度的相似性。与第一章对全部样本的年登陆频数的分析不同的是，经过分组的年登陆频数的统计性质发生了变化，其样本方差大于均值，因此，本章使用负二项分布对各组样本进行拟合。负二项分布的概率公式如下：

$$p(X=k)=\binom{k+n+1}{n-1}p^{n}(1-p)^{k}\qquad(k=0,1,2\cdots)$$

第一组：河南、重庆、新疆、西藏、四川、山西、陕西、宁夏、青海、甘肃[①]

分析第一组分类数据可以发现，除去河南遭受过两次台风袭击，一次发生在 2004 年 8 月，标准化损失额为 6.3 亿元，一次发生在 2005 年 8 月，标准化损失额为 3.05 亿元以外，其他省市都没有经受过台风灾害。所以不对该组进行登陆频数和次损失额基本统计和拟合分析。

第二组：北京、黑龙江

如表 2－1 和表 2－2 所示，第二组平均每年有 0.064 51 次台风登陆，次平均损失额达到 117.642 1 亿元。

使用概率模型拟合次损失额，从检验的结果来看，在 5% 显著性水平上，只有对数正态分布和韦伯分布能通过原假设，其拟合形式为：

对数正态分布函数：

$$f(x)=\frac{1}{\sqrt{2\pi}\times 1.943\,1x}\mathrm{e}^{-\frac{(\ln x-3.872\,5)^{2}}{2\times 1.943\,1^{2}}}\qquad(0<x<\infty)$$

韦伯分布函数：

$$f(x)=\frac{0.82\left(\frac{x}{103.93}\right)^{0.82}\mathrm{e}^{-\left(\frac{x}{103.93}\right)^{0.82}}}{x}\qquad(0<x<\infty)$$

① 本组由于灾害发生次数较小，因此不对本组基本统计信息进行列表。

表 2-1　第二组台风频数描述性统计

平均	0.064 51	区域	1
标准误差	0.031 45	最小值	0
中位数	0	最大值	1
众数	0	求和	4
标准差	0.247 68	观测数	62
方差	0.061 34	最大	1
峰度	11.576 97	最小	0
偏度	3.633 78	置信度（95.0%）	0.012 87

表 2-2　第二组台风次损失额描述性统计

平均	117.642 1	区域	907.053 9
标准误差	25.902 4	最小值	0.387 8
中位数	38.742 1	最大值	907.441 7
众数	—	求和	7882.020 7
标准差	167.192 3	观测数	67
方差	25182.524 9	最大	907.441 7
峰度	12.287 51	最小	0.387 8
偏度	2.968 1	置信度（95.0%）	41.688 1

第三组：内蒙古

如表 2-3 和表 2-4 所示，第三组每年平均有 0.064 51 次台风登陆，次均损失为 117.07 亿元（经过 GDP 调整，下同）。

除正态分布采用矩估计以外，其他三种拟合均采用极大似然估计，因此应按照极大似然估计计算参数的方法来计算拟合分布中的参数。但由于韦伯分布在两个参数 θ 和 τ 均未知的情况下无法得到数值解，因此这里对韦伯分布采用选取 75% 和 25% 分位数相对应的 $Q3$ 和 $Q1$ 两个观察值来计算出累积分布函数 $F(x)$ 的方法进行计算，从而得到密度函数 $f(x)$。

用正态分布、指数分布、对数正态分布和韦伯分布四个常用分布对第三组损失额进行拟合，在 5% 显著性水平上，只有对数正态分布能通过原假设，韦伯分布勉强通过。其拟合形式为：

对数正态分布函数：

$$f(x)=\frac{1}{\sqrt{2\pi}\times 2.172\,2x}e^{-\frac{(\ln x-2.174)^2}{2\times 2.172\,2^2}}\qquad(0<x<\infty)$$

韦伯分布函数：

$$f(x)=\frac{1.03\left(\frac{x}{42.71}\right)^{1.03}e^{-\left(\frac{x}{42.71}\right)^{1.03}}}{x}\qquad(0<x<\infty)$$

表 2-3　第三组台风频数描述性统计

平均	0.064 51	区域	1
标准误差	0.044 85	最小值	0
中位数	0	最大值	1
众数	0	求和	2
标准差	0.249 73	观测数	31
方差	0.062 37	最大	1
峰度	12.717 00	最小	0
偏度	3.728 15	置信度（95.0%）	0.003 611

表 2-4　第三组台风次损失额描述性统计

平均	117.074 3	区域	2 042.620 7
标准误差	48.296 5	最小值	0.054 6
中位数	14.5	最大值	2 142.675 3
众数	25.378 2	求和	5 502.492 3
标准差	316.561 6	观测数	47
方差	100 211.257 8	最大	2 142.675 3
峰度	34.578 4	最小	0.054 6
偏度	5.589 3	置信度（95.0%）	95.883 4

第四组：安徽、湖南、江苏、湖北、江西、上海、云南

如表2-5和表2-6所示，第四组平均每年有0.391 705次台风登陆，次平均损失额达到15.491 3亿元。使用概率模型拟合次损失额，从检验的结果来看，在5%显著性水平上，对数正态分布、韦伯分布、指数分布能通过原假设，其拟合形式为：

对数正态分布函数：

$$f(x) = \frac{1}{\sqrt{2\pi} \times 1.9027x} e^{-\frac{(\ln x - 1.9435)^2}{2 \times 1.9027^2}} \qquad (0 < x < \infty)$$

韦伯分布函数：

$$f(x) = \frac{1.2582\left(\frac{x}{153.26}\right)^{1.2582} e^{-\left(\frac{x}{153.26}\right)^{1.2582}}}{x} \qquad (0 < x < \infty)$$

指数分布函数：

$$f(x) = 15.4913 \times e^{-15.4913} \qquad (x > 0)$$

表2-5　第四组台风频数描述性统计

平均	0.391 705	区域	1
标准误差	0.047 04	最小值	0
中位数	0	最大值	1
众数	0	求和	85
标准差	0.692 90	观测数	217
方差	0.480 12	最大	1
峰度	2.347 94	最小	0
偏度	1.742 99	置信度（95.0%）	0.031 254

表2-6　第四组台风次损失额描述性统计

平均	15.491 3	区域	74.695 1
标准误差	3.290 3	最小值	0.023 8
中位数	7.283 4	最大值	74.718 9
众数	—	求和	526.704
标准差	22.575 4	观测数	34
方差	482.898 1	最大	74.718 9
峰度	3.081 6	最小	0.023 8
偏度	2.003 5	置信度（95.0%）	7.974

第五组：天津、福建、河北

如表2-7和表2-8所示，第五组平均每年有0.774 194次台风登陆，次平均损失额达到114.672 3亿元。使用概率模型拟合次损失额，从检验的结果来看，在5%显著性水平上，只有对数正态分布和韦伯分布能通过原假设，其拟合形式为：

表2-7　第五组台风频数描述性统计

平均	0.774 194	区域	7
标准误差	0.142 712 2	最小值	0
中位数	0	最大值	7
众数	0	求和	72
标准差	1.376 266	观测数	93
方差	1.894 109	最大	7
峰度	4.915 173	最小	0
偏度	2.156 734	置信度（95.0%）	0.058 732

表2-8　第五组台风次损失额描述性统计

平均	114.672 3	区域	817.274 1
标准误差	23.782 5	最小值	0.279 6
中位数	27.127 8	最大值	817.553 7
众数	25.675 8	求和	6 995.010 3
标准差	184.734 4	观测数	61
方差	34 126.784 4	最大	817.553 7
峰度	7.446 2	最小	0.279 6
偏度	1.772 4	置信度（95.0%）	44.624 7

对数正态分布函数：

$$f(x) = \frac{1}{\sqrt{2\pi} \times 1.7653x} e^{-\frac{(\ln x - 4.852)^2}{2 \times 1.7653^2}} \quad (0 < x < \infty)$$

韦伯分布函数：

$$f(x) = \frac{0.77\left(\frac{x}{67.53}\right)^{0.77} e^{-\left(\frac{x}{67.53}\right)^{0.77}}}{x} \quad (0 < x < \infty)$$

第六组：海南、辽宁

如表2－9和表2－10所示，第六组平均每年有1次台风登陆，平均次损失额为248.946 2亿元。使用概率模型拟合次损失额，从检验的结果来看，在5%显著性水平上，只有对数正态分布和韦伯分布能通过原假设，其拟合形式为：

对数正态分布函数：

$$f(x) = \frac{1}{\sqrt{2\pi} \times 2.6634x} e^{-\frac{(\ln x - 2.279)^2}{2 \times 2.6634^2}} \quad (0 < x < \infty)$$

韦伯分布函数：

$$f(x) = \frac{0.8546\left(\frac{x}{32.18}\right)^{0.8546} e^{-\left(\frac{x}{32.18}\right)^{0.8546}}}{x} \quad (0 < x < \infty)$$

表2－9　第六组台风频数描述性统计

平均	1	区域	5
标准误差	0.168 986	最小值	0
中位数	0	最大值	5
众数	0	求和	62
标准差	1.330 598	观测数	62
方差	1.770 492	最大	5
峰度	0.516 630	最小	0
偏度	1.208 034	置信度(95.0%)	0.045 849

表2－10　第六组台风次损失额描述性统计

平均	248.946 2	区域	2 536.858 2
标准误差	57.349 9	最小值	0.238 5
中位数	33.127 6	最大值	2 537.096 7
众数	33.127	求和	10 953.633 0
标准差	380.445 8	观测数	44
方差	144 739.002 1	最大	2 537.096 7
峰度	18.012 7	最小	0.238 5
偏度	3.894 3	置信度(95.0%)	122.674 8

第七组：广东、贵州、山东

如表2－11和表2－12所示，第七组（广东、贵州、山东）平均每年有1.215 054次台风登陆，次平均损失额达到242.393 9亿元。使用概率模型拟合次损失额，从检验的结果来看，在5%显著性水平上，只有对数正态分布、韦伯分布、指数分布能通过原假设，其拟合形式为：

对数正态分布函数：

$$f(x) = \frac{1}{\sqrt{2\pi} \times 1.2384x} e^{-\frac{(\ln x - 4.017)^2}{2 \times 1.2384^2}} \quad (0 < x < \infty)$$

韦伯分布函数：

$$f(x) = \frac{0.8123\left(\frac{x}{55.64}\right)^{0.8123} e^{-\left(\frac{x}{55.641}\right)^{0.8123}}}{x} \quad (0 < x < \infty)$$

指数分布函数：

$$f(x) = 239.0711 \times e^{-239.0711x} \quad (x > 0)$$

表 2－11　第七组台风频数描述性统计

平均	1.215 054	区域	7
标准误差	0.179 507	最小值	0
中位数	0	最大值	7
众数	0	求和	113
标准差	1.731 106	观测数	31
方差	2.996 727	最大	7
峰度	1.981 937	最小	0
偏度	1.587 161	置信度（95.0%）	0.168 487

表 2－12　第七组台风次损失额描述性统计

平均	242.393 9	区域	2 099.638 8
标准误差	42.694 2	最小值	0.736 8
中位数	40.064 3	最大值	2 100.375 6
众数	39.775 3	求和	12 604.480 2
标准差	300.611 5	观测数	52
方差	90 367.264 3	最大	2 100.375 6
峰度	7.715 8	最小	0.736 8
偏度	0.774 7	置信度（95.0%）	78.546 6

第八组：广西、吉林、浙江

如表 2－13 和表 2－14 所示，第八组平均每年有 1.268 817 次台风登陆，次平均损失额达到 261.987 2 亿元。使用概率模型拟合次损失额，从检验的结果来看，在 5% 显著性水平上，对数正态分布、韦伯分布能通过原假设，其拟合形式为：

对数正态分布函数：

$$f(x) = \frac{1}{\sqrt{2\pi} \times 1.872\ 3x} e^{-\frac{(\ln x - 3.956\ 2)^2}{2 \times 1.872\ 3^2}} \quad (0 < x < \infty)$$

韦伯分布函数：

$$f(x) = \frac{0.975\ 1 \left(\frac{x}{112.378\ 2}\right)^{0.975\ 1} e^{-\left(\frac{x}{112.378\ 2}\right)^{0.975\ 1}}}{x} \quad (0 < x < \infty)$$

表 2－13　第八组台风频数描述性统计

平均	1.268 817	区域	7
标准误差	0.152 231	最小值	0
中位数	1	最大值	7
众数	0	求和	118
标准差	1.468 064	观测数	93
方差	2.155 213	最大	7
峰度	2.213 345	最小	0
偏度	1.394 848	置信度（95.0%）	0.193 508

表 2－14　第八组台风次损失额描述性统计

平均	261.987 2	区域	2 151.674 9
标准误差	63.109 2	最小值	0.604 5
中位数	142.542 8	最大值	2 152.279 4
众数	143.960 8	求和	13 623.334 4
标准差	381.209 8	观测数	52
方差	1 342 191.875	最大	2 152.279 4
峰度	12.759 8	最小	0.604 5
偏度	4.540 1	置信度（95.0%）	112.592 1

本节小结

在本节聚类过程中，选取台风次均损失率指标作为聚类指标，聚类后将全国 31 个省（区、市）分为八组。通过观察数据分析的结果，发现分组结果与我国实际的各省的区域连接性比较吻合。例如，次均损失率聚类分析中的第四组，包括安徽、湖南、江苏、湖北、江西、上海、云南七个省、市，这些省、市地域特征明显，大多分布在华中和华东地区，不是台风的多发区，受台风影响也不是很大。而在台风灾害严重程度与经济发展方面还要进行综合分析。例如，次均损失率聚类分析中的第七组，包括广东、贵州、山东。广东、山东两省的台风灾害严重程度远远高于贵州的严重程度，但同时，两省的 GDP 水平也比贵州高很多，由于次均损失率的计算是用各省的次均损失额除以各省 2013 年的 GDP 水平，所以，有理由认为把以上三省分为一组是合理的。说明聚类分析方法可以应用于灾害分析中。

本部分从台风定价中的台风登陆频数及台风次损失两个角度对分组数据进行统计分析，并用理论分布对次损失进行了拟合。考虑到分组后，其方差大于均值，所以选用负二项分布对台风登陆频数进行拟合。而对于台风的次损失，考虑到其尾部特征，选取双参数模型如正态、指数、对数正态、韦伯等常用分布进行拟合，并进行检验，最终得出其拟合形式。

第二节　区域的差异率分析

一、差异率计算方法说明

为了更好地制定差别费率，保险公司除了了解以上有关分省和分组的信息之外，还需要掌握各省以及各组间的差异率情况。所谓差异率，就是各地区遭受相关灾害的差异化衡量，可以衡量的指标诸如各省灾害频数差异、直接损失额或损失率差异等，一般可将各省相关指标用基准指标（如最大值或平均值等）进行调整，得到标准化数值，通过标准化数值观察到的各省相对差异更为直观，可以为保险公司更好地制定差别费率提供依据。因此，这里以各地年平均总损失为基准计算差异率。

（一）年平均总损失额（率）计算说明

各省份（地区）年平均总损失的计算可以分为以下两种方法：

1. 直接计算

$$\text{年平均总损失额} = (\sum_{i=1}^{N}\sum_{j=1}^{M_i} Loss_{ij})/N$$

式中：N 为所计年份总数；$Loss_{ij}$为经全国 GDP 调整后的第 i 年第 j 次台风造成损失额（率）；M_i 为第 i 年发生的台风总数。

直接计算公式以各省历年调整损失（$Loss$）之和除以所计年份（N）。这种计算方式简单实用，同时体现了间接计算方法中的次损失和年平均频数，并且符合精算界对损失进行估计的最直接意图。

年平均损失率的计算与年平均损失额的计算类似，只是将每次的损失除以当年当地 GDP 得到每次损失的损失率，再进行平均即得到年平均损失率（$Loss\ R$）。

$$LossR = \frac{\sum (Loss_i/GDPP_i)}{N}$$

式中：N 为所计年份总数。

用台风造成的当地每次的损失除以当年当地的 GDP 得到每次损失的损失率，再除以所计年份总数即得到年平均损失率。

2. 间接计算

年平均总损失额（率）＝年平均频数×平均次损失额（率）

即：

$$年平均损失额 = \frac{\sum_{i=1}^{N}\sum_{j=1}^{M_i} Loss_{ij}}{\sum_{i=1}^{N} M_i} \times \frac{\sum_{i=1}^{N} M_i}{N} = (\sum_{i=1}^{N}\sum_{j=1}^{M_i} Loss_{ij})/N$$

$$年平均总损失率 = \frac{\sum_{i=1}^{N}(Loss_i/GDPP_i)}{\sum_{i=1}^{N} M_i} \times \frac{\sum_{i=1}^{N} M_i}{N} = \sum_{i=1}^{N}(Loss_i/GDPP_i)/N$$

间接计算年平均损失法没有直接计算年平均总损失，而是通过对造成总损失的两个方面的分别计算得到结果，这种对年平均损失额（率）的因素分解来源于保险定价中的频数×损失这种计算方法。事实上，这种方法正是聚合损失模型的一个应用。聚合损失模型是假设总损失 Z 是 N 个独立同分布随机变量 X 的累加，其中，N 值本身也是随机变量。此模型的期望和方差可以表示为：

$$E(Z) = E(X) \cdot E(N)$$

$$Var(Z) = E(N) \cdot Var(X) + Var(N) \cdot [E(X)]^2$$

除了使用上述方式建立年均损失额（率）的差异率外，也考虑对损失额（率）及频数这两个因素分别计算损失率。因为，这两个因素也从不同角度体现了各地区之间的差异，而这种差异对于保险公司来说也是很有意义的。因此，在使用间接计算方法计算差异率的时候，实际上得到了三组差异率，分别是损失额（率）、频数以及年均损失额（率）的差异率。

通过公式推导可知，这两种方法得到的结果应当是一致的。但是事实上计算所得到的结果有所不同，原因是两种计算使用的原始数据有所不同。在直接计算中，本书使用的是分省的原数据，这些数据来源于网络与《台风年鉴》，其中包含几个无法考证的明显统计失误项，已经被删除。而在间接计算中，由于可以将损失与频数因素分开计算，课题组放弃了使用这部分不太准确的分省数据频数，而是对气象局公布的台风数据中每起台风影响地区进行了频数统计。后者的可信程度明显高于前者，因此，会出现结果不一致的情况，本书更推荐使用后者。

（二）分组计算说明

分组后对各变量的差异率计算原理在按损失额分组与按损失率分组两种情况下的计算是不同的。

1. 组间损失率差异率的计算方法说明

在各省损失率的计算中，用各省的 GDP 对该省的损失做出相应的调整。而在分组计算中，则使用组内各省的总损失除以组内各省总 GDP 来得到每年各组的损失率。

每年各组损失率＝当年组内各省损失总和/当年组内各省 *GDP* 总和

有了上面的公式，接下来可以继续给出年均组损失率的公式：

年均组损失率＝每年各组损失率之和/总年数

2. 组间损失额差异率计算说明

损失额的概念不同于损失率，损失率是一个相对的概念，是一个比值，而损失额是一个绝对的概念。因此，在计算损失额的差异率时，会遇到这样的问题。在计算年均损失额的时候既可以平均到组，又可以平均到每组每省。这样就有了两种计算组间损失额差异的方法，这两种方法计算方差的程序也不相同。

方法一：

以一组的总损失额为单位，不考虑组内各省的情况，则：

各年组损失额 = 该年组内各省损失额之和

年均组损失额 = 各年组损失额之和/年数

组损失额方差 = （各年组损失额 - 年均组损失额）的平方的和/年数

组损失额标准差 = 组损失额方差的平方根

方法二：

以组内省为考虑的最小单位，则：

年均每组每省损失额 = 组内各省各年损失额之和/（年数 × 该组内省数）

组损失额方差 = （该年该省损失额 - 年均每组每省损失额）的平方的和/（年数 × 组内省数）

组损失额标准差 = 组损失额方差的平方根

（三）差异率计算说明

针对上述直接与间接计算的年平均损失指标及各分量，分别计算其差异率。差异率计算方法为：

某省（地区）某指标差异率 = 该省（地区）该指标额/基准指标

其中，基准指标可以采用全国平均指标或者直接采用某地区指标计算，本节一般采用广东省做基数，分组时则采用包含广东省的第一费率组做基数。

二、平均损失额的差异率分析

（一）各省年平均损失额差异率分析

这里通过直接计算来计算各地差异率，以下是关于这个问题的考虑。为了统一标准，在做以下差异率分析时均以广东省为1，其他省份差异率数值为该省相对广东省的比例。

应用上文提到直接计算方法，对1984—2013年的各省台风数据进行汇总并计算得到表2-15。表中所列省（区、市）为所有1984—2013年发生过台风并存在损失记录的地区，表中年均损失额与年损失额标准差为将各省损失额按年划分后统计得到的各省每年总损失额的均值与方差，年均损失额差异率为单纯使用均值计算差异率得到的结果，1倍、2倍、3倍标准差差异率为均值加上1倍、2倍、3倍标准差后的结果计算的差异率。

表2-15 1984—2013年全国各省（区、市）直接计算差异率表

省（区、市）	年均损失额	年均损失额标准差	年均损失额差异率	1倍标准差差异率	2倍标准差差异率	3倍标准差差异率
广东	492.8175	721.6334	1	1	1	1

续表

省（区、市）	年均损失额	年均损失额标准差	年均损失额差异率	1倍标准差差异率	2倍标准差差异率	3倍标准差差异率
浙江	424.586 9	598.172 6	0.861 550	0.842 158	0.837 222	0.834 966
广西	217.482 8	574.866 2	0.441 305	0.652 434	0.706 175	0.730 733
福建	204.971 9	284.539 2	0.415 918	0.403 072	0.399 802	0.398 308
辽宁	100.347 2	434.730 9	0.203 619	0.440 593	0.500 913	0.528 476
山东	77.232 92	195.390 3	0.156 717	0.224 483	0.241 732	0.249 614
江苏	74.528 67	199.933 5	0.151 230	0.225 997	0.245 028	0.253 725
海南	62.565 41	162.510 2	0.126 955	0.185 331	0.200 191	0.206 981
吉林	19.058 86	100.932 8	0.038 673	0.098 803	0.114 109	0.121 103
湖南	16.497 16	47.535 25	0.033 475	0.052 725	0.057 625	0.059 864
安徽	10.972 65	30.382 91	0.022 265	0.034 053	0.037 053	0.038 424
内蒙古	8.984 752	49.211 51	0.018 231	0.047 920	0.055 477	0.058 930
黑龙江	7.965 016	39.697 93	0.016 162	0.039 246	0.045 122	0.047 807
河北	7.364 463	30.626 67	0.014 944	0.031 283	0.035 442	0.037 342
江西	6.694 454	15.048 78	0.013 584	0.017 904	0.019 003	0.019 506
天津	5.294 099	20.873 90	0.010 743	0.021 547	0.024 297	0.025 554
湖北	5.229 299	15.902 01	0.010 611	0.017 400	0.019 128	0.019 918
北京	3.498 166	19.160 24	0.007 098	0.018 657	0.021 600	0.022 944
上海	2.607 324	8.145 662	0.005 291	0.008 854	0.009 761	0.010 176
贵州	1.536 870	5.921 849	0.003 119	0.006 142	0.006 911	0.007 263
云南	1.158 111	3.755 036	0.002 350	0.004 046	0.004 477	0.004 674
河南	0.333 661	1.260 326	0.000 677	0.001 313	0.001 474	0.001 548
重庆	0	0	0	0	0	0
新疆	0	0	0	0	0	0
西藏	0	0	0	0	0	0
四川	0	0	0	0	0	0
山西	0	0	0	0	0	0
陕西	0	0	0	0	0	0
宁夏	0	0	0	0	0	0
青海	0	0	0	0	0	0
甘肃	0	0	0	0	0	0

从表2－15中可以看出，广东的年均损失额最大，浙江其次，二者年均损失额远大于其他省（区、市）；往后依次是广西、福建、辽宁、山东、江苏等省（区、市），再往后是海南、吉林等省（区、市）；重庆、新疆、西藏、四川、山西、陕西、宁夏、青海、甘肃等省（区、市）年均损失额均为0。

（二）组间年平均损失额差异率分析

这里同样通过直接计算的方式来计算各组差异率。

平均每年每组总损失额差异率如表 2－16 所示。

表 2－16　1984—2013 年台风灾害年均损失额直接计算分组差异率表

分组	年均损失额	年均损失额标准差	年均损失额差异率	1 倍标准差差异率	2 倍标准差差异率	3 倍标准差差异率
第一组	0. 333 661	1. 260 326	0. 000 677	0. 001 313	0. 001 474	0. 001 548
第二组	5. 731 591	29. 429 09	0. 011 63	0. 028 952	0. 033 361	0. 035 376
第三组	8. 984 752	49. 211 51	0. 018 231	0. 047 92	0. 055 477	0. 058 93
第四组	16. 812 52	45. 814 74	0. 034 115	0. 051 568	0. 056 011	0. 058 041
第五组	72. 543 49	112. 013 3	0. 147 202	0. 151 967	0. 153 18	0. 153 735
第六组	81. 456 31	298. 620 6	0. 165 287	0. 312 962	0. 350 552	0. 367 729
第七组	190. 529 1	307. 648 5	0. 386 612	0. 410 208	0. 416 214	0. 418 959
第八组	220. 376 2	424. 657 2	0. 447 176	0. 531 132	0. 552 502	0. 562 267

三、年均损失率差异率分析

如前所述，将绝对的损失额化为损失率可以解决由于各组省（区、市）数不同所造成的统计口径问题，因此本节对损失率差异率进行分析。

（一）各省（区、市）年平均损失率差异率分析

事实上，对损失率的分析和前述对损失额的分析不同之处在于：损失额是使用全国 GDP，并将损失额调整到了 2013 年水平；而损失率部分是将每次损失额除以当年当地［以省（区、市）为单位］的比例值，而并没有调整到某年水平，这是一个相对的概念。因此，这两种不同的对损失的度量值的差异在于对损失估计的代表变量选择的不同上，并且其侧重点也不同。

表 2－17 分别为直接计算年均损失率差异率、各省（区、市）次损失差异率以及间接计算得到的年平均损失差异率表。这里使用海南省为基准，即其他省（区、市）标准差为相比海南省的倍数。

表 2－17　1984—2013 年台风灾害年均损失率直接计算年平均损失率差异率表

省（区、市）	年均损失率	年均损失率标准差	年均损失率差异率	1 倍标准差差异率	2 倍标准差差异率	3 倍标准差差异率
海南	0. 019 69	0. 051 14	1	1	1	1
广西	0. 015 05	0. 039 78	0. 764 40	0. 774 14	0. 775 71	0. 776 35
浙江	0. 011 25	0. 015 84	0. 571 13	0. 382 42	0. 351 96	0. 339 50
福建	0. 009 37	0. 013 01	0. 476 03	0. 316 02	0. 290 19	0. 279 62
广东	0. 007 89	0. 011 55	0. 400 63	0. 274 44	0. 254 07	0. 245 73
辽宁	0. 003 69	0. 015 97	0. 187 28	0. 277 59	0. 292 17	0. 298 13

续表

省（区、市）	年均损失率	年均损失率标准差	年均损失率差异率	1倍标准差差异率	2倍标准差差异率	3倍标准差差异率
吉林	0.001 46	0.007 74	0.074 19	0.129 85	0.138 83	0.142 50
山东	0.001 40	0.003 54	0.071 02	0.069 69	0.069 47	0.069 38
江苏	0.001 25	0.003 35	0.063 35	0.064 85	0.065 09	0.065 19
湖南	0.000 67	0.001 93	0.034 03	0.036 72	0.037 15	0.037 33
安徽	0.000 57	0.001 58	0.028 98	0.030 36	0.030 59	0.030 68
黑龙江	0.000 55	0.002 75	0.027 99	0.046 55	0.049 55	0.050 77
内蒙古	0.000 53	0.002 91	0.026 97	0.048 57	0.052 05	0.053 48
江西	0.000 46	0.001 04	0.023 59	0.021 30	0.020 93	0.020 78
天津	0.000 37	0.001 45	0.018 62	0.025 58	0.026 7	0.027 16
河北	0.000 26	0.001 08	0.013 15	0.018 86	0.019 78	0.020 16
湖北	0.000 21	0.000 64	0.010 71	0.012 03	0.012 25	0.012 33
贵州	0.000 19	0.000 73	0.009 65	0.013 02	0.013 57	0.013 79
北京	0.000 18	0.000 97	0.008 97	0.016 16	0.017 31	0.017 79
上海	0.000 12	0.000 37	0.006 07	0.006 96	0.007 1	0.007 16
云南	0.000 10	0.000 32	0.004 97	0.005 86	0.006 01	0.006 06
河南	0.000 01	0.000 04	0.000 53	0.000 7	0.000 73	0.000 74
重庆	0	0	0	0	0	0
新疆	0	0	0	0	0	0
西藏	0	0	0	0	0	0
四川	0	0	0	0	0	0
山西	0	0	0	0	0	0
陕西	0	0	0	0	0	0
宁夏	0	0	0	0	0	0
青海	0	0	0	0	0	0
甘肃	0	0	0	0	0	0

将损失额转化为损失率后，可以发现，在损失率的排序上相比损失额而言起了很大的变化。原来绝对损失额最大的广东省现在排在第五位，而海南省却一跃成为台风受灾最严重的省份。

（二）组间年平均损失率差异率分析

按年均损失率分组后的差异率与按损失额分组的差异率计算有所不同，因为将损失化为相对值后简化了损失额绝对值计算时关于是计算各组总损失额还是组内各省（区、市）平均损失额的问题，计算各组年均损失率和计算各省（区、市）年均损失率的原理相同，不同的是平均损失率的计算。分组后各组的损失率定义为：

各组损失率 = 组内各省年均损失率的平均值

按上述损失率定义方式重新计算各组损失率后重新统计，得到直接差异率表（见表2-18）。

表 2－18 1984—2013 年台风灾害年均损失率直接计算分组损失率差异率

分组	年均损失率	年均损失率标准差	年均损失率差异率	1 倍标准差差异率	2 倍标准差差异率	3 倍标准差差异率
第一组	0.000 010	0.000 040	0.000 530	0.000 700	0.000 730	0.000 740
第二组	0.000 365	0.001 860	0.018 480	0.031 355	0.033 430	0.034 280
第三组	0.000 530	0.002 910	0.026 970	0.048 570	0.052 050	0.053 480
第四组	0.000 483	0.001 319	0.024 529	0.025 440	0.025 589	0.025 647
第五组	0.003 333	0.005 180	0.169 267	0.120 153	0.112 223	0.108 980
第六组	0.011 690	0.033 555	0.593 640	0.638 795	0.646 085	0.649 065
第七组	0.003 160	0.005 273	0.160 433	0.119 050	0.112 370	0.109 633
第八组	0.004 809	0.011 490	0.244 193	0.230 079	0.227 798	0.226 865

本节小结

在各省（区、市）年平均损失额差异率分析中，以历年损失额最高的广东省作为基数计算各省（区、市）的损失差异率，经过对相关指标分析计算得出广东、浙江两省的年均损失远大于其他省（区、市）。为更好地制定差别费率，在上节聚类结果的基础上，本节又对各聚类小组进行了组间差异率分析，发现组间损失额差异性较大，保险公司分组定价非常具有必要性

在年平均损失率差异率分析中，以历年损失率最高的海南省作为基数计算各省（区、市）的损失率差异率，将损失额转化为损失率后，原来绝对损失额最大的广东省现在排在第五位，而海南省却一跃成为台风受灾最严重的省份。

同《灾因报告（2012）》相比，在年平均损失额差异率分析中，各省（区、市）间相对位置并未发生太大变化，值得注意的是山东省从原来的第七位上升至现在的第六位。在年平均损失率差异率分析中，值得注意的是河北省由原来的第二十一位上升至现在的第十六位，这两个相对位置上升的省份值得特别关注，说明相对于其他各省（区、市）其受灾程度近两年呈现上升趋势。

第三章　台风灾害的影响因素及脆弱性分析

第一节　台风灾害影响因素的定性分析

本章主要从台风的破坏力和受灾地区地理、社会经济环境的角度讨论台风灾害损失的影响因素。

首先，影响台风造成灾害程度大小的最主要因素就是台风自身的破坏力以及运动的方向。从台风灾害造成的损失来看，主要包括台风暴雨、大风、风暴潮等，其中大风造成的损失最为严重。在其他条件相同的前提下，台风的潜在破坏力的大小、登陆与否、运动路径都与灾害损失存在显著关系。一般而言，台风的潜在破坏力可以使用台风的风速、中心气压等指标衡量，登陆的台风一般造成的损失较大。周俊华等[①]（2004）选取台风风速为指标，计算了西北太平洋热带气旋风险，给出了10年一遇、20年一遇和50年一遇大风分布图，其认为风速强度指数和热带气旋中心位置次数的分布相差不大，但风速强度指数最高值范围明显比热带气旋中心位置次数高值区分布范围广。10年一遇和20年一遇热带气旋大风高值区主要分布在菲律宾群岛附近、南海南部及台湾岛以东的地区，相对集中，而50年一遇风速分布图中，具有多个高值中心。鲜有文献分析过台风的路径与台风损失之间的关系，本书将在后面的回归分析中进一步讨论。陈佩燕等[②]（2009）利用1980—2004年的台风基本资料，对我国台风（包括热带气旋、热带风暴、强热带风暴、台风、强台风和超强台风）灾害的成因进行了初步分析，结果表明：台风引起的大风和降水以及登陆台风的强度和登陆点位置等都是我国台风致灾的重要因素。台风造成的直接经济损失与台风大风、降水、登陆台风强度及移速关系密切，而房屋倒损则主要与台风引起的大风有关，农田受淹则主要取决于台风降水。李剑兵等[③]（2001）在分析广东省的台风灾害特征时发现移速很快的台风往往容易引发大灾。但是，如果台风移速很慢甚至停滞（不足10千米/日），则易于产生局地洪涝，也会引发大灾（如7503号台风登陆后的停滞造成的河南“75·8”大洪水灾害）。台风登陆前后移速与台风灾情要素的正相关关系，一定程度上可以用台风登陆前后移速与台风登陆强度间的关系来解释。

其次，讨论受灾地区地理因素与台风损失之间的关系。台风登陆前后，由于下垫面等特征发生了显著变化，复杂的海—气、陆—气及台风与中纬度系统的相互作用，使台风的路径、强

① 周俊华，史培军，范一大，等．西北太平洋热带气旋风险分析［J］．自然灾害学报，2004（13）．
② 陈佩燕，杨玉华，雷小途，等．我国台风灾害成因分析及灾情预估［J］．自然灾害学报，2009，18.
③ 李剑兵，侯雪梅．台风临近环境预兆与台风灾害［J］．广东气象，2001（3）．

度变化以及风雨分布更具不确定性，其影响大小与台风登陆时自身的强度、登陆点位置、登陆前后的移速以及在陆上的维持时间等有关。台风造成的经济损失主要是摧毁农田渔场和沿海居民的住房，破坏城市公共设施。摧毁性大风是台风的主要特征之一。台风的气压场表现为极低的中心气压和极大的气压梯度，所以一个成熟的台风其中心最大风速可达 12 级以上。在海上，狂风能掀起巨浪，倾覆过往船只，造成灭顶之灾；在陆上，狂风能摧毁房屋建筑，刮倒树木庄稼，造成人员伤亡和财产损失。台风在海上产生灾害性海浪不仅能掀翻船只，还往往给海上工程、海上运输、海上军事活动及海洋渔业带来灾害性的影响。在岸边，灾害性海浪能冲毁海堤、码头，还常常由于其波浪涌水效应而加大风暴侵入陆地的面积，从而给海岸带的种植业、水产养殖业及人民的生命财产带来重大损失。受灾地区的耕地或渔业养殖面积越大，在其他条件相同的前提下，台风造成的损失很有可能就越大。台风是影响我国农业的重要天气系统之一，深刻影响着我国农业的生产活动。台风带来的大风、暴雨、风暴潮及其引发的次生灾害给农业生产带来巨大的破坏和损失。农业是一种生物的经济和自然的再生产过程，除社会经济、技术因素外，还受自然环境尤其是气候条件的制约。我国农业生产活动，包括农业自然资源分布、农业生产布局、农业结构、农事季节、农业生产的内容和形式等，这些影响长期积累，就形成了我国农业生产的特点，即大部分地区雨热同季，光温水资源的匹配适于农业生产，特别是种植业生产的开展。台风巨大的风力及其伴随的暴雨给农业生产对象、农业生产场地以及农村住所甚至农业生产者的生命财产带来巨大的破坏和损失。受淹农田面积与台风登陆点的位置关系密切，事实上，1980—2004 年，造成 100 万平方千米以上农田受淹的台风，其登陆位置均在北纬 24°～30°区域，即主要在福建和浙江省登陆，其受灾范围都在 4 个省份以上（包括 4 个），如导致农田受淹面积最大和次大的 9608 号和 9406 号台风均在福建登陆，第 3 和第 4 的 9711 号和 9417 号台风则登陆浙江。这可能与在浙江、福建登陆台风维持时间长、影响省份多（受灾省份 5 个以上的台风集中在浙江和福建沿海登陆）、影响区域为主要粮食产区有关。此外，登陆点的位置与台风造成的直接经济损失也有一定的相关。

最后，讨论受灾地区的社会经济因素与台风损失之间的关系。一般而言，经济越发达的地区，由于其经济总量较大，在遭受相同破坏力的台风袭击之后，损失应越大。同时，人口密度大的地区的经济也越发达（诸如广东、上海等沿海发达省市），经济越发达的地区的财富分布也越密集，一旦发生台风灾害，同一面积的区域上的经济损失自然越大。当然，受灾地区对防灾设施的投入程度同样影响着台风灾害的损失大小，对防灾设施的投入越大，则遭受台风时相应的损失也越小。因此，台风损失与受灾地区的社会经济发达程度之间的关系也是第二节回归定量分析中需要进一步讨论的。

综上所述，本章讨论的台风灾害的影响因素主要有台风自身的破坏力以及运动路径，受灾地区的农、渔业面积以及地理、社会经济发展状况。

本节小结

本节主要从台风的破坏力、受灾地区地理和社会经济环境的角度讨论台风灾害损失的影响因素。台风引起的大风和降水以及登陆台风的强度和登陆点位置等都是我国台风致灾的重要因素。台风造成的经济损失主要是摧毁农田渔场和沿海居民的住房，破坏城市公共设施。一般而言，经济越发达、人口密度越大的地区，财富分布也越密集，一旦发生台风灾害，同一面积的区域上的经济损失就会越大。另外，台风灾害的损失的大小还与政府对防灾设施的投入程度有关，投入程度越大，损失就越小。

第二节　台风灾害影响因素的定量分析

参考《灾因报告（2012）》和对公共数据的掌握情况，本节选择性收集和整理了如表 3－1 所示的官方的公共数据。

表 3－1　用于回归分析的公共数据情况表

数据名称		单位	数据状况说明
热带气旋基本信息	热带气旋最佳路径数据记录	—	1983—2013，全
	热带气旋生命期	小时	1983—2013，部分数据缺失
	中心气压	百帕	1983—2013，全
	最大风速	米/秒	1983—2013，全
	热带气旋路径	—	1983—2013，个别数据缺失
灾害信息	热带气旋损失数据	亿元	1983—2013，部分数据缺失
	受灾省份 GDP	亿元	2001—2013，部分数据缺失
	受灾省份耕地面积	千公顷	2001—2013，部分数据缺失
	受灾面积	千公顷	2001—2013，部分数据缺失

以上数据主要来自《中国统计年鉴》《台风年鉴》《热带气旋年鉴》，经过上述工作，得到了可以用于回归分析的原始数据，下面就进入回归分析的论述。

一、变量选择

本章主要研究台风灾因造成损失额大小的影响因素，因此回归方程中的因变量应该选择与台风造成损失相关的变量。出于保险公司实务要求，以每次台风造成单个省份的损失额为研究对象。

可供选择的自变量较多，代表热带气旋致灾因子因素的自变量有热带气旋的破坏力、热带气旋路径、登陆与否，代表承灾体特征的自变量有受灾省（区、市）GDP、受灾省（区、市）的面积、受灾省（区、市）耕地面积、受灾省（区、市）。

对于热带气旋破坏力的估算参照格雷等（Gray et al.，1992）的方法，使用台风生命周期中每 6 小时记录的中心最大风力的累积平方和台风潜在破坏力（TDP），对于热带气旋的路径，参照第一章的分类，西移路径、西北移路径、转向路径和其他路径分别用 Path1，Path2，Path3 和 Path4 表示。最终定义的因变量和自变量为：

因变量：Loss——热带气旋造成受灾省（区、市）损失

自变量：TDP——台风潜在破坏力

GDP——受灾省（区、市）GDP

Area——受灾省（区、市）的面积
Cultivation——受灾省（区、市）耕地面积
Province——受灾省（区、市）
Path——热带气旋路径

二、数据处理

首先对热带气旋造成受灾省（区、市）的损失进行分析。

图 3－1 是损失的正态 QQ 图。从图中明显可以看出，损失不服从正态分布，因此不能直接用线性模型进行回归。

通过尝试将常用的分布来拟合损失数据，可以发现用对数正态分布来描述损失是比较合适的，图 3－2 是损失取对数后的正态 QQ 图，图 3－3 是损失取对数后（记为 Loss1）的分布曲线（非光滑曲线）和正态分布的分布曲线（光滑曲线）。

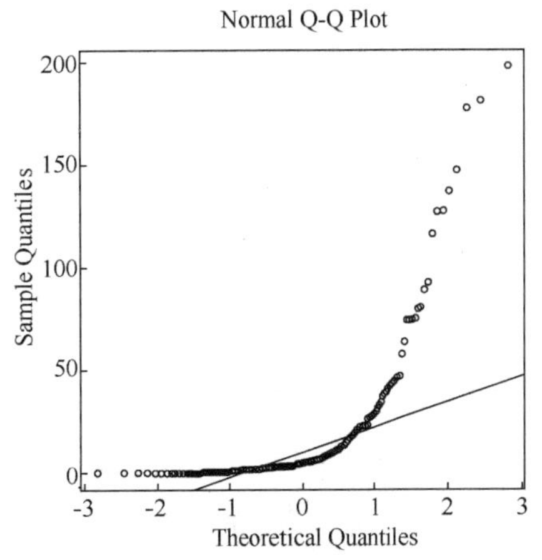

图 3－1　热带气旋造成受灾省份损失的正态 QQ 图

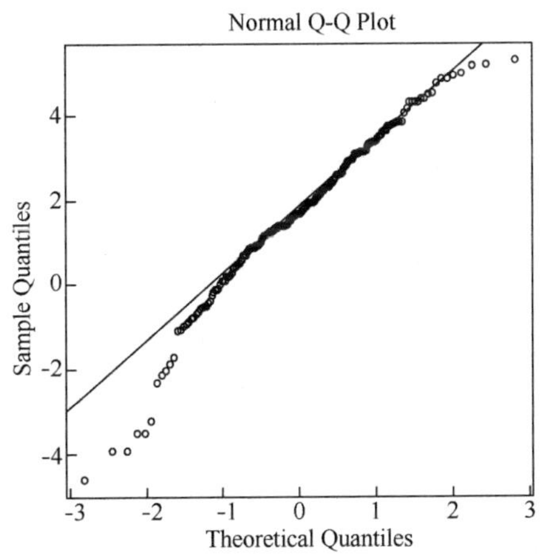

图 3－2　损失取对数后的正态 QQ 图

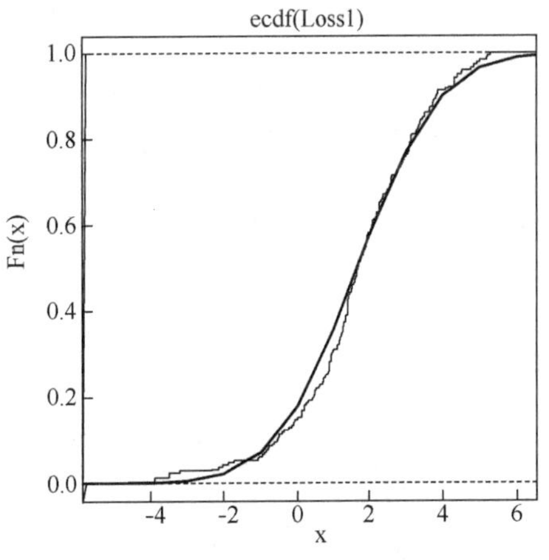

图 3－3　对数损失和正态分布的分布曲线

三、模型选择

在自变量中，省（区、市）是个多水平因子，各个省份所包含数据个数的差异较大，如表 3－2 所示。

表 3－2　1983—2013 年部分省（区、市）数据

安徽	北京	广东	黑龙江	福建	西藏
12	1	79	2	61	1

数据多的省（区、市）可以直接回归得到省（区、市）的系数，但数据少的省（区、市）直接回归就不合适，因此采用分层模型，将省（区、市）作为第一层，其他自变量为第二层。

最终，将损失取对数后用分层线性模型来描述热带气旋对单个省（区、市）造成的损失。

四、建立模型

首先看下各自变量间的相关关系（见表3-3）。

表3-3　部分自变量相关系数矩阵

	GDP	Area	Cultivation
GDP	1	0.047 110 23	0.039 817 22
Area	0.047 110 23	1	0.622 810 03
Cultivation	0.039 817 22	0.622 810 03	1

从表3-3可以看到，受灾省（区、市）的面积（Area）和受灾省（区、市）的耕地面积（Cultivation）有着较为显著的正相关，如果不加处理直接带入模型将会引起多重共线性。因此，用主成分分析法来提取这两个自变量的主要成分。剔除不显著的回归项Path后回归结果进行整理可以得到如下的回归方程：

$$\ln Loss = 1.293 - 0.000\,011\,9 \times TDP + 0.000\,060\,95 \times GDP + 0.123\,513 \times Area + 0.123\,513 \times Cultivation + Province$$

其中受灾省（区、市）变量的取值如表3-4所示。

表3-4　1983—2013年受灾省（区、市）变量的取值

省（区、市）	浙江	云南	天津	上海	山东	内蒙古
Intercept	1.387 723 41	-0.095 3	-0.076 33	-1.788 31	0.151 998	-0.062 289
省（区、市）	辽宁	江西	江苏	吉林	湖南	湖北
Intercept	0.548 065 1	-0.287 995 2	-0.891 1	0.629 913	0.387 112	-0.487 190
省（区、市）	黑龙江	河南	河北	海南	广西	广东
Intercept	0.273 668 9	-0.345 129 0	-0.082 668 1	0.385 124	0.098 732	0.382 318
省（区、市）	福建	北京	安徽	—	—	—
Intercept	0.873 322	0.281 349 9	-1.197 223 5	—	—	—

五、结果分析

经过分析，可以得到以下几个结论：

第一，在考虑的所有自变量因素中，路径因素对台风造成损失的影响不显著，即台风造成的损失与其生成路径无显著关系。

第二，台风造成的损失大小与GDP、受灾地区面积、受灾地区耕地面积存在显著的正相关性，即受灾地区经济规模越大、面积越大、耕地面积越大，则台风造成的经济损失也越大。

第三，台风的破坏力与灾害损失呈负相关关系与一般的直觉不符，本节认为这种现象可能与模型选取的自变量（TDP）有关，因为对于一次台风来说，描述台风潜在破坏力因子（TDP）的值只有一个，但是具体到某一个地区时，TDP 值大的台风不一定比 TDP 值小的台风对该地区造成的破坏大，例如 TDP 值大的台风的消失地是 TDP 值小的台风的登入地，那么 TDP 值小的台风造成的损失很有可能比 TDP 值大的台风造成的损失大，因此不能绝对认为 TDP 的大小与台风造成的损失成正比，正如前面所介绍的那样，为了弥补 TDP 的不足，本节加入了省（区、市）这个变量，将同一 TDP 对不同省（区、市）造成的损失差异归入省（区、市）变量中。

本节小结

本节重点分析我国台风灾害与自然、经济指标的相关关系。因变量选定为热带气旋造成受灾省（区、市）损失，自变量包括台风潜在破坏力、GDP、受灾地区面积、受灾地区耕地面积、受灾省（区、市）以及热带气旋路径。本节首先分析了被解释变量［即热带气旋造成受灾省（区、市）的损失］的数据，从损失的正态 QQ 图中可以看出损失不服从正态分布，并通过尝试，认为用对数正态分布来描述损失是比较合适的。其次，在自变量中，考虑了各个省（区、市）数据量的差异性。省（区、市）是个多水平因子，各个省（区、市）所包含数据个数的差异比较大，数据多的省（区、市）可以直接回归得到省（区、市）的系数，但数据少的省（区、市）直接回归就不合适。通过比较各个模型的优劣，课题组决定采用分层线性模型，将省（区、市）作为第一层，其他自变量作为第二层。因此，将损失取对数后，用分层线性模型来描述热带气旋对单个省（区、市）造成的损失。再次，分析了各解释变量的相关关系，通过相关关系分析，发现受灾省（区、市）的面积和受灾省（区、市）的耕地面积有着较为显著的正相关，通过主成分分析法消除了该相关关系对模型的影响。通过建模，得出台风造成损失的大小与 GDP、受灾地区面积、受灾地区耕地面积存在显著的正相关性，与生成路径关系并不显著的结论。

第三节　全国各省（区、市）台风灾害的脆弱性分析

一、台风灾害脆弱性的概述

（一）台风灾害脆弱性的定义

承灾体脆弱性是指“一种状态，这种状态决定于一系列能够导致社会群体对灾害影响的敏感性增加的自然、社会和环境因素或者过程”。这就是说，承灾体表现出来的脆弱性是区域自然孕灾环境与各种人类活动相互作用的产物。台风是一种破坏性很强的天气系统，近年来，随着人口的增长和社会经济的发展，台风灾害造成的经济损失呈上升趋势，严重影响社会经济的持续发展。基于对脆弱性的理解和国内外灾害理论，台风灾害脆弱性定义如下：承灾体易于或敏感于遭受台风威胁和损失的性质与状态，一个区域的自然系统、社会经济系统及其组合关系均对该区的台风灾害脆弱性产生重要影响。

（二）台风灾害脆弱性的形成因素

根据第一章对台风灾害形成因素的分析，接下来将从致灾因子、孕灾环境和承灾体（社会经济子系统）三个方面分析台风脆弱性形成的影响因素。

1. 致灾因子

对于台风来说，致灾因子主要包括强风、暴雨和风暴潮，并且表现为多重性，在外海为风、浪致灾，近海为风、浪、风暴潮致灾，内陆则表现为大风、暴雨以及暴雨引起的洪水。台风过境时风速的大小与台风灾害系统脆弱性成正相关。风速越大、气压越大，台风灾害脆弱性必然也越大。

2. 孕灾环境

孕灾环境主要是台风途径地区的自然环境，包括气候、地理环境、水文、土壤、植被等多种要素，与台风配合可以在一定程度上加强或减弱台风致灾因子及次生灾害。一个地区台风的强度和频度，除了受气象因素影响外，还与其地理条件密切相关。地理因素包括地形、河流网络和植被、土壤等。地形地貌和水系特征是台风灾害系统脆弱性形成的诱发因素，而土壤状况与植被覆盖是台风灾害脆弱性的激发因素。森林具有防止台风灾害的功能，随着森林覆盖率的增加，涝渍灾害脆弱度会相应降低。

3. 承灾体（社会经济子系统）

台风灾害的承灾体主要是指台风灾害侵袭的各种主体，包括人员、农作物、水利设施、通信交通设施、建筑物等。人既是承灾体，又是致灾因子。人口因素既是降低脆弱性的动力，也是增加脆弱性的根源之一。一方面，人口密度过大对资源环境的压力大，就成为环境系统失衡的诱发因素。另一方面，人作为最具有活力和能动性的生产要素，其文化素质、劳动技能和健康水平的提高，又可以接受和应用现代科学技术，提高台风发生时间以及强度的预测准确性、提高台风灾害风险意识、及时做出灾害反应，从而降低台风灾害脆弱性。

（三）数据来源

本章将深入分析不同地区以及同一地区不同年度在面对同样的致灾因子强度时损失不同的原因。根据灾害理论的相关内容，灾害损失的严重程度由致灾因子的危险性、承灾体的脆弱性以及孕灾环境决定，大量的灾害案例表明承灾体的脆弱性是导致灾害产生巨大损失的重要原因，因此下面就针对我国各省（区、市）的脆弱性、同一地区不同年份的脆弱性以及重点省份（福建省）的不同区市不同年度的脆弱性进行研究。

本部分的研究从三个层面展开。首先对全国各省（区、市）的台风灾害脆弱性做比较，观察2007—2013年各省（区、市）脆弱性的发展变化；接着选择台风灾害的重灾省——福建省2009—2013年的数据进行下一步脆弱性分析。脆弱性指标计算所需数据来源见表3－5。

表3－5　台风灾害脆弱性指标数据来源表

指标范围	指标	数据来源	年份
全国各省（区、市）指标	人口总数（万人）	中国统计年鉴	2007—2013
	地区面积（平方千米）	中国统计年鉴	2007—2013
	农村耕地面积（千公顷）	中国统计年鉴	2007—2013

续表

指标范围	指标	数据来源	年份
全国各省（区、市）指标	房地产开发投资（亿元）	中国经济年鉴	2007—2013
	第一产业比例（%）	中国统计年鉴	2007—2013
	地区生产总值（亿元）	中国统计年鉴	2007—2013
	建筑业生产总值（万元）	中国统计年鉴	2007—2013
	铁路营业里程（千米）	中国统计年鉴	2007—2013
	公路里程（千米）	中国统计年鉴	2007—2013
	长途光缆线路长度（千米）	中国统计年鉴	2007—2013
	年末供水管道长度（千米）	中国统计年鉴	2007—2013
	燃气管道长度（千米）	中国统计年鉴	2007—2013
	集中供热管道长度（千米）	中国统计年鉴	2007—2013
	水库容量（亿立方米）	中国统计年鉴	2007—2013
	地质灾害防治投资（万元）	中国统计年鉴	2007—2013
	水利建设投资完成额（万元）	中国水利年鉴	2007—2013
福建省各市指标	人口总数（万人）	福建统计年鉴	2007—2013
	农作物播种面积（千公顷）	福建统计年鉴	2007—2013
	房地产开发投资（万元）	福建统计年鉴	2007—2013
	GDP（亿元）	福建统计年鉴	2007—2013
	建筑业生产总值（亿元）	福建统计年鉴	2007—2013
	公路里程（千米）	福建统计年鉴	2007—2013
	农林水事务支出（万元）	福建统计年鉴	2007—2013

二、全国各省（区、市）台风灾害的脆弱性分析

脆弱性指标的计算过程，可以分为评价指标体系构建、评价指标权重赋值、脆弱性指数的计算结果与分析。

（一）评价指标体系构建

基于数据的可得性和台风灾因的特点，建立的指标体系如表3－6所示。

1. 人口情况

$$人口密度 = 人口总数/地区面积$$

人口集中程度越高，台风灾害的脆弱性越高。

2. 固有财富

建筑物经济密度反映了建筑密集程度，单位面积建筑密集程度越大，受到同等强度的台风灾害侵袭时越可能遭受更大的损失，即脆弱性越高。

农村耕地面积也是固有财富的一种，台风侵袭会对耕地造成一定的损毁，所以农村耕地密度越大，脆弱性越高。

表 3-6　台风灾害脆弱性指标

	一级指标	二级指标
脆弱性指标评价体系（A）	人口情况（B1）	人口密度（C1）
	固有财富（B2）	建筑物密度（C2）
		农村耕地密度（C3）
	正创造财富（B3）	经济密度（C4）
		建筑业经济密度（C5）
		第一产业比例（C6）
	生命线工程（B4）	铁路密度（C7）
		公路密度（C8）
		电信通信密度（C9）
		城市生命线密度（C10）
	防灾能力（B5）	水库容量密度（C11）
		地质灾害防治投资密度（C12）
		水利建设投资密度（C13）

3. 正创造财富

单位面积 GDP 不同，遭受同等强度的台风灾害侵袭时，其绝对损失量有很大差别，财富、经济集中加大了台风灾害的脆弱性。所以经济密度越高，脆弱性越大。

建筑业经济密度反映了建筑业财富密集程度，单位面积建筑业经济密度越大，受到同等强度的台风灾害侵袭时越可能遭受更大的损失，即脆弱性越高。

单位面积第一产业比例越大，经济财富越集中，当地的脆弱性也相应越大。

4. 生命线工程

不论是公路、铁路、电信密度，还是城市管道的密度，这些生命线工程的密集度越高，说明同等强度的台风灾害，对这些城市生命线工程的破坏越大，所以密度越高，脆弱性越大。

5. 防灾能力

水利设施越完善（这里利用的指标为水库容量密度），防灾和水利建设的投资越大（利用指标为地质灾害防治投资密度和水利建设投资密度），防灾能力越强，受到同等强度的台风灾害侵袭时，损失量越小，脆弱性也越小。

（二）评价指标权重赋值

权重是衡量各项指标和准则层对其目标层贡献程度大小的量。多指标建模的过程中，权重分配是一个不可避免的问题，各项脆弱性指标相对于灾害损失的重要程度的度量是判断该地区脆弱性的决定性因素，也是本部分最关键的难题。《灾因报告（2012）》关于脆弱性的分析采用层次分析法（AHP），其中指标相关重要性权重是从文献中归纳总结的专家意见制定形成的，但随着气候特征的逐年变化，重要性的相关关系每年是不同的，而且专家对于指标权重的评估与衡量带有较强的主观性，因此得出的评价结果缺乏客观性。本版灾害脆弱性分析，依旧沿袭之前的脆弱性构建体系，选取相关致灾、孕灾和承灾指标，并建立一级、二级层次；各指标权重利用熵权法进行测定，其主要根据各项指标在各省市间的变异程度对权值进行计算，结果具有客观性、可比性等优点。

脆弱性指标权重确定具体步骤如下：

首先，获得数据后，为消除量纲影响，必须对具有不同量纲的数据进行标准化处理。对 m 个待评对象（北京、天津……）和 n 个指标（人口情况、固有财富……）数据进行标准化变换。

若指标与脆弱性正相关（如人口情况），则指标处理为：

$$p_{ij} = \frac{r_{ij} - \min_i(r_{ij})}{\max_i(r_{ij}) - \min_i(r_{ij})}$$

若指标与脆弱性负相关（如防灾能力），则指标处理为：

$$p_{ij} = \frac{\max_i(r_{ij}) - r_{ij}}{\max_i(r_{ij}) - \min_i(r_{ij})}$$

其次，定义评价指标的熵值为：

$$H_j = -k\sum_{i=1}^{m} f_{ij} \cdot \ln f_{ij}$$

$$\begin{cases} f_{ij} = \dfrac{p_{ij}}{\sum\limits_{i=1}^{m} p_{ij}}, k = \dfrac{1}{\ln m} \\ f_{ij} \cdot \ln f_{ij} = 0, \text{当} f_{ij} = 0 \text{时} \end{cases}$$

最后，第 j 个指标的熵权定义为：

$$\omega_j = \frac{1 - H_j}{n - \sum\limits_{j=1}^{n} H_j}$$

从信息熵公式可以看出，某个指标的熵值 H_j 越小，说明其指标值的变异程度越大，提供的信息量越多，在总和评价中该指标起的作用越大。

当每个备选项目在指标 j 上的值完全相同时，该指标的熵达到最大值 1，其熵权为 0，这说明该指标未能向决策者提供有用信息。

表 3 –7 为台风灾害脆弱性指标权重表。

表 3 –7　台风灾害脆弱性指标权重表

	2013 年	2012 年	2011 年	2010 年	2009 年	2008 年	2007 年
人口密度	0. 085 365	0. 083 648	0. 082 475	0. 079 135	0. 082 136	0. 085 327	0. 080 568
建筑物密度	0. 129 864	0. 137 734	0. 129 364	0. 130 324	0. 131 636	0. 127 829	0. 125 953
农村耕地密度	0. 030 837	0. 031 122	0. 029 177	0. 032 964	0. 037 872	0. 031 865	0. 028 672
经济密度	0. 138 242	0. 133 863	0. 136 939	0. 129 753	0. 130 372	0. 136 293	0. 136 983
建筑业经济密度	0. 143 329	0. 145 592	0. 149 302	0. 140 167	0. 149 292	0. 139 742	0. 140 622
第一产业比例	0. 020 718	0. 027 747	0. 021 174	0. 019 273	0. 020 546	0. 026 624	0. 024 178
铁路密度	0. 039 042	0. 040 628	0. 040 872	0. 039 027	0. 039 583	0. 039 926	0. 040 025
公路密度	0. 027 678	0. 025 683	0. 027 753	0. 024 195	0. 028 632	0. 025 929	0. 027 252
电信通信密度	0. 031 898	0. 030 670	0. 038 960	0. 038 482	0. 029 582	0. 030 116	0. 034 610
城市生命线密度	0. 172 331	0. 170 156	0. 172 782	0. 173 672	0. 172 893	0. 171 586	0. 174 628
水库容量密度	0. 045 777	0. 041 720	0. 044 679	0. 046 999	0. 047 573	0. 045 897	0. 046 002
地质灾害防治投资密度	0. 054 714	0. 050 173	0. 052 578	0. 054 282	0. 051 366	0. 052 384	0. 054 482
水利建设投资密度	0. 080 206	0. 081 264	0. 073 945	0. 091 727	0. 078 517	0. 086 482	0. 086 025

（三）脆弱性指数的计算结果与分析

在上述指标体系基础上，构造区域洪水灾害脆弱性评估模型。本章采用的脆弱性评价模型为：

$$V = \sum_{i} P_i \times W_i$$

式中：V 表示脆弱性指数；P_i 表示某省（区、市）第 i 种指标的标准值；W_i 表示第 i 种指标所占权重。

此分析不仅可以在各省（区、市）之间进行横向脆弱性计算与比较，对于任何一个省（区、市），每年的脆弱性指标同样会发生变化。因此，本章对脆弱性指数分别进行了横向与纵向的计算，结果如表 3－8 所示。

表 3－8　全国各省（区、市）脆弱性指数（2007—2013 年）

省（区、市）	2013 年	2012 年	2011 年	2010 年	2009 年	2008 年	2007 年
上海	78.12%	79.09%	72.70%	74.40%	74.50%	74.32%	73.70%
天津	34.79%	33.07%	45.20%	44.60%	44.90%	44.87%	42.10%
江苏	33.71%	33.74%	39.10%	40.60%	40.80%	40.13%	38.80%
河南	33.33%	32.54%	35.60%	36.60%	36.90%	35.92%	36.70%
山东	29.05%	29.97%	38.40%	38.90%	39.20%	38.20%	38.50%
北京	28.58%	26.13%	36.00%	35.60%	34.70%	33.68%	33.85%
湖北	26.79%	23.83%	23.10%	23.90%	24.90%	24.32%	23.70%
安徽	26.67%	27.38%	33.60%	34.00%	34.20%	31.37%	34.20%
海南	22.94%	23.15%	36.30%	36.60%	36.30%	36. 71%	33.90%
重庆	22.67%	23.46%	27.50%	28.90%	28.60%	27.35%	26.40%
河北	22.01%	20.94%	29.80%	29.70%	30.40%	31.92%	31.20%
浙江	21.83%	21.29%	23.80%	25.20%	25.80%	25.24%	27.60%
湖南	21.01%	22.94%	23.80%	24.20%	24.20%	24.20%	22.40%
贵州	19.01%	16.44%	25.40%	25.80%	26.50%	25.72%	21.20%
广西	18.44%	17.61%	23.00%	23.50%	23.70%	23.60%	24.80%
广东	17.70%	18.16%	24.00%	23.40%	23.40%	23.40%	22.40%
江西	17.30%	20.06%	23.10%	23.40%	23.70%	23.64%	23.30%
辽宁	16.65%	15.67%	28.50%	28.60%	28.70%	28.30%	26.90%
黑龙江	16.54%	14.90%	26.50%	26.50%	26.60%	26.28%	26.30%
云南	16.00%	14.80%	22.20%	22.40%	22.70%	22.57%	22.20%
吉林	15.34%	14.48%	28.20%	28.20%	27.70%	28.73%	25.80%
福建	14.62%	14.80%	22.50%	22.30%	22.80%	24.17%	23.40%
四川	14.46%	14.64%	20.80%	19.70%	21.60%	21.65%	21.60%
陕西	12.78%	12.35%	25.40%	25.90%	26.00%	26.35%	26.20%
宁夏	12.12%	11.74%	24.50%	24.60%	24.60%	24.20%	22.80%

续表

省（区、市）	2013 年	2012 年	2011 年	2010 年	2009 年	2008 年	2007 年
山西	11.93%	11.60%	27.00%	27.20%	27.30%	27.40%	27.30%
甘肃	10.31%	9.75%	20.00%	19.50%	20.30%	20.10%	20.25%
新疆	10.27%	9.87%	16.80%	16.80%	16.80%	16.90%	16.36%
内蒙古	6.58%	6.17%	18.20%	18.20%	18.30%	18.70%	18.58%
青海	5.67%	4.92%	15.80%	15.90%	15.90%	15.90%	15.90%
西藏	5.59%	5.78%	15.90%	15.90%	15.90%	15.90%	15.90%

如表 3－8 所示，全国各省（区、市）的脆弱性水平存在较大的差异，以 2013 年为例，脆弱性水平最高的三个地区分别为上海、天津和江苏，脆弱性水平最低的三个地区分别为内蒙古、青海和西藏。对于同一省（区、市），历年的脆弱性水平也会发生变化，这主要是由人口增加、经济发展、环境保护、防洪设施建设等情况在各年、各省（区、市）间的发展差异造成的。

以上海为例，其脆弱性指标远远大于其他地区是由以下几个原因造成的：①人口多、面积小，人口密度大；②高楼林立，建筑物密度居全国之首；③虽然第一产业 GDP 总量在三次产业中的比例并不高，但是上海地区面积小，地均第一产业 GDP 也全国领先。由于以上原因，上海的脆弱性指标较大，一旦发生台风灾害，损失将较其他地区更加严重。

脆弱性水平较低的地区以内蒙古为例，其人口密度较小，建筑物密度较低，而防灾能力等脆弱性负相关的指标上表现较好，因此其脆弱性指数较低。根据 2013 年脆弱性水平分析结果，将各省（区、市）台风易损性进行分级，结果如表 3－9 所示。

表 3－9　全国各省（区、市）脆弱性分级

脆弱性指数（%）	分级	省（区、市）
60～100	极度脆弱	上海
25～60	高度脆弱	天津、江苏、河南、山东、北京、湖北、安徽
20～25	中度脆弱	海南、重庆、河北、浙江、湖南
10～20	低度脆弱	贵州、广西、广东、江西、辽宁、黑龙江、云南、吉林、福建、四川、陕西、宁夏、山西、甘肃、新疆
0～10	极低脆弱	内蒙古、青海、西藏

本节小结

本节在《灾因报告（2012）》的基础上，选取熵权法用于确定脆弱性指标的权重。针对我国各省（区、市）的脆弱性以及同一地区不同年份的脆弱性进行研究，深入分析了不同地区以及同一地区不同年度在面对相同的致灾因子强度时损失不同的原因。本章课题组选取与《灾因报告（2012）》相同的指标来计算各省（区、市）的脆弱性。

从全国各省（区、市）的角度看，上海仍然是全国范围内脆弱性最高的地区，《灾因报告（2012）》中脆弱性程度第二高的天津被江苏所取代，天津成为脆弱性程度第三高的地区，其余各省（区、市）的脆弱性高低也发生了一些变化，脆弱性分级的总体相对位置发生了一些改变，可以看出，各省在防灾防损方面采取了不同程度的措施。

从我国各省（区、市）不同年度的脆弱性分析来看，值得关注的是近两年脆弱性呈上升趋势的河南、湖北和安徽，其余各省（区、市）脆弱性均变动不大。河南、湖北和安徽脆弱性上升与其近年城市排水排污系统暴露出的问题有关，在台风带来的强降雨发生时，易产生城市内涝从而造成损失。因此在加快城市建设的过程中，城市排污排水系统要受到重视，与城市规模相适应。与此同时，脆弱性呈下降趋势的是山东和海南。

第四节　台风灾害重点灾区的脆弱性分析

一、福建省台风灾害脆弱性的影响因素

福建地处我国东南沿海，毗邻浙江、江西、广东，与台湾隔海相望，全省陆地面积 12.14 万平方千米，地势西北高、东南低，山地、丘陵和平原分别占 75%，15% 和 10%。海域面积 13.6 万平方千米，海岸线长达 3 324 千米，沿海岛屿 1 400 多个。福建省属于亚热带湿润季风气候，西北有山脉阻挡寒风，东南有海风调节，夏季炎热，平均气温 20℃ ~39℃。受地理条件和高温气候影响，热带气旋多发，每年 7—9 月是台风季，降水量较多，台风灾害较多。亚洲地区 500 百帕大气环流，以及西太平洋副高偏弱偏北，有利于台风活跃和北上，进而影响福建，引起降雨异常。海岸对风的摩擦复合作用，致使南北沿海地区常出现很强的台风暴雨中心。

二、福建省洪涝灾害脆弱性的计算过程

（一）评价指标体系构建

由于部分地方统计数据缺失，所以将指标体系进行调整，减少了部分指标，具体如表 3 - 10 所示。

表 3 - 10　福建省台风灾害脆弱性指标表

	一级指标	二级指标
脆弱性指标评价体系	人口情况（B1）	人口密度（C1）
	固有财富（B2）	建筑物密度（C2）
		农村耕地密度（C3）
	正创造财富（B3）	经济密度（C4）
		建筑业经济密度（C5）
	生命线工程（B4）	公路密度（C6）
	防灾能力（B5）	农林水事务支出密度（C7）

（二）评价指标权重赋值

这里，仍然使用熵权法估计权重。通过对相关指标的整理计算，得出2009—2013年的指标权重表，结果如表3－11所示。

表3－11 福建省台风灾害脆弱性指标权重表（2009—2013年）

	人口密度	建筑物密度	农村耕地密度	经济密度	建筑业经济程度	公路密度	农林水事务支出密度
2013年	0.153 427	0.142 201	0.120 183	0.063 291	0.081 347	0.184 234	0.255 317
2012年	0.152 038	0.143 723	0.126 352	0.074 382	0.084 375	0.173 092	0.246 038
2011年	0.160 351	0.143 013	0.106 831	0.058 317	0.076 034	0.170 201	0.285 253
2010年	0.165 728	0.134 681	0.107 235	0.060 325	0.073 289	0.160 546	0.318 196
2009年	0.182 737	0.120 768	0.129 404	0.026 434	0.069 064	0.161 378	0.320 215

（三）脆弱性指数的计算结果与分析

在上述指标体系基础上，构造区域台风灾害脆弱性评估模型。本章采用的脆弱性评价模型为：

$$V = \sum_i P_i \times W_i$$

式中：V表示脆弱性指数；P_i表示某省（区、市）第i种指标的标准值；W_i表示第i种指标所占权重。

如表3－12所示，2009—2013年，综合各年来看，福建省脆弱性水平最高的三个地区分别为福州市、泉州市和厦门市，脆弱性水平最低的三个地区为龙岩市、宁德市和莆田市。福建省各地必须加大防台风灾害的各项投入，增加农林水事务支出，提高应对台风灾害的能力。

表3－12 福建省各市台风灾害脆弱性指数（2009—2013年）

地区	2013年	2012年	2011年	2010年	2009年
福州市	71.22%	76.80%	69.00%	75.50%	76.30%
泉州市	68.81%	65.34%	67.70%	68.00%	68.80%
厦门市	41.91%	38.90%	40.60%	39.50%	41.50%
三明市	35.12%	31.32%	34.10%	32.90%	36.80%
南平市	34.85%	32.80%	33.90%	32.80%	36.60%
漳州市	33.92%	33.17%	33.80%	34.60%	34.20%
龙岩市	29.96%	30.56%	33.10%	31.00%	33.70%
宁德市	27.94%	23.82%	25.10%	23.70%	25.90%
莆田市	24.86%	26.77%	24.40%	25.10%	24.80%

对于脆弱性高的福州市而言，人口密度大和耕地面积占比大是脆弱性指数高最重要的两个原因。而脆弱性指数较小的莆田市，人口密度与建筑物密度都是福建省中最小的地区。根据以上的结果，按照前面各省市脆弱性分级的标准，将福建省各市根据脆弱性程度进行排序，得到

表3－13。

表3－13　福建省内各市台风灾害脆弱性分级

指标指数（%）	分级	省份
60～100	极度脆弱区	福州市、泉州市
30～60	高度脆弱区	厦门市、三明市、南平市、漳州市
25～30	中度脆弱区	龙岩市、宁德市
20～25	低度脆弱区	莆田市
0～20	极低脆弱区	—

区域的脆弱性受人口密度和经济发展程度的影响很大。福建省作为我国经济较发达的沿海地区，长期受到台风侵袭，鉴于此，为更好防范台风灾害，需要提高台风灾害预报能力，做好气象防灾减灾工作，另外要加强防灾的配套设施建设，加强抵御灾害的能力。

本节小结

本节从台风灾害的重灾区福建省各市的角度分析了灾害脆弱性。福州市作为我国经济较发达的沿海地区，脆弱性一直是最高的，一旦发生台风灾害，最易导致重大经济损失，因此，福建省各地区应加大防台风灾害的各项投入，做好气象防灾减灾工作，增加农林水事务支出，提高应对台风灾害的能力；莆田市由于其经济发展水平较低，脆弱性也相对较低，发生重大损失的可能性最小。

第四章　台风灾害的趋势分析

第一节　台风灾害趋势的定性分析

一、热带气旋频数变化趋势

1949—2013 年，我国登陆热带气旋频率基本平稳，登陆频次略有减少趋势，但依然具有明显的年际变化和年代际变化特征，厄尔尼诺年登陆热带气旋偏少，拉尼娜年登陆热带气旋频数偏多。就年代来说，90 年代中后期以来是热带气旋登陆我国偏少的阶段。

登陆热带气旋频数具有明显的代际变化，50—70 年代中期登陆热带气旋频数呈减少趋势，而同时期在西北太平洋生成的热带气旋和影响我国的热带气旋则呈增加趋势，80 年代略有增加，进入 90 年代又呈减少趋势，50 年代和 60 年代登陆热带气旋频数较多，其次是 80 年代，70 年代相对较少，1991—2004 年是热带气旋登陆我国的最少时期，为各年代平均频次最低值。1982—1983 和 1997—1998 年是典型的 ENSO 暖位相年，登陆我国的热带气旋频数较少，值得注意的是，在 ENSO 事件爆发当年（1982 年和 1997 年），登陆热带气旋频数少于次年（1983 年和 1998 年）。总的来说，2000 年是一个明显的分界点，与 2000 年之前相比，2000 年至今热带气旋登陆频数呈波动减少趋势。其中，2003—2005 年呈缓慢上升趋势，2005—2009 年呈明显的下降趋势，而 2009 年至今呈持续上升趋势，但少于 2000 年之前。2000—2013 年，热带气旋登陆频数与全球气候变化有一定的关系。

二、热带气旋强度变化趋势

登陆台风的强度主要为热带风暴和强热带风暴，1962 年平均强度最大，为 37 米/秒，1991 年次之，为 36 米/秒。1962 年有 8 个热带气旋登陆，其中，6 个登陆强度达到台风强度。同样，在 1991 年的 7 个登陆热带气旋中，有 5 个登陆强度为台风。1949—2008 年平均登陆强度呈波动变化，不存在明显的趋势。最大登陆强度以台风最多，共有 21 年，占总数的 39%，强台风占 1/3，超强台风占 26%。最大登陆强度在 50—70 年代处于偏强时期，其中 50 年代明显偏强。1958—1962 年是最大登陆强度持续异常偏强时期，这期间最大强度均超过 60 米/秒，1959 年达历史最大值，为 78.1 米/秒。近几年来最大强度持续偏弱，但仍不难看出有增强的趋势。1998 年的最大强度仅为 30 米/秒，为历史最低值，也就是说，在这一年，在我国没有出现登陆强度为台风的热带气旋，这也是自 1951 年以来唯一没有出现登陆强度为台风的年份。

三、热带气旋生命周期变化趋势

登陆热带气旋的平均生命周期在 60—80 年代偏长，50—90 年代以后相对偏短。登陆热带气旋的平均强度在 50—70 年代初为偏强阶段，90 年代起明显减弱。平均生命周期的缩短、平均强度的减弱和具有较强强度的频数的减少直接导致登陆热带气旋破坏潜力减弱。

70 年代以后卫星和飞机等观测手段的引入更为精确地确定了热带气旋的强度，最大登陆强度的减弱、具有较强强度登陆热带气旋频数的显著减少、破坏潜力的减弱以及登陆热带气旋平均强度的减弱在一定程度上与观测手段的改变有关。

本节小结

本节为对灾害的定性分析部分，对我国台风灾害的发展变化进行了概述，热带气旋频率虽然基本平稳但具有明显的代际变化，1962 年的平均强度为最大，而近几年来最大强度却持续偏弱，平均生命周期也明显缩短，并指出这些指标的变化趋势在一定程度上与观测手段的改变有关。

第二节　台风灾害趋势的定量分析

一、台风灾害的小波分析

（一）小波分析的简介①

在时间序列研究中，时域和频域是常用的两种基本形式，其中，时域分析具有时间定位能力，但无法得到关于时间序列变化的更多信息；频域分析（如 Fourier 变换）虽具有准确的频率定位功能，但仅适合平稳时间序列分析。然而，地学中许多现象（如河川径流、地震波、暴雨、洪水等）随时间的变化往往受到多种因素的综合影响，大都属于非平稳序列，它们不但具有趋势性、周期性等特征，还存在随机性、突变性以及“多时间尺度”结构，具有多层次演变规律。研究这类非平稳时间序列，通常需要某一频段对应的时间信息，或某一时段的频域信息。显然，时域分析和频域分析对此均无能为力。

为了满足这种需求，数学家傅里叶开创了傅里叶分析，即用数学语言提出：任何一个周期函数都能表示为一组正弦函数和一组余弦函数之和。傅里叶分析的优点在于把时域与频域联系起来。但傅里叶分析的缺陷在于，它是一种全局变换，对信号不能同时在时域、频域内表达，因此无法表述信号的时频局部性质。正是由于傅里叶分析存在这样的缺陷，经过几代数学家的

① 以后各灾因不再赘述。

努力，终于找到了更适用的方法：小波分析。

小波分析的思想来源于伸缩与平移方法，小波变化可以把一个时间序列分解为时间和频率的贡献，它对获取一个复杂时间序列的调整规律，分辨时间序列在不同尺度上的演变特征非常有效。小波分析对相关灾害的数据分析仿如放于“数学显微镜”之下，可以观察到不同时间尺度下的震荡情况，找出最明显的灾害周期，并可与能量谱的大小一起观察，预测未来相关灾害的发生时间与强度大小。

在《灾因报告（2014）》中，小波分析选取各灾害中时间跨度最长的连续数据作为小波分析的指标，指标选取多为纯灾害的特征性数据（如受灾面积、发生频数等），较少地选取经济损失等涉及人为因素或设施建设水平等随时代变化具有差异性的非自然因素的指标，如必须选取，相关数据都已经过标准化调整，尽量将人为因素调整至最小限度。

（二）小波分析的变换原理[①]

若函数 $\Psi(t)$ 满足下列条件的任意函数：

$$\int_R \Psi(t)\mathrm{d}t = 0 \qquad \int_R \frac{|\Psi(w)|^2}{|w|}\mathrm{d}w < \infty$$

$\Psi_{a,b}(t) = |a|^{\frac{1}{2}}\Psi\left(\frac{x-b}{a}\right)$为连续小波，$\Psi$ 叫基本小波或者母小波，它是双窗函数，一个是时间窗，一个是频率谱，$\Psi_{a,b}(t)$ 的振荡随 $|a|^{-1}$增大而增大，那么，函数 $f(t)$ 小波变换的连续形式为：

$$w_f(a,b) = |a|^{-\frac{1}{2}}\int_R f(t)\ \Psi\left(\frac{t-b}{a}\right)\mathrm{d}t$$

由上式可以看到，小波变换函数是通过对小波的伸缩和平移得到的。小波变换的离散形式为：

$$w_f(a,b) = |a|^{-\frac{1}{2}}\Delta t\sum_{i=t}^{n} f(i\Delta t)\Psi\left(\frac{i\Delta t - b}{a}\right)$$

式中：Δt 为取样间隔；n 为样本量。

离散化的小波变换构成标准正交系，从而扩充了实际运用领域。

小波系数与时间和频率有关，因此可以将小波变换的结果绘制成二维图像。横坐标为时间参数 b，纵坐标为频率参数 a，图中的数值为小波系数。这样将不同波长的结构进行了客观的分离，使波幅一目了然地呈现在一张图上，当然对结果的分析还要凭借对所研究系统的认识。

（三）小波基的选择

目前可选用的小波函数很多，如 Mexican hat 小波、Haar 小波、Morlet 小波和 Meyer 小波等。由于灾害演变过程中包含“多时间尺度”变化特征，且这种变化是连续的，实小波变换只能给出时间序列变化的振幅和正负，而复小波变换可同时给出时间序列变化的位相和振幅两方面的信息，有利于对问题做进一步分析。复小波函数的实部和虚部位相差为 π/2，能够消除用实小波变换系数作为判据而产生的虚假震荡，使分析结果更加准确。因此，在本书编写过程中对上一版本进行了改进，选用 Morlet 连续复小波连变换来分析灾害时间序列的多时间尺度特征。

连续小波变换的时间积分区间为正负无穷大，而实际采集到的信号是有限长的，由于小波函数有一定的衰减区间，在对信号的中间部分进行变换时，结果比较满意，但对数据首尾部分

① 以后各灾因不再赘述。

进行连续小波变换时，会产生较大误差。为消除或减小开始点和结束点的边界效应，需对其两端数据进行延伸，在进行完小波变换后，再去掉两端的延伸数据。

将小波系数的平方值在 b 域上积分，就可得到小波方差，即

$$Var(a) = \int_{-\infty}^{\infty} | W_f(a,b) |^2 db$$

小波方差随尺度 a 发生变化的过程，称为小波方差图，由上式可知，它能反映信号波动的能量随尺度 a 的分布。因此，小波方差图可用来确定信号中不同尺度扰动的相对强度和存在的主要时间尺度，即主周期。

（四）小波分析结果

1. 台风频数的小波分析

图 4 – 1 所示为 1949—2013 年全国台风频数折线图。

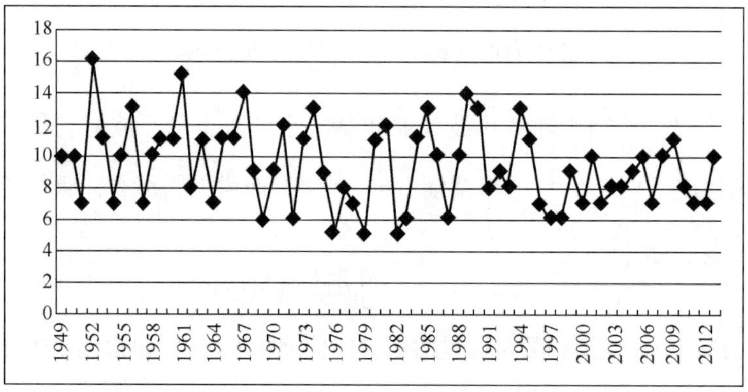

图 4 – 1　1949—2013 年全国台风频数折线图

图 4 – 2 是小波系数实部等值线图，它能反映灾害序列不同尺度的周期变化及其在时间域中的分布，进而能判断在不同尺度上灾害的未来变化趋势，可以直接看出周期。由图 4 – 2 可以看出，30 年尺度有比较强的周期，7 年左右也有。1950 年全国台风频数在较大尺度呈现上升趋势，在较小尺度呈下降趋势，而 1952 年全国台风频数在较大尺度呈下降趋势，较小尺度依旧呈上升趋势，1953 年则呈现下降趋势。从 1954 年开始，全国台风频数在较小尺度呈上升趋势，而在较大尺度呈下降趋势。1960 年，全国台风频数在较小和较大尺度均呈下降趋势，之后变为在较小尺度呈上升趋势，在较大尺度呈下降趋势。1966 年全国台风频数则变为下降趋势，1970 年又变为上升趋势，之后再转为下降趋势，再之后的趋势就是这样交替变化的。1995 年开始，全国台风频数在各尺度下均呈下降趋势，而 1998 年在较大尺度呈下降趋势，在较小尺度呈上升趋势。2000 年全国台风频数在较大尺度呈现下降，在较小尺度有轻微上升趋势。结合网上数据资料显示①，2014 年的热带气旋实际生成数是 23，台风登陆频数是 6 次，与 2013 年相比是下降的，基本符合预测结果。结合小波系数实部等值线图和小波方差图可以预测，2015 年在最强的 30 年尺度下，台风频数会继续减少，逐步走向低值中心。

① 本节 2014 年台风数据资料来源：http：//bbs. haidiao. com/taifeng. php（中国台风查询系统）。

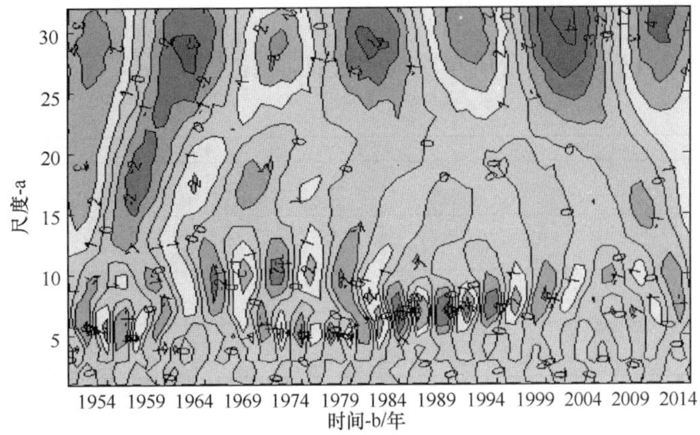

图 4－2①　1949—2013 年全国台风年频数小波系数实部等值线图

图 4－3 是小波系数模方图，小波系数模方相当于小波能量谱，可以分析出不同周期的震荡能量。从图 4－4 可以看出，25—35 年时间尺度的能量最强、周期最显著，但周期具有一定局部性。图中最高的波峰是最明显的周期，次峰为弱一点的周期。30 年周期最明显，7 年左右为另一个较弱周期。

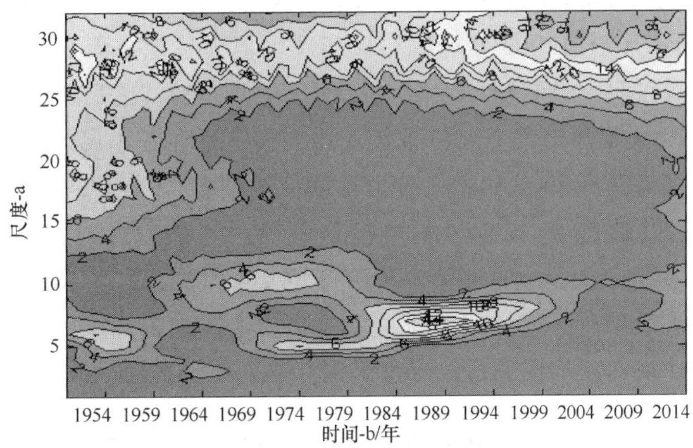

图 4－3②　1949—2013 年全国台风年频数小波系数模方图

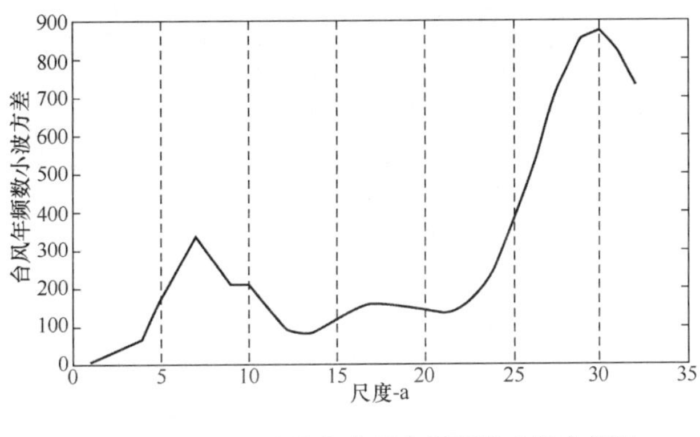

图 4－4　1949—2013 年全国台风频数小波方差图

① 彩图见附录一。
② 彩图见附录一。

2. 台风年次均损失的小波分析

图4－5为1983—2013年全国台风年次均损失柱状图。

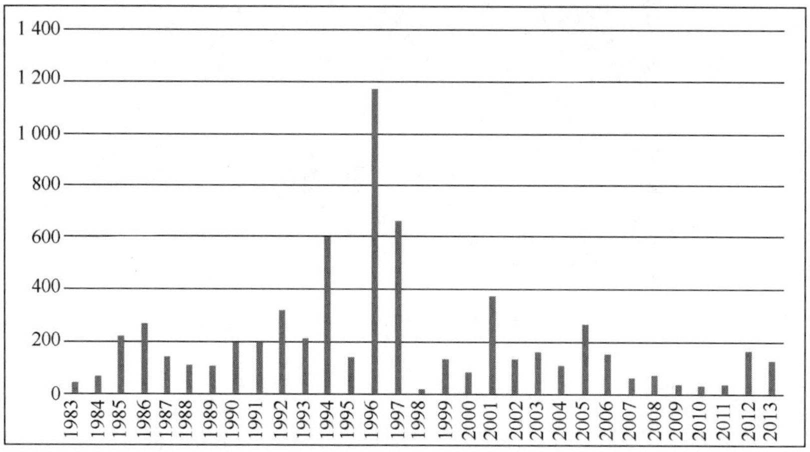

图4－5　1983—2013年全国台风年次均损失柱状图

由图4－6可以看出，1983—2013全国台风年次均损失在14年尺度有较强周期，在8年左右也有周期。从1983年开始到1995年全国台风年次均损失呈现全面上升趋势。1996年全国台风年次均损失在较小尺度呈上升趋势，在较大尺度呈下降趋势，之后不论是较小尺度还是较大尺度均呈下降趋势。1998年开始，全国台风年次均损失不论在较小尺度还是较大尺度均呈全面下降趋势，在较小尺度持续到2000年，在较大尺度持续到2002年。从2005年开始全国台风年次均损失在较大尺度呈下降趋势，在较小尺度呈上升趋势，一直持续到2011年。由此可以得出结论：2014年台风年次均损失呈上升趋势。2014年的实际次均损失为115.6亿元，与2013年相比有小幅下降，与预测结果有一定的偏差。这主要是由于人们提高了防台风意识，各级部门完善了台风的防范措施，使得次均损失得以减少。

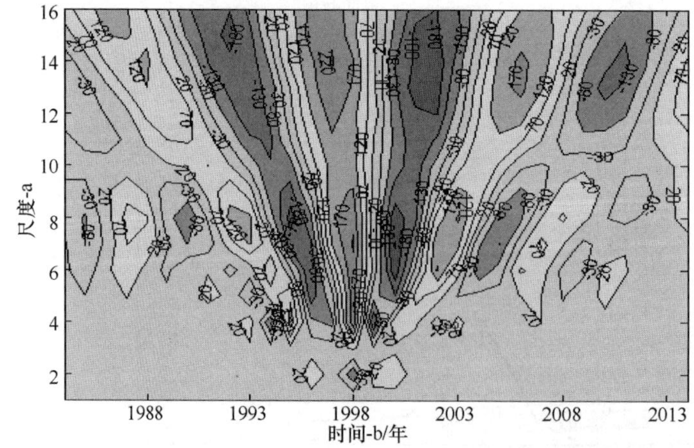

图4－6[①]　1983—2013年全国台风年次均损失小波系数实部等值线图

从图4－7可以看出，13—15年时间尺度的能量最强、周期最显著，但周期具有一定局部

① 彩图见附录一。

性，其次在6—9 年时间尺度的能量也较强，呈现出周期性。图中最高的波峰是最明显的周期，次峰为弱一点的周期。14 年周期最明显，8 年左右为另一个周期。图 4 -8 为 1949—2013 年全国台风频数小波方差图。

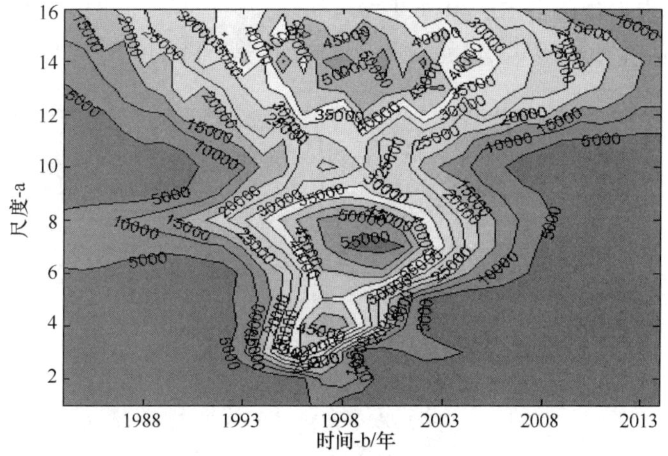

图 4 -7① 1983—2013 年全国台风年次均损失小波系数模方图

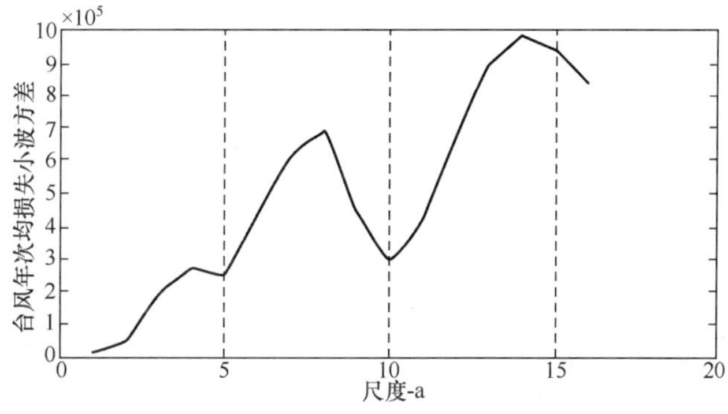

图 4 -8 1949—2013 年全国台风频数小波方差图

3. 台风年总损失的小波分析

图 4 -9 为 1983—2013 年全国台风年总损失柱状图。

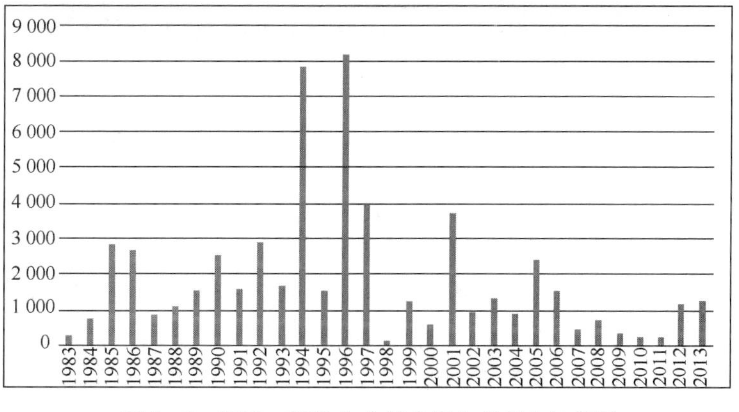

图 4 -9 1983—2013 年全国台风年总损失柱状图

① 彩图见附录一。

由图4－10可以看到，1983—2013年全国台风年总损失存在三个尺度的较明显周期，在15年尺度有最强周期，其次是8年左右有周期和4年左右有周期。1983—2012年全国台风年总损失在15年主周期尺度上各形成了三个高值与低值中心。2012年全国台风年总损失逐渐进入高值中心过程，所以可以得出预测结论：2014年台风年总损失值在主周期15年尺度下具有上升的趋势。但2014年的年总损失为693.7亿元，和2013相比是下降的，因此与预测不很相符。

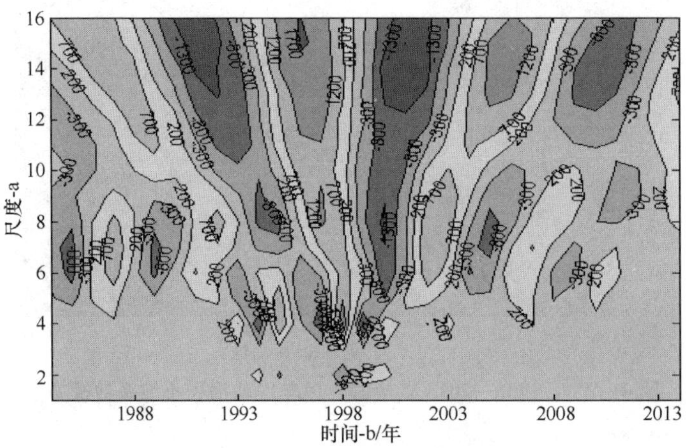

图4－10[①] 1983—2013年全国台风年总损失小波系数实部等值线图

从图4－11可以看出，14—16年时间尺度的能量最强、周期最显著，但周期具有一定局部性，其次在8年左右时间尺度的能量也较强，呈现出周期性。

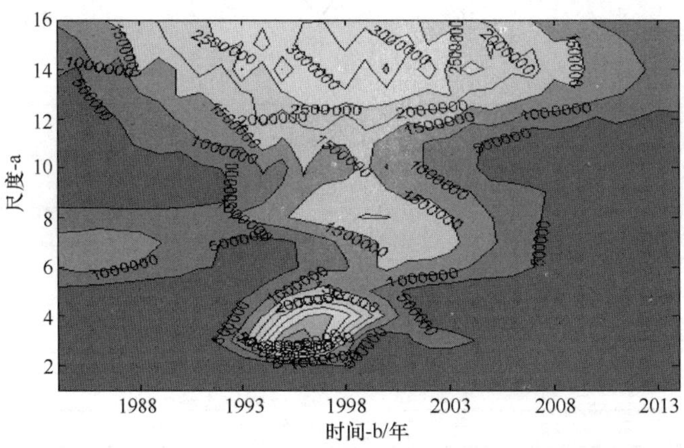

图4－11[②] 1983—2013年全国台风年总损失小波系数模方图

从图4－12可以看出，图中最高的波峰是最明显的周期，次峰为弱一点的周期。15年周期最明显，8年左右为另一个周期，4年左右为最弱的周期。

综合小波预测部分的三项预测可以看出，小波预测方法对于单纯性灾害特征预测具有一定的准确性，如灾害次数等，由于对灾害造成损失的度量需用经济因素指标（如总损失额、次损失额等）反映，随着我国防灾减灾意识与能力的不断提高，损失类指标的小波预测会出现一定

① 彩图见附录一。
② 彩图见附录一。

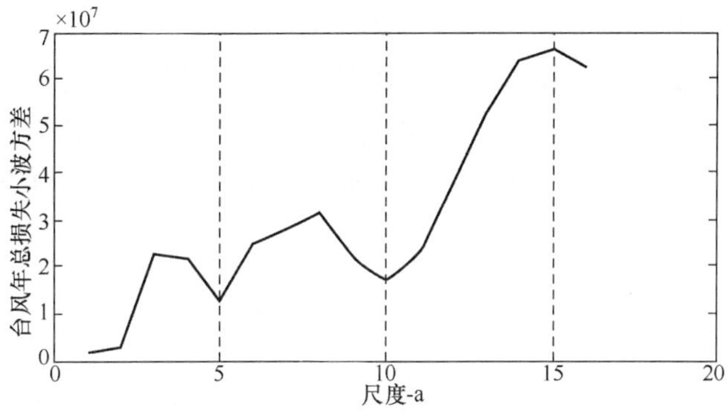

图4-12　1983—2013年全国台风年总损失小波系数方差图

偏差，因此本课题组在编写过程中对每种灾害尽量包含纯灾害特征性指标（如频数、受灾面积、成灾面积等）的小波预测，同时在对损失类指标进行预测时进行GDP调整，力求减小灾害损失中由实际货币性因素造成的影响。

二、台风灾害的马尔可夫趋势预测

（一）马尔可夫预测模型简介

1. 马尔可夫链简介

马尔可夫链由安德烈·马尔可夫（A. A. Markov，1856—1922）得名，是具有马尔可夫性质的离散时间随机过程。马尔可夫随机过程理论指出，系统将来所处的状态只与现在系统状态有关，而与系统过去的状态无关。马尔可夫预测是根据系统状态之间的转移概率来预测系统未来发展的，转移概率反映了灾害内在变化规律，适用于具有随机波动性问题的预测。

2. 马尔可夫链预测模型简介

马尔可夫链预测模型通过过去逐年灾损数据的相对变化情况，计算出马尔可夫转移矩阵，然后向后做出预测，具体步骤如下：

步骤一：求出各省灾害频数的增长率。

步骤二：对变化率定级。根据灾害相关指标变化率情况，将所有年度的逐年变化情况等分为五个等级：显著下降（-2）、小幅下降（-1）、相对平稳（0）、小幅上升（1）和显著上升（2）。

步骤三：统计相连增长率特征。

步骤四：对所有省份数据的相连增长率按照起始状态分类求和。

步骤五：求出一步转移概率矩阵。

步骤六：通过末年各省市相对于前一年的变化乘以转移概率矩阵并取最大概率值，对下一年灾损相对变化进行预测。

（二）台风灾害趋势的马尔可夫过程预测

1. 台风灾害引发直接经济损失的预测

根据各省1984—2012年台风灾害引发的直接经济损失构造马尔可夫转移矩阵，预测2013年度台风灾害引发的直接经济损失，并与2013年实际情况进行对比，检验马尔可夫链的构造效果，然后将2013年数据也用于马尔可夫转移矩阵的构造中，对以后年度台风引发直接经济损失进行预测，从图4－13可以看出，对北京、福建、甘肃、贵州、河北等部分省市的马尔可夫预测比较准确，但对有些省市的预测有些偏差，用于构造台风受灾转移概率矩阵的历史记录年份较少，以及突发性气候等原因致使某些省份发生了较大偏差。表4－1是对2014年度台风灾害引发的直接经济损失的预测。

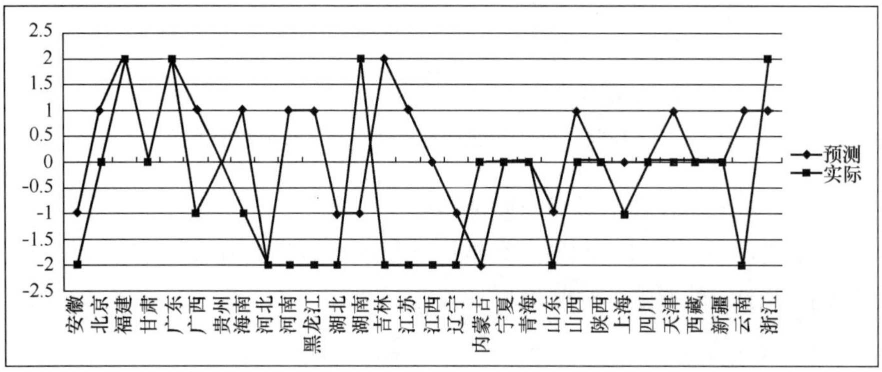

图4－13　2013年台风灾害直接经济损失马尔可夫预测与实际情况对比图

表4－1　2014年台风灾害经济损失预测表

北京	天津	河北	山西	内蒙古	辽宁
小幅上升	相对平稳	相对平稳	小幅下降	显著上升	小幅上升
吉林	黑龙江	上海	江苏	浙江	安徽
小幅上升	小幅下降	相对平稳	相对平稳	小幅下降	小幅上升
福建	江西	山东	河南	湖北	湖南
小幅上升	小幅上升	小幅上升	相对平稳	小幅上升	小幅上升
广东	广西	海南	四川	贵州	云南
显著上升	小幅上升	显著上升	相对平稳	小幅下降	相对平稳
西藏	陕西	甘肃	青海	宁夏	新疆
相对平稳	小幅下降	小幅下降	相对平稳	相对平稳	相对平稳

2. 灾害损失率的预测

与台风灾害引起的直接经济损失预测相似，对于台风灾害损失率的预测首先选取1984—2012年数据构造转移矩阵对2013年数据进行预测并与实际数据相对比，结果如图4－14所示，然后将2013年数据也用于马尔可夫转移矩阵的构造中并对2014年度进行预测。受数据年限限制与个别极端灾害影响，对于2013年的损失率情况预测在某些省份同样存在偏差。表4－2是对2014年度台风灾害损失率的马尔可夫预测。

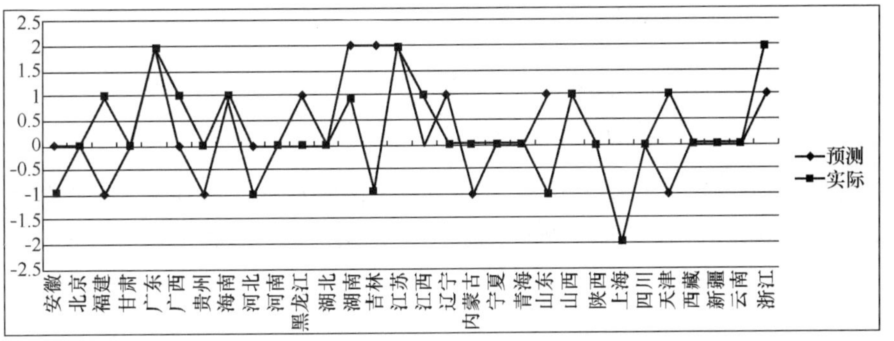

图 4－14　2013 年台风灾害损失率马尔可夫预测

表 4－2　2014 年台风灾害损失率马尔可夫预测

北京	天津	河北	山西	内蒙古	辽宁
小幅上升	相对平稳	小幅下降	小幅上升	相对平稳	小幅上升
吉林	黑龙江	上海	江苏	浙江	安徽
小幅上升	小幅下降	相对平稳	小幅上升	显著上升	相对平稳
福建	江西	山东	河南	湖北	湖南
显著上升	小幅上升	小幅上升	小幅下降	小幅上升	小幅上升
广东	广西	海南	四川	贵州	云南
显著上升	小幅上升	小幅上升	相对平稳	相对平稳	小幅上升
西藏	陕西	甘肃	青海	宁夏	新疆
相对平稳	相对平稳	相对平稳	相对平稳	相对平稳	相对平稳

三、台风灾害趋势的灰色分析

（一）灰色系统及 GM（1，1）模型简介①

1. 灰色系统简介

在系统研究中由于内外扰动的存在和认识水平的局限，人们得到的信息总带有不确定性。为了分析“部分信息已知、部分信息未知”的“小样本”“贫信息”的不确定性，我国邓聚龙教授在 1982 年创立了灰色系统理论，旨在通过对“部分”已知信息的生成、开发，提取有价值的信息，实现对系统运行行为、演化规律的正确描述和有效控制。

2. GM（1，1）模型简介

灰色系统对随机量的处理，并不是力图寻求其概率分布，而是从数据本身，挖掘数据所内含的信息，将杂乱的原始数据通过一定的方法处理，弱化其波动，变成比较有规律的时间序列，从而建立动态模型。因此，在 GM（1，1）模型中，对于非负的原始数据序列：

$$X^{(0)} = [x^{(0)}(1), x^{(0)}(2), \cdots, x^{(0)}(n)]$$

① 刘思峰，党耀国，方志耕，等. 灰色系统理论及其应用［M］. 5 版. 北京：科学出版社，2010. 以后各灾因不再赘述。

若将原始数据进行一次累加，就能获得新的数据序列：

$$X^{(1)} = [x^{(1)}(1), x^{(1)}(2), \cdots, x^{(1)}(n)]$$

其中：

$$x^{(1)}(k) = \sum_{i=1}^{k} x^{(0)}(i) \qquad (k = 1,2,\cdots,n)$$

这样可以得到一个递增的序列，增强了原始数据的规律性。根据 $x^{(0)}$ 为非负准光滑序列，$x^{(0)}$ 的一次累加生成序列 $x^{(1)}$ 具有准指数律，进而给出 GM（1，1）模型微分方程的形式：

$$\frac{\mathrm{d}(X)^{(1)}}{\mathrm{d}t} + aX^{(1)} = b$$

这只是形式的一种表达，其中 a 和 b 是模型参数，可以通过最小二乘估计得出。模仿微分方程解的形式，表达出一次累加序列下一时刻 $k+1$ 的观察值：

$$\widehat{x}^{(1)}(k+1) = \left[x^{(0)}(1) - \frac{b}{a}\right]\mathrm{e}^{ak} + \frac{b}{a}$$

将其还原为原始序列，得到；

$$\widehat{x}^{(0)}(k+1) = \widehat{x}^{(1)}(k+1) - \widehat{x}^{(1)}(k)$$

式中：$\widehat{x}^{(0)}$ $(k+1)$ 为原始序列下一时刻的预测值。

3. 预测精度检验

通常用以下两个主要指标作为模型精度的检验：

平均相对残差：

$$\delta = \frac{1}{n}\sum_{k=1}^{n}\frac{|x^{(0)}(k) - \widehat{x}^{(0)}(k)|}{x^{(0)}(k)} \times 100\%$$

取 $s_1^2 = \frac{1}{n}\sum_{i=1}^{n}[X^{(0)}(i) - \overline{X}^{(0)}]^2, s_2^2 = \frac{1}{n}\sum_{i=1}^{n}[\varepsilon(j) - \overline{\varepsilon}]^2, n$ 为序列长度，$\varepsilon(j)$ 为残差序列。

可以定义方差比：

$$C = \frac{S_2}{S_1}$$

判定规则见表 4－3。

表 4－3　灰色模型预测精度检验判定规则表

等级	相对误差%	方差比 C	评价
Ⅰ	<1	<0.35	优
Ⅱ	<5	<0.5	合格
Ⅲ	<10	<0.65	基本合格
Ⅳ	>20	<0.80	不合格

（二）台风灾害趋势的灰色 GM（1，1）模型

1. 全国台风频数的灰色模型

本节选用 2003—2013 年全国登陆台风频数（见表 4－4）进行灰色分析。

表 4－4　2003—2013 年全国登陆台风频数表　　（单位：次）

年份	频数	年份	频数
2003	11	2009	11
2004	10	2010	8
2005	12	2011	7
2006	12	2012	7
2007	7	2013	10
2008	10	—	—

图 4－15 所示为 2003—2013 年全国登陆台风频数折线图。

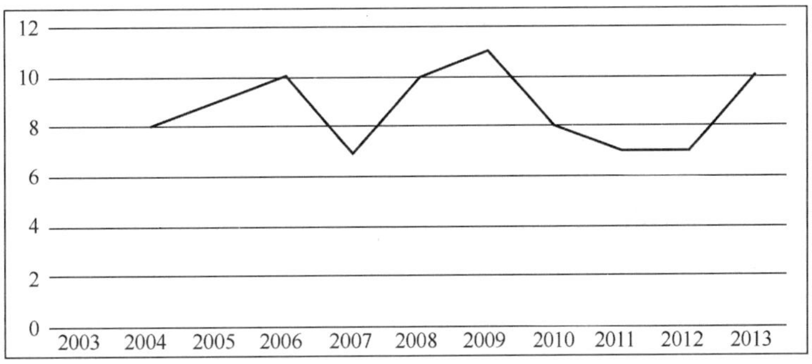

图 4－15　2003—2013 年全国登陆台风频数折线图

本节选取 2003—2013 年的频数为原始数据，建立灰色 GM（1，1）模型，进行预测。用 R 软件得到预测结果，见图 4－16。

```
GM(1,1)参数估计值:
 发展系数a=-0.036 869 97  灰色作用量b=11.641 69

x(0)的实际值:
 11  10 12  12 7 10  11  8 7 7 10
x(o)的模拟值:
 11  11 11  10 10 10  9  9 9 8 8
x(0)的下一预测值:
 8

 平均相对误差=16.926 57 %
 方差比值=0.420 993 8
```

图 4－16　2003—2013 年台风频数的灰色 GM（1，1）模型结果

从图 4－16 可以看出，下一年度的台风登陆频数为 8 次，平均相对误差勉强合格，方差比值合格，模型可以通过检验，预测的 2014 年登陆频数相对于 2013 年增加了一次，很容易可以看到近几年的台风登陆频数在小范围波动，不过长期来看每年登陆台风的频数还是有一个下降的趋势。2014 年台风的实际登陆频数为 6 次，相比于 2013 年减少了 4 次。而预测结果是 8 次，与预测结果不符合，原因是台风的发生在一定程度上是可预测的，而实际情况中含有偶然性。

2. 全国台风年总损失额

同前，依旧选用 2003—2013 年经 GDP 调整标准化后的全国登陆台风年总损失（见表 4－5）进行灰色分析。

表 4－5　2003—2013 年全国登陆台风年总损失表　　（单位：亿元）

年份	标准化总损失	年份	标准化总损失
2003	1 299. 745 4	2009	329. 280 9
2004	849. 156 8	2010	216. 835 1
2005	2 413. 410 5	2011	218. 554
2006	1 549. 433 6	2012	1 154. 078 9
2007	426. 662 1	2013	1 260. 3
2008	700. 933 1	—	—

图 4－17 所示为 2003—2013 年全国登陆台风年总损失折线图。

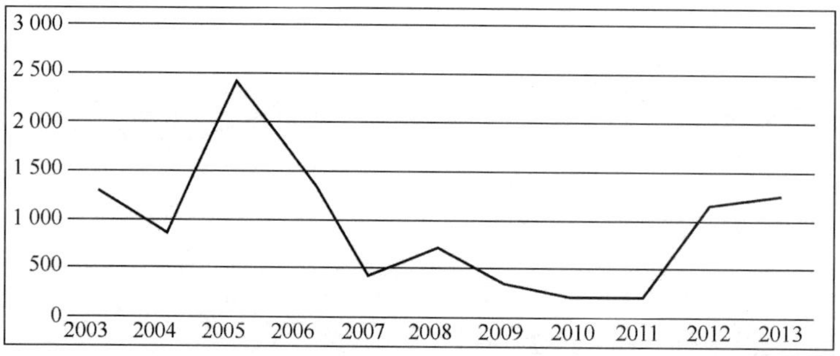

图 4－17　2003—2013 年全国登陆台风年总损失折线图

同样，选取 2001—2013 年的全国登陆台风年总损失额为原始数据，建立灰色 GM（1，1）模型，进行预测。用 R 软件得到预测结果，见图 4－18。

GM(1,1)参数估计值:
发展系数a=-0.108 791 9　灰色作用量b=1 618.75

x(0)的实际值:
1 299.745 849.156 8 2 413.41 1 549.434 426.662 1 700.933 1 329.280 9 216.835 1 218.554 1 154.079 1 260.3
x(0)的模拟值:
1 300 1 400 1 256 1 126 1 010 906 813 729 654 586 526
x(0)的下一预测值:
472

平均相对误差=99.551 75 %
方差比值=0.451 862

图 4－18　2003—2013 年全国登陆台风年总损失的灰色 GM（1，1）模型结果

由图 4－18 可以看出，模型预测下一年度全国登陆台风标准化年总损失为 472 亿元，方差比值合格，但是平均相对误差高达 99. 55%，所以本模型没有通过检验，可以认为可能的原因是原始数据在 2005 年有一个反趋势的较大波动，导致模型预测的相对误差较大。在这种情况下，预测的 2014 年标准化后年总损失为 472 亿元，从长期来看我国登陆台风造成的年总损失不太可能呈现显著上升的趋势。而实际上 2014 年标准化后年总损失为 693. 7 亿元，虽满足与 2013 年相比是下降的预测，但与预测结果差异较大，原因正如上述所说，灰色 GM（1，1）模型的平均相对误差过高。

四、台风灾害趋势的神经网络分析

本节主要讨论台风灾害趋势的神经网络分析，内容包括台风的损失预测和路径预测两大主要部分。其中，对台风的损失预测可以应用行业中通用的BP神经网络的方法，结果证明该方法能够很好地拟合和预测台风灾害的潜在损失。

（一）神经网络的基本原理①

1. 神经网络方法概述

人工神经网络是模拟人脑神经活动进行学习、判断、推理的一种数学方法。人工神经网络是一种非线性统计回归分析方法，不需要预先确定样本数据的数学模型，仅通过学习样本数据就可以进行相当精确的预测。BP（Back Prorogation，误差反向传播）神经网络模型，是目前应用最成功和广泛的神经网络之一。BP神经网络通过学习训练能够自己学习、总结出复杂系统的内在联系规律，即使根据不完整信息也能得出较完整的正确结论，从而使得对现实世界做出准确辨别和预测的研究成为可能。

人工神经元是神经网络的基本处理单元，一般表现为一个多输入、单输出的非线性模型，典型的神经元模型如图4－19所示。

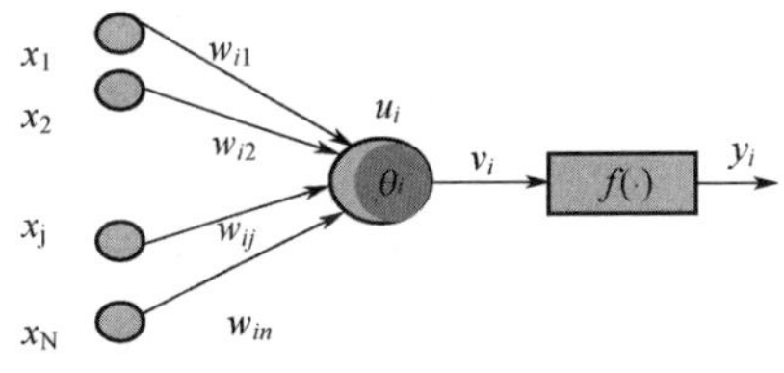

图4－19　人工神经元模型

其中：x_i（$j=1，2，\cdots，N$）为神经元 i 的输入信号；w_{ij}为输入信号的权重；u_i 为输入信号线性组合后的输出，是神经元 i 的净输入；θ_i为神经元的阈值；v_i 是经过偏差调整后的值。

$$u_i = \sum_{j=1}^{N} w_{ij}x_j, v_i = u_i + \theta_i$$

f（·）是激励函数，y_i是神经元 i 的输出。

$$y_i = f(\sum_{j=1}^{N} w_{ij}x_j + \theta_i)$$

人工神经网络中最常用的激励函数是S型函数（sigmoid函数）：

$$f(t) = \frac{1}{1 + \exp(-at)}$$

BP神经网络的基本思想是学习过程由信号的正向传播和误差的反向传播两个过程组成。正向传播时，输入样本从输入层传入并经隐含层传向输出层，如果输出层的实际输出与期望输出不符，那么转入误差的反向传播过程。此时输出误差通过隐含层以某种形式向输入层逐层反传

① 以后各灾因不再赘述。

并被分摊给各层的所有单元，从而获得各层单元的误差信号，此误差信号作为修正各单元权值的依据。这种信号正向传播与误差反向传播的各层权值调整过程周而复始地进行。权值不断调整的过程就是网络学习训练的过程。当网络输出误差减小到可接受的程度或进行到预先设定的学习次数时，过程终止。BP 神经网络计算流程如图 4－20 所示。

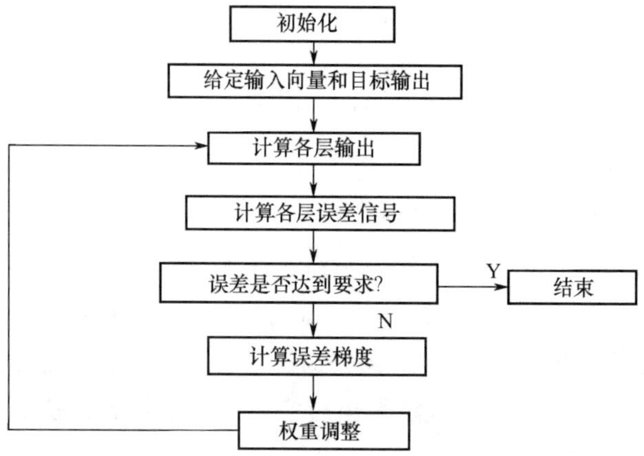

图 4－20　标准 BP 神经网络计算流程

2. BP 神经网络的结构

BP 神经网络结构包括输入层、隐含层以及输出层。输入层单元数由输入样本的维数决定，输出层的神经元个数由预测的输出变量确定。隐含层是 BP 神经网络的重要环节，根据不同的要求，隐含层可以设置一个或多个，一般为 1～3 个。隐含层节点数的选择则是神经网络成败的关键，隐含层节点数太少，网络从样本中获取信息的能力就差，网络难以处理较复杂的问题；隐含层节点数过多，会使得网络训练时间急剧增加、网络训练过度，也就是说网络具有过多的信息处理能力，甚至将训练本中没有意义的信息也记住了，即出现“过度拟合”问题。

通常隐含层节点数 m 的选择利用如下公式：

$$m = \sqrt{n + l} + \delta$$

式中：m 为隐含层节点数；n 为输入层节点数（自变量的个数）；l 为输出层节点数（因变量的个数）；δ 为 1 至 10 之间的常数。

BP 神经网络学习的目的在于用网络输出层的实际输出值与期望输出值之间的误差来调整权重，即使得输出层的误差平方和达到最小。误差公式如下：

$$E_{总} = \frac{1}{2}\sum_{p=1}^{P}\sum_{k=1}^{K}(d_k^p - o_k^p)^2$$

式中：d_k^p 表示期望输出值；o_k^p 表示实际输出值。

3. BP 神经网络样本数据的处理

BP 神经网络的输入和输出数据的标准化处理是否合理，直接影响到网络的训练时间和网络的性能。如果数据范围过宽，对学习算法的要求也会很高。为了减轻网络训练时间的难度，需要将输入数据归一化到能使网络所有权值调整都在一个不大的范围内。同时，归一化处理后的数据不需要考虑数量单位对于数据的影响。通常将输入输出数据变换为［0，1］区间内的值，公式如下：

$$\bar{x}_i = \frac{x_i - x_{min}}{x_{max} - x_{min}}$$

式中：x_i 为输入或输出数据；x_{min}为数据变化的最小值；x_{max}为数据变化的最大值。

最后需将数据进行反归一化处理：

$$x_i = x_{min} + \bar{x}_i \times (x_{max} - x_{min})$$

（二）台风的损失预测分析

自新中国成立以来，分析我国台风的特点及影响，无论台风是否登陆，都不难看出台风的灾害是巨大的。由此，进行台风灾害的损失分析具有一定的社会和经济意义。本节以单次台风为单位，整合2000年以来的台风数据资料，将台风属性和地区属性等指标作为输入向量，台风造成的损失作为输出向量，建立了预测影响该地区台风损失的理想人工神经网络模型。实验结果表明，运用BP神经网络对某一区域某一类型台风的灾害损失进行预测是可行的。

本模型的结果在一定程度上可以为气象部门和政府部门提供制订和实施抗台风方案的依据，从而减少灾害损失。对保险公司而言，利用该模型可以估计具体地区受到某一台风影响的损失，为投保及保费的制定提供合理的建议，在灾害发生后，可以为保障赔付环节及时顺利进行提供理论基础。

1. 数据的选取

本节分析所用的台风或热带气旋相关变量的数据均来自《台风年鉴》和《中国统计年鉴》。输入变量的样本选自2010年以来登陆和未登陆我国的台风，即2010年的11002号台风至2012年发生的11223号台风共45个样本（见表4－6）。

表4－6 2010—2012年台风数据表

省（区、市）	台风编号	直接经济损失（亿元）	TDP	GDP	受灾地面积（万平方千米）	耕地面积（千顷）
广西	11223	2.6	21 768	8 762	23.6	4 217.519 76
海南	11223	12.6	21 768	1 987.2	3.4	727.508 873 3
广东	11213	25.6	11 258	43 579.23	18	2 830.731 473
广西	11213	22.8	11 258	8 762	23.6	4 217.519 76
云南	11213	1.9	11 258	8 546.13	38.33	6 072.059 947
上海	11211	5.2	23 156	17 899.43	0.63	243.959 526 7
江苏	11211	21.1	23 156	34 462.54	10.26	4 763.792 86
浙江	11211	272.9	23 156	30 011.62	10.2	1 920.854 813
安徽	11211	43.4	23 156	10 167.98	13.97	5 730.188 72
江西	11211	33.3	23 156	7 999.48	16.7	2 827.086 153
江苏	11209	13.4	8 744	34 462.54	10.26	4 763.792 86
浙江	11209	2.6	8 744	30 011.62	10.2	1 920.854 813
福建	11209	14.8	8 744	15 632.36	12.13	1 330.103 94
江西	11209	2.4	8 744	7 999.48	16.7	2 827.086 153
福建	11208	0.1	15 649	15 632.36	12.13	1 330.103 94
广东	11208	18.7	15 649	43 579.23	18	2 830.731 473
广西	11208	1.9	15 649	8 762	23.6	4 217.519 76

续表

省（区、市）	台风编号	直接经济损失（亿元）	TDP	GDP	受灾地面积（万平方千米）	耕地面积（千顷）
福建	11205	2. 2	10 033	15 632. 36	12. 13	1 330. 103 94
海南	11119	14. 3	22 688	1 886. 5	3. 4	727. 508 873 3
广东	11117	36. 6	33 245	40 213. 5	18	2 830. 731 473
海南	11117	67. 7	33 245	1 886. 5	3. 4	727. 508 873 3
广西	11117	34. 6	33 245	8 490	23. 6	4 217. 519 76
福建	11111	9. 3	8 769	14 350. 8	12. 13	1 330. 103 94
浙江	11109	22. 6	6 592	29 807. 33	10. 2	1 920. 854 813
上海	11109	2. 5	6 592	17 563. 98	0. 63	243. 959 526 7
江苏	11109	8. 1	6 592	32 297. 3	10. 26	4 763. 792 86
海南	11108	3. 2	3 455	1 886. 5	3. 4	727. 508 873 3
广西	11108	0. 1	3 455	8 490	23. 6	4 217. 519 76
浙江	11105	0. 5	4 336	29 807. 33	10. 2	1 920. 854 813
江苏	11105	1. 25	4 336	32 297. 3	10. 26	4 763. 792 86
广东	11104	0. 1	3 244	40 213. 5	18	2 830. 731 473
广西	11104	0. 1	3 244	8 490	23. 6	4 217. 519 76
福建	11013	27. 99	87 565	14 737. 12	12. 13	1 330. 103 94
广东	11013	0. 092 4	87 565	46 013. 06	18	2 830. 731 473
广东	11011	54. 2	30 718	46 013. 06	18	2 830. 731 473
广西	11011	0. 17	30 718	7 759. 16	23. 6	4 217. 519 76
福建	11011	6. 9	30 718	14 737. 12	12. 13	1 330. 103 94
福建	11010	2. 495 1	9 855	14 737. 12	12. 13	1 330. 103 94
福建	11006	1. 58	12 686	14 737. 12	12. 13	1 330. 103 94
广东	11006	5	12 686	46 013. 06	18	2 830. 731 473
海南	11003	0. 038	13 508	2 064. 5	3. 4	727. 508 873 3
广东	11003	42. 6	13 508	46 013. 06	18	2 830. 731 473
广西	11003	3. 9	13 508	7 759. 16	23. 6	4 217. 519 76
云南	11003	0. 4	13 508	7 224. 18	38. 33	6 072. 059 947
海南	11002	2. 7	22 219	2 064. 5	3. 4	727. 508 873 3

（1）网络输入输出变量的选取

台风灾害的损失和诸多因素有关，本节中台风灾害的影响因素是基于第三章中的回归分析选取的。根据第三章的分析结果，建立一个 4 输入 1 输出的神经网络。其中，4 输入为台风的损失预测的输入向量。由于台风造成的灾害主要是风灾、雨灾和风暴潮，故选择台风的潜在破坏力（TDP）以及台风发生地的 GDP、受灾地区面积和耕地面积作为自变量。1 输出为台风灾害的直接经济损失，这样的因变量与社会经济直接相关，有很大的参考意义。

变量定义沿用第三章的论述，即

因变量：Loss——热带气旋造成受灾地区损失

自变量：TDP——台风潜在破坏力，即台风生命周期中每6小时记录的中心最大风力的累积平方和

GDP——受灾地区的国内生产总值

Area——受灾地区的实际面积

Cultivation——受灾地区的耕地面积

这里需要指出的是，由于回归分析表明台风路径与直接经济损失的相关性并不显著，所以这里将台风路径的两个变量剔除不予考虑。

（2）网络结构的确定

本次预测选用的是三层BP神经网络，选取的激活函数为S型的正切函数（tansig），训练函数是梯度下降动量BP算法函数（traingdm），训练数据、变量数据、测试数据的选取是随机的。选取变量数据的目的是为防止训练中出现过度拟合的现象，其他样本数据作为正常训练样本。选取时的随机性可以让数据更加具备典型性和更优良的泛化能力。设定网络的最大学习迭代次数为1 000次，网络的学习精度为0.01。首先进行样本数据的归一化。由于输入向量有4个元素，所以网络输入层的数据元为4个，根据Kolmogorov定理，可知网络中间层的神经元可以取2~12个。而输出向量有1个，所以输出层中的神经元应该有1个。根据反复训练拟合的结果，将神经网络的参数选定如表4-7所示。

表4-7　三层BP神经网络模型参数表

参数名	神经元数目			学习步长	训练目标设置
	输入层	隐含层	输出层		
参数值	4	5	1	0.05	0.001

2. 结果分析

应用上述设计的BP神经网络对样本数据进行学习训练，可见经过训练后，网络的目标误差达到要求。网络训练结束后，利用测试数据对其进行测试。所谓测试，实际上是利用仿真函数来获得网络的输出，然后检查输出和实际测量值之间的误差是否满足要求。输出结果经过反归一化处理后得到预测的直接经济损失，和实际数据相拟合，得到的拟合图如图4-21所示。

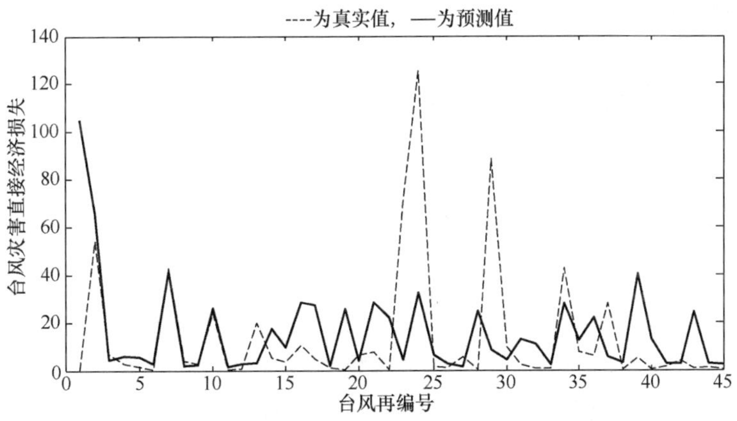

图4-21　台风灾害的损失预测拟合图

其中，实线表示预测值，虚线表示实际值。

从图 4 - 21 的拟合效果来看，除个别突出的点之外，预测的结果整体上与实际数据相吻合。气象学尤其是台风的预测千差万别，不确定性因素较多，加之将单次台风的 TDP 用于不同省份的预测，故造成了一定的误差。本节应用已训练好的神经网络对 2013 年的 13 次台风造成的损失进行预测（见表 4 - 8）。

表 4 - 8　2013 年 13 次台风的神经网络预测表

影响地区	台风编号	预测经济损失（亿元）
湖南	11311	27.14
广西	11311	20.46
广东	11311	153.68
海南	11311	0.27
福建	11319	22.35
江西	11319	0.35
湖南	11319	7.47
广东	11319	239.45
广西	11319	1.13
上海	11323	3.57
江苏	11323	2.91
浙江	11323	603.62
福建	11323	22.35

从上表可以看出，当台风发生时，对广东、浙江等经济较发达的省份地区影响较大，其所带来的经济损失明显上升。其次，参考台风的 TDP 不难看出，台风的潜在破坏力与受灾地区的经济损失正相关，即台风的破坏力越大，受灾地区所面临的经济损失越高。

综上所述，本次训练的 BP 神经网络性能可以满足实际应用的要求。拟合和预测的结果说明 BP 神经网络用来预测台风灾害的损失有一定的参考意义，值得拓展并应用。结合保险公司的实际需求，可以为投保及保费的制定提供合理的建议，在灾害发生后，可以为保障赔付环节及时顺利进行提供理论基础。

五、台风灾害趋势的时间序列分析

（一）热带气旋生成数的趋势分析和预测

1. *数据*

根据 1949—2013 年的年热带气旋生成数画折线图，台风登陆次数在总体保持稳定的前提下，每隔 4 年左右会出现一次峰值。因此，对热带气旋生成数进行一阶差分后再对数据进行一次周期性季节差分（四阶差分），得到图 4 - 22 所示的平稳序列。

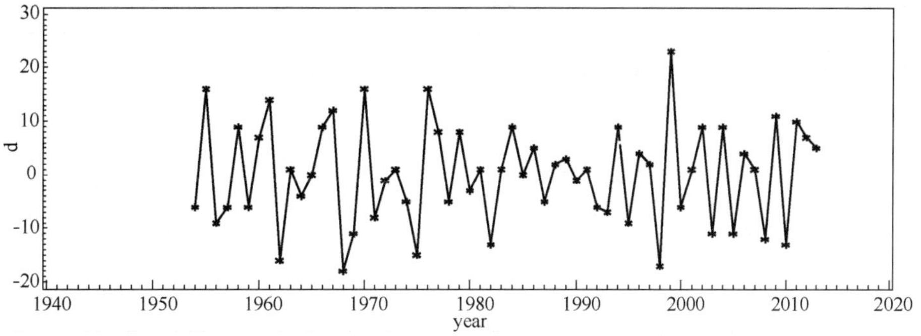

图 4-22 1949—2013 年热带气旋生成数差分折线图

2. 时间序列 SARIMA 模型

通过对自相关、偏相关图的观察，初步选取 SARIMA［(1，1，2) × (0，1，4)$_4$］和 SARIMA［(1，1，0) × (1，1，1)$_4$］为备选模型，在两个模型的模型参数 t 检验和残差自相关检验均通过的条件下，比较两个模型的 AIC 信息准则，最终选择 SARIMA［(1，1，2) × (0，1，4)$_4$］对热带气旋生成数进行拟合。通过观察 Autocorrelation Check for White Noise 的检验结果，基本可以认为根据 SARIMA［(1，1，2) × (0，1，4)$_4$］模型构造的时间序列是平稳的。由模型的参数检验结果可知，根据 p 值，在置信度 0.05 的条件下，模型的参数通过了检验。因此 1949—2013 年的热带气旋生成数的时间序列方程为：

$$(1+0.721\ 83L)\Delta\Delta_4 y_t = (1-0.628\ 97L^2)(1-0.722\ 86L^4)V_t$$

热带气旋生成数的变化趋势比较平稳，且存在一定周期性变化，这和最初的观察基本保持一致。根据 SARIMA［(1，1，2) × (0，1，4)$_4$］模型的拟合结果，发现除少数值偏离拟合曲线较远外，其他年度热带气旋生成数符合模型结果（见图 4-23，＊表示原始数据，○表示预测数据）。

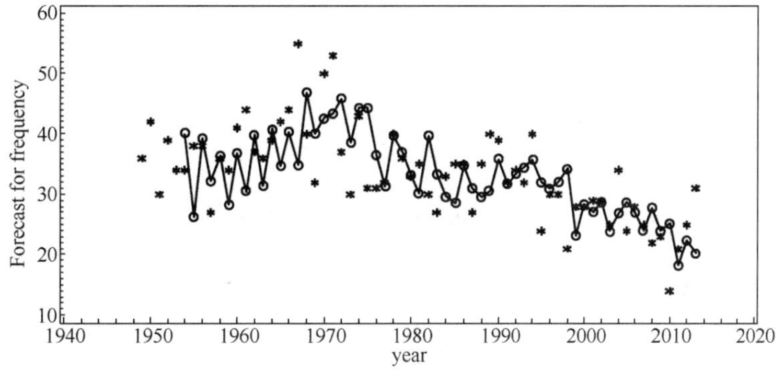

图 4-23 SARIMA［(1，1，2) × (0，1，4)$_4$］模型对热带气旋生成数的拟合图

根据预测模型，对未来 10 年的热带气旋生成数进行预测，结果如表 4-9 所示。

表 4－9　未来 10 年的热带气旋生成数预测

年份	预测值	标准差	95% 置信区间上限
2014	22. 180 7	6. 788 3	35. 485 6
2015	19. 792 5	7. 046 1	33. 602 5
2016	23. 534 1	7. 140 2	37. 528 7
2017	23. 197 5	7. 336 2	37. 576 2
2018	20. 147 9	7. 997 4	35. 822 5
2019	18. 472 5	8. 268 9	34. 679 3
2020	18. 472 5	8. 441 8	38. 225 1
2021	21. 679 4	8. 673 2	38. 707 7
2022	18. 374 8	9. 414 4	36. 826 8
2023	16. 884 4	9. 729 2	35. 953 3

统计显示，2014 年热带气旋实际生成数为 23，与预测值 22. 180 7 相差不大，由此可以看出用上述 SARIMA 模型对热带气旋生成数进行拟合是合理的。

（二）台风灾害年总损失的趋势分析和预测

1. *数据*

根据 1983—2013 年的台风年总损失（单位：亿元）画折线图，在台风登陆次数在总体有上升趋势的前提下，每隔 4 年左右会出现一次峰值。因此，对台风总损失进行一阶差分后再对数据进行一次周期性季节差分（四阶差分），得到如图 4－24 所示的差分折线图。

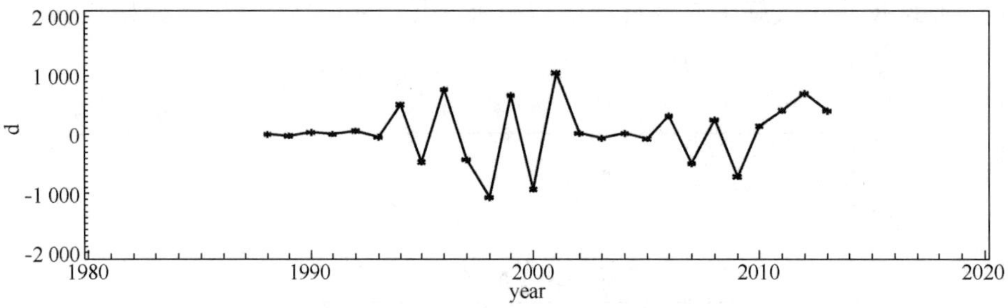

图 4－24　1983—2013 年台风年总损失差分折线图

2. *时间序列 SARIMA 模型*

通过对自相关、偏相关图的观察，最终选择 SARIMA ［（1，1，2）×（0，1，4)$_4$］对台风总损失进行拟合，基本可以认为根据 SARIMA ［（1，1，2）×（0，1，4)$_4$］模型构造的时间序列是平稳的。根据 p 值，在置信度 0. 05 的条件下，模型的参数通过了检验。因此得到 1949—2013 年的台风总损失的时间序列方程为：

$$(1+0.821\,02L)\Delta\Delta_4 y_4 = (1-L^2)(1-0.891\,52L^4)V_t$$

由图 4－25 可知（＊表示原始数据，○表示预测数据），台风总损失的变化波动趋势比较大，且存在一定周期性变化，这和最初的观察基本保持一致。由 SARIMA ［（1，1，2）×（0，1，4)$_4$］模型的拟合结果可以发现，除少数值偏离拟合曲线较远外，其他总损失符合本节的模型结果。

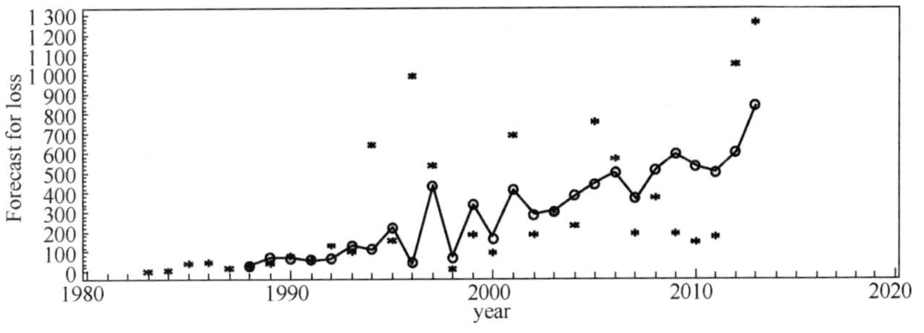

图 4-25　SARIMA［（1，1，2）×（0，1，4）$_4$］对台风年总损失的预测

根据预测模型，对未来 10 年的台风总损失进行预测，结果如表 4-10 所示。

表 4-10　未来 10 年台风年总损失预测

年份	总损失（亿元）	标准差	95% 置信区间上限
2014	678.201 9	323.413 7	1 312.081 1
2015	669.879 8	328.553 1	1 313.832 2
2016	843.863 4	331.972 6	1 494.517 7
2017	969.526 9	334.257 8	1 624.660 2
2018	863.884 5	334.271 7	1 519.045 1
2019	850.293 9	335.855 8	1 508.559 1
2020	1 038.307 4	336.919 3	1 698.657 1
2021	1 162.156 6	337.634 3	1 823.907 7
2022	1 067.708 3	338.0647	1 730.303 0
2023	1 054.631 6	338.721 5	1 718.513 6

据统计显示，2014 年台风灾害的实际总损失为 693.7 亿元，与 678.201 9 亿元相差不大，相对误差仅为 2.3%，所以认为用 SARIMA 对台风年总损失进行拟合是合理的。

（三）台风灾害年次均损失的趋势分析和预测

1. 数据

根据 1983—2013 年的台风年次损失画折线图，台风次损失在总体保持稳定的前提下，每隔 4 年左右会出现一次峰值。因此，对台风次损失进行一阶差分后再对数据进行一次周期性季节差分（四阶差分），得到如图 4-26 所示的差分序列图。

2. 时间序列 SARIMA 模型

通过对自相关、偏相关图的观察，初步选取 SARIMA［（1，1，0）$_4$］和 SARIMA［（1，1，0）×（0，1，1）$_4$］为备选模型，在两个模型的模型参数 t 检验和残差自相关检验均通过的条件下，比较两个模型的 AIC 信息准则，最终选择 SARIMA［（1，1，0）×（0，1，1）$_4$］对台风次损失进行拟合。

观察 Autocorrelation Check for White Noise 的检验结果，基本可以认为根据 SARIMA［（1，1，

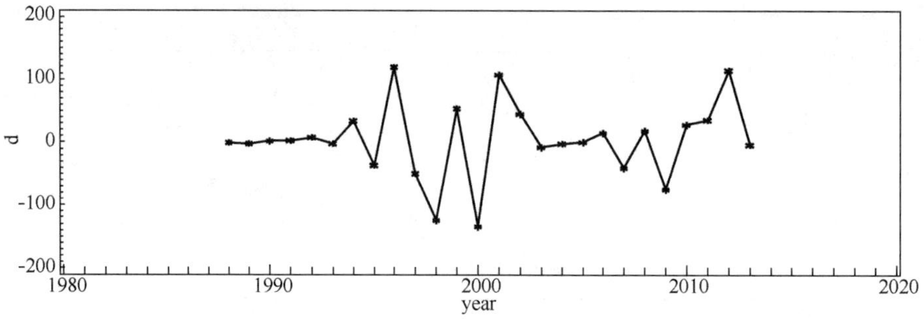

图 4－26　一阶差分后周期性季节差分折线图

0）×（0，1，1）$_4$］模型构造的时间序列是平稳的。根据 p 值，在置信度 0.05 的条件下，模型的参数通过了检验。因此可以得到 1983—2013 年的台风次损失的时间序列方程为：

$$(1-0.57864L)\Delta\Delta_4 y_t=(1-L)V_t$$

根据图 4－27 可知（＊表示原始数据，○表示预测数据），台风次损失的变化波动趋势稳定，且存在一定周期性变化，这和最初的观察基本保持一致。根据 SARIMA［（1，1，0）×（0，1，1）$_4$］模型的拟合结果可以发现，除少数值偏离拟合曲线较远外，其他的年次均损失符合本节的模型结果。

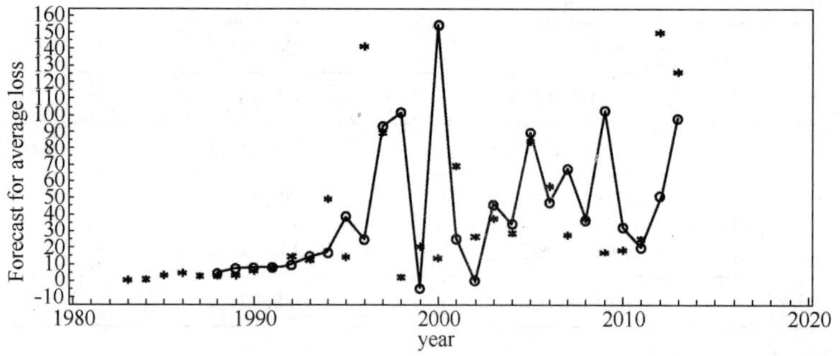

图 4－27　SARIMA［（1，1，0）×（0，1，1）$_4$］对台风年次均损失的预测

根据预测模型，对未来 10 年的台风次均损失进行预测，结果如表 4－11 所示。

表 4－11　未来 10 年台风年次均损失预测

年份	预测值（亿元）	标准差	95%置信区间上限
2014	97.632 4	54.345 0	204.146 6
2015	87.670 5	62.787 2	210.731 3
2016	203.271 3	65.370 7	331.395 6
2017	174.844 9	66.213 2	304.620 5
2018	144.264 3	89.648 7	319.972 6
2019	133.575 4	96.228 5	322.179 7
2020	249.291 6	98.333 2	442.021 1

续表

年份	预测值	标准差	95% 置信区间上限
2021	221.468 1	99.027 9	415.559 3
2022	191.772 5	116.371 4	419.856 2
2023	182.131 8	121.627 0	420.516 4

经计算，2014 年台风年次均损失为 115.6 亿元，虽高于预测值，但小于预测值 95% 置信区间上限，所以可以认为模型拟合有一定的适用性。

本节小结

本版台风灾害趋势的定量分析部分除保留《灾因报告（2012）》中的小波、灰色、神经网络和时间序列等趋势预测方法外，首次加入台风灾害趋势的马尔可夫预测，在省级层面对下年灾害变化方向与程度进行了预测。

在台风灾害小波分析部分，和原版相比本版对在数据处理、小波基选择和作图方法上进行了较大改进，在数据处理方面，增加了数据边沿延拓处理，有效消除了数据的边界效应，小波基由上版的 sym2 实小波变换改为同时反映相位与振幅的复小波变换；在作图方面，首次加入小波变换方差图与模方图，用于更直观地读取灾变周期与振荡能量谱。小波分析结果显示我国台风灾害频数存在两个主要周期，30 年周期最明显，7 年左右为另一个周期；全国台风年次均损失在 14 年尺度有较强周期，在 8 年左右也有周期；而全国台风年总损失存在三个尺度的周期，在 15 年尺度有较强周期，在 8 年左右有周期，在 4 年左右也有。

在台风灾害趋势的马尔可夫预测部分，首先利用 2012 年之前的数据构造马尔可夫转移矩阵，并用 2013 年数据进行对比，再将 2013 年数据带入用于构造转移矩阵，对下一年度各省（区、市）的台风灾害变化方向给出了定性预测。灰色分析预测、神经网络预测和时间序列预测部分与上版差别不大，时间序列模型在参数选取上稍微有变动。灰色分析预测的 2014 年全国台风登陆频数为 8 次，并通过了检验，很容易可以看到近几年的台风登陆频数在小范围波动，不过长期来看每年登陆台风的频数还是有一个下降的趋势；预测的 2014 年标准化后年总损失为 472 亿元，损失较为严重，但模型并未通过检验。通过用 2014 年的实际数据进行检验，认为灰色分析的趋势预测较准确。神经网络方法拟合结果显示，当台风发生时，对于广东、浙江等经济较发达地区的影响较大，其所带来的经济损失明显上升，台风的潜在破坏力与受灾地区的经济损失正相关，即台风的破坏力越大，受灾地区所面临的经济损失越高。

第五章　台风灾害的异常损失分析

第一节　台风灾害的极值分析及赔期

一、台风灾害的极值分析

历史极值对气象灾害的研究具有重要意义，其常作为以后相关灾害分析的对比标准，或作为防御设施安全等级的建设标尺。随着近些年来全球的气候变化，世界各地巨灾频发，极值不断被刷新。对灾害极值分析的过程要随极端事件的发生实时更新，不断调整。通过极值分析并结合相关灾害自身的分布特征，可以大致对巨灾的发生频率及损失进行预测，对特别重大灾害做好提前预备。本版灾因分析采用Gumbel异常值分析方法，根据历史观测数据，对未来灾害的极端赔付进行预测。

（一）Gumbel异常值方法说明[①]

Gumbel Distribution是用来拟合给定的时间段内发生损失的极值分布函数，这是最初的Gumbel方法，被称为标准的Gumbel方法。后来这个方法有了进一步的发展，Harris提出了修正的Gumbel方法，就是在拟合年度极值的Gumbel模型中，在估计参数时使用了加权最小二乘方法，同时准确地推导了顺序变量的分布形式。

1. 标准的Gumbel方法

在标准的Gumbel方法中，风速（x）的极值样本通过Gumbel Distribution来拟合。Gumbel Distribution的数学形式如下：

$$F(x) = \exp\left[-e^{-(\alpha x-\pi)}\right]$$

式中：α，π分别是台风的分散度和特征的一个衡量。

关于Gumbel Distribution的经验分布，可以在Gumbel关于概率的论文中找到。而α和π的估计可以通过经典的最小二乘方法得到。

2. 修正的Gumbel方法

Harris在Gumbel之后提出了修正的Gumbel方法，主要是改变了顺序变量的使用，同时用加

① 以后各灾因不再赘述。

权最小二乘方法代替普通最小二乘方法来预测分布的参数。Harris 明确地归纳出在 Gumbel 分布中的顺序统计量的平均位次，其中第 k 个上顺序统计量的分布如下：

$$\bar{y}_k = \frac{n!}{(k-1)!(n-k)!}\int_0^1 -\ln(-\ln Z) Z^{n-k}(1-Z)^{k-1}\mathrm{d}Z$$

式中：$Z=F(x)$ 代表 Gumbel 分布中的累积概率。

3. Gumbel' s Method of Exceedance

这里，Gumbel' s Method of Exceedance 是用来分析极值问题的一种方法，是修正的 Gumbel 方法的一个运用。

过去发生的损失 Z_1，…，X_n 可以看成是独立同分布的有限连续随机变量的实现值，$X_{1,n}>\cdots X_{n,n}$ 是关于 X_1，…，X_n 的顺序统计量，其中，$X_{k,n}$ 是样本的第 k 个上顺序统计量。把 $X_{k,n}$ 作为一个起始值，可以定义 $S_r^n(k)$ 为未来的 r 个观察值 X_{1+1}，…，X_{n+r} 中超过 $X_{k,n}$ 的个数。$S_r^n(k)$ 的定义式如下：

$$S_r^n(k) = \sum_{i=1}^{r} I_{\{X_{n+i}>X_{k,n}\}}$$

根据定理，随机变量 S 具有超几何分布：

$$P\{S=j\} = \frac{\binom{r+n-k-j}{n-k}\binom{j+k-1}{k-1}}{\binom{r+n}{n}}$$

证明如下：

$$P\{S=j\} = \int_0^{\infty} P(S=j \mid X_{k,n}=u)\mathrm{d}F_{k,n}(u)$$

其中，$F_{k,n}(u)$ 表示 $X_{k,n}$ 的分布函数。由于 $(X_1,\cdots,X_n)$ 和 $(X_{n+1},\cdots,X_{n+r})$ 之间是独立的，$\sum_{i=1}^{r} I_{\{X_{n+i}>u\}}$ 是一个二项分布，参数分别是 r 和 $\overline{F}(u)$，同时根据顺序统计量的特性，有

$$\mathrm{d}F_{k,u}(u) = \frac{n!}{(k-1)!(n-k)!}\overline{F}^{n-k}(u)\overline{F}^{k-1}(u)\mathrm{d}F(u)$$

因此可以得到：

$$P\{S=j\} = \frac{\binom{r+n-k-j}{n-k}\binom{j+k-1}{k-1}}{\binom{r+n}{n}}$$

（二）对于登陆台风在未来一年内超过单次历史最高值的可能性分析

根据 1983—2013 年的数据，对台风频数进行拟合，得到台风的年度登陆频数符合参数值为 $n=34$，$p=0.274\,661$ 的二项分布。据此可计算未来一年台风登陆的不同次数所对应的概率，再根据 S 的分布，可以得到未来一年内单次台风损失超过历史最高值的概率。

由于在给定未来一年的台风登陆频数的情况下，S 是一个超几何分布，而台风登陆的频数符合一个二项分布，因此可以用全概率公式来计算未来一年内超过历史单次最大损失的个数为 0 的概率。即：

$$P(S=0) = \sum_{i=0}^{n} P(S=0 \mid r=i)P(i)$$

通过计算，得到未来一年内，登陆的台风不超过历史单次最大损失的概率为0.971 428 6。

在给定未来一年台风登陆频数的情况下，未来一年中单次台风损失不超过历史最大值的概率如图5－1所示。

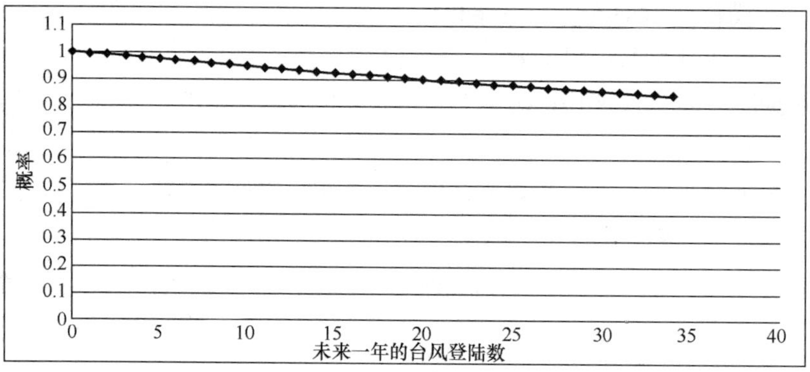

图5－1　未来一年中单次台风损失不超过历史最大值的概率

可以看到，随着未来一年登陆台风次数增加，未来一年不超过历史最大值的概率下降，即超过历史最大值的概率上升。但是不超过历史最大值的概率一直维持在85%以上。

（三）对未来年份台风造成的总损失的预测

在未来年份台风造成的总损失的预测中，可以利用的年度损失数据是1983—2013年的数据，一共31个，数据量较小，其中，最大值为1996年的991.052亿元（经GDP调整）。

先对数据进行排序，然后通过计算，得到表5－1，未来20年内台风年度总损失不超过1996年991.052亿元的概率为0.607 8，超过1996年1次的概率为0.243 1，超过2次的概率为0.094 3。同样，未来20年中，台风年度总损失不超过以前第二大总损失的概率为0.364 7，超过1次的概率为0.297 7，超过两次的概率为0.176 8。

表5－1　未来20年内台风年度总损失预测情况

	不超过	超过1次	超过2次	超过3次	超过4次
最大值	0.607 8	0.243 1	0.094 3	0.035 4	0.012 8
第二顺序统计量	0.364 7	0.297 7	0.176 8	0.090 3	0.041 7
第三顺序统计量	0.215 8	0.269 8	0.218 1	0.142 3	0.080 6
第四顺序统计量	0.125 9	0.214 3	0.221 3	0.177 0	0.119 7
第五顺序统计量	0.072 3	0.157 2	0.199 2	0.190 1	0.150 3

从图5－2可以看到，未来20年不超过前5大极值的概率逐渐变小，而且概率下降速度非常快。未来20年内不超过最大值的概率还是比较大，但是不超过第5顺序变量的概率非常小，即说明未来20年超过1997年年度损失537.41亿元的概率非常大。

图5－3展示的是未来5年、10年、15年、20年内不超过最大的5个顺序统计量的概率。

从图5－3可以看到，预测的时间期限越长，不超过特定值的概率越小，即超过特定值的概率越大，这跟一般的常识理解是一致的。但是这几条线的曲度不是很一致。在预测未来5年的情况下，不超过前5大极值的概率差不多呈直线型下降，而在预测期为未来20年的情况下，是一个下凸的下降曲线，概率下降速度先快后慢。

从图 5－4 可以看到，未来 20 年的年度损失量中，不超过最大损失量的概率比较大，超过 1 次的概率约在 0. 24 的位置，以后超过次数越多，概率越小。

图 5－4 对比了未来 5 年、10 年、15 年、20 年内超过历史最大值的概率，可以看到未来不超过最大值的概率，随着估计年限的增长而降低，而超过未来最大值的概率，随着估计年限的增长而增长。

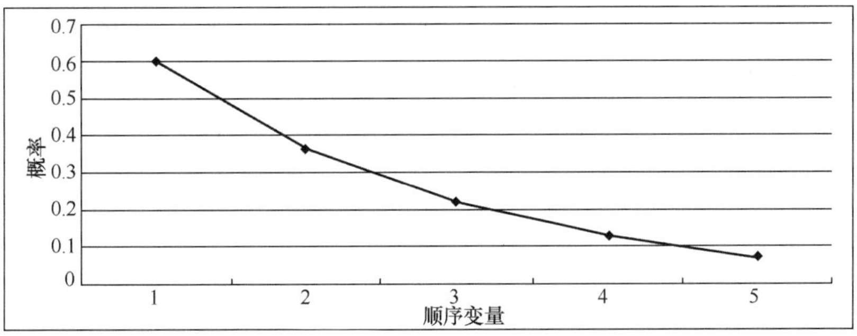

图 5－2　未来 20 年不超过前 5 大极值的概率分布图

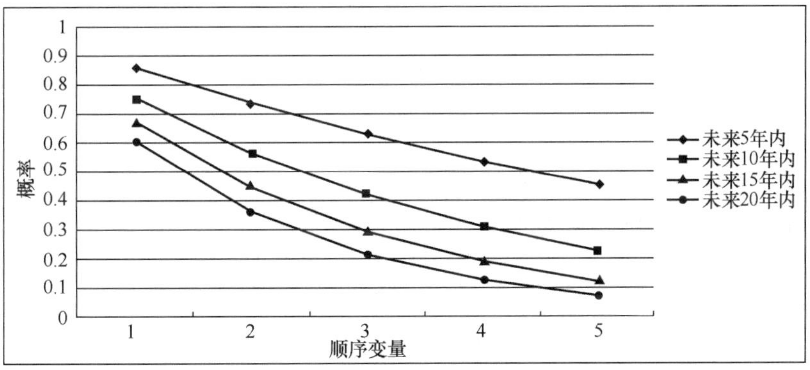

图 5－3　未来不超过最大的 5 个顺序统计量的概率

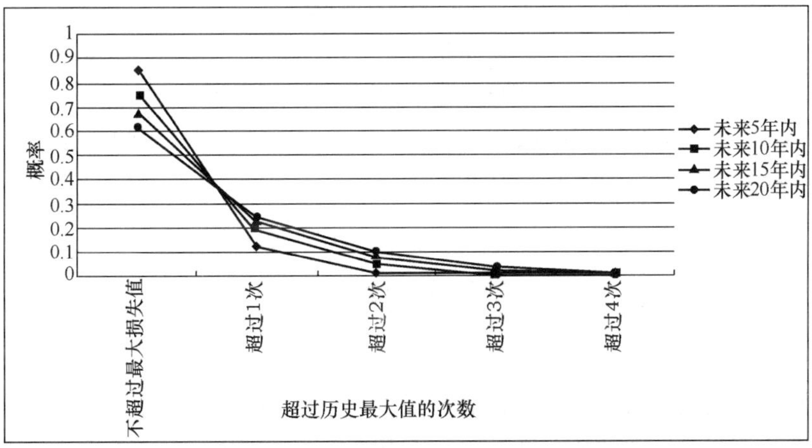

图 5－4　未来年度损失量的极值预测图

二、台风灾害的赔期

赔期定义为每连续两个超过给定值的损失之间时间间隔的数学期望，也可通俗地理解为赔期是像给定值（如历史极值）那样重大的灾害从统计学意义上发生一次要多少年。赔期的计算运用到随机过程中“停时”的概念，即特定事件首次发生的时间。赔期与极值结合分析对于灾害的描述、定级与预测具有普遍的实用性，如灾害或防御设施标准常用“××年一遇”来描述。

X_i 可以作为分布为 F 的独立的随机变量，u 定义为一个已经给定的开始值。这样可以把 $I_{\{X_i>u\}}$ 当成一个 Bernoulli 随机变量，成功概率为 $p=\overline{F}(u)$。定义第一次成功的时间为：

$$L(u)=\min\{i\geqslant 1:X_i>u\}$$

则：

$$P\{L(u)=k\}=(1-p)^{k-1}p$$

注意到独立同分布的随机变量为：

$$L_1(u)=L(u)$$

$$L_{n+1}(u)=\min\{i>L_n(u):X_i>u\}\qquad(n\geqslant 1)$$

$L_{n+1}(u)$ 可以用来表示连续两个超过给定值的损失之间的时间间隔。

事件 $\{X_i>u\}$ 的赔期可以定义为 $EL(u)=p^{-1}=[\overline{F(u)}]^{-1}$。下面可以通过几何分布的特性来解决这个问题。定义 r_k 为在 k 段时间之前至少发生一次超过 u 损失的概率。表达式如下：

$$r_k=P\{L(u)\leqslant k\}=p\sum_{i=1}^{k}(1-p)^{i-1}=1-(1-p)^k\qquad(k\in N)$$

这样就得到了 r_k 与 p 之间一一对应的关系。

在赔期之前的时间内发生一次超过 u 的损失的概率表示如下：

$$P\left\{L(u)\leqslant EL(u)\right\}=P\left\{L(u)\leqslant\left(\frac{1}{p}\right)\right\}=1-(1-p)^{\left(\frac{1}{p}\right)}$$

根据前面对年度总损失的预测，可以得到未来 20 年内损失超过 u 的概率为：

$$P\{X_i>u\}=1-P\{X_i<u\}=1-0.6078=0.3922$$

即：

$$\{L(u)\leqslant 20\}=0.3922$$

根据前面的分析，可以得到：

$$P\{L(u)\leqslant 20\}=1-(1-p)^{20}=0.3922$$

解得 $p=0.02459$，赔期为 p 的倒数 40.67 年，即像 1996 年那样大的年度损失，统计意义上 40.67 年才会再发生一次。

本节小结

本章在台风灾害的极值分析中，结合对台风灾害登陆频数及经济损失分布拟合的结果，通过计算得到在未来一年内，登陆的台风不超过历史单次最大损失的概率为 0.971 428 6；未来 20 年内台风年度总损失不超过 1996 年 991.052 亿元的概率为 0.607 8，超过 1996 年一次的概率为 0.243 1，超过两次的概率为 0.094 3。未来 20 年中，台风年度总损失不超过以前第二大总损失的概率为0.364 7，超过一次的概率为0.297 7，超过两次的概率为0.176 8，防灾减灾相关部门以及保险行业应特别重视灾害事故的防范。在台风的赔期分析中，台风的赔期从《灾因报告（2012）》里的38.62年增加到40.67年，即表明达到1996年那样大的历史最大年度损失额，统计意义上40.67年才会再发生一次。

第二节　台风灾害的重点灾区分析

广东省位于太平洋西岸，濒临南海，是西太平洋台风登陆中国的主要地区。每年登陆中国的9.34个台风中，广东省就占了5.4个，海南、台湾次之，分别有2.32个和2.0个，其他沿海地区共3.2个。每次台风袭击都会对国民经济各个部门造成严重危害。据1950—1992年初步统计，广东省发生重大台风灾害近30次，其中自1985年以来因台风和洪水造成的直接经济损失超过200亿元，平均每年损失20亿元，1991年更是高达43亿多元。随着广东省经济的飞速发展，这种损失将不断增加。台风灾害严重制约了广东省经济的可持续发展。下面重点研究下广东省的台风灾害发生情况。

一、描述统计分析

从广东省历年（1949—2013年）台风登陆次数的基本统计分析（见表5－2）来看，1949—2013年的每年登陆次数均值为5.421，标准差约为1.832。从这个分析可以看到，广东省的年登陆次数在这65年中还是比较平稳的，没有特别大的波动。

表5－2　1949—2013年广东省台风登陆次数基本统计分析

平均	5.421	区域	7
标准误差	0.238	最小值	0
中位数	3	最大值	7
众数	3	求和	234
标准差	1.832	观测数	65
方差	3.356	最大	7
峰度	－0.311	最小	0
偏度	0.224	置信度（95.0%）	0.413

用离散分布来拟合广东省的年台风登陆次数。

由数据的统计特征可知，其均值大于方差（5.421＞3.356），从而在常见的离散分布中二项分布较符合数据情况，可以用来拟合数据的分布。

由矩估计可得 $p=0.380\ 9$，$n=14.232\ 1$。由于 n 必须为整数，经过调整的参数值为 $p=0.387\ 2$，$n=14$。

下面检验二项分布对数据的拟合优度问题。与前面一样，使用 χ^2 统计量来对其拟合优度进行检验。χ^2 统计量为：

$$\chi^2 = \sum_{i=1}^{n} \frac{(O_i - E_i)^2}{E_i} \sim \chi_\alpha^2(f)$$

式中：O_i 为实际观察的频数值；E_i 为理论值；α 为置信度水平；自由度 f 等于 n 减去 3。

计算得 χ^2 －统计量为 4.076 51，自由度为 11，查 χ^2 分布临界值表得 6.57，大于 4.076 51，因此不拒绝年台风登陆次数服从二项分布的假设，即广东省年台风登陆次数符合参数 $p=0.387\ 2$，$n=14$ 的二项分布。

二、区域系统灾害分析

国内外对于几种主要灾害的理论研究主要有致灾因子论、孕灾环境论和承灾体论。接下来分别从这三个方面分析为什么广东省是全国台风灾害最严重的地区。

（一）致灾因子

一般认为灾害是致灾因子对承灾体作用的结果，没有致灾因子就没有灾害，台风灾害致灾因子主要是指台风本身携带的大风、暴雨和风暴潮等。

大风灾害：由于台风中心气压很低，台风环流圈内的气压梯度较大，在台风中心附近，风力相当强劲。尤其是台风前进方向的左侧与副热带高压相邻，气压梯度更大，这里往往是浓云飞驰，狂风怒吼。台风移近广东近海时，风力通常仍较大，这主要是由于此时台风大多处于成熟或发展阶段，海面水汽充分，能量集中，加上海面的摩擦小，有利于台风强度的维持。台风中心附近的狂风及其引起的巨浪，对海上船只和海上各种生产的设施有极严重的破坏作用。台风登陆后，水汽来源不足、供给减少，地形摩擦加大，能量损耗，风力开始明显减弱，但有时仍可达 12 级，对沿海地区有较大的破坏力。

暴雨灾害：由于暖湿空气的急剧上升，台风登陆后通常有较大的降水。台风造成的后汛期降水占全省年降水量的 40% ~50%，它可基本解除夏季和秋季的旱情。但由于广东省地势北高南低，在沿海又有北东东到南西西走向的山脉，台风在沿海地区登陆时，受其气旋性涡旋本身动力抬升和地形强迫抬升影响，常可出现过于集中和较大范围的暴雨、大暴雨，甚至特大暴雨，往往造成山洪暴发，江河陡涨，从而导致河堤决口，水库垮坝，公路、铁路、桥梁被冲毁，农田受淹，酿成严重的灾难。

风暴潮灾害：台风中心气压很低，海水位相应较高，加之强风时沿海海水壅积，若遇上农历每月的初三或十八前后两次天文大潮期，那么，台风在逼近广东沿海而移向右侧时引起的巨浪，常使码头、仓库及港内停泊的船只遭到破坏。此时如遇江河上游地区山洪暴发，下游海水倒灌，大潮就会顶托河水向岸上倾泻，就会使江河沿岸城镇和农田受淹。

（二）孕灾环境

台风孕灾环境主要受台风产生和登陆地区的气候条件、移动路径和登陆地区地理条件、台风登陆地区水文条件、土壤条件和植被条件等共同影响，各影响因素又分为若干个子因子。这些环境条件与台风配合，在一定程度上能加强或减弱台风致灾因子及次生灾害，直接影响灾情。

热带气旋是发生在热带亚热带地区海面上的气旋性环流，是由水蒸气冷却凝固时放出潜热发展而出的暖心结构。所以当热带气旋登陆后，或者当热带气旋移到温度较低的洋面上时，便会因为失去温暖、潮湿的空气供应能量而减弱消散，或失去热带气旋的特性，转化为温带气旋。而广东省地处我国南端，常年气候炎热，热带气旋容易减弱消散转为温带气旋。因此，广东省历来是台风多发地区。

（三）承灾体

台风灾害承灾体主要包括台风影响地区人口、农作物、工矿企业、水利设施系统和交通通信生命线系统等，这些指标同样包含若干个下一级因子，它们的数量与质量组合是台风成灾的主要原因和重要因素。广东省台风灾害造成的损失相当严重。虽然每年登陆的台风个数不等，强度不同，所以损失程度各异，但总体来说损失呈上升趋势。这反映了台风灾害不仅与致灾因子的强度有关，承灾体的脆弱性也是影响灾情严重程度的一个重要因素。广东省的经济飞速发展，承灾体的人口密度和财产密度也逐步增加，灾害损失自然不断增加。尤其广东省近些年一直是我国 GDP 第一大省，人口密度与财产密度又排在前列，承灾体十分脆弱。

广东是中国改革开放的前沿。自 1979 年以来，广东国民经济持续、快速、健康发展，综合经济实力连续多年居全国前列，生产总值、工业增加值等重要经济指标均居全国第一。随着经济的迅速发展，财产密度也逐步增加，灾害损失自然不断增加。

近些年，随着广东省经济的迅速发展，省外人口大量流入。广东省统计局日前公布的广东第六次全国人口普查数据显示，全省常住人口与第五次全国人口普查的 8 642 万人相比，10 年共增加了 1 788 万人，增长 20.69%，平均每年增加 178.8 万人。而同期，全国总人口增长 5.84%，年均增长率为 0.57%，广东常住人口增长率明显快于全国平均水平。人口密度骤增，灾害损失随之增加。

三、台风异常损失的灾变预测

考虑到台风自身的特点，本节主要考察超强台风的灾变预测，将以 2011 年第一次台风为起始点，对于超强台风进行灾变预测，分别求出超强台风距起始点的时间间隔（以天数计），可以得到表 5－3。

表 5－3　2011—2013 年全国台风灾变预测原始数据表

气旋序号	气旋编号	气旋名称	强度	起始时间	时间间隔
201111	11111	Nanmadol	超强台风	2011/8/21	0
201117	11117	Nesat	强台风	2011/9/23	33
201119	11119	Nalgae	强台风	2011/9/26	36
201203	11203	Mawar	强台风	2012/6/1	284
201204	11204	Guchol	超强台风	2012/6/10	293
201208	11208	Vicente	强台风	2012/7/18	331
201211	11211	Haikui	强台风	2012/8/1	345
201215	11215	Bolaven	超强台风	2012/8/19	363
201216	11216	Sanba	超强台风	2012/9/10	385
201311	11311	Utor	超强台风	2013/8/9	719
201319	11319	Usagi	超强台风	2013/9/16	757
201323	11323	Fitow	强台风	2013/9/29	770

对得到的超强台风时间间隔用灰色 GM（1，1）模型进行预测，结果见图 5－5。

GM(1,1)参数估计值:
发展系数a=0.268 451 2　　灰色作用量b=229.697 6
x(0)的实际值:
293 363 385 719 757
x(0)的模拟值:
293 354 463 605 791
x(0)的下一预测值:
1 035
平均相对误差=10.778 15 %
方差比值=0.246 863 1

图 5－5　全国超强台风灰色灾变预测结果

预测的结果转化回具体日期，逆向取整进行运算，得到距 2011 年 8 月 21 日后的 1 035 天，是 2014 年 6 月 21 日左右。也就是说，依据 2011—2013 年全国超强台风发生时间的历史数据，从统计意义上预测在 2014 年 6 月 21 日左右可能还会有一次超强台风，但观测来讲，超强台风一般只在特定月份到来，所以灰色模型在灾变预测方面的应用还有待进一步深入研究。

本节小结

本部分结合地理、经济、人文等因素，从致灾因子、孕灾环境和承灾体三个方面分析了我国台风灾害最严重的省份——广东省的台风灾害特征，对广东省的台风登陆频数进行了拟合，结果显示广东省年台风登陆次数符合参数 $p=0.3872$，$n=14$ 的二项分布，并用灰色 GM（1，1）模型预测在 2014 年 6 月 21 日左右可能会有一次超强台风。

第三节　台风的重大灾害分析

一、2012 年台风重大灾害分析

（一）2012 年 9 号强台风“苏拉”灾害

1. 灾害过程概述

第 9 号台风“苏拉”和第 10 号台风“达维”同天在西太平洋上登场，打破了西北太平洋短暂的平静。8 月初，两个台风携手登陆我国东部沿海，形成了罕见的“南北夹击”之势，影响范围从福建一直到辽宁十分广泛。8 月 2 日第 9 号热带风暴“苏拉”登陆台湾花莲县。第 9 号热带风暴“苏拉”，国际编号 1209，英文名 SAOLA，名字来源于越南，名字意义是一种猫科动物。“苏拉”的几大特点为：强度强、移速慢、与西南季风结合局地雨强大、影响时间长、范围广①。其发展过程如下：

① 参考资料：天气网，http：//www. tianqi. com/news/12978. html。

7月28日8时，第9号热带风暴“苏拉”在菲律宾马尼拉以东约630千米的西北太平洋洋面上生成，地理位置为北纬14.4°，东经126.8°，中心附近最大风力有8级（18米/秒），中心最低气压为1 000百帕。

7月29日14时，“苏拉”加强为强热带风暴，其中心位于台湾鹅銮鼻东南方约640千米的西北太平洋洋面上，地理位置为北纬18.3°，东经125.6°，中心附近最大风力有10级（25米/秒），中心最低气压为985百帕。

7月30日下午，“苏拉”加强为台风，30日17时，其中心位于台湾花莲市东南方大约500千米的西北太平洋洋面上，地理位置为北纬20.5°，东经124.6°，中心附近最大风力有12级（33米/秒），中心最低气压为975百帕。

8月1日22时，“苏拉”加强为强台风，其中心位于台湾宜兰市东偏南方约110千米的台湾东部近海海面上，即北纬24.1°，东经122.8°，中心附近最大风力14级（42米/秒），最低气压950百帕，7级风半径500千米，10级风半径120千米。中国气象局领导于1日晚22时30分签署提升重大气象灾害（台风）三级应急响应为二级应急响应命令，以更好地应对台风。

8月2日3时15分前后，“苏拉”中心在台湾花莲县秀林乡沿海登陆，登陆时中心附近最大风力有14级（42米/秒），中心最低气压为950百帕，7级风半径500千米，10级风半径120千米。国家海洋预报台于2日8时发布风暴潮橙色警报、海浪红色警报；22时，发布风暴潮黄色警报。

8月3日6时50分前后，“苏拉”在福建省福鼎市秦屿镇沿海二次登陆，登陆时中心最大风力10级（25米/秒），中心最低气压为985百帕。8时，国家海洋预报台发布风暴潮黄色警报、海浪黄色警报。10时，强热带风暴“苏拉”在福建省福鼎市北减弱为热带风暴，16时，国家海洋预报台发布海浪蓝色警报。同日21时，“苏拉”在江西减弱为热带低压并停止编号。

8月4日12时，中国气象局签署解除重大气象灾害台风四级应急响应①。

“苏拉”生成后两天便加强为台风，随后不久又加强为强台风，并以强台风的强度登陆台湾花莲。这个季节的西太平洋尤其是菲律宾以东的洋面温度很高，特别适合台风能量的聚集，同时，西南季风又为其周围输送大量水汽，所以造就了比较强大的“苏拉”。据初步统计，第9号台风“苏拉”和第10号台风“达维”所引发的风雹、洪涝、泥石流等灾害已造成福建、江苏、江西、浙江、山东5省6人死亡，2人失踪，102.7万人紧急转移。其中，福建省作为“苏拉”登陆地，约有78.9万人受灾，25.6万人紧急转移，600余间房屋倒塌，2 100余间不同程度受损；江苏省约有80.1万人受灾，12.5万人紧急转移，近700间房屋倒塌，1.4万间不同程度受损；江西省21.6万人受灾，近3 400人紧急转移，500余间房屋倒塌，200余间不同程度受损；浙江省87.5万人受灾，40.9万人紧急转移，50余间房屋倒塌，近1 600间不同程度受损；山东省510.6万人受灾，6人死亡，2人失踪，23.4万人紧急转移，2.3万间房屋倒塌，8.4万间不同程度受损。

2. 保险行业灾害应对

（1）相关工作措施

灾害发生后，保险业迅速行动，周密部署，积极做好台风防御和风灾定损理赔准备工作。中国保险监督管理委员会（简称“中国保监会”）福建监督局下发了《关于做好第9号台风

---

① 参考资料：中国天气台风网。

"苏拉"防抗工作的紧急通知》，通知从加强领导、突出重点、发挥作用和及时报告四方面入手，强调要全力做好第9号台风的防御工作。中国保险监督管理委员会江苏监督局下发了《江苏保监局关于做好台风防范工作的通知》，要求各级高度重视，落实责任，做好极端天气的防范工作；要求积极参与防灾减灾工作，做好保险理赔工作；要求完善应急管理机制，加强应急处理能力建设①。另外，保险监督管理委员会江西监督局、宁波保监局也及时做出了部署。

灾害突发的时候是体现保险价值的重要时刻，更是检验保险公司服务态度和服务水平的关键时刻。人保财险福建省分公司于7月31日召开紧急会议，全面部署防台工作。该公司启动防台应急预案，要求各级负责人分片深入防台一线，对承保的重点企业实行跟踪服务，特别是对重点工程、供电部门和历史上曾发生过暴雨、洪水灾害损失的区域进行安全检查，积极协助保户转移财产避险，存在隐患的，应及时协助整改；要求全体工作人员必须坚守岗位，手机应24小时开机，随时听候指挥。同时，要求认真做好理赔工作，特别是涉农案件，一定要审慎处理、统一口径，快速查勘、定损和理赔，并及时上报受灾情况。

受台风"苏拉"外围影响，上饶市铅山县武夷山镇普降暴雨，造成该地区局部山洪暴发，发生泥石流、山体滑坡等地质灾害。人保财险上饶县支公司承保的铅山县乐清水电开发有限公司的水力发电站也受到此次暴雨影响，洪水漫入电站内，致使站内设备被水淹。经初步查勘，被淹设备中有主变压器柜、互感器、励磁器柜、电缆以及电脑、空调等附属设备受损，客户报损金额约200万。人保财险上饶县支公司接报案后，立即组织人员赶赴现场查勘，对于水浸的设备，聘请了专业维修人员一同采取拆检、清洗、烘干等抢救措施，实行边维修、边查勘定损，在确定保险标的损失的同时，也帮助企业抢修了受损设备，使受灾停产的企业尽快恢复生产②。

另外，台风来袭之时，人保财险公司的旅行意外险，特别是境外旅行险，可以投保"旅程（航班）延误"项目，以此对飞机延误进行补偿。

（2）赔付情况统计

初步统计各家保险公司共接到3万余件报案，出险报案报出的损失接近百亿元，而根据中国保监会通报的理赔数字，人险、车险加农业险损失金额仅为总损失的1/10。报损案件中，绝大部分是车险，每辆车的平均理赔金额约为9 000元。

（二）2012年11号强台风"海葵"灾害

1. 灾害过程概述

2012年夏季可以称得上是台风的高发期，2012年7月24日至8月24日，短短一个月我国就有6个台风登陆，与历史同期（3.9个）相比，多出2.1个，这在近70年来是罕见的。8月2日至8日"苏拉""达维""海葵"三个台风登陆我国，影响15个省（区、市），为1996年以来所罕见。而11号强台风"海葵"是其中影响最为严重的一次台风。第11号台风"海葵"，国际编号1211，英文名HAIKUI，名字来源于中国，意思为一种形状如花朵的海洋动物。其发展过程如下：

7月31日，热带扰动99W在22N145.2E处生成，2012年8月1日联合台风警报中心（JTWC）给予LOW的评级。

8月1日，日本气象厅将其升格为热带低压，并发出烈风警报。2012年8月1日，JTWC发

① 参考资料：中国保险监督管理委员会网站，http：//www. circ. gov. cn。

② 参考资料：江西保险网，http：//www. jxsbxw. com. cn/system/2012/08/14/012074276. shtml。

布 TCFA（热带气旋生成警报）。

8 月 3 日 8 时，在日本冲绳县东偏南方约 1 360 千米的西北太平洋洋面上生成，其位置为北纬 23.2°，东经 140.7°，中心附近最大风力有 8 级（风速 18 米/秒），中心最低气压为 1 002 百帕。热带风暴形成并命名为海葵。

8 月 5 日 17 时，进入中国东海东部海面，加强为强热带风暴。23 时，风速 28 米/秒，移速 10 千米/小时，东经 126.6°，北纬 27.3°，气压 980 百帕，近中心最大风力 10 级。中央气象台发布台风蓝色预警信号。

8 月 6 日，升级为台风。上午，中央气象台发布台风黄色预警信号。国家海洋预报台发布海浪Ⅱ级橙色警报。14 时，国家海洋预报台将风暴潮警报提升为黄色。18 时，中央气象台将风暴升级为台风橙色预警信号，同时发布暴雨蓝色预警信号。

8 月 7 日，升级为强台风。18 时，中央气象台发布台风红色预警信号，同时发布暴雨黄色预警信号。中央气象局五年来首次启动重大气象灾害一级应急。22 时，国家海洋预报台发布风暴潮Ⅰ级红色警报。

8 月 8 日 3 时 20 分，在浙江省象山县鹤浦镇登陆，登陆时中心气压 965 百帕，近中心风力 14 级。6 时，中央气象台继续发布台风红色预警。在“海葵”的影响下，宁波市内陆地区普遍出现 10 ~ 12 级大风，沿海 12 ~ 14 级大风；10 级大风持续 42 小时，12 级以上已经持续 27 小时，象山石浦镇实测极大风速 50.9 米/秒，舟山海上浮标站测得最大实测波高 12.7 米。

8 月 8 日 16 时，减弱为强热带风暴，中心位于浙江省杭州市余杭区境内。

8 月 8 日 21 时，减弱为热带风暴，中心位于安徽省宣城宁国市境内。最大风力 9 级。

8 月 9 日 10 时，中心位于安徽省池州市青阳县境内，随后在安徽南部回旋，强度逐渐减弱。中午 12 时，中央气象台降格为热带低气压。11 时，中央气象台对“海葵”停止编号。

8 月 9 日 12 时，减弱为热带低压，最大风力 7 级（风速 16 米/秒），中心气压 992 百帕①。

受强台风“海葵”的影响，浙江、江苏、上海、江西和安徽五个省（区、市）都出现不同程度的灾情。总受灾人数达到 1 350 万人，死亡人数 6 人，农作物受灾面积约 765.1 千公顷，倒塌房屋多达 2 万间，直接经济损失超过 375.9 亿元。其中，浙江省 700.1 万人受灾，154.6 万人紧急转移，5 100 余间房屋倒塌，1.5 万间不同程度受损；江苏省 66.2 万人受灾，1 人死亡，12.6 万人紧急转移，近 600 间房屋倒塌，2 400 余间不同程度受损；上海市 36.1 万人受灾，2 人死亡，31.1 万人紧急转移，50 余间房屋倒塌，700 余间不同程度受损；安徽省 216.6 万人受灾，3 人死亡，19 万人紧急转移，2 400 余间房屋倒塌，2.2 万间不同程度受损。

2. 保险行业灾害应对

（1）相关工作措施

灾害发生后，保险业积极应对，迅速启动应急预案，产险公司周密部署，严密组织，迅速投入到抗灾、救灾工作中。保监会及时下发了《关于做好保险业应对台风、暴雨等极端天气事件有关事项的通知》，对应急体制、理赔服务等方面提出了明确要求，要求全面做好应对灾害的各项工作；同时积极督促各产险公司进一步履行其职责，力争将损失降到最低。保监局及时启动应急预案，密切关注灾害最新情况，及时了解灾害理赔进展。相关产险公司全力调动人力物力资源，简化理赔程序，确保各项理赔服务及时到位，减少受灾群众的恐慌心理。

① 参考资料：中国天气台风网。

人保财险磐安支公司在台风来临之前就做好了各项防灾防损工作，灾害发生后立即启动大灾理赔预案，迅速开展查勘理赔工作，一周左右时间所有的台风出险案件都已处理接近尾声。此次“海葵”台风，共造成12家企业受灾，农户36间房屋倒塌，8间房子烧毁，10个蔬菜大棚倒塌，另外还有道路变道受损、车辆被压等一系列影响，支公司理赔人员加班加点做好台风后续收尾工作，再一次详细对受灾现场进行拍照和全面清点受损财产，与受灾保户进行再沟通协调，对受损财产金额进行再估计，严格按照实际情况不惜赔、不烂赔，整合力量尽早完成赔付。针对此次“台风”，磐安支公司理赔原则是“快速、及时，有效为农户重建家园、为企业尽早恢复生产不断努力”①。

人保财险湖州市分公司全市系统积极反应，坚持深入一线进行查勘理赔，把帮助保户抢险救灾和尽快恢复生产作为一项重要工作来抓。截至8月11日20时，公司共接到台风报案1 992件，估损金额已达4 600万余元。截至8月13日，公司已向受灾保户支付赔款255万余元②。

（2）赔付情况统计

据保监会网站披露，受第11号强台风“海葵”的影响，沪浙苏皖甬等受灾地区共接到报案45 681起，估损金额为14.6亿元。其中：车险报案16 920起，估损金额8 706万元；企财险、工程险报案13 005件，估损金额约8.3亿元；农业保险报案8 774件，估损金额约4.6亿元③。

同以往台风应对赔付相比，此次保险企业的理赔速度有了很大幅度的提高，许多小案件能够保证当日赔款到位。人保相关负责人表示，人保财险上海市分公司8月8日已通过极速赔款的方式完成3笔因“海葵”台风引起的车险小额赔款案件，三笔赔款都是由台风引起的飞行物砸击车辆所导致，合计赔款金额7 085元。

（三）2012年15号超强台风“布拉万”灾害

1. 灾害过程概述

2012年第15号超强台风“布拉万”，国际编号1215，英文名Bolaven，名字源自老挝，意义为高地。继“苏拉”和“达维”双旋共舞影响我国后，2012年第14号台风“天秤”和第15号台风“布拉万”形成拉伸双台风，其间的双台风效应随着它们之间的距离接近愈发明显。相比于之前同天出生同天登陆的姐妹台风“苏拉”和“达维”，前后脚出生的台风“天秤”和“布拉万”之间的默契更多地体现在成长过程中对彼此的相互影响。其特点有以下五方面：第一，台风存在的变数大。由于两台风相继而生，随着时间推移而逐渐靠近，其相互作用和牵制也愈发明显。第二，强度大。这主要归因于海上水汽输送。第三，范围广。其影响范围涉及我国多个省份。第四，时间长。台风持续七天左右，加上双台风的影响，正所谓“一波未平，一波又起”。第五，危害大。云团密，风向打转，强风强降雨的影响比较严重。超强台风“布拉万”的发展过程如下：

8月20日上午，关岛西北方洋面上热带低压生成。8时，其中心位于北纬17.2°，东经141.6°，中心最大风力7级（16米/秒），最低气压1 002百帕。17时，其中心位于中国台湾台北市东偏南方大约2 200千米，即北纬17.9°，东经141.3°，中心最大风力有8级（18米/秒），中心最低气压为998百帕。

---

① 参考资料：《中保网·中国保险报》。

② 参考资料：浙江省保险学会网站。

③ 参考资料：保监会网站数据。

8 月 21 日早晨，第 15 号热带风暴“布拉万”已加强为强热带风暴，8 时，其中心位于我国台湾台北市东偏南方大约 2 120 千米的西北太平洋洋面上，中心附近最大风力有 10 级（25 米/秒），中心最低气压为 985 百帕。

8 月 22 日 5 时，强热带风暴“布拉万”在西北太平洋洋面上加强为台风，其中心位于浙江省象山县东南方大约 2 060 千米的西北太平洋洋面上，中心附近最大风力有 12 级（33 米/秒），中心最低气压为 975 百帕。

8 月 23 日 8 时，“布拉万”的中心位于浙江省象山县东南方大约 1 780 千米的西北太平洋面上，就是北纬 19. 8°、东经 135. 9°，中心附近最大风力有 13 级（38 米/秒），中心最低气压为 965 百帕。

8 月 24 日凌晨，第 15 号台风“布拉万”已加强为强台风。5 时，其中心位于浙江省象山县东南方大约 1 570 千米的西北太平洋洋面上，中心附近最大风力有 14 级（42 米/秒）。

8 月 25 日 17 时，第 15 号强台风“布拉万”加强为超强台风。其中心位于浙江省象山县东南方大约 1 060 千米的西北太平洋洋面上，中心附近最大风力有 16 级（52 米/秒）。

8 月 27 日，“布拉万”预计以每小时 25 千米左右的速度向西北偏北方向移动，强度将缓慢减弱。

8 月 28 日 17 时，“布拉万”的中心位于中朝边界南偏东约 240 千米的朝鲜西部近海海面上，中心附近最大风力有 12 级（33 米/秒）。

8 月 29 日凌晨，“布拉万”很快减弱为热带风暴。14 时，“布拉万”减弱为热带低压。17 时中央气象台对其停止编号。

8 月 30 日，减弱为低压区。

受超强台风“布拉万”的影响，辽宁中东部普降大到暴雨，沈阳 24 小时降雨 93 毫米，成为 2012 年以来的最强降雨。最靠近登陆地点的丹东市和本溪县出现大暴雨，24 小时降水量达 134 毫米和 144. 7 毫米。受“布拉万”影响，8 月 27 日 8 时至 30 日 8 时，浙江、上海、江苏、山东、辽宁等省（区、市）沿海先后出现了 8 ~ 10 级瞬时大风；浙江舟山群岛、山东半岛东部、辽宁东南沿海等达 11 ~ 12 级，局部 13 ~ 14 级；辽宁中东部、吉林中部、黑龙江中东部等内陆地区也出现了 7 ~ 9 级瞬时大风，局部达 10 ~ 11 级。黑龙江中部、吉林中部、辽宁中东部、山东半岛东部降雨 100 ~ 150 毫米，辽宁本溪局地 207 毫米，山东荣成局地 217 毫米，黑龙江、绥化局地 183 毫米，吉林吉林市局地 160 毫米。受“布拉万”影响，辽宁 165. 2 万人受灾，农作物受灾面积 301. 2 千公顷，直接经济损失 25. 2 亿元；吉林 308. 6 万人受灾，农作物受灾面积 805 千公顷，直接经济损失 65. 8 亿元；黑龙江 147. 4 万人受灾，农作物受灾面积 692. 1 千公顷，直接经济损失 17. 7 亿元；山东 50. 7 万人受灾，农作物受灾面积 92. 8 千公顷，直接经济损失 18. 8 亿元；浙江渔业、交通等直接经济损失 2. 38 亿元①。

2. 保险行业灾害应对

（1）相关工作措施

灾情发生后，黑龙江省保险业迅速开展理赔工作。运用“3S”技术验灾定损，通过 GPS（全球定位系统）定位、RS（卫星遥感技术）监测、GIS（地理信息系统）空间分析与制图，综合分析各灾区受灾情况，并进行产量估测。启用 150 余台 GPS 设备对受灾地区进行定位，收集

① 参考资料：天气网。

完毕重灾地区 GPS 点数据 1 521 个，启动通过卫星遥感进行灾情评估工作[①]。

黑龙江保监局立即启动应急预案，要求保险业严格按照保险条款约定，切实履行保险责任，协同受灾管理部门共同研制减灾方案，力争将损失降到最低。同时，积极部署理赔工作，要求灾情每日进行报告，及时跟踪进展情况。通过多策并举，保证党的强农、惠农政策真正落实到广大农民身上，从根本上保护保户利益。各农险经办公司及时下发《种植业理赔样本》和农险理赔相关单证，统一理赔流程，基层保险公司在快速查勘的同时，严格按《种植业理赔样本》要求，一次性收集并规范填写理赔单证，保证下一步支付赔款的顺利进行。各农险经办成员对出险县区包片负责，及时与各部门沟通协调，共同研制方案。

人保财险黑龙江分公司为科学、准确、及时地做好农险大灾理赔服务工作，一方面依托广布城乡的机构网络和人员技术优势，积极主动与地方农业部门沟通，第一时间深入受灾农户进行理赔；另一方面组成大灾理赔专业小组，聘请农业专家协助理赔。各农险经办公司从大专院校、科研院所聘请十多位农业专家协助查勘和定损，充分发挥专家技术优势，提高农业保险理赔的科学性和合理性。通过制订科学的查勘定损方案，及时解决疑难问题。分公司在黑龙江保监局指导下，开展绿色通道，及时进行查勘定损理赔，保障人民的根本利益。

烟台保险业积极做好台风“布拉万”过境后的农险理赔工作。其具体行动有以下三方面：一是成立由各级机构组成的理赔小组，设立理赔专员，深入田间开展勘察定损工作；二是加强与地方政府和相关农业部门的联系，邀请当地农业部专家和政府工作人员现场指导，全程监督理赔工作；三是加快理赔速度，要求承保公司于 9 月底前完成所有承保受灾农作物的定损工作，10 月底前完成赔款支付工作。

（2）赔付情况统计

受台风“布拉万”影响，各保险公司接受报案量大幅增加，其中主要是车险案件，其次是企业财产受损案件。中国人保财险威海市分公司理赔中心共接到424 起车辆理赔报案和100 起企业财产险报案。一位工作人员表示，这些车辆受损报案的共同点是损失金额都不大，没有出现特别重大的事故。

另外，“布拉万”引起的农业损失也值得关注。黑龙江省受灾地区共有 8 个，受灾面积约为 1 600 万亩左右，估损金额近 4. 9 亿元，另有财产损失近 1 000 万元。截至 9 月 12 日，人保财险黑龙江分公司农险种植业受理“布拉万”台风受灾面积 347 万亩，估损金额 1. 39 亿元。巴彦县是遭受“布拉万”台风侵袭受灾最严重地区之一，当地约 300 万亩耕地近 90% 面积受灾，单位面积减产至少 50% 。不过有 40 万亩在人保财险黑龙江分公司投了农业保险，这可以让农民减少损失。人保财险宾县支公司初步估算承保面积中受灾面积达 12. 6 万亩，预计 2012 年赔付率将达到 85% 以上。

二、2013 年台风重大灾害分析

（一）2013 年 7 号超强台风“苏力”灾害

1. 灾害过程概述

2013 年第 7 号超强台风“苏力”，国际编号 1307，英文名为 SOULIK，名称来源于密克罗尼

① 参考资料：黑龙江经济报新闻网。

西亚，意义为波纳佩岛传统将领的头衔。“苏力”共有六个特点，分别是：发展快、风力强、直接正面登陆、降雨量大、影响范围广、“风雨潮”遭遇。其发展过程如下：

7月5日，一个在威克岛西部海面上的高空冷涡转成热带扰动。美国海军研究实验室给予扰动编号92W。

7月6日14时，联合台风警报中心对其在24小时内形成热带气旋的机会给予“LOW”的评级。

7月7日14时，联合台风警报中心将发展机会升级为“MEDIUM”。22时30分，联合台风警报中心发出热带气旋形成警报。23时，联合台风警报中心将发展机会升级为“HIGH”。

7月8日8时，“苏力”在中国台湾岛以东大约2 500千米的西北太平洋上生成。14时，“苏力”中心附近最大风力有9级（风速23米/秒）。

7月9日2时，升级为强热带风暴。8时，升级为台风，17时，加强为强台风，成为2013年首个达到台风级别的热带气旋。

7月10日2时，加强为超强台风。18时，中央气象台发布台风橙色预警信号。

7月11日下午，减弱为强台风。

7月13日3时，在台湾新北市与宜兰县交界处登陆。10时，减弱为台风。16时，在福建省连江县黄岐半岛沿海再次登陆。17时，减弱为强热带风暴。18时，中央气象台改发台风黄色预警信号。23时，减弱为热带风暴。

7月14日5时，减弱为热带低压。6时，中央气象台改发台风蓝色预警信号。8时，中央气象台对其停止编号。10时，中央气象台解除所有台风预警信号。

“苏力”引发的暴雨导致广东部分地区严重受灾。造成梅州、河源、潮州等三市80个乡镇受灾，3人死亡，受灾人口达38.2万人，2万人被迫紧急转移，1 076间房屋倒塌，暴雨还引发部分河流水位一度超警戒线。陕西省延安市人民政府称，因持续降雨，延安市受灾人口超过26万人，其中26人遇难，116人受伤。据不完全统计，此次降雨还造成延安山体滑坡坍塌3 710起，两条省道、43条县乡道路、84条农村道路中断，铁路54趟列车上下行受阻。江西省防汛抗旱总指挥部称，受“苏力”带来的强降雨影响，江西省已有11万余人受灾，5 000余人被紧急转移。受“苏力”影响，甘肃省出现持续连阴雨和多次强降雨天气，灾害造成兰州、白银、天水、平凉、酒泉、庆阳、定西、陇南、甘南、临夏10个市州的49个县区123.41万人受灾，因灾死亡4人，因灾伤病7人，已紧急转移1.26万人。造成福建10个设区市（含平潭综合实验区）、72个县（市、区）、72.24万人受灾，房屋倒塌990间，紧急转移48.98万人，直接经济损失17.44亿元人民币。浙江温州、丽水直接经济损失2.49亿元，其中农林牧渔业1.25亿元，工业交通运输业0.48亿元，水利设施0.44亿元。还导致温州、丽水等地部分企业停产，一些公共设施受损，其中停产企业29家，公路中断27条次，供电中断113条次，造成损坏堤防67处3.39千米。农作物受灾面积达22.56千公顷，成灾面积10.1千公顷，经济作物损失3 306万元。“苏力”还造成台湾3死54伤1失踪。

2. 保险行业灾害应对

（1）相关工作措施

在“苏力”到来之前，福建保监局于7月11日发出紧急通知，要求各保险公司高度重视、加强领导，总结分析以往的经验和做法，启动防汛抗台预案，做好抗击“苏力”的准备。具体指示包括：相关机构保持高度戒备，密切关注台风动向；抓住防范重点，积极开展防灾减损工作；落实防台预案，做好保险理赔服务工作；及时上报防汛抗灾情况，社专员统计理赔数据。温州保监分局在浙江保监局指导下，精心组织、周密部署，全力做好抗台救灾工作：一是下发紧急通知，全面部署辖区保险机构做好台风登陆之前的防灾减损及登陆之后的救灾理赔工作；二是领导靠前指挥，在台风登陆前亲临一线，指导当地保险机构科学高效抗台救灾，切实按照党的群众路线教育活动要求做好理赔工作；三是畅通信息报送，建立24小时值班及重要信息报送机制，及时搜集和掌握保险损失及理赔情况，做到下情上传。

人保财险福建省分公司全面部署台风防御工作，要求全系统确保思想认识到位、组织协调到位、防御措施到位、督促检查到位、查勘理赔到位。各级负责人要分片包干深入防台一线，加强检查力度和责任落实，对辖区内的承保标的进行一次全面的防灾防损检查，重点是重大型的水、电、核设施，以及正在建设中的京台高速、湄渝高速、松建高速等，努力将损失降到最低①。为了及时做好保险理赔工作，人保财险厦门市分公司迅速启动应急预案，全体理赔人员取消休假，延长白班下班时间，增派夜班人手，领导现场带班处理突发事件，保证理赔服务及时到位。公司紧急召开专题会议，部署理赔工作，并将理赔方案及时传达。对非车险报案，要求理赔人员在第一时间到达现场，尤其是岛外农房、水稻保险理赔要与民政、农林等部门密切配合，深入到每一个受灾部位，及时查勘定损。公司承诺要严格执行保险合同条款，最大限度保护消费者的权益，并实行“免现场证明、免交警证明、免气象证明”的“三免”原则，即因台风出险的案件只需报案登记，无须等待现场查勘、无须警方证明、无须气象证明即可获得理赔。赔付范围包括因水浸造成的被保险车辆损失、因外界物体倒塌、坠落造成的被保险车辆损失等，包括清洗费用、在施救过程中产生的救援费用等。同时，对于行驶证、驾驶证一时无法提供的，公司采取先受理、后补齐的原则，通过绿色理赔通道顺利完成理赔工作。

（2）赔付情况统计

据统计，浙南地区（温州、台州、丽水）接到报案672件，估损2 232.8万元，赔付7.4万元，其中：农田受损77 498亩，农房倒塌215间，牲畜死亡800头，农业保险估损1 881.6万元。温州市各地保险机构共接到报案334件，估损2 024万元，已赔付7.3万元。其中，农田受损73 975亩，农房倒塌42间，牲畜死亡800头，农业保险估损1 693.8万元。中国人保财险厦门市分公司迅速启动大面积灾害理赔应急预案，开启绿色通道快速进行保险理赔。截至7月14日8时，该公司共受理保险理赔报案202起，估计损失约800万元。

（二）2013年11号超强台风“尤特”灾害

1. 灾害过程概述

2013年第11号超强台风“尤特”，国际编号1311，英文名为Typhoon Utor，“尤特”一词来源于美国，意义为飑线。其具备路径稳定、强度强、强度发展快、登陆强度强、影响时间长的特点。路径稳定主要是指“尤特”整个过程中只在穿越菲律宾的时候生成，其路径波动不大。强度强主要是指其强度为“超强台风”等级，中心附近最大风力为17级。强度发展快指的是“尤特”生成后的39个小时之内就由热带风暴级别发展到超强台风级别。登陆强度强主要是指近60年来8月份与“尤特”路径相似且登陆广东西部的热带气旋中最强的为风速45米/秒（风

① 参考资料：《中国保险报》。

力14级），“尤特”登陆强度与此类似。影响时间长指的是“尤特”减弱环流的中心在广西境内滞留时间较长。其形成和发展过程如下：

8月8日，一个热带扰动在关岛西南部海面上形成。联合台风警报中心给予扰动编号96W。14时，联合台风警报中心对其在24小时内形成热带气旋的机会给予“LOW”的评级。21时，联合台风警报中心将发展机会升级为“MEDIUM”。

8月9日5时，联合台风警报中心将其升格为热带低气压，并给予编号11W。16时，由于扰动云系快速整合，产生螺旋性，联合台风警报中心发布热带气旋形成警报。

8月10日5时，联合台风警报中心将其升格为热带风暴。17时，联合台风警报中心将其升格为一级台风。23时，联合台风警报中心将其升格为二级台风。

2013年8月11日，尤特增强趋势一度放缓，但接近中午开始再度急剧增强。11时，联合台风警报中心将其升格为三级台风。17时，联合台风警报中心将其升格为四级台风。21时半，香港天文台把尤特升格为超强台风。此时的尤特环流完整，覆盖范围较小。

8月12日，由于接近陆地，风眼被填塞，尤特开始减弱。4时45分，香港天文台把尤特降格为强台风。10时，中央气象台发布台风黄色预警信号。11时，联合台风警报中心将其降格为二级台风。中午进入南海，虽云系增加，但主要集中于中心西南方。同日晚上，尤特再次发展出风眼，但此风眼属于云卷性质，所以在午夜即被填塞。

8月13日凌晨，尤特再次大量吸收西南气流，再次发展出一风眼，此时尤特的移速已比出海时减慢，但持续稳定向西北偏西方向行走。香港天文台于“为船舶提供的热带气旋警告”中表示“风速超过每小时33海里之半径范围”达到180海里，即335千米。10时，中央气象台发布台风红色预警。11时，联合台风警报中心再度将其升格为三级台风。14时至16时，尤特几乎停滞不动，但对流向外扩散，使中心附近对流减少，风切变亦少许增强。

8月14日，尤特改向西北偏北移动，但其眼壁结构突然无故崩解。15时50分，“尤特”在中国广东省阳江市阳西县溪头镇沿海再度登陆。尤特继续往西北或西北偏北方向移动。17时，联合台风警报中心将其降格为一级台风。23时，联合台风警报中心发出最后的警报。尤特在登陆后至当日晚上改为采取偏西路径，并因处于副热带高压脊及越南附近高压区的鞍形气压场内，不断减速移动。

8月15日，尤特改为采取北移路径。5时45分，香港天文台把尤特降级为热带风暴。此后继续减速，移动变得缓慢；而由于活跃偏南气流继续提供水汽，令尤特南面持续出现对流，尤特减弱趋势亦放缓。天文台在15时半才再把尤特降级为热带低气压。

8月16日，改为采取偏东北移动路径。6时15分，尤特降级为低压区。尤特相关的残余雨带，为广东、广西、湖南南部等地带来大雨。

8月17日，“尤特”几乎停留不动。

8月18日，改向偏西南缓慢移动。其残余雨带继续为华南带来大雨。

8月19日2时，日本气象厅评定“尤特”为热带低气压，8时，评定最终消散。

尤特登陆后经过113小时的时间才终告消散，打破了2001年同名热带气旋登陆后超过40小时才消散的纪录，接近于旧纪录的3倍。受台风尤特影响，8月13日至14日，海南沿海、广东沿海、广西沿海风力达7~9级，部分海域风力达10~12级，台风尤特经过附近海面风力达13~15级。8月14日至16日，广东大部有暴雨，其中粤西、珠三角中南部有暴雨到大暴雨，局部特大暴雨；12日至14日，广东沿海自东向西将有一次强风狂浪过程；14日下午至15日，深圳至茂名沿海一带部分潮位站将出现超过警戒潮位的高潮位①。

截至8月17日下午，受台风影响，湖南共有2人死亡，8人失踪，转移人口3.48万人，倒塌房屋828间，冲毁农田1 800亩，直接经济损失4.4亿元。截至19日，广西累计受灾人数已超过115万人。其中，因灾死亡12人，紧急转移安置11.06万人；农作物受灾面积38.05千公顷，其中成灾20.15千公顷，绝收3.43千公顷；倒塌农房1 338户2 986间，严重损坏农房1 179户2 440间，一般损坏农房3 090户6 370间；直接经济损失4.47亿元，其中农业损失2.19亿元，家庭财产损失8 355.62万元。21日傍晚，广东省共有805.94万人受灾；紧急转移安置110.67万人；农作物受灾面积558.33万亩，其中绝收36.33万亩；倒塌房屋2.62万间；直接经济损失134.46亿元。因灾死亡43人，其中因建筑物倒塌死亡11人，洪水冲走溺亡14人，因地质灾害死亡7人，其他原因死亡11人，失踪9人。

2. 保险行业灾害应对

（1）相关工作措施

受"尤特"超强台风外围环流和西南季风共同影响，广东省汕头、揭阳等地遭遇特大暴雨袭击，引发重度洪涝灾害。在广东保监局统一部署下，粤东保险业迅速启动应急预案，积极开展抢险救灾和保险理赔工作，主动发挥保险经济补偿功能。广东保监局指出，针对水浸车较严重及定损金额争议较大的案件，行业统一制定标准，及时开通绿色通道，按照"三集中"、"三快"和"三重点"原则高效开展理赔工作，简化理赔程序和手续，以支持客户恢复生产生活为目的，积极提高服务质量，做到"应赔尽赔快赔"。"三集中"即集中人力、物力、财力，保证赔款支付到位。"三快"即在坚持灾害理赔原则的基础上，做到查勘快、定损快、赔付快。"三重点"即重点关注人伤案件、涉农保险案件、车险和企业财产险案件等影响面大的案件。

人保产险公司潮南支公司副经理家中虽遭到严重的暴雨灾害水浸，仍全身心投入抗灾抢险工作中；人保产险公司棉城营业部查勘员在父亲重病住院的情况下，毅然奔赴受灾一线开展查勘理赔工作。正是保险人员的连续奋战，才使得各项查勘理赔工作顺利完成。在车险方面，人保财险广东省分公司提出因暴雨受灾出险的市民可获得快速理赔，市民自行拍照即可撤离，免现场等待，免交警证明、气象证明；在非车险方面，对能繁母猪保险赔案、农房保险赔案以及企财险赔案，尽可能简化理赔流程，最大限度支持保户尽快恢复生产、生活秩序。其相关负责人指出，由于企业、公众投保意识不强，投保范围小，社会参保率不高，保险保障范围极其有限，保险赔偿金额仅占总体损失的很小一部分。灾害损失通过保险机制得到经济补偿的比例明显偏小，保险在灾害中的经济补偿功能和社会管理功能有待进一步发挥。人保财险福州市分公司理赔中心表示，家财险除了承保房屋外，同时还承保其他一些责任。例如，发生花盆坠落等意外事故导致第三者人身伤亡或财产损失的，保险公司将承担经济赔偿责任。同时该计划也有宠物责任，市民家中的宠物狗或者宠物猫等咬人造成他人伤害，也可找保险公司索赔。

（2）赔付情况统计

截至9月15日，保险业共接到出险报案7 162件，估损金额4.4亿元。其中，车险案件6 116件，估损2.04亿元；企业财险案件1 046件，估损2.33亿元；农房保险案件619件，估损272万元；已赔付案件7 052件，已支付赔款3.3亿元，完成了98.46%出险消费者的理赔工作②。海南省12家财产险公司因"尤特"台风灾害接到报案221起。其中，车险报案185起，

① 参考资料：中国天气台风网。

② 参考资料：《信息时报》。

预估赔款164.77万元，非车险36起，预估赔款251.3万元，其中农险1起，预估赔款1万元，企财险15起，预估赔款80.5万元，工程险5起，预估赔款115万元，航意险3起，因台风取消航班每起赔付300元，另有其他险种报案12起。

截至8月22日，人保财险广东省分公司共接报案1.39万件。其中，农房受损9 014间；农作物受灾面积48.5万亩，主要包括水稻受灾面积34.2万亩，蔬菜受灾面积8 700亩，橡胶受灾面积13.4万亩。公司已投入4 800余人次、800多台查勘车辆到救灾理赔中；已查勘4 985件，定损2 291件，赔付超2 300万元。对于台风“尤特”造成的损失，自然灾害公众责任保险、政策性蔬菜种植保险等新险种起到了较大的经济补偿作用。如受暴雨山洪袭击，茂名高州市6人死亡失踪，公司已于8月19日对死亡人员每人支付10万元保险金。

（三）2013年19号超强台风“天兔”灾害

1. 灾害过程概述

“天兔”是2013年在地球上所出现最强的台风。第19号超强台风“天兔”，国际编号1319，其英文名称为USAGI，名字来源为日本，名字意义为天兔星座。是2013年太平洋台风季中第19个被命名的热带气旋，是继台风“南玛都”吹袭巴丹群岛后菲律宾大气地球物理和天文管理局两年以来首次发出最高级别的四号风暴信号的热带气旋，于2013年9月17日2时在菲律宾以东的西北太平洋洋面上生成。天兔具有“强度强、发展快、范围广、影响大”四大特点。其发展过程如下：

9月15日，一个低压区在菲律宾东北部海面上形成。同日中午，美国海军研究实验室给予扰动编号99W。

9月16日6时半，联合台风警报中心对其在24小时内形成热带气旋的机会给予“LOW”的评级。

9月17日3时，日本气象厅将其升格为热带风暴，并命名为“天兔”。5时，联合台风警报中心将其升格为热带低气压，并给予编号17W。17时，联合台风警报中心将其升格为热带风暴。天兔初时向西移动，后受到鞍形气压场影响，移动变得缓慢及不规则。

9月18日20时，中央气象局将其升格为中度台风。23时，联合台风警报中心将其升格为一级台风。天兔曾于晚上短暂出现风眼，但几小时后即消失。

9月19日，天兔急剧增强。上午5时，联合台风警报中心将其升格为二级台风。13时开始，天兔发展出一个完整而细小的风眼。17时，联合台风警报中心将其由二级台风跳升为四级台风。18时，中央气象台发布台风黄色预警信号。中央气象局则在21时25分把天兔进一步升为强烈台风。23时，联合台风警报中心将其升格为五级台风。天兔一天内由一级台风跳升至最高级别的五级台风。国家海洋局启动海洋灾害Ⅰ级应急响应。

9月20日上午，天兔强度达到巅峰，中午时分开始发展“双重眼壁”现象，导致天兔稍作减弱。17时，联合台风警报中心将其降级为四级台风。18时，中央气象台改发台风橙色预警信号。国家气象局9月20日亦启动了Ⅲ级应急响应。

9月21日6时，中央气象台改发台风红色预警信号。20时45分，香港天文台把天兔降级为强台风。23时，联合台风警报中心将其降格为三级台风。

受超强台风天兔影响，漳州、龙岩等地部分乡村被淹，山体滑坡道路受阻，农作物绝收。通往土楼景区的漳州市南靖县山梅旅游公路出现多处塌方，造成交通中断。据广东省民政厅统计，截至2013年9月24日17时，受“天兔”影响，全省共有922.96万人受灾。死亡人数为29人，因灾失踪1人，紧急转移安置53.81万人；农作物受灾面积152.25千公顷，农作物绝收面积9.33千公顷；倒塌房屋14 794间，严重损坏房屋32 879间，直接经济损失177.6亿元。广东47 540艘渔船已回港或就近避风，另有107艘渔船在回港途中；19 670名渔排作业人员也已全部撤离上岸。珠海机场22日也计划取消多个航班，广东多趟列车停运、延误。畲汕线清潭至松棚区间山体出现塌方，造成广东近千万人受灾、30人死亡、250多万亩农田受灾。据湖南省民政厅报告，常德、永州、湘西等9市州33个县（市、区）113.7万人受灾，4人死亡，3.4万人紧急转移；500余间房屋倒塌，4 800余间损坏；农作物受灾面积68.3千公顷，其中绝收3.9千公顷；直接经济损失4.9亿元①。

2. 保险行业灾害应对

（1）相关工作措施

台风来临后，广州保监局要求辖内保险公司高度重视理赔工作、密切关注灾情，开通理赔绿色通道，合理调配资源，切实提高理赔工作效率。一是创新平台，主动服务大局。广东保监局要求产险机构组建应对“天兔”工作组，通过微信，力促财产保险公司在第一时间迅速、妥善做好抗灾理赔工作。二是终止休假，提前部署防范。三是强化作风，做好理赔服务。下发紧急通知，要求各保险机构调配优势资源，突出理赔工作重点，实施“三优先”理赔政策。在理赔方面，保险业内人士表示，“非车险业务占到财产险理赔的七成以上，主要包括农险、企财险和工程险等，车险业务虽然报案数量较多，但是理赔金额相对较少”。另外，在近亿元的保险估损中，台风导致直接经济损失仅仅占到3%左右。跟国际保险赔款在巨灾损失补偿中占30%～40%的比例相比，中国在巨灾保障方面还存在缺陷。

人保财险广东省分公司在台风登陆之前已迅速启动大灾应急预案，部署台风“天兔”防御工作，要求各部门密切配合，各司其职，做好各项应对工作。一是加强防灾排查，确保灾前防御到位。二是成立相应的车险、非车险、后勤保障等三个工作领导小组，研究部署应对台风的工作方案，确保灾后查勘理赔工作高效有序开展。三是整合理赔资源，确保查勘效率。在车险理赔方面，提倡对因暴雨受灾出险的客户实施快速理赔。对于因暴雨或内涝造成的水浸车，人保财险派出救援拖车，协助施救水浸车辆，指导一线快速查勘定损，尽最大限度减少台风造成的损失。

（2）赔付情况统计

从广东保监局获悉，全省共接到“天兔”台风灾害保险报案11 565件，估损金额3.67亿元，已赔付383.13万元。其中，车险报案8 557件，估损金额6 305.94万元；非车险报案3 008件，估损金额3.04万元②。受台风影响，财产险共计损失达亿元，其中，非车险业务预计超过7 000万元。人保财险广东省分公司表示，接到因“天兔”受灾的报案1 000余件，报损金额接近4 000万元，其中车险报案649件。此外，蔬菜种植险报案受灾蔬菜2万余亩，水稻受灾200亩。

（四）2013年23号强台风“菲特”灾害

1. 灾害过程概述

第23号强台风“菲特”，英文名字为Fitow，名字来自密克罗尼西亚，意义是一种美丽芬芳的

① 参考资料：《台风天兔最终造成多少损失，多少人死亡?》，广州资讯。

② 参考资料：《台风天兔给广东保险业带来损失3.67亿》，广州日报。

花。它于10月7日1时15分在福建省福鼎市沙埕镇沿海登陆，是自1949年以来在10月份登陆我国陆地的最强台风。其主要特点为登陆强度大、风大雨强、影响大、损失重。其发展过程如下：

9月27日，一个热带扰动在帕劳北部海面上生成。6时，联合台风警报中心对其在24小时内形成热带气旋的机会给予“LOW”的评级。8时，日本气象厅将其升格为低压区。14时，联合台风警报中心将发展机会升级为“MEDIUM”。

9月29日7时30分，联合台风警报中心对其发布热带气旋形成警报。15时30分，日本气象厅将其升格为热带低气压，并对其发出海上烈风警报。20时，中央气象局将其升格为热带低气压。

9月30日17时，联合台风警报中心将其升格为热带低气压，并给予编号22W。21时30分，日本气象厅将其升格为热带风暴，并命名为“菲特”。

10月1日17时，“菲特”在西北太平洋洋面上加强为强热带风暴。

10月2日18时，中央气象台发布台风蓝色预警信号。

10月3日凌晨，加强为台风。23时，联合台风警报中心将其升格为一级台风。

10月4日10时，中央气象台改发台风黄色预警信号。下午加强为强台风，但由于眼墙一直没闭合，导致台风发展停滞不前。18时，中央气象台改发台风橙色预警信号。

10月5日6时，中央气象台改发台风红色预警信号。

10月6日11时，联合台风警报中心将其降格为一级台风。

10月7日1时15分，在福建省福鼎市沙埕镇沿海登陆，登陆时中心附近最大风力有14级（风速42米/秒），中心最低气压为955百帕。3时减弱为台风，4时减弱为强热带风暴，5时减弱为热带风暴。6时中央气象台改发台风蓝色预警信号。9时在福建省建瓯市境内减弱为热带低压。10时，中央气象台解除台风蓝色预警信号。由于“菲特”强度明显减弱，已很难确定其环流中心，中央气象台于11时对其停止编号。但其残余云系仍将给江苏、安徽、上海、浙江、江西、福建等地造成强降雨。

受“菲特”影响，浙江中北部沿海出现10～11级大风，浙江南部沿海和福建北部沿海风力12～14级，局部海岛和山区阵风达17级以上。强台风“菲特”形成后，福建、上海、浙江和江苏四个省（区、市）都出现不同程度的灾情。总计受灾人口达到1 216万人，死亡人数11人，失踪人数1人，农作物受灾面积高达647.0千公顷，农作物绝收面积约81.7千公顷，倒塌房屋0.6万间，直接经济损失达到631.4亿元。福建全省共安全转移海上人员12.8万人，其中，渔船上人员8.8万人，渔排上老弱妇幼人员0.7万人，渔排上劳力3.3万人。在闽中、闽东海域作业的29 412艘渔船已全部回港避风。浙江沿海市在港避风船只35 607艘，已全部回港或处于台风影响范围外，转移人员28.9万人，包括16.6万的海上转移人员以及12.3万的陆上转移人员。浙江省防汛抗旱指挥部数据显示，浙江有300万人受灾，直接经济损失为22.8亿元人民币。其中，宁波市直接经济损失33.429亿元（不包括余姚），包括农林牧渔业损失19.517 5亿元，工业交通运输业损失6.301 5亿元，水利设施损失3.21亿元。

2. 保险行业灾害应对

（1）相关工作措施

台风到来前，江苏保监局、浙江保监局等保险监管部门积极部署，向辖内各保险公司发出紧急通知，发布防灾防损提示，指导各家公司启动应急预案，对重点地区和重点险种进行风险排查；台风到来后，负责人带队赶赴受灾第一线，及时指导保险企业开展查勘理赔。据初步统计，浙江成立理赔小组1 015个，派出理赔人员11 837人次和查勘车辆2 403台。

台风“菲特”给浙江造成的损失属历史之最，财产保险公司推出了快赔政策，承诺此次受淹客户可不需要提供气象部门提供的证明。人保财险浙江省分公司10月6日起全体员工开展防灾防损工作，共向客户发出100多万条防灾防损提示短信以及慰问短信，与汽车维修企业协商探讨灾后快速维修方案，并承诺降低全损标准，满足被保险人需求。据统计，7日，人保财险理赔中心呼入量达40 664个，为日常的5倍，是中心成立两年多来呼入量最高的一天。7日当天，中心客服代表人均接线约200通，人均在线工作时长为11.32小时。共接“菲特”相关报案6 000余件。8日，该公司派出6个大灾工作组奔赴温州、绍兴和台州等重点受灾区域开展理赔工作。人保财险杭州市分公司推出快免服务：对于进水或者熄火车辆全部免现场，车主可以自行安排救援公司，250元之内可凭正规施救发票理赔。客户可在维修后再联系保险公司进行补报案、定损。

受“菲特”影响，车损较为严重。针对这一情况，各保险公司都在第一时间开展救援和接报案受理工作，抽调各种资源增援出险现场。各保险公司也在主要高速公路路口设立事故处理工作小组，第一时间处理发生在高速公路上的车辆事故及受损定损。事实上，多家保险公司在暴雨前已多次向客户发送防护提醒短信，暴雨后又通过多种渠道指导事故车主如何施救。

（2）赔付情况统计。

“菲特”台风侵袭导致的特大洪涝灾害，据中国保监会浙江监管局初步统计，截至10月9日17时，全省（不含宁波）各产险公司共接到因台风“菲特”造成损失的各类报案56 055件，报损14.75亿元。其中，机动车辆保险接报案42 329件，报损3.19亿元；企业、工程等财产保险接报案5 518件，报损9.12亿元；农业保险接报案6 521件，报损2.35亿元；农房保险接报案1 687件，报损949.89万元①。

宁波市保险赔付超过35亿元，其中，车险赔付16.13亿元，非车险赔付18.34亿元，是新中国成立以来宁波保险业积累利润的3倍。这个数据接近2008年特大雨雪冰冻灾害全国保险赔付金额，相当于汶川地震保险赔付金额的2倍。保险对灾后居民财产补偿和企业、农民减损做出了重要贡献，起到了社会稳定器的作用。尽管如此，赔付占经济损失的比例仅为10%左右，大灾面前保险保障能力不足问题凸显。

除浙江外，大型财险公司也在福建、江苏等省市相继接到1万多起台风“菲特”造成的损失报案，估损金额也已达到上亿元。据不完全统计，目前台风“菲特”在福建、浙江、江苏等地造成的保险估损超过14亿元。

三、2014年台风重大灾害分析

（一）2014年9号超强台风“威马逊”灾害

1. 灾害过程概述

2014年第9号超强台风“威马逊”先后三次登陆华南沿海地区，是自1973年以来登陆华南沿海的最强台风。2014年7月18日，“威马逊”先后在海南省文昌市翁田镇沿海登陆，后来又在广东省徐闻县龙塘镇登陆。2014年7月20日登陆广西防城港一带沿海。“威马逊”共造成海南、广东、广西的59个县（市、区）、742.3万人、468.5千公顷农作物受灾，直接经济损失达

① 参考资料：《“菲特”过后，让我们重新认识保险》，《金融时报》。

265.5 亿元。海南因倒房、洪水冲淹等致 9 人死亡、5 人失踪，广西因倒房、滑坡等致 5 人死亡。

截至 7 月 19 日，海南文昌、海口、琼海、澄迈、定安等地基础设施损毁严重，农作物大量受损；18.2 万人紧急转移安置或需紧急生活救助，5 100 余间房屋倒塌或严重损坏；全省 18 日平均降水 264 毫米，其中，昌江、海口降雨量均超过 500 毫米；全省水库库容增加 3.18 亿立方米，241 个水库泄洪，未出现水库垮坝。广东 11.19 万人紧急转移安置或需紧急生活救助，近 2 万间房屋倒塌或受损；农作物受灾面积 79.62 千公顷，其中绝收 3.89 千公顷；直接经济损失 13.48 亿元。雷州半岛香蕉、甘蔗等农作物大面积被毁，农业遭受重创。广西紧急转移安置 20.91 万人，12.57 万人需要紧急生活救助；426.87 千公顷农作物受灾，受灾农作物中成灾 120.73 千公顷，绝收 13.81 千公顷；倒塌农房 822 户 1 577 间，严重损坏农房 872 户 1 356 间，一般损坏农房 23 809 户 43 822 间；直接经济损失 16.25 亿元，其中，农业损失 12.91 亿元，家庭财产损失 5 851.75 万元。“威马逊”对三省区电网造成冲击。截至 2014 年 7 月 19 日上午，南方电网 10 千伏以上线路累计跳闸 1 342 条次，累计损失负荷 139.74 万千瓦。广西数十条普通公路部分路段断通，高速公路沿线设施受到较大破坏，北海、钦州、防城等地数百条客运班线停运，交通部门正全力救灾抢通。

2. 保险行业灾害应对

灾害发生后，海南保监局要求各保险公司提升大局意识，从保障人民生命财产安全和海南经济社会稳定运行的高度出发，主动承担社会责任，积极发挥保险的保障功能，配合地方党委政府进行抗灾救灾工作，树立保险行业的良好形象。海南保监局立即加强组织领导，建立健全理赔机制，先后下发《海南保监局关于全力动员部署做好防灾防损工作的紧急通知》《海南保监局关于进一步做好“威马逊”台风保险理赔工作的通知》，要求各公司成立由“一把手”任组长的理赔领导小组，集中人力物力为出险客户提供快捷高效的理赔服务，靠前指挥，做到出险案件应报尽报、应赔尽赔。台风登陆第二天，即由该局负责人带队，分别赴文昌市翁田镇、海口市云龙镇等灾区现场了解灾情，进行理赔工作，同时实行数据日报制度和实时监测来监督理赔进度。

广西保监局在接到台风“威马逊”即将登陆广西的信息后，立即向各保险机构下发关于做好台风“威马逊”理赔工作的紧急通知，要求尽快做好抢险救灾准备工作。7 月 19 日，广西保监局局长朱衍生主持召开应急工作会议，针对台风“威马逊”的保险工作进行专题研究与部署，并决定根据应急预案要求及时启动广西保险业突发事件应急预案Ⅲ级响应，建立 24 小时值班制度；要求各财险公司也建立 24 小时值班制度与信息报送制度，准备好查勘理赔资源，工作要倾斜灾区一线。广西保监局要求保险公司按照“特事特办、急事急办”的原则来处理因灾报案，尽最大努力做好查勘理赔工作。

与此同时，广东保监局也要求各公司迅速行动，深入一线工作，积极开展救灾理赔服务工作。各公司一把手负总责，在全省范围内统筹调配理赔资源，开通绿色理赔通道，加快查勘定损速度，保证赔款快速到账，及时向受灾群众和企业提供经济补偿。

截至 7 月 21 日晚，三省（区、市）保险公司共接到 27 269 件出险报案，报损金额达 9.91 亿元。其中，车险报案有 22 346 件，报损金额达 1.23 亿元；农业保险报案 3 392 件，报损金额 2.17 亿元；企业财产险、工程险报案有 1 531 件，报损金额达 6.51 亿元[①]。

① 参考资料：《保监会：“威马逊”巨大损失 保险业做好理赔》，中国新闻网。

截至7月24日晚，海南全省各保险公司共接到28 178件“威马逊”台风报案，估损金额94 258万元，已完成查勘定损15 571件，完成率达55.26%，已决赔案有1 865件，赔款金额4 108.3万元（包含预付赔款3 214万元）。车险报案26 232件，估损金额15 787.1万元，已完成查勘定损14 626件，已决案件1 806件，赔款金额694.6万元。非车险报案1 946件，估损金额78 471万元，已完成查勘定损945件，已决案件59件，赔款金额3 414万元（包含预付赔款3 214万元）。行业捐款合计约1 547万元①。

（二）2014年10号强台风“麦德姆”灾害

1. 灾害过程概述

2014年7月23日强台风“麦德姆”的中心在台湾台东县长滨乡沿海登陆，15时30分前后在福建省福清市高山镇沿海登陆；7月25日，“麦德姆”的中心于下午5点10分在山东省荣成市虎山镇沿海登陆。“麦德姆”造成了一定程度的损失。

福建省福州、南平、三明等7市48个县（市、区）53.4万人受灾，18.5万人紧急转移安置，近7 800人需紧急生活救助；300余间房屋倒塌，3 500余间不同程度损坏；农作物受灾面积30.7千公顷，其中绝收2.6千公顷；直接经济损失12亿元。江西九江市德安县和吉安市吉安县5.4万人受灾，近1 900人紧急转移安置；农作物受灾面积300余公顷。浙江省温州、丽水2市13个县（市、区）17.1万人受灾，2.7万人紧急转移安置，1 700余人需紧急生活救助；900间房屋不同程度损坏；农作物受灾面积6.9千公顷，其中绝收200余公顷；直接经济损失1.3亿元。辽宁省丹东、大连2市6个县（市、区）9.1万人受灾，1 200余人紧急转移安置；100余间房屋不同程度损坏；农作物受灾面积8.6千公顷，其中绝收600余公顷；直接经济损失8 800余万元。江苏省南京、连云港、宿迁等8市13个县（市、区）16.5万人受灾；200余间房屋倒塌，300余间不同程度损坏；农作物受灾面积21.6千公顷，其中绝收300余公顷；直接经济损失8 000余万元。安徽省滁州、安庆、池州等8市41个县（市、区）60.6万人受灾，3万人紧急转移安置，800余人需紧急生活救助；300余间房屋倒塌，1 900余间不同程度损坏；农作物受灾面积33.4千公顷，其中绝收近600公顷；直接经济损失2.2亿元。江西省南昌、九江、鹰潭等7市38个县（市、区）50.8万人受灾，9人死亡，3.7万人紧急转移安置，2.6万人需紧急生活救助；近1 000间房屋倒塌，近4 200间不同程度损坏；农作物受灾面积34.5千公顷，其中绝收6.4千公顷；直接经济损失11.4亿元。山东省烟台、威海、青岛、临沂4市21个县（市、区）45.1万人受灾，6 900余人紧急转移安置，900余人需紧急生活救助；500余间房屋倒塌，1.2万间不同程度损坏；农作物受灾面积51.9千公顷，其中绝收2.2千公顷；直接经济损失4.9亿元。广东省河源、揭阳、云浮3市5个县（市、区）1.8万人受灾，4人死亡，2 100余人紧急转移安置，近100间房屋倒塌，100余间房屋严重损坏，农作物受灾面积2.7千公顷，直接经济损失近2 300万元②。

2. 保险行业灾害应对

从7月21日6时开始，中央气象台先后发布台风蓝色、黄色、橙色预警，福建、江西、浙江、安徽、江苏等相关地区气象部门也发布相应的台风预警信号。同时，中国气象局启动了风云2F卫星加密区域扫描，增加了全国的台风加密视频会商，并于7月22日8时30分启动了重

① 参考资料：海南保监局，http：//hainan.circ.gov.cn/web/site18/tab1049/info3922997.htm。

② 参考资料：《台风“麦德姆”致8省13人死亡254.3万人受灾》，人民网。

大气象灾害（台风）Ⅲ级应急响应。

人保财险福建省分公司要求，各级机构一要做好值班安排，确保人员到位，领导干部要靠前指挥。理赔车辆、人员、设备全部待命，并成立了后勤保障小组，明确分工、责任到人、各司其职。同时，要求各地市分公司做好二级调度的排班，确保灾害期间报损电话及时接通，保证与95518中心、出险客户及时联系。二要及时通过短信、微信、微博、电话等各种通信方式向客户发出灾情通知或预警，提醒客户做好防灾防损工作。三要突出重点，对于企财险和工程险业务，根据往年大灾理赔数据，对于出险率高、报损金额与实际损失差距大、理赔时配合度差的被保险人，提前做好防灾防损检查和临灾前的验标准备。四是对于涉及社会民生的农业保险、农房保险、自然灾害公众责任险等社会关注度高、社会影响大的险种，要求各地市理赔机构与农险部配合，加强与当地政府和技术专家的沟通和协调，加大防台抗灾宣传力度，做好预防工作，以减少灾害造成的损失。福建省分公司同时要求各地市分公司根据往年大灾后经验，调拨责任心强、业务技能高、能吃苦、肯用心的承保、理赔人员，按照地域和险种分配好各大灾查勘小组，准备好小组联系名单，避免临灾时的仓促应对。同时，下发车险、农险大灾理赔实务、定损标准以及单证要求，确保临灾时现场处理速度和灾后理赔的规范化和及时性。

（三）2014年15号台风“海鸥”灾害

1. 灾害过程概述

2014年9月16日，台风“海鸥”在越南北部沿海登陆，随后“海鸥”给广西沿海的北海、防城港、钦州等地造成极大风雨影响，各地多个航班取消、动车停运，城市交通、电力供应也受到严重影响。截至17日11时，广西玉林、防城港、北海、南宁、钦州、崇左等6市21个县（市、区）出现灾情，72万民众受到灾害影响，死亡2人，5.17万人被迫紧急转移安置，需紧急生活救助4 735人。“海鸥”登陆防城港给当地民众生产生活带来极大困扰。据当地电力部门介绍，“海鸥”造成防城港70%的用电户电力中断，市政供电也受到影响，交通信号灯无法正常使用，加上路面积水，严重影响上班早高峰交通出行。停电还使一些高楼层的居民家庭供水中断，部分医院也出现停电的现象。广西电网公司紧急抽调1 200多名工人到防城港，在条件允许的情况下尽快开始抢修线路。受台风影响，北海机场也陆续取消十多个航班，南宁发往沿海城市的多趟列车停运或中途折返。

2. 保险行业灾害应对

人保财险第一时间成立理赔应急工作小组，协调内外部关系，与被保险人和其他相关方加强沟通，组织落实重大灾害理赔处理应急预案的执行。截至9月18日9时，人保财险海南、广东、广西等地共接报案2 098起，总估损金额5 298万元，其中，企财险1 695万、农险1 700万、船舶险846万、车险600万。台风来临前，人保财险于15日组织召开专题会议安排部署防灾减损工作，结合“威马逊”台风的经验，健全快速反应机制，迅速启动应急预案。组织开展风险排查和防灾防损检查，通过95518以短信等各种媒介在灾害性天气来临之前，提醒客户做好预警准备工作；同时95518调整语音提示，开通短信报案受理渠道，指导客户在车辆水淹后采取正确的处理方式①。

---

① 参考资料：《人保财险灾前部署应急预案，及时应对“海鸥”台风》，新华网。

（四）2014年16号强台风“凤凰”灾害

1. 灾害过程概述

2014年7月28日强台风“凤凰”在福建登陆，随后在浙江登陆。登陆浙江前后带来大风大雨，受此影响，浙江台州、宁波、舟山等市局部地区发生小流域山洪和山体滑坡等灾害，部分农田受淹，一些交通、水利、电力等基础设施受损。浙江省防汛抗旱指挥部最新通报称，全省有近87万人不同程度受灾。统计显示，截至23日17时，浙江省共有宁波、舟山、台州等3个设区市15个县（市、区）173个乡（镇、街道）86.92万人受灾，倒塌房屋84间。农业在此次台风中受灾最重。全省农作物受灾面积46.07千公顷，成灾面积15.28千公顷，绝收面积2.10千公顷，减产粮食5.30万吨，死亡大牲畜160头，水产养殖损失3.18万吨。大风大雨还导致公路中断69条次，堤防损坏319处、27.57千米，水闸损坏21座，机电泵站损坏106座①。

2. 保险行业灾害应对

为了争取时间做好防台减灾工作，人保财险福建分公司及各个支公司要求全省系统紧急动员起来，全力以赴做好以下四个方面工作，争取最大限度减少台风灾害带来的损失。一是成立防台减灾工作领导小组，省公司领导干部分片包干深入基层，抓好防台工作落实。二是组织理赔中心、客服中心和基层公司经理室，实行24小时值班制度，及时处理可能发生的灾害事故。三是要求各基层公司立即组织防台减灾工作组，务必在台风来临之前，深入各重点企财保户，检查督促低洼地带和风险集中地段保险标的的保护和防损措施落实情况，能转移和保护的要督促、协助企业做好防灾减损工作。四是做好内部安全防护工作，防止车辆、人员、财产损失事故发生。

四、存在的问题与建议

（一）现有问题

1. 保险覆盖面窄，赔付不足

面对灾后补偿，保险业充分发挥了保险保障功能，成为灾后补偿最重要的一方。然而，总体来看，我国对台风的赔付非常不足。如台风“威马逊”发生后，海南省全保险行业共收到34 387件台风出险报案，估损金额达10.5亿元，其中各类财产损失共超过7亿元（含城镇居民家庭财产保险报案327件，报损金额276万元），3万余辆车出险，估损金额超过2.6亿元。“三农”中有1 337件种植业保险报案，报损金额约5.97亿元，106件养殖业保险报案，报损金额约326万元，而农房保险是空白。由此可见，保险的覆盖率还很低，保险赔付占台风损失的比例还不到10%。在发达国家和地区，巨灾损失的保险赔付一般占全部损失的30%～40%。灾后重建，维护社会稳定是各级党委、政府一项非常重要的工作。政府救济、社会捐赠的比例只能是杯水车薪，不能从根本上解决灾后重建所需大量资金的问题，因此需要提升全社会保险意识，完善社会保障体系。

2. 农民缺乏保险意识，台风预警后蜂拥买保险

台风暴露出我国大部分农民投保的临时投机心理，在台风登陆的前几天，气象部门预测台

① 参考资料：《台风“凤凰”登陆沪浙》，《南宁日报》。

风可能会在一些地方登陆，不少农企、农户蜂拥至保险公司进行投保。但是，这个时候保险公司当然不能承保，保险承保的是未来一段时间内可能发生的风险，而不是必然发生的风险。

3. 保险公司对台风灾害的承保不足

台风灾害属于巨灾风险，一旦发生便会造成严重的人员伤亡和经济损失，由此可能导致保险公司甚至是再保险公司发生财务危机或破产，加之各保险公司内部和保险行业内部缺乏对历年台风灾害数据的整理和分析，因此，各大保险公司对台风灾害的承保都非常谨慎，部分公司会拒绝台风灾害的投保。

（二）相关建议

1. 扩大农险覆盖面

“新国十条”的基本原则是“市场主导、政策引导”，养老保险、大病医疗、责任保险等具有社会公益性、关系国计民生的保险业务，需要政策引导和优惠政策来扶持发展，甚至有时需要通过政府购买公共服务来完成，如供水、供电、公共交通、城市公共设施等公共服务是由政府财政购买保险来转嫁风险；现阶段“三农”的发展需要政府的引导和支持，种植、养殖业保险、农房保险可以采取政府补贴一部分，农民自筹一部分，由政府协调来完成，从而提高农业保险覆盖率，解除制约“三农”发展的后顾之忧。

2. 提升公众的台风保险意识

强台风或超强台风会导致众多企业和家庭受灾，然而得到的补偿却非常有限，公众除了熟知的车辆保险外，对工程保险、家庭财产保险等其他财产保险知之甚少，公众往往不清楚通过什么渠道、方式来购买保险。巨灾和大的意外事件发生后才了解到保险的重要性，公众保险意识不强，因此政府和保险公司需要加大保险宣传，普及保险知识。通过电视台、电台、报纸、网络、讲座，以及保险进社区、进学校等多种渠道开展保险宣传工作，政府作为引导，保险公司为主体，保险中介为补充，保险行业协会为纽带，形成宣传合力，发挥宣传联动，把保险意识深入到社会的各个群体，在全社会形成学保险、懂保险、用保险的氛围，在公众消费中形成惯性思维来提升公众保险意识。

3. 建立台风灾害数据库

正确评估风险是合理制定台风灾害保险的价格、条款和承保条件的基础，是台风灾害保险业务可持续性发展的关键所在。1992 年“安德鲁”飓风给佛州保险业造成重创的原因之一就在于当时保险业资本不足、定价模式不够完善。此后，许多专业的模型公司、再保险公司和经纪公司开发出了一系列模型，用于佛州飓风灾害保险的定价指导。

对于我国来说，为了确保将所有与赔付有关的要素纳入台风灾害风险评估中并反映在台风灾害保险定价中，政府、保险人及其他相关部门必须一起努力，通力合作。台风灾害模型是一项“不断进行的工作”，每一次造成较大损失的台风新灾害的发生都有助于我们更好地了解导致人员伤亡、造成财产损失的灾害过程，将这些发现及新的科学认识整合到模型中，会逐渐形成更为可靠的模型结果。

4. 政府扶持台风灾害直接保险市场

台风灾害的发生具有地域性和高度集中性的特点，很容易形成巨灾风险，其经济损失与发生概率难以估计，影响保险人的经营稳定性。从佛州飓风灾害保险发展几十年的实践来看，如果没有政府的参与和扶持，仅凭市场化的运作，私营保险公司将会完全撤出飓风保险市场。因此，我国政府可先利用税收优惠政策、对某些特定地区实行强制性的台风灾害保险等手段，间接参与台风灾害保险市场，培育、扶持台风灾害保险市场主体。若间接手段的效果不显著，再考虑建立政府主导的机构，以增加台风灾害保险的供给。

5. 政府直接参与台风灾害再保险

台风风险的巨灾特性使商业再保险的局限性凸显。因为，其有可能因一次重大损失而破产，即使不破产，其后续的资金成本可能大幅提高，以致承保量锐减。但台风巨灾风险不具有时间上的相关性。从理论上讲，可以通过跨期分摊的方式去管理它。

而政府参与台风灾害再保险的优势就在于风险在时间上的分散。政府有国家财政做后盾，破产概率几乎为零，再融资的成本（比如发行公债）也近于无风险利率，大大低于商业再保险，因而能承担台风巨灾风险的跨期分摊。所以，我国政府可借鉴佛州飓风巨灾基金的做法，成立政府经营的再保险项目。

本节小结

在“台风重大灾害的分析”里，我们首次加入了2012—2014年的重大台风灾害的详细分析，分别从基本概念、发展情况以及损失情况对台风进行描述，详述保险应对并提出问题与建议。

在2012年台风灾害中，本节重点对强台风“苏拉”“海葵”和超强台风“布拉万”进行分析。在2013年台风灾害中，本节重点对超强台风“苏力”“尤特”“天兔”和强台风“菲特”进行分析。在2014年台风灾害中，本节重点对超强台风“威马逊”、强台风“麦德姆”、台风“海鸥”和强台风“凤凰”进行分析。提出农业保险覆盖面不足、农民缺乏保险意识、保险公司对台风灾害的承保不足等问题，通过分析过去几年保险公司的应对措施，分别从保险业和政府的角度提出了有效预防台风、减少损失的建议。

第二篇

CHAPTER TWO

地震灾因分析

第六章 地震灾害基本特征

第一节 地震与地震灾害

一、地震的界定

（一）地震的定义

地震是因地球内动力作用而发生在岩石圈内的一种物质运动形式，它是由积聚在岩石内的能量突然释放而引起的，同台风、洪水等一样，是一种自然现象。

据美国地质调查局统计，全球每年能探测到的地震约50万次，其中可以感觉到的有10万多次，而能造成破坏的约100次①。

（二）地震的基本概念

1. 震源、震中、震源深度

最初释放能量的地下发射源为震源。震源在地面上的垂直投影为震中。震中到震源的距离称为震源深度。震中附近震动最大，一般也是破坏性最严重的地区，称为极震区。在地面上，受地震影响的任何一点到震中的距离为震中距，到震源的距离为震源距。通常根据震源的深浅，把地震分为浅源地震（震源深度小于70千米）、中源地震（震源深度70～300千米）和深源地震（震源深度大于300千米）。全世界95%以上的地震都是浅源地震，震源深度集中在5～20千米。图6－1是地震构造示例图。

2. 地震波

地震所产生的震动是以弹性波的形式传播出来的，这种弹性波称为地震波。地震时通过地壳岩体在介质内部传播的波称为体波；体波经过折射、反射而沿地面附近传播的波称为面波。面波是体波的次生波。

体波包括纵波和横波。纵波又叫疏密波，由介质体积变化而产生，并靠介质的扩张与收缩而传递，质点振动与波的前进方向一致，在某一瞬间沿波的传播方向形成一疏一密的分布。纵

---

① 参考资料：Earthquake Facts. USGS，http：//earthquake. usgs. gov/learn/facts. php。

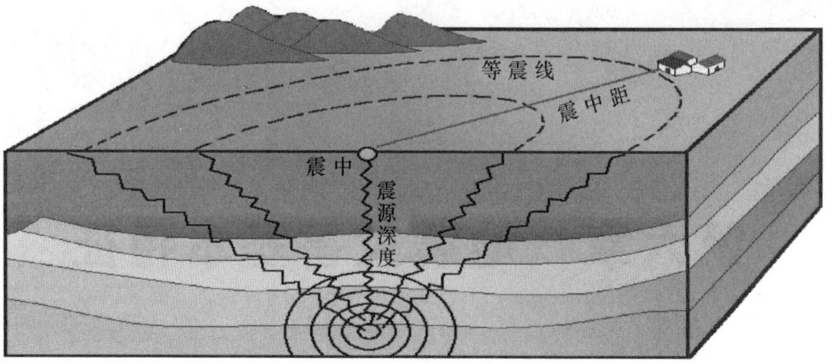

图 6-1　地震构造示例图

资料来源：http：//www. xcaj. gov. cn/Content. jsp？ infoid = 188

波振幅小，周期短，每秒钟传播速度 5 ~6 千米，能引起地面上下跳动。横波又叫扭动波，是介质性状变化的结果，质点振动与波的传播方向相互垂直。与纵波相比，横波振幅大，周期长，传播速度较慢，每秒 3 ~4 千米，能引起地面水平晃动。纵波可以在固体介质或液体介质中传播，而横波只能通过固体介质传播。

地震发生时产生的地震波会破坏地面建筑物，导致人员伤亡，造成地震灾害。地震对建筑物的破坏，主要是由地震力通过地震波起作用的，即纵波地震力使建筑物上下颠簸，引起建筑物的纵向结构松动，随后横波地震力再使建筑物发生水平晃动，引起横向结构损坏。当先颠后晃的地震力超过建筑物的承受力时，在几秒钟内就能使建筑物遭受破坏。

3. 震级、烈度

地震能否使某一地区建筑物受到破坏，取决于地震能量的大小和该建筑物区距震中的远近。震级和烈度是衡量地震能量大小和破坏强烈程度的指标。

震级（Ms）是地震强度大小的度量，它与地震所释放的能量总和有关。由于一次地震释放出来的能量是恒定的，所以任何地方测定，只有一个震级。震级每差 1.0 级，能量相差大约 32 倍；相差 2.0 级，能量相差约 1 000 倍。小于 2.5 级的地震，人们一般不易感觉到，称为小震或微震；2.5 ~5.0 级的地震，震中附近的人会有不同程度的感觉，称为有感地震；大于 5.0 级的地震，会造成建筑物不同程度的损坏，称为破坏性地震。

我国目前使用的地震烈度共分为 12°，5°以上才会造成破坏。1976 年唐山 7.6 级大地震，极震区烈度达 11° ~12°，北京、天津的烈度则为 6° ~7°。2008 年 5 月 12 日发生的汶川 8.0 级大地震，以四川省汶川县映秀镇和北川县县城为中心的极震区烈度达到 11°，而成都的烈度为 7°。2013 年 4 月 20 日发生的四川芦山 7.0 级地震，极震区烈度为 9°。

（三）地震的分类

地震归纳起来分为人工地震和天然地震两大类，由人类活动（如开山、开矿、爆破等）引起的地震是人工地震，除此之外统称为天然地震，天然地震按成因主要分为构造地震、火山地震、塌陷地震和诱发地震四种类型。

二、地震灾害概述

（一）地震的特点

1. 突发性

地震一般是在平静的情况下突然发生的地质现象。强烈的地震可以在几秒或几十秒的短暂时间内造成巨大的破坏，严重的顷刻之间可使一座城市变成废墟。尤其发生在夜间的地震，后果更为严重。如唐山大地震发生在凌晨3点42分，当时人们正在酣睡，事先毫无警觉，结果伤亡惨重，造成经济损失达百亿元以上。

2. 成纵性

在一个区域，当一次强烈地震发生后，区域应力场受到破坏，岩石破裂，造成地质结构不稳定，往往在某一时间内地震活动会频繁发生，呈成纵性出现，连续造成灾害。

3. 续发性

强烈的地震不仅可以直接造成建筑物、工程设施的破坏和人员的伤亡，往往还会引发一系列次生灾害和衍生灾害，造成更大的破坏。地震灾害可以诱发火灾、水灾、毒气和化学药品的泄漏污染，以及细菌污染、放射性污染等，还有滑坡、泥石流、海啸等次生灾害。

（二）地震的成因

1. 地震的成灾条件

地震是否成灾与成灾大小，一方面取决于地震本身的状况，另一方面取决于受灾对象——人和社会状况。

地震的状况主要包括以下几点：①地震强度、频度的影响；②地点的影响；③时间的影响。

受灾对象的状况主要包括以下几点：①人口密度、建筑物等财产密度；②对地震的防备程度。

2. 地震的成灾机制

地震成灾机制是指地震对人和社会造成危害的原因、方式和过程，按照《地震社会学初探》一书的划分，地震成灾大致有四种机制，造成的灾害称为原生灾害、直接灾害、次生灾害、诱发灾害，此外，还有伴生灾害。

（1）原生灾害

原生灾害是指地震断层，大范围地面倾斜、升降和变形等地震原生现象直接造成的灾害。原生灾害多发生在震中区，其破坏力大，成灾严重。

（2）直接灾害

直接灾害是指地震产生的弹性波引起地面震动和地面破裂变形而造成的灾害。它包括三种情形：一是建筑物、工程设施的破坏，这是造成社会财富损失的最重要原因，也是造成人畜伤亡最直接、最主要的原因。二是地表破坏，常见的有山崩、滑坡、地裂、坍塌、喷砂、冒水等。三是海底的震源错动引起水体扰动而发生海啸，以及地震波引起海啸造成的破坏。还有一种直接灾害，即由逸出的可燃性气体造成的破坏，主要是烧伤人畜和植物。它的发生不局限于震中区。原生灾害和直接灾害虽然成灾机制不同，但都是地震的直接后果，有时二者难以区分，因此有的人把二者统称为直接灾害。

（3）次生灾害

次生灾害是指由建筑物或自然物遭地震破坏后而导致的其他灾害，又称二次灾害。次生灾害对人类的危害也是十分严重的。如地震造成的火灾，地震造成的水灾，地震使毒气、毒液及放射性物质逸出而造成的地震中毒灾害等。

（4）诱发灾害

诱发灾害又称衍生灾害，是由地震灾害引发的各种社会性危害，常见的有瘟疫和饥荒等。近代社会还容易出现经济失调、停工停产、社会秩序混乱以及由心理恐惧、创伤造成的一些灾害。

（5）伴生灾害

此外，还有一些与地震并无成因联系的某些特殊自然现象或灾害，因恰好与地震同时发生而造成或加重的灾害，称为伴生灾害。伴生灾害同次生灾害和诱发灾害的区别，在于该种灾害同地震是否有成因上的联系。在不必做这种严格区分的情况下，也常常把伴生灾害归入次生灾害或衍生灾害。

不同地震的灾害构成或成灾机制可以不同，例如，城市地区发生的地震，其次生灾害、诱发灾害较其他地区的地震更为严重，其中，地震火灾往往是最为严重的次生灾害。对成灾机制的研究和分析可以让人们更全面地了解地震对人类和社会造成灾害的原因和条件，并可通过适当的防范措施减轻地震所造成的灾害，尤其是地震造成的次生灾害和诱发灾害。

（三）地震的危害

地震造灾害归纳起来主要有对人员的伤害、对财产的破坏、对资源环境的破坏和对社会经济功能的影响四个方面。

1. 对人员的伤害及影响

对人员的伤害及影响包括人员伤亡，生理受伤，心理、精神创伤，以及对居住和生活状况的影响等。

2. 对财产的破坏及造成的直接经济损失

对财产的破坏及造成的直接经济损失包括对建筑物如房屋、设施的破坏，对生命线工程如通信、交通、供水、供电、供气设施的破坏，对设备和家庭财产等的破坏，以及因此而造成的直接经济损失。

3. 对资源环境的破坏

对资源环境的破坏，如地震造成山体崩塌、滑坡，地表裂缝、塌陷、上隆或喷沙冒水、砂土液化，海水或江湖水激起波浪或积水上漫等，造成森林、土地、水等资源和环境的破坏及其带来的直接经济损失。

4. 社会经济影响

社会经济影响是指地震对社会产生的综合影响，包括对经济功能和社会功能的影响及由此而造成的间接损失，如生产条件破坏造成自然停工停产和因恐震心理造成人为停工停产、人员外流、搭建防震棚等带来的间接经济损失和对社会安定的影响，以及地震灾害对社会发展的长远影响等。

上述震灾要素或指标，反映了地震灾害的基本情况。但是，从保险公司角度来看，更着重关心直接经济损失。同时，由于统计数据的局限性，本报告中着重使用人员伤亡、经济损失两项。倒塌房屋也是一个重要的因素，但是由于数据不完整，课题组无法在本报告中对倒塌房屋和受损房屋进行分析。

（四）地震的分布

1. 地震的时间分布特征

历史地震的资料表明，地震活动在时间上具有一定的周期性，即在一个时间段内发生地震的频次高、强度大，称为地震活跃期；而在另一个时间段内发生的地震相对频次低、强度小，称为地震平静期。根据地震发生的特征，又可在活跃期中划出若干“活跃幕”。

关于地震周期的形成机制，目前地质学界达成的共识是：太阳活动、月球及各行星运动轨道的周期性变化，通过磁力及万有引力改变地球内部物质的分布，从而引起地球自转速度的周期性变化，最终致使地震出现周期性活跃期与平静期。关于地质学更深一步的理论，本节不再探讨。

2. 地震的空间分布特征

地震的地理分布受地质构造影响，因而有一定的规律，最明显的是集中在某些特定地带，总的来说，地震主要发生在洋脊和裂谷、海沟、转换断层和大陆内部的各个板块边缘等构造活动带。全球的地震主要分布在：

第一，环太平洋地震带，这是世界上最大、地震最活跃的地带，全球 80% 的浅源地震、90% 的中源地震和几乎全部深源地震都集中于此，释放的地震能量占全球的 75%。该带从美洲南端的合恩角沿西海岸到阿拉斯加向西横跨到亚洲，在亚洲沿太平洋海岸自北向南经过堪察加、日本、菲律宾、新几内亚、斐济，最后到达南端的新西兰而构成环路。

第二，欧亚地震带，又称地中海喜马拉雅地震带，是全球第二大地震带，全球 15% 左右的地震发生在这条带上。震中分布较环太平洋地震带分散，从直布罗陀一直向东伸展到东南亚。此地震带以浅源地震为主，中源地震集中在帕米尔、喜马拉雅，深源地震主要分布于印尼岛弧。

第三，大洋中脊地震带，呈线状分布于各大洋的中部附近。这一地震带远离大陆，所有地震均产生于岩石圈内，震源深度小于 30 千米，且多为弱震，震级绝大多数小于 5 级。

三、我国地震的特点

我国地域广阔，地震活动频繁，从统计分析结果上来看，地震活动的空间分布呈现不均匀的特质，时间分布呈现活跃期与平静期交替出现的规律。

（一）地震活动的总体特征

我国地处欧亚板块的东南部，受环太平洋地震带和欧亚地震带的影响，是世界上蒙受地震灾害最为深重的国家之一。根据中国地震烈度区划图（1990），大陆 7 级以上的地震占全球大陆 7 级以上地震的 1/3 左右；因地震死亡人数占全球的 1/2 左右；全国有 41% 的国土、一半以上的城市位于地震基本烈度 7°或 7°以上地区，6°及 6°以上地区占国土面积的 79%。

从全球地震带的角度看，我国位于欧亚地震带的东部，地震活动区大多数属于欧亚地震带，环太平洋地震带从我国台湾经过。从板块构造分析，我国大陆位于欧亚板块东南部，台湾坐落于欧亚板块和菲律宾板块的边界上。大陆内部的地震属于板内地震，台湾及其附近的地震则是板间地震。

我国的地震活动总体上具有的特征为：频度高、强度大、活动分布广泛、震源深度浅——根据数据统计，除了东北和东海一带有少数中深源地震外，我国绝大多数地震的震源深度在40千米以内；大陆东部震源更浅，多在10～20千米。

（二）地震活动的空间分布

我国地震活动在空间分布上呈现不均匀性，这是在分析地震灾害时将全国各省进行聚类分组的重要依据之一。

1. 我国地震活动地域分布概况

地震是岩石圈断裂在构造应力作用下突发错动的产物，10万～12万年以来曾经活动、现今仍持续活动的断裂被称为活动断裂，规模巨大的活动断裂是破坏性地震孕育和发生的场所。中国大陆具有发生强烈地震背景的活动断裂，主要分布在青藏高原、天山、祁连山、鄂尔多斯周边、川滇地区和华北地区。天山南北两侧的逆冲推覆断裂带控制着新疆地区逆冲型强震的发生，与帕米尔高原交汇的“喜马拉雅构造西结”是全球大陆地震最强烈的地区之一。祁连山南北两侧的强震以逆冲型为特征，但其内部发育的祁连—海原断裂带所控制的强震则以左旋走滑为主。鄂尔多斯活动地块周边发育着不同运动方式的活动断裂带，有历史记载以来所发生的强震也受断裂类型所控制而具有不同的震源机制。华北地区的强震主要沿北部走向的巨大隐伏断裂发生，以右旋走滑运动为主而兼具拉张分量。青藏高原内部的强烈地震主要沿切割整个高原的巨大走滑断裂而发生，如昆仑断裂，风火山—玉树断裂，喀喇昆仑—嘉利断裂。川滇地区的强震主要受控于边界的走滑断裂（如鲜水河断裂，小江断裂等），内部的张剪性断裂也控制着一系列强震的发生。驱动中国大陆地震活动的动力来源是印度、欧亚、菲律宾和太平洋四大板块的相互作用。台湾及其附近海域是我国震中分布最密集的地区，也是我国地震活动水平最高的地区。这里的地震活动不但频度高，而且强度大。我国大陆以宝鸡、汉中、贵阳一线（东经107.5°线附近）为界划分为东西两部分，西部的地震活动水平明显高于东部，呈现出西强东弱的特征。

大陆东部地区，地震活动呈现明显的不均匀分布，其中地震活动水平较高的地区依次为华北、东南沿海、东北及南黄海海域等。华北地区包括陕西、山西、河北、山东及渤海附近，是大陆东部地震活动水平最高的地区。东南沿海地区地震活动的频度不高，但是强度较高。东北中俄朝交界的绥芬河与图们之间的地区历史上曾频繁发生6级以上地震，这里地震的震源较深。除此之外，大陆东部的广大地区，包括苏、浙、皖、豫、湘、鄂、赣、闽、粤、黔10个省的绝大多数地区，历史上仅发生过少数的6级左右地震，未有7级以上地震的记载。

在大陆西部，6级以上地震几乎散布全区，其中，地震活动水平最高的是银川—兰州—成都—昆明一线附近（常称为“南北地震带”）以及西南、西北边境线附近的西藏和新疆部分地区。在银川—昆明这一大体南北走向的地震活动地带附近，地震活动的频度高、强度大，震中分布密集成带。且本区近期地震也十分活跃，仅1970年以来的短短30多年里，即发生7级以上地震多次，西藏唐古拉山南麓，地震活动的强度很高，发生于1950年的察隅—墨脱8.6级地震是迄今为止我国震级最高的地震。新疆西北部的中俄边境线附近，从喀什到富蕴，地震活动水平也相当高。

2. 我国地震烈度区划

1990年新的《中国地震烈度区划图》（见图6－2）颁布，这是我国第三代地震区划图。

该图[①]所标示的地震烈度值系指50年期限内，一般条件下，可能遭遇超越概率为10%的烈度值，即达到和超过图上烈度值的概率为10%。50年超越概率为10%的风险水平，是目前国际上一般建筑物普遍采用的抗震设防标准。该图在我国国土上划分出东北、华北、华中、华南、新疆、青藏高原、台湾、南海等8个地震区和约30个地震带，其中位于人口密度较高地区的高强度地震带有郯城—庐江带，华北平原带、汾渭带、东南沿海带、河套—银川带等[②]。

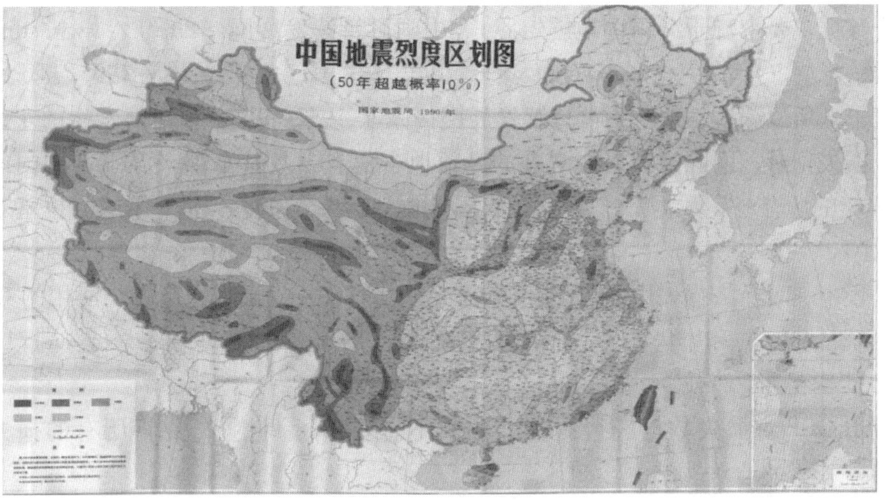

图6－2　中国地震烈度区划图

资料来源：中国地震烈度区划图［M］．北京：地震出版社，1991.

（三）地震活动的时间分布

我国地震活动的时间分布也是不均匀的，呈现出活跃与平静相间的特征。对于中国大陆地区的强震活动，许多学者研究了其在时间轴上高低起伏的轮回特征，并给出强震活动平静期和活跃期划分的原则，由于强震和成灾地震有很强的相关关系，故可以将其视为近似地震周期。研究表明，20世纪以来，我国大陆及其邻区已经历过4个地震活跃期（1897—1912年、1920—1934年、1944—1957年和1966—1976年）和4个地震平静期（1913—1919年、1935—1943年、1958—1965年和1977—1984年），活跃期的平均持续时间约为14年，平静期的平均持续时间为8年。其中，第四个活跃期大体是1966—1976年。在这10年间，我国大陆共发生14次7级以上的大地震，造成27万人死亡和数百亿元的经济损失。根据多数专家的研究判定，20世纪90年代到21世纪前几年可能是我国大陆地区地震活动的第五个活跃期，其间可能发生多次7级、个别甚至级别更大的地震，强震的主体活动地区将在我国西部，东部地区中强地震活动也将相对活跃[③]。而实际结果也确实印证了这种预测，20世纪90年代到2013年实际发生7级以上地震8次，这其中就包括汶川、舟曲、玉树、芦山等地发生的造成巨大灾害的特大地震。

① 中国统计局．中国灾情报告：1949—1995之地震灾情报告［M］．北京：中国统计出版社，1995.

② 潘懋，李铁锋．灾害地质学［M］．北京：北京大学出版社，2002；《中国灾情报告1949—1995》之《地震灾情报告》。

③ 赵宏声．对中国本世纪第五次大震高潮的探讨［J］．地震研究，1990（4）．

四、相关数据说明

本节主要对我国成灾地震的频数和损失额进行基本统计分析，鉴于以后章节中可获得的相关数据最早只到1952年，故本节在对4级以上成灾地震进行分析时也只从1952年开始，而对部分未统计损失额的地震数据本节并未使用。

本报告数据主要来源于《中国地震年鉴》、中国可持续发展网（http://www.sdinfo.net.cn）和中国地震信息网（http://www.csi.ac.cn）。由于《中国地震年鉴》从1995年开始才有经济损失数据记录，所以课题组从中国可持续发展网摘录了1952—1994年中国发生的4级以上的成灾地震经济损失记录，而除经济损失之外的其他地震信息参数基本都来源于《中国地震年鉴》。1995—2007年的所有地震数据都来源于《中国地震年鉴》。2008—2013年的数据基本来源于中国地震信息网。

分析过程中，对经济损失用GDP进行了调整，以消除通货膨胀的影响。所用的GDP数据参考了《中国统计年鉴》和中华人民共和国国家统计局（http://www.stats.gov.cn）1952年以来各年各省的GDP数据。

本节使用GDP对损失数据进行调整（频数不需要进行调整），并将所有的损失都调整到2013年的水平。调整方法为：

$$\text{调整后损失}=\text{未调整损失}\times\frac{2013\text{年}\,GDP}{\text{当年}\,GDP}$$

报告中用到1952年以来我国各省的人口密度来源于《中国人口年鉴》。

另外，在数据整理过程中，我们还参考了中国统计出版社出版的《中国灾情报告1949—1995》、地震出版社出版的《中国大陆地震灾害损失评估汇编》（1990—1995，1996—2000），并对以上所有来源的数据进行了整理。

通过中国地震局求证，《中国地震年鉴》有些地震没有损失的数据，是因为该次地震没有造成损失，或者造成的经济损失微乎其微，可以忽略。于是，本节以此为依据删除了没有损失数据的地震记录，仅用有损失数据的地震记录进行分析，本报告把有损失数据的地震称为成灾地震。

但是，即使经过多方面的努力，所搜集到的数据还是存在一定的问题。首先，1994年以前的经济损失数据主要来源于网络，可能会有所遗漏，并且1994年以前的数据关于每次成灾地震的各类损失描述不够详细；其次，各年度数据统计口径不同，导致分析的结果可信度降低；最后，地震损失的一个重要的影响因素是建筑物结构，不同地区的建筑物结构有很大的区别。由于搜集不到数据，所以无法对它做任何统计上的分析。

以下章节，将会使用的数据有地震基本信息、地震灾害损失数据、全国及各省（区、市）GDP、各省（区、市）2013年人口密度，这些数据的来源如表6－1所示。

表6－1　数据来源说明表

指标		来源（文献）
地震基本信息	震级	《中国地震年鉴》（1995—2007），中国地震信息网，数据完整
	深度	《中国地震年鉴》（1995—2007），中国地震信息网，数据有缺失
	烈度	《中国地震年鉴》（1995—2007），中国地震信息网，数据有缺失
	地震发生时刻	《中国地震年鉴》（1995—2007），中国地震信息网，数据有缺失

续表

指标		来源（文献）
地震灾害信息	直接经济损失（万元）	可持续发展网、中国地震信息网
	死亡人数	可持续发展网、中国地震信息网
	受伤人数	可持续发展网、中国地震信息网
地区发展信息	全国 1952—2013 年 GDP（亿元）	《中国统计年鉴》（2014）、中华人民共和国国家统计局网
	各省 1952—2013 年 GDP（亿元）	《中国统计年鉴》（2014）、《地区统计年鉴》、《中国统计 50 年》、中华人民共和国国家统计局网
	各省 2013 年人口密度（人/千米^2）	《中国统计年鉴》（2014）、《地区统计年鉴》、中华人民共和国国家统计局网

本节小结

地震的地理分布受地质构造影响，因而有一定的规律，最明显的是集中在某些特定地带，全球的地震主要分布在：环太平洋地震带、欧亚地震带以及大洋中脊地震带。本节首先阐述了地震的定义和震源、烈度、震级等基本概念，然后介绍了地震的类型、特点、成因、危害和分布，并对我国地震灾害特征进行了详述。我国地处欧亚板块的东南部，受环太平洋地震带和欧亚地震带的影响，是世界上蒙受地震灾害最为深重的国家之一，地震活动总体上具有的特征为：频度高、强度大、活动分布广泛、震源深度浅。空间分布上，呈现出西强东弱的特征；时间分布上，呈现出活跃与平静相间的特征。

第二节　地震灾害的发生频数特征

一、地震灾害频数的基本统计分析

（一）各省（区、市）4 级以上成灾地震的频数分析

我国地震次数很不均衡，各个省（区、市）之间存在很大的差异，总体上来看，地震发生的频率西部大于东部。在此只考虑我国大陆地区的地震情况。

根据原始数据统计得出各省（区、市）1952—2013 年 4 级以上成灾地震发生次数，如表 6 - 2 所示。

由表 6 - 2 可见，地震活动水平最高是云南省，新疆、四川、青海、西藏和甘肃 5 个省（区、市）都处于较高的水平，紧随其后的是河北、内蒙古、山西和宁夏。这一段时期内大陆地震活动最强的 10 个省（区、市）中，西部占 7 个，东部仅占 3 个，西部地震活动水平明显高于东部。对于其中地震频发的省（区、市）——云南、新疆和四川，将在地震灾害的异常损失分析章节重点讨论。

表 6－2 1952—2013 年各省（区、市）4 级以上成灾地震发生频数

地区	频数	地区	频数	地区	频数	地区	频数
云南	125	山西	13	黑龙江	4	河南	2
新疆	90	宁夏	11	陕西	4	辽宁	1
四川	71	江苏	6	吉林	4	海南	1
青海	39	江西	5	山东	3	北京	0
西藏	24	重庆	5	安徽	3	上海	0
甘肃	24	福建	4	湖北	3	湖南	0
河北	18	广东	4	天津	2	贵州	0
内蒙古	18	广西	4	浙江	2		

（二）各年地震次数的频数分析

从一个较长的历史时期看，地震活动存在着明显的活跃期与平静期，因而从时间角度对地震发生频数进行分析具有必要性。

表 6－3 给出了中国内地 1952—2013 年 4 级以上成灾地震次数。

表 6－3 1952—2013 年全国 4 级以上成灾地震发生频数

年份	次数	年份	次数	年份	次数	年份	次数
1952	7	1968	1	1984	6	2000	9
1953	3	1969	4	1985	7	2001	16
1954	4	1970	6	1986	9	2002	5
1955	7	1971	9	1987	11	2003	16
1956	2	1972	8	1988	10	2004	9
1957	3	1973	11	1989	9	2005	10
1958	2	1974	8	1990	9	2006	10
1959	2	1975	10	1991	10	2007	3
1960	3	1976	15	1992	8	2008	4
1961	6	1977	7	1993	11	2009	1
1962	9	1978	7	1994	11	2010	8
1963	4	1979	10	1995	13	2011	13
1964	4	1980	7	1996	12	2012	11
1965	4	1981	7	1997	10	2013	13
1966	9	1982	9	1998	15		
1967	6	1983	5	1999	15		

由图 6－3 可以看出，我国地震发生次数在各个年份之间分布很不均匀，地震活动呈现出活跃与平静的交替性。但另一方面，由于存在数据统计的因素，早期的数据可能存在遗漏，因此，从统计上看，近几年的地震灾害的发生次数明显增加，这也为按年份进行地震发生次数的频数

分析带来了一定的干扰。

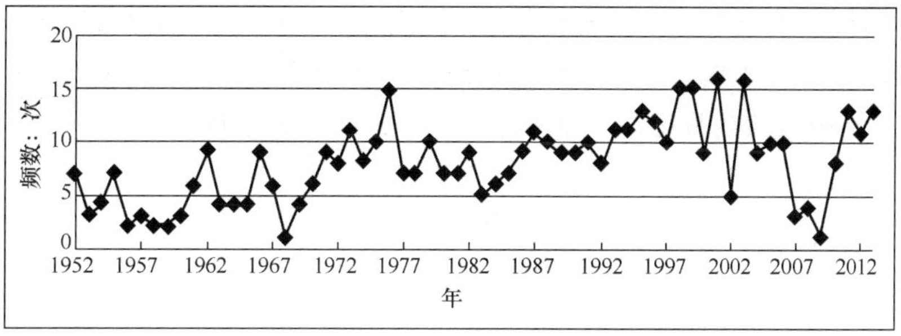

图 6－3　1952—2013 年我国地震频数的折线图

由表 6－4 可以看出，1952—2013 年，我国共发生 4 级以上成灾地震 493 次，平均每年 7.95 次，地震发生最多的年发生次数为 16 次，有 75% 的年份年发生成灾地震 10 次以下，地震发生次数为 9 次的年份比较多。

表 6－4　1952—2013 年我国地震灾害发生频数统计

基本统计测度		分位数统计测度	
均值	7.951 6	分位数	估计值
中位数	8	100%	16
众数	—	95%	15
标准差	3.821 5	90%	13
方差	14.604 2	75%	10
极差	15	50%	8
四分位间距	5	25%	5

对于数据的分布拟合可以看出，在 5% 的显著性水平下，只有正态分布可以通过检验。因此，在数据量足够大的情况下，可以用正态分布拟合地震的年发生频数，其概率密度函数为：

$$f(x) = \frac{1}{3.821\ 54 \times \sqrt{2\pi}} e^{-\frac{1}{2}\left(\frac{x-7.951\ 613}{3.821\ 54}\right)^2}$$

但是，地震频数数据具有厚尾特征，因此，正态分布的拟合情况并不是很好。而且，正态分布只有在数据量足够大的情况下适用，在数据量较小的时候，需要用离散分布来拟合地震的年发生频数。常用的离散分布有二项分布、负二项分布和泊松分布。

由统计特征可以看出，二项分布期望大于方差，负二项分布期望小于方差，而泊松分布的期望与方差相等。而由数据的统计特征知其期望小于方差，即 $\mu(=7.951\ 6) < \sigma^2(=14.604\ 2)$，从而只有负二项分布符合数据情况，可以用来拟合数据。

则当期望 $r\frac{1-p}{p} = 7.951\ 6$，方差 $r\frac{1-p}{p^2} = 14.604\ 2$ 时，

解得：$p = 0.544\ 5, r = 9.504\ 3$。

由于 r 必须取整数，因此调整参数使得：$r^* = 10, p^* = 0.557\ 053$。

下面检验负二项分布对数据的拟合优度问题。这里使用 χ^2 统计量（或皮尔逊统计量）来对其拟合优度进行检验。χ^2 统计量为：

$$\chi^2 = \sum_{i=1}^{n} \frac{(O_i - E_i)^2}{E_i} \sim \chi^2_\alpha(f)$$

式中：O_i 为实际观察的频数值；E_i 为理论值；α 为置信度水平；自由度f等于样本数减去 1。

计算得χ^2 统计量为 18. 807 76，自由度为 15，查χ^2 分布临界值表得$\chi^2_{0.05}(15) = 24.996 > 18.80776$，因此不拒绝频数服从负二项分布的假设，即频数服从负二项分布，分布的概率密度为：

$$P\{X = k\} = f(k;r,p) = \frac{(k+10-1)!}{[k!(10-1)!]} \times 0.5445^8 \times (1-0.5445)^k$$

其拟合情况的直方图见图 6 -4。

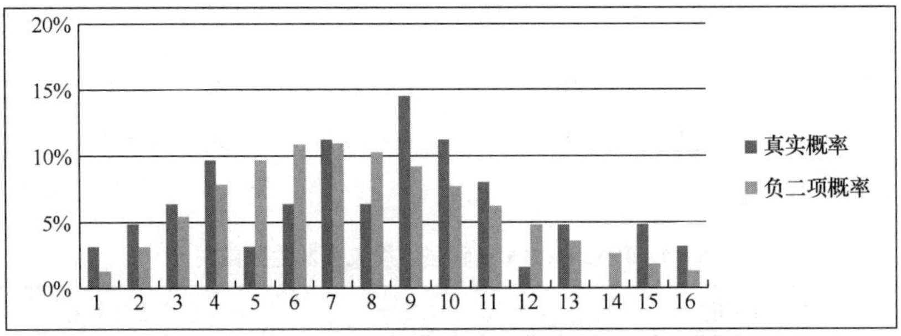

图 6 -4　1952—2013 年我国地震频数负二项分布拟合情况的直方图

由图 6 -4 可以看出，负二项分布较好地拟合了地震的年发生频数。对照全国 1952—2013 年各年度地震损失频数得出如下结论：

第一，4 级以上成灾地震年发生次数在各年间波动较不规律，特别是 1966 年以前，年发生次数以 2 ~4 次居多。究其原因：一方面我国内地在 1955—1966 年经历了一个地震平静阶段，地震发生次数相对较少；另一个原因，我国在 1952—1970 年阶段经济发展水平较低，特别是云南、新疆地区经济发展水平更是低下，因而成灾地震次数较少。

第二，1966—1976 年是我国 20 世纪地震活动的第四个活跃期，较之 1966 年以前，成灾地震年频数有明显的增加，在 10 次左右波动。

第三，1976 年后成灾地震年频数在各年度略有下降。进入 20 世纪 90 年代后，直至 21 世纪初，地震活动进入又一个活跃期，同时由于我国国民经济高速增长，成灾地震的年发生次数基本都在 10 次以上。

第四，近几年，从全国范围来看，成灾地震的频数有上升趋势，具体分析见异常值分析部分。

本节小结

我国地震发生频数在各个年份之间分布很不均匀，地震活动呈现出活跃与平静的交替性，近几年整体呈上升趋势。自 1952 年以来我国共发生 4 级以上成灾地震 493 次，平均每年 7. 95 次，地震发生最多的 2001 年发生次数为 16 次，有 75% 的年份年发生成灾地震 10 次以下，地震发生次数为 9 次的年份比较多。地震发生频数排名前三的省（区、市）依次是云南、新疆和四川，西部明显高于东部。全国地震历年发生频数具有厚尾特征，利用负二项分布拟合通过检验。

近几年，从全国范围来看，成灾地震的频数有上升趋势。

第三节　地震灾害的损失分布特征

下面将对中国内地发生的4级以上成灾地震的次损失额数据进行统计分析，从而观察我国地震损失的额度是否具有某些明显的分布特征。在数据的收集方面，由于目前可获取的GDP数据最早只到1952年，因此在这里仅对1952—2013年的地震损失额数据进行分析。由于原始数据中各年份损失额为当年的实际经济损失额，是一个货币值，而要衡量的地震损失程度是一个不受经济价值影响的量，故为保证各年份损失额数据之间具有可比性，在分析之前，需对原始数据进行调整，剔除经济价值因素的影响。

本节将对中国内地1952—2013年发生的4级以上成灾地震的次损失额进行分析，判断其分布特点。由于数据来源不完善，对我国4级以上成灾地震的损失额统计难免存在遗漏和偏差。此外，由于统计口径不统一，有一部分4级以上成灾地震无法得到具体的经济损失额数据，本节的统计分析中所用数据不包括这部分缺失的数据。

一、4级以上成灾地震年总损失额分析

首先对全国每年总损失额数据（包括所有4级以上成灾地震）进行SAS处理，得到的结果如图6-5和表6-5所示。

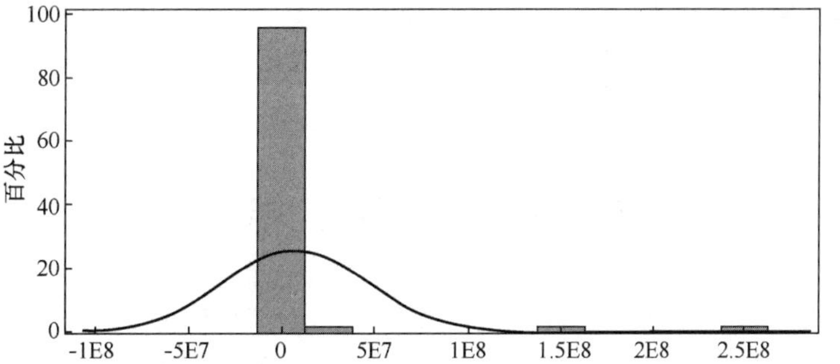

图6-5　1952—2013年各年我国地震总损失额直方图

表6-5　1952—2013年我国地震总损失统计结果

基本统计测度		分位数统计测度	
均值	8.310 93E+06	分位数	估计值
中位数	4.399 83E+05	100%	2.581 03E+08
标准差	3.826 48E+07	95%	1.046 95E+07
方差	1.464 20E+15	90%	4.386 07E+06
四分位间距	1.111 63E+06	75%	1.182 94E+06
偏度	5.771 8	50%	4.399 83E+05
峰度	34.213 8	25%	7.131 30E+04

由以上输出结果可以看出，1952—2013 年的地震年总损失额存在很大的差异，均值和标准差分别为：$\mu=8\ 310\ 934.58$，$\sigma=38\ 264\ 808.8$。其中，最高的总损失额为 258 103 000 万元，有一半的年总损失额小于 439 983 万元。

从常用分布关于总损失额进行分布拟合的检验结果可以看出，在 5% 的显著性水平下，只有对数正态分布是通过检验的，即可以用对数正态分布来拟合总损失额数据。经济变量往往受到时间的影响而存在异方差，取对数可以使得数列变得平稳。

对总损失额数据取对数后进行分析，输出结果见表 6-6。

表 6-6　1952—2013 年我国地震对数总损失统计结果

基本统计测度		分位数统计测度	
均值	12.805 76	分位数	估计值
中位数	12.993 42	100%	19.368 87
标准差	2.395 43	95%	16.163 98
方差	5.738 06	90%	15.293 94
四分位间距	2.808 68	75%	13.983 51
偏度	0.030 7	50%	12.993 42
峰度	1.154 1	25%	11.174 83

由分布检验的输出结果可以看出，在显著性水平为 5% 的情况下，对年总损失额取对数后的数据可以通过正态分布的检验，参数均值和标准差分别为：$\mu=12.805\ 755\ 9$，$\sigma=2.395\ 425\ 47$。由直方图也可以看出，正态分布很好地拟合了对年总损失额取对数后的数据。

对数正态分布的密度函数为：

$$f(x)=\frac{1}{2.395\ 425\ 47\sqrt{2\pi x}}e^{-\frac{1}{2}\left(\frac{\ln x-12.805\ 755\ 9}{2.395\ 425\ 47}\right)^2}$$

二、各年 4 级以上成灾地震的平均次损失额分析

由于各年地震的频数存在很大的差异，因此对于总损失额的分析受频数影响较大，意义并不是很大。本节将对每年的平均次损失额（每年的总损失额除以本年度的频数）进行分析，这样就部分抵消了频数对损失额的影响。

对全国每年的平均次损失额数据进行 SAS 处理，得到图 6-6 和表 6-7。

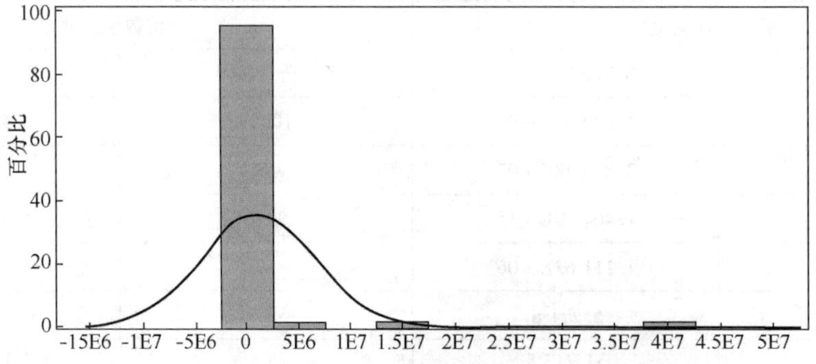

图 6-6　1952—2013 年各年我国地震平均次损失额直方图

表 6 - 7　1952—2013 年我国地震平均次损失统计结果

基本统计测度		分位数统计测度	
均值	1.106 38E+05	分位数	估计值
中位数	4.594 40E+04	100%	4.010 13E+07
标准差	5.497 47E+05	95%	1.046 95E+06
方差	3.022 22E+11	90%	5.991 40E+05
四分位间距	1.124 03E+05	75%	1.292 68E+05
偏度	6.466 3	50%	4.594 40E+04
峰度	43.970 1	25%	1.686 46E+04

从输出结果可以看出每年的平均次损失额差异也较大，其均值和标准差分别为：μ = 1 106 387.43，σ = 5 497 469.98。其中，平均次损失额最大为 40 101 300 万元，有一半的损失额小于 45 944 万元。

从年平均次损失额进行分布拟合的检验结果可以看出，对数分布拟合的效果较其他分布好，但也无法通过检验。因此，这里仅给出各年的平均次损失的折线图（见图 6 - 7）。对于其中特大地震造成的异常损失，以及剔除特大地震后平均次损失的回归分析将在后续章节展开。

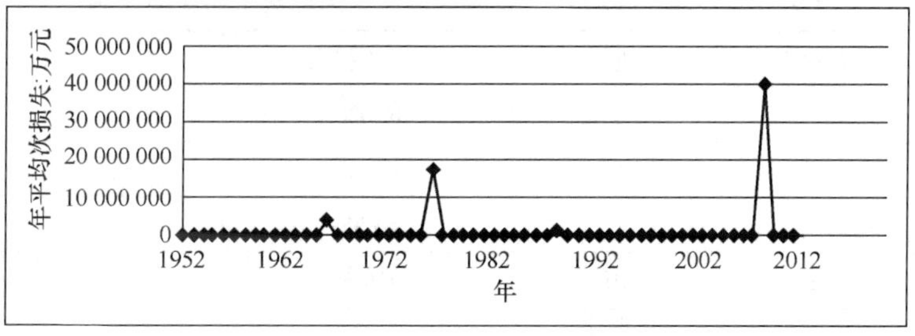

图 6 - 7　1952—2013 年各年我国地震平均次损失额

三、全国各省（区、市）成灾地震损失额分析

以上均是从全国角度对成灾地震损失进行统计分析，然而基于地震带的分布特点，地震的发生具有明显的地域性。我国各地区间地震发生状况差别很大，按地理位置对地震发生的情况进行统计更具合理性。然而受制于数据统计方法，本节仅从行政区域角度对地震数据进行地域性分析，虽然不如完全依照地理位置进行划分准确，但从结果来看，仍具有一定的参考价值。本节使用经 GDP 调整后的中国大陆地区 1952—2013 年各省（区、市）发生的 4 级以上成灾地震的总损失额和平均次损失额分别进行分析。表 6 - 8 是我国各省（区、市）地震总损失额情况。

可以看出，各省（区、市）1952—2013 年的地震总损失额存在很大的差异，其中，河北、四川、云南、江苏、青海、山东、甘肃和新疆总损失额较大，这是由这几个省（区、市）地震的频数较高引起的。河北省总损失额较大的原因一部分是其地震频数较高，另一部分是它历史上发生了几次震级较大的地震。而山东、江苏的总损失额较大则与它们的经济发展状况有一定的关系。中部地区的地震总损失额相对较小。

表 6－8　1952—2013 年全国 4 级以上成灾地震总损失额　　（单位：万元）

地区	总损失	地区	总损失	地区	总损失
北京	0	安徽	30 079	四川	171 271 833
天津	73 070	福建	309 124	贵州	0
河北	286 666 616	江西	924 908	云南	24 884 587
山西	2 210 444	山东	4 369 133	西藏	663 882
内蒙古	3 464 983	河南	34 615	陕西	12 021
辽宁	53 847	湖北	14 087	甘肃	3 794 105
吉林	358 990	湖南	0	青海	4 418 992
黑龙江	889 651	广东	1 447 146	宁夏	414 621
上海	0	广西	36 600	新疆	3 675 267
江苏	4 581 399	海南	322		
浙江	30 630	重庆	613 434		

由于总损失额受到频数影响较大，下面将对平均次损失额进行分析。表 6－9 是我国各省（区、市）地震平均次损失额情况。

表 6－9　1952—2013 年全国 4 级以上成灾地震平均次损失额　　（单位：万元）

地区	平均次损失	地区	平均次损失	地区	平均次损失
北京	0	安徽	10 026	四川	2 412 279
天津	36 535	福建	77 281	贵州	0
河北	15 925 923	江西	184 982	云南	199 077
山西	170 034	山东	1 456 378	西藏	27 662
内蒙古	192 499	河南	17 307	陕西	3 005
辽宁	53 847	湖北	4 696	甘肃	158 088
吉林	89 747	湖南	0	青海	113 307
黑龙江	222 413	广东	361 787	宁夏	37 693
上海	0	广西	9 150	新疆	40 836
江苏	763 566	海南	322		
浙江	15 315	重庆	122 687		

可以看出，各省（区、市）1952—2013 年的地震平均次损失额仍存在很大的差异，各省（区、市）平均损失额的相对情况与总损失额的情况差异很大，这是因为平均损失额部分剔除了地震频数对损失额的影响。其中，河北省的平均损失额最大，这主要是因为河北省历史上发生了几次重大地震。其次，四川也由于几次较大地震拉高了其平均损失额。

本节小结

经 GDP 调整后的地震灾害经济损失方面，自 1952 年以来，我国地震灾害平均总损失额为

831 亿元，损失额最高的一年是 1976 年，经济损失达到 25 810 亿元；平均次损失额最高的是 2008 年，经济损失超过 4 000 亿元。地震灾害年总损失额与次损失额的最优拟合分布均为对数正态分布。从各省（区、市）的角度分析，河北、四川、云南、江苏、青海、山东、甘肃和新疆总损失额较大，中部地区的总损失额相对较小。平均次损失额方面，河北省由于历史上发生了几次重大地震，平均损失额最大，四川省也由于几次较大地震拉高了其平均损失额。

第七章　地震灾害的区域差异分析

第一节　区域聚类及分组

一、聚类使用指标说明

本节用聚类分析方法对各地区地震发生的情况进行分组。在方法上，选择系统聚类中的离差平方和法（ward），样本间的距离用 SAS 默认的欧式距离。

在目前所掌握的数据中，关于省份的数据有各省的地震发生频数、直接经济损失额、地震的物理参数（震级、深度和烈度）、死亡人口、GDP 水平和人口密度，可以从中选取聚类分析的变量。地震的物理参数，像烈度和深度对于地震的经济损失有很大的影响，因此可以认为损失变量已经反映出了物理参数的影响，在这部分不再对物理参数进行分析。

下面首先提出 3 类指标，然后经过相关性等分析选择最终的聚类变量。

（一）地震发生频数

由于地震的发生具有极强的地理差异，而频数是反映地震地理差异中最为直观的变量，所以频数是聚类分析中最重要的变量，这里频数选取的是各省 1952—2013 年发生的成灾地震频数的总和。

（二）地震造成的经济损失指标

首先需要将损失标准化，将每次损失通过全国 GDP 调整到 2013 年水平，即：

$$ad\_\ loss_y = loss_y \times \frac{GDP_{2013}}{GDP_y}$$

在描述地震造成的经济损失指标上有几个备选变量：

各省历史地震损失总额 ad_ loss（万元），即 1952—2013 年各省成灾地震损失总和：

$$ad\_\ loss = \sum ad\_\ loss_y$$

省平均次损失 averageloss，即用地震总损失额除以地震发生频数：

$$averageloss = \frac{ad\_\ loss}{k}$$

各省平均次损失率 lossrate，即用各省平均次损失除以各省 2013 年的 GDP：

$$lossrate_i = \frac{averageloss}{GDP_{i,2013}}$$

（三）死亡人口指标

在对地震发生的损失程度的衡量中，死亡人口也是一个重要的描述变量。在这里死亡人口也可以采用不同的描述方式：

各省在1952—2013年地震导致的死亡人口总数为death。

各省地震导致的平均死亡人数average_death，即用死亡人口总数除以地震发生频数：

$$average\_death = \frac{death}{k}$$

下面对各类指标进行筛选。在进行聚类分析中，聚类变量应该满足以下要求：①代表性强，指该项变量能反映这类指标的大部分信息，可作为这类指标的代表参与评价；②独立性好，该项变量与其他类别的变量间几乎无关，不可被其他类别的指标代替。基于此，课题组先对所有的备选变量用SAS软件进行相关性分析。

由于频数（num）与其他变量相关性都很差，所以首先选定的是最为重要的变量——频数（num），其他所有指标相关性都很强，所以只能选择其中一个。由于频数（num）与总损失（ad_loss）的相关性最强，达到了0.310 54，所以课题组将ad_loss这个变量剔除，剩下的变量中，本节认为平均次损失率更加合适，因为它考虑了该省的经济发展水平，比如相同的损失额对于西藏与广东影响程度是绝对不同的，所以平均次损失率（lossrate）这个变量更能反映出地震对于该省的影响程度，相比其他指标反映的内容更加全面，所以选择它作为衡量各省损失的指标，作为聚类的变量之一。

最终，聚类分析选取地震频数（num）和平均次损失率（lossrate）两个指标作为聚类变量。各省的这两个指标汇总如表7－1所示。

表7－1 1952—2013年各省（区、市）的总损失、频数和次损失率汇总

省（区、市）	频数（num）	平均次损失率（lossrate）
北京	0	0
天津	2	0.000 254 241
河北	18	0.056 272 543
山西	13	0.001 349 238
内蒙古	18	0.001 143 624
辽宁	1	0.000 198 86
吉林	4	0.000 691 35
黑龙江	4	0.001 546 366
上海	0	0
江苏	6	0.001 290 642
浙江	2	4.076 57E－05
安徽	3	5.266 29E－05

续表

省（区、市）	频数（num）	平均次损失率（lossrate）
福建	4	0.000 355 157
江西	5	0.001 290 104
山东	3	0.002 663 245
河南	2	5.382 35E-05
湖北	3	1.903 47E-05
湖南	0	0
广东	4	0.000 581 988
广西	4	6.363 85E-05
海南	1	1.024 13E-05
重庆	5	0.000 969 343
四川	71	0.009 185 867
贵州	0	0
云南	125	0.001 698 475
西藏	24	0.003 424 885
陕西	4	1.873 03E-05
甘肃	24	0.002 522 136
青海	39	0.005 392 899
宁夏	11	0.001 469 471
新疆	90	0.000 488 458

二、聚类的过程、结果及分组

（一）聚类分组过程

根据表7-1，用SAS软件对数据进行聚类分析。

SAS输出结果给出了全国31个省（区、市）进行聚类的全部过程，先聚成30类，再依次进行，直至聚为一类。合适的聚类数目可以由输出的CCC，PSF，PST2这些量决定。一般情况下，CCC和PSF出现峰值时所对应的分类数较为合适，PST2出现峰值的前一行所对应的分类数较为合适。同时，还可以通过再合并成新类时RSQ值的减少最多（即每一次合并时，信息的损失程度SPRSQ值最大）来验证。

输出的树形图如图7-1所示。

图 7－1　聚类树形图

综合各类指标值和树形图，可以把分类数定为 9，得到的分组如下：

第一组：河北

第二组：云南

第三组：新疆

第四组：四川

第五组：青海

第六组：山西、宁夏、内蒙古、西藏、甘肃

第七组：黑龙江、江苏、江西、重庆、山东

第八组：吉林、广东、福建、安徽、湖北、广西、陕西

第九组：北京、上海、湖南、贵州、天津、浙江、河南、辽宁、海南

由以上结果可以看出，单纯按变量进行聚类，各组内省份分布较分散，未能有效反映出地震带以及经济发展等因素，因此，在对全国各省进行分组时，既要用以上聚类分析结果作为依据，又要考虑到全国各地震带的分布和经济水平等因素的影响。

首先看地震带的分布。地震实际上也是沿地震带分布的。根据地质力学的观点，我国大致可分为以下 20 个地震带：台湾带；闽粤沿海带；东北深震带；营口—郯城—庐江带；河北平原带；海原—松潘—雅安带；山西带；渭河平原带；银川带；兰州—天水带；河西走廊带；马边—巧家—通海带；冕宁—西昌—鱼鲢带；腾冲—澜沧带；哀牢山带；炉霍—乾宁带；花石峡带；拉萨—察隅带；西藏西部带；天山带。其中，特别应当提到的是纵贯中国中部的南北地震带，它北起宁夏，经甘肃东部、四川西部直到云南，是一个强震集中而且活跃的地带。观察这些地震带，大致可以分为 4 个地震多发区：台湾、福建、广东及其沿海地区；青藏高原、云南、四川西部地区；新疆及部分陕、甘、宁、青地区；太行山沿线及京、津、唐、渤地区。

其次，再考虑地理位置和经济水平。按照地理位置、经济发展水平相近的原则把分组进行调整。

综合各方面考虑，将全国各省（区、市）分为6组，其具体分组结果为：

第一组：云南、新疆、四川

第二组：青海、宁夏、甘肃、西藏、内蒙古

第三组：山西、陕西

第四组：河北、山东、北京、天津

第五组：江苏、江西、广东、广西、重庆、福建、黑龙江、吉林、辽宁

第六组：河南、海南、浙江、湖南、湖北、安徽、贵州、上海

（二）各组定量分析

第一组：云南、新疆、四川

第一组调整后结果为云南、新疆和四川三个省（区、市）。在聚类中，这三个地区分别属于第二、三、四组。从地震带来看，云南和四川同处于喜马拉雅地震带上，属于地震多发区，尤其是云南，虽然其土地面积仅占国土的4%，却承受全国破坏性地震平均量的20%；从经济发展水平来看，云南与新疆大体相当，属于经济水平相对落后地区；虽然新疆在地理位置上并不在喜马拉雅地震带上，但通过对频数和损失率的聚类分析，将新疆与四川聚到一组；而且，云南、新疆、四川三个省（区、市）的地震数据具有很多相似性（见表7－2），故将其归为一组。

1. 第一组地震灾害频数统计分析

表7－2统计的是第一组1952—2013年每年发生的震级大于4级且造成较大经济损失的地震次数。1952—2013年第一组年发生次数最多为11次，有75%的年份年地震发生次数在6次以下，有50%的年份年地震发生次数在4次以下。另外，频数均值$\mu=4.6129$，方差$\sigma^2=8.4051$，可见期望μ小于方差σ^2。由统计经验，对于频数分布，在分布的期望小于方差时，符合负二项分布的特点，可以用负二项分布来拟合频数数据。

由负二项分布的特点可以求得，$r=6$，$p=0.565349556$，概率分布为：

$$P\{X=k\}=f(k,r,p)=\frac{(k+6-1)}{k!(6-1)!}\times 0.565349556^{6}(1-0.565349556)^{k}$$

计算可得，χ^2统计量的值为10.4443，自由度为9。查表得，自由度为9显著性为0.05的χ^2统计量临界值为9.488，10.4443>9.488，所以该拟合分布没有通过显著性为5%的χ^2检验，即不可以采用负二项分布拟合频数分布。

从1952—2013年损失频数来看，本组地震的发生次数波动较大，1970年以前，发生次数基本都在5次以下，随后有整体上升趋势。究其原因：一方面，我国内地在1951—1966年经历了一个地震平静期，地震发生次数相对较少；另一方面，我国在1952—1970年经济发展水平较低，特别是本组的新疆、云南地区的经济发展水平更是低下，因而使得成灾地震发生频数较少。

观察表7－2可以发现，发生频数的1/4分位数为2，中位数为4，3/4分位数为6。也就是说，有1/4年份的成灾地震的发生次数小于等于2次，3/4年份的成灾地震的发生次数小于等于6次。

2. 第一组地震灾害损失程度统计分析

为了消除时间对货币价值的影响，使历史纪录能够更好地拟合现在或将来的损失分布，首先用每年的GDP趋势因子对原始损失额数据做相应调整，使其更具可比性。对云南、新疆、四

川三个省（区、市）1952—2013 年调整后的损失额结果见表 7－3。当显著性水平为 5% 时，对数正态分布的拟合效果最好，因此本节选取对数正态分布来对调整次损失额进行拟合。然而，由于调整次损失额的跨度较大，因此对调整次损失做取对数处理，然后对处理后的数据做 SAS 分析。

可以看出，该组调整后次损失取对数后的均值为 9.247 5，标准差为 2.362。最大值是 18.889 98，75% 分位数是 10.803 3，中位数是 9.380 87。

可以得到本组新疆、云南、四川三个省（区、市）的地震调整次损失额分布的密度函数为：

$$f(x)=\frac{1}{2.362\,002\sqrt{2\pi x}}e^{-\frac{1}{2}\left(\frac{\ln x-9.247\,54}{2.362\,002}\right)^2}$$

表 7－2 第一组地震频数统计结果

基本统计测度		分位数统计测度	
均值	4.612 9	分位数	估计值
中位数	4	100%	11
标准差	2.899 2	95%	10
方差	8.405 1	90%	9
四分位间距	4	75%	6
偏度	0.495 7	50%	4
峰度	-0.461 9	25%	2

表 7－3 第一组调整次损失额取对数后的统计结果

基本统计测度		分位数统计测度	
均值	9.247 5	分位数	估计值
中位数	9.380 9	100%	18.889 98
标准差	2.362	95%	12.863 03
方差	5.579	90%	12.268 81
四分位间距	3.267 3	75%	10.803 3
偏度	0.316 7	50%	9.380 87
峰度	0.363 1	25%	7.535 98

第二组：青海、宁夏、甘肃、西藏、内蒙古

第二组调整后结果为青海、宁夏、甘肃、西藏和内蒙古五个省（区、市）。这五个省地理位置相邻，其共同点在于人烟稀少、经济欠发达。尽管强烈地震较多，也较频繁，但多数地震发生在山区，造成的人员和财产损失与我国东部几条地震带相比，要小许多。另外，从地震本身的参数来看，1952—2013 年地震发生频数和总损失都比较接近。

1. 第二组地震灾害频数统计分析

1952—2013 年第二组地震年发生次数的描述性统计结果见表 7－4。地震发生次数的期望为 1.871，方差为 2.343 7，符合负二项分布期望小于方差的特点，因此用负二项分布对第二组的频数进行拟合分析。

由负二项分布的特点可以求得，$p=0.789\,091$，$r=7$，概率分布为：

$$P\{X=k\}=f(k,r,p)=\frac{(k+7-1)!}{[k!(7-1)!]}\times 0.789\,091^7\times(1-0.789\,091)^k$$

拟合检验：χ^2 统计量的值为 2.624 041，自由度为 2。查表得，自由度为 2 显著性为 0.05 的 χ^2 统计量临界值为 5.991，2.624 041 < 5.991，所以该拟合分布通过了显著性为 5% 的 χ^2 检验，即可以采用负二项分布拟合第二组的频数分布。

2. 第二组地震灾害损失程度统计分析

1952—2013 年第二组地震对数损失额的描述性统计结果见表 7－5。当显著性水平为 5% 时，对数正态分布的拟合效果最好，因此本节选取对数正态分布来对调整次损失额进行拟合。

可以得到本组青海、甘肃、西藏、内蒙古、宁夏五个省（区、市）的地震调整后次损失额分布的密度函数为：

$$f(x)=\frac{1}{2.384\,185\sqrt{2\pi x}}e^{-\frac{1}{2}\left(\frac{\ln x-8.830\,85}{2.384\,185}\right)^2}$$

表 7－4　第二组地震频数的统计结果

基本统计测度		分位数统计测度	
均值	1.871	分位数	估计值
中位数	2	100%	6
标准差	1.530 9	95%	4
方差	2.343 7	90%	4
四分位间距	2	75%	3
偏度	0.592 4	50%	2
峰度	－0.418 7	25%	1

表 7－5　第二组调整次损失额取对数后的统计结果

基本统计测度		分位数统计测度	
均值	8.830 8	分位数	估计值
中位数	8.693 7	100%	14.990 13
标准差	2.384 2	95%	12.795 91
方差	5.684 4	90%	12.068 7
四分位间距	3.561 5	75%	10.466 88
偏度	0.280 3	50%	8.693 69
峰度	－0.316 3	25%	6.905 34

第三组：山西、陕西

第三组调整后的结果为山西、陕西二省。本组省份之间本身就有很强的相似性，并同时位于西部，地理位置相邻，而且经济发展水平、人口密度等都极为相似。

1. 第三组地震灾害频数统计分析

1952—2013 年第三组地震年发生次数的描述性统计结果见表 7－6。另外，频数均值 μ 为 0.274 2，方差 σ^2 为 0.333 4，符合负二项分布期望小于方差的特点，因此，用负二项分布对第三组的频数进行拟合分析。

由负二项分布的特点可以求得，$p=0.784\,812$，$r=1$，概率分布为：

$$P\{X=k\}=f(k,r,p)=\frac{(k+1-1)!}{[k!(1-1)!]}\times 0.784\,812\times(1-0.784\,812)^k$$

拟合检验：χ^2 统计量的值为 1.563 261，自由度为 1。查表得，自由度为 1 显著性为 0.05 的 χ^2 统计量临界值为 3.841，1.563 261 < 3.841，所以该拟合分布通过了显著性为 5% 的 χ^2 检验，即可以采用负二项分布拟合第三组的频数分布。

从 1952—2013 年损失频数来看，第三组发生频数的中位数、3/4 分位数为 0，也就是说，绝大多数年份的成灾地震的发生次数为 0。

2. 第三组地震灾害损失程度统计分析

1952—2013 年第三组地震对数损失额的描述性统计结果见表 7－7。在原假设服从某种分布的前提下，当显著性水平为 5% 时，对数正态分布的拟合效果最好，因此本节选取对数正态分布来对调整次损失额进行拟合。

可以得到本组山西、陕西两个省份的地震调整后次损失额分布的密度函数为：

$$f(x)=\frac{1}{2.512\,05\sqrt{2\pi}x}e^{-\frac{1}{2}\left(\frac{\ln x-9.300\,72}{2.512\,05}\right)^2}$$

表 7－6　第三组地震频数的统计结果

基本统计测度		分位数统计测度	
均值	0.274 2	分位数	估计值
中位数	0	100%	2
标准差	0.577 4	95%	2
方差	0.333 4	90%	1
四分位间距	0	75%	0
偏度	2.023	50%	0
峰度	3.071 6	25%	0

表 7－7　第三组调整次损失额取对数后的统计结果

基本统计测度		分位数统计测度	
均值	9.300 7	分位数	估计值
中位数	8.811 4	100%	14.016 79
标准差	2.512	95%	14.016 79
方差	6.310 1	90%	13.060 46
四分位间距	4.000 1	75%	11.316 34
偏度	0.399 4	50%	8.811 35
峰度	－0.922 1	25%	7.316 28

第四组：河北、山东、北京、天津

第四组调整后的结果为河北、山东、北京、天津四省、市。从地理位置上来看，河北省环抱京、津两地，同属于环渤海地震带，首都圈位于这个地区内，所以格外引人关注。数据显示，该地区发生过1966年7.2级的邢台地震、1969年7.4级的山东渤海地震、1976年7.8级的唐山地震和1983年山东菏泽地震等特大地震。加之它位于我国人口稠密，大城市集中，政治、经济、文化、交通都很发达的地区，地震灾害的威胁极为严重。另外，由于在统计经济损失时，北京、天津的损失也常常跟河北省统计在一起，数据无法分开，故将三个省、市放在一组。

1. 第四组地震灾害频数统计分析

1952—2013年第四组地震年发生次数的描述性统计结果见表7－8，可以看出，地震发生次数的平均值为0.371，方差为0.565 1，根据均值小于方差，可以近似地用负二项分布来拟合。

由负二项分布的特点可以求得，$p=0.729\ 412$，$r=1$，概率分布为：

$$P\{X=k\}=f(k,r,p)=\frac{(k+1-1)!}{[k!(1-1)!]}\times 0.729\ 412\times(1-0.729\ 412)^k$$

拟合检验：χ^2 统计量为3.544 832，自由度为1，查表得显著性水平为0.05的χ^2 统计量临界值为3.841，3.544 832 <3.841，通过显著性检验，接受原假设，从而第四组频数可以采用上面所示的负二项分布进行拟合。

第四组发生频数的1/4分位数为0，中位数为0，3/4分位数为1。也就是说，有1/2年份没有成灾地震发生，3/4年份的成灾地震的发生次数小于等于1次。

2. 第四组地震灾害损失程度统计分析

1952—2013年第四组地震对数损失额的描述性统计结果见表7－9。在原假设服从某种分布的前提下，当显著性水平为5%时，对数正态分布的拟合效果最好，因此选取对数正态分布来对调整次损失额进行拟合。

可以得到本组地震次损失额分布的密度函数为：

$$f(x)=\frac{1}{3.253\ 53\sqrt{2\pi}x}e^{-\frac{1}{2}\left(\frac{\ln x-10.720\ 19}{3.253\ 53}\right)^2}$$

表7－8　第四组地震频数的统计结果

基本统计测度		分位数统计测度	
均值	0.371	分位数	估计值
中位数	0	100%	4
标准差	0.751 7	95%	2
方差	0.565 1	90%	1
四分位间距	1	75%	1
偏度	2.611 4	50%	0
峰度	8.415 9	25%	0

表7－9　第四组调整次损失额取对数后的统计结果

基本统计测度		分位数统计测度	
均值	10.720 2	分位数	估计值
中位数	9.613 2	100%	19.356 72
标准差	3.253 5	95%	17.228 94
方差	10.585 3	90%	14.880 29
四分位间距	4.42	75%	13.077 2
偏度	1.227 5	50%	9.613 15
峰度	1.111 8	25%	8.657 2

第五组：江苏、江西、广东、广西、重庆、福建、黑龙江、吉林、辽宁

第五组调整后的结果为江苏、江西、广东、广西、重庆、福建、黑龙江、吉林、辽宁。这些地区地震发生频数相近，而且经济发展水平居于全国中上水平，发生地震的震级虽然不大，但造成的损失都比较严重。本组中的江苏、福建和广东位于东南沿海地震带上，黑龙江、吉林和辽宁位于东北深震带上，这些地震带相对于西部地震带和华北地震区，发生地震的频数低，

但由于人口密度较大，造成的次损失也是比较大的。

1. 第五组地震灾害频数统计分析

1952—2013 年第五组地震年发生次数的描述性统计结果见表 7－10。可以看出，地震发生次数的平均值为 0. 596 8，方差为 0. 605 3，根据均值小于方差，可以近似地用负二项分布来拟合。

由负二项分布的特点可以求得，$p=0.98599$，$r=42$，概率分布为：

$$P\{X=k\}=f(k,r,p)=\frac{(k+42-1)!}{[k!(42-1)!]}\times 0.98599^{42}\times(1-0.98599)^{k}$$

拟合检验：χ^2 统计量为 5. 966 401，自由度为 1，查表得显著性水平为 0. 05 的 χ^2 统计量临界值为 3. 841，5. 966 401 > 3. 841，没有通过显著性检验，拒绝原假设，从而第五组频数不能采用上面所示的负二项分布进行拟合。

第五组发生频数的 1/4 分位数为 0，中位数为 0，3/4 分位数为 1。也就是说，有 1/2 年份没有成灾地震发生，3/4 年份的成灾地震的发生次数小于等于 1 次。

2. 第五组地震灾害损失程度统计分析

1952—2013 年第五组地震对数损失额的描述性统计结果见表 7－11，在原假设服从某种分布的前提下，当显著性水平为 5% 时，对数正态分布的拟合效果最好，因此本节选取对数正态分布来对调整次损失额进行拟合。

可以得到本组地震次损失额分布的密度函数为：

$$f(x)=\frac{1}{2.59653\sqrt{2\pi x}}e^{-\frac{1}{2}\left(\frac{\ln x-10.04911}{2.59653}\right)^2}$$

表 7－10　第五组地震频数的统计结果

基本统计测度		分位数统计测度	
均值	0. 596 8	分位数	估计值
中位数	0	100%	3
标准差	0. 778	95%	2
方差	0. 605 3	90%	1
四分位间距	1	75%	1
偏度	1. 501 1	50%	0
峰度	2. 408 9	25%	0

表 7－11　第五组调整次损失额取对数后的统计结果

基本统计测度		分位数统计测度	
均值	10. 049 1	分位数	估计值
中位数	10. 242 5	100%	15. 057 48
标准差	2. 596 5	95%	14. 141 94
方差	6. 741 8	90%	13. 470 61
四分位间距	4. 063 1	75%	12. 217 51
偏度	－0. 142 3	50%	10. 242 49
峰度	－0. 568 1	25%	8. 154 4

第六组：河南、海南、浙江、湖南、湖北、安徽、贵州、上海

第六组调整后为河南、海南、浙江、湖南、湖北、安徽、贵州和上海。这些地区在历史很少发生地震或者没有发生地震，这是由于这些地区不在我国主要的地震带上。

1. 第六组地震灾害频数统计分析

1952—2013 年第六组地震年发生次数的描述性统计结果见表 7－12。可以看出，地震发生次数的平均值为 0. 177 4，方差为 0. 181 1，根据均值小于方差，可以近似地用负二项分布来拟合。

由负二项分布的特点可以求得，$p=0.980668$，$r=9$，概率分布为：

$$P\{X=k\}=f(k,r,p)=\frac{(k+9-1)!}{[k!(9-1)!]}\times 0.980668^{9}\times(1-0.980668)^{k}$$

拟合检验：χ^2 统计量为 0. 018 216，自由度为 1，查表得显著性水平为 0. 05 的 χ^2 统计量临界值为 3. 841，0. 018 216 < 3. 841，通过显著性检验，接受原假设，从而第六组频数可以采用上面

所示的负二项分布进行拟合。

第六组发生频数的1/4 分位数为0，中位数为0，3/4 分位数为0。也就是说，有3/4 年份没有成灾地震发生，地震发生次数极少。

2. 第六组地震灾害损失程度统计分析

1952—2013 年第六组地震对数损失额的描述性统计结果见表7－13。

在原假设服从某种分布的前提下，当显著性水平为5%时，对数正态分布的拟合效果最好，因此选取对数正态分布来对调整次损失额进行拟合。

可以得到本组地震次损失额分布的密度函数为：

$$f(x) = \frac{1}{1.523\,25\sqrt{2\pi}x}e^{-\frac{1}{2}\left(\frac{\ln x-8.305\,1}{1.523\,25}\right)^2}$$

表7－12　第六组地震频数的统计结果

基本统计测度		分位数统计测度	
均值	0.177 4	分位数	估计值
中位数	0	100%	2
标准差	0.425 6	95%	1
方差	0.181 1	90%	1
四分位间距	0	75%	0
偏度	2.367 6	50%	0
峰度	5.231 3	25%	0

表7－13　第六组调整次损失额取对数后的统计结果

基本统计测度		分位数统计测度	
均值	8.305 1	分位数	估计值
中位数	8.283 9	100%	10.391 03
标准差	1.523 3	95%	10.391 03
方差	2.320 4	90%	10.238 18
四分位间距	3.003	75%	10.191 31
偏度	0.029 5	50%	8.283 91
峰度	−0.917 5	25%	7.188 28

本节小结

在本节聚类过程中，选取地震发生频数、直接经济损失额、地震的物理参数（震级、深度和烈度）、死亡人口、GDP水平和人口密度这几个地震灾害的重要特征指标作为聚类指标，进行聚类分析，在聚类分组结果的基础上，同时考虑到全国各地震带的分布和经济水平等因素的影响，将全国各省、市、自治区聚类为六组，分析结果与《灾因报告（2012）》基本一致。

本节从地震灾害频数与次损失两个角度对每个分组进行统计分析并用理论分布对其进行拟合。对于地震灾害频数，选取负二项分布这种常用于描述现实生活中很少发生的某类稀疏性事件的分布进行拟合，分析结果显示，相比《灾因报告（2012）》，本版各组地震灾害频数均呈小幅上升趋势，进一步佐证了近几年我国各地区均处于地震活跃期。对于地震灾害次损失，根据其呈现的厚尾分布的特性，可以采用对数正态分布进行拟合。

第二节　区域的差异率分析

一、地震发生频数差异率分析

为了更好地制定差别费率，保险公司还需要了解各个地区的差异率情况。本节将分别就地震发生的频数与次损失率两个指标给出其各自的分省份和分组地区的差异率计算。

本节采用1952—2013的年度数据进行分析，在分省份的研究中，选择地震频数最多的云南省为基数，在分组研究中，选择地震风险最大的第一组的地震频数作为基数。

（一）各省份年平均地震频数差异率分析

表7－14为计算的各省份年平均地震频数差异率表。这里使用年地震平均频数最多的云南省为基准，即其他省份差异率为相比云南省的倍数。

表中年平均地震频数和频数标准差为对各省份各年的地震发生次数计算的均值和标准差；年均频数差异率为单纯使用均值计算差异率得到的结果；1倍标准差差异率为根据均值加上1倍标准差后的结果计算的差异率。

表7－14　年平均频数差异率表

省（区、市）	年平均地震频数	频数标准差	年均频数差异率	1倍标准差差异率
云南	2.016 129 032	1.693 690 659	1	1
新疆	1.451 612 903	1.685 788 421	0.72	0.995 334 309
四川	1.145 161 29	1.143 001 143	0.568	0.674 858 267
青海	0.629 032 258	0.927 430 276	0.312	0.547 579 495
西藏	0.387 096 774	0.636 456 345	0.192	0.375 780 749
甘肃	0.387 096 774	0.582 668 781	0.192	0.344 023 141
河北	0.290 322 581	0.637 286 686	0.144	0.376 271 005
内蒙古	0.290 322 581	0.554 773 526	0.144	0.327 553 041
山西	0.209 677 419	0.483 738 744	0.104	0.285 612 217
宁夏	0.177 419 355	0.462 501 876	0.088	0.273 073 405
江苏	0.096 774 194	0.298 063 555	0.048	0.175 984 648
江西	0.080 645 161	0.328 852 306	0.04	0.194 163 146
重庆	0.080 645 161	0.274 512 211	0.04	0.162 079 309
吉林	0.064 516 129	0.247 675 604	0.032	0.146 234 262
黑龙江	0.064 516 129	0.247 675 604	0.032	0.146 234 262
福建	0.064 516 129	0.247 675 604	0.032	0.146 234 262
广东	0.064 516 129	0.247 675 604	0.032	0.146 234 262
广西	0.064 516 129	0.247 675 604	0.032	0.146 234 262
陕西	0.064 516 129	0.247 675 604	0.032	0.146 234 262
安徽	0.048 387 097	0.216 334 543	0.024	0.127 729 667
山东	0.048 387 097	0.216 334 543	0.024	0.127 729 667
湖北	0.048 387 097	0.216 334 543	0.024	0.127 729 667
天津	0.032 258 065	0.178 127 044	0.016	0.105 170 943
浙江	0.032 258 065	0.178 127 044	0.016	0.105 170 943
河南	0.032 258 065	0.178 127 044	0.016	0.105 170 943
辽宁	0.016 129 032	0.127 000 127	0.008	0.074 984 252

续表

省（区、市）	年平均地震频数	频数标准差	年均频数差异率	1 倍标准差差异率
海南	0.016 129 032	0.127 000 127	0.008	0.074 984 252
北京	0	0	0	0
上海	0	0	0	0
湖南	0	0	0	0
贵州	0	0	0	0

从上表可以看出，云南省的地震发生频率最大，这与云南省处于地震活跃地带是吻合的，新疆与四川也属于地震多发地区。这三个省（区、市）的地震发生频数标准差也远高于其他省（区、市）。不管是从年平均频数差异率还是从 1 倍标准差差异率来看，都可以得到这一相同的结论。而北京、上海、湖南、贵州这四个省（区、市）在观察期内都未曾发生过地震，面临的地震风险较小。

（二）组间地震频数差异率分析

根据前面聚类分析得到的分组结果如下：

第一组：云南、新疆、四川

第二组：青海、宁夏、甘肃、西藏、内蒙古

第三组：山西、陕西

第四组：河北、山东、北京、天津

第五组：江苏、江西、广东、广西、重庆、福建、黑龙江、吉林、辽宁

第六组：河南、海南、浙江、湖南、湖北、安徽、贵州、上海

其中，每组的年平均频数为该组内所有省（区、市）的每年地震频数和的平均数除以该组的省（区、市）数，标准差为该组内所有省（区、市）的每年地震频数和的标准差除以该组省（区、市）数的平方根（见表 7－15）。

表 7－15　组间年平均频数差异率表

分组	年平均频数	标准差	差异率	1 倍标准差差异率
第一组	1.537 634	0.195 28	1	1
第二组	0.374 194	0.047 523	0.243 357	0.243 356 643
第三组	0.137 097	0.017 411	0.089 161	0.089 160 839
第四组	0.185 484	0.023 556	0.120 629	0.120 629 371
第五组	0.066 308	0.008 421	0.043 124	0.043 123 543
第六组	0.229 167	0.002 817	0.149 038	0.014 423 077

从上表可以看出，不管从哪个差异率的计算标准来看，第一组的地震发生频数都是最高的，而且远高于其他组，即云南、新疆、四川这三个省（区、市）是最容易发生地震灾害的，这是由于这三个省（区、市）位于板块交接处，地壳活动比较频繁，属于地震多发地区。

二、损失率差异率分析

为了全面了解各省份及分组地区面临的地震风险，除了需要关注地震发生频数之外，还需

要关注地震造成的损失，即需要进行地震损失率的差异率分析。在本节中，由于统计数据的限制及地震风险的特殊性，本节使用的指标的是次损失率，而不是年损失率。

（一）各省（区、市）平均次损失率差异率分析

由1952—2013年的数据计算出的各省（区、市）的平均次损失率差异率如表7－16所示。这里选择平均次损失率最高的河北省为基数，其他省（区、市）的差异率为相对河北省的倍数。

表7－16　各省（区、市）次损失率差异率表

地区	平均次损失率	次损失率标准差	平均次损失率差异率	1倍标准差差异率
河北	0.056 272 543	0.212 307 246	1	1
四川	0.009 185 867	0.072 248 329	0.163 238 877	0.303 202 992
青海	0.005 392 899	0.025 238 363	0.095 835 349	0.114 049 02
西藏	0.003 424 885	0.007 354 465	0.060 862 455	0.040 134 63
山东	0.002 663 245	0.002 645 193	0.047 327 607	0.019 764 844
甘肃	0.002 522 136	0.007 981 471	0.044 820 006	0.039 107 956
云南	0.001 698 475	0.008 387 332	0.030 183 011	0.037 552 368
黑龙江	0.001 546 366	0.003 049 748	0.027 479 939	0.017 112 656
宁夏	0.001 469 471	0.002 362 599	0.026 113 456	0.014 267 898
山西	0.001 349 238	0.002 735 06	0.023 976 84	0.015 207 018
江苏	0.001 290 642	0.002 287 65	0.022 935 557	0.013 323 013
江西	0.001 290 104	0.001 835 742	0.022 925 991	0.011 638 426
内蒙古	0.001 143 624	0.002 965 058	0.020 322 941	0.015 297 806
重庆	0.000 969 343	0.001 682 741	0.017 225 864	0.009 874 476
吉林	0.000 691 35	0.000 664 321	0.012 285 752	0.005 047 555
广东	0.000 581 988	0.001 098 965	0.010 342 301	0.006 258 67
新疆	0.000 488 458	0.001 264 033	0.008 680 228	0.006 525 03
福建	0.000 355 157	0.000 551 505	0.006 311 374	0.003 375 763
天津	0.000 254 241	4.497 78E－05	0.004 518 03	0.001 114 078
辽宁	0.000 198 86	0	0.003 533 878	0.000 740 414
广西	6.363 85E－05	3.087 37E－05	0.001 130 898	0.000 351 896
河南	5.382 35E－05	6.710 81E－05	0.000 956 479	0.000 450 263
安徽	5.266 29E－05	8.154 15E－05	0.000 935 854	0.000 499 682
浙江	4.076 57E－05	4.274 59E－05	0.000 724 434	0.000 310 938
湖北	1.903 47E－05	1.108 43E－05	0.000 338 259	0.000 112 142
陕西	1.873 03E－05	1.545 47E－05	0.000 332 849	0.000 127 28
海南	1.024 13E－05	0	0.000 181 994	3.813 12E－05
北京	0	0	0	0
贵州	0	0	0	0
湖南	0	0	0	0
上海	0	0	0	0

由上表可以看出，河北省的平均次损失率最高，且远高于其他省份。上表的统计结果与之前由地震频数得到的统计结果有一定差异。这是因为：一方面，次损失率主要受当地经济发展水平、人口密度及震级等的影响，经济越发达、人口密度越大的地区，受地震影响造成的损失一般也越多；而另一方面，一些特大地震所带来的重大损失，对数据影响很大，可能会远超过当年全省的产值。因此，要评估一个地区面临的地震风险，不仅仅是要从频数来看，同时需要从多个指标进行多方面的考量。

（二）组间次损失率差异率分析

根据聚类得到的分组结果，计算组间次损失率差异率。各组的平均次损失率为组内各省的次损失率的 GDP 加权平均值。以平均次损失率最大的第四组作为基准，计算差异率，得到如表 7－17所示的结果。

表 7－17　组间次损失率差异率表

分组	组平均次损失率	标准差	差异率	1 倍标准差差异率
第一组	0. 0057 23 095	0. 0364 06 096	0. 3839 41 096	0. 2075 83 042
第二组	0. 001 852 193	0. 015 442 854	0. 124 256 727	0. 085 217 837
第三组	0. 000 604 031	0. 002 439 035	0. 040 522 186	0. 014 994 088
第四组	0. 014 906 181	0. 188 044 848	1	1
第五组	0. 000 789 223	0. 001 608 421	0. 052 946 04	0. 011 813 906
第六组	3. 197 25E－05	4. 783 73E－05	0. 002 144 915	0. 000 393 246

由上表可以看出，第四组成为次损失率最大的组，第一组平均次损失率相当于第四组 40% 的水平。这两个组的平均次损失率远高于其他组。这是因为：第四组河北、山东、北京、天津四省份虽然地震发生频数不是很高，但其处于首都经济圈中，经济、政治、文化都较为发达，一旦发生地震，仍会造成很大的威胁；第一组云南、新疆、四川虽然地震发生频率较高，但其位于板块交接地带，容易发生震级较高的较大地震，因此其次损失率仍然明显高于其他组。

本节小结

本节分别就地震发生的频数与次损失率两个指标给出分组地区的差异率计算。在地震灾害发生频数差异率分析中，选择地震风险最大的第一组的地震频数作为基数。经分析，组间的频数差异率较大，第五组（江苏、江西、广东、广西、重庆、福建、黑龙江、吉林、辽宁）的频数在地震灾害最频发的第一组（云南、新疆、四川）的基准调整下差异率仅为 4%，其余各组差异率在 9% ~24%。

在地震灾害次损失率差异率分析中，选择平均次损失率最大的第四组作为基准。经分析，组间的损失差异率同样较大，第六组（河南、海南、浙江、湖南、湖北、安徽、贵州、上海）的次损失在第四组（河北、山东、北京、天津）的基准调整下差异率仅为 0. 2%，其余各组差异率在 4% ~40%，充分反映了我国地震灾害损失的集中性。之后进行的组内差异分析，为大组分类下的各省灾害的浮动定价提供了参考。

第八章　地震灾害的影响因素及脆弱性分析

第一节　地震灾害影响因素的定性分析

地震造成的损失主要受两方面因素的影响：一个是自然因素；另一个是人为因素。

一、自然因素

震级（Ms）：一般情况下，地震发生的震级越大，造成的经济损失也越大。震级大于9.0的地震，为最大级地震，自有地震观测以来全世界共发生过5次。震级8.0至8.9的地震，为第一级大地震，震中在陆地上会造成大灾难，震中在海底则会引起大海啸，并且主震后会有很多余震。

震源深度（千米）：震源深度是指震源与震中的垂直距离。一般情况下，震源越深，发震位置离地面越远，地震造成的经济损失越小。震源深度300千米以上地震的称为深源地震，震源深度60～300千米的地震称为中源地震，震源深度0～60千米的地震称为浅震。

地震烈度：地震烈度是指地面及各类建筑物遭受地震的破坏程度，其大小受震级大小、震源深浅、距震中距离、地震波的传播介质及场地地质构造条件等因素的影响。因此，地震烈度是一个综合因素。一般情况下，烈度越大，震灾越大，造成的损失也越大。根据新的《中国烈度表》，地震烈度11°以上为毁灭性地震，地震烈度9～10.9°会造成房屋严重破坏以致倒塌，并有地表自然环境的破坏，地震烈度7～8.9°为破坏性地震，地震烈度6～6.9°会造成轻微损坏。

发生地点：地震发生的地点对灾害大小也有影响，发生在人口密集的地区或省份的地震与发生在人口稀少的山区地震相比，其造成的损失将要大很多；此外，发生地点的地质结构也是重要的影响因素。

发生时刻：地震发生的时间对于震灾大小，尤其是人员死亡具有明显的影响。由于夜间人多在室内，夜深后人又处于睡眠状态，对地震的反应比较迟钝，逃离房屋的速度也比较慢，加上夜间外部抢救能力也比日间差得多，因此夜间地震造成的死亡人数比日间大得多。

二、人为因素

GDP（亿元）：国民生产总值越大，经济发展水平越高，地震造成的直接经济损失也就越大。

人口密度：人口密度和经济发展程度呈正相关关系，人口密度越大，造成的损失越大。

建筑物：一个区域内不同类型房屋建筑的比例和分布与地震造成灾害大小有很大关系。木质结构抗震能力会明显低于钢筋混凝土结构。另外，建筑物分布集中还会造成相互间的损害，也会加大地震损害程度。

防灾减损能力：区域一般都会有相应的防灾减损设施，比如应急避难场所等，发达地区和地震重点灾区在防灾减损方面做得要比其他地区好。

本节小结

本节从自然因素和人为因素两个角度分析了地震灾害的损失。自然因素方面，震级、震源深度、地震烈度、发生地点和时刻等都是影响地震灾害损失程度的决定性因素。一般情况下震级越大、震源深度越浅、地震烈度越大，震灾造成的经济损失也越大。人为因素方面，经济发展水平、人口密度、建筑物的抗震能力与集中度、灾区的防灾减损能力同样会直接影响震灾的损失程度。

第二节　地震灾害影响因素的定量分析

这部分数据来源于我国内地 1955—2013 年 4 级以上的成灾地震记录，具体来源见第六章，对于所有的成灾地震本节采取了以下处理：①为了消除峰值对于函数拟合的影响，本节剔除了历史数据中的若干个异常数据，对异常损失的分析将在第十章地震灾害的异常损失分析中详细介绍；②由于部分数据缺失，比如有些地震缺少深度或烈度等信息记录，所以剔除了这些数据不完整的历史记录，最后得到315 次数据完整的地震损失记录，将其作为数据样本，这样可能会有一些偏差，但是由于数据的总量还是比较大的，一定程度上可以保证回归方程的准确性。

一、变量选取

被解释变量：次损失额（万元），即每次地震造成的直接经济损失额。考虑到经济数据通常在回归时存在异方差，所以课题组会专门进行异方差检验，若存在异方差一般对经济数据取对数可消除。

解释变量：从直观上理解，地震烈度的高低、震级的大小、震源的深浅都与地震造成的直接经济损失有直接的联系，都会影响到损失额的大小。而且，这几个因素都是可以量化的，所以暂且将这几个因素定为解释变量。

综上所述，最终提取的变量如下：

被解释变量：调整后的次损失 ad_ loss（万元）

$$\text{第 } y \text{ 年的调整次损失 } ad\_\ loss_y = loss_y \times \frac{GDP_{2013}}{GDP_y}$$

解释变量：国内生产总值：GDP（亿元）

各省人口密度：Density（人/千米^2）

震级：Ms

深度：Depth（千米）

烈度：Intensity

对所有的解释变量进行分析，它们的相关性可由图 8－1 看出。

Pearson 相关系数，$N=315$

$Prob>|r|$ under HO：$Rho=0$

	Ms	Intensity	Depth	GDP	Density
Ms	1.000 00	0.803 93 <0.000 1	0.134 45 0.017 0	－0.063 54 0.260 9	－0.264 08 <0.000 1
Intensity	0.803 93 <0.000 1	1.000 00	－0.043 38 0.443 0	－0.029 25 0.605 0	－0.126 82 0.024 4
Depth	0.134 45 0.260 9	－0.043 38 0.605 0	1.000 00 0.000 1	－0.213 89	－0.268 18 0.886 1
Density	－0.264 08 <0.000 1	－0.126 82 0.024 4	－0.268 18 <0.000 1	－0.008 10 0.886 1	1.000 00

图 8－1　各个解释变量的相关性分析

二、回归分析

为了对解释变量和被解释变量之间的关系有个初步的了解，首先对它们做完全的回归，然后根据结果对模型进行修正，解释变量包括上面列出的所有变量和地震参数间的交叉变量：震级 Ms、烈度 Intensity、深度 Depth、GDP、人口密度 Density、Ms × Intensity、Ms × Depth、Intensity × Depth。

全回归模型存在着以下几个问题：

第一，调整可决系数偏低，只有 0.362 7，这意味着所有的自变量只能对因变量做出 36.27% 的解释。

第二，由 t 检验的 p 值可以看出，在 0.05 的置信水平下，部分变量通不过检验，说明这些变量与被解释变量的相关性不显著。

第三，部分自变量和因变量之间存在很强的异方差性，其中，因变量次损失额的异方差最为明显，此外，GDP 也有较强的异方差特征。

根据以上存在的问题，本节对模型进行了以下修正：

第一，为了消除异方差，分别对次损失额和 GDP 取对数。

第二，为了使通过 t 检验的变量进入模型，本节采用逐步回归法，它的基本思想是逐个引入自变量，每次引入对被解释变量 Y 影响最显著的自变量，并对方程中的老变量逐个进行检验，把变为不显著的变量逐个从方程中剔除掉。最终得到的方程中既不漏掉对 Y 影响显著的变量，又不包含对 Y 影响不显著的变量。

对模型进行了上述修正后，输入了 InGDP、Ms、Depth、Intensity、Density、Ms × Depth、Intensity × Depth、Ms × Intensity 八个自变量，然后用 SAS 软件进行逐步回归分析。

F 检验的 p 值小于 0.000 1，说明从整体上来说，因变量与自变量存在显著的线性相关性；模型的可决系数达到了 0.4451，一般来说，可决系数越大，模型拟合得越好，这说明自变量对于因变量的变异性做出了 44.51% 的解释，与修正前的模型相比拟合效果有了很大的提高；在最终的结果中，有三个变量因为没有通过 t 检验被剔除出了模型。而且通过分别对次损失额和 GDP

取对数，使得这两个变量的异方差得到了很好的修正。

最终得到的回归模型为：

$$\ln\_Loss = -6.8344 + 0.9570Intensity + 0.9552Ms + 0.4363\ln GDP + 0.0052Density - 0.0052Ms\_Depth$$

从模型中可以看到，地震的物理特征和地区的经济水平、人口密度共同决定了一次地震造成的损失。对数化的次损失额受到了烈度、震级、震源深度、人口密度和 GDP 的影响，且每一个影响因素都具有很高的显著性，整个回归方程拟合效果比较理想，回归方程在理论上成立；另一方面考虑实际情况，此回归方程具有合理的经济意义：

第一，根据回归方程，对数损失额与深度和震级的乘积负相关，根据模型，地震深度与烈度的乘积每增加 1 个单位，造成的直接经济损失减少 0.52%。

第二，GDP 水平与经济损失正相关，GDP 每增长 1%，地震造成的经济损失增长 0.436 3%，这也是符合实际情况的，GDP 越大，说明经济水平越高，地震发生对财产造成的损失越严重。

第三，烈度与经济损失正相关，地震烈度反映了地面及各类建筑物遭受地震破坏的程度，烈度越大，造成的经济损失也就越大，根据模型，烈度每增加 1 度，经济损失增加 95.70%，可见烈度对损失的影响比较大。

第四，震级与经济损失正相关，震级代表地震本身的强弱，同震源发出的地震波能量有关，根据模型，震级每增加 1 级，经济损失增加 95.52%，可见震级对经济损失的影响较大。

第五，人口密度与经济损失正相关，人口密度每增加 1 个单位，经济损失增加 0.52%。

本节小结

本节着重分析与我国地震灾害相关的自然、经济指标，考察其相关关系。因变量选定为次损失额，自变量为国内生产总值、人口密度、震级、震源深度和地震烈度。分析过程中发现，部分自变量和因变量之间存在很强的异方差性，其中，因变量次损失额和 GDP 的异方差最为明显。因此对次损失额与 GDP 取对数，并采用逐步回归方法对模型进行修正。结果显示，GDP、震级、烈度、人口密度均与地震灾害经济损失呈正相关的关系，即经济发展水平越高、震源发出的地震波能量越大、人口密度越大，地震造成的经济损失越严重。

第三节　全国各省（区、市）地震灾害的脆弱性分析

一、地震灾害脆弱性概述

（一）地震灾害脆弱性的概念

地震灾害的脆弱性指的是承灾体在遭受地震等灾变事件打击时所表现出来的破坏损失机会多少、破坏损失潜力大小和破坏后恢复能力强弱等方面的综合性质。

地震等自然灾变事件的承灾体是多种类和多层面的，可粗略地分成三类：一是单一建筑物

和单个人等承灾体单体，其脆弱性是通过它们的材料、结构以及（生物）物理属性来体现的。二是承灾体群体，如具有某种相同或相似特征的一类建筑物和一群人等，它们的脆弱性一般仅通过诸承灾单体的脆弱性、在统计意义上的联系及统计意义上一致性和差异性来体现，如相同类型建筑物的结构脆弱性相似（国内地震灾害研究领域一般称“易损性”）、男人和女人承受和应对灾害能力的不同等。三是承灾体系统，概括地说就是由一系列承灾体单体和群体通过一定社会经济和资源环境关系组合而成的、具有一定社会经济和资源环境功能的“活的”有机整体，简单如一个家庭和一座工厂，复杂如一座城市和一个区域社会经济体系都是承灾体系统。此时，组成承灾体系统的诸承灾单体及群体自身的脆弱性虽然也很重要，甚至是整个系统灾害脆弱性的存在基础，但是，对于承灾体系统整体的脆弱性而言则是次一级的问题，承灾体系统的脆弱性更主要地体现在维系承灾体系统存在的社会经济及资源环境关系和反映承灾体系统存在价值的社会经济或资源环境功能方面，如生命线系统的运行机制（本源、分布和服务三部分的相互配置和相互依赖）及相应的供水、供电与供气功能等。

后面主要基于承灾体系统（区域）进行分析。如果将该区域内的人类社会整体看作灾害的综合承灾体，那么该承灾体系统的地震灾害综合宏观脆弱性则是相对于该区域人类社会经济体系中的各种承灾单体、群体和各种次级承灾体系统的微观、具体或特定层次的灾害脆弱性状况而言的。

根据上述承灾体灾害脆弱性的基本概念内涵，后面讨论的地震灾害区域宏观脆弱性的含义可大体表述为：区域人类社会经济系统在遭受地震事件打击时所表现出来的破坏损失机会多少、破坏损失潜力大小和破坏后恢复能力强弱等方面的整体性质，且这种整体性质是特定区域人类社会经济系统自身的固有属性，具有明确的空间范围和空间尺度性质（这里为区域尺度），是对特定区域人类社会经济体系中的各种微观、具体和特定层面上的脆弱性在区域尺度上的宏观概括和整体综合。

（二）数据来源

本部分研究从两个层面展开。首先对全国各省（区、市）份的地震灾害脆弱性做比较，同时观察近5年内各省脆弱性的发展变化。接着选择地震灾害的重灾省——云南省做进一步的分析。脆弱性指标计算所需数据来源见表8－1。

表8－1　脆弱性指标数据来源

指标范围	指标	资料来源	年份
全国各省指标	城区面积（千米^2）	《中国统计年鉴》	2007—2013
	城镇居民人均消费性支出（元/人）	《中国统计年鉴》	2007—2013
	GDP密度（亿元/千米^2）	《中国统计年鉴》	2007—2013
	总人口分布密度（万人/千米^2）	《中国统计年鉴》	2007—2013
	老幼人口比重（65岁以上/14岁以下）	《中国统计年鉴》	2007—2013
	全社会固定资产投资分布密度（亿元/千米^2）	《中国统计年鉴》	2007—2013
	城乡居民人均储蓄存款余额（元/人）	《中国统计年鉴》	2007—2013
	万人均医护人员数（人/万人）	《中国统计年鉴》	2007—2013
	道路密度（千米/千米^2）	《中国统计年鉴》	2007—2013

续表

指标范围	指标	资料来源	年份
云南省各市指标	建成区面积（千米^2）	《云南统计年鉴》	2007—2013
	人均消费品零售额（元/人）	《云南统计年鉴》	2007—2013
	GDP 密度（亿元/千米^2）	《云南统计年鉴》	2007—2013
	总人口分布密度（万人/千米^2）	《云南统计年鉴》	2007—2013
	男女人口比重（男/女）	《云南统计年鉴》	2007—2013
	全社会固定资产投资分布密度（亿元/千米^2）	《云南统计年鉴》	2007—2013
	城乡居民人均储蓄存款余额（元/人）	《云南统计年鉴》	2007—2013
	人口自然增长率	《云南统计年鉴》	2007—2013
	道路密度（千米/千米^2）	《云南统计年鉴》	2007—2013

二、全国各省（区、市）地震灾害的脆弱性分析

（一）评价指标体系构建

如何描述和定量分析一个区域人类社会经济体系的地震灾害综合整体脆弱性，目前国内外尚无较为成熟而统一的模式和方法。但是，综合国内外的主要认识来看，从不同层次和角度先逐步地加以系统分析，然后再予以某种形式的概括和综合，可能是必由之路。其中，分析层次大体有结构和（生物）物理、功能和经济、社会和组织三个（见图 8－2）。

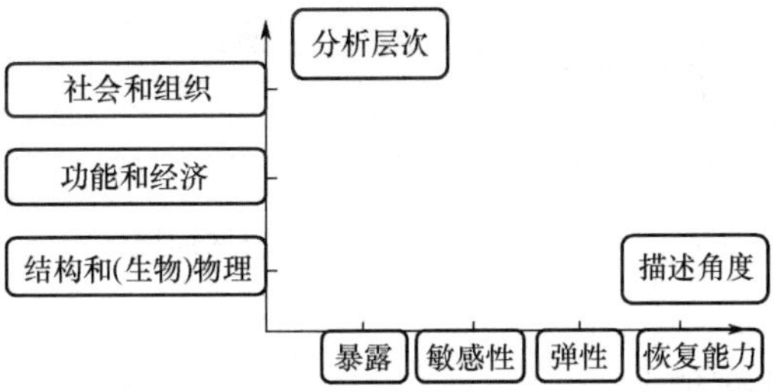

图 8－2　承灾体系统灾害脆弱性的分析层次和描述角度

假如能够按照上述分析层次和描述角度，类似建立具体结构物的损失率曲线或破坏概率矩阵那样，从地震致灾成害的过程与机理出发，先分不同层次和角度，后进行某种概括，进而综合出整个区域宏观而综合的灾害脆弱性数理表达式或数理模型，那自然是最好不过的了。但是，对于十分复杂的区域灾害脆弱性问题而言，这样做目前尚缺乏基础理论、基本数理方法和基础震害资料的支持。从国内外灾害脆弱性研究的进展来看，从上述不同分析层次和描述角度，提取与之相对应的各种可定量化的宏观脆弱性描述指标，然后再以这些指标为基础进行某种形式的数理概括和综合，是目前定量分析地震灾害区域宏观脆弱性的现实和主要途径之一。

为此，在分析地震事件致灾成害、应急救援和灾后恢复重建过程的特点及其各类影响因素的基础上，从描述地震灾害区域宏观脆弱性的不同层次、特别是不同角度出发，对其宏观性的描述指标进行了初步的归纳整理，见图 8－3。例如，就区域人类社会承灾体系统中的人口和经

济要素而言，从暴露的角度讲，人口密度和经济密度等可用来描述该区域的宏观脆弱性水平，即某地区的人口密度和经济密度越大，则该地区受到地震威胁或地震发生时受到影响的人口和财产数量就可能越多，灾害风险或灾害损失可能越大，因此脆弱性越大；而从敏感性或弹性的角度讲，特定地区产业结构中的农业比重越大、人口构成中的老幼人口比例越小，地震时受到的影响就可能越小（前者），而人们应对灾害的能力一般越强（后者），因此脆弱性较低；再来看恢复能力，一个地区地方政府的财政收入较多、人们较富裕，那么该地区通常具有较强的自我恢复能力，因此脆弱性较小。图 8 – 3 前七项和后三项指标对脆弱性的影响方向是相反的，即前七项取值越大，脆弱性越强，后三项反之。

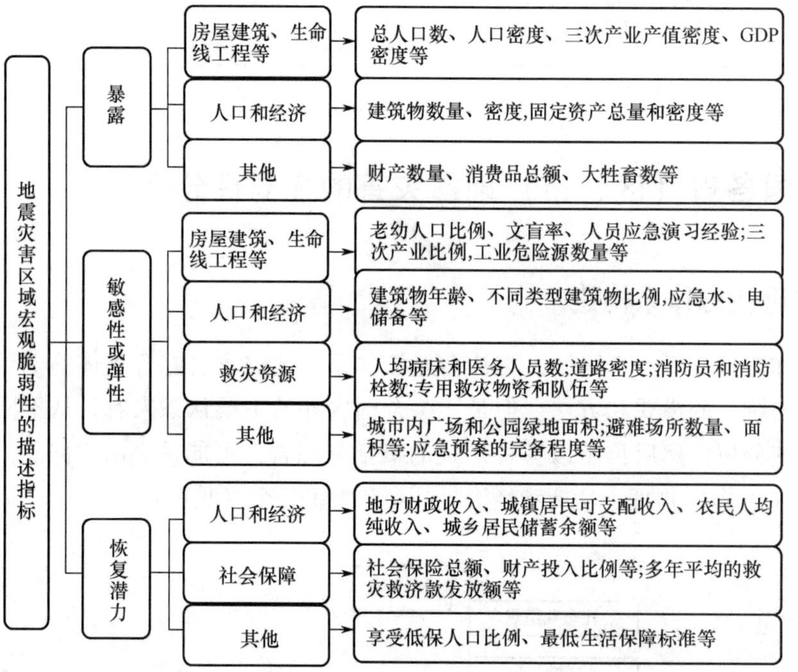

图 8 – 3　地震灾害区域宏观脆弱性的描述指标

（二）评价指标权重赋值①

综合考虑各分析层次和描述角度，选取九个变量作为评价指标，它们分别是：*A*：城区面积；*B*：城镇居民人均消费性支出；*C*：*GDP* 密度；*D*：总人口分布密度；*E*：老幼人口比重；*F*：全社会固定资产投资分布密度；*G*：城乡居民人均储蓄存款余额；*H*：万人均医护人员数；*I*：道路密度。具体情况如表 8 – 2 所示。

表 8 – 2　地震灾害脆弱性指标权重表

年份	A	B	C	D	E	F	G	H	I
2013	11.82%	2.77%	33.39%	21.36%	5.62%	20.15%	1.62%	1.35%	1.93%
2012	11.80%	2.62%	33.06%	20.78%	6.23%	20.77%	1.61%	1.29%	1.84%

① 熵权法原理详见第一篇，此处不再赘述。

续表

年份	A	B	C	D	E	F	G	H	I
2011	12.11%	2.22%	33.47%	19.68%	5.85%	22.21%	1.54%	1.32%	1.60%
2010	11.83%	2.00%	33.79%	18.95%	5.97%	23.12%	1.53%	1.33%	1.48%
2009	10.15%	1.91%	32.56%	16.02%	11.43%	23.60%	1.56%	1.32%	1.45%
2008	10.35%	1.81%	32.22%	15.52%	9.98%	25.70%	1.55%	1.36%	1.50%
2007	7.97%	1.99%	32.77%	15.23%	10.04%	27.69%	1.50%	1.38%	1.41%

（三）脆弱性指数的计算结果与分析

在上述指标体系基础上，构造区域洪水灾害脆弱性评估模型。本章采用的脆弱性评价模型为：

$$V = \sum_i P_i \times W_i$$

式中：V为脆弱性指数；P_i为某省（区、市）第i种指标的标准值；W_i为第i种指标所占权重。

通过脆弱性指数表不仅可以在各省（区、市）之间进行横向脆弱性计算与比较，对于任何一个省（区、市），每年的脆弱性指标同样会发生变化。因此，本节对脆弱性指数分别进行了横向与纵向的计算，结果如表8-3所示。

表8-3　2007—2013年全国各省（区、市）地震灾害脆弱性指数

省（区、市）	2013年	2012年	2011年	2010年	2009年	2008年	2007年
上海	85.16%	85.41%	85.55%	86.55%	87.69%	87.51%	88.07%
天津	46.51%	45.15%	44.47%	40.21%	36.38%	33.46%	28.92%
北京	39.46%	40.27%	40.61%	39.01%	36.69%	35.97%	32.57%
江苏	34.68%	34.37%	33.42%	31.03%	28.58%	28.54%	25.94%
山东	32.53%	32.12%	31.84%	29.72%	26.96%	27.20%	22.62%
辽宁	25.01%	25.47%	24.52%	22.05%	21.17%	20.40%	16.97%
浙江	24.60%	24.14%	23.60%	22.55%	21.50%	21.50%	19.18%
广东	23.76%	23.31%	24.90%	24.54%	22.23%	22.55%	20.03%
重庆	20.98%	20.69%	18.45%	16.66%	15.13%	15.05%	12.90%
河南	18.72%	18.29%	17.37%	16.43%	15.66%	14.84%	16.16%
安徽	18.45%	18.05%	17.68%	16.34%	15.27%	15.26%	14.09%
河北	18.31%	18.15%	16.83%	16.11%	15.55%	15.45%	14.61%
湖北	18.22%	19.90%	19.19%	17.69%	16.83%	16.70%	13.52%
湖南	15.72%	15.91%	15.29%	13.81%	13.23%	12.96%	12.95%
福建	15.67%	15.71%	15.09%	14.27%	13.59%	13.69%	12.81%
四川	15.07%	14.97%	15.11%	13.53%	13.18%	12.99%	11.87%
吉林	14.47%	13.71%	14.11%	15.09%	14.35%	14.60%	11.85%

续表

省（区、市）	2013 年	2012 年	2011 年	2010 年	2009 年	2008 年	2007 年
广西	13.98%	13.59%	13.32%	12.55%	11.71%	11.85%	10.31%
江西	13.56%	12.52%	11.76%	11.05%	10.01%	10.05%	10.89%
山西	13.43%	13.42%	12.59%	11.48%	11.78%	10.52%	9.90%
内蒙古	13.16%	13.06%	14.26%	12.45%	10.57%	13.93%	8.95%
黑龙江	12.61%	12.70%	11.71%	10.90%	10.87%	11.14%	12.14%
海南	12.34%	11.48%	10.40%	10.04%	9.43%	9.30%	9.22%
宁夏	12.27%	11.50%	8.55%	8.38%	8.05%	7.92%	7.23%
陕西	12.16%	12.33%	11.67%	10.99%	10.51%	10.35%	10.59%
贵州	11.93%	11.48%	10.44%	9.58%	8.91%	8.91%	8.80%
云南	11.03%	10.09%	9.94%	9.12%	8.49%	8.39%	8.50%
甘肃	10.26%	10.33%	9.78%	8.66%	8.07%	7.90%	8.13%
青海	7.92%	7.53%	6.72%	6.51%	6.08%	6.25%	6.21%
新疆	7.83%	7.69%	7.35%	6.71%	6.18%	6.55%	6.38%
西藏	7.33%	7.11%	6.44%	6.28%	6.21%	6.15%	7.17%

如上表所示，全国各省（区、市）的地震灾害脆弱性水平存在较大的差异，以 2013 年为例，脆弱性水平最高的三个地区分别为上海、天津和北京，脆弱性水平最低的三个地区分别为青海、新疆和西藏。同一省份历年的脆弱性水平也会发生变化。对于大部分省市而言，脆弱性指数会随着时间的推移增加，这主要是由人口增加、经济发展引起的；也有部分省份的脆弱性水平变化趋势不明显，这是由地震灾害的物理特征随机性较大，并且经济发展等正相关因素与灾后恢复能力等负相关因素相互作用导致的。

以上海为例，其脆弱性指标远远大于其他地区是由以下几个原因造成的：①人口多、面积小，人口密度大；②人均 GDP 高居全国之首，导致 GDP 密度也最大。由于以上原因，上海的脆弱性指标较大，一旦发生地震灾害，损失将较其他地区更加严重。

脆弱性水平较低的地区以青海为例：①建成区面积较小；②总人口分布密度小；③GDP 密度较低。因此，其脆弱性指数较低。根据 2013 年脆弱性水平分析结果，将各省（区、市）地震脆弱性进行分级，如表 8－4 所示。

表 8－4　全国各省（区、市）脆弱性分级

脆弱性指数（%）	分级	省（区、市）
50～100	极度脆弱	上海
25～50	高度脆弱	天津、江苏、北京、山东、辽宁
15～25	中度脆弱	浙江、广东、重庆、河南、安徽、河北、湖北、湖南、福建、四川
10～15	低度脆弱	吉林、广西、江西、山西、内蒙古、黑龙江、海南、宁夏、陕西、贵州、云南、甘肃
0～10	极低脆弱	青海、新疆、西藏

本节小结

在脆弱性衡量方法上，本版灾因分析报告为克服上版层次分析法中主观评价带来的不准确性，引入了熵权法用于确定脆弱性指标的权重，综合选取城区面积、城镇居民人均消费性支出、GDP 密度、总人口分布密度、老幼人口比重、全社会固定资产投资分布密度、城乡居民人均储蓄存款余额、万人均医护人员数与道路密度，共计九个变量作为评价指标进行综合测评。

在 2007—2013 年的考察期内，各省（区、市）间的地震灾害脆弱性差异较大，以 2013 年为例，脆弱性指数最低的西藏仅为 7.33%，原因在于西藏地区建成区面积较小、总人口分布密度小、GDP 密度较低；而上海市由于人口密度极高、GDP 密度最大，其脆弱性指标达到 85.16%，远远大于其他地区，高出西藏近 11 倍。对于同一省（区、市），历年的脆弱性水平也会发生变化。对大部分省（区、市）而言，脆弱性指数随着时间的推移增加，这主要是由人口增加、经济发展引起的；也有部分省（区、市）的脆弱性水平变化趋势不明显，这是由地震灾害的物理特征随机性较大，并且经济发展等正相关因素与灾后恢复能力等负相关因素相互作用导致的。

第四节　地震灾害重点灾区的脆弱性分析

对于云南省的地震灾害脆弱性分析，可以分为指标选取、数据收集、权重赋值、构建矩阵、计算结果与分析等五个步骤。综合考虑各分析层次和描述角度，选取九个变量作为评价指标，它们分别是：*A*：建成地区面积；*B*：人均消费品零售额；*C*：GDP 密度；*D*：总人口分布密度；*E*：男女人口比重；*F*：全社会固定资产投资分布密度；*G*：城乡居民人均储蓄存款余额；*H*：人口自然增长率；*I*：道路密度。

云南省地震灾害脆弱性指标权重表如表 8 -5 所示。

表 8 -5　云南省地震灾害脆弱性指标权重表

	A	B	C	D	E	F	G	H	I
2013 年	28.80%	4.04%	13.40%	15.81%	10.49%	9.44%	4.33%	7.28%	6.40%
2012 年	26.53%	4.04%	11.94%	16.05%	11.00%	12.73%	4.38%	6.94%	6.39%
2011 年	26.82%	3.82%	15.98%	14.15%	10.13%	12.57%	4.11%	6.76%	5.66%
2010 年	27.75%	3.58%	17.78%	13.42%	9.50%	12.33%	3.83%	6.46%	5.34%
2009 年	23.26%	3.39%	13.26%	18.42%	8.24%	18.55%	3.62%	6.19%	5.06%
2008 年	28.14%	3.92%	13.33%	14.50%	9.46%	14.30%	4.20%	6.31%	5.84%
2007 年	28.68%	4.02%	11.95%	14.72%	9.73%	12.75%	4.29%	7.91%	5.95%

具体计算过程与全国地震灾害脆弱性指标计算相同，不再赘述，结果见表 8 -6。

表 8-6　2007—2013 年云南省各市、州地震灾害脆弱性结果

市、州	2013 年	2012 年	2011 年	2010 年	2009 年	2008 年	2007 年
昆明市	63.70%	65.06%	63.19%	61.68%	59.92%	62.21%	62.91%
曲靖市	52.36%	53.08%	51.40%	48.72%	49.15%	51.78%	52.80%
红河州	43.39%	42.77%	41.24%	42.34%	38.18%	41.62%	42.03%
昭通市	42.79%	43.44%	41.66%	43.34%	38.51%	38.87%	37.29%
临沧市	41.20%	42.16%	35.36%	36.82%	33.03%	35.73%	37.69%
玉溪市	40.88%	38.53%	43.04%	45.91%	42.72%	42.52%	44.65%
丽江市	39.16%	42.62%	41.21%	38.85%	33.31%	33.66%	35.44%
普洱市	39.16%	40.04%	37.24%	34.96%	31.45%	35.32%	37.41%
迪庆州	37.45%	38.83%	35.54%	37.43%	41.36%	40.22%	40.22%
文山州	36.75%	37.53%	35.05%	40.80%	34.70%	38.45%	39.75%
大理州	36.05%	35.84%	34.18%	32.51%	31.79%	47.39%	38.00%
楚雄州	34.05%	34.42%	33.98%	32.85%	34.55%	37.66%	36.65%
怒江州	33.97%	33.74%	27.24%	24.22%	18.77%	29.21%	28.09%
保山市	32.70%	33.12%	32.05%	32.35%	33.21%	36.75%	36.22%
西双版纳州	32.54%	32.56%	29.16%	26.27%	22.01%	23.97%	26.11%
德宏州	23.12%	23.13%	22.18%	20.83%	19.49%	20.91%	21.61%

如上表所示，云南省脆弱性水平最高的地区为昆明市、曲靖市和红河州，脆弱性水平最低的三个地区为保山市、西双版纳州和德宏州。

对于昆明市而言，建成区面积大、GDP 密度高、人口密度高是脆弱性指数高最重要的三个原因。而脆弱性指数最小的德宏州，建成区面积小、GDP 密度低、人口密度低是最重要的三个原因。根据 2013 年脆弱性水平分析结果，将各市、州地震脆弱性进行分级（见表 8-7）。

表 8-7　云南省各市、州脆弱性分级

脆弱性指数（%）	分级	市、州
50~100	极度脆弱	昆明市、曲靖市
25~50	高度脆弱	红河州、昭通市、临沧市、玉溪市、丽江市、普洱市、迪庆州、文山州、大理州、楚雄州、怒江州、保山市、西双版纳州
15~25	中度脆弱	德宏州
10~15	低度脆弱	—
0~10	极低脆弱	—

本节小结

本节从地震灾害的重灾区云南省各市、州的角度分析了灾害脆弱性。在 2007—2013 年的考察期内，各市、州的地震灾害脆弱性差异较大。昆明市的脆弱性一直明显高于其他市、州，一

旦发生地震灾害，将是省内最易发生较大经济损失的地区，建成区面积大、GDP 密度高、人口密度高是其脆弱性指数高最重要的三个原因。德宏州由于建成区面积小、GDP 和人口密度低，脆弱性相对较低，发生重大损失的可能性较小。

第九章　地震灾害的趋势分析

第一节　地震灾害趋势的定性分析

到目前为止，科学家对于地震的了解还不算很丰富，所以地震是否存在明显的规律性，这样的规律是否可以认识，依然是一个无法解答的问题。科学界对于地震是否可以预报也众说纷纭。具体而言，地震预报必须同时包括时间、地点和强度，由于地震情况复杂，有些地震能预报，有些则无法预报，现在全球预报地震的准确率只有20%多。目前，包括像美国、日本等发达国家在内，地震预报仍然处于探索阶段，地震预报还远远没有做到像天气预报那样准确。近年来，国际上有一些科学家对地震预测持否定意见。有人甚至发表“地震无法预测”的论文，明确提出“地震是无法预测的”论点。但另有一些地震科学家对地震预报的成就给予了肯定，认为地震发生地点、时间、震级的短期预报终将实现，而长期预报的成就则更加突出。

基于不同的用途和目的，地震预报分为四个类型：按照国家的标准说法，对10年以后的破坏型地震预报，叫长期预报；两年以后的叫周期预报；3个月以后的叫短期预报；10天左右的叫临震预报。

长期预报是对某一地区今后数年到数十年强震形势的粗略估计与概率性预测。其主要依据是对历史地震活动资料的统计分析，对现今地质构造活动（尤其是断层）背景、地震活动背景、其他地球物理场的变化背景、地壳形变（幅度、速率、方向等）的观测研究，以及天体运动、地球自转等因素。长期预测即通过分析断层活动与其他这些因素的组合特征及发展趋势，对区内的发震可能性及其变化方式进行分析，提出长期性的趋势预报意见。

地震中期预报是指依据各种前兆趋势异常的时空分布特征圈定危险区，并据经验公式判断发震时间与强度。地震形势预测是中期预报阶段中的基础性工作。据历史地震资料，运用统计学分析，如线性预测、极值理论、相关分析等方法或宏观震史学分析可研究地震活动的时间分布特征并划分区域地震的活动阶段，据此可估计区域强震活动进入活跃状态的时间及相应的概率值。

从方法角度而言，预报地震的方法大体有三种：地震地质法、地震统计法、地震前兆法。现有的文献，大多是地质力学专家从专业的地震地质以及地质力学角度去描述地震特点和未来发生的可能性。罗灼礼等人对于中国大陆原发性地震活动的特点有过详细的描述，此外刘希强博士等人运用 Morlet 小波理论对于地震活动的韵律行进行了分析尝试①。

本章将分别使用小波分析、灰色模型、神经网络理论和时间序列模型对地震灾害的频数、总损失和次均损失进行粗略的分析，可以看作是地震统计法的一个粗略体现。

本节小结

本节根据地震预报的不同目的与用途，将地震预报分为四类：对某一地区今后数年到数十年强震形势的粗略估计与概率性预测的长期预报，依据各种前兆趋势异常的时空分布特征圈定危险区，并据经验公式判断发震时间与强度的中期预报，以及短期预报与临阵预报。同时，对地震地质法、地震统计法、地震前兆法三种预报地震的方法进行简要介绍。

第二节　地震灾害趋势的定量分析

一、地震灾害的小波分析

（一）地震频数的小波分析

图 9－1 反映了 1952—2013 年我国的地震频数，图 9－2 为全国地震频数小波系数实部等值线图，通过图 9－2 可以看出，在 15—20 年尺度地震灾害形成了 5 个完整的平均周期约 12 年的震荡周期，并且在整个研究时间段内非常平稳，分别产生了 1953 年、1963 年、1975 年、1987 年、2001 年和 2011 年 6 个高值中心与 1957 年、1968 年、1980 年、1994 年和 2006 年 5 个低值中心；在 25—30 年尺度形成了 3 个完整的平均周期约为 20 年的震荡周期，并且在整个研究时间段内较为平稳，分别形成了 1954 年、1975 年、1995 年和 2011 年 4 个高值中心与 1964 年、1985 年和 2005 年 3 个低值中心，其他时间尺度下的周期性则不太明显。图 9－3 的小波方差图也验证了 18 年和 30 年左右两个时间尺度的主周期。小波系数模方图 9－4 反映了不同时间尺度变化周期所对应的能量密度在时间域中的分布情况，可以分析出不同周期的震荡能量。通过图9－4可以看出，15—20 年时间尺度 2000—2013 年存在较强震荡中心，反观图 9－2 也可得到验证。根据小波系数实部等值线图和模方图可以预测，2014 年全国地震频数在 15—20 年的尺度和 25—30 年尺度下均处于震荡期范围内，并且在 18 年和 30 年左右两个主周期尺度下都属于灾害偏多中心范围内，且均有加强趋势。

2014 年，全国共发生成灾地震事件 10 次，其中特别重大地震灾害事件 1 次，较大地震灾害事件 4 次，一般地震灾害事件 5 次②。明显高于 1952—2013 年 7.95 次的平均水平，符合模型预测结果。可以看出，小波分析在地震灾害频数预测方面效果良好。

---

① 罗灼礼，闻学泽，罗伟．中国大陆原地复发强震的基本特征及其预测［J］．地震，1995（1）；刘希强．全球、中国大陆和华北地区地震活动韵律性时变特征及趋势分析［J］．中国地震，2004（3）．

② 本节 2014 年地震数据来源：郑通彦．2014 年中国大陆地震灾害损失评述［J］．世界地震工程，2015（2）．

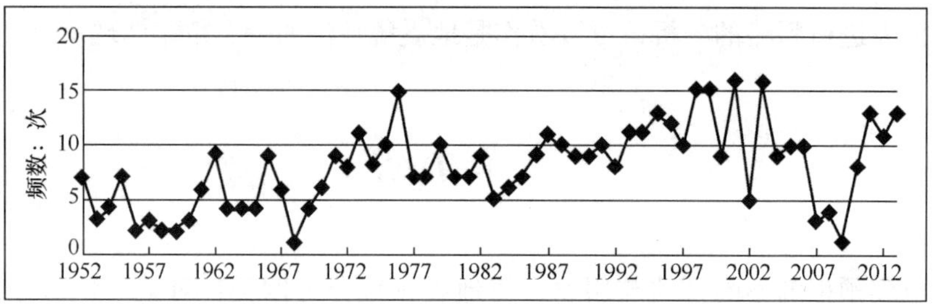

图 9－1　1952—2013 年全国地震频数折线图

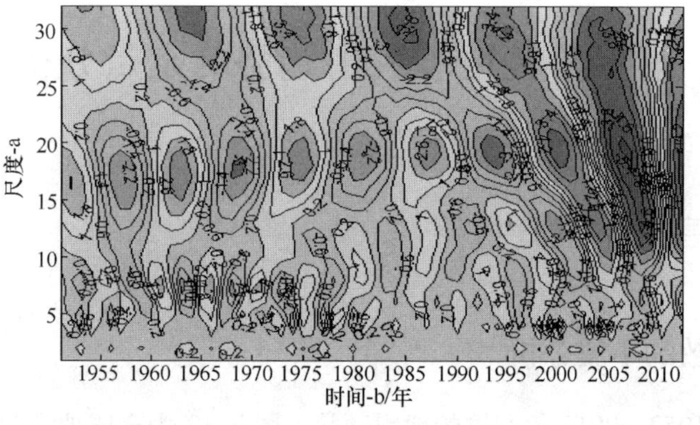

图 9－2①　1952—2013 年全国地震频数小波系数实部等值线图

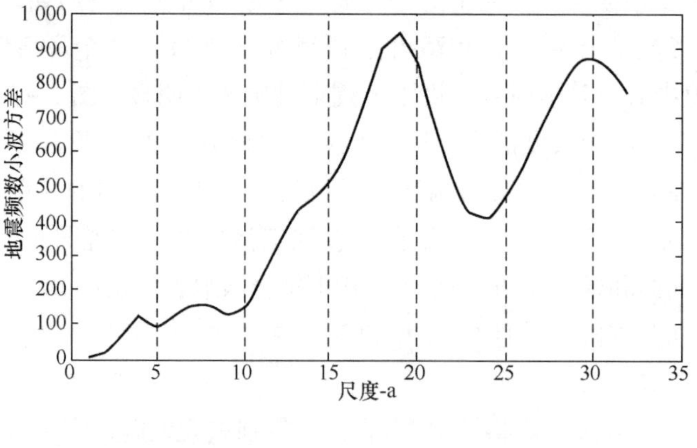

图 9－3　1952—2013 年全国地震频数小波方差图

① 彩图见附录一。

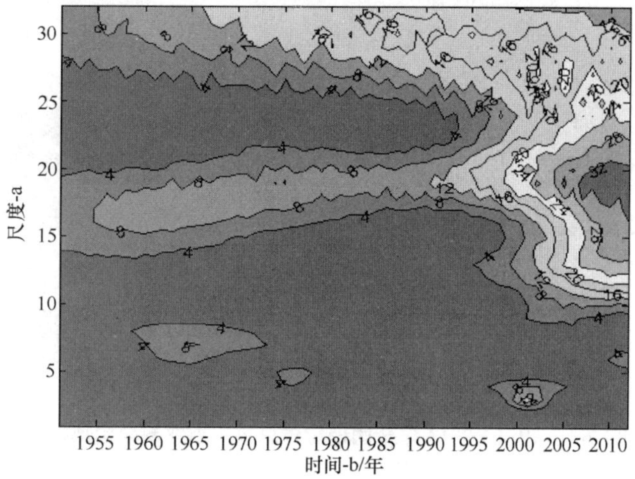

图 9－4① 1952—2013 年全国地震频数小波系数模方图

（二）地震年总损失的小波分析

图 9－5 反映了 1952—2013 年我国地震灾害年总损失，图 9－6 为全国地震总损失小波系数实部等值线图，通过图 9－6 可以看出，在 15—20 年尺度地震灾害形成了 3 个完整的平均周期约 15 年的震荡周期，并且在 1970 年以后较为平稳，分别产生了 1970 年、1987 年、2000 年和 2013 年 4 个高值中心与 1980 年、1994 年和 2006 年 3 个低值中心。图 9－7 的小波方差图也验证了 17 年时间尺度的主周期。小波系数模方图 9－8 反映了不同时间尺度变化周期所对应的能量密度在时间域中的分布情况，可以分析出不同周期的震荡能量，通过图 9－8 可以看出，15—20 年时间尺度 1987—2010 年和 5—10 年时间尺度 1987—1997 年存在两个较强震荡中心，反观图 9－6 也可得到验证。根据小波系数实部等值线图和模方图可以预测，2014 年全国地震总损失在 15—20 年的尺度下处于震荡期范围内，在 17 年主周期尺度下属于灾害偏多中心范围内，并且有加强趋势。

2014 年，全国共发生成灾地震事件 10 次，共造成 624 人死亡，112 人失踪，3 688 人受伤，直接经济损失 355.64 亿元。而在 1952—2013 年，有 75% 的年份地震灾害总损失小于 118.29 亿元，说明 2014 年地震灾害造成的损失较为严重，与模型的预测结果较为一致。可以看出，小波分析在地震灾害总损失方面预测效果良好。

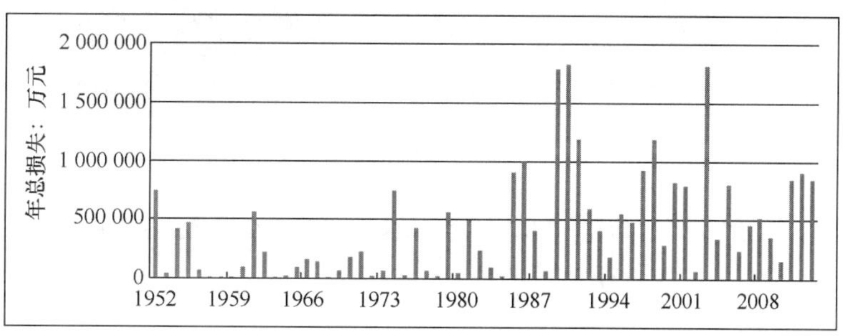

图 9－5 1952—2013 年全国地震灾害年总损失柱状图

① 彩图见附录一。

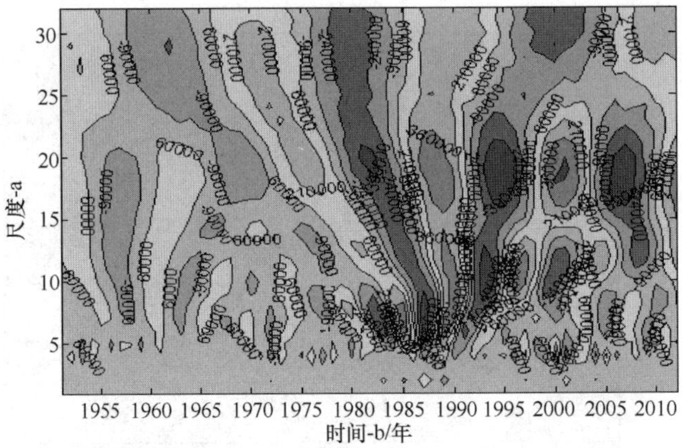

图 9-6① 1952—2013 年全国地震年总损失小波系数实部等值线图

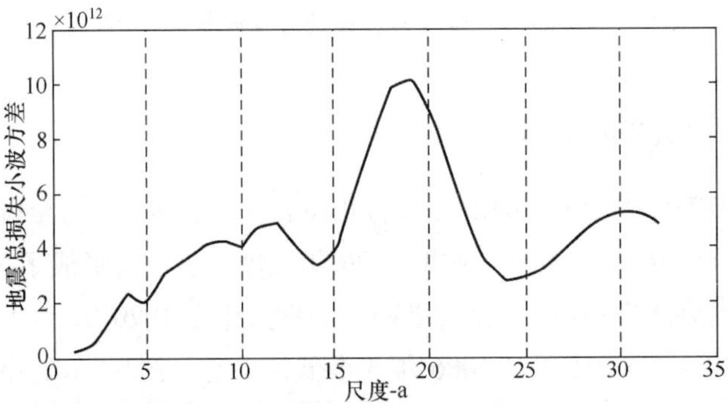

图 9-7 1952—2013 年全国地震年总损失小波方差图

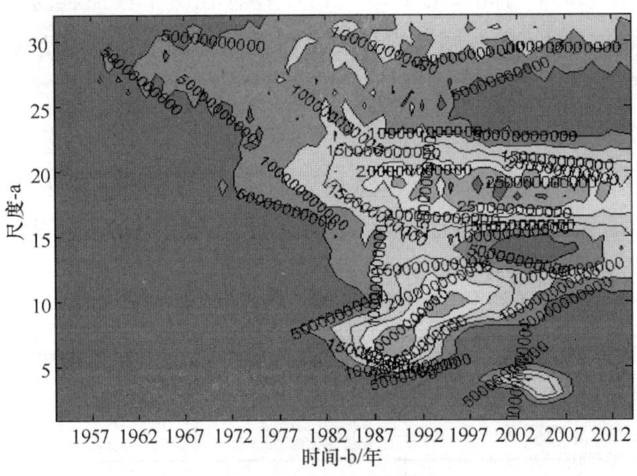

图 9-8② 1952—2013 年全国地震年总损失小波系数模方图

---

① 彩图见附录一。

② 彩图见附录一。

二、地震灾害的马尔可夫趋势预测

（一）马尔可夫预测模型简介

本部分的预测方法详见第一篇，并且沿袭前面习惯，用 -2、-1、0、1、2 分别代表显著下降、小幅下降、相对平稳、小幅上升和显著上升。

（二）地震灾害频数的马尔可夫过程预测

根据各省（区、市）1952—2012 年地震频数构造马尔可夫转移矩阵，预测 2013 年度地震频数并与 2013 年实际情况进行对比，检验马尔可夫链的构造效果，然后将 2013 年数据也用于马尔可夫转移矩阵的构造中，对以后年度地震频数进行预测。从图 9-9 可以看出，马尔可夫过程预测结果对北京、河北、吉林等部分省、市的预测比较准确，但对有些省（区、市）的预测有些偏差，主要原因是地震灾害频数的波动性很强，而多数省（区、市）地震灾害发生频率又极低，当某年地震灾害突发时，变化等级一般会有剧烈波动，致使某些省（区、市）发生了较大偏差。

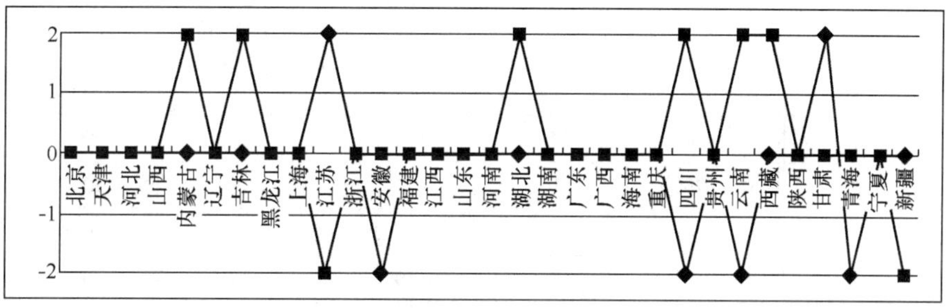

图 9-9　2013 年地震频数马尔可夫预测

表 9-1 是 2014 年地震频数的马尔可夫预测。

表 9-1　2014 年地震频数预测表

北京	天津	河北	山西	内蒙古	辽宁
相对平稳	相对平稳	相对平稳	相对平稳	显著上升	相对平稳
吉林	黑龙江	上海	江苏	浙江	安徽
显著上升	相对平稳	相对平稳	显著下降	相对平稳	相对平稳
福建	江西	山东	河南	湖北	湖南
相对平稳	相对平稳	相对平稳	相对平稳	显著上升	相对平稳
广东	广西	海南	四川	贵州	云南
相对平稳	相对平稳	相对平稳	显著上升	相对平稳	显著上升
西藏	陕西	宁夏	新疆		
显著上升	相对平稳	相对平稳	相对平稳		

2014 年全国发生的 10 次成灾地震，6 次发生在云南省，远高于 1952—2013 年 2.1 次/年的

频数，与马尔可夫预测中云南省地震灾害显著上升完全符合；新疆、四川各发生1次和2次地震灾害，与马尔可夫模型的预测结果也较为符合。可以看出，马尔可夫模型在地震灾害预测方面效果良好。

三、地震灾害趋势的灰色分析

（一）全国地震频数的灰色模型

本节选用1952—2013年全国成灾地震频数（剔除异常损失地震）（见表9－2和图9－10）进行灰色分析。

表9－2　1952—2013年全国成灾地震频数表

年份	次数	年份	次数	年份	次数	年份	次数
1952	7	1968	1	1984	6	2000	9
1953	3	1969	4	1985	7	2001	16
1954	4	1970	6	1986	9	2002	5
1955	7	1971	9	1987	11	2003	16
1956	2	1972	8	1988	10	2004	9
1957	3	1973	11	1989	9	2005	10
1958	2	1974	8	1990	9	2006	10
1959	2	1975	10	1991	10	2007	3
1960	3	1976	15	1992	8	2008	4
1961	6	1977	7	1993	11	2009	1
1962	9	1978	7	1994	11	2010	8
1963	4	1979	10	1995	13	2011	13
1964	4	1980	7	1996	12	2012	11
1965	4	1981	7	1997	10	2013	13
1966	9	1982	9	1998	15		
1967	6	1983	5	1999	15		

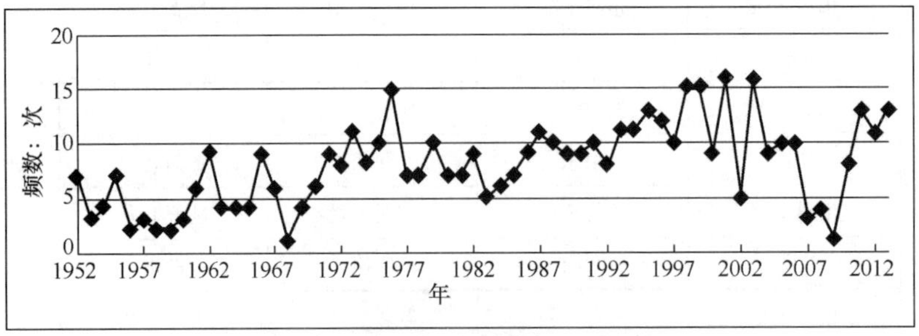

图9－10　1952—2013年全国成灾地震频数折线图

本节选取2005—2013年的频数为原始数据，建立灰色GM（1，1）模型，进行预测。用R软件得到预测结果，见图9－11。

```
GM(1,1)参数估计值:
 发展系数a=0.172 084 1    灰色作用量b=1.755 258
x(0)的实际值:
 10 10 3 4 1 8 13 11 13
x(0)的模拟值:
 10 4 5 5 6 8 9 11 13
x(0)的下一预测值:
 15
平均相对误差=90.519 27 %
方差比值=0.570 134 5
```

图9－11　2005—2013 年地震频数的灰色 GM（1，1）模型结果

从图 9－11 可以看出，下一年度的成灾地震发生次数为 15 次，但是通过精度判定规则可以发现，模型预测的平均相对误差较大，但方差比基本合格。可以看出，剔除异常损失的成灾地震频数有增加的趋势，这和近年来成灾地震次数趋于增加是相吻合的，但成灾的地震频数是否进入下一个递增的周期还不能据此确定，需要根据进一步的数据来进行判断。

2014 年，共发生成灾地震 10 次，与模型预测的成灾地震频数有增加的趋势相符，实际灾害发生次数也在模型的相对误差范围内。可以看出，灰色分析在地震灾害频数预测方面效果较好。

（二）全国地震年总损失额

同前，选用 1952—2013 年全国成灾地震年总损失（剔除异常损失地震）（见表 9－3 和图 9－12）进行灰色分析。

表 9－3　1952—2013 年全国成灾地震年总损失表　　　　（单位：万元）

年份	年总损失额	年份	年总损失额	年份	年总损失额	年份	年总损失额
1952	748 127.79	1968	328.77	1984	24 070.00	2000	825 597.83
1953	42 100.90	1969	63 438.90	1985	904 874.10	2001	791 532.81
1954	419 650.76	1970	185 397.30	1986	1 005 136.11	2002	69 672.41
1955	465 293.90	1971	227 977.22	1987	408 238.13	2003	1 813 124.52
1956	71 312.96	1972	21 133.29	1988	70 373.82	2004	339 832.04
1957	8 511.66	1973	63 265.14	1989	1 789 157.33	2005	801 695.13
1958	10 870.76	1974	746 638.50	1990	1 830 664.18	2006	239 510.53
1959	5 133.98	1975	26 997.07	1991	1 190 891.05	2007	460 315.16
1960	95 230.35	1976	427 570.30	1992	598 013.22	2008	518 604.22
1961	567 959.96	1977	62 869.48	1993	414 802.60	2009	359 860.39
1962	224 336.11	1978	14 668.93	1994	185 510.80	2010	153 715.07
1963	6 901.23	1979	561 763.08	1995	551 422.54	2011	852 408.67
1964	19 932.05	1980	48 304.53	1996	477 376.29	2012	907 529.52
1965	92 091.18	1981	506 215.33	1997	930 981.37	2013	852 408.00
1966	160 652.99	1982	241 607.03	1998	1 182 935.71		
1967	140 589.73	1983	95 496.79	1999	283 181.12		

同样，选取 2005—2013 年全国成灾地震年总损失额为原始数据，建立灰色 GM（1，1）模型，进行预测。用 R 软件得到预测结果，见图 9－13。

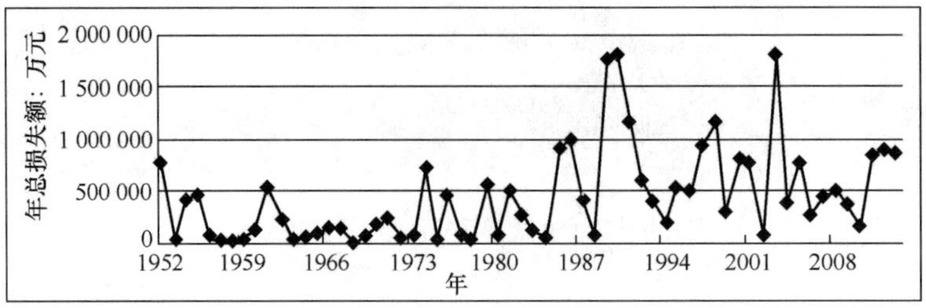

图 9－12　1952—2013 年全国成灾地震年总损失折线图

GM(1,1)参数估计值:
发展系数a=0.200 727 8　　灰色作用量b=56 952.26

x(0)的实际值:
801 695.1　239 510.5　460 315.2　518 604.2　359 860.4　153 715.1　852 408.7　907 529.5
x(0)的模拟值:
801 695　241 281　294 916　360 473　440 604　538 546　658 261　804 587
x(0)的下一预测值:
983 440

平均相对误差=53.439 02 %
方差比值=0.459 901 6

图 9－13　2005—2013 年全国成灾地震年总损失的灰色 GM（1，1）模型结果

由图 9－13 可以看出，模型预测下一年度全国成灾地震年总损失为 983 440 万元，但是通过精度判定规则可以发现，模型预测的平均相对误差很大，但方差比可以通过检验。总体来说，剔除异常损失值的全国每年地震总损失有一个增长的趋势，和近些年来成灾地震的频数增加是相吻合的。

（三）全国地震年次均损失的灰色模型

本节选用 1952—2013 年全国地震年次均损失额（剔除异常损失地震）（见表 9－4 和图 9－14）进行灰色分析。

表 9－4　1952—2013 年全国成灾地震年次均损失额表　　（单位：万元）

年份	年次损失额	年份	年次损失额	年份	年次损失额	年份	年次损失额
1952	106 875. 40	1968	328. 77	1984	4 011. 67	2000	91 733. 09
1953	14 033. 63	1969	31 719. 45	1985	129 267. 73	2001	49 470. 80
1954	104 912. 69	1970	30 899. 55	1986	111 681. 79	2002	13 934. 48
1955	66 470. 56	1971	25 330. 80	1987	37 112. 56	2003	113 320. 28
1956	35 656. 48	1972	2 641. 66	1988	7 819. 31	2004	37 759. 12
1957	2 837. 22	1973	5 751. 38	1989	255 593. 90	2005	80 169. 51
1958	5 435. 38	1974	106 662. 64	1990	203 407. 13	2006	23 951. 05
1959	2 566. 99	1975	2 699. 71	1991	119 089. 11	2007	153 438. 39
1960	31 743. 45	1976	32 890. 02	1992	74 751. 65	2008	172 868. 07
1961	94 659. 99	1977	8 981. 35	1993	37 709. 33	2009	359 860. 39
1962	24 926. 23	1978	2 095. 56	1994	16 864. 62	2010	19 214. 38
1963	1 725. 31	1979	62 418. 12	1995	42 417. 12	2011	53 275. 54
1964	4 983. 01	1980	6 900. 65	1996	47 737. 63	2012	82 502. 68
1965	23 022. 79	1981	72 316. 48	1997	93 098. 14	2013	77 491. 64
1966	20 081. 62	1982	26 845. 23	1998	78 862. 38		
1967	23 431. 62	1983	23 874. 20	1999	18 878. 74		

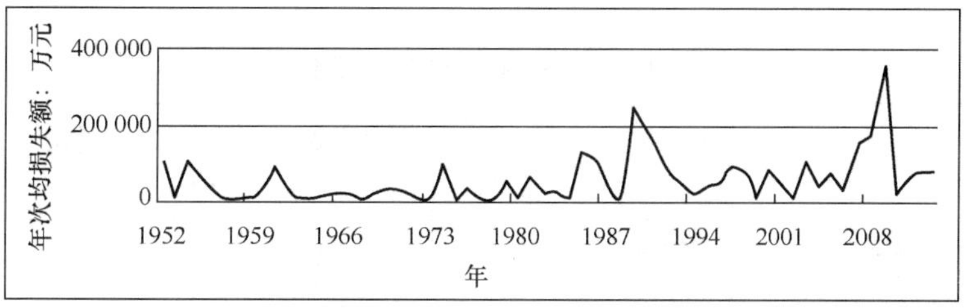

图 9－14　1952—2013 年全国成灾地震年次均损失额折线图

由于灰色系统反映的是数据内在的联系，并不要求大量的数据，相邻几年的数据更能反映出变化趋势，因此选取 2005—2013 年的次均损失额为原始数据，建立灰色 GM（1，1）模型，进行预测。用 R 软件得到预测结果，见图 9－15。

```
GM(1,1)参数估计值:
 发展系数a=-0.047 952 02   灰色作用量b=146 305.3
x(0)的实际值:
 80 169.51  23 951.05  153 438.4  172 868.1  359 860.4  19 214.38  53 275.54  82 502.68  77 491.64
x(0)的模拟值:
 80 170  139 099  132 587  126 379  120 462  114 822  109 446  104 321  99 437
x(0)的下一预测值:
 94 781
平均相对误差=155.694 2 %
方差比值=0.743 317 5
```

图 9－15　2005—2013 年地震年次均损失的灰色 GM（1，1）模型结果

从图 9－15 可以看到下一期的预测值为 94 781 万元，但是模型并没有通过检验，可能的原因是不同的地区发展状况、防震抗震状况、发生地震的震级不同，最终带来的损失数额波动过大，并没有一个明显的趋势。

2014 年，全国发生 10 次成灾地震事件，共造成直接经济损失 355. 64 亿元，与模型预测结果存在一定差异，但尚处于同一数量级。可以看出，灰色分析在地震灾害损失方面预测效果相对一般。

四、地震灾害趋势的神经网络分析

地震灾害与其影响因素之间呈现多因素、复杂的非线性关系，很难用函数模型进行描述。本节利用 BP 神经网络在非线性统计回归方法中的优势，对地震灾害造成的经济损失进行预测分析。数据均来自于《中国统计年鉴》和“中国可持续发展网”。

（一）BP 神经网络的结构设计

1. 神经网络变量的选取

地震灾害的损失是由自然和社会等多种因素共同决定的。模型选择六个输入层变量，分别是：*X*1：倒塌房屋数；*X*2：死亡人数；*X*3：受伤人数；*X*4：受灾人数；*X*5：震级；*X*6：Ⅵ 区面积。一个输出层变量，即：*Y*1：地震次损失额。因此，$n=6$，$i=1$，隐含层节点数在 4～13。数据选取 1988—2012 年共 33 次地震损失情况的数据，2011 年新疆克州阿图什市和喀什地区伽师县交界地震损失情况用作最终的预测分析。表 9－5、表 9－6 分别表示影响地震损失情况的因素以及地震次损失额统计数据。

表9-5　地震损失的影响因素表

年份	震中	倒塌房屋（间）	死亡人数（人）	受伤人数（人）	受灾人数（万人）	震级（Ms）	烈度≥Ⅵ度区面积（平方千米）
1988	云南澜沧	412 000	736	4 808	250.00	7.6	32 700
1989	山西大同、阳高	10 194	19	193	19.39	6.1	162
1989	四川巴塘	75 604	11	148	4.00	6.7	5 815
1989	四川小金北两河口	1 381	1	151	0.22	6.6	473
1990	甘肃天祝藏族自治县、景泰	1 566	2	27	3.00	6.2	771
1990	青海共和、兴海	8 800	115	2 149	4.50	6.9	4 536
1993	西藏拉孜、昂仁	14	2	3	4.35	6.6	3 989
1993	新疆喀什	3 654	2	37	1.71	6.0	468
1995	甘肃永登	2 630	12	594	1.32	5.8	1 527
1995	云南武定	1 397 140	52	13 815	15.18	6.5	6 260
1996	云南丽江	686 824	309	16 912	18.53	7.0	10 906
1997	新疆伽师	2 804 905	8	62	6.23	6.4	2 386
1997	新疆伽师	33 547	1	6	13.00	6.0	800
2003	甘肃岷县	46 242	1	133	6.09	5.2	195
2003	内蒙古巴林	12 190	4	1 604	48.09	5.9	13 188
2003	四川盐源	14 200	0	9	11.44	5.0	50
2003	新疆巴楚、伽师间	2 452 193	268	4 853	65.94	6.8	11 573
2003	新疆岳普	157 939	1	3	13.43	5.8	4 106
2003	云南大姚	48 410	16	793	32.30	6.2	3 169
2003	云南鲁甸	19 960	4	94	23.67	5.1	569
2004	甘肃岷县、卓尼县	25 205	1	36	4.08	5.0	320
2004	内蒙古东乌珠穆沁旗	29 409	1	5	5.30	5.9	18 241
2004	云南鲁甸	78 881	4	597	31.36	5.6	697
2004	云南双柏	2 858	1	20	3.57	5.0	493
2005	黑龙江林甸县	22	1	11	6.22	5.1	700
2005	云南会泽	190 余	0	44	19.87	5.3	880
2005	云南思茅	3 634	0	5	4.00	5.0	577
2005	云南文山	1 600	0	29	12.76	5.3	890
2006	甘肃文县	361	1	19	6.91	5.0	140
2008	西藏拉萨	147	10	60	12.41	6.6	11 934
2011	云南腾冲县	2 264	0	6	18.00	5.2	1 370
2011	新疆克州阿图什市和喀什地区伽师县交界	8 517	0	21	4.76	5.8	2 070
2012	云南宁蒗	12 649	4	442	11.62	5.7	2 218

表9－6　地震次损失额统计数据表

年份	震中	经济损失（万元）
1988	云南澜沧	275 000
1989	山西大同、阳高	36 532
1989	四川巴塘	41 042
1989	四川小金北两河口	29 860
1990	甘肃天祝藏族自治县、景泰	15 000
1990	青海共和、兴海	27 427
1993	西藏拉孜、昂仁	6 550
1993	新疆喀什	4 805
1995	甘肃永登	6 779
1995	云南武定	20 176
1996	云南丽江	252 300
1997	新疆伽师	46 826
1997	新疆伽师	9 019
2003	甘肃岷县	8 791
2003	内蒙古巴林	80 649
2003	四川盐源	2 086
2003	新疆巴楚、伽师间	137 131
2003	新疆岳普	7 720
2003	云南大姚	59 190
2003	云南鲁甸	19 190
2004	甘肃岷县、卓尼县	6 600
2004	内蒙古东乌珠穆沁旗	23 780
2004	云南鲁甸	31 990
2004	云南双柏	4 070
2005	黑龙江林甸县	2 745
2005	云南会泽	10 440
2005	云南思茅	5 280
2005	云南文山	9 220
2006	甘肃文县	7 335
2008	西藏拉萨	41 000
2011	云南腾冲县	27 840
2011	新疆克州阿图什市和喀什地区伽师县交界	18 322
2012	云南宁蒗	77 154

2. 神经网络结构的确定

1988—2012 年共有 33 次地震损失情况的样本数据，随机选取其中的 1/33（即一组数据）作为数据测试样本，同时随机选取样本中的 1/33 作为变量数据，最后运用训练好的样本数据对

2011 年新疆克州阿图什市和喀什地区伽师县交界地震输入层数据进行结果预测。设定网络的最大学习迭代次数为 10 000 次，网络的学习精度为 0.01，选取的激活函数为 S 型的正切函数（tansig），训练函数是梯度下降动量 BP 算法函数（traingdm）。当隐含层节点数为 7 时，地震次损失额数据训练效果最好，因而将隐含层节点数选为 7，三层 BP 神经网络模型参数率定成果如表 9－7 所示。

表 9－7　三层 BP 神网络模型参数率定成果表

参数名	神经元数目			学习步长	训练目标设置
	输入层	隐含层	输出层		
参数值	6	7	1	0.01	0.000 001

（二）神经网络预测结果分析

应用上述设计的神经网络结构对地震造成的经济损失实际数据进行学习训练，并应用训练好的神经网络对已有数据进行拟合，经济损失的训练预测结果如图 9－16 所示，均方误差（MSE）图如图 9－17 所示。

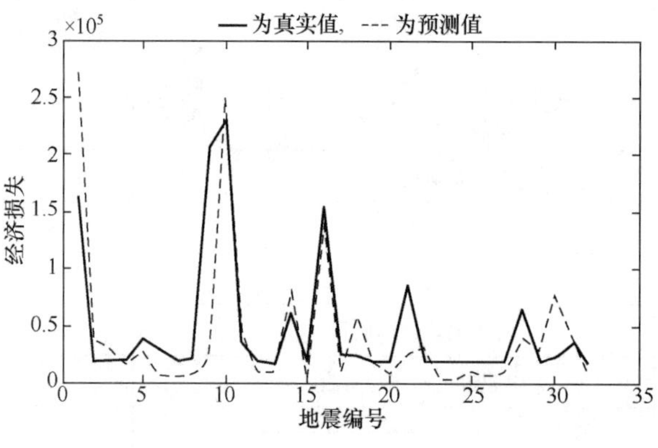

图 9－16　经济损失拟合图

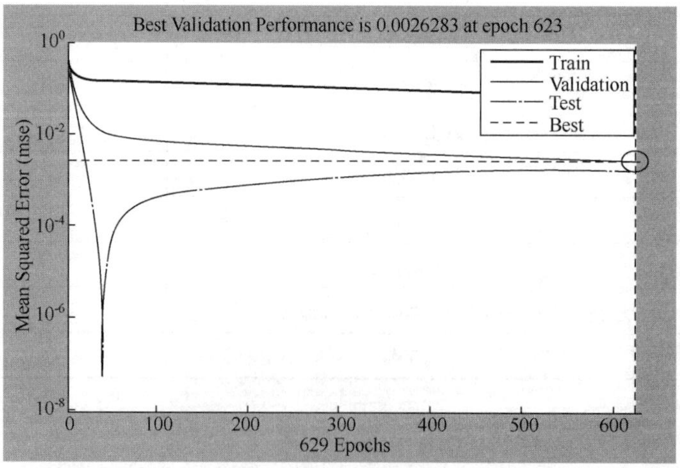

图 9－17　均方误差图

在训练样本和变量样本数据中，实线表示预测值，虚线表示实际值。在测试数组中“o”表示经济损失的真实值，“ * ”表示预测值。

地震经济损失预测结果如表9－8所示。

表9－8　BP神经网络预测结果

年份	震中	预测值	实际值	相对误差
1989	四川巴塘	34 292	41 042	－0. 164 5
2011	新疆克州阿图什市和喀什地区伽师县交界	20 716	18 322	0. 130 7

从上表的结果可以看到，地震经济损失测试预测结果的相对误差小于20%，符合预期，预测效果较好。运用训练好的数据对2011年新疆克州阿图什市和喀什地区伽师县交界地震直接经济损失进行预测，预测值为20 716，相对误差也仅为－0. 130 7。因此，运用BP神经网络对地震造成的经济损失进行预测分析具有一定的可行性。

五、地震灾害趋势的时间序列分析

（一）地震灾害频数的趋势分析和预测

1. 数据

本节所研究的数据是全国地震发生次数（未剔除异常损失地震，以后不再说明），取样区间是1952年2月—2013年12月，以年为单位，共62个数据（见表9－9和图9－18）。数据处理用Excel和SAS完成。

表9－9　1952—2013年全国地震灾害频数统计表

年份	次数	年份	次数	年份	次数	年份	次数
1952	7	1968	1	1984	6	2000	9
1953	3	1969	4	1985	7	2001	16
1954	4	1970	6	1986	9	2002	5
1955	7	1971	9	1987	11	2003	16
1956	2	1972	8	1988	10	2004	9
1957	3	1973	11	1989	9	2005	10
1958	2	1974	8	1990	9	2006	10
1959	2	1975	10	1991	10	2007	3
1960	3	1976	15	1992	8	2008	4
1961	6	1977	7	1993	11	2009	1
1962	9	1978	7	1994	11	2010	8
1963	4	1979	10	1995	13	2011	13
1964	4	1980	7	1996	12	2012	11
1965	4	1981	7	1997	10	2013	13
1966	9	1982	9	1998	15		
1967	6	1983	5	1999	15		

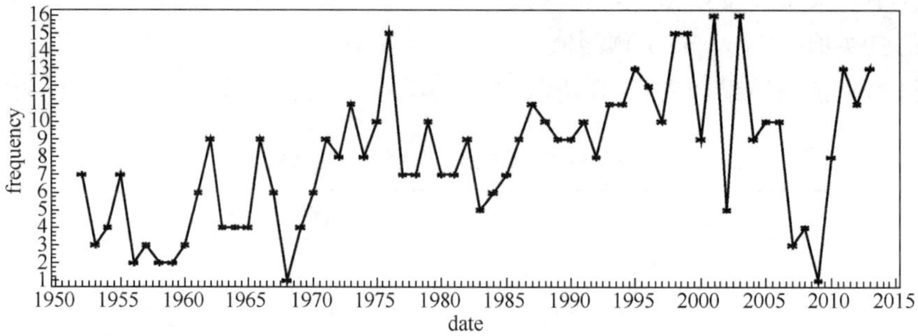

图 9 - 18　1952—2013 年全国地震灾害频数折线图

由图 9 - 18 可以明显看出，我国每年的地震灾害频数无明显周期性，总体上呈上升趋势，均值和方差变化比较大，由此看来该序列不平稳，需要对序列进行差分。

2. 时间序列 SARIMA 模型

由于所分析的时间序列是非平稳的，需将其转换为平稳的时间序列。通过观察原序列和差分序列的自相关图，发现对原序列直接做四阶周期差分后的序列在回归的时候有更小的 AIC 和 SBC 信息准则值，而且通过观察白噪声检验的结果，也可以印证该处理后的时间序列是平稳的。于是通过对原频数序列做四阶周期差分，可以得到平稳的时间序列（见图 9 - 19）。

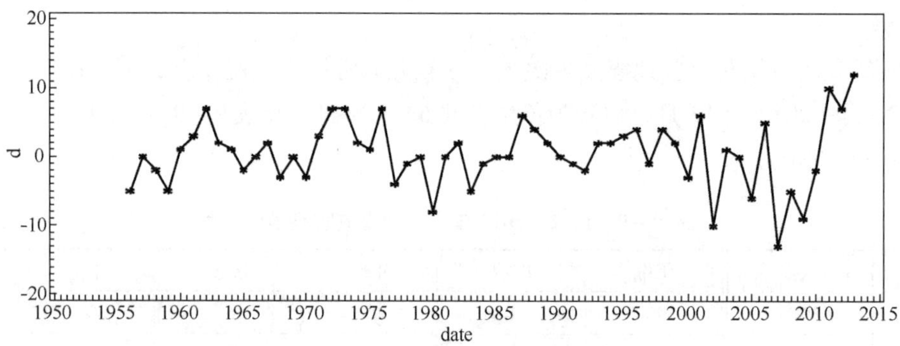

图 9 - 19　1952—2013 年全国地震灾害频数差分折线图

通过观察平稳序列的自相关图、偏相关图和逆自相关图，使用 AIC、SBC 信息准则对模型的滞后阶数进行筛选，并对各种滞后阶数的模型进行估计比较，可以认为时间序列模型 SARIMA［(1, 0, 1) ×(0, 1, 1)$_4$］较好地拟合了时间序列，且通过了白噪声检验。

地震灾害频数的时间序列预测方程为：

$$(1 - 0.82338L)\Delta_4 y_t = (1 - 0.48992L)(1 - 0.84564L^4)e_t$$

式中：L 为滞后算子；e_t 为白噪声过程。

通过 SARIMA［(1, 0, 1) ×(0, 1, 1)$_4$］模型的参数结果，可以对全国地震频数进行预测。假设预测期数为 10 期，得到的预测结果见表 9 - 10 和图 9 - 20。

由于 SAS 输出的 95% 置信区间下限有为负的情形，而地震灾害发生频数不可能为负值，因此对置信下限未予列出。

2014 年，全国共发生成灾地震 10 次，与时间序列 SARIMA 模型 10.8 次的预测结果几乎完全一致。可以看出，SARIMA［(1, 0, 1) ×(0, 1, 1)$_4$］模型在地震灾害频数预测方面效果非常好。

表 9 – 10　全国地震灾害频数 SARIMA [(1, 0, 1) $\times$(0, 1, 1)$_4$] 的预测表

年度	预测值	标准差	95% 置信区间上限
2014	10.805 5	3.609 6	17.880 1
2015	11.994 9	3.804 9	19.452 4
2016	9.762 6	3.931 9	17.469 0
2017	9.825 7	4.015 7	17.696 2
2018	9.896 5	4.199 5	18.127 4
2019	11.246 4	4.264 1	19.603 8
2020	9.146 4	4.307 3	17.588 5
2021	9.318 3	4.336 3	17.817 2
2022	9.478 7	4.443 4	18.187 6
2023	10.902 4	4.474 4	19.672 0

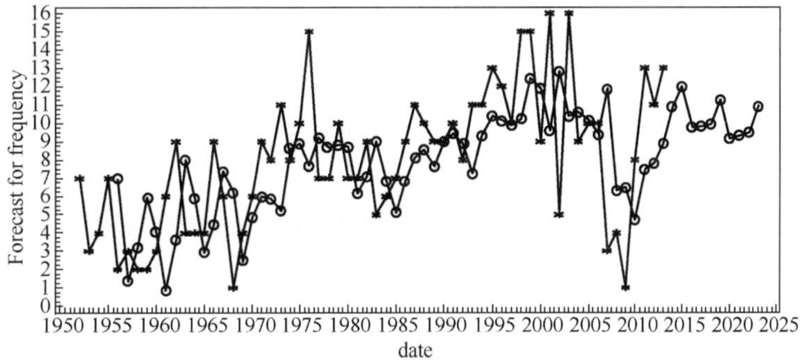

图 9 – 20　全国地震灾害频数 SARIMA [(1, 0, 1) $\times$(0, 1, 1)$_4$] 的预测图

（二）地震灾害年总损失的趋势分析和预测

1. 数据

表 9 – 11 所示为 1952—2013 年全国地震灾害年总损失统计表。

表 9 – 11　1952—2013 年全国地震灾害年总损失统计表　　（单位：万元）

年份	总损失额	年份	总损失额	年份	总损失额	年份	总损失额
1952	748 128	1968	329	1984	24 070	2000	825 598
1953	42 101	1969	2 911 173	1985	904 874	2001	791 533
1954	419 651	1970	185 397	1986	1 005 136	2002	69 672
1955	465 294	1971	227 977	1987	408 238	2003	1 813 125
1956	71 313	1972	21 133	1988	10 469 515	2004	339 832
1957	8 512	1973	63 265	1989	4 386 072	2005	801 695
1958	10 871	1974	2 572 657	1990	1 830 664	2006	239 511
1959	5 134	1975	26 997	1991	1 190 891	2007	460 315
1960	95 230	1976	258 103 022	1992	598 013	2008	160 405 220
1961	567 960	1977	62 869	1993	414 803	2009	359 860
1962	224 336	1978	14 669	1994	185 511	2010	3 338 921
1963	6 901	1979	4 024 195	1995	551 423	2011	522 031
1964	19 932	1980	48 305	1996	4 638 025	2012	907 530
1965	92 091	1981	506 215	1997	930 981	2013	9 945 378
1966	30 529 838	1982	241 607	1998	1 182 936		
1967	140 590	1983	2 995 699	1999	283 181		

2. 时间序列 SARIMA 模型

由于所分析的时间序列是非平稳的，需将其转换为平稳的时间序列。为了消除异方差，可以先对原序列取对数，通过观察对数序列和平稳序列的自相关图，可以发现对对数序列先做一阶差分再做二阶周期差分后的序列在回归的时候有更小的 AIC 和 SBC 信息准则值，而且白噪声检验的结果，也可以印证该处理后的时间序列是平稳的。于是通过对原频数序列做如上处理，可以得到平稳的时间序列（见图 9－21）。

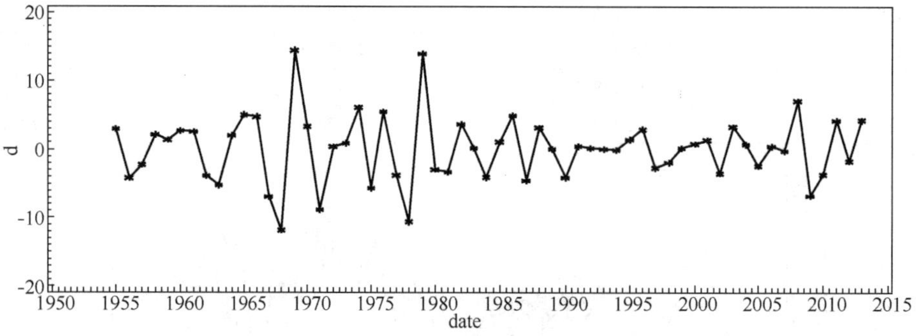

图 9－21　1952—2013 年全国地震灾害年总损失差分折线图

通过观察平稳序列的自相关图、偏相关图和逆自相关图，使用 AIC、SBC 信息准则对模型的滞后阶数进行筛选，并对各种滞后阶数的模型进行估计比较，可以认为时间序列模型 SARIMA［（2，1，2）×$(1, 1, 0)_2$］较好地拟合了时间序列。

地震灾害年总损失的时间序列预测方程为：

$$(1+1.01811L+0.38083L^2)(1+0.5019L^2)\Delta\Delta_2\ln y_t=(1-0.89672L^2)e_t$$

式中：L 为滞后算子；e_t 为白噪声过程。

根据 SARIMA［（2，1，2）×$(1, 1, 0)_2$］模型的参数结果，可以对全国地震年总损失进行预测。假设预测期数为 10 期，得到的预测结果见表 9－12 和图 9－22。

表 9－12－a　全国地震灾害年总损失 SARIMA［（2，1，2）×$(1, 1, 0)_2$］的对数预测表

年度	对数预测值	标准差	95% 置信区间下限	95% 置信区间上限
2014	14.030 3	2.668 4	8.800 3	19.260 2
2015	14.091 2	2.668 8	8.860 4	19.322 0
2016	14.859 1	2.744 0	9.481 0	20.237 1
2017	14.612 1	2.911 6	8.905 4	20.318 8
2018	14.873 4	3.141 6	8.716 0	21.030 9
2019	14.403 5	3.252 5	8.028 7	20.778 3
2020	14.951 5	3.396 0	8.295 4	21.607 6
2021	14.704 2	3.531 4	7.782 8	21.625 6
2022	14.983 3	3.751 7	7.630 0	22.336 5
2023	14.709 4	3.874 1	7.116 2	22.302 5

表 9 - 12 - b　全国地震灾害年总损失 SARIMA［(2, 1, 2) × $(1, 1, 0)_2$］的预测表

（单位：万元）

年份	预测值
2014	1 239 600. 862
2015	1 317 438. 659
2016	2 839 390. 573
2017	2 217 963. 521
2018	2 880 285. 560
2019	1 800 365. 036
2020	3 114 253. 392
2021	2 431 940. 363
2022	3 214 878. 103
2023	2 444 619. 390

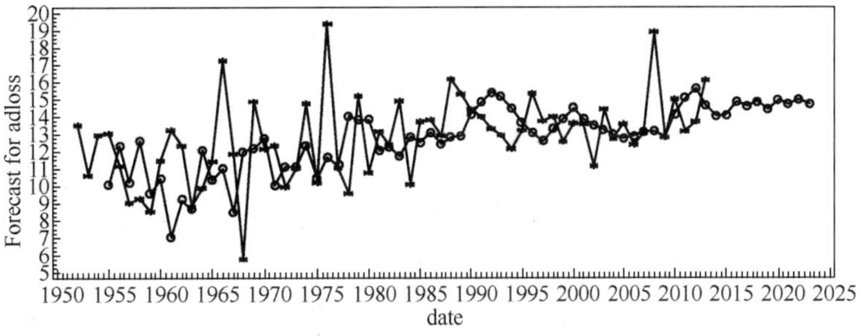

图 9 - 22　全国地震灾害年总损失 SARIMA［(2, 1, 2) × $(1, 1, 0)_2$］的对数预测图

(三) 地震灾害年次均损失的趋势分析和预测

1. 数据

表 9 - 13 所列为 1952—2013 年全国地震灾害年次均损失。

表 9 - 13　1952—2013 年全国地震灾害年次均损失统计表　（单位：万元）

年份	次均损失额	年份	次均损失额	年份	次均损失额	年份	次均损失额
1952	106 875	1968	329	1984	4 012	2000	91 733
1953	14 034	1969	31 719	1985	129 268	2001	49 471
1954	104 913	1970	30 900	1986	111 682	2002	13 934
1955	66 471	1971	25 331	1987	37 113	2003	113 320
1956	35 656	1972	2 642	1988	7 819	2004	37 759
1957	2 837	1973	5 751	1989	255 594	2005	80 170
1958	5 435	1974	106 663	1990	203 407	2006	23 951
1959	2 567	1975	2 700	1991	119 089	2007	153 438
1960	31 743	1976	32 890	1992	74 752	2008	172 868
1961	94 660	1977	8 981	1993	37 709	2009	359 860
1962	24 926	1978	2 096	1994	16 865	2010	19 214
1963	1 725	1979	62 418	1995	42 417	2011	53 276
1964	4 983	1980	6 901	1996	47 738	2012	82 503
1 965	23 023	1981	72 316	1997	93 098	2013	77 492
1966	20 082	1982	26 845	1998	78 862		
1967	23 432	1983	23 874	1999	18 879		

2. 时间序列 SARIMA 模型

由于所分析的时间序列是非平稳的，需将其转换为平稳的时间序列。通过观察原序列和差分序列的自相关图，可以发现对原序列直接做四阶周期差分后的序列在回归的时候有更小的 AIC 和 SBC 信息准则值，而且白噪声检验的结果也可以印证该处理后的时间序列是平稳的。于是通过对原频数序列做四阶周期差分，可以得到平稳的时间序列（见图 9 - 23）。

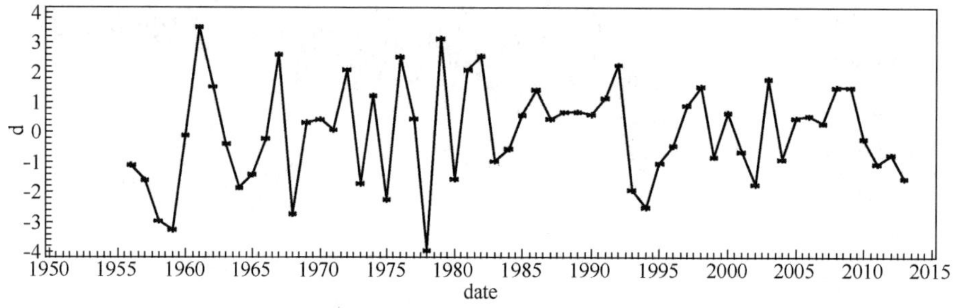

图 9 - 23　1952—2013 年全国地震灾害年次均损失差分折线图

通过观察平稳序列的自相关图、偏相关图和逆自相关图，使用 AIC 和 SBC 信息准则对模型的滞后阶数进行筛选，并对各种滞后阶数的模型进行估计比较，可以认为时间序列模型 SARIMA ［（1，0，1）×(0，1，1)$_4$］较好地拟合了时间序列，且通过了白噪声检验。

根据如上的参数估计结果，得到地震灾害频数的时间序列预测方程为：

$$(1-0.928\ 88L)\Delta_4 y_t=(1-0.827\ 89L)(1-0.704\ 13L^4)e_t$$

式中：L 为滞后算子；e_t 为白噪声过程。

通过 SARIMA ［（1，0，1）×(0，1，1)$_4$］模型的参数结果，可以对全国地震年次均损失额进行预测。假设预测期数为 10 期，得到的预测结果见表 9 - 14 和图 9 - 24。

表 9 - 14　全国地震灾害年次均损失 SARIMA ［（1，0，0）×(0，1，1)$_4$］的预测表

年份	预测值	标准差	95% 置信区间上限
2014	10.363 9	1.498 9	13.301 7
2015	11.192 9	1.506 5	14.145 7
2016	11.179 9	1.513 1	14.145 4
2017	11.632 5	1.518 7	14.609 1
2018	10.371 0	1.620 3	13.546 8
2019	11.199 5	1.627 9	14.390 3
2020	11.186 0	1.634 5	14.389 6
2021	11.638 2	1.640 1	14.852 8
2022	10.376 3	1.736 3	13.779 3
2023	11.204 5	1.743 8	14.622 2

由于 SAS 输出的 95% 置信区间下限有为负的情形，而地震灾害次均损失额不可能为负值，因此对置信下限未予列出。

2014 年，全国发生 10 次成灾地震事件，共造成直接经济损失 355.64 亿元，年平均次损失

35.56 亿元，与模型预测结果存在较大差异。可以看出，SARIMA [(2, 1, 2) ×(1, 1, 0)$_2$] 模型在地震灾害总损失方面预测效果相对一般。

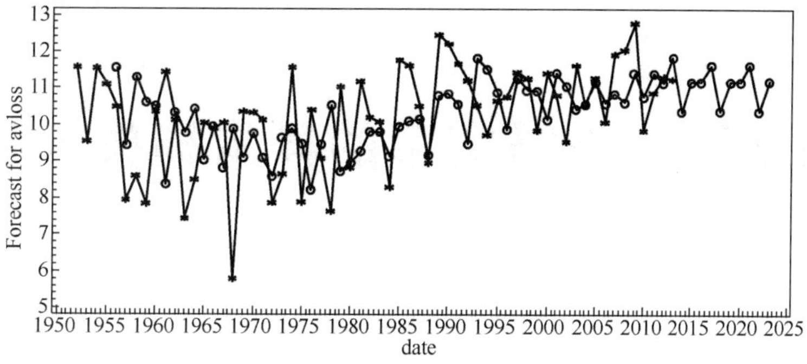

图 9－24　全国地震灾害年次均损失 SARIMA [(1, 0, 1) ×(0, 1, 1)$_4$] 的预测图

本节小结

本版地震灾害趋势的定量分析部分除保留《灾因报告（2012）》中的小波、灰色、神经网络和时间序列等趋势预测方法外，首次加入了地震灾害趋势的马尔可夫预测，在省级层面对下年灾害变化方向与程度进行了预测。

在地震灾害小波分析部分，和原版相比本版对数据处理、小波基选择和作图方法进行了较大改进，在数据处理方面，增加了数据边沿延拓处理，有效消除了数据的边界效应，小波基由上版的 sym2 实小波变换改为同时反映相位与振幅的复小波变换；在作图方面，首次加入小波变换方差图与模方图，用于更直观地读取灾变周期与振荡能量谱。小波分析结果显示我国地震灾害频数存在 18 年和 30 年左右两个主要震荡周期，2014 年地震频数在两个主周期尺度下都属于灾害偏多中心范围内，且均有加强趋势。地震灾害总损失存在 17 年左右的主要振荡周期，2014 年总损失在 15—20 年尺度下处于震荡期范围内，并且在 17 年主周期尺度下属于灾害偏多中心范围内，且有加强趋势。

在地震灾害趋势的马尔可夫预测部分，首先利用 2012 年之前的数据构造马尔可夫转移矩阵，并用 2013 年数据进行对比，再将 2013 年数据也带入用于构造转移矩阵，对下一年度各省的灾害变化方向给出了定性预测。灰色预测、神经网络预测和时间序列预测部分与上版基本保持一致，灰色分析对 2014 年地震灾害次数的预测值为 15 次，地震灾害总损失的预测值为 983 440 万元，均高于历年平均水平。通过用 2014 年的实际数据进行检验可知，2014 年地震灾害较为严重，所以基本认为灰色分析的趋势预测比较准确。

第十章　地震灾害的异常损失分析

第一节　地震灾害的极值分析及赔期

一、地震灾害的极值分析

所谓异常损失，是指损失数额异常大，区别于一般损失数据的损失。异常损失事件发生的频率很低，但是造成的危害却十分巨大，因此，如何准确地刻画这些异常事件是保险业风险管理刻不容缓的任务。极值理论是专门针对异常数据建模的一种方法，可以方便地用来描述一个数据集中异常数值的规律，而极值分布具有解析的函数形式，计算也相当简便，可以准确地描述分布尾部的分位数，应用起来非常方便。运用极值理论，可以对特大地震单独分析，比如分析赔期这个对保险公司定价十分重要的指标。因此，本章使用极值理论对异常损失进行分析。

（一）极值理论

极值理论①主要包括两个模型：BMM 模型和 POT 模型。BMM 模型采用的是所谓的最大值法（Block Maximum Method），其做法是将观测数据按时间顺序等分为一些时段区间，在每个区间上选取观测的最大值，然后用这些最大值拟合极值分布。POT 模型又称超越阈值方法（Peak Over Threshold），是把所有达到或超过某一固定最大阈值的各个观测值均作为分析样本去拟合极值分布，对数据的数量要求比较少。

相对而言，BMM 方法主要用于处理具有明显季节性数据的极值问题，使用该方法预测地震数据时可能会漏掉一些有用的数据，因此这里可以用 POT 模型来对地震进行极值分析。

1. POT 模型的理论基础

假设序列 $\{z_i\}$ 的分布函数为 $F(z)$，定义 $Fu(z)$ 为条件超越分布（conditional excess distribution function，cedf），它是随机变量 Z 超过阈值 u 的条件分布函数，可表示为：

$$F_u(y) = P(Z - u \leqslant y \mid Z > u) \qquad (y \geqslant 0)$$

根据条件概率公式可以得到：

$$F_u(y) = \frac{F(u+y) - F(u)}{1 - F(u)} = \frac{F(z) - F(u)}{1 - F(u)} \Rightarrow F(z) = F_u(y)[1 - F(u)] + F(u) \qquad (z \geqslant u)$$

① 解强．极值理论在巨灾损失拟合中的应用［J］．金融发展研究，2008（7）．

Pickands（1975）定理证明了，对于一大类分布 F（几乎包括所有的常用分布），当 u 足够大时，条件超越分布函数 F_u（z）存在一个广义帕累托分布 $G'_{\xi,\sigma}$（y）使得：

$$F_u(y) \approx G'_{\xi,\sigma}(y) = \begin{cases} 1 - \left(1 + \dfrac{\xi}{\sigma}y\right)^{-1/\xi}, \xi \neq 0 \\ 1 - e^{-y/\sigma}, \xi = 0 \end{cases}, u \to \infty \tag{10.1}$$

在 GPD 中，σ 是规模参数，u 是位置参数，$1/\xi$ 是尾部指数，ξ 是形状参数。当 $\xi \geqslant 0$ 时，样本取值范围 $y \in [0, \infty)$；当 $\xi < 0$ 时，$y \in [0, -\sigma/\xi)$。当形状参数 $\xi = 0$ 时，GPD 是 Gumbel 分布；当 $\xi > 0$ 时，是 Frechet 分布；当 $\xi < 0$ 时，是 Weibull 分布。当 ξ（由负值到正值）由小变大时，尾部逐渐增厚。

2. POT 模型的参数估计

由式（10.1），可以得到，对于给定的一个符合帕累托分布的样本 $\{y_1 \cdots y_n\}$，可以根据极大似然法估计 GPD 中的参数 ξ，σ。对数似然函数 L（ξ，$\sigma \mid y$）为：

$$L(\xi, \sigma \mid y) = \begin{cases} -n\ln\sigma - \left(1 + \dfrac{1}{\xi}\right)\sum\limits_{i=1}^{n}\ln\left(1 + \dfrac{\xi}{\sigma}y_i\right), \xi \neq 0 \\ -n\ln\sigma - \dfrac{1}{\sigma}\sum\limits_{i=1}^{n}y_i, \xi = 0 \end{cases} \tag{10.2}$$

3. POT 模型的阈值选择

在 POT 模型中，阈值 u 的选择是个重要的问题，这是确定超越样本 y、准确估计参数 ξ 和 σ 的前提。如果阈值 u 选取得太高，则会导致超越样本数过少，估计出来的参数方差很大；如果阈值 u 选取得过低，则不能保证超越分布的收敛性，使估计产生较大的偏差。

对于阈值的估计方法一般有两种，Hill 图法和均值超越函数（Mean Excess Function，MEF）图法，本节将采用 MEF 的方法确定阈值。

令 $X_{(1)} < X_{(2)} < \cdots < X_{(n)}$，那么 MEF 可以定义为：

$$e(u) = \frac{\sum\limits_{i=k}^{n}(X_i - u)}{n - k + 1}, k = \min\{i \mid X_i > u\}$$

超越均值图为点［u，e（u）］构成的曲线，选取充分大的 u 作为阈值，使得当 $x \geqslant u$ 时 e（x）为近似线性函数。另外，如果超越均值图在 $x \geqslant u$ 时是向上倾斜的，那么样本数据来自参数 ξ 为正的 GPD 分布；如果超越均值图在 $x \geqslant u$ 时是向下倾斜的，那么样本数据来自尾部较短的分布；如果超越均值图在 $x \geqslant u$ 时是水平的，那么样本数据服从指数分布。

确定了 u 之后，取出原序列 $\{z_i\}$ 中大于 u 的样本 z_i，由 $z_i - u = y_i$ 可得超越样本 y_i，根据式（10.2）进行最大似然估计可以得到 $\hat{\xi}$ 和 $\hat{\sigma}$。

（二）极值分析

从历年的中国地震年鉴选取数据，对 1952—2013 年经过 GDP 调整后的四级以上成灾地震的损失数据（单位：万元）做极值分析。

首先，由于地震损失情况的分散性，次大损失额 159 886 615.50 万元为三大损失额 30 369 185.30万元的 5 倍多（见表 10－1），远超过均值水平，所以在做超额均值分析时，为使得对超额均值图的观察更具有可决性，将最大值直接归入极值范围，不做图形分析。

表 10－1　1952—2013 年历次地震损失额的统计结果

基本统计测度		分位数统计测度	
均值	1 045 188	分位数	估计值
中位数	10 257	100%	2. 549 86E +08
标准差	13 614 218	95%	5. 743 23E +05
方差	1. 853 47E +14	90%	2. 601 67E +05
四分位间距	4. 735 59E +04	75%	4. 918 28E +04
偏度	16. 506 2	50%	1. 025 71E +04
峰度	284. 205 5	25%	1. 826 92E +03

运用 MATLAB7. 0，可以得到样本的超额均值图。从图 10－1 的散点图可以看出来，超额均值在两个数据点 2. 23E5 万元和 6. 25E5 万元之后呈现明显的变化趋势。

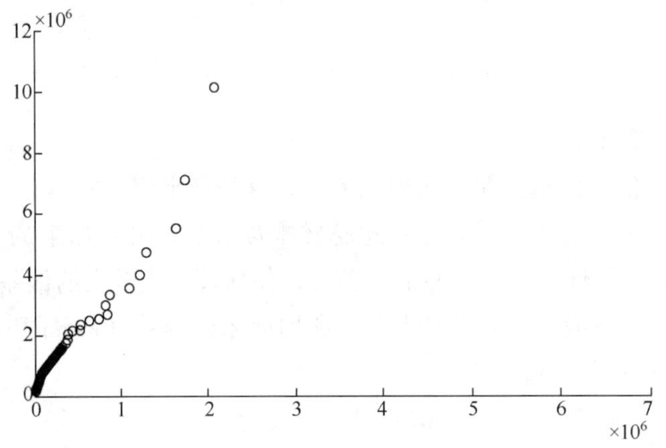

图 10－1　经验分布的超额均值散点图

考虑到地震损失的分散性较强，聚集效应较弱，本节选择两个点中较大的值作为阈值，作为地震极值的判别依据。也就是说，阈值确定为 6.25×10^5 万元，将超过该阈值的地震损失额看作极值来进行分析。统计超过阈值的样本个数为 23，占总样本的 4. 67%。极值理论划分出来的异常损失如表 10－2 所示。

表 10－2　1952—2013 年 4 级以上成灾地震损失额中属于极值的地震情况

年份	震中	震级	震中烈度	直接经济损失（万元）	调整后的损失（万元）
1966	河北邢台	7. 2	Ⅹ	100 000	30 369 185
1969	山东渤海	7. 4	Ⅸ	5 000	1 461 726
1969	广东阳江	6. 4	Ⅷ	4 741	1 386 008
1974	江苏溧阳	5. 5	Ⅶ	3 491	708 292
1974	云南大关	7. 1	Ⅸ	9 000	1 826 018
1976	河北唐山	7. 8	Ⅺ	1 327 500	254 986 330
1976	云南龙陵	7. 4	Ⅸ	14 000	2 689 121
1979	江苏溧阳	6. 0	Ⅷ	24 728	3 462 432

续表

年份	震中	震级	震中烈度	直接经济损失（万元）	调整后的损失（万元）
1983	山东菏泽	5.9	Ⅶ	30 400	2 900 202
1985	新疆乌恰	7.4	Ⅸ	10 213	644 365
1986	黑龙江德都	5.8	Ⅶ	15 902	880 352
1988	云南澜沧	7.6	Ⅸ	275 000	10 399 141
1989	四川巴塘	6.7	Ⅷ	41 042	1 373 947
1989	山西大同、阳高	6.1	Ⅷ	36 532	1 222 967
1989	四川小金北两河口	6.6	Ⅷ	29 860	999 612
1990	青海共和、兴海	6.9	Ⅸ	27 427	835 755
1996	内蒙古包头	6.4	Ⅷ	268 300	2 144 261
1996	云南丽江	7.0	Ⅸ	252 300	2 016 388
2005	江西九江、瑞昌间	5.7	Ⅶ	203 759	632 623
2008	四川汶川	8.0	Ⅺ	84 510 000	159 886 616
2010	青海省玉树	7.1	Ⅸ	2 284 741	3 236 918
2013	四川省芦山县	7.0	Ⅸ	6 651 370	6 651 370
2013	甘肃省岷县漳县	6.6	Ⅷ	2 441 600	2 441 600

由于极值数据是客观存在的，其额度之大使其影响力不容忽视，所以，需要对它们进行单独分析。用广义帕累托分布对极值数据进行拟合，利用极大似然估计法，可以得到参数 ξ 和 σ 的极大似然估计值，极值损失的分布函数如下：

$$F(x) = 1 - 0.0294\left[1 + 5.7 \times 10^{-7}(x - 536\,467.46)\right]^{-1.05} \qquad (x > 536\,467.46)$$

二、地震的赔期

X_i 可以作为分布为 F 的独立的随机变量，u 定义为一个已经给定的开始值。这样可以把 $I_{\{X_i>u\}}$ 当成一个 Bernoulli 随机变量，成功概率为 $p=\overline{F}(u)$。定义第一次成功的时间为：

$$L(u) = \min(i \geqslant 1 : X_i > u)$$

则：

$$P[L(u) = k] = (1-p)^{k-1}p$$

注意到独立同分布的随机变量：

$$L_1(u) = L(u)$$

$$L_{n+1}(u) = \min\{i > L_n(u) : X_i > u\} \qquad (n \geqslant 1)$$

$L_{n+1}(u)$ 可以用来表示连续两个超过给定值的损失之间的次数间隔。

事件 $\{X_1 > u\}$ 的赔期可以定义为 $EL(u) = p^{-1} = [\overline{F}(u)]^{-1}$。下面可以通过几何分布的特性来解决这个问题。定义 r_k 为在 k 次之前至少发生一次超过 u 的损失的概率。表达式如下：

$$r_k = P[L(u) \leqslant k] = p\sum_{i=1}^{k}(1-p)^{i-1} = 1-(1-p)^k \qquad (k \in N)$$

这样就得到了 r_k 与 p 之间一一对应的关系。

在赔期之前的时间内发生一次超过 u 的损失的概率表示如下：

$$P[L(u) \leqslant EL(u)] = P[L(u) \leqslant (1/p)] = 1 - (1 - p)^{[1/p]}$$

根据前面对年度总损失的预测，可以得到未来损失超过 u 的概率为：

$$P(X_i > u) = 1 - P(X_i < u) = 0.032\,5$$

这样，赔期 p 的倒数约为 31 次①，即超过像 1989 年山西大同、阳高地震那样的 1 222 967.45万元损失，统计意义上每发生 31 次地震才会出现一次。

本节小结

本节的地震的赔期分析中，赔期从《灾因报告（2012）》里的 34 年降为 31 年。其原因在于 1952—2013 年中 2010 年、2012 年、2013 年这些最近年份的次均损失相对其他年份较低，因此这一版所测算的赔期变得更短了，即表明达到 1989 年山西大同、阳高地震那样的损失额，统计意义上 31 年才会再发生一次。

第二节　地震灾害的重点灾区分析

中国位于世界两大地震带——环太平洋地震带与欧亚地震带之间，受太平洋板块、印度板块和菲律宾海板块的挤压，地震断裂带发达。20 世纪以来，中国共发生 6 级以上地震近 800 次，遍布除贵州、浙江两省和香港特别行政区以外所有的省、自治区、直辖市。

中国地震活动频度高、强度大、震源浅、分布广。1900 年以来，中国死于地震的人数达 55 万之多，占全球地震死亡人数的 53%；1949 年以来，100 多次破坏性地震袭击了 22 个省（区、市），其中涉及东部地区 14 个省（区、市），造成 27 万余人丧生，占全国各类灾害死亡人数的 54%，地震成灾面积达 30 多万平方千米，房屋倒塌达 700 万间。

我国的地震活动主要分布在五个地区的 23 条地震带上。这五个地区是：①台湾及其附近海域；②西南地区，主要是西藏、四川西部和云南中西部；③西北地区，主要在甘肃河西走廊、青海、宁夏、天山南北麓；④华北地区，主要在太行山两侧、汾渭河谷、阴山—燕山一带、山东中部和渤海湾；⑤东南沿海的广东、福建等地。我国台湾位于环太平洋地震带上，西藏、新疆、云南、四川、青海等省（区、市）位于喜马拉雅—地中海地震带上，其他省（区、市）处于相关的地震带上。

可以看出，云南、新疆和四川地处较活跃的地震带，地震频发。这几个省（区、市）近几十年的地震情况也印证了这一理论。由于其地震发生的频数较大，会产生比较大的影响，因此需要重点考虑。接下来将就云南、新疆、四川进行统计描述分析以及区域系统灾害分析。

一、统计描述分析

（一）云南

表 10－3 给出了 1952—2013 年各年份云南发生 4 级以上成灾地震的频数，图 10－2 为相应

① 地震赔期选取的变量为单次损失，不同于年度损失，因而赔期的概念变成了“次”，而不是“年”。

的折线图。

表 10 - 3　1952—2013 年我国云南省 4 级以上成灾地震次数

年份	次数	年份	次数	年份	次数	年份	次数
1952	2	1968	0	1984	1	2000	4
1953	1	1969	0	1985	2	2001	8
1954	0	1970	0	1986	2	2002	0
1955	2	1971	2	1987	3	2003	4
1956	0	1972	2	1988	2	2004	3
1957	0	1973	5	1989	2	2005	3
1958	0	1974	3	1990	1	2006	3
1959	0	1975	5	1991	1	2007	1
1960	0	1976	6	1992	2	2008	0
1961	2	1977	1	1993	4	2009	1
1962	2	1978	2	1994	1	2010	1
1963	1	1979	2	1995	3	2011	3
1964	2	1980	0	1996	3	2012	2
1965	2	1981	3	1997	2	2013	3
1966	5	1982	5	1998	3		
1967	0	1983	1	1999	1		

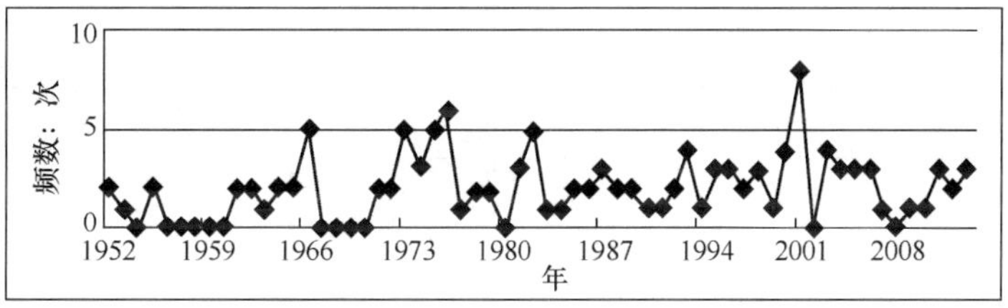

图 10 - 2　1952—2013 年我国云南省地震频数折线图

与全国总的年地震发生次数相似，云南省的地震发生次数在各个年份之间分布很不均匀，地震活动呈现出活跃与平静的交替性。首先，用 SAS 对上表数据进行频数分析，得到的结果如图 10 - 3 和表 10 - 4 所示。

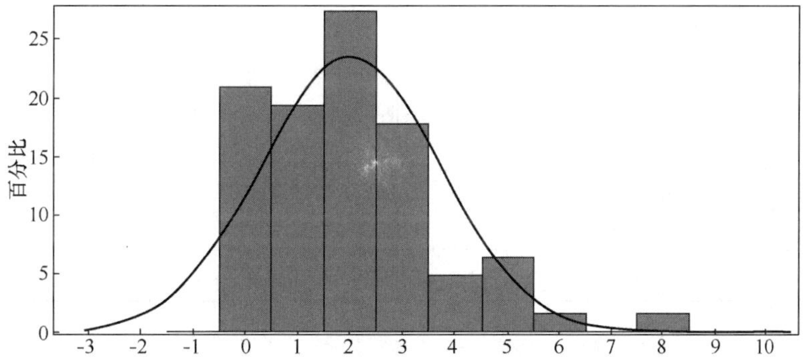

图 10 - 3　1952—2013 年我国云南省地震频数的直方图

表 10－4　1952—2013 年我国云南省地震频数的统计结果

基本统计测度		分位数统计测度	
均值	2. 101 3	分位数	估计值
中位数	2	100%	8
标准差	1. 693 7	95%	5
方差	2. 868 6	90%	4
四分位间距	2	75%	3
偏度	1. 040 9	50%	2
峰度	1. 540 7	25%	1

由以上输出结果可以看出，1952—2013 年，云南省共发生 4 级以上成灾地震 125 次，平均每年 2. 1 次，地震发生最多的年发生次数为 8 次，有 75% 的年份年发生成灾地震 3 次以下，有 50% 的年份成灾地震发生次数集中在 2 次及以下。

（二）新疆

表 10－5 给出了 1952—2013 年各年份新疆发生地震的频数。

表 10－5　1952—2013 年我国新疆 4 级以上成灾地震次数

年份	次数	年份	次数	年份	次数	年份	次数
1952	0	1968	0	1984	0	2000	1
1953	0	1969	2	1985	2	2001	1
1954	0	1970	1	1986	0	2002	1
1955	2	1971	3	1987	3	2003	6
1956	0	1972	2	1988	1	2004	0
1957	0	1973	1	1989	0	2005	2
1958	0	1974	0	1990	1	2006	1
1959	1	1975	2	1991	2	2007	1
1960	0	1976	2	1992	1	2008	0
1961	1	1977	2	1993	3	2009	0
1962	1	1978	2	1994	1	2010	1
1963	1	1979	1	1995	3	2011	7
1964	0	1980	2	1996	3	2012	7
1965	0	1981	0	1997	3	2013	3
1966	0	1982	0	1998	6		
1967	0	1983	1	1999	3		

图 10－4 是新疆 1952—2013 年地震频数的折线图。

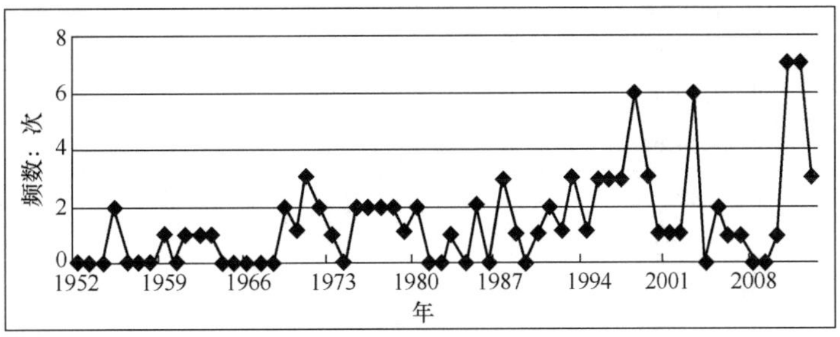

图 10－4　1952—2013 年我国新疆地震频数折线图

与全国总的年地震发生次数相似，新疆的地震发生次数在各个年份之间分布很不均匀，地震活动呈现出活跃与平静的交替性。

首先，用 SAS 对上表数据进行频数分析，得到的结果如图 10－5 和表 10－6 所示。

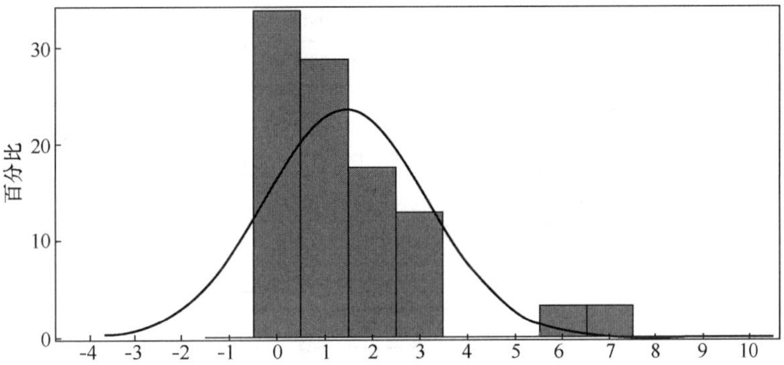

图 10－5　1952—2013 年我国新疆地震频数直方图

表 10－6　1952—2013 年我国新疆地震频数的统计结果

基本统计测度		分位数统计测度	
均值	1.451 6	分位数	估计值
中位数	1	100%.	7
标准差	1.685 9	95%	6
方差	2.842 3	90%	3
四分位间距	2	75%	2
偏度	1.751 8	50%	1
峰度	3.324 5	25%	0

由以上输出结果可以看出，1952—2013 年，新疆共发生 4 级以上成灾地震 90 次，平均每年发生 1.451 6 次，地震发生最多的年发生次数为 7 次，有 75% 的年份年发生成灾地震 2 次以下，有 50% 的年份成灾地震发生次数集中在 1 次及以下。

（三）四川

表 10－7 给出了 1952—2013 年各年份四川发生地震的频数。

表 10 - 7　1952—2013 年我国四川省 4 级以上成灾地震次数

年份	次数	年份	次数	年份	次数	年份	次数
1952	3	1968	0	1984	0	2000	0
1953	0	1969	0	1985	0	2001	2
1954	1	1970	4	1986	2	2002	1
1955	3	1971	1	1987	0	2003	1
1956	0	1972	2	1988	2	2004	0
1957	1	1973	4	1989	4	2005	1
1958	1	1974	4	1990	3	2006	0
1959	0	1975	1	1991	1	2007	0
1960	1	1976	1	1992	1	2008	2
1961	1	1977	1	1993	2	2009	0
1962	2	1978	2	1994	2	2010	1
1963	0	1979	0	1995	1	2011	1
1964	0	1980	1	1996	2	2012	0
1965	1	1981	1	1997	0	2013	2
1966	0	1982	1	1998	0		
1967	2	1983	0	1999	1		

图 10 - 6 是四川省地震发生频数的折线图。

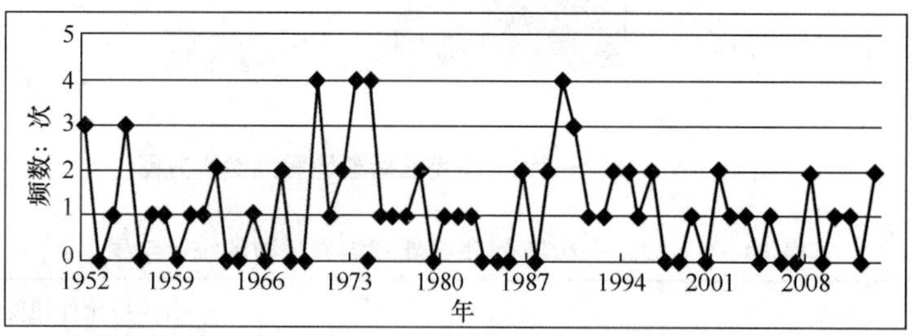

图 10 - 6　1952—2013 年我国四川省地震频数折线图

与全国总的年地震发生次数相似，四川省的地震发生次数在各个年份之间分布很不均匀，地震活动呈现出活跃与平静的交替性。

首先，用 SAS 对上表数据进行频数分析，得到的结果如图 10 - 7 和表 10 - 8 所示。

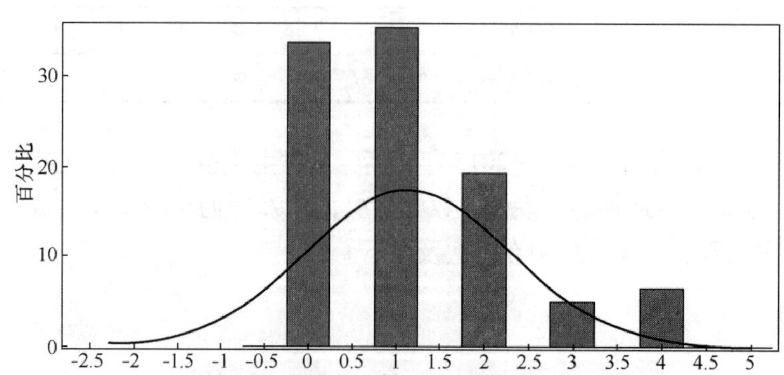

图 10 - 7　1952—2013 年我国四川省地震频数直方图

表 10－8　1952—2013 年我国四川省地震频数的统计结果

基本统计测度		分位数统计测度	
均值	1.145 2	分位数	估计值
中位数	1	100%	4
标准差	1.143 0	95%	4
方差	1.306 4	90%	3
四分位间距	2	75%	2
偏度	0.999 5	50%	1
峰度	0.489 5	25%	0

由以上输出结果可以看出，1952—2013 年，四川省共发生 4 级以上成灾地震 71 次，平均每年发生 1.145 2 次，地震发生最多的年发生次数为 4 次，有 75% 的年份年发生成灾地震 2 次以下，有 50% 的年份成灾地震发生次数集中在 1 次。

二、区域系统灾害分析

（一）致灾因子

通过对数据库分析可知，1952—2013 年，中国内地发生的 4 级以上且造成了经济损失的地震共有 493 起，其中发生在云南、新疆、四川的分别有 125，90，71 起，占总数的 25.36%，18.26%，14.40%。而排名第四的青海省仅有 39 起，约占 7.91%。具体情况见图 10－8。

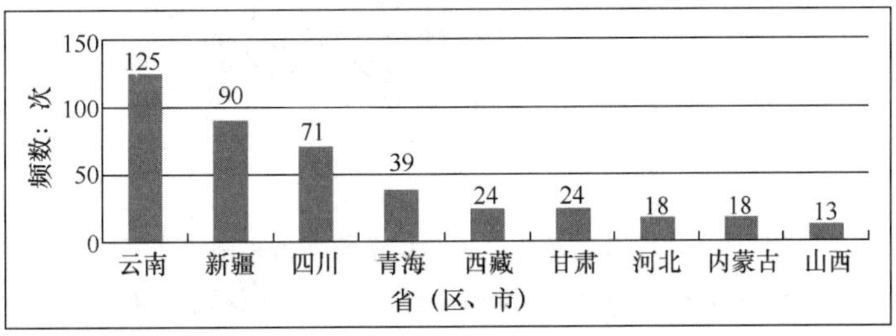

图 10－8　1952—2013 年各省（区、市）地震次数分布（震级 4 级以上）

根据《中国地震烈度表》（GB/T 17742—1999），将烈度在 7 级以上的地震认作破坏型地震。通过对数据的分析可知，1952—2013 年，中国内地共发生了 252 次烈度在 7 级以上的地震，而排名前三的仍为云南、新疆、四川，分别为 68，48，41 起，分别占总数的 26.98%，19.05%，16.27%。具体情况见图 10－9。

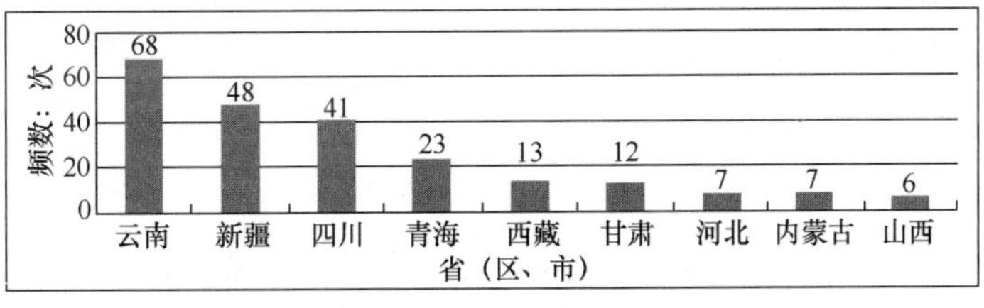

图 10－9　1952—2013 年各省（区、市）地震次数分布（烈度 7 级以上）

通过以上分析可知，云南、新疆、四川在过去近60年间发生地震的次数多，而且破坏性地震比例大（50%以上）。而云南省4级以上地震发生次数、破坏性地震发生次数均居全国之首，且破坏性地震比例高达54%。

（二）孕灾环境

世界上的大多数地震几乎都是发生在两大地震带上：环太平洋地震带和喜马拉雅—地中海地震带，而我国云南、四川、新疆三个地震重灾区正好都处于喜马拉雅—地中海地震带上。

1. 云南

在地质历史上，云南地区系扬子准地台、华南褶皱系和唐古拉—昌都—兰坪—思茅褶皱系三个一级大地构造单元的交汇区，自古地壳变动就十分剧烈（云南省地质矿产局，1990）。云南地区位于板块碰撞带之东侧，地学区位十分特殊，地震活动具有板缘和板内构造地震的双重特点。印度板块的侧向直接挤压，以及板块间碰撞造成的青藏高原上隆，西藏地块东移，驱使“川滇菱形块体”向东南方向挤出。因此，目前普遍认为云南地区强烈的地壳运动、地震活动以及构造应力场空间变化是上述同一动力过程派生出的两个分量共同作用于云南地区所致（见图10－10）。20世纪印度板块每年向云南地区输入约6.5级地震的能量，平均每万平方千米相当于5.5级，这种极快速的能量积累与释放导致云南大震的复发间隔较短，约为50年，且自西向东逐渐加长①。

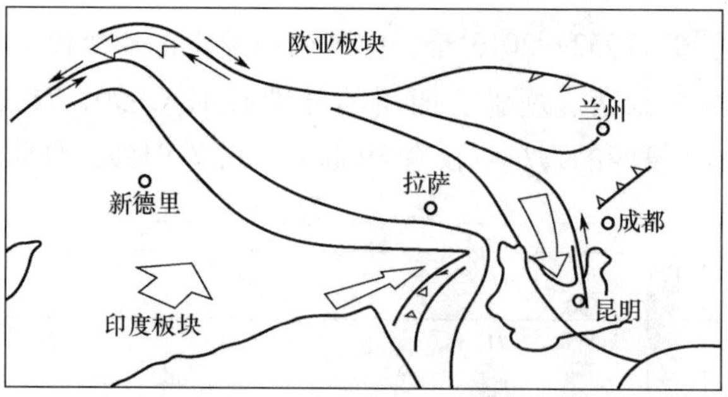

图10－10　云南及邻区大地构造与动力来源示意图

资料来源：皇甫岗，石绍先，苏有锦.20世纪云南地震活动研究［J］.地震研究，2001，23（1）.

2. 四川

印度板块以每年50毫米的速度向亚洲俯冲，在造成青藏高原隆升的同时，东侧四川、鄂尔多斯低地形形成的位势和重力势差，导致高原向东的测向流动和挤压。四川、鄂尔多斯地块是具有岩石圈根的稳定地块（深约200千米），自晚侏罗纪（1.6亿万年前）以来深深地扎根于地球的深部，犹如“地轴”和磐石，坚强地抵抗着青藏高原的挤压，迫使物质堆积并向四川地块超覆，或沿着边界向南北两侧流动，形成宽大的南北向构造活动带（东经105°～110°）。这条地震带就是著名的中国中部南北向地震带②。

① 皇甫岗，石绍先，苏有锦.20世纪云南地震活动研究［J］.地震研究，2001，23（1）.

② 张岳桥，董树文.四川汶川Ms8.0地震地表破裂构造初步调查与发震背景分析［J］.地球学报，2008（3）.

3. 新疆①

（1）独特地质构造格架

新疆地域辽阔、山系交错、体系繁多，活动程度又不一样。两盆地为相对稳定地块，其他体系为相对活动单元，在分布上天山夹在地块中间，其他山系围绕在地块周围，这种独特的构造格局在外力作用下就会产生不同结果，从而构成其强烈地震的发生基础。当地球自转加速时，由于受其惯性力的影响，准噶尔地块、塔里木地块就要向南向西推挤，致使天山北缘、昆仑山北缘、帕米尔和阿图什一带受力而发震。当地球惯性力改变方向，则在相反部位发震。这样在不同方向外力作用下都有地方发震，因此显得地震特别多。

（2）世界上两大地震带对新疆都有影响

新疆受喜马拉雅—地中海地震带控制，但是自西太平洋进入第二活动期后，阿尔泰带（包括蒙古境内部分）也跟着活动起来，其活动期基本相对应，只是比太平洋地震带迟了 1 ~2 年。因此，新疆还受到太平洋地震带的影响。

（三）承灾体

1. 分析角度

根据自然灾害系统理论，致灾因子强度和承灾体的脆弱性共同决定了灾情的大小。而城市承灾体与农村承灾体之间存在着巨大的不同，绝大多数致灾地震发生在广大农村和乡镇地区且农村地区造成致灾地震的强度低，往往 6 ~7 级地震就会造成相当数量的房屋严重破坏或倒塌，损失严重，因此本节将着重分析农村承灾体的情况。

根据《城乡承灾体差异对地震灾情的影响》（王瑛，王阳，2009），除了人员伤亡之外，地震主要造成 4 方面的损失：房屋建筑、室内财产、生命线及基础设施、企业生产科研设备。而无论城市还是农村，地震灾害引起的最主要间接损失都是建筑物的破坏，而室内财产都不是地震灾害的主要承灾体，因此，分析承灾体时还应以建筑物为主。

2. 区域承灾体暴露性水平

区域承灾体暴露性水平指的是，在自然灾害发生时，受到危险因素威胁的人和财产在一个地区暴露性程度越高，可能遭受的潜在损失就越大②。根据《基于 DEA 模型的我国自然灾害区域脆弱性评价》（刘毅等，2010），结合上面的分析，最终选取的评价指标是人口密度、GDP 密度、第一产业密度、农村收入密度以及农村人口密度。

由《新中国六十年统计资料汇编》《中国统计年鉴》《中国区域经济年鉴》可以计算出我国内地 31 个省份的这五个评价指标，然后进行排名，其中，时间跨度为 1952—2013 年，每五年计算一次（见表 10 - 9 ~ 表 10 - 13）。

表 10 - 9　1952—2013 年各省（区、市）人口密度排名与位置

年份	排名			总数	位置		
	云南	四川	新疆		云南	四川	新疆
1952	24	17	29	31	下	中下	下

① 王新政．新疆地震活动主要特点及其与地质构造的关系［C］//中国地质科学院 562 综合大队文集．［出版地不详］：［出版者不详］，1981.

② 刘毅．基于 DEA 模型的我国自然灾害区域脆弱性评价［J］．地理研究，2010（7）.

续表

年份	排名			总数	位置		
	云南	四川	新疆		云南	四川	新疆
1957	24	17	29	31	下	中下	下
1962	24	19	29	31	下	中下	下
1967	24	18	29	31	下	中下	下
1972	24	19	29	31	下	中下	下
1977	24	20	29	31	下	中下	下
1982	24	21	29	31	下	中下	下
1987	24	21	29	31	下	中下	下
1992	24	22	29	31	下	中下	下
1997	24	22	29	31	下	中下	下
2002	24	22	29	31	下	中下	下
2007	24	22	29	31	下	中下	下
2012	24	22	29	31	下	中下	下

表 10-10　1952—2013 年各省（区、市）GDP 密度排名与位置

年份	排名			总数	位置		
	云南	四川	新疆		云南	四川	新疆
1952	24	22	28	30	下	中下	下
1957	24	20	28	30	下	中下	下
1962	24	21	28	30	下	中下	下
1967	24	21	28	30	下	中下	下
1972	25	22	28	30	下	中下	下
1977	25	21	28	30	下	中下	下
1982	25	20	29	31	下	中下	下
1987	26	21	29	31	下	中下	下
1992	25	22	29	31	下	中下	下
1997	25	21	29	31	下	中下	下
2002	25	22	29	31	下	中下	下
2007	26	22	29	31	下	中下	下
2012	26	22	29	31	下	中下	下

表 10-11　1952—2013 年各省（区、市）第一产业密度排名与位置

年份	排名			总数	位置		
	云南	四川	新疆		云南	四川	新疆
1952	26	22	28	30	下	中下	下
1957	24	19	28	30	下	中下	下

续表

年份	排名			总数	位置		
	云南	四川	新疆		云南	四川	新疆
1962	24	18	28	30	下	中下	下
1967	24	20	28	30	下	中下	下
1972	23	20	28	30	下	中下	下
1977	24	17	28	30	下	中下	下
1982	25	19	29	31	下	中下	下
1987	24	20	29	31	下	中下	下
1992	24	19	29	31	下	中下	下
1997	25	20	29	31	下	中下	下
2002	24	20	29	31	下	中下	下
2007	23	19	29	31	中下	中下	下
2012	25	20	29	31	下	中下	下

表 10－12　1952—2013 年各省（区、市）农村人口密度排名与位置

年份	排名			总数	位置		
	云南	四川	新疆		云南	四川	新疆
1952	15	—	20	21	中下	—	下
1957	16	—	22	23	中下	—	下
1962	16	—	21	22	中下	—	下
1967	14	—	19	20	中下	—	下
1972	15	—	21	23	中下	—	下
1977	15	—	21	23	中下	—	下
1982	17	—	23	25	中下	—	下
1987	17	—	23	25	中下	—	下
1992	16	—	22	24	中下	—	下
1997	17	—	23	25	中下	—	下
2002	18	—	24	27	中下	—	下
2007	22	21	27	30	中下	中下	下
2012	23	21	29	31	中下	中下	下

表 10－13　1952—2013 年各省（区、市）农村收入密度排名与位置

年份	排名			总数	位置		
	云南	四川	新疆		云南	四川	新疆
1952	—	—	—	0	—	—	—
1957	—	—	—	0	—	—	—
1962	—	—	—	0	—	—	—

续表

年份	排名			总数	位置		
	云南	四川	新疆		云南	四川	新疆
1967	—	—	—	0	—	—	—
1972	—	—	—	0	—	—	—
1977	—	—	—	0	—	—	—
1982	16	—	22	24	中下	—	下
1987	17	—	23	25	中下	—	下
1992	16	—	22	24	中下	—	下
1997	18	—	23	25	中下	—	下
2002	20	—	24	27	中下	—	下
2007	23	19	27	30	下	中下	下
2012	23	19	27	30	下	中下	下

注：1. 位置分为上、中上、中下、下四段，分别对应于全国排名前25%，25% ~50%，50% ~75%，75% ~100%；

2. 由于年鉴上数据并不完整，因此有些年份或省份并无相应数据；

3. 农村面积历年数据缺乏，因此统计用2013年农村面积代替。

五种密度粗略地反映了各个省（区、市）财产、人口的集中趋势和暴露水平，密度越大，在发生地震时可能遭到的最大损失就越高。从上表中可以清晰地看出云南、四川、新疆三个省（区、市）的各种统计密度基本都处于全国的中下游和下游的位置。因此可以认为，区域承灾体暴露性水平并非这三个省（区、市）成为地震重灾区的主要原因。

3. *农村住房结构*

根据《中国大陆地震灾害损失评估报告汇编（1996—2000年)》，农村居民住房主要分为四大类：土木结构、砖木结构、砖混结构和框架结构。其中，砖混结构和框架结构均为混凝土结构。在抗震性能方面，总的来说，框架结构>砖混结构>砖木结构>土木结构。

因为《中国统计年鉴》上只有较少年份有各省（区、市）农村居民房屋结构数据，且没有区分框架与砖混结构，所以只能得到表10－14、表10－15和表10－16的数据。

表10－14　1987年重灾省（区、市）农村房屋结构及位置

1987年	比例			全国位置		
	土木	砖木	混凝土	土木	砖木	混凝土
四川	78.00%	20.70%	1.20%	中上	中下	中下
云南	95.10%	4.20%	0.70%	上	下	中下
新疆	79.60%	19.60%	0.80%	中上	中下	中下

表10－15　2002年重灾省（区、市）农村房屋结构及位置

2002年	比例			全国位置		
	土木	砖木	混凝土	土木	砖木	混凝土
四川	31.90%	45.50%	22.60%	中上	中下	中上
云南	66.90%	18.50%	14.50%	上	下	中下
新疆	72.90%	22.80%	4.30%	上	下	下

表 10－16 2007 年重灾省（区、市）农村房屋结构及位置

2007 年	比例			全国位置		
	土木	砖木	混凝土	土木	砖木	混凝土
四川	20.70%	45.40%	33.90%	中上	中下	中上
云南	56.00%	20.80%	23.20%	上	下	中下
新疆	53.70%	40.40%	5.90%	上	中下	下

注：位置分为上、中上、中下、下四段，分别对应于全国排名前 25%，25% ~50%，50% ~75%，75% ~100%。

通过以上对三张表的简单分析，可以得到三个省（区、市）农村住房结构的一些特点：

云南：钢筋混凝土结构房屋较少，在各年中均处于全国中下游。砖木结构房屋比例特别少，在各年中均处于全国下游。而土木结构房屋却高达 53%，为全国最多的省（区、市）之一。不过，云南土木结构的脆弱性几乎与砖木结构相同。这是由于云南地区土木结构房屋多为穿斗木骨架形式，相对于北方地区的双坡木骨架形式，整体性强，抗震性能要好（殷维翰等，1997）。这类房屋由木屋架支撑屋顶和楼层重量，墙体只起围护作用，因而屋架与墙体之间没有什么拉接，此类房屋具有一定的抗震能力。此外，在有的地震多发区，当地农民建房时都比较注重建房质量，因此总的来说，云南省的土木结构抗震性能要好于其他省（区、市）①。

四川：三种住房结构比例在全国范围来看，均处于中等水平。而四川是一个多民族的大省，有 55 个少数民族，其中，世居的少数民族共有 14 个。四川民族地区幅员辽阔，面积 30.21 万平方千米，占全省总面积的 60.14%。如凉山彝族自治州是全国最大的彝族聚居区，四川也是全国第二大藏区，还拥有全国唯一的羌族聚居区。因此，其很多住房具有传统民族特色，如彝族的土掌房等，虽然不属于钢筋混凝土结构，但是仍具有一定的抗震能力。

新疆：钢筋混凝土结构以及砖木结构比例在各年中几乎均为全国倒数，而抗震最差的土木结构住房却非常之多。且土木结构类住房大多是维吾尔族的民族住房：土疙瘩房与一般的土坯房。土疙瘩房的墙体由就近挖起的不规则土疙瘩砌筑，屋顶由木梁及苇席、稻草等组成。土疙瘩形状的不规则性造成墙体的黏结性能差，这类房屋是抗震性能最差的一类，在高烈度区几乎全部毁坏。在民房中占绝对多数的是土坯房，其墙体由土坯、泥浆砌筑而成，屋顶的做法与土疙瘩房类似。这类房屋的抗震性能较土疙瘩房有所提高，但砌筑墙体采用的材料决定了其抗震性能的先天不足。

综上所述，云南省虽然土木结构住房较多，但其建造方式特殊，抗震性较好，因此可以认为其总体抗震性能一般；四川省在这三个省（区、市）中，钢筋混凝土结构房屋明显较多，而且民族传统建筑具有一些防震能力，因此可以认为其总体抗震性较好；新疆钢筋混凝土结构住房比例过低，土木结构住房比例很高，而且主要为土疙瘩房与土坯房，抗震性差，因此可以认为其总体抗震性较差。

（四）结论

根据数据库的资料，在剔除了极值数据后，对自 1952 年以来各省因地震造成的调整后经济损失加总并排序，得到图 10－11。由图可知，云南、新疆、四川三个省（区、市）因地震造成的总损失非常高，而云南省由于地震造成的总损失远远超过其他省（区、市）。

① 王瑛，史培军，王静爱．云南省农村乡镇地震灾害房屋损失评估［J］．地震学报，2005（5）．

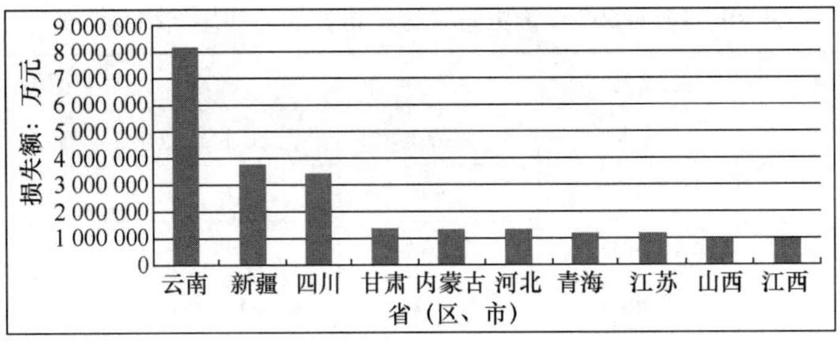

图 10-11　1952—2013 年各省（区、市）地震损失总额（调整后）

通过对致灾因子、孕灾环境和承灾体三方面进行分析，可以得到以下结论：

云南省是近 50 年来全国因为地震造成经济损失最严重的省份。其承灾体相对于全国其他地方并没有特别明显的脆弱之处，而由于云南特殊的地质结构，其地震发生频率尤其是破坏性地震的发生频率特别高——这就是云南省成为全国最严重地震灾害区的主要原因。

四川省在过去 50 余年来也因地震遭受了非常严重的经济损失，但其承灾体的暴露水平偏低，房屋抗震性较好。所以可以认为，四川省成为全国最严重地震灾害区之一的主要原因也是引发其地震发生频率过高的特殊的地质结构。

新疆虽然承灾体的暴露水平非常低，但是其居民住房结构很差，不具备抗震能力的土木结构住房太多。不过，在较强地震的发生频率方面，新疆却仅次于云南省。所以，可以认为，新疆成为地震重灾区的主要原因有两个：一是其地质结构导致地震多发；二是多数住房抗震性较差。

三、地震异常损失的灾变预测

考虑到研究的实用性，课题组主要考察地震高发省份的灾变预测，本节将以四川省为例，进行地震异常损失的灾变预测分析。由于灰色灾变预测并不要求太多的数据，不少于 4 个即可，因此取 2005 年以来四川省成灾地震的日期进行分析，以 2005 年 1 月 1 日为起始点，将具体日期转化成年。例如，2005 年 5 月 8 日的转化公式为：

$$(2005-2005)\times 1+(8-1)\times \frac{1}{12}+(5-1)\times \frac{1}{365}=0.594\ 292\ 237$$

将所有的地震时间都通过相应的转化公式转化后可以得到灾变预测所需的数据（见表 10-17）。

表 10-17　2005—2013 年四川省异常损失灾变预测原始数据表

地震日期	震中	震源深度	震级	震中烈度	转化时间（年）
2005/08/05	四川会东地区	10	5.3	Ⅵ	0.594 292 237
2008/08/30	四川省攀枝花市	10	6.1	Ⅷ	3.662 785 388
2008/05/12	四川汶川	14	8	Ⅺ	3.363 470 32
2010/01/31	四川省遂宁市市辖区、重庆市潼南县交界	10	5	VI	5.082 191 781
2011/04/10	四川炉霍县	7	5.3	Ⅶ	6.274 657 534
2013/01/18	四川省白玉县	15	5.4	—	8.046 575 342
2013/04/20	四川省芦山县	17	7	Ⅸ	8.302 054 795

对得到的转化时间用灰色 GM（1，1）模型进行预测，结果见图 10－12。

```
GM(1,1)参数估计值:
 发展系数a=0.188 683 7     灰色作用量b=3.004 234
x(0)的实际值:
  0.594 3  3.662 8  3.363 5  5.082 2  6.274 7  8.046 6  8.302 1
x(0)的模拟值:
  1  3  4  5  6  7  9
x(0)的下一预测值:
  11
平均相对误差=8.377 915 %
方差比值=0.122 713 2
```

图 10－12　四川省异常损失灰色灾变预测结果

从图 10－12 可以明显看到，模型通过了检验，拟合效果能够让人满意，预测的结果转化回具体日期，逆向取整进行运算，得到距 2005 年 1 月 1 日 11 年的日期为 2016 年 1 月 1 日。也就是说，依据四川省 2005—2013 年地震发生时间的历史数据，预测在 2016 年 1 月 1 日左右四川省可能发生一次地震。

本节小结

本节从致灾因子、孕灾环境和承灾体三个方面分别对我国地震灾害最为严重的三个省（区、市），即云南、新疆、四川的地震灾害特征进行了分析。结果显示，云南省是近 50 年来全国因为地震造成经济损失最严重的省份，由于其特殊的地质结构，其地震尤其是破坏性地震的发生频率特别高；四川省承灾体的暴露水平偏低，房屋抗震性较好，成为全国最严重地震灾害区之一的主要原因同样是引发其地震发生频率过高的特殊的地质结构；而新疆成为地震重灾区的主要原因除了地质结构外，还有多数住房抗震性较差。

通过灰色 GM（1，1）模型预测，四川省下次发生所设阈值以上地震灾害的时间为 2016 年。

第三节　地震的重大灾害分析

一、2013 年重大地震灾害分析

（一）2013 年四川芦山地震

1. 灾害过程概述

2013 年 4 月 20 日，四川省雅安市芦山县发生 7.0 级地震，震源深度为 13 千米。地震共造成 196 人死亡，13 019 人受伤，直接经济损失高达 665.14 亿元。本次地震最高烈度为Ⅸ度。Ⅵ度区以上总面积 18 682 平方千米，其中Ⅸ度区面积 208 平方千米，Ⅷ度区面积 1 418 平方千米，Ⅶ度区面积 4 029 平方千米，Ⅵ度区面积 13 027 平方千米。

（1）事故特点

1）震级大、烈度高。极震区烈度达 9 度，地表破坏情况严重，灾区在交通、电力、供水、通信设施等方面都遭受破坏严重。

2）余震频发、震害叠加。震后余震频繁且震级相对较高，造成灾害叠加，使得灾害加重。芦山地震余震频繁，特别是造成叠加破坏的 4 级以上地震频次高，当天地震共计 16 次，几乎平均每隔 1 小时就发生一次。

3）破坏重、伤亡轻。“站立的废墟”遍及灾区。灾区倒塌房屋多为老旧民房，普遍不具备基本的抗震性能，震后承重构件破坏严重，几乎全部成为危房，但主体结构尚未倒塌，相对减少了人员的伤亡，这也是此次地震虽然破坏严重，但是人员伤亡对比同震级其他地震伤亡较少的重要原因之一。而经过汶川地震恢复重建和抗震加固的建筑和农民自建房基本完好或破坏较轻。学校、医院、政府部门建筑未发现明显倒塌现象，也减轻了人员伤亡。

4）灾区环境差，加大了救灾难度。灾区道路狭窄，震后地质灾害多发，道路损毁严重，致使前往极震区的救援和伤员撤离通路被阻断，极大影响了救灾工作，增大了抗震救灾难度。

5）基础设施（生命线系统）存在薄弱环节。芦山县城的供水管网严重破坏，造成几乎全城停水，变压器损坏，给救灾和安置带来极大困难，天全县供电系统至少有 6 台变压器移位漏油，造成局部地区停电。

（2）地震地质灾害类型

芦山地震地质灾害类型为崩塌、落石与浅层滑坡。从龙门乡到太平镇，崩塌共计 41 处，平均规模 1.5×10^4 立方米。最大的崩塌是玉溪村水坝上游约 1 千米处的玉溪河右岸崩塌，规模达到了 0.2×10^6 立方米；规模较小的落石仅为 10 ~ 20 立方米，但点多，分布面积广，危害性大。浅层滑坡共计 50 余处，规模（1 - 10）$\times10^4$ 立方米，多发育在山脊处，大部分呈“山剥皮”状，少部分堆积到河（沟）床，直接危害性不显著。芦山地震地质灾害产生的共同特点是地形、高程放大效应。

2. 保险行业灾害应对

4 月 21 日，中国保监会工作组在四川成都召集四川省保险机构有关负责人，就保险业抗震救灾和理赔服务工作提出明确要求：保险理赔服务要重合同、守信用，合同责任范围内的应赔尽赔、通融赔付，赔付次序先人后物、先简单案件后复杂案件、先个人后企业。

对于理赔中遇到的具体问题，应按照有利于保险消费者的原则掌握：

第一，对于被保险人因灾发生的医疗费用，只要确定是保险客户，都要全额及时给予赔付。财产保险业务比照此原则赔付。

第二，暂时不能确定财产损失金额的，要按照不低于预估赔款的 80% 先行赔付。

第三，因灾造成有效保单灭失或损毁的，只要申请人提供的基本信息与保险公司信息基本吻合，保险公司要及时受理并给予无保单赔付。

第四，身份证明灭失或者损毁的，或者需要提供死亡证明或户籍注销证明的，凭乡镇以上政府证明及时给予理赔。

第五，客户伤残程度不能及时准确确认的，要按照预估伤残等级确认并给付赔款。

第六，取消定点医院限制，保险消费者到临时救治医院（点）或乡镇卫生院治疗，按照定点医院赔付标准处理，同时放宽客户用药项目限制。机动车辆保险业务赔付取消定点修理厂的限制。

第七，延长保单缴费宽限期，对于不能及时缴纳续期保费的灾区客户，宽限期延长到

120 天。

第八，对于灾区客户延迟报案造成的额外费用，或因地震造成保单遗失、污损需要补发保单的，应免收相关费用。

第九，给灾区客户提供利率优惠的保单质押贷款服务，减免保单复效利息。

第十，客户要求现金支付的，保险公司应给付现金作为理赔款；客户要求转账的，保险公司应通过转账方式支付。

根据四川省保监局披露，截至2013 年11 月4 日，全省共有49 家保险公司接到“4·20”芦山强烈地震有效报案 9 112 件，结案 8 746 件，赔付保险金 4 198.09 万元，件数结案率达95.98%。

（二）2013 年甘肃岷县漳县地震

1. 灾害过程概述

2013 年 7 月 22 日 7 时 45 分，在甘肃省岷县、漳县交界处（N34.5°，E104.2°）发生了MS6.6 强烈地震，宏观震中位于岷县梅川镇一带，震中区烈度为Ⅷ度，此次地震是自 1954 年山丹 7.2 级地震以来甘肃省境内发生的震级最大的一次地震。

此次地震受灾范围涉及甘肃省 13 个县。灾区外围部分县市也受到地震波影响，造成个别居民点有少量破坏。地震共造成 95 人死亡，2 414 人受伤，78 530 户、314 120 人失去住所，直接经济损失达244 亿元。其中，岷县、漳县等地区受灾最为严重，村镇民用房屋和水利、交通、电力等公共设施和生命线工程破坏严重。

（1）灾害特点

1）震级大、波及范围广。此次地震造成定西市岷县、漳县大量人员伤亡，还波及定西市其他县、区以及天水市、陇南市、甘南州等地部分县。

2）自然灾害多发，造成震害叠加。此次地震后不到 1 小时，灾区又发生 5.6 级强余震，造成震区破坏叠加，震害加重。加之震区近期普降暴雨，强降雨造成地表土体松弛、强度降低，震后多发滑坡、崩塌、液化、滚石和塌陷等次生地质灾害，阻塞道路交通，为抗震救灾工作加大难度。

3）灾区地势复杂，加重地震灾害。震区地处山区，地形起伏，山坡陡峭，表层黄土覆盖较厚，很多民房坐落在河谷、陡坡或山顶，边坡效应放大地震波，加重了这部分民房的破坏程度。

4）震区农居老旧，震后受损严重。由于震区经济落后，农村地区民居以土木、砖木结构房屋为主，抗震性能普遍较差。此类房屋在地震中破坏严重，岷县震中附近农居破坏尤其严重，而且在距震中较远的县，农村民居也出现了垮塌现象。

5）汶川大地震灾后恢复重建房屋经受住了强震考验。震区部分地区属于汶川大地震恢复重建区，此次地震震区内的灾后恢复重建学校房屋建筑物破坏轻微，岷县、漳县等县城按照抗震设防要求建设的框架和砖混房屋，经受住了此次地震检验，地震中基本没有损坏。

（2）地震地质灾害类型

震中位于南北地震带北端的甘东南地区。该区是中强震多发区，历史和现今中强地震时有发生，特别是近十年以来在该地区发生了多次 5 级以上地震。该地区也是中国地震局确定的重点监视防御区之一。

该地区地震构造复杂，在两条区域性断裂东昆仑断裂和西秦岭断裂中间，发育有迭部—白龙江断裂、光盖山—迭山断裂、临潭—宕昌断裂、两当—江洛断裂、康县—略阳断裂、文县—康县—略阳断裂、礼县—罗家堡断裂等多条规模较大的第四纪断裂，共同组成了该地区复杂的"V"字形构造体系。该地区受青藏高原构造作用的影响，新构造运动和地震活动强烈。

此次地震发震断裂为临潭—宕昌断裂。该断裂由多条规模不等、相互平行或斜列的次级断裂组合而成，断裂带影响宽度范围在5~10千米，在岷县东南断裂归并为一体，延至宕昌以南。断裂的总体性质是以向北逆冲为主，略具左旋走滑分量，断裂呈NWW~NW向展布，倾向NE，倾角50°~70°。

2. 保险行业灾害应对

地震发生后，甘肃保监局启动二级响应并及时下发《关于保险业做好应对岷县地震灾害工作的紧急通知》部署地震救灾工作，通知要求：

第一，适时启动相应级别的应急预案。在岷县有分支机构的保险公司，特别是中国人保财险甘肃省分公司要立即启动自然灾害应急预案二级响应，成立专项工作组，靠前指挥所属分支机构的抗震抢险工作。在当地党委政府的领导下，开展自救活动，提供一切可能条件，做好安置工作，确保生命安全。

第二，迅速准确做好保险查勘理赔工作。各公司要坚持理赔原则和灵活处理原则相结合，把依法合规和履行社会责任紧密结合起来，针对灾区实际，制订具体细致的保险理赔方案，尽快下发灾区的保险分支机构，并根据新情况新问题及时修订完善，指导灾区理赔服务工作。

第三，做好相关信息的收集和报送工作。各公司要全面、及时掌握本单位应对灾害的有关情况，并及时向甘肃保监局办公室报告。

中国人民保险集团及甘肃分支机构立即启动重大突发事件应急预案，部署抗震救灾相关工作。中国人保财险甘肃分支机构主要负责同志率领的工作小组第一时间赶赴地震重灾区，同时组织灾区分支机构员工全力参与当地抗震抢险、救灾救人工作；紧急调集一批帐篷、食品、矿泉水、应急灯等救灾物资运往灾区，调拨充足的资金做好赔付准备；在岷县、漳县受灾较重的乡镇设立"中国人保服务站"，接受出险报案，并对损失容易核定、金额较小的农险、家财险进行现场定损赔付。

中国人民保险集团还决定向甘肃灾区捐款200万元人民币和5 000个医疗药箱，用于支援灾区抗震救灾工作和正常生产生活秩序的恢复。

二、2014年重大地震灾害分析

2014年中国全年共发生5.0级（含）以上地震30次（其中大陆发生22次，台湾和我国海域发生8次），其中5.0~5.9级地震24次，6.0~6.9级地震5次，7.0级（含）以上地震1次，最大地震为2014年2月12日在新疆于田县发生的7.3级地震。共造成灾害事件10次，其中特别重大地震灾害事件1次，较大地震灾害事件4次，一般地震灾害事件5次。地震共造成624人死亡，112人失踪，3 688人受伤，直接经济损失355.64亿元，713.51万平方米房屋毁坏和严重破坏，3 477.99万平方米房屋中等及以下破坏，共有35个县（市、区）的372.31万人受灾①。具体情况见表10-18。

① 郑通彦.2014年中国大陆地震灾害损失评述［J］.世界地震工程，2015（2）.

表 10－18　2014 年主要地震损失一览表

	时间	地点	震级	死亡人数	受伤人数	直接经济损失（万元）
1	2 月 13 日	新疆于田县	7.3	0	0	108 061
2	4 月 5 日	云南省永善县	5.3	0	32	44 510
3	5 月 24 日	云南省盈江县	5.6	0	61	180 060
4	8 月 3 日	云南省鲁甸县	6.5	617	3 143	1 984 900
5	8 月 17 日	云南省永善县	5.0	0	20	30 250
6	10 月 1 日	四川省越西县	5.0	0	1	15 000
7	10 月 7 日	云南省景谷县	6.6	1	331	511 020
8	11 月 22 日	浙江省文成县	6.3	0	0	21 743
9	11 月 25 日	四川省康定县	5.8	5	78	423 177
10	12 月 6 日	云南省景谷县	5.9	1	22	237 660

2014 年地震灾害呈现以下 3 个特点：

第一，震级相对较高，余震震害叠加。全年共发生 7 级以上地震 1 次，6.0～6.9 级地震 5 次，强震发生次数占全年 5 级以上地震发生次数的 20%，强震活跃频繁。景谷地震、康定地震的余震频发且余震震级较高，造成灾害叠加，致使灾害加重。

第二，地震灾害特点突出，中震大灾稍显意外。全年各次地震灾害特点鲜明，有很强的研究价值，如鲁甸地震和景谷地震同为云南省境内发生，震级也基本一致，但是由于地理环境、人口密度、经济水平、防震减灾能力等方面存在差距，一个造成了 617 人死亡和失踪的“中震大灾”，一个却仅有 1 人死亡，形成鲜明的对比。而新疆于田县发生的 7.3 级地震，则是继 2008 年该地区发生 7.3 级地震后，原地再次发生的 7 级以上强震。

第三，地震灾害集中，云南为受灾大省。全年云南省共发生 5 级以上地震 9 次，包括盈江地震、鲁甸地震和景谷地震等 3 次强震，地震共造成该省 619 人死亡、112 人失踪、3 609 人受伤，直接经济损失 298.84 亿元，分别在全国各项统计数据中占比为 99.20%，100%，97.86%，84.03%。

（一）2014 年云南鲁甸地震

1. 灾害过程概述

2014 年 8 月 3 日 16 时 30 分 10 秒，云南省鲁甸县（N27.1°，E103.3°）发生 6.5 级地震。地震造成云南灾区 617 人死亡、112 人失踪、3 143 人受伤，致使灾区房屋建筑、工程设施大量破坏，引发大规模的地震地质灾害。

（1）灾害特点

1）灾区人口密度大，人员死亡较集中。云南省属于西部人口密集省份，鲁甸县人口密度为 212 人/千米^2，是全省平均人口密度的两倍。灾区人口呈斑状分布，每个斑状居民点人口更加聚集，如光明村下辖 20 个社（组），人口近 8 000 人。人员死亡主要集中在Ⅷ和Ⅸ度区，如位于Ⅸ度区的龙头山镇死亡达 469 人，占死亡总人数的 76%。

2）地震振动强，灾区破坏严重。本次地震震源深度 12 千米，极震区烈度高达Ⅸ度，超过同级别地震的最高烈度，震源破裂在 11 秒内集中释放，龙头山镇地表峰值加速度最高达 949 伽。

地震不仅造成了民居、学校、医院、交通、电力、通信、水利设施等破坏和损坏，还造成工矿企业、农田等破坏，甚至还有滑坡、崩塌和堰塞湖等次生灾害。

3）抗震能力弱，房屋破坏严重。灾区属国家级贫困区，农村民居抗震能力弱，且多数民房坐落在河谷陡坡上，边坡效应加重房屋震害，重灾区砖木和土木房屋成片损毁、倒塌。土木、砖木结构房屋在灾区均遭受一定程度的破坏，Ⅸ度区的倒毁率几乎为100%，Ⅷ度区达80%。砖混、框架结构房屋在Ⅸ度以上区域也遭受了严重破坏，倒毁率分别为45%和37%。

4）灾区条件恶劣，救灾难度大。震区活动断裂密集发育、地质破碎疏松、地形崎岖不平，又恰值雨季，诱发了极其严重的崩塌、滑坡、滚石等次生地质灾害，掩埋、损毁房屋，导致人员伤亡，造成灾区大面积交通、通信、电力中断，救援人员、物资、车辆和大型救援设备无法及时进入。

（2）地震地质灾害类型

鲁甸县位于云南省东北部，牛栏江北岸，总面积1 487平方千米，其中山区面积占87.9%，坝区占12.1%。地势呈东西两侧高，中间低平，地貌错综复杂，有深切中山、中切中山、岩溶高原、混合丘岭、高原湖积盆地、断陷河谷坝。海拔最高为3 356米，最低为568米，宏观震中龙头山镇海拔约为1 600米。鲁甸境域属低纬山地季风气候，立体气候特点突出。年平均气温12.1℃，年平均降雨量923.5毫米，地震发生时正值夏季多雨季节。

这次地震震中区构造复杂，主体构造为北东向断裂和褶皱，其次为北西向和南北向的断裂、褶皱。断裂构造主要有北东向的昭通—鲁甸断裂和北西向的包谷垴—小河断裂。历史上沿昭通—鲁甸断裂曾发生过多次5级以上中强地震，2013年彝良5.6级、5.7级地震就发生在此断裂上。而此次6.5级地震发生在昭通—鲁甸断裂与包谷垴—小河断裂的交汇部位，据震源机制解、余震分布、地震烈度等震线长轴方向及野外地质调查结果分析，本次6.5级地震的发震构造为包谷垴—小河断裂。

2. 保险行业灾害应对

地震发生后，云南保监局迅速整合资源、统筹协调，对行业抗震救灾工作做出安排，成立的应急工作领导小组迅速向辖内各保险公司发出紧急通知，并建立起24小时值班制度，及时掌握保险业抗震救灾最新情况，指导做好各项保险服务工作。

工作组积极协调和督导保险服务工作，组织公司召开现场会议，传达中央和省委、省政府关于抗震救灾的工作指示，部署保险服务工作并对灾区员工表示慰问，围绕以下4个方面开展工作：一是及时召开当地保险机构抗震救灾工作会议，要求公司做到“四保证”，即人员保证、服务保证、通信保证和营业保证；二是及时沟通协调党委、政府，主动置身于党委、政府抗震救灾统一部署中发挥保险功能作用；三是组织全行业力量，全力排查涉及被保险人和保险标的受损情况，开通绿色快速理赔通道，做到应赔尽赔，同时尽一切可能配合做好抗震救灾公益工作；四是赶赴医院等地看望慰问保险客户，听取他们对保险理赔服务的意见建议，现场解决问题。

中国人民保险集团及所属产寿险子公司、分支机构也在灾害发生后，立即启动重大突发事件应急预案，积极投入抗震救灾和保险理赔服务中，举系统之力配合当地政府做好抗震救灾各项工作。

8月4日，集团紧急部署委派系统内地震理赔专业人员组成第一批工作组赶赴一线，深入鲁甸震中指导大灾理赔，同时组织灾区分支机构员工全力参与当地抗震抢险、救灾救人工作；紧急从邻近的湖北、四川等省分公司调集大量“中国人保应急救援车”、“中国人保大灾应急救灾帐篷”、应急发电机等救灾物资运抵灾区，为受灾群众提供充电、饮水、短暂休息等救助，以及开展报案、定损、理算、核赔现场操作；调用“中国人保”号无人机前往灾区执行空中查勘任务；在每个受灾县区设立“中国人保临时报案点”，接受包括其他保险公司承保业务在内的群众报案，并主动联系客户，了解损失情况，主动排查重点承保单位，同时调拨充足资金做好赔付准备，实行理赔绿色通道服务。8 月 7 日，中国人民保险集团决定通过中国人保公益慈善基金会向云南省地震灾区捐款 1 000 万元，用于支援灾区抗震救灾工作和正常生产生活秩序的恢复。

（二）2014 年云南景谷地震

1. 灾害过程概述

在鲁甸地震发生 64 天后，2014 年 10 月 7 日 21 时 49 分 39 秒，云南省普洱市景谷县（N23. 4°，E100. 5°）发生 6. 6 级地震。极震区烈度达Ⅷ度，Ⅵ度区及以上总面积约为 11 930 平方千米。地震造成 1 人死亡、331 人受伤，失去住所人数 78 394 人，直接经济总损失 511 020 万元。

（1）灾害特点

1）震级高，震源浅，波及范围广。此次地震为云南省境内 2000 年以来发生的最大地震，震源深度仅 5 千米，受灾区域涉及 12 个县（市、区）。

2）人员伤亡相对较轻。这主要是由于灾区地质结构以坚硬的花岗岩为主，且植被覆盖率高，结构较为稳定；地形比较平坦，有利于地震能量的释放；当地房屋多为“穿斗木”式框架结构，抗震性能较好；灾区人口密度较小，居民防震减灾意识较强。

3）严重损坏房屋数量较多。灾区房屋以土木、砖木结构为主，此次地震后房屋框架虽未倒塌，但大部分房屋房顶、墙体严重受损。

4）教育、水利、交通等基础设施损毁较为严重。如景谷二中两幢 80 年代建造的教学楼成为危房。

（2）地震地质灾害类型

普洱市历史上就属于地震高发地区，1990 年以来，当地已经发生过 20 次 5 级以上地震。

景谷在历史上一共发生过 3 次 7. 0 ~ 7. 9 级地震，11 次 6. 0 ~ 6. 9 级地震，16 次 5. 0 ~ 5. 9 级地震。景谷 6. 6 级地震位于澜沧江以东，距离澜沧江 34 千米。地震发生于澜沧江断裂以东的思茅—普洱地震带和以西的耿马—澜沧地震带之间，距离思茅—普洱地震带较近。震中周围 100 千米范围内，历史上发生过 5 级以上地震 35 次，其中 5. 0 ~ 5. 9 级 22 次、6. 0 ~ 6. 9 级 10 次，7. 0 ~ 7. 9 级 3 次。距离最近的 6 级以上地震为 1942 年 2 月 1 日思茅 6. 8 级地震，位于本次地震以南 37 千米。2007 年 6 月 3 日，宁洱 6. 4 级地震为时间最近的地震。从历史地震类型分析，震区 100 千米范围 6 级以上地震 90% 为主余型地震。从最大强余震发震时间来看，6 级地震最大余震 5. 8 级，最大强余震绝大多数在主震后 3 天内发生。

2. 保险行业灾害应对

人保财险云南省公司启动大灾应急预案，该公司总经理徐平率工作组连夜赶赴景谷灾区，指挥救灾理赔工作；同时，组织购置救灾帐篷和矿泉水并连夜运往灾区。同时，公司通过开通地震理赔绿色通道、推出预付赔款、简化索赔单证等系列措施，快速开展灾后理赔工作，帮助灾区人民恢复生产。

同时，为进一步做好抗震救灾理赔工作，公司还提出以下具体要求：

第一，成立抢险救灾指挥部，加强对抗震救灾理赔工作的领导；

第二，加强与“云南景谷抗震救灾联合指挥部”、镇政府的联系、汇报，及时获取相关信息，确保理赔顺利开展，做好宣传报道及信息整理工作；

第三，做好救援物资组织、发放工作；

第四，做好救灾理赔政策和条款的解释工作，征得社会各界和广大人民群众的支持理解；

第五，及时安排人员前往医院看望受伤学生。

三、存在的问题与建议

（一）现有问题

1. 地震预警能力落后

同一断裂带上再次发生7级地震，国家地震局却未能做出任何预测预警。同时，监测预报设施和预警手段严重不足，灾害预警信息传递和人员转移较为困难；基层群测群防体系还不完善，尚未建立覆盖到县乡村组户的组织体系和“纵向到底、横向到边”的预案体系；一些地方地震灾害防治宣传教育、培训力度不够，基层干部群众防灾减灾意识淡薄，自防自救能力不足。

2. 应急合作性欠缺

我国地震应急管理部门与媒体的合作仍未规范化，信息披露与发布制度尚不健全，这不利于传播权威信息、控制谣言和流言、稳定公众情绪、避免过度的社会恐慌；地震应急决策部门与地震专家之间缺乏长期、稳定的合作，导致“外脑”作用受到限制，应急决策的科学性、可行性减弱；地震应急的军民合作潜力需要深度开发，特别是军事装备、技术、人员在地震救援时应用价值极大；相邻省市的地震应急区域合作尚未完全展开；地震应急管理的国际合作有待加强，中国在芦山地震时婉拒了国外救援队伍和应急物资，仅接受捐助，这堵住了一大救援力量。

3. 应急补偿机制不健全

目前，我国对于地震的损失补偿主要依靠政府财政救济，并辅之以民间捐助。地震发生后，直接由国家财政下拨救灾资金以保障灾民基本的生活需求。然而，由于国家财力有限，可以用作震后重建及灾民救助转移等活动的款项远远不能达到有效弥补灾后损失的目的。

在地震保险补偿方面，我国与发达国家及世界水平相比是明显落后的。国际上，在2010年新西兰克赖斯特彻奇的大地震中，有77%的损失是通过地震保险制度补偿的。此外，美国北岭地震中保险公司赔付200亿美元，占比50%。相比之下，中国历次地震事件中保险补偿仅占经济损失的1%～5%。

（二）相关建议

1. 加快地震保险立法研究，为地震保险提供制度支持和法律保障

地震保险制度涉及的主体很多，利益关系复杂，其长期稳定运行需要完善的法律法规和规章制度作保障。目前，国家已在《突发事件应对法》《防震减灾法》等法律法规中分别提出了“建立国家财政支持的巨灾风险保险体系”“鼓励单位和个人参加地震灾害保险”等内容。但是，

其规定仍较宏观，需要有细化的法律条文和具体规章制度来明确地震保险制度的发展方向、总体框架、运行模式等关键内容。

2. 政府予以政策支持，推动地震保险制度破题起步

地震属于发生概率较低但损失巨大的风险，如果仅靠保险公司商业运作、自我积累，要么保费过高民众无法承受导致覆盖面不足，要么保险公司累积风险过大影响偿付能力甚至危及金融稳定。因此，地震保险作为一种带有公益性的准公共产品，需要国家在立法、组织推动、财税政策、资金支持等方面予以支持，以争取尽快在地震保险制度探索上破题起步。

3. 充分利用风险分级技术，构建多层次的地震风险分散机制

地震风险造成的损失通常波及范围广、损失程度大，影响到众多利益群体，任何一方都难以独自承担。建立投保人、保险公司、再保险和资本市场、巨灾基金、政府等各方共同参与、分级负担的风险分散机制，并根据各方风险承担能力和特点优势合理配置各层风险分担责任，对于地震保险制度平稳运行、持续发展具有重要意义。

本节小结

在“地震的重大灾害分析”里，课题组首次加入了对近两年灾情的详细描述，并就 2013 年四川芦山地震、甘肃岷县漳县地震，2014 年云南鲁甸、景谷地震，从灾情描述、灾后应对以及问题与建议进行了深入剖析。为了解决地震灾后应对中存在的应急补偿机制不健全问题，我国应加快地震保险立法研究，为地震保险提供制度支持和法律保障；政府给予政策支持，推动地震保险制度破题起步；充分利用风险分级技术，构建多层次的地震风险分散机制。

第三篇

CHAPTER THREE

洪涝灾因分析

第十一章 洪涝灾害基本特征

第一节 洪涝与洪涝灾害

一、洪涝的界定

（一）洪涝的定义

洪涝实际上是洪水和雨涝的统称。根据《现代地理学词典》，洪水是河流水位超过河滩地面溢流现象的统称，而雨涝是指雨水过多使低洼的地方积水所造成的灾害。本书中所指的洪涝灾害是对洪水和雨涝所引起的灾害的统称。本书所有的统计分析都是基于洪涝灾害的损失数据进行的。

（二）洪涝的基本概念

1. 洪涝灾害活动强度的描述性指标

描述洪涝灾害的活动强度一般用洪水三要素以及重现期、含沙量这几个指标①。

（1）洪水三要素

洪水三要素即洪峰水位（洪峰流量）、洪水总量、水深和历时。

1）洪峰水位：一次洪水过程或整个汛期中的最高水位值。

2）洪水总量：一次洪水过程中或在给定时段内通过河流某一断面的洪水体积。

3）水深和历时：表示洪水在洪泛平原上漫溢的水深和持续时间。

（2）洪水重现期

洪水重现期是描述洪水活动强度的最为普遍的一种方法。洪水重现期越长，频率越低，表示洪水的强度越大。目前我国洪水强度一般分为5级：一般洪水重现期小于10年；较大洪水重现期为10～20年；大洪水重现期为20～50年；特大洪水重现期为50～100年；罕见的特大洪水重现期大于100年。

2. 洪涝灾害的孕灾环境和致灾因子

（1）洪涝灾害的孕灾环境

洪涝灾害的孕灾环境包括大气海洋环境、水文气象环境、下垫面环境。孕灾环境指标主要

① 雨涝灾害的活动强度主要是指暴雨活动强度，这一点和洪水灾害的致灾因子指标相同。

有大气海洋环境指标、天体背景指标、水文气象环境指标①和下垫面指标②。

（2）洪涝灾害的致灾因子

洪涝灾害的致灾因子有暴雨、融雪、冰凌和溃坝，而雨涝的致灾因子是暴雨。致灾因子（主要指暴雨）指标则包括次暴雨总量、降雨强度和暴雨历时。

3. 洪涝灾害的承灾体

洪涝灾害的承灾体包括人、建筑、工矿、农林牧渔、交通、环境、水利设施等。承灾体易损性分析包括灾前指标和灾后指标。

灾前指标包括：人口指标，如区域人口总数、人口密度、城市人口比例等；经济指标，如区域年总产值、区域内人均产值、区域总资产、土地价值等；土地利用指标，如土地利用类型、耕地面积、居住建筑面积、工农业用地比例、交通线密度、通信线密度、区域牲畜密度；等等。

灾后指标包括：人口指标，如受灾人口、成灾人口、死亡人口、受伤人口、患病人口、受困人口、无家可归人口、安置人口等；空间展布指标，如受灾面积、成灾面积、绝收面积、受淹范围、毁坏耕地面积等；经济指标，如粮食损失、减产粮食、倒塌房屋、损坏房屋、牲畜死亡、直接经济损失、间接经济损失等；损失率指标，如人口伤亡率、财产损失率、综合财产损失率；等等。

（三）洪涝的分类

1. 洪水

洪水按其基本水体的不同可以分为河流型洪水、湖泊型洪水和风暴潮型洪水。

（1）河流型洪水

河流型洪水指外来的因素使江河水量增加，冲破堤岸或漫溢出堤岸而发生的洪水。河流型洪水按照成因和成灾形态又可以有不同的分类，如图 11 -1 所示。

- 河流型洪水
  - 按成因分
    - 暴雨型洪水
    - 融冰融雪型洪水
    - 冰凌型洪水
    - 溃坝型洪水
  - 按成灾形态分
    - 溃决型
    - 漫溢型
    - 山洪

图 11 -1　河流型洪水的分类

河流型洪水按其成因又可以分为：暴雨型洪水、融冰融雪型洪水、冰凌型洪水和溃坝型洪水。河流型洪水按其成灾形态又可以分为溃决型、漫溢型和山洪③。其中，山洪指发生于山区河流中暴涨暴落的突发性洪涝灾害。山洪的影响因素主要有暴雨、融雪和冰川消融。

（2）湖泊型洪水

湖泊型洪水是指湖泊漫溢引起的洪水。

（3）风暴潮型洪水

风暴潮型洪水是一种由热带风暴（如台风、飓风）、温带气旋或寒潮过境所引起的海面异常

---

① 水文气象环境指标包括多年平均降水量、年平均降水量变率、多年平均暴雨次数、年最大暴雨量、年最大洪峰流量及频次。

② 下垫面指标包括区域位置、区域面积、地面高程、上游集水面积、坡度、植被密度、河道糙率、某一河道干流长度、河道断面面积、河道长度、水体污染源、区域贮水能力、河道安全泄量。

③ 国外叫骤发洪水。骤发洪水是小范围内集中降雨的结果，地面通常并未完全饱和，但土壤渗透率比降水速度要低得多。

升高，造成海水外溢，泛滥成灾。

2. 雨涝

雨涝主要影响的是农作物，但同时对城市的危害也巨大。城市具有独特的地表形态和性质（如不透水地面面积比较大），有天然和人工地下管两套排水系统，因此，常常导致地面径流系数大、汇流速度大、时间短、下渗少。雨涝对城市的破坏性也很大。

由于各地地势分布不一样，在一次持续大面积的降水过程中，很多时候可能洪水和雨涝灾害同时存在，所以可以将洪水和雨涝统称为洪涝灾害。

二、洪涝灾害概述

（一）洪涝的成因

洪涝灾害的发生、发展及消亡的整个演化过程都是人与自然关系的一种表现。由于洪涝灾害的最终承受体是人类及人类社会中的集合体（承灾体），因而，只有对承灾体的部分或整体造成直接或间接损害的洪涝才称为灾害性洪涝。

一般而言，形成洪涝灾害必须具有三个条件：一是存在诱发洪涝的因素（致灾因子）；二是有形成洪涝灾害的环境（孕灾环境）；三是洪涝影响区有人类居住或分布有社会财产（承灾体）。致灾因子、孕灾环境、承灾体三者之间相互作用的结果形成了通常所说的灾情。

从系统论的观点来看，孕灾环境、致灾因子、承灾体及灾情之间相互作用，相互影响，相互联系，形成了一个具有一定结构、功能及特征的复杂体系，这就是洪涝灾害系统。图11－2描述了该系统的组成特征。

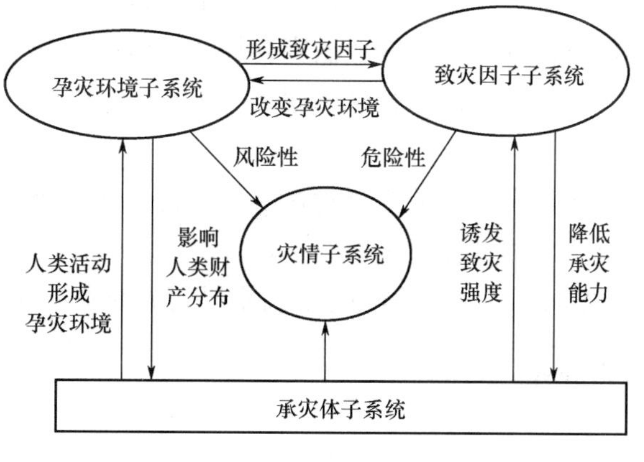

图11－2 洪涝灾害系统

对保险行业来说，研究洪涝灾害的重点是研究承灾体（一般指受灾区域）的经济损失规律。承灾体的经济损失受到两个方面的影响，即洪涝灾害的活动强度和受灾区域的易损性。其中，洪涝灾害的活动强度很大程度上受到孕灾环境和致灾因子的影响。

（二）洪涝的危害

洪涝灾害发生时，会同时或伴随发生一种或多种灾害，持续给人类社会带来危害。在洪涝灾害发生之后发生的与洪涝灾害相关的连锁性的其他灾害，称为洪涝灾害的次生灾害。一些强度大、灾情重的洪涝灾害，其诱发的一连串灾害也愈严重，有时甚至比原生灾害更严重。主要体现在以下几方面：

1. 国民经济的影响

洪涝灾害使农作物受灾，成灾面积越大，农作物产量越小。重大洪涝灾害造成大量农田被冲毁淹没，农作物减产甚至绝收；交通、通信中断，使运输延误、信息闭塞，造成大量产品积压变质；原材料供应不足，使生产能力下降。目前，我国工业基本上集中在城市。随着社会经济的发展，城市化进程的加快，城市一旦发生洪涝灾害，损失将是巨大的。

2. 社会的影响

重大的洪涝灾害会造成大量的人口伤亡，给社会生产力造成严重的破坏，还会使灾区人民生活水平下降，使其缺乏基本生活保障，会出现大量灾民，打乱正常的社会秩序，冲击社会的各个方面。

3. 生态环境的影响

洪涝灾害不仅会造成巨大的经济损失，而且会极大破坏人类赖以生存的环境。环境恶化对人类社会的影响是长期的，不仅会对当前人民的生产与生活造成直接危害，还会影响到子孙后代的利益。洪灾会造成大量土壤及养分流失，致使土地贫瘠；同时，水流中泥沙含量增加，导致河流功能衰减，湖泊萎缩，耕地沙化，造成的严重后果是难以估量的。

三、洪涝的分布

（一）洪涝在全球的分布

就全球范围来说，洪涝灾害主要发生在多台风暴雨的地区。这些地区主要包括：孟加拉北部及沿海地区；中国东南沿海；日本和东南亚国家；加勒比海地区和美国东部近海岸地区。此外，在一些国家的内陆大江大河流域，也容易出现洪涝灾害。世界范围的洪涝分布从两个方面来看，呈现出以下特征：

一是从气候因素看，洪涝集中在中低纬度地区，主要是亚热带季风气候区、亚热带湿润气候区、温带海洋性气候区（降水季节变化明显）。

二是从地形因素看，洪涝多发生在江河两岸，特别是河流的中下游和地势低洼地区。

（二）洪涝在我国的分布

我国洪涝主要分布在大兴安岭—太行山—武陵山以东，这个地区又被南岭、大别山、秦岭、阴山分割为四个多发区，我国西部少雨。我国雨涝最严重的地区主要为东南沿海地区、湘赣地区、淮河流域，次多雨涝区有长江中下游地区、南岭、武夷山地区、海河和黄河下游地区、四川盆地、辽河、松花江地区。全国雨涝最少的地区是西北、内蒙古和青藏高原，次为黄土高原、云贵高原和东北地区。我国雨涝分布总的特点是：东部多，西部少；沿海多，内陆少；平原湖区多，高原山地少；山脉东、南坡多，西、北坡少。

四、我国洪涝的特点

（一）我国洪涝成因的种类及特点

我国地域辽阔，各地区形成洪水的气候条件，下垫面地形、地质、地貌等自然地理条件千差万别，影响洪水形成过程的人类活动不尽相同，导致不同地区，不同河流具有各自独特的洪涝发生与发展规律。我国洪涝灾害的成因可以按照不同的分类标准进行讨论。

1. 按照地理形态进行分类

从地理形态上讲，我国可以分为山地丘陵区、平原地区和滨海地区。这些地区的气候和地面条件差别很大，洪涝灾害的成因也不同。

（1）山地丘陵区

山地丘陵区主要发生山洪，一般海拔在2 000米以下的中低山体易发生山洪。山洪灾害的特点是突发性强，来势猛，灾区范围小。

（2）平原地区

平原地区集中分布在我国东部，主要有东北平原、华北平原、长江中下游和珠江三角洲平原。平原地区一般发生漫溢型的河流洪水和湖泊洪水。洪水泛滥以后，水流扩散，受平原微地形影响，行洪速度缓慢，水流冲击力大为降低，一般情况下人员伤亡比较少。北方平原河道漫溢或决口，往往形成滚坡水，波及面积很大，但洪水总量比较小，淹没水深较浅，时间较短。南方平原及滨海的平原，绝大部分已经形成围田，围田内地面高程低于洪水汛期水位，一旦围田溃决，则整个围田被淹没。一般洪水退水迟缓，淹没历时长，灾情严重。

（3）滨海地区

滨海地区一般发生风暴潮（包括天文大潮、风暴潮和海啸）。我国风暴潮灾害从南到北均有发生，几乎遍及所有海岸与岛屿。而成灾率高、灾害严重段主要集中在东海、南海和台湾、海南等岛屿。

2. 按照河流的成因条件进行分类

按河流的成因条件可以分为暴雨洪水、冰凌洪水和融冰融雪洪水。

（1）暴雨洪水

我国造成严重洪涝灾害的洪水主要由暴雨产生。暴雨洪水有三种类型：一是短历时局地性大洪水，在我国气候干旱的西北地区，包括晋西北、陕北、河北省的坝上高原，内蒙古、宁夏以及甘肃、青海、新疆部分地区，一般不易产生大面积暴雨洪水，而局地性暴雨洪水在这些地区显得很突出。二是中等历时区域性大洪水，多出现于我国中部和东部广大地区，是我国灾害性洪水中最主要的一种类型。三是长历时大范围的洪水，即由多个地区连续多次暴雨组合产生的洪水。降雨持续时间可以长达1 ~2 个月，在几个流域同时发生大洪水，如1998 年发生的大洪水。这种类型的洪水所造成的灾害最为严重。

（2）冰凌洪水

危害比较大的冰凌洪水主要发生在黄河干流和松花江。黄河干流冰凌洪水主要发生在上游宁蒙河段和下游河段。内蒙古河段封冻日期比上游早，开河日期比上游晚。解冻期凌峰演进过程中，在河道弯曲段极易卡冰形成冰坝，因此内蒙古自然情况下年年都有不同程度的凌汛灾害。

下游河段自郑州以下至河口，是一个不稳定封冻河段，约有10%的年份不封冻。松花江是我国位置最北的一条大河，冬季漫长，气候寒冷，冰凌灾害主要发生在干流下游。松花江干流凌汛灾害比较严重的地点在依兰以下河段。

（3）融冰融雪洪水

由冰川消融形成的一年一度的季节洪水，一般发生在7月、8月两个月。我国冰川主要分布在西藏和新疆境内，分别占冰川面积的47%和44%，其余零星分布在青海和甘肃境内。冰川洪水峰量大小取决于冰川消融区的面积，洪水在发生过程中变化缓慢，无明显暴涨暴落现象，流量与气温有明显的同步关系。河流上游冰湖、冰坝突然溃决，造成突发性冰川洪水，是冰川洪水的一种特例。冰川洪水主要分布在天山中段北坡的玛纳斯地区，天山西段南坡的木扎提河、台兰河，昆仑山喀拉喀什河，叶尔羌河，祁连山西部昌马河、党河以及喜马拉雅山北坡雅鲁藏布江部分支流。西部高寒山区，一些有冰川和融雪补给的河流，因春夏强烈降水和雨催雪化形成雨雪洪水，在缓慢涨落的洪水发生过程中突然增加峰形尖瘦的暴雨洪水，其洪峰流量有时比单纯融雪洪水或暴雨洪水大，造成比较严重的灾害。我国融雪洪水主要分布在新疆阿尔泰山和东北一些河流，由于积雪厚度不大，融雪洪水很少造成灾害。

（二）主要江河洪水特性

洪水是按流域水系形成的。水系的分布情况在一定程度上反映了我国洪水的地区分布特点。我国河流众多，流域面积在100平方千米以上的河流约50 000条，流域面积在1 000平方千米以上的河流约1 500条，超过10 000平方千米的河流有79条。全国河川年径流总量27 115亿立方米。

河流流域的气候要素等因素决定着洪水的形成和变化特性。我国的地形特征对江河湖泊的发育影响深远，我国三个地形阶梯之间的隆起带是我国外流河的三个主要发源地带和主要的暴雨中心地带。第一阶梯青藏高原东、南缘是我国长江、黄河的发源地；第二级阶梯青藏高原外缘至大兴安岭、太行山、巫山一带，是黑龙江、辽河、海河、淮河和珠江的发源地；第三阶梯长白山—山东低山丘陵—东南沿海山地，是闽江、鸭绿江等的发源地。特殊的地形地势决定了我国主要江河水系自西向东入海的总趋势。表11－1显示了我国主要江河及其年径流量统计。

表11－1　我国主要江河及其年径流量统计表

河名	流域面积（平方千米）	河流长度（千米）	多年平均		
			年径流量（亿平方米）	年径流深（毫米）	年平均流量（平方米/秒）
松花江	561 222	2 308	818	134	2 320
辽河	221 097	1 390	137	55	400
海河	265 511	1 090	163	87	723
黄河	752 773	5 464	592	84	1 990
淮河	268 957	1 000	595	231	1 940
长江	1 782 715	6 300	9 857	513	29 460

资料来源：《中国统计年鉴2014》。

暴雨洪水发生的季节，在地域上有一定规律。影响洪水季节变化的因素有两个：一是季风雨带的季节性位移；二是夏秋频繁的台风活动。洪水季节特征一般可以用汛期起止时间和汛期内各旬、月洪水发生的频率来反映。受地理位置、天气系统等差异影响，我国七大江河的汛期迟早不一。即使是同一河流各年也有早有迟。按季节的不同，我国有四汛，即桃花汛（春汛）、伏汛（夏汛）、秋汛和凌汛。其中，伏汛和秋汛最大。通常所说的汛期主要指这两汛而言。主汛期分析是对含于这两汛之中极易产生洪水的时期，结合降雨、洪水发生规律和气象成分因素进行的分析。

我国七大江河汛期大致划分如下：

珠江：4—9月；长江：5—10月；淮河：6—9月；黄河：6—10月；海河：6—9月；辽河：6—9月；松花江：6—9月。

七大江河主汛期划分如下：

珠江：5—7月；长江：6—9月；淮河：6—8月；黄河：7—9月；海河：7—8月；辽河：7—8月；松花江：7—8月。

下面分别就分流域阐述一下各主要江河大洪水的季节特征、汛期、主汛期等洪水特点。

1. 黄河流域

黄河干流自河源至内蒙古托克托为上游，托克托至河南省桃花峪为中游，桃花峪以下为下游。黄河上中游占全流域面积的97%，绝大部分为高原山地。下游河道穿行于华北大平原总部，河道比较平缓，除东平湖、陈山口至济南玉符河口局部地段为山丘外，绝大部分河段全靠堤防保护。由于泥沙淤积，目前河床平均高程约高出地面3~5米，部分河段高出10米，成为举世闻名的悬河，对两侧大平原构成严重洪水威胁。黄河流域灾情主要由暴雨和冰凌形成。暴雨洪水发生在7—8月的称为“伏汛”，9—10月的称为“秋汛”，“伏秋大汛”是黄河的主汛期。每年2—3月，上游宁蒙河段和下游山东河段发生冰凌洪水，称为“凌汛”。暴雨洪水来源有三个地区：兰州以上地区、中游托克托至三门峡、三门峡至花园口区间。这三个地区一般不会遭遇洪水。兰州以上地区，雨区面积大，历时长，强度不大，加以有湖泊、沼泽的滞蓄，洪水在发生过程中涨落平缓，历时较长，洪水主要威胁兰州市和宁蒙灌区以及河套平原。在中游托克托至三门峡地区，托克托至龙门区间是黄河流域主要暴雨区，暴雨强度大，历时短，干、支流坡度大，常形成涨落迅猛、锋高量小的洪水过程，同时挟带大量泥沙，为黄河泥沙主要来源。当中游地区发生西南—东北向分布的大面积暴雨时，干流龙门以上的洪水有可能与渭河洪水遭遇，形成三门峡峰高量大的洪水过程。三门峡至花园口区间来水为主的洪水称为“下大型”洪水。下游洪水特点有：①洪水峰高量小，历时短。②洪水含沙量大，水沙异源。③洪水年际变化大。目前威胁黄河下游的洪水主要来自三门峡至花园口区间，这个地区是黄河暴雨中心区之一，洪水年际变化较大。④河道削峰作用明显。由于下游河道高悬于两岸平原，水流多沙，洪涝灾害比一般河道更为严重。

2. 长江流域

长江干流宜昌以上为上游，宜宾以上称为金沙江，宜宾至宜昌区间汇入岷江、沱江、嘉陵江、乌江等重要支流。宜昌至湖口为中游，主要支流有清江，沮漳河，洞庭湖水系的湘、资、沅、澧四水和鄱阳湖水系的赣、抚、信、饶、修五河及汉江。其中，自枝城至城陵矶的干流河段称荆江，南岸有松滋、太平、藕池、调弦四水入洞庭湖。湖口以下为下游，主要支流有青弋江、水阳江、巢湖水系和太湖水系，淮河下游大部分水量也通过入江水道进入长江。长江洪水主要由暴雨形成，流域各支流大洪水出现时间，最早始于4月上旬，最晚至10月上旬，7月、8月两月最为集中。一般年份，汛期中下游早于上游，江南先于江北，鄱阳湖水系、湘江、资水为4—7月，沅江、澧水、清江、乌江为5—7月，上游各支流及汉江为7—10月。正常年份干支流洪水可以错开，不致酿成大灾。如果气候反常，各支流洪水出现时间提前或错后，上下游、干支流洪水遭遇，就有可能形成全江性大洪水。另外，洪峰和水量的大小不仅和当地的降雨量有关，还和雨带的移动趋势密切相关。如果雨带的移动趋势与洪峰走势相同，则会引起更大的洪峰，造成特大洪涝灾害的危险性更大。长江洪水具有以下几个特点：①洪水峰高量大、历时长；②洪水比较稳定，年际变化小；③含沙量低，输沙量大。

长江洪涝灾害主要集中在中下游平原地区。洪水来量大，河湖蓄泄能力不足是灾害发生的主要原因。

3. 淮河流域

淮河流域分淮河、沂沭泗河两大水系，两大水系洪水特性不同。

淮河水系洪水，主要来自上游伏牛山区及淮南山区，就其影响范围，可以分为全流域性洪水和局地性洪水：①全流域性洪水由梅雨期大范围连续多次暴雨造成，其特点是中、上游山区普遍发生洪水，洪峰接踵而至，中游左岸平原支流洪水相继汇入干流，形成全流域性大洪水，洪水持续过程可达2个月以上，消退缓慢，淮河沿线长时间处于高水行洪状态，影响淮北地区排水；②局地性洪水是由台风或者涡切变天气系统暴雨形成的，暴雨强度大，洪峰流量很大。

沂沭泗河水系发源于沂蒙山区，是我国暴雨洪水量级最大的地区之一，洪水出现的时间比淮河稍迟。沂沭泗河上中游均为山区，地面比降大，集流快，洪水来势迅猛。淮河流域洪水年际变化率比长江流域要大。

4. 海河流域

海河流域包括海河、徒骇河、马颊河各水系。海河水系由漳卫河、子牙河、大清河、永定河、潮白河、北运河、蓟运河等7条河流组成，山区平原各占一半。海河流域北部和西部为山地高原，东部和东南部为辽阔平原，山地至平原过渡带甚短。海河平原是由黄河与海河各支流冲积而成，地势由西北、西、西南三面向天津缓缓倾斜，受黄河屡次迁徙改道影响和南北大运河的束缚限制，形成缓岗坡洼相间分布的复杂地形，洪涝排水困难。海河洪水来自夏季暴雨，暴雨发生时间主要集中在7月、8月两个月，尤其是7月下旬—8月上旬，约占大暴雨次数的85%。太行山、燕山的东南迎风坡是暴雨集中分布的地带，暴雨强度大，历时长。背风山区、坝上草原也会出现大强度暴雨，但属于短历时局地暴雨，不致形成大洪水。由于暴雨中心落区不同，流域性大洪水可分为南系洪水和北系洪水。海河洪水特点有：①7月、8月两个月为汛期，大洪水主要集中在7月下旬—8月上旬；②洪峰流域年际变化很大；③洪水地区来源比较集中，海河大洪水主要来源于太行山和燕山的迎风山区。

5. 辽河流域

辽河流域的西辽河和东辽河在福德店汇合后称辽河。1958年以后，辽河流域分成两个分别入海的水系：辽河水系由西辽河、东辽河和辽河干流各支流组成，经盘山县双子台河入海；大辽河水系由浑河和太子河两大支流在三岔河合流后，经营口入海。辽河流域山地丘陵占60%，平原占34%，沙丘占6%。辽河流域洪水主要集中在7月、8月，洪水发生的地区分3种情况：①西辽河洪水，主要来自上游老哈河与西拉木伦河的山地丘陵区，洪水流经西辽河平原，沿途有平原水库、洼地，海槽容蓄量大，洪峰削减较大，对辽河干流影响不大。②辽河干流洪水，主要来自东辽河及左岸清、柴、泛等支流，是辽河流域主要暴雨中心区，洪水量极大。辽河中游右侧支流洪水一般不大，但柳河水土流失严重，大量泥沙输入辽河干流，致使河床淤高，泄洪能力减弱。③浑河、太子河洪水，主要来自沈阳和辽阳山地丘陵区，与辽河东侧支流同处于暴雨中心区。浑河、太子河两河相邻，洪水同步，量级很大。

6. 松花江流域

松花江流域是黑龙江流域在我国的最大支流，上游嫩江与第二松花江在吉林扶余县三岔河汇合后称为松花江，至同江县与黑龙江汇合。松花江流域山地丘陵占74%，平原占26%。松花江洪水主要由暴雨形成，大洪水多发生在7—9月，4月份还会出现冰凌洪水。松花江干流洪水往往是由嫩江与第二松花江较大洪水遭遇所造成。嫩江流域一般降雨强度不大，当接连出现几场大雨之后，即可形成干流较大洪水。嫩江干流河道比较平缓，中游河段洪水期间水面宽可达十余千米，河槽调蓄能力很大，洪水涨落缓慢，持续过程长达两个月。第二松花江流域暴雨强度大，洪水在发生过程中陡涨陡落，大洪水主要出现在7月、8月两个月，因此嫩江的洪水很容易与第二松花江、拉林河的洪水遭遇，造成松花江干流大洪水。

7. 珠江流域

珠江流域由西江、北江、东江及珠江三角洲诸河组成。全流域山地、丘陵占94.4%，平原占5.6%。西江是珠江主要支流，发源于云南省沾益县马雄山，流经贵州、广西，于广东省山水县与北江汇合。北江发源于江西省信丰县。东江发源于江西省寻乌县。珠江洪水，均由暴雨形成，4—7月为前汛期，8—9月为后汛期，大洪水主要发生在前汛期。西江洪水峰高量大，历时长。北江洪水发生季节略早于西江，峰形尖峭，洪水在发生过程中呈连续多峰形。一旦西江、北江洪水遭遇，往往形成三角洲特大洪水。

五、相关数据说明

数据的搜集和整理，主要依赖于相关年鉴、网站提供的数据库和杂志。受我国统计制度变迁影响，在数据整理过程中发生数据失真的情况在所难免。同时，由于数据年代久远，一些数据难免有所缺失。因而在数据整理过程中，课题组通过对各种数据来源进行斟酌之后决定是否进行使用。

（一）数据的来源

洪涝灾害的发生频数特征与洪涝灾害的损失分布特征的具体数据来源如表11－2所示。

表11－2　基本统计分析指标数据来源

指标	数据来源	年份
洪涝灾害发生频数	《中国减灾》《中国水利年鉴》	1990—2013
洪涝灾害直接经济损失	《中国水利年鉴》	1990—2013
GDP	《中国统计年鉴》	1990—2013

（二）数据使用的说明

鉴于数据来源广泛且不同来源的数据侧重点有所不同，本篇不同章节所使用的统计数据会存在统计口径不一致的情况。本篇所用数据大多是1990—2013年的数据，1990年之前的数据，由于统计的原因，有许多不完善之处，被编者剔除。

全国历年洪涝灾害损失次数以及各年中具体月份洪涝灾害发生频次和损失程度的数据，均来源于《中国减灾》杂志和《中国水利年鉴》对于洪涝损失的单条记录。《中国减灾》和《中国水利年鉴》的数据记录了各年各省单次洪涝灾害的受灾面积、受灾人口、死亡人口以及直接经济损失，所以此部分数据适用于洪涝灾害损失次数以及洪涝灾害损失程度的统计。需要说明的是，由于数据年代久远，以及统计口径不一致，部分损失的记录并不十分完整，这可能对统计结果的准确性有一定的影响。

全国和各省历年洪涝灾害直接经济损失的数据，来自《中国水利年鉴》。其中，全国的损失数据是从1990年开始统计的，而各省的损失数据由于可获得性的原因，是从1993年起始的。

（三）数据的修正

洪涝灾害损失的载体是财产和生命，由于损失是对财产价值或生命价值的度量，因而财产损失的确定势必与经济发展水平相关。同时，由于通货膨胀作用，损失额在不同的年份之间也缺乏可比性，因而必须通过对数据进行修正，使得数据代表的意义相一致，增强可比性。

本节使用GDP对损失数据进行调整（频数不需要进行调整），并将所有的损失都调整到2013年的水平。调整方法为：

$$调整后损失=未调整损失\times\frac{2013年\ GDP}{当年\ GDP}$$

本节小结

从世界各国的经验来看，洪涝灾害分布集中于中低纬度地区，多发于河流的两岸。我国洪涝灾害的分布呈现出东部多西部少，沿海多内陆少，平原多高原山地少的特征，全国雨涝最严重的地区主要为东南沿海地区、湘赣地区、淮河流域；洪涝灾害最主要的成因是暴雨洪水，其次是冰凌洪水以及融冰融雪洪水。本节以孕灾环境、致灾因子和承灾体三者结合的方式分析了洪涝灾害的成因以及洪涝灾害对自然、经济、社会等多方面的影响，并分别对我国七大水系的洪涝灾害特征进行了详述。

第二节　洪涝灾害的发生频数特征

一、洪涝灾害频数的基本统计分析

（一）历年洪涝灾害的频数分析

根据《中国减灾》杂志所记录的1990—2013年数据（其中2008年洪涝灾害损失数据在2009年的《中国减灾》中不全，采用《中国水利年鉴（2009）》中的数据），针对其间发生的1 539次洪涝灾害损失进行统计分析，各年份内洪涝灾害损失次数的具体分布见表11－3。由于《中国减灾》杂志所记录的我国洪涝灾害事件可能有所缺失，所以洪涝灾害损失年度高的年份，其损失频数并不一定很高。

表 11 -3　1990—2013 年历年洪涝灾害发生频数表

年份	频数（次）	年份	频数（次）	年份	频数（次）	年份	频数（次）
1990	38	1996	64	2002	10	2008	98
1991	57	1997	22	2003	88	2009	89
1992	39	1998	39	2004	60	2010	76
1993	57	1999	49	2005	154	2011	45
1994	51	2000	40	2006	164	2012	69
1995	73	2001	21	2007	79	2013	57

下面对历年洪涝灾害发生频数进行统计分析。由表 11 -4 可以计算出，我国历年洪涝灾害平均发生频数为 64 次，标准差为 37 次，这说明，我国各年洪涝灾害发生频数之间存在巨大差异。在 1990—2013 年这 24 年中，洪涝灾害发生频数最大的一年为 2006 年，为 164 次；洪涝灾害发生最少的一年为 2002 年，为 10 次。

表 11 -4　1990—2013 年历年洪涝灾害发生频数统计

基本统计测度		分位数统计测度	
均值	64. 125	分位数	估计值
中位数	57	100%	164. 0
众数	57	95%	154. 0
标准差	36. 642	90%	98. 0
方差	1343	75%	77. 5
极差	154	50%	57. 0
四分位间距	38	25%	39. 5

（二）频数的离散分布拟合

由于频数本身是离散的，可以先考虑用离散函数对其进行拟合。但由表 11 -4 可以看出，历年洪涝灾害发生频数的方差大于其均值，可以考虑用负二项分布拟合洪涝灾害发生频数。

对于负二项分布有：

$$E(X) = \frac{rq}{p}, Var(X) = \frac{rq}{p^2}, p + q = 1$$

根据样本数据可以得到 $p = 0.04776$，$q = 0.95224$，$r = 3.21625$，在负二项分布中 r 应该是一个整数，所以将 r 近似取为 3，再用一阶矩估计求得 $p = 0.04469$，$q = 0.95531$。

在 95% 的置信区间下，判别值可以粗略地估计为 $\frac{1.36}{\sqrt{20}} = 0.304$，而拟合函数 D 值为 0. 151 98，所以在 95% 的置信区间里，负二项分布通过了检验。其函数形式为：

$$p(X = k) = \binom{r + k - 1}{r - 1} p^r q^k = \frac{(k + 1)(k + 2)}{2} p^3 q^k \qquad (k = 0,1,2\cdots)$$

（三）频数的连续分布拟合

按照4种分布情况进行分布的拟合，拟合结果如图11－3所示。

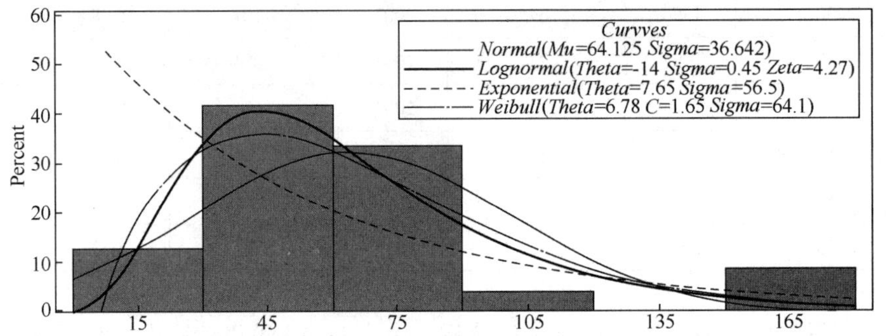

图11－3　全国洪涝灾害发生频数分布拟合曲线

在原假设服从某个分布条件下，在5%显著性水平上，仅对数正态分布能通过检验。

对数正态分布函数为：

$$f(x)=\frac{1}{\sqrt{2\pi}\times 0.600\,248x}e^{-\frac{(\ln x-4.000\,706)^2}{2\times 0.600\,248^2}}\qquad (0<x<\infty)$$

（四）洪涝灾害频数的年内差异情况

洪涝灾害在一年中各月份分布也不均衡。如图11－4所示，1990—2013年，全国洪涝灾害主要发生在5—8月，这也是全国各大流域的主要汛期。

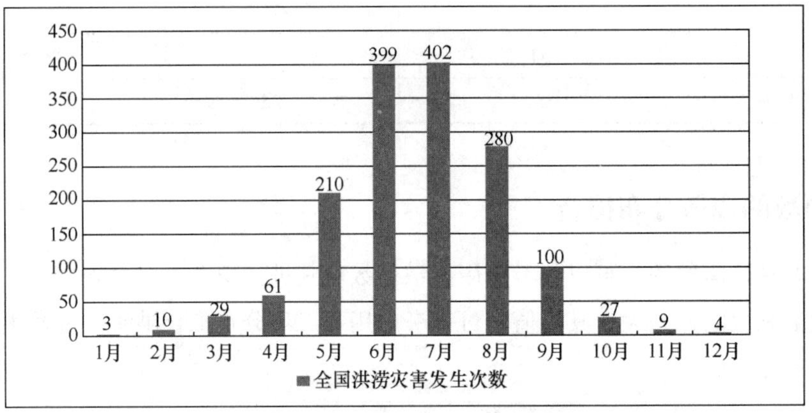

图11－4　1990—2013年全国各月洪涝灾害发生频数图

下面以洪涝重灾省份湖南省为例，统计1990—2013年湖南省各月发生洪涝灾害的次数，见图11－5。

（五）洪涝灾害发生频数的各省差异情况

我国省份众多，各省水系不同，有的省可能含有多个水系，因此，课题组统计了1994—2013年各省发生洪涝灾害的频数（重庆合并到四川）。

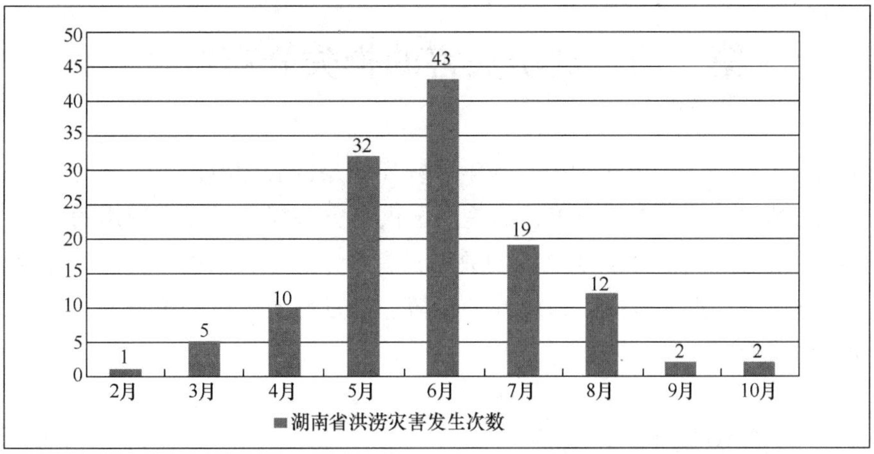

图 11－5 1990—2013 年湖南省各月洪涝灾害发生频数图

将发生 50 次以上的省（区、市）定义为频发区，湖南、湖北、四川、江西、安徽、贵州、广东、广西、云南都属于这个范畴，而湖南、湖北、四川、江西、安徽、贵州都属于长江流域。将发生 10 次以下的省（区、市）定义为少发区，北京、西藏、天津、上海都属于这个范畴。北京、天津、上海因为防洪措施完善，所以洪涝灾害发生次数比较少；而西藏属于西部干旱地区，降雨量少，所以洪涝灾害发生次数少。具体情况见表 11－5。

表 11－5 1994—2013 年各省（区、市）洪涝灾害发生频数表

省（区、市）	湖南	湖北	四川	江西	贵州	安徽	广东	山东	浙江	广西
频数	106	112	146	79	76	56	64	39	47	70
省（区、市）	陕西	黑龙江	河北	福建	云南	河南	辽宁	吉林	甘肃	山西
频数	41	44	31	44	64	39	13	20	41	24
省（区、市）	青海	江苏	新疆	北京	海南	宁夏	内蒙古	西藏	天津	上海
频数	22	23	34	6	15	14	40	6	2	4

本节小结

我国洪涝灾害年频数总体呈现缓慢下降。洪涝灾害的季节性和地域性依然明显，夏季和秋季是洪涝灾害多发季节，湖南、湖北、四川、江西等长江流域地区是洪涝频发省份。我国自 1990 年以来洪涝灾害频数为年均 64 次，其中，灾害频数最多的两年是 2005 年和 2006 年，次数分别为 154 次和 164 次，频数最少的一年是 2002 年，为 10 次，其余年度频数波动较为平稳，2012 年和 2013 年全国洪涝灾害频数维持在平均频数附近。洪涝历年发生频数呈现右偏趋势，利用离散分布和连续分布拟合时，负二项分布和对数正态分布通过检验。各月份灾害发生频次延续了之前年份洪涝灾害的季节性特点，7 月份洪涝频数最高，5—8 月的洪涝频数占所有月份洪涝频数的 84. 16%。

第三节 洪涝灾害的损失分布特征

依据《中国减灾》杂志以及《中国水利年鉴》所记录的我国洪涝灾害事件表，进行我国洪涝灾害的损失程度情况分析。本部分统计的是全国洪涝灾害损失情况，使用的数据主要来源于《中国水利年鉴》。由于《中国水利年鉴》的数据只有各年总损失数据，无法划分流域以及单次洪涝灾害发生的次损失数据，所以后面统计分流域、分月份的洪涝灾害损失情况时，使用数据主要来源于可持续发展网、《中国减灾》杂志。

一、全国洪涝灾害损失情况

损失的特征不仅包括损失发生的次数、绝对损失额，还包括损失率。全国的损失率情况见表11－6。

表11－6 1990—2013年全国洪涝灾害损失率

年份	经济损失（亿元）	调整后经济损失（亿元）	损失率
1990	239.000	7 485.578	1.27%
1991	779.080	20 922.732	3.56%
1992	413.000	8 971.814	1.53%
1993	641.740	10 622.452	1.81%
1994	1 796.550	21 799.709	3.71%
1995	1 653.300	15 903.397	2.70%
1996	2 208.360	18 143.293	3.09%
1997	930.110	6 885.630	1.17%
1998	2 550.900	17 670.968	3.01%
1999	930.230	6 065.048	1.03%
2000	711.630	4 193.900	0.71%
2001	623.030	3 322.318	0.57%
2002	838.000	4 072.327	0.69%
2003	1 300.510	5 599.726	0.95%
2004	713.500	2 610.540	0.44%
2005	1 662.210	5 257.842	0.89%
2006	1 332.500	3 599.868	0.61%
2007	1 123.300	2 464.454	0.42%
2008	955.450	1 773.700	0.30%
2009	845.960	1 439.231	0.24%
2010	3 745.430	5 386.078	0.92%
2011	1 301.000	1 580.201	0.27%

续表

年份	经济损失（亿元）	调整后经济损失（亿元）	损失率
2012	2 675. 320	2 945. 274	0. 50%
2013	3 155. 740	3 155. 740	0. 54%

由图 11 -6 可以看出，1990—1999 年全国的年损失额（调整后）变化很大，但总体来说，2000 年以后总损失额（调整后）稳定于 3 000 亿 ~5 000 亿元左右。由于我国 GDP 持续增长，1994 年以后的损失率呈下降趋势。1990—1993 年的平均损失率为 2. 04%，而 1999—2013 年的平均损失率为 0. 61%。1994—1998 年我国遭受了巨大的洪涝损失，除了 1997 年的年损失额小于 1 000亿元外，其余各年均达到 1 500 亿元以上，1994—1998 年的平均损失率为 2. 73%。1994—2013 年的平均损失率为 1. 14%。

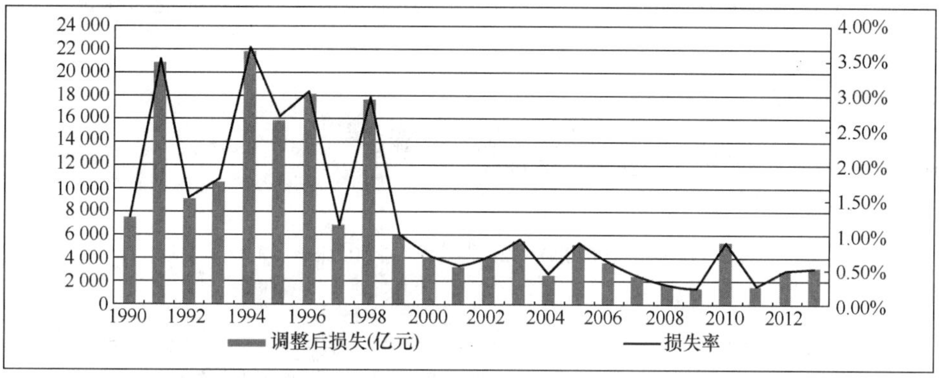

图 11 -6　1990—2013 年全国洪涝灾害直接经济损失（调整后）与损失率图

二、全国洪涝灾害损失程度统计分析

在分析了损失率的基础上，对 1990—2013 年全国洪涝灾害调整后年损失进行统计分析，统计结果如表 11 -7 所示，盒状图如图 11 -7 所示。

表 11 -7　1990—2013 年全国洪涝灾害损失统计结果

基本统计测度		分位数统计测度	
均值	7 577. 993	分位数	估计值
中位数	5 321. 96	100%	21 799. 7
众数	—	99%	21 799. 7
标准差	6 420	95%	20 922. 7
方差	41 221 864	90%	18 143. 3
极差	20 360	75%	9 797. 1
四分位间距	6 747	50%	5 322. 0
偏度	1. 205 6	25%	3 050. 5
峰度	0. 129 5	10%	1 773. 7

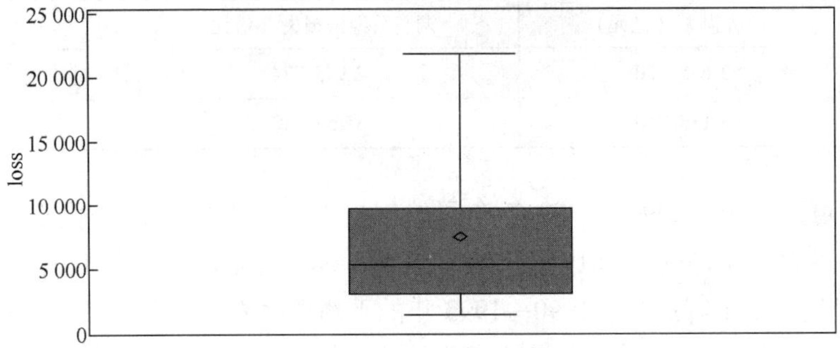

图 11－7　全国洪涝灾害年损失额分布盒状图

通过四种常用连续型分布函数对洪涝灾害损失进行拟合，结果如图 11－8 所示。在原假设服从某个分布条件下，在 5% 显著性水平上，对数正态分布、指数分布均能通过检验，而正态分布不能通过原假设。

对数正态分布函数：

$$f(x)=\frac{1}{\sqrt{2\pi}\times 0.805\ 081x}e^{-\frac{(\ln x-8.609\ 124)^2}{(2\times 0.805\ 081)^2}}\quad (0<x<\infty)$$

指数分布函数：

$$f(x)=0.000\ 132e^{-0.000\ 132x}\quad (0<x<\infty)$$

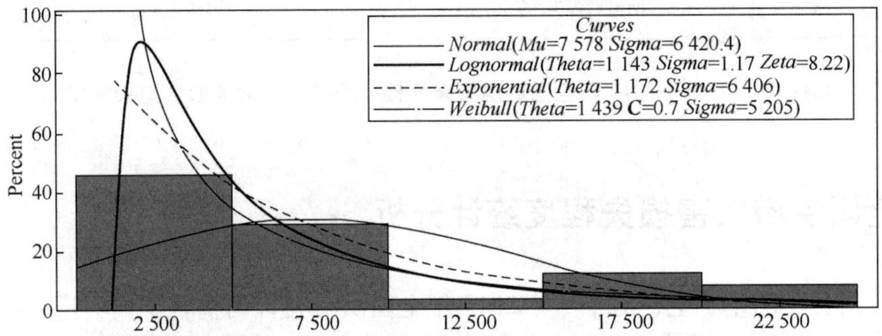

图 11－8　全国洪涝灾害年损失额分布拟合曲线图

三、洪涝灾害损失程度年内差异分析

洪涝灾害的经济损失情况在一年中的各个月份分布也不均衡。图 11－9 直观地表述了 1990—2013 年各月全国洪涝灾害经济损失程度。

可以看出和洪涝灾害发生次数一样，全国洪涝灾害经济损失也主要集中在 5—10 月。

下面，仍以重灾省份湖南省为例，统计 1990—2013 年湖南省各月发生洪涝灾害的直接经济损失，见图 11－10。

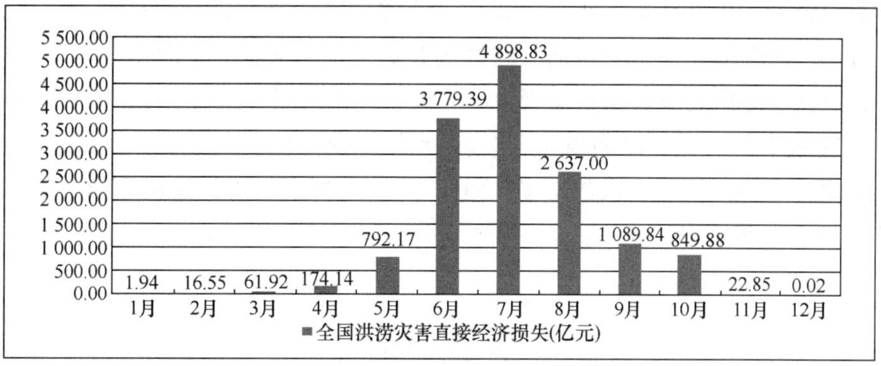

图 11－9　1990—2013 年各月洪涝灾害损失程度图

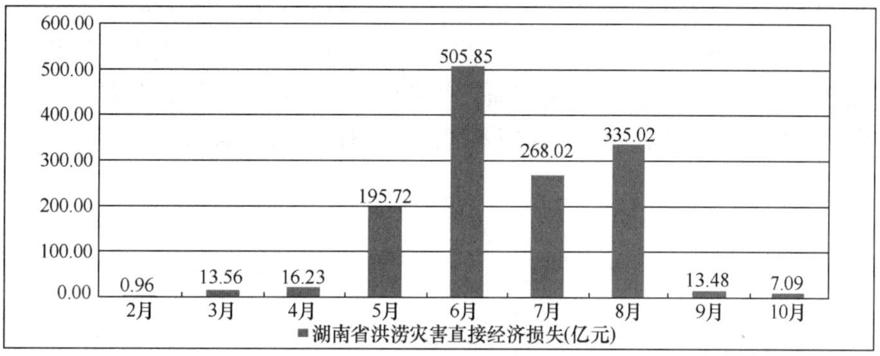

图 11－10　1990—2013 年湖南省各月洪涝灾害经济损失图

四、洪涝灾害损失程度各省差异情况

表 11－8 是根据《中国水利年鉴》统计的 1993—2013 年各省发生洪涝灾害的经济损失程度（重庆合并到四川）。

表 11－8　1993—2013 年各省（区、市）洪涝灾害经济损失程度表　（单位：亿元）

省（区、市）	北京	天津	河北	山西	内蒙古	辽宁	吉林	黑龙江
经济损失	200. 12	56. 99	926. 08	329. 04	567. 19	1 264. 18	1 127. 35	904. 2
省（区、市）	浙江	安徽	福建	江西	山东	河南	湖北	湖南
经济损失	3 180. 34	1 396. 4	1 776. 33	2 050. 32	1 087. 86	823. 22	1 493. 94	2 862. 99
省（区、市）	海南	四川	贵州	云南	西藏	陕西	甘肃	青海
经济损失	587. 62	2 854. 58	506. 28	586. 36	45. 27	872. 81	597. 15	60. 8
省（区、市）	江苏	广西	新疆	上海	广东	宁夏		
经济损失	860. 99	1 733. 4	240. 88	70. 73	2 570. 64	41. 85		

本报告将经济损失超过 1 000 亿元的省（区、市）定义为重灾区，湖南、湖北、浙江、江

西、福建、广西、广东、安徽、吉林、四川、辽宁、山东都属于这个范畴，而大部分省（区、市）都属于长江流域。将经济损失小于100亿元的省（区、市）定义为轻度受灾区，天津、上海、宁夏、青海、西藏都属于这个范畴。与受灾频数类似，天津、上海由于防洪措施完善、发生次数较少，因此经济损失也较少；而青海、宁夏、西藏等西部干旱地区经济损失也较少。与洪涝灾害发生次数不同的是，海南省虽然发生次数较少（仅为9次），但其经济损失却高达536.31亿元；北京虽然洪涝灾害次数不多，但2012年的特大城市内涝灾害给其带来巨大损失，使北京市经济损失比2012年之前有大幅上涨。

本节小结

洪涝灾害经济损失方面，由于我国GDP持续增长，我国洪涝灾害经GDP调整后的损失自2000年以后明显较低。自1990年至今，我国洪涝灾害直接经济损失最高的一年是2010年，其次是2013年，这两年洪涝灾害直接经济损失均超过3 000亿元。根据损失分布特征，利用常用连续函数来拟合1990—2013年的洪涝灾害损失（调整后），参数与《灾因报告（2012）》差别不大。在洪涝灾害各省的损失统计中，与前版不同的是，辽宁、山东被归入重灾区。

第十二章　洪涝灾害的区域差异分析

第一节　区域聚类及分组

一、聚类使用指标说明

本章进行聚类的方法选择 Ward 最小方差法，具体原理参见第一篇关于本方法的介绍。为了能够更好地分析洪涝灾害的特征，课题组将按照不同地区的地理、经济和洪水损失等因素进行分组，使用的方法是根据聚类分析的结果结合地区实际情况进行分析。

聚类分析主要考虑的因素包括：各省平均损失；平均损失率①；平均损失率方差；死亡人口平均值；房屋损失；平均水利设施损失。

1994—2013 年各省平均损失额、损失率、损失率方差、死亡人口、房屋损失和水利设施损失数据见表 12－1。其中，平均损失额需要把所有的损失额进行标准化。采用如下公式进行标准化：

$$Loss = Loss_y \times \frac{GDP_{2013}}{GDP_y}$$

表 12－1　1994—2013 年全国各省（区、市）洪涝灾害各项平均经济损失率表

省（区、市）	平均损失额	平均损失率	损失率方差	平均死亡人口	平均房屋损失	平均水利设施损失
北京	20.826 7	0.11%	0.000 0	4.150 0	0.078 0	1.995 9
天津	16.004 4	0.11%	0.000 0	0.050 0	0.029 0	0.447 7
河北	233.679 1	0.82%	0.000 4	46.250 0	4.752 2	5.770 9
山西	84.531 2	0.67%	0.000 2	37.150 0	4.331 5	1.152 9
内蒙古	211.805 3	1.25%	0.000 8	29.850 0	2.803 0	1.913 2
辽宁	324.087 1	1.19%	0.000 8	20.400 0	2.517 0	7.881 3
吉林	281.295 7	2.16%	0.002 0	11.800 0	6.463 5	6.994 5
黑龙江	146.026 8	1.01%	0.000 4	8.200 0	4.879 0	2.823 5
上海	11.110 2	0.05%	0.000 0	2.100 0	0.094 0	0.317 9

① 定义：损失率＝经济损失/各省当年 *GDP*，平均损失率为各年损失率的平均值。

续表

省（区、市）	平均损失额	平均损失率	损失率方差	平均死亡人口	平均房屋损失	平均水利设施损失
江苏	184.993 4	0.31%	0.000 0	12.400 0	2.271 0	3.904 0
浙江	598.192 6	1.58%	0.000 3	68.900 0	3.494 5	22.511 8
安徽	356.693 0	1.85%	0.000 5	32.650 0	10.961 0	11.696 5
福建	419.243 6	1.92%	0.000 5	103.250 0	11.401 5	16.799 9
江西	557.133 4	3.87%	0.003 4	55.300 0	12.835 5	17.798 1
山东	201.609 0	0.37%	0.000 0	15.050 0	4.169 5	5.758 6
河南	187.375 3	0.58%	0.000 1	41.250 0	5.769 0	5.622 7
湖北	406.446 0	1.64%	0.000 7	118.300 0	12.800 5	8.841 6
湖南	936.467 5	3.80%	0.003 0	205.200 0	22.680 5	22.980 7
广东	567.949 5	0.91%	0.000 2	121.350 0	5.810 0	17.189 4
广西	549.104 2	3.80%	0.004 6	98.950 0	9.458 5	12.791 5
海南	104.426 6	3.29%	0.001 8	16.850 0	0.694 0	3.643 4
四川	390.565 2	1.00%	0.000 0	253.800 0	14.265 0	24.911 2
贵州	172.353 8	2.13%	0.001 1	130.850 0	2.080 0	2.248 5
云南	129.234 2	1.09%	0.000 1	200.100 0	3.335 0	5.795 8
西藏	8.991 4	1.10%	0.000 2	11.100 0	0.326 5	1.151 7
陕西	173.861 4	1.07%	0.000 1	79.200 0	6.897 0	9.275 4
甘肃	57.626 5	0.91%	0.000 1	123.950 0	1.367 5	4.175 6
青海	14.160 0	0.67%	0.000 0	13.250 0	0.266 0	1.019 4
宁夏	11.159 1	0.43%	0.000 0	7.950 0	0.182 5	0.715 6
新疆	62.224 3	0.74%	0.000 2	30.400 0	2.678 5	5.215 0

二、聚类的过程、结果以及分组

（一）聚类分组过程

根据第一部分中所述的六种指标，采用 Ward 聚类，运用 SAS 编程中的 cluster 过程，得到对我国 30 个省（区、市）（重庆并入四川，港澳台除外）的聚类结果，如图 12－1 所示。

本节把全国 30 个省（区、市）（重庆并入四川，港澳台除外）按照年均组损失率从小到大划分为以下 9 组：

第一组：北京、天津、上海

第二组：江苏、山东、河南

第三组：青海、宁夏、新疆、西藏、陕西

第四组：河北、山西、内蒙古、黑龙江、吉林、辽宁

第五组：四川、云南、贵州、甘肃

第六组：浙江、广东

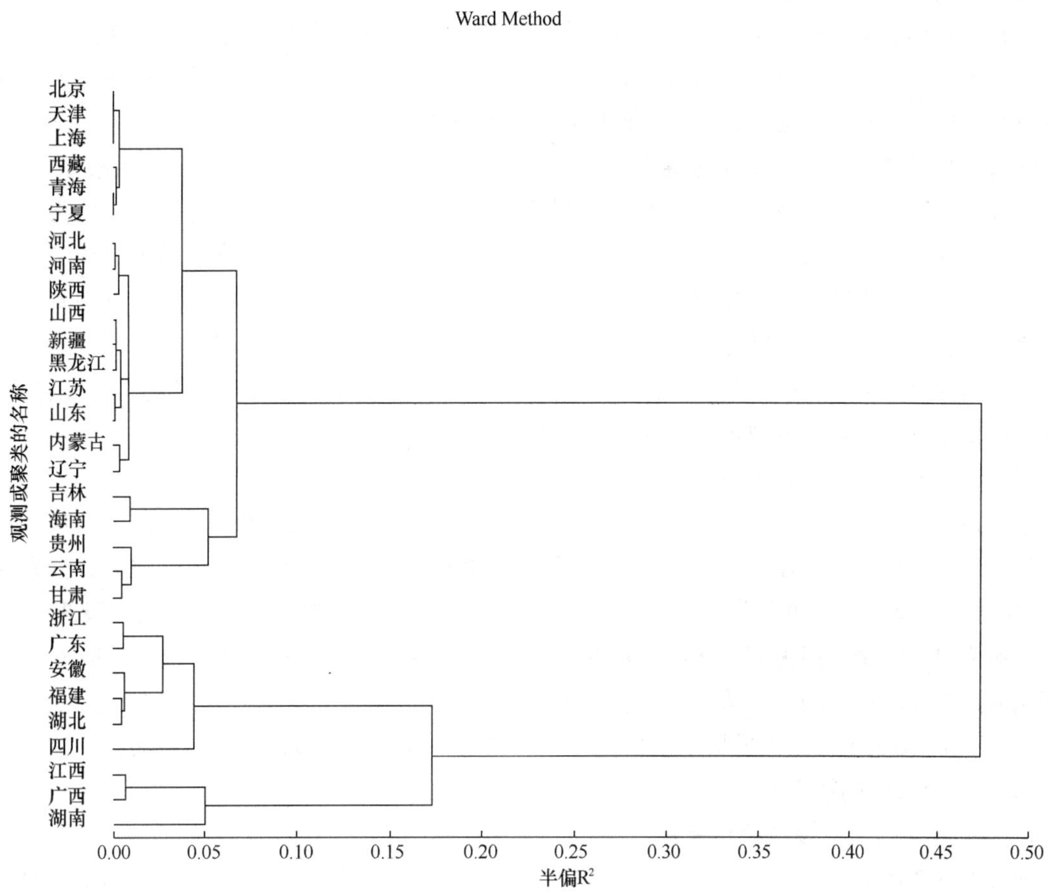

图 12－1 聚类结果图

第七组：湖北、安徽、福建

第八组：江西、广西、海南

第九组：湖南

（二）各组定量分析

下面对每一组的特点进行分析，在同一组中的省份在地域特征、水文特征和防灾能力等方面有一定的相似性。《中国水利年鉴》的数据显示：在受灾人口、房屋损失、总损失、死亡人口等方面，湖南的损失均是全国最高的，因此把它单列一组。在洪水保险定价中，常需要对洪水次损失及洪水频数的分布类型进行拟合，对其分布中的未知参数进行估计。当统计数据比较充足时，定价人员常用经验分布对损失进行拟合，但由于洪水属于巨灾风险，一旦发生往往会导致巨大的经济损失，且其统计数据非常有限，因此定价人员也常常用理论分布对损失进行拟合。显然，分布假设的合理性显著影响着最终精算定价结果的正确性。

保险定价需要考虑很多因素，但最直接的一个因素就是承保标的的损失大小，或者更直接地说是可能发生的赔付大小。因此，对洪水损失的拟合或者对其分布进行拟合是讨论洪水保险定价问题的基础。本节将采取对数正态分布、正态分布、韦伯分布、指数分布和负二项分布分别对我国洪水次损失和洪水频数进行拟合与比较。

洪水次损失是指每次洪水所造成的直接经济损失，在非寿险精算中洪水等巨灾损失的分布通常具有不对称、定义域非负、尾部较厚的特点。故一般采用双参数模型。本章将采取对数正态分布、正态分布、韦伯分布、指数分布对我国洪水次损失进行拟合与比较。虽然指数分布是单参数的，但考虑到它是伽玛分布的一种形式，仍将它作为一种分布进行拟合。

洪水频数是指我国每年发生的洪水次数。泊松模型（Poisson Model）和负二项模型（Negative Binomial Model）都是描述随机变量变化规律的概率模型，常用于分析现实生活中很少发生的某类稀疏性事件，而洪水等巨灾事件极为符合其描述的范畴，且泊松分布和负二项分布都属于离散型分布，更为符合洪水频数的特征。但是在对频数进行基本统计分析之后发现其方差大于均值，符合负二项分布的特点，因此下面只用负二项分布进行拟合及假设检验。

这里需要指出的是，损失频数与损失程度数据主要都是基于相关年鉴资料上关于洪涝灾害的统计数据整理的，此章的数据期间为1994—2013年。

第一组：北京、天津、上海

本组包含除重庆外的三大直辖市，它们同处各自流域的下游，经济发达，资产密度大，其特殊的政治、经济地位，使得政府对该地区的防洪设施投入巨大，并且已初见成效，分别达到了抗50年一遇及百年一遇大洪水的标准，该地区发生洪涝灾害的概率极小，损失率极低。

与前面研究的全国损失率变化趋势基本一致，1999年以后损失率呈减少趋势。1996年天津海河流域遭受比较严重的洪涝灾害，损失率较高；由于1998年大洪水并未影响到这几个地区，所以其1998年损失率比全国平均水平低很多；2012年损失率达到20年中的最大值，这与北京市2012年7月发生的特大城市内涝灾害有关。

1. 第一组洪涝灾害频数统计分析

如表12－2所示，从统计情况看，该组的均值最小，这说明第一组是损失发生频率最低的一组。由于每年洪涝灾害频数的分布是离散的，其损失均值0.6小于其方差1.2，并且其偏度与峰度均大于0，说明此分布为尖峰右偏的，可以采用负二项分布对其进行拟合。

负二项分布表达式为：

$$P\{X = k\} = \binom{k + r - 1}{r - 1} p^r q^k \qquad (k = 0,1,2\cdots)$$

式中：$r=0.6$；$p=0.5$；$q=0.5$。

r近似取0，又因为r值只能取正整数，所以上述拟合式没有意义。从数据来看，由于数据太少，不足以做频数拟合，所以负二项分布不能拟合该组频数。尝试用SAS中的4种连续分布拟合频数分布，正态分布不能通过检验，而其他3种分布没有拟合结果。

2. 第一组洪涝灾害损失程度统计分析

如表12－3所示，由于损失数据中存在着一些异常数值，会影响到拟合分布的合理估计，因此在做基本统计分析之前，需要先剔除掉这些异常值，然后得到第一组洪涝灾害损失的基本统计量。在以后的分析中，采取相同的方法，即：若存在异常数值，在剔除掉异常值之后，进行分布的拟合及假设检验。

用正态分布、指数分布、对数正态分布和韦伯分布4个常用分布对第一组损失额进行拟合，在5%显著性水平上，只有对数正态分布能通过原假设，其拟合形式为：

$$f(x) = \frac{1}{\sqrt{2\pi} \times 1.854\,03x} e^{-\frac{(\ln x - 2.716\,42)^2}{2 \times 1.854\,03^2}} \qquad (0 < x < \infty)$$

表 12-2　第一组洪涝灾害频数基本统计量

基本统计测度		分位数统计测度	
均值	0.6	分位数	估计值
中位数	0	100%	4
众数	0	99%	4
标准差	1.095	95%	3.5
方差	1.2	90%	2
极差	4	75%	1
四分位间距	1	50%	0
偏度	2.25	25%	0
峰度	4.92	10%	0

表 12-3　第一组洪涝灾害损失基本统计量

基本统计测度		分位数统计测度	
均值	47.94	分位数	估计值
中位数	17.7	100%	221.06
众数	—	99%	221.06
标准差	70.15	95%	211.52
方差	4 921.02	90%	196.38
极差	220	75%	52.56
四分位间距	47.27	50%	17.7
偏度	1.86	25%	5.29
峰度	2.16	10%	2

第二组：江苏、山东、河南

此组三个省份以淮河流域为纽带，地域紧紧相连。地区资产密度较大，2013 年三省总 GDP 为 147 174.99 亿元，占全国 GDP 的 23.2%，均为所处地域范围内的经济较发达省份，且位于所在流域的下游，地域相连，全年降雨集中于夏季。经济相对发达，资产密度高，洪涝灾害威胁性较大，但防洪设施完善，损失率低。其趋势和全国损失率变化趋势基本一致，由于 1996 年、2000 年两年河南的洪涝灾害都比较严重，形成了较大的损失，使得本组 1996 年、2000 年的损失率较高，但是均低于 1%；另外，在 2003 年，江苏、河南两省的直接经济损失分别高达 214 亿元和 184 亿元，因此这一年的损失率很高。

1. 第二组洪涝灾害频数统计分析

如表 12-4 所示，该组的均值远远大于第一组。由于每年洪涝灾害频数的分布情况是离散的，其均值小于方差，并且其偏度与峰度均大于 0，说明此分布为右偏，可以采用负二项分布对其进行拟合。

可以得到以下表达式：

$$P\{X = k\} = \binom{k+r-1}{r-1} p^r q^k \qquad (k = 0,1,2\cdots)$$

式中：$r=1$；$p=0.165\ 29$；$q=0.834\ 71$

2. 第二组洪涝灾害损失程度统计分析

如表 12-5 所示，从检验的结果来看，在 5% 显著性水平上，对数正态分布、指数分布均通过原假设，其拟合形式为：

对数正态分布函数：

$$f(x) = \frac{1}{\sqrt{2\pi} \times 0.999\ 94x} e^{-\frac{(\ln x - 5.898\ 46)^2}{2 \times 0.999\ 94^2}} \qquad (0 < x < \infty)$$

指数分布函数：

$$f(x) = 0.001\ 742 e^{-0.001\ 742x} \qquad (0 < x < \infty)$$

表 12－4　第二组洪涝灾害频数基本统计量

基本统计测度		分位数统计测度	
均值	5.05	分位数	估计值
中位数	4	100%	17
众数	5	99%	17
标准差	4.85	95%	16.5
方差	23.52	90%	13.5
极差	17	75%	6
四分位间距	4.5	50%	4
偏度	1.42	25%	1.5
峰度	1.5	10%	0.5

表 12－5　第二组洪涝灾害损失基本统计量

基本统计测度		分位数统计测度	
均值	573.98	分位数	估计值
中位数	359.68	100%	2 303.98
众数	—	99%	2 303.98
标准差	566.56	95%	1 839.64
方差	320 995	90%	1 328.3
极差	2 251	75%	879.77
四分位间距	685.76	50%	359.68
偏度	1.76	25%	194.01
峰度	3.45	10%	93.71

第三组：青海、宁夏、新疆、西藏、陕西

本组以 1994—2013 年平均损失率为主要划分依据，并且考虑了地域、气候、水文特征以及防灾能力等原因。各省份位于我国西部地区，年降雨量小，经济发展滞后且资本密度小，虽然当地防洪设施建设普遍落后，但绝对损失额低，年平均损失率低，仍属于我国洪涝灾害低损失率地区。西藏在本组的损失率最高，原因在于其 GDP 太低，而其绝对损失额并不高。

除 1996 年新疆发生特大洪涝灾害造成较大损失率以外，其他年份损失率变化不大，基本上都低于 2%；2004 年至今，除了 2010 年陕西洪涝灾害造成较大损失外，损失率基本都低于 1%。

1. 第三组洪涝灾害频数统计分析

如表 12－6 所示，洪涝灾害频数的分布情况是离散的，其均值小于其方差，并且其偏度与峰度均大于 0，说明此分布为右偏的，可以采用负二项分布对其进行拟合。

可以得到以下表达式：

$$P\{X = k\} = \binom{k + r - 1}{r - 1} p^r q^k \qquad (k = 0,1,2\cdots)$$

式中：$r = 1$；$p = 0.145\,99$；$q = 0.854\,01$。

2. 第三组洪涝灾害损失程度统计分析

如表 12－7 所示，在 5% 显著性水平上，对数正态分布、指数分布均通过原假设，其拟合形式为：

对数正态分布函数：

$$f(x) = \frac{1}{\sqrt{2\pi} \times 0.925\,56x} e^{-\frac{(\ln x - 5.212\,60)^2}{2 \times 0.925\,56^2}} \qquad (0 < x < \infty)$$

指数分布：

$$f(x) = 0.003\,698 e^{-0.003\,698x} \qquad (0 < x < \infty)$$

表 12－6 第三组洪涝灾害频数基本统计量

基本统计测度		分位数统计测度	
均值	5.85	分位数	估计值
中位数	4	100%	22
众数	4	99%	22
标准差	5.22	95%	19.5
方差	27.29	90%	13
极差	22	75%	7
四分位间距	4	50%	4
偏度	2.13	25%	3
峰度	4.77	10%	2

表 12－7 第三组洪涝灾害损失基本统计量

基本统计测度		分位数统计测度	
均值	270.4	分位数	估计值
中位数	165.3	100%	912.74
众数	—	99%	912.74
标准差	237.81	95%	776.37
方差	56551	90%	616.6
极差	879.01	75%	417.43
四分位间距	17.25	50%	165.3
偏度	1.31	25%	100.18
峰度	1.32	10%	42.37

第四组：河北、山西、内蒙古、黑龙江、吉林、辽宁

本组在东三省和内蒙古的基础上加入了河北和山西。本组地域性明显，集中了东三省、内蒙古以及河北、山西两省。

把内蒙古划入本组主要基于以下考虑：①地域相连，处于我国的北方地区，降雨集中于6—9月的夏季汛；②内蒙古的降雨和水资源大部分集中于与东北三省相邻的东北地区，同样也是这部分地区发生洪涝灾害的危险性更大；③防洪设施建设水平相近，都具有一定的防洪能力，但仍存在不足；④内蒙古1994—2013年平均损失率介于辽宁与吉林之间，略高于黑龙江。

把河北与山西两省划归为此组的原因：一是缘于加入新的统计数据后的聚类结果；二是由于这些省份在地域上相连，降雨特点、经济水平都有相似之处。

1998年以后，损失率降低，且波动不大，但1998年以前损失波动率较大，小灾年损失率较低，大灾年损失率极高。1995年、1998年就属于大灾年，松花江、嫩江、辽河都发生了较严重的洪涝灾害，造成巨大损失，2010年相对于2000年后的其他年份呈现出较高的损失率，这与全国的趋势相符。

1. 第四组洪涝灾害频数统计分析

如表12－8所示，该组洪涝灾害频数的分布情况是离散的，其均值小于其方差，并且其偏度大于0，说明此分布为右偏的，可以采用负二项分布对其进行拟合。

可以得到以下表达式：

$$P\{X = k\} = \binom{k+r-1}{r-1} p^r q^k \qquad (k = 0,1,2\cdots)$$

式中：$r=1$；$p=0.104\,17$；$q=0.895\,83$。

2. 第四组洪涝灾害损失程度统计分析

如表12－9所示，在5%显著性水平上，仅对数正态分布能接受原假设。

对数正态分布函数：

$$f(x) = \frac{1}{\sqrt{2\pi} \times 1.315\,39x} e^{-\frac{(\ln x - 6.213\,43)^2}{2 \times 1.315\,39^2}} \qquad (0 < x < \infty)$$

表 12－8　第四组洪涝灾害频数基本统计量

基本统计测度		分位数统计测度	
均值	8.6	分位数	估计值
中位数	6.5	100%	33
众数	1	99%	33
标准差	8.13	95%	29
方差	66.15	90%	20.5
极差	32	75%	10
四分位间距	7	50%	6.5
偏度	1.88	25%	3
峰度	3.8	10%	1

表 12－9　第四组洪涝灾害损失基本统计量

基本统计测度		分位数统计测度	
均值	1281.43	分位数	估计值
中位数	394.35	100%	6 120.79
众数	—	99%	6 120.79
标准差	1 919	95%	5 950.57
方差	3 684 413	90%	4 870.68
极差	6 024	75%	997.11
四分位间距	834.56	50%	394.35
偏度	1.71	25%	162.54
峰度	1.46	10%	122.8

第五组：四川、云南、贵州、甘肃

这 4 个省份都属于我国西南地区，而且经济发展水平相当，且目前不仅面临洪涝危害，还面临干旱危害，水资源时空分布十分不均。旱灾损失大于洪涝损失。洪涝灾害主要形式为暴雨引起的山区型洪灾，防洪设施落后，防灾减灾能力弱，但是由于人口稀少，损失额并不大。

1995 年、1996 年、1998 年、2010 年的损失率很高，1998 年以后，损失率相对比较平稳，呈下降趋势，直到 2010 年损失率再次达到 1.5% 左右，这几个省与全国趋势相似，事实上在 2010 年全国的洪涝总损失明显高于 2009 年。

1. 第五组洪涝灾害频数统计分析

如表 12－10 所示，该组的均值为 17.6，是 9 组聚类结果中最高的一组，这是由近年来四川省洪涝灾害频发造成的，每年发生的洪涝灾害次数均居全国首列。由于每年洪涝灾害的分布情况是离散的，其频数的均值小于其方差，并且其偏度大于 0，说明此分布为右偏的，可以采用负二项分布对其进行拟合。

可以得到以下表达式：

$$P\{X = k\} = \binom{k+r-1}{r-1} p^r q^k \qquad (k = 0,1,2\cdots)$$

式中：$r=2$；$p=0.102\ 04$；$q=0.897\ 96$。

2. 第五组洪涝灾害损失程度统计分析

如表 12－11 所示，在 5% 显著性水平上，对数正态分布、指数分布均通过原假设，其拟合形式为：

对数正态分布函数：

$$f(x) = \frac{1}{\sqrt{2\pi} \times 0.649\ 31x} e^{-\frac{(\ln x - 6.430\ 49)^2}{2 \times 0.649\ 31^2}} \qquad (0 < x < \infty)$$

表 12－10 第五组洪涝灾害频数基本统计量

基本统计测度		分位数统计测度	
均值	17.6	分位数	估计值
中位数	14.5	100%	46
众数	3	99%	46
标准差	13.08	95%	45
方差	171.2	90%	39.2
极差	43	75%	27.5
四分位间距	20	50%	14.5
偏度	0.94	25%	7.5
峰度	-0.01	10%	4

表 12－11 第五组洪涝灾害损失基本统计量

基本统计测度		分位数统计测度	
均值	749.78	分位数	估计值
中位数	701.38	100%	1 888.69
众数	—	99%	1 888.69
标准差	463.55	95%	1 832.83
方差	214 882	90%	1 540.26
极差	1 750	75%	884.09
四分位间距	412.74	50%	701.38
偏度	1.23	25%	471.35
峰度	1.52	10%	220.57

第六组：浙江、广东

本组的两个省份——浙江省和广东省，经济发达，经济发展水平相当，而且由于防洪基础设施建设好，所以损失率相对于灾害的频繁程度不算高，但是浙江省由于地域内河流众多，广东省受台风影响大，两地的洪涝灾害较为频繁。

除 1994 年、1997 年遭受了较严重的洪涝灾害之外，其他年份损失率都不高，且比较平稳，虽然 2006 年的绝对损失额较大，但是由于 2006 年的 GDP 很大，因此损失率并不是很高。

1. 第六组洪涝灾害频数统计分析

如表 12－12 所示，由于每年洪涝灾害的分布情况是离散的，其频数均值小于其方差，并且其偏度大于 0，说明此分布为右偏的，可以采用负二项分布对其进行拟合。

可以得到以下表达式：

$$P\{X = k\} = \binom{k+r-1}{r-1} p^r q^k \qquad (k = 0,1,2\cdots)$$

式中：$r=2$；$p=0.266\ 67$；$q=0.733\ 33$。

2. 第六组洪涝灾害损失程度统计分析

如表 12－13 所示，从检验的结果来看，在 5% 显著性水平上，对数正态分布和指数分布能接受原假设。

对数正态分布函数：

$$f(x) = \frac{1}{\sqrt{2\pi} \times 0.843\ 09x} e^{-\frac{(\ln x - 6.658\ 68)^2}{2 \times 0.843\ 09^2}} \qquad (0 < x < \infty)$$

指数分布：

$$f(x) = 0.000\ 858 e^{-0.000\ 858x} \qquad (0 < x < \infty)$$

表 12－12　第六组洪涝灾害频数基本统计量

基本统计测度		分位数统计测度	
均值	5.5	分位数	估计值
中位数	4	100%	14
众数	6	99%	14
标准差	4.22	95%	13.5
方差	17.84	90%	13
极差	14	75%	7.5
四分位间距	5	50%	4
偏度	0.85	25%	2.5
峰度	－0.3	10%	1

表 12－13　第六组洪涝灾害损失基本统计量

基本统计测度		分位数统计测度	
均值	1166.14	分位数	估计值
中位数	659.65	100%	6 121.89
众数	—	99%	6 121.89
标准差	1 350	95%	4 386.11
方差	1 821 171	90%	2 478.61
极差	5912	75%	1 294.39
四分位间距	887.05	50%	659.65
偏度	2.9	25%	407.34
峰度	9.83	10%	289.27

第七组：湖北、安徽、福建

本组事实上包含了两个流域，其一为长江中游的湖北及江淮流域的安徽，另外加入了东南沿海诸河水系的福建。两部分虽然处于不同流域，但是地域相连，省内水系众多，容易发生洪涝灾害。降雨集中于夏季汛期，防汛抗洪设施建设有一定基础，但仍然不够完善。

变化趋势与全国损失率变化趋势基本一致，1998 年受长江流域大洪水影响，损失率较高。2000 年以后损失率相对 2000 年以前有所下降，同时 2010 年有一个小的高峰，与全国趋势相符合。

1. 第七组洪涝灾害频数统计分析

如表 12－14 所示，从统计情况看，该组的均值为 10.8，由于每年洪涝灾害的分布情况是离散的，其频数均值小于其方差，并且其偏度大于 0，说明此分布为右偏的，可以采用负二项分布对其进行拟合。

可以得到以下表达式：

$$P\{X=k\} = \binom{k+r-1}{r-1} p^r q^k \qquad (k=0,1,2\cdots)$$

式中：$r=6$；$p=0.361\ 45$；$q=0.638\ 55$。

2. 第七组洪涝灾害损失程度统计分析

如表 12－15 所示，从检验的结果来看，在 5% 显著性水平上，对数正态分布、指数分布能通过检验。

对数正态分布函数：

$$f(x) = \frac{1}{\sqrt{2\pi}\times 0.958\ 99x} e^{-\frac{(\ln x-6.637\ 39)^2}{2\times 0.958\ 99^2}} \qquad (0<x<\infty)$$

指数分布：

$$f(x) = 0.000\ 846 e^{-0.000\ 846x} \qquad (0<x<\infty)$$

表 12－14　第七组洪涝灾害频数基本统计量

基本统计测度		分位数统计测度	
均值	10.6	分位数	估计值
中位数	10.5	100%	23
众数	10	99%	23
标准差	5.39	95%	20.5
方差	29.09	90%	17
极差	22	75%	13.5
四分位间距	7	50%	10.5
偏度	0.16	25%	6.5
峰度	0.48	10%	3

表 12－15　第七组洪涝灾害损失基本统计量

基本统计测度		分位数统计测度	
均值	1 182.38	分位数	估计值
中位数	758.666	100%	4 437.34
众数	—	99%	4 437.34
标准差	1 147	95%	3 698.13
方差	1 316 737	90%	2 735.09
极差	4 259	75%	1 694.56
四分位间距	1 353	50%	758.67
偏度	1.52	25%	341.38
峰度	2.05	10%	196.1

第八组：江西、广西、海南

本组包含长江中游的江西、珠江流域的广西，以及独立水系的海南。本组三个省（区、市）1994—2013年平均损失率极高，均在3%以上，远高于临近的湖北、安徽等省。洪涝灾害的主要形式为：台风、集中降雨、江湖洪水交汇以及山区暴雨洪水带来的淹没损失、水土流失和崩山泥石流灾害。本组的共同点是：水系众多，降雨时空分布不均，降雨集中，易发生洪涝灾害，防汛抗洪设施整体不够完善。

本组损失率基本体现了全国损失率的变化趋势。1999年以后损失率逐渐减少。1994年、1998年两个重大洪涝灾害年都造成了很高的损失率。

1. 第八组洪涝灾害频数统计分析

如表12－16所示，从统计的情况看，该组的均值为8.2，由于每年洪涝灾害频数的分布情况是离散的，其均值小于其方差，并且其偏度大于0，说明此分布为右偏的，可以采用负二项分布对其进行拟合。

可以得到以下表达式：

$$P\{X=k\}=\binom{k+r-1}{r-1}p^r q^k \qquad (k=0,1,2\cdots)$$

式中：$r=3$；$p=0.267\ 86$；$q=0.732\ 14$。

2. 第八组洪涝灾害损失程度统计分析

如表12－17所示，在5%显著性水平上，仅指数分布能通过检验。

指数分布：

$$f(x)=0.000\ 826\mathrm{e}^{-0.000\ 826x} \qquad (0<x<\infty)$$

表 12－16　第八组洪涝灾害频数基本统计量

基本统计测度		分位数统计测度	
均值	8.2	分位数	估计值
中位数	7.5	100%	18
众数	3	99%	18
标准差	5.13	95%	17.5
方差	26.27	90%	16.5
极差	18	75%	11
四分位间距	7	50%	7.5
偏度	0.49	25%	4
峰度	－0.62	10%	3

表 12－17　第八组洪涝灾害损失基本统计量

基本统计测度		分位数统计测度	
均值	1 210.66	分位数	估计值
中位数	673	100%	5 989.56
众数	—	99%	5 989.56
标准差	1 530	95%	5 140.63
方差	2 340 725	90%	3 418.98
极差	5 852	75%	1 110.57
四分位间距	877.19	50%	673
偏度	2.2	25%	233.38
峰度	4.7	10%	155.59

第九组：湖南

湖南省的年平均损失率很高，是我国受灾最严重、损失率最高的地区。湖南全省境内溪河纵横，水系发达，分属长江流域和珠江流域。受气候、地理因素的双重影响，湖南省历来就是水旱灾害的严重地区。洪涝灾害的主要形式为：台风、集中降雨、江湖洪水交汇以及山区暴雨洪水带来的淹没损失、水土流失和崩山泥石流灾害。新中国成立后，湖南省水利工程建设取得巨大进展，但仍然存在不足。

作为受灾最严重、损失率最高的一个组，基本体现了全国损失率的变化趋势。1999 年以后损失率逐渐减少。1996 年、1998 年两个重大洪涝灾害年都造成了很高的损失率，但是损失率依然大大高于全国其他省份。

1. 第九组洪涝灾害频数统计分析

如表 12－18 所示，从统计的情况看，该组的均值为 5.3，较 1992—2004 年的均值 5.538 5 基本上没有变化，说明近年来湖南省发生的洪涝灾情与之前基本相似。由于每年洪涝灾害频数的分布是离散的，其均值小于其方差，并且其偏度大于 0，说明此分布为右偏的，可以采用负二项分布对其进行拟合。

可以得到以下表达式：

$$P\{X=k\}=\binom{k+r-1}{r-1}p^r q^k \qquad (k=0,1,2\cdots)$$

式中：$r=3$；$p=0.361\ 45$；$q=0.638\ 55$。

2. 第九组洪涝灾害损失程度统计分析

如表 12－19 所示，从检验的结果来看，在 5% 显著性水平上，只有对数正态分布能通过检验。

对数正态分布函数：

$$f(x)=\frac{1}{\sqrt{2\pi}\times 1.271\ 56x}e^{-\frac{(\ln x-5.991\ 69)^2}{2\times 1.271\ 56^2}} \qquad (0<x<\infty)$$

表 12-18 第九组洪涝灾害频数基本统计量

基本统计测度		分位数统计测度	
均值	5.3	分位数	估计值
中位数	5	100%	15
众数	5	99%	15
标准差	3.64	95%	13.5
方差	13.27	90%	10
极差	15	75%	7
四分位间距	4.5	50%	5
偏度	1.03	25%	2.5
峰度	1.66	10%	1

表 12-19 第九组洪涝灾害损失基本统计量

基本统计测度		分位数统计测度	
均值	936.47	分位数	估计值
中位数	318.28	100%	4 736.42
众数	—	99%	4 736.42
标准差	1 357	95%	4 088.58
方差	1 841 848	90%	3 352.09
极差	4 671	75%	754.25
四分位间距	608.98	50%	318.28
偏度	1.88	25%	145.27
峰度	2.52	10%	79.2

本节小结

在本章聚类过程中，课题组选取经济损失、死亡人数、受损房屋和水利设施损失这几个洪涝灾害的重要特征指标作为聚类指标，聚类出来的分组经过一定调整，将全国 31 个省（区、市）根据灾害严重程度从低到高的顺序聚类为九组。通过观察数据分析的结果，发现分组结果与我国实际的各省（区、市）的区域连接性、洪涝灾害严重程度、经济发展及人口密度状况、水利设施建设水平等情况很吻合，体现了聚类分析方法在我国灾害分析中的适用性与本篇相关指标选取的准确性。在本小结中仅就每个特点各举一例。

一是区域连接性：聚类分析第二组，包括江苏、山东和河南，三省以淮河流域为纽带，地域紧紧相连，且位于所在流域的下游，全年降雨集中于夏季，气候特征具有较大的同质性。

二是洪涝灾害严重程度：聚类分组的第八组，本组包含长江中游的江西、珠江流域的广西，以及独立水系的海南。本组三个省（区、市）1994—2013 年平均损失率极高，均在 3% 以上，洪涝灾害的主要形式为：台风、集中降雨、江湖洪水交汇以及山区暴雨洪水带来的淹没损失、水土流失和崩山泥石流灾害。本组的共同点是：水系众多，降雨时空分布不均，降雨集中，易发生洪涝灾害。

三是经济发展及人口密度状况：聚类分析的第一组，本组包含除重庆外的三大直辖市北京、天津和上海，三个直辖市同处各自流域的下游，经济发达，资产密度大。其特殊的政治、经济地位，使得政府对该地区的防洪投入巨大，并且已初见成效，该地区发生洪涝灾害的概率极小、损失率极低。

四是水利设施建设水平：聚类分析的第七组，本组事实上包含了两个流域，其一为长江中游的湖北及江淮流域的安徽，另外加入了东南沿海诸河水系的福建。两部分虽然处于不同流域，但省内水系众多，都容易发生洪涝灾害。降雨集中于夏季汛期。三省的共同点是防汛抗洪设施建设有一定基础，但仍然不够完善。

本部分从洪水定价中的洪水次损失及洪水频数两个角度对每一组进行了数据分析并用理论分布对其进行了拟合。洪水次损失是指每次洪水所造成的直接经济损失，具有定义域非负与不对称性等基本性质，由于近些年来气候变化异常，极端严重的灾害多发造成尾部极端值频现，所以洪涝灾害次损失还呈现厚尾分布的特性，在对该指标的分析中，本节选取非寿险精算中的双参数模型如对数正态、韦伯、指数等常用分布进行拟合。洪水频数是指我国每年发生的洪水次数。本部分采用泊松、负二项分布这两种常用于描述现实生活中很少发生的某类稀疏性事件的分布进行拟合，并进行了检验。

第二节　区域的差异率分析①

为了更好地制定差别费率，保险公司除了了解以上有关分省和分组的信息之外，还需要掌握各省以及各组的差异率情况。所谓各省差异率，就是各地区遭受相关灾害的差异化衡量，可以衡量的指标诸如各省灾害频数差异、直接损失额或损失率差异等，一般可将各省相关指标用基准指标（如最大值或平均值等）进行调整，得到标准化数值，通过标准化数值观察到的各省相对差异更为直观，可以为保险公司更好地制定差别费率提供依据。

本节将分别就损失额与损失率两种变量给出其各自分省和分组的差异率计算方法②。由于受各省份洪涝灾害损失额数据来源的限制，并且差异率的计算主要考虑年度数据，因此本节只采用了1994—2013年《中国水利年鉴》的数据来进行分析。分省差异率的计算采用历年来损失率很高的湖南省做基数，分组差异率的计算则采用第九组做基数。

一、年平均损失率差异率分析

（一）各省（区、市）年平均损失率差异率分析

表12－20为直接计算各省（区、市）年平均损失率差异率表，这里使用湖南省为基准，即其他省（区、市）差异率为相比湖南省的倍数。应用之前提到的平均损失率和差异率的计算方法，对1994—2013年的各省（区、市）洪涝灾害数据进行汇总并计算得到表12－20。以下所列省（区、市）为1994—2013年所有发生过洪涝灾害并存在损失记录的地区。表中年平均损失率与年损失率标准差为对各省（区、市）各年的损失率计算的均值和标准差；年均损失率差异率为单纯使用均值计算差异率得到的结果；1倍标准差差异率为均值加上1倍标准差后的结果计算的差异率。

表12－20　直接计算年平均损失率差异率表

省（区、市）	年平均损失率	损失率标准差	年均损失率差异率	1倍标准差差异率
北京	0.11%	0.002 38	0.027 48	0.036 80
天津	0.11%	0.002 56	0.029 13	0.039 41

① 具体原理及方法介绍详见第一篇，本篇不再赘述。

② 差异率计算方法：某省（组）某指标差异率 = 该省（组）该指标额 / 基准指标。

续表

省（区、市）	年平均损失率	损失率标准差	年均损失率差异率	1 倍标准差差异率
河北	0.82%	0.019 75	0.215 77	0.300 08
山西	0.67%	0.014 13	0.175 65	0.223 41
内蒙古	1.25%	0.028 83	0.329 10	0.443 91
辽宁	1.19%	0.027 79	0.313 15	0.426 21
吉林	2.16%	0.044 27	0.566 80	0.706 74
黑龙江	1.01%	0.019 11	0.265 72	0.313 63
上海	0.05%	0.000 68	0.013 14	0.012 61
江苏	0.31%	0.004 08	0.081 60	0.077 08
浙江	1.59%	0.016 61	0.416 74	0.348 48
安徽	1.86%	0.022 51	0.487 91	0.440 84
福建	1.92%	0.022 29	0.504 04	0.445 14
江西	3.87%	0.058 42	1.016 62	1.042 23
山东	0.37%	0.003 20	0.095 93	0.073 56
河南	0.58%	0.008 18	0.153 09	0.150 28
湖北	1.64%	0.025 74	0.431 17	0.452 33
湖南	3.80%	0.055 12	1.000 00	1.000 00
广东	0.91%	0.013 11	0.239 20	0.238 38
广西	3.80%	0.067 96	0.999 42	1.137 67
海南	3.29%	0.041 92	0.864 29	0.802 93
四川	1.00%	0.006 17	0.262 28	0.173 36
贵州	2.13%	0.033 77	0.560 62	0.591 45
云南	1.09%	0.007 94	0.287 27	0.202 48
西藏	1.10%	0.013 04	0.289 92	0.258 34
陕西	1.07%	0.010 37	0.282 23	0.226 55
甘肃	0.91%	0.008 76	0.239 30	0.191 79
青海	0.67%	0.006 15	0.175 40	0.137 60
宁夏	0.43%	0.003 88	0.113 85	0.088 14
新疆	0.74%	0.012 49	0.193 76	0.213 22

从表 12-20 中可以看到，江西的年平均损失率最大，而湖南和广西紧随其后，这三个省（区、市）的年平均损失率明显高于其他省（区、市）。若按照 1 倍标准差差异率的计算结果来排序的话，广西的差异率则最大，这是广西损失率标准差较大的缘故，但无论从哪个差异率的计算标准来看，湖南、广西、江西三个省（区、市）的损失率都排在全国前三位，而且损失率远远高于其他省（区、市）。

（二）组间年平均损失率差异率分析

根据前面聚类分析得到的分组结果：

第一组：北京、天津、上海

第二组：江苏、山东、河南

第三组：青海、宁夏、新疆、西藏、陕西

第四组：河北、山西、内蒙古、黑龙江、吉林、辽宁

第五组：四川、云南、贵州、甘肃

第六组：浙江、广东

第七组：湖北、安徽、福建

第八组：江西、广西、海南

第九组：湖南

按照第一节的方法，分别计算出各组年均组损失率①和损失率差异率，如表 12－21 所示。

表 12－21　按损失率分组组间损失率差异率分析表

分组	年均组损失率	损失率标准差	年均损失率差异率	1 倍标准差差异率
第一组	0.08%	0.001 10	0.021 18	0.020 46
第二组	0.39%	0.003 87	0.103 01	0.083 55
第三组	0.89%	0.007 97	0.233 23	0.180 74
第四组	1.11%	0.016 71	0.292 34	0.298 70
第五组	1.13%	0.006 67	0.296 97	0.192 82
第六组	1.16%	0.013 45	0.305 47	0.269 05
第七组	1.80%	0.017 17	0.473 70	0.377 77
第八组	3.76%	0.047 56	0.987 71	0.913 85
第九组	3.80%	0.055 12	1.000 00	1.000 00

参考表 12－21，可以帮助保险公司制定差异费率。从表中不难发现，从第一组到第九组损失率依次升高，第九组损失率最高，第八组仅次于第九组，约为第九组损失率的 99%。

由于第八组和第九组的差异率太过于接近，它们的相近性大于它们的差异，可以考虑将第八组和第九组合并成一组。

分组情况调整如下：

第一组：北京、天津、上海

第二组：江苏、山东、河南

第三组：青海、宁夏、新疆、西藏、陕西

第四组：河北、山西、内蒙古、黑龙江、吉林、辽宁

第五组：四川、云南、贵州、甘肃

第六组：浙江、广东

第七组：湖北、安徽、福建

第八组：江西、广西、海南、湖南

仍然按照第一节第一部分的方法，计算调整后各组的差异率，得到表 12－22。其中的结果是根据平均损失率按照升序排列得到的。

① 每年该组损失率＝当年组内各省损失总和／当年组内各省 GDP 总和，年均组损失率为各年该组损失率的平均值。

表 12－22 按损失率分组组间损失率差异率分析表

分组	年均组损失率	损失率标准差	年均损失率差异率	1 倍标准差差异率
第一组	0.08%	0.001 10	0.021 31	0.022 35
第二组	0.39%	0.003 87	0.103 64	0.091 29
第三组	0.89%	0.007 97	0.234 67	0.197 47
第四组	1.11%	0.016 71	0.294 15	0.326 35
第五组	1.13%	0.006 67	0.298 81	0.210 67
第六组	1.16%	0.013 45	0.307 36	0.293 96
第七组	1.80%	0.017 17	0.476 63	0.412 73
第八组	3.78%	0.047 46	1.000 00	1.000 00

由表 12－22 可以看出，经过调整，组间差异率有了明显的改善。以第八组为基准，第七组的差异率为 47.66%，第六组的差异率为 30.74%，第五组为 29.88%，每一组之间的差异率比较明显。由此可见，对分组的调整更有利于保险公司差异费率的计算。

二、年平均损失额差异率分析

（一）各省（区、市）年平均损失额差异率分析

表 12－23 为直接计算年平均损失额差异率表。这里使用湖南省为基准，即其他省（区、市）差异率为相比湖南省的倍数。这里各省（区、市）的年平均损失额①是调整到 2013 年 GDP 水平上的数据。

表 12－23 直接计算年平均损失额差异率表

省（区、市）	年平均损失额	损失额标准差	损失额差异率	1 倍标准差差异率
北京	20.826 75	47.268 47	2.22%	0.029 69
天津	16.004 39	37.188 86	1.71%	0.023 19
河北	233.679 12	561.700 15	24.95%	0.346 78
山西	84.531 19	178.912 66	9.03%	0.114 86
内蒙古	211.805 34	487.893 81	22.62%	0.305 06
辽宁	324.087 12	756.153 13	34.61%	0.470 98
吉林	281.295 72	577.483 61	30.04%	0.374 42
黑龙江	146.026 85	276.160 22	15.59%	0.184 07
上海	11.110 22	14.858 04	1.19%	0.011 32
江苏	184.993 44	243.214 03	19.75%	0.186 70
浙江	598.192 62	627.000 35	63.88%	0.534 18
安徽	356.692 95	432.867 16	38.09%	0.344 24
福建	419.243 55	487.656 07	44.77%	0.395 40

① 省年均损失额为该省各年损失额（调整后）的均值。

续表

省（区、市）	年平均损失额	损失额标准差	损失额差异率	1 倍标准差差异率
江西	557. 133 43	841. 843 56	59. 49%	0. 609 94
山东	201. 608 95	177. 005 71	21. 53%	0. 165 07
河南	187. 375 25	263. 346 12	20. 01%	0. 196 51
湖北	406. 445 97	638. 193 54	43. 40%	0. 455 46
湖南	936. 467 46	1 357. 146 91	100. 00%	1. 000 00
广东	567. 949 53	818. 768 47	60. 65%	0. 604 60
广西	549. 104 18	981. 941 69	58. 64%	0. 667 53
海南	104. 426 55	133. 217 20	11. 15%	0. 103 61
四川	390. 565 17	241. 759 51	41. 71%	0. 275 69
贵州	172. 353 79	273. 077 42	18. 41%	0. 194 20
云南	129. 234 22	93. 777 13	13. 80%	0. 097 23
西藏	8. 991 35	10. 636 17	0. 96%	0. 008 56
陕西	173. 861 44	167. 891 74	18. 57%	0. 149 00
甘肃	57. 626 49	55. 491 60	6. 15%	0. 049 32
青海	14. 160 04	13. 064 05	1. 51%	0. 011 87
宁夏	11. 159 09	10. 007 61	1. 19%	0. 009 23
新疆	62. 224 27	105. 452 15	6. 65%	0. 0731 1

将年均损失率转化成年均损失额之后，可以发现各省（区、市）按年均损失的排序起了很明显的变化，这主要是由各省（区、市）GDP 水平差异造成的，广东、浙江省的 GDP 水平处于全国高水平，这使得它的年均损失额这一绝对数额较高，因此排名顺序发生较大变化；相类似的还有海南省，由于其省内 GDP 连年处于较低水平，使得其绝对损失较少。但是也很明显地发现，广西、湖南、江西、湖北这些洪水频发区无论从年平均损失率还是年平均损失额的角度计算，其损失水平都明显高于全国其他省（区、市）。

（二）组间年均损失额差异率分析

计算各组年平均损失额①、损失额标准差②和差异率，得到表 12 – 24。

表 12 – 24　损失额分组差异率

分组	年平均损失额	损失额标准差	年均损失额差异率	1 倍标准差差异率
第一组	15. 980 45	23. 383 33	1. 71%	0. 017 16
第二组	191. 325 88	188. 854 78	20. 43%	0. 165 76
第三组	54. 079 24	47. 561 10	5. 78%	0. 044 31
第四组	213. 570 89	319. 913 73	22. 81%	0. 232 60

① 某年份组均损失额 = 该年组内各省损失总额（调整后）/ 组内省份个数；组年均损失额即为各个年份组均损失额的均值。
② 损失额标准差为各年份组均损失额的标准差。

续表

分组	年均损失额	年均损失额标准差	年均损失额差异率	1 倍标准差差异率
第五组	187.444 92	115.888 55	20.02%	0.132 25
第六组	583.071 07	674.753 79	62.26%	0.548 40
第七组	394.127 49	382.497 23	42.09%	0.338 60
第八组	403.554 72	509.980 96	43.09%	0.398 30
第九组	936.467 46	1 357.146 91	100.00%	1.000 00

这里选用平均损失额最大的第九组作为基准，计算其他组的差异率。观察前面的表可以发现组差异率的排列不同于根据损失率排出的差异率顺序，这是因为，在进行损失率的计算时，考虑了各省（区、市）GDP 不同这个问题。而这里没有考虑，计算的是单纯的损失额。损失额大的组，有可能因为 GDP 也很大，而损失率并不大。以组为单位指定保费的话，可以根据表 12 - 24 提供的差异率，即若第九组保费为 1 的话，则第六组为 0.623，第七组为 0.421，以此类推。

本节小结

为对各地区遭受洪涝灾害的差异化进行衡量，本部分首先以历年损失率最高的湖南省作为基数计算各省（区、市）的损失差异率，经过对相关指标分析计算得出湖南、广西、江西三个省（区、市）的损失率排在全国前三位。为更好地制定差别费率，在上节聚类结果的基础上，本部分对各聚类小组进行了组间差异比率分析，可为差异化定价的大类分组提供定价基准，经分析，组间的损失率差异性较大，第一组（北京、天津、上海）的损失在洪涝灾害最严重的第八组（江西、广西、海南、湖南）的基准调整下差异率仅约为 2%，其余各组差异率仅约为 10% ~48% 不等，充分反映了我国洪涝灾害损失的集中性。与《灾因报告（2012）》相比，年均组损失率各组均有所下降，这也反映了我国 2000 年以来洪涝灾害损失率总体的下降趋势。之后进行的组内差异分析，为大组分类下的各省灾害的浮动定价提供了参考。

第十三章　洪涝灾害的影响因素及脆弱性分析

第一节　洪涝灾害影响因素的定性分析

一、自然环境因素

（一）大气海洋环境因素

我国是大陆性季风气候国家，每年的北温带夏季风活动导致出现洪涝灾害性天气，从而对我国降水产生重要的影响。以东经 105°～110°为界，夏季风分为东南夏季风和西南夏季风两种，其中西南夏季风爆发性很强，从每年的 5 月下旬开始爆发北进，使云南、四川等地降水迅速增加，10 月份逐步撤退。这样的季风气候使我国的年降水量分布从东南沿海到西北内陆逐渐减少、促成我国各地的雨季分布并且使暴雨在我国出现频繁，与世界其他国家相比，我国暴雨强度大，范围广。按照暴雨的时空尺度特征，大强度暴雨分为局地性暴雨和大面积暴雨。其中，大面积暴雨是导致大江大河产生洪水的主要原因。

（二）天体背景因素

太阳黑子的周期活动，包括厄尔尼诺、ENSO 现象和全球变暖也会使我国气候异常，引起洪涝灾害，这里既有全世界性的共同规律，又有中国的国情特点。国家气候中心气候预测室主任、研究员赵振国认为，1998 年长江流域洪水与 1997 年 5 月发生 20 世纪以来最强的厄尔尼诺现象造成 1998 年我国江南地区夏季多雨有关。同时，1998 年是太阳黑子爆发年，太阳黑子大约 11 年爆发 1 次，每次爆发必造成洪灾。此外，温室效应及全球气候变暖，使青藏高原积雪融化量增大，也对我国成灾有一定影响。

（三）下垫面因素

1. 地形地势

我国地势西高东低，呈三级阶梯状分布。以青藏高原为代表的高原区域，平均海拔高达 4 000米以上，是许多江河的主要产水区，在这个区域内，因为多数河流切割较深，自然形态原始，所以受洪水威胁相对较小。地势的第二级阶梯上平均海拔在 1 000～2 000 米，其中四川盆地受洪水威胁较重。第三阶梯包括东部宽广的平原和丘陵，其中平原面积约占全国面积的12%，人口稠密，经济发达，人水关系复杂，江河湖泊的主要泄洪通道都分布于此，所以洪水威胁最为严重。除此之外，岩溶、黄土、沙漠、冰川等较小规模的地貌特征对洪水也有一定的影响。例如，黄土高原是我国主要的黄土分布地，黄土的土质疏松、透水性强、抗腐蚀力差，加之植被缺乏，使得这一地区水流侵蚀严重，水土大量流失，洪水含沙量较大，造成一些支流和细小河流的大量淤积，甚至出现泥石流现象，极易形成河流洪水。

2. 河川径流量

我国河川年径流量为27 115亿立方米，居于世界第三位，存在地区分布差别大、季节分配、年际变化不平衡，河流携带泥沙较多的特点。受地势特点和年降水量分布影响，我国年径流量总趋势是由南向北递减，近海、外流河、山地等区域相对较多。在一年四季中大部分地区夏秋径流多，春东径流少，极易发生季节性洪涝灾害。此外，河川径流大导致河川泥沙含量增多，加大了各大江河的洪峰流量，加剧了洪涝灾害的发生。

3. 湖泊

我国湖泊众多，东部地区大型湖泊分布密集，季风气候影响导致湖泊水位变化显著，所以调蓄水量、防洪调洪的功能显著。自1949年以来，我国东部鄱阳湖、洞庭湖等大型湖泊多已建闸控制，由天然湖泊转变为水库型湖泊，起到防洪蓄水的作用，从而减轻了江河洪水的威胁。

4. 土壤

土壤本身是巨大的蓄水库。在土壤流失过程中，其蓄水量日趋减少，径流量相应增多。根据土壤持水量和产流量计算，在蓄满产流情况下，当降雨量为100～300毫米时，无论是无明显侵蚀土壤（土层厚100厘米），还是轻度侵蚀土壤（土层厚75厘米），抑或是中度侵蚀土壤（土层厚50厘米），可全部蓄水于土，而不产生径流；在超渗产流情况下，当降雨量为300毫米时，从轻度侵蚀土壤开始产流，并随着侵蚀程度增加径流量相应增加；在裸岩情况下，几乎全部降雨以径流方式流走。黄河、长江流域暴雨强度大，蓄满产流不多见，超渗产流普遍发生。因此，土壤状况对于洪涝灾害的发生与程度有较大影响。

土壤本身可以分为棕壤、红壤、砖红壤、赤红壤、黄壤、黄棕壤、潮土、褐土、黄褐土、水稻土、砂黑土、紫色土等等，水稻土多为耕作土壤，生产粮、油等经济作物，黄棕壤也是小麦、玉米、棉花、豆类、茶叶、烟叶等作物的重要产区。红壤相对而言有机质含量较低、缺磷、硼、氨、钾等元素；黄壤层次分明、有机质含量较高，平均比红壤高22.4%，富铝化作用、淋溶作用和黏粒淀积作用较为明显；棕壤土层较厚、水分充足，保肥蓄水能力较强；黄棕壤农业开垦种植历史较长，质地黏重、土体结实，不过多表现为较严重的水土侵蚀，紫色土容易引起土壤侵蚀、保水性差，多分布于四川盆地。同时由于形成母质不同，对于不同省、市而言，即使是同一种土壤，可能肥力和保水力也差别很大。

二、人为因素

洪水灾害的发展与演变，就是人与自然关系的发展和演变。我国人口分布特点基本为东部季风区的广大平原地区人口密集，而西部干旱半干旱气候区人口分布稀少。而人口的增长和分布与耕地面积的扩展基本一致，二者的发展都受到自然条件的制约，人类对不利于自身发展的自然条件的改造，加剧了自然灾害的发生。与此同时，随着经济的发展，社会的进步，人类对洪水的调控能力不断增强，江河洪水形成机制和规律也逐步发生变化。

（一）植被减少

人类的过度砍伐导致地表植被逐年减少，植被减少对洪涝灾害的影响以森林最为突出。森林对降雨有截留作用，林地可以增加入渗量，因此对防止洪涝有巨大效应。据研究，洪峰流量随采伐比例增加，呈级数递增，造成土壤冲刷，洪水泛滥成灾，洪峰汇流时间随森林采伐比例而缩短（提前），增加洪涝灾害的频率和灾情。森林过度砍伐削弱了对降水的储蓄能力和对雨洪的再分配功能，使林地径流速度加快，洪水相对集中，从而加大了河流的泥沙淤积和中小河流的山洪威胁。

（二）水土流失

水土流失是森林等植被过度砍伐后的必然结果，对洪水灾害的影响表现为增加河流的含沙量，形成下游水库湖泊的淤积，破坏天然河湖调蓄和宣泄洪水的能力，加剧了洪水的危害。所以，阻止水土流失是我国防洪减灾工作有效实施的重要因素之一。

（三）湖泊围垦

大规模围垦对洪水的影响是严重的，长江中下游是我国洪涝灾害的多发地区，区内分布有众多的通江湖泊和洼地，是长江洪水的天然调蓄场所。对减轻洪涝灾害，保护湖区人民生命财产起着重大作用，但是，近几十年来，由于泥沙淤积和人类围垦，长江中下游湖泊面积减少了1/3，调蓄洪水的能力大大减低。湖泊本是江河的调节器，湖泊围垦不但减少了调蓄江河洪水的容积，而且大量的涝渍水还要向江河排放。围垦恶化了湖区的水情，导致洪水水位升高，洪水持续时间延长，洪水频率升高，洪、涝、渍灾害加重，成为制约湖区甚至我国经济发展的心腹之患。

本节小结

本部分分别从自然环境和人为因素分析了洪涝灾害的成因。自然环境方面季风环流、太阳黑子活动周期以及地表的地势、水系、土壤等下垫面因素是造成洪涝灾害的最宏观也是最无法抗拒的因素，厄尔尼诺、ENSO 现象和全球变暖等气候变化不仅引起我国气候灾害的变化，也给全球气候灾害的加剧带来影响。除自然因素引起的洪涝灾害外，近些年来由于人类追求经济发展带来的自然环境破坏问题也逐步凸显，自然生态体系的防洪蓄洪、水源涵养能力明显下降，长此以往不仅将降低目前气候环境下的暴雨洪涝灾害抵御能力，还会逐步影响整体气候环境，引发更多极端恶劣天气，形成恶性循环。

第二节　洪涝灾害影响因素的定量分析

一、数据来源

表 13－1 所示为影响因素分析指标数据来源。

表 13－1　影响因素分析指标数据来源

指标	数据来源	年份
直接经济损失（亿元）	《中国水利年鉴》	2005—2013
GDP（亿元）	《中国统计年鉴》	2005—2013
森林覆盖率（%）	《中国林业统计年鉴》	2005—2013
主汛期降水量（毫米）	《中国气象灾害年鉴》 《中国气象年鉴》	2005—2013
人口密度（万人/万平方千米）	《中国人口年鉴》	2005—2013
湖泊湿地资源（公顷）	《中国林业统计年鉴》	2005—2013
大中型水库蓄水量（万立方米）	《中国水利年鉴》	2005—2013
洪涝频数（次）	《中国减灾》	2005—2013

二、变量选取

在对我国进行洪涝灾害次损失影响因素分析之前，应该首先分析哪些变量作为被解释变量、哪些变量作为解释变量。首先应对被解释变量和解释变量的选取进行分析，变量名称后面括号内的英文是在用统计软件做分析时为这个变量起的名称。

（一）被解释变量（Loss/Perloss）

选取洪涝灾害造成的经济损失或者对数经济损失作为被解释变量，在分析时，由于经济因素通常存在异方差，统计上可采用对经济变量取对数来消除异方差。本节先对这些变量做逐步回归，然后对回归的残差做残差图进行残差图分析，进行异方差检验，若检验显示异方差显著，就将经济损失取对数后作为被解释变量，否则就不用对经济损失取对数。

对于洪涝灾害引起的次均损失（Perloss）与总体损失（Loss）都进行回归分析，试图使其他影响因素能够更好地解释洪涝灾害的损失情况。

（二）解释变量

通过研究洪涝灾害数据和洪涝灾害本身发现，洪涝灾害损失和很多因素相关，对应前面的定性分析，可以认为洪涝灾害损失与各地区 GDP、森林覆盖率、主汛期降水量、人口密度、湖泊湿地资源以及大中型水库蓄水量等变量有关。这些可以作为造成洪涝灾害损失变量的解释变量，在这里将一一进行分析。

可能影响洪涝灾害损失的变量：

1. 各省 GDP（单位：亿元）——GDP

一个省市、地区的 GDP 反映该地区经济发展水平。

2. 森林覆盖率（单位:%）——Forest

森林有固水作用，一般可以认为森林覆盖率与洪涝灾害发生的可能性有关。因此，将森林覆盖率考虑进来。

3. 主汛期降水量（单位：mm）——Rain

降水是影响洪涝灾害最直接的因素，主汛期降水量越大，造成洪涝灾害的可能性就越大，损失程度就越严重。

4. 人口密度（单位：万人/千米^2）——Density

人是洪涝灾害经济损失的直接承担者，人口密度具有间接体现洪涝灾害损失大小的作用。作为一个影响洪涝灾害损失的变量，它与洪涝灾害损失的相关性很高。

5. 湖泊湿地资源（单位：公顷）——Lake

湖泊具有蓄水作用。一般认为，湖泊较多，可以更好地涵养水分，缓冲洪峰。不过对于该变量应该注意以下几个问题：①湖泊湿地资源面积与森林覆盖率很可能存在着相关关系；②湖泊湿地资源面积较大的地区往往也是雨水充足的地区，而降雨量又往往能直接影响洪涝灾害损失。因此，要谨慎处理其中各变量之间的关系。

6. 大中型水库蓄水量（单位：万立方米）——Dam

大中型水库与湖泊湿地功能类似，都能储蓄水分。同时，由于水库具有人为可控性，可以认为其比湖泊湿地更加具有调节洪峰的作用。因此，以大中型水库蓄水量来衡量水库对于洪峰的调节能力。

三、回归分析

本节将分别就两个被解释变量：总损失（Loss）与次均损失（Perloss）分别对上述 6 个解释变量进行回归分析。

（一）次均损失

将次均损失取对数，建立如下方程进行回归：

$$\ln Perloss = a_1 + a_2 GDP + a_3 Forest + a_4 Rain + a_5 Density + a_6 Lake + a_7 Dam$$

结果如表 13－2 所示。

表 13－2　洪涝损失影响因素对次均损失的回归结果

参数估计值						
变量	标签	自由度	参数估计值	标准误差	t 值	$Pr > \|t\|$
Intercept	Intercept	1	52. 253 24	156. 603 14	0. 33	0. 755 4
gdp	gdp	1	0. 000 008 17	0. 000 014 01	0. 58	0. 591 0

续表

参数估计值						
变量	标签	自由度	参数估计值	标准误差	t 值	$Pr > \|t\|$
rain	rain	1	0.000 136 75	0.000 127 73	1.07	0.344 6
density	density	1	−0.362 28	1.174 55	−0.31	0.773 1
forest	forest	1	−0.177 78	0.288 01	−0.62	0.570 4

该模型的 R^2 值为 0.535 2，校正 R^2 值仅为 0.070 4，说明拟合结果不好，这可能是由于洪涝灾害的发生次数难以界定，洪涝灾害大多发生日期集中且十分相近，不利于次数统计；且即使是同一地区，洪涝灾害规模之大小非常不稳定；同时由于对于总损失和每年发生次数的统计来自不同年鉴，前者来自水利统计年鉴，后者来自中国减灾，因此放弃对次损失模型的回归。

（二）总损失

由于共线性问题，本节采用逐步回归方法剔除共线性比较强的变量。先以损失额作为被解释变量进行逐步回归分析。

首先考虑以全国整体数据回归，建立如下回归方程：

$$\ln Loss = a_1 + a_2 GDP + a_3 Forest + a_4 Rain + a_5 Density + a_6 Lake + a_7 Dam$$

结果如表 13 - 3 所示。

表 13 - 3 洪涝损失影响因素对总体损失的回归结果

参数估计值						
变量	标签	自由度	参数估计值	标准误差	t 值	$Pr > \|t\|$
Intercept	Intercept	1	27.744 60	59.935 77	0.46	0.667 5
gdp	gdp	1	0.000 002 93	0.000 005 36	0.55	0.614 2
rain	rain	1	0.000 105 25	0.000 048 88	2.15	0.097 7
forest	forest	1	−0.107 24	1.110 23	−0.97	0.385 7
density	density	1	−0.180 24	0.449 53	−0.40	0.708 9

结果说明，单纯将全国归总来拟合数据并不能很好地体现出洪涝灾害损失程度与其影响因素之间的关系。

但由回归结果可以看出，由逐步回归得出的方程共包含 4 个解释变量，它们为各省 GDP、森林覆盖率、主汛期降水量和人口密度。各变量对于被解释变量的影响情况如表 13 - 4 所示。

表 13 - 4 洪涝损失影响因素对洪涝灾害损失程度的影响

GDP	Forest	Rain	Density
+	−	+	−

由表 13 - 4 可知，GDP、降雨量和洪涝灾害的损失程度呈正相关关系，而森林覆盖率与人口密度和洪涝灾害的损失程度呈负相关关系：GDP 可以比较好地反映一个地区的经济发展状况，

发生灾害时，一方面，GDP 较高的地区资源密集，更容易受到较大损失，另一方面，GDP 较高的地区往往相对来说防洪措施更加完善，一定程度会反向影响直接经济损失。从结果来看，经济发达地区遭到洪涝灾害时更容易面临更大的损失，降水量是影响洪涝灾害最直接的因素。降水量越大，造成洪涝灾害的可能性就越大，损失程度就越严重。从回归系数也可以看出，降水量对洪涝灾害的损失具有较大影响；森林对降雨有截留作用，林地可以增加入渗量，对防止洪涝有巨大效应。与洪涝灾害损失呈负向关系也能很好地说明这一点。与经济发展程度类似，人口密度大的地区防洪措施相对较为完善，也会一定程度减轻洪涝灾害的损失程度。回归结果说明人口密度大的地区所遭受的洪涝灾害较小。而其余的两个解释变量，即湖泊湿地资源面积和大中型水库蓄水量，没有被该回归模型所选中，这可能与湖泊、水库分布不均，水库排水蓄水决策复杂等因素有关。

本节小结

本部分着重分析与我国洪涝灾害相关的自然、经济指标，考察其相关关系。因变量选定为次均损失与年度总损失，自变量包括 GDP 等经济因素、主汛期降水量等自然因素以及水库蓄水量等人为因素。由于洪涝灾害时间持续期具有不确定性，有些持续多天的洪涝无法计算次数，所以造成次均损失的回归计算效果不佳。在对洪涝组年度总损失进行分析部分，采用逐步回归方法，回归模型揭示 GDP 和平均降雨量越大，洪涝灾害损失会越大。而森林覆盖率和人口密度会对洪涝灾害损失有反向作用。就人口密度发挥的作用而言，虽然人口密度越大，财产分布越集中，就越可能造成损失，但是人口密度大的地区防洪措施相对较为完善，也会一定程度减轻洪涝灾害的损失程度。

第三节　全国各省（区、市）洪涝灾害的脆弱性分析

一、洪涝灾害脆弱性概述

（一）洪涝灾害脆弱性的定义

基于对脆弱性的理解和国内外灾害理论，洪涝灾害脆弱性定义为：承灾体易于或敏感于遭受洪涝威胁和损失的性质与状态，一个区域的自然系统、社会经济系统及其组合关系均对该区的洪涝灾害脆弱性产生影响。

（二）洪涝灾害脆弱性的形成机理

根据区域灾害脆弱性理论，洪涝灾害是洪水雨涝与区域洪涝灾害脆弱性相互作用的动态压力超过了区域系统承受阈值的结果，即“洪涝灾害 = 洪水雨涝 + 洪涝灾害脆弱性”。洪水雨涝是水运动的一种特殊现象，它需要在一定的自然或人为条件下才会形成洪涝灾害。虽然洪

涝通常是由降水过多引起的，而且一定时间和空间内的降水量的确与洪涝灾害成正相关，但洪涝不等于洪涝灾害。致灾事件（降水量大大多于年平均值）洪水雨涝的发生是导致洪涝灾害发生发展的触发因素，区域系统洪涝灾害脆弱性的存在是洪涝致灾的前提。实际上，洪涝灾害的强度及其影响往往与洪涝灾害脆弱性空间一致而不是与自然降水因子一致。区域洪涝灾害系统内部，致灾因子和区域洪涝灾害脆弱性两种动态压力中，任何一方的变化都会导致区域洪涝灾害系统压力增加，影响区域洪涝灾害灾情。然而，致灾因子降水受全球大气环流的影响，其过程和时间、空间分布规律很难大范围改变或控制，而且从地球环境演化来看，降水波动是必然的。因此，减轻区域洪涝灾害及其影响，最有效、最可行的是进行人类经济活动的调整与适应，在调整与适应的过程中，降低区域洪涝灾害脆弱性，释放区域洪涝灾害系统压力。

在区域生态环境和社会经济活动稳定的情况下，区域洪涝灾害脆弱性随洪涝强度增大而升高。而在洪涝强度一定的情况下，区域洪涝灾情及其影响则与区域洪涝灾害脆弱性空间一致。区域洪涝灾害脆弱性在时间上是动态变化的，它动态演化的方向，受到人类社会生产和经营过程中各种社会经济行为的深刻影响，这些影响是加大还是释放脆弱性形成压力，对区域洪涝灾害系统非常重要。如果人类能够通过社会经济行为调整、减轻压力，则区域系统向可持续发展方向前进；如果系统压力得不到及时有效的释放，则区域洪涝灾害脆弱性增强，洪涝灾害灾情加剧，洪涝灾害的社会经济、资源环境影响扩大，甚至导致区域系统崩溃。

（三）洪涝灾害脆弱性的形成因素

根据对洪涝灾害形成因素的分析，本节将从致灾因子、孕灾环境和承灾体（社会经济子系统）三个方面分析洪涝脆弱性形成的影响因素。

1. 致灾因子

洪涝致灾因子通常包括暴雨、海啸、台风、冰雪消融、冰川阻湖、冰凌、溃坝等，就区域洪涝灾害系统而言，汛期降水和暴雨是导致洪涝灾害的主要因子。汛期降水量的多少与洪涝灾害系统脆弱性成正相关。降水的时空分布不均是洪涝灾害形成的直接原因。暴雨期越长、强度越大，洪涝灾害脆弱性必然也越大。

2. 孕灾环境

一个地区洪涝的强度和频度，除了受气象因素影响外，还与其地理条件密切相关。地理因素包括地形、河流网络和植被、土壤等。地形地貌和水系特征是洪涝灾害系统脆弱性形成的诱发因素，而土壤状况与植被覆盖是洪涝灾害脆弱性的激发因素。森林具有调节气候、涵养水源、防止洪涝灾害等功能。随着森林覆盖率的增加，涝渍灾害脆弱度会相应降低。池塘具有蓄存雨水的能力，能够遏制地表径流，减少和延缓雨水的汇集，能有效地调整地表水和地下水，改变水的时间和空间分布。

3. 承灾体（社会经济子系统）

人既是承灾体，又是致灾因子。人口因素既是降低脆弱性的动力，也是增加脆弱性的根源之一。一方面，人口密度过大，则对资源环境的压力大，就成为环境系统失衡的诱发因素。另一方面，人作为最具有活力和能动性的生产要素，其文化素质、劳动技能和健康水平在不断提高，又可以接受和应用现代科学技术，提高降雨预测准确性，提高洪涝灾害风险意识，及时做出灾害反应，从而降低洪涝灾害脆弱性。

（四）数据来源

本部分研究从两个层面展开。首先对全国各省的洪涝灾害脆弱性做比较，观察在2007—2013年各省脆弱性的发展变化；在下一节中选择洪涝灾害的重灾省——湖南省进行下一步脆弱性分析；考虑到数据的可获得性，本节仅选取2010—2013年的数据进行比较。脆弱性指标计算所需数据来源见表13－5。

表13－5　脆弱性指标数据来源

指标范围	指标	数据来源	年份
全国各省指标	汛期4—9月降水量（毫米）	《中国统计年鉴》	2007—2013
	森林覆盖率（%）	《中国统计年鉴》	2007—2013
	人口总数	《中国统计年鉴》	2007—2013
	第一产业生产总值（亿元）	《中国统计年鉴》	2007—2013
	水库容量（万立方米）	《中国统计年鉴》	2007—2013
	人均生产总值（元）	《中国统计年鉴》	2007—2013
	地区面积（平方千米）	《中国统计年鉴》	2007—2013
	水利建设投资完成额——防洪（万元）	《中国水利年鉴》	2007—2013
湖南省各市指标	汛期4—9月降水量（毫米）	《湖南统计年鉴》	2010—2013
	农作物播种面积（千公顷）	《湖南统计年鉴》	2010—2013
	人口总数（万人）	《湖南统计年鉴》	2010—2013
	第一产业生产总值（亿元）	《湖南统计年鉴》	2010—2013
	水库容量（万立方米）	《湖南统计年鉴》	2010—2013
	人均生产总值（元）	《湖南统计年鉴》	2010—2013
	地区面积（平方千米）	《湖南统计年鉴》	2010—2013

二、全国各省（区、市）洪涝灾害的脆弱性分析

脆弱性指标的计算过程，可以分为评价指标体系构建、评价指标权重赋值、评价指标标准化处理、脆弱性指数的计算结果与分析。

（一）评价指标体系构建

该评价指标体系见表13－6。

表13－6　全国各省（区、市）洪涝灾害脆弱性评价指标体系

一级指标	二级指标	指标数值与计算
1. 自然环境因素	1.1 气候因素	主汛期降水量
	1.2 森林覆盖率	森林覆盖率

续表

一级指标	二级指标	指标数值与计算
2. 社会经济因素	2.1 人口密度	人口总数/地区面积
	2.2 第一产业比值	第一产业 GDP/地区面积
	2.3 水利设施	水库容量
	2.4 经济发展水平	人均 GDP
	2.5 防洪投入	防洪投资

1. 自然环境因素指标

（1）气候因素指标

以区域主汛期降水量衡量降水对区域洪水灾害脆弱性的影响程度。根据数据的来源及准确性，课题组采用省会城市每年4—9月降水量之和作为此指标的数值。用省会城市作为该省的代表值，会有偏差，对研究会产生影响。主汛期降水量越大，脆弱性越大。

（2）森林覆盖率

$$森林覆盖率=森林面积/土地总面积\times 100\%$$

森林和植被具有调节气候、涵养水源、保持水土等功能，森林覆盖率高与区域农业洪水灾害脆弱性成负相关，覆盖率增加，脆弱性降低。

2. 社会经济因素指标

（1）人口密度

$$人口密度=人口总数/地区面积$$

人口集中的易损性加大了洪水灾害的脆弱性。

（2）地均第一产业 GDP

单位面积第一产业 GDP 不同，遭受同等强度的洪水灾害侵袭时，其绝对损失量有很大差别。财富、经济集中的易损性加大了农业洪水灾害的脆弱性。第一产业 GDP/该省份面积的数值越高，当地的脆弱性也相应越大。

（3）水利设施

完善的水利设施能够增强洪涝灾害系统的抗灾潜力和强度。通过水利设施建设，能够对水资源进行调配。水利设施工程陈旧老化，防洪库容不足，布局不合理，会使遭遇洪涝灾害的概率增加，降低防洪效应。因此，使用水库容量作为全国脆弱性指标体系中水利设施的指标。

（4）经济发展水平

人均收入水平是洪涝灾害系统的间接驱动因子。人均收入高导致洪涝灾害地区造成的经济社会损失增加，加大了洪涝灾害的脆弱性。

（5）防洪投入

防洪投入能够改善水利设施建设，临时性的人员转移能够大大减少将要发生的洪涝灾害造成的损失，防洪投入是洪涝灾害脆弱性的重要指标之一。

3. 评价指标权重赋值

熵权法原理详见第一篇，此处不再赘述。洪涝灾害脆弱性指标权重如表13－7所示。

表 13－7　洪涝灾害脆弱性指标权重表

年份	第一产业 GDP	人口密度	汛期降水量	森林覆盖率	水库容量	防洪投入	人均生产总值
2013	15.83%	37.74%	12.50%	9.28%	2.70%	3.09%	18.86%
2012	16.52%	37.96%	11.53%	9.32%	2.68%	4.14%	17.86%
2011	17.43%	38.65%	10.67%	9.58%	2.75%	3.50%	17.42%
2010	17.23%	36.71%	13.65%	9.20%	2.66%	2.87%	17.69%
2009	17.78%	32.89%	12.48%	9.28%	2.64%	5.37%	19.55%
2008	18.38%	33.46%	10.40%	7.54%	2.69%	8.15%	19.37%
2007	19.44%	34.39%	9.82%	7.83%	2.82%	5.20%	20.51%

（二）脆弱性指数的计算结果与分析

在上述指标体系基础上，构造区域洪水灾害脆弱性评估模型。本章采用的脆弱性评价模型为：

$$V = \sum_i P_i \times W_i$$

式中：V 表示脆弱性指数；P_i 表示某省（区、市）第 i 种指标的标准值；W_i 表示第 i 种指标所占权重。

脆弱性权重结果如表 13－8 所示。

表 13－8　全国各省（区、市）脆弱性指数（2007—2013 年）

省（区、市）	2013 年	2012 年	2011 年	2010 年	2009 年	2008 年	2007 年
上　海	81.17%	81.88%	88.09%	84.37%	85.77%	83.76%	90.41%
天　津	54.79%	56.61%	55.84%	52.32%	54.28%	53.99%	53.10%
江　苏	51.48%	50.30%	55.17%	53.57%	53.44%	49.51%	51.14%
北　京	47.22%	47.95%	49.41%	46.31%	48.45%	51.08%	49.26%
山　东	44.42%	42.77%	45.71%	45.58%	44.15%	46.54%	48.11%
广　东	40.92%	36.96%	38.96%	40.23%	33.17%	37.79%	39.55%
浙　江	32.48%	32.40%	37.72%	35.35%	34.33%	35.21%	35.44%
辽　宁	32.01%	31.61%	31.04%	32.03%	30.41%	33.74%	32.49%
海　南	31.98%	35.53%	33.01%	29.85%	37.76%	36.09%	32.24%
河　南	31.18%	32.92%	36.21%	35.68%	37.41%	38.72%	36.99%
湖　北	30.19%	28.38%	30.14%	28.11%	26.98%	28.14%	27.45%
河　北	29.89%	31.96%	33.92%	30.30%	33.11%	36.71%	33.21%
福　建	29.13%	32.21%	31.43%	29.59%	31.05%	33.41%	32.44%
安　徽	28.21%	27.72%	31.61%	30.69%	28.24%	27.28%	27.81%
重　庆	27.73%	28.37%	26.73%	27.00%	29.45%	25.13%	29.13%
内蒙古	27.11%	26.45%	23.55%	23.28%	23.61%	25.23%	20.70%
四　川	25.13%	19.70%	24.35%	21.54%	22.39%	25.35%	23.25%

续表

省（区、市）	2013 年	2012 年	2011 年	2010 年	2009 年	2008 年	2007 年
湖　南	24.97%	26.34%	24.84%	27.50%	24.82%	27.18%	27.50%
吉　林	23.17%	23.30%	22.89%	22.89%	22.38%	25.46%	23.50%
山　西	22.49%	23.49%	24.67%	22.58%	25.27%	25.06%	23.02%
广　西	21.56%	18.97%	20.98%	21.12%	19.46%	25.78%	24.29%
宁　夏	20.30%	22.56%	21.69%	20.61%	22.00%	23.43%	20.53%
江　西	20.06%	22.06%	21.21%	23.51%	19.24%	23.57%	23.28%
陕　西	19.56%	19.65%	23.15%	20.45%	22.15%	23.60%	21.11%
青　海	19.55%	20.45%	20.43%	18.56%	20.94%	21.46%	19.48%
新　疆	18.40%	18.86%	20.10%	17.89%	19.72%	20.03%	19.66%
黑龙江	18.16%	18.92%	18.70%	17.11%	18.39%	20.43%	19.25%
贵　州	17.82%	21.00%	17.46%	18.30%	20.47%	25.58%	22.53%
西　藏	17.53%	17.31%	18.30%	16.20%	18.73%	21.00%	18.70%
甘　肃	15.99%	17.04%	17.03%	15.95%	18.23%	20.56%	19.30%
云　南	13.63%	15.56%	15.69%	14.18%	15.55%	19.31%	18.60%

如表 13－8 所示，全国各省（区、市）的脆弱性水平存在较大的差异，以 2013 年为例，脆弱性水平最高的三个地区分别为上海、天津和江苏；脆弱性水平最低的三个地区分别为云南、甘肃和西藏。同一省（区、市）历年的脆弱性水平也会发生变化，这主要是由人口增加、经济发展、环境保护、防洪设施建设等情况在各年、各省（区、市）间的发展差异造成的。

以上海为例，其脆弱性指标远远大于其他地区是由以下几个原因造成的：①人口多，面积小，人口密度大；②人均 GDP 高居全国之首；③虽然第一产业 GDP 总量在三次产业中的比例并不高，但是上海地区面积小，地均第一产业 GDP 也全国领先。由于以上原因，上海的脆弱性指标较大，一旦发生洪涝灾害，损失将较其他地区更加严重。

脆弱性水平较低的地区以云南为例，其地均第一产业 GDP 较小，人均 GDP 较低，而森林覆盖率、防洪设施等与脆弱性负相关的指标表现较好，因此其脆弱性指数较低。根据 2013 年脆弱性水平分析结果，将各省（区、市）洪涝易损性进行分级，如表 13－9 所示。

表 13－9　全国各省（区、市）脆弱性分级

脆弱性指数（%）	分级	省（区、市）
60～100	极度脆弱	上海
30～60	高度脆弱	天津、江苏、北京、山东、广东、浙江、辽宁、海南、河南、湖北
25～30	中度脆弱	河北、福建、安徽、重庆、内蒙古、四川
15～25	低度脆弱	海南、吉林、山西、广西、宁夏、江西、陕西、青海、新疆、黑龙江、贵州、西藏、甘肃
0～15	极低脆弱	云南

本节小结

本版灾因脆弱性分析对《灾因报告（2012）》的指标进行了适当改进与增添，将原来的全年降雨量改为4—9月主汛期降雨量并将防洪水利建设投资完成额指标引入体系之中；由于指标中涉及诸项经济相关指标，脆弱性的数据使用和分析年度由原来的从1990年起始改为从2007年起始。在脆弱性衡量方法上，本版灾因分析报告为克服上版层次分析法中主观评级带来的不准确性，引入了熵权法用于确定脆弱性指标的权重，综合全国各省（区、市）的经济、人口、自然和防灾设施等情况进行测评。在2007—2013年的考察期内，各省（区、市）间的洪涝灾害脆弱性差异较大，同一省（区、市）不同年度内，除个别省（区、市）外大多数省（区、市）的脆弱性指数在各年间浮动并不剧烈，但例如上海市在近几年脆弱性则有较明显的降低，主要是因为上海市防洪设施投入有所增加，水库建设数量上升，增强了整个城市的防洪能力；虽然本版对脆弱性的指标和测评方法都进行了改进，但各省（区、市）的脆弱性次序并未发生非常明显的变化，经济较发达城市的脆弱性仍普遍较高，当地有关部门应做好抵御洪涝风险的准备，防止大灾大损。

第四节　洪涝灾害重点灾区的脆弱性分析

一、湖南省洪涝灾害脆弱性的影响因素

湖南省位于长江中游南岸，地势南高北低，东西南三面环山，高度多在800米以上；北为洞庭湖盆地，海拔一般为25~30米，呈马蹄形由南向北倾斜，湘、资、沅、澧四水汇集于洞庭湖，构成了独立的洞庭湖水系，四水的80%以上分布在湖南境内。此外，长江“四口”，即松滋、太平、藕池、调弦（已于1958年堵塞），自北向南分别注入洞庭湖，形成了一个以洞庭湖为中心的辐射状水系。湖南河网密布，水系完整，水资源丰富。由于降水季节分配不均匀，年内河湖水位差变化较大，一般高水位出现在4—9月，也是流量最大时期。全省连续2~3天的大范围暴雨几乎每年可见。洞庭湖区河湖交错、水系复杂、汛期洪峰不一、彼此干扰，导致泥沙淤积、水位抬高、调洪能力很差、洪水频繁。在1998年的大洪水中，全省39个县受灾，其中31个县为重灾，损失严重。

二、湖南省洪涝灾害脆弱性的计算过程

（一）评价指标体系构建

湖南省洪涝灾害脆弱性评价指标体系如表13－10所示。

表 13-10 湖南省洪涝灾害脆弱性评价指标体系

一级指标	二级指标	指标数值与计算
1. 自然环境因素	1.1 气候因素	降水量
	1.2 耕地水平	耕地面积/地区面积
	1.3 绿化水平	绿化覆盖面积/地区面积
2. 社会经济因素	2.1 人口密度	人口总数/地区面积
	2.2 地均第一产业 GDP	第一产业 GDP/地区面积
	2.3 水利设施	水库密度
	2.4 经济发展水平	人均 GDP

1. 自然环境因素指标

(1) 气候因素指标

受季风环流和地形因素的影响，湖南省年降水量集中在4—9 月，约占全年降水量的69%，故4—9 月（即汛期）降水量与湖南省洪涝灾害脆弱性密切相关，汛期降水以局地性或全省性暴雨形式出现，使山地丘陵区山洪暴发，脆弱性增强。

(2) 耕地水平

耕地水平表示了水系分布与地形特征对农业水灾的影响。水系越发达，农田面积越大，越容易遭受洪涝的威胁，农业水灾脆弱性就越强。湖南省属于洞庭湖水系，湘、资、沅、醴四水汇注洞庭湖，加之洞庭湖平原地势低洼，长江客水倒灌，使得洞庭湖平原洪水危险性最大；同时，洞庭湖平原人口密集，农业发达，导致农业水灾脆弱性最强。

(3) 绿化水平

森林具有涵养水源、保持水土的功能，因此，植被覆盖程度对地区气候调节、防汛防旱的能力起到很大作用。

2. 社会经济因素指标

(1) 人口密度

$$人口密度 = 人口总数/地区面积$$

人口集中的易损性加大了洪水灾害的脆弱性。

(2) 地均第一产业 GDP

单位面积第一产业 GDP 不同，使得遭受同等强度的洪水灾害侵袭时，其绝对损失量有很大差别，财富、经济集中的易损性加大了农业洪水灾害的脆弱性；第一产业 GDP/该省份面积的数值越高，当地的脆弱性也相应越大。

(3) 水利设施

水利设施的完备与否，直接影响洪涝灾害防治水平和损失程度，湖南湘江干流缺乏控制型的水利枢纽，加大了北部的脆弱性。

(4) 经济发展水平

经济水平的高低影响洪涝灾害造成的损失程度大小，进而影响脆弱性水平，湖南省各市的经济发展也存在较大不平衡，脆弱性有较大差别。

（二）评价指标权重赋值

这里，仍然使用熵权法估计权重。通过对相关指标的整理计算，得出 2009—2013 年的指标权重表，如表 13 - 11 所示。

表 13 - 11　湖南省洪涝灾害脆弱性指标权重表

年份	第一产业 GDP	人口密度	主汛期降雨量	水库密度	绿化程度	耕地面积占比	人均 GDP
2013	0. 153 328	0. 186 092	0. 090 193	0. 062 099	0. 089 547	0. 166 324	0. 252 417
2012	0. 149 628	0. 184 079	0. 110 582	0. 061 233	0. 083 783	0. 167 956	0. 242 74
2011	0. 150 441	0. 185 753	0. 105 191	0. 059 517	0. 081 03	0. 170 226	0. 247 843
2010	0. 179 598	0. 185 361	0. 102 685	0. 058 445	0. 048 339	0. 171 706	0. 253 865
2009	0. 182 077	0. 184 788	0. 097 404	0. 056 684	0. 069 134	0. 161 498	0. 248 415

（三）脆弱性指数的计算结果与分析

在上述指标体系基础上，构造区域洪水灾害脆弱性评估模型。本章采用的脆弱性评价模型为：

$$V = \sum_i P_i \times W_i$$

式中：V 表示脆弱性指数；P_i 表示某省（区、市）第 i 种指标的标准值；W_i 表示第 i 种指标所占权重。

如表 13 - 12 所示，2009—2013 年，综合各年来看，湖南省脆弱性水平最高的三个地区分别为长沙市、湘潭市和常德市；脆弱性水平最低的三个地区为怀化市、张家界市和湘西州。与全国脆弱性结论较一致，湖南省绝大多数地区的脆弱性水平呈现历年增大的趋势，人口增加，经济发展水平提高是导致脆弱性水平上升的主要因素。湖南省各地必须加大防洪投入，增加森林覆盖率，提高应对洪涝灾害的能力。

表 13 - 12　湖南省各市（自治州）洪涝灾害脆弱性指数（2009—2013 年）

市、自治州	2013 年	2012 年	2011 年	2010 年	2009 年
长沙市	85. 93%	84. 10%	82. 41%	86. 33%	80. 42%
湘潭市	68. 36%	68. 47%	70. 37%	74. 42%	69. 06%
常德市	59. 06%	56. 77%	53. 61%	60. 53%	61. 66%
衡阳市	57. 91%	57. 58%	57. 86%	57. 38%	63. 03%
岳阳市	57. 17%	57. 88%	63. 10%	59. 57%	57. 71%
娄底市	52. 94%	50. 25%	57. 89%	49. 91%	54. 64%
益阳市	49. 61%	55. 79%	53. 68%	48. 36%	45. 32%
株洲市	45. 92%	46. 56%	50. 61%	43. 51%	43. 38%
永州市	37. 86%	35. 04%	34. 97%	32. 13%	34. 36%
邵阳市	35. 87%	35. 67%	38. 32%	30. 82%	41. 47%
郴州市	30. 11%	30. 42%	28. 64%	22. 69%	23. 89%
湘西州	25. 05%	24. 31%	20. 73%	23. 02%	20. 44%
张家界市	23. 33%	24. 61%	23. 29%	18. 53%	12. 65%
怀化市	22. 77%	18. 30%	22. 68%	14. 05%	13. 99%

对于脆弱性最高的长沙市而言，人口密度大、GDP 水平高和耕地面积占比大是其脆弱性程度高最重要的三个原因。而脆弱性指数较小的怀化市，人口密度与地均第一产业 GDP 都是湖南省中最小的地区。根据 2013 年脆弱性水平分析结果，将湖南省各市（州）洪涝易损性进行分级，如表 13－13 所示。

表 13－13　湖南省各市（州）脆弱性分级

脆弱性指数（%）	分级	市（州）
60～100	极度脆弱	长沙、湘潭
30～60	高度脆弱	常德、衡阳、岳阳、娄底、益阳、株洲、永州、邵阳、郴州
25～30	中度脆弱	湘西
15～25	低度脆弱	张家界、怀化
0～15	极低脆弱	—

通过以上分析，建议采取以下防灾减损措施：

第一，进行农业结构调整，增强对洪涝灾害的应变能力。湖南省降水季节主要在 4—6 月，洪涝灾害对早稻生产影响最大，因此从防灾避灾的角度出发，根据汛期规律，在农作物品种的选择上，早稻种植宜采取“早中求高，早中求优”的配置方式，而早稻收割力争在 7 月中旬以前完成，避开洪涝期。同时应在洪涝频繁地区做到退耕还林、还草，保护地表植被，提高灌、排水能力，适时扩种需水作物。

第二，加强防洪水利综合配套工程建设，做好水库的科学调蓄工作。湘南地区洪涝受灾日益严重，特别是受极端天气引发的强降水影响更为严重，此时，水库的调蓄功能就显得尤为重要。因此，对于大中型水库，要加强整修工作，确保其充分发挥防汛抗旱的主要作用。改造农田水利基本设施，确保主要水利灌溉系统和渍水排水系统顺畅，减轻洪涝灾害损失。

第三，提高洪涝灾害预报能力，做好气象防灾减灾工作。降水分布不均是产生旱涝灾害的重要因素，准确预报旱涝灾害发生的时间、强度、区域，可提前做好防灾减灾准备。在汛期来到之前做好水库的调度，避免洪灾和降低洪灾影响程度。

本节小结

本节从洪涝灾害的重灾区湖南省各市（州）的角度分析了灾害脆弱性，长沙市的脆弱性一直是最高的，一旦发生洪涝灾害，将是省内最易发生重大经济损失的地区；怀化市因其地均第一产业 GDP 较低，所以脆弱性相对较低，发生重大损失的可能性最小。

第十四章　洪涝灾害的趋势分析

第一节　洪涝灾害趋势的定性分析

我国洪涝灾害频发，以其库存洪涝频率高、分布范围大、灾害程度重、经济损失大而成为最严重的灾害种类之一。

我国长江以南地区和东北南部降水量偏多，尤以苏、浙、闽沿海最为明显。如果再考虑全球变暖，海温升高对中国东南部地区的作用，那么21世纪南方洪涝灾害加剧的可能性是可以肯定的。而生态系统恶化包括森林的恢复不力，调洪湖泊面积大幅度减少，城市化导致不透水地面增加，海平面上升降低了河流排水入海的速度，都是增加洪涝灾害的因素。1994年南方为主北方为次和1998年长江领域、松花江流域的特大洪涝灾害，可能表明了气候转暖期间波动性的洪涝加剧发展趋势。洪涝灾害带来生命财产的损失超过干旱灾害，其预测预防的难度也比较大。应估计到像1998年那样长江流域大洪水造成国家直接经济损失达1 600亿元的洪水大灾在21世纪前期多次发生甚至大规模出现的可能性，必须采取措施，增强洪涝灾害的预防能力。

20世纪90年代以来，我国先后发生了1991年江淮大水，1994年珠江大水，1995年辽河、浑河和第二松花江大水，1996年七大江河流域大范围洪水，以及1998年的长江全流域性大洪水和嫩江、松花江特大洪水，8年中一共有5个年头发生大洪水，经济损失由几百亿元上升到两千多亿元，呈现愈来愈重的趋势。其主要原因如下：①近几年全球气候变暖趋势严重，恶劣的天气条件造成超常规高强度的降雨，大江大河来水量和稀遇程度不断加大；②防洪建设滞后，江河防洪标准偏低，不能适应国民经济和社会发展的要求；③许多河流上游地区水土流失严重，以及河道泄洪、蓄洪能力降低，造成洪涝灾害的范围和严重程度逐年增加；④随着国民经济和人民生活水平的不断提高，集体和个人财产日益积累，洪灾损失加大。特别是1998年发生大洪水的长江中下游地区和松嫩平原，都是主要的粮棉产区和经济发达地区，而且近几年的经济发展速度很快，社会财富不断增加，受灾后经济损失相应加大。

未来中国洪涝灾害加剧的地区有两个：一是南方长江以南地区；另一个是西部地区，尤其是西北。减缓的主要地区是北方的华北、东北和长江下游的安徽、江苏、浙江和上海。此外，广东与海南在新的世纪洪灾受灾面积也有所减少。

中国洪涝灾害的未来趋势主要有四个特点：

第一，证实了中国近年旱涝分布大势的“南涝北旱”特征。这种分布是受20世纪50年代以来主要多雨区南移影响的。北方各省区的洪涝灾害趋势减弱，可以看作是华北、东北干旱化的一种表现。

第二，中国胡焕庸线以西地区的洪涝灾害有所加剧。胡焕庸线是中国人口分布的重要分界线，有学者发现全国的洪涝灾害主要分布在胡焕庸线以东。这一方面反映人类活动对洪灾的加剧作用，另一方面也是受中国降水量从东南向西北递减的影响。不过西北的东部，新疆、甘肃、青海、宁夏等省（区、市）部分呈现出洪涝灾害加剧的现象，这是因为，一方面西北地区对气候变暖的响应比较明显，气温升高造成冰川消融增加，引起冰川洪水多发；另一方面这是对西北地区降水量增加的一种响应，50 年来西北大部分地区年降水量具有增长的趋势，大约每 10 年增长 10% ~20% 。

第三，城市内涝问题加剧。我国目前正处于工业化和城市化高速发展时期，城市在发展的同时深刻地改变了当地自然环境，增大了洪涝灾害风险。2011 年 6 月开始，我国大部分城市陆续遭遇暴雨袭击，城市部分道路出现积水现象。严重的地区甚至被当地市民戏称可在“内陆观海”。随着城市人口增加，财富集中，城市防洪任务更加艰巨。研究城市洪涝，做好城市防洪工作已经是洪涝灾害研究的趋势。且根据 2011 年和 2012 年的水利年鉴可以看出，北京等原来洪涝灾害很少的发达城市，城市内涝问题引起的损失开始变得比较严重。

第四，干旱半干旱区洪涝灾害增多①。中国的暴雨主要发生在湿润半湿润区，包括长江中下游、黄河下游以及东北局部地区，因此对这些地区暴雨洪涝的研究较多，防洪治理工程也较完善。而干旱半干旱区长期干燥少雨，地表生态环境脆弱，极易引发次生地质灾害，水利工程大多也比较陈旧，根本达不到防洪抗灾的目的，再加上对洪涝灾害的防范意识较弱，一次强降水，如大雨甚至中雨就很有可能引发洪涝和滑坡、泥石流等自然灾害，造成巨大的经济损失。例如，2013 年 7 月 25 日，新疆沙湾县仅 12.8 毫米的降雨就引发了山洪及泥石流，造成了 6 人死亡，直接经济损失达 1 800 多万元。甘肃天水在 2013 年 6 月 20 日、7 月 8 日、21 日、22 日和 25 日接连发生特大暴洪灾害，日降水量分别达到 140.4 毫米、80 毫米、37 毫米、62.7 毫米和 25.1 毫米，造成 21 人死亡，经济损失达 82.75 亿。由此可见，干旱半干旱区的洪涝灾害虽然发生频率不高，但危害极大，因此也是不容忽视的。

最新研究报告指出，2003—2012 年的全球陆地表面平均温度比 1880 年上升了 0.85°，根据最低排放情景模式，到 21 世纪末温度将升高 1.5°。地面温度升高将会使地表蒸发加剧，大气保持水分的能力增强。地表蒸发加剧，将更易发生干旱，同时大气水分增多，降水也将增多，从而更易发生洪涝。极端降水事件对全球气候变化的响应十分敏感，在总降水量增大的区域极端强降水事件有明显增多的趋势，即使平均总降水量减少或不变，极端强降水量及其频数也存在增多的现象。研究表明，干旱半干旱区是全球升温最显著的地区，也是生态环境最脆弱的地区，因此，在全球变暖的大背景下，干旱半干旱区的干旱和洪涝可能会同时增多。

本节小结

本节在对灾害进行定性分析的部分，对我国洪涝灾害的发展变化进行了概述，并指出未来

① 黄建平，冉津江，季明霞. 中国干旱半干旱区洪涝灾害的初步分析［J］. 气象学报，2014（6）.

我国洪涝灾害将加剧的两个地区，一是南方长江以南地区，另一个是西部地区。我国一直以来的旱涝分布呈“南涝北旱”的特征，但近些年来西北等较干旱地区也不乏洪涝灾害出现，本版灾因分析加入了对水利设施建设较为落后、防洪意识较为薄弱的干旱半干旱地区的洪涝灾害研究，对即将面临的气候变化与灾害预防提出了预警。

第二节　洪涝灾害趋势的定量分析

一、洪涝灾害的小波分析

（一）洪涝灾害成灾面积小波分析

受灾面积是指年内因遭受相应灾害而使农作物较正常年景产量减少一成以上的农作物播种面积。图 14 - 1 反映了 1950—2013 年我国洪涝灾害的受灾面积，图 14 - 2 为洪涝灾害受灾面积小波系数实部等值线图，通过图 14 - 2 可以看出，在 13—17 年尺度洪涝灾害形成了 6 个完整的平均周期约 10 年的震荡周期，并且在整个研究时间段内非常平稳，分别产生了 1955 年、1965 年、1975 年、1975 年、1985 年、1995 年和 2005 年 6 个高值中心与 1952 年、1960 年、1970 年、1980 年、1990 年、2003 年和 2010 年 7 个低值中心；在 23—27 年尺度形成了 3 个完整的平均周期约为 15 年的震荡周期，并且在 1965 年之后较平稳，分别形成了 1980 年、1995 年和 2012 年 3 个高值中心与 1970 年、1987 年和 2005 年 3 个低值中心，其他时间尺度下的周期性则不太明显。图 14 - 3 的小波方差图也验证了 15 年和 26 年左右两个时间尺度的主周期。小波系数模方图（见图 14 - 4）反映了不同时间尺度变化周期所对应的能量密度在时间域中的分布情况，可以分析出不同周期的震荡能量，通过图 14 - 4 可以看出，11—16 年时间尺度 1960—1970 年和 23—27 年尺度下 1997—2013 年分别存在两个较强震荡中心，反观图 14 - 2 也可得到验证。根据小波系数实部等值线图和模方图可以预测，2014 年洪涝灾害受灾面积在 23—27 年尺度下处于震荡期范围，并且在 15 年和 26 年左右两个主周期尺度下都属于灾害偏多中心范围，但在 26 年尺度主周期下有减弱趋势，15 年尺度下有加强趋势。据水利部《水旱灾害公报 2014》最新数据显示，2014 年洪涝受灾面积为 12 271. 70 千公顷，比 2013 年略有上升，可能与较小尺度的波动以及在较强震荡期内有关。

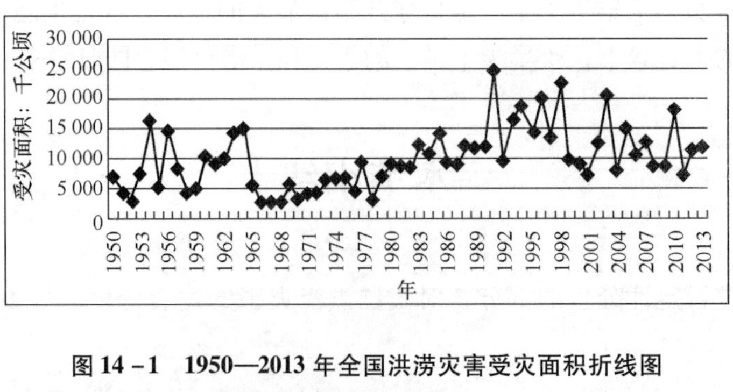

图 14 - 1　1950—2013 年全国洪涝灾害受灾面积折线图

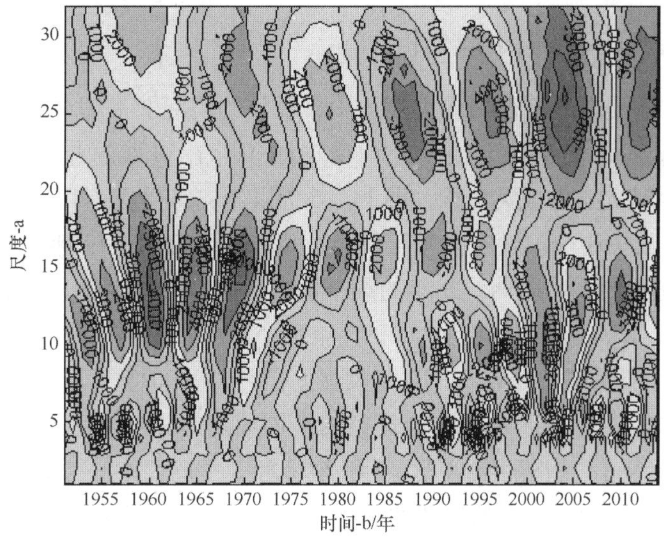

图 14－2① **洪涝灾害受灾面积小波系数实部等值线图**

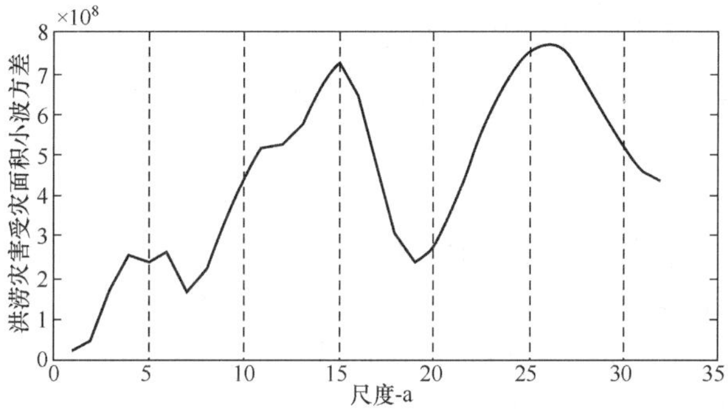

图 14－3　洪涝灾害受灾面积小波方差图

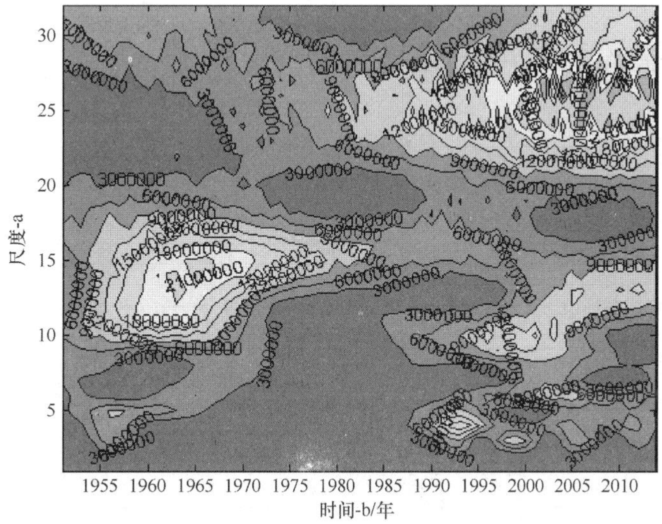

图 14－4② **洪涝灾害受灾面积小波系数模方图**

① 彩图见附录一。
② 彩图见附录一。

（二）洪涝灾害成灾面积小波分析

成灾面积是指在遭受自然灾害的受灾面积中，农作物实际收获量较常年产量减少三成以上的播种面积，因此成灾面积在一定程度上与受灾面积存在很强的相关性。图 14－5 反映了 1950—2013 年我国洪涝灾害的成灾面积，图 14－6 为洪涝灾害受灾面积小波系数实部等值线图，通过图 14－6 可以得出关于全国洪涝成灾面积的如下结论：在 12—17 年尺度洪涝灾害在 1950—1997 年形成了 5 个完整的平均周期约 8 年的震荡周期，并且在该时间段内比较平稳，分别产生了 1956 年、1964 年、1974 年、1985 年和 1995 年 5 个高值中心与 1953 年、1961 年、1969 年、1980 年和 1990 年 5 个低值中心；在 9—12 年尺度上在 1990—2013 年形成了 3 个平均周期约 8 年的震荡周期；在 22—27 年尺度形成了 3 个完整的平均周期约为 15 年的震荡周期，并且在 1965 年之后较平稳，分别形成了 1980 年、1995 年和 2012 年 3 个高值中心与 1970 年、1987 年和 2005 年 3 个低值中心，其他时间尺度下的周期性则不太明显。图 14－7 的小波方差图也验证了 15 年和 26 年左右两个时间尺度的主周期。通过图 14－8 可以看出 10—16 年时间尺度 1960—1970 年和 23—27 年尺度下 1997—2013 年分别存在两个震荡中心，反观图 14－6 也可得到验证。根据成灾面积小波系数实部等值线图和模方图可以预测，2014 年洪涝灾害成灾面积与受灾面积相似，在 23—27 年左右的尺度下处于震荡期范围内，并且在 15 年和 26 年左右两个主周期尺度下都属于灾害偏多中心范围内，在 26 年尺度主周期下有减弱趋势，15 年尺度下有加强趋势。但实际变化也可能受到小尺度趋势，如 5 年左右小规模变化周期的影响。水利部最新数据显示，2014 年洪涝成灾面积为 5 677.10 千公顷①，比 2013 年略有下降，与预测相符。

受灾与成灾面积具有较强的关联性，对比 2013 年和 2014 年数据可以看出，2014 年受灾面积扩大但成灾面积减小，从一定程度上可以反映 2014 年洪涝灾害带来的破坏力不及 2013 年，同时随着我国农业技术的提高、防灾减灾意识的强化，对于灾害带来的严重损失的控制能力也在不断增强。

二、洪涝灾害的马尔可夫趋势预测

本部分的预测方法详见第一篇，并且沿袭前面各篇习惯，用 -2，-1，0，1，2 分别代表显著下降、小幅下降、相对平稳、小幅上升和显著上升。

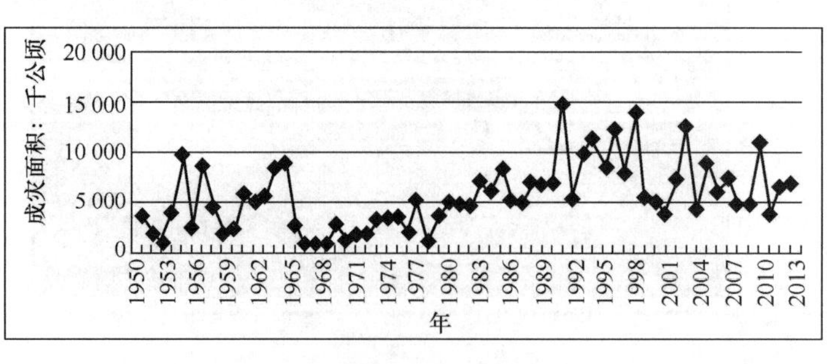

图 14－5　1950—2013 年全国洪涝灾害成灾面积折线图

① 本节 2014 年洪涝灾害数据来源：《水旱灾害公报（2014）》。

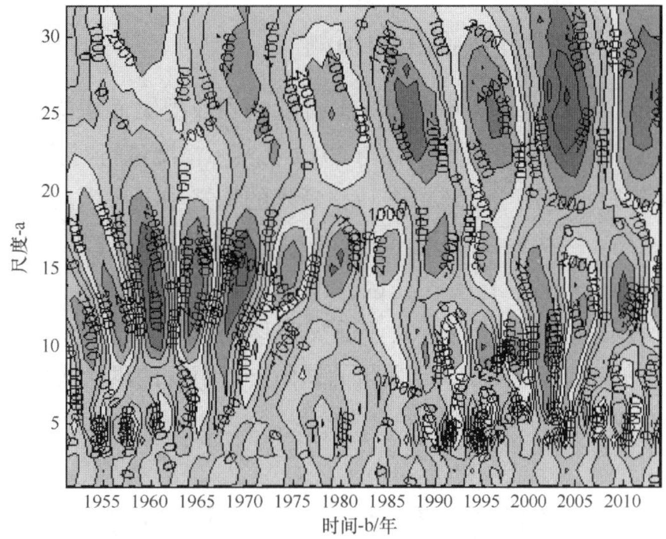

图 14－6[①]　**洪涝灾害成灾面积小波系数实部等值线图**

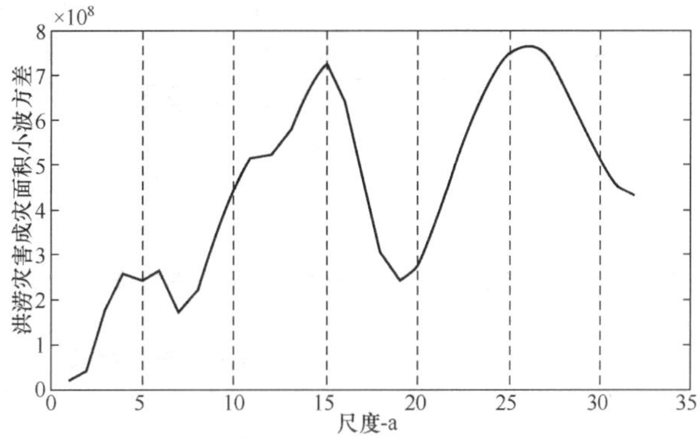

图 14－7　洪涝灾害成灾面积小波方差图

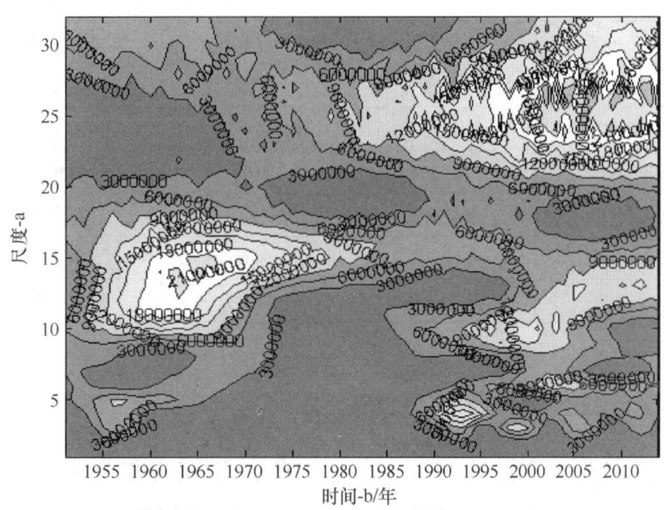

图 14－8[②]　**洪涝灾害成灾面积小波系数模方图**

---

① 彩图见附录一。

② 彩图见附录一。

（一）洪涝灾害引发农业受灾面积的预测

根据各省（区、市）1995—2013 年洪涝灾害引发的农业受灾面积构造马尔可夫转移矩阵预测 2014 年度洪涝灾害引发的农业受灾面积并与 2014 年实际情况进行对比，检验马尔可夫链的构造效果，然后将 2014 年数据也用于马尔可夫转移矩阵的构造中，对以后年度洪涝灾害引发农业受灾面积进行预测。从图 14－9 可以看出，马尔可夫过程预测结果对北京、天津、河北等部分省（区、市）的预测比较准确，但对有些省（区、市）的预测有些偏差，主要是各省（区、市）农业耕地面积每年有所调整，且用于构造农业受灾转移概率矩阵的历史记录年份较少，以及突发性气候等原因所致，如东北地区 2013 年发生的暴雨灾情引发的洪涝灾害。表 14－1 是对 2015 年度洪涝灾害引发的农业损失的预测。

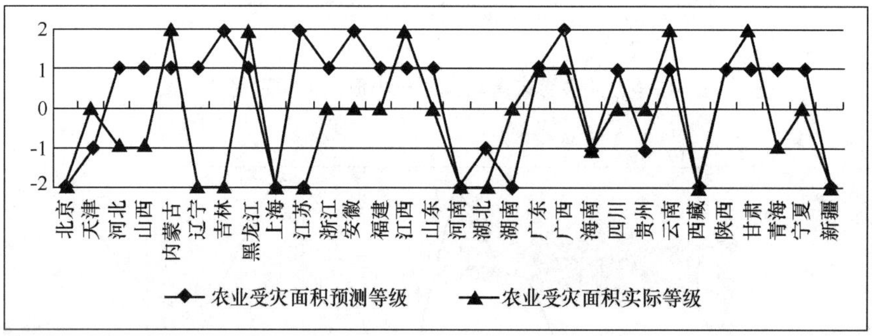

图 14－9　2014 年洪涝灾害农业受灾面积马尔可夫预测效果

表 14－1　2015 年洪涝灾害引发农业损失预测表

北京	天津	河北	山西	内蒙古	辽宁
小幅上升	显著上升	小幅上升	小幅上升	显著下降	小幅上升
吉林	黑龙江	上海	江苏	浙江	安徽
小幅上升	显著下降	小幅上升	小幅上升	显著上升	显著上升
福建	江西	山东	河南	湖北	湖南
显著上升	显著下降	显著上升	小幅上升	小幅上升	显著上升
广东	广西	海南	四川	贵州	云南
小幅下降	小幅下降	小幅上升	显著上升	显著上升	显著下降
西藏	陕西	甘肃	青海	宁夏	新疆
小幅上升	小幅下降	显著下降	小幅上升	显著上升	小幅上升

（二）洪涝灾害损失率的预测

与洪涝灾害引起的农业受灾面积预测相似，对于洪涝灾害损失率的预测首先选取 1994—2013 年数据构造转移矩阵对 2014 年数据进行预测并与实际数据相对比，结果如图 14－10 所示，然后将 2014 年数据也用于马尔可夫转移矩阵的构造中并对 2015 年度进行预测。受到数据年限限制与个别极端灾害影响，对于 2014 年的损失率情况预测在某些省（区、市）同样存在偏差，我国北方大部分省（区、市）受洪涝灾害影响较轻。表 14－2 是对 2015 年度洪涝灾害损失率的预测。

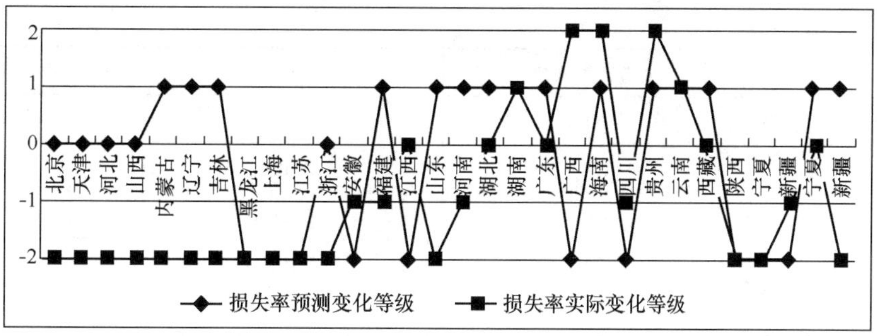

图 14－10　2014 年洪涝灾害损失率马尔可夫预测

表 14－2　2015 年洪涝灾害损失率马尔可夫预测表

北京	天津	河北	山西	内蒙古	辽宁
相对平稳	相对平稳	相对平稳	相对平稳	相对平稳	相对平稳
吉林	黑龙江	上海	江苏	浙江	安徽
相对平稳	相对平稳	相对平稳	相对平稳	相对平稳	相对平稳
福建	江西	山东	河南	湖北	湖南
小幅上升	小幅上升	小幅上升	相对平稳	小幅上升	小幅上升
广东	广西	海南	四川	贵州	云南
显著下降	小幅上升	显著下降	显著下降	小幅上升	显著下降
西藏	陕西	甘肃	青海	宁夏	新疆
显著下降	小幅上升	相对平稳	相对平稳	小幅上升	小幅上升

三、洪涝灾害趋势的灰色分析

（一）全国洪涝频数的灰色模型

本节选用 1994—2013 年全国洪涝灾害发生频数（见表 14－3 和图 14－11）进行灰色分析。由于数据各异，同时 GM（1，1）模型反映的是数据内在的联系，并不要求大量的数据，相邻几年的数据更能反映出变化趋势，且选取的数据区间最好具有一定的上升或者下降趋势，因此选取 2007—2013 年的洪涝灾害频数为原始数据，建立 GM（1，1）模型，进行预测，用 R 软件得到预测结果，见图 14－12。

表 14－3　1994—2013 年全国洪涝灾害频数表　　（单位：次）

年份	洪涝灾害频数	年份	洪涝灾害频数
1994	51	1999	49
1995	73	2000	40
1996	64	2001	21
1997	22	2002	10
1998	39	2003	88

续表

年份	洪涝灾害频数	年份	洪涝灾害频数
2004	60	2009	89
2005	154	2010	76
2006	164	2011	45
2007	79	2012	69
2008	98	2013	57

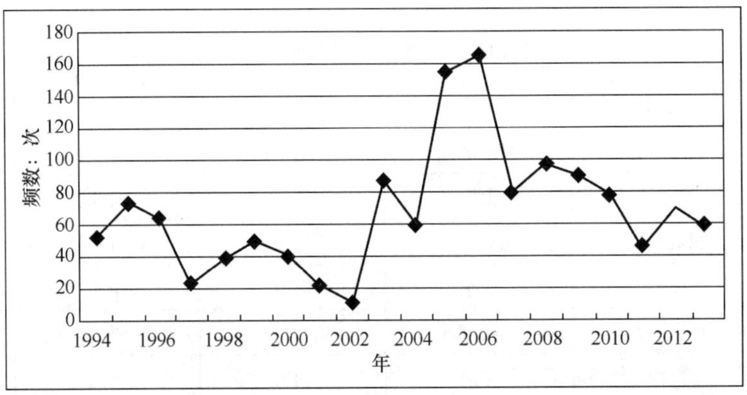

图 14－11　1994—2013 年全国洪涝灾害频数折线图

```
GM(1,1)参数估计值:
 发展系数a=-0.124 246 1   灰色作用量b=112.174 9
x(0)的实际值:
  79 98 89 76 45 69 57
x(0)的模拟值:
  79 96 85 75 66 59 52
x(0)的下一预测值:
  46
平均相对误差=13.204 05 %
方差比值=0.446 125 7
```

图 14－12　2007—2013 年洪涝频数的灰色 GM（1，1）模型结果

从图 14－12 可以看出，对于频数的预测模型，平均相对误差小于 20%，通过检验，方差比值小于 0.5，检验基本通过，预测出的下一年全国洪涝灾害频数为 46 次。

（二）全国洪涝灾害年总损失额的灰色模型

同前，选用 1994—2013 年全国洪涝灾害年总损失（经过 GDP 调整）（见表 14－4 和图 14－13）进行灰色分析。

表 14－4　1994—2013 年全国洪涝灾害年总损失表　　（单位：亿元）

年份	洪涝灾害总损失	年份	洪涝灾害总损失
1994	21 799.71	1997	6 885.63
1995	15 903.40	1998	17 670.97
1996	18 143.29	1999	6 065.05

续表

年份	洪涝灾害总损失	年份	洪涝灾害总损失
2000	4 193. 90	2007	2 464. 45
2001	3 322. 32	2008	1 773. 70
2002	4 072. 33	2009	1 439. 23
2003	5 599. 73	2010	5 386. 08
2004	2 610. 54	2011	1 580. 20
2005	5 257. 84	2012	2 945. 27
2006	3 599. 87	2013	3 155. 74

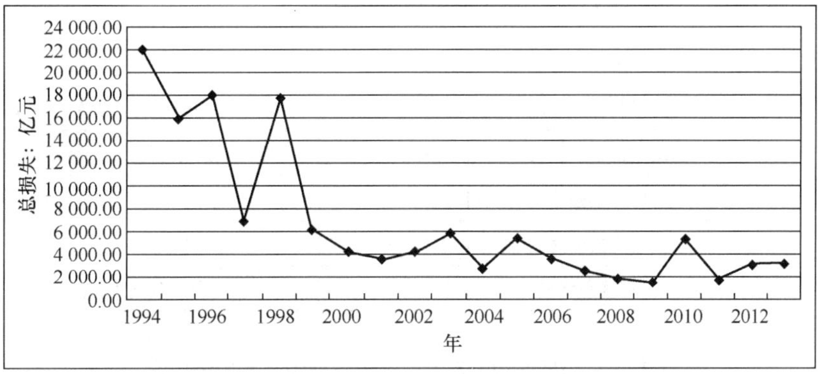

图 14－13　1994—2013 年全国洪涝灾害年总损失折线图

同样，选取 2007—2013 年的全国洪涝灾害年总损失额为原始数据，建立灰色 GM（1，1）模型，进行预测，用 R 软件得到预测结果，见图 14－14。

```
GM(1,1)参数估计值:
 发展系数a=0.071 803 35    灰色作用量b=1 997.537
x(0)的实际值:
 2 464.45  1 773.7  1 439.23  5 386.08  1 580.2  2 945.27  3 155.74
x(0)的模拟值:
 2 464  2 254  2 422  2 603  2 796  3 005   3 228
x(0)的下一预测值:
 3 469
平均相对误差=38.060 12 %
方差比值=0.786 697 6
```

图 14－14　2007—2013 年全国洪涝灾害年总损失的灰色 GM（1，1）模型结果

由图 14－14 可以看出，平均相对误差大于 20%，无法通过检验，方差比值也不能通过检验，可见拟合效果一般。

四、洪涝灾害趋势的神经网络分析

洪涝灾害的大小与其影响因素之间呈现多因素、复杂的非线性关系，很难用函数模型进行描述。本节利用 BP 神经网络在非线性统计回归方法中的优势对洪涝灾害造成的直接经济损失进行预测分析。

（一）BP 神经网络的结构设计

1. 神经网络变量的选取

洪涝灾害的发生受多种因素的影响，在前面洪涝灾害的影响因素分析一节中已经进行比较详细的介绍，在此不再赘述。本节的 BP 神经网络模型选择五个输入层变量，分别是：X_1：洪涝受灾面积；X_2：国内生产总值；X_3：防洪设施投资当年完成额；X_4：人口密度；X_5：除涝投资完成额。输出层变量是 Y_1：洪涝灾害直接经济损失（亿元）。因此，$n=5$，$l=1$，隐含层节点数在 3～12。鉴于数据的可获得性，数据只能选取 1990—2013 年共 24 年的数据。表 14－5 列出了输入输出变量及其相应的数据来源，表 14－6 给出了 1990—2013 年洪涝直接经济损失及其影响因素的数据。

表 14－5　输入输出变量及相应的数据来源

输入变量	洪涝受灾面积（千公顷）	《中国水旱灾害公报》（2013）
	国内生产总值（亿元）	《中国统计年鉴》（1991—2014）
	防洪设施当年投资完成额（万元）	《中国水利统计年鉴》（1991—2014）
	人口密度（人/平方千米）	《中国统计年鉴》（1991—2014）
	除涝投资完成额（万元）	《中国水利年鉴》（1991—2014）
输出变量	直接经济损失（亿元）	《中国水利年鉴》（1991—2014）

表 14－6　1990—2013 年直接经济损失及其影响因素

年份	直接经济损失（亿元）	受灾面积（千公顷）	国内生产总值（亿元）	防洪投资完成额（万元）	人口密度（人/千米^2）	除涝设施投入（万元）
1990	239	11 804	18 667.8	102 015	118.675 86	21 430
1991	779.08	24 596	21 781.5	138 463	120.222 46	28 583
1992	412.77	9 423.3	26 923.5	221 794	121.621 66	50 616
1993	641.74	16 387.3	35 333.9	236 551	123.018 79	39 098
1994	1 796.6	18 858.9	48 197.9	242 735	124.402 42	57 023
1995	1 653.3	14 366.7	60 793.7	318 514	125.721 7	68 919
1996	2 208.36	20 388.1	71 176.6	362 152	127.037 86	73 659
1997	930.11	13 134.8	78 973.0	510 191	128.321 85	65 073
1998	2 550.9	22 291.8	84 402.3	1 570 617	129.499 96	91 479
1999	930.23	9 605.2	89 677.1	2 266 682	130.563 89	109 693
2000	711.63	9 045.01	99 214.6	3 049 937	131.557 25	110 118
2001	623.03	7 137.78	109 655.2	3 083 006	132.474 82	112 183
2002	838	12 384.21	120 332.7	4 407 481	133.332 2	103 544
2003	1 300.51	20 365.7	135 822.8	3 350 814	134.135 6	88 164
2004	713.51	7 781.9	159 878.3	3 579 295	134.925 5	90 180
2005	1 662.2	14 967.48	184 937.4	2 781 555	135.722 68	146 744
2006	1 332.62	10 521.86	216 314.4	2 787 116	136.440 96	94 098

续表

年份	直接经济损失（亿元）	受灾面积（千公顷）	国内生产总值（亿元）	防洪投资完成额（万元）	人口密度（人/千米²）	除涝设施投入（万元）
2007	1 123. 3	12 548. 92	265 810. 3	2 985 677	137. 147 83	199 132
2008	955. 44	8 867. 82	314 045. 4	3 465 187	137. 846 39	235 203
2009	845. 96	8 748. 16	340 902. 8	6 287 388	138. 519 01	460 735
2010	3 745. 43	17 866. 69	401 512. 8	6 635 903	139. 184 35	210 569
2011	1 301. 27	7 191. 5	473 104. 0	9 962 265	139. 852 82	220 764
2012	2 675. 32	11 218. 09	519 470. 1	13 942 837	140. 547 23	316 750
2013	3 155. 74	11 777. 53	568 845. 2	13 044 565	141. 240 6	313 072

2. *神经网络结构的确定*

本次预测选用的是三层 BP 神经网络，选取的激活函数为 S 型的正切函数（tansig），训练函数是梯度下降动量 BP 算法函数（traingdm），训练数据、变量数据、测试数据的选取是随机的。设定网络的最大学习迭代次数为 10 000 次，网络的学习精度为 0. 01。输入层节点数是 5，输出层节点数是 1，在隐含层设为 1 时，训练效果最好，因而隐含层节点数选为 4。三层 BP 神经网络模型参数如表 14 – 7 所示。

表 14 – 7 三层 BP 神经网络模型参数

参数名	神经元数目			学习步长	训练目标设置
	输入层	隐含层	输出层		
参数值	4	4	1	0. 01	1e – 10

（二）神经网络预测结果分析

首先，选取 1990—2013 年共 24 组数据，应用上述设计的网络结构对实际数据进行学习训练，并应用训练好的神经网络对已有数据进行拟合。然后，用 2013 年的数据进行预测，并将预测结果和实际值进行比较。

因为本组的数据较少，所以大部分样本用于训练神经网络，校验组组数选取为 2，测试组组数选取为 1。

训练和预测结果如图 14 – 15 所示，均方误差（MSE）如图 14 – 16 所示。

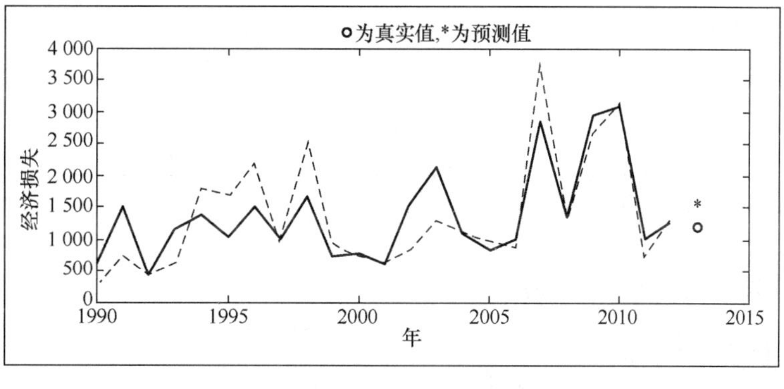

图 14 – 15 实际值和预测值的对比

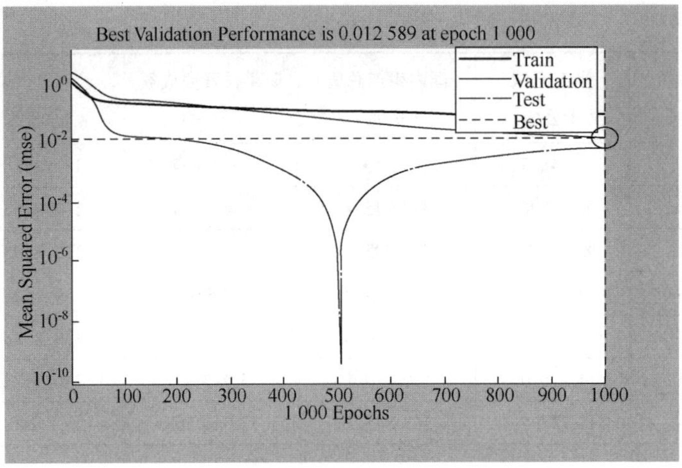

图 14－16　均方误差（MSE）图

在训练数组和变量数组中用实线表示预测值，用虚线表示实际值。在测试数组中真实值为“o”，预测值为“＊”。

表 14－8 列出了在测试时的结果。

表 14－8　BP 神经网络的测试结果

年份	预测值	实际值	相对误差
2006	1 251.9	1 332.62	6.06%
2013	3 108.9	3 155.74	1.48%

相对误差小于 10%，表明训练效果较好，所以可以用 BP 神经网络比较好地完成洪涝灾害直接经济损失的预测。

五、洪涝灾害趋势的时间序列分析

本节使用《中国水利统计年鉴》中记载的 1990—2013 年灾害损失数据，对我国洪涝灾害趋势做时间序列分析。尽管《中国水利统计年鉴》杂志所记录的我国洪涝灾害事件可能有所缺失，但其毕竟统计口径一致，在此基础上分析出的结果还是有一定价值的。

仅利用这 24 年的数据做时间序列分析，难以得出准确的趋势预测结果。由于在洪涝灾害时间序列中存在明显的周期性变化，这种周期是由季节性变化引起的，因此本节考虑将年度时间序列细分为季节性序列，同时将样本数量增加到 96。本节选用的季节划分标准是气象学标准，主要以时间为划分标准：每年的 3—5 月份为春季，每 3 个月为一个季节，以此类推，每年的 12 月份到次年的 2 月份是当年的冬季。这个标准在全国大范围采用。本节做一个调整：以上年的 12 月份到当年的 2 月份为当年的第一个季节，每 3 个月为一个季节，以此类推下去。可以看出，这并不影响全国洪涝灾害的趋势分析。

（一）全国洪涝灾害频数趋势分析

1. 对平稳性和季节性的识别

1990—2013 年的洪涝灾害季节频数如表 14－9 所示。

表 14－9　1990—2013 年的洪涝灾害季节频数

年份	第一季度	第二季度	第三季度	第四季度
1990	1	13	24	0
1991	3	28	26	0
1992	6	10	22	1
1993	3	20	34	0
1994	0	19	26	6
1995	1	37	34	1
1996	0	22	39	3
1997	0	16	6	0
1998	3	17	19	0
1999	0	26	21	2
2000	0	30	9	1
2001	0	14	7	0
2002	1	7	2	0
2003	4	44	39	1
2004	1	22	37	0
2005	5	60	88	1
2006	3	69	90	2
2007	2	69	3	5
2008	0	42	52	4
2009	0	16	71	2
2010	7	36	29	4
2011	0	26	20	0
2012	8	16	42	3
2013	13	11	29	4

用 SAS 做出频数时间序列折线图如图 14－17 所示。

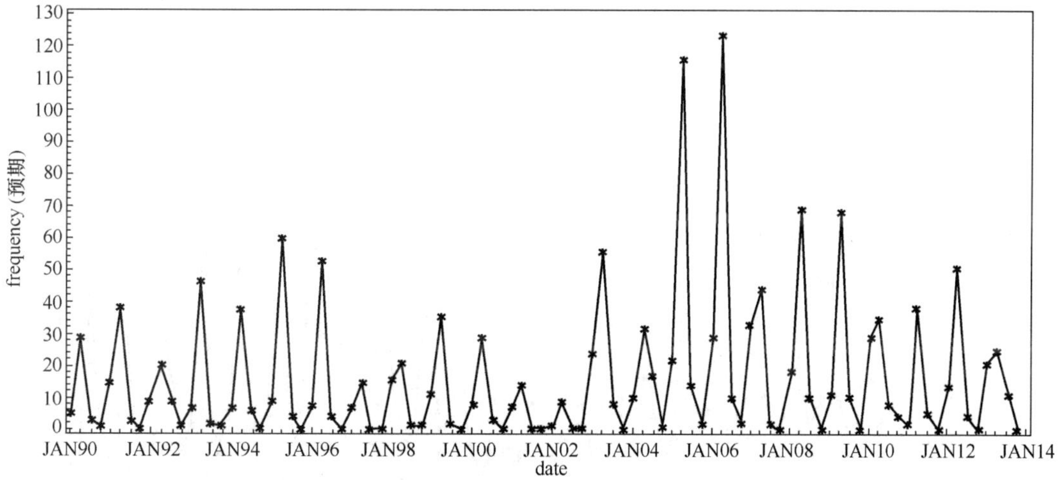

图 14－17　1990—2013 年我国各季洪涝灾害频数时间序列折线图

由图 14－17 可以看出，我国洪涝灾害频数没有明显的上升或下降的趋势，但具有季节性变化，而且季节变化的振幅越来越大；分段来看，均值和方差变化很大，由此看出该序列不具有平稳性。通过自相关图，发现季节频数与其 4 倍数的滞后期存在显著的自相关关系。自相关图显示出来的这个性质和该序列时序图显示出的周期性质是非常吻合的，说明其具有很强的周期性。此外，自相关函数衰减很慢，这也进一步印证了该时间序列是非平稳的。

2. ARIMA 模型

利用 ARIMA 模型对 1990—2013 年度洪涝灾害的季节频数做时间序列分析。由于该序列不平稳，需要对其做差分处理。利用 ADF 检验控制差分过程，经过试验，发现对该序列做一次季节和非季节差分之后，能够通过 ADF 检验，这意味着这个序列已经被转换为平稳时间序列，差分效果图如图 14－18 所示。

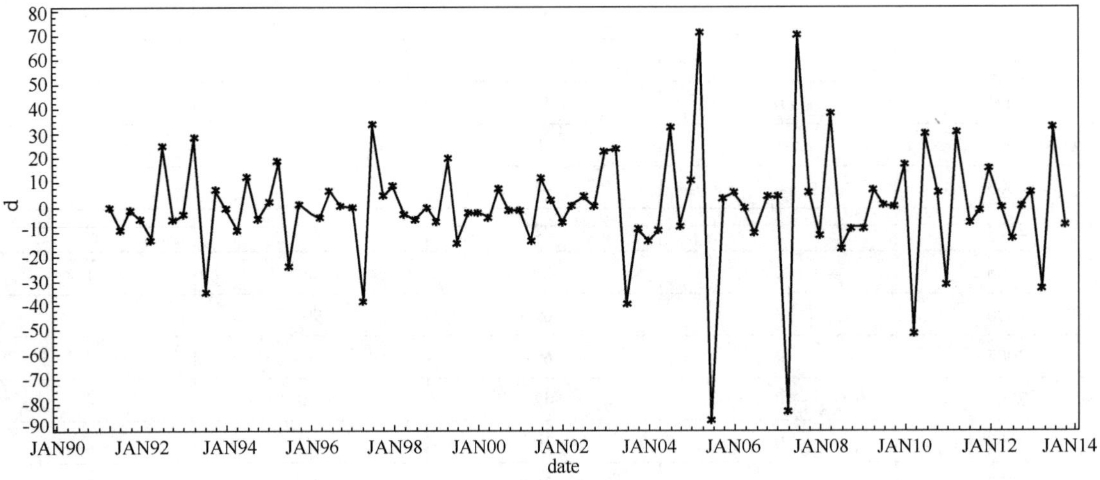

图 14－18　洪涝灾害季节频数一阶与季节差分序列图

分析自相关图及偏相关图，利用 SAS 的 time series forecasting system 进行筛选，最终选定洪涝发生频数服从 SARIMA $[(0,1,1)\times(1,1,1)_4]$ 阶季节时间序列模型。拟合结果如图 14－19 所示（真实值为“＊”，预测值为“o”）。

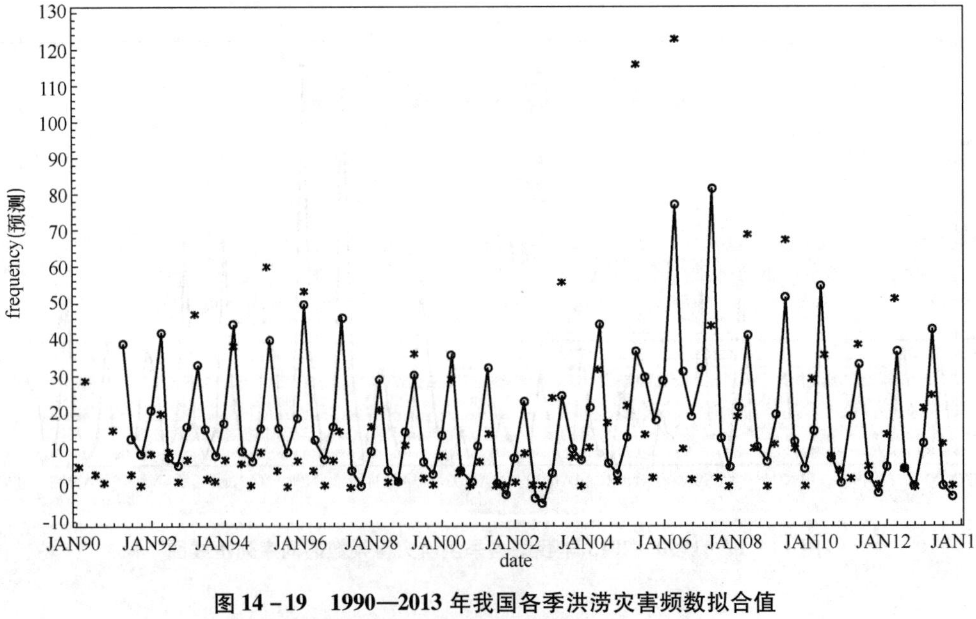

图 14－19　1990—2013 年我国各季洪涝灾害频数拟合值

从 SAS 的输出结果可以发现：白噪声检验图中的所有滞后量在5%的显著性水平下均与0无差异，接受残差序列为白噪声的原假设，说明残差中蕴含的信息已经被完全提取出来了；除常数项外，各个参数均显著通过t检验，但常数项也非常接近于0。由于使用差分，可决系数不可能太高，总体来看，可以把上述模型作为最终估计结果。

模型的参数估计结果如表14-10所示。

表14-10 SARIMA［(0, 1, 1) ×(1, 1, 1)$_4$］NOINT 模型参数估计结果

参数	SAR（4）	MA（1）	SMA（4）
估计值	0.35	-1.00	-0.93
	(3.02)***	(-35.25)***	(-22.01)***

注：括号中数字为参数的t检验值，***，**，*分别为在1%，5%，10%置信水平下统计显著。

各季洪涝灾害频数时间序列方程如下：

$$(1-0.35B^4)\Delta\Delta_4 x_t = (1-B)(1-0.93B^4)e_t$$

式中：x_t 表示洪涝灾害季节发生频数随机变量；B 称为滞后算子，其定义是 $B^n x_t = x_{t-n}$；Δ 表示一阶差分；Δ_n 表示 n 阶差分；e_t 为白噪声过程。

对今后三年的灾害发生频次预测结果如图14-20所示（真实值为"*"，预测值为"o"）。

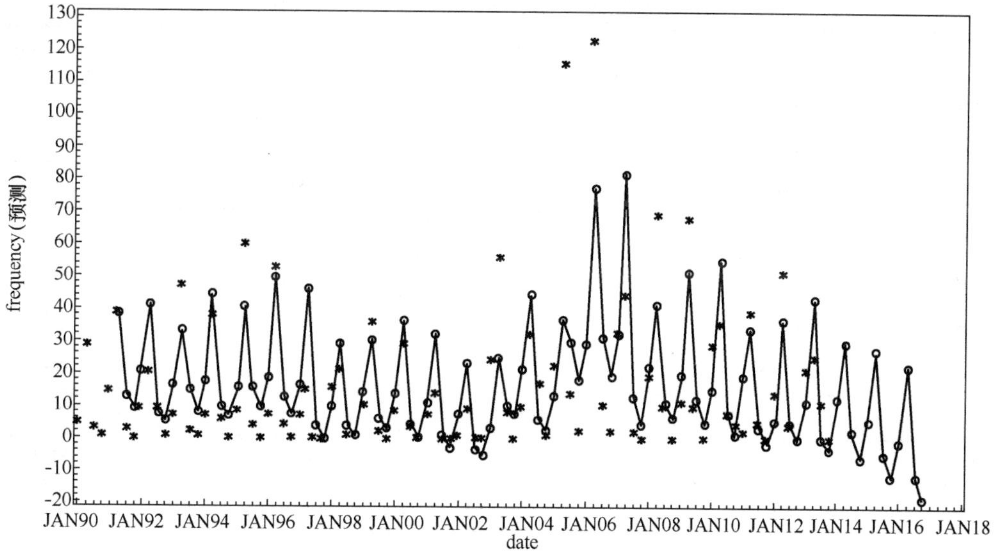

图14-20 1990—2013年我国各季洪涝灾害频数预测图

2014—2016年我国各季洪涝灾害预测结果如表14-11所示。

表14-11 2014—2016年我国各季洪涝灾害预测结果

季度	预测值	95%置信区间
2014年第一季度	12.033	(0, 42.074 5)
2014年第二季度	29.480 6	(0, 60.184 4)
2014年第三季度	1.790 9	(0, 33.142 9)
2014年第四季度	0	(0, 25.783 3)

续表

季度	预测值	95%置信区间
2015 年第一季度	5.252 3	（0，41.693 8）
2015 年第二季度	27.232	（0，64.695 3）
2015 年第三季度	0	（0，33.190 9）
2015 年第四季度	0	（0，27.103 2）
2016 年第一季度	0	（0，40.443 9）
2016 年第二季度	22.279 4	（0，64.993 7）
2016 年第三季度	0	（0，31.821 3）
2016 年第四季度	0	（0，26.042 9）

注：置信区间的下界可能是负数，但是损失不可能为负，因此负的预测值和负的置信区间下界都可以用 0 替代。

（二）全国洪涝灾害次损失额趋势分析

1. 对平稳性和季节性的识别

1990—2013 年度的洪涝灾害季度次均损失额如表 14－12 所示。

表 14－12　1990—2013 年度的洪涝灾害季度次均损失额

年份	第一季度	第二季度	第三季度	第四季度
1990	0.680 2	3.182 834	0.357 217	0.96
1991	2.884 62	20.186 97	0.930 433	—
1992	3.637 778	7.393 99	4.808 156	1.9
1993	3.058 229	6.478 055	2.4	0
1994	11.809 3	14.555 39	1.276 23	—
1995	0.736 933	11.286 76	0.394 883	—
1996	8.135 714	8.687 889	3.2	—
1997	5.271 429	7.874 667	—	—
1998	3.052 3	18.528 57	12.7	1.5
1999	5.25	10.073 92	2.8	—
2000	0.666 25	5.676 338	17.626 67	—
2001	1.122 857	3.917 336	—	—
2002	0	0.109 144	—	—
2003	2.978 433	4.772 802	1.787 5	—
2004	1.783	1.417 913	3.996 1	0
2005	2.070 656	4.029 466	4.220 436	0.162 9
2006	2.743 856	6.298 222	0.698 987	0.150 295
2007	0.883 669	9.611 102	1.925 1	—
2008	0.931 768	6.210 917	18.38 06	—
2009	0.698 7	5.917 81	3.761 5	—

续表

年份	第一季度	第二季度	第三季度	第四季度
2010	9.508 966	38.676	25.732 5	3.375
2011	3.395	12.173 69	50.184	—
2012	8.167 143	27.681 57	24.69	—
2013	18.588 1	33.056	80.754 55	—

1990—2013 年我国各季次损失额时间序列折线图如图 14－21 所示。

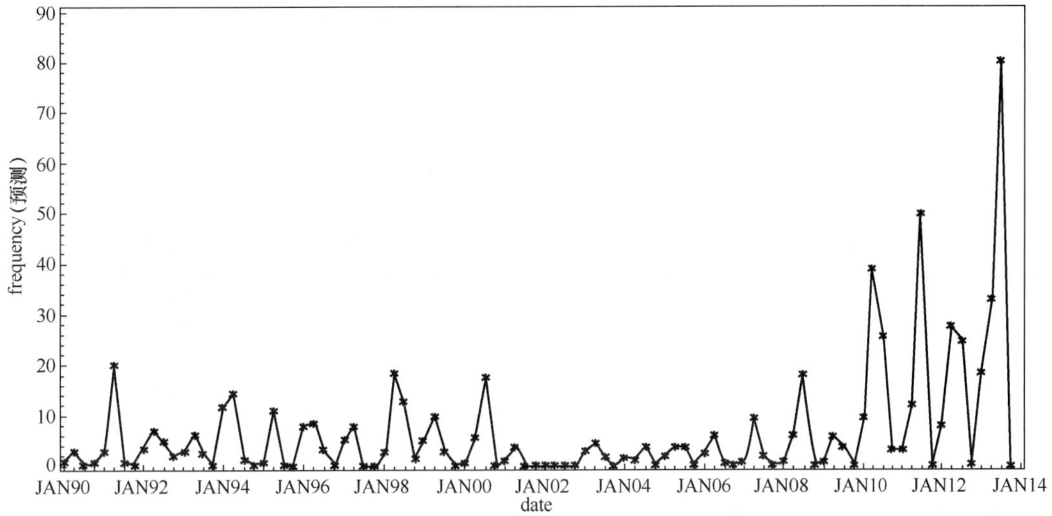

图 14－21 1990—2013 年我国各季次损失额时间序列折线图

由图 14－21 可以看出，我国洪涝灾害季度次均损失额在近几年有较大波动的趋势，而且具有季节性变化，并且季节变化的振幅变动幅度较大（分段来看，均值和方差变化很大），由此看出该序列不具有平稳性。进一步从自相关系数图来分析，发现季节频数与其 4 倍数的滞后期存在显著的自相关关系。自相关图显示出来的这个性质和该序列时序图显示出的周期性质是非常吻合的，说明其具有很强的周期性。此外，自相关函数衰减很慢，这也进一步印证了该时间序列是非平稳的。

2. ARIMA 模型

利用 ARIMA 模型对 1990—2013 年度洪涝灾害的季度次损失额做时间序列分析。由于该序列不平稳，需要对其做差分处理。利用 ADF 检验控制差分过程，经过试验，发现对该序列做一阶差分之后，就能够通过 ADF 检验，意味着该序列已经被转换为平稳时间序列。差分效果图如图 14－22 所示。

从 SAS 的输出结果可以发现：白噪声检验图中的所有滞后量在 5% 的显著性水平下均与 0 无差异，接受残差序列为白噪声的原假设，说明残差中蕴含的信息已经被完全提取出来了；除常数项外，各个参数均显著通过 t 检验，但常数项也非常接近于 0。由于使用差分，可决系数不可能太高，总体来看，可以把上述模型作为最终估计结果。

模型的参数估计结果如表 14－13 所示。

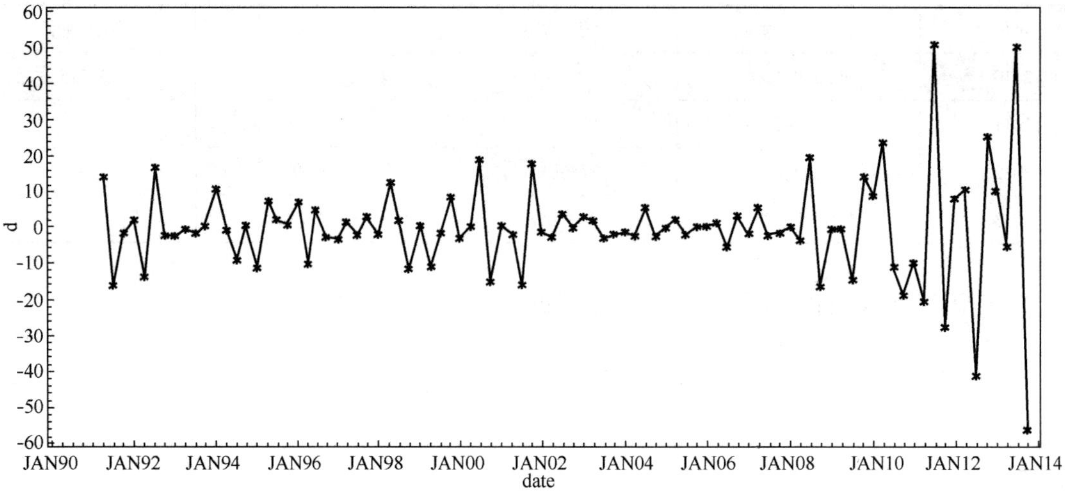

图 14－22　洪涝灾害季节次损失一阶与季节差分图

表 14－13　SARIMA［（0，1，1）×(1，1，0)$_4$］NOINT 模型参数估计结果

参数	SAR（4）	MA（1）
估计值	－0.74	－0.92
	（－7.38）***	（－17.47）***

注：括号中数字为参数的 t 检验值，***，**，* 分别为在 1%，5%，10% 置信水平下统计显著。

各季洪涝灾害频数时间序列方程如下：

$$(1+0.74B^4)\Delta\Delta_4 x_t = (1-0.92B)\,e_t$$

式中：x_t 表示洪涝灾害季节发生频数随机变量；B 称为滞后算子，其定义是 $B^n x_t = x_{t-n}$；Δ 表示一阶差分；Δ_n 表示 n 阶差分；e_t 为白噪声过程。

1990—2013 年我国各季洪涝灾害季度次均损失额拟合值如图 14－23 所示。

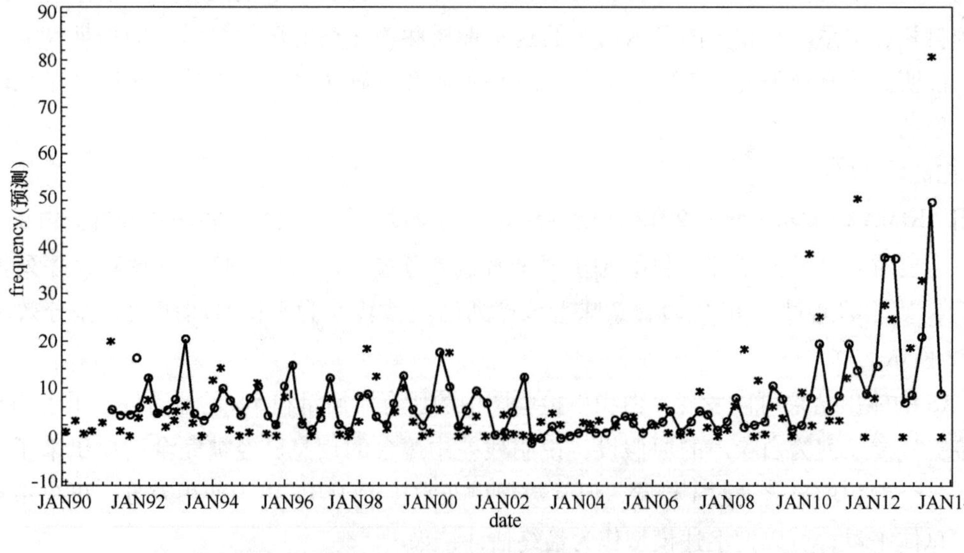

图 14－23　1990—2013 年我国各季洪涝灾害季度次均损失额拟合值

从上述 SAS 的输出结果可以看出：白噪声检验图中的所有滞后量在 5% 的显著性水平下均与 0 无差异，接受残差序列为白噪声的原假设，说明残差中蕴含的信息已经被完全提取出来了，模型中所有参数均通过 t 检验。由于使用差分的缘故，可决系数不可能太高，总体来看，模型拟合效果较佳，可以作为最终模型。

对近三年的次均损失额的预测结果如图 14－24 所示。

2012—2014 年我国各季洪涝灾害损失额预测结果如表 14－14 所示。

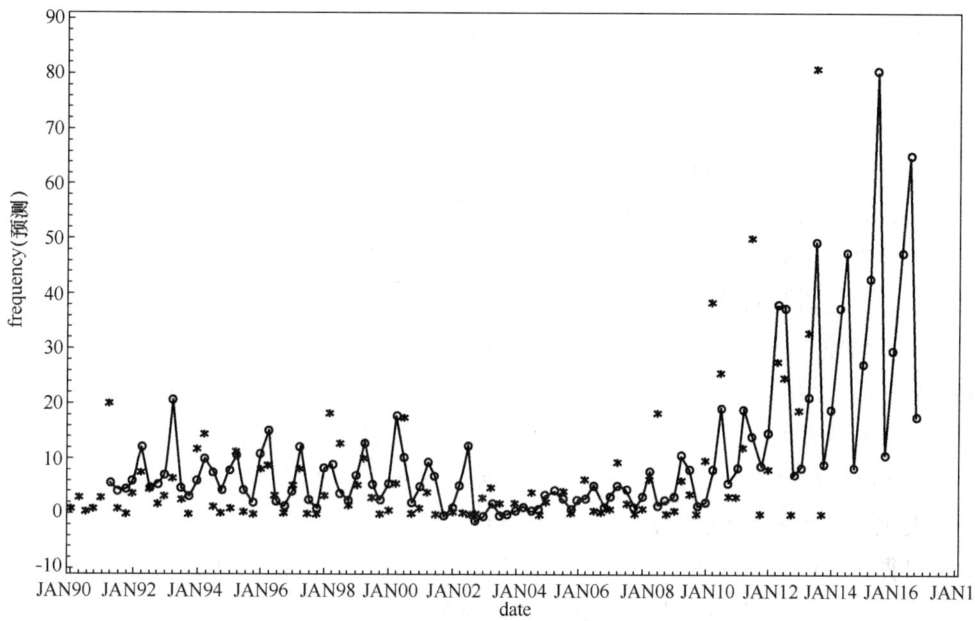

图 14－24　1990—2013 年我国洪涝灾害季度次均损失额预测图

表 14－14　2012—2014 年我国各季洪涝灾害损失额预测结果

季度	预测值	95% 置信区间
2013 年第一季度	18.973 1	(2.643 8，35.302 4)
2013 年第二季度	37.223 8	(20.830 8，53.616 9)
2013 年第三季度	47.619 1	(31.162 6，64.075 6)
2013 年第四季度	8.255 1	(0，24.774 9)
2014 年第一季度	27.007 2	(9.519 8，44.494 6)
2014 年第二季度	42.532 2	(24.95，60.114 4)
2014 年第三季度	80.488 2	(62.811 7，98.164 8)
2014 年第四季度	10.676 1	(0，28.446 5)
2015 年第一季度	29.653 9	(6.406 2，52.901 7)
2015 年第二季度	47.250 9	(23.811 9，70.689 9)
2015 年第三季度	64.953 4	(41.324 7，88.582 1)
2015 年第四季度	17.648 8	(0，41.465 7)

注：置信区间的下界可能是负数，但是损失不可能为负，因此负的置信区间下界可以用 0 替代。

本节小结

本版洪涝灾害趋势的定量分析部分除保留《灾因报告（2012）》中的小波、灰色、神经网络和时间序列等趋势预测方法外，首次加入洪涝灾害趋势的马尔可夫预测，在省级层面对下年灾害变化方向与程度进行了预测。

在洪涝灾害小波分析部分，和原版相比本版对数据处理、小波基选择和作图方法进行了较大改进，在数据处理方面，增加了数据边沿延拓处理，有效消除了数据的边界效应，小波基由上版的 sym2 实小波变换改为同时反映相位与振幅的复小波变换；在作图方面，首次加入小波变换方差图与模方图，用于更直观地读取灾变周期与振荡能量谱。小波分析结果显示我国洪涝灾害受灾面积和成灾面积存在 15 年和 26 年左右两个主要震荡周期，在 26 年尺度主周期下有减弱趋势，向低值过渡；在 15 年尺度下有加强趋势。但实际变化也同时会受到小尺度趋势，如 5 年左右小规模波动变化周期的影响。

在洪涝灾害趋势的马尔可夫预测部分，首先利用 2013 年之前的数据构造马尔可夫转移矩阵并用 2014 年数据进行对比，再将 2014 年数据带入用于构造转移矩阵，对下一年度各省的灾害变化方向给出了定性预测。灰色预测、神经网络预测和时间序列预测部分与上版基本保持一致，灰色分析对 2014 年洪涝灾害次数的预测值为 46 次，少于历年平均水平，并通过了检验；对灾害直接经济损失预测值为 3 469 亿元，损失较为严重，但并未通过检验。通过用 2014 年的实际数据进行检验可得，2014 年灾害整体偏轻，所以基本认为灰色分析的趋势预测比较准确。神经网络方法的拟合度也较优，对 13 年的预测相对误差仅为 1. 48%。

第十五章　洪涝灾害的异常损失分析

第一节　洪涝灾害的极值分析及赔期

一、洪涝灾害极值分析

（一）对于洪涝灾害在未来一年内超过单次历史最高值的分析

根据洪涝频数拟合的信息，洪涝灾害的年度发生频数符合参数值为 $p=0.04469$，$q=0.95531$，$r=3$ 的负二项分布，有记载的频数最大值为164。以此可以计算未来一年洪涝发生的不同次数所对应的概率，再根据第一部分S的分布，可以得到未来一年内发生洪涝灾害次数超过历史最高频次的概率。

由于在给定未来一年的洪涝发生频数的情况下 S 是一个超几何分布，而洪涝发生的频数符合一个负二项分布，因此可以用全概率公式来计算未来一年内不超过历史单次最大损失的概率。即：

$$P(S=0)=\sum_{i=0}^{\infty}P(S=0\mid r=i)P(i)$$

通过计算，得到未来一年内，单次洪涝损失不超过过去一年单次最大损失的概率为0.959 69。

在给定未来一年发生洪涝的频数的情况下，未来一年中单次洪涝损失不超过历史最大值的条件概率如图15－1所示，由于数量太大，这里仅取部分示意。

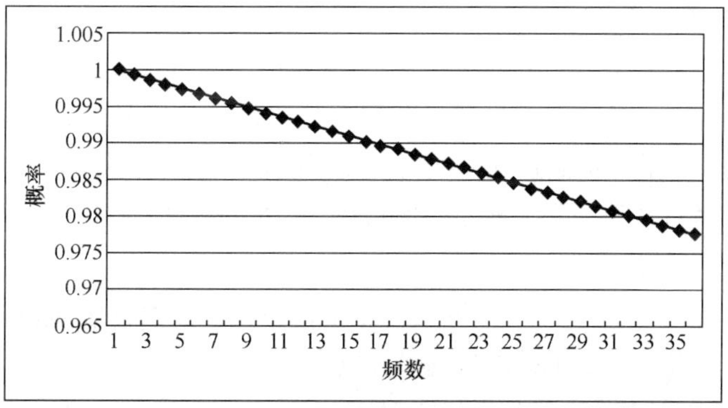

图15－1　未来一年中单次洪涝损失不超过历史最大值的概率图

可以看到，随着未来一年发生洪涝次数增加，未来一年不超过历史最大值的概率下降，即超过历史最大值的概率上升。

（二）对未来年份洪涝造成的总损失情况的分析

在未来年份洪涝造成的总损失的预测中，可以利用的年度损失数据是1990—2013年的数据，一共24个，数据量较小，其中最大值为2010年的3 745.43亿元（未经调整）。

先对数据进行排序，然后通过计算，得到表15－1，未来20年内洪涝年度总损失不超过2010年3 745.43亿元的概率为0.545 45，超过2010年1次的概率为0.253 70，超过2次的概率为0.114 77。同样的，未来20年中，洪涝年度总损失不超过以前第二大总损失的概率为0.291 75，超过1次的概率为0.277 86，超过2次的概率为0.193 15。

表15－1　未来20年内洪涝年度总损失分析情况

	不超过	超过1次	超过2次	超过3次	超过4次
最大值	0.545 45	0.253 70	0.114 77	0.050 39	0.021 41
第二顺序量	0.291 75	0.277 86	0.193 15	0.115 89	0.063 14
第三顺序量	0.152 82	0.223 64	0.212 46	0.163 43	0.109 67
第四顺序量	0.078 28	0.156 55	0.190 67	0.180 64	0.145 24
第五顺序量	0.039 14	0.100 35	0.150 53	0.170 87	0.161 38

从图15－2可以看到，未来20年不超过前5大极值的概率逐渐变小，而且概率下降速度非常快。未来20年内不超过最大值的概率还是比较大，但是不超过第五顺序量的概率非常小，即说明未来20年超过1996年年度损失2 208.360亿元的概率非常大。

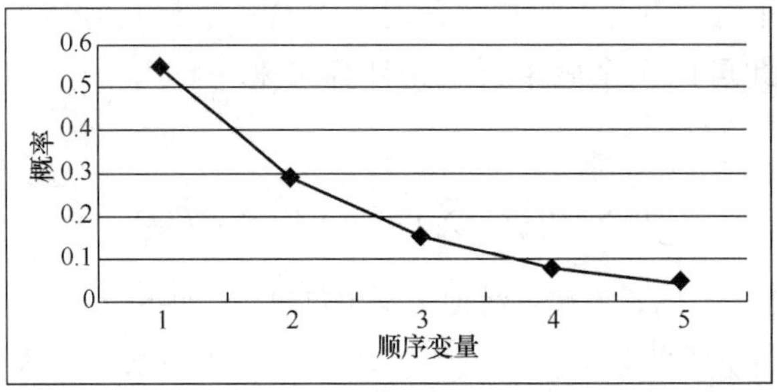

图15－2　未来20年不超过前5大极值的概率分布图

图15－2展示的是未来5年、10年、15年、20年中不超过最大的5个顺序统计量的概率。

从图15－2可以看到，时间期限越长，不超过特定值的概率越小，即超过特定值的概率越大，这跟常识理解是一致的。但是这几条线的曲度不是很一致。未来5年的情况下，不超过前5大极值的概率差不多呈直线型下降，而预测期为未来20年的情况下，是一个下凸型的下降曲线，概率下降速度先快后慢。

图15－3中可以看到未来20年的年度损失量中，不超过最大损失量的概率比较大，超过一次的概率约在0.3的位置，以后超过次数越多，概率越小。

未来20年年度损失程度的极值分析如图15－4所示。

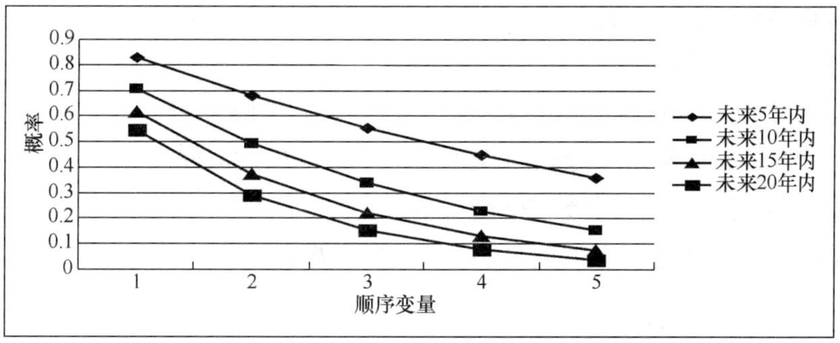

图 15－3　未来不超过最大的 5 个顺序统计量的概率

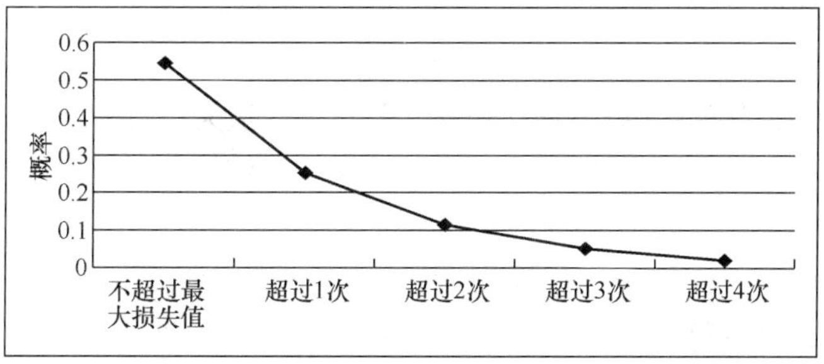

图 15－4　未来 20 年年度损失程度的极值分析图

图 15－5 对比了未来 5 年、10 年、15 年、20 年中超过历史最大值的概率，可以看到未来不超过最大值的概率随着估计年限的增长而降低，而超过未来最大值的概率随着估计年限的增长而提高。

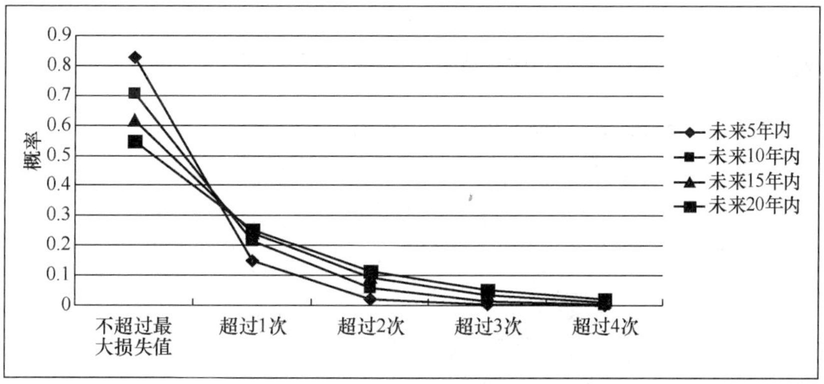

图 15－5　未来年度损失量的极值分析图

二、洪涝的赔期

X_i 可以作为分布为 F 的独立的随机变量，u 定义为一个已经给定的开始值。这样可以把 $I_{\{X_i>u\}}$ 当成一个 Bernoulli 随机变量，成功概率为 $p=\bar{F}(u)$。定义第一次成功的时间为：

$$L(u)=\min(i\geqslant 1; X_i>u)$$

则：

$$P[L(u)=k]=(1-p)^{k-1}p$$

注意到独立同分布的随机变量：

$$L_1(u) = L(u)$$
$$L_{n+1}(u) = \min\{i > L_n(u) : X_i > u\} \qquad (n \geqslant 1)$$

$L_{n+1}(u)$ 可以用来表示连续两个超过给定值的损失之间的时间间隔。

事件 $\{X_i > u\}$ 的赔期可以定义为 $EL(u) = p^{-1} = [\overline{F(u)}]^{-1}$。下面可以通过几何分布的特性来解决这个问题。定义 r_k 为在 k 段时间之前至少发生一次超过 u 的损失的概率。表达式如下：

$$r_k = P[L(u) \leqslant k] = p\sum_{i=1}^{k}(1-p)^{i-1} = 1-(1-p)^k \qquad (k \in N)$$

这样就得到了 r_k 与 p 之间一一对应的关系。

在赔期之前的时间内发生一次超过 u 的损失的概率表示如下：

$$P[L(u) \leqslant EL(u)] = P[L(u) \leqslant (1/p)] = 1-(1-p)^{(1/p)}$$

根据前面对年度总损失的预测，可以得到未来 20 年内损失超过 u 的概率为：

$$P(X_i > u) = 1 - P(X_i < u) = 1 - 0.545\ 45 = 0.454\ 55$$

即：

$$P[L(u) \leqslant 20] = 0.454\ 55$$

根据前面的分析，可以得到

$$P[L(u) \leqslant 20] = 1-(1-p)^{20} = 0.454\ 55$$

解得 p 为 0. 029 85，赔期为 p 的倒数 33. 5 年，即像 2010 年那样大的年度损失，统计意义上 33. 5 年才会再发生一次。

三、全国洪涝灾害异常损失灾变预测

表 15 -2 列出了 1994—2013 年全国洪涝灾害年次均损失额。

表 15 -2　1994—2013 年全国洪涝灾害年次均损失额

年份	年次均损失额（亿元）	年份	年次均损失额（亿元）
1994	427. 45	2004	43. 51
1995	217. 85	2005	34. 14
1996	283. 49	2006	21. 95
1997	312. 98	2007	31. 20
1998	453. 10	2008	18. 10
1999	123. 78	2009	16. 17
2000	104. 85	2010	70. 87
2001	158. 21	2011	35. 12
2002	407. 23	2012	42. 69
2003	63. 63	2013	55. 36

本节以 2000 年为起始点，以各灾变年距起始年份的间隔为时间序列，将 44 亿元作为阈值，得到灾变序列 1，2，3，10，13，据此建立 GM（1，1）模型。用 R 软件进行预测，得到结果（见图 15 -6）。

GM(1,1)参数估计值:
发展系数a=0.556 66　　　　灰色作用量b=1.433 4

x(0)的实际值:
1 2 3 10 13
x(0)的模拟值:
1 3 5 4 14
x(0)的下一预测值:
25

平均相对误差=28.937 4 %
方差比值=0.159 145

图 15－6　2000—2013 年全国洪涝灾害异常损失灰色灾变预测结果

由图 15－6 可以预测下次发生阈值以上洪涝灾害的年份为 2025 年，该预测模型的平均相对误差大于 20%，无法通过检验，方差比值合格，可见拟合效果不是很理想。考虑到我国幅员辽阔，前几章已经充分描述不同地区遭受洪涝灾害的威胁程度大不相同，所以本节进一步考虑对洪涝重灾省份进行灾变预测。

本节小结

本节在洪涝灾害的极值分析中，结合对洪涝灾害频数及经济损失分布拟合的结果，通过计算得到洪涝灾害在未来一年内，单年洪涝损失不超过历史最大频次（即 1996 年的 164 次）的概率为 0.959 69，年度洪涝损失不超过历史年度最大损失（即 2010 年的 3 745.43 亿元）的概率为 0.545 45。洪涝灾害愈加具有单次发生巨额损失的倾向，防灾减灾相关部门以及保险行业应特别重视灾害事故的防范。在洪涝的赔期分析中，洪涝的赔期从《灾因报告（2012）》里的 31.43 年增加到 33.5 年。其原因在于 2000—2013 年的 2010 年、2012 年、2013 年这些最近年份的损失较大，其他年的洪涝灾害年损失其实较小，因此这一版所测算的赔期变得更长了，即表明达到 2010 年那样大的历史最大年度损失额，统计意义上 33.5 年才会再发生一次。

第二节　洪涝灾害的重点灾区分析

一、湖南省洪涝灾害定性分析

湖南省地处长江中游，历来洪涝灾害较为频繁。由于洞庭湖向北敞口，冷空气经常长驱直入，静止在南岭附近，使降水天气持续很久。湖南省汛期除受到西风带系统影响外，还常受到台风和东风波等系统影响，易于形成致洪暴雨。一旦大气和海温发生异常，湘、资、沅、澧“四水”的洪水与长江洪水相遇，则往往酿成特大洪涝灾害。进入 20 世纪 90 年代以来，湖南几乎每年夏季都不得安宁，水灾发生频率明显提高，灾情愈来愈重，其中仅 1996 年就因水灾造成直接经济损失 506 149 亿元，死亡 500 多人；1998 年更发生了 1949 年以来仅次于 1954 年的特大洪涝。下面就来重点研究下湖南省的洪涝发生情况。

国内外对于几种主要灾害的理论研究主要有致灾因子论、孕灾环境论和承灾体论，下面分别从这三个方面分析为什么湖南省是全国洪涝灾害最严重的地区。

（一）致灾因子

一般认为灾害是致灾因子对承灾体作用的结果，没有致灾因子就没有灾害，洪涝灾害的主要致灾因子是暴雨。气候条件严重影响着湖南的水灾，每年4—8月，气候常常受控于副热带高压、西风带环流、东南季风和西南季风等环流体系的辐合影响，副热带气候的北跳南移，西风带环流的南进北退，以及东南季风与西南季风的融合交汇，在此作用下，全年平均降雨量在1 462毫米以上，属全国多雨区之一。从图 15－7 中可以看出，我国降水的空间分布特点是：从东南沿海向西北内陆递减。

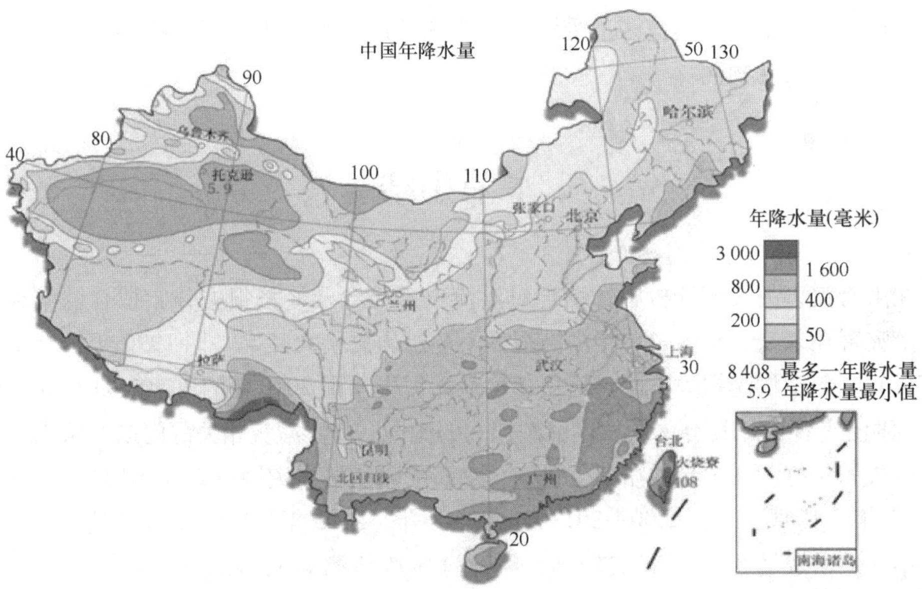

图 15－7　中国年降水量分布图

图 15－8 是湖南省省会城市长沙 1996—2013 年每月平均降水量，从中可以看出，降雨四季分布极不均匀，年际变化大，4—9 月雨量约占全年雨量的69%，其中4—6 月雨量最为集中，约占全年雨量的50%，往往造成山丘区一年多次发生洪灾，洞庭湖区长时间洪涝灾害。7—8 月易受台风影响，高强度、集中降雨也往往发生在这一时期，每年平均 7 天暴雨，降雨量为 140 ~ 300 毫米，这也是造成山洪暴发、河水陡涨的主要原因。

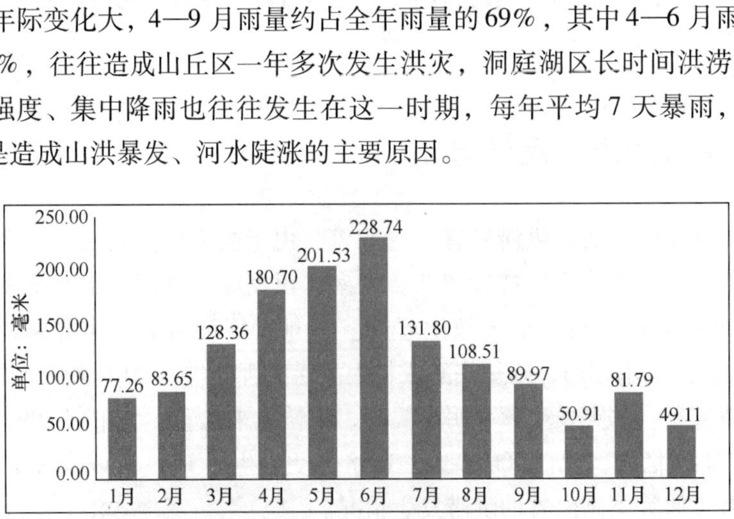

图 15－8　1996—2013 年湖南省长沙市月平均降水量

（二）孕灾环境

孕灾环境指标主要有大气海洋环境指标、天体背景指标、水文气象环境指标和下垫面指标。湖南东西南三面山地环绕，逐级向中部和东北部倾斜，湿地面积大，地貌活跃复杂，高低起伏大，坡陡、谷深，地表切割强烈，部分土壤抗蚀能力弱，等等，极易于降雨后地表径流迅速汇集，洪水流速大，涨势猛，冲刷严重，水土流失，常常造成洪涝灾害。洞庭湖区垸老田低，生产地面高程一般低于外河洪水位5～8米，个别地方超过10米，生产地面是半年在水下，半年在水上，生产生活完全靠堤防保护。因此，在洞庭湖没有得到根治前，难免遭受洪水灾害影响，这就是地理环境决定了洞庭湖水灾比其他地区多，威胁大，而且这种威胁随着水情变化、水位抬升而加剧，随着江湖蓄洪条件的恶化而恶化。湖南省境内河流稠密，湘、资、沅、澧联结着800多条大小支流，总长43 000多千米，全省95%以上的城镇沿河而建，三分之一的耕地分布在洞庭湖和这些干支流之间。由于受气候、地理、水系等因素的制约和影响，湖南历来是自然灾害多发地区，其中尤以水灾最为严重。

（三）承灾体

承灾体是各种致灾因子作用的对象，是人类及其活动所在的社会与各种资源的集合。作为洪涝主要致灾因子的暴雨的承灾体包括人、建筑、工矿、农林牧渔、交通、环境、水利设施等。脆弱性是承灾体易于或敏感于遭受洪涝威胁和损失的性质与状态，因此，脆弱性的大小与灾情的损失具有对应性，即脆弱性越大，洪涝灾情就越严重，损失就越惨重。

从第十三章的脆弱性分析可知，总体而言湖南省的脆弱性在2013年排在全国第13位，并不算靠前。2013年脆弱性的各项指标在全国的排名情况如表15－3所示。

表15－3 2013年湖南省脆弱性指标全国排名

湖南省	全国排名
地均第一产业GDP	14
人口密度	12
主汛期降水量	7
森林覆盖率	8
水库容量	3
防洪投资	6
人均GDP	19

但是通过图15－9可以看出，湖南省洪涝灾害脆弱性存在明显的地域差异。总体上看，湘西南、湘西北、湘东南洪涝灾害脆弱性较小，而湘中丘陵盆地、湘北脆弱性则较大。

生态环境过渡带洪涝灾害脆弱性较大，如慈利是处于武陵山区和湘北洞庭湖区的衔接地带，安化处在雪峰山向洞庭湖区的过渡地带，衡邵盆地也处在西部雪峰山和南部南岭山地与湘中丘陵地区的结合部上，这几个区域脆弱性都比较大。

造成水灾频繁的原因除气候、地理、江湖等因素外，洞庭湖泥沙淤积，生态环境遭受破坏、水利工程失修、人类社会活动加速等，也是重要原因。

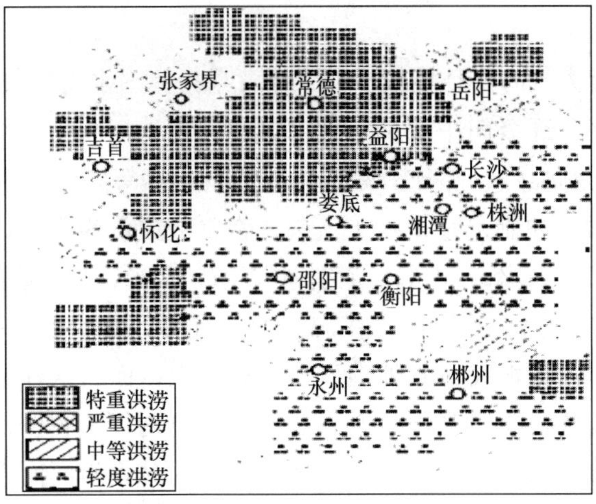

图 15-9　湖南省洪涝灾情分布图

资料来源：汪朝辉，王克林，熊鹰，等．湖南省洪涝灾害脆弱性评估和减灾对策研究［J］．长江流域资源与环境，2003（6）．

1. *洞庭湖泄洪功能日益衰退，总容量日益缩小*

由于大量泥沙淤填和围湖造田，洞庭湖水面和容量在短期内锐减。据记载，1524—1860 年，洞庭湖水面为 6 270 平方千米，到 1949 年水面减少到 4 350 平方千米，蓄洪容量为 793 亿立方米，90 年内水面减少 30.6%，1949—1980 年水面减少到 2 691 平方千米，容量减少到 194 亿立方米，30 年内水面减少 38.14%，容量减少 34%，相应水位抬高 1.5～2.5 米，这是湖区水灾频繁发生的主要原因之一。

2. *生态平衡遭到破坏，水土流失严重*

多年来由于人为的乱砍滥伐，毁林开荒，植被受到严重破坏，特别是长江中上游植被受到破坏，导致大量水土流失，每逢大雨，泥沙在没有任何阻挡的情况下随着滚滚洪水冲入江湖，最后沉积在江河湖底，致使江湖河床淤高，水流受阻，水位抬升，造成灾害。还有植被受到破坏，生态失去平衡，由此带来的是局部或大部分地区气候反常，或久晴无雨，或长时期淫雨徘徊，或短时期暴雨不止的恶劣天气，这也是近几十年来湖南气候反常和水灾多发的又一原因。

3. *水利设施薄弱*

据湖南省水利厅调查统计资料，目前全省大约有 64 785 平方千米耕地缺乏足够的水利设施，洞庭湖 3 471 平方千米沿湖大堤就有险段 1 290 平方千米；全省病险水库较多，仅在 1954—1990 年全省就因洪水冲垮水库大坝 306 座。“四水”及洞庭湖堤防标准普遍不高，多数不到 10 年一遇，加上洪水水位不断抬升，抗洪能力下降。省内一部分城镇堤防标准较低或根本不设堤防，暴雨洪水一来，街道进水，房屋被淹，工农业生产和人民生命财产都遭到重大损失，尤其工矿企业和商店等经济行业的损失往往极为惨重。

4. *人口激增*

据湖南省统计局的资料，50 年代初湖南有 2 987 万人，至 1996 年全省人口激增至 6 400 多万。随着人口激增，吃饭问题压头，人们对耕地资源利用逐渐由适应性开发变为超量掠夺性开发，自然资源严重受损，生态环境不断恶化，最终造成洪涝等自然灾害频发与加剧。

二、洪涝重灾省份异常损失的灾变预测

表 15－4 列出了 1995—2013 年湖南省洪涝灾害受灾面积情况，以 1995 年为起始点，选取各灾害年的间隔时间，以受灾面积在 66.67 万公顷以上的年份为灾害年，那么 1995—2013 年的受灾面积可以转化得到灾变预测序列表（见表 15－5）。

表 15－4　1995—2013 年湖南省洪涝灾害受灾面积表

年份	受灾面积（万公顷）	年份	受灾面积（万公顷）
1995	171	2005	49.51
1996	237.1	2006	106.9
1997	64.61	2007	75.78
1998	616.5	2008	67.95
1999	106.7	2009	55.75
2000	39.2	2010	210.08
2001	58.2	2011	50.271
2002	197.651	2012	757.65
2003	82.5	2013	200.04
2004	62.94		

表 15－5　1995—2013 年湖南省洪涝灾害受灾面积灾变预测序列表

年份	受灾面积（万公顷）	年份	受灾面积（万公顷）
1995	0	2006	11
1996	1	2007	12
1998	3	2008	13
1999	4	2010	15
2002	7	2012	17
2003	8	2013	18

利用 R 软件对以上原始灾变序列进行灰色分析，可以得到灾变预测结果，见图 15－10。

```
GM(1,1)参数估计值:
 发展系数a=0.149 229 7    灰色作用量b=4.696 503
x(0)的实际值:
 1 3 4 7 8 11 12 13 15 17 18
x(0)的模拟值:
 1 5 6 7 8 9 11 13 15 17 20
x(0)的下一预测值:
 23
平均相对误差=16.578 03 %
方差比值=0.165 980 5
```

图 15－10　湖南省异常损失灰色灾变预测结果

平均相对误差小于 20%，通过检验，方差比值小于 35%，检验结果为优，可见灰色预测对

于重点省份的灾变预测效果较好，可以合理地预测湖南省下次发生阀值以上的洪涝灾害的时间为2014年，也即依据历史数据来看，从统计意义上来说湖南省在2014年的洪涝灾害受灾面积会在66.67万公顷以上。

本节小结

本部分结合地理、经济、人文等因素，从致灾因子、孕灾环境和承灾体三个方面分析了我国洪涝灾害最严重的省份——湖南省的洪涝灾害特征，并用灰色GM（1，1）模型预测下次发生所设阈值以上洪涝灾害的时间由上一版的2014年变为2025年。

第三节　洪涝的重大灾害分析

一、2012年重大洪涝灾害分析

2012年，全国雨水情呈现降水总体偏多、台风登陆密集、南北洪水并发的格局。全国降水除淮河流域和长江流域汉江水系偏少外，其他流域大部地区均偏多。汛期，全国主要多雨区位于松辽流域、海河流域北系、黄河上游、长江洞庭湖和鄱阳湖水系、浙闽地区等。

2012年，全国江河洪水发生频繁，大江大河尤为突出，全国425条河流发生超警以上洪水，其中71条河流发生超保洪水，43条河流发生超历史洪水。

（一）甘肃岷县“5·10”山洪泥石流灾害

1. 灾害过程概述

5月10日，甘肃定西市普降暴雨、冰雹，岷县麻子川乡上沟村1小时降水量65毫米，6小时降水量94毫米，暴雨频率为100年一遇。受暴雨影响，岷县、漳县、渭源3县33乡（镇）遭受山洪泥石流灾害，受灾人口52.44万人，因灾死亡57人、失踪15人（其中岷县死亡47人、失踪12人），农作物受灾面积37.19千公顷，倒塌房屋2.01万间，国道212线、省道306线多处中断，部分县乡道路、桥梁涵洞严重受损，岷县9乡（镇）供电、通信一度中断，直接经济损失86.00亿元。

2. 保险行业灾害应对①

甘肃岷县“5·10”山洪泥石流灾害发生后，甘肃保监局得知灾情，第一时间通知在岷县设有保险分支机构的人保财险公司，要求立即展开客户受灾情况排查。人保财险甘肃省分公司岷县支公司分别成立了应急工作小组及理赔工作小组，赶赴受灾较重的茶埠乡及东山区。据初步排查，截至5月14日12时，人保财险岷县支公司共接到报案38件，已赔付7.4万元，预估损失40余万元。其中，车险37件，已赔付7.3万元，能繁母猪保险1件，已赔付1 000元。

① 参考资料：《保险业积极应对暴雨洪涝灾害》，《中国保险报》。

（二）京津冀“7·21”暴雨洪涝灾害

1. 灾害过程概述

7月21日午后至22日凌晨，北京市遭受新中国成立以来最大一次降雨过程，全市24小时最大点雨量房山区河北镇541毫米，达500年一遇，城区最大点雨量170毫米，创新中国成立以来最大值。15个区（县）230个乡镇（街道）127万人不同程度受灾，79人死亡，倒塌房屋1.4万间，农作物受灾7.3万平方千米，停产企业942家，损坏堤防1 107处、护岸1 633处、水库2座、水闸276座，形成积水点426处，中心城区道路积水点63处，直接经济损失约162亿元。受强降雨影响，首都机场21日全天共取消航班571架次，延误航班701架次，最高峰时有近8万人滞留机场。暴雨还导致京港澳高速公路出京方向17.5千米处的南岗洼铁路桥下严重积水，积水最严重时，被淹路段长约900米，平均水深4米，最深处6米，桥下积水20余万立方米犹如水库，81辆汽车被困水下。经过之前的暴雨，北京山区大部分土壤接近饱和，再遇降雨引发地质灾害可能性增大，21日下午5时左右，地铁6号线金台路工地发生路面塌陷。

7月21—22日，河北省发生“96·8”以来最大一次暴雨洪水过程，最大点雨量涞源县王安镇349毫米，为100年一遇，大清河、北三河、滦河水系部分河道发生较大洪水，32个县431个乡（镇）318万人受灾，死亡36人，失踪16人，转移群众23万人，农作物受灾29万平方千米，倒塌房屋1.7万间，受淹城市11座，直接经济损失138亿元。

7月21—31日天津市连续遭受三次强降雨过程，累计降水量360毫米，占汛期降雨量的55%，15个区县146个乡镇近94万人受灾，直接经济损失32.78亿元。

北京市2012年7月21日10时—22日06时降水量分布如图15－11所示。

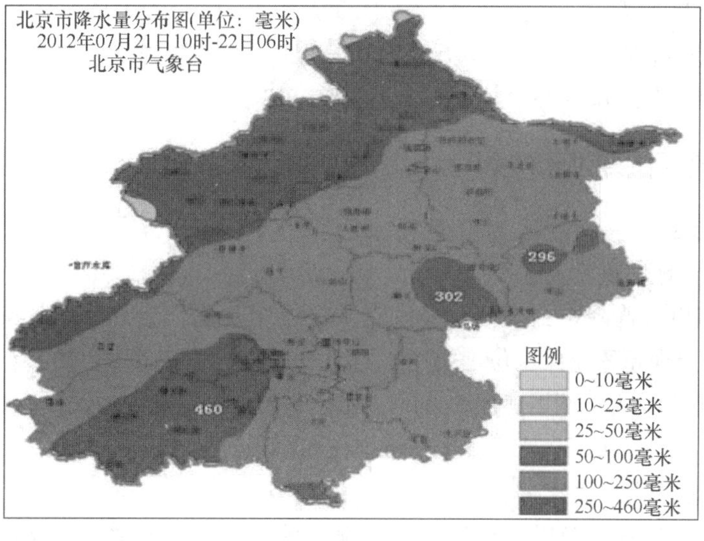

图15－11　北京市2012年7月21日10时—22日06时降水量分布图

资料来源：中国气象局网站。

2. 保险行业灾害应对

“7·21”暴雨洪涝灾害发生后北京市保监局发布《关于进一步做好北京7·21强暴雨保险理赔服务工作的紧急通知》《关于做好“7·21”特大自然灾害保险理赔纠纷处理工作的紧急通

知》等通知，要求保险公司建立快速理赔机制，快速查勘定损，及时支付赔款，保证理赔及客服人员充足，确保接报案电话24小时畅通；同时要求保险公司积极协调各方面资源，加快对受灾车辆的救援处置，被保险人自行施救产生的相关费用应由保险公司承担。

北京保险行业协会协调在京各财产保险公司，就受灾车辆保险理赔事宜做出六项承诺：

第一，各保险公司按照“重合同、守信用”的原则，执行适度宽松的理赔政策，在保险合同范围内“应赔尽赔、足额赔付”。

第二，各保险公司处置因暴雨受损车辆时，积极协调汽车修理企业先行采取车辆排放水、晾晒、内部电路封堵保护等必要处理措施，再开展车辆查勘定损等后续工作，以避免车辆损失进一步扩大，维护车主利益。

第三，保险公司在机动车辆损失保险保障范围内，承担因暴雨责任导致的车身、车内饰、车上电子元器件等各方面损失，以及发动机进水后对发动机的拆装、清洗、换油等费用；在附加险“涉水损失险”（或类似附加险条款）保障范围内，保险公司承担因水淹、涉水行驶、在水中启动导致发动机损坏的相应损失。

第四，对于没顶或车内水淹至仪表台之上的车辆，保险公司与被保险人协商一致后，可做推定全损处理，依据机动车辆损失保险条款给予赔偿。

第五，各保险公司建立快速理赔绿色通道。对于责任明确、损失确定的案件，可实行现场定损、现场赔付。

第六，保险公司承担投保车辆因暴雨受损后自行施救产生的合理费用。

北京保监局对外披露，截至7月29日24时，在京保险公司共接到因暴雨造成损失的各类报案共4.6万件，估损金额已达约9.2亿元。其中，机动车辆保险接报案4.1万件，估损金额约3.7亿元；企业、家庭、工程等财产保险接报案2 273件，估损金额约4.4亿元；投保种植业保险农户受灾面积约28.3万亩，养殖业损失约24.3万头（只），种养两业估损金额约9 142.6万元，已向农户预先赔付保险金1 851.9万元；人身保险预计赔付保险金额449.6万元，已赔付217.4万元，涉及51人，其中33人死亡、5人失踪、13人受伤。

（三）四川地区汛期洪涝灾害

1. 灾害过程概述

（1）7月初四川地区洪涝灾害

7月2—5日四川省普降中到大雨，最大点雨量巴中平昌云台站298.3毫米，渠江、岷江、大渡河及部分支流出现超警超保水位。乐山、自贡、南充、遂宁等16个市（州）85个县（市）1 557个乡镇597万人受灾，倒塌房屋5万间，死亡5人，失踪1人，农作物受灾24.5万平方千米，损坏水库129座、堤防530处，直接经济损失62.1亿元。

（2）8月末川渝暴雨洪涝灾害

8月29日至9月2日，四川省普降中到大雨，最大点雨量巴中市巴州区义兴站397毫米，嘉陵江支流渠江发生超警戒水位洪水，安宁河支流孙水河发生超过200年一遇特大洪水，曲江支流恩阳河发生超过保证水位洪水。凉山、广元、攀枝花等13个市（州）55个县（市）369万人受灾，农作物受灾面积9.603万平方千米，死亡15人，失踪18人，倒塌房屋6.08万间，直接经济损失84.36亿元。

2. 保险行业灾害应对

在预计四川省各地暴雨频发的情况下，四川省保监局提前部署，及时下发《关于做好2013

年防汛抗灾有关工作的紧急通知》，要求各保险机构、各地保险行业协会及时启动应急机制，做好防汛抗灾工作准备，并将灾情及理赔情况及时上报。灾情发生后，四川省保监局第一时间启动四川保险业重大突发事件应急预案，成立抗汛救灾工作领导小组，实行24小时应急值班制度，组织开展受灾受损情况摸排工作，全面了解行业暴雨洪涝灾害接报案情况，明确专人负责收集统计灾害理赔情况，排查掌握行业自身损失，及时跟踪严重受灾地区和受灾案件的处理情况。

二、2013年重大洪涝灾害分析

2013年，全国降水量接近常年，松辽流域、海河流域西部、黄河中游和珠江流域等地降水偏多，其他流域大部地区正常或略偏少。汛期全国主要多雨区位于松辽流域、海河流域西部、黄河中游和珠江流域，局地强降水频发多发，多个强台风严重影响我国。

2013年，旱涝交替发生，东北发生1998年以来最大洪涝，南方遭受1951年以来最强高温袭击，一些地区暴雨洪水、山洪突发，全国有340多条河流发生超警戒洪水，23条河流发生超历史实测记录洪水。黑龙江发生了流域性大洪水，其中，黑龙江下游洪水超100年一遇，嫩江上游洪水超50年一遇，第二松花江上游洪水超20年一遇；辽宁浑河上游发生超50年一遇特大洪水；珠江流域发生区域性大洪水，广东北江洪水超20年一遇；四川沱江发生大洪水。

（一）5月中旬广东清远等地中小河流洪水及山洪灾害

1. 灾害过程概述

5月15—17日，广东省发生大范围强降雨过程，清远、韶关、广州、河源等地出现超100年一遇特大暴雨，累计降雨量超过100毫米的笼罩面积3.34万平方千米，超过200毫米的笼罩面积0.66万平方千米，累计过程最大点雨量英德市新建电站417毫米、佛冈县桂田村站408.5毫米。北江中游支流发生100年一遇特大洪水。广州、韶关、清远、揭阳、云浮等9市35县（市、区）286乡（镇）受灾，受灾人口125.57万人，因灾死亡39人、失踪7人，农作物受灾面积79.86千公顷，倒塌房屋0.95万间，直接经济损失33.58亿元。

2. 保险行业灾害应对①

广东省保监局在灾害事故发生后发布《广东保险业全力做好近期暴雨灾害理赔服务》的通知，第一时间组织辖内各机构开展保险服务工作，要求各机构增派人员协助客户做好减灾减损工作，加强人员值守，开通绿色理赔服务通道，切实做好理赔服务工作。据初步统计，截至5月17日16时，受灾严重的韶关、清远、肇庆、河源四地共接报案551起，主要集中在企财险、车险和农房险方面，估损金额约2 095.5万元。广东保监局已要求各机构继续做好理赔服务工作。

（二）7月上中旬四川都江堰等地洪涝灾害

1. 灾害过程概述

7月8—12日，川西、川西北部分地区降暴雨到大暴雨，其中，成都、德阳、绵阳等地部分地区降特大暴雨，累计降雨量超过400毫米的有13县、超过600毫米的有6县、超过800毫米

① 参考资料：《暴雨洪涝灾害定损进入高峰期，保险理赔迅速跟进》，中国保险网。

的有3县，最大过程降雨量都江堰市幸福站达1 129毫米，为该站有气象记录以来最大。沱江支流石亭江发生超实测记录洪水，沱江上游干流发生超30年一遇大洪水。成都、德阳、绵阳等16市（州）95县（市）1 174乡（镇）受灾，受灾人口349.05万人，因灾死亡71人、失踪177人，农作物受灾面积162.84千公顷，倒塌房屋1.4万间，直接经济损失203.09亿元。其中，都江堰市中兴镇三溪村发生特大型高位山体滑坡，因灾死亡45人，失踪116人。

2. 保险行业灾害应对

暴雨灾害发生之后，四川省内的多家保险公司随即启动了重大灾害应急预案，开通了绿色理赔通道，对投保客户进行了全面排查。同时，由于一些洪涝发生地的保险公司也受到了洪水的侵袭，所以多家保险公司的省分公司同时下达《要求地市州的分支机构将受灾受损情况上报省公司》的通知。截至7月11日，全省保险业已接到暴雨洪涝灾害报案1 908件。其中，农作物受灾面积达到11.59万亩，养殖业标的受灾2 500余头，水产受损1 800亩。

（三）东北区域性洪涝灾害

1. 灾害过程概述

（1）8月中旬辽宁、吉林暴雨山洪灾害

8月15—17日，辽宁北部、吉林中东部降大到暴雨，局部地区降特大暴雨，累计过程最大点雨量辽宁抚顺红透山站456毫米、吉林白山靖宇站375毫米。辽河流域浑河上游发生超50年一遇特大洪水，辽河干流发生超警戒水位洪水。辽宁、吉林2省15市69县（市、区）受灾，受灾人口198.86万人，因灾死亡88人，失踪94人（其中，辽宁抚顺死亡77人，失踪87人），农作物受灾面积315.52千公顷，倒塌房屋1.27万间，直接经济损失112.79亿元。

（2）黑龙江省洪涝灾害

2013年6—9月，黑龙江省出现13次较大降雨过程，全省平均降雨量427.7毫米，比多年同期平均值偏多27%，累计降雨量超过100毫米的笼罩面积43万平方千米，占全省总面积的91%，100~200毫米的笼罩面积3.3万平方千米，200~400毫米的笼罩面积16.2万平方千米，400毫米以上的笼罩面积23.5万平方千米。持续降雨致39条河流发生洪水，其中，嫩江上游发生超50年一遇特大洪水，松花江发生1998年以来最大洪水，黑龙江发生1984年以来最大洪水，黑龙江下游同江至抚远江段发生超100年一遇特大洪水，嘉荫至抚远江段超过历史最高水位0.28~1.55米。8月16日、22日和23日，黑龙江干流二九〇农场堤段、萝北县柴宝段、同江市八岔乡堤段先后决口。全省有126县（市、区）916乡（镇、场）受灾，受灾人口541.59万人，因灾死亡7人，农作物受灾面积2 654.04千公顷，倒塌房屋7.40万间，直接经济损失327.47亿元。

2. 保险行业灾害应对[①]

洪灾发生后，保监会党委高度重视，认真贯彻落实国务院要求精神，下发《关于做好东北洪灾保险理赔工作的紧急通知》。黑龙江保监局快速启动应急预案，成立应急指挥中心，将黑龙江省保险业抗洪抢险救灾重大突发事件相应上升为Ⅰ级，印发了《关于加强农业保险理赔服务工作积极应对洪灾的紧急通知》和《关于全力做好抗洪抢险救灾保险服务工作的紧急通知》，实施了灾害勘查理赔日报制度和24小时值班制度。

---

① 中国保险监督管理委员会.2013年重大灾害事故保险理赔案例选编［M］. 北京：中国金融出版社，2015.

黑龙江省农业保险累计接到洪灾报案 1.56 万件，赔款总额 27.16 亿元，简单赔付率 106.8%，为黑龙江省历史最高，是 2009—2012 年黑龙江省农业保险赔款总和，占全省洪灾直接经济损失的 13.86%。全省核定受灾面积 4 810.81 万亩，涉及全省 13 个地市 80 个县区，占承保面积的 47.54%。受灾绝产面积 386.12 万亩，赔款 6.07 亿元；减产面积 4 424.68 万亩，赔款 21.09 亿元。农业保险获赔农户达 50.9 万户，占承保农户的 59.7%。户均赔款达到 5 335.95 元，是全国农业保险户均赔款的 10 倍，占黑龙江省农村居民年人均收入的 62%。保险赔款 10 万元以上的农户 2 450 户，紧密型合作社 283 家。其中，赔款在 100 万元以上的农户 14 户、紧密型合作社 7 家。农垦北安管理局龙镇农场一名职工种植的 13 000 余亩大豆、玉米受灾，一户就获得保险赔款 352.1 万元。

2013 年黑龙江省洪涝灾害共发生财险业（除农险）理赔金额 8 843.34 万元，其中，企财险理赔金额 6 456.75 万元，占比 73%。以黑龙江省英大财险公司承保的电力企业企财险为例，该公司共支付电力企业理赔款金额 5 002 万元，占全省企财险理赔金额的 77.5%。2013 年洪涝灾害造成黑龙江省 12 个地市 73 个供电单位的电力设施遭受破坏。因暴雨和内涝停运变电所（台）208 个，停运 0.4 千伏线路 43 条次，累计停电用户达 10 075 户。其中受损严重的地区有黑河市、佳木斯市、伊春市、齐齐哈尔市、大庆市、绥化等地区，共计申报损失 8 264 万元。其中，电网财产一切险占灾害期间案发量的 70%。

三、2014 年重大洪涝灾害分析

2014 年，全国降水量接近常年，主汛期北方降雨少，华西秋雨总量偏多；大江大河水情总体平稳，中小河流超警数量多；水文干旱总体偏轻，仅北方地区出现严重夏伏旱；强台风重复登陆次数多，单个台风登陆强度大。

2014 年，全国年平均降水量与常年基本持平。全国七大江河中仅长江发生 2 次编号洪水，全国主要江河来水量接近常年略偏少。其中，松花江、黄河上游、长江、西江接近常年；辽河偏少 4 成，海河偏少 7 ~9 成，黄河中下游偏少 3 ~4 成，淮河偏少 4 成，汉江偏少 2 成。

（一）5 月中国南方洪涝灾害

1. 灾害过程概述①

2014 年 5 月 8 日以来，中国南方出现大范围持续性强降雨过程，引发洪涝、风雹等灾害，截至 2014 年 5 月 11 日 20 时统计，此次过程造成江西、湖南、广东、广西、贵州 5 省（自治区）23 市 77 个县（市、区）121.6 万人受灾，3 人死亡，2.9 万人紧急转移安置，1.4 万人需紧急生活救助；1 500 余间房屋倒塌，9 200 余间不同程度损坏；农作物受灾面积 93.1 千公顷，其中绝收 9 千公顷；直接经济损失 9.3 亿元。截至 2014 年 5 月 11 日 20 时，分省灾情统计如下：

据江西省民政厅报告，宜春、九江、上饶等 5 市 20 个县（市、区）29.3 万人受灾，1 100 余人紧急转移安置，600 余人需紧急生活救助；300 余间房屋倒塌，400 余间不同程度损坏；农作物受灾面积 23.1 千公顷，其中，绝收 500 余公顷；直接经济损失 1.3 亿元。

据湖南省民政厅报告，怀化、邵阳、衡阳等 8 市 28 个县（市、区）69 万人受灾，1 人死

① 参考资料：《南方 5 省区洪涝灾害造成 3 人死亡 万余间房屋倒损》，人民网。

亡，2 万人紧急转移安置，1.1 万人需紧急生活救助；近700 间房屋倒塌，6 300 余间不同程度损坏；农作物受灾面积50 千公顷，其中绝收7.3 千公顷；直接经济损失5.9 亿元。

据广东省民政厅报告，江门、中山、深圳3 市9 个区（市）2.4 万人受灾，近3 000 人紧急转移安置；农作物受灾面积12 千公顷；直接经济损失8 000 余万元。

据广西壮族自治区民政厅报告，柳州、桂林、梧州等5 市17 个县（市、区）19.4 万人受灾，2 人死亡，5 000 余人紧急转移安置，近2 300 人需紧急生活救助；500 余间房屋倒塌，2 200 余间不同程度损坏；农作物受灾面积7.3 千公顷，其中绝收900 余公顷；直接经济损失1.2 亿元。

据贵州省民政厅报告，贵阳市白云区、花溪区，安顺市平坝县1.5 万人受灾；300 余间房屋不同程度损坏；农作物受灾面积700 余公顷，其中绝收近300 公顷；直接经济损失1 000 余万元。

2. 保险行业灾害应对①

5 月8—11 日，南方出现大范围持续性强降雨过程，引发洪涝、风雹等灾害。广东省大范围暴雨持续，其中，深圳遭遇2008 年以来的最强暴雨，城市顿成泽国，20 处片区内涝，数以千计的汽车被淹。对于突如其来的自然灾害，专门应对风险的保险业第一时间启动应急预案，并在查勘定损时引入远程视频。

广东保监局披露，截至5 月12 日12 时，广东全省（不含深圳）共接到暴雨灾害保险报案5 163件，估损金额1.86 亿元。其中，车险报案4 532 件，估损金额3 181 万元；农房保险报案95 件，估（报）损金额33 万元；政策性农业保险报案64 件，估（报）损金额2 346 万元；其他财产保险（企业财产保险、家庭财产保险）报案472 件，估（报）损金额1.3 亿元。从区域分布上看，案件主要集中在珠三角的东莞、江门等地。

（二）7 月中旬南方洪涝灾害

1. 灾害过程概述

7 月14 日以来，西南至长江中下游部分地区再次出现强降雨过程，局地大暴雨，引发洪涝、滑坡、泥石流等灾害。截至7 月18 日9 时，分省灾情统计如下。

据湖南省民政厅报告，张家界、常德、湘西等13 市（自治州）67 个县（市、区）430 万人受灾，9 人死亡，11 人失踪，31.8 万人紧急转移安置或需紧急生活救助；1.6 万间房屋倒塌或严重损坏，2.6 万间一般损坏；农作物受灾面积299.5 千公顷，其中绝收43.5 千公顷；直接经济损失44.9 亿元。

据贵州省民政厅报告，铜仁、毕节、黔西南等9 市（自治州）67 个县（市、区）281.3 万人受灾，13 人死亡，8 人失踪，19.4 万人紧急转移安置或需紧急生活救助；1.4 万间房屋倒塌或严重损坏，2.1 万间一般损坏；农作物受灾面积118.9 千公顷，其中绝收14 千公顷；直接经济损失19.6 亿元。

据重庆市民政局报告，武隆和秀山土家族苗族自治县10.5 万人受灾，1 人死亡，2 300 余人紧急转移安置，800 余人需紧急生活救助；近600 间房屋损坏；农作物受灾面积1 000 公顷，其中绝收200 余公顷；直接经济损失近3 400 万元。

据四川省民政厅报告，乐山、泸州、凉山等6 市16 个县11.7 万人受灾，13 人死亡，25 人受伤（其中7 月17 日茂县发生山体崩塌，造成10 人死亡，19 人受伤），5 400 余人紧急转移安

① 参考资料：《南方洪涝灾害来袭 保险公司救灾理赔反应快》，《北京商报》。

置，100余人需紧急生活救助；近400间房屋倒塌，1 500余间损坏；农作物受灾面积3.1千公顷，其中绝收500余公顷；直接经济损失近1.3亿元。

据云南省民政厅报告，曲靖、保山、楚雄等5市（自治州）5个县（市）4.2万人受灾，2人死亡；农作物受灾面积3.4千公顷，其中绝收近500公顷；直接经济损失6 400余万元。

2. 保险行业灾害应对

灾害发生后各地政府机构积极应对，为促进保险在灾害救助和灾后重建工作中的作用发挥，贵州保监局立即向辖区保险业下发紧急通知，要求各级保险机构切实做好应急处置工作。一是立即启动应急预案，落实24小时值班和领导带班制度，加强暴雨灾害天气保险理赔服务的指挥，及时报告重大保险事故等情况。二是加大理赔服务投入，增派人力和查勘车辆，及时做好接报案、查勘定损等工作。三是简化理赔程序和环节，建立快速理赔通道，加快理赔速度，提高理赔效率，尤其对涉及人身伤亡、农房受损和农田绝产等案件要优先快赔宽赔。四是积极配合政府有关部门做好抗灾救灾、紧急救援等应急处理工作。

为加强对暴雨灾害保险理赔工作的指导，贵州保监局实行24小时值班制度，并建立暴雨灾害保险损失和保险理赔数据日报告制度，及时掌握全行业接报案及查勘理赔情况。根据统计汇总，截至7月16日下午17：00，在黔保险业累计接到报案3 300笔，估损金额约6 269万元。其中：机动车辆保险报案1 407件，估损金额3 292万元；财产险接报案225笔，估损金额约1 854万元；种植业保险受灾估损金额约590万元；农村房屋保险接报案296笔，估损金额约124.6万元；人身险预计赔付保险金额68万元。其中，受灾最严重的铜仁市保险估损金额超过1 868万元，贵阳市估损金额1 455万元。

目前，各保险分公司积极主动行动，启动灾害天气话务灾备方案，其他呼叫中心支援共同接听报案电话，提高出险报案电话接通率。通过短信、微信等多种方式引导客户分流报案、定损，并启动快捷案件处理流程，部分公司采取免现场查勘、免事故证明、免气象证明等“三免”政策，提高理赔效率。

四、存在的问题与建议

（一）城市内涝问题相关思考

通过对北京地区历年雨季洪涝灾害发生状况总结发现，其实“7·21”事件的发生并非是北京的首次内涝灾害，巨大经济损失也并非完全无征兆，每年雨季来临北京市或多或少都会受到城市内涝夹带的影响，虽然每次城市内涝过后都会对积水点进行改造处理，但却没有对城市防洪进行系统改造。

“7·21”暴雨洪涝事件前几年北京城市内涝情况汇总如表15－6所示。

表15－6 “7·21”暴雨洪涝事件前几年北京城市内涝情况汇总

时间	城市内涝情况
2004年7月10日	北京西三环航天桥、莲花桥41处主要路段出现严重积水，城市交通瘫痪
2006年7月31日	迎宾桥下积水达1.7米，首都机场高速完全瘫痪，多趟航班延误
2007年8月1日、8月6日	北三环安华桥下，两次发生严重积水，多处地段交通瘫痪

续表

时间	城市内涝情况
2008 年 6 月 13 日、7 月 30 日	知春路等十余处重点路段严重积水，交通瘫痪
2009 年 7 月 30 日	南池子、广渠门、和平西桥等多处路段严重积水，交通瘫痪
2011 年 6 月 23 日	大雨导致多条环路及主干道积水拥堵，部分环路断路，地铁 1 号线、13 号线、亦庄线等线路部分区段停运
2011 年 7 月 24 日	全市平均降雨量 52 毫米，达到暴雨级别，多处严重积水，交通瘫痪
2011 年 7 月 26 日	全市平均降雨量 14 毫米，为中雨级别，全市出现 20 处桥区、路口积水
2011 年 8 月 9 日	全市平均降雨量为 10 毫米，以 12 小时内降雨量计算，城区降雨达到大雨级别，全市出现 15 处积水点，交通接近瘫痪

资料来源：唐黎明．从北京内涝看省市系统的危机［J］．战略观察，2012（310）．

1. 现有问题

（1）水利设施系统薄弱，内涝灾害抵御能力差

水利设施关系着我国农业和经济的发展。水利设施主要涉及水库工程、水闸工程和堤防工程等，具有防洪、供水、灌溉、发电等综合效益。我国的水文、地质、气候等自然条件相差很悬殊，降水和河川径流分布不均，水利设施作用显得尤为重要，目前我国已初步建成七大江河防洪工程体系，但仍有许多水利建设隐患值得关注。我国现有水库大多数建于 20 世纪 50—70 年代，工程进入老化期，结构物、设备、设施老化，防洪标准不够；水闸枢纽上下游河道淤积，闸室稳定安全系数不符合规范要求；堤防工程面临渗透稳定性差、砂土液化、堤身渗漏及蚁害等方面问题。面对以上隐患，若不及时进行加固、维护，很容易使水利设施受到暴雨洪涝损害并危及库区及堤坝周围区域安全。

（2）相关车险条款需要明确与细化

“7·21”暴雨使得不少车辆进水，发动机如何理赔也成为很多车主关心的问题。涉及“7·21”涉水车辆定损，发动机拆解、清洗、换油等不涉及机身损坏的费用，首次被明确列入车损险理赔范围之内。今后，车辆理赔会延续使用这个标准①。

此前，发动机理赔一直是个模糊地带，对于发动机理赔没有明确说法。此次暴雨后，保险公司都拿到了成文规定，不涉及发动机损伤的赔付属于车损险范围，包含二次打火在内的发动机损伤则属于涉水险赔付范围。

这样一来，对于部分发动机确实受损的车辆来说，发动机的赔付需要分两部分处理。发动机机身受损部分产生的修理费用，需按照是否保有涉水险这一单独险种来处理。而发动机的拆解、清洗、换油费用，则依然适用于车损险范畴。

2. 相关建议

（1）加强防洪工程建设，提高城市防洪标准

在日本、法国等一些发达国家，先进的排水系统为抵御洪水发挥了重要作用。发达国家城市防洪标准一般都在 100～500 年一遇洪水以上，有的标准高达 1 000 年。我国城市防洪标准达到 100 年的很少，大多数城市防洪标准只能达到 20～50 年。如果发生 50～100 年一遇的洪水，就会有许多城市受灾。

① 参考资料：《北京市保监局要求“7·21”车损宽松理赔》，中国新闻网。

我国应借鉴东京、巴黎等城市强大的地下排水系统建设经验，结合自己城市的实际情况，加强排水系统建设，提高防洪水平。

图 15－12 所示为巴黎城市地下蓄水系统。

图 15－12　巴黎城市地下蓄水系统

资料来源：唐黎明．从北京内涝看省市系统的危机［J］．战略观察，2012（310）．

图 15－13 所示为日本埼玉县地下排水系统。

图 15－13　日本埼玉县地下排水系统

资料来源：唐黎明．从北京内涝看省市系统的危机［J］．战略观察，2012（310）．

（2）加强重大灾害风险分散机制与灾害研究数据库建设

近些年来全球气候变化异常，我国也面临着巨灾频发的现象。灾害发生后保险公司主要依靠前期的再保险安排与巨灾提取的准备金，一旦灾情严重，将给保险公司正常经营带来巨大压力，因此保险公司应对巨灾引起足够重视，事前充分分析巨灾发生特征、合理预估巨灾损失，同时建立巨灾风险基金，进一步完善巨灾风险分散机制。

（3）完善产品设计，加强商业保险保障力度

由于此次“7·21”事件的发生，汽车保险的关注度被迅速提升，车主关于车损险、涉水险以及司机意外险等机动车辆相关险种的条款设计及理赔标准也存在一些争议，还有很多车主对于发动机进水和熄火后强行启动的情况不予赔付的约定并不知晓。面对巨灾引起的大范围经济损失，仅仅依靠行业监管部门的全面通融赔付的政策号召而进行理赔并不科学，保险公司在设

计产品时应全面考虑可能发生的情形并将保障范围如实告知投保人，让巨灾后的赔付有据可依，减少纠纷。

（4）提升核赔技术，增强集中理赔能力

截至“7·21”暴雨洪涝事件发生后的8天内，机动车辆保险接报案就达到4.1万件，估损金额约3.7亿元。巨灾发生后保险核赔工作任务量巨大，效率至关重要。保险公司应当事先对巨灾事件做好预案，一旦巨灾发生，理赔工作人员应遵循明确的理赔核赔原则进行处置与定损。对此次灾害中的小额案件，人保公司采取了打包赔付方案。按照不同的车型、档次、破损位置和轻重度来归类处理，实现了批量快速定损操作，大大提高了巨灾的核赔效率。

（二）中小河流洪涝灾害问题思考

2013年5月15日，清远市遭遇百年一遇洪水袭击，滃江水位暴涨引发山洪灾害，造成重大人员伤亡和财产损失，仅佛冈县就有16人死亡或失踪，教训十分惨痛。

据广东省防总统计，近10年来，全省因山洪灾害死亡人数占整个洪涝灾害死亡总数的7成以上，而因山洪灾害致死事件基本都发生在中小河流。因此，加快中小河流治理已刻不容缓。

1. 现有问题

（1）中小河流治理投入不足，山洪灾害严重多发

近10年来我国中小河流治理投入严重不足问题日益凸显，近七成的洪涝灾害死亡事件基本发生在中小河流。与大江大河治理相比，中小河流治理显得严重滞后。虽然中央从2009年开始启动全国中小河流治理，各地也一直将推进中小河流治理作为城乡水利防灾减灾的重要工作，但受相关政策的制约，列入中央规划的中小河流治理项目单宗工程投资不得超过3 000万元，很难对中小河流进行系统治理，与建设任务相比有很大的缺口，治理力度严重不足。特别是近年来，中小河流淤塞严重，人为挤占和设障侵占河道问题突出，加上山洪暴涨暴落的特性和极端天气频发，造成的灾害损失越来越严重。

（2）偏远地区保险覆盖面不足

由于山洪、泥石流等洪涝灾害常发生于山地地区，以及收入状况与保险宣传等原因，当地居民个人投保意识差，理赔的绝大部分集中在如电力等系统，普通受灾民众的理赔情况极低，保险补偿作用的发挥较为有限，主要还是依靠政府的救灾资金。

2. 相关建议

（1）加强中小河流治理和山洪地质灾害防治

各地区在注重大江大河治理的同时，应加强中小河流及洪涝灾害易发河段的治理，通过治理提高中小河流重点河段的防洪减灾能力，保障区域防洪安全和粮食安全，兼顾河流生态环境，积极开展以堤防加固和新建、河道清淤疏浚、护岸护坡等为主要内容的综合性治理项目。

（2）加强保险宣传与普及，充分发挥“社会稳定器”作用

各级政府及保险公司应积极开展保险宣传活动，从普及保险知识入手，保护被保险人的合法权益。采取各种形式加强对投保人的风险教育，让更多的投保人了解自己所购买保险产品的功能及可能面临的风险。重大灾害发生后保险机构应做到查勘快、定损快、赔付快，并重点关注人伤案件、涉农保险案件、车险和企业财产险案件等影响面大的案件。

（三）农业保险问题思考

2013 年东北地区洪灾是我国东北地区农业保险试点 10 年来遇到的最大灾害。面对巨额的保险赔付，我国农业保险的经营问题再次引起关注。保监会财产保险监管部有关负责人表示，近年来我国农险业务有一定盈余，从 2013 年 1—8 月的情况来看，农险综合成本率为 84%，但农业风险大多集中在下半年，灾害频发导致农险业务实现承保盈利不容乐观。如何在做好农险理赔工作的同时，完善相关制度，探索建立农业保险大灾分散机制，完善相关制度，提高灾害应对能力，已是迫在眉睫①。

1. 现有问题②

（1）农业保险覆盖面仍然较低

虽然近几年黑龙江省种植业保险覆盖面逐年提高，但增幅缓慢。2013 年全省农作物总承保面积近 1 亿亩，剔除农垦区内 4 000 万亩，垦区外仅承保近 6 000 万亩，而全省耕地总面积为 2. 2 亿亩，总承保比例为 45%，垦区外承保比例仅为 33%，不仅低于全国平均参保比例，更远低于吉林省 90%、上海市 100% 的种植险覆盖率，这与黑龙江省第一产粮大省和第一商品粮大省的位置很不匹配。养殖险由于缺少整体推进机制，加之承保、理赔成本过高，保费规模与开办初期相比下滑明显，2012 年奶牛承保覆盖率仅为 7. 4%，能繁母猪为 23. 36%。农业保险的覆盖面与农业大省地位不相匹配。

（2）政策性农业保险品种较少，保障水平较低

目前，中央财政补贴的农业保险品种共有 15 个，而黑龙江省垦区外中央财政保费补贴的种植业保险品种仅有 4 个（玉米、水稻、大豆、小麦），养殖险保险品种仅有 2 个（能繁母猪、奶牛），甜菜、马铃薯也属于中央财政保费补贴范畴，但黑龙江省至今没有将其纳入开办范围。政策性种植险四大农作物风险保障水平较低，只达到直接物化成本的 20% ~30%，投保农户普遍反映保障程度低，保险赔偿远不能弥补其实际损失，农户的参保积极性受到较大影响。

（3）财政补贴政策有待进一步完善

县（市、区）地方财政保费补贴困难。黑龙江省是农业大省，地广人稀，经济发展相对落后。大部分县（市、区）属于"吃饭财政"，财政预算资金十分紧张，承担相应的农业保险地方财政保费补贴有较大困难，影响了地方政府开展农业保险的积极性，成为制约黑龙江省农业保险规模扩大的主要瓶颈。

（4）服务能力有待提高

农业保险服务创新能力不足，专业技术人员相对缺乏，承保、理赔的效率和质量还需要进一步提高，网点建设仍需进一步加强。近几年，随着业务规模的扩大，因保险理赔服务而引发的投诉案件也逐年增多，甚至出现了被国家主流新闻媒体曝光事件，使本就脆弱的农村信用环境遭受严重破坏，影响了黑龙江省农业保险的持续健康发展。

2. 相关建议

（1）完善农业保险立法

国际农业保险发达的国家均有完备的法律法规体系，农业保险需要良好的法律制度作为保障，建立健全一部农业保险的法律保障体制对我国农业保险发展意义重大，用法律法规来明确

① 参考资料：《东北洪涝灾害农险估损金额达 31 亿元　农业保险大灾分散机制亟待建立》，新华社。

② 中国保险监督管理委员会. 2013 年重大灾害事故保险理赔案例选编［M］. 北京：中国金融出版社，2015.

农业保险的项目、保险的目的、承保范围、保险费率、理赔及各种相关问题。2013 年 2 月《农业保险条例》的出台标志着农业保险事业进入了新的阶段，该条例确定了农业保险发展目标，确立了“政府引导、市场运作、自主自愿和协同推进”的基本原则，明确了政府对农业保险的政策支持，强化了农业保险顶层设计，将对促进农业保险健康发展带来深远的影响。

（2）进一步扩大农业保险覆盖面

各省（区、市）一是要加强沟通协调，积极争取政策支持。各保监局、各保险公司要主动加强与地方政府及发改、财政、农业、林业、民政等部门的沟通联系，调动各参与方的积极性，积极争取地方政府落实国家保费补贴政策，增加地方补贴品种，加大地方财政补贴力度。二是进一步扩大农业保险覆盖面。深入贯彻落实中央一号文件精神，坚持以关系国计民生和国家粮食安全的农产品保险、主要畜产品保险和森林保险为发展重点，努力扩大保险覆盖面。积极推动农作物制种、渔业、农机、农房保险和重点国有林区森林保险的保费补贴试点工作，拓展保险服务“三农”的新领域。三是深入贯彻落实国家区域发展政策和产业发展政策。加大粮食主产区、中西部地区和农业生产大县农业保险的推广力度，配合国家种业、海洋渔业发展战略以及“菜篮子”工程建设有关要求，开发相关险种，积极推进试点，切实将国家政策贯彻落实到位。

（3）开辟农业保险服务新领域

各省（区、市）一是要切实提高农业保险保障水平。鼓励各公司结合各地实际，逐步提高农业保险保障水平。各保监局要加强指导，支持保险公司开展地方特色农产品和支柱农产品保险试点。二是鼓励产品创新，满足不同层次的保险保障需求。鼓励各公司积极研究开发天气指数保险、价格指数保险、产量保险、收入保险、农产品质量保险、农村小额信贷保证保险等新型产品，不断满足农民日益增长的风险保障需要。对新型产品，保监会将开辟绿色通道，优先接受报备。三是推动农业保险产品科学化和通俗化。中国保险行业协会要推动农业保险示范条款的制定工作，牵头开发保障适度、保费低廉、保单通俗的农业保险产品。要加强数据积累，适时引入风险费率区划等课题成果，科学厘定条款费率。四是完善农业保险基层服务体系建设。各公司要完善考核办法，将资源投入向农业保险业务一线倾斜。要结合公司实际及不同地区特点，完善农业保险服务网络，将服务网点建设向农业生产和农民生活第一线延伸。

（4）提高农业保险风险防范水平

各省（区、市）一是要完善风险预警机制。各公司要加强与气象、农业、林业、民政、水利、畜牧兽医等部门的合作，建立信息交流和信息共享机制，对风险隐患做到早分析、早预警，将风险防范端口前移。二是要加强农业保险风险分散机制建设。各公司要按照国家财政部门的相关规定，足额计提巨灾风险准备金，提高风险防范能力。要认真做好农业保险再保险安排，充分利用国内、国际两个再保险市场，转移、分散农业大灾风险。三是要做好防灾减灾工作。各公司要加大对农业保险防灾减灾工作的投入，健全制度，落实责任，完善灾害应急处置预案。积极研发各类防灾减灾手段，加大新科技、新技术的应用，提高灾害应对能力。要积极配合民政、农业、林业等部门开展防灾减灾工作，发挥合力，提高农民防灾减灾意识和抵御风险的能力。四是要加强农业保险理赔管理，提高农户对理赔服务的满意度。各公司要完善内控制度，进一步规范农业保险经营行为，确保依法合规经营。要按照“主动、迅速、科学、合理”的原则加强农业保险理赔管理工作，提高理赔服务水平，确保赔款及时、足额支付给受灾农户。

（5）进一步完善大灾风险分散机制

现在，中国尚无一个省（区、市）在政策性农业保险试验之初就着手建立“巨灾补偿准备金”。同时，部分试验的省（区、市）也没有安排再保险。缺乏巨灾赔偿准备，也无分散风险的其他安排，等于将风险都集中到了当地政府身上，这也是目前有的省（区、市）政府试验政策性农业保险时最担心的事。因此，建立巨灾风险分散机制势在必行。要分散农业保险的巨灾风险，无外乎四个途径：

第一，尽可能在较大地区推行农业保险。这就是使风险单位尽可能地多，使其在直接保险层面上通过大数法则实现风险分散。但是，在自愿投保的条件下，农户的参与率难以有效提高，分散巨灾风险的效率较低。

第二，组织再保险。现在举办农业保险的地方和公司都很重视通过再保险分散风险，不过，目前的再保险大多是由国外公司接受的，国内商业保险公司和再保险公司的作用没有充分发挥出来。其主要原因是风险太大，而中国在这方面积累的数据和经验又太少。当然，现在外国再保险公司对接受中国农业保险的再保险也相当谨慎，2006 年已经将接受再保险的起赔点提高了。因此，为了提高农业保险再保险的市场供给能力，可以有两种选择：一是借助于现有的中国再保险机构，由政府拨专项基金将再保险的责任交给中国再保险公司，由中国再保险公司为商业保险公司承担的农业保险提供再保险服务。提供农业再保险服务出现的亏损，由国家财政负担。对于政策性农业保险（享受财政补贴的农业保险业务）的分入保费，设立专项基金，盈余之年基金滚存，大灾之年用滚存基金进行赔付，差额部分由政府补贴。二是成立专门的政策性农业再保险公司。由国家出资设立农业再保险公司，并以法律的形式规定，任何形式的农业保险业务，必须向农业再保险公司或中国再保险公司及其他保险公司分保，超赔部分由国家财政负担。

第三，建立农业巨灾风险基金或巨灾风险的融资机制。必须建立全国范围内的巨灾风险基金，其资金来源可以包括：政府财政预算拨款，经营农业保险的保险公司及再保险公司按保费收入的一定比例投入，国家粮食风险基金的一部分，从资本市场上筹集的资金。农业巨灾风险基金运用方式可以包括：对遭遇巨灾损失的农业保险公司提供补偿；预防巨灾风险（比如，通过兴修水利设施来预防洪涝和干旱的发生，通过防疫疫苗注射来预防禽畜传染病的发生和扩散）；支持设立农业灾情研究机构。关于巨灾风险基金，还可以有另一些思路，比如，财政平时不出这部分钱，只是在巨灾发生后政策性保险的准备金不足赔付时，由财政担保向银行贷款，或财政担保发行债券。这个问题必须在中国农业保险条例里明确规定。

第四，通过保险风险证券化的方式解决。实行保险风险证券化，其操作技术性较强，目前连商业保险公司都还没有推出这类产品，农业保险恐怕暂时不宜涉及。

（6）加快建立全国农业保险信息管理平台

自 2007 年中央财政实施农业保险保费补贴政策以来，我国农业保险发展迅速，服务“三农”能力显著增强。2014 年，农业保险实现保费收入 325.7 亿元，同比增长 6.2%；提供风险保障 1.66 万亿元，同比增长 19.6%；参保农户 2.47 亿户次，同比增长 15.71%；承保主要农作物突破 15 亿亩，占全国主要农作物播种面积的 61.6%，其中，小麦、玉米、水稻三大口粮作物承保覆盖率分别达 49.3%，69.5% 和 68.7%。但是，由于我国农业保险起步晚、底子薄，在发展中也暴露出基础数据管理体系薄弱等问题，制约了农业保险的持续健康发展和功能作用的进一步发挥。为适应我国农业保险迅速发展的需要，加快建立全国农业保险信息管理平台的任务迫在眉睫，全国农险平台需要首先满足归集中央财政补贴的各类种植险业务数据的基本功能。未来，全国农险平台还应进一步拓宽行业内的数据归集范围，不断丰富系统功能，并积极引进各类外部数据，为农业保险发展提供全方位的数据服务和业务支持，并为促进农业保险规范经营，进一步提升农业保险信息化、精细化和专业化管理水平起到重要作用。

本节小结

在“洪涝重大灾害分析”里，课题组首次加入对近四年水情的详细描述，并就2012—2014年的重大洪涝灾害从灾情描述、灾后应对以及问题与建议等方面进行深入剖析。

本部分通过回顾保险业过去的洪涝巨灾应对表现，以城市内涝、中小河流治理以及农业保险三个问题为切入点，分析了我国城市与农村、发达地区与落后地区洪涝灾害的控制重点，并为保险业今后的巨灾防范与风险分散机制提出了建议。随着我国近年来对水利设施投资的加大，加之近两年暴雨、台风等极端恶劣自然灾害引发的洪涝灾害的鲜少发生，2014年洪涝灾害造成的人员伤亡和财产损失较整体较历史偏轻很多，但我国保险业对于洪涝巨灾的防范与应对仍时刻不容松懈。

第四篇

CHAPTER FOUR

暴雨灾因分析

第十六章　暴雨灾害基本特征

第一节　暴雨与暴雨灾害

一、暴雨的界定

（一）暴雨的定义

中国气象上规定，24 小时降水量为 50 毫米或以上的强降雨称为“暴雨”。由于各地降水和地形特点不同，所以各地暴雨洪涝的标准也有所不同。特大暴雨是一种灾害性天气，往往造成洪涝灾害和严重的水土流失，导致工程失事、堤防溃决和农作物被淹等重大的经济损失。特别是对于一些地势低洼、地形闭塞的地区，雨水不能迅速宣泄造成农田积水和土壤水分过度饱和，会造成更多的地质灾害。

（二）暴雨的基本概念

1. 降水量

降水量是用来衡量降水多少的一个概念，它是指雨水（或融化后的固体降水）既不流走，也不渗透到地里，同时也不被蒸发掉而积聚起来的一层水的深度，通常以毫米为单位。降雨量可以用雨量器来测量，同时还可以用雨量器来自动记录雨势的变化和雨量的大小。在气象上通常用某一段时间内降水量的多少来划分降水强度，气象学中常有年、月、日、12 小时、6 小时甚至 1 小时的降水量。

2. 暴雨预警信号

暴雨预警信号分四级，分别以蓝色、黄色、橙色、红色表示。国务院气象主管机构负责全国预警信号发布、解除与传播的管理工作。地方各级气象主管机构负责本行政区域内预警信号发布、解除与传播的管理工作。其他有关部门按照职责配合气象主管机构做好预警信号发布与传播的有关工作。预警信号划分标准如下。

蓝色预警信号：12 小时内降雨量将达 50 毫米以上，或者已达 50 毫米以上且降雨可能持续。

黄色预警信号：6 小时内降雨量将达 50 毫米以上，或者已达 50 毫米以上且降雨可能持续。

橙色预警信号：3 小时内降雨量将达 50 毫米以上，或者已达 50 毫米以上且降雨可能持续。

红色预警信号：3 小时内降雨量将达 100 毫米以上，或者已达 100 毫米以上且降雨可能持续。

（三）暴雨的分类

我国气象部门是以 24 小时降雨量的多少来规定降水的等级。根据国家气象部门规定的降水量标准，降雨可分为小雨、中雨、大雨、暴雨、大暴雨和特大暴雨 6 种（见表 16－1）。该降水强度等级划分标准为国家气象局颁布。

表 16－1　降水强度等级划分标准（内陆部分）　　（单位：毫米）

项　目		24 小时降水总量	12 小时降水总量
降水强度的等级	小雨、阵雨	0.1～9.9	≤4.9
	小雨—中雨	5.0～16.9	3.0～9.9
	中雨	10.0～24.9	5.0～14.9
	中雨—大雨	17.0～37.9	10.0～22.9
	大雨	25.0～49.9	15.0～29.9
	大雨—暴雨	33.0～74.9	23.0～49.9
	暴雨	50.0～99.9	30.0～69.9
	暴雨—大暴雨	75.0～174.9	50.0～104.9
	大暴雨	100.0～249.9	70.0～139.9
	大暴雨—特大暴雨	175.0～299.9	105.0～169.9
	特大暴雨	≥250.0	≥140.0

资料来源：中国气象局网站（http：//www. cma. gov. cn/）。

我国幅员辽阔，东西、南北地区的降水差别很大。有少数地区根据本省具体情况另有规定，制定了暴雨的地方标准在当地使用。例如，在广东，24 小时内下 50～70 毫米雨的机会较多，当地气象部门规定 24 小时降水量在 80 毫米以上的雨才算作暴雨。在新疆、甘肃、宁夏、内蒙古等地，24 小时内下 50 毫米雨的场合极少，则规定 24 小时降水量在 30 毫米以上的雨都可算作暴雨。

在没有测量雨量的情况下，也可以从当时的降雨状况来判断降水强度：

小雨：雨滴下降清晰可辨，地面全湿，但无积水或积水形成很慢。

中雨：雨滴下降连续成线，雨滴四溅，可闻雨声；地面积水形成较快。

大雨：雨滴下降模糊成片，四溅很高，雨声激烈；地面积水形成很快。

暴雨：雨如倾盆，雨声猛烈，开窗说话时，声音受雨声干扰而听不清楚；积水形成特别快，下水道往往来不及排泄，常有外溢现象。

二、暴雨灾害概述

（一）暴雨的特点

1. 普遍性

年降水量达 1 000 毫米的地方，在地球上是相当普遍的。世界各大城市几乎都曾受过暴雨侵袭。中国也是多暴雨的国家，除西北个别省、区外几乎国内各个地区都有暴雨出现。

2. 季节性

降雨受季节性影响明显，且暴雨多发于夏季。气候类型不同，雨季开始和持续时间也各不相同。如热带雨林气候全年高温多雨，热带季风气候6—10月为雨季，地中海气候则冬季多雨。我国暴雨主要集中发生在5—8月汛期期间。

3. 地域性

降雨量与纬度位置、海陆分布、气候条件等因素密切相关。就全世界而言，由于各国所处的地理位置不同，降雨强度差异也很大。短历时点暴雨极值出现地点多分布在热带海洋地区和中高纬度内陆地区，并且全年各季都可能出现暴雨。长历时暴雨极值主要分布在大陆东南岸如我国和美国东部南部。

（二）暴雨的成因

暴雨是众多自然灾害的一种，属于一种气候变化现象，它的发生与整个气候系统有密切的关系。气候变化与异常不仅仅是由于大气圈的内部热力和动力作用的结果，而是大气圈、水圈、冰雪圈和岩石圈所构成的地球气候系统中各圈层相互作用的结果。因此，气候灾害发生不仅与大气内部过程有关，而且还与大气外部如海洋、陆面等的热力状况有关。暴雨形成的过程是相当复杂的，一般来讲有物理条件和环流条件。

1. 暴雨形成的物理条件

从物理条件来说，大气的降水过程，需要有充沛的水汽，对流层下部饱和层要厚，而且要有源源不断的水汽供应，还要有强烈的上升气流，对流不稳定等条件。地形有时也会促使暴雨的形成。

2. 暴雨形成的环流条件

暴雨是各种尺度天气系统相互作用的产物，尤其是持续时间久的连续性暴雨和特大暴雨，更是会出现在多种尺度天气系统明显相互作用的情况下，这里简要介绍各种天气尺度的作用。

（1）行星尺度天气系统

这是一种大型天气系统，如阻塞高压、副热带高压、青藏高压、高空大槽以及热带辐合带等等，这类大尺度天气系统不直接产生降水，但可以决定降水过程的环流形势特点，制约天气尺度的系统活动区域。同时，可以将南孟加拉湾或西太平洋的水汽不断输送到暴雨区，而行星尺度的变动往往使得大雨带及暴雨区发生变动。

（2）天气尺度系统

引起我国降水和暴雨的天气尺度系统有低涡、切变线、温带气旋、热带气旋、锋面、东风波、飑线、低空气流台风、热带云团以及东风波等。这些天气尺度系统对暴雨的形成有重要的作用，主要是可以将输送来的暖湿空气相对集中起来，同时也有利于大气不稳定能量的形成和集结。另外，这些系统还可以产生大范围的上升运动，有利于一些中小尺度的产生，从而促使不稳定能量释放，产生暴雨。

（3）中、小尺度天气系统

暴雷、龙卷、中尺度低压、中尺度切变线等都是中、小尺度天气系统。这类天气系统有强烈的上升运动，可促使大气不稳定能量释放，从而产生暴雨。中、小尺度天气系统是暴雨的直接制造者。

另外，需要指出的是，一些持续时间久、能造成大范围洪水灾害的异常降雨现象，往往与大气环流的异常变化密切相关。而大气环流的异常变化又与其他因素有关，例如海—气、地—气之间的相互作用、太阳活动等。例如，据研究，1998 年夏季长江流域之所以出现持续性特大暴雨，至少有以下一些主要原因：1997 年 5 月开始出现了 20 世纪以来最强的厄尔尼诺现象，直到 1998 年 6 月结束，赤道太平洋东部海面温度强烈地异常增暖，必然引起强烈的海—气相互作用。这对大气环流变化会起作用，也可能影响到我国夏季长江流域等地区的降水。这一年西太平洋副高出现了异常变化，6 月初位置正常偏南，使江南北部及华南西部连续降大暴雨；7 月初北移，北方开始雨季；但从 7 月中旬开始，副高又忽然南退，回到长江中下游流域上空，使得这一带又出现大暴雨；而到 8 月副高位置又变成西南—东北向倾斜状态，致使长江上游的四川、重庆、三峡区间长时间降雨，洪水迭起，出现几次洪峰。另外，1998 年夏季风明显偏弱，热带辐合带不活跃，台风很少，直到 8 月 4 日热带风暴才初次登陆我国，这是历史上未有过的，这种异常变化也致使西太平洋副高长期徘徊在长江流域。而在中高纬地区的阻塞高压这一年偏强，活动频繁，使得冷空气不断南下，与南方暖湿空气交汇，形成连续降雨。研究还表明，上一年冬季青藏高原上多雨雪，积雪面积增大，对这一年的季风和长江流域降水也有影响。

（三）暴雨的危害

暴雨是中国主要气象灾害之一，其危害主要包括洪灾和涝渍灾。长时间的暴雨容易产生积水或径流淹没低洼地段，造成洪涝灾害。暴雨是一种影响严重的灾害性天气。某一地区连降暴雨或出现大暴雨、特大暴雨，常导致山洪暴发、水库垮坝、江河横溢、房屋被冲塌、农田被淹没、交通和电信中断，会给国民经济和人民的生命财产带来严重危害。暴雨，尤其是大范围持续性暴雨和集中的特大暴雨，不仅影响工农业生产，而且可能危害人民的生命，造成严重的经济损失。

（四）暴雨的分布

暴雨的分布与降水量的分布密切相关，而降水的分布受纬度位置（气压带或风带）、海陆分布（距海远近）、大气环流（季风）、下垫面条件和人类活动等因素综合作用的影响。从图 16 - 1 可以看出，世界降水量分布呈如下规律：

第一，赤道附近地带降水多，两级地区降水少。赤道附近年降水量在 2 000 毫米以上，这是由于受赤道低气压带影响，气流上升，水汽凝结，易形成对流雨，而两极地区为极地高气压带，气流下沉，气温上升，难以降水。

第二，南北回归线两侧，大陆西岸降水少，大陆东岸降水多。因为回归线附近西岸受副热带高气压控制，炎热干燥，东岸受季风影响，气候湿润。

第三，中纬度沿海地区降水多，内陆地区降水少 。因为沿海地区受海洋气流影响，降水多，而内陆地区海洋气流难以到达，降水较少。

中国是暴雨频发的国家，从图 16 - 2 可以看出，我国暴雨集中的地带主要有两条：一条是辽东半岛—山东半岛—东南沿海；另一条是大兴安岭—太行山—武夷山东侧迎风坡。此外，长江上游四川盆地周边山区也是暴雨比较大的地区。

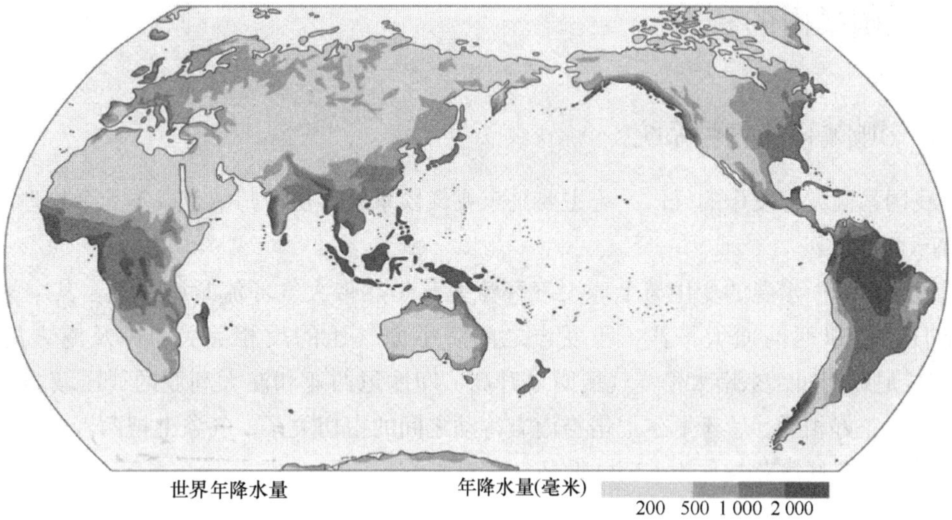

图 16 - 1　世界年降水量分布图

资料来源：http：//tupian. baike. com/a4_ 15_ 94_ 01300000680940127832943199543_ jpg. html

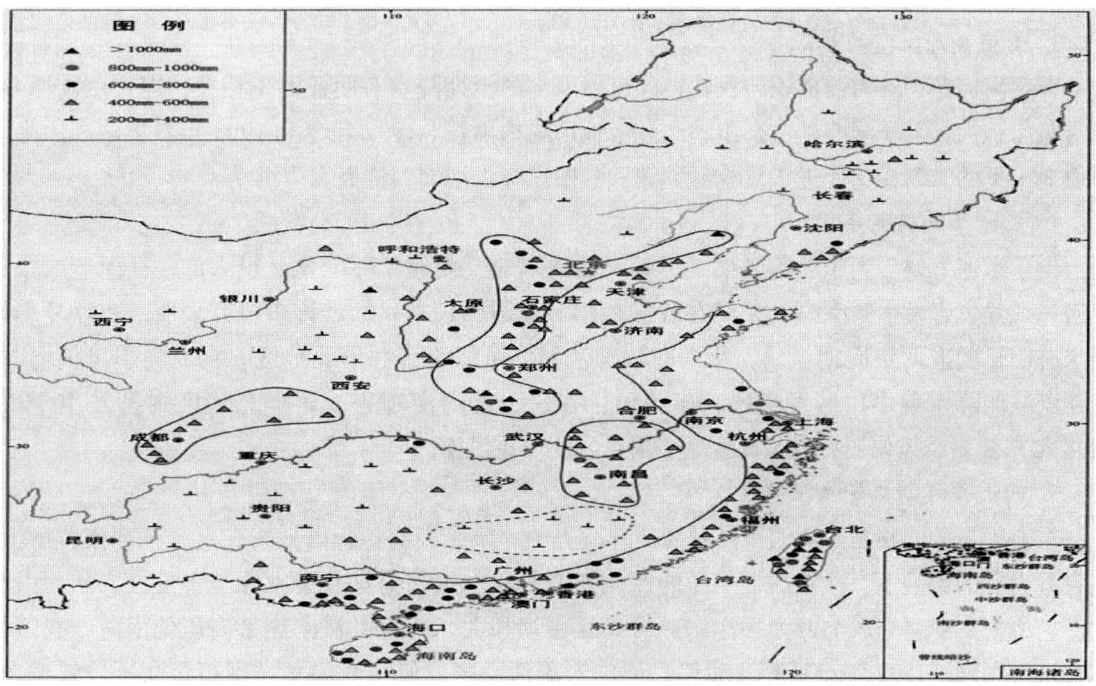

图 16 - 2　东部地区最大 24 小时暴雨极值分布①

① 引自国家防汛抗旱总指挥部办公室、水利部南京水文水资源研究所编写的《中国水旱灾害》。

三、我国暴雨的特点

（一）影响暴雨的气候系统

影响我国暴雨灾害发生的气候系统主要是东亚气候系统，初步归纳有以下几个物理因子：

1. ENSO 循环

赤道太平洋海面水温的变化与全球大气环流尤其是热带大气环流紧密相关。其中最直接的联系就是日界线以西的西太平洋—印度洋之间海平面气压的反相关关系，及南方涛动现象（SO）。在拉尼娜期间，东南太平洋气压明显升高，印度尼西亚和澳大利亚的气压减弱。厄尔尼诺期间的情况正好相反。鉴于厄尔尼诺与南方涛动之间的密切关系，气象上把两者合称为ENSO。这种全球尺度的气候震荡被称为 ENSO 循环。

2. 西太平洋暖池海水热力异常

当西太平洋暖池的海温高时，从菲律宾周围经南海到中印半岛的对流活动强，长江中、下游地区和淮河流域的降水往往偏少；相反，当西太平洋暖池的海温偏低时，菲律宾周围的对流活动较弱，长江中、下游地区和淮河流域的降水往往偏多。1998 年夏季整个热带西太平洋暖池海域的次表层海温处于偏低状态，故菲律宾周围的对流活动很弱，西太平洋副热带高压偏南，从而造成雨带稳定在长江流域，使得长江流域连降暴雨，发生特大洪涝。

3. 青藏高原上空的热源异常

青藏高原冬、春雪盖面积与我国长江流域南部的汛期降水有明显的正相关，即青藏高原冬、春雪盖面积大，夏季洞庭湖、鄱阳湖和江南地区的梅雨强。1997 年冬和 1998 年春青藏高原降了历史上罕见的大雪，这促进了夏季洞庭湖和鄱阳湖降水增加，进而发生洪涝。

4. 亚洲季风环流异常

由于东亚气候受到东亚季风很大影响，因此东亚气候的年际变化是很大的，从而造成东亚旱涝等气候灾害发生频率高，尤其在我国东部、韩国和日本。最近许多研究表明，东亚夏季风降水有明显的准两年周期振荡，特别在江淮流域、黄河流域和华北地区。在亚洲季风偏弱时，长江流域的降水偏多，易发暴雨、连阴雨，容易引起洪涝灾害，而华北地区则易发生干旱。1998 年东亚夏季风偏弱使得长江流域多雨，发生严重洪涝。

5. 西太平洋副热带高压异常

东亚雨带的北移是与西太平洋副高的北跳有关。研究表明：我国夏季在夏季风环流背景下，在青藏高原的影响下，在副热带高压的西侧与北侧，季风暴雨具有突发性与多发性，从而引起洪涝。由于东亚夏季风与西太平洋副热带高压密切相关，西太平洋副热带高压偏南时，我国长江流域梅雨强。1998 年春到夏，菲律宾周围对流活动弱，使得西太平洋副热带高压位置偏南，引起了孟加拉湾和热带西太平洋的水汽输送到长江流域偏强，从而造成了此地区降水过多，引发严重洪涝。

（二）我国暴雨灾害的特点

我国是多暴雨的国家，除西北个别省（区、市）外，几乎都出现过暴雨。我国属于季风气候国家，从晚春到盛夏，随着季风的由弱变强，北方冷空气且战且退，冷暖空气频繁交汇，形成一场场暴雨。我国大陆上主要雨带位置亦随季风由南向北推移。3—5月间，雨带在华南，华南地区暴雨频频发生。6—7月间，雨带到达长江中下游，长江中下游常有持续性暴雨出现（也称梅雨季节），历时长、面积广、降雨量大。7—8月份，雨带到达我国北方（也称暴雨季节），北方各省时有强暴雨发生。9—10月份，随着季风的减弱，雨带又逐渐南撤。通过对我国1931年以来重大暴雨事件分析发现，我国暴雨有降水明显集中、强度强、持续时间长、范围大等特点，尤其江淮梅雨期暴雨区面积更大。世界和我国的24小时暴雨极值均由热带气旋或台风引起，但我国暴雨的极值与同纬度的美国相比明显偏高，且暴雨区的持续性和面积都大大地超过同属副热带湿润气候区的美国。

1. 暴雨的空间分布沿海和内陆差异明显

从我国的降水量及暴雨地理分布特征看，基本上是东南沿海多，西北内陆少。如位于东南沿海的台湾、海南及广东、福建、浙江南部等省平均年降水量一般在2 000毫米左右；黄河下游、陕甘南部、华北平原为600毫米；西北内陆则在200毫米以下；青藏高原西北地区不足50毫米；南疆沙漠地区仅10毫米左右。如果以最大雨量来反映降水的强度，则大于50毫米的暴雨主要出现在我国的东部及东南部，而在西北部则不易出现很强的降水。在华南地区、长江全流域及淮河流域、华北地区的东部、东北地区南部都能出现大于200毫米的日最大降水量。以上是指多年平均状况，由于每年季风活动有差异，因此，在不同的年份暴雨出现的地区也会不同，甚至出现异常。例如，由于7503号台风侵入到河南境内，出现了历史上罕见的河南“75·8”特大暴雨。

我国地域辽阔，南方和北方的暴雨特点各不相同。北方的暴雨特点是：①暴雨频数少。北方暴雨出现的次数比南方要少得多，除山东沿海、辽东半岛及若干迎风坡的气象站平均每年暴雨日数达2~4天外，其余大部地区只有1~2个暴雨日，甚至更少，比江南少1~3倍。据统计，24小时降水量大于200毫米的站数仅占全国的26.4%。②暴雨强度大。北方暴雨次数虽少，但因大部处在中纬度，夏季冷空气活动频繁，而暖湿空气又达到强盛阶段，冷暖空气激烈交锋，造成很强的暴雨。大陆上历时5分钟~7天的最大降水量，均出现在北方地区，其中大多数是由台风登陆引起的。北方1~12小时的降水量最大值都接近世界纪录。③暴雨时间集中。华北及东北等地的暴雨有80%集中出现在7—8月，尤以7月下半月—8月上半月最多。从降水量来说，7—8月的雨量，一般占全年总降水量的70%左右。所以北方严重的洪涝灾害多出现在7月下旬—8月上旬。④年际变化大。一般北方最大日降水量可占该地多年平均值的40%。京、津、冀地区可占到40%以上，有的可达数倍。如新疆若羌1981年7月5日出现10小时降了73.5毫米的大暴雨，相当于该地多年平均的4倍多。因此，北方大部地区年降水量变化比南方大。⑤历时短，范围小。北方除华北和东北平原外，其他地区属于干旱或半干旱气候区，常常在2~6小时内即可出现200~600毫米的降水，且局地性强。

2. 暴雨的出现有明显的季节性

我国雨季主要在夏季风活跃期，即主要在夏半年，所以，我国的暴雨也主要出现在夏半年的雨季中，我国东部雨季的出现还常表现为大雨带的出现和移动。这主要与西太平洋副热带高压从春到夏自南向北推进有密切关系。当西太平洋副热带高压进入我国沿海时，其西北侧往往将海洋上的暖湿空气送到我国大陆上，此时暖湿空气又与北方冷空气相遇，在副热带高压北侧形成雨带。

西太平洋副热带高压的异常变化，往往会使我国出现异常的旱涝现象。例如1954年、1980

年、1991 年、1998 年西太平洋副热带高压脊线较长时间徘徊在北纬 20°～50°，造成这几年长江流域的洪涝。而 1978 年、1994 年因西太平洋副热带高压脊线很快北移，没有在北纬 20°～50°度停留，形成“空梅”，造成江淮流域的干旱。因此，我国雨季与暴雨的出现有明显的季节性，但每年出现的时间、地区会有差异。

3. 暴雨的形成受多种天气系统影响

我国地跨高、中、低纬地区，暴雨特别是连续性暴雨和特大暴雨，往往是中、高纬度天气系统和低纬度天气系统相互作用的结果。例如，对我国夏季降水有重要作用的大尺度环流系统有中、高纬度的阻塞高压及低纬地区的西太平洋副热带高压，以及移入我国的西风带槽、南支槽等，天气尺度的系统则有温带气旋、锋面（冷锋、暖锋、准静止锋）、切变线、低涡以及热带风暴等。

一次暴雨过程的出现往往是大尺度环流背景下，多种天气尺度天气系统共同作用的结果。例如，低槽或切变线与低涡结合，温带气旋与准静止锋共同作用，等等。

四、相关数据说明

数据的搜集和整理，主要依赖于相关年鉴、网站提供的数据库和杂志。由于我国统计制度的变迁，在数据的整理过程中发生数据失真的情况在所难免。同时，由于数据年代久远，一些数据难免有所缺失。因此，我在整理数据时，往往要对各种数据来源进行斟酌之后决定是否予以采用。

（一）数据的来源

我们收集了 1991—2012 年《中国减灾》上有记录的暴雨数据，其中 2008 年、2012 年、2013 年暴雨数据采自《中国水利年鉴》。暴雨灾因分析的数据来源如表 16－2 所示。

表 16－2　暴雨灾因分析的数据来源

变量名称		文　献
暴雨基本信息	发生年份	《中国减灾》（1991—2012），2008 年、2012 年、2013 年的数据采自《中国水利年鉴》
	起始日期	《中国减灾》（1991—2012），2008 年、2012 年、2013 年的数据采自《中国水利年鉴》
	时间长度	《中国减灾》（1991—2012），2008 年、2012 年、2013 年的数据采自《中国水利年鉴》
	受灾省份	《中国减灾》（1991—2012），2008 年、2012 年、2013 年的数据采自《中国水利年鉴》
暴雨灾害信息	受灾人口	《中国减灾》（1991—2012），2008 年、2012 年、2013 年的数据采自《中国水利年鉴》
	农作物受灾面积	《中国减灾》（1991—2012），2008 年、2012 年、2013 年的数据采自《中国水利年鉴》
	房屋倒塌数量	《中国减灾》（1991—2012），2008 年、2012 年、2013 年的数据采自《中国水利年鉴》
	伤亡人口	《中国减灾》（1991—2012），2008 年、2012 年、2013 年的数据采自《中国水利年鉴》
	经济损失	《中国减灾》（1991—2012），2008 年、2012 年、2013 年的数据采自《中国水利年鉴》

（二）数据的处理方法

收集相应年鉴中暴雨与并发灾害（风、雹等）、继发灾害（洪涝、滑坡、泥石流等）的灾害记录（许多损失是由暴雨及并发灾害、继发灾害共同造成的），对灾害发生原因进行分析，得到暴雨灾害的数据，具体方法如下：

第一，资料中只要明确指出发生暴雨（暴风雨）灾害，频数及损失数据保留。

第二，资料中指出发生强降雨/水的，由于降水量数据不完整，所以不确定是否达到暴雨等级，但因为同样引起较严重损失，因此频数及损失数据保留。

第三，对于因台风引起的暴雨，根据近因原则，频数及损失数据删去。

第四，数据按次统计，统计的指标包括年份、起止日、降雨量、受灾人口数量、倒塌房屋数量、农作物受灾面积、死亡及失踪人口数量、直接经济损失，以及暴雨的并发灾害和继发灾害等。

本节小结

本节首先从24小时降水量对暴雨进行了界定（24小时降水量为50毫米或以上的强降雨），介绍了暴雨的相关概念、暴雨的分类、暴雨的特点和危害；然后从暴雨形成的物理条件和环流条件两个方面对暴雨的成因进行了详细的分析，最后介绍了暴雨的分布情况、影响我国暴雨的气候系统以及我国暴雨灾害的时空特点。

影响我国暴雨形成的气候系统包括ENSO循环、西太平洋暖池海水热力异常、青藏高原上空的热源异常、亚洲季风环流异常、西太平洋副热带高压异常等。我国暴雨灾害具有暴雨的空间分布沿海和内陆差异明显、暴雨的出现有明显的季节性、暴雨的形成受多种天气系统影响等特点。

第二节　暴雨灾害的发生频数特征

一、暴雨灾害频数的基本统计分析

（一）我国暴雨的季节分布特征

我国的暴雨主要出现在夏季，其次是春秋季节，冬季出现暴雨的机会很少，大部分地区没有出现过暴雨。如图16－3所示，暴雨主要集中发生在6月、7月的夏季，根据1990—2013年的暴雨数据，6月、7月暴雨频数的比重占所有月份发生暴雨频数的54%左右。

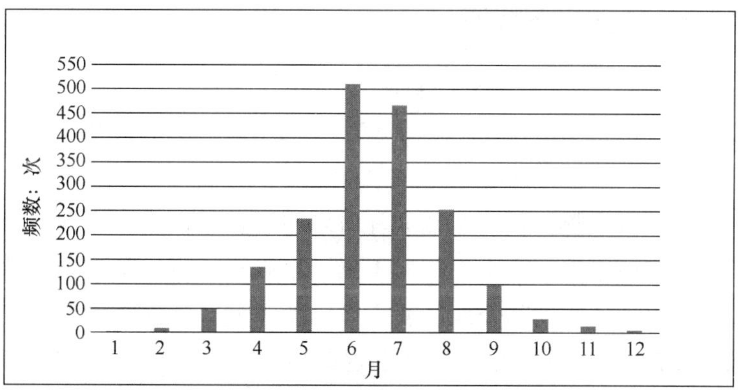

图16－3　1990—2013年暴雨灾害频数各月份分布

我国东部和西部地区为季风区，每年季风进退同大陆上主要雨带的季节性位移有密切关系。夏季风起始于5月，由南向北推进，在北进过程中有3个相对稳定的阶段和2次跃进阶段，相应有3个雨季，即华南雨季、江淮梅雨季和东北、华北雨季。表16－3列出了我国暴雨的主要季节分布特征。

表16－3　我国暴雨的季节分布特征

雨季月份	名称	地区	24小时平均雨量（毫米）	天气因素
4—6月	华南前汛期暴雨	桂北、粤北、赣东、闽	200～400	锋面、涡切变、中低空南支槽
6月中旬—7月中	江淮梅雨期暴雨	长江中下游	400～500	切变、低涡、静止风
7月中下旬—8月	华北东北盛夏暴雨	华北、东北	300～400	切变、台风、低涡、西风槽

（二）我国暴雨的强度特征

我国大部分地区受季风气候控制，夏季雨量集中，暴雨强度大，从各地出现的暴雨来看，强度之大是很惊人的。如1971年7月1日山西省太原梅洞沟5分钟雨量达53.1毫米；1976年6月19日青海省大通县小叶坝，0.5小时雨量240毫米（调查）；1985年8月12日甘肃省武山县天局村，70分钟雨量436毫米（调查）；1975年8月7日河南省林庄，6小时雨量830.1毫米，24小时雨量1 060.3毫米。

暴雨强度还与流域有关，不同流域的暴雨强度有着较大的差别。一般来说，内陆河流域的降雨量最小，黄河、松辽、海河和淮河流域的降雨量居中，而长江、西南诸河、珠江和东南沿海诸河流域的降雨量比较大。同一流域中不同河流的降雨量变化也很大。内陆河流域西北部的伊犁、额敏河和额尔齐斯河降雨量比较大。黄河上中下游的降雨量依次增大，上中游的降雨量比较小，而下游降雨量比较大。松花江、辽河和海河的降雨量比较接近。松花江和辽河同属松辽流域，但松花江的降雨量比辽河略大。淮河与长江上游的降雨量较为接近。长江流域中游的降雨量比上下游都大，这也导致长江中游的湖南、湖北、江西省的洪涝灾害发生次数和年损失率比上下游严重。西南沿海诸河包括雅鲁藏布江、澜沧江等河流，这个流域的降雨量与长江下游的降雨量比较接近。珠江和东南沿海诸河的降雨量远远超过了其他流域。由于这两大流域的水系发达，实际发生的洪涝灾害损失小于长江中游。

（三）我国暴雨的地区分布特征

1. 我国年最大24小时点雨量多年平均值分布

图16－4为我国年最大24小时点雨量均值廓图。图中有3条等雨量线，反映了我国暴雨特征在地域上的差异。

50毫米等雨量线：从云南腾冲往北至黑龙江省呼玛，这条西南—东北向的斜线，将我国大陆面积分成大致相等的东西半部。西半部气候干燥，暴雨机会少，除天山南北、祁连山麓和内蒙古草原地区偶有暴雨出现外，大部分地区属高寒山地和戈壁沙漠，不会发生暴雨；东半部多年平均年暴雨日数一般在1天以上，最高地区多达16天，雨季集中，暴雨强度大，是我国主要的暴雨洪水区。

100毫米等雨量线：从辽东半岛往西沿燕山、太行山、伏牛山、巫山东南山麓至云贵高原南

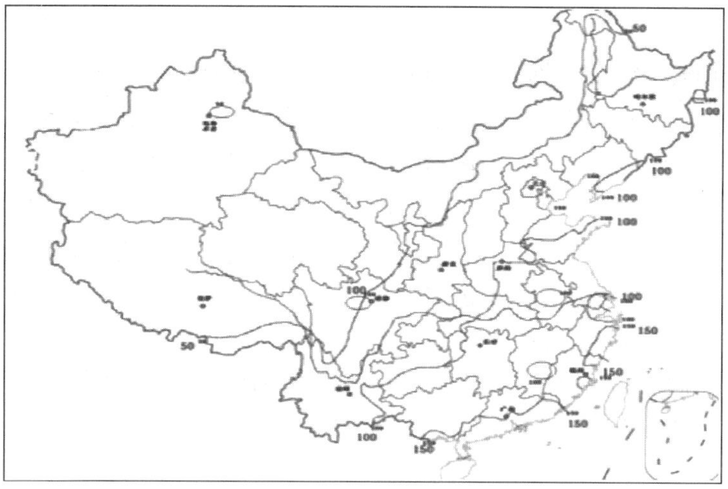

图 16－4　我国年最大 24 小时点雨量均值廓图

缘，是我国大面积暴雨与局地暴雨的地理分界线。在 100 毫米等雨量线以西与 50 毫米等雨量线之间的内蒙古高原、山陕高原、云贵高原，地势在海拔 1 500 米以上，暴雨特点是以短历时局地性暴雨为主，其中除四川盆地、东北长白山区可以出现较长历时的大面积暴雨外，其他地区很少出现。100 毫米等雨量线以东的平原丘陵区，受天气系统和地形影响，是我国大面积暴雨集中分布地区。

150 毫米等雨量线：从浙江舟山往南至广西北部湾沿滨海迎风山坡分布。此线以东滨海地区和岛屿的大暴雨主要由台风造成，是我国暴雨最频繁、强度最大的地带。

2. 我国暴雨的极值分布

暴雨极值是暴雨特征的一个重要方面，从我国各地大暴雨情况看，最大 24 小时点雨量包括了一次大暴雨雨量的全部或其主要部分。因此，暴雨极值可以用 24 小时点雨量来代表。

从辽东半岛往南至十万大山南侧沿海地带，包括台湾和海南岛，受台风和热带云团影响，经常出现强烈大暴雨。24 小时 600 毫米以上大暴雨比较常见，粤东沿海曾多次出现 800 毫米以上的特大暴雨，1 000 毫米以上的大暴雨仅止于台湾。

太行山、伏牛山东侧以及长江中下游幕阜山、大别山、黄山山区，暴雨强度也很大，最大 24 小时点雨量一般可达 600 ~ 800 毫米，最大可达 1 000 毫米以上。

长江上游四川省盆地周边山区也是暴雨比较大的地区，最大 24 小时点雨量一般可达 400 ~ 600 毫米。

东北地区（辽东半岛渤海湾两岸除外）、关中地区、云贵高原，是暴雨极值比较低的地区，最大 24 小时点雨量一般在 200 ~ 400 毫米 ，此外在南岭和武夷山的背风区，即赣江、湘江上游，暴雨极值比周围都低，在 200 ~ 400 毫米。

（四）我国暴雨的并发灾害及继发灾害

暴雨发生时往往伴随着一些并发灾害和继发灾害，暴雨并发灾害是风灾和冰雹等，继发灾害如洪涝、山体滑坡、泥石流等。暴雨伴随风灾和雹灾会损坏农作物、毁坏建筑物、扩散污染，间接威胁人的生命安全。暴雨是引致洪涝灾害的直接因素。在全球范围内，每年都有不同程度的暴雨洪水发生，亚洲是每年全球洪水发生最多的地区。我国每年都有不同程度的暴雨洪涝灾害发生。

山体滑坡是暴雨或连绵不断的降雨使山体不堪重负，由山体薄弱地带断开，造成整体下滑引起的。山体滑坡会掩埋周围的房屋、人和动物，对人的生命财产安全造成严重的危害。泥石流是含有大量的泥沙、石块的特殊洪流，其特征是往往突然暴发。它的祸首之一就是暴雨。强降水在地表形成径流，将地表松散的泥沙、石块冲刷而下，在很短时间内将大量泥沙、石块冲出沟外，在宽阔的堆积区横冲直撞、漫流堆积，常常给人类生命财产造成重大危害。近几十年来，随着煤矿、铜矿等地下矿产不断被开采致使地面下沉，地质松散，当出现持续降雨及强大的暴雨时，坡度较大、土质松散的地区受直接冲击，这种地形的地方就必然暴发泥石流、滑坡等地质灾害。

根据1990—2013年的暴雨数据可以得出图16－5，即暴雨灾害及其并发、继发灾害的频数。

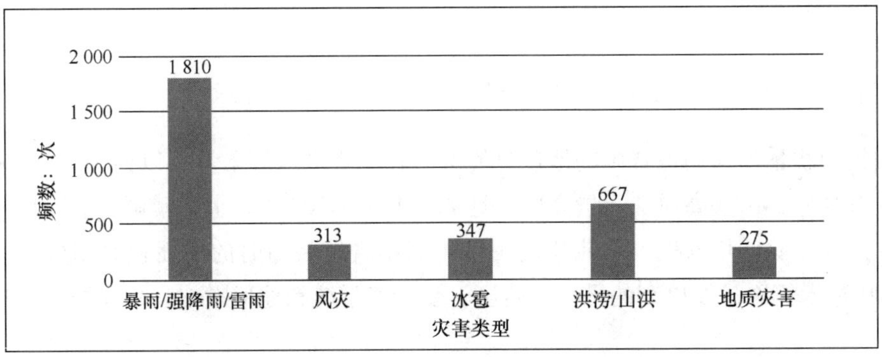

图16－5　1990—2013年暴雨灾害及其并发、继发灾害的频数（次）

经搜集整理，1990—2013年有记录的暴雨频数为1 810次，由图16－5可以看出，伴随着大风、龙卷风的暴雨灾害为313次，伴随着冰雹的暴雨灾害次数为347次，有667次暴雨引发了洪涝灾害，275次暴雨灾害引发了滑坡、泥石流类地质灾害。

经搜集整理，1990—2013年有记录的暴雨造成的总损失约为13 278.00亿元，图16－6为1990—2013年暴雨及各并发、继发灾害造成的损失图。

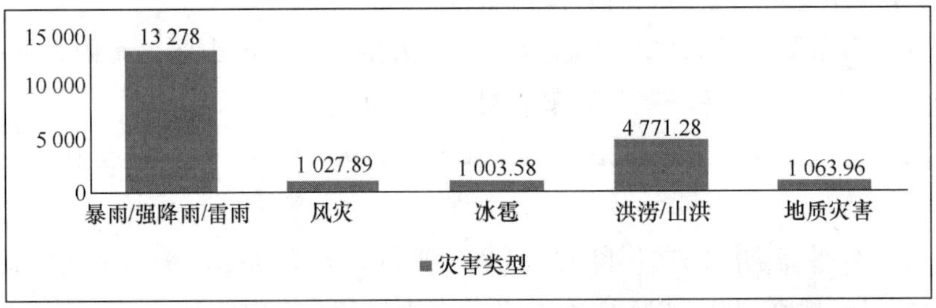

图16－6　1990—2013年暴雨灾害及其并发、继发灾害造成的损失额（亿元）

暴雨灾害平均次损失为7.34亿元，即总的损失额13 278.00亿元除以总的频数1 810次。其中并发灾害为风灾、雹灾时，次损失分别为3.28亿元、2.89亿元，当引发山体滑坡和泥石流地质灾害时，次损失约为3.87亿元；而一旦引起了洪涝灾害，次损失将大大超过其他并发继发灾害的次损失，并接近于总的次损失。

二、暴雨灾害频数统计分析

（一）暴雨发生频数在地域上的分布

在将各省（区、市）及暴雨影响地区分类汇总之后，对1990—2013年存在损失记录的31个省（区、市）暴雨影响频数进行了统计（见表16－4）。31个省（区、市）包括：安徽、北京、甘肃、广西、贵州、河北、河南、黑龙江、湖北、吉林、辽宁、内蒙古、宁夏、青海、山东、山西、陕西、上海、四川、西藏、新疆、云南、重庆、浙江、广东、福建、海南、湖南、江西、天津和江苏。由于重庆在1997年才成为直辖市，1997年之前的数据无法得到，考虑地域因素，将重庆和四川仍然统一为四川处理。

表16－4　1990—2013年各省（区、市）暴雨发生频数

省（区、市）	四川	湖北	湖南	江西	贵州	广西	云南
频数（次）	254	162	144	101	94	88	86
省（区、市）	安徽	甘肃	广东	陕西	山东	河南	浙江
频数（次）	82	75	72	64	63	59	54
省（区、市）	江苏	黑龙江	福建	内蒙古	山西	河北	吉林
频数（次）	48	47	46	45	40	36	35
省（区、市）	新疆	青海	宁夏	辽宁	海南	北京	上海
频数（次）	32	23	15	14	11	9	4
省（区、市）	西藏	天津	—	—	—	—	—
频数（次）	4	3	—	—	—	—	—

从上表可以看出，位列前几位的省份依次为四川、湖北、湖南、江西和贵州，均属于长江流域。其中，位列前三位的四川、湖北、湖南几个地区的暴雨频数远高于其他地区，依次为254次、162次和144次；之后的江西、贵州、广西、云南、安徽分别为101次、94次、88次、86次和82次；其后的地区中甘肃、广东、陕西、山东、河南、浙江都是在50～75次；其余各省暴雨次数均在50次及以下。可见长江流域暴雨多发。

我国暴雨灾害的发生主要是由于东亚气候系统的变化，几个物理因子为：ENSO循环、西太平洋暖池海水热力异常、青藏高原上空的热源异常和亚洲季风环流异常以及西太平洋副热带高压异常。具体情况如下：

第一，当ENSO事件处于发展阶段，即当赤道东太平洋海温处于上升阶段时，该年夏季我国江淮流域降水将会偏多，可能发生暴雨，引起洪涝灾害。

第二，当西太平洋暖池的海温偏低时，菲律宾周围的对流活动较弱，长江中、下游地区和淮河流域的降水往往偏多。

第三，当青藏高原冬、春雪盖面积大时，洞庭湖、鄱阳湖和江南地区夏季的梅雨往往会比较强。

第四，由于东亚气候受到东亚季风影响很大，因此，东亚气候的年际变化是很大的，从而造成东亚旱涝等气候灾害发生频率高，尤其在我国东部。

第五，西太平洋副热带高压偏南时，我国长江流域梅雨就会强。

由以上几个物理因子的影响结果可知，四川处于西太平洋副热带高压边缘，并受西南涡天气系统的影响，同时淮河流域与四川盆地东北部、南部的雨带相通，而且又有青藏高原的热力状况的影响，所以暴雨发生十分频繁。湖北、湖南受夏季季风以及西太平洋暖池海水热力异常的影响也常发生暴雨。青海、宁夏、天津、北京受副热带高气压带的控制所以经常干旱少雨。

（二）暴雨发生频数在时间上的分布

1. 各年暴雨发生频数统计

1990—2013 年全国的暴雨频数统计如图 16－7 所示。

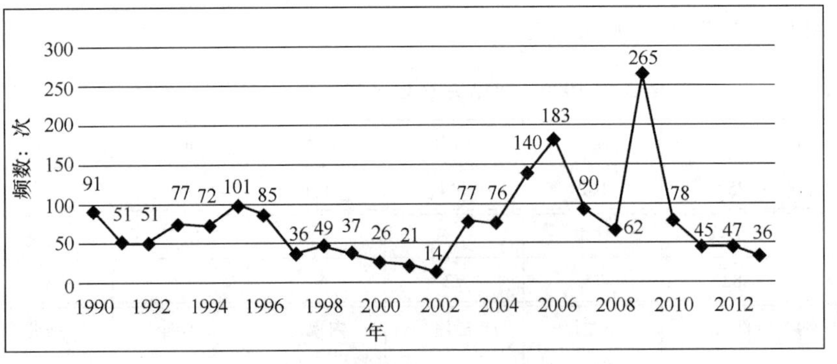

图 16－7　1990—2013 年各年全国暴雨总频数统计

从近年全国暴雨的总频数来看，其主要在 50～100 次之间变化，每两年有一定波动，有几次波动范围较大，如在 1996—1998 年这 3 年，1996 年有 85 次，1997 年只有 36 次，1998 年又达到 49 次。在 2000—2003 年，2000 年有 26 次，2001 年降到 21 次，2002 年是 14 次，2003 年又增加到 77 次。根据《中国减灾》的统计，2001 年和 2002 年全国出现了普遍性的干旱天气，所以暴雨次数骤减。而 2006 年，我国降雨比平时偏多 10 毫米，南方地区暴雨频繁以及台风的提前登陆使暴雨发生频数突然上升。2009 年，暴雨频数陡然增加，达到了历史最高的 265 次。而之后两年暴雨频数却又陡然下降到了均值以下水平。可见近年来，气象的不稳定性加剧，使得频数统计的方差增大。因此，不能因为头几年的暴雨次数很低，就简单地预估当年的暴雨频数也会不高，否则会造成对风险的准备不足，从而影响居民生产生活的稳定。

2. 各月暴雨发生频数

1990—2013 年各个月份全国暴雨发生频数统计数据如图 16－8 所示。

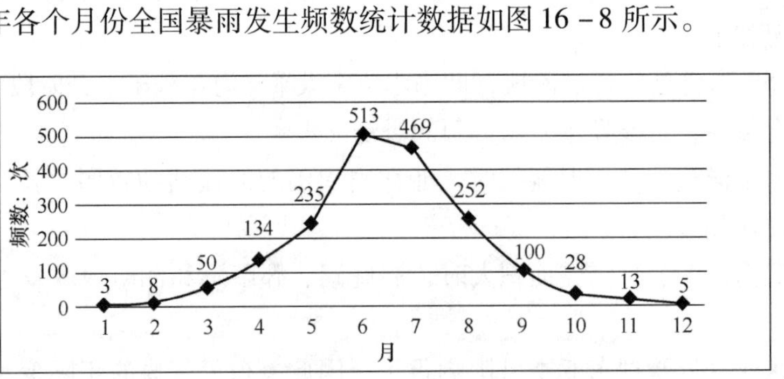

图 16－8　1990—2013 年各月暴雨发生频数统计

从统计数据可以看出，5 月、6 月、7 月和 8 月是暴雨频数最高的几个月，而 1 月在最近 22 年间只发生过 3 次暴雨，而 12 月在最近 22 年仅发生了 5 次。可见我国暴雨在时间上有很强的季节性，我国的暴雨主要出现在夏季；其次是春秋季节；冬季出现暴雨的机会最少，大部分地区没有出现过暴雨。

3. 各季节暴雨发生频数统计

由图 16－9 可以看出，夏季暴雨发生远远多于其他季节，春季次之，但也是秋季的 3 倍之多，冬季几乎没有暴雨发生。

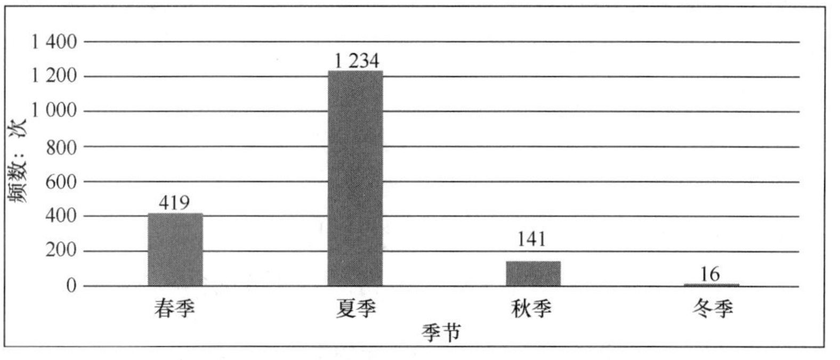

图 16－9　1990—2013 年各季节暴雨发生频数统计（次）

（三）暴雨发生频数的拟合分布

1. 暴雨发生频数的统计量

从 1990—2013 年各年全国暴雨频数分析可以看出，22 年来每年全国暴雨发生频数在 40～80 次的最多，有 11 年的全国暴雨频数都是位于此区间内。其次是在 0～40 次，有 6 年的全国暴雨频数是位于此区间内。80～120 次有 4 年的全国暴雨频数。最后是在 120～160 次、160～200 次和 200～280 次，各有 1 年的全国暴雨频数是位于此区间内。

2. 暴雨发生频数的拟合分布

（1）年度的频数连续拟合

要对频数分布进行估计，可以通过估计频数的密度函数来进行。

首先，由表 16－5 的常用统计量表和变量分位数表可知暴雨发生频数的一些基本统计量。

表 16－5　暴雨频数统计表

基本统计测度		分位数统计测度	
均值	75.41	分位数	估计值
中位数	67	99%	265
众数	36	97.5%	265
最大值	265	95%	183
方差	3 064	90%	140
极差	251	75%	87.5
四分位间距	46.5	50%	67
偏度	2.11	10%	26
峰度	5.48	5%	21

用 SAS 对全国年暴雨频数进行正态分布、对数正态分布、指数分布以及韦伯分布 4 个分布函数的拟合，得到相关参数和曲线图。当显著性水平为 5% 时，按照检验结果的标准，对数正态分布和韦伯分布可以通过检验。拟合后的密度函数如下：

对数正态分布函数：

$$f(x) = \frac{1}{\sqrt{2\pi} \times 0.662\,2x} e^{-\frac{(\ln x - 4.112\,8)^2}{2 \times 0.662\,2^2}} \qquad (0 < x < \infty)$$

直接计算韦伯分布函数的参数比较复杂，这里使用一种间接的方法来对韦伯函数的参数进行估计。由于韦伯函数累积分布形式为 $F(x) = 1 - e^{-(x/\theta)^{\tau}}$，因而通过选取 75% 和 25% 分位数下相对应的 Q_3 和 Q_1 两个观察值，从而计算出累积分布函数 $F(x)$，再计算出密度函数 $f(x)$。得：$\theta = 74.73, \tau = 2.07$，则：

$$f(x) = 0.000\,274x^{1.01} e^{-0.000\,132x^{2.01}}$$

（2）分季度的频数连续拟合

课题组将频数分为 4 个季节分别进行拟合，将 12 月、1 月、2 月作为冬季，3 月、4 月、5 月作为春季，6 月、7 月、8 月作为夏季，9 月、10 月、11 月为秋季。据此，得到表 16 - 6。

表 16 - 6　1990—2013 年的季节频数表

年份/季度	春季	夏季	秋季	冬季
1990	19	62	8	2
1991	6	42	3	0
1992	26	21	4	0
1993	16	59	1	1
1994	12	54	6	0
1995	23	74	4	0
1996	14	67	4	0
1997	15	20	1	0
1998	16	29	2	2
1999	8	29	0	0
2000	3	21	2	0
2001	3	17	1	0
2002	0	11	1	2
2003	23	48	6	0
2004	15	48	13	0
2005	29	102	9	0
2006	45	123	15	0
2007	27	52	11	0
2008	16	41	5	0

续表

年份/季度	春季	夏季	秋季	冬季
2009	54	178	28	5
2010	27	36	11	4
2011	2	38	5	0
2012	12	35	0	0
2013	8	27	1	0
合计	419	1 234	141	16

冬季的数据量十分小，即进行拟合的精确度很低，效果不理想。因此，对其不予考虑。以春季的频数来做拟合，在对拟合分布进行检验时可以发现在95%置信水平下，正态分布、指数正态和韦伯分布通过了检验。

正态拟合函数为：

$$f(x) = \frac{1}{\sqrt{2\pi} \times 13.029} e^{-\frac{(x-17.46)^2}{2\times 13.029^2}} \quad (0 < x < \infty)$$

指数分布拟合函数为：

$$f(x) = \frac{e^{-(\frac{x}{17.462\,5})}}{17.462\,5} \quad (0 < x < \infty)$$

韦伯拟合函数为：

$$f(x) = 0.021\,5\,x^{0.41}\,e^{-0.015\,25x^{1.41}}$$

夏季频数拟合在5%置信度下对数正态和韦伯分布都通过了检验。拟合函数分别为：

对数正态分布函数：

$$f(x) = \frac{1}{\sqrt{2\pi} \times 0.647\,4x} e^{-\frac{(\ln x-3.732\,9)^2}{2\times 0.647\,4^2}} \quad (0 < x < \infty)$$

韦伯分布函数：

$$f(x) = 0.000\,66\,x^{1.04}\,e^{-0.000\,32x^{2.04}}$$

秋季对数正态分布、指数分布和韦伯分布都通过了检验。拟合函数分别为：

对数正态分布：

$$f(x) = \frac{1}{\sqrt{2\pi} \times 1.421\,9x} e^{-\frac{(\ln x-1.104\,9)^2}{2\times 1.421\,9^2}} \quad (0 < x < \infty)$$

指数分布函数：

$$f(x) = \frac{e^{-(\frac{x}{5.883\,3})}}{5.883\,3} \quad (0 < x < \infty)$$

韦伯分布函数：

$$f(x) = 0.212\,3\,x^{-0.27}\,e^{-0.290\,8x^{0.73}}$$

考虑到暴雨发生具有明显的季节性以及以年为单位的频数拟合状况，韦伯分布在各季节和一整年95%的置信水平下均能通过检验，因此，运用韦伯分布进行拟合是比较好的。指数分布在99%的置性区间，整年和夏季的频数拟合都可以通过检验，在95%的置信区间春季和秋季的频数拟合可以通过检验，所以指数分布虽然效果不及韦伯分布，但相对于对数正态和正态分布拟合效果比较理想。

（3）频数的离散拟合

年度频数的偏斜度为2.100 4，而且频数本身也呈现了两边低中间高的单峰情形，所以可以利用泊松分布、二项分布和负二项分布来进行拟合。

首先，用泊松分布对其进行拟合，$\lambda = 75.42$。在95%的置信区间下，判别值可以粗略地估计为 $\frac{1.36}{\sqrt{22}} = 0.28995$，查表得判别值为0.289 95，而拟合函数 D 值为0.456 48，所以在95%的置信区间里，泊松分布无法通过检验。

其次，对于二项分布有：$E(x) = np$，$p + q = 1$，同时 n 取频数发生的最大值[①]，根据样本数据可以得到 $p = 0.284591$，$q = 0.715409$。

然后再利用K－S方法检验。在95%的置信区间下，查表得K－S检验临界值0.289 95，而拟合函数 D 值为0.462 58，所以在95%的置信区间里，二项分布无法通过检验。

最后，对于负二项分布有：

$$E(x) = \frac{kq}{p},\ p + q = 1,\ Var(x) = \frac{kq}{p^2}$$

根据样本数据可以得到 $p = 0.025683$，$q = 0.974317$，$k = 1.988007$。

在负二项分布中 k 应该是一个整数，所以将 k 近似取为2。在95%的置信区间下，查表得K－S检验临界值0.289 95，而拟合函数 D 值为0.140 322，所以在95%的置信区间里，负二项分布通过了检验。其函数形式为：

$$p(X = x) = \binom{2 + x - 1}{2 - 1} p^2 q^x$$

本节小结

本节从总体上对我国暴雨灾害的季节特征、强度特征、地区分布特征和并发以及继发灾害进行了较为详细的统计分析。季节上，我国的暴雨多发生于6月、7月的夏季；地域上，多发于长江流域和东南沿海。然后对暴雨频数的时空分布进行了详细的历年累计统计分析并对年度频数和季度频数分别进行了连续分布拟合和离散分布拟合。连续分布拟合中，韦伯分布对年度和季度的拟合均能在95%的置信水平下通过检验；指数分布次之，年度和夏季在99%的置信水平能通过检验，其他季节在95%的置信水平通过检验。对于年频数的离散分布拟合，泊松、二项、负二项三个分布中只有负二项分布通过了95%置信水平的检验。

相比于《灾因报告（2012）》，《灾因报告（2014）》出现了以下几个新的变化：①改善了数据质量，将原始数据中明显重复的数据删除，并采用了“当同一条记录中同一时段同时出现暴雨和强降雨时，只记录暴雨一次”的原则；②暴雨的季节性趋势依旧明显，6月、7月的暴雨频数占到所有月份发生暴雨频数的54%左右，比《灾因报告（2012）》里降了不到1%，但是每年平均发生的暴雨次数由《灾因报告（2012）》里的82.1次降到了《灾因报告（2014）》里的75.42次，2012年和2013年两年的暴雨频数均小于历年平均频数82.1正是此变化的原因所在。

---

① 如果用 $Var(x) = npq$ 与两式结合进行3个参数的计算，数据均值远远小于方差，p 值不满足0到1的范围。

第三节 暴雨灾害的损失统计分析

一、我国暴雨灾害各项损失指标统计

直观上对暴雨灾害的各项指标进行排序，分别得到考察的1990—2013年受灾人口数量、农作物受灾面积、倒塌房屋数量、直接经济损失排名在前十位的单次暴雨灾害，以及综合考虑1990—2013年这24年暴雨灾害导致产生各省（区、市）平均受灾人口数量、平均农作物受灾面积、平均倒塌房屋数量和平均直接经济损失排名前十位的省（区、市）。各均值的计算方法为各省（区、市）1990—2013年的总损失值除以总灾害频数。

（一）单次暴雨所致各项损失指标统计

1. 导致受灾人口数量前十位的单次暴雨灾害

从图16－10可以看出，1998年6月发生在贵州省的暴雨灾害导致产生最多的受灾人口，约为7 261万人，其次是1991年6月发生在江苏省的暴雨灾害，导致约4 200万人受灾，再次是1991年6月发生在湖北省的暴雨灾害，导致约2 600万人受灾。从图中可以看出，导致受灾人口众多的暴雨都是发生在6月、7月。

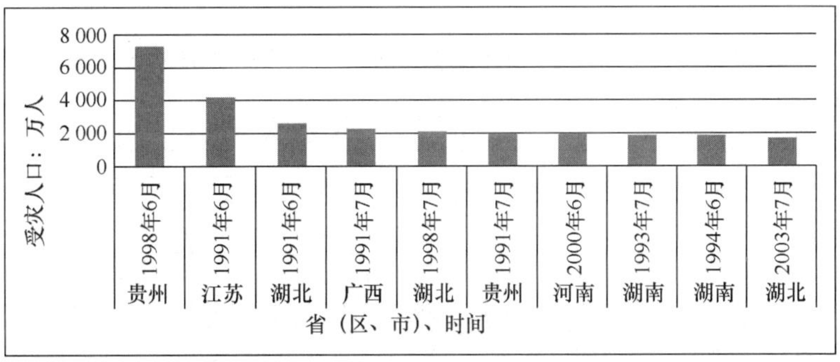

图16－10 1990—2013年单次暴雨灾害受灾人口数量前十位

2. 导致农作物受灾面积前十位的单次暴雨灾害

从图16－11可以看出，1997年6月发生在江西的暴雨导致农作物受灾面积达约19 620千公顷，远远高于发生在1993年9月湖北的暴雨灾害导致农作物受灾面积约3 205千公顷的水平和发生在1998年湖北的暴雨导致农作物受灾面积约2 860千公顷的水平。

3. 导致房屋倒塌数量前十位的单次暴雨灾害

从图16－12可以看出，1998年7月发生在湖北省的暴雨致使2 464千间房屋倒塌，使房屋倒塌数量处于其次的是发生在1998年6月福建省的暴雨，此次灾害导致2 348千间房屋倒塌，再次是发生在2004年4月江西省的暴雨，导致了1 710千间房屋倒塌。

4. 导致经济损失前十位的单次暴雨灾害

从图16－13可以看出，发生在1998年7月湖北省的暴雨导致约280亿元的经济损失，处于1990年以来所有暴雨造成的损失的第一位，其次是1995年7月发生自在吉林省的暴雨，造成约

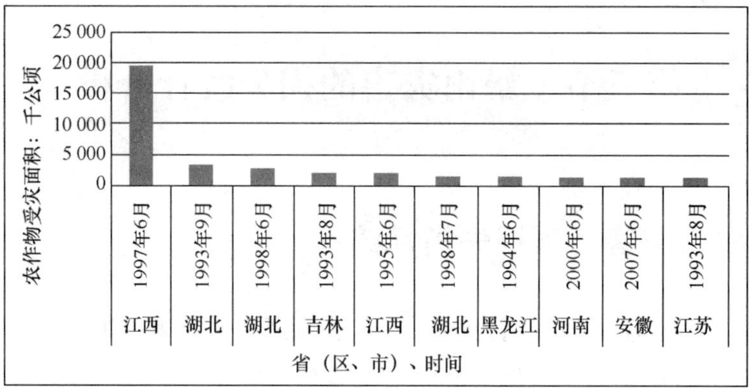

图 16－11 1990—2013 年单次暴雨灾害导致农作物受灾面积前十位

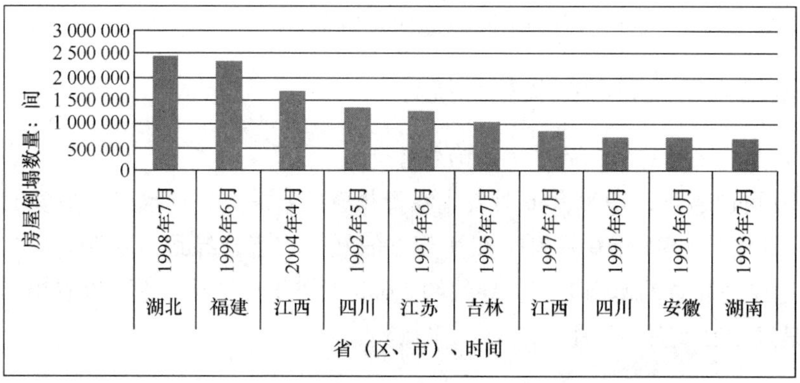

图 16－12 1990—2013 年单次暴雨灾害导致房屋倒塌数量前十位

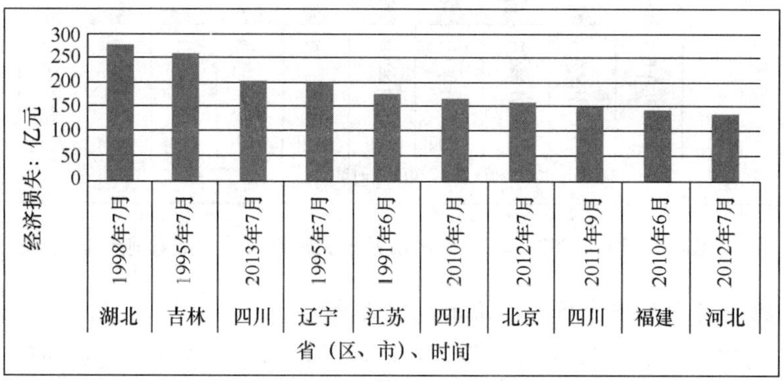

图 16－13 1990—2013 年暴雨灾害导致经济损失前十位

262 亿元的经济损失。再次是发生在 2013 年 7 月四川省的暴雨。

（二）1990—2013 年暴雨所致各省平均各项损失指标统计

1. 平均单次受灾人口数量前十位的省（区、市）

由图 16－14 可以看出，1990—2013 年，江苏省的平均单次受灾人口数量最高，约为 357 万人，其次为湖南省，平均单次受灾人口数量为 315 万人。再次为湖北省，其平均单次受灾人口数量为 296 万人。

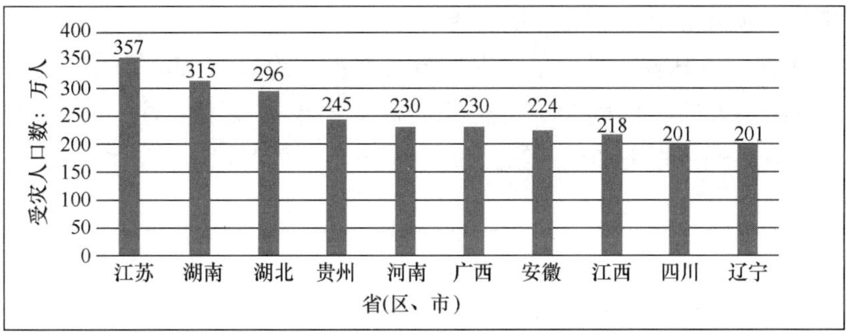

图 16－14 1990—2013 年平均受灾人口数量前十位的省（区、市）

2. 平均单次农作物受灾面积前十位的省（区、市）

由图 16－15 可以看出，平均单次农作物受灾最严重的省份是江西省，约为 362 千公顷，其次是吉林省，平均单次农作物受灾面积约为 262 千公顷，接下来是黑龙江省，其平均单次农作物受灾面积约为 232 千公顷。值得注意的是，吉林省 1990—2013 年的暴雨频数为 35 次，属于中等数量，但是其平均单次农作物受灾面积却位居第二，这与其农业大省的身份有关。处于同样情况的还有辽宁省。

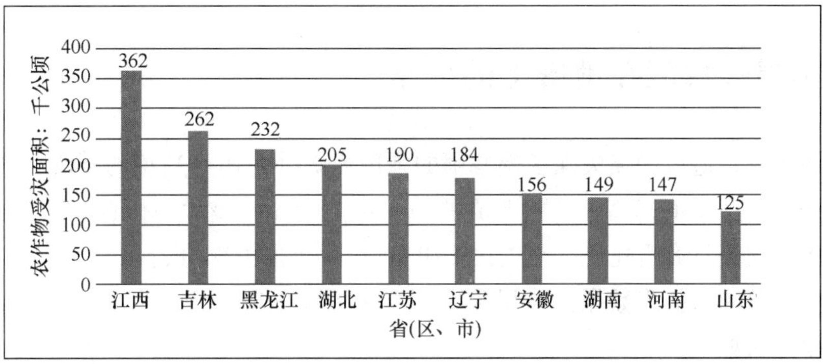

图 16－15 1990—2013 年平均农作物受灾面积前十位的省（区、市）

3. 平均单次房屋倒塌数量前十位的省（区、市）

图 16－16 表明，福建省在 1990—2013 年，平均单次暴雨导致的房屋倒塌数量最大，约为 147 690 间，其次为江西省，平均单次房屋倒塌数量约为 106 466 间，再次为辽宁省，平均单次约 106 288 间房屋倒塌。

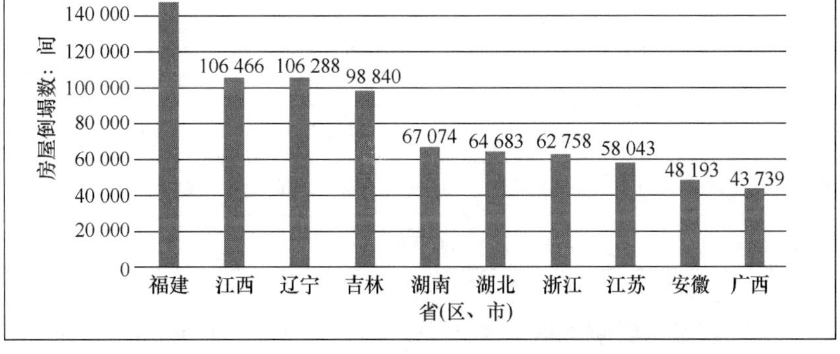

图 16－16 1990—2013 年平均房屋倒塌数量前十位的省（区、市）

4. 平均单次经济损失前十位的省（区、市）

由图 16－17 可知，吉林省的平均单次损失最为严重，约为 46.26 亿元，其次是辽宁省，约为 34.02 亿元，再次为北京，约为 21.31 亿元。这个结果需要引起注意。辽宁省暴雨频数为 14 次，平均每次暴雨的经济损失却位于第二位。处于同样情况的还有吉林省。

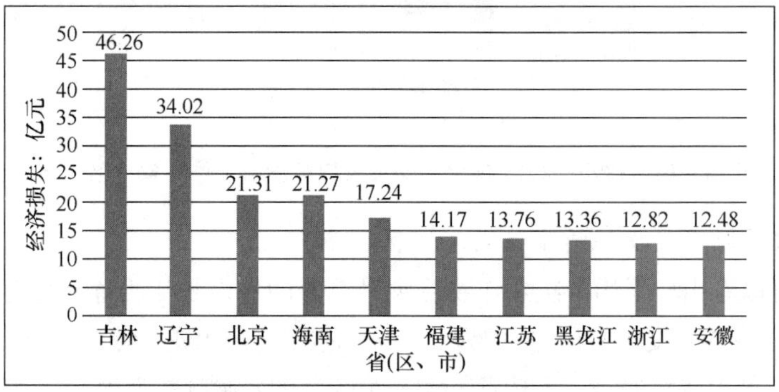

图 16－17　1990—2013 年平均经济损失前十位的省（区、市）

二、暴雨损失程度在地域上的分布

由于每年暴雨灾害造成的损失除了受暴雨的强度影响外，还与当年的国内生产总值（GDP）的水平相关，国内生产总值越高，暴雨造成的损失可能会相对越大。因此，为了使 1990—2013 年暴雨造成的各年损失具有可比性，首先用 GDP 对实际年损失额进行调整，其次，由于无法得到一些暴雨灾害完整的次损失数据，这里采用调整后的损失额除以当年的暴雨频数计算平均次损失。具体调整方法如下：

选取 2013 年作为基准年，由此产生公式：

$$第\ i\ 年的调整后的损失 = 第\ i\ 年的实际损失 \times 调整系数$$

$$调整系数 = 2013\ 年\ GDP/第\ i\ 年的\ GDP$$

$$平均次损失 = 调整后的损失/当年的暴雨频数$$

各年调整系数如表 16－7 所示。

表 16－7　各年调整系数

年份	1990	1991	1992	1993	1994	1995	1996	1997
调整系数	30.472	26.116	21.128 2	16.099 1	11.802 3	9.357	7.992	7.203
年份	1998	1999	2000	2001	2002	2003	2004	2005
调整系数	6.739 7	6.343 3	5.733 5	5.187 6	4.727 3	4.188 1	3.558	3.075 9
年份	2006	2007	2008	2009	2010	2011	2012	2013
调整系数	2.629 7	2.14	1.811 3	1.668 6	1.416 8	1.202 4	1.095	1

将各省（区、市）及暴雨影响地区分类汇总之后，对 1990 年至 2013 年存在损失记录的 31 个省（区、市）暴雨损失程度进行了统计。30 个省（区、市）包括：安徽、北京、甘肃、广

西、贵州、河北、河南、黑龙江、湖北、吉林、辽宁、内蒙古、宁夏、青海、山东、山西、陕西、上海、四川（含重庆）、西藏、新疆、云南、浙江、广东、福建、海南、湖南、江西、天津和江苏。每年的损失乘以不同的调整系数并进行求和得到表 16－8。

表 16－8　1990—2013 年各省（区、市）损失额　　（单位：亿元）

省（区、市）	湖南	江苏	江西	湖北	安徽	四川
损失额（亿元）	8 228.080 8	7 734.473 8	7 428.489 7	7 395.518 4	6 932.709 9	6 090.063
省（区、市）	吉林	山东	浙江	辽宁	广西	福建
损失额（亿元）	5 530.705 7	4 036.252 7	3 643.679	3 376.278 6	3 276.235 8	3 002.659 6
省（区、市）	河南	广东	贵州	河北	陕西	黑龙江
损失额（亿元）	2 877.561 2	2 676.094 2	2 015.048 8	1 931.236 5	1 265.873 6	1 193.569 3
省（区、市）	海南	甘肃	内蒙古	云南	新疆	山西
损失额（亿元）	572.792 5	431.880 6	345.618 9	342.712 9	312.910 6	305.097 7
省（区、市）	北京	天津	宁夏	青海	上海	西藏
损失额（亿元）	297.283 6	55.959 6	53.121 6	17.912 7	0.527 9	0.313 9

将上述损失额排序后可以得到损失额依次递减的统计和分布图（见图 16－18）。

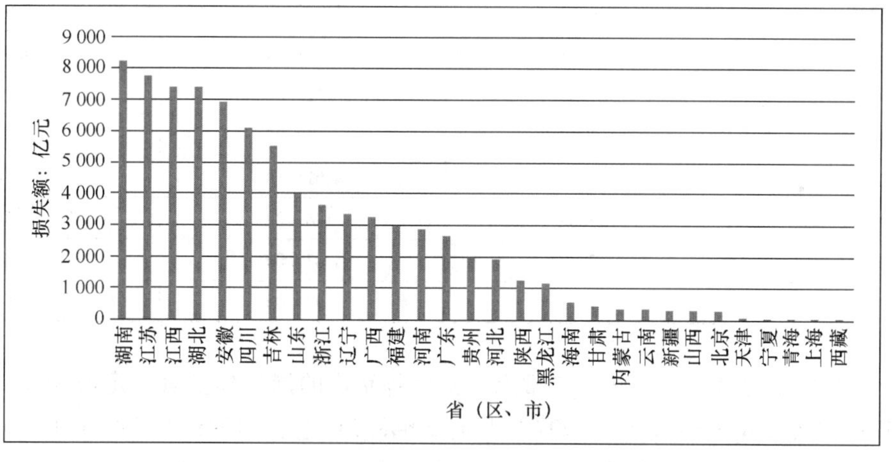

图 16－18　1990—2013 年各省（区、市）暴雨损失程度图

可以看到，发生频数最高的四川损失额并不是最大的，湖南、江苏、湖北经济较为发达，GDP 较四川也高，虽然频数略低于四川，但是造成的损失却比四川要大。上海经济发达，投入的水利建设资金较多，同时暴雨发生次数十分有限，所以造成的经济损失很小。

三、暴雨损失程度在时间上的分布

（一）各年暴雨的损失额

由上述公式可以计算出 1990—2013 年各年发生暴雨的损失额以及平均次损失额，如表 16－9 所示。

表 16 - 9　1990—2013 年各年发生暴雨的损失额以及平均次损失额　（单位：亿元）

年份	损失额	调整后损失额	平均次损失
1990	138. 46	4 219. 10	46. 36
1991	580. 55	15 161. 69	297. 29
1992	232. 67	4 916. 00	96. 39
1993	290. 01	4 668. 93	60. 64
1994	688. 18	8 122. 13	112. 81
1995	1 036. 11	9 694. 82	95. 99
1996	948. 81	7 602. 97	89. 45
1997	367. 73	2 648. 74	73. 58
1998	1 009. 19	6 801. 64	138. 81
1999	382. 54	2 426. 53	65. 58
2000	219. 44	1 258. 16	48. 39
2001	125. 07	648. 79	30. 89
2002	0. 98	4. 64	0. 33
2003	461. 85	1 934. 27	25. 12
2004	279. 75	995. 35	13. 10
2005	516. 21	1 587. 79	11. 34
2006	409. 17	1 076. 01	5. 88
2007	449. 17	961. 25	10. 68
2008	229. 54	415. 78	6. 71
2009	462. 98	772. 55	2. 92
2010	1 843. 08	2 611. 19	33. 48
2011	732. 88	881. 20	19. 58
2012	947. 07	1 037. 09	22. 07
2013	924. 05	924. 05	25. 67

由表 16 - 9 可以看出，1991 年是异常点，其余各年份的损失程度有一定波动性，如 1996—1998 年，1996 年是 7 602. 97 亿元，1997 年只有 2 648. 74 亿元，1998 年又有 6 801. 64 亿元，波动较大。2001 年、2002 年由于旱灾的原因全国暴雨损失很小。2000 年以后暴雨损失虽然也有波动，但明显波动降低，而且损失额也明显减小，2006 年暴雨发生频数很高，但是损失额并不高。说明我国水利建设加大投入，在抵御暴雨灾害上取得了明显的成效。

（二）各月暴雨的损失额

1990—2013 年各月暴雨损失如表 16 - 10 所示。

表 16 - 10　1990—2013 年各月暴雨总损失额　（单位：亿元）

月份	1	2	3	4	5	6
损失	8. 485 720 314	64. 971 793 1	1 543. 822 002	1 839. 691 34	4 392. 263 264	33 054. 011 81
月份	7	8	9	10	11	12
损失	29 459. 143 73	9 022. 362 859	1 247. 286 513	669. 581 713 3	69. 036 571 46	0. 005 840 252

可以看到，夏季的6月、7月、8月频数发生高，损失程度也大，说明暴雨的强度很大，春季次之，而12月份损失额数据较小，说明该月虽然发生过暴雨但造成的损失额度非常小。

四、暴雨灾害次损失额的拟合

（一）年度暴雨灾害次损失额的拟合

从1990—2013年各年全国暴雨次损失表可得到次损失额统计量（见表16－11），可以看出，1990—2013年，我国每年暴雨次损失的均值为55.543 3亿元，大多年份的次损失在12.219 0～81.511 3亿元（约50%的年份），次损失额最少是0.331 7亿元，最多297.288 1亿元。要对次损失额分布进行估计，可以通过估计次损失额的密度函数来进行。

表16－11　暴雨灾害次损失统计表

基本统计测度		分位数统计测度	
均值	55. 54	分位数	估计值
中位数	32. 18	99%	297
众数	—	97. 5%	297
最大值	297	95%	139
方差	4150	90%	112. 8
极差	296	75%	81. 5
四分位间距	69. 29	50%	21. 19
偏度	2. 5	10%	5. 88
峰度	8. 12	5%	2. 92

用SAS对全国年暴雨次损失额进行正态分布、对数正态分布、指数分布以及韦伯分布4个分布函数的拟合。

当显著性水平为5%时，按照Test for Distribution的标准，对数正态分布、指数分布和韦伯分布都可以通过检验。拟合后的密度函数如下：

指数分布的密度函数：

$$f(x)=\frac{e^{-\frac{x}{55.5433}}}{55.5433}\qquad(x>0)$$

对数正态分布函数：

$$f(x)=\frac{1}{\sqrt{2\pi}\times1.4615x}e^{-\frac{(\ln x-3.3238)^2}{2\times1.4615^2}}\qquad(0<x<\infty)$$

韦伯分布函数[①]：

$$F(x)=1-e^{-(x/\theta)^{\tau}}$$

从而得出：$\theta=54.99,\tau=0.83$，则：

$$f(x)=0.02983x^{-0.17}e^{-0.03594x^{0.83}}$$

① 计算韦伯分布的方法同频数拟合处。

（二）季节暴雨灾害次损失额的拟合

1990—2013 年各个季节的次损失额度见表 16－12。

表 16－12　1990—2013 年各季的次损失额　（单位：亿元）

年份	春季	夏季	秋季	冬季
1990	24. 235 664 56	58. 701 752 12	9. 278 723 97	22. 442 627 94
1991	186. 160 357 90	332. 662 668 70	24. 299 177 54	0
1992	47. 248 108 69	172. 740 171 40	15. 001 024 83	0
1993	22. 759 144 86	72. 171 183 07	46. 687 489 35	0
1994	78. 872 584 15	131. 208 926 30	15. 062 424 19	0
1995	37. 579 406 18	119. 131 205 60	3. 694 906 13	0
1996	37. 034 811 97	105. 033 079 40	11. 815 410 45	0
1997	24. 944 154 58	111. 733 462 60	39. 904 808 07	0
1998	21. 507 777 78	216. 433 727 60	85. 829 931 44	4. 639 601 48
1999	20. 385 653 21	78. 049 729 29	0	0
2000	10. 186 487 73	47. 700 255 98	112. 949 610 60	0
2001	13. 591 461 45	32. 714 074 03	51. 875 807 08	0
2002	0	0. 422 145 24	0	0
2003	10. 678 378 69	34. 046 382 54	9. 074 308 094	0
2004	5. 155 288 57	14. 544 642 35	16. 913 501 86	0
2005	2. 365 058 77	13. 822 817 96	12. 141 556 76	0
2006	7. 087 847 77	6. 051 477 00	0. 848 307 46	0
2007	2. 184 667 80	17. 207 137 57	0. 680 922 45	0
2008	2. 250 394 90	8. 294 038 73	7. 944 568 04	0
2009	1. 595 125 11	3. 764 326 25	0. 578 170 63	0. 034 540 92
2010	8. 975 404 23	56. 170 000 16	29. 782 762 51	4. 781 547 56
2011	4. 082 040 00	15. 035 104 79	60. 339 645 23	0
2012	9. 858 178 39	26. 251 139 75	0	0
2013	7. 918 750 00	31. 829 629 63	1. 300 000 00	0
总计	586. 656 747 30	1 705. 719 078 00	556. 003 056 70	31. 898 317 89

冬季的数据量很少，大部分年度损失的额度都很小，因此拟合时对其不予考虑，而 1991 年是异常的样本点，所以做拟合时将 1991 年的数据剔除。

1. 春季的次损失拟合过程

在 5% 的置信度下，指数分布和韦伯分布通过了检验。

指数分布函数：

$$f(x) = \frac{e^{-\frac{x}{17.4129}}}{17.4129} \qquad (x > 0)$$

韦伯分布函数：

$$F(x) = 1 - e^{-(x/\theta)^{\tau}}$$

从而得出：$\theta = 16.72, \tau = 0.88$，则

$$f(x) = 0.07380\,x^{-0.12}\,e^{-0.08386x^{0.88}}$$

2. 夏季的次损失拟合过程

除了正态分布，其他分布均通过了检验。

对数正态分布函数：

$$f(x) = \frac{1}{\sqrt{2\pi} \times 1.4415x} e^{-\frac{(\ln x - 3.4409)^2}{2 \times 1.4415^2}} \qquad (0 < x < \infty)$$

指数分布函数：

$$f(x) = \frac{e^{-\frac{x}{59.6981}}}{59.6981} \qquad (x > 0)$$

韦伯分布函数：

从而得出：$\theta = 69.82, \tau = 0.80$，则：

$$f(x) = 0.02679\,x^{-0.20}\,e^{-0.03348x^{0.80}}$$

3. 秋季的次损失拟合过程

在95%置信水平下，只有韦伯分布通过检验，这与秋季在三个年份出现了0损失有很大关系。

韦伯分布函数为：

计算得出：$\theta = 17.99, \tau = 0.41$，则

$$f(x) = 0.125378\,x^{-0.59}\,e^{-0.305800x^{0.41}}$$

本节小结

本节对1990—2013年各项损失指标进行了统计分析，较大的损失、次损失等地区集中在长江中游四川、湖北等地。随后对年度暴雨灾害次损失额和季度暴雨灾害次损失额分别进行了连续分布拟合并给出通过检验的分布函数。冬季因数据量少未进行拟合，秋季因有三个年份数据为0的影响，只有韦伯分布通过了检验；而年度和春、夏季节，指数和韦伯分布均通过了检验。

相比于《灾因报告（2012）》，《灾因报告（2014）》出现了以下几个新的变化：①暴雨并发灾害造成的总损失和次均损失均较《灾因报告（2012）》有很大的变动，尤其是伴随强降雨而发生的风灾和冰雹，这两个并发灾害的总损失已分别由2010年的846亿元和918亿元累积到了2012年的1 771亿元和1 605亿元，同时这两个并发灾害的次均损失也分别由2.73亿元和2.67亿元增加到了5.66亿元和4.65亿元，这说明2010年和2011年这两年，伴随强降雨过程而并发风灾和冰雹的次数和单次损失均高于历史平均值。②单次暴雨所致各项损失的指标统计里，受灾人口数量、农作物受灾面积、房屋倒塌数的前十位均未发生变动，经济损

失第三位和后五位发生了变化，总的来说，这些说明近两年暴雨的发生频数有所下降，而且强降雨带来的损失也基本在正常范围之内，没有突破最高历史纪录。③在并发灾害及继发灾害的分析中，《灾因报告（2014）》将《灾因报告（2012）》中有关“单纯的暴雨灾害”的数据替换成了总的暴雨灾害数据，因为从本篇数据统计逻辑上来说，不应该存在不发生暴雨的并发、继发灾害记录。

第十七章　暴雨灾害的区域差异分析

第一节　区域聚类及分组

一、聚类使用指标说明

本篇采用软件 SAS 9.2 对数据进行聚类分析，聚类方法选择类平均法（Average Linkage Method）。聚类过程使用 cluster 函数实现。

在对全国各省（区、市）进行分组时，要考虑两方面的因素，即各省（区、市）暴雨的发生频率和所造成的损失。其中，暴雨发生在不同省（区、市），所造成的损失是不同的。它是受暴雨发生的省（区、市）的人口密度、GDP 水平、抗灾能力以及暴雨所造成的受伤人数、死亡人数等因素影响的。由于保险公司关注的是暴雨灾害的经济损失，因此仅采用暴雨灾害的发生频数、每次的平均损失额以及人口密度三个变量进行聚类分析。

（一）暴雨灾害发生的频率

暴雨的发生会带来经济损失，这是保险公司关注的问题。保险公司制定的纯保费，等于期望索赔频率和平均索赔额的乘积，根据统计数据，无法求得一个索赔频率的概念，所以用暴雨灾害发生的频率代替，令暴雨发生的频率等于暴雨的总发生次数除以统计年数。一般地，某地区暴雨发生的频率越大，成灾的可能性越大。

（二）暴雨造成的直接经济损失

如上所述，保险公司的纯保费等于期望索赔频率和平均索赔额的乘积。对于平均索赔额，用了直接经济总损失的概念。之所以用直接经济损失，是因为以下几个原因：第一，直接经济损失是财物损坏、财产损失、生命线系统工程破坏以及其他一些暴雨造成的损失的价值形式，是暴雨保险中保险公司应当承担的责任。第二，间接损失包括暴雨造成的停工停产、营业中断、社会秩序混乱等带来的损失，还包括一些政府的救济费用。这些损失没有用来计算平均损失额，是因为有些间接费用很多都带有许多主观因素，并不全都是现实发生的经济损失；另外一个现实的原因是这些数据无法对每次暴雨逐条进行统计。

二、聚类的过程、结果及分组

（一）聚类分组过程

对暴雨灾害聚类分析采用的变量主要是降雨发生的频率、强度和人口密度，具体数据见表 17－1。

表 17－1　我国各省（区、市）暴雨灾害的主要指标数据

省（区、市）	人口密度	频数	次均损失
安徽	431.948 424 1	82	84.545 243 1
北京	1 258.344 340 0	9	33.031 510 8
福建	310.873 146 6	46	65.275 209 1
甘肃	56.822 183 1	75	5.758 407 7
广东	597.977 528 1	72	37.167 975 6
广西	199.957 627 1	88	37.229 952 3
贵州	198.977 272 7	94	21.436 689 5
海南	255.714 285 7	11	52.072 046 7
河北	392.139 037 4	36	53.645 458 0
河南	563.652 694 6	59	48.772 223 3
黑龙江	84.322 779 2	47	25.395 090 6
湖北	311.946 938 4	162	45.651 348 4
湖南	315.911 237 0	144	57.139 449 9
吉林	146.798 292 4	35	158.020 161 5
江苏	773.781 676 4	48	161.134 871 0
江西	270.940 683 0	101	73.549 403 4
辽宁	296.421 336 9	14	241.162 760 2
内蒙古	21.115 807 3	45	7.680 420 0
宁夏	126.254 826 3	15	3.541 437 5
青海	8.002 215 1	23	0.778 814 7
山东	619.936 305 7	63	64.067 503 8
山西	232.692 307 7	40	7.627 443 6
陕西	182.896 015 5	64	19.779 274 3
上海	3 808.847 883 0	4	0.131 972 1
四川	195.533 980 6	254	23.976 626 1
天津	1 302.078 726 0	3	18.653 194 8
西藏	2.557 377 0	4	0.078 464 1
新疆	13.638 554 2	32	9.778 455 4
云南	118.959 390 9	86	3.985 033 9
浙江	540.078 585 5	54	67.475 537 0

根据表 17－1 将各省（区、市）准化后的人口密度、暴雨频数和次均损失额用 SAS 进行聚类，结果如图 17－1 所示。

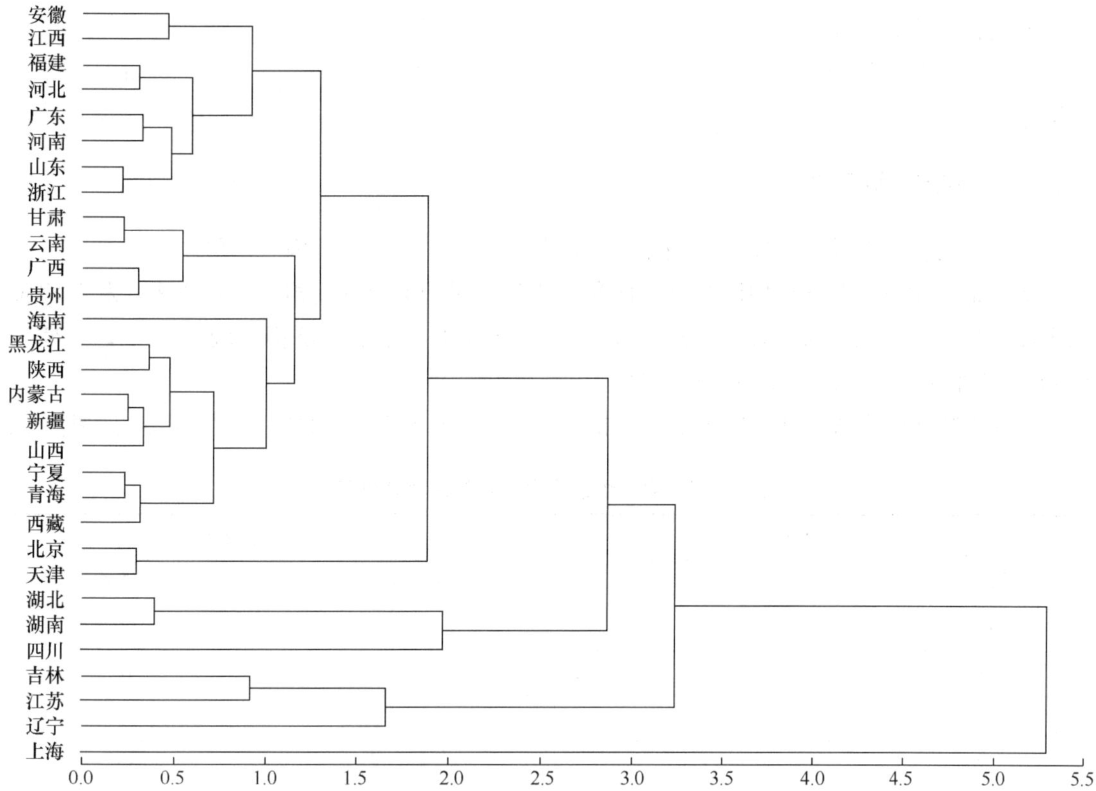

图 17－1　我国暴雨灾害的聚类分组结果

分组结果如下：

第一组：海南、黑龙江、陕西、内蒙古、新疆、山西、宁夏、青海、西藏

第二组：安徽、江西、福建、河北、广东、河南、山东、浙江

第三组：甘肃、云南、广西、贵州

第四组：湖北、湖南

第五组：四川

第六组：北京、天津

第七组：吉林、江苏

第八组：辽宁

第九组：上海

鉴于江苏与吉林地理位置相距较远，进行相应调整。综合考虑江苏近邻浙江、河南、山东等省份的自然地貌、人口密度、GDP、暴雨造成的经济损失额等，把江苏划入第二组。辽宁与吉林都位于东北，具有许多相似的地方，降水量小，暴雨频数低，但是我国粮食产区，受暴雨灾害的影响较大，次均损失额很高，所以划归为一组。四川与湖南、湖北位置相近，气候条件相似，人口和经济水平相差也不太大，进而归为一组。进行调整后的分组为：

第一组：海南、黑龙江、陕西、内蒙古、新疆、山西、宁夏、青海、西藏

第二组：安徽、江西、福建、河北、广东、河南、山东、浙江、江苏
第三组：甘肃、云南、广西、贵州
第四组：湖北、湖南、四川
第五组：北京、天津
第六组：吉林、辽宁
第七组：上海

（二）各组定量分析

第一组：海南、黑龙江、陕西、内蒙古、新疆、山西、宁夏、青海、西藏

这9个地区中有8个同处中国的最北面和西北部，属于综合发展相对落后地区。发生较强暴雨的可能性较低，人均GDP和人口密度比较小，因此暴雨产生的经济损失较小。海南虽然人口密度和GDP相对高点，但是暴雨频数较少。

表17－2统计的是第一组9个省（区、市）1990—2013年所发生的暴雨灾害频数的数据记录。

表17－2　第一组暴雨灾害频数统计分析表

基本统计测度		分位数统计测度	
均值	11.71	分位数	估计值
中位数	9	99%	51
众数	5	97.5%	51
最大值	51	95%	37
方差	145	90%	32
极差	50.9	75%	13
四分位间距	8	50%	9
偏度	2.15	10%	2
峰度	4.66	5%	0.1

1. 第一组暴雨灾害频数统计分析

由表17－2可以看出，1990年以后第一组年发生次数最多为51次，有75%的年份年发生暴雨在13次以下，有50%的年份发生暴雨次数集中在5～13次，$E(X)=11.7125$，$Var(X)=145.0707$。从1990—2013年损失频数来看，本区域内发生次数较不规律，年度间发生暴雨的次数变动比较大，这种情形主要是由于气候条件决定的。

对该组1990—2013年数据进行拟合统计，从检验结果可以看出，在5%显著性水平上，指数分布和韦伯分布可以通过检验。拟合后的密度函数如下：

指数分布函数：

$$f(x)=\frac{e^{-\frac{x}{11.7125}}}{11.7125}\qquad(x>0)$$

韦伯分布：

$$f(x)=0.033190x^{0.65}e^{-0.020115x^{1.65}}$$

2. 第一组暴雨灾害损失程度统计分析

以这9个省份1990—2013年每年成灾暴雨造成的总损失记录为基础，为了消除时间对货币

价值的影响，使历史记录能够用于拟合现在或将来的损失分布，选用了2013年的GDP对原始损失记录进行调整，使其具有可比性。

对该组1990—2013年数据进行拟合统计，从检验结果可以看出，在原假设是服从某个分布的前提下，当显著性水平为5%时，按照Test for Distribution的标准，正态分布、指数分布和韦伯分布通过检验，分布函数如下。

正态分布密度函数：

$$f(x)=\frac{1}{\sqrt{2\pi}\times 147.683\,1}\mathrm{e}^{-\frac{(x-169.471\,3)^2}{2\times 147.683\,1^2}}\qquad (0<x<\infty)$$

指数分布密度函数：

$$f(x)=\frac{\mathrm{e}^{-\frac{x}{169.471\,3}}}{169.471\,3}\qquad (x>0)$$

韦伯分布密度函数：

$$f(x)=0.004\,635\,x^{-0.05}\,\mathrm{e}^{-0.004\,415x^{1.05}}$$

第二组：安徽、江西、福建、河北、广东、河南、山东、浙江、江苏

该组的前2个省受其所处的地理位置的影响，暴雨频数很大，第一产业对经济的贡献较大，其抵御暴雨灾害的能力较弱，易产生较大经济损失；后7个省降水较少，但是由于经济较为发达，且产业结构对于暴雨的抵御能力较差，其中广东经济发达且人口集中程度较高，因此一旦发生暴雨灾害，将会产生较大损失，因而归为一组。

1. 第二组暴雨灾害频数统计分析

表17－3统计的是第二组1990—2013年所发生的暴雨灾害频数的数据记录。

表17－3　第二组暴雨灾害频数统计分析表

基本统计测度		分位数统计测度	
均值	23.38	分位数	估计值
中位数	20	99%	61
众数	20	97.5%	61
最大值	61	95%	50
方差	213	90%	44
极差	57	75%	33.5
四分位间距	19.5	50%	20
偏度	0.93	10%	6
峰度	0.58	5%	4

由表17－3可以看出，1990年以后第二组年发生次数最多为61次，有75%的年份年发生暴雨在34次以下，有50%的年份发生暴雨次数集中在14～33次，$E(X)=23.375$，$Var(X)=213.462\,0$。根据检验结果，在当显著性水平为5%时，对数正态分布和韦伯分布可以拟合该组数据。拟合后的密度函数如下：

对数正态分布：

$$f(x)=\frac{1}{\sqrt{2\pi}\times 0.721\,4x}\mathrm{e}^{-\frac{(\ln x-2.937\,3)^2}{2\times 0.721\,4^2}}\qquad (0<x<\infty)$$

韦伯分布：

$$f(x) = 0.004\,488\,x^{0.80}\,e^{-0.002\,493x^{1.80}}$$

2. 第二组暴雨灾害损失程度统计分析

从检验结果可以看出，在原假设是服从某个分布的前提下，当显著性水平为5%时，按照Test for Distribution 的标准，指数分布和韦伯分布可以通过检验。拟合后的密度函数如下：

指数分布：

$$f(x) = \frac{e^{-\frac{x}{1\,677.635\,7}}}{1\,677.635\,7} \qquad (x > 0)$$

韦伯分布：

$$f(x) = 0.006\,085\,x^{-0.37}\,e^{-0.009\,659x^{0.63}}$$

第三组：甘肃、云南、广西、贵州

这4个地区分别地处黄土高原和云贵高原及其边缘，地理条件较为相似，地势较高、地形复杂，多高山峡谷，特殊的地形决定了该地区为暴雨频发区，更重要的是由于地势陡峭，一旦发生暴雨很容易造成泥石流等较严重的自然灾害，从而造成极大的经济损失。然而该地区经济欠发达，经济损失的程度较小。

1. 第三组暴雨灾害频数统计分析

表17-4统计的是1990—2013年所发生的暴雨灾害频数的数据记录。

表17-4　第三组暴雨灾害频数统计分析表

基本统计测度		分位数统计测度	
均值	14.30	分位数	估计值
中位数	11	99%	71
众数	14	97.5%	71
最大值	71	95%	45
方差	216.6	90%	19
极差	70.9	75%	14
四分位间距	6.5	50%	11
偏度	3.03	10%	4
峰度	10.18	5%	0.1

由表17-4可以看出，1990年以后第三组年发生次数最多为71次，有75%的年份年发生暴雨在14次以下，有50%的年份发生暴雨次数集中在7~14次，$E(X) = 14.295\,8, Var(X) = 216.613\,5$。根据检验结果，当显著性水平为5%时，只有指数分布可以拟合该组数据。拟合后的密度函数如下：

指数分布：

$$f(x) = \frac{e^{-\frac{x}{14.295\,8}}}{14.295\,8} \qquad (x > 0)$$

2. 第三组暴雨灾害损失程度统计分析

从检验结果可以看出，在原假设是服从某个分布的前提下，当显著性水平为5%时，按照Test for Distribution 的标准，指数分布和韦伯分布都可以通过检验。拟合后的密度函数如下：

指数分布：

$$f(x) = \frac{e^{-\frac{x}{252.7491}}}{252.7491} \quad (x > 0)$$

韦伯分布：

$$f(x) = 0.005579\, x^{-0.07}\, e^{-0.005998x^{0.93}}$$

第四组：湖北、湖南、四川

这组处于长江沿岸区域，气候条件较为相似，人口和经济发展水平也都属于一般水平。该组发生暴雨灾害的频数极大，且损失也很大，属于风险很高的一组。

1. 第四组暴雨灾害频数统计分析

表 17－5 统计的是第四组 1990—2013 年所发生的暴雨灾害频数的数据记录。

表 17－5　第四组暴雨灾害频数统计分析表

基本统计测度		分位数统计测度	
均值	23.33	分位数	估计值
中位数	18.5	99%	93
众数	11	97.5%	93
最大值	93	95%	50
方差	348.23	90%	38
极差	90	75%	30
四分位间距	18.5	50%	18.5
偏度	2.44	10%	8
峰度	8	5%	3

由表 17－5 可以看出，1990 年以后第四组年发生次数最多为 93 次，有 75% 的年份年发生暴雨在 30 次以下，有 50% 的年份发生暴雨次数集中在 12～30 次，$E(X) = 23.3333$，$Var(X) = 348.2319$。

根据检验结果，在显著水平为 5% 时，对数正态分布和韦伯分布通过了检验。

对数正态分布函数：

$$f(x) = \frac{1}{\sqrt{2\pi} \times 0.7233x} e^{-\frac{(\ln x - 2.9053)^2}{2 \times 0.7233^2}} \quad (0 < x < \infty)$$

韦伯分布：

$$f(x) = 0.008596\, x^{0.64}\, e^{-0.005241x^{1.64}}$$

2. 第四组暴雨灾害损失程度统计分析

从检验结果可以看出，在原假设是服从某个分布的前提下，当显著性水平为 5% 时，按照 Test for Distribution 的标准，指数分布和韦伯分布可以通过检验。拟合后的密度函数如下：

指数分布：

$$f(x) = \frac{e^{-\frac{x}{904.7401}}}{904.7401} \quad (x > 0)$$

韦伯分布：

$$f(x) = 0.000579\, x^{0.11}\, e^{-0.000521x^{1.11}}$$

第五组：北京、天津

作为直辖市，两者都是北方的经济中心，GDP 和人口密度都达到相当的高度，气候地理条件也有极大的相似性，这也使得两者能自然地被分在一组。该地区降水强度较小，且经济以第二产业和第三产业为基础，对于暴雨的损害有较强的抵御力，因此属于风险较低的一类。

1. 第五组暴雨灾害频数统计分析

表 17－6 统计的是第五组 1990—2013 年所发生的暴雨灾害频数的数据记录。

表 17－6　第五组暴雨灾害频数统计分析表

基本统计测度		分位数统计测度	
均值	0.5	分位数	估计值
中位数	0	99%	3
众数	0	97.5%	3
最大值	3	95%	2
方差	0.7	90%	2
极差	3	75%	1
四分位间距	0.999	50%	0
偏度	1.72	10%	0
峰度	8	5%	0

由表 17－6 可以看出，1990 年以后第五组年发生次数最多为 3 次，有 75% 的年份年发生暴雨在 1 次以下，有 50% 的年份发生暴雨次数集中在 0～1 次，$E(X)=0.5007$，$Var(X)=0.6950$。

从检验结果可以看出，在 5% 的显著性水平下，正态分布、对数正态分布、指数分布和韦伯分布都不能通过检验，北京、天津属于暴雨发生很少的地区，数据量十分有限，所以各种分布均不能很好地拟合。

2. 第五组暴雨灾害损失程度统计分析

从检验结果可以看出，在原假设是服从某个分布的前提下，当显著性水平为 5% 时，按照 Test for Distribution 的标准，正态分布、对数正态分布、指数分布和韦伯分布都不可以通过检验。因而上述 4 种假设并不能代表调整后损失的真实分布情况。

第六组：吉林、辽宁

吉林、辽宁均处于祖国的东北，从降水量上看，该地区的较少，所以很少发生暴雨灾害。但这两省是我国粮食产区，农业相对发达，受暴雨灾害的影响较大，因此，虽然暴雨频数较小，但是一旦发生损害较大。江苏经济发达且人口集中程度较高，暴雨频数较大，损失较高。尤其当损失额经 GDP 调整后，吉林和江苏的次均损失额很接近。

1. 第六组暴雨灾害频数统计分析

表 17－7 统计的是第六组 1990—2013 年所发生的暴雨灾害频数的数据记录。

由表 17－7 可以看出，1990 年以后第六组年发生次数最多为 7 次，有 75% 的年份年发生暴雨在 4 次以下，有 50% 的年份发生暴雨次数集中在 0～3 次，$E(X)=2.0420$，$Var(X)=4.9966$。

从检验结果可以看出，在 5% 显著性水平下，4 种方法均不能通过检验。

表 17－7 第六组暴雨灾害频数统计分析表

基本统计测度		分位数统计测度	
均值	2.04	分位数	估计值
中位数	1.5	99%	7
众数	0	97.5%	7
最大值	7	95%	6
方差	5	90%	6
极差	7	75%	3.5
四分位间距	3.5	50%	1.5
偏度	0.89	10%	0
峰度	－0.35	5%	0

2. 第六组暴雨灾害损失程度统计分析

从检验结果可以看出，当显著性水平为5%时，4 种分布都不可以通过检验。

第七组：上海

上海的人均 GDP 和人口密度是我国最大的地区，在我国内地，这一地区的人口和财富相对最为集中，而且该地区的降雨强度也相对较大。降雨强度大，人口和财富相对最为密集，使得上海自成一类，成为我国内地暴雨灾害风险很大的地区。

本节小结

本节选取系统聚类中的类平均法，选取人口密度、频数和次均损失三个指标，将各省（区、市）暴雨灾害情况划分为七组，分别为：第一组——海南、黑龙江、陕西、内蒙古、新疆、山西、宁夏、青海、西藏；第二组——安徽、江西、福建、河北、广东、河南、山东、浙江、江苏；第三组——甘肃、云南、广西、贵州；第四组——湖北、湖南、四川；第五组——北京、天津；第六组：吉林、辽宁；第七组：上海。总体而言，分为一组的省份地理位置较近，气候和受灾情况与地域有很大关系。本报告和《灾因报告（2012）》选取了完全相同的聚类指标，更新了两年的数据，聚类分组情况与《灾因报告（2012）》有所不同，陕西分在第一组，海南从第三组分离了出来，且离第一组距离较近，因而将其并入第一组。考虑到安徽、江西与上版灾因分析中的第三组的省份位置、条件相近，合并为一组。

本节对各组暴雨灾害的频数指标和损失指标进行基本统计分析和参数分布拟合，五、六、七组的暴雨发生次数极少，以致不能很好地用分布去拟合；一、三组的年暴雨次数在 10 次上下波动，由于第一组省份多，因此第一组的地区降水比第三组的地区要少，两组的频数和损失均能用指数、韦伯分布很好地拟合；二、四组的年频数在 15～30 次的水平波动，同样因为组内省份多，相比之下第二组降雨要少，这两组的频数用对数正态、韦伯分布拟合较好，而损失则用指数和韦伯分布拟合较好，该部分与《灾因报告（2012）》相比变化不大。

第二节　区域的差异率分析

所谓各省差异率，就是各地区遭受相关灾害的差异化衡量，以下对前6组的频数、年损失额、年损失率和次损失率进行差异率分析，期望得到各组在暴雨灾害的差异程度方面的具体信息。通过标准化数值观察到的各省相对差异更为直观，可以为保险公司更好地制定差别费率提供依据。

某指标差异率 = 该指标额/基准指标

一、各组暴雨发生频数的差异率分析

对各组暴雨每年发生的频数进行分析，可以总结出平均年频数和最大年频数两组值，分别以平均年频数的最大值和最大年频数的最大值作为基准，计算差异率，得到表17－8和表17－9。

表17－8　各组平均年频数及其差异率表

组别	第一组	第二组	第三组	第四组	第五组	第六组
平均年频数值	11.708 33	23.375	14.291 67	23.333 33	0.5	2.041 667
差异率	0.500 891	1	0.611 408	0.998 217	0.021 39	0.087 344

表17－9　各组最大年频数及差异率表

组别	第一组	第二组	第三组	第四组	第五组	第六组
最大年频数值	51	61	71	93	3	7
差异率	0.548 387	0.655 914	0.763 441	1	0.032 258	0.075 269

按差异率对各组排序，并对平均年频数和最大年频数的差异率结果进行比较，得到表17－10。

表17－10　平均年频数和最大年频数的差异率升序排列比较表

平均年频数	组别	第五组	第六组	第一组	第三组	第四组	第二组
	差异率	0.021 39	0.087 344	0.500 891	0.611 408	0.998 217	1
最大年频数	组别	第五组	第六组	第一组	第二组	第三组	第四组
	差异率	0.032 258	0.075 269	0.548 387	0.655 914	0.763 441	1

由表17－10可以看出，平均年频数和最大年频数通过差异率比较得出的前三组暴雨灾害的差别是一致的，其中，第五组是暴雨灾害频数最小的一组，第二组、第四组分别是平均年频数和最大年频数中最大的组别。因此，由暴雨灾害的频数差异率分析可以得出，第二组的福建、广东和第四组的湖北、湖南、四川等省份是最容易发生暴雨灾害的省份，这主要是由这九个省份所处的地理位置决定的，其处在我国降雨高发带；第五组的北京和天津发生暴雨最少，平均每年发生暴雨的次数只相当于第二组暴雨发生次数的0.021 39，这与这两市所处的地理位置少雨也是相符的；第六组的吉林和辽宁两省地处我国东北，发生暴雨次数也很少。

二、各组暴雨年损失额的差异率分析

年平均损失额 = 各年损失额之和（调整后）/年数

以年平均损失额最大的一组作为基准，计算差异率，得到表 17－11。

表 17－11　各组年平均损失额及其差异率表

组别	第一组	第二组	第三组	第四组	第五组	第六组
年平均损失（亿元）	197.320 813 8	2 086.557	289.084 4	1 075.031	17.350 19	414.248 3
差异率	0.094 567 647	1	0.138 546	0.515 218	0.008 315	0.198 532

将各组年平均损失额差异率进行排序，得到表 17－12。可以看出第五组的年平均损失额最小，第二组最大，即北京、天津两市的年平均损失额是各组中最小的，只有 17.350 19 亿元，仅相当于安徽、江西、福建、河北、广东、河南、山东、浙江、江苏 9 省份的年平均损失额的 0.008 315，这主要是由于北京、天津两市属于经济发达地区，经济以第二产业和第三产业为主，对于暴雨灾害的抗灾能力较强。而第二组 9 个省份则属于农业大省，对于暴雨灾害的抗灾能力较弱，所以损失很大。

表 17－12　各组年平均损失额差异率排序表

组别	第五组	第一组	第三组	第六组	第四组	第二组
差异率	0.008 315 223	0.094 568	0.138 546	0.198 532	0.515 218	1

三、各组暴雨年损失率的差异率分析

年平均损失率 = 各年损失率之和/N　　　　（其中，N 表示年数）

各年损失率 = 组内各省当年的年损失额之和（调整前）/当年组内各省 *GDP* 总和

使用 1990—2013 年的数据进行年损失率差异率分析，运用这 24 年的各省份年损失额与 GDP 计算年平均损失率，$N = 24$。首先得到各组的年平均损失率，再由各组的年平均损失率求其平均，得到全国的平均损失率，将其作为计算差异率的基准，算出各组的差异率（见表 17－13）。

表 17－13　年平均损失率和差异率表

	年平均损失率	与全国平均值相比的差异率
第一组	0.002 559 206	0.404 390
第二组	0.006 111 325	0.965 674
第三组	0.006 896 073	1.089 675
第四组	0.012 086 648	1.909 858
第五组	0.000 518 454	0.081 923
第六组	0.009 799 648	1.548 480
全国平均值	0.006 328 559	—

由各组与全国平均值之间的差异率可以看出，第四组湖北、湖南、四川3个省份是全国平均水平的近两倍，这是因为这3个省份暴雨频数大，且农业等受暴雨灾害影响较大的产业占经济很大比重，所以年损失率很大；第三组、第六组高于平均水平，其余各组是小于全国的平均水平的。其中，第五组北京、天津两市的年平均损失率是远远小于全国年平均损失率的，这与其经济中第一产业占比重较小有关。

四、各组暴雨次损失率的差异率分析

年平均次损失率 = 各年次损失率之和/N

各年次损失率 = 各省当年的平均次损失/当年组内各省 GDP 总和

按照年平均次损失率的计算公式，可计算出第一组的年平均次损失率。其余各组的年平均次损失率同理可以算出，再由各组的年平均次损失率求其平均，得到全国的平均次损失率，将其作为计算差异率的基准，算出各组的差异率（见表17－14）。

表17－14　各组年平均次损失率及差异率表

	年平均次损失率	与全国平均值相比的差异率
第一组	0.000 424 262	0.505 990
第二组	0.000 304 482	0.363 137
第三组	0.000 699 684	0.834 468
第四组	0.000 710 086	0.846 875
第五组	0.000 176 636	0.210 663
第六组	0.002 715 720	3.238 867
全国平均值	0.000 838 478	—

由表17－14可以看出，第六组的平均次损失率最大，是全国平均水平的3倍多；其余各组都小于全国平均水平，其中第五组最小，只有全国平均次损失率水平的0.210 663倍。

五、各指标差异率分析结果的比较

将频数、年平均损失额、年平均损失率和年平均次损失率的差异率分析结果进行排序和比较，可得到表17－15。

表17－15　各指标差异率升序的组别顺序比较表

平均年频数	第五组	第六组	第一组	第三组	第四组	第二组
平均损失额	第五组	第一组	第三组	第六组	第四组	第二组
年平均损失率	第五组	第一组	第二组	第三组	第六组	第四组
年平均次损失率	第五组	第二组	第一组	第三组	第四组	第六组

由差异率的排序比较表可以看出，各组在不同的指标下在全国所处的水平是有很大差异的。如第一组海南、黑龙江、陕西、内蒙古、新疆、山西、宁夏、青海、西藏9个省（区、市）在

平均损失额、年平均损失率两个指标上较小，而平均年频数、年平均次损失率略高，这主要由于该地区经济较不发达，所处的地理位置降雨量正常。总体来讲，属于风险较小组别。

第二组和第四组安徽、江西、福建、河北、广东、河南、山东、浙江、江苏、湖北、湖南、四川 12 省在平均年频数、平均损失额两个指标上最高，其中第四组的湖北、湖南、四川 3 省在年平均损失率和年平均次损失率上也占据高位。这是因为这 12 省地处我国降雨高发带，降雨频率较大，且其经济较发达，大多数省份农业发达。但是第二组不同于第四组，年平均损失率、平均次损失率居全国中等，说明这组包含的省份暴雨灾害的次数相对其他组非常高，暴雨灾害造成的损失相对其他组虽然高，但高的程度并不大。第二组平均年频数也最高。这两组都属于风险最大组别。

第三组甘肃、云南、广西、贵州 4 个省（区、市）的平均损失额、年平均损失率和年平均次损失率这三个指标均处在全国中等水平，这与其所处黄土高原和云贵高原的地理位置十分相称，降雨不大且经济损失一般，属于风险中等组别。

第五组北京、天津两市在四项指标中均处于最小水平，这是由于北京、天津两市地处华北平原，属于降雨低发带，且经济以第二、三产业为主，对于暴雨灾害的抗灾能力较强。因此，该组属于风险最小组别。

第六组吉林和辽宁两省，在年平均次损失率的指标下，在全国是受暴雨灾害损失第一大的组别，但在平均年频数指标下，就只排到了倒数第二的位置。其余两项指标处在全国中等水平。这是由于吉林和辽宁地处我国东北，降雨较少，但是我国北方的粮食产地，第一产业较为发达，对于暴雨灾害的抵御能力较弱，因此虽然总体来说暴雨灾害损失总量不大，但是每次暴雨所带来的损失额很大。因此，在考察暴雨灾害对各省（区、市）影响大小时，要综合考虑频数、年损失额、年损失率和次损失率等多个指标，才能客观全面地得出结论。

本节小结

本节用差异率分析法分析讨论了各组组间差异和组内差异的大小及原因，对各地区遭受暴雨灾害进行差异化衡量。在频数、损失及损失率指标下，第二、四组都占高位，它们大多是长江流域降水多发的省（区、市），且农业占比比较大；在次损失率指标下，吉林、辽宁损失最大，这与其为粮食基地，农业抗灾能力弱有很大关系；相对而言，降水少且第二、三产业发达的北京、天津则都属于风险最低的组。在差异率分析里，《灾因报告（2012）》的年平均损失额计算时采用的是未经调整的各年损失额之和，为消除通货膨胀的影响，《灾因报告（2014）》采用了经 GDP 调整后的损失额；《灾因报告（2012）》在计算损失率时，用了经 GDP 调整后的损失额除以当年 GDP，由于损失率本身是关于 GDP 的一个相对值，这里没有必要用调整后的损失额，因而《灾因报告（2014）》在此处采用了未经调整的损失额。

第十八章　暴雨灾害的影响因素及脆弱性分析

第一节　暴雨灾害影响因素的定性分析

一、暴雨的成因

大气上升运动输送低层的暖湿空气，到达一定高度，由于冷却的作用，形成水汽凝结，造成降雨。这种上升运动水汽充沛，维持的时间长、量级大，就会形成暴雨；暴雨范围广，就会导致暴雨洪水。影响暴雨洪水的主要天气系统如下：

（一）太平洋副热带高压

太平洋副热带高压的位置、强度和活动直接影响着我国夏季大陆上的降雨。稳定少动的副热带高压西北侧边缘常常形成长时间、高强度、大范围的暴雨洪水。1998 年长江发生的持续性强降雨过程，即副热带高压偏强、稳定少动的结果。

（二）锋面

北方的冷空气和南方的暖空气相遇时，形成一条温度和湿度不连续的交界面（即锋面），锋面上的暖空气温度高、密度小，被冷空气抬升到高空，形成锋面降雨。

（三）切变线

高空风场上风向的不连续线称为切变线（如西南风和东南风之间，或偏南风和偏北风之间）。切变线附近上升运动强烈，容易发生强降雨，暴雨区大多分布在切变线附近区域里。

（四）低涡

高空天气图上气压比四周低的旋涡，称为低涡。影响我国的低涡常由西风带延伸槽切断而形成，或气流经特定地形（如青藏高原）后产生。低涡按照地区分为华北低涡、东北低涡和西南低涡。低涡内有较强的上升运动，为降雨提供了有利条件，如果水汽充沛，也常有暴雨产生。如 1998 年松花江上游嫩江连续降雨以及 2013 年东北地区暴雨即受东北低涡影响而产生。

（五）气旋

气旋是指地面气压比四周低的区域，即低气压。按照气旋生成地划分有江淮气旋、黄河气旋、东北低压。在气旋中心，由于冷暖空气相互作用，常有大雨或大暴雨出现。

（六）台风

台风是形成我国暴雨洪水的主要原因之一，“台风”是在西太平洋热带海洋上生成的，直径约为几百千米的暖性涡旋。

世界气象组织规定涡旋中心附近最大风力小于8级（即风速为13.9～17.1米/秒）时，称为“热带低压”；风力达8～9级（即风速为17.2～24.4米/秒）时，称为“热带风暴”；风力达10～11级（即风速为24.5～32.6米/秒）时，称为“强热带风暴”；当中心风力达12级（即风速在32.7米/秒以上）时，称为“台风”。台风登陆时风大雨急，如深入内陆后与中纬度西风带系统相互作用，则会发生强暴雨过程，以致发生灾害性暴雨洪水。

二、暴雨灾害的影响因素

暴雨是一种自然现象，而暴雨灾害是暴雨作用于人类社会而形成的社会事件。暴雨灾害造成的灾害程度和范围往往同暴雨成灾机制、成灾条件密切相关。

（一）雨灾要素

暴雨造成的雨灾后果，归纳起来主要有对人员的伤害、对财产的破坏、对资源环境的破坏和对社会经济功能的影响四个方面。

一是对人员的伤害及影响，包括人员伤亡、生理受伤、心理创伤、精神创伤，以及对居住和生活状况的影响等。

二是对财产的破坏，包括对建筑物如房屋、设施的破坏，对生命线工程如通信、交通、供水、供电、供气设施的破坏，对设备和家庭财产等的破坏，以及因此而造成的直接经济损失。

三是对资源环境的破坏，如暴雨造成山体崩塌、滑坡、地表塌陷，海水或江湖水积水上漫等，造成森林、土地、水等资源和环境的破坏及其带来的直接经济损失。

三是对社会经济功能的影响，即针对社会产生的综合影响，包括对经济功能和社会功能的影响及由此而造成的间接损失，如生产条件破坏造成自然停工停产和人员外流、搭建防雨棚等带来的间接经济损失和对社会安定的影响，以及暴雨灾害对社会发展的长远影响等。

（二）成灾条件

暴雨能否造成灾害，一方面取决于暴雨本身的特征，另一方面取决于受灾对象——人和社会的基本状况。

1. 暴雨本身的特征

（1）暴雨强度、频数的影响

理论上讲，暴雨灾害同暴雨强度、频数呈正相关，暴雨强度越大，灾害也越大。目前，常用年降水量的多少、雨季降水量的距平、最大1日降雨量、最大3日降雨量、最大7日降雨量、最大 15 日降雨量、最大 30 日降雨量等作为指标来定量反映区域降水强度的大小。

（2）地点的影响

首先，对于不同的流域、省份、城市，暴雨发生的可能性、强度特征都会不同。其次，暴雨灾害同其他自然灾害一样，都是自然同人的关系的表现，离开了人和社会，任何自然现象就无灾可言。暴雨发生的地点对灾害大小具有制约作用，发生在人口密集的城市的暴雨比发生在人口稀少的山区的暴雨造成的灾害严重得多。发生的地点对于雨灾种类也有制约作用，发生在山区的暴雨，多伴有滑坡、泥石流等灾害；临近水域的暴雨，可能引发洪水灾害。

（3）时间的影响

在基本统计分析的章节中，已经分析了暴雨具有很强的季节性，夏季暴雨发生集中，造成灾害损失大。

2. 受灾对象方面的条件

（1）经济发展水平

理论上讲，暴雨灾害大小同经济发展程度呈明显正相关，经济发展水平越高，社会财富越大，暴雨可能造成的损失就越大。我国的经济发展程度存在明显的地区差别，这种差别是我国东部雨灾损失较西部大的一个重要原因。

（2）人口密度

人口密度越大，暴雨灾害可能造成的人员伤亡就越惨重。

（3）建筑密度

建筑密度越大，暴雨灾害可能造成的经济损失就越大。

（4）对暴雨的防备程度

暴雨灾害是否发生、灾害大小，对其起较关键作用的因素是人和社会的防范程度，暴雨灾害大小同防范程度强弱呈负相关。如建筑物的防雨性能、政府的防灾职能和公众的防灾意识、城市的排涝能力。

本节小结

本节从雨灾要素和成灾条件两个角度对暴雨灾害的影响因素进行了定性分析。暴雨的成因包括太平洋副热带高压、锋面、切变线、低涡、气旋、台风等；暴雨的成灾条件又包括暴雨自身的特征，如暴雨强度，持续时间等；暴雨承灾体的特征包括经济发展水平、人口密度、建筑密度、对暴雨的防备程度等。

第二节　暴雨灾害影响因素的定量分析

一、数据来源

受到可搜集到的数据种类和统计年份的限制，本节的影响因素的定量分析采用的数据基本情况如表 18－1 所示。

数据年份：1990—2013 年①。

数据来源年份：1991—2014 年。

表 18－1　数据来源说明表

	变　量	数据来源
被解释变量	暴雨灾害的损失额（loss，单位：亿元）	《中国水利年鉴》、《中国减灾》每期的“灾情实录”
解释变量	GDP（单位：亿元）	《中国统计年鉴（2014）》“国内生产总值”
	农作物受灾面积（agricul_ area，单位：亩）	《中国水利年鉴》、《中国减灾》每期的“灾情实录”
	房屋倒塌和损毁数量（house_ num，单位：间）	《中国水利年鉴》、《中国减灾》每期的“灾情实录”
	继发灾害（洪涝/泥石流、滑坡）（after_ num，单位：次）	《中国水利年鉴》、《中国减灾》每期的“灾情实录”
	水利建设投资额（water_ constr，单位：万元）	《中国水利年鉴》
	暴雨频数（frequency）	《中国水利年鉴》、《中国减灾》每期的“灾情实录”
	建筑业生产总值（architect，单位：万元）	《中国统计年鉴（2014）》“国内生产总值”

二、变量选取

从上述成灾机制的理论中可以摘取出模型中可用的暴雨灾害的影响因素。

（一）雨灾要素的选取

本书采用直接经济损失作为雨灾要素的指标。因为：首先，直接经济损失是可度量的指标；其次，它包括暴雨灾害对除人员伤亡之外的其他雨灾要素的度量，包括对财产的破坏、资源环境的破坏以及社会经济的影响的直接度量；再次，本书是从保险公司的角度研究暴雨灾害；最后，直接经济损失是统计资料上最完整的要素。因此，本书着重关注直接经济损失。

① 受水利建设投资额数据年份的限制，只能从 1990 年开始；受水利数据年份的限制，只能到 2013 年为止。

根据研究目的的不同，可以选取不同的时间段、不同的地域的数据，如年度的全国的直接经济损失、每次各地的直接经济损失以及各季节的分省的直接经济损失等。

（二）成灾条件

1. 暴雨本身的要素

暴雨灾害主要是由降水异常偏多，强度过大而引起的，因此可以用暴雨灾害发生的频率和强度两个指标来反映暴雨灾害的主要致灾因子。

（1）暴雨发生的频率

暴雨发生的频率可以采用年均频数，即：

$$\bar{f} = \frac{\sum_{i=1}^{n} f_i}{n} \quad (n\text{ 是年数})$$

一般地，暴雨发生的频率越大，成灾的可能性越大。

（2）暴雨发生的强度

目前，常用年降水量的多少、雨季降水量的距平、最大1日降雨量、最大3日降雨量、最大7日降雨量、最大15日降雨量、最大30日降雨量等作为指标来定量反映区域降雨强度的大小。一般来说，暴雨发生的强度越大，可能造成的灾害越大。受可搜集到的数据所限，课题组采用《中国统计年鉴》上“主要城市降水量”之和作为年度全国降水量的指标。

（3）暴雨发生的地点

对暴雨发生的地点可以进行分流域、分省、分农村与城市、分东西部等等进行研究。课题组能搜集到的经济损失数据基本是分省统计的，因此可以加入省份作为解释变量，研究各省之间不同的暴雨灾害损失特征。由于一个省可能同时分属于不同的流域，分流域分析经济损失的影响因素的可行性不强。同样是受统计数据所限，课题组基本无法对农村和城市进行分别的定量建模分析。而分东西部的分析过于笼统，研究意义不大。

（4）暴雨发生的时间

可以引入季节作为解释变量，对比出各个季节暴雨损失定量上的差别。

（5）暴雨对建筑物的影响程度

引入暴雨造成的房屋倒塌和损毁数据，从而体现影响损失的直接因素。

2. 受灾对象的要素

（1）经济发展水平

社会财富的存量指标是最佳的解释变量，但由于我国没有类似的统计数据，因此采用全国GDP、分省GDP等，期望能一定程度上反映出经济发展水平。此外，由于暴雨造成的损失很大一部分是发生在农村的，因此，也可以加入农业GDP作为解释变量。还可以尝试加入工业GDP作为解释变量，观察其对暴雨灾害造成的损失的影响是否显著。

（2）人口密度

直接经济损失所指的暴雨灾害是对人员伤亡之外的其他雨灾要素的度量，包括对财产的破坏、资源环境的破坏以及社会经济的影响的直接度量，所以不考虑人口的因素。用建筑密度也可以间接表示人口的密度。

（3）建筑密度

对全国的影响因素分析，不存在与其他地区的比较，只需关注年与年之间的人口变化造成的影响大小，因此可以直接采用全国各年的建筑业生产总值作为解释变量。对于分省的影响因素分析，需要用建筑业生产总值除以各省面积得出的密度作为解释变量。

（4）对暴雨的防备程度

水利基础建设投资额可以作为暴雨防备程度的解释变量。

（5）暴雨的继发灾害

如泥石流、滑坡和洪涝等，都会对人民生命和财产造成不可估量的损失。在此将其作为暴雨损失的解释变量。

三、回归分析

从损失额与各解释变量的相关系数可以看出，房屋倒塌数量与损失额呈显著的正相关关系，为0.245 53，说明暴雨灾害引起的房屋倒塌和损毁数量愈多，暴雨灾害造成的损失会越大。农作物受灾面积与暴雨损失也呈正相关关系，为0.123 17，说明农作物面积越大，暴雨造成的损失越大，这与我国暴雨造成的灾害主要在农村的情况有关，暴雨损失与暴雨频数也呈显著正相关关系，相关系数为0.059 73，这说明暴雨发生频数越多，暴雨损失越大。其他相关系数都不很显著，由于只有24年的数据，所以不能完全接受这些相关系数，仅供参考。

由图18－1、图18－2和图18－3可以看出，损失额与房屋倒塌数目和水利建设投资完成额呈线性关系，与继发灾害没有明显的线性或常见曲线的关系。其他散点图在此不一一列出。因此，不考虑用非线性模型进行回归，仅采用线性回归模型进行拟合。

由共线性诊断可知，由于备选解释变量很多，而且有些变量如水利建设投资额与继发灾害次数的影响与经济理论相悖，可以推断自变量存在多重共线性。利用SAS做共线性诊断可知，模型的条件数是97.596 7，远高出30，故存在较强的中度相关性。GDP、architect的方差分量为0.971 04，0.992 49，均大于0.5，存在明显的共线性。故接下来运用逐步回归法，剔除存在共线性的变量，得出解释变量最少、拟合优度最高的模型。

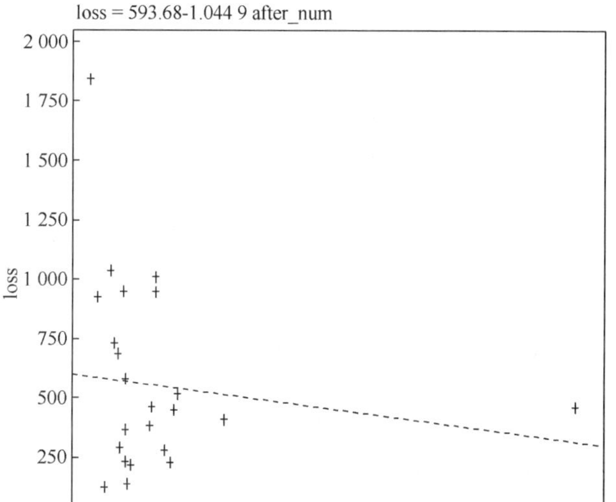

图18－1　损失额与继发灾害散点图

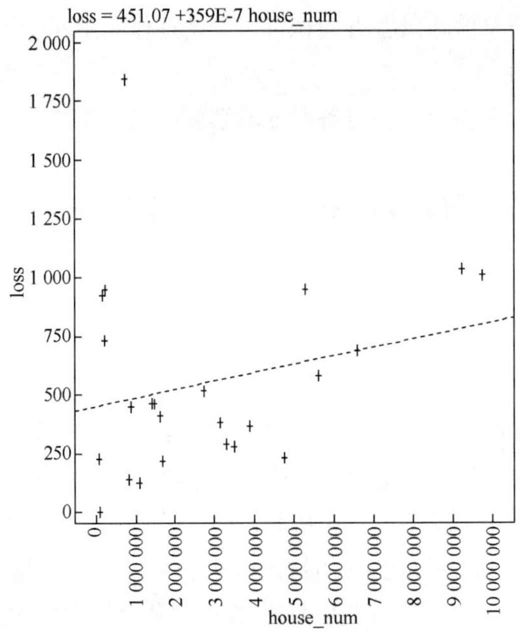

图 18－2　损失额与房屋倒塌数的散点图

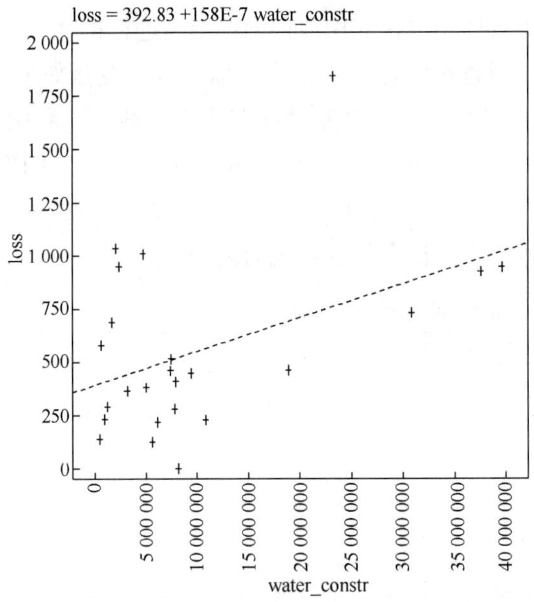

图 18－3　损失额与水利建设投资完成额的散点图

当有截距项时，模型 F 值为 5. 39，可决系数为 0. 702 1。当去掉截距项时，模型 F 值变为 21. 18，可决系数变为 0. 897 1，故去掉常数项。由经济学解释为当没有暴雨发生时，不会有暴雨损失发生，故常数项不应该存在。

在 stepwise 逐步回归法下，选取 0. 05 为解释变量进入和退出模型的标准，最后只留下两个解释变量——GDP、房屋倒塌和损毁数量。由 SAS 分析结果可以看出，模型的 F 值达到了

58.11，可决系数达到了 0.840 8。对于自变量的 p 值也很小，自变量也很显著。其条件数为 1.319 12 远小于10，可以认为不存在相关性。所以得出的模型拟合得很好。最终结果为：

$$loss = 0.00176 GDP + 0.00008851 house\_num$$

从该方程可以看出国内生产总值增加 1 亿元，直接经济损失会增加 0.001 76 亿元。房屋倒塌或损毁数每增加一间，会增加直接经济损失 8 851 元。

本节小结

本节根据上一节定性分析的结果结合数据的可获得性，选取暴雨灾害影响因素分析的变量指标，采用多元回归方法建立模型并检验，最后只留下了 GDP、房屋倒塌和损毁数量两个解释变量，可决系数达到 0.84 且 p 值很小，拟合效果很好。两个解释变量的拟合系数分别为 0.001 76 和 0.000 088 51。

相比于《灾因报告（2012）》，《灾因报告（2014）》选取了完全一样的变量指标，回归结果与《灾因报告（2012）》模型里的基本一致，回归系数略有变化，课题组认为《灾因报告（2014）》中暴雨灾害的影响因素定量模型与《灾因报告（2012）》里的模型基本一致，这在某种程度上也说明了该模型的稳定性。

第三节　全国各省（区、市）暴雨灾害的脆弱性分析

一、洪涝灾害脆弱性概述

（一）暴雨灾害脆弱性的定义

根据承灾体论，承灾体就是各种致灾因子作用的对象，常见的致灾因子主要包括地震、火山喷发、台风、暴风雨、风暴潮、山洪、泥石流等自然致灾因子，同时也包括战争、核事故、动乱等人为致灾因子。承灾体的划分标准有很多，本篇出于研究需要，将致灾因子划分为社会经济因素与自然因素两大类。

综上所述，暴雨灾害的脆弱性可定义为：承灾体易于或敏感于遭受暴雨灾害威胁与损失的性质与状态。

（二）暴雨灾害脆弱性的影响因素

一是自然因素，主要包括气候因素、天然植被和土壤、地势地貌、水系分布情况及水土流失等。

二是社会经济因素，主要包括人口密度、社会生产总值、灾害防治投入（如水利建设投入、地质灾害投入、排水管道建设等）。

二、全国各省（区、市）洪涝灾害的脆弱性分析

脆弱性指标的计算过程，可以分为评价指标体系构建、评价指标权重赋值、脆弱性指数的计算结果与分析。

（一）评价指标体系构建

1. 指标解释

（1）人口密度

通常一个地区人口密度越大，暴雨灾害造成的伤亡就会越大。其与脆弱性正相关。

（2）社会正创造财富

经济总产值越高，暴雨造成的损失可能就会越大。其与脆弱性正相关。

（3）灾害防治力度

灾害防治力度反映出一个地方对灾害防治所做的投入工作。其与脆弱性负相关。

（4）自然基础情况

自然基础情况体现一个地区的自然状况，由于暴雨主要以次生灾害的形式给一个地区造成损失，而次生灾害尤以洪水与泥石流为最主要的两种形式，所以选取森林覆盖率等指标，其中，森林覆盖率与脆弱性负相关，农村耕地、河流面积、降雨量与脆弱性正相关。

2. 数据来源

选取的指标数据来源于已公开出版的各年《中国统计年鉴》和《中国水利年鉴》，见表18－2。

表18－2　全国各省（区、市）脆弱性指标体系及数据来源

<table>
<tr><td rowspan="15">脆弱性指标评价体系</td><td>一级指标</td><td>二级指标</td><td>数据来源</td></tr>
<tr><td>人口情况</td><td>年末常住人口（万人）</td><td rowspan="6">《中国统计年鉴》
（2010—2014年）</td></tr>
<tr><td rowspan="3">社会正创造财富</td><td>地区生产总值（亿元）</td></tr>
<tr><td>第一产业增加值（亿元）</td></tr>
<tr><td>房地产行业增加值（亿元）</td></tr>
<tr><td rowspan="4">灾害防治力度</td><td>水库总库容量（亿立方米）</td></tr>
<tr><td>地质灾害防治投资（万元）</td></tr>
<tr><td>水利建设投资完成额（亿元）</td><td>《中国水利年鉴》
（2010—2014年）</td></tr>
<tr><td>城市排水管道长度（千米）</td><td rowspan="5">《中国统计年鉴》
（2010—2014年）</td></tr>
<tr><td rowspan="4">自然基础情况</td><td>森林覆盖率</td></tr>
<tr><td>农作物总播种面积（千公顷）</td></tr>
<tr><td>河流面积（千公顷）</td></tr>
<tr><td>省会城市降雨量（毫米）</td></tr>
</table>

（二）评价指标权重赋值

熵权法原理介绍参见第一篇，根据熵权法可求得近五年暴雨灾害脆弱性指标的权重（见表18－3）。

表18－3　2009—2013年暴雨灾害脆弱性指标权重表

	2013年	2012年	2011年	2010年	2009年
人口密度	14.40%	14.35%	14.34%	13.52%	12.86%
经济密度	23.32%	23.66%	24.45%	24.18%	24.27%
第一产业密度	6.05%	6.26%	6.48%	6.36%	6.36%
地产业密度	28.00%	27.84%	28.03%	28.42%	32.28%
水库总库容量	1.26%	1.89%	1.96%	1.86%	0.71%
地质灾害防治	3.90%	1.22%	1.10%	1.20%	0.75%
水利建设投资完成额	0.84%	0.93%	0.89%	0.75%	0.71%
城市排水管道密度	0.88%	0.88%	0.87%	1.01%	1.06%
森林覆盖率	3.57%	3.58%	3.61%	3.70%	3.37%
农作物总播种面积	5.20%	5.22%	5.29%	5.08%	4.99%
河流面积	7.48%	7.52%	7.58%	7.23%	7.07%
降雨量	5.10%	6.65%	5.40%	6.68%	5.56%

（三）脆弱性指数的计算结果与分析

在上述指标体系基础上，构造区域暴雨灾害脆弱性评估模型。本章采用的脆弱性评价模型为：

$$V = \sum_i P_i \times W_i$$

式中：V 为脆弱性指数；P_i 为某省（区、市）第 i 种指标的标准值；W_i 为第 i 种指标所占权重。

暴雨灾害脆弱性结果及分级见表18－4和表18－5。

表18－4　2013年全国各省（区、市）暴雨灾害脆弱性结果

省（区、市）	上海	天津	江苏	北京	山东	河南	广东
脆弱性	81.46%	41.83%	35.07%	30.53%	28.31%	27.34%	23.46%
省（区、市）	安徽	海南	湖南	河北	浙江	辽宁	湖北
脆弱性	21.69%	21.13%	21.00%	20.59%	20.36%	19.56%	19.20%
省（区、市）	山西	吉林	江西	宁夏	广西	重庆	福建
脆弱性	18.03%	18.00%	17.95%	15.98%	15.67%	15.32%	14.44%
省（区、市）	四川	陕西	黑龙江	甘肃	内蒙古	新疆	西藏
脆弱性	14.36%	13.82%	13.08%	12.83%	11.95%	11.23%	11.15%
省（区、市）	青海	贵州	云南	—	—	—	—
脆弱性	11.03%	10.78%	9.15%	—	—	—	—

表 18－5　2013 年全国各省（区、市）脆弱性分级

脆弱性指数（%）	分级	省（区、市）
60～100	极度脆弱	上海
30～60	高度脆弱	天津、江苏、北京
20～30	中度脆弱	山东、河南、广东、安徽、海南、湖南、河北、浙江
10～20	低度脆弱	辽宁、湖北、山西、吉林、江西、宁夏、广西、重庆、福建、四川、陕西、黑龙江、甘肃、内蒙古、新疆、西藏、青海、贵州
0～10	极低脆弱	云南

以此类推，可以计算出2009—2013 年全国各省（区、市）脆弱性指标（见表 18－6）。

表 18－6　全国各省（区、市）脆弱性指数（2009—2013 年）

省（区、市）	2013 年	2012 年	2011 年	2010 年	2009 年
上海	81.46%	83.23%	84.35%	85.08%	86.00%
天津	41.83%	40.64%	39.71%	37.45%	34.15%
江苏	35.07%	34.30%	34.99%	34.88%	31.34%
北京	30.53%	33.00%	32.75%	31.34%	30.34%
山东	28.31%	26.92%	27.65%	27.79%	25.15%
河南	27.34%	25.43%	26.57%	26.07%	24.45%
广东	23.46%	24.12%	22.84%	23.96%	19.06%
安徽	21.69%	21.26%	21.46%	22.01%	19.06%
海南	21.13%	20.52%	19.37%	20.39%	17.83%
湖南	21.00%	22.77%	19.81%	21.38%	18.02%
河北	20.59%	20.28%	20.47%	19.37%	17.97%
浙江	20.36%	21.89%	20.53%	21.52%	18.57%
辽宁	19.56%	17.87%	16.72%	17.96%	15.16%
湖北	19.20%	19.97%	18.26%	19.04%	17.29%
山西	18.03%	16.53%	16.93%	16.27%	14.79%
吉林	18.00%	16.51%	15.70%	16.51%	13.61%
江西	17.95%	19.20%	15.60%	18.64%	13.97%
宁夏	15.98%	14.29%	14.11%	13.97%	11.94%
广西	15.67%	13.85%	13.95%	13.79%	11.20%
重庆	15.32%	16.86%	15.99%	16.20%	14.11%
福建	14.44%	17.58%	15.06%	15.56%	12.90%

续表

省（区、市）	2013 年	2012 年	2011 年	2010 年	2009 年
四川	14. 36%	12. 68%	13. 77%	12. 64%	11. 10%
陕西	13. 82%	12. 45%	13. 49%	12. 65%	10. 87%
黑龙江	13. 80%	12. 44%	11. 34%	11. 45%	9. 39%
甘肃	12. 83%	10. 90%	10. 90%	10. 44%	9. 00%
内蒙古	11. 95%	10. 03%	8. 84%	9. 62%	7. 19%
新疆	11. 23%	9. 07%	9. 31%	9. 15%	7. 33%
西藏	11. 15%	8. 60%	8. 81%	8. 63%	6. 62%
青海	11. 03%	9. 21%	9. 00%	9. 10%	7. 32%
贵州	10. 78%	13. 59%	11. 43%	12. 14%	10. 30%
云南	9. 15%	10. 25%	9. 64%	10. 14%	7. 53%

针对上述定量分析，本部分针对不同地区的不同脆弱性结果进行定性分析，并对今后的防灾防损提供建议。

1. 高度脆弱区分析

处于高度脆弱区的省份，如上海、天津、北京等，是经济密度非常高的地区，这种地区人口密度大，GDP 产值高，造成脆弱性数值偏大。江苏省则一方面经济密度大，另一方面处于长江下游且临海，暴雨频数高，损失密度大。

对此类地区的防灾建议是：防灾重点应放在城市的排水系统上，特别是像北京、上海这样的大城市，如果再不加快城市的排水系统改造，则一旦暴雨来袭，城市发生内涝的可能性会非常大，极易造成交通瘫痪与人员伤亡。

2. 中度脆弱区分析

处于中度脆弱区的省份，大致可分为两种：一种是临海地区，如浙江、海南等；一种是大江大河途径的省份，如山东、广东等，尤其山东、河南、湖南是我国的农业大省，受天气因素影响很大。中度脆弱地区暴雨灾害频数高，易发生极端灾害事件。而且不少地方城市化的速度越来越快，但城市排水系统的建设却跟不上城市化的步伐，这就进一步加剧了暴雨来袭时这些地区的脆弱性。

防灾建议包括：在农村地区，大力发展水利设施建设，同时利用好现有资源，让建设好的水利设施真正服务于民，同时在大的城市加快城市排水管网系统的升级改造。

对于第一种类别，防灾建议仍是以继续加强水利设施建设为主；对于第二种类别，防灾重点应放在城市的排水系统上；对于第三种类别，由于暴雨极易引致山体滑坡和泥石流，所以此类地区的防灾重点应放在提高森林覆盖率、防止土地流失上。

3. 低度脆弱区分析

处于低度脆弱区的省份，暴雨灾害频数较少，损失密度低，多为经济欠发达地区，因此防灾重点应放在严密防范短时的强降雨过程可能引发的山体滑坡和泥石流等地质灾害上，有效措施包括通过提高森林覆盖率，防止土地流失等。

本节小结

本节首先介绍了暴雨灾害脆弱性的概念和脆弱性的影响因素；然后利用熵权法，选取人口情况、社会正创造财富、灾害防治力度和自然基础情况四个一级指标和年末常住人口、地区生产总值、水库总库容量和森林覆盖率等12个二级指标对各省（区、市）的脆弱性进行定量分析并对各省（区、市）的脆弱性水平进行了横向和纵向的比较。上海、北京、天津等地经济密度高，以致脆弱性高达35%～40%，上海甚至达到80%，属于高度脆弱区域；中部及东南沿海很多省份农业占比较大以致脆弱性处于20%的水平，属于中度脆弱区域；西部经济欠发达省份脆弱性只有10%左右，属于低度脆弱区域。

出于统计数据的可得性、便利性方面的考虑，《灾因报告（2014）》将《灾因报告（2012）》中的农业生产总值、房地产业生产总值、农村耕地面积三个指标替换成了第一产业增加值、房地产行业增加值、农作物总播种面积。计算方法则从《灾因报告（2012）》中的主观赋值改进为相对客观的熵权法。由于方法的改进，脆弱性的结果出现了很大的变化，从全国各省（区、市）的角度看，上海市由《灾因报告（2012）》里的中度脆弱上升到了《灾因报告（2014）》的极度脆弱，并且其脆弱性数值远远高于其他省（区、市）。这固然有上海市人口密度大、GDP产值高、造成脆弱性数值偏大的原因，可能也与方法本身有关系，方法的合理性还需更进一步论证。

第四节　暴雨灾害重点灾区的脆弱性分析

一、湖南省暴雨灾害脆弱性的影响因素

暴雨灾害有其自身的特点，即暴雨本身不会造成很大的人员财产损失，但是由暴雨引发的次生灾害往往会造成比较大的人员伤亡以及经济损失。暴雨灾害的主要次生灾害为洪涝与泥石流。暴雨灾害引致的泥石流主要多发于我国山地地区，如四川、贵州等。而暴雨灾害引致的洪涝灾害强度大、波及范围广，往往会带来较大损失。本节根据暴雨灾害自身的特点，选取湖南省作为重点省份进行暴雨灾害的脆弱性分析。

二、湖南省暴雨灾害脆弱性的计算过程

脆弱性指标的计算过程，可以分为评价指标体系构建、评价指标权重赋值、脆弱性指数的计算结果与分析。

（一）评价指标体系构建

基于地方性年鉴可供查找的数据来源，及对重点地区的脆弱性分析的指标要求，重点地区

的脆弱性分析指标选取及数据来源可见表 18－7。

表 18－7　2009—2013 年湖南省暴雨脆弱性指标评价体系及数据来源

<table>
<tr><td rowspan="11">脆弱性指标评价体系</td><td>一级指标</td><td>二级指标</td><td>数据来源</td></tr>
<tr><td>人口情况</td><td>人口数（万人）</td><td rowspan="10">《湖南统计年鉴》
（2010—2014 年）</td></tr>
<tr><td rowspan="3">社会正创造财富</td><td>地区生产总值（亿元）</td></tr>
<tr><td>农业生产总值（亿元）</td></tr>
<tr><td>建筑业总产值（亿元）</td></tr>
<tr><td rowspan="3">灾害防治力度</td><td>水库总库容量（亿立方米）</td></tr>
<tr><td>堤坝长度（千米）</td></tr>
<tr><td>排水管道长度（千米）</td></tr>
<tr><td rowspan="2">自然基础情况</td><td>农作物总播种面积（千公顷）</td></tr>
<tr><td>降水量（毫米）</td></tr>
</table>

（二）评价指标权重赋值

用熵权法算得以上各指标的权重值见表 18－8。

表 18－8　湖南省暴雨脆弱性指标权重值

	2013 年	2012 年	2011 年	2010 年	2009 年
人口数	6. 38%	6. 32%	6. 54%	6. 33%	6. 47%
地区生产总值	16. 50%	16. 30%	16. 93%	16. 47%	17. 04%
农业生产总值	7. 16%	7. 34%	8. 04%	8. 04%	8. 27%
建筑业总产值	34. 95%	35. 50%	36. 27%	38. 36%	40. 39%
水库总库容量	4. 61%	4. 56%	4. 65%	4. 06%	4. 22%
堤坝长度	7. 40%	7. 56%	5. 23%	5. 05%	5. 37%
排水管道长度	3. 72%	3. 51%	7. 61%	4. 52%	4. 38%
农作物总播种面积	9. 53%	9. 22%	9. 67%	9. 37%	9. 98%
降雨量	9. 76%	9. 67%	5. 07%	7. 80%	3. 88%

（三）脆弱性指数的计算结果与分析

在上述指标体系基础上，构造区域暴雨灾害脆弱性评估模型。本章采用的脆弱性评价模型为：

$$V = \sum_{i} P_i \times W_i$$

式中：V 为脆弱性指数；P_i 为某省（区、市）第 i 种指标的标准值；W_i 为第 i 种指标所占权重。

由上式，最终可计算得到各年度湖南省各市、州的脆弱性指数，如表 18－9 所示。

表 18－9　湖南省各市（自治州）暴雨灾害脆弱性指数（2009—2013 年）

城市	2013 年	2012 年	2011 年	2010 年	2009 年
长沙	84.23%	85.02%	80.17%	82.77%	83.47%
衡阳	37.33%	38.35%	43.59%	38.52%	42.27%
永州	37.00%	38.30%	37.63%	32.61%	35.07%
常德	36.89%	36.71%	38.51%	41.26%	40.75%
邵阳	36.08%	36.35%	36.24%	33.66%	37.31%
岳阳	35.91%	35.59%	35.96%	37.35%	35.41%
株洲	35.03%	35.80%	30.29%	33.77%	31.97%
郴州	33.09%	33.86%	29.37%	23.15%	24.49%
益阳	32.28%	31.71%	31.27%	27.75%	24.94%
湘潭	26.96%	27.85%	26.25%	25.43%	24.48%
怀化	25.72%	26.91%	28.82%	25.64%	25.33%
娄底	25.46%	25.02%	30.18%	24.39%	26.75%
湘西	22.31%	22.69%	23.23%	24.11%	19.79%
张家界	19.73%	19.63%	19.22%	18.63%	12.95%

根据计算结果，2013 年排在湖南省各个地区脆弱性指标前三位的是长沙、衡阳和永州。数据结果基本与全国层次分析一致，产值高、人口密度大、城市化进程较快的地区在本次脆弱性模型评价中排名靠前。

考虑本次脆弱性模型评价的理论基础、指标选取等因素，课题组对湖南省今后的防灾防损措施建议如下：

第一，在平原、农田地区，应加强相关水利设施建设，同时积极发挥现有水利设施的作用，调整好农田收获时节与暴雨集中时节的关系，使暴雨对农田的毁坏程度降至最低。

第二，在一些山地地区，应着力提高森林覆盖率，防止水土流失，因为在山地地区，一旦土地流失严重，暴雨来临时极易引发山洪泥石流，造成人员伤亡与财产损失。

第三，在城市地区，加快排水系统建设，合理进行城市化布局，使城市排水系统的建设赶得上城市其他设施发展的进程，否则一旦暴雨来袭，极易造成严重内涝。

本节小结

本节用与上一节同样的方法对暴雨灾害重点灾区湖南省进行了完全一样的定量分析。从湖南省各市、州的角度看，长沙市由 2011 年的第五跃至第一，原因是产值高、人口密度大。除了长沙高达 80% 以上的脆弱性，一半的市、州脆弱性处于 35% ~40% 的水平，剩下的地区脆弱性也达到了 20% ~30%。较之全国，整个省份的脆弱性都处于高位。

第十九章　暴雨灾害的趋势分析

第一节　暴雨灾害趋势的定性分析

一、暴雨灾害年际波动大

年际变化是年与年之间的降水分配情况。中国大多数地区降水量年际变化较大，一般是多雨区年际变化较小，少雨区年际变化较大；沿海地区年际变化较小，内陆地区年际变化较大，尤以内陆盆地年际变化最大。从课题组搜集到的最长的准确的全国数据（1990—2013 年）来看，暴雨灾害在这 20 多年中波动很大，有频数很高、损失额很大的年份，如 1995 年、1996 年、2010 年和 2012 年等，也有连续干旱的几年，如 2000 年、2001 年和 2002 年等。

二、暴雨灾害有极端化趋势

2005 年以来，我国出现了极端性气候频发的现象，如 2007 年 7 月重庆市、济南市的暴雨，2012 年 7 月北京市的特大暴雨等。政府间气候变化专业委员会（IPCC）认为，随着气候变暖，由此引起的极端气候事件的变化也会发生。IPCC 认为，1950 年以来，全球的热浪数量增加，暖夜的数量也普遍增多。由于陆地降水有所减少，同时由于偏暖的条件造成蒸发增加，因此受干旱影响的区域有所扩大。另外，导致洪水的日强降水事件的数量增加了，但不是所有地方都如此。气象灾害变化的一个主要迹象是观测到过去 50 年中纬度地区强降水事件增多，甚至在平均总降水量没有增加的地方，特大降水事件也有日益增多的趋势，但还不是普遍增多。

三、雨岛效应可能加剧

所谓“雨岛效应”，是指把城市中林立的高楼大厦比喻成为“钢筋水泥的森林”，而随着“森林”密度不断地增加，尤其一到盛夏，建筑物空调、汽车尾气更加重了热量的超常排放，城市上空形成热气流，热气流越积越厚，最终导致降水形成。

美国曾经在其部分城市设置了雨量观测网，运用先进技术进行了持续 5 年的研究，证实了雨岛效应集中出现在汛期和暴雨之时，易形成大面积积水，甚至形成区域性城市内涝。

随着我国城市化进程的加快，楼越盖越多、越盖越高，进一步加剧了雨岛效应可能带来的危害。

四、大中城市脆弱性进一步加剧

通过脆弱性一章的研究，中国的许多大型城市，如北京、上海，还有南方的一些省会城市，近些年来发展越来越快，地铁等工程比比皆是，但是相应的排水系统改造却跟不上城市发展的脚步，导致有些城市的排水系统严重老化，难以承受现如今暴雨灾害的强度，而且排水系统改造本身就是一个十分系统、复杂的工程。根据现有的城市发展形势，尚难以对城市排水系统做出一个根本性的改善。因此，很多城市的脆弱性会进一步加剧，暴雨所引致的灾害有可能扩大，这一点需要引起有关部门的足够重视。

五、暴雨灾害周期性特征

有学者研究得出了我国区域的暴雨灾害的周期，如研究表明200年左右、120年左右，40～70年周期变化特征在西北地区降水变化中是比较普遍的现象。但由于课题组主要研究的是暴雨灾害发生频数和损失额等造成社会经济损失的变量，而这类数据的可靠且完整的记录在我国很短，只有20多年，因此无法得出类似的结论，只能引用相关研究结果作为参考。

本节小结

本节首先对暴雨灾害的发生趋势进行了定性分析，总结了暴雨灾害年际波动大、极端化、雨岛效应加剧、城市脆弱性加剧、周期性五个特征。暴雨灾害在这20多年中波动很大，有频数很高、损失额很大的年份，如1995年、1996年、2010年和2012年等，也有连续干旱的几年，如2000年、2001年和2002年等。从2005年以来，我国出现了极端性气候频发的现象，如2007年7月重庆市、济南市的暴雨，2012年7月北京市的特大暴雨。随着我国城市化进程的加快，楼越盖越多、越盖越高，进一步加剧了雨岛效应可能带来的危害。很多城市的脆弱性会进一步加剧，暴雨所引致的灾害有可能扩大，这一点需要引起有关部门的足够重视。

第二节　暴雨灾害趋势的定量分析

一、暴雨灾害的小波分析

暴雨的小波分析从年总损失和年农作物受灾面积两个方面展开，为消除通货膨胀的影响，总损失数据采用GDP调整后的总损失。

（一）暴雨总损失的小波分析

图 19－1 反映了经 GDP 调整后的暴雨年总损失的变化趋势，图 19－2 为暴雨灾害总损失小波系数实部等值线图，从图中可看出在 2002 年前在 3—6 年尺度暴雨灾害形成了 2 个平均周期约为 4 年的震荡周期，产生了 1993 年、2000 年 2 个高值中心和 1990 年、1994 年、1995 年、1998 年 4 个低值中心；在 6—8 年尺度形成了 2 个平均周期约为 6 年的震荡周期，产生了 1990 年、1996 年 2 个高值中心以及 1994 年 1 个低值中心；2002 年以后震荡周期并不明显，未产生明显的高低值中心。图 19－3 的小波方差图也验证了 4 年尺度的主周期。总损失小波系数模方图 19－4 反映了不同时间尺度变化周期所对应的能量密度在时间域中的分布情况，可以分析出不同周期的震荡能量，从图中可看出在 2—5 年尺度下 1990—1994 年存在一个较强震荡中心。由于暴雨损失的数据量较少，小波方法体现出来的周期性并不平稳，因此无法对未来趋势进行预测。

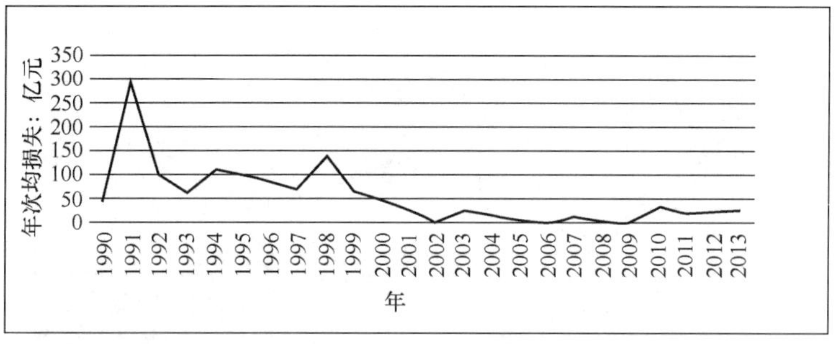

图 19－1　1990—2013 年全国暴雨年总损失折线图

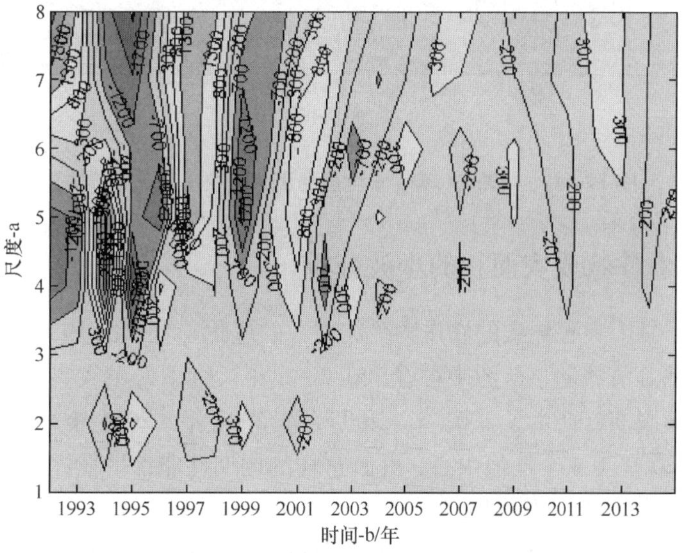

图 19－2① 1990—2013 年全国暴雨总损失小波系数实部等值线图

① 彩图见附录一。

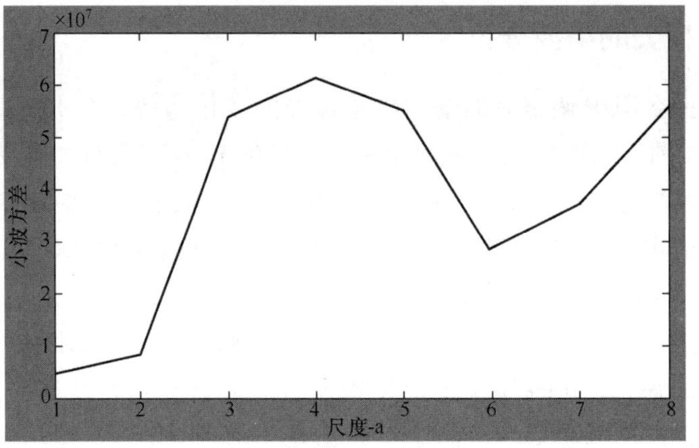

图 19－3　1990—2013 年全国暴雨总损失小波方差图

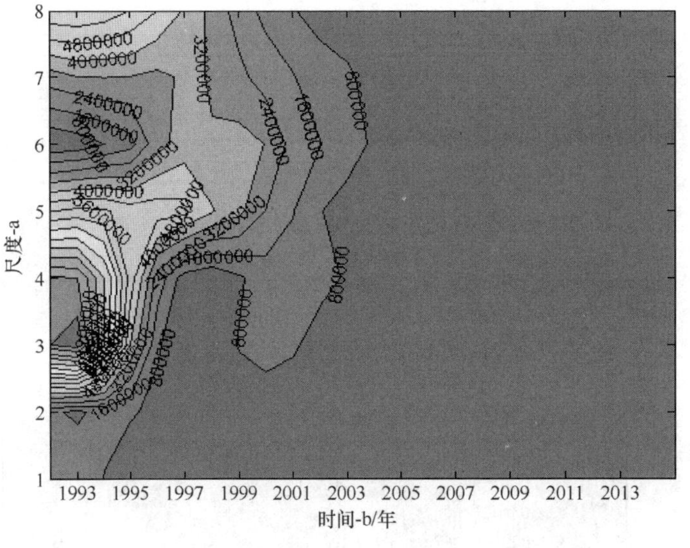

图 19－4[①]　1990—2013 年全国暴雨总损失小波系数模方图

（二）暴雨年农作物受灾面积的小波分析

图 19－5 反映了暴雨灾害导致的农作物受灾面积的变化趋势，图 19－6 为暴雨灾害农作物受灾面积小波系数实部等值线图，从图中可看出在 3—5 年尺度下暴雨灾害形成了 4 个完整的平均周期约为 3 年的震荡周期，产生了 2002 年、2005 年、2008 年、2011 年 4 个高值中心和 2000 年、2003 年、2006 年、2009 年 4 个低值中心，并且这样的周期性非常平稳；在 5—8 年尺度形成了 3 个完整的平均周期约为 4 年的震荡周期，产生了 1995 年、1999 年、2004 年 3 个高值中心以及 1993 年、1997 年、2001 年 3 个低值中心，在该时间段内周期性也比较平稳；在 1—3 年尺度下，也存在明显的震荡周期，但并未产生明显的高低值中心。图 19－7 的小波方差图也验证了 3 年和 6—7 年尺度的主周期。农作物受灾面积小波系数模方图 19－8 反映了在 5—7 年尺度下 1993—2001

① 彩图见附录一。

年存在一个较强震荡中心，反观图 19－6 也可得到验证。根据以上图形分析过程可以预测，2014 年暴雨灾害农作物受灾面积在 3—5 年尺度下处于震荡期范围内，并且在 3 年这个主周期尺度下属于灾害偏多中心范围内，且有加强趋势。

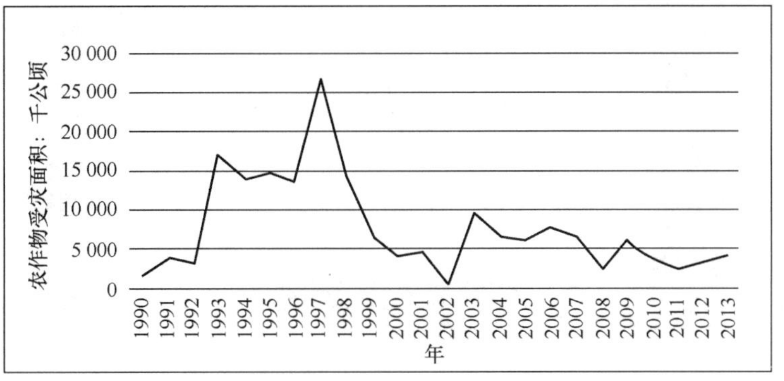

图 19－5　1990—2013 年全国暴雨灾害农作物受灾面积折线图

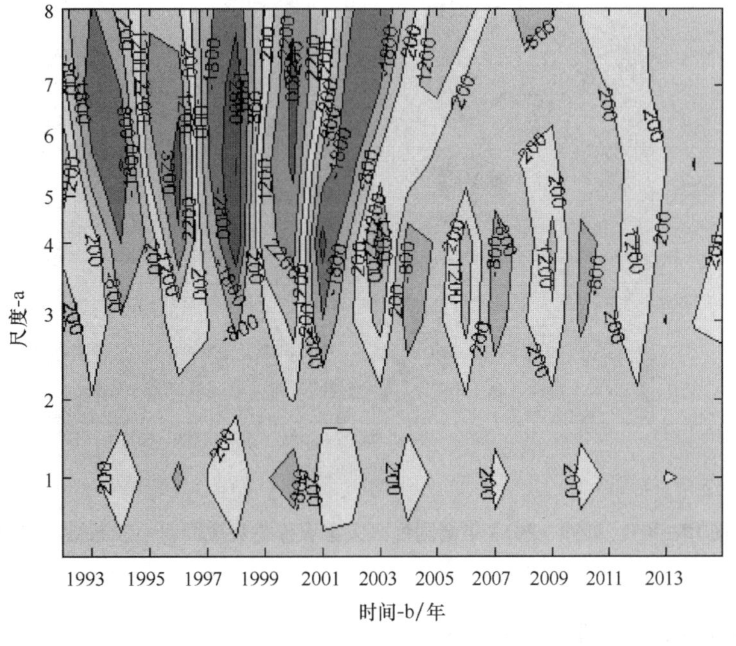

图 19－6①　1990—2013 年全国暴雨灾害农作物受灾面积小波系数实部等值线图

① 彩图见附录一。

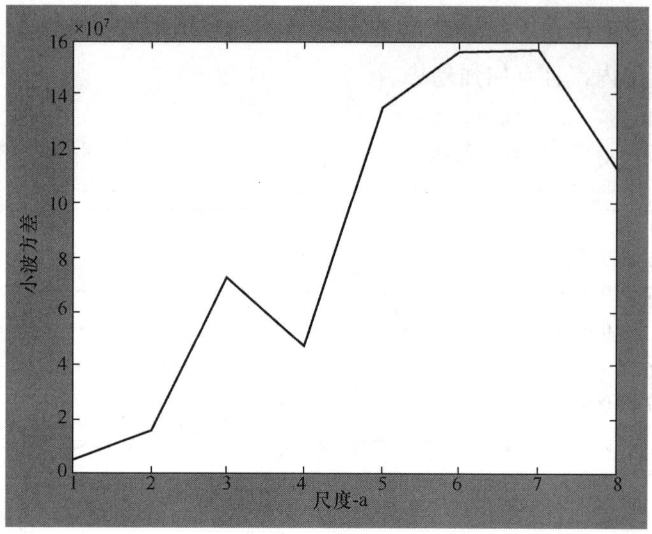

图 19－7　1990—2013 年全国暴雨灾害农作物受灾面积小波方差图

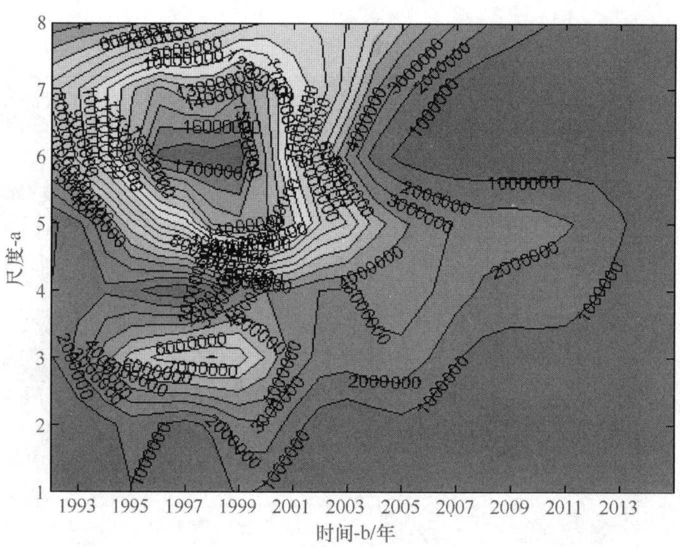

图 19－8[①]　1990—2013 年全国暴雨灾害农作物受灾面积小波系数模方图

二、暴雨灾害马尔可夫预测

（一）暴雨灾害频数的预测

根据各省 1990—2013 年暴雨灾害引发的频数构造马尔可夫转移矩阵预测 2013 年度暴雨灾害频数并与 2013 年实际情况进行对比，检验马尔可夫链的构造效果，然后再用 2013 年的数据对

① 彩图见附录一。

2014 年的暴雨频数进行预测。由于各年均存在暴雨频数为零的省份，取该频数为 0.000 1，但这种处理导致转移矩阵中同一行出现了重复概率，从而扰乱了模型预测的结果，因而本章对这类数据采取手工处理。图 19－9 为 2013 年的预测图，可以看出马尔可夫过程预测结果对北京、湖北、湖南等部分省市的预测比较准确，但对有些省市的预测有些偏差，主要原因是用于构造暴雨频数概率矩阵的历史记录年份较少，而且突发性气候等原因也致使某些省份发生了较大偏差。表 19－1 是对 2014 年度暴雨灾害频数的预测。

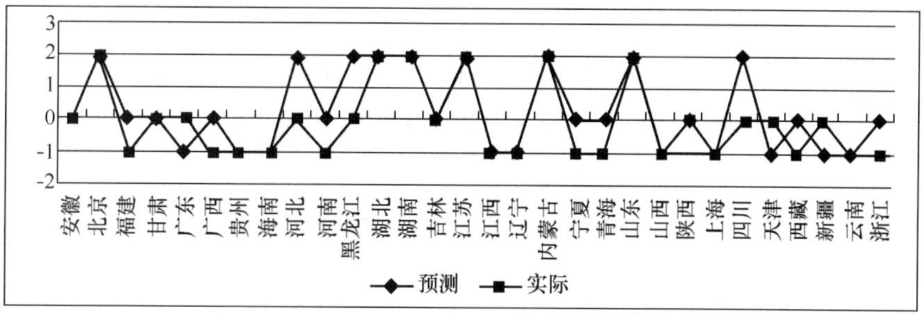

图 19－9　2013 年暴雨灾害频数马尔可夫预测

表 19－1　2014 年暴雨农业损失预测表

安徽	北京	福建	甘肃	广东	广西
相对平稳	相对平稳	显著上升	小幅下降	小幅下降	显著上升
贵州	海南	河北	河南	黑龙江	湖北
显著上升	显著上升	小幅下降	显著平稳	小幅下降	相对平稳
湖南	吉林	江苏	江西	辽宁	内蒙古
相对平稳	小幅下降	相对平稳	显著上升	显著上升	相对平稳
宁夏	青海	山东	山西	陕西	上海
显著上升	显著上升	相对平稳	显著上升	小幅下降	显著上升
四川	天津	西藏	新疆	云南	浙江
小幅下降	小幅下降	显著上升	小幅下降	显著上升	显著上升

（二）暴雨灾害农作物受灾面积的预测

根据各省 1990—2012 年暴雨灾害农作物受灾面积构造马尔可夫转移矩阵预测 2013 年度暴雨灾害农作物受灾面积并与 2013 年实际情况进行对比，检验马尔可夫链的构造效果，然后将 2013 年数据也用于马尔可夫转移矩阵的构造中，对 2014 年暴雨灾害农作物受灾面积进行预测。从图 19－10 可以看出马尔可夫过程预测结果不太好，主要原因可能还是用于构造农作物受灾转移概率矩阵的历史记录年份较少，以及存在为零的数据等等。表 19－2 是对 2014 年度暴雨灾害农作物受灾面积的预测。

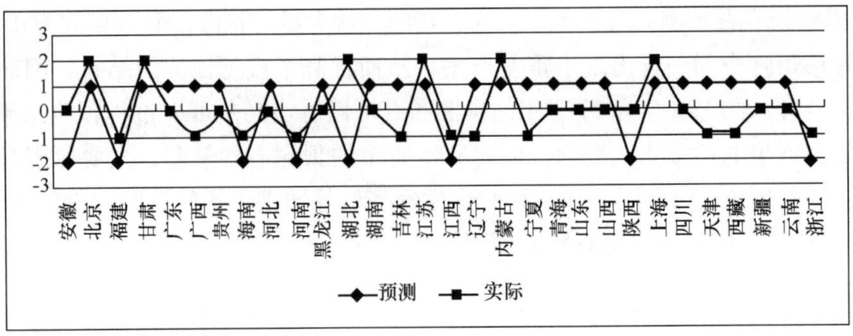

图 19－10　2013 年暴雨灾害农作物受灾面积马尔可夫预测

表 19－2　2014 年暴雨灾害农作物受灾面积马尔可夫预测

安徽	北京	福建	甘肃	广东	广西
小幅上升	显著下降	小幅上升	小幅上升	显著下降	小幅上升
贵州	海南	河北	河南	黑龙江	湖北
显著下降	小幅上升	显著下降	小幅上升	小幅上升	小幅上升
湖南	吉林	江苏	江西	辽宁	内蒙古
显著下降	小幅上升	显著下降	显著下降	小幅上升	显著下降
宁夏	青海	山东	山西	陕西	上海
小幅上升	小幅上升	小幅上升	小幅上升	小幅上升	小幅上升
四川	天津	西藏	新疆	云南	浙江
显著下降	显著下降	小幅上升	小幅上升	显著下降	小幅上升

三、暴雨灾害趋势的灰色分析

（一）全国暴雨频数的灰色模型

选用 1990—2013 年全国暴雨灾害发生频数（见表 19－3）进行灰色分析。图 19－11 为 1990—2013 年全国暴雨灾害频数折线图。

表 19－3　1990—2013 年全国暴雨灾害频数表

年份	暴雨灾害频数（次）	年份	暴雨灾害频数（次）
1990	91	2002	14
1991	51	2003	77
1992	51	2004	76
1993	77	2005	140
1994	72	2006	183
1995	101	2007	90
1996	85	2008	62
1997	36	2009	265
1998	49	2010	78
1999	37	2011	45
2000	26	2012	47
2001	21	2013	36

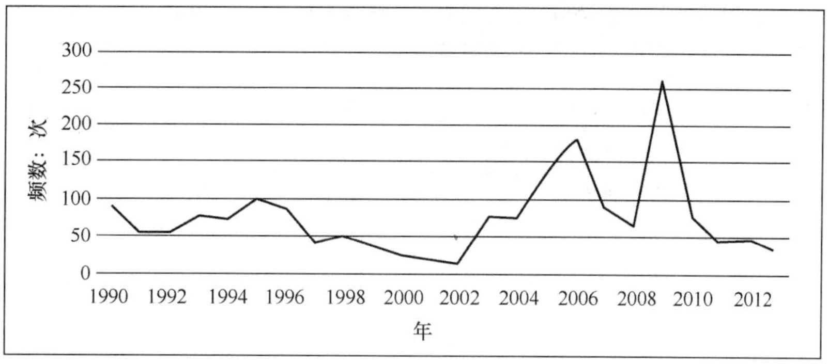

图 19－11　1990—2013 年全国暴雨灾害频数折线图

由于数据各异，同时 GM（1，1）模型反映的是数据内在的联系，并不要求有大量的数据，相邻几年的数据更能反映出变化趋势，且选取的数据区间最好具有一定的上升或者下降趋势，因此课题组选取 2005—2013 年的暴雨频数为原始数据，建立 GM（1，1）模型，进行预测。用 R 软件得到预测结果见图 19－12。

```
GM(1,1)参数估计值:
 发展系数a=-0.15 443 8      灰色作用量b=198.914 6

x(0)的实际值:
  140 183 90 62 265 78 45 47 36
x(0)的模拟值:
  140 164 141 121 103 89 76 65 56
x(0)的下一预测值:
  48

平均相对误差=49.699 36 %
方差比值=0.673 806 3
```

图 19－12　2005—2013 年暴雨频数的灰色 GM（1，1）模型结果

从图 19－12 可以看出，根据预测精度检验表，平均相对误差检验结果是不合格，方差比检验同样不合格，原因可能和次均损失的灰色预测类似，原始频数数据本身就没有明显的上升或者下降的趋势。

（二）全国暴雨灾害年总损失额

同前，课题组选用 1990—2013 年经 GDP 调整后的全国暴雨灾害年总损失（见表 19－4）进行灰色分析。图 19－13 为 1990—2013 年全国暴雨灾害年总损失（GDP 调整后）折线图。

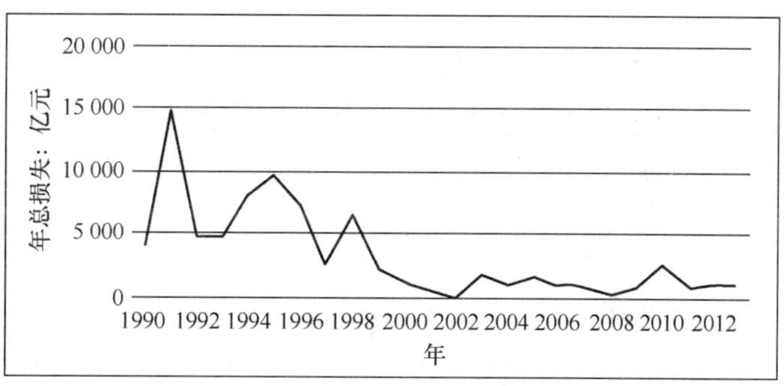

图 19－13　1990—2013 年全国暴雨灾害年总损失（GDP 调整后）折线图

表 19－4　1990—2013 年全国暴雨灾害年总损失（GDP 调整后）表

年份	暴雨灾害总损失（亿元）	年份	暴雨灾害总损失（亿元）
1990	4 219. 101	2002	4. 644
1991	15 161. 690	2003	1 934. 275
1992	4 915. 999	2004	995. 348
1993	4 668. 934	2005	1 587. 788
1994	8 122. 128	2006	1 076. 009
1995	9 694. 815	2007	961. 247
1996	7 602. 965	2008	415. 785
1997	2 648. 736	2009	772. 548
1998	6 801. 642	2010	2 611. 192
1999	2 426. 527	2011	881. 196
2000	1 258. 164	2012	1 037. 088
2001	648. 790	2013	924. 050

同样，本节选取 2005—2013 年的全国暴雨灾害年总损失额（GDP 调整后）为原始数据，建立灰色 GM（1，1）模型，进行预测。用 R 软件得到预测结果见图 19－14。

```
GM(1,1)参数估计值:
 发展系数a=0.024 770 52    灰色作用量b=942.014 4
x(0)的实际值:
 1 587.788  1 076.009  961.247 3  415.784 7  772.548 3  2 611.192  881.196 3  1 037.088  924.05
x(0)的模拟值:
 1 588  994  1 019  1 044  1 070  1 097  1 125  1 153  1 182
x(0)的下一预测值:
 1 211
平均相对误差=40.988 7 %
方差比值=0.795 107 2
```

图 19－14　2005—2013 年全国暴雨灾害年总损失的灰色 GM（1，1）模型结果

由图 19－14 可以看出，平均相对误差和方差比均不合格，模型没有通过检验，灰色预测的效果不太理想。分析可能的原因还是暴雨灾害年总损失没有上升或下降的明显趋势，同时 2010 年的离群值也大大增加了模型预测的误差。

（三）全国暴雨灾害年次均损失的灰色模型

选用 1990—2013 年经 GDP 调整后的全国暴雨灾害年次均损失额（见表 19－5）进行灰色分析。图 19－15 为 1990—2013 年全国暴雨年次均损失（GDP 调整后）折线图。

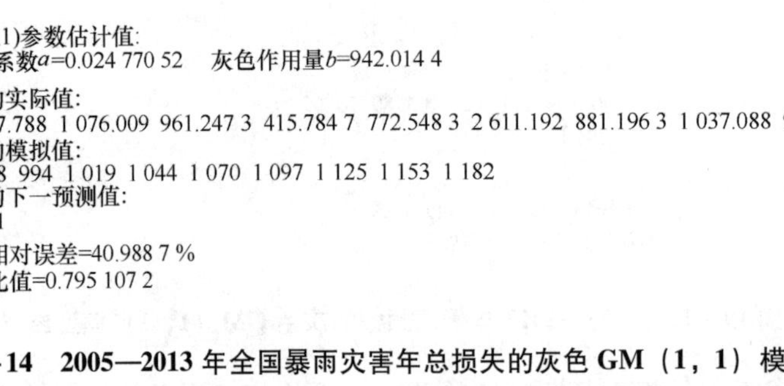

图 19－15　1990—2013 年全国暴雨年次均损失（GDP 调整后）折线图

表 19－5　1990—2013 年全国暴雨灾害年次均损失额（GDP 调整后）表

年份	暴雨灾害年次均损失（亿元）	年份	暴雨灾害年次均损失（亿元）
1990	46. 363 75	2002	0. 331 686
1991	297. 288 1	2003	25. 120 45
1992	96. 392 13	2004	13. 096 68
1993	60. 635 5	2005	11. 341 34
1994	112. 807 3	2006	5. 879 833
1995	95. 988 27	2007	10. 680 53
1996	89. 446 65	2008	6. 706 206
1997	73. 576 01	2009	2. 915 277
1998	138. 809	2010	33. 476 83
1999	65. 581 82	2011	19. 582 14
2000	48. 390 93	2012	22. 065 7
2001	30. 894 74	2013	25. 668 06

由于灰色系统反映的是数据内在的联系，并不要求有大量的数据，相邻几年的数据更能反映出变化趋势，因此选取 2005—2013 年的次均损失额（GDP 调整后）为原始数据，建立灰色 GM（1，1）模型，进行预测。用 R 软件得到预测结果见图 19－16。

GM(1,1)参数估计值:
发展系数a=0.184 991 4　　灰色作用量b=5.088 852
x(0)的实际值:
11.341 3 5.879 8 10.680 5 6.706 2 2.915 3 33.476 8 19.582 1 22.065 7 25.668 1
x(0)的模拟值:
11 8 9 11 14 17 20 24 29
x(0)的下一预测值:
35
平均相对误差=70.067 89 %
方差比值=0.582 866 3

图 19－16　2005—2013 年暴雨灾害年次均损失的灰色 GM（1，1）模型结果

从图 19－16 可以看到下一期的预测值为 35 亿元，根据预测精度检验表，平均相对误差检验不合格，方差比检验也不合格，这可能和暴雨损失计量具有一定困难、每年的暴雨损失波动较大、没有明显连续的上升或者下降趋势等有关，所以运用该模型估计效果不是特别理想。

四、暴雨灾害趋势的神经网络分析

暴雨灾害的大小与其影响因素之间呈现多因素、复杂的非线性关系，很难用函数模型进行描述。本节利用 BP 神经网络在非线性统计回归方法中的优势对暴雨灾害造成的直接经济损失进行预测分析。

（一）BP 神经网络的结构设计

1. 神经网络变量的选取

暴雨灾害的发生受多种因素的影响，在前面暴雨灾害的影响因素分析一节中已经进行比较

详细的介绍，在此不再赘述。本节的BP神经网络模型参考影响因素分析中的指标选择七个输入层变量，分别是：*X*1：全国GDP值；*X*2：水利建设投资完成额；*X*3：暴雨频数；*X*4：农作物受灾面积；*X*5：建筑业生产总值；*X*6：倒塌房屋数量；*X*7：继发灾害频数。输出层变量是*Y*1：直接经济损失（亿元）。因此，$n=7$，$1=1$，隐含层节点数为5。鉴于数据的可获得性，数据只能选取1990年到2013年共24年的数据。表19－6列出了输入输出变量及其相应的数据来源，表19－7给出了1990年到2013年暴雨直接经济损失及其影响因素的数据。

表19－6　输入输出变量及相应的数据来源

被解释变量	暴雨灾害的损失额	《中国减灾》（1991—2012）、《中国水利年鉴》（2009，2013，2014）
解释变量	GDP（单位：亿元）	《中国统计年鉴》（2014）
	农作物受灾面积	《中国减灾》（1991—2012）、《中国水利年鉴》（2009，2013，2014）
	房屋倒塌和损毁数量	《中国减灾》（1991—2012）、《中国水利年鉴》（2009，2013，2014）
	继发灾害（洪涝/泥石流、滑坡）	《中国减灾》（1991—2012）、《中国水利年鉴》（2009，2013，2014）
	水利建设投资额	《中国水利年鉴》（2012）
	暴雨频数	《中国减灾》（1991—2012）、《中国水利年鉴》（2009，2013，2014）
	建筑业生产总值	《中国统计年鉴》（2014）

表19－7　1990—2013年直接经济损失及其影响因素

年份	直接经济损失（亿元）	GDP（亿元）	水利建设投资完成额（万元）	暴雨频数（次）	农作物受灾面积（千公顷）	建筑业生产总值（亿元）	房屋倒塌数（间）	继发灾害（次）
1990	138.458 3	18 667.8	487 203	91	1 880.420 00	859.4	824 570	24
1991	580.552 3	21 781.5	648 677	51	3 954.660 00	1 015.1	5 627 450	23
1992	232.674 7	26 923.5	971 670	51	2 960.871 75	1 415.0	4 766 691	23
1993	290.011 5	35 333.9	1 249 260	77	17 224.921 20	2 266.5	3 308 357	20
1994	688.182 8	48 197.9	1 687 353	72	13 979.120 70	2 964.7	6 584 012	19
1995	1 036.106 0	60 793.7	2 063 156	101	14 877.271 40	3 728.8	9 234 664	15
1996	951.319 0	71 176.6	2 385 240	85	13 573.669 33	4 387.4	5 287 755	22
1997	367.725 1	78 973.0	3 154 061	36	26 795.466 00	4 621.6	3 882 226	23
1998	1 009.192 0	84 402.3	4 676 865	49	14 565.109 00	4 985.8	9 744 624	39
1999	382.536 3	89 677.1	4 991 476	37	6 994.800 00	5 172.1	3 153 373	36
2000	219.441 5	99 214.6	6 129 331	26	4 322.100 00	5 522.3	1 678 155	26
2001	125.065 9	109 655.2	5 607 065	21	4 866.299 00	5 931.7	1 083 436	12
2002	0.982 3	120 332.7	8 192 153	14	561.070 00	6 465.5	94 639	12
2003	461.845 6	135 822.8	7 434 176	77	9 489.379 00	7 490.8	1 463 358	37
2004	279.750 1	159 878.3	7 835 450	76	6 595.264 70	8 694.3	3 498 520	44
2005	516.206 2	184 937.4	7 468 483	140	6 320.606 14	10 367.3	2 738 814	51
2006	409.173 4	216 314.4	7 938 444	183	7 837.887 32	12 408.6	1 614 746	76

续表

年份	直接经济损失（亿元）	GDP（亿元）	水利建设投资完成额（万元）	暴雨频数（次）	农作物受灾面积（千公顷）	建筑业生产总值（亿元）	房屋倒塌数（间）	继发灾害（次）
2007	449.172 2	265 810.3	9 448 538	90	6 715.458 83	15 296.5	878 752	49
2008	229.544 5	314 045.4	10 882 012	62	2 383.770 00	18 743.2	74 232	47
2009	462.979 9	340 902.8	18 940 321	265	6 216.498 11	22 398.8	1 399 600	265
2010	1 843.080 0	401 512.8	23 199 265	78	3 817.760 00	26 661.0	745 822	4
2011	732.883 9	473 104.0	30 860 284	45	2 430.224 00	31 942.7	227 917	17
2012	947.070 0	519 470.1	39 642 358	47	3 497.990 00	35 491.3	231 837	39
2013	924.050 0	568 845.2	37 576 331	36	4 171.360 00	38 995.0	165 966	8

2. 神经网络结构的确定

本次预测选用的是三层 BP 神经网络，选取的激活函数为 S 型的正切函数（tansig），训练函数是 Levenberg - Marquardt 算法函数（trainlm），训练数据、变量数据、测试数据的选取是随机的。设定网络的最大学习迭代次数为 10 000 次，网络的学习精度为 0.01。输入层节点数是 7，输出层节点数是 1，在隐含层设为 5 时，训练效果最好，因而隐含层节点数选为 5，三层 BP 神经网络模型参数率定如表 19 - 8 所示。

表 19 - 8　三层 BP 神经网络模型参数率定成果表

参数名	神经元数目			学习步长	训练目标设置
	输入层	隐含层	输出层		
参数值	7	5	1	0.01	0.000 001

在软件工具上，本章使用的是 Matlab 神经网络拟合分析工具箱（nftool）。网络结构如图 19 - 17所示。

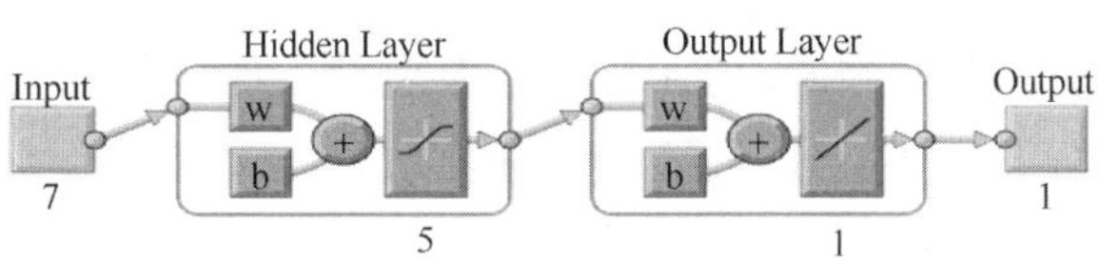

图 19 - 17　神经网络结构

（二）神经网络预测结果分析

应用上述设计的网络结构对实际数据进行学习训练，并应用训练好的神经网络对已有数据进行拟合。因为本组的数据较少，所以在测试组分配的数据较少，下列分析将测试组数设为 1，变量组数设为 1。以 1991—2013 年的数据训练出来的神经网络作为基准，以 1990 年的数据作为测试组，用 2013 年的输入数据代入检验神经网络的预测效果。

以下是训练结果集合中一个比较好的结果。训练和预测结果如图 19 - 18 所示，均方误差（MSE）图如图 19 - 19 所示。

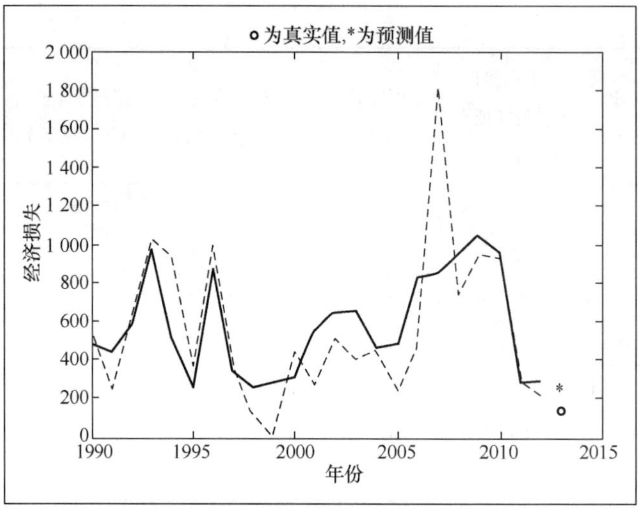

图 19－18　实际值和预测值的对比

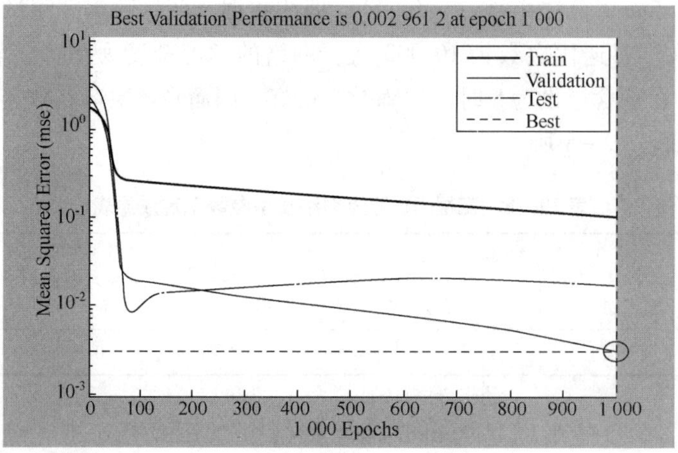

图 19－19　均方误差（MSE）图

在图 19－18 中，“o” 代表实际值，“＊” 代表预测值，虚线代表实际值，实线代表模型做出的预测值。从上图可见，实际值与预测值有部分几乎重合，变化趋势基本一致，可见拟合优度甚好。1990 年的实际值与预测值也比较接近。

表 19－9 列出了用 2013 年预测的结果。

表 19－9　使用 BP 神经网络对 2013 年损失进行预测的结果

年份	实际值	预测值	相对误差
2013	924. 1	969. 8	0. 049 45

将 2013 年的数据代入神经网络进行检验，发现相对误差在 5% 以内，说明模型的预测误差非常小，预测效果显著。

可见，在本节的暴雨神经网络预测中，相对误差比较小，这显示训练结果良好，所以用 BP 神经网络能比较好地完成暴雨灾害直接经济损失的预测。

五、暴雨灾害趋势的时间序列分析

由于暴雨具有很强的季节性，因此，课题组将按季节汇总数据，并采用季节时间序列模型进行定性分析。我国的四季划分标准主要有3种：第一种是天文学标准，那就是每年的立春为春季的开始，立冬就是冬季的开始，这个标准较为古老，仅适合于我国较北的少数省市；第二种是气候学标准，以下半年连续5天（气象上称为“候”）的日平均气温降到10℃以下为冬季的开始，这个说法适合我国北方的不少省市，比如，我国最北部的漠河及大兴安岭以北地区，早在9月上旬就已进入冬季，首都北京10月下旬也已呈现一派冬天的景象；第三个标准是气象学标准，主要以时间为划分标准，每年的3—5月为春季，每3个月为一个季节。以此类推，每年的12月到次年的2月是当年的冬季。这个标准在全国大范围采用。本节采用的就是第三种气象学标准进行季节划分。

课题组将采用季节频数、季节总损失额和季节次均损失额这三个指标进行定量分析。在分析方法上，可以采用时间序列的SARIMA模型分别对其进行定量的分析和预测。

（一）暴雨灾害季节频数的趋势分析和预测

1. 数据

表19－10为1990—2013年全国暴雨灾害季节频数统计表。

表19－10　1990—2013年全国暴雨灾害季节频数统计表　（单位：次）

季节 年份	冬季	春季	夏季	秋季
1990	2	19	62	8
1991	0	6	42	3
1992	0	26	21	4
1993	1	16	59	1
1994	0	12	54	6
1995	0	23	74	4
1996	0	14	67	4
1997	0	15	20	1
1998	2	16	29	2
1999	0	8	29	0
2000	0	3	21	2
2001	0	3	17	1
2002	2	0	11	1
2003	0	23	48	6
2004	0	15	48	13
2005	0	29	102	9
2006	0	45	123	15

续表

季节 / 年份	冬季	春季	夏季	秋季
2007	0	27	52	11
2008	0	16	41	5
2009	5	54	178	28
2010	4	27	36	11
2011	0	2	38	5
2012	0	12	35	0
2013	0	8	27	1

由图 19－20 可以看出，之前对 1990 年以来暴雨趋势的定性分析与该图十分吻合，如 2000—2002 年全国一直干旱，暴雨灾害很少，发生频数也很小。此外，暴雨的季节性在此图中一览无余，每年的夏季暴雨频数最大，冬春较小。

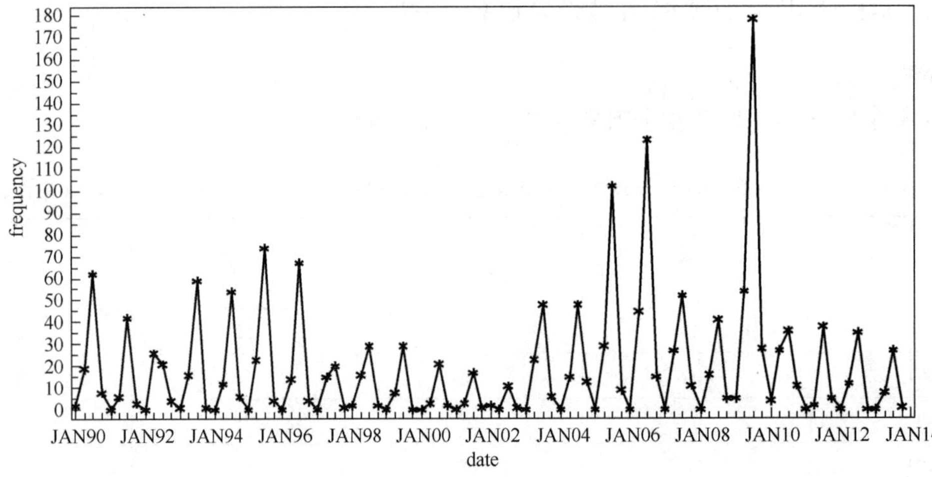

图 19－20　1990—2013 年全国暴雨灾害季节频数折线图

我国暴雨灾害频数没有明显的上升或下降的趋势，但具有季节性变化，而且季节变化的振幅越来越大；分段来看，均值和方差变化很大，由此看出该序列不具有平稳性。

2. 时间序列 SARIMA 模型

由于所分析的时间序列是非平稳的，需将其转换为平稳的时间序列，观察自相关图，发现季节频数与其 4 倍数的滞后期存在显著的自相关关系，自相关图显示出来的这个性质和该时序图显示出的周期性质是非常吻合的，说明其具有很强的周期性。此外，自相关函数衰减很慢，而且通过观察白噪声检验的结果，也进一步印证了该时间序列是非平稳的。于是通过对原频数序列先做一阶差分再做四阶季节周期差分，可以得到平稳的时间序列（见图 19－21）。

通过观察平稳序列的自相关图、偏相关图和逆自相关图，并使用 AIC 和 SBC 信息准则对模型的滞后阶数进行筛选，然后对各种滞后阶数的模型进行估计比较，可知时间序列模型 SARIMA $[(0, 1, 1) \times (0, 1, 1)_4]$ 较好地拟合了时间序列。暴雨灾害季节频数的时间序列预测方程为：

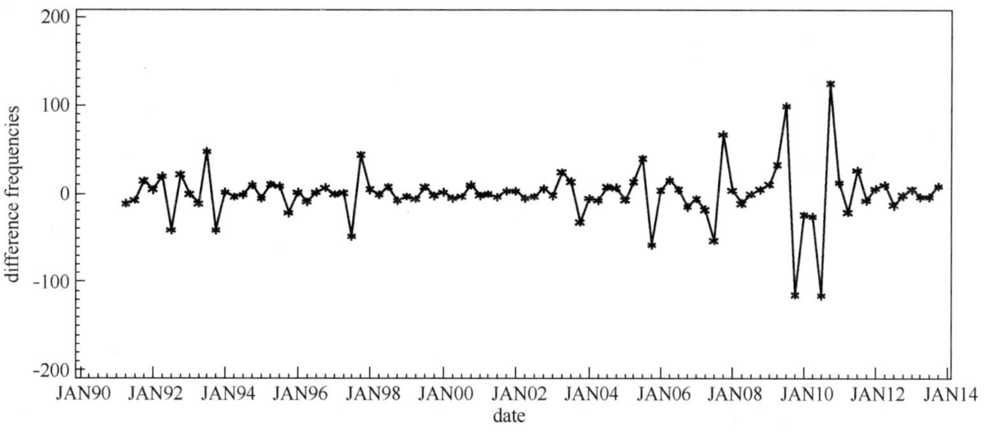

图 19－21　1990—2014 年全国暴雨灾害季节频数季节差分析线图

$$\Delta\Delta_4 y_t = (1-0.783\ 88L)(1-0.989\ 17L^4)\ e_t$$

式中：L 为滞后算子；e_t 为白噪声过程。

通过 SARIMA［（0，1，1）×(0，1，1)$_4$］模型的参数结果，可以对全国暴雨分季节频数进行预测。假设预测期数为 24 期，得到的预测结果见表 19－11 和图 19－22。

表 19－11　全国暴雨灾害季节频数 SARIMA［（0，1，1）×（0，1，1)$_4$］预测表

年度—季度	预测值	标准差	95% 置信区间上限
2014—1	0	20. 596 7	27. 746 4
2014—2	4. 364 3	21. 072 2	45. 665 1
2014—3	45. 343 1	21. 537 3	87. 555 4
2014—4	0	21. 992 5	36. 329 4
2015—1	0	22. 483 7	29. 749 8
2015—2	2. 669 2	22. 929 6	47. 610 3
2015—3	43. 648 0	23. 366 9	89. 446 3
2015—4	0	23. 796 2	38. 169 4
2016—1	0	24. 260 3	31. 536 6
2016—2	0. 974 1	24. 682 9	49. 351 6
2016—3	41. 952 9	25. 098 3	91. 144 7
2016—4	0	25. 507 0	39. 827 5
2017—1	0	25. 949 4	33. 152 1
2017—2	0	26. 353 2	50. 930 3
2017—3	40. 257 7	26. 751 0	92. 688 8
2017—4	0	27. 142 9	41. 338 7
2018—1	0	27. 567 4	34. 628 3
2018—2	0	27. 955 9	52. 376 3

续表

年度—季度	预测值	标准差	95%置信区间上限
2018—3	38.562 6	28.339 0	94.106 1
2018—4	0	28.717 1	42.728 8
2019—1	0	29.126 6	35.989 1
2019—2	0	29.502 2	53.711 9
2019—3	36.867 5	29.873 0	95.417 5
2019—4	0	30.239 3	44.017 2

由于 SAS 输出的预测值和95%置信区间下限均有为负的情形，而暴雨灾害发生频数不可能为负值，因此对置信下限未予列出。

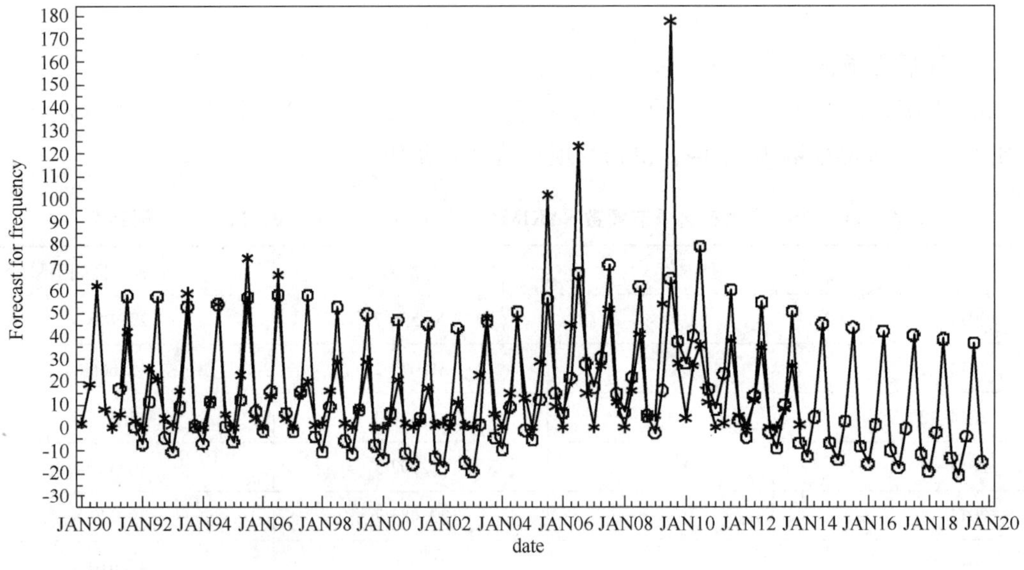

图 19－22　1990—2020 年全国暴雨灾害季节频数 SARIMA［（0，1，1）×（0，1，1）$_4$］预测图

（二）暴雨灾害季节总损失的趋势分析和预测

1. 数据

1990—2013 年全国暴雨灾害季节总损失统计如表 19－12 所示。

表 19－12　1990—2013 年全国暴雨灾害季节总损失统计表　　（单位：亿元）

年份＼季节	冬季	春季	夏季	秋季
1990	1.473 0	15.111 5	119.437 8	2.436 0
1991	0	42.769 3	534.991 7	2.791 3
1992	0	58.142 7	171.692 0	2.840 0
1993	0	22.619 0	264.492 5	2.900 0

续表

年份＼季节	冬季	春季	夏季	秋季
1994	0	80.193 9	600.331 5	7.657 4
1995	0	92.372 4	942.153 7	1.579 5
1996	0	64.875 6	880.529 8	5.913 6
1997	0	51.945 1	310.240 0	5.540 0
1998	1.376 8	51.059 4	931.286 1	25.470 0
1999	0	25.710 0	356.826 3	0
2000	0	5.330 0	174.711 5	39.400 0
2001	0	7.860 0	107.205 9	10.000 0
2002	0	0	0.982 3	0
2003	0	58.642 4	390.203 2	13.000 0
2004	0	21.734 0	196.218 4	61.797 7
2005	0	22.298 2	458.381 8	35.526 1
2006	0	121.288 11	283.046 5	4.838 8
2007	0	27.563 0	418.109 2	3.500 0
2008	0	19.878 2	187.736 3	21.930 0
2009	0.103 5	51.620 8	401.553 8	9.701 8
2010	13.500 0	171.050 0	1 427.290 0	231.240 0
2011	0	6.790 0	475.173 9	250.920 0
2012	0	108.030 0	839.040 0	0
2013	0	63.350 0	859.400 0	1.300 0

由图 19－23 可以看出，2000—2002 年全国暴雨所致的总损失一直维持在较低的水平，说明这一段时间全国暴雨灾害较少，与本章前面对从 1990 年以来暴雨趋势的定性分析完全吻合。同时，暴雨的季节性在此图中也一览无余，每年的夏季暴雨导致的损失最大，冬春较小。我国暴雨灾害所致的总损失金额没有明显的上升或下降的趋势，但具有很强的季节性规律，而且季节变化的振幅原本是越来越小，但是在 2010 年夏季有一个异常的损失值，具体原因参见“暴雨灾害的异常损失分析”；分段来看，季度总损失额的均值和方差变化很大，由此看出该序列不具有平稳性。

2. 时间序列 SARIMA 模型

由于所分析的时间序列也是非平稳的，需将其转换为平稳的时间序列。观察自相关图，发现季节总损失额与其 4 倍数的滞后期存在显著的自相关关系。自相关图显示出来的这个性质和该时序图显示出的周期性质是非常吻合的，说明其具有很强的周期性。此外，自相关函数衰减很慢，而且观察白噪声检验的结果，也进一步印证了该时间序列是非平稳的。于是通过对原频数序列先做一阶差分再做四阶季节周期差分，可以得到平稳的时间序列（见图 19－24）。

通过观察平稳序列的自相关图、偏相关图和逆自相关图，并使用 AIC 和 SBC 信息准则对模型的滞后阶数进行筛选，然后对各种滞后阶数的模型进行估计比较，可以认为，时间序列模型

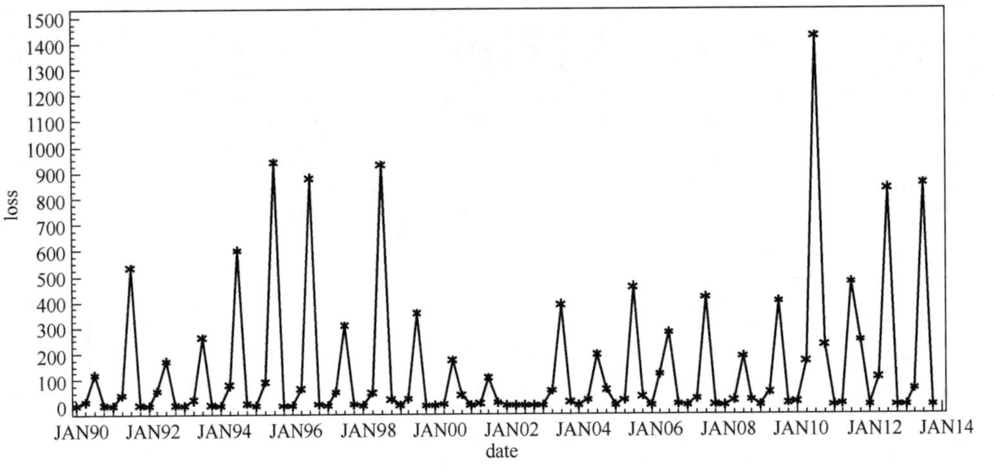

图 19－23　1990—2013 年全国暴雨灾害季节总损失折线图

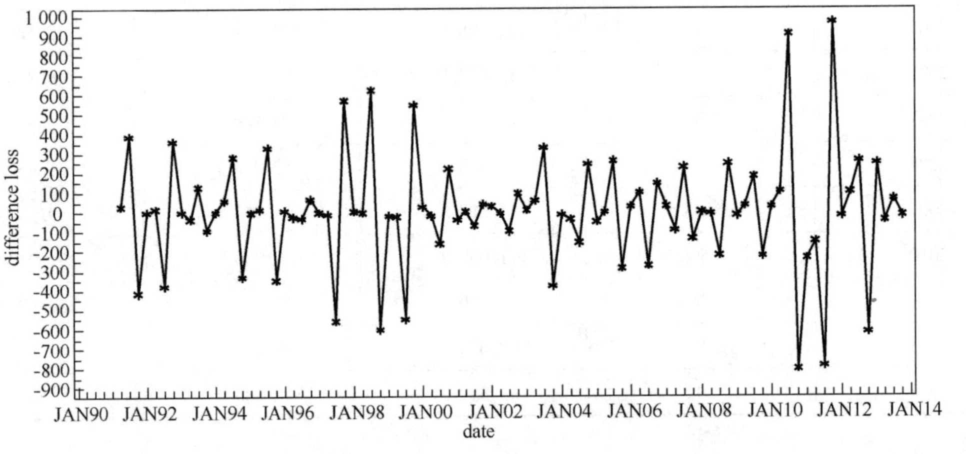

图 19－24　1990—2014 年全国暴雨灾害季节总损失季节差分折线图

SARIMA[(0, 1, 1)×(0, 1, 1)$_4$]较好地拟合了时间序列，且通过了白噪声检验。

根据以上参数估计结果，得到了暴雨灾害季节总损失额的时间序列预测方程为：

$$\Delta\Delta_4 y_t = (1-0.99479L)(1-0.60571L^4)e_t$$

式中：L 为滞后算子；e_t 为白噪声过程。

通过 SARIMA[(0, 1, 1)×(0, 1, 1)$_4$]模型的参数结果，可以对全国暴雨季节总损失进行预测。假设预测期数为 24 期，得到的预测结果见表 19－13 和图 19－25。

表 19－13　全国暴雨灾害季节总损失 SARIMA[(0, 1, 1)×(0, 1, 1)$_4$]预测表

年度—季度	预测值	标准差	95% 置信区间上限
2014—1	7.1421	186.843 4	373.348 4
2014—2	78.505 4	186.845 9	444.716 6
2014—3	783.675 1	186.848 5	1 149.891 3

续表

年度—季度	预测值	标准差	95%置信区间上限
2014—4	64.965 6	186.851 0	431.186 8
2015—1	9.489 5	201.208 7	403.851 3
2015—2	80.852 7	201.213 3	475.223 5
2015—3	786.022 4	201.217 9	1 180.402 2
2015—4	67.312 9	201.222 4	461.701 7
2016—1	11.836 8	214.754 7	432.748 3
2016—2	83.200 1	214.761 7	504.125 3
2016—3	788.369 8	214.768 8	1 209.308 9
2016—4	69.660 3	214.775 9	490.613 2
2017—1	14.184 2	227.630 2	460.331 2
2017—2	85.547 4	227.640 1	531.713 8
2017—3	790.717 1	227.650 0	1 236.903 0
2017—4	72.007 6	227.659 9	518.212 9
2018—1	16.531 5	239.945 7	486.816 4
2018—2	87.894 8	239.958 8	558.205 3
2018—3	793.064 5	239.971 9	1 263.400 8
2018—4	74.355 0	239.985 0	544.716 9
2019—1	18.878 9	251.785 6	512.369 7
2019—2	90.242 1	251.802 2	583.765 5
2019—3	795.411 8	251.818 9	1 288.967 7
2019—4	76.702 3	251.835 5	570.290 8

由于SAS输出的95%置信区间下限有为负的情形，而暴雨灾害季度总损失额不可能为负值，因此对置信下限未予列出。

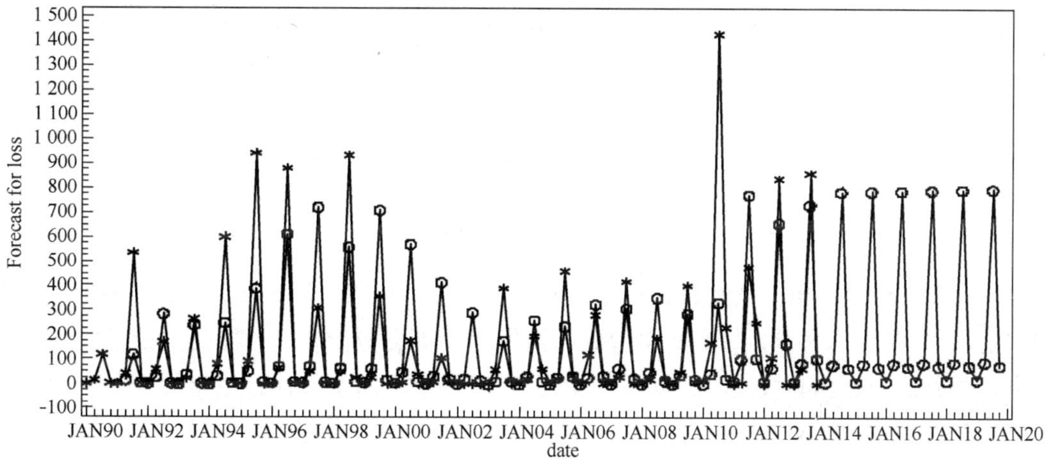

图19－25　1990—2020年全国暴雨灾害季节总损失SARIMA[(0，1，1)×(0，1，1)$_4$]预测图

（三）暴雨灾害季节次均损失的趋势分析和预测

1. 数据

季节次均损失额的数据等于每季节的总损失额除以该季节暴雨发生的频数，得到表19－14。

表19－14　1990—2014年全国暴雨灾害季节次均损失统计表　（单位：亿元/次）

季节 年份	冬季	春季	夏季	秋季
1990	0. 736 5	0. 795 342 105	1. 926 416 129	0. 304 500 00
1991	0	7. 128 216 667	12. 737 897 620	0. 930 433 333
1992	0	2. 236 257 692	8. 175 809 524	0. 710 000 000
1993	0	1. 413 687 500	4. 482 923 237	2. 900 000 000
1994	0	6. 682 825 000	11. 117 250 720	1. 276 229 833
1995	0	4. 016 191 304	12. 731 806 080	0. 394 882 500
1996	0	4. 633 970 714	13. 142 235 320	1. 478 400 000
1997	0	3. 463 006 667	15. 512 000 000	5. 540 000 000
1998	0. 688 4	3. 191 212 500	32. 113 313 790	12. 735 000 000
1999	0	3. 213 750 000	12. 304 355 170	0
2000	0	1. 776 666 667	8. 319 595 238	19. 700 000 000
2001	0	2. 620 000 000	6. 306 229 412	10. 000 000 000
2002	0	0	0. 089 300 000	0
2003	0	2. 549 669 565	8. 129 232 708	2. 166 666 667
2004	0	1. 448 933 333	4. 087 883 125	4. 753 669 231
2005	0	0. 768 904 828	4. 493 939 676	3. 947 344 444
2006	0	2. 695 291 333	2. 301 191 285	0. 322 585 333
2007	0	1. 020 852 778	8. 040 560 769	0. 318 181 818
2008	0	1. 242 387 500	4. 578 934 146	4. 386 000 000
2009	0. 020 7	0. 955 941 296	2. 255 920 169	0. 346 491 429
2010	3. 375 0	6. 335 185 185	39. 646 944 440	21. 021 818 180
2011	0	3. 395 000 000	12. 504 576 320	50. 184 000 000
2012	0	9. 002 500 000	23. 972 571 430	0
2013	0	7. 918 750 000	31. 829 629 630	1. 300 000 000

由图19－26可以看出，虽然如前所述2000—2002年全国以干旱天气为主，暴雨发生的次数相对比较少，但是平均来看，每次暴雨造成的损失并非历史最低。这可能是这段时间里局部的强降雨较多所致。与此同时，这张次均损失图也展现了暴雨的季节性，每年的夏季暴雨导致的次均损失最大，冬春较小。

我国暴雨灾害所致的次均损失额没有明显的上升或下降的趋势，但具有很强的季节性规律，而且季节变化的振幅与季节总损失额类似，原本是越来越小，但是在2010—2013年的夏季有异

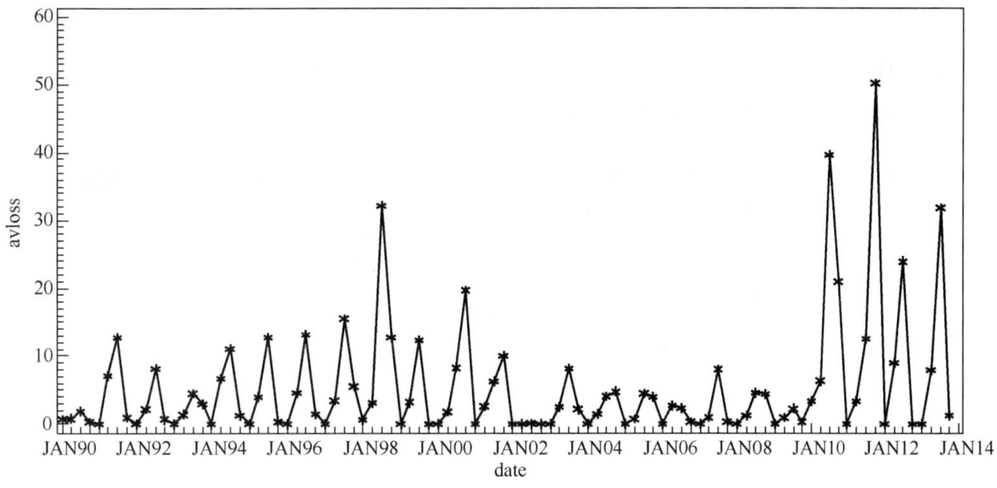

图 19－26　1990—2014 年全国暴雨灾害季节次均损失折线图

常高的次均损失额。分段来看，季度总损失额的均值和方差变化也很大，由此看出该序列也不具有平稳性。

2. 时间序列 SARIMA 模型

由于所分析的时间序列是非平稳的，需将其转换为平稳的时间序列。观察自相关图，发现季节次均损失额与其 4 倍数的滞后期存在显著的自相关关系。自相关图显示出来的这个性质和该序列时序图显示出的周期性质是非常吻合的，说明其具有很强的周期性。此外，自相关函数衰减很慢，而且通过观察白噪声检验的结果，也进一步印证了该时间序列是非平稳的。于是通过对原频数序列先做一阶差分再做四阶季节周期差分，可以得到平稳的时间序列（见图 19－27）。

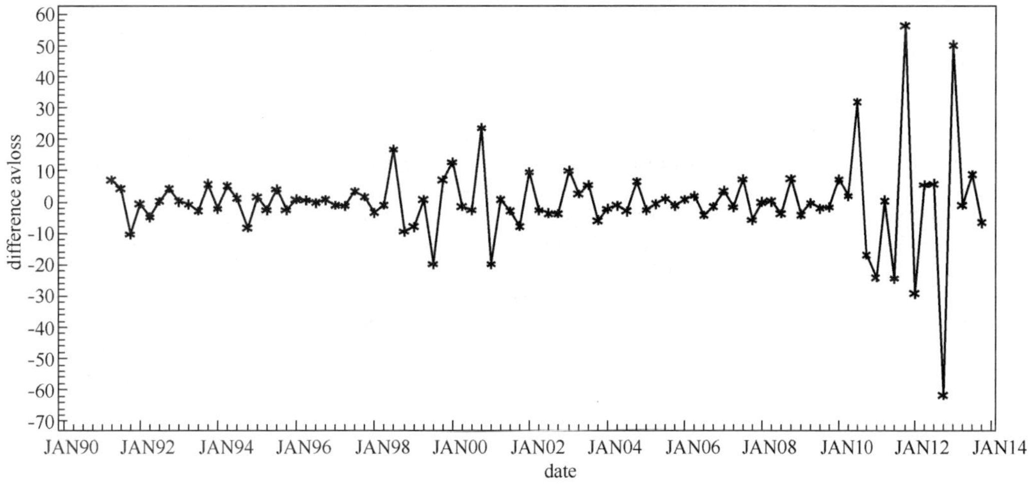

图 19－27　1990—2014 年全国暴雨灾害季节次均损失季节差分折线图

通过观察平稳序列的自相关图、偏相关图和逆自相关图，并使用 AIC、SBC 信息准则对模型的滞后阶数进行筛选，然后对各种滞后阶数的模型进行估计比较，可以认为，时间序列模型 SARIMA$[(0,\ 1,\ 1)\times(0,\ 1,\ 1)_4]$较好地拟合了时间序列，且通过了白噪声检验。

可以得到暴雨灾害季节次均损失额的时间序列预测方程为：

$$\Delta\Delta_4 y_t = (1 - 0.875\ 13L)(1 - 0.877\ L^4)e_t$$

式中：L 为滞后算子；e_t 为白噪声过程。

通过 SARIMA[(0，1，1)×(0，1，1)$_4$]模型的参数结果，可以对全国暴雨季节次均损失进行预测。假设预测期数为 24 期，得到的预测结果见表 19－15 和图 19－28。

表 19－15　全国暴雨灾害季节次均损失 SARIMA[(0，1，1)×(0，1，1)$_4$]预测表

年度—季度	预测值	标准差	95%置信区间上限
2014—1	5.299 9	8.096 0	21.167 9
2014—2	8.842 6	8.158 9	24.833 8
2014—3	19.674 3	8.221 3	35.787 8
2014—4	13.468 3	8.283 2	29.703 1
2015—1	5.879 7	8.522 9	22.584 2
2015—2	9.422 4	8.598 2	26.274 5
2015—3	20.254 1	8.672 8	37.252 5
2015—4	14.048 1	8.746 8	31.191 5
2016—1	6.459 5	9.002 7	24.104 4
2016—2	10.002 2	9.090 4	27.819 0
2016—3	20.833 9	9.177 2	38.820 9
2016—4	14.627 9	9.263 3	32.783 6
2017—1	7.039 3	9.533 9	25.725 4
2017—2	10.582 0	9.633 8	29.464 0
2017—3	21.413 7	9.732 7	40.489 5
2017—4	15.207 7	9.830 7	34.475 4
2018—1	7.619 1	10.114 6	27.443 4
2018—2	11.161 8	10.226 5	31.205 3
2018—3	21.993 5	10.337 1	42.253 9
2018—4	15.787 5	10.446 6	36.262 4
2019—1	8.198 9	10.742 5	29.253 9
2019—2	11.741 6	10.865 9	33.038 4
2019—3	22.573 3	10.987 9	44.109 1
2019—4	16.367 3	11.108 5	38.139 6

与频数和总损失分析类似，由于 SAS 输出的 95%置信区间下限有为负的情形，而暴雨灾害季度次均损失额不可能为负值，因此对置信下限未予列出。

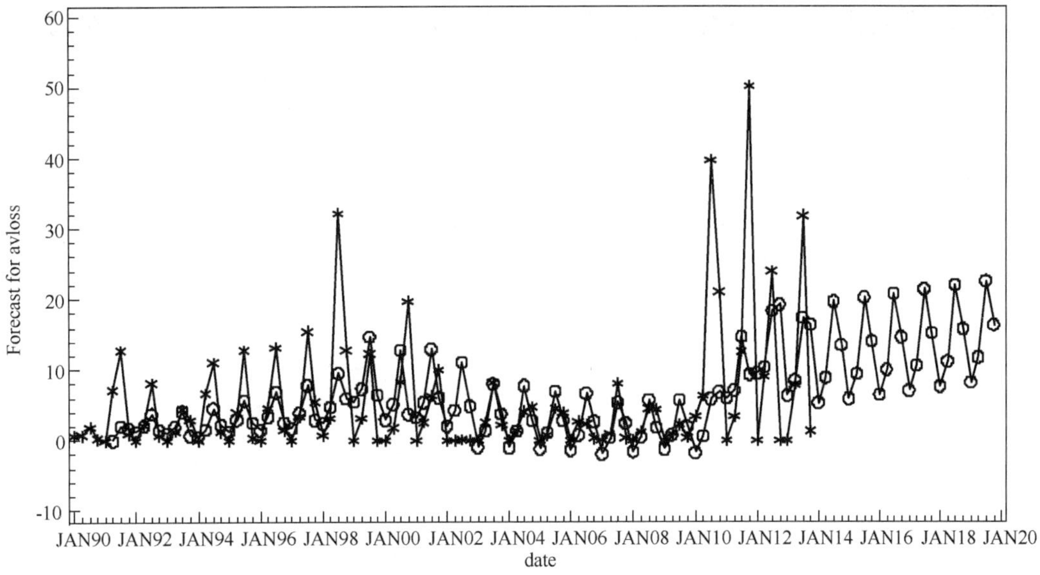

图 19－28　1990—2014 年全国暴雨灾害季节次均损失 SARIMA[(0, 1, 1)×(0, 1, 1)$_4$]预测图

本节小结

本节通过小波分析、马尔可夫分析、灰色分析和神经网络分析，进一步分析暴雨灾害的规律。总损失的小波系数实部等值线图表现了4—6 年尺度的震荡周期，农作物受灾面积的小波图形表现了3 年、6—7 年尺度的振荡周期。马尔可夫分析的效果不尽如人意，灰色分析的结果也未能通过检验，可能是数据量小造成的。神经网络在采用输入节点为7、隐含节点为5、输出节点为1 的三层 BP 模型时拟合效果很好，预测趋势也一致。最后采用时间序列模型对 1990—2013 年全国暴雨频数、总损失和次均损失进行拟合，经检验，三者均符合 SARIMA[(0, 1, 1)×(0, 1, 1)$_4$]的时间序列模型，最后根据模型分析了暴雨灾害的未来发展趋势并给出了未来六年 24 个季度各指标的预测值及其 95% 置信区间。

本节相对于《灾因报告（2012)》增加了“暴雨灾害马尔可夫预测”这一部分内容，马尔可夫预测是根据系统状态之间的转移概率来预测系统未来发展的随机模型，由于暴雨数据不太符合模型的要求，因而该方法不适用于暴雨灾害；其中在小波分析中，《灾因报告(2014)》用 Morlet 小波基替换了《灾因报告（2012)》中的 sym2 小波基函数，以更好地分析灾害时间序列的多时间尺度特征。另外，增加了小波系数模方图以及小波方差图，将原有的次均损失小波分析替换成农作物受灾面积小波分析，使分析的角度更加多样化；在灰色分析中，不论分析方法、逻辑还是结果都非常稳定；在神经网络分析中，《灾因报告（2014)》延续了《灾因报告（2012)》的分析方法和逻辑，并得到了 2013 年的预测值和实际值的相对误差小于 5% 的好结果；在时间序列分析中，《灾因报告（2014)》用 2012 年和 2013 年两年八个季度的实际数据与《灾因报告（2012)》中的相应预测值对比发现，大部分数值都落在了预测的 95% 置信区间，可见《灾因报告（2014)》的预测模型基本有效。课题组认真比较“暴雨灾害的趋势分析”这一章四种预测方法的自身特点和数学原理，结合暴雨的灾害特性和数据特点，可以认为神经网络分析和时间序列分析相对而言更适合暴雨灾害的趋势预测。

第二十章　暴雨灾害的异常损失分析

第一节　暴雨灾害的极值分析及赔期

一、暴雨灾害极值分析

（一）对于暴雨在未来一年内超过单次历史最高值的分析

根据暴雨拟合的信息，暴雨的年度频数符合参数值为 $k=2$，$p=0.025\ 683$，$q=0.974\ 317$ 的负二项分布，再根据 Gumbel's Method of Exceedance 中 S 的分布，可以得到未来一年内单次暴雨损失超过历史最高值的概率。

由于在给定未来一年的暴雨频数的情况下 S 是一个超几何分布，而暴雨的频数符合一个二项分布，因此可以用全概率公式来计算未来一年内超过历史单次最大损失的概率。即：

$$P\ (S=j)\ =\frac{\binom{r+n-k-j}{n-k}\binom{j+k-1}{k-1}}{\binom{r+n}{n}}$$

$$P(X=x)=\binom{2+x-1}{2-1}p^2q^x,p=0.025\ 683,q=0.976\ 756$$

$$P(S=0)=\sum_{i=1}^{\infty}P(S=0\mid r=i)P(i)$$

通过计算，得到未来一年内，单次暴雨损失不超过过去一年（2013 年）中单次最大损失的概率为 0.972 972 973。

在给定未来一年暴雨频数的情况下，未来一年中单次暴雨损失不超过过去一年最大值的概率如图 20－1 所示。可以看到，随着未来一年暴雨次数的增加，未来一年不超过过去一年最大值的概率下降，即超过过去一年最大值的概率上升。

（二）对未来年份暴雨造成的总损失情况的分析

在未来年份暴雨造成的总损失的预测中，可利用的年度损失数据是 1990—2013 年的数据，一共 24 个，数据量较小，其中最大值为 1991 年的 15 161.69 亿元（经过调整）。

先对数据进行排序，然后通过计算，得到表 20－1，未来 20 年内暴雨年度总损失不超过

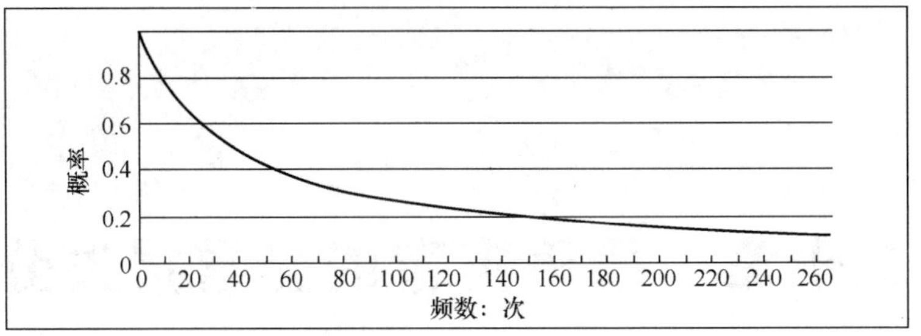

图 20－1　未来一年中单次暴雨损失不超过过去一年最大值的概率图

1991 年 15 161. 69 亿元的概率为 0. 545 45，超过 1991 年 1 次的概率为 0. 253 70，超过 2 次的概率为 0. 114 77。同样的，未来 20 年中，暴雨年度总损失不超过以前第二大总损失的概率为 0. 291 75，超过 1 次的概率为 0. 277 86，超过 2 次的概率为 0. 193 15。

表 20－1　未来 20 年内暴雨年度总损失预测情况

	不超过	超过 1 次	超过 2 次	超过 3 次	超过 4 次
最大值	0. 545 45	0. 253 70	0. 114 77	0. 050 39	0. 021 41
第二顺序量	0. 291 75	0. 277 86	0. 193 15	0. 115 89	0. 063 14
第三顺序量	0. 152 82	0. 223 64	0. 212 46	0. 163 43	0. 109 67
第四顺序量	0. 078 28	0. 156 55	0. 190 67	0. 180 64	0. 145 24
第五顺序量	0. 039 14	0. 100 35	0. 150 53	0. 170 87	0. 161 38

从图 20－2 中可以看到，未来 20 年不超过前 5 大极值的概率逐渐变小，而且概率下降速度非常快。未来 20 年内不超过最大值的概率还是比较大，但是不超过第 5 顺序变量的概率非常小，即说明未来 20 年超过 1991 年年度损失 12 603. 930 3 亿元的概率非常大。

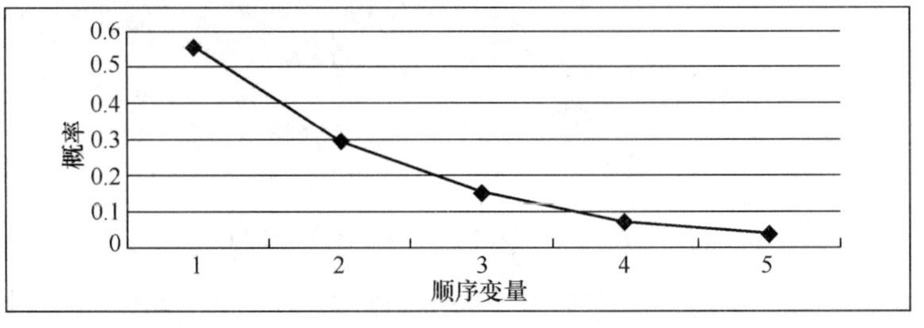

图 20－2　未来 20 年不超过前 5 大极值的概率分布图

图 20－3 展示的是未来 5 年、10 年、15 年、20 年中不超过最大的 5 个顺序统计量的概率。

从图 20－3 可以看到，预测的时间期限越长，不超过特定值的概率越小，即超过特定值的概率越大，这跟常识理解是一致的，但是这几条线的曲度不是很一致，未来 5 年的情况下，不超过前 5 大极值的概率差不多呈直线型下降，而预测期为未来 20 年的情况下，是一个下凸型的下降曲线，概率下降速度先快后慢。

从图 20－4 中可以看到未来 20 年的年度损失量中，不超过最大损失量的概率比较大，超过 1 次的概率约在 0. 25 的位置，以后超过次数越多，概率越小。

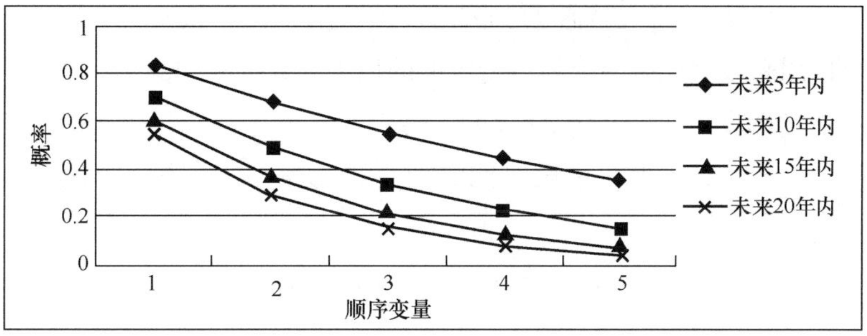

图 20 -3　未来不超过最大的 5 个顺序统计量的概率

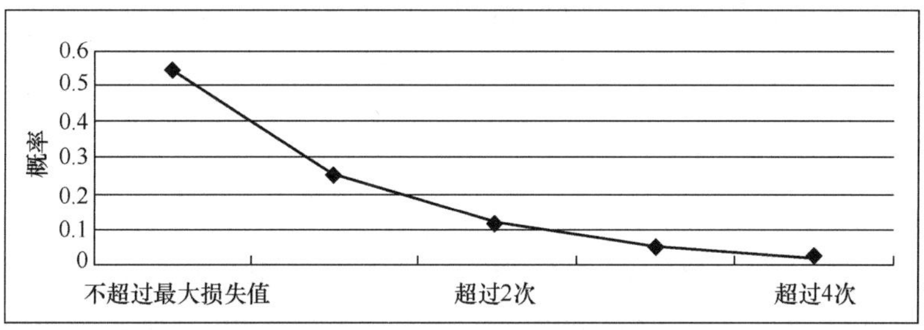

图 20 -4　未来 20 年年度损失量的极值预测图

图 20 -5 对比了未来 5 年、10 年、15 年、20 年中超过历史最大值的概率，可以看到未来不超过最大值的概率随着估计年限的增长而降低，而超过历史最大值的概率随着估计年限的增长而增长。

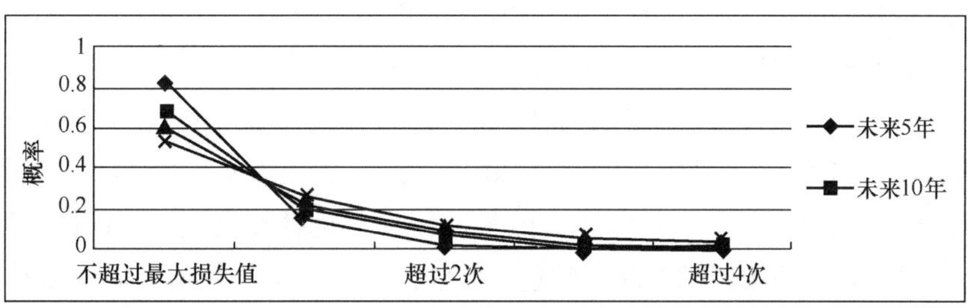

图 20 -5　未来年度损失量的极值预测

二、暴雨的赔期

X_i 可以作为分布为 F 的独立的随机变量，u 定义为一个已经给定的开始值。这样可以把 $I_{\{X_i>u\}}$ 当成是一个 Bernoulli 随机变量，成功概率为 $p=\overline{F}(u)$。定义第一次成功的时间为

$$L(u)=\min(i\geqslant 1: X_i>u)$$

则

$$P[L(u)=k]=(1-p)^{k-1}p$$

注意到独立同分布的随机变量

$$L_1(u)=L(u)$$

$$L_{n+1}(u)=\min\{i>L_n(u): X_i>u\} \qquad (n\geq 1)$$

$L_{n+1}(u)$ 可以用来表示连续两个超过给定值的损失之间的时间间隔。

事件 $\{X_i>u\}$ 的赔期可以定义为 $EL(u)=p^{-1}=[F(u)^{-1}]$。下面可以通过几何分布的特性来解决这个问题。定义 r_k 为在 k 段时间之前至少发生一次超过 u 的损失的概率。表达式如下：

$$r_k=P[L(u)\leq k]=p\sum_{i=1}^{k}(1-p)^{i-1}=1-(1-p)^k \qquad (k\in N)$$

这样就得到了 r_k 与 p 之间一一对应的关系。

在赔期之前的时间内发生一次超过 u 的损失的概率表示如下：

$$P[L(u)\leq EL(u)]=P[L(u)\leq(1/p)]=1-(1-p)^{(1/p)}$$

根据前面对年度总损失的预测，可以得到，未来 20 年内损失超过 u 的概率为：

$$P(X_i>u)=1-P(X_i<u)=1-0.545\,45=0.454\,55$$

即：

$$P[L(u)\leq 20]=0.454\,55$$

根据前面的分析，可以得到

$$P[L(u)\leq 20]=1-(1-p)^{20}=0.454\,55$$

解得 p 为 0.029 852 548，赔期为 p 的倒数 33.5 年。即像 1991 年那样大的年度损失，统计意义上 33.5 年才会再发生一次。

本节小结

本节首先采用 Gumbel 方法，计算了未来 5 年、10 年、15 年、20 年间暴雨灾害损失超过历史极值的概率，结果表明时间越长，损失超过历史极值的概率越大，当然这与常识上的理解也是一致的。然后计算出暴雨灾害的赔期为 33.5 年，统计上来说，即像 1991 的年度损失需过 33.5 年才会再次发生。相比于《灾因报告（2012）》，《灾因报告（2014）》中暴雨的赔期从 31.4 年增加到 33.5 年，即像 1991 年那样大的年度损失，统计意义上 33.5 年才会再发生一次。通过分析认为其原因在于 2012 年和 2013 年这两年的调整后灾害年总损失额都相对比较低，而极值和赔期理论是以循环样本数据为基本思路来计算赔期的，增加两年数值较低的样本，实际上降低了极值在样本中的比例，相当于“稀释”了极值的概率，从而延长了赔期。

第二节　暴雨灾害的重点灾区分析

一、1990 年以来重点省（区、市）暴雨灾害统计

从表 20－2 可以看出，虽然江西的暴雨受灾次数仅为 101，远远低于四川 254 次的记录。但是从次均经济损失和次均伤亡失踪人数来看，其远远高于其他省份。下面就重点分析江西省的

暴雨灾害情况。图 20－6 所示为 1990—2013 年江西省各年损失额。

表 20－2　1990 年以来重点省（区、市）灾害统计

省份	暴雨受灾次数	总经济损失（亿元）	死亡、伤、失踪人数（人）
安徽	82	923	44 016
广西	88	507	56 943
贵州	94	273	30 598
湖北	162	1 046	288 377
湖南	144	1 153	156 040
江西	101	1 036	166 082
四川	254	1 720	72 058

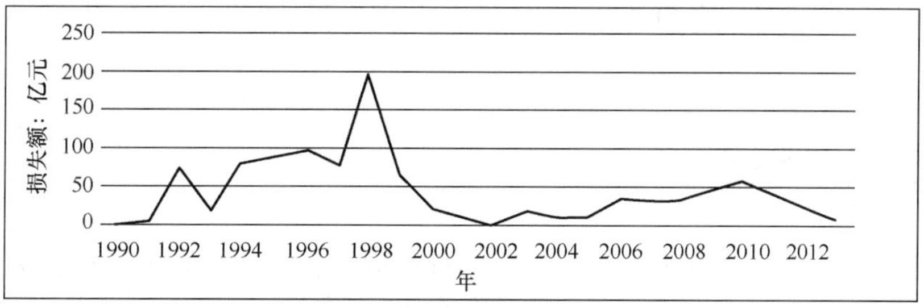

图 20－6　1990—2013 年江西省各年损失额

二、2011 年 6 月江西暴雨情况

2011 年 6 月，全省平均降雨量 362 毫米，较同期多年均值多 34%。其中，上饶市最多，平均降雨量 617 毫米，比多年均值多 90%；赣州市最少，平均降雨量 151 毫米，比多年均值偏少 35%；吉安市平均降雨量比多年均值少 11%；其他设区市平均降雨量比多年均值多 20%～73%。上饶市平均降雨量排历史同期第三位；南昌、九江两市平均降雨量排历史同期第四位（见表 20－3）。

表 20－3　2011 年 6 月江西省各地降雨量与同期多年均值对比表　（单位：毫米）

地区	上饶	景德镇	南昌	宜春	鹰潭	九江
2011 年 6 月	617	555	503	441	440	415
多年均值	324	320	292	272	339	248
当年/均值	1.9	1.73	1.72	1.62	1.3	1.67
地区	抚州	萍乡	新余	吉安	赣州	全省
2011 年 6 月	364	320	290	203	151	362
多年均值	304	232	237	229	234	269
当年/均值	1.2	1.38	1.22	0.89	0.65	1.34

6 月份江西省出现 4 次降雨过程：

6 月 2—7 日，全省平均降雨量 119 毫米，降雨主要分布在赣东北、赣西。鹰潭市 238 毫米，上饶市 207 毫米，宜春市 184 毫米。累积降雨量以丰城市紫云山站 329 毫米为最大，日降雨量以 4 日上高县塘下庙站 202 毫米为最大。全省发生暴雨 246 站次，大暴雨 63 站次。

6 月 9—15 日，全省平均降雨量 141 毫米，降雨主要分布在赣东北。景德镇市 287 毫米，南昌市 257 毫米，上饶市 235 毫米。累积降雨量以婺源县鄣山站 529 毫米为最大，日降雨量以 14 日婺源县裔村站 260 毫米为最大。全省发生暴雨 283 站次，大暴雨 89 站次。

6 月 18—19 日，全省平均降雨量 32 毫米，降雨主要分布在赣东北。上饶市 86 毫米，景德镇市 81 毫米，南昌市 54 毫米。累积降雨量以玉山县五色潭站 249 毫米为最大，日降雨量以 18 日五色潭站 182 毫米为最大。全省发生暴雨 75 站次，大暴雨 12 站次。

6 月 28—29 日，全省平均降雨量 27 毫米，降雨主要分布在赣西、赣东北。萍乡市 89 毫米，景德镇市 34 毫米，上饶市 33 毫米。累积降雨量以萍乡市萍乡站 159 毫米为最大，日降雨量以 28 日临川区茅排站、泰和县伯佐站 111 毫米为最大。全省发生暴雨 34 站次，大暴雨 5 站次。

三、江西暴雨特征①

根据江西历年水文资料，江西暴雨具有四大特性的危害，即三大雨型猛、两月比值大、一日雨量多与半年时程长。这四大特性凶猛异常，必须防范。

（一）雨势凶猛

江西暴雨来势猛烈。可分为三大类型，即锋面气旋雨型、台风雨型与热雷雨型。江西自然地理位置处于亚热带东南季风区，其水汽主要来自太平洋，其次是东海与印度洋的孟加拉湾，一般年份从 4 月前后开始盛行暖湿的季风。当冷暖锋面交织于江南一带，静止锋在江西省境内维持，造成锋面气旋雨型。其降水历时长、雨量大，一次降水过程常达 500 毫米左右，历时长达几天至十几天。当台风沿海侵入江西省境内，并带暴雨，即为台风雨型。其降水历时虽较短，仅为 1 小时或数小时，但降水的强度大且降水量多，在较短历时内，降水量可达数百毫米，在个别地方，特大暴雨降水量竟高达上千毫米之多。台风雨多发生在 7—8 月。热雷雨型出现在酷暑，大都为地方性雷阵雨，电闪雷鸣，侵袭猛烈，风狂雨骤，历时短，一般在 1 小时左右，来去匆匆，降水强度大，最大强度 1 小时可超过 100 毫米。赣北大都是锋面气旋雨型，有少数台风雨型，偶有热雷雨型。赣南则三大雨型俱备，但锋面气旋雨弱于赣北，台风雨型与热雷雨型则比赣北的强烈。

（二）暴雨集中

江西省 5—6 月的锋面气旋雨频率大，雨量猛增，因此造成大洪水，处于主汛期，正是暴雨洪水危害的集中期，防洪抢险极为艰苦。仅仅这两个月雨量，就占全年总雨量的 40% ~50%，一年中的最大月雨量也常出现在这两个月中的某个月。在宁冈、泰和与宁都、石城等县一线以

---

① 刘福浅，周润根，李惠明．江西省暴雨特性分析［J］．水资源研究，2005（3）．

北以及铜鼓、高安、南昌、波阳和德兴等县一线以南的江西中部，一年最大雨量常出现在5月，其他地方，一年最大雨量常出现在6月。

以台风雨为主的7—8月雨量，就比锋面气旋雨为主的5—6月的雨量要小，仅占全年总雨量的20%左右。在波阳、高安、新余、乐安与宁都等县一线以东小于20%左右，以西则大于20%，各地山区大于平原。正常年份，5—6月就占全年总雨量比值的一半，雨量集中。

（三）日雨量多

江西暴雨标准为1日降水量等于或大于50毫米。正常年份最大1日暴雨，全省各地大都在200毫米左右，总体格局为北大于南，即北部大于200毫米，南部小于200毫米。最大暴雨的高值区可以分为3个区，即庐山山区、潦水流域、上饶怀玉山一带。最多者庐山1日雨量超过700毫米，其他两高值区的最大1日雨量接近500毫米。无论是暴雨笼罩面积或暴雨日数，还是主峰雨量，也都是北大于南。然而，南部暴雨较之来势猛烈，往往是暴雨骤至，就形成主峰雨，次峰雨便紧跟其后，其历时都较短，因之降水强度大，呼啸袭来，走向不一，常有变动。北部的暴雨走向，则大都是东西向的。

（四）持续期长

江西暴雨活跃时期在3—8月，尤其是4—6月最为集中，形成主汛期。6月份过后，基本结束雨季，但7—9月受台风雨侵袭，也是来势凶猛，雨量大，也会酿成灾害。所以全年4—9月为期长达半年之久都常会发生暴雨。

四、江西省单次重大暴雨灾害

（一）“98·6”江西省特大暴雨①

1998年6月12—27日，江西省出现了一次罕见的连续暴雨过程，有38个县市的过程雨量超过500毫米，最大过程雨量达1 026毫米（横峰），暴雨和大暴雨（包括特大暴雨）分别达194站次和94站次，大暴雨日（任一站日雨量≥100毫米）数达13天，其中连续大暴雨日数达8天。这次罕见的连续暴雨过程导致江西受灾人口1 169万人，农作物受灾面积874千公顷，房屋倒塌损坏数量1 072万间，77 221人死伤或者失踪，总经济损失达195亿元。损失之惨重历史少有。

关于这次大暴雨的成因，总体说来有以下特点：

特点之一是高空环流形势特殊。“98·6”降水类似于江淮梅雨，但它的高空环流特征既不同于早梅雨，也不同于一般的梅雨，其最大差异在于，孟加拉国附近有个副高中心，从孟加拉国到青藏高原东部是一个稳定的高压脊，江西处在脊前的平直西风控制下。仅从500千帕环流形势看，对连续暴雨的形成并不很有利。

特点之二是抵免冷空气弱且活动次数少。冷空气是重大连续暴雨形成的必备条件，但是在长达16天的连续暴雨过程中，只有两次很弱的冷空气南下侵入江西。单就冷空气条件来说，也

① 张延亭，张瑛．江西98·6连续大暴雨过程特征成因分析［J］．江西气象科技，1999（2）．

不足以造成像“98·6”降水这样强大的连续暴雨过程。

特点之三是中低层西南气流特别活跃。江西暴雨与中低层西南气流关系密切，重大降水过程都有西南急流相伴。在“98·6”降水过程中，中低层西南气流特别活跃，在江西的上游始终保持着一支强大的西南气流，为连续暴雨形成创造了极有利的条件。

特点之四是中低层切变线稳定。切变线稳定是降水在同一地区集中的重要条件。低涡活动是导致切变线南移的重要原因之一，受特殊的高空环流形势影响，“98·6”降水期间竟无一个明显的低涡经过江西，所以切变线特别稳定，降水特别集中。

特点之五是降水的热力作用明显。简单地说，峰前降水热力作用最重要，峰后降水动力抬升最重要。统计表明，“98·6”降水过程的降水中心落在峰后的只占14.3%，可见热力作用十分突出。

（二）2010年江西吉安市暴雨

2010年入汛以来，江西省吉安市气候异常，暴雨频繁，雨量强度大，特别是6月17日后，受北方冷空气和西南暖湿气流及中低层切变低涡东移影响，吉安市发生了大范围持续暴雨洪水过程，暴雨强度之大，覆盖范围之广，洪峰水位之高，洪水次数之多，高水位持续时间之长均为历史罕见。这次特大暴雨，造成吉安市157. 6万人受灾，倒塌房屋11 356间，128个乡镇受淹，农作物受灾面积13.6万平方千米，绝收3.85万平方千米，毁坏耕地2 622.6平方千米，农村公路、桥梁、电力、通信、水利等设施损毁严重，直接经济损失达31. 99亿元，是全省的重灾区之一。表20－4为吉安市“2016·6”洪水期各县（市、区）平均降水量统计表。表20－5为吉安市各县（市、区）2010年4月1日至6月25日降水情况统计表。

表20－4　吉安市“2010·6”洪水期各县（市、区）平均降水量统计表

县（市、区）	2010年6月17—25日降水量（mm）	正常年6月份总降水量	同比/%
遂川	201	231	－13
万安	257	225	14
泰和	320	219	46
井冈山	335	256	31
永新	279	226	23
安福	342	239	43
吉安	319	224	42
吉州	374	222	68
青原	358	222	61
吉水	374	251	49
永丰	377	259	44
峡江	333	250	33
新干	322	253	27
全市平均	312	235	33

表 20－5　吉安市各县（市、区）2010 年 4 月 1 日至 6 月 25 日降水情况统计表

县（市、区）	2010 年 4 月 1 日—6 月 25 日降水量	正常年同期降水量	正常年年总降水量	2010 年比正常年同期多/%	2010 年占正常年年总降水量/%
遂川	732	588	1 604	24	46
万安	857	583	1 428	47	60
泰和	1 010	604	1 391	67	73
井冈山	1 025	661	1 747	55	59
永新	1 141	619	1 528	84	75
安福	1 169	640	1 538	83	76
吉安	1 135	619	1 470	83	77
吉州	1 215	615	1 445	98	84
青原	1 134	615	1 445	84	78
吉水	1 214	666	1 545	83	79
永丰	1 203	666	1 542	81	78
峡江	1 108	674	1 559	64	71
新干	1 167	650	1 465	80	80
全市平均	1 056	639	1 524	65	69

1. 天气形势

2009 年太平洋发生了厄尔尼诺现象，导致我国不断发生极端气候。厄尔尼诺现象与江西等地汛期降水的关系密切。2010 年是厄尔尼诺现象的次年，汛期西太平洋副热带高压偏南，江西全省大汛期（4—6 月）出现严重或明显洪涝的概率高。同时，北方冷空气强度偏强，向南扩张明显，西南的暖湿气流也异常强盛。冷暖空气在江西上空强烈交汇，双方势均力敌，形成南北拉锯的对峙局面，引发多个暴雨云团，造成暴雨显著偏多。由于吉安西部有雄峻的罗霄山脉，西北有高耸的武功山，6 月中下旬强盛的西南暖湿气流与来自偏西北方向的冷空气在此交汇，受地形抬高影响，空气迅速上升遇冷，因此产生了历史同期罕见的暴雨过程。

2. 地理情况

吉安市地处江西中部偏西，位于赣江中游，地理位置在东经 113°50′～115°56′，北纬 25°59′～27°58′，东与抚州市崇仁县、乐安县毗邻，南和赣州市赣县、上犹县相连，西同湖南省桂东、炎陵县交界，北与宜春、新余、萍乡等市接壤。吉安市总面积 25 271 平方千米，现辖 10 县 2 区 1 市。赣江自万安县良口进入吉安市，自南向北流经 6 县 2 区，于新干县三湖镇的刘家坊流出吉安市。吉安市属山地丘陵区，地势东、南、西三面环山，南高北低。以赣江干流为轴线，两岸地势低平，丘陵、小盆地众多，河网水系发达。吉安市境内有流域面积大于 10 平方千米河流 695 条，其中，100 平方千米以上河流 73 条，1 000 平方千米以上的有遂川江、蜀水、孤江、禾水、乌江、泸水、牛吼江、洲湖水共 8 条，其中遂川江、蜀水、孤江、禾水、乌江是赣江一级支流，以禾水流域面积 9 103 平方千米为最大。

3. 暴雨情况

自 2010 年 6 月 17 日以来，吉安出现全市性持续暴雨、大暴雨过程。据实测水文资料统计，6 月 17 日至 25 日，全市平均降水量达 312 毫米，为正常年 6 月总降水量的 1.3 倍，全市 13 个

县（市、区）有108个乡（镇）的降水量超过300毫米，有6个县（市、区）28个乡（镇）的降水量超过400毫米，最大为永丰县城达491毫米，相当于该站正常年份6月份总降水量的1.9倍。

从汛期开始，4月1日至6月25日，全市平均降水量1 056毫米，为正常年同期降水的1.7倍，占正常年年总降水量的69%，列1951年有水文记录以来第2位，仅次于1954年。发生概率为50年一遇。从2010年1月份以来总的降水情况分析，1月1日至6月25日，全市平均降水量1 365毫米，比正常年同期偏多44%，占正常年年降水量的90%，为1951年有记录以来最大，发生概率为50年一遇。

本节小结

本节详细分析了暴雨灾害重点地区江西省的受灾情况。从"98·6"江西特大暴雨、2010年江西吉安市暴雨、2011年江西暴雨三大暴雨灾害事件可以看出，江西暴雨具有三大雨型猛、两月比值大、一日雨量多与半年时程长四大特性的危害。这四大特性凶猛异常，必须防范。

第三节　暴雨的重大灾害分析

一、2012年重大暴雨灾害分析[①]

2012年，全国降水总体偏多、洪水多发重发、台风登陆密集，有7个台风在我国沿海登陆，带来了长历时、大范围、高强度的降水过程，致河北、辽宁、吉林、上海等17省（区、市）753县（市、区）受灾，受灾人口3 082.91万人，因灾死亡49人、失踪18人，紧急转移467.08万人，农作物受灾面积304.14万公顷，倒塌房屋8.82万间，直接经济损失648.75亿元。虽然台风或热带风暴引发的暴雨并不在暴雨灾害的统计范围内，但其引发的暴雨影响之大不容忽视，因而将其包含在本节内容中。

（一）主要暴雨灾害过程

4月，华南、江南降水较多，出现7次大到暴雨过程，部分地区出现洪涝灾害。广西梧州、江西新余和宜春、湖南郴州和湘潭以及福建龙岩、三明和宁德均遭受不同程度暴雨、风雹袭击。灾情较严重的是4月19—20日发生在广东茂名的暴雨洪灾，造成16.1万人受灾，转移1万余人，失踪5人，直接经济损失2.35亿元。同期，广州、深圳部分地区发生严重城市内涝。

5月，我国南方地区降水较频繁，共出现5次大范围降水过程。降水强度较大、影响范围广且灾情较严重的是5月11—15日发生在江南、华南、贵州及四川的强降水过程。该过程造成江西、湖南等9省（区、市）450.2万人受灾、15人死亡、6人失踪，农作物受灾面积16.7万公

① 引自《中国水利年鉴（2013）》。

顷，直接经济损失26.5亿元。甘肃多地出现泥石流灾害，共造成61人死亡、22人失踪，直接经济损失达84.5亿元。其中，10日甘肃岷县发生的特大山洪泥石流灾情最重。

6月中上旬，强降水主要位于江南、华南及云贵一带，下旬中后期，雨带北伸至华北、江淮、华西一带。6月南方出现4次大范围降水。其中，6月21—28日的强降水过程造成江西、湖南、广西、广东、浙江、福建等12省（区、市）971.6万人受灾、37人死亡、45人失踪，直接经济损失72.8亿元。甘肃、新疆、内蒙古等省（区、市）局地发生不同程度的暴雨洪涝或滑坡、泥石流灾害。

7月，强降水大多位于江淮、黄淮、华北、东北及西北地区东部。区域性暴雨较频繁且强度大，导致部分地区严重洪涝、滑坡、泥石流灾害。影响最大的是7月21—22日北京、天津、河北特大暴雨过程。此过程已囊括在本书的洪涝篇中，本篇不再赘述。此外，11个气象站日降水量超历史极值，海河流域的北运河出现破历史纪录的特大洪水，拒马河出现1963年以来最大洪水，北京、河北两地因灾114人死亡、21人失踪，直接经济损失达281.3亿元；7月下旬，受持续降水影响，湖南湘水、资水、沅水部分干支流及东南洞庭湖全面超警戒水位，全省1 233座水库溢洪；江西赣江中游支流发生超警戒洪水，长江三峡24日出现建库以来最大洪峰。

8月，强降水多集中于华北、东北、华西、西北地区东部及黄淮流域。其中，台风暴雨频发，共6个热带气旋在我国登陆，且强度强、影响范围大，全国20余省（区、市）受到影响，局部地区降水量超历史极值，16条河流出现超历史纪录特大洪水，4 000多万人次受灾，直接经济损失超过1 000亿元，为2001年以来同期最重。

9月中上旬，西北东部、西南东部、华北、黄淮、江汉西部等地出现3次较强降水过程，云南、贵州、四川、陕西、内蒙古、湖北、河南、湖南等地发生暴雨洪涝灾害，造成48人死亡，直接经济损失达140.6亿元。受台风“三巴”影响，东北地区平均降水量达1995年以来最多。

10月强降水偏少。受台风“山神”影响，27—30日海南、广东西部、广西东部和南部出现大到暴雨，造成海南、广西、广东3省共170.8万人受灾，1人死亡，6人失踪，直接经济损失12.4亿元。

（二）灾情详解——2012年8月台风暴雨灾害[①]

1. 灾害过程概述

8月2—8日，2012年第9号台风“苏拉”、第10号台风“达维”、第11号台风“海葵”先后在福建福鼎、江苏响水、浙江象山登陆，受其影响，江苏、福建等省陆续出现强降水过程，最大点雨量湖北房县佘家河792毫米，150条中小河流发生超过警戒水位洪水，8条河流发生超历史水位洪水，浙江、湖北、山东、江苏、辽宁、安徽、福建、江西、上海、河北、湖南、河南、吉林、广西14省（区、市）2 189万人遭受洪涝灾害，农作物受灾面积达207.1万平方千米，死亡36人，失踪7人，倒塌房屋7.67万间，直接经济损失523.36亿元。

2. 保险行业灾害应对情况

台风“海葵”对东南沿海造成严重损失，中国保监会高度重视，组织全行业迅速行动，及时应对，全力投入救灾理赔工作。并及时下发了《关于做好保险业应对台风、暴雨等极端天气事件有关事项的通知》，对应急体制、理赔服务和抗灾救灾等方面提出了明确要求，全面做好应

① 参考资料：《“苏拉”和“达维”——台风专题》，中国气象网。

对灾害的各项工作。江苏保监局要求全省保险业高度重视，落实责任，强化责任追究制度，沿海公司主要负责人要靠前指挥，相关责任人员全部上岗，对投保单位全面梳理，充分发挥保险社会管理和经济补偿作用；做好保险理赔工作，建立快速理赔通道，认真履行合同，加快理赔速度，提高理赔效率，特别是经办农业保险的公司，要做好农业保险灾害应对；完善应急管理机制，加强应急处理能力。

据保监会发布的数据，截至 8 月 13 日，沪浙苏皖甬等受灾地区共接到报案 45 681 起，估损金额 14.6 亿元。其中，车险报案 16 920 起，估损金额 8 706 万元，企财险、工程险报案 13 005 件，估损金额约 8.3 亿元；农业保险报案 8 774 件，估损金额约 4.6 亿元。

二、2013 年重大暴雨灾害分析①

2013 年，东北大部雨季早、降雨多，洪水量极大、持续时间长，暴雨造成的洪涝灾害严重。黑龙江、吉林、内蒙古（东部）、辽宁合计受灾 1 030 万人，死亡 116 人，失踪 88 人，倒塌房屋 10.6 万间，农作物受灾 392.7 万公顷，成灾 261.9 万公顷，直接经济损失 591 亿元。其中，辽宁抚顺、吉林桦甸等地局部山洪造成特别重大人员伤亡。

2013 年，台风灾害依然多发重发，台风登陆多，风力强、雨量大、灾害重，共有上海、江苏、浙江等 10 省（区、市）4 759 万人次受灾，死亡 100 多人，失踪 63 人，倒塌房屋 7.8 万间，直接经济损失达 1 259 亿元。其中，第 11 号超强台风“尤特”、超强台风“天兔”、第 23 号台风“菲特”等带来的损失尤为严重。

因局地强降雨造成的中小河流洪水和山洪灾害致死 560 人，占洪涝灾害死亡总人数的 72%，是洪涝致死的主要原因。辽宁省抚顺等地 8 月中旬暴雨和山洪致 77 人死亡，87 人失踪。

（一）主要暴雨灾害过程

4 月，全国平均降水量较常年偏少。28—30 日，江南、华南暴雨过程造成湖北、湖南、江西、广西、重庆、贵州等省（区、市）共计 160 多万人受灾，因灾死亡 15 人，直接经济损失 8.6 亿元。

5 月，全国平均降水明显增多。6—10 日南方大范围强降雨造成安徽、江西、湖北、湖南等 10 省（区、市）310 多万人受灾，16 人死亡，直接经济损失 15.4 亿元。14—17 日，南方地区再次出现大范围强降雨，安徽、福建等 10 省（区、市）340 多万人受灾，因灾死亡 35 人，失踪 13 人，直接经济损失 19.7 亿元。19—21 日，华南等地的大暴雨和特大暴雨造成广东、福建、江西、云南 4 省 120 多万人受灾，死亡 9 人，直接经济损失 23.8 亿元。

6 月，全国平均降水接近正常，但暴雨频繁发生。5—7 日，长江中下游地区、华南中东部等地出现强降水，558 万余人受灾，22 人死亡或失踪，直接经济损失近 24 亿元。23—25 日，长江中下游地区、华南地区及西南地区东部强降雨造成 48.9 万人受灾，5 人死亡，直接经济损失 23 亿元。26—29 日，广西北部至长江中下游地区出现持续强降水过程，造成云南、江西、湖南 95.5 万余人受灾，4 人死亡，直接经济损失超过 11 亿元。

7 月，全国降水偏多明显，暴雨灾害频发。8—13 日持续强降水天气造成四川省因灾死亡 68

① 引自《中国水利年鉴（2014）》。

人，失踪179人，直接经济损失179.5亿元。东北地区平均降水量较常年同期多54.4%，为1997年以来历史同期最多，共计80多万人受灾，11人死亡，直接经济损失15亿元。7月25—28日，甘肃天水、庆阳、陇南3市受暴雨袭击，54.1万人受灾，20人死亡，3人失踪，直接经济损失33.2亿元。月内先后有3个台风“温比亚”、“苏力”和“西马仑”登陆我国，据初步统计，共造成402.6万人受灾，7人死亡，直接经济损失63.9亿元。

8月，全国降水总体偏少，但区域性暴雨灾害严重。东北地区降水过程频繁，发生流域性持续大洪水，共造成黑龙江、吉林、辽宁、内蒙古死亡102人，失踪93人，直接经济损失420亿元。其中，辽宁灾情最重，有77人死亡，88人失踪，直接经济损失114亿元。8月20日，青海海西州乌兰县茶卡镇强降水引发山洪，造成24人死亡。月内有3个台风“飞燕”、“尤特”和“潭美”相继登陆我国，“尤特”造成广东、湖南、广西、海南4个省（区、市）73人死亡，15人失踪，直接经济损失165.6亿元。其中，广东损失最为严重。

9月，全国降水偏多。受登陆台风“天兔”影响，广东、福建、湖南、江西、广西等地34人死亡，1人失踪，受灾人口1 118.8余万人，直接经济损失达220.58亿元。其中，广东省30人死亡，1人失踪，直接经济损失达198.5亿元，灾情最为严重。

10月，全国平均降水量较常年同期偏少。7日强台风“菲特”在福建福鼎市沙埕镇沿海登陆。“菲特”是1949年以来10月登陆我国内地的最强台风。受其影响，浙江、福建、江苏、上海4省（市）10人死亡，1人失踪，直接经济损失623.3亿元，居近10年来单个台风直接经济损失之首。

（二）灾情详解——2013年7月8日四川特大暴雨①

1. 灾情过程概述

2013年7月8日—7月12日，受稳定少动的副热带高压和季风低压等低纬度地区天气系统的影响，四川盆地西北部出现了持续性大暴雨的天气过程，此次强降水具有强度大、范围广、强降水诱发的灾害重等特点。

2013年7月9日晚22时至7月10日13时，汶川县境内连续遭受强降雨，部分地方暴雨到大暴雨，降雨量最高为170毫米，导致国道213线和都汶高速公路中断，部分企业厂房、民房被淹。

7月10日10时左右，都江堰市中兴镇三溪村一组五显岗（五里峰）发生大面积山体滑坡，塌方体量大约2平方千米。经初步统计有11户房屋被毁，当地村民和游客已有2人死亡，21人失踪。

截至7月10日16时统计，此次暴雨洪涝灾害已造成14个市、州的64个县不同程度受灾，受灾人口145.3万人，死亡9人，失踪62人，紧急转移安置11万人，农作物受灾面积7.1万公顷，农房倒塌886户、2 293间，农房严重损坏1 338户、3 995间，农房一般损坏21 570户、77 232间，直接经济损失53.7亿元。

此次降雨过程日降雨量大，强度强，降雨集中，引发了山体滑坡、山洪、泥石流等灾害并造成了严重损失。整个强降雨过程总共造成349.05万人受灾，农作物受灾面积达16.3万公顷，共计1.4万间房屋倒塌，248人死亡、失踪或受伤，经济损失高达203亿元。

① 参考资料：《2013年四川特大暴雨灾害事件》，百度百科。

2. 保险行业灾害应对情况

2013 年7 月上旬以来，四川省各地普降大到暴雨。全省启动Ⅲ级防汛应急响应和地质灾害一级响应。四川保监局提前预警、积极行动，全体干部紧急动员，全力开展抗汛救灾工作。

四川保监局提前部署行业抗汛救灾工作。7 月 3 日在全省各地预计暴雨频发的情况下，及时下发《关于做好 2013 年防汛抗灾有关工作的紧急通知》，要求各保险机构、各地保险行业协会加强组织领导，及时启动应急机制，做好防汛抗灾工作准备，并将灾情及理赔情况及时上报。

灾情发生后，四川保监局第一时间启动了四川保险业重大突发事件应急预案，成立了抗汛救灾工作领导小组，实行 24 小时应急值班制度。组织开展受灾受损情况摸排工作，全面了解行业暴雨洪涝灾害接报案情况，明确专人负责收集统计灾害理赔情况，排查掌握行业自身损失，及时跟踪严重受灾地区和受灾案件的处理情况。同时，“12378” 热线开始接受保险报案咨询和理赔投诉。

四川保监局督促保险机构迅速开展救灾理赔。一方面，要求各保险机构、保险中介机构、保险行业协会成立应急小组，及时奔赴一线灾区掌握第一手灾情，支援当地抗洪救灾工作及灾后理赔工作。另一方面，要求各保险机构坚持“重合同、守信用、责任范围内应赔尽赔快赔”的理赔原则，尽快在灾区建立报案及理赔服务点，统一接报案、统一查勘定损、统一理赔服务，充实理赔力量，简化理赔程序，开展行业协作，提高理赔服务效率，确保受灾群众及时恢复生产。

赔付情况统计：截至 7 月 10 日，据四川省保监局初步统计，四川省保险业接到本次暴雨洪涝灾害报案 1 908 件，其中，农作物受灾面积达到 11. 59 万亩，养殖业标的受灾 2 500 余头，水产受损 1 800 亩。

三、2014 年重大暴雨灾害分析①

2014 年，全国降水量接近常年，主汛期北方降雨少，华西秋雨总量偏多；大江大河水情总体平稳，中小河流超警数量多。

2014 年，江西省遭到了多次暴雨袭击。5 月，江南、华南等地多降雨，部分地区出现持续性降雨，引发洪涝等灾害。据截至 5 月 18 日的初步统计，江西省九江、抚州、南昌等 5 市 11 个县（市、区）18 万人受灾，100 余间房屋倒塌，农作物受灾面积 1. 62 万公顷，其中绝收 400 余公顷。6 月，入汛最强降雨袭击江西多地，赣东北地区河流水位暴涨。截至 6 月 21 日，灾害已造成该省近 80 万人受灾，5 人因灾遇难。

2014 年，暴雨引发的城市内涝依然存在。6 月，江西多地连日降雨导致城市内涝，车辆被淹水中。5 月 20 日，深圳再遭暴雨袭城，全市进入暴雨紧急防御状态，暴雨导致深圳交通干道两侧树木折断，过往车辆路过低洼积水处溅起大波浪，出行的行人在暴雨中前行艰难。

（一）主要暴雨灾害过程

4 月，广东、广西、贵州、新疆、云南、甘肃、四川、重庆、安徽等地先后出现雷雨大风、

① 参考资料：《2014 年暴雨灾害》，中国经济网。

冰雹等强对流天气；4 月 23—26 日，江南、华南出现连续 4 天的暴雨过程，暴雨强对流致使局地受灾。

5 月，南方地区暴雨频发，部分地区洪涝灾害严重。5 月 21—26 日，南方连续强降水共造成福建、江西、湖南、广东、广西、贵州 6 省（区）直接经济损失 61 亿元。

6 月，南方地区强降水天气较多，暴雨、洪涝、泥石流、滑坡等灾害共造成贵州、湖南、江西、浙江、广西、福建等省（区）直接经济损失超过 120 亿元；北方地区因强对流天气、洪涝等灾害共造成直接经济损失 8 亿元。6 月 16 日，1 407 号热带风暴“海贝思”在广东汕头登陆，造成广东、福建 2 省直接经济损失 8 亿元。

7 月，南方强降水天气较多。7 月 3—6 日，强降水共造成贵州、广西、湖南、湖北、安徽、江苏、浙江 7 省（区）较为严重的洪涝灾害，直接经济损失 32. 6 亿元。月内，1409 号超级台风“威马逊”、1410 号台风“麦德姆”先后登陆我国，分别造成直接经济损失 384. 8 亿元和 34. 2 亿元。

8 月，江南、华南、西南东部部分地区暴雨洪涝频繁。8 月无台风登陆我国，为历史同期罕见。8 月 6—13 日，贵州、重庆、湖北、四川、福建、江西、浙江、广东、广西等地部分地区发生洪涝灾害，直接经济损失 27. 6 亿元。16—20 日，四川、重庆、贵州、湖南、浙江、福建、广东、广西、江西等地发生暴雨洪涝，直接经济损失 26. 2 亿元。

9 月，1415 号台风“海鸥”和 1416 号强热带风暴“凤凰”先后登陆我国。“海鸥”共造成广东、广西、海南、贵州、云南 5 省（区）直接经济损失 176. 5 亿元。“凤凰”造成浙江宁波、台州、温州等 6 市直接经济损失 9. 5 亿元。9 月 8—18 日，华西地区、黄淮大部、华北西南部等地出现持续强降水，湖北、重庆、四川、贵州、云南、陕西、甘肃 7 省（市）直接经济损失达 130. 5 亿元。

10 月 27—30 日，四川盆地、贵州至长江中下游一带出现持续强降水过程，局地发生暴雨洪涝，强降雨造成四川、重庆、湖南 3 省（市）直接经济损失近 1 亿元。

（二）灾情详解——2014 年 5 月南方特大暴雨①

5 月 19 日以来，江南、华南和西南地区东部出现强降雨过程，部分地区大到暴雨，局部地区大暴雨，并伴有雷暴、短时强降水、冰雹等强对流天气，引发洪涝、风雹、滑坡等灾害。据国家减灾委办公室统计，截至 5 月 26 日 12 时，福建、江西、湖南、广东、广西、重庆、四川、贵州、云南 9 省（区、市）有 551. 3 万人不同程度受灾，37 人因灾死亡、6 人失踪，44. 7 万人紧急转移安置，19. 1 万人需紧急生活救助，2. 5 万间房屋倒塌，5. 2 万间不同程度损坏，农作物受灾面积 264. 8 千公顷，其中绝收 28. 4 千公顷，直接经济损失 73. 5 亿元。其中，广东因灾死亡 17 人、失踪 3 人，湖南因灾死亡 7 人、失踪 3 人，贵州因灾死亡 4 人，江西、广西因灾死亡各 3 人，重庆因灾死亡 2 人，广西因灾死亡 1 人。

四、存在的问题与建议

（一）现有问题

1. 部分地区防洪投入长期不足

除去天灾因素外，水患背后存在的基层水利设施连年欠账、城乡水利资源分布不均等问题

① 引自国家减灾网。

是导致暴雨洪涝灾害造成重大人员财产损失的原因之一，尤其是中小河流水利设施建设更是较为落后。有专家指出，中国目前的中小河流防洪仍在吃数十年前的老本。从近期发生的暴雨灾害来看，中小河流防洪堤坝和农村水利设施加固，已到关键阶段。此外，对比广东、福建、江苏等沿海地区的防汛信息化水平，我国内陆地区在雨情、水情和防情“三情”监测网络建设和应急系统建设等方面有待进一步提升。

2. 农业保险理赔有限

暴雨灾害不光让很多村庄受淹，很多种植户、养殖户的经济作物也毁于一旦。很多农业保险都是政策性保险，主要针对油菜、粮食、家禽等国家战略性农产品以及大棚等农业设施。另外理赔条件苛刻，国家对经济作物的农业保险补贴也不多，造成农业保险入保率不高。此外还存在保障力度不大、保险范围不广等问题。虽然政府对此有补贴，但是不多，很多保险公司不愿意开展相关业务。

（二）相关建议

1. 加强地方水利设施建设，提高中小河流堤岸防汛能力

各级政府应及时对病险水库进行检测排查，及时对水库进行除险加固，提高水库蓄水、泄洪能力，注重偏远的小型水库通信报警设施的建设问题，要确保一旦发生洪水险情，下游的群众能够及时转移，同时要落实每一座水库的管护责任，确保每一座水库有人管，有经费来维护，确保这些工程能够良性运行。

加强中小河流治理力度，科学规划、统筹安排、合理建设，提高中小河流重点河段的防洪减灾能力，保障区域防洪安全和粮食安全，兼顾河流生态环境，开展以堤防加固和新建、河道清淤疏浚、护岸护坡等为主要内容的综合性治理项目，充分发挥中小河流治理综合效益。

2. 探索天气保险，减少气象灾害损失

天气保险在我国也被称为“气象指数保险”，主要是指客户向保险公司投保，一旦天气异常使企业或个人遭受经济损失后，由保险公司向投保者提供赔偿的一种保险方式。我国是一个农业大国，天气风险尤其是暴雨洪涝风险常导致农作物减产，因此近年来我国开始了农作物气象指数保险的研发与推广，相对于一般农业保险而言，气象指数保险具有查勘定损费用低、道德风险和逆选择风险小等优点，目前我国开展的天气保险主要停留在农业保险层面，险种也较单一，随着气象研究水平的发展与保险产品设计开发的完善，天气保险还可以用于娱乐业、旅游业、建筑业、零售业、饮食业、运输业等方面。

本节小结

在“暴雨的重大灾害分析”部分，课题组详细回顾了自2012年以来的全国雨情与灾情。由于洪涝灾害是暴雨引发的最重要的次生灾害，作为对第三篇中洪涝重大灾害分析的补充，本篇分别选取2012年8月台风引发的暴雨灾害、2013年7月四川特大暴雨灾害以及2014年5月南方特大暴雨灾害进行详细分析，回顾了保险业过去的暴雨灾害应对表现并为今后的暴雨灾害防范、治理提出了建议。

第五篇

CHAPTER FIVE

火灾灾因分析

第二十一章　火灾灾害基本特征

第一节　火灾与火灾灾害

一、火灾的定义

火灾，是指在时间或空间上失去控制的燃烧所造成的灾害。凡是具备燃烧条件的地方，如果用火不当，或者由于某些事故或其他因素，造成火焰不受限制地向外扩张，就可能形成火灾。

火灾对人类和社会造成的破坏巨大，其造成的损失大大超过其直接财产损失。如果不考虑火灾对环境破坏造成的影响，可以把直接财产损失、间接财产损失、人员伤亡损失、消防补救费用、保险管理费用以及投入的火灾防护工程费用统称为火灾代价。根据世界火灾统计中心以及欧洲共同体研究的结果，大多数发达国家每年火灾直接损失约占国民经济总产值的 0.2% 左右，而整个火灾代价约占 1% 以上。如果将火灾对环境造成的破坏计算在内，其损失程度将更大。近年来，在全球范围内，每年发生的火灾就有 600 万 ~700 万起，有 65 000 ~75 000 人死于火灾。由此可见，火灾防治是人类社会的一项长期的重要任务。

二、火灾的特点

整个火灾过程大体上可以分为初期增长、充分发展和减弱三个阶段。

初期增长阶段：这一阶段火灾范围较小，还没有产生高热量辐射及强气体对流，因此不具有强烈破坏性，如果扑救及时方法得当，完全可以将火灾控制在局部，甚至完全扑灭火焰。

充分发展阶段：当火灾没有得到及时控制，发展到剧烈燃烧时便进入火灾的充分发展阶段，此时火场燃烧速度加快，温度急剧升高，产生高温辐射和气流，并会伴随可燃物不完全燃烧或者高温分解产生有毒有害气体，甚至由于可燃性气体的积聚产生爆燃，此阶段不仅火势难以控制，而且会对扑救人员和被困人员形成巨大的安全威胁。

减弱阶段：随着可燃物的消耗，火灾的燃烧程度逐渐减弱，以致明火焰熄灭。不过剩下的焦炭通常还将持续燃烧一段时间。同时由于燃烧释放的热量不会很快散失，着火区内温度仍然较高。这一阶段会因为地理位置、火场环境的不同持续时间有所不同。特别注意，此阶段若处理不当便会出现“死灰复燃”现象。

回燃是建筑火灾的另一种危害严重的火灾现象。如果火灾发生在基本封闭的房间内，则空气难以满足旺盛燃烧的需要，这时的燃烧规模较小，同时燃烧很不完全，烟气中含有大量的可燃成分。但是如果房间突然形成通风口，例如门被突然打开或者窗户碎裂，新鲜空气突然进入，则热烟气和新鲜空气可以发生较大范围的混合。这种可燃混合气体很容易被小火源点燃，并发生猛烈的燃烧，大团的火焰往往可以窜到建筑物之外。这种突发性的燃烧对人员安全，特别是扑救人员的安全构成很大的威胁。

以上描述的是火灾的自然发展过程。人们会采取各种可行的措施来控制或扑灭火灾，不同的措施可以在火灾不同阶段发挥作用。例如，在火灾早期，启动喷水灭火装置可以有效控制温度的升高，使得室内不能发生轰燃，并且火灾也会较快地被熄灭。

三、火灾的危害

（一）毁坏物质财富，残害人类生命

火灾的发生会造成巨大的直接和间接损失。1994 年 11 月 15 日，吉林省银都夜总会发生火灾，烧毁建筑物 6 800 平方米，烧毁长约 11 米、宽 6 米的 7 000 多万年前的黑龙江恐龙化石，以及展览室一批明代珍贵文物、文字资料和 10 万册图书，死亡 2 人，直接损失 671 万。文物损失无法估计确切的价值。

在发生火灾时会放出大量的热量、有毒气体及大量的烟气，给人员逃生带来困难，造成大量的人员伤亡，出现群死群伤现象。统计资料表明，火灾中大约 80% 的死亡是由于吸入毒性气体而造成的。

（二）破坏生态平衡

1987 年 5 月 6 日到 6 月 2 日几乎长达一个月的大兴安岭森林特大火灾，起火直接原因是林场工人在野外吸烟，间接原因是气候条件有利燃烧，可燃物多。人民解放军、森林警察、公安消防人员、广大职工近 10 万军民经过近一个月的殊死搏斗，才将大火扑灭。这场大火致使 193 人丧生，226 人受伤，火灾破坏了 1 000 多万亩（1 亩约合 0. 066 666 7 公顷）林业资源，大火殃及 1 个县城 3 个镇，破坏的生态平衡需 80 年才能恢复，经济损失高达 69. 13 亿元。据资料统计，我国年均森林火灾毁林面积达 100 万公顷（我国森林覆盖率仅为 13%，日本为 60%），森林大面积减少，造成洪水泛滥。

（三）造成不良的社会影响

火灾，尤其是恶性火灾，每次都使人们受到极大的心理震撼和精神刺激，轻者心有余悸，谈火色变，严重的造成极大的精神伤害。火灾如果发生在首脑机关、指挥系统、通信枢纽、涉外单位、名古建筑、风景区等，会造成不良的社会影响。而一些伤亡惨重、影响巨大的火灾，往往牵动着亿万群众的心，并引发一系列的社会问题。火灾的发生严重地影响人们的正常生活，打乱了人们的工作秩序，引发不满甚至是骚乱，损害国家的声誉。

四、火灾的分类

根据火灾发生的场所，火灾主要可分为建筑火灾、森林火灾、工矿火灾及交通工具火灾等类型。

（一）建筑火灾

1. 建筑火灾的危害及其原因

在各类火灾类型中，以建筑火灾对人们的危害最严重、最直接，因为各种类型的建筑物是人们生产和生活的主要场所，也是财富高度集中的场所。我国建筑火灾的形势一直比较严峻，这与我国的建筑结构形式、人民的生产和生活特点、我国的地理位置、气候条件、社会习俗等诸多因素有关。

2. 建筑火灾的可燃物分析

建筑火灾通常都是可燃物被点燃所引起的，因此可燃物在火灾中的性能对建筑火灾的发展起到非常重要的作用。可燃材料的性能有两类值得引起关注，即热释放速率和点火时间。热释放速率是指在规定的试验条件下，在单位时间内材料燃烧所释放的热量，与火灾的蔓延速度有关。点火时间则与火灾发生的难易程度密切相关。

建筑物室内装修的木质门窗、吊顶、塑料或木质墙壁装饰材料、家具用具、被褥衣物等纺织品、纸张都是可燃物。常见的可燃物可分为三合板、纸、棉布 3 种。

（二）森林火灾

1. 森林火灾的危害及其原因

森林火灾烧毁了大量的林木，降低林分密度；烧掉了土壤中的有机质，导致土地沙化和水土流失；烧死了土壤中大量的生物和微生物，打破了林区的生态平衡；还破坏了野生动植物的生存环境，更使得林区及其周围地区的气象和环境变得十分恶劣。

2. 森林火灾的可燃物分析

（1）森林可燃物的特性

森林可燃物的特性包括森林可燃物的理化性质和空间组合特征。可燃物的理化性质描述可燃物植物部分的特性，包括可燃物的化学性质以及密度、燃点、热值、含水率等物理性质，主要用来解释燃烧现象（能量释放大小、火线强度和火焰长度等）；可燃物空间组合特征描述可燃物组合的各种特性，包括可燃物的数量、大小、形状、密实度及连续性等，主要影响火行为（扩散速率与强度）。

（2）森林可燃物的类型

按物种类别可以将可燃物分为死地被物、地衣、苔藓、草本植物、灌木、乔木、森林杂乱物等；按可燃物分布的空间位置可以将可燃物分为地下、地表和空中可燃物；按易燃程度可分为易燃可燃物、燃烧缓慢可燃物和难燃可燃物；按燃烧时可燃物消耗可分为有效可燃物、剩余可燃物和总可燃物；按可燃物挥发性将可燃物分为高挥发性可燃物、低挥发性可燃物和中挥发性可燃物；按生活力将森林可燃物分为活可燃物和死可燃物。根据含水量时滞进行死可燃物分类是目前国际通用的死可燃物分类方法，根据死可燃物含水率的恢复时间又分为 1 小时、10 小时、100 小时、1 000 小时时滞的死可燃物等。

（三）工矿火灾和交通工具火灾

在我国，工矿火灾是很严重的。由瓦斯爆炸引发的特大煤矿火灾屡有发生，煤矿、生产烟火爆竹等危险品的私营企业、储存有危险品的场所时有火灾发生，酿成了巨大损失，尤其是人员伤亡严重，给社会造成极大影响。

生产和交换的发展带动了交通运输业的迅猛发展。众多可燃物的流通和调配，大量人员的转移，使交通工具火灾明显增多。例如，2000 年山东省共发生交通工具火灾 940 起，死 3 人，伤 8 人，造成直接财产损失 940 万元，分别占全省火灾发生总数的 5.5%，总死亡人数的 1.4%，总的直接财产损失的 11%。再如，2001 年北京市汽车拥有量为 166.4 万辆，共发生汽车火灾 637 起，直接损失 400 余万元。近年交通工具火灾发生频数和财产损失的额度增长趋势迅猛。

五、我国消防工作现状

（一）我国农村消防工作的现状[①]

1. 农村人口穷困下的消防现状

2013 年，我国农村居民人均纯收入仅为 8 896 元，城乡居民收入比例超过 3:1。在不少经济落后地区，农民因“穷”而无力改变生活条件，虽知身处危险环境，但由于生存与生活的需要，在面对“生计”与“安全”的二选一中，往往多数农民都选择了前者。农村火灾的多数受害者往往是老、弱、病、残等社会极端弱势群体，他们因无经济能力为自己创造良好的生活环境，长期居住于火灾隐患多、生活条件简陋、建筑耐火等级低的场所。由于收入低，大多农村家庭使用木柴和柴草等做燃料，住所周围堆积柴草等易燃可燃燃料，增加了火灾荷载。此外，随着农村经济的发展，“城中村”、城乡接合部产生了大量以生产、加工陶瓷、服装、印刷包装为主的小加工场和家庭式作坊，普遍存在“三合一”现象。

2. 乡镇财政“穷困”下的消防现状

乡镇财力普遍“吃紧”，直接制约了农村地区基础消防设施建设。按照国家消防站建设标准，一个消防站保护面积为 4～7 平方千米，而目前各基层消防中队辖区保护面积远远大于此标准。

3. 社会资源“穷困”下的消防现状

在农村，各类教育、文化等社会资源相对匮乏，农民很少能接受到正规的消防知识培训。大多数农村群众的文化程度还较低，对应有的消防法律法规和消防安全知识了解甚少，自防自救能力差，主要表现在：一是有些农民认为消防队救火要收费，有些农民不知道火警电话，有的报警时由于方言等原因常常讲不清楚正确的火灾地址，无法给消防队员提供到达火灾现场路线，延误有利的灭火时机，使火灾造成的损失更大。二是农村领导干部同样存在消防安全意识淡薄的现象，未能充分认识到做好农村消防工作对维护社会安全稳定和保障民生的重要性，认为在

① 白凤领，高锦田，苏丹．新农村消防力量建设问题研究［J］．消防科学与技术，2010（7）．

农村地区着几把火，纯属偶然或不慎，不足为怪。三是农村消防宣传形式单一，消防宣传力度不够，效果不明显。目前，农村防火宣传基本上还是靠发发传单、写写标语等形式，宣传教育工作还处于浅表状态，不能真正深入到农民的心中。

4. 法律法规不尽完善致火灾失衡

《消防法》第30条、31条、32条只对农村消防管理提出了原则性要求，与新《消防法》配套的两部规章《建设工程消防监督管理规定》和《消防监督管理规定》则主要针对机关、团体、企业、事业等单位及建设工程的监督管理进行了详细的规范，对农村消防工作同样只是提出原则性要求，操作性不强。如《消防法》对除单位外的场所存在火灾隐患逾期不整改的没有相关的行政处罚规定，而我国农村地区普遍存在大量的家庭式的小商铺、小经营场所及居住住宅；又如《建设工程消防监督管理规定》第2条第2款明确了该令“不适用住宅室内装修、村民自建住宅、救灾和其他临时性建筑的建设活动”。正是相关法律法规的不完善，导致大量的城乡接合部出租区、城中村、棚户区等类农村区域存在严重火灾隐患，却无应对之策，也使得这些区域成为火灾易发多发的“重灾区”。

（二）我国消防技术的发展现状

近年来，我国加强了对灭火救援工作的研究，并且取得了可观的成果。我国主要针对高层建筑火灾预防与扑救技术和城市火灾与重大化学灾害事故防范与控制技术进行了研究，在解决高层建筑、地下与大空间建筑、城市火灾的特性、预防与控制火灾新技术以及消防工程新技术的综合应用上取得了良好的成果。同时我国也对火灾探测报警与灭火技术、火灾模化技术及性能化消防安全设计、城市消防规划与灭火救援等进行了研究。

1. 火灾探测报警与灭火技术

探测失火处所的热度、离子浓度等信息并发送给报警装置的设备称为火灾报警探测器。随着科学技术的发展以及计算机技术在消防领域的应用，我国城市火灾探测报警与消防通信技术领域发生了巨大的变化。火灾探测报警系统可以提前了解火灾信息，给处理火灾灾情提供足够的时间，并且可以利用计算机技术实现消防联动控制的智能化，使消防中心可以及时确定火灾信息。我国消防工作人员通过对不同条件下应用背景信息和火灾参数的变化规律进行深入分析，建立了综合评估数学模型，研究并开发出了一系列新型消防系统和装备器材，诸如SD系列强力灭火液和高层建筑火灾智能型探测报警系统、循环启闭自动喷水灭火系统、卫星通信消防指挥系统等。

2. 建筑耐火性能与防火技术

建筑耐火性能与防火技术方面的研究主要包括建筑构（配）件耐火性能和建筑结构抗火失效过程的理论计算与实验分析、建筑火灾烟气毒性和火场防排烟技术以及防火阻燃技术等方面。在进行火灾成因判定时，可以利用迎火面法、锥形法、火灾动力学理论和火灾现场微量痕迹的形成规律自主开发线性法等判定技术。

本节小结

本节对火灾的特点及火灾的危害进行了简要的介绍，方便读者对火灾有更加全面的认识；

根据交通工具的不同，火灾可以分为建筑火灾、森林火灾、工矿火灾及交通工具火灾等类型；后续的章节中，有一部分将围绕森林火灾进行专门的讨论。本节最后简要介绍了我国消防技术的发展现状。

第二节　火灾情况综述

一、数据来源及相关说明

在数据的搜集和整理过程中，课题组主要依赖于相关年鉴、网站提供的数据库和杂志。由于我国统计制度的变迁，在数据的整理过程中发生数据失真的情况在所难免。同时，由于数据年代久远，一些数据难免有所缺失。因而在数据的整理过程中，课题组通过对各种数据来源进行斟酌之后决定是否进行使用。

（一）数据的来源

火灾灾害的发生频数特征与火灾灾害的损失分布特征的具体来源如表 21 – 1 所示。

表 21 – 1　基本统计分析指标数据来源

指标	数据来源	年份
火灾灾害发生频数及其他相关信息	《火灾统计年鉴》	1998—2003
	《中国消防年鉴》	2004—2014
经济类指标（GDP 等）	《中国统计年鉴》	1997—2014
大专以上人数	国家统计局网站	1997—2014

（二）数据使用的说明和修正

本报告中火灾数据均来自公安部消防局编写的 1998—2003 年《中国火灾统计年鉴》和 2004—2014 年《中国消防年鉴》，其中，1998 年《中国火灾统计年鉴》主要记录了 1997 年的火灾数据，其余依次类推。所有涉及起火原因的数据是公安消防机构调查的火灾数据，其总数不一定等于按其他方式统计的总火灾数据。

根据《火灾统计年鉴》，火灾的行业、致火原因统计分别在 2000 年和 2006 年发生变化，此外去掉的很多统计维度都加入“其他”一项，所以，在描述性统计中，并未加入“其他”一项，只对主要的维度进行统计，避免“其他”项对于比例分析造成的干扰。本报告将火灾的起数、损失额和死伤人数按照不同的分类方法进行了分析。这些分类方法包括起火原因、行业、地区、起火月份和起火时段。

使用 GDP 对损失数据进行调整（频数不需要进行调整），并将所有的损失都调整到 2013 年的水平，调整方法为：

$$调整后损失 = 未调整损失 \times \frac{2013\text{年}\ GDP}{\text{当年}\ GDP}$$

（三）章节安排

和主要的自然灾害不同，火灾具有更大的地域性差异、时间差异、行业差异和致火原因的差异。因此，课题组立足于不同的起火原因，描述性统计分析不同时间、不同场所、不同行业的火灾状况。行文结构上，课题组力求和其他自然灾害保持一致，从频数和损失的描述统计和分布拟合两个角度进行，先分析全国性特征，之后分原因、场所、地域、行业进行不同起火原因的差异性描述，最后，根据致火原因进行分布拟合。力求通过本章分析，在对火灾总体情况有所认识的前提下，有重点、有差异地对火灾进行分析。

二、我国火灾的基本特征

（一）重大火灾基本特征

从我国2007年到2013年每年发生的特大重大火灾的情况可以得到关于我国目前火灾的一些基本特征：①公众聚集场所的火灾比较严重；②电气火灾是致灾的主要原因；③“三合一”场所发生火灾应引起关注；④应对重要节日的燃放烟花引起火灾给予足够重视。

2007年以来，全国因为燃放烟花而引发的重大火灾就有5起，其中2009年中央电视台附属在建工地由于燃放烟花引起的火灾造成损失16 383万元。因此，燃放烟花引起火灾应引起消防部门和广大居民的足够重视。表21－2所示为2007—2013年全国重特大火灾情况。

表21－2　2007—2013年全国重特大火灾情况

年份	失火单位	直接损失（万元）	火灾类别	火灾原因
2007	莆田市飞达鞋面加工厂	30.1	“三合一”场所	放火
2007	温州市人民西路朵朵鲜园艺有限公司	725.8	商住楼	照明线路短路
2007	台州市黄岩区东城街道绿汀路224号	43.4	商住楼	放火
2007	东莞市大岭山镇	8.0	“三合一”场所	电线短路
2007	抚州市本色精英酒吧	29.6	酒吧	燃放烟花
2007	朝阳市百姓楼大酒店	85.0	餐饮场所	用火不慎
2007	承德市承德县歌都歌厅	6.8	歌厅	放火
2007	深圳市龙岗区坪地洋华高新科技厂	587.0	厂房	违章操作
2007	东莞市樟木头镇名曲咖啡语茶餐厅	28.0	咖啡厅	空调电路线短路
2008	深圳市龙岗区舞王俱乐部	27.1	歌舞厅	室内发射烟花弹
2008	深圳市南山区龙飞再生物资有限公司	927.7	“三合一”场所	电线短路
2008	青岛市城阳区青岛佳元迈克食品有限公司	54.1	集体宿舍	遗留火种
2008	义乌市义亭镇成帅酒店	4.8	酒店	电脑故障
2008	乌鲁木齐市新疆德汇国际广场批发市场	30 000.0	市场	外来火源
2008	施耐德电气投资有限公司上海分公司物流仓库	8 372.8	库房	电气故障
2009	中央电视台新台址园区在建附属文化中心工地	16 383.0	高层建筑工地	燃放烟花

续表

年份	失火单位	直接损失（万元）	火灾类别	火灾原因
2009	福州市长乐市拉丁酒吧	11.0	酒吧	燃放烟花
2009	汕头市潮阳区谷饶镇一家庭作坊	21.6	“三合一”场所	电线短路
2009	通化市梅河口市中心农贸蔬菜批发市场	177.7	市场	照明线路故障
2009	大庆市肇源县客车	6.1	客车	机械故障
2010	北部新区石桥铺赛博数码广场	9 800.0	商场	电气
2010	乌鲁木齐市河北东路仁居三港居民自住民房	15.5	住宅居民	用火不慎
2010	辽宁铁西区万达广场售楼处	9.0	经营场所	电气
2010	吉林市船营区商业大厦	1 560.0	商场	电气
2011	湖南省长沙市岳麓区枫林一路娜湾宾馆	60.4	宾馆	用火不慎
2011	沈阳市万鑫国际大厦	9 384.0	综合楼	燃放烟花
2011	武汉市宏康实业公司乔康副食品批发部	591.1	商场	电气
2011	大兴区旧宫镇南小街振兴北路一出租房	286.6	“三合一”场所	电气
2011	吉林市通化区如家快捷酒店	7.7	宾馆	放火
2011	武汉市经济技术开发区恒瑞橡塑制品有限公司	1 179.4	生产车间	电气
2011	广东省佛山市陶瓷有限公司办公楼	51.0	办公楼	电气
2012	天津市蓟县莱德商厦火灾	2 696. 8	商场	电气
2012	广东汕头市潮南区陈店镇一文胸加工作坊火灾	2.0	厂房	放火
2013	湖北省襄阳市樊城区前进路158号一景城市花园酒店二层迅驰星空网络会所	186.9	网吧	电气
2013	吉林省长春市德惠市宝源丰禽业有限公司	182 000.0	厂房	电气
2013	附加生厦门市快速公交系统（BRT）高架桥公交车道金山站往蔡塘站之间的公交车	70.0	公共汽车	纵火
2013	黑龙江绥化市海伦市联合敬老院	16.6	养老院	纵火
2013	北京市朝阳区十八里店乡小武基村第三管理站临38号院	200.0	仓储场所	电气
2013	广东省深圳市光明新区荣建农副产品批发市场	187.0	市场	电气

资料来源：（2008—2014年）公安部消防局著：《中国消防年鉴》。

（二）我国火灾整体特征

近年来，随着我国经济建设的快速发展，导致火灾的因素也大量增加，火灾形势日趋严峻，火灾次数总体呈现逐年增多态势，火灾损失也日趋上升。表 21－3 所示为 1950—2013 年我国历年火灾发生次数、损失额和死伤人数统计。

表 21－3　1950—2013 年我国历年火灾发生次数、损失额和死伤人数统计表

年份	起数	直接损失（万元）	死人	伤人	年份	起数	直接损失（万元）	死人	伤人
1950	19 692	1 778.8	908	1 873	1982	41 541	18 926.3	2 249	2 929
1951	19 740	4 420.1	754	2 526	1983	37 026	20 398.0	2 161	2 741
1952	36 585	7 321.3	741	2 967	1984	33 618	16 086.4	2 085	2 690
1953	37 766	8 077.2	1 180	4 292	1985	34 996	28 421.9	2 241	3 543
1954	43 849	3 962.6	1 414	2 773	1986	38 766	32 584.4	2 691	4 344
1955	89 703	4 158.6	1 865	5 210	1987	32 053	80 560.8	2 411	4 009
1956	89 680	6 141.9	3 408	14 454	1988	29 852	35 424.4	2 234	3 206
1957	75 579	5 818.2	2 929	9 742	1989	24 154	49 125.7	1 838	3 195
1958	73 315	8 173.9	5 310	11 352	1990	58 207	53 688.6	2 172	4 926
1959	114 880	11 616.9	10 131	14 617	1991	45 167	52 158.8	2 105	3 771
1960	90 845	17 886.3	10 843	13 809	1992	39 391	69 025.7	1 937	3 388
1961	103 485	23 009.2	6 989	10 597	1993	38 073	111 658.3	2 378	5 937
1962	105 064	17 389.6	4 990	8 555	1994	39 337	124 391.0	2 765	4 249
1963	106 468	16 691.2	4 798	8 939	1995	37 915	110 315.5	2 278	3 838
1964	63 301	9 724.0	3 441	6 646	1996	36 856	102 908.5	2 225	3 428
1965	76 859	9 588.2	4 179	8 283	1997	140 280	154 140.6	2 722	4 930
1966	85 377	19 695.0	5 386	12 171	1998	142 326	144 257.3	2 389	4 905
1967	36 861	6 403.4	1 912	4 199	1999	179 955	143 394.0	2 744	4 572
1968	25 940	5 538.9	1 114	2 484	2000	189 185	152 217.3	3 021	4 404
1969	35 205	9 651.2	1 348	3 615	2001	216 784	140 326.1	2 334	3 781
1970	39 925	9 904.9	2 167	5 658	2002	258 315	154 446.4	2 393	3 414
1971	75 593	30 428.4	4 362	12 368	2003	253 932	159 088.6	2 482	3 087
1972	88 417	26 625.7	4 629	10 437	2004	252 804	167 357.0	2 562	2 969
1973	84 966	22 141.9	4 337	9 095	2005	235 941	136 603.4	2 500	2 508
1974	86 614	27 527.8	4 348	8 799	2 006	231 881	86 044.0	1 720	1 565
1975	82 221	21 343.0	4 818	8 674	2007	163 521	112 515.8	1 617	969
1976	81 634	25 418.9	5 673	9 865	2008	136 835	182 202.5	1 521	743
1977	85 442	33 519.4	5 583	8 699	2009	129 382	162 392.4	1 236	651
1978	81 667	22 743.4	4 046	7 990	2010	132 497	195 945.2	1 205	624
1979	88 082	23 236.2	3 696	6 175	2011	125 417	205 743.4	1 108	571
1980	54 333	17 609.3	3 043	3 710	2012	152 157	217 716.3	1 028	575
1981	50 034	23 130.6	2 643	3 480	2013	388 821	484 670.2	2 113	1 637

资料来源：公安部消防局著：《中国火灾统计年鉴》（1998—2003），《中国消防年鉴》（2004—2014）。

在图 21－1 中，波动较大的几个地方在此做一些说明：

第一，在新中国成立初期，国家统计部门建设不完善，统计方法以及数据质量有一定问题，所以第一阶段数据波动性很大，经历了三年自然灾害和“文化大革命”的影响后，年火灾发生次数在 70 年代进入稳定期。

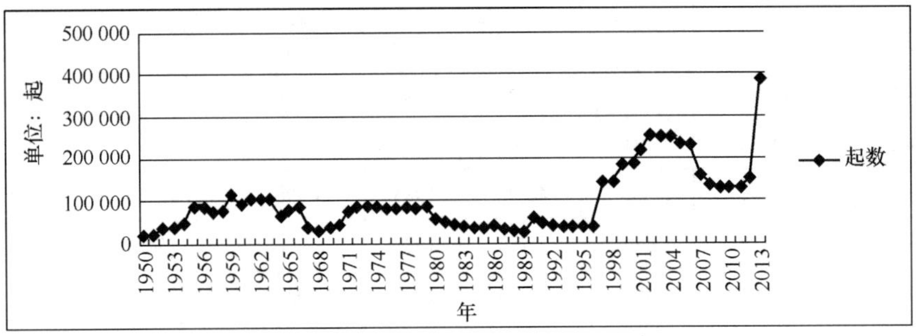

图 21－1　1950—2013 年我国每年火灾发生起数

第二，1980 年起数的减少是因为火灾统计标准提高。之前个人损失在 20 元以上、国家集体损失在 50 元以上确认为火灾，之后个人损失在 50 元以上、国家集体损失在 100 元以上确认为火灾。

第三，1990 年起数的增加是因为火灾统计标准降低。凡失去控制并对财物和人身造成损害的燃烧现象，都确认为火灾。

第四，1997 年起数的迅速增加是因为实施了新的火灾统计方法，将以往难以统计的小火灾计入火灾发生数。

需要注意的是，1997 年新火灾统计方法实施对火灾起数的统计有很大的影响，致使其实施前后的数据没有可比性。而自其实施以来至 2013 年只有 17 年的数据，不足以进行起数和次损失额年度数据的分布拟合及统计检验，所以本节只对 1997 年之后的起数和次损失额数据进行基本的统计描述（见表 21－4 和表 21－5）。

表 21－4　1997—2013 年火灾发生次数统计描述

基本统计测度		分位数统计测度	
均值	95 720.42	分位数	估计值
中位数	81 650.50	100%	388 821.00
众数	—	95%	250 274.55
标准差	73 831.73	90%	208 504.30
方差	5 451 124 776.00	75%	126 408.25
极差	369 129.00	50%	81 650.50
四分位间距	87 815.50	25%	38 592.75

资料来源：公安部消防局著：《中国火灾统计年鉴》（1998—2003），《中国消防年鉴》（2004—2014）。

表 21－5　1997—2013 年火灾次损失额统计描述

基本统计测度		分位数统计测度	
均值	68 522.04	分位数	估计值
中位数	27 076.75	100%	484 670.20
众数	—	95%	193 883.80
标准差	82 601.05	90%	161 401.30
方差	6.82E＋09	75%	115 484.60
极差	482 891.40	50%	27 076.75
四分位间距	100 515.60	25%	14 969.03

资料来源：公安部消防局著：《中国火灾统计年鉴》（1998—2003），《中国消防年鉴》（2004—2014）。

由图 21－2 可以看出，我国火灾每年的直接损失呈现增长趋势，特别是从 90 年代以后增长较快，其中有部分原因是经济的快速增长。图中 1987 年的峰值是因为发生了大兴安岭特大火灾，其损失超过 5 亿。图 21－3 所示为经过 2013 年 GDP 调整后的直接损失。

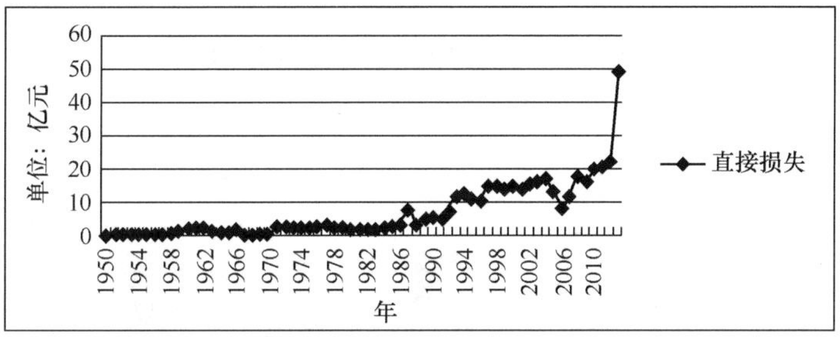

图 21－2　1950—2013 年我国每年火灾造成损失示意图

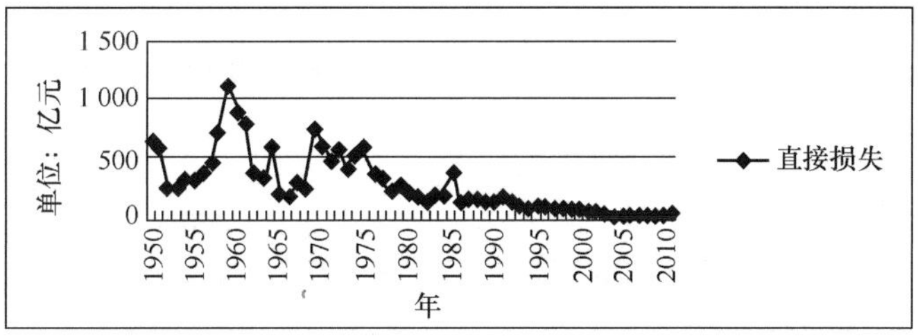

图 21－3　经过 2013 年 GDP 调整后的直接损失

由图 21－4 可以看出，我国火灾造成的死亡人数总体呈现下降趋势，1978 年以后渐趋于稳定。

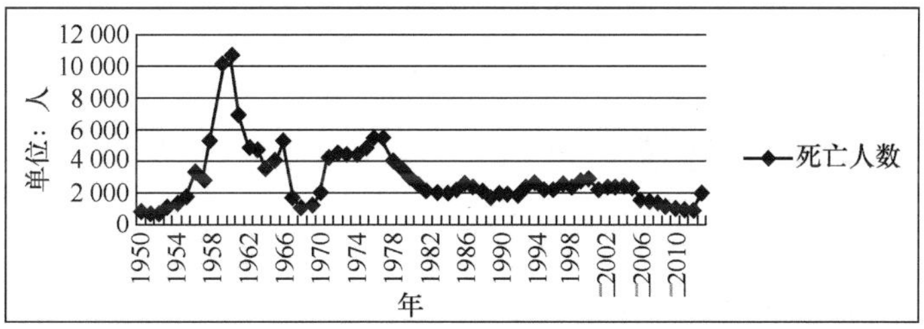

图 21－4　1950—2013 年我国每年火灾造成死亡人数示意图

从图21－5和图21－6可以看出，火灾的季节性非常明显，冬、春季节火灾多发，近12年来，冬、春季火灾起数占全部火灾的约60%，2月是火灾的高发季节，7月、8月、9月火灾次数相对较少。从图21－7可以看出，由电气和用火不慎引起的火灾起数明显比其他原因引起的火灾起数多。这些结果很大程度上是因为春节期间燃放爆竹而造成火灾，并且冬季日照时间短，照明用电时间长，企业年终加班加点赶任务，生产用电增加，施工、生活用电取暖、保温用电量增加，超负荷和电气设备带病运行的可能性增大，加上冬季较为干燥，火灾容易引发，而8月、9月一般降水较多，空气较为湿润，所以火灾引发较少。

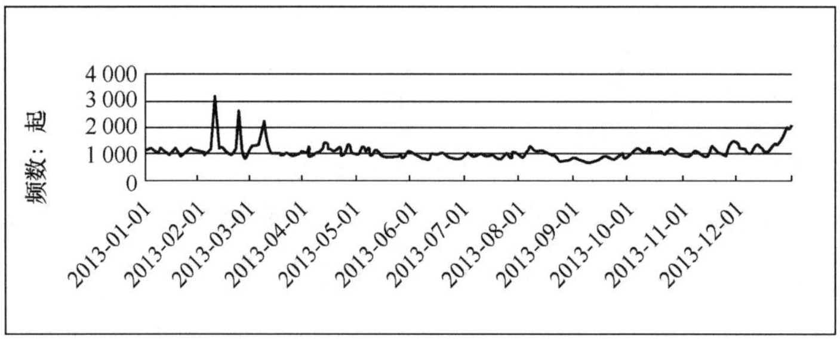

图21－5　2013年火灾发生频数日线图

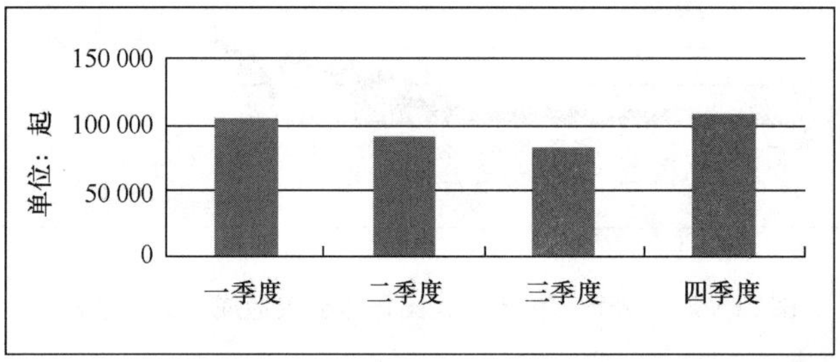

图21－6　2013年火灾发生频数季度比较图

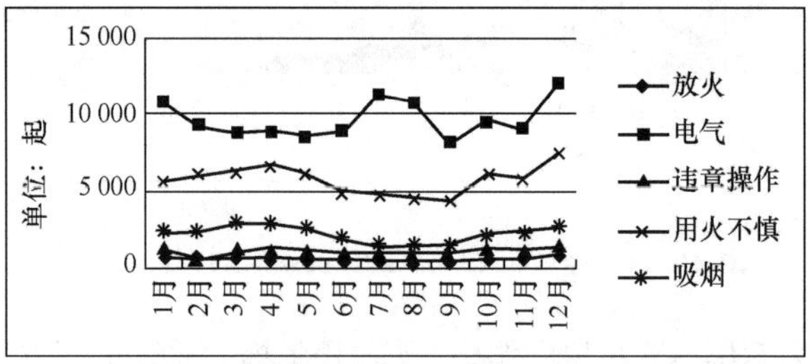

图21－7　2013年火灾月频数按因素比较趋势图

三、火灾统计标准、方法

（一）火灾统计标准

自新中国成立以来，随着经济水平的不断提高，我国火灾不同等级的划分标准的经济数额也在不断提高，经过四次修改，目前我国火灾等级的认定标准依据2007年6月的最新标准。

公安部将火灾等级由原来的特大火灾、重大火灾、一般火灾三个等级调整为特别重大火灾、重大火灾、较大火灾和一般火灾四个等级。具体划分方式与《灾因分析（2012）》的标准基本相同，在本版中不再加以十分详细描述。

（二）火灾直接损失的统计方法

本版火灾灾因分析中对于建筑、森林火灾的定义及计算方法与《灾因分析（2012）》的标准基本相同，在本版中不再加以详细描述。

1. 建筑火灾的损失评估

建筑火灾的发展过程可以分为火灾初期、火灾全面发展和火灾熄灭三个阶段。初期阶段的火灾很容易扑灭，人员比较容易逃生，火灾损失会控制在较低的水平，火灾探测装置能在火灾初期阶段探测到火灾，并发出警报，就能降低火灾损失和人员伤亡。火灾预期损失与火灾发生的概率、达到火灾发展各个阶段的概率、火灾通过各种途径蔓延的概率以及在各个阶段损失的大小有关。

2. 森林火灾的损失评估①

森林火灾的损失分为经济损失、生态环境损失、社会效益损失。森林火灾的损失多种多样，但是主体是林木资源的损失，在损失测算时林木资源损失又具体划分为立木资源损失、幼龄林的经济损失、经济林的损失、竹林的损失。

本节小结

本书所用数据分别取自历年《中国消防年鉴》《火灾统计年鉴》《中国统计年鉴》以及中国统计局网站。为了研究我国火灾的整体特征，课题组对我国1950—2013年历年火灾发生次数、损失额和死伤人数进行统计，发现我国经GDP调整以后的火灾损失及死伤人数是逐年下降的。这说明我国对火灾的控制及事前防御措施的加强产生了良好的效果。针对容易引起较大损失灾害的森林火灾，采取有效的事前防御与及时的扑救工作，使森林火灾的损失有了明显的下降。火灾统计标准与方法对于研究火灾灾因至关重要，区分历年的统计标准与方法也是应该学习的内容，本节收集了我国历年火灾统计标准及方法的变化沿革，希望读者能有所收获。

第三节　火灾的起火原因分析

一、起火原因概况

对起火原因进行分类分析是对风险进行分类的重要依据，下面以2000—2013年的数据为基础，进行火灾起火原因分类统计分析。本节中数据是公安消防机构调查的数据，原因“其他”

① 张景忠．森林火灾经济损失初探［J］．森林防火，2000（2）；
张国防．森林火灾直接和间接经济损失［J］．森林防火，1998（1）．

指经调查不属于放火、电气、生产作业、用火不慎、吸烟、玩火、自燃、雷击等原因造成的火灾，原因“不明”指经调查未能查明起火原因的火灾。

由表 21－6 和图 21－8 可以看出，绝大多数火灾是人为因素引起的，除原因不明外，有69%的火灾是由用火不慎、电气、吸烟、玩火和生产作业造成的。其中，用火不慎和电气是引起火灾发生次数最多的原因，分别占比 24% 和 27%。

表 21－6　火灾发生次数起火原因表　（单位：起）

原因＼年份	2000	2001	2002	2003	2004	2005	2006
放火	7 449	7 707	8 415	8 067	8 740	7 342	5 961
电气	31 933	30 954	29 741	30 356	29 448	31 380	32 431
生产作业	7 083	6 230	5 966	6 400	6 104	6 130	5 392
用火不慎	33 558	35 776	38 760	38 290	42 991	43 883	41 165
吸烟	10 168	10 451	11 278	11 062	10 593	10 075	9 676
玩火	9 001	7 890	15 881	9 628	11 148	8 117	7 623
自燃	1 417	1 401	1 658	1 754	2 156	2 373	3 161
雷击	218	218	254	227	226	278	235
不明	13 001	15 430	19 184	17 896	19 879	22 941	23 311
其他	8 374	8 225	8 420	9 431	11 283	10 715	11 717
原因＼年份	2007	2008	2009	2010	2011	2012	2013
放火	4 952	3 618	3 280	3 249	2 832	3 052	7 089
电气	46 246	40 599	39 102	41 237	37 960	49 043	115 599
生产作业	9 137	7 403	6 636	7 722	6 742	6 291	13 046
用火不慎	37 237	30 925	27 202	25 878	22 248	27 293	69 080
吸烟	12 783	9 906	9 073	7 586	7 091	9 492	26 226
玩火	12 278	9 520	9 336	7 094	8 247	5 771	12 982
自燃	3 470	2 881	3 072	3 504	3 533	4 610	11 547
雷击	339	297	218	248	191	197	519
不明	13 577	10 991	10 192	10 942	10 000	10 997	24 662
其他	23 308	20 561	21 141	24 900	26 454	35 263	107 825

资料来源：公安部消防局著：《中国火灾统计年鉴》（2001—2003），《中国消防年鉴》（2004—2014）。

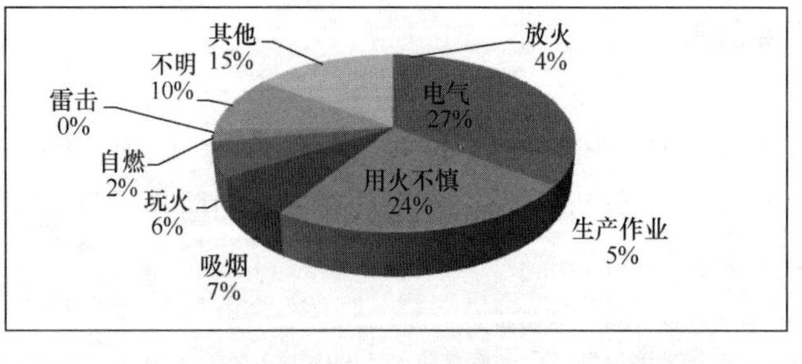

图 21－8　2000—2013 年火灾发生次数起火原因比例图

由图 21 -9 可以看出，2000—2013 年由生产作业、放火和吸烟导致的火灾起数比较平稳，而由电气和用火不慎导致的火灾起数变化较大，2013 年由电气导致的火灾起数达到最大值 115 599 起，由于用火不慎导致的火灾起数在 2013 年达到最大值 69 080 起。

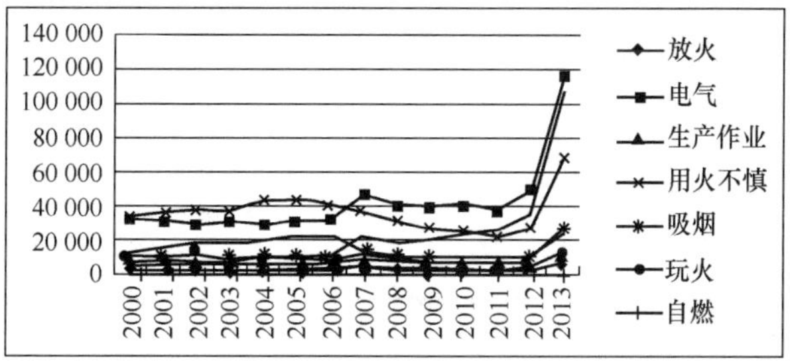

图 21 -9　2000—2013 年主要起火原因变化趋势图

从表 21 -7 和图 21 -10 可以看出，电气造成的火灾导致的损失最大，平均占比约为 45%，这很大程度上是因为电气很容易造成重特大火灾。其次是生产作业，平均占比约为 10%。

表 21 -7　火灾损失起火原因表　（单位：万元）

原因＼年份	2000	2001	2002	2003	2004	2005	2006	2007	2008	2009	2010	2011	2012	2013
放火	10 790.1	8 253.7	9 804.6	7 571.9	5 775.6	6 519.7	4 645.3	5 117.1	9 641.2	8 132.3	8 127.7	7 707.3	5 574.4	15 893.5
电气	45 310.8	30 062.1	31 421.2	3 333.5	48 075.7	29 101.7	29 101.6	44 697.5	60 196.7	51 891.3	65 421.6	84 484.1	98 747.2	484 670.2
生产作业	11 161.3	8 651.2	7 385.6	9 630.6	12 055.2	9 431.4	7 031.1	17 459.3	2 871.9	2 466.8	41 424.4	23 282.2	22 687.7	55 132.2
用火不慎	14 330.8	15 056.0	13 132.1	12 802.8	12 012.9	13 452.6	12 737.2	116 600.0	12 147.2	12 487.6	11 083.7	15 092.9	18 376.4	32 813.1
吸烟	4 339.8	2 775.9	3 958.8	1 945.1	2 493.1	1 757.1	1 252.4	2 270.4	2 941.5	1 937.8	3 758.5	1 967.3	3 080.7	8 134.6
玩火	6 217.9	2 775.3	3 285.3	2 384.2	2 396.2	2 155.0	2 054.5	2 310.3	2 693.2	18 332.1	3 501.6	12 809.5	3 119.6	7 823.0
自燃	2 746.7	2 466.4	2 457.3	2 746.6	2 897.7	3 037.8	2 708.0	3 370.3	4 865.7	4 474.1	9 575.4	5 390.2	6 462.6	17 283.5
雷击	673.0	443.8	518.6	502.7	389.3	348.5	753.1	510.8	721.8	955.5	1 249.7	895.3	948.3	7 140.7
不明	13 665.6	13 455.3	13 907.3	16 120.9	14 515.5	14 130.7	12 917.7	12 652.0	20 447.2	19 262.2	22 997.3	19 691.8	20 837.7	24 656.0
其他	9 721.2	10 307.2	10 755.1	14 121.5	12 965.2	10 359.7	9 449.4	11 998.7	47 048.2	19 666.8	27 278.4	33 932	37 306.5	98 533.9

资料来源：公安部消防局著：《中国火灾统计年鉴》（2001—2003），《中国消防年鉴》（2004—2014）。

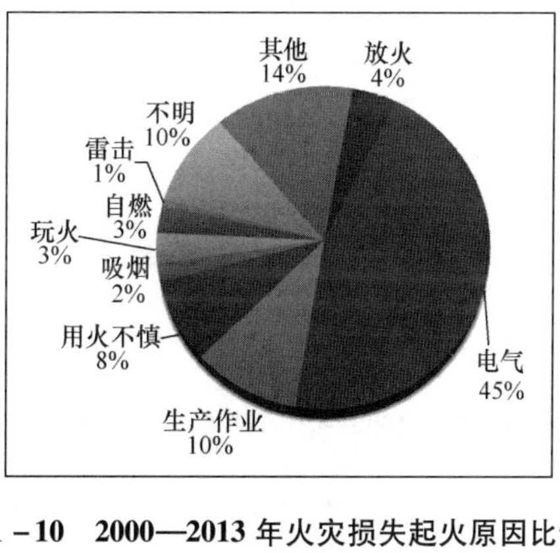

图 21 -10　2000—2013 年火灾损失起火原因比例图

从图 21－11 可以得出由电气引起火灾的全天分布图。从 24 小时分布情况看，0—8 时发生火灾的频率较低，10—18 时逐渐上升，20—22 时达到全天峰值，是 4—6 时的一倍多。夜间电气火灾，大多是因造作人员下班未切断电源而留下隐患，特别是停电时未关闭电源，来电时设备长时间运转或者电热器具长时间通电发热引起的。因夜间发生火灾不能及时发现，所以一般情况下极易造成重大火灾事故。

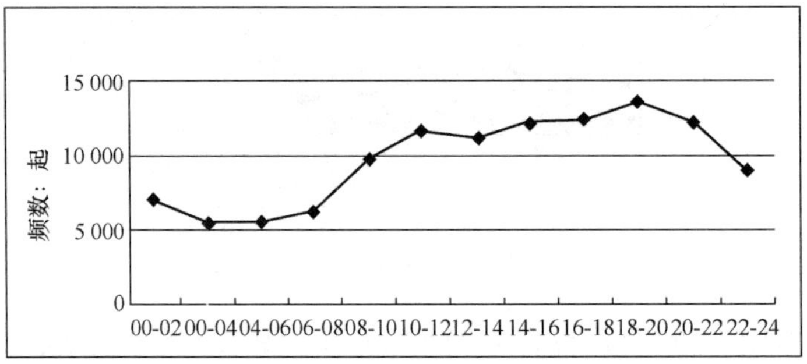

图 21－11　2013 年电气引起火灾起数分时段统计图

二、火灾的发生场所分析

因为不同的火灾发生场所，影响火灾发展的因素差异性很大，所以，火灾损失会表现出明显的火场特性，本节将按照火灾发生场所的不同进行分析，将火灾发生场所主要分为住宅、公共场所、建筑物、交通工具和厂房。本节的所有分析数据都是基于 2000 年以来的数据。

由图 21－12 可以看出，住宅火灾的发生起数占总体火灾发生起数的大多数，住宅火灾的发生起数大概是公共场所火灾起数的两倍多，建筑物火灾、交通工具火灾和厂房火灾的发生起数所占比例比较小。住宅火灾发生起数每年在 50 000 次上下波动，2007 年比较异常，发生起数突增，之后又恢复在 50 000 次左右波动。公共场所火灾发生起数呈现逐年下降的趋势。交通工具火灾发生起数有逐年上升的趋势，主要是由于我国交通工具数量在近些年有较大的增幅。厂房火灾和建筑物火灾的发生起数几乎处于稳定不变的状态，每年没有很大的变化。2013 年再次呈现特殊值情况，除厂房外其他方面原因的火灾发生次数均大幅上升。

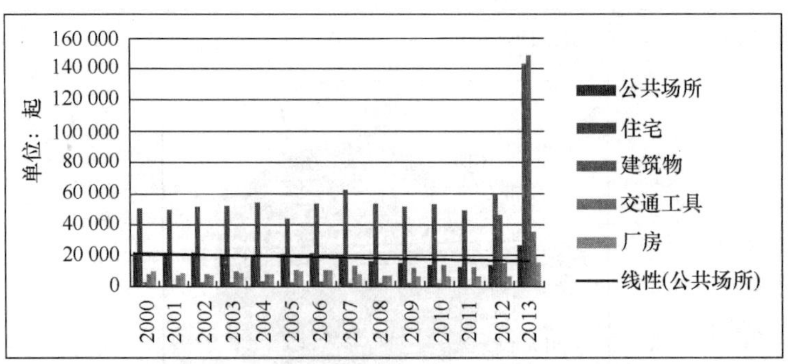

图 21－12　2000—2013 年主要场所火灾统计

由表 21－8 可以看出住宅火灾发生起数每年在 50 000 次上下波动，公共场所火灾发生起数由2000年的21 582次逐渐下降到2013年的27 048次，说明商场、学校、超市等公共场所的防火意识加强，防火工作取得了很大的成绩。而2012—2013年公共场所火灾又有所上升，2013年全国火灾发生频率成大幅上升态势，可以将其视为异常值，故与前些年数据比较意义不大。交通工具火灾发生起数呈现逐年上升趋势，原因主要是我国目前交通工具数量大增，应该加大对交通工具的防火防灾工作力度。

表21－8 2000—2013年各场所火灾起数统计表 （单位：起）

年份	公共场所	住宅	建筑物	交通工具	厂房
2000	21 582	50 309	3 016	8 003	10 347
2001	20 743	49 340	2 032	7 862	8 692
2002	21 455	51 711	3 050	8 361	7 317
2003	20 386	52 324	3 141	9 909	9 152
2004	20 385	54 254	3 442	8 373	8 354
2005	21 344	43 456	3 145	10 759	10 268
2006	22 030	53 504	3 726	11 023	10 601
2007	20 579	62 271	2 514	13 553	7 960
2008	16 369	53 131	2 268	7 463	7 330
2009	15 277	51 363	2 471	11 866	6 767
2010	14 070	52 654	2 313	14 102	7 127
2011	12 674	48 617	1 988	13 025	6 724
2012	14 096	59 714	46 115	15 340	6 621
2013	27 048	143 168	148 698	35 280	15 814

资料来源：公安部消防局著：《中国火灾统计年鉴》（2001—2003），《中国消防年鉴》（2004—2014）。

由图21－13分场所火灾起数数据汇总图可以看出住宅是火灾发生的重要场所，其次是公共场所，但近些年公共场所的火灾发生起数呈下降趋势。住宅是目前我国火灾发生的重要场所，居民居住区属于人口密集区域，居民的日常生活时刻都离不开火、电、气、油这四个环节，这些环节中任何一环的使用稍有不慎就可能酿成火灾并导致严重后果。住宅火灾发生原因主要有以下四点：第一，老旧建筑引发的居民火灾。老旧住宅多为砖木结构，耐火等级低，通道狭小，且老旧建筑住宅的电器线路老化率相对较高，防火间距普遍不足，不利于车辆通行，所以，一旦发生火灾极易在短时间内造成大面积立体燃烧。第二，豪华装修和电器设备引发的居民火灾。随着居民生活水平的逐步提高，在家庭装饰、装修过程中，大量采用易燃可燃材料，无形中增加了居民住宅的火灾负荷。居民住宅拥有大量的家用电器设备，使用频率高，用电量大，使火灾发生的危险性也增加。第三，公众聚集场所大量涌入居民居住区。随着经济的发展，生产经营多样化，第三产业迅猛增长，经营者只重效益、忽视消防安全，违规用火用电、违规生产作业等现象十分普遍。第四，居民消防安全意识亟待提高。大部分居民都清楚地懂得火灾的危害性，但很少有居民真正经过消防安全培训，能掌握灭火常识和落实防火措施的居民很少。

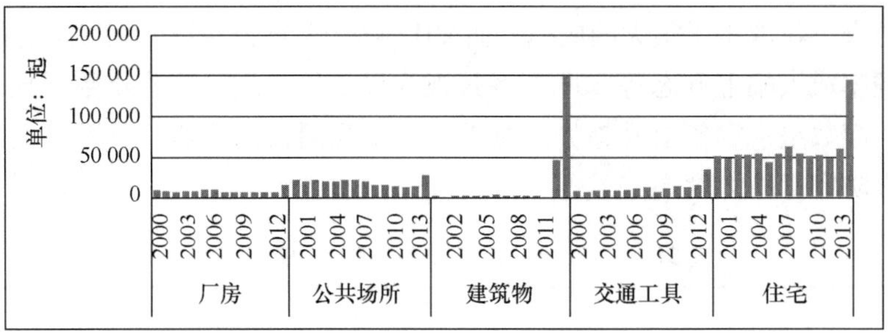

图 21－13　2000—2013 年分场所火灾起数数据统计

三、火灾的发生地区分析

不同的地区火灾风险特征的差异很大。由图 21－14 可以看出，海南由放火造成火灾的次均损失值最大，居于全国首位。西藏由电气引起火灾的次均损失值最大，重庆生产作业造成火灾次均损失值最大，用火不慎和吸烟所造成的火灾次均损失值在各省（区、市）比较平均，福建、甘肃、广东、贵州、湖南、云南和浙江各原因所造成火灾的次均损失值相比其他省（区、市）多一些。

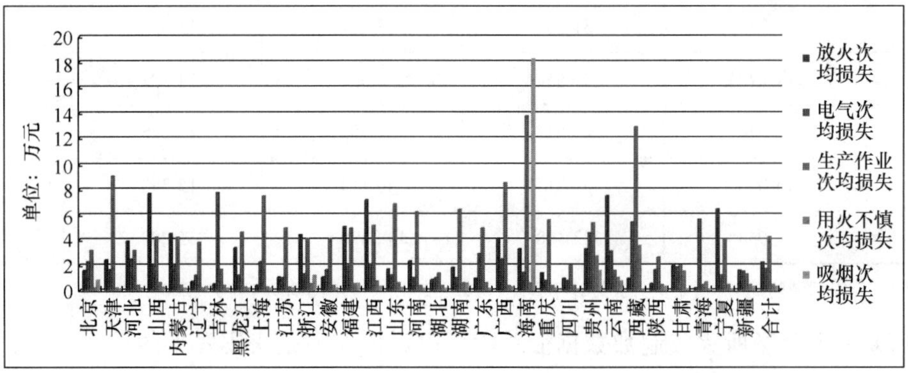

图 21－14　2000—2013 年各地区主要致火因素次均损失比较

四、火灾的发生行业分析

不同的行业体现出了不同的风险特征。由于行业分类标准在 2000 年有变化，所以课题组以 2000—2013 年的数据为基础，按火灾起火行业分类进行分析，本节主要将行业分为农林牧渔业、工业、商业、交通运输业和仓储业。

由表 21－9 和图 21－15 可以看出，工业是火灾发生次数最多的行业，其次是商业和农林牧渔业发生的火灾，仓储业发生的火灾所占比例最低，交通运输业发生的火灾起数所占比例呈下降趋势。

表 21－9　2000—2013 年各行业火灾起数示意表　　（单位：起）

行业	2000	2001	2002	2003	2004	2005	2006	2007	2008	2009	2010	2011	2012	2013
仓储业	570	389	327	322	293	311	292	197	148	269	1 293	1 122	1 116	1 966
工业	7 804	6 632	6 100	6 155	5 538	5 534	4 955	2 500	1 819	2 314	7 781	7 193	6 814	15 671
交通运输业	3 698	3 017	2 857	3 104	2 736	2 781	2 515	1 023	673	625	901	767	993	1 883
农、牧、林、渔业	4 618	4 677	5 802	3 790	4 944	4 979	4 314	1 349	690	1 149	5 864	5 559	6 583	16 582
商业	6 570	5 550	5 056	4 842	4 593	4 467	4 244	2 166	1 397	2 693	7 577	6 885	7 537	13 274

资料来源：公安部消防局著：《中国火灾统计年鉴》(2001—2003)，《中国消防年鉴》(2004—2014)。

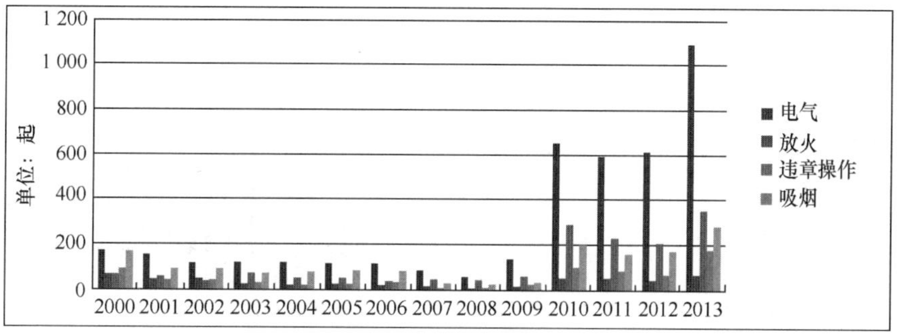

图 21－15　2000—2013 年各行业火灾起数合计

由图 21－16 可以看出，各行业火灾发生起数在 2008 年之前呈下降趋势，2009 年之后又有所上升，但从 2010 年起又有了严重的上升态势。

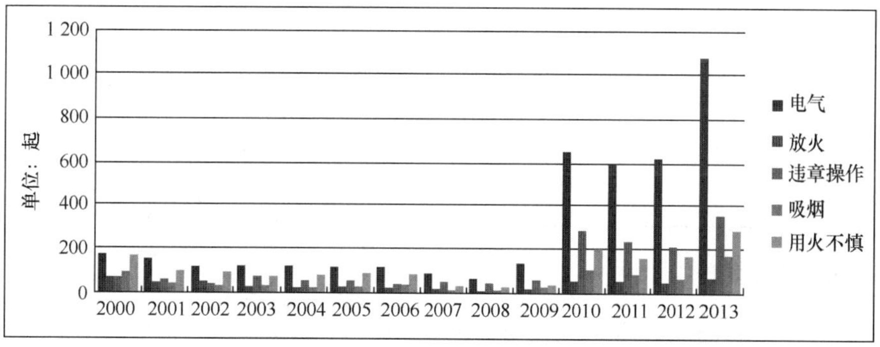

图 21－16　2000—2013 年主要行业火灾起数趋势变化图

接下来主要分析仓储业和工业两个行业的火灾发生原因。仓库是物资集中储存的场所，包括由国家、集体和个体经营的储存物品的各类仓库、堆栈、货场。由图 21－17 可以看出仓储业致火原因最主要是电气，生产作业和用火不慎也是仓储业发生火灾的重要原因。仓储业发生火灾主要从以下几方面来分析：第一，仓库照明管理不善。具体包括：仓库照明灯具选用不当、堆垛超高未保持灯距、照明施工质量差导致灯脱落、临时照明设置不当；使用高温照明、灯位设置不当，用后未切断电源，辐射热积聚而引发堆垛火灾；临时照明设置不妥，受风或电线拉动而倾倒，无人看管而引起火灾。第二，危险化学品通风散热条件不好，防潮防火、防暑降温措施不得当，堆放不规范，缺乏专业知识致使库存物品发生生物、物理或化学反应引起自燃、燃烧或爆炸，危险物品仓库没有分类分项存放、装卸作业无有效防静电措施、擅自改变仓库储存物质性质。第三，火种控制不严。具体包括：违章动火、玩火、纵火、燃放烟花爆竹、吸烟、装卸作业中引发火种；玩火、纵火、燃放烟花爆竹；临时外来人员、随车人员、船员等吸烟；装卸作业引发火种（临时照明和动力电线短路超负荷、摩擦火星、电线辗压等），违章切割、无证动火、违反规定操作。第四，防雷设计有盲区或防雷设施保养不善。如设计有盲区，避雷设施保养不善，对球雷、感应雷、带状雷等研究与防护不够。第五，乱搭乱建、乱堆、甚至吃住在库区；人员和物资进出极度混乱；擅自改变防火分区、防火间距，消防设施不能完整好用；等等。

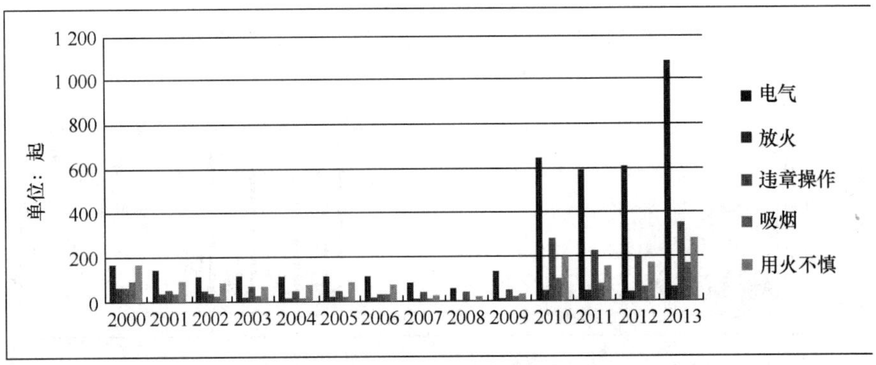

图 21－17　2000—2013 年仓储业主要致火原因比较图

由图 21－18 可以看出，2000—2009 年仓储业由各原因引起火灾的起数呈现基本水平的趋势，2010— 2013 年仓储业由各原因引起火灾的起数都有所增多，其中电气导致的火灾发生起数增幅最大。

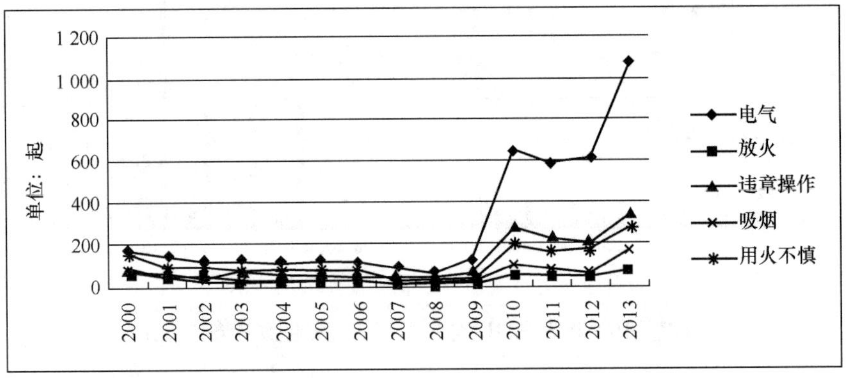

图 21－18　2000—2013 年仓储业主要致火原因趋势图

由图 21－19 看出，工业火灾发生的主要原因是电气和生产作业，用火不慎引起的火灾也占有很大比例。工业火灾的原因主要可以从以下方面考虑：第一，电气引起火灾的原因，主要是：电器设备超过负荷，大的接触电阻发热，引燃导线绝缘层或在导线上的可燃粉尘；短路的电弧线能使充油的设备爆炸；输送易燃、可燃液体或蒸汽的管道，由于内部物质摩擦带电，在设备接地不好的条件下，产生静电放电，引燃被输送的可燃物质，有的甚至引起爆炸。第二，很多火灾是由生产中使用明火引起的，在厂房内焊接、烘烤、熬炼时用火不慎；在生产区域内吸烟、乱扔烟头和火柴梗等。暗火引起的，其中：有的是有火源的，如烟囱、炉子的表面过热，或炉体裂缝蹿火，烤着或烧着靠近的木结构；也有没有火源的，如堆在仓库里的油布雨衣，由于通风条件不好，积热发生自燃；因化学反应引起燃烧；机械设备摩擦发热，使被接触的可燃物起火等。第三，在雷雨较多的地区，建筑物上如果没有可靠的防雷保护装置，也可能发生雷击起火。有些不法分子蓄意制造事故或借机纵火。

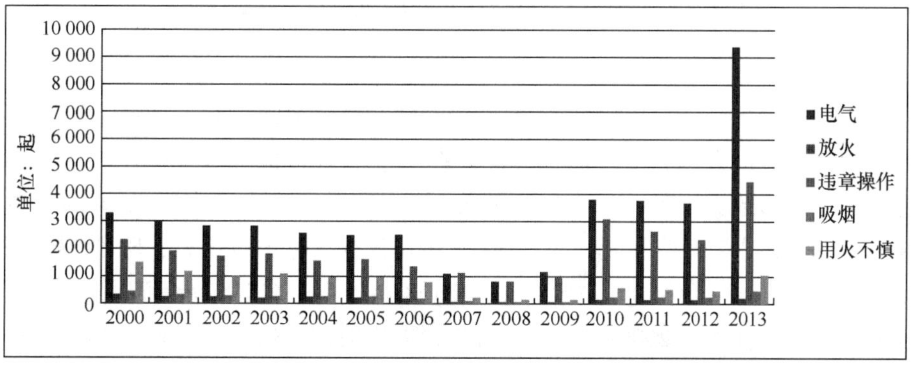

图 21－19　2000—2013 年工业主要致火原因比较图

由图 21－20 可以看出，电气和生产作业所造成的火灾占工业发生火灾起数很大的比例，各致火原因引起火灾呈现下降趋势，2008—2009 年火灾发生起数最少，2010—2013 年又有所上升，这也有可能与火灾统计标准和统计口径有所改变有关。放火和吸烟所致火灾发生起数所占比例较低，且长期保持稳定水平。

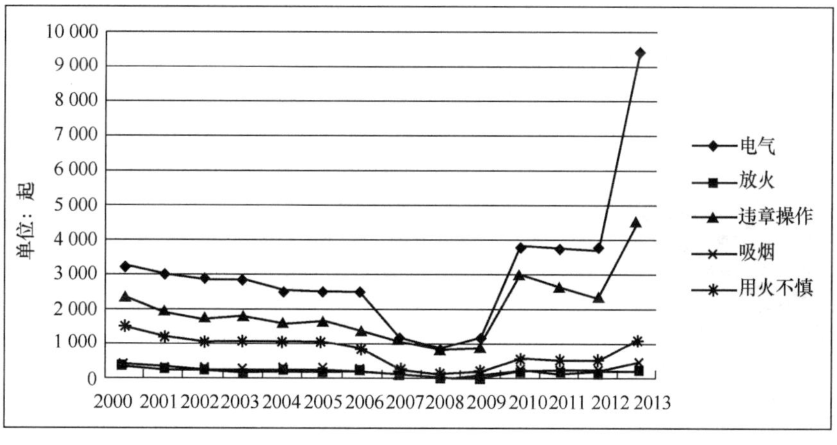

图 21－20　2000—2013 年工业主要致火原因起数趋势图

本节小结

本节对不同原因引起的火灾进行基本统计分析，对放火、电气、生产作业、用火不慎、吸烟、玩火、自燃、雷击等火灾原因使用饼图和趋势图直观分析了各原因所占比例，电气火灾占比高达27%，通过分析电气火灾的每日火灾频数走势可以发现，电气火灾每天凌晨2点至6点发生频数最低，白天波动较小，自6点后缓慢升高至21点达到最高点后开始下降。接着对火灾发生场所的分析也是类似的。不同的地区，火灾风险特征的差异很大，各省市造成火灾的主要原因差异性巨大。本节针对不同行业发生火灾情况进行了分析。

第四节　损失分布和损失起数的拟合

由第三节的描述性统计的结果可以看到，由于起火原因不同，起火场所不同，起火行业不同，火灾的起数和火灾损失也完全不同。因此，在这节的分布拟合过程中，课题组将延续之前几节的思路，对不同的致灾因素，如电气、放火、生产作业、吸烟和用火不慎的起数和损失进行拟合。在拟合的过程中，首先运用SAS中的已有分布对目标进行拟合，除特殊说明外，为了在有限资源下使用更多死亡数据量，假设全国各地区各年由于各类致火原因引起的火灾起数和损失服从相同的分布，样本是2000—2013年的各省损失数据，这样对任何一类火灾损失和起数拟合时将采用400个左右的数据。

对于分布的拟合，原假设均为：H_0：给定数据集在置信度为α（一般取0.05）条件下服从某个分布；H_A：给定数据集在置信度为α下不服从该分布。选取的拟合优度统计量为Kolmogorov - Smirnov/Anderson - Darling/Cramer - von Mise统计量，判别标准为P值的检验，当P值大于α值时，不能拒绝原假设，即认为给定数据集服从预先假定的分布。

一、电气火灾损失和发生起数的拟合

图21 -21为电气火灾损失的拟合直方图。

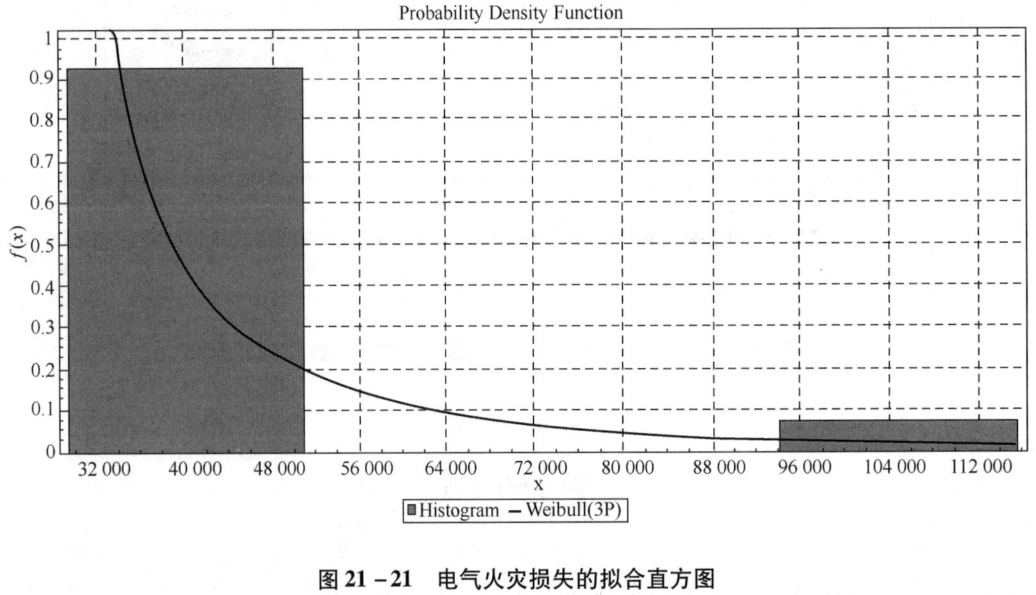

图21 -21　电气火灾损失的拟合直方图

由拟合结果看出电气火灾损失服从韦伯分布，分布的密度函数为：

$$f(x) = \alpha/\beta\,[(x-\gamma)/\beta]^{(\alpha-1)}\exp\{-[(x-\gamma)/\beta]^{\alpha}\}$$

电气火灾损失的分布拟合参数结果为 $\alpha = 0.6037$，$\beta = 9693.0$ 和 $\gamma = 29448.0$。

图 21－22 是对电气火灾发生起数的损失拟合，由于 SAS 自带分布无法实现对于损失起数的有效拟合，采用 easyfit 中的伽玛（3P）拟合，在大多数置信度下都不能拒绝原假设，所以拟合结果显示用伽玛分布对电气火灾起数进行拟合是合理的。伽玛分布的表达式为：

$$f(x) = [\alpha\kappa\,[(x-\gamma)/\beta]^{(\alpha\kappa-1)}]/[\beta\,[1+[(x-\gamma)/\beta]^{\alpha}]^{(\kappa+1)}]$$

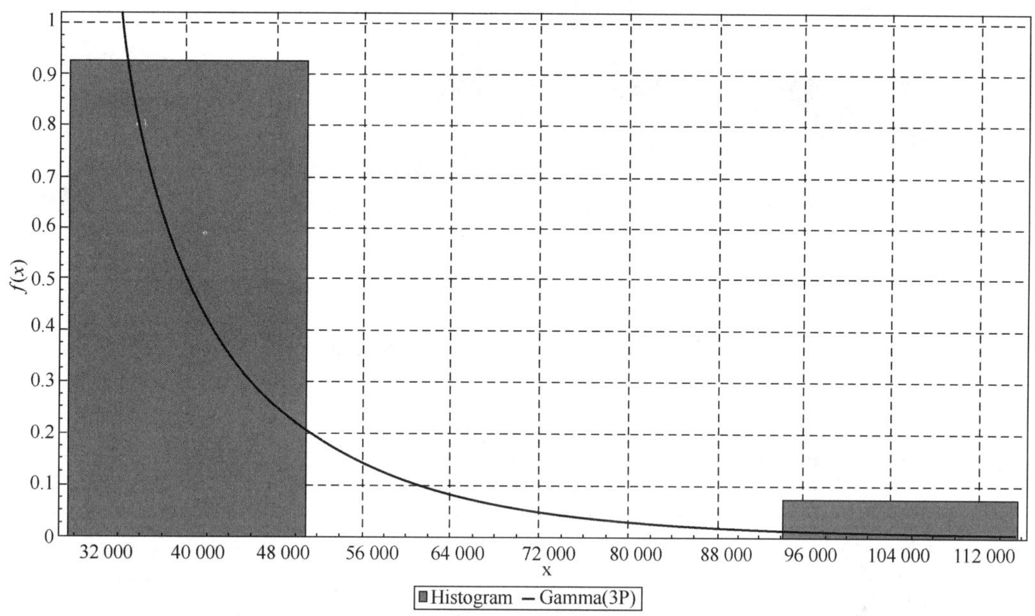

图 21－22　电气火灾发生起数的损失拟合直方图

拟合的参数分别为 $\alpha = 0.52972$、$\beta = 19431.0$ 和 $\gamma = 29448$。

二、放火损失和发生起数的分布拟合

图 21－23 是对放火火灾损失拟合结果，由拟合优度检验结果可以得到放火火灾损失通过了对数正态分布（三参数 3P）的检验，对数正态分布为：

$$f(x) = \exp[-1/2\,[[\ln(x-\gamma)-\mu]/\sigma]^2]/(x-\gamma)\sigma\sqrt{2\Pi}$$

拟合的参数为 $\sigma = 0.34801$，$\mu = 8.9612$ 和 $\gamma = -329.67$。

图 21－24 是放火火灾起数的拟合图，拟合优度检验结果可以认为 Beta（四参数 4P）分布对放火火灾起数的拟合是可以接受的。

$$f(x) = [\alpha\kappa\,(x-\gamma)^{(\alpha-1)}/\beta^{(\alpha-1)}]/\beta\,[1+(x-\gamma)^{\alpha}/\beta^{\alpha}]^{(\kappa+1)}$$

拟合参数为 $\alpha_1 = 0.39539$，$\alpha_2 = 0.40231$，$a = 2832.0$，$b = 8740.0$。

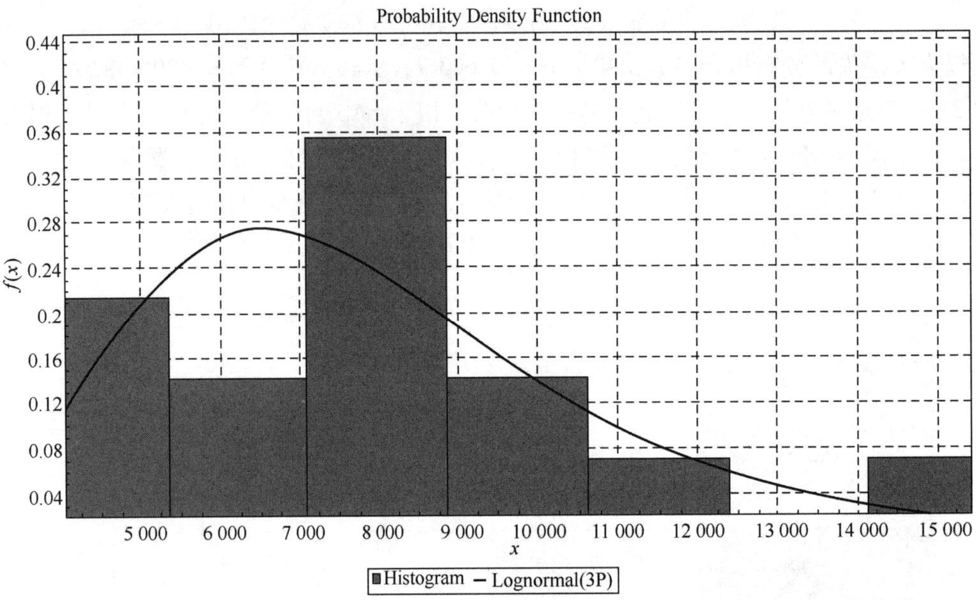

图 21－23　放火火灾损失拟合直方图

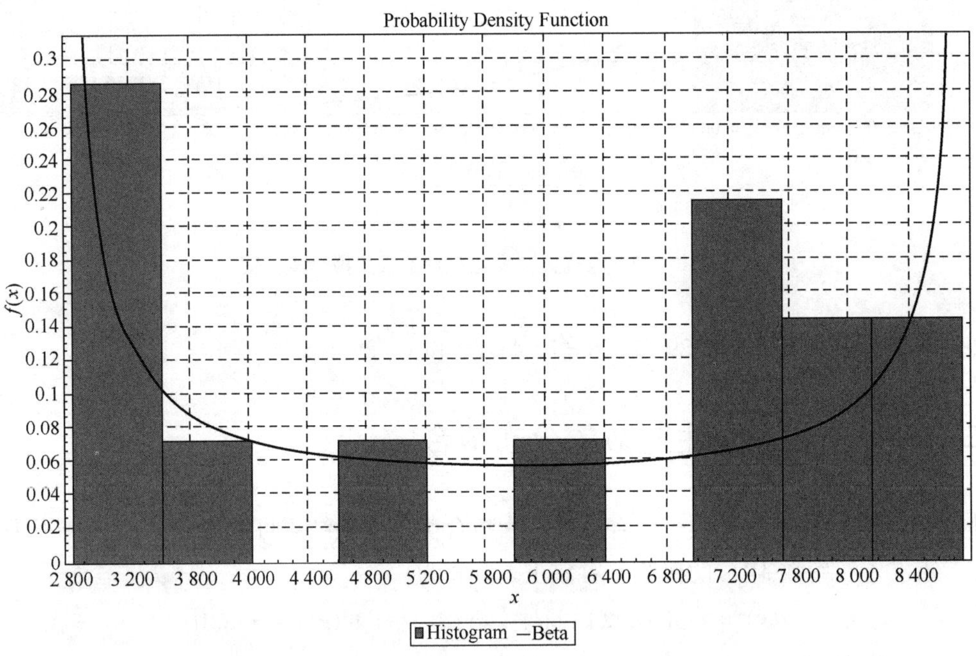

图 21－24　放火火灾起数拟合直方图

本节小结

本节对电气火灾、放火火灾的起数及损失分别进行了拟合，得出电气火灾和放火火灾情况的分布情况，具体结果如表 21－10 所示。

表 21－10　分布小结

	损失分布	起数分布
电气火灾	Weibull 分布	Gamma 分布
放火火灾	lognormal 分布	Beta 分布

第二十二章 火灾灾害的区域差异分析

第一节 区域聚类及分组

一、聚类使用指标说明

聚类分析可通过特定的距离计算方法将我国不同省市的火灾根据相似性聚成不同类，区分出灾害程度等级，对相关灾害的防灾减灾、保险产品设计与费率指定做出指导。本章进行聚类的方法选择 Ward 最小方差法，具体原理参见第一篇关于本方法的介绍。用聚类分析对各地区火灾的情况进行分组。在方法上，课题组选择系统聚类中的离差平方和法，对数据做标准化处理，使其均值为 0，标准差为 1，样本间的距离用 SAS 默认的欧式距离。

对于火灾经常统计的 4 项指标，即火灾起数、死亡人数、受伤人数和 GDP 调整后的直接损失（经 GDP 调整到 2013 年）进行一定的处理。

将各地区火灾起数逐年加总，得到火灾起数的指标。将死亡人数、受伤人数和 GDP 调整后的直接损失处理为次死亡人数、次受伤人数和 GDP 调整后的次直接损失。具体为将各个年份统计数值加总，除以相应地区的各年事故次数加总。这里需要注意的是，次死亡人数和次受伤人数得到的结果均为小数，作为聚类的指标，课题组不考虑其实际意义，只将其作为聚类分组的依据之一。

保险公司在承保火灾时，放火引起的火灾是人为故意，不在保险公司的承保范围之内，属于除外责任，并且放火案件社会影响恶劣，危害巨大，必须下大力遏制放火案件的发生。森林火灾由于一次事故可能造成巨大的损失，不合理的定价会对保险公司承保该险种造成不必要的损失，因此课题组将对放火和林火分别进行聚类分析，以对保险公司费率厘定提供有益的参考。

二、聚类的过程、结果以及分组

（一）森林火灾的聚类分析

森林火灾由于一次灾害造成的损失可能很大，所以在分析时剔除了四个异常值：2003 年的黑龙江、甘肃；2004 年的黑龙江；2011 年的山东。上海由于森林面积小，在考察的 11 年中没有发生森林火灾损失，故在聚类分析时不考虑。指标具体如表 22－1 所示。

表 22－1　各地区森林火灾事故频数及损失统计表

地区	火灾起数	平均伤亡人数	平均次损失（万元，调整至 2013 年）
安徽	1 914	0.007 837	1.453 426
北京	60	0.033 333	0
福建	4 251	0.015 761	2.947 005
甘肃	143	0	2.877 946
广东	2 065	0.028 087	3.754 536
广西	6 973	0.019 791	1.266 988
贵州	14 991	0.008 472	1.632 788
海南	1 142	0.001 751	0.140 047
河北	1 100	0.014 545	0.235 538
河南	6 927	0.000 289	0.460 060
黑龙江	564	0.157 801	0.000 394
湖北	7 256	0.013 644	0.203 050
湖南	22 831	0.005 519	3.712 543
吉林	725	0.005 517	6.585 437
江苏	797	0.065 245	1.561 844
江西	4 136	0.014 265	8.428 534
辽宁	1 758	0.001 138	0.548 847
内蒙古	1 239	0.011 299	2.163 852
宁夏	135	0	1.642 335
青海	112	0.080 357	2.758 520
山东	387	0.018 088	3.815 687
山西	365	0.131 507	86.49 878
陕西	819	0.032 967	0.537 210
四川	3 914	0.008 176	7.976 072
天津	140	0	0.197 818
西藏	119	0.092 437	11.510 220
新疆	445	0.119 101	6.073 800
云南	5 145	0.029 349	4.962 430
浙江	4 858	0.010 292	0.417 421
重庆	1 361	0.009 552	1.345 005

分组结果：输出的树形图如图 22－1 所示。

根据第一部分所述的三种指标，采用 Ward 方法聚类，运用 SAS 中的 cluster 过程，可以得到以下聚类结果：

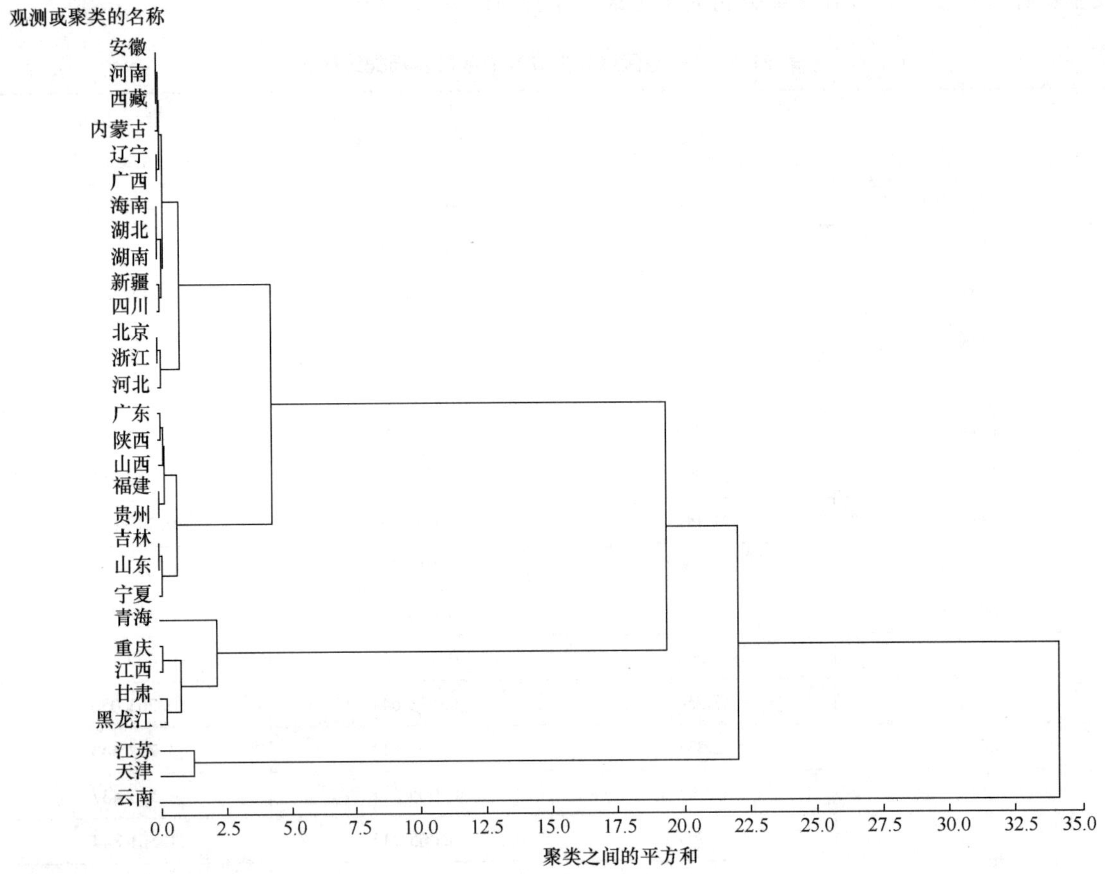

图 22－1　森林火灾聚类分组图

第一组：安徽、河南、西藏、内蒙古、辽宁、广西、海南、湖北、湖南、新疆、四川、北京、浙江、河北

第二组：广东、山西、陕西、福建、贵州、吉林、山东、宁夏

第三组：青海、重庆、江西、甘肃、黑龙江

第四组：江苏、天津

第五组：云南

（二）放火造成火灾的聚类分析

由于只能获得放火造成火灾的分地区的起数和平均次损失两类数据，所以仅以这两个指标作为聚类的依据。指标具体如表 22－2 所示。

表 22－2　各地区放火火灾事故频数及损失统计表

地区	起数	平均次损失（万元，调整到 2013 年）	地区	起数	平均次损失（万元，调整到 2013 年）
安徽	2 342	2. 604 964	辽宁	8 106	1. 594 170
北京	1 836	1. 261 522	内蒙古	1 750	2. 136 142
福建	885	11. 908 910	宁夏	989	1. 283 187

续表

地区	起数	平均次损失（万元，调整到2013年）	地区	起数	平均次损失（万元，调整到2013年）
甘肃	795	3.546 452	青海	500	1.045 402
广东	1 812	4.686 400	山东	4 855	1.477 724
广西	1 062	7.050 918	山西	1 039	5.557 151
贵州	479	5.405 009	陕西	1 911	1.723 025
海南	345	31.489 620	上海	912	4.395 553
河北	2 693	4.058 105	四川	1 702	3.112 427
河南	2 111	2.737 140	天津	709	1.831 252
黑龙江	5 754	1.929 147	西藏	130	2.716 070
湖北	1 884	2.204 958	新疆	1 561	3.056 920
湖南	978	5.125 889	云南	4 567	3.076 895
吉林	4 595	1.024 412	浙江	1 006	8.548 456
江苏	2 009	2.662 918	重庆	1 047	1.861 741
江西	869	5.509 119	—	—	—

分组结果：输出的树形图如图22－2所示。

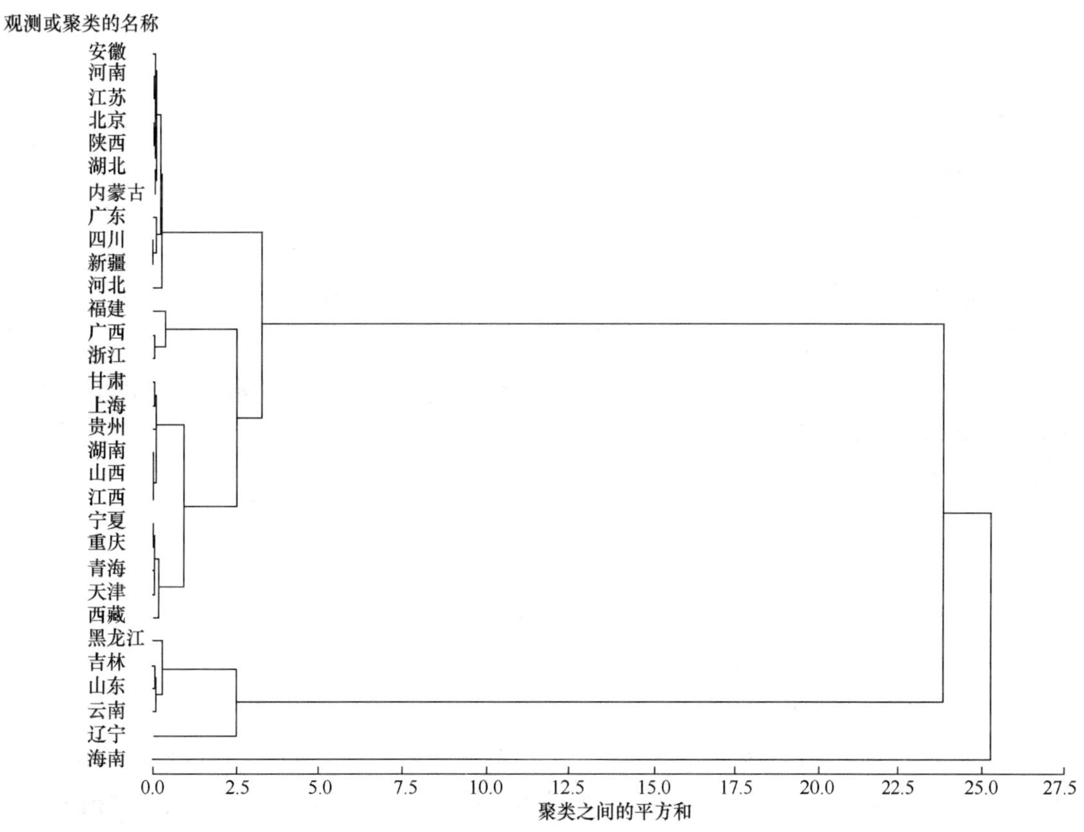

图22－2　SAS聚类树形图

根据第一部分所述的两种指标，采用 Ward 方法聚类，运用 SAS 中的 cluster 过程，可以得到以下聚类结果：

第一组：安徽、上海、甘肃、宁夏、天津、江苏、内蒙古、新疆、四川、青海、北京、浙江、陕西、福建、江西、广西、湖北、河南、广东、河北、重庆、西藏、贵州、湖南、山西

第二组：山东、黑龙江、辽宁、吉林、云南

第三组：海南

（三）森林火灾频数和损失分析

第一组：安徽、河南、西藏、内蒙古、辽宁、广西、海南、湖北、湖南、新疆、四川、北京、浙江、河北

1. 森林火灾第一组火灾的频数分析

从表 22 –3 中可以看出，森林火灾第一组发生的频数均值为 393 次，标准差为 649.4，中位数是 175 次。另外可以看出，偏度系数为 4.07，为右偏，说明频数分布有拖尾特征，即数据在均值左侧的数量较多，应该存在较大极值在均值右侧，但数量不多。

表 22 –3　第一组森林火灾频数基本统计结果

基本统计测量		分位数统计测度	
均值	393.090 9	分位数	估计值
中位数	174.5	100%	505 3
众数	11	99%	3 299.41
标准差	649.415	95%	1 164.1
方差	421 739.8	90%	948.6
极差	5 052	75%	491.25
四分位间距	443.25	50%	174.5
偏度	4.067 965	25%	48
峰度	21.738 18	10%	11.6

由于 SAS9.3 对分布拟合的输出结果是分别显示的，在 5% 的显著性水平下（以下的拟合都是 5%）对频数进行分布拟合可得到：

对数正态分布：

$$f(x) = \frac{1}{1.7x\sqrt{2\pi}}e^{-\frac{1}{2}\left(\frac{\ln x-4.89}{1.7}\right)^2} \quad (x > 0)$$

韦伯分布：

$$F(x) = 1 - e^{-\left(\frac{x}{286}\right)^{0.64}} \quad (x > 0)$$

2. 森林火灾第一组次均损失分析

由表 22 –4 可知，森林火灾第一组的次均损失均值为 2.519，标准差为 8.879，偏度系数为 7.93，说明数据呈厚尾分布，这也从数据层面证明森林火灾更可能会出现较大的异常损失。

对次均损失进行分布拟合可得韦伯分布：

$$F(x) = 1 - e^{-\left(\frac{x}{0.91}\right)^{0.45}} \quad (x > 0)$$

表 22－4 第一组森林火灾次均损失基本统计结果

基本统计测量		分位数统计测度	
均值	2. 519 371	分位数	估计值
中位数	0. 604 157	100%	93. 040 26
众数	0	99%	35. 916 78
标准差	8. 879 129	95%	1 164. 1
方差	78. 838 93	90%	3. 516 936
极差	93. 040 26	75%	1. 378 131
四分位间距	1. 280 377	50%	0. 604 157
偏度	7. 930 703	25%	0. 097 755
峰度	74. 019 55	10%	0

第二组：广东、山西、陕西、福建、贵州、吉林、山东、宁夏

1. 森林火灾第二组火灾的频数分析

从表 22－5 中可以看出，森林火灾第二组发生的频数均值为 273 次，标准差为 529. 2，中位数是 67 次。另外可以看出偏度系数为 2. 99，为右偏，说明频数分布有拖尾特征，即数据在均值左侧的数量较多，应该存在较大极值在均值右侧，但数量不多。在 5% 的显著性水平下（以下的拟合都是 5%）对频数进行分布拟合可得到：

对数正态分布：

$$f(x) = \frac{1}{1.746\,9x\sqrt{2\pi}} e^{-\frac{1}{2}\left(\frac{\ln x - 1.908}{1.746\,9}\right)^2} \qquad (x > 0)$$

韦伯分布：

$$F(x) = 1 - e^{-\left(\frac{x}{1.395\,5}\right)^{0.353\,98}} \qquad (x > 0)$$

表 22－5 第二组森林火灾频数基本统计结果

基本统计测量		分位数统计测度	
均值	272. 850 6	分位数	估计值
中位数	67	100%	261 2
众数	19	99%	2 547. 5
标准差	529. 209	95%	1 540
方差	280 062. 2	90%	1 151. 2
极差	2 611	75%	187
四分位间距	184	50%	66
偏度	2. 990 332	25%	22
峰度	8. 916 392	10%	10. 6

2. 森林火灾第二组次均损失分析

由表 22－6 可知，森林火灾第二组的次均损失均值为 11. 642 7，标准差为 43. 008 51，偏度系数为 7. 13，说明数据呈厚尾分布，这也从数据层面证明森林火灾更可能会出现较大的异常损失。

对次均损失进行分布拟可得韦伯分布：

$$F(x) = 1 - e^{-\left(\frac{x}{3.1264}\right)^{0.51955}} \qquad (x > 0)$$

表 22－6　森林火灾第二组次均损失拟合结果表

基本统计测量		分位数统计测度	
均值	11.642 7	分位数	估计值
中位数	1.250 421	100%	370.337 5
众数	0	99%	170.228 8
标准差	43.008 51	95%	52.525 16
方差	1 849.732	90%	19.077 39
极差	370.337 5	75%	5.441 321
四分位间距	5.134 78	50%	1.250 421
偏度	7.126 691	25%	0.453 772
峰度	56.803 17	10%	0.063 893

第三组：青海、重庆、江西、甘肃、黑龙江

1. 森林火灾第三组火灾的频数分析

从表 22－7 中可以看出，森林火灾第三组发生的频数均值为 124 次，标准差为 211.2，中位数是 46 次。另外可以看出，偏度系数为 3.26，为右偏，说明频数分布有拖尾特征，即数据在均值左侧的数量较多，应该存在较大极值在均值右侧，但数量不多。在 5% 的显著性水平下（以下的拟合都是 5%）对频数进行分布拟合可得到

韦伯分布：

$$F(x) = 1 - e^{-\left(\frac{x}{77.027}\right)^{0.80398}} \qquad (x > 0)$$

表 22－7　第三组森林火灾频数基本统计结果

基本统计测量		分位数统计测度	
均值	123.686 3	分位数	估计值
中位数	46	100%	111 9
众数	7	99%	1 000.5
标准差	211.228 2	95%	483
方差	44 617.35	90%	326
极差	1 115	75%	123.5
四分位间距	118	50%	46
偏度	3.261 25	25%	13
峰度	11.686 36	10%	7

2. 森林火灾第三组次均损失分析

由表 22－8 森林火灾第三组的次均损失均值为 3.57，标准差为 7.75，偏度系数为 3.26，说明数据呈厚尾分布，这也从数据层面证明森林火灾更可能会出现较大的异常损失。

对次均损失进行分布拟合可得韦伯分布：

$$F(x) = 1 - e^{-\left(\frac{x}{1.3955}\right)^{0.35398}} \qquad (x > 0)$$

表 22－8　第三组森林火灾次均损失基本统计结果

基本统计测量		分位数统计测度	
均值	3.568 755	分位数	估计值
中位数	1.090 002	100%	32.757 65
众数	0	99%	10.777 83
标准差	7.745 562	95%	9.237 481
方差	59.993 72	90%	4.197 891
极差	53.292	75%	1.090 002
四分位间距	4.263 914	50%	0.042 277
偏度	3.261 25	25%	0
峰度	32.972 73	10%	32.757 65

第四组：江苏、天津

1. 森林火灾第四组火灾的频数分析

从表 22－9 中可以看出，森林火灾第四组发生的频数均值为 43 次，标准差为 46.2，中位数是 31.5 次。另外可以看出偏度系数为 1.87，为右偏，说明频数分布有左侧拖尾特征，即数据在均值左侧的数量较多，应该存在较大极值在均值右侧，但数量不多。对频数进行分布拟合可得到韦伯分布：

$$F(x) = 1 - e^{-\left(\frac{x}{37.327}\right)^{0.909\,78}} \qquad (x > 0)$$

表 22－9　第四组森林火灾次均损失基本统计结果

基本统计测量		分位数统计测度	
均值	42.590 91	分位数	估计值
中位数	31.5	100%	172
众数	—	99%	170.53
标准差	46.185 06	95%	161.6
方差	2 133.06	90%	93.4
极差	170	75%	52.25
四分位间距	43.5	50%	31.5
偏度	1.873 578	25%	10.25
峰度	3.218 785	10%	5.1

2. 森林火灾第四组次均损失分析

由表 22－10 可知森林火灾第四组的次均损失均值为 0.62，标准差为 1.36，偏度系数为 2.62，说明数据呈厚尾分布，这也从数据层面证明森林火灾更可能会出现较大的异常损失。对次均损失进行分布拟合可得 Gen. Extreme Value 分布，其中，$k=0.748\,43$，$\sigma=0.160\,43$，$\mu=0.061\,31$。

表 22-10　第四组森林火灾次均损失基本统计结果

基本统计测量		分位数统计测度	
均值	0.619 02	分位数	估计值
中位数	0.124 259	100%	4.849 572
众数	0	99%	4.784 774
标准差	1.367 229	95%	4.424 976
方差	1.869 314	90%	2.040 979
极差	4.849 572	75%	0.219 485
四分位间距	0.237 934	50%	0.124 259
偏度	2.622 222	25%	0
峰度	5.863 477	10%	0

第五组：云南

1. 森林火灾第五组火灾的频数分析

从表 22-11 中可以看出，森林火灾第五组发生的频数均值为 468 次，标准差为 192，中位数是 510 次。另外可以看出偏度系数为 -0.285，为左偏，说明频数分布有右侧拖尾特征，即数据在均值右侧的数量较多，应该存在较大极值在均值左侧，但数量不多，在 5% 的显著性水平下（以下的拟合都是 5%）对频数进行分布拟合可得到韦伯分布：

$$F(x) = 1 - e^{-\left(\frac{x}{518.39}\right)^{1.7514}} \qquad (x > 0)$$

表 22-11　第五组森林火灾频数基本统计结果

基本统计测量		分位数统计测度	
均值	467.727 3	分位数	估计值
中位数	510	100%	786
众数	—	99%	773.9
标准差	191.886 4	95%	725.5
方差	36 820.38	90%	665
极差	671	75%	585.5
四分位间距	315	50%	510
偏度	-0.285 05	25%	293
峰度	-0.664 7	10%	264

2. 森林火灾第五组次均损失分析

由表 22-12 可知，森林火灾第五组的次均损失均值为 5.52，标准差为 3.98，偏度系数为 1.58，说明数据呈厚尾分布，这也从数据层面证明森林火灾更可能会出现较大的异常损失。

对次均损失进行分布拟合可得指数分布：

$$F(x) = 1 - e^{-0.18105x} \qquad (x > 0)$$

表 22－12　第五组森林火灾次均损失基本统计结果

基本统计测量		分位数统计测度	
均值	5.523 251	分位数	估计值
中位数	5.571 548	100%	15.954 89
众数	—	99%	15.167 29
标准差	3.978 067	95%	12.016 89
方差	15.825 02	90%	8.078 877
极差	15.118 42	75%	6.611 821
四分位间距	4.813 834	50%	5.571 548
偏度	1.580 058	25%	2.625 776
峰度	3.558 888	10%	1.604 205

（四）放火火灾频数和损失分析

第一组：安徽、上海、甘肃、宁夏、天津、江苏、内蒙古、新疆、四川、青海、北京、浙江、陕西、福建、江西、广西、湖北、河南、广东、河北、重庆、西藏、贵州、湖南、山西

1. 放火火灾第一组火灾的频数分析

从表 22－13 可以看出，放火火灾第一组发生的频数均值为 119，标准差为 84，中位数是 95。另外可以看出，偏度系数为 2.66，为右偏，说明频数分布有拖尾特征，对频数进行分布拟合可得韦伯分布：

$$F(x) = 1 - e^{-\left(\frac{x}{131.0187}\right)^{1.46}} \qquad (x > 0)$$

表 22－13　第一组放火火灾频数基本统计量

基本统计测量		分位数统计测度	
均值	118.803 6	分位数	估计值
中位数	95	100%	455
众数	87	99%	433.46
标准差	83.644 83	95%	282.3
方差	6 996.458	90%	231.6
极差	454	75%	155.5
四分位间距	89.5	50%	174.5
偏度	2.657 621	25%	66
峰度	1.462 03	10%	37.8

2. 放火火灾第一组次均损失分析

由表 22－14 可知，放火火灾第一组的次均损失均值为 4.2，标准差为 4.5，偏度系数为 3，说明数据呈厚尾分布，这也从侧面证明森林火灾更可能会出现较大的异常损失。

对次均损失进行分布拟合得到对数正态分布和韦伯分布：

对数正态分布：

$$f(x) = \frac{1}{0.837\,224x\sqrt{2\pi}} e^{-\frac{1}{2}\left(\frac{\ln x - 1.174\,84}{0.837\,224}\right)^2} \quad (x > 0)$$

韦伯分布：

$$F(x) = 1 - e^{-\left(\frac{x}{4.200\,139}\right)^{1.013\,073}} \quad (x > 0)$$

表 22－14　第一组放火火灾次均损失基本统计量

基本统计测量		分位数统计测度	
均值	4.176 148	分位数	估计值
中位数	2.839 527	100%	35.807 27
众数	0	99%	24.065 4
标准差	4.531 493	95%	12.466 84
方差	20.534 43	90%	8.131 703
极差	35.807 27	75%	5.258 175
四分位间距	3.834 748	50%	2.839 527
偏度	3.080 905	25%	1.423 428
峰度	13.441 53	10%	0.848 689

第二组：山东、黑龙江、辽宁、吉林、云南

1. 放火火灾第二组火灾的频数分析

从表 22－15 可以看出，放火火灾第二组发生的频数均值为 458，标准差为 463，中位数是 230。另外可以看出偏度系数为 1.63，为右偏，说明频数分布有拖尾特征。

对频数进行分布拟合可得韦伯分布：

$$F(x) = 1 - e^{-\left(\frac{x}{448.94}\right)^{1.209\,4}} \quad (x > 0)$$

表 22－15　第二组放火火灾频数基本统计量

基本统计测量		分位数统计测度	
均值	457.545 5	分位数	估计值
中位数	230	100%	2 143
众数	309	99%	1 877.86
标准差	462.701 6	95%	1 313.5
方差	214 092.8	90%	1 144.8
极差	2 063	75%	723
四分位间距	591	50%	230
偏度	1.633 615	25%	136.5
峰度	2.357 188	10%	110

2. 放火火灾第二组次均损失分析

由表 22－16 可知，放火火灾第二组的次均损失均值为 2.93，标准差为 2.87，偏度系数为 2.07，说明数据呈厚尾分布，这也从侧面证明森林火灾更可能会出现较大的异常损失。对次均损失进行分布拟合得到韦伯分布：

$$F(x) = 1 - e^{-\left(\frac{x}{2.8206}\right)^{1.1685}} \quad (x > 0)$$

表 22－16 第二组放火火灾次均损失基本统计量

基本统计测量		分位数统计测度	
均值	2. 932 312	分位数	估计值
中位数	1. 695 76	100%	15. 829 85
众数	0	99%	11. 605 69
标准差	2. 868 444	95%	7. 822 489
方差	8. 227 969	90%	6. 955 784
极差	15. 829 85	75%	4. 412 388
四分位间距	3. 517 474	50%	1. 695 76
偏度	2. 070 834	25%	0. 958 689
峰度	6. 043 244	10%	0. 738 359

第三组：海南

1. 放火火灾第三组火灾的频数分析

从表 22－17 可以看出，放火火灾第三组发生的频数均值为 12. 44，标准差为 8. 34，中位数是 10. 4。另外可以看出偏度系数为 1. 36，为右偏，说明频数分布有拖尾特征。

对频数进行分布拟合可得韦伯分布：

$$F(x) = 1 - e^{-\left(\frac{x}{32.132}\right)^{2.0113}} \quad (x > 0)$$

表 22－17 第三组放火火灾频数基本统计量

基本统计测量		分位数统计测度	
均值	12. 440 03	分位数	估计值
中位数	10. 436 89	100%	33. 140 19
众数	—	99%	31. 945 48
标准差	8. 340 228	95%	27. 166 64
方差	69. 559 4	90%	21. 193 09
极差	31. 055 52	75%	14. 735 38
四分位间距	9. 284 833	50%	10. 436 89
偏度	1. 356 826	25%	8. 264 825
峰度	2. 405 036	10%	3. 130 943

2. 放火火灾第三组次均损失分析

由表 22－18 可知，放火火灾第三组的次均损失均值为 2. 93，标准差为 2. 87，偏度系数为 2. 07，说明数据呈厚尾分布，这也从侧面证明森林火灾更可能会出现较大的异常损失。

对次均损失进行分布拟合得到对数正态分布：

$$f(x) = \frac{1}{1.7469x\sqrt{2\pi}} e^{-\frac{1}{2}\left(\frac{\ln x - 1.908}{1.7469}\right)^2} \quad (x > 0)$$

表 22-18　第三组放火火灾次均损失基本统计量

基本统计测量		分位数统计测度	
均值	2.932 312	分位数	估计值
中位数	1.695 76	100%	15.829 85
众数	0	99%	11.605 69
标准差	2.868 444	95%	7.822 489
方差	8.227 969	90%	6.955 784
极差	15.829 85	75%	4.412 388
四分位间距	3.517 474	50%	1.695 76
偏度	2.070 834	25%	0.958 689
峰度	6.043 244	10%	0.738 359

本节小结

本章讨论的是将各地区的火灾情况进行分组，对放火火灾和森林火灾进行聚类分析对于保险公司定价具有重要意义。通过将死亡人数、受伤人数和 GDP 调整后的直接损失处理为次死亡人数、次受伤人数和 GDP 调整后的次直接损失，并以此为根据进行聚类分类。最终，将森林火灾分成五组，放火造成的火灾分成三组进行分析，并对每组分别进行发生频数与次均损失分析。

第二节　区域的差异率分析

所谓各省差异率，就是各地区遭受相关灾害的差异化衡量。在第一节中，笔者对各组的损失发生频数和损失额度进行了分析，除此之外，各个组之间的差异率状况也是很重要的信息，对保险公司差别费率的制定有重大意义。因此，本节的主要目的是讨论各组之间的损失差异率，讨论保险公司分地区进行定价的必要性。

一、差异率计算的说明

（一）指标选取说明

差异率是各个地区之间火灾损失发生情况的差别，可以是事故发生次数、死亡人数、受伤人数等指标。根据保险公司的需要，接下来所研究的是各地区每次发生火灾带来损失之间的差异率。

进行差异率分析时，课题组使用聚类分析所利用的平均次损失指标，这一指标反映了损失和频数，同时用 GDP 调整，更具有现实的参考意义。

$$\text{某年某地区/组平均次损失} = \frac{adjloss_i}{N_i}$$

式中：$adjloss_i$ 为第 i 年某地区/组的损失折款用 GDP 调整到 2013 年的损失额；N_i 为该年该地区发生事故次数。

$$\text{某地区/组平均次损失} = \frac{adjloss_i}{N_i}$$

式中：$adjloss_i$ 为每年该地区/组损失折款用 GDP 调整到 2013 年的总损失额；N 为事故发生总次数；所研究的年度为 2003—2013 年。

（二）组间差异率指标计算

根据上面的指标，首先计算出每一组内年平均次损失的标准差（2003—2013 年），然后计算差异率指标如下：

该组平均次损失差异率 = 该组平均次损失/基准组平均次损失

该组 1 倍标准差差异率 =（该组平均次损失 +1 倍标准差）/（基准组平均次损失 +1 倍标准差）

二、组间差异率分析

（一）森林火灾差异率分析

第一组：安徽、河南、西藏、内蒙古、辽宁、广西、海南、湖北、湖南、新疆、四川、北京、浙江、河北

第二组：广东、山西、陕西、福建、贵州、吉林、山东、宁夏

第三组：青海、重庆、江西、甘肃、黑龙江

第四组：江苏、天津

第五组：云南

根据上面组间差异率计算方法，得到表 22 - 19。

表 22 - 19 森林火灾组间差异分析表

组别	平均次损失	标准差	差异率	1 倍标准差差异率
第一组	2. 519 370 99	8. 879 128 74	1	1
第二组	11. 642 705 00	43. 257 841 10	4. 621 275	1. 199 299
第三组	3. 568 755 07	7. 821 129 81	1. 416 526	1. 101 483
第四组	0. 619 020 07	1. 399 402 99	0. 245 704	0. 515 065
第五组	5. 523 251 04	4. 172 232 11	2. 192 314	1. 448 903

从表 22 - 19 可以看出，第四组的平均次损失非常小，因此在火灾保险定价过程中可以参考这一结果使费率厘定更加合理化。

（二）放火火灾差异率分析

第一组：安徽、上海、甘肃、宁夏、天津、江苏、内蒙古、新疆、四川、青海、北京、浙江、陕西、福建、江西、广西、湖北、河南、广东、河北、重庆、西藏、贵州、湖南、山西

第二组：山东、黑龙江、辽宁、吉林、云南

第三组：海南

从表 22 - 20 可以看出，第一组的平均次损失大概是第二组的两倍，第三组（海南）的平均次损失远大于第一、二组，一方面，海南 2008 年放火造成的损失较往年异常高，另一方面，海南在其他年份放火造成的次均损失也相对较高，造成平均次损失较高。

表 22 - 20　放火火灾组间差异分析表

组别	平均次损失	标准差	差异率	1 倍标准差差异率
第一组	4. 176 148	4. 531 492 59	1	1
第二组	2. 932 312	2. 894 881 00	0. 702 157	0. 824 094
第三组	27. 129 080	52. 447 523 40	6. 496 197	1. 405 359

本节小结

上一节得到了森林火灾与放火导致的火灾的分组情况，本节要将有助于保险公司定价的目标进一步实现——进行组间差异率分析。经分析，森林火灾、放火引起的火灾组间的损失率差异性都较大，对于森林火灾其他组，在第一组的基准调整下差异率约 24% ~460% 不等；而对于放火引起的火灾，第二组及第三组在第一组的基准调整下差异率分别约为 70%，650%。与《灾因报告（2012）》相比，年均组损失率各组均有所下降，这也反映了我国 2000 年以来火灾灾害损失率总体的下降趋势。之后进行的组内差异分析，为大组分类下的各省灾害的浮动定价提供了参考。

第二十三章　火灾灾害的影响因素及脆弱性分析

第一节　火灾影响因素的定性分析

在此课题组把影响火灾的因素分为物质因素、自然因素、社会因素、经济因素以及建设消防因素五点来进行归纳和分析。

一、物质因素

这里所指的物质因素主要可以分为建筑物结构、建筑物用途、建筑物消防设计、居住区规划等，一般来说木结构发生火灾的可能性更大一些，而钢结构发生火灾的强度会更大一些。不同用途的建筑物同样会影响火灾的发生以及火灾的严重程度。住宅、医院、办公用地、电影院的火灾脆弱性各不相同，而如图 23－1 所示，农业、制造业、食宿和餐饮业所在场所是火灾的高发地带，而林业由于人流量小、管理科学起火数很少，教科文卫业、社会服务业、建筑业同样如此。

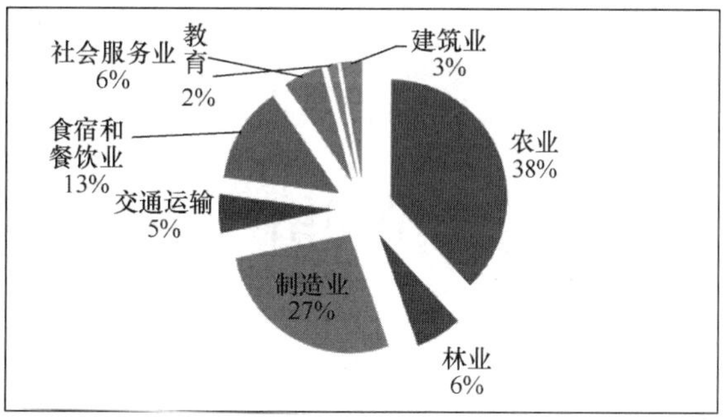

图 23－1　2013 年主要行业起火频数比例饼图

数据来源：《中国消防年鉴（2014）》。

建筑消防设计在火灾控制中起着至关重要的作用。一般来说拥有良好消防设计的建筑起火的可能性较小，而且即使发生火灾，火势也能得到有效的控制，从而降低火灾损失。

建筑物的起火与整个居住区的规划设计也有密切的联系。如居住区的容积率越高越容易发生火灾，居住区内高风险建筑的比例越高越容易发生火灾等。

二、自然因素①

火灾的发生与气象条件有密切的联系，从宏观的角度看与风险单位所处的气候带有关，从微观角度分析则与当时的气象条件有关，如降雨、相对湿度、气温、风力等具体因素。

三、社会因素

人类的活动对火灾的发生有着最直接的影响。这里所指的社会因素主要是指人口密度，人口素质和社会习俗等。

四、经济因素

一般衡量火灾损失时多以货币价值来表示，因此，经济因素，如 GDP、人均收入等也会影响火灾的损失。在这里，可以把经济因素称为经济发展水平。

经济发展水平的高低对火灾损失有影响，但是不能简单地说是正相关还是负相关。从火灾发生的频率上看，较为全面的关系应该是：随着经济的发展，火灾发生率先升高后降低，也就是说，随着经济发展，火灾发生率存在一个“顶点”，至于是升高还是降低，就要看这个国家所处的经济发展阶段。因为首先随着经济的发展，风险单位的数量会增加，但消防力量一般不会同步增加，只有经济发展到一定程度以后，由于人们开始有余力治理外部性问题，抑制火灾危险的因素占了主要地位，此时火灾形势就会逐渐好转。从火灾发生的强度上看，一般是呈现正向关系，即随着经济的发展，火灾损失强度会越来越大。

五、消防建设因素

这里所指的消防建设主要是指政府或民间对消防设施的建设。消防建设在现代火灾控制中是不可或缺的，十分重要。

本节小结

本节对火灾影响因素进行了定性分析，目的是使读者对火灾影响因素有更全面概括的认识。这里所讲的定性分析的因素包括物质因素、自然因素、社会因素、经济因素以及消防建设因素。

第二节　火灾影响因素的定量分析

影响火灾损失的因素很多，既有物质因素、自然因素，又有社会经济因素，目前较为成

① 何刚．火灾与气象因素的二元线性回归关系浅析［J］．消防管理研究，2005（5）。

熟的理论是基于燃烧学、传热学、流体力学、化学、灾害学及计算机科学等学科发展起来了火灾科学①。该学科的出现，大大促进了人们对火灾过程的深入了解与定量分析，但过于偏重对具体的、微观方面的研究，而忽略了社会的、宏观的一面。火灾也是社会的产物，人们发现引起火灾更基本的原因是社会经济原因，是经济、人口等原因决定着一个地区的火灾情况。因此，研究社会经济因素与火灾的关系对于从宏观方面了解和预测一个国家或地区的火灾形势有着重要的意义。国外的研究认为，社会经济因素是一个地区火灾发生率的最好的预测因子之一。

一、数据来源

从2004—2014年《中国消防年鉴》和《中国统计年鉴》可以直接得到2003—2013年31个省市的火灾发生频数、地区生产总值和人均生产总值，需要说明的是各地区生产总值在各年年鉴中有部分重复出现，但数据不一致，本节数据采用最新一本年鉴的数据，比如2007年北京的国内生产总值在2008年《中国统计年鉴》中的数值为9 353.32亿元，而在2014年《中国统计年鉴》中的数值为9 846.81亿元，两个数值不同，本节采用最新的2014年统计年鉴的数据。各省大专以上人口数的数据资料来源于国家统计局网站。

参考前版灾因分析报告和对公共数据的掌握情况，课题组选择性收集和整理了如表23－1所示的公共数据。

表23－1　公共数据情况表

数据名称	单位	数据状况说明
火灾频数	起	2003—2013，全
GDP	亿元	2003—2013，全
实际GDP	亿元	2003—2013，全，按GDP平减指数调整
大专以上教育人口	万人	2003—2013，全
各地区占地面积	万平方千米	各年数据一致，全

二、变量选取

（一）被解释变量

变量的选择参照了杨立中②的文章，该文选择火灾发生率和火灾死亡率作为被解释变量，经济水平用人均国民生产总值衡量，教育水平用大专以上人口比例衡量。本节考虑到数据的平稳性问题③，并且根据聚类分析的结果，森林火灾的次均损失和放火造成火灾的次数既不服从正态分布，也不服从对数正态分布，因此不能直接或取对数将这两个变量作为被解释变量来做线性

① 范维澄，王清安，周建军．火灾学简明教程［M］．合肥：中国科学技术大学出版社，1995.

② 杨立中，江大白．中国火灾与社会经济因素的关系［J］．中国工程科学，2003（2）．

③ 张晓峒．应用数量经济学［M］．北京：中国机械工业出版社，2007.

回归（线性回归的前提条件是被解释变量服从正态分布）。考虑到这一情况，建模时课题组选取森林火灾的次数和放火造成损失的次均损失作为被解释变量。这两个变量都能代表火灾因素，而且数据较容易获得，未选择直接经济损失作为被解释变量是因为当某个地区出现特大火灾时直接经济损失会出现大幅度的增加，使得数据的可比性很差，必须进行极值的剔除。

（二）解释变量

选取经济水平和教育水平来度量社会经济因素，其中经济水平用地区生产总值或者人均生产总值来衡量，教育水平用地区大专以上人口数来衡量。火灾既是“天灾”，又是“人祸”，但主要是“人祸”。80%以上火灾是违章用火、用电、用气和违反安全操作规程等人为因素引起的。火灾的发生情况与人口素质有较密切的关系，本节考虑用大专以上人口数量化人口素质。另外，考虑到森林火灾和放火引起火灾有各自特有的特征，其影响因素也是不一样的，除了以上几个公共变量之外，对于森林火灾还选取农林水事务支出、降水量、相对湿度、火场总面积作为其特有的解释变量。需要注意的是对于农林水事务，由于统计口径不一致，在2003—2006年的年鉴细分为农业支出、林业支出、农林水利气象等事业费，在回归中将其加总作为农林水事务支出的值。对于放火造成火灾选取居民可支配收入、公共安全支出作为其特有的影响因素。

根据定性分析，课题组在计量分析之初，准备对以下解释变量对被解释变量（火灾频数）的影响进行逐步分析，筛选合适的解释变量：GDP（利用GDP平减指数进行调整后），EDRK（教育人口基数即大专以上学历人口数），POPU（人口基数），PERGDP（人均GDP），以及SM（各省市面积）、INDEN（人口密度）等。但是经过作图分析及逐步回归分析后，发现只有GDP水平与教育人口基数EDRK（或人口基数）与火灾频数有明显的线性关系（教育人口与人口基数有较强的共线性，故此处选择教育人口数）。

本报告所研究的地区为中国内地的31个省市，统计区间为2003—2013年。变量选取的标准是能较全面地反映中国的火灾情况与社会经济状况；时间选取的标准是森林火灾和放火火灾各地区数据较全的年度。以往年度由于数据不易获得，且更早的数据统计口径不一致，因此不具有可比性。

因为选取的数据为2003—2013年11年的数据，样本容量较小，在做回归分析时不满足样本容量的最小要求，所以本报告将利用面板数据建立模型，其好处是：观测值的增多，可以增加估计量的抽样精度，建模比单截面建模可以获得更多的动态信息。

三、回归分析

（一）数据分析

本节以中国31个省市2003—2013年11年的面板数据为样本，就社会经济因素对火灾的影响进行分析。对于放火火灾一共有341个数据，对于森林火灾一共有326个数据，原因是森林火灾由于一次灾害造成的损失可能很大，所以在分析时剔除了四个异常值：2003年的黑龙江、甘肃；2004年的黑龙江；2011年的山东；上海森林面积小，在考察的11年中没有发生森林火灾损失，因此在建模时不考虑上海。

FREQUENCY 表示火灾频数（单位：起），PERLOST 为火灾人均损失（单位：万元），这两个变量为被解释变量，SJGDP 表示各地区实际生产总值（经 GDP 平减指数调整）（单位：亿元），PERGDP 表示各地区的人均国内生产总值（单位：元/人），EDRK 表示大专以上教育人口（单位：万人），NLSSW 为农林水事务支出（单位：百万元），JSL 为降水量（单位：毫米），XDSD 为相对湿度（单位：%），HCZMJ 为火场总面积（单位：公顷），INCOME 为居民可支配收入（单位：元），GGAQZC 为公共安全支出（单位：亿元）。

图 23－2 为按人均 GDP 排序后 31 个省市的火灾频数，从该图可以看出，总体的趋势是随着人均 GDP 的下降，火灾频数在下降，但也有个别省市例外，比如上海、北京、天津三个直辖市人均 GDP 值较高，但火灾频数的水平较低，只相当于四川、安徽的水平，并且规律也不是人均 GDP 越低，火灾频数越小，火灾频数随人均 GDP 的减少呈波浪式减少，并且起伏性较大。

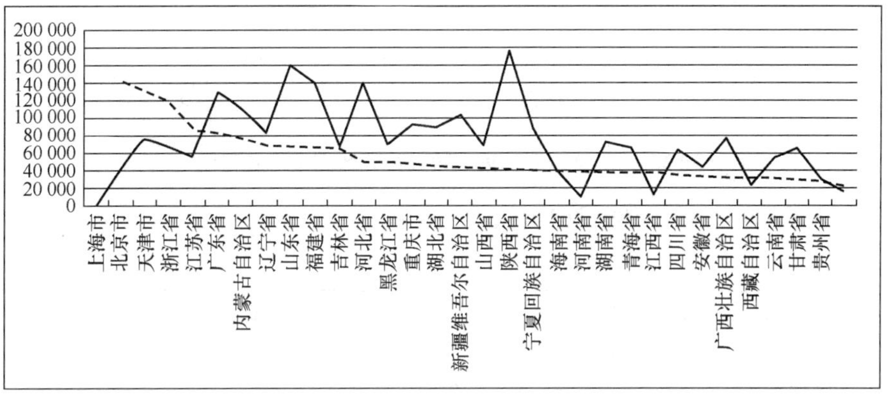

图 23－2　按人均 GDP 排序后的 31 个省（区、市）的火灾频数①

数据来源：《中国消防年鉴》（2004—2014）。

图 23－3 为按 GDP 排列的 31 个省（区、市）火灾频数。从图 23－3 可以看到，总体的趋势也是随着 GDP 的下降，火灾频数在下降，与图 23－2 相比，图 23－3 的变化具有很强的规律性，火灾频数的变化与 GDP 的变化趋势相对吻合。

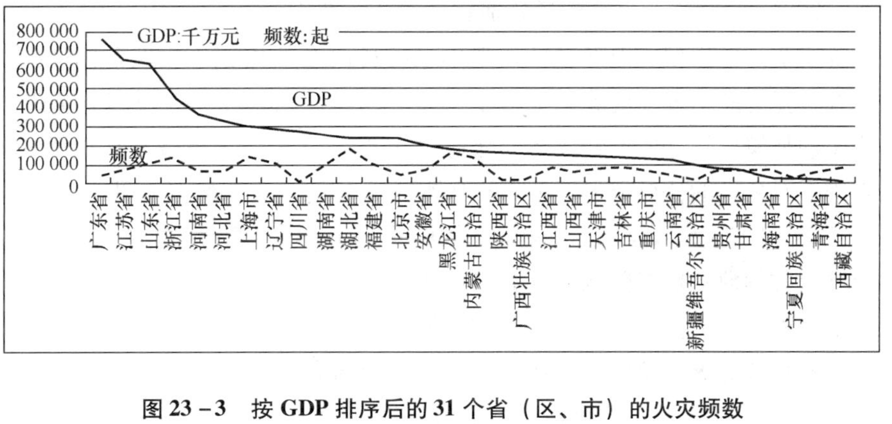

图 23－3　按 GDP 排序后的 31 个省（区、市）的火灾频数

数据来源：《中国消防年鉴》。

① 此处“人均 GDP”和火灾频数为 2003—2013 年各年的人均 GDP 及火灾频数求和后所得。

综上所述，当以火灾频数为被解释变量时，选取 GDP 作为解释变量比选取人均 GDP 作为解释变量，被解释变量和解释变量之间具有更强的规律性，所以本节在建立回归模型时依据数据本身的特点，选取 GDP 作为解释变量。

另外，不同年代统计口径的不一致可能会造成回归效果不显著。图 23－4 和图 23－5 对全国森林火灾次数和放火造成次均损失做了趋势图，从图中可看出被解释变量随时间变化的变化趋势，这可能是由数据本身的随机性导致的。而且统计数据是 2003—2013 年 11 年的数据，由统计口径导致的数据波动不明显。

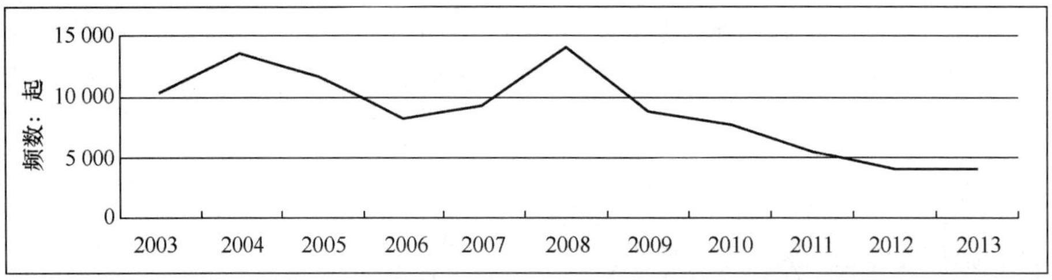

图 23－4　全国森林火灾频数统计数据结果趋势图

数据来源：《中国国家统计年鉴》（2004—2014）。

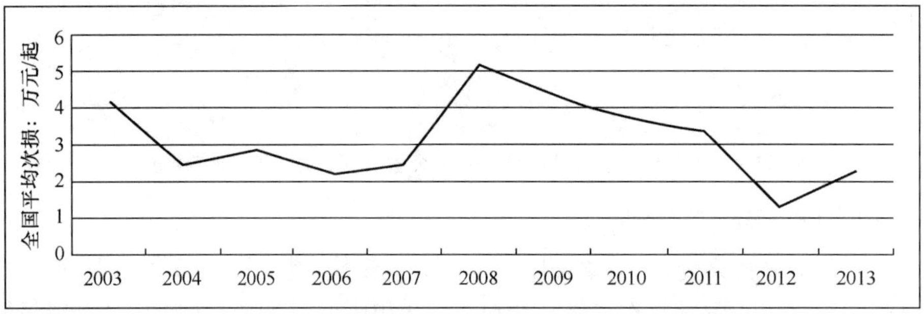

图 23－5　全国放火火灾次均损失统计数据结果趋势图

在李树等（2005）① 的文章中，作者分别建立了经济增长、人均收入、经济类型及产业与火灾之间的关系等 4 个计量模型，但建立的计量模型的可决系数比较小，拟合优度偏低。笔者认为是模型的形式选择可能出现了问题，他只是建立了简单的线性模型，没有对数据进行具体的分析，本节为了使得模型较好地拟合数据，首先对 30 个省（由于上海没有出现森林火灾，故分析时剔除，否则会对之后的分析带来不必要的麻烦）11 年的火灾频数对 GDP 面板数据绘制散点图（见图 23－6），图 23－6－a 给出的是森林火灾频数对降水量面板数据散点图，图 23－6－b 给出的是用森林火灾频数对数对降水量面板数据的对数绘制散点图，取了对数以后，森林火灾频数与降水量的线性关系十分明显，异方差不再存在。

同理，可以给出森林火灾频数对农林水事务支出等解释变量的面板数据散点图和对数森林火灾频数与对数农林水事务支出等解释变量的散点图，发现取对数后都有比较好的线性关系，且消除了异方差。

① 李树，吕昭河，等．浅析经济发展与火灾的关系［J］．火灾工程与技术，2005（7）．

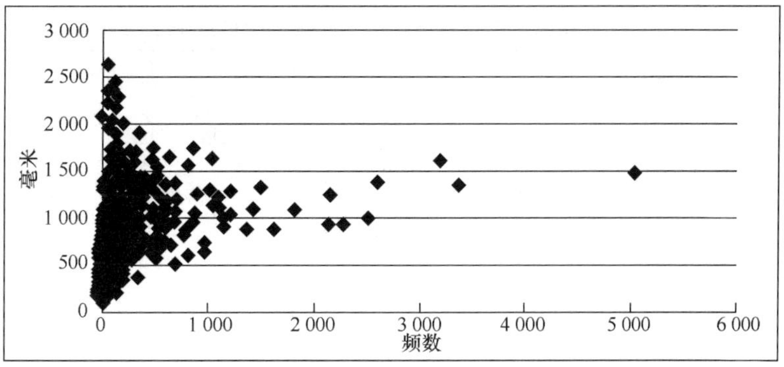

图 23－6－a　森林火灾频数与降水量面板数据散点图

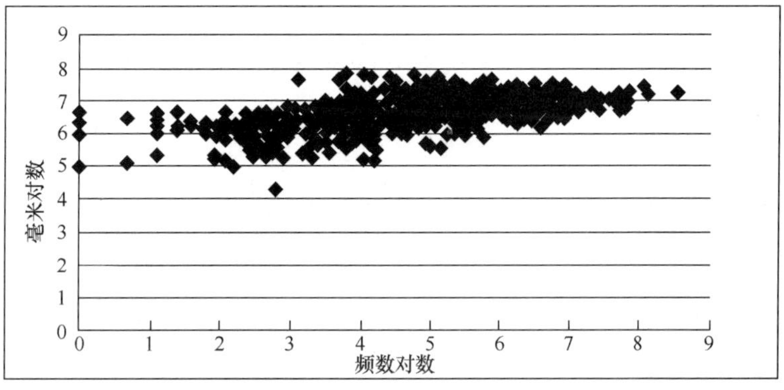

图 23－6－b　森林火灾频数对数与降水量对数面板数据散点图

数据来源：《中国消防年鉴》（2004—2014）。

各省森林面积有很大不同，导致森林火灾的次数也有较大不同，如上海森林面积很小，近几年都没有发生森林火灾而没有进入回归模型。而北方的森林面积大，发生森林火灾的次数相对较多，所以建立相同截距项的面板数据模型是不合适的，因此建立个体固定效应模型。通过 SAS 9.2 的逐步回归模型，受教育程度和 GDP 由于不满足 5% 的显著性水平而没能进入回归模型。

（二）参数估计

1. 森林火灾个体固定效应模型

森林火灾个体固定效应模型为：

$$\ln Frequency_{it} = c_{it} + \beta_1 \ln NLSSW + \beta_2 \ln JSL + \beta_3 \ln XDSD + \beta_4 \ln HCZMJ + u_{it}$$

从表 23－2 可以看出，模型的可决系数还是很高的，各地区的截距项的估计量差距比较大（最高的达到 15，最小的接近 10），考虑到被解释变量取了对数，这样的差距表明各省森林火灾发生次数的差异明显。火场总面积参数为正，说明火场面积越大，火灾造成的损失越大。降水量和相对湿度的系数为负，表明降水多或者空气越湿润，发生森林火灾的次数更低，这也与通常的认识相一致。农林水事务支出系数为负，说明加强这方面的投入有助于减少森林火灾。

表 23-2　森林火灾省（区、市）个体固定效应拟合结果

地区	Estimate	Standard Error	t_ value	p_ value
安徽	13. 801 75	2. 298 06	6. 006	<0. 000 1
北京	11. 157 71	2. 090 64	5. 337	<0. 000 1
福建	13. 610 69	2. 283 80	5. 960	<0. 000 1
甘肃	11. 598 21	2. 124 79	5. 459	<0. 000 1
广东	13. 517 31	2. 296 32	5. 886	<0. 000 1
广西	14. 201 37	2. 340 27	6. 068	<0. 000 1
贵州	14. 923 14	2. 337 32	6. 385	<0. 000 1
海南	13. 839 01	2. 324 83	5. 953	<0. 000 1
河北	12. 370 48	2. 162 10	5. 722	<0. 000 1
河南	14. 266 17	2. 200 12	6. 484	<0. 000 1
黑龙江	10. 782 43	2. 246 18	4. 800	<0. 000 1
湖北	14. 533 76	2. 296 51	6. 329	<0. 000 1
湖南	15. 185 67	2. 313 54	6. 564	<0. 000 1
吉林	13. 006 35	2. 179 31	5. 968	<0. 000 1
江苏	13. 740 41	2. 270 36	6. 052	<0. 000 1
江西	13. 579 01	2. 286 99	5. 938	<0. 000 1
辽宁	13. 472 49	2. 234 35	6. 030	<0. 000 1
内蒙古	10. 975 34	2. 095 28	5. 238	<0. 000 1
宁夏	10. 439 68	2. 080 65	5. 018	<0. 000 1
青海	10. 945 84	2. 138 61	5. 118	<0. 000 1
山东	12. 458 22	2. 160 23	5. 767	<0. 000 1
山西	10. 951 77	2. 152 39	5. 088	<0. 000 1
陕西	12. 686 00	2. 211 92	5. 735	<0. 000 1
四川	13. 862 12	2. 328 76	5. 953	<0. 000 1
天津	11. 795 80	2. 150 21	5. 486	<0. 000 1
西藏	10. 007 76	1. 922 84	5. 205	<0. 000 1
新疆	12. 090 15	2. 142 27	5. 644	<0. 000 1
云南	13. 524 04	2. 272 92	5. 950	<0. 000 1
浙江	13. 896 26	2. 292 32	6. 062	<0. 000 1
重庆	13. 877 34	2. 316 16	5. 992	<0. 000 1
NLSSW	-0. 107 77	0. 031 58	-3. 413	0. 000 8
JSL	-0. 252 87	0. 118 16	-2. 140	0. 033 4
XDSD	-2. 036 96	0. 541 19	-3. 764	0. 000 2
HCZMJ	0. 421 35	0. 025 04	16. 830	<0. 000 1
R-squared：0. 994 3；Adjusted R-squared：0. 993 5；p_value：<2. 2e-16				

2. 放火火灾个体固定效应模型

对于放火火灾，其解释变量有居民可支配收入（万元）、人口密度（人/每平方米）、大专以上人口数（万人）、公共安全支出（亿元）。对于被解释变量的选取，放火次数既不服从正态分布，也不服从对数正态分布，不能用作被解释变量。将次损失作为被解释变量用 SAS 9.2 进行逐步回归发现，所有解释变量都没满足5%的显著性水平，不能进入回归模型。因此选取总损失作为被解释变量，对以上解释变量作逐步回归后，居民可支配收入、大专以上人口数、公共安全支出进入回归模型，而人口密度、年份被剔除。

同森林火灾一样，为了消除异方差，对所有变量取对数。省份个体固定效应模型如下：

$$\ln ZSS_{it} = c_{it} + \beta_1 \ln EDRK + \beta_2 \ln Income + \beta_3 \ln GGAQZC$$

从表 23－3 可以看出，可决系数很高，说明模型拟合的效果很好，且通过了 F 检验。首先看各省的截距项，基本都在 14 左右波动，唯独西藏为 9.6，这可能与西藏人口数少有关。EDRK（大专以上人口数）的拟合系数为－0.146 6，说明受教育程度高的人越多，故意放火造成火灾的总损失就会减少。居民可支配收入的系数为－0.707 5，这从侧面反映出放火可能是由于收入低产生报复社会的不良心态。造成的公共安全支出的系数为－0.104 6 揭示了政府在公共安全上的支出与放火造成火灾总损失之间的内在关系，加大公共安全支出有助于预防和减少放火火灾灾害。

表 23－3　放火火灾省（区、市）个体固定效应拟合结果

地区	Estimate	Standard Error	t_ value	p_ value
安徽	14. 244 9	1. 943 5	7. 329	<0. 000 1
北京	13. 480 2	2. 024 8	6. 657	<0. 000 1
福建	14. 678 5	1. 998 2	7. 346	<0. 000 1
甘肃	12. 874 8	1. 971 2	6. 532	<0. 000 1
广东	15. 059 8	1. 867 1	8. 066	<0. 000 1
广西	14. 250 1	1. 925 6	7. 400	<0. 000 1
贵州	13. 025 3	1. 922 3	6. 776	<0. 000 1
海南	13. 111 0	2. 057 4	6. 372	<0. 000 1
河北	14. 775 8	1. 898 2	7. 784	<0. 000 1
河南	13. 909 9	1. 905 6	7. 300	<0. 000 1
黑龙江	14. 614 0	1. 888 4	7. 739	<0. 000 1
湖北	13. 989 7	1. 927 6	7. 258	<0. 000 1
湖南	14. 066 6	1. 932 3	7. 28	<0. 000 1
吉林	13. 738 1	1. 941 5	7. 076	<0. 000 1
江苏	14. 470 0	1. 885 3	7. 675	<0. 000 1
江西	13. 592 2	1. 941 6	7. 000	<0. 000 1
辽宁	14. 862 7	1. 894 3	7. 846	<0. 000 1
内蒙古	13. 700 2	1. 932 0	7. 091	<0. 000 1
宁夏	11. 121 1	2. 087 8	5. 327	<0. 000 1
青海	11. 060 2	2. 086 0	5. 302	<0. 000 1

续表

地区	Estimate	Standard Error	t_ value	p_ value
山东	14. 296 6	1. 903 0	7. 513	<0. 000 1
山西	13. 887 1	1. 932 1	7. 188	<0. 000 1
陕西	13. 471 1	1. 957 0	6. 883	<0. 000 1
上海	14. 141 6	2. 015 6	7. 016	<0. 000 1
四川	14. 138 1	1. 878 3	7. 527	<0. 000 1
天津	12. 373 0	2. 012 9	6. 147	<0. 000 1
西藏	9. 638 0	2. 097 8	4. 594	<0. 000 1
新疆	13. 519 6	1. 927 9	7. 013	<0. 000 1
云南	14. 593 3	1. 882 0	7. 754	<0. 000 1
浙江	14. 704 2	1. 953 8	7. 526	<0. 000 1
重庆	13. 087 4	1. 949 0	6. 715	<0. 000 1
EDRK	-0. 146 6	0. 238 0	-0. 616	0. 005 3
Income	-0. 707 5	0. 297 6	-2. 377	0. 018 2
GGAQZC	-0. 104 6	0. 236 3	-0. 443	<. 017
R - squared：0. 984 7；Adjusted R - squared：0. 982 5；p_ value：<2. 2e - 16				

本节小结

本节对火灾影响因素进行了定量分析，主要是从社会经济因素来对火灾发生起数及直接损失进行分析。森林火灾的次数和放火造成损失的次均损失作为被解释变量，对于森林火灾本节选取了地区 GDP、地区的相对湿度、地区的降雨量、人口密度和人口受教育程度等指标进行分析；对于放火火灾本节选取了有居民可支配收入、人口密度、大专以上人口数、公共安全支出等指标分析。森林火灾及放火火灾的个体固定效应模型结论的可取性也是相对较高的，二者得出的结论有一点是相同的：有目的地加大公共支出，可以减少火灾发生的起数。

第三节　全国各省（区、市）火灾灾害的脆弱性分析

一、火灾脆弱性概述

（一）火灾脆弱性的概念

灾害学中，脆弱性主要强调人类社会经济系统受灾害影响时抗御、应对和恢复的能力。它侧重灾害产生的人为因素，指一定社会政治、经济、文化背景下，某孕灾环境内特定承灾体面对自然灾害表现出的易于受到伤害和损失的性质，是区域自然孕灾环境与人类活动相互作用的

综合产物。

对于火灾而言，它的承灾体可以是孕灾环境中的任何事物，如建筑、农田、人类等。火灾承灾体脆弱性描述的就是这些事物受到火灾伤害的敏感程度，脆弱性越高，安全性就越低，抗御和从灾害影响中恢复的能力就越差。

简言之，火灾脆弱性分析即衡量火灾承灾体损害的程度，是灾害损失评估和风险评估的重要环节。

（二）火灾脆弱性的形成机理

火灾脆弱性的形成存在多方面的原因：

首先，承灾体本身存在着致灾因素。对于火灾来说，建筑物通常是受到损失最大的承灾体。而建筑物本身的构造、使用的年份、电路老化的程度等等，都会对它的脆弱性产生很大的影响。这些因素之间的相互作用，决定着建筑物致灾的可能性以及其在火灾中可能遭受的损失。

其次，从孕灾环境来看，地区的降水量和蒸发量是决定这一地区火灾脆弱性的重要因素。由前面的分析可以知道，火灾的多发季节是降水量偏少的冬季，天气越干燥，火灾孕灾环境的脆弱性就越高，发生火灾的可能性就越大。

最后，和其他的自然灾害不同，火灾发生的人为因素占了很大的比率。在一个孕灾环境中，每一个人都有可能对孕灾环境的稳定性造成冲击，而一个地区的人口数量是庞大的，这直接影响着这一地区的火灾脆弱性。

火灾脆弱性的影响因素还有很多，但综合以上三点分析，可以粗略看出火灾脆弱性的形成机理，与此同时，以上的分析也表明，对一个地区的火灾脆弱性进行全面系统的分析是非常重要的，本章即采取脆弱性分析方法，对我国各地区及建筑物的火灾脆弱性加以评价，从而了解各地区的火灾脆弱性等级状况。

二、全国各省（区、市）火灾的脆弱性分析

脆弱性指标的计算过程，可以分为评价指标体系构建、评价指标权重赋值、评价指标标准化处理、脆弱性指数的计算结果与分析。

（一）评价指标体系构建

在火灾脆弱性形成机理的指导下，建立火灾脆弱性层次结构，即脆弱性评价的指标体系。通过对初步选取指标的线性回归，根据显著性判断，选出对被解释变量影响最大的六个指标作为待确定指标。

本节将影响火灾脆弱性的指标划分为两大类别：承灾体指标和孕灾环境指标。承灾体指标主要包括地区的工业数据、建筑物的评级数据、地区的人口数这三个方面的指标；孕灾环境指标主要包括社会经济发展状况、自然环境状况、人口素质这三个方面的指标。具体如图 23－7所示。

根据指标数据搜集的程度，以及指标的代表性，本节最终选取了四个指标作为火灾脆弱性的分析指标：大专以上教育人口比例、人均 GDP、建筑物密度和人口密度。由于建筑物的评级指标数据不容易得到，地区工业数据和人均 GDP 又存在一定的共线性，所以本节选取了建筑物

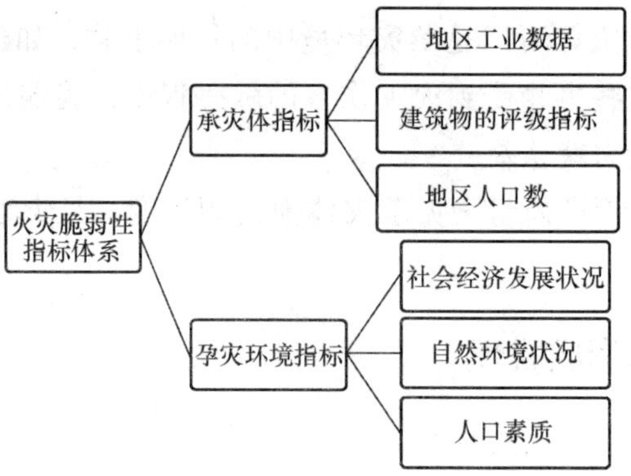

图 23－7　火灾脆弱性指标体系

密度指标代替，分别从承灾体指标和孕灾环境指标中选取了两个。

熵权法赋值原理详见第一篇，此处不再赘述。

（二）脆弱性指数的计算结果与分析

将标准化后的各指标数据乘以熵权值，乘积即为各省脆弱性结果。

在上述指标体系基础上，构造区域火灾脆弱性评估模型。本章采用的脆弱性评价模型为：

$$V = \sum_i P_i \times W_i$$

式中：V 为脆弱性指数；P_i 为某省（区、市）第 i 种指标的标准值；W_i 为第 i 种指标所占权重。

将无量纲化后的指标矩阵乘以熵权值，得到各省（区、市）的火灾脆弱性指数（见表 23－4）。按照一定的值域将各省（区、市）的脆弱性进行分类，得到火灾脆弱性等级表（见表 23－5）。

表 23－4　全国各省（区、市）火灾脆弱性指数（2010—2013 年）

省（区、市）	2013 年	2012 年	2011 年	2010 年
北京	51.12%	36.28%	49.71%	39.64%
天津	70.46%	62.68%	69.11%	62.78%
河北	42.98%	30.92%	34.71%	29.07%
山西	34.55%	35.74%	37.52%	34.61%
内蒙古	33.91%	31.23%	36.90%	31.88%
辽宁	42.28%	25.22%	36.79%	30.87%
吉林	31.20%	42.13%	39.20%	26.84%
黑龙江	34.28%	66.95%	62.15%	67.41%
上海	79.16%	69.41%	72.91%	67.18%
江苏	73.70%	34.74%	43.81%	36.15%
浙江	42.29%	31.92%	41.88%	37.65%
安徽	36.86%	27.91%	30.50%	31.39%
福建	34.96%	39.99%	41.31%	38.20%

续表

省（区、市）	2013 年	2012 年	2011 年	2010 年
江西	29.28%	56.15%	51.23%	57.22%
山东	58.57%	20.96%	30.14%	22.44%
河南	57.31%	51.38%	49.42%	50.25%
湖北	37.37%	25.03%	29.22%	25.19%
湖南	34.23%	35.65%	36.12%	36.42%
广东	42.71%	33.80%	36.95%	32.88%
广西	20.38%	19.86%	22.67%	21.19%
海南	37.27%	30.42%	39.28%	40.50%
重庆	32.29%	24.86%	30.10%	26.41%
四川	27.62%	28.06%	30.49%	28.69%
贵州	24.61%	34.57%	33.45%	33.62%
云南	21.63%	43.18%	40.29%	43.70%
西藏	16.75%	30.65%	14.71%	17.48%
陕西	41.01%	63.82%	60.44%	57.79%
甘肃	30.55%	51.57%	41.70%	44.39%
青海	30.60%	35.56%	36.21%	34.15%
宁夏	28.53%	24.62%	28.79%	25.68%
新疆	39.10%	61.69%	58.74%	67.44%

表 23－5　2013 年全国各省（区、市）火灾脆弱性分级情况

脆弱性指数（%）	分级	省（区、市）
60～100	极度脆弱	天津、上海、江苏
45～60	高度脆弱	北京、山东、河南
25～45	中度脆弱	河北、山西、内蒙古、辽宁、吉林、黑龙江、浙江、安徽、福建、江西、湖北、湖南、广东、海南、重庆、四川、陕西、甘肃、青海、宁夏、新疆
10～25	低度脆弱	广西、贵州、云南、西藏
0～10	极低脆弱	—

从表 23－4 可以看出，2013 年北京、山东、河南这三个经济比较发达而且人口密度比较大的地区火灾脆弱性都达到了高脆弱性。相比较于这三个省、市，天津、上海、江苏经济的发展水平较高，人口密集，因此对火灾的敏感非常大，达到了极高脆弱性程度。河北、山西、内蒙古、辽宁、吉林、黑龙江、浙江、安徽、福建、江西、湖北、湖南、广东、海南、重庆、四川、陕西、甘肃、青海、宁夏、新疆等省（区、市）的脆弱性等级近几年均处于“中度脆弱”等级，其大多数人均 GDP 处于一般水平且建筑密度不高。广西、贵州、云南、西藏四个省（区、市）与其他省（区、市）相比，经济较为落后，脆弱性也较低。

本节小结

从总体情况来看，天津、上海、江苏的脆弱性是极高的，经济发达且人口密集，应该注意事前防范和事后及时救援、处理准备；广西、贵州、云南、西藏四个省（区、市）与其他省（区、市）相比，经济较为落后，脆弱性也较低。可以看出，脆弱性与经济发展水平高度相关，人口密度也是影响各省（区、市）火灾脆弱性的重要因素。综上分析，脆弱性结果和预期相差不大，这也间接证明了脆弱性分析在火灾敏感度方面的适用性。

第四节　森林火灾和放火因素火灾的脆弱性分析

本节主要是运用熵权分析法举例分析了全国各地区两种火灾，森林火灾和放火因素火灾的脆弱性。

一、全国各省（区、市）森林火灾的脆弱性分析

（一）评价指标体系构建

1. 脆弱性指标选取

根据影响森林火灾的次数、火场面积和火灾损失等因素，以及指标的代表性，最终选取四个指标作为森林火灾脆弱性的分析指标，选择年度降水量和相对湿度作为自然环境因素指标，选择各地区国内生产总值和大专以上受教育人数作为社会经济因素指标（见表23－6）。

表23－6　全国各省（区、市）森林火灾脆弱性评价指标体系

指标	指标数值与计算
1. 自然环境因素	年度降水量
—	相对湿度
2. 社会经济因素	地区 GDP
—	大专以上受教育人数

2. 评价指标权重赋值

同样采取熵权法计算各评价指标权重，可得各年权重比例表，如表23－7所示。

表23－7　全国各省（区、市）森林火灾脆弱性评价指标权重比例

年份	受教育程度	相对湿度	降水量	人均生产总值
2013	0. 175 483	0. 275 777	0. 139 921	0. 408 819
2012	0. 169 360	0. 270 737	0. 181 889	0. 378 014
2011	0. 140 389	0. 295 407	0. 116 633	0. 447 571

续表

年份	受教育程度	相对湿度	降水量	人均生产总值
2010	0. 173 398	0. 315 419	0. 142 012	0. 369 171
2009	0. 199 465	0. 275 445	0. 073 314	0. 451 776

（二）脆弱性指数的计算结果与分析

基础数据本节选择2010—2013年的相关数据，以此进行脆弱性指标体系的综合评价和分析，根据各地区火灾脆弱性的分析方法，可以类比做出各地区森林火灾的脆弱性分析（见表23－8和表23－9）。

表23－8　全国各省（区、市）森林火灾脆弱性指数（2009—2013年）

省（区、市）	2013年	2012年	2011年	2010年	2009年
北京	68. 64%	70. 52%	75. 93%	72. 16%	70. 34%
天津	79. 49%	77. 41%	81. 87%	75. 48%	72. 75%
河北	42. 29%	49. 17%	45. 53%	45. 53%	37. 87%
山西	45. 57%	52. 74%	47. 34%	51. 07%	41. 14%
内蒙古	68. 38%	70. 10%	73. 30%	67. 89%	63. 98%
辽宁	42. 05%	44. 10%	47. 18%	39. 47%	36. 54%
吉林	46. 41%	50. 21%	47. 62%	42. 70%	43. 25%
黑龙江	36. 98%	41. 49%	38. 81%	37. 12%	36. 32%
上海	59. 06%	59. 60%	64. 58%	60. 35%	61. 29%
江苏	44. 93%	45. 26%	45. 82%	36. 72%	36. 47%
浙江	39. 27%	37. 26%	44. 80%	40. 32%	38. 83%
安徽	26. 00%	29. 55%	28. 35%	26. 66%	25. 14%
福建	44. 11%	36. 27%	40. 34%	36. 94%	36. 71%
江西	26. 05%	20. 30%	31. 59%	22. 83%	26. 22%
山东	45. 37%	49. 04%	48. 73%	44. 61%	42. 85%
河南	42. 34%	45. 61%	37. 12%	40. 07%	29. 57%
湖北	24. 98%	23. 86%	26. 43%	24. 70%	25. 74%
湖南	31. 42%	24. 44%	28. 83%	23. 51%	24. 76%
广东	23. 37%	22. 73%	29. 12%	24. 32%	31. 62%
广西	21. 08%	29. 11%	23. 46%	25. 15%	26. 44%
海南	23. 24%	23. 65%	21. 50%	22. 57%	24. 77%
重庆	38. 32%	38. 78%	35. 97%	31. 88%	29. 46%
四川	17. 51%	27. 35%	22. 72%	21. 82%	20. 58%
贵州	23. 17%	22. 03%	20. 57%	25. 51%	25. 50%
云南	31. 10%	35. 45%	26. 79%	33. 42%	32. 33%
西藏	57. 80%	62. 55%	55. 98%	64. 49%	57. 69%

续表

省（区、市）	2013 年	2012 年	2011 年	2010 年	2009 年
陕西	48.03%	49.18%	38.63%	42.23%	30.05%
甘肃	46.06%	47.23%	40.03%	45.99%	40.78%
青海	52.76%	52.85%	48.06%	53.46%	43.82%
宁夏	63.73%	61.78%	53.58%	58.04%	52.44%
新疆	48.67%	54.08%	45.46%	49.72%	41.60%

表 23－9　2013 年全国各省（区、市）森林火灾脆弱性分级

脆弱性指数（%）	分级	省（区、市）
60～100	极度脆弱	北京、天津、内蒙古、宁夏
45～60	高度脆弱	山西、吉林、上海、山东、西藏、陕西、甘肃、青海、新疆
25～45	中度脆弱	河北、辽宁、黑龙江、江苏、浙江、安徽、福建、江西、河南、湖南、重庆、云南
10～25	低度脆弱	湖北、广东、广西、海南、四川、贵州
0～10	极低脆弱	—

在表 23－9 中，全国各省（区、市）的森林火灾脆弱性水平存在较大的差异，可以看出 2013 年森林火灾脆弱性等级最高的四个地区为北京、天津、内蒙古、宁夏，为极度脆弱；最低的六个地区为湖北、广东、广西、海南、四川、贵州，但仅为低度脆弱，从整体来看 2009—2013 年其森林火灾的波动性不大。

二、全国各省（区、市）的放火因素火灾的脆弱性分析

（一）评价指标体系构建

1. 脆弱性指标选取

根据影响放火因素火灾的次数和损失等因素，以及指标的代表性，本节最终选取了五个指标作为森林火灾脆弱性的分析指标：居民可支配收入、年平均工资、人口密度、受教育程度（大专以上人口数）及公共安全支出。

2. 评价指标权重赋值

同样采取熵权法计算各评价指标权重，可得各年权重比例表，如表 23－10 所示。

表 23－10　全国各省（区、市）放火火灾脆弱性评价指标权重比例

年份	居民可支配收入（元）	平均工资（年）	人口密度（人/米^2）	公共安全支出（万元）	大专以上人口数
2013	0.112 864	0.096 186	0.161 596	0.352 546	0.276 808
2012	0.106 496	0.081 367	0.174 605	0.342 711	0.294 822
2011	0.976 519	0.977 408	0.967 074	0.920 931	0.939 839
2010	0.072 395	0.130 188	0.129 502	0.426 723	0.241 192
2009	0.074 409	0.106 028	0.138 011	0.426 017	0.255 535

（二）脆弱性指数的计算结果与分析

基础数据选择2009年至2013年的相关数据，以此进行脆弱性指标体系的综合评价和分析。根据全国各地区火灾脆弱性的分析方法，可以类比做出全国各地区放火因素火灾的脆弱性分析（见表23－11和表23－12）。

表23－11　全国各省（区、市）放火因素火灾脆弱性指数（2009—2013年）

省（区、市）	2013年	2012年	2011年	2010年	2009年
北京	28.40%	29.08%	26.64%	57.25%	55.42%
天津	24.06%	23.61%	22.86%	46.33%	43.95%
河北	41.20%	39.91%	39.58%	23.62%	23.76%
山西	31.56%	31.69%	32.21%	27.51%	25.71%
内蒙古	39.47%	39.61%	37.96%	35.07%	33.91%
辽宁	42.19%	41.32%	40.29%	27.82%	24.83%
吉林	33.19%	32.88%	34.63%	27.52%	27.29%
黑龙江	29.82%	27.74%	29.86%	15.54%	19.26%
上海	17.12%	18.47%	17.61%	53.04%	52.51%
江苏	47.87%	45.93%	45.66%	26.11%	26.47%
浙江	40.14%	39.36%	38.71%	31.32%	28.95%
安徽	35.67%	34.13%	33.84%	27.54%	27.95%
福建	32.79%	31.72%	31.81%	25.97%	23.50%
江西	29.25%	26.38%	29.09%	17.45%	16.02%
山东	47.47%	46.44%	44.52%	22.06%	22.78%
河南	33.90%	31.18%	32.42%	13.29%	15.06%
湖北	39.62%	39.83%	39.61%	24.90%	22.45%
湖南	36.90%	35.49%	36.11%	20.23%	19.87%
广东	56.04%	54.70%	57.15%	25.33%	25.70%
广西	40.53%	39.02%	37.91%	28.55%	29.14%
海南	31.98%	30.87%	28.52%	29.16%	26.89%
重庆	34.86%	34.58%	33.98%	32.32%	33.20%
四川	43.36%	40.30%	41.16%	23.96%	22.17%
贵州	33.34%	31.99%	31.39%	26.15%	27.70%
云南	39.30%	31.06%	33.20%	21.38%	24.34%
西藏	31.89%	32.09%	32.47%	57.15%	56.00%
陕西	23.98%	22.42%	24.16%	19.68%	19.83%
甘肃	29.21%	26.18%	29.67%	23.52%	25.83%
青海	27.81%	27.92%	27.93%	37.17%	38.01%
宁夏	32.92%	32.33%	30.43%	40.86%	40.86%
新疆	31.65%	29.73%	30.34%	22.83%	22.71%

表 23-12　2013 年全国各省（区、市）放火因素火灾脆弱性分级

脆弱性指数（%）	分级	省（区、市）
60~100	极度脆弱	—
45~60	高度脆弱	江苏、山东、广东
25~45	中度脆弱	北京、河北、山西、内蒙古、辽宁、吉林、黑龙江、浙江、安徽、福建、江西、河南、湖北、湖南、广西、海南、重庆、四川、贵州、云南、西藏、甘肃、青海、宁夏、新疆
10~25	低度脆弱	天津、上海、陕西
0~10	极低脆弱	—

全国各地区的放火因素火灾脆弱性水平存在较小的差异，仅存在三个等级，即高度脆弱、低度脆弱和中度脆弱，2013 年放火因素火灾脆弱性等级最高的省份为江苏、山东、广东；最低的三个地区为天津、上海、陕西，放火因素火灾的脆弱性水平差异较小主要受社会经济水平的发展影响，这可以从经济比较发达的地区江苏、山东、广东的高脆弱性体现出来。

本节小结

与全国火灾综合情况的分析方法相同，本部分从森林火灾及放火火灾角度分析了灾害脆弱性，北京、天津、内蒙古、宁夏的森林火灾脆弱性极高，放火火灾的脆弱性没有出现极高脆弱和极不脆弱情况，其脆弱性分布较为均匀，各省（区、市）基本集中在中度脆弱水平，说明各省（区、市）针对放火火灾造成损失的抵抗力都相对较强。同时，各省（区、市）的放火火灾脆弱性指标变化程度都比较低，基本趋于稳定的状况。

第二十四章　火灾灾害的趋势分析

第一节　火灾灾害趋势的定性分析

发达国家的资料表明，火灾及其危害呈现随着经济快速发展而不断增加的特点。例如，20 世纪的后半叶，美国经济快速增长，其国民生产总值（GNP）由 1950 年的 2 822 亿美元增长到 2000 年的 98 960 亿美元，增长了约 35 倍。而火灾直接财产损失由 1950 年的 6.5 亿美元增长到 2000 年的 112 亿美元，增长了约 17 倍。我国火灾统计资料表明，20 世纪 80 年代以来，我国火灾形势日趋严峻。火灾发生概率、损失及危害伴随经济快速增长而上升的问题，已经在我国出现。80 年代以来，我国 GDP 年均增长达到 9.5%，城市居民人均收入提高了 17 倍。与此同时，全国的火灾损失从 80 年代初的每年平均 3 亿多元，上升到 90 年代中期以来的 15 亿多元，增加了 4 倍。

具体而言，进入 21 世纪以来我国的火灾呈现出以下的趋势特征：

第一，火灾频数相应减少，经济损失相应增加，重特大火灾突出。在近一个时期内，我国火灾频数有一定的下降，但火灾频数在稳中有降的同时，失火损失呈螺旋式上升，重特大火灾突出。

第二，商业服务业火灾仍呈上升趋势。随着人民生活水平的逐步提高，各类大型商场、宾馆、饭店歌舞厅等公共活动场所进一步增多，且朝着超豪华、超大型、多功能方向发展。双休日节假日增多，城市中公共活动场所是人员比较集中的地方，有些公共娱乐场所营业通宵达旦，人为和电器设备造成的火灾呈上升趋势。从目前国家的火灾形势来看，火灾频数比发达国家少，但群死群伤的特大火灾较多，尤其表现在公共娱乐场所火灾发生率较高，公共娱乐场所的火灾情况应继续得到关注。

第三，水陆空运输行业的火灾发生率增高。我国是一个运输大国，进入 21 世纪以来，远洋、铁路、公路、高速铁路、内河运输事业进一步发展，运输行业的火灾数量也明显地上升。同时大量的轿车进入私人家庭，轿车火灾也随之增多。

第四，人为因素造成的火灾占主要比例。人为因素是造成火灾的一个重要原因，主要是生活用火不慎，违反电器操作规程和安全生产规定以及放火造成的火灾。

第五，建筑火灾居高不下，特别是高层建筑和家庭住宅火灾尤为突出。改革开放以后，我国高层建筑如雨后春笋般拔地而起，并且越建越多，越建越高，21 世纪初我国的高层建筑要超过 10 万座；这些高层建筑使用功能多，装饰豪华，便使得消防问题更加严重，火灾隐患增大。

本章为火灾的趋势分析，先用小波分析、马尔可夫趋势预测、神经网络预测方法对全国火灾进行预测，这样一方面可以对未来的总体趋势有更直观的认识，另一方面也展示并检验这几种方法在火灾预测中的效果。同时，本章选取全国和辽宁为主要样本，对其森林火灾和放火火灾进行预测。本章的最后，运用时间序列的方法，对火灾进行更全方位的预测，从全国角度以及各类起火原因角度分别预测，力求把握火灾未来的总体趋势。

本节小结

本节在对灾害的定性分析的部分，对我国火灾灾害的发展变化进行了概述，并指出我国火灾未来发展的五个趋势。

第二节　火灾灾害趋势的定量分析

一、火灾的小波分析

本部分小波分析的具体原理及操作步骤的详述见第一篇的介绍，本节将重点分析全国火灾发生频次、全国火灾致死人数和全国火灾致伤人数的小波分析。

小波系数实部等值线图能反映火灾序列不同时间尺度的周期变化及其在时间域中的分布，进而能判断在不同时间尺度上，火灾的未来变化趋势。截取1950—2013年火灾频数数据进行小波分析，如图24-1所示，从发生频数小波系数实部等值线图可以看出，火灾频数在尺度为18

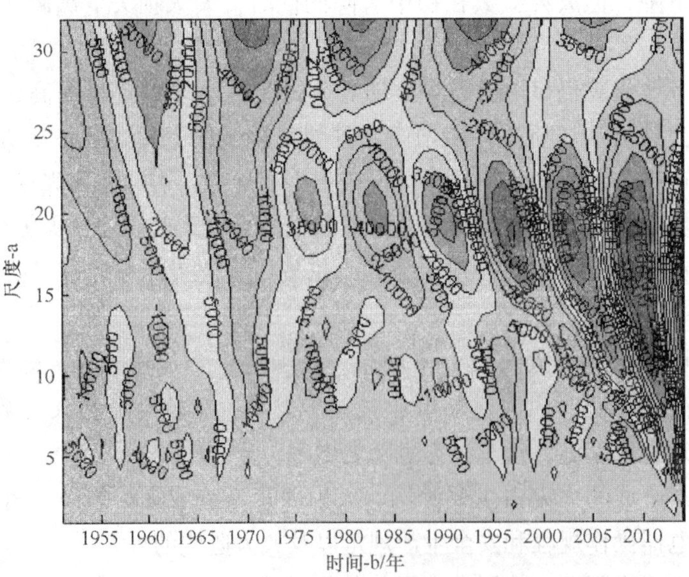

图24-1① 火灾年发生频次小波系数实部等值线图

① 彩图见附录一。

年左右存在明显的周期性，32 年左右也存在一定的周期性，但强度不如 18 年。在 18 年尺度中存在 9 次频数的震荡，在 32 年尺度中发生了 5 次较为平稳的震荡。如图 24－2 所示，最高波峰在 18，表明 18 年尺度中存在明显周期性趋势，又已知 1998 年处于波谷地带，所以预测 2015—2017 年火灾频数将有所下降。火灾发生频数小波系数模方图如图 24－3 所示，小波系数的模方相当于小波能量谱，它可以分析出不同周期的震荡能量。在 11—23 年时间尺度的能量最强，周期性最显著，但它的周期变化具有局限性（1995 年以后）。

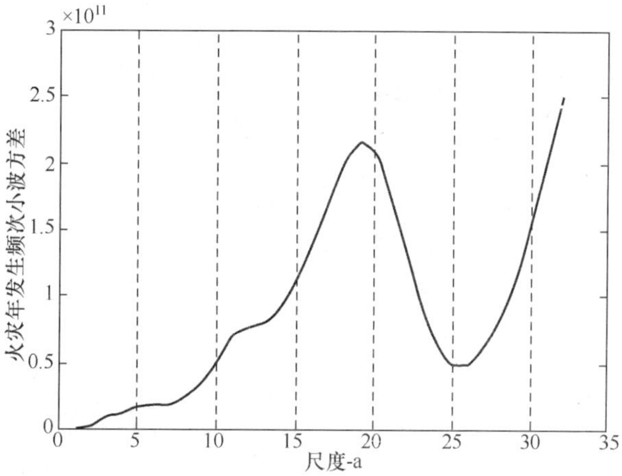

图 24－2 火灾发生频数小波方差图

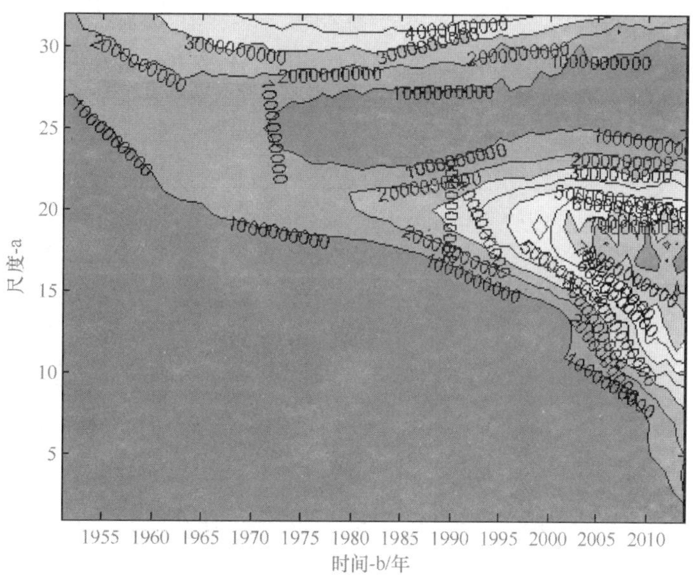

图 24－3①　火灾年发生频数小波系数模方图

依据火灾致死人数进行小波分析，可得图 24－4。时间尺度为 25 年，火灾致死人数存在极为明显的周期性，经历了三次震荡，火灾致死人数波动性在 3—7 年尺度上一直处于一种稳定状

① 彩图见附录一。

态，波动性不强。小波方差图能反映火灾致死人数时间序列的波动能量随尺度 a 的分布情况。可用来确定火灾致死人数演化过程中存在的主周期。如图 24 -5 所示，致死人数的小波方差图中存在两个明显的峰值，他们分别对应着 27 年和 7 年，说明 27 年左右的周期震荡最强，为火灾致死人数变化的第一主周期。7 年对应着第二峰值，为火灾致死人数变化的第二主周期。说明上述 2 个周期的波动控制着火灾致死人数在整个时间域内的变化特征。火灾致死人数小波系数模方图如图 24 -6 所示，在 25—35 年尺度的能量最强，周期性最显著，但它的周期变化具有局限性（1980 年以前）。在 6—11 年尺度能量较强，变化周期也仅为 1960—1965 年 5 年时间。

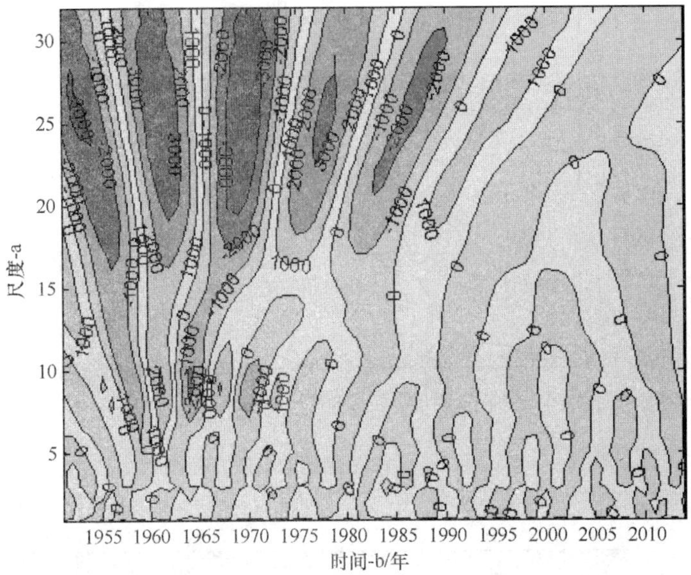

图 24 -4[①] 火灾致死人数小波系数实部等值线图

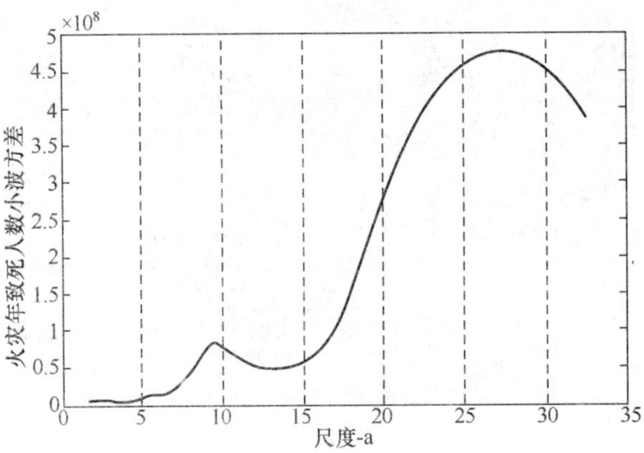

图 24 -5 火灾年致死人数小波方差图

从火灾致伤人数小波系数实部等值线图（如图 24 -7 所示）可以清楚地看到火灾致伤人数

① 彩图见附录一。

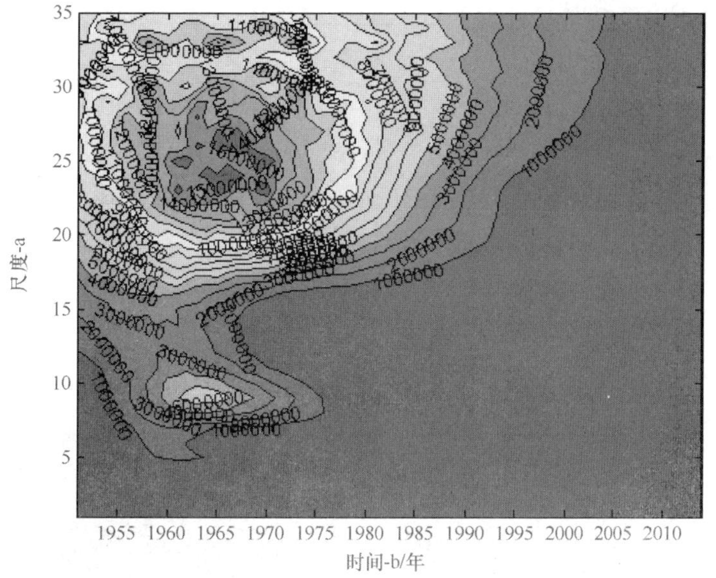

图 24－6① 火灾致死人数小波系数模方图

在演化过程中存在的多时间尺度特征。19—30 年周期尺度中存在准四次震荡，且震荡幅度最强。在 11—15 年尺度及 2—5 年尺度中震荡幅度不大。小波方差图能反映火灾致伤人数时间序列的波动能量随尺度 a 的分布情况，可用来确定火灾致伤人数演化过程中存在的主周期。如图 24－8 所示，致伤人数的小波方差图也同样存在两个明显的峰值，他们分别对应着 27 年和 7 年，说明 27 年左右的周期震荡最强，为火灾致伤人数变化的第一主周期；7 年对应着第二峰值，为火灾致伤人数变化的第二主周期。说明上述 2 个周期的波动控制着火灾致伤人数在整个时间域内的变化特征。火灾致伤人数小波系数模方图如图 24－9 所示，在 21—30 年时间尺度的能量最强，周期性最显著，但它的周期变化具有局限性（1985 年以前）。在 6—11 年尺度能量较强，变化周期也仅为 1965—1972 年 7 年时间。

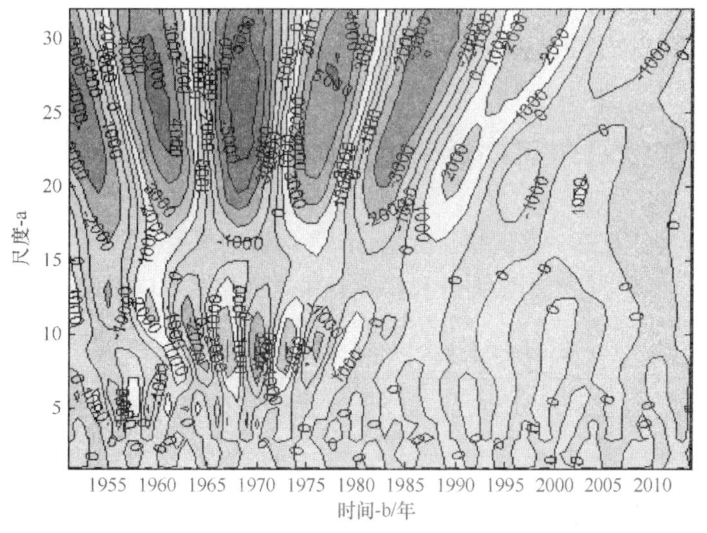

图 24－7② 火灾年致伤人数小波系数实部等值线图

① 彩图见附录一。

② 彩图见附录一。

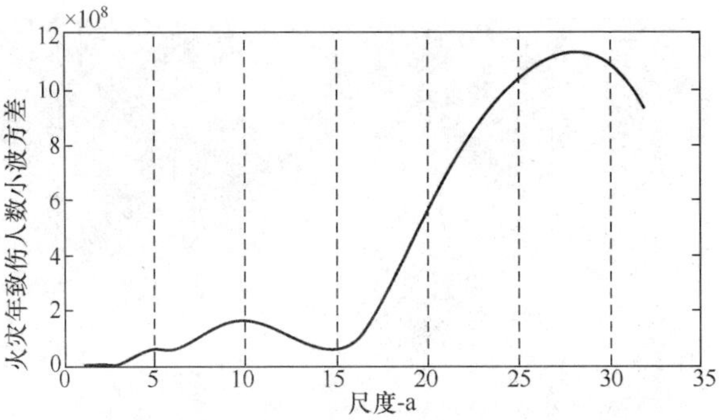

图 24－8　火灾年致伤人数小波方差图

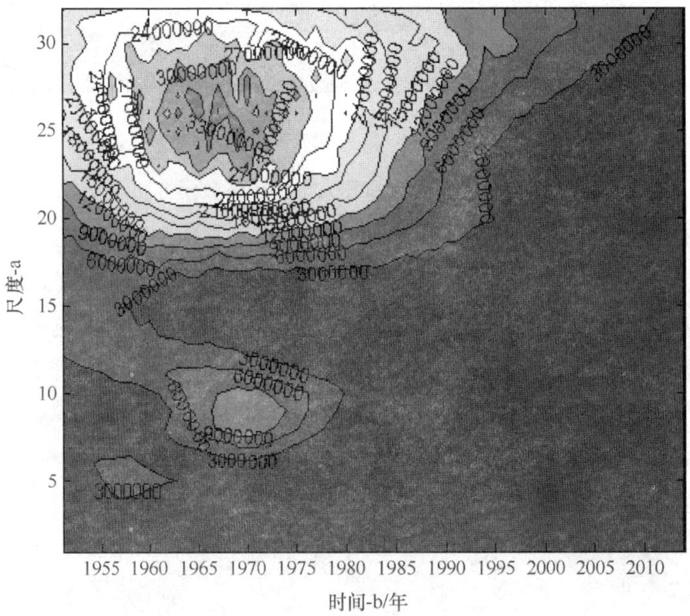

图 24－9[①]　火灾年致伤人数小波系数模方图

二、火灾灾害的马尔可夫趋势预测

本部分的预测方法详见第一篇，并且沿袭前面各篇做法，用－2、－1、0、1、2 分别代表显著下降、小幅下降、相对平稳、小幅上升和显著上升，如表 24－1 所示。

表 24－1　火灾马尔可夫预测变化率划分表

	概率区间	表示符号
显著下降	(－∞，－0.8]	－2
小幅下降	(－0.8，－0.5]	－1
相对平稳	(－0.5，0.5]	0
小幅上升	(0.5，0.8]	1
显著上升	[0.8，＋∞)	2

① 彩图见附录一。

统计相连增长率特征，将变化率分组为25组并对所有省份数据构造马尔可夫转移矩阵进行预测，2013年预测结果与实际情况如图24－10所示。

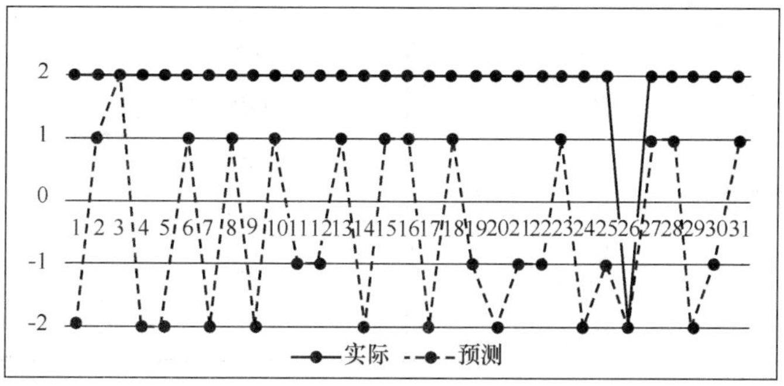

图24－10　2013年火灾频数变化预测与实际差异图

由于2013年数据采集于2012年颁布《中国火灾事故调查规定》之后，所以2013年火灾发生次数远大于历史数据波动范围，故相比于2012年，其真实情况为基本全部显著上升。所以使用马尔可夫链预测情况与实际情况的变化趋势是完全不同的。

根据观测，自1950年至2012年，火灾发生次数虽然有一定的波动，但大体上发生频数在19万～26万，处于一种较为平稳的波动，故本节尝试使用2013预测数据来预测2014年火灾发生状况。如表24－2所示，预测天津、辽宁、黑龙江、江苏、福建、山东、河南、湖南、四川、陕西、甘肃、新疆火灾发生次数将显著上升。

表24－2　2014年火灾发生次数马尔可夫预测

北京	天津	河北	山西	内蒙古	辽宁	吉林
显著下降	显著上升	小幅上升	显著下降	显著下降	显著上升	显著下降
黑龙江	上海	江苏	浙江	安徽	福建	江西
显著上升	显著下降	显著上升	小幅下降	小幅下降	显著上升	显著下降
山东	河南	湖北	湖南	广东	广西	海南
显著上升	显著上升	显著下降	显著上升	小幅下降	显著下降	小幅下降
重庆	四川	贵州	云南	西藏	陕西	甘肃
小幅下降	显著上升	显著下降	小幅下降	显著下降	显著上升	显著上升
青海	宁夏	新疆	—	—	—	—
显著下降	小幅下降	显著上升	—	—	—	—

三、火灾灾害的灰色分析

（一）全国火灾总频数的灰色模型

全国火灾总频数数据见表24－3。

表 24－3　2001—2013 年全国火灾频数

年份	频数	年份	频数
2001	216 784	2008	136 835
2002	258 315	2009	129 382
2003	253 932	2010	132 497
2004	252 804	2011	125 417
2005	235 941	2012	152 157
2006	231 881	2013	388 821
2007	163 521	—	—

由于灰色系统反映的是数据内在的联系，并不要求大量的数据，相邻几年的数据更能反映出变化趋势，因此本节选取 2001—2013 年的全国火灾频数为原始数据，建立 GM（1，1）模型，进行预测，用 R 软件得到预测结果如图 24－11 所示。

```
GM(1,1)参数估计值:
 发展系数a=-0.025 714 21   灰色作用量b=243 658.4
x(0)的实际值:
 216 784 258 315 253 932 252 804 235 941 231 881 163 521 136 835 129 382 132 497 125 417 152 157 388 821
x(0)的模拟值:
 216 784 235 049 229 082 223 266 217 598 212 074 206 691 201 443 196 330 191 345 186 488 181 754 177 140
x(0)的下一预测值:
 172 643
平均相对误差=28.262 97 %
方差比值=0.722 017 2
```

图 24－11　全国火灾频数 GM（1，1）结果

（二）全国和辽宁的森林火灾与放火火灾频数的灰色模型

表 24－4 所示为 2003—2013 年全国和辽宁的森林火灾与放火火灾频数。

表 24－4　2003—2013 全国和辽宁的森林火灾与放火火灾频数

年份	森林火灾频数		放火火灾频数	
	全国	辽宁	全国	辽宁
2003	10 463	323	8 067	1 652
2004	13 466	202	8 740	2 143
2005	11 542	230	7 342	1 303
2006	8 170	274	5 961	989
2007	9 260	137	4 952	704
2008	14 144	228	3 618	244
2009	8 859	176	3 279	208
2010	7 723	58	3 249	162
2011	5 550	54	2 832	177
2012	3 966	51	7 089	172
2013	3 929	25	3 052	498

根据表 24－4 的数据，用 R 软件建立全国和辽宁的森林火灾与放火火灾频数的 GM（1，1）模型的结果如图 24－12 所示，根据平均相对误差和方差比这两个指标可以看出，全国森林火灾频数和辽宁省森林火灾频数的预测结果较差，主要原因是这两者的数据波动性较大，不是呈指数形式单调变化；全国放火火灾频数和辽宁省放火火灾频数的预测结果也较差，原因是 2013 年数据波动性较大。

```
GM(1,1)参数估计值:
 发展系数a=-0.104 709 2  灰色作用量b=15 138.27
x(0)的实际值:
 10 463 13 466 11 542 8 170 9 260 14 144 8 859 7 723 5 550 3 966 3 929
x(0)的模拟值:
 10 463 13 333 12 007 10 313 9 738 8 770 7 898 7 113 6 406 5 769 5 196
x(0)的下一预测值:
 4 679
平均相对误差=19.240 31 %
方差比值=0.467 583 2
```

全国森林火灾起数GM(1,1)结果

```
GM(1,1)参数估计值:
 发展系数a=-0.151 845 4  灰色作用量b=333.648 4
x(0)的实际值:
 323 202 230 274 137 228 176 58 54 51 25
x(0)的模拟值:
 323 264 227 195 167 144 124 106 91 78 67
x(0)的下一预测值:
 58
平均相对误差=52.478 93 %
方差比值=0.279 554 3
```

辽宁省森林火灾起数GM(1,1)结果

```
GM(1,1)参数估计值:
 发展系数a=-0.106 709 1  灰色作用量b=8 941.153
x(0)的实际值:
 8 067 8 740 7 342 5 961 4 952 3 618 3 279 3 249 2 832 7 089 3 052
x(0)的模拟值:
 8 067 7 664 6 888 6 191 5 565 5 001 4 495 4 040 3 631 3 264 2 933
x(0)的下一预测值:
 2 637
平均相对误差=19.240 31 %
方差比值=0.467 583 2
```

全国放火火灾起数GM(1,1)结果

```
GM(1,1)参数估计值:
 发展系数a=-0.375 221        灰色作用量b=3 051.734
x(0)的实际值:
 1 652 2 143 1 303 989 704 244 208 162 177 172 498
x(0)的模拟值:
 1 652 2 028 1 393 957 658 452 311 213 147 101 69
x(0)的下一预测值:
 48
平均相对误差=33.305 49 %
方差比值=0.183 544 4
```

辽宁省放火火灾起数GM(1,1)结果

图 24－12　全国和辽宁的森林火灾与放火火灾频数的 GM（1，1）结果

四、火灾趋势的神经网络分析

火灾与其影响因素之间呈现多因素、复杂的非线性关系，很难用函数模型进行描述，本节利用 BP 神经网络对全国和辽宁省的森林火灾、放火火灾的发生进行预测分析。数据均来自于《中国统计年鉴》和《中国消防年鉴》。

（一）BP 神经网络的结构设计

1. 神经网络变量的选取

对于森林火灾，其影响因素为降水量、相对湿度、GDP、受教育程度；对于放火火灾，其影响因素有居民可支配收入、人口密度、大专以上人口数、平均工资、公共安全支出。因此，$n=4$ 或 5（森林火灾为 4，放火火灾为 5），隐含层节点数在 4～13。数据选取 2003—2013 年共 11 年的数据。表 24－5、表 24－6、表 24－7、表 24－8 表示全国和辽宁省的森林火灾、放火火灾的因素（输入层样本）以及火灾统计数据（输出层样本）。

表 24－5　辽宁省森林火灾次数及其影响因素

年份	森林火灾次数	降水量	受教育程度	相对湿度
2003	323	643.0	3 626.273	58
2004	202	705.2	3 375.776	57

续表

年份	森林火灾次数	降水量	受教育程度	相对湿度
2005	230	822.2	3 351.245	64
2006	274	576.3	3 970.232	68
2007	137	672.3	4 183.333	68
2008	228	721.7	4 653.890	64
2009	176	657.7	5 006.873	67
2010	58	1 036.6	5 234.248	71
2011	54	479.7	5 294.118	68
2012	51	786.0	6 519.000	69
2013	25	788.1	6 924.000	68

表 24-6　全国森林火灾次数及其影响因素

年份	森林火灾次数	降水量	相对湿度	受教育程度
2003	10 463	26 822.3	65.586 03	66 067.21
2004	13 466	25 065.8	62.889 77	70 335.4
2005	11 542	26 685.8	63.548 39	66 655.77
2006	8 170	25 345.3	64.258 06	76 715.55
2007	9 260	24 421.9	63.916 68	81 310.00
2008	14 144	28 613.0	63.548 39	83 623.45
2009	8 859	26 443.4	63.774 19	91 148.91
2010	7 723	30 345.4	64.575 26	118 048.90
2011	5 550	24 395.8	63.354 84	126 290.60
2012	3 966	27 877.3	65.045 70	110 990.00
2013	3 929	27 445.2	64.580 65	117 925.00

表 24-7　辽宁省放火火灾情况及其影响因素

年份	放火火灾频数	居民可支配收入（元）	人口密度（人/米^2）	大专以上人口数	平均工资（年）	公共安全支出（万元）
2003	1 652	7 240.58	1 244	3 626.273	13 008	1 012 189
2004	2 143	8 527.33	1 256	3 375.776	17 331	1 238 584
2005	1 303	9 107.55	1 243	3 351.245	17 331	1 562 724
2006	989	10 369.61	2 271	3 970.232	19 624	1 871 515
2007	704	12 300.39	1 945	4 183.333	23 202	1 267 721
2008	244	14 392.69	1 916	4 653.890	27 729	1 475 833
2009	208	15 761.38	1 922	5 006.873	30 523	1 541 610
2010	162	17 712.58	1 814	5 234.248	34 437	1 912 861
2011	177	20 466.84	1 712	5 294.118	38 154	2 102 900
2012	172	23 222.67	1 624	6 519.000	41 858	2 288 026
2013	498	25 578.17	1 663	6 924.000	45 505	2 445 721

表 24－8　全国放火火灾情况及其影响因素

年份	放火火灾频数	居民可支配收入（元）	人口密度（人/千米^2）	大专以上人口数	平均工资（年）	公共安全支出（万元）
2003	8 067	8 472. 20	847	66 067. 210	13 969	20 166 528
2004	8 740	9 421. 61	865	70 335. 400	15 920	24 652 805
2005	7 342	10 493. 03	870	66 655. 770	18 200	30 657 678
2006	5 961	11 759. 45	2 238	76 715. 550	20 856	36 656 209
2007	4 952	13 785. 81	2 104	81 310. 000	24 721	28 783 267
2008	3 618	15 780. 76	2 080	83 623. 450	28 898	34 111 312
2009	3 279	17 174. 65	2 147	91 148. 910	32 244	38 982 983
2010	3 249	19 109. 44	2 209	118 048. 900	36 539	46 424 967
2011	2 832	21 809. 78	2 228	126 290. 600	41 799	52 672 700
2012	3 052	24 564. 72	2 307	110 990. 000	46 769	59 281 331
2013	7 089	26 955. 10	2 362	117 925. 000	51 483	64 897 471

2. 神经网络结构的确定

随机选取其中的一组数据作为数据测试样本，同时随机选取样本中的一组作为变量数据，选取变量数据的目的在于防止训练中出现过度拟合的现象，其他样本数据作为正常训练样本。设定网络的最大学习迭代次数为 10 000 次，网络的学习精度为 0. 01，选取的激活函数为 S 型的正切函数（tansig），训练函数是梯度下降动量 BP 算法函数（traingdm）。以辽宁省森林火灾次数为例进行分析，当隐含层节点数为 6 时，训练效果最好，因而将隐含层节点数选为 6，三层 BP 神经网络模型参数如表 24－9 所示。

表 24－9　三层 BP 神经网络模型参数率定成果表

参数名	神经元数目			学习步长	训练目标设置
	输入层	隐含层	输出层		
参数值	4/6	4/5	1	0. 01	0. 000 000 001

（二）神经网络预测结果分析

1. 全国森林火灾次数预测结果

运用同样的方法可以对全国森林火灾次数进行预测分析，训练预测结果如图 24－13 所示，均方误差（MSE）图如图 24－14 所示。

实线表示预测值，虚线表示实际值。在测试数组中“o”表示全国森林火灾次数的真实值，“＊”表示预测值。

2. 辽宁省森林火灾次数预测结果

应用上述设计的网络结构对实际数据进行学习训练，并应用训练好的神经网络对已有数据进行拟合，其中，辽宁省森林火灾次数的训练预测结果如图 24－15 所示，均方误差（MSE）图如图 24－16 所示。

在训练样本和变量样本数据中，实线表示预测值，虚线表示实际值，在测试数组中“o”表

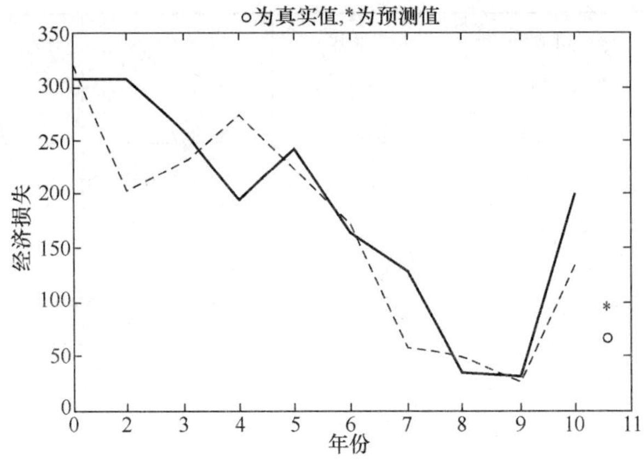

图 24－13　全国森林火灾次数拟合图

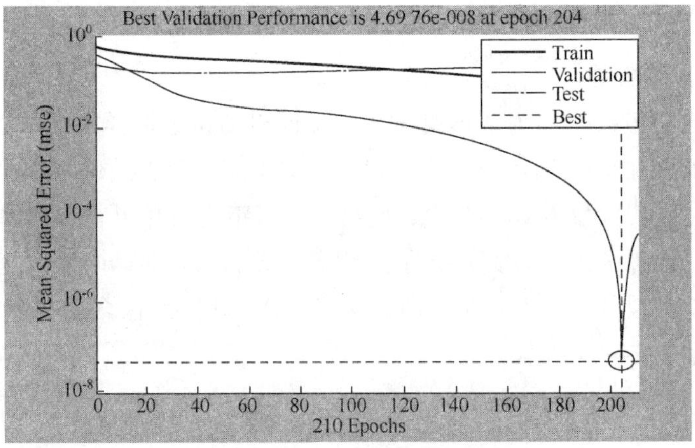

图 24－14　均方误差（MSE）图

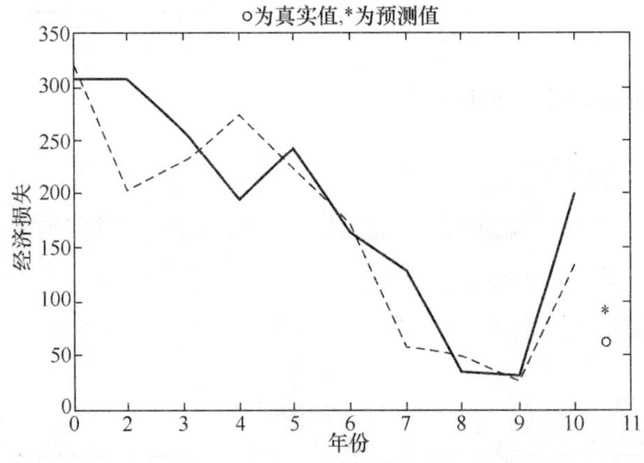

图 24－15　辽宁省森林火灾次数拟合图

示辽宁省森林火灾次数的真实值，“＊”表示预测值。

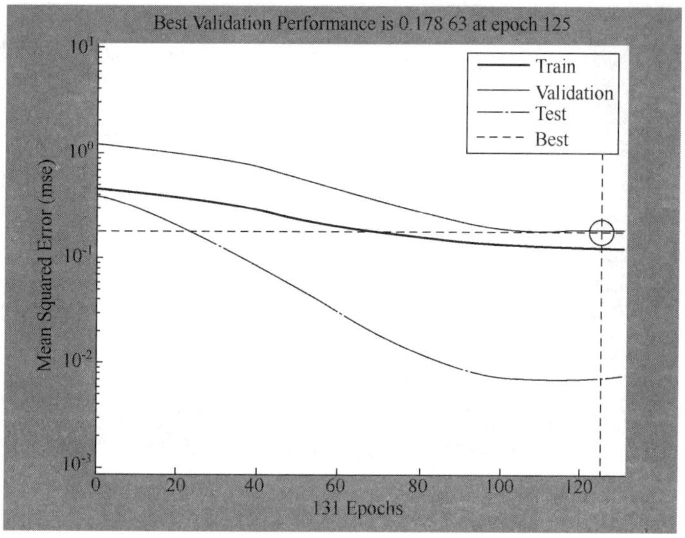

图 24－16　均方误差（MSE）图

辽宁省森林火灾次数及全国森林火灾次数的预测结果如表 24－10 所示。

表 24－10　森林火灾次数 BP 神经网络预测结果

	年份	预测值	实际值	相对误差
辽宁省	2008	241	228	0. 057 0
	2013	30	25	0. 200 0
全国	2007	9 469	9 260	0. 018 6
	2013	4 121	3 929	0. 048 9

3. 全国放火火灾频数预测结果

运用同样的方法对全国放火火灾频数及火灾损失进行预测分析，全国放火火灾频数及火灾损失的训练预测结果如图 24－17 和图 24－18 所示。

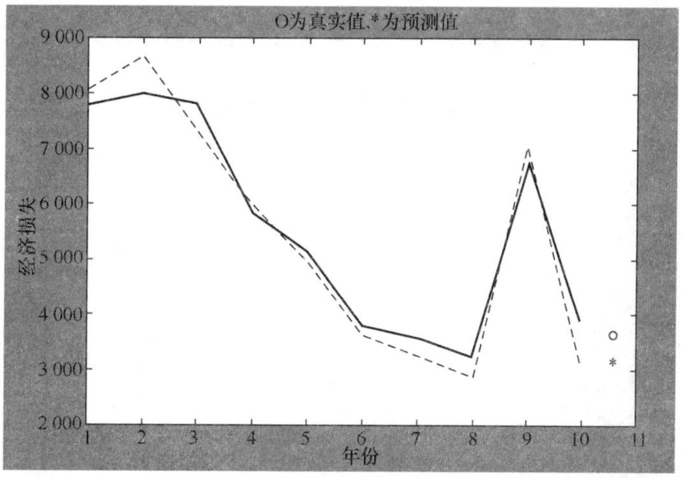

图 24－17　全国放火火灾频数拟合图

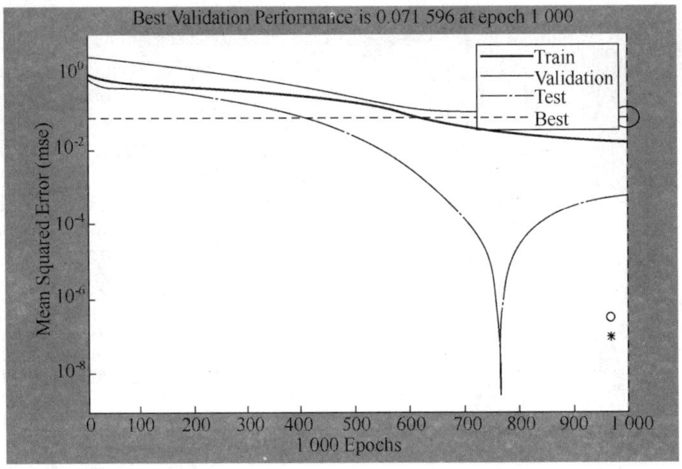

图 24－18　均方误差（MSE）图

实线表示预测值，虚线表示实际值，在测试数组中“o”表示全国放火火灾频数的真实值，“＊”表示预测值。

4. 辽宁省放火火灾频数预测结果

运用神经网络结构对辽宁省放火火灾数据进行学习训练并进行拟合，辽宁省放火火灾频数的训练预测结果如图 24－19 和图 24－20 所示。

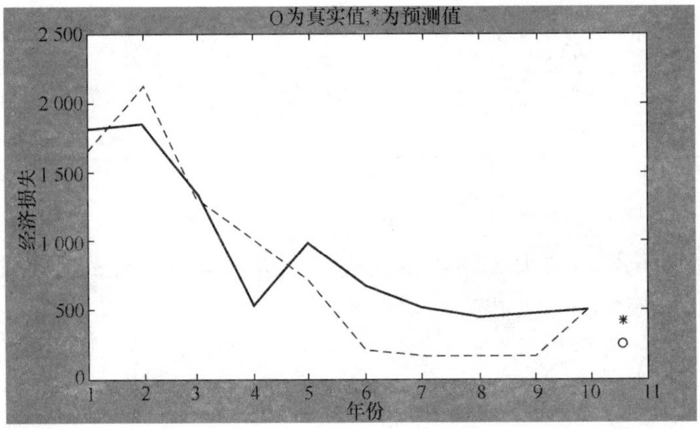

图 24－19　辽宁省放火火灾频数拟合图

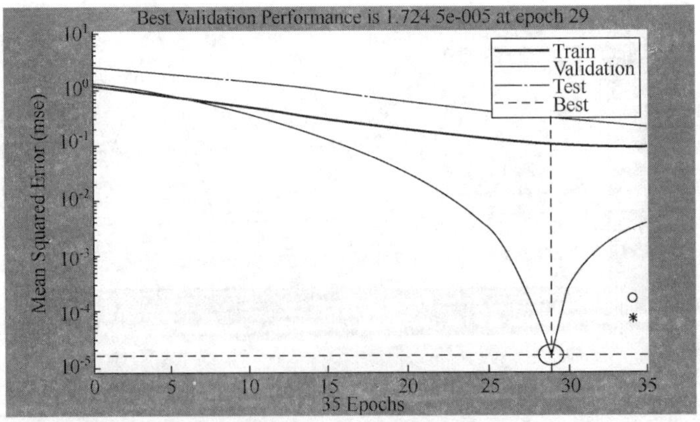

图 24－20　均方误差（MSE）图

实线表示预测值，虚线表示实际值。在测试数组中“o”表示放火火灾频数的真实值，“ * ”表示预测值。

辽宁省放火火灾频数预测结果如表 24 – 11 所示。

表 24 – 11 放火火灾次数 BP 神经网络预测结果

	年份	预测值	实际值	相对误差
辽宁省	2008	1 350	1 303	0. 034 8
	2013	479	498	– 0. 038 1
全国	2008	3 745	3 618	0. 035 1
	2013	6 792	7 089	– 0. 041 9

综合以上的分析可以看到，森林火灾以及放火火灾的所有测试预测结果的相对误差都小于 10%，符合预期，预测效果较好。这说明运用 BP 神经网络对森林火灾以及放火火灾的发生次数、造成的损失等进行预测分析具有一定的可行性。

五、火灾趋势的时间序列分析

通过把 1997—2013 年每月火灾发生的次数做出折线图，发现火灾的发生具有明显的季节性，冬季是火灾的高发季节，夏季则相对较少。由于季节性的存在，对火灾起数进行一次季节差分（12 阶差分）可以得到一个近似的平稳序列，如图 24 – 21 所示。

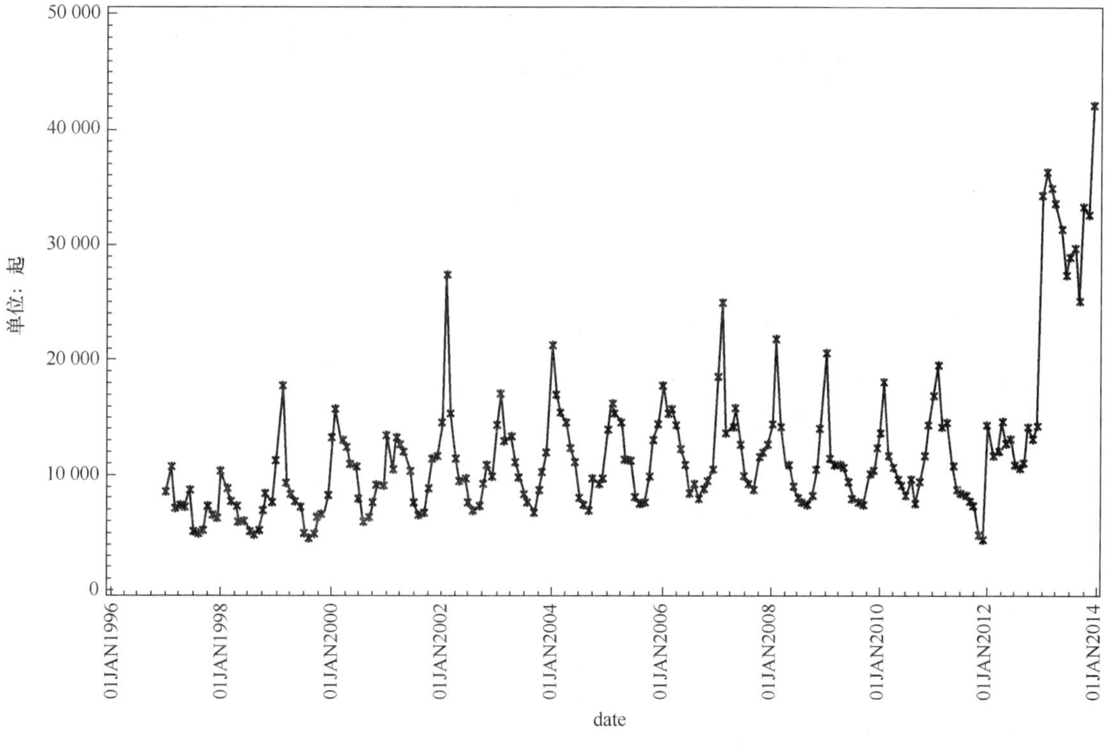

图 24 – 21 1997—2013 年火灾发生起数季节差分示意图

通过对时间序列自相关、偏自相关图的观察，并使用 AIC 信息准则对模型的滞后阶数进行筛选，然后对各种滞后阶数的模型进行估计比较，SARIMA［(1，0，1)×(1，1，1)$_{12}$］模型较好地拟合了时间序列，因此，采用 SARIMA［(1，0，1)×(1，1，1)$_{12}$］模型对时间序列做预测。如图 24－22 所示，通过观察 Autocorrelation Check for White Noise 的检验结果，基本可以认为根据 SARIMA［(1，0，1)×(1，1，1)$_{12}$］模型构造的时间序列是平稳的。模型的数学方程如下：

$$(1-0.127\ 08L)(1+0.127\ 89\ L^{12})\Delta_{12}\ y_t=(1-0.482\ 85L)(1-0.828\ 67\ L^{12})\ v_t$$

根据图 24－22 可知（“＊”表示原始数据，“o”表示预测数据），火灾总起数的周期性和上升趋势明显。根据 SARIMA［(1，0，1)×(1，1，1)$_{12}$］模型的拟合结果可知，除少数值偏离拟合曲线较远外，大部分月份发生火灾的起数符合模型结果。

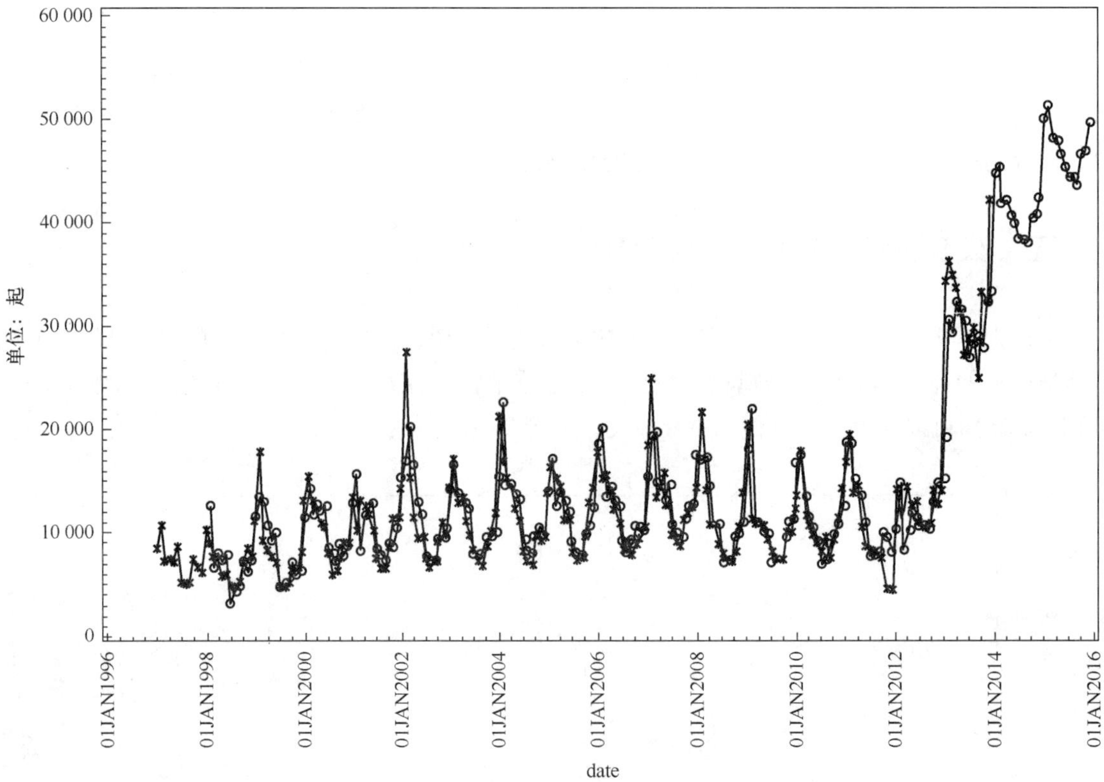

图 24－22　SARIMA［(1，0，1)×(1，1，1)$_{12}$］模型对火灾起数的拟合图

根据预测模型，对未来 24 个月的数据进行了预测，结果如表 24－12 所示。图 24－23 为 1997—2013 年火灾损失金额季节差分（12 阶）示意图。

表 24－12　未来 2 年火灾总起数预测

时间	预测值	标准差	95% 置信区间
2014 年 1 月	44 813.46	2 729.806	39 463.14
2014 年 2 月	45 573.90	3 247.249	39 209.41
2014 年 3 月	42 049.59	3 635.733	34 923.68
2014 年 4 月	42 075.83	3 980.129	34 274.92
2014 年 5 月	40 749.64	4 296.261	32 329.13
2014 年 6 月	39 914.84	4 590.584	30 917.47
2014 年 7 月	38 423.71	4 867.131	28 884.31

续表

时间	预测值	标准差	95%置信区间
2014 年 8 月	38 466.53	5 128.787	28 414.29
2014 年 9 月	38 088.96	5 377.726	27 548.81
2014 年 10 月	40 411.36	5 615.641	29 404.90
2014 年 11 月	40 714.93	5 843.878	29 261.14
2014 年 12 月	42 460.99	6 063.530	30 576.69
2015 年 1 月	50 011.43	6 307.099	37 649.75
2015 年 2 月	51 279.58	6 530.537	38 479.97
2015 年 3 月	48 110.01	6 745.236	34 889.59
2015 年 4 月	47 993.33	6 953.143	34 365.42
2015 年 5 月	46 574.55	7 154.990	32 551.03
2015 年 6 月	45 350.70	7 351.295	30 942.43
2015 年 7 月	44 292.96	7 542.493	29 509.95
2015 年 8 月	44 465.18	7 728.962	29 316.69
2015 年 9 月	43 543.06	7 911.037	28 037.71
2015 年 10 月	46 696.64	8 089.015	30 842.46
2015 年 11 月	46 866.94	8 263.160	30 671.45
2015 年 12 月	49 654.36	8 433.710	33 124.59

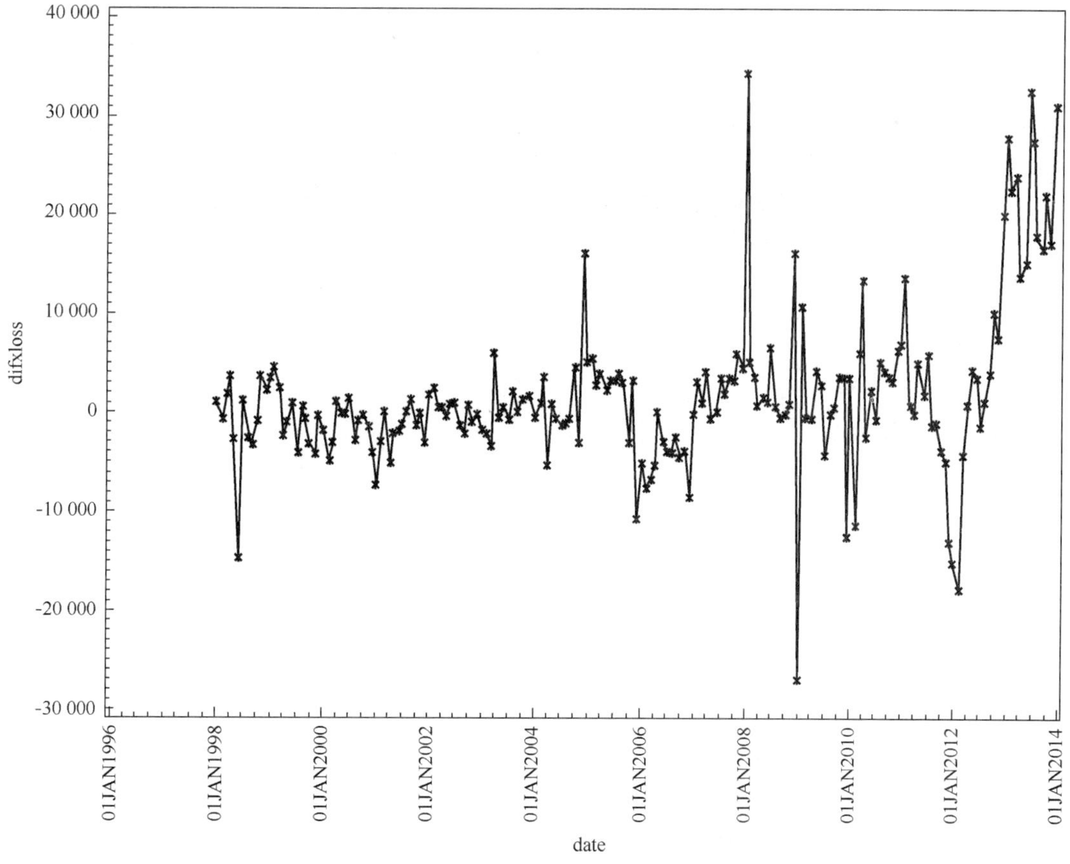

图 24－23　1997—2013 年火灾损失金额季节差分（12 阶）示意图（单位：万元）

通过把1997—2013年每月火灾损失金额做出折线图，可以看出，火灾的损失金额也有明显的周期性，这主要是由火灾的发生具有周期性引起的；通过对数据取季节差分后近似认为是平稳的。

通过对时间序列自相关、偏自相关图的观察，并使用AIC信息准则对模型的滞后阶数进行筛选，然后对各种滞后阶数的模型进行估计比较，SARIMA［（1，0，1）×(0，1，1)$_{12}$］模型较好地拟合了损失金额大小，因此，采用SARIMA［（1，0，1）×(0，1，1)$_{12}$］模型对时间序列做预测。如图24－24所示，通过观察Autocorrelation Check for White Noise的检验结果，基本可以认为根据模型构造的时间序列是平稳的。模型的数学方程如下：

$$(1+0.044\ 89)(1+0.427\ 07L)\Delta_{12}y_t=(1-0.653\ 53L)(1-0.725\ 42L^{12})v_t$$

根据图24－24可知，火灾直接损失的周期性趋势明显。根据SARIMA［（1，0，1）×(0，1，1)$_{12}$］模型的拟合结果可知，除少数值偏离拟合曲线较远外，大部分月份发生火灾的起数符合模型结果，其中，2004年年底出现实际损失金额出现了一次峰值，原因是湖南常德发生一次损失近2亿的特大火灾，2008年出现另一次峰值的原因是新疆乌鲁木齐发生一次损失3亿元的特大火灾。2013年数据整体上升是根据2012年公安部消防局颁布火灾事故调查规定，调查流程及调查机构出现了一定变化。

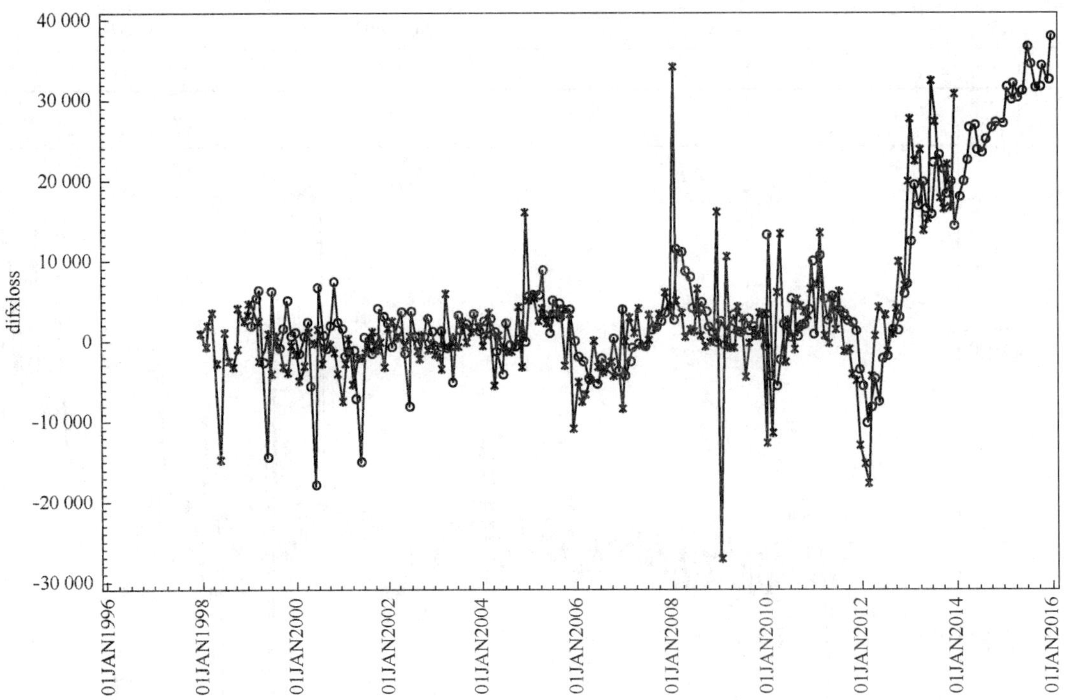

图24－24　SARIMA［（1，0，1）×（0，1，1）$_{12}$］模型对火灾损失金额的拟合图

根据预测模型，对未来24个月的火灾损失金额进行预测，结果如表24－13所示。

表24－13　未来2年火灾损失金额预测

时间	预测值	标准差	95%置信区间
2014年1月	17 994.952 0	6 734.936 2	4 794.719 6
2014年2月	19 837.094 3	7 034.531 4	6 049.666 1

续表

时间	预测值	标准差	95%置信区间
2014 年 3 月	22 440. 945 3	7 383. 246 2	7 970. 048 7
2014 年 4 月	26 685. 252 3	7 713. 468 1	11 567. 132 6
2014 年 5 月	26 805. 365 8	8 030. 240 2	11 066. 384 3
2014 年 6 月	23 674. 678 2	8 334. 976 8	7 338. 423 8
2014 年 7 月	23 521. 693 8	8 628. 958 5	6 609. 246 0
2014 年 8 月	25 142. 583 6	8 913. 249 1	7 672. 936 3
2014 年 9 月	26 509. 246 9	9 188. 748 3	8 499. 631 2
2014 年 10 月	27 071. 135 0	9 456. 224 4	8 537. 275 7
2014 年 11 月	27 074. 192 2	9 716. 340 1	8 030. 515 5
2014 年 12 月	27 068. 748 9	9 969. 671 5	7 528. 551 8
2015 年 1 月	31 522. 052 0	10 042. 369 0	11 839. 370 7
2015 年 2 月	29 940. 876 7	10 224. 914 0	9 900. 414 1
2015 年 3 月	32 090. 811 4	10 398. 351 0	11 710. 417 9
2015 年 4 月	30 245. 435 7	10 569. 201 0	9 530. 181 5
2015 年 5 月	31 069. 125 0	10 737. 322 0	10 024. 360 1
2015 年 6 月	36 579. 582 9	10 902. 851 0	15 210. 386 8
2015 年 7 月	34 439. 912 8	11 065. 905 0	12 751. 138 0
2015 年 8 月	31 345. 935 2	11 226. 590 0	9 342. 222 7
2015 年 9 月	31 498. 414 9	11 385. 008 0	9 184. 209 2
2015 年 10 月	34 397. 047 1	11 541. 252 0	11 776. 609 7
2015 年 11 月	32 227. 156 7	11 695. 408 0	9 304. 578 3
2015 年 12 月	38 134. 050 9	11 847. 559 0	14 913. 262 6

从各种起火原因来看，周期性也是非常明显的，从图 24－25 可以看出，引发火灾次数最多的几种起火原因，即用火不慎、电气、吸烟、玩火都在冬季高发，而在夏季较少出现。尤其是玩火造成的火灾，主要集中在春节期间，绝大多数是由于燃放烟花爆竹造成的。

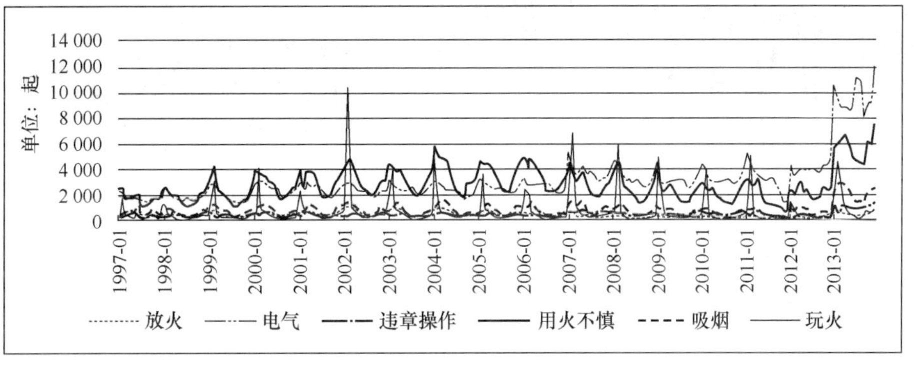

图 24－25　1997—2013 年分人为原因引起火灾起数示意图

与人为造成的火灾不同，因为高温造成的自燃、因为天气造成的雷击引发的火灾则多发于夏季，但其相对数量较少，如图 24－26 所示。

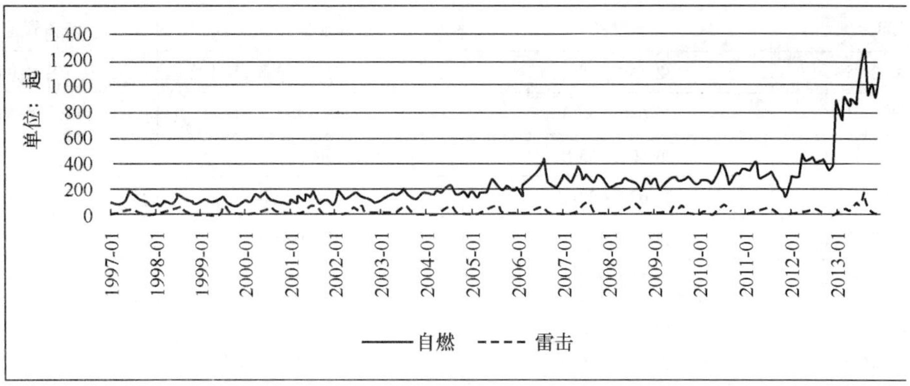

图 24－26　1997—2013 年分非人为原因火灾起数示意图

使用 SARIMA［（p，d，q）×（P，D，Q）$_{12}$］可以很好拟合对各种原因引起火灾的次数，但由于各种原因有其自身的特征，因此各种原因的 SARIMA 模型的具体参数又各有不同，本节对各种原因分别构建模型。

通过时间序列方法对每一种原因造成的 1997—2013 年火灾起数进行分析，以更为准确地把握火灾发生规律。在 5% 的置信度下，本节中所有模型的自回归系数和移动平均系数都通过了参数估计的 t 检验，残差序列的统计量通过了 Autocorrelation Check for White Noise，符合平稳性和可逆性的要求。放火引起的月火灾次数趋势模型的数学方程如下：

$$(1-0.262\ 21)(1-0.362\ 06L)\Delta_{12}\,y_t=(1-0.770\ 7L)(1-0.904\ 39\,L^{12})\,v_t$$

根据模型预测的未来 24 个月由于放火引起的火灾起数如图 24－27 所示。

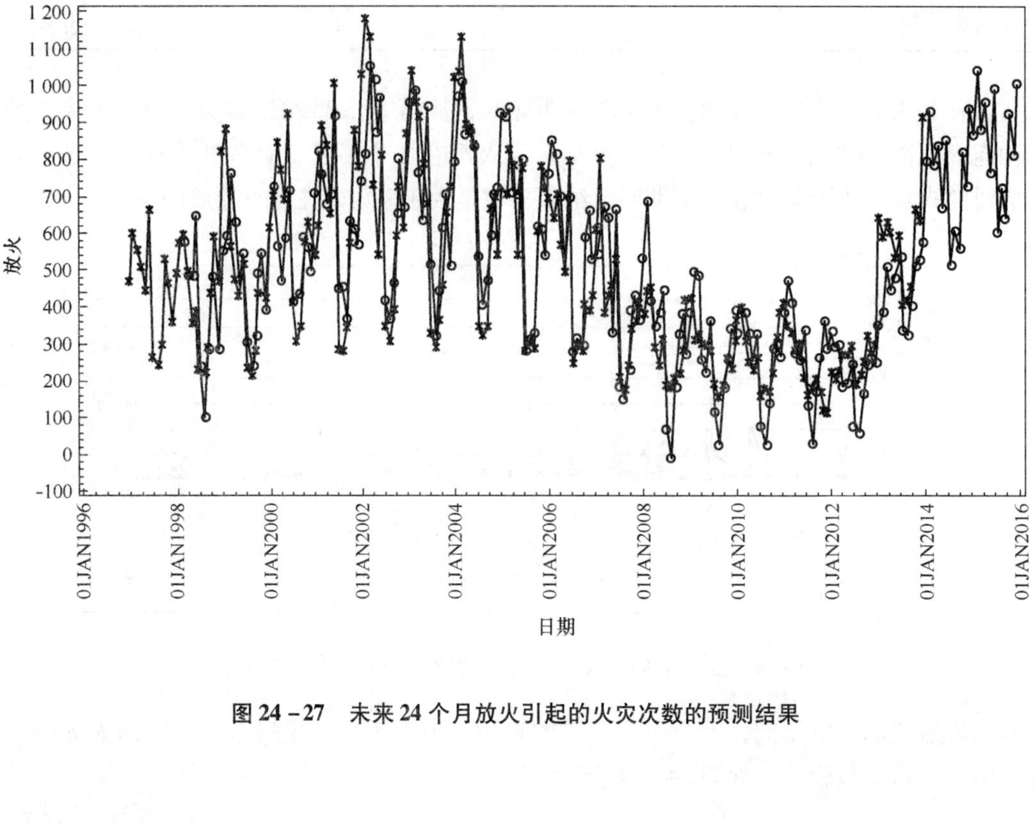

图 24－27　未来 24 个月放火引起的火灾次数的预测结果

由用火不慎引起的月火灾次数趋势模型的数学方程如下：

$$(1-0.608\ 12L)(1+0.003\ 83\ L^{12})\ \Delta_{12}\ y_t=(1-0.631\ 92L)(1-0.780\ 05\ L^{12})\ v_t$$

根据模型预测的未来 24 个月由于放火引起的火灾起数如图 24－28 所示。

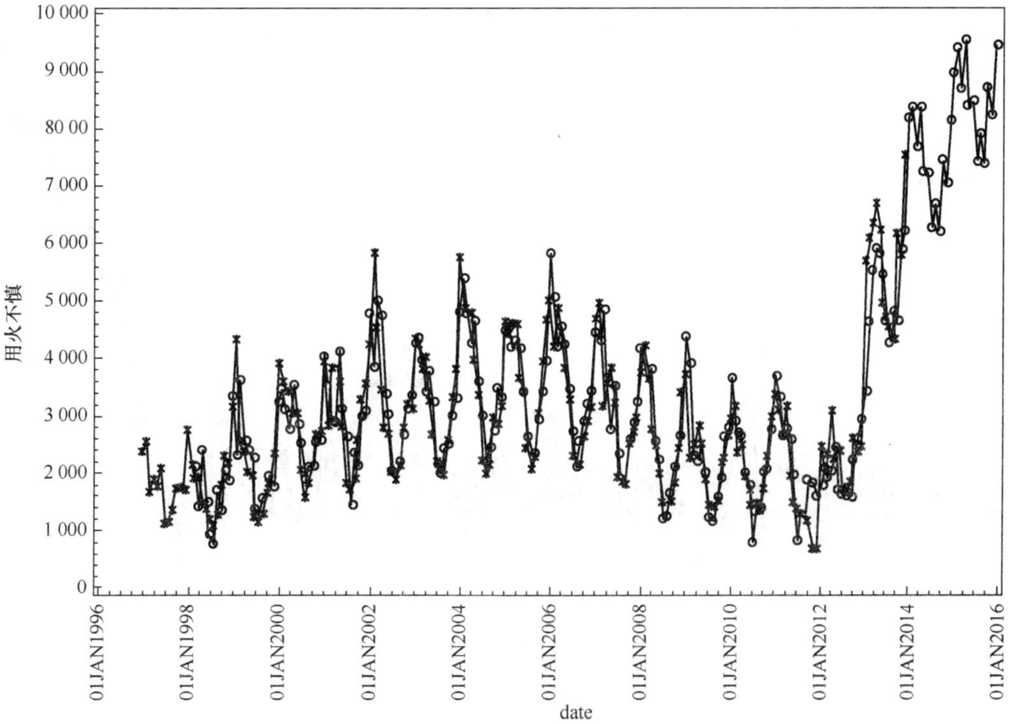

图 24－28　未来 24 个月用火不慎引起的火灾次数的预测结果

由电气引起的月火灾次数趋势模型的数学方程如下：

$$(1+0.054\ 54L)(1-0.197\ 85\ L^{12})\ \Delta_{12}\ y_t=(1-0.118\ 7L)(1-0.742\ 71\ L^{12})\ v_t$$

根据模型预测的未来 24 个月由于电气引起的火灾起数如图 24－29 所示。

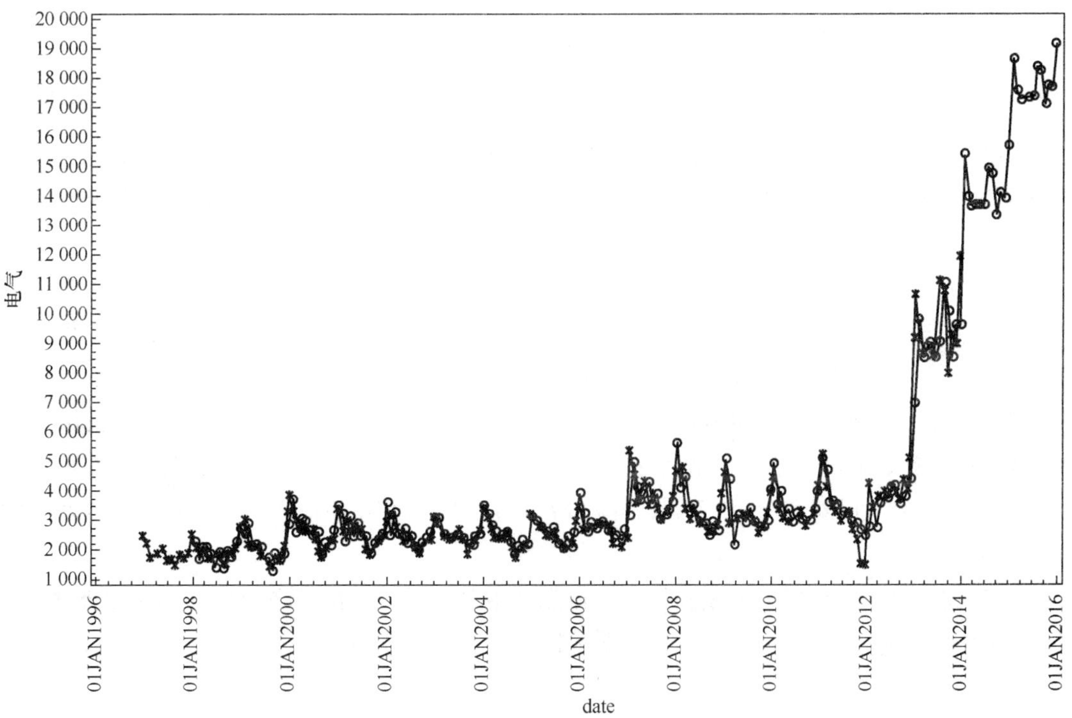

图 24－29　未来 24 个月电气引起的火灾次数的预测结果

由违章操作引起的月火灾次数趋势模型的数学方程如下：

$$(1+0.021\,61L)(1+0.102\,7\,L^{12})\,\Delta_{12}\,y_t = (1-0.417\,06L)(1-0.801\,15\,L^{12})\,v_t$$

根据模型预测的未来 24 个月由于违章操作引起的火灾起数如图 24－30 所示。

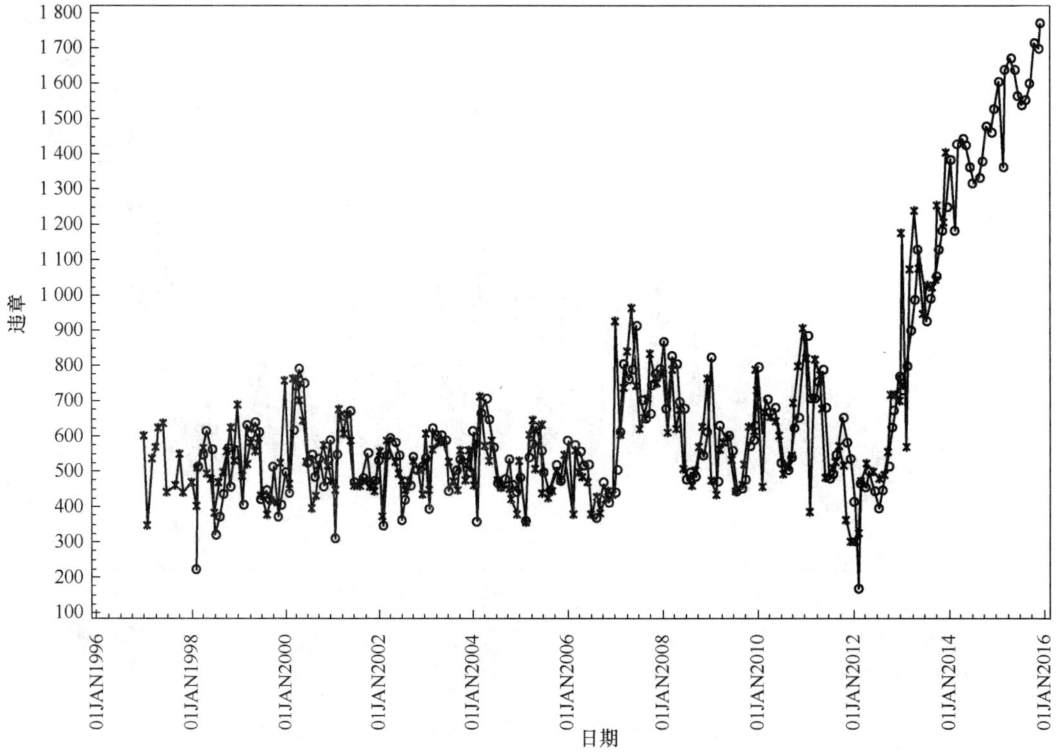

图 24－30　未来 24 个月违章操作引起的火灾次数的预测结果

本节小结

本版火灾灾害趋势的定量分析部分除保留了《灾因报告（2012）》中的小波、灰色、神经网络和时间序列等趋势预测方法外，首次加入了火灾灾害趋势的马尔可夫预测，在省级层面对下年灾害变化方向与程度进行了预测。

在火灾灾害小波分析部分，和原版相比本版对数据处理、小波基选择和作图方法进行了较大改进，在数据处理方面，增加了数据边沿延拓处理，有效消除了数据的边界效应，小波基由上版的 sym2 实小波变换改为同时反映相位与振幅的复小波变换；在作图方面，首次加入小波变换方差图与模方图，用于更直观地读取灾变周期与振荡能量谱。小波分析结果显示我国火灾灾害发生频数存在 18 年和 32 年左右两个主要震荡周期。而致死人数的小波方差图中存在两个明显的峰值，他们分别对应着 27 年和 7 年，说明 27 年左右的周期震荡最强，为火灾致死人数变化的第一主周期。

在火灾灾害趋势的马尔可夫预测部分，首先利用 2012 年之前的数据构造马尔可夫转移矩阵，并用 2013 年数据进行对比，再将 2013 年数据带入用于构造转移矩阵，对下一年度各省的灾害变化方向给出了定性预测。然而，由于火灾具有特殊性，可以看出对于火灾灾害分析，马尔可夫分析方法并不十分适用。灰色预测、神经网络预测和时间序列预测部分与上版基本保持一致，灰色分析对2014年全国森林火灾灾害次数的预测值为4 679次，全国放火火灾起数为2 637次，辽宁省森林火灾灾害次数的预测值是58次，辽宁省放火火灾起数48次，少于历年平均水平，但由于2013年值比较特殊，均未通过检验。通过用2014年的实际数据进行检验，2014年灾害整体偏轻，所以基本认为灰色分析的趋势预测比较准确。神经网络方法的拟合度也较优，对2013年森林火灾损失起数及放火火灾损失起数的预测相对误差均未超过10%。

第二十五章　火灾灾害的异常损失分析

第一节　火灾灾害的极值分析及赔期

在前面的章节中，课题组主要根据《中国火灾统计年鉴》和国家统计局的数据对我国各年份、各地区、各行业的火灾风险进行了纵向和横向的研究。火灾给人们的生产和生活都带来了负面影响，特别是重特大火灾，更是给社会生活带来巨大的破坏。

本章将首先在第一节根据死亡人数超过30人的重大火灾数据对火灾灾害的极值、赔期等问题进行分析，之后将针对火灾多发的重点省份和地区进行分析，并利用三倍均值方法筛选出属于异常损失的火灾，然后对这些火灾进行重点分析介绍，最后利用灰色灾变预测方法，对下一次重大火灾的发生时间进行预测。

一、火灾灾害极值分析

（一）对于重大火灾在未来一年内超过单次历史最高值的分析

历史极值对气象灾害的研究具有重要意义，其常作为以后相关灾害分析的对比标准，或作为防御设施安全等级的建设标尺。由于火灾统计口径每隔几年就会有较大调整，而课题组得到20世纪90年代以前的数据也极不充分，故课题组选取死亡人数作为衡量火灾大小的标准，并在此假设死亡人数超过30人的火灾即为重大火灾，利用这些数据进行分析得到表25－1的信息。

表25－1　重大火灾频数（1979—2013年）描述统计表

平均	1.085 7	最小值	0
标准误差	0.222 1	最大值	5
中位数	1	求和	38
众数	0	观测数	35
标准差	1.314 4	峰度	0.709 0
方差	1.727 7	偏度	1.152 1

数据来源：《中国消防年鉴2014》，死亡人数超过30人的火灾在此年鉴有专门统计表格。

根据以上重大火灾频数的拟合，重大火灾的年度发生数符合参数值为$r=3$，$\beta=0.385\ 9$的负二项分布，有记载的重大火灾最大频数为 5，故综合考虑，选取 $n=10$。据此可计算未来一年重大火灾的不同次数所对应的概率，再根据 S 的分布，可以得到未来一年内，单次重大火灾损失超过历史最高值的概率。

由于在给定未来一年的重大火灾发生频数的情况下，S 是一个超几何分布，而重大火灾的频数符合一个负二项分布，因此可以用全概率公式来计算未来一年内超过历史单次最大损失的概率。即：

$$P(S=0)=\sum_{i=0}^{10}P(S=0\mid r=i)P(i)$$

通过计算，得到未来一年内，重大火灾不超过历史单次最大损失的概率为 0.841 5。这里的概率与之前比较有所下降，这是因为 2012 年、2013 两年发生重大火灾的次数均为 0。

在给定未来一年重大火灾发生的频数的情况下，未来一年中单次重大火灾损失不超过历史最大值的概率图 25－1 所示。

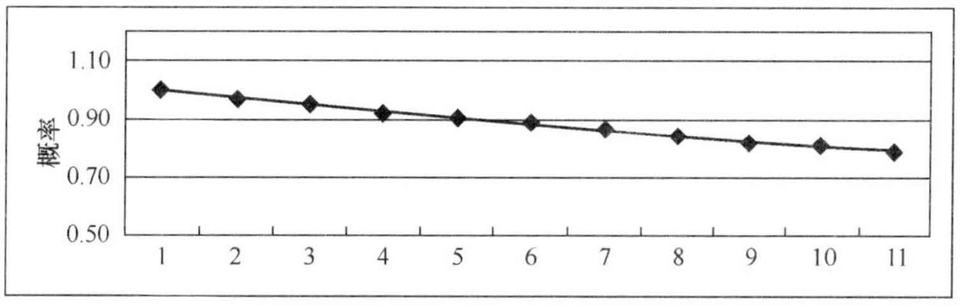

图 25－1　未来一年中单次重大火灾损失不超过历史最大值的概率

可以看到，随着未来一年重大火灾发生数的增加，未来一年不超过历史最大值的概率下降，即超过历史最大值的概率上升。但是不超过历史最大值的概率一直维持在 75% 以上。

（二）对未来年份火灾造成的总死亡人数的分析

在未来年份火灾的总死亡人数的分析中，课题组可以利用的、比较合理并且具有一致性的年度火灾损失数据是 1981—2013 年的数据，一共 33 个，数据量较小，其中最大值为 2000 年火灾死亡人数 3 021 人，第二顺序统计量为 1994 年火灾总死亡人数 2 765 人。

先对数据进行排序，然后通过计算，得到表 25－2，未来 20 年内火灾年度总死亡人数不超过 3 021 人的概率为 0.756 1，超过 1 次的概率为 0.189 0，超过 2 次的概率为 0.043 6。同样地，未来 20 年中，重大火灾年度总死亡人数不超过以前第二大死亡人数的概率为 0.567 1，超过 1 次的概率为 0.290 8，超过 2 次的概率为 0.103 3。

表 25－2　未来 20 年内重大火灾年度总死亡人数分析情况

	不超过	超过 1 次	超过 2 次	超过 3 次	超过 4 次
最大值	0.756 1	0.189 0	0.043 6	0.009 2	0.001 7
第二顺序统计量	0.567 1	0.290 8	0.103 3	0.029 8	0.007 2
第三顺序统计量	0.421 7	0.332 9	0.161 9	0.060 0	0.018 0
第四顺序统计量	0.310 7	0.335 9	0.209 9	0.096 0	0.034 6
第五顺序统计量	0.226 7	0.314 9	0.242 9	0.133 4	0.056 6

从图 25－2 中可以看到，未来 20 年不超过前 5 大极值的概率逐渐变小，而且概率下降速度

非常快，未来20年内不超过最大值的概率还是比较大，但是不超过第5顺序变量的概率非常小，即说明未来20年超过1986年年度死亡2 691人的概率非常大。

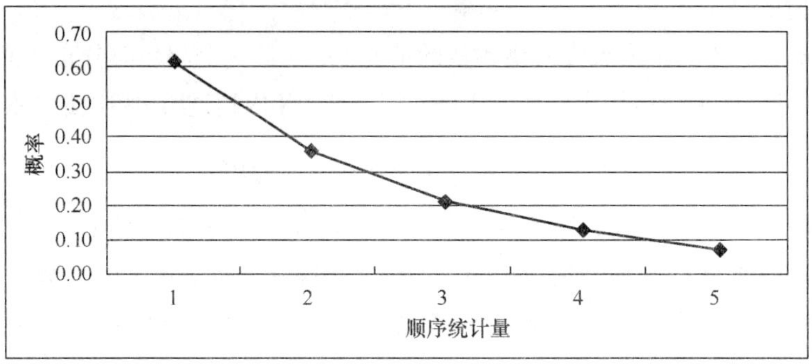

图25－2　未来20年不超过前5大极值的概率分布图

图25－3展示的是未来5年、10年、15年、20年中不超过最大的5个顺序统计量的概率。

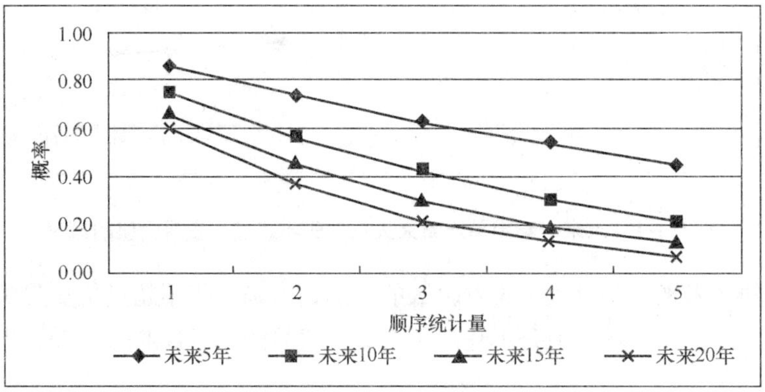

图25－3　未来不超过最大的5个顺序统计量的概率

从图25－3可以看到，预测的时间期限越长，不超过特定值的概率越小，即超过特定值的概率越大，这跟一般的常识理解是一致的，但是这几条线的曲度不是很一致。在预测未来5年的情况下，不超过前5大极值的概率差不多呈直线型下降，而预测期为未来20年的情况下，是一个下凸型的下降曲线，概率下降速度先快后慢。

图25－4中可以看到，未来20年的年度死亡人数中，不超过最大死亡人数的概率比较大，超过1次的概率约为0.25，以后超过次数越多，概率越小。

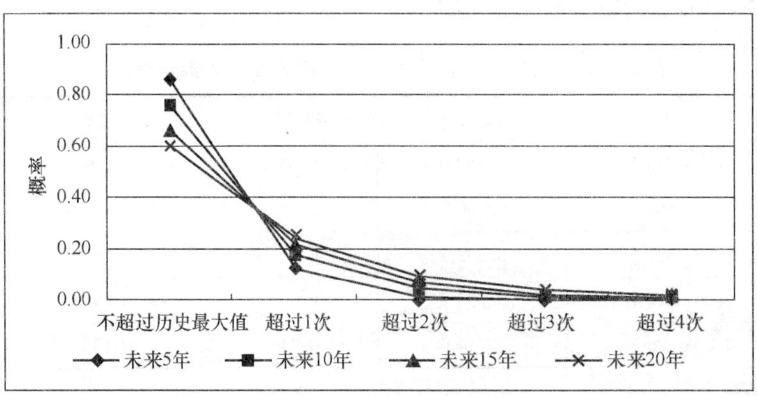

图25－4　未来年度死亡人数的极值分析图

图25－4对比了未来5年、10年、15年、20年中超过历史最大值的概率，可以看到未来不超过最大值的概率，随着估计年限的增长而降低，即超过未来最大值的概率，随着估计年限的增长而增长。

二、火灾的赔期

X_i 可以作为分布为 F 的独立随机变量，u 定义为一个已经给定的开始值。这样可以把 $I_{\{X_i>u\}}$ 当成一个 Bernoulli 随机变量，成功概率为 $p=\overline{F}(u)$。定义第一次成功的时间为

$$L(u)=\min(i\geqslant 1:X_i>u)$$

则：

$$P[L(u)=k]=(1-p)^{k-1}p$$

注意到独立同分布的随机变量：

$$L_1(u)=L(u)$$

$$L_{n+1}(u)=\min\{i>L_n(u):X_i>u\}\qquad(n\geqslant 1)$$

$L_{n+1}(u)$ 可以用来表示连续两个超过给定值的损失之间的时间间隔。

事件 $\{X_i>u\}$ 的赔期可以定义为 $EL(u)=p^{-1}=[F(u)]^{-1}$。下面可以通过几何分布的特性来解决这个问题。定义 r_k 为在 k 段时间之前至少发生一次超过 u 的损失的概率。表达式如下：

$$r_k=P[L(u)\leqslant k]=p\sum_{i=1}^{k}(1-p)^{i-1}=1-(1-p)^k\qquad(k\in N)$$

这样就可以得到 r_k 与 p 之间一一对应的关系。

在赔期之前的时间内发生一次超过 u 的损失的概率表示如下：

$$P[L(u)\leqslant EL(u)]=P[L(u)\leqslant(1/p)]=1-(1-p)^{(1/p)}$$

根据前面对年度总损失的分析，可以得到，未来20年内损失超过 u 的概率为：

$$P(X_i>u)=1-P(X_i<u)=1-0.6226=0.3774$$

即：

$$P[L(u)\leqslant 20]=0.3774$$

根据前面的分析，可以得到：

$$P[L(u)\leqslant 20]=1-(1-p)^{20}=0.3774$$

解得 p 为0.023 4，赔期为 p 的倒数42.73年，即像2000年那样多的火灾死亡人数，统计意义上42.73年才会再发生一次。

三、森林火灾的异常损失分析

（一）森林特大火灾频数分布情况

利用SAS软件对2003—2013年全国各省森林火灾中的特大、重大火灾频数进行拟合，根据多次拟合发现，用泊松分布对森林火灾频数进行拟合的效果很好。2012年、2013年均没有发生森林特大火灾。而2012年只有西藏发生了一次重大火灾。

泊松分布的概率密度公式为：

$$f(x)=\frac{\lambda^x e^{-\lambda}}{x!}$$

拟合效果图见图 25－5。

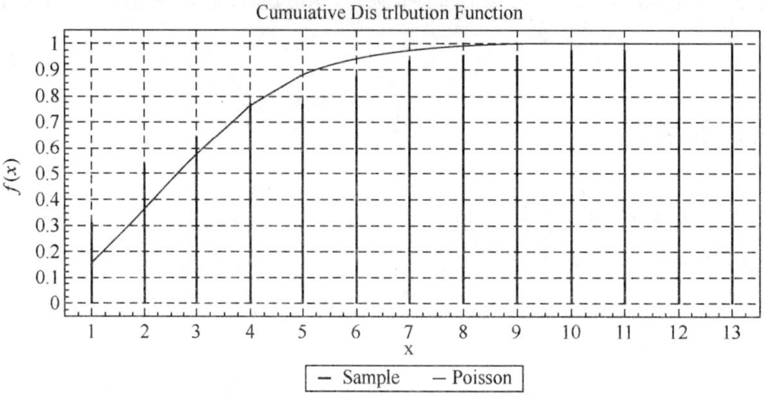

图 25－5　森林特大、重大火灾频数分布拟合效果图

从图 25－6 的 K－S 检验结果可以看出，泊松分布通过检验，因此可以得到森林特大、重大火灾频数的拟合密度分布为：

$$f(x) = \frac{3.291\,7^x e^{-3.291\,7}}{x!}$$

可得泊松分布中函数中的参数 $\lambda = 3.291\,7$。其表示单位时间即每一年内全国森林特大、重大火灾的平均发生率为 3. 291 7 次。

Kolmogorov-Smirnov					
Sample Size Statistic P-Value Rank	48 0.180 56 0.076 81 1				
α	0.2	0.1	0.05	0.02	0.01
Critical Value	0.151 3	0.173 02	0.192 21	0.214 93	0.230 59
Reject?	Yes	Yes	No	No	No

图 25－6　频数分布拟合结果

（二）森林特大火灾频数描述性统计

森林特大火灾发生的概率比较低，因此可以利用 2003—2013 年发生森林特大火灾的省（区、市）进行分析（见表 25－3）。

表 25－3　森林特大火灾频数（2003—2013 年）描述统计表

平均	3. 291 70	最小值	1
标准误差	0. 388 17	最大值	13
中位数	2	25% 分位数	1
变异系数	0. 817 00	75% 分位数	4
标准差	2. 689 30	峰度	2. 660 1
方差	7. 232 30	偏度	1. 565 4

资料来源：公安部消防局著：《中国消防年鉴》（2004—2014）。

由表25－3和图25－7可以看出，2003—2013年发生森林重大火灾的省市中，单位时间发生森林特大火灾的最大频数为13次，最小频数为1次，大多数发生森林特大火灾的省市单位时间内发生特大森林火灾的频数为1次。峰度系数与其标准误差的比值用来检验正态性。如果该比值绝对值大于2，将拒绝正态性，森林特大火灾频数拟合分布的峰度系数为2.660 1，因此拒绝正态分布。森林特大火灾频数拟合分布的偏度系数为1.565 4，因此有右侧较长的尾部。

由图25－7可以看出，内蒙古、福建、黑龙江、湖南、浙江、四川、贵州、山西、江西、湖北、广西、山东、重庆、甘肃和河北在2003—2013年发生了森林特大、重大火灾，其中，内蒙古发生的频数最大，累计发生了39次；福建、黑龙江、湖南、浙江、四川森林特大、重大火灾发生的次数较多；重庆、甘肃、河北累计发生次数最少，都为1次。

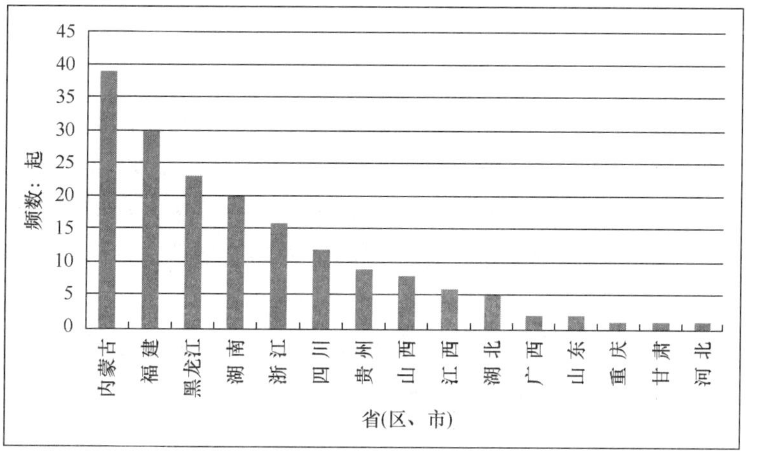

图25－7　2003—2013年各省（区、市）森林特大火灾累计频数

（三）重大森林火灾案例

1. 基本情况

2009年，福建省天气持续干旱少雨，气温偏高，尤其是进入2月中旬以来，包括福建在内的南方地区，森林火险等级急剧增高，加之农村春耕备耕和炼山造林逐渐开始，野外用火量增多，以致森林火灾呈高发态势。仅在2月12日—13日两天内，国家林火卫星监测中心监测到的福建林区火点就有72个，共发生森林火灾43起（其中12日32起，13日11起），造成1个护林员和3个农民死亡。据初步统计，全省森林过火总面积达16 000余亩，当地经济和社会生活受到不同程度的影响和损失。

2. 起火经过及影响

2009年2月12日中午，发生在沙县高砂镇端溪村的森林火灾，形成11个火点，过火面积达5 000余亩，受火灾影响，沙县高砂镇全镇停电，火势还蔓延到高砂和青州两个乡镇的8个行政村。此外，鹰厦铁路沙县高砂段，福银高速沙县青州段曾一度造成停运和关闭，途经这些区段的多趟旅客列车临时扣停出现晚点和禁行。沙县服务区两个加油站的油库也曾一度受到威胁，8个储油罐共储有汽油、柴油130吨，武警和消防官兵将加油站周围的芦苇全部砍倒，并浇上水防止火势蔓延，保证加油站内储油罐的安全。大火一度造成福银高速公路大年岭隧道路段、205国道沙县后抵至青州路段封闭和鹰厦铁路三明段暂时停运。

3. 火灾原因

福建省森林防火指挥部14日下午举行森林火灾通报会称，该省“2·12”沙县森林大火系当地群众在山边乱扔烟头引起，乱扔烟头是我国森林火灾发生的重要原因。

4. 主要经验教训

第一，平时要加强对扑火人员的避险自救方法的培训，遇险后能沉着冷静，随机应变，采取相应的措施自救。对基层各级扑火指挥员、扑火队队长和森林防火专职干部进行系统的防火专业知识和安全扑火知识培训，以提高他们的业务素质和指挥水平。改善扑火队伍装备，专业扑火队员要配备头盔、防护服、救生罩、水壶、火柴等，以提高扑火队员自身防护水平和自救能力。

第二，在火头前方开设防火隔离带危险性大，应组织专业扑火队员开设，禁止组织老、弱、妇、幼以及体能比较差的人员参加。扑火队到了火场后，指挥员必须了解火场范围、火头蔓延方向和速度、火场风速风向，要避开危险区，选择安全路线进入指定位置开设隔离带。对山场不熟悉，选择的线路无把握时，切不可盲目指挥扑火队进入火场开设隔离带。扑火人员到火头前方指定位置开设防火隔离带时，首先要开设避火安全区，明确撤离路线，而且作业时要指派专人监测四周火情变化，一旦发现险情，应立即指挥扑火人员撤至安全区。

第三，在山区扑灭森林火灾时，主要是沿着火线扑打的方法，直接将火扑灭。在火头蔓延的前方开设隔离带，要将比较高的树木砍掉，逆燃烧方向而倒，这样可以压倒茅草，大火烧到时火势相对减弱，有利于扑打，有利于扑火人员的安全。

第四，必须加强扑救安全宣传教育，强化火源管理。森林防火预防必须从宣传教育入手，野外安全用火要做到家喻户晓，才能消除火灾隐患。

四、电气火灾的异常损失分析

由于火灾统计口径每隔几年就会有重大调整，而20世纪90年代以前的数据极不充分，故选取死亡人数作为衡量火灾大小的标准，利用这些数据进行分析，得到表25-4和表25-5。

根据对重特大火灾频数的拟合，可以得出重特大火灾的年度发生数符合参数为 $p=0.020\ 15$ 的几何分布。可以以此计算未来一年重特大火灾的不同次数所对应的概率。

表25-4 重特大电气火灾频数（1997—2013年）描述统计表

均值	45.324	最小值	1
标准误差	9.841 9	最大值	186
中位数	26.5	观测数	34
标准差	51.14	偏度	1.128 3
方差	2 615.3	峰度	0.977 16

资料来源：公安部消防局著：《中国火灾统计年鉴》（1998—2003）；《中国消防年鉴》（2004—2014）。

表25-5 重特大电气火灾损失（1997—2013年）描述统计表

均值	6 415.4	最小值	21.7
标准误差	930.59	最大值	21 869.0
中位数	4 362.8	观测数	34
标准差	5 426.2	偏度	1.360 9
方差	29 443 646.44	峰度	1.456 3

资料来源：公安部消防局著：《中国火灾统计年鉴》（1998—2003）；《中国消防年鉴》（2004—2014）。

根据对重特大火灾损失的拟合，可以得出重特大电气火灾损失的年度发生值符合参数为 $\sigma=0.70444$，$\mu=8.7073$，$\gamma=-1250.0$ 的对数正态分布。拟合的结果如图 25－8 所示。

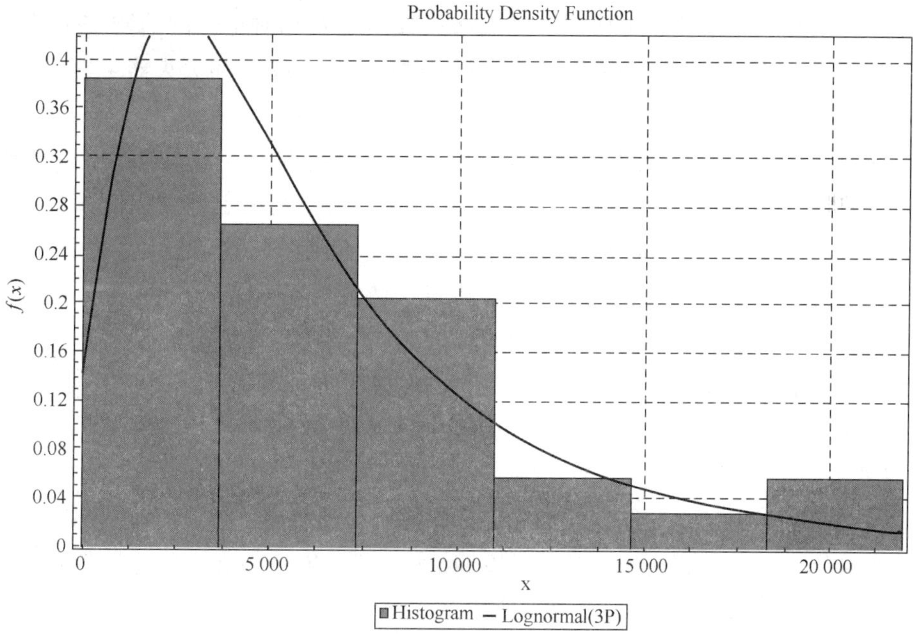

图 25－8　全国重特大电气火灾损失直方图

（一）电气火灾的特点

引发电气火灾的主要原因为电气线路故障、电气设备故障和电加热器具，而电气线路是引发火灾的最主要原因。电气线路故障产生的主要原因有短路故障、过负荷故障、接触不良故障、过热故障、漏电故障、雷击和使用不当等。我国目前其主要原因包括在许多旧的大型公共建筑、古建筑、早期的住宅中，电线老化、施工不规范、使用不当等造成线路绝缘性下降，同时各种用电设备和用电器具的增多使用，造成电气线路潜伏的火灾隐患，增加了电气火灾发生的概率。

从火灾损失看，电器原因是造成重特大火灾的最主要原因；从起火场所看，商业、服务业电气火灾最为突出；从起火建筑看，高层、地下和古建筑电气火灾危害严重；从季节分布看，冬季是发生电气火灾的高峰期；从时段分布看，每日 18—22 时电气火灾最为集中。

（二）陕西咸阳市淳化县恒兴果汁有限公司冷库火灾案例

2006 年 7 月 7 日 5 时 10 分，陕西咸阳市淳化县恒兴果汁有限公司冷库因电器故障引发火灾，直接财产损失 590.4 万元。

1. 基本情况

淳化县恒兴果汁有限公司系民营企业，位于陕西省咸阳市淳化县南关大店乡桥东，南面为 211 国道，西靠冶峪河，北接淳化县大店乡枣坪村农田，东邻淳化县大店乡奶牛场，法定代表人汶有仓。该公司始建于 2004 年 3 月，占地面积 60 亩，建筑面积 1.2 万平方米，总投资 5 600 万元，现有办公大楼、生产车间、果汁加工流水线和一个 1 万吨钢结构（单层）冷库，年生产浓缩果汁 2.5 万吨。该公司有员工 96 人，其中一线员工和技术人员 58 人。发生火灾的储存果汁成品的冷库位于厂区中部，南北长 66 米，东西宽 40 米，建筑面积 2 640 平方米，单层钢结构，分 4 个区，其中罐装果汁冷藏区和桶装果汁冷藏区各 2 个，西南侧桶装果汁冷藏区间内设制冷机房及控制室。该公司厂区内的建筑物、消防设施未经公安消防机构审核和验收；消防安全组织不健全，消防安全责任制不落实，未按要求开展防火安全检查和对员工的消防安全教育培训。该公司共设有室内消火栓 3 个，MF－4 干粉灭火器 10 具，MF－12 干粉灭火器 4 具。

2. 起火经过和扑救情况

7 月 7 日 5 时 10 分，冷库机房发出两声巨响，冷库西南方向冒出黑烟，随后赶到现场的员工发现冷库制冷机房内起火，冷库房顶冒出大量浓烟。该公司员工孙文强立即拨打电话报警，同时在场员工立即实施自救。5 时 35 分，淳化县公安专职消防队接到报警，立即出动 1 辆水罐车、8 名消防人员于 5 时 45 分到达火灾现场，由于火势较大，6 时 27 分向咸阳市公安消防支队请求增援，咸阳支队迅速调集泾阳中队 1 辆消防车、8 名消防官兵前往增援，于 7 时到达火场展开扑救，支队领导在接到报告后迅速赶赴现场。经参战消防人员和果汁厂职工共约 50 余人的奋力扑救，7 时 30 分，火灾得到控制，10 时，大火被彻底扑灭。

3. 火灾损失

火灾烧毁冷库钢结构库房、制冷设备和部分原料、果汁成品，过火面积 2 640 平方米，直接财产损失 590.4 万元。具体损失情况为：冷库钢结构厂房 140.8 万元、制冷设备 128.5 万元、库房果汁成品 247.1 万元、酶制剂 48 万元、液袋 26 万元。

4. 火灾原因

火灾发生后，省、市、县三级公安、消防部门组成联合调查组进行了调查。

（1）起火部位的认定

根据对现场勘查及调查询问，发生火灾时冷库内制冷机房、控制室部位最先发生异常，有爆炸声和浓烟，认定该处为起火部位。

（2）起火点的认定

现场勘查发现，程控电脑设备烧毁，机壳严重变形，配电柜过火，金属柜门变形，退火变色。中间一台配电柜为空调风机控制电柜，柜后双开立门向后左右打开，区别于其他两个配电柜，安装控制器的设备层过火，电线、接触器等元件烧毁严重，绝缘材料碳化脱落，该配电柜设备层中部金属支撑架有明显过火后软化和搭铁短路现象，对应柜门铁皮发蓝，区别于其他部位和其他两个配电柜，认定火灾时该处作用温度高，燃烧时间长，明火作用时间长，在对应的地面塌落电器元件残留中，发现烧损程度不一的线圈残骸，现场提取三个线圈进行封存，认定该配电柜电器设备层为起火点。

（3）火灾原因的认定

经现场勘查、调查询问和对相关证据进行分析，排除外来火源和人为因素，认定火灾系冷库内配电室风机控制柜因电器故障起火所致。

5. 消防监督情况

该公司厂区内的建筑未经公安消防机构审核和验收。2004 年 12 月 2 日，淳化县消防大队对该公司存在的火灾隐患下发了责令限期整改通知书。2004 年 12 月 7 日复查时，该公司未按照要求进行整改。2005 年 4 月 10 日、7 月 21 日、12 月 28 日，公安消防部门先后三次前往淳化恒兴果汁有限公司冷库进行检查，指出其未经消防机构审核而擅自施工、使用的违法事实，并要求其申报消防审核，但该公司一直未进行申报。

6. 主要教训

（1）淳化县恒兴果汁有限公司冷库未经建筑工程消防设计审核和验收擅自投入使用

冷库周围环境及建筑物结构、消防车通道、消防给水设施均未达到国家技术规范要求。冷库内无防火分区，应独立设置的冷库机房、控制室被设置在冷库内，严重违反消防技术规范。

（2）消防安全责任制不落实

该公司消防安全管理措施不到位，消防安全责任人、管理人安全意识淡漠，未履行消防安全职责，岗位消防安全职责不明确，制冷工没有上岗证和操作证，人员配备不到位，制冷控制机房无夜间值班人员。员工事故应急处理能力差，未及时报警，不会处置初起火灾。

（3）专职消防队装备短缺

淳化县公安专职消防队仅有消防车1辆，且已使用11年，随车仅配备直流水枪2支、直流开关水枪1支、水带3盘，连基本的头盔、胶靴、战斗服都未配备，难以实施有效的火灾扑救。另外，消防队员由巡警兼任，消防业务素质差，无灭火实战经验。

（4）消防执法与招商引资、重点工程之间的矛盾突出

恒兴果汁有限公司是淳化县最大的招商企业，该县给予了多项保护措施，消防监督部门无法进行建筑工程消防审核、验收，日常消防监督检查无法正常进行。在2005年建筑工程消防安全专项治理中，消防监督部门再次指出其存在的火灾隐患，该公司仍置之不理，最终酿成火灾。

本节小结

通过对火灾发生频数和火灾灾害损失的极值分析，对2014年和2015年火灾灾害的预测情况均为下降，其主要原因是2012年、2013两年发生重大火灾的次数均下降至零；同2000年一样，超3 000人的死亡人数赔期预估约为42.73年，内蒙古、福建、黑龙江和湖南为森林火灾高发地区，应加大森林火灾消防宣传力度；电器火灾损失年均约为6 415.4万元，年损失超过1亿元后的可能性大幅下降。

第二节　火灾的重大灾害分析

一、2012年火灾重大灾害分析

（一）2012年天津市蓟县莱德商厦火灾[①]

1. 灾害过程概述

2012年6月30日15时35分，天津市蓟县莱德商厦发生火灾，造成10人死亡、16人受伤，

① 公安部消防局：《2012年天津蓟县莱德商厦火灾》，2014年4月1日。

商厦一至五层全部过火，烧毁各类服装、床上用品和化妆品等，直接财产损失 2 696.8 万元，起火原因为空调电源线发生短路，引燃周围可燃物所致。

2. 灾害应对情况

（1）火场救援

15 时 41 分，天津市公安消防总队 119 作战指挥中心接到报警后，一次性调派 7 个公安消防队、2 个企业专职消防队的 26 辆消防车、180 余名官兵到场处置，总队全勤指挥部和蓟县、宝坻、河北支队全勤指挥部到场指挥。15 时 50 分许，又增派 9 个公安消防队的 29 辆消防车、200 余名官兵及总队战勤保障大队、修理所、消防医院前往增援。现场共调集 16 个消防队、2 个企业消防队的 55 辆消防车、436 名官兵到场处置。

（2）组织调查

火灾发生后，天津市公安消防总队抽调火灾调查人员赶赴现场调查，公安部消防局调派工作组指导火灾事故调查。经调查勘验，认定起火原因为商厦一层东南角中转库房内空调电源线短路，引燃周围可燃物所致。

（3）火灾责任及处理情况

根据天津市政府对蓟县莱德商厦“6·30”重大火灾事故调查处理意见做出的批复，依法依纪对 19 名事故责任人和 4 个事故责任单位做出严肃处理。其中，8 人移送司法机关追究刑事责任，9 人给予行政处分。

（4）事后处理

事故发生后，天津市委、市政府高度重视。天津市委、市政府多位分管负责同志在第一时间赶赴现场，指导灭火救援和善后工作，天津市有关部门和蓟县分别成立 7 个工作组，全力做好伤员救治和伤亡人员家属安抚工作。

3. 火灾主要教训

（1）员工自防自救能力差

该商厦多年未组织员工开展消防安全疏散演练，致使部分员工不熟悉商厦内安全疏散通道；火灾初起时，中转库房内火势已呈猛烈燃烧状态，此时应使用室内消火栓灭火，而到场参与扑救的 6 名员工均使用灭火器灭火，且未靠近起火部位喷射，未能及时有效控制火势蔓延。

（2）商厦内部管理存在问题

据员工反映，五层南侧疏散门平时处于锁闭状态，防火检查时才打开，导致火灾发生时，商厦五层部分人员未能及时逃生；商厦中部自动扶梯两侧及北侧楼梯防火卷帘没有及时落下，未能有效发挥防火分隔作用，导致火灾蔓延区域扩大；起火的商厦一层东南侧中转库房为男鞋库，内存大量鞋和包装物，火灾荷载较大，燃烧后产生大量有毒烟气并迅速蔓延，给人员逃生造成视觉障碍并威胁其生命安全。

（3）消防保卫力量不足

蓟县面积 1 593 平方千米，县城约 40 平方千米，全县仅有 1 个普通消防站，最近的宝坻区挹青路消防中队距离也有 60 千米。按照《城市消防站建设标准》“普通消防站保护面积一般不应大于 7 平方千米”之要求，现有消防站数量严重不足，车辆装备水平滞后，难以满足辖区消防安全保卫需要。

（二）2012 年广东汕头市潮南区陈店镇一文胸加工作坊火灾

1. 灾害过程概述

2012 年 12 月 4 日 15 时 30 分，广东省汕头市潮南区陈店镇一文胸加工作坊发生火灾，造成 14 人死亡和 1 人重伤，直接财产损失 2 万元，起火原因为人为放火。

2. 灾害应对情况

汕头市公安消防支队 119 指挥中心接到群众报警后，立即调派潮南、潮阳、陈店等 2 支公安消防队、1 支专职消防队伍共 13 辆消防车、84 名消防队员赶赴现场扑救。15 时 34 分，首先到达火场的陈店镇专职消防队出水灭火；15 时 40 分，潮南区公安消防大、中队增援力量到达火场。火灾于 15 时 55 分被控制，16 时 30 分大火被彻底扑灭。火灾发生时，该作坊内共有 30 人被困，其中 15 人从消防逃生口中逃生，另有 14 人被送往医院经抢救无效死亡，1 人重伤，经公安刑侦部门对死者尸体进行尸检后认定均为烟熏窒息致死。

经过调查，该火灾可以排除电气原因、遗留火种、雷雨、自燃引起火灾的可能，结合该火灾发展猛烈、起火部位地面上有易燃液体燃烧痕迹、起火部位出现的低位燃烧痕迹等特征及犯罪嫌疑人的供认，认定该火灾为人为放火所致①。

二、2013 年火灾重大灾害分析

（一）2013 年吉林长春德惠市宝源丰禽业有限公司火灾爆炸事故

1. 灾害情况概述

2013 年 6 月 3 日 6 时 10 分许，吉林省长春德惠市宝源丰禽业有限公司（以下简称“宝源丰公司”）主厂房发生特别重大火灾爆炸事故，共造成 121 人死亡、76 人受伤，17 234 平方米主厂房及主厂房内生产设备被损毁，直接经济损失 1.82 亿元。

经国务院调查组统计，此次事故共造成 121 名员工死亡、76 人受伤，死伤人员均系宝源丰公司员工，17 234 平方米主厂房及主厂房内生产设备被损毁，目前宝源丰公司已被依法取缔。

2. 事故发生的原因

经国务院“6·3”特别重大火灾爆炸事故调查组认定，此次事故的原因为宝源丰公司主厂房一车间女更衣室西面和毗连的二车间配电室的上部电气线路短路，引燃周围可燃物。当火势蔓延到氨设备和氨管道区域，燃烧产生的高温导致氨设备和氨管道发生物理爆炸，大量氨气泄漏，介入了燃烧。

造成火势迅速蔓延的主要原因：一是主厂房内大量使用聚氨酯泡沫保温材料和聚苯乙烯夹芯板（聚氨酯泡沫燃点低、燃烧速度极快，聚苯乙烯夹芯板燃烧的滴落物具有引燃性）。二是一车间女更衣室等附属区房间内的衣柜、衣物、办公用具等可燃物较多，且与人员密集的主车间用聚苯乙烯夹芯板分隔。三是吊顶内的空间大部分连通，火灾发生后，火势由南向北迅速蔓延。四是当火势蔓延到氨设备和氨管道区域，燃烧产生的高温导致氨设备和氨管道发生物理爆炸，大量氨气泄漏。

① 参考资料：《中国消防年鉴（2013）》。

造成重大人员伤亡的主要原因：一是起火后，火势从起火部位迅速蔓延，聚氨酯泡沫塑料、聚苯乙烯泡沫塑料等材料大面积燃烧，产生高温有毒烟气，同时伴有泄漏的氨气等毒害物质。二是主厂房内逃生通道复杂，且南部主通道西侧安全出口和二车间西侧直通室外的安全出口被锁闭，火灾发生时人员无法及时逃生。三是主厂房内没有报警装置，部分人员对火灾知情晚，加之最先发现起火的人员没有来得及通知二车间等区域的人员疏散，使一些人丧失了最佳逃生时机。四是宝源丰公司未对员工进行安全培训，未组织应急疏散演练，员工缺乏逃生自救互救知识和能力。

3. 火灾主要教训

（1）宝源丰公司安全生产主体责任不落实

公司未建立健全和落实安全生产责任制，未逐级明确安全管理责任，未逐级签订包括消防在内的《安全责任书》；从未开展安全宣传教育，未对员工进行安全知识培训，虽制订事故应急预案，但从未组织开展应急演练，企业管理人员、从业人员缺乏消防安全常识和扑救初起火灾的能力；厂房建设未按照原设计施工，违规将保温材料由不燃的岩棉换成易燃的聚氨酯泡沫，导致起火后火势迅速蔓延，产生大量有毒气体，造成大量人员伤亡；违规安装布设电气设备及线路，主厂房内电缆明敷，二车间的电线未使用桥架、槽盒，也未设安全防护管，埋下重大事故隐患；违规将南部主通道西侧的安全出口和二车间西侧外墙设置的直通室外的安全出口锁闭，使火灾发生后大量人员无法逃生。

（2）相关职能部门监管不到位

公安消防部门未按规定将宝源丰公司列为二级消防安全重点单位实施重点监控，在未进行消防设计审核、消防验收的前提下出具《建设工程消防验收合格意见书》，未发现和督促纠正建设单位擅自更换不符合防火标准的建筑材料的问题；建设部门未能发现和解决宝源丰公司项目建设设计、施工、监理挂靠或借用资质等问题，未能发现并查处该公司擅自更改建筑设计、更换阻燃材料等问题；安全监管部门对特种作业人员持证上岗工作监管缺失，对重大危险源监控工作监管不力。

（3）地方政府安全生产监管职责落实不力

当地市、镇政府没有牢固树立和落实科学发展观和安全发展理念，片面追求 GDP 增长，片面强调为招商引资项目“多开绿灯、特事特办”，忽视安全生产；省、市、镇政府科学发展观和安全发展理念树立得不牢，贯彻落实国家安全生产法律法规、政策规定、工作部署要求和督促指导有关地区、部门认真履行职责、做好包括消防安全在内的安全生产工作不到位①。

（二）2013 年福建厦门市 BRT 公交车火灾

1. 火灾情况概况

2013 年 6 月 7 日傍晚 18 时左右，福建省厦门市一辆车牌号为闽 D－Y7396 的公交车行驶至厦门快速公交系统（BRT）高架桥公交车道金山站往蔡塘站之间时起火，火灾造成 47 人死亡，34 人受伤。火灾系陈某纵火造成。

2. 灾害应对情况②

6 月 7 日 18 时 22 分，厦门市公安消防支队作战指挥中心接到 110 指令——快速公交系统

---

① 资料来源：《中国消防年鉴（2014）》。

② 资料来源：《中国消防年鉴（2014）》。

（BRT）高架桥上一辆公交车爆燃起火，立即启动“厦门快速公交系统（BRT）高架区段灾害事故灭火救援预案”，第一时间调集江头中队37米举高车、东风153水罐车、50辆水罐车和前埔中队东风153水罐车、一七抢险车共2个中队的5辆消防车、30名消防官兵分别从前埔BRT站入口以及金山站出口两个方向前往处置，全勤指挥部遂行出动。同时通知急救、公安治安、安监等相关单位派力量到场协助处置。由于正值下班交通高峰期，接警中队赶赴现场途中，在前埔南路、仙岳路以及BRT高架入口处受到严重交通阻碍。18时33分，前埔中队到场展开救援；18时40分，江头中队到场展开救援。前埔中队到达现场后，公交车已处于猛烈燃烧阶段。中队迅速分为2个战斗小组，用2把泡沫枪分别从公交车的车头、侧面进行扑救，逐步向车尾推进。同时，组织力量疏散逃生乘客，将受伤司机抬放至安全地带。江头中队到场后，负责给前埔中队水罐车供水。18时45分，将火扑灭。

3. 火灾主要教训

（1）消防安全制度不能落实到位

BRT公交对乘客携带物品缺乏检查措施，不能及时发现危险品。司机面对突发事件缺乏紧急应变能力。

（2）公共消防知识宣传有待提高

公众在已经闻到汽油味的时候并没有采取有效措施预提醒司机，未能及时避免惨案的发生，起火后公众未及时使用车载灭火器灭火，未能及时使用逃生锤砸窗。

三、2014年重大火灾灾害分析

（一）2014年迪庆州香格里拉县独克宗古城“1·11”重大火灾

1. 火灾情况概述

2014年1月11日1时10分许，迪庆州香格里拉县独克宗古城仓房社区池廊硕8号“如意客栈”经营者唐英，在卧室内使用五面卤素取暖器不当，引燃可燃物引发火灾，火灾烧损房屋面积为59 980.66平方米（其中：房屋烧毁面积58 121.66平方米，灭火救援过程中拆除房屋面积1 859平方米），火灾烧损房屋直接财产损失为人民币8 983.930 8万元（不含装修装饰、屋内设施设备、物品等其他直接财产损失和公共设施损失）。此次火灾造成建筑物过火面积98.56亩，损毁文物占地面积2.92亩，占过火面积的3%，损毁文物保护单位面积2 220.45平方米，占损毁建筑面积的3.7%。国家级文物保护单位红军长征博物馆（中心镇公堂）、金龙街建筑群、大龟山大佛寺、吉祥胜利幢、金龙街民居群、白鸡寺、州博物馆等国家、省、州重点文物保护单位和标志性建筑未受到损害①。

由于此次火灾烧损面积大、可燃物多，火灾现场物品基本烧毁殆尽，加之古城经营商铺众多、商品种类繁杂，租赁关系复杂等，难以在短期内做出评估鉴定，目前财产损失的评估鉴定等有关工作仍在进行中②。

2. 灾害应对情况

1月11日1时22分，迪庆州消防支队接到火灾报警后，迅速调集支队特勤中队奔赴火灾现

① 资料来源：《迪庆州香格里拉县独克宗古城“1·11”重大火灾事故调查报告》。
② 资料来源：《迪庆州香格里拉县独克宗古城“1·11”重大火灾事故调查报告》。

场。1 时 37 分，特勤中队首战力量到达古城火灾事故现场，1 时 41 分，出水控火，经 15 分钟扑救后，火势被控制在起火建筑如意客栈范围。之后，参战部队连续开启附近 4 个室外消火栓（古城专用消防系统消火栓）进行补水，但均无水，便迅速调整车辆到距离现场 1.5 千米外的龙潭河进行远距离供水，同时，组织力量从市政消火栓运水供水。此时，火势开始蔓延。公安局接到报警电话后迅速展开救援工作，至 11 日 7 时许火势得到有效控制。当日 10 时 50 分许明火基本扑灭。火灾发生后，7 家保险公司共接到报损 2 968 万元，通过勘查定损，共兑现赔付1 135.5 万元。

（二）2014 年江苏昆山中荣金属制品公司火灾爆炸事故

1. 火灾情况概述

2014 年 8 月 2 日 7 时 37 分许，位于江苏省苏州市昆山市昆山经济技术开发区（以下简称“昆山开发区”）的昆山中荣金属制品有限公司（台商独资企业，以下简称“中荣公司”）抛光二车间（即 4 号厂房，以下简称“事故车间”）发生特别重大铝粉尘爆炸事故，当天造成 75 人死亡、185 人受伤。依照《生产安全事故报告和调查处理条例》（国务院令第 493 号）规定的事故发生后 30 日报告期，共有 97 人死亡、163 人受伤（事故报告期后，经全力抢救医治无效陆续死亡 49 人，尚有 95 名伤员在医院治疗，病情基本稳定），直接经济损失 3.51 亿元。

2. 火灾原因分析

（1）火灾发生直接原因

事故车间除尘系统较长时间未按规定清理，铝粉尘集聚，为火灾爆炸提供可燃物。除尘系统风机开启后，打磨过程产生的高温颗粒在集尘桶上方形成粉尘云。一号除尘器集尘桶锈蚀破损，桶内铝粉受潮，发生氧化放热反应，达到粉尘云的引燃温度，引发除尘系统及车间的系列爆炸。

因缺少泄爆装置，爆炸产生的高温气体和燃烧物瞬间经除尘管道从各吸尘口喷出，导致全车间所有工位操作人员直接受到爆炸冲击，造成群死群伤。

（2）火灾间接原因

在管理方面，中荣公司无视国家法律，违法违规组织项目建设和生产，是事故发生的主要原因。

1）厂房设计与生产工艺布局违法违规。事故车间厂房原设计建设为戊类，而实际使用应为乙类，导致一层原设计泄爆面积不足，疏散楼梯未采用封闭楼梯间，贯通上下两层。事故车间生产工艺及布局未按规定规范设计，是由中荣公司总经理林伯昌根据自己的经验非规范设计的。生产线布置过密，作业工位排列拥挤。疏散通道不畅通，加重了人员伤害。

2）除尘系统设计、制造、安装、改造违规。除尘设备未接地防止静电，未按规定设置泄爆装置，集尘器未设置防水防潮设施，集尘桶底部破损后未及时修复，外部潮湿空气渗入集尘桶内，造成铝粉受潮，产生氧化放热反应。

3）车间铝粉尘集聚严重。作业现场除尘系统吸风量不足，不能满足工位粉尘捕集要求，不能有效抽出除尘管道内粉尘。同时，企业未按规定及时清理粉尘，造成除尘管道内和作业现场残留铝粉尘多，加大了爆炸威力。

4）安全生产管理混乱。中荣公司没有健全的安全生产规章制度，没有岗位安全操作制度。

5）监管部门对安全生产工作不够重视。苏州市、昆山市和昆山开发区安全生产红线意识不强、对安全生产工作重视不够，是事故发生的重要原因。

四、防范火灾减少灾害方损失的相关建议

（一）增加火灾保险品种，真正落实到人们生活的方方面面

近年来的重大火灾让我们看到了生活中风险无处不在，而火灾风险更是存在着与其他重大灾害不同的地方——人为因素往往也是发生火灾的重要原因。这样就使得火灾风险的管控更应该使保险介入，以免事故发生的突然性及重大性使人们的生活受到严重的打击。

（二）借鉴发达国家保险体系，建立更全面的火灾风险管理系统

充分利用再保险手段，建立完善的保险及再保险系统，充分分散火灾风险。

（三）提升企业防火意识与法制意识

在消防管理中，企业对消防法律法规的漠视现象非常严重。在这种法律意识淡薄、火灾风险管控不当的社会风气中发展经济，火灾发生概率和火灾救治成本将会非常高。因此，在火灾预防过程中，全面提高社会的法治和安全意识必须放在首要位置。为此，我们需要不断要加强火灾安全教育和法治教育，对违法行为严惩不贷。

（四）发展要有统一的空间规划

危险品仓库位于天津港区内，土地用途决定权为天津港。此处爆炸事件受损最严重的居民楼距离爆炸中心仅数百米，但却属于天津市的管辖范围，土地用途由天津市决定。所以天津港与天津市政府互相推诿责任，天津港职责政府划分生活区域过于靠近港区的生产区，而滨海新区政府却认为天津港在居民生活区附近允许建立危险品仓库是不负责任的举动。这些争执是对土地缺乏统一规划、对土地用途管制缺乏统筹规划的结果。这对火灾预防工作及环境管理是一个深刻教训，天津港爆炸事故给我们再次提出了警示，在土地资源利用和环境容量利用方面需要及时对现状进行梳理，对相应风险及时进行评估、预测，未雨绸缪，极力规避风险。

（五）留足安全距离是底线措施

在我国经济结构中，重化工业比重较高，这些重工业企业的主要厂房多在20世纪六七十年代建立。现在厂房已到了“跑、冒、滴、漏”的高发期。我国已进入环境风险高发期，必须计提相应资金对进行风险管控。再严格的管理和监督，都可能发生重大事故，合理设置安全距离是保证生产安全，环境安全的必要手段。即生产、储存危险化学品的工厂和仓库必须与生活区域和工作区域保持足够的距离，以保证风险事故不幸发生时损伤能够降到最低。

（六）加强消防监管，落实责任

火灾经常造成恶劣的社会影响，给人民群众带来巨大的无知损失。相关部门应该对辖区内责任范围加以明确，定期对辖区工厂、商业区及住宅进行消防检查，排除消防隐患。落实安全生产责任制，对火灾易发的工业区重点防范，保证安全生产责任机制的完善。

（七）加强消防基础设施建设

消防基础设施的完善程度直接关系到火灾发生后的损失控制程度，要保证已有消防基础设施能够正常使用，定期进行维护。不可一次建造，无后续检查、维修；同时依据城区发展不断完善消防基础设施建设，保证城市内每个区域消防设施的完备性、可用性，以备不时之需。

（八）认识全面推行火灾责任保险的积极意义

火灾公众责任保险是以被保险人因火灾造成对第三者的伤害所依法应付的赔偿责任为保险标的的保险。大力发展火灾公众责任保险，一方面，可以通过市场化的风险转移机制，用商业手段解决火灾责任赔偿等方面的法律纠纷，可以使受灾企业和群众尽快恢复正常生产生活秩序，降低政府“兜底包揽”成本。另一方面，也可以促进经营者不断提高改善自身消防安全条件的积极性，保护公民的消防安全权益，这是市场经济体制下提高全社会火灾防范水平的重要手段。

本节小结

在“火灾的重大灾害分析”里，我们首次加入了对近四年火灾的详细描述，并就2012年至今的重大火灾灾害从灾情描述、灾后应对以及问题与建议三个方面进行了深入剖析。

本节通过对2012—2014年历年重特大火灾事件进行回顾，分析各灾害发生的原因，寻找避免火灾及减少火灾损失的方式。通过分析天津市蓟县莱德商厦火灾、广东汕头市潮南区文胸加工厂火灾、长春德惠市宝源丰禽业有限公司火灾爆炸事故、福建厦门市BRT公交车火灾、香格里拉县独克宗古城“1·11”重大火灾、江苏昆山中荣金属制品公司火灾爆炸事故等火灾事故，回顾保险业过去的火灾应对表现并为保险业今后的火灾防范与风险分散机制提出了建议。忽视火灾防范，防火意识不强、安全生产监管不到位仍是我国火灾发生的主要原因。我国保险业对于火灾的防范与应对应该加大力度，做好事前准备。

第六篇

CHAPTER SIX

交通事故灾因分析

第二十六章　道路交通事故基本特征

第一节　道路交通和交通事故

一、道路交通事故的界定

（一）道路交通事故的定义

交通是指从事旅客和货物运输及语言和图文传递的行业，包括运输和邮电（邮政和电信）两个方面，在国民经济中属于第三产业。其中，运输方面主要有铁路、公路、水路、航空和管道五种方式。

交通事故一般是指在交通运输过程中发生的人身伤亡和财产损失的事件。在交通运输的五种方式之中，道路交通事故带来的人员伤亡和经济损失远远大于其他交通方式，这也正是本节在交通事故灾因分析中集中研究道路交通事故的原因。

根据2004年5月1日起施行的《中华人民共和国道路交通安全法》（以下简称《道交法》）第八章第119条第五款，我国对“交通事故”定义为：车辆在道路上因过错或者意外造成的人身伤亡或者财产损失的事件。《道交法》中有关交通事故的定义，较之前我国实行的《道路交通事故处理办法》（1992年1月1日起施行）（以下简称《处理办法》）中的定义，扩大了定义范围，将意外造成的交通事件也涵盖进来（如地震、台风等不可抗拒的自然灾害造成的交通事故），不仅有利于公安交警部门对交通事故的认定，同时也为保险公司有关车险业务的开展提供了合理的法律依据。

（二）道路交通事故的特征

除了《道交法》的交通事故定义外，还应该了解交通事故的构成要素或者说基本特征，这些基本要素或基本特征会有助于更加清楚明了地鉴定交通事故。一般来说，一起交通事故通常具备如下基本特征：

1. 车辆

构成交通事故的前提条件就是有车辆，没有车辆参与则不能算作交通事故。比如行人之间的剐蹭、碰撞即便造成重大伤害甚至死亡也不能算作交通事故。

2. 道路

交通事故发生的地点必须是在道路上，这里的道路是指在公用的道路上。《道交法》第八章第119条第一款就明确指出，道路是指公路、城市道路和虽在单位管辖范围但允许社会机动车通行的地方，包括广场、公共停车场等用于公众通行的场所。

3. 心理状态（过错或者意外）

与旧的《处理办法》相比，《道交法》中的交通事故定义不再强调违法行为，而是强调交通事故当事人的心理状态是过错，不包括主观故意。同时，加入“意外”这一情况，即事故是出于人的意料之外而偶然发生的，当事人虽然尽到了合理注意仍无法预见或避免其发生。

4. 运动状态

运动状态是指交通事故中各当事方面至少有一方的车辆处于运动状态，否则均不能认定为交通事故。

5. 发生事态

发生事态是指交通事故应该存在碰撞、碾压、刮擦、翻车、坠车、爆炸、失火等现象中的一种或几种。若没有这些现象中的任何一种发生，而是由于其他原因造成的人身伤亡或财产损失则不属于交通事故。例如，车上的乘客因为急刹车而受到惊吓，突发心脏病猝死，这就不属于交通事故。

6. 损害后果

道路交通事故必须有损害后果发生，人身伤亡、财产损失或者二者兼而有之。如果没有损害后果发生，则不能将一起交通事件认定为交通事故。

综上所述，一起交通事故必须具备以上六点基本特征。

（三）道路交通事故的形式

道路交通事故的形式亦即交通事故现象，是指交通事故当中所表现出来的具体形态，基本上可以分为碰撞、碾压、刮擦、翻车、坠车、爆炸和失火七种。

1. 碰撞事故

碰撞事故是指交通强者（相对而言）车辆的正面部分与他方接触，或同类车辆的正面部分相互接触。

2. 碾压事故

碾压事故是指作为交通强者的车辆，对交通弱者的车辆或交通弱者自身的推碾或压过。

3. 刮擦事故

刮擦事故是指交通强者车辆的侧面部分与他方接触，造成自身或他方的人身伤亡或财产损坏，机动车之间的刮擦事故还可根据运动情况分为会车刮擦、超车刮擦和静点刮擦。

4. 翻车事故

翻车事故是指车辆没有发生其他事态，部分或全部车轮悬空、车身着地的现象。翻车事故一般分为侧翻和滚翻两种：车辆一侧轮胎离开地面称为侧翻；所有的车轮都离开地面称为滚翻。

5. 坠车事故

坠车事故是指车辆坠落，且在坠落过程中有一个离开地面的落体过程，通常是坠落到与路面有一定高度差的路面外。

6. 爆炸事故

爆炸事故是指将易燃易爆物品带入车内，因本车辆或他方车辆的违章行为，在行驶过程中由振动等原因引起爆炸造成的事故。

7. 失火事故

失火事故是指车辆在行驶过程中，由于人为的或技术上的原因引起的火灾。

一起交通事故中可能只存在一种交通事故现象，也可能有多种交通事故现象存在。在认定时，可以按发生时间先后顺序加以认定，也可以按现象主次顺序认定。

二、道路交通事故概述

（一）道路交通事故的特点

一般来说，道路交通事故具有五大特点：

1. 随机性

道路交通事故是由多种因素共同作用引发的结果，这其中的因素大多是随机的，而发生过程本身也是随机的，因此交通事故的发生具有很大的随机性。

2. 突发性

交通事故具有突发性，大多数交通事故的发生是没有任何先兆的，而且交通事故的发生往往是瞬时的，留给当事人员的感知时间和采取措施的时间都极为短暂，这就很难去避免事故的发生。

3. 频发性

由于经济的迅猛发展，交通运输业迅速膨胀，人口、车辆、道路的数量急速增加，有效的交通管理措施又存在滞后性，这就使得交通事故具有频发性。

4. 社会性

道路交通事故是随着社会发展和经济发展而客观存在的社会现象，因此交通事故是具有社会属性的。

5. 不可逆性

道路交通事故具有不可逆性，事故一旦发生就无法挽回，也不可重现。

（二）道路交通事故的分类

对道路交通事故进行科学严谨的分类可以更加有效地对道路交通事故进行统计，进而对交通事故进行科学的分析研究和处理。根据我国目前道路交通管理和事故处理的实际情况，主要有以下五种事故分类方法：

1. 按事故后果分类

1991 年 12 月 2 日，为配合国务院颁布的《处理办法》的第一章第 6 条①规定，并与最高人民法院、最高人民检察院《关于严格依法处理道路交通肇事案件的通知》等有关标准相协调，经国家统计局同意，公安部出台了《关于修订道路交通事故等级划分标准的通知》，通知要求自

---

① 《处理办法》第一章第 6 条，根据人身伤亡或者财产损失的程度和数额，交通事故分为轻微事故、一般事故、重大事故和特大事故。具体标准由公安部制定。

1992 年 1 月 1 日起在交通事故的统计和处理中使用等级划分标准①。

表 26－1 所示为交通事故等级划分标准。

表 26－1　交通事故等级划分标准

事故类型	对应情况				
	情况 1	情况 2	情况 3	情况 4	情况 5
轻微事故	轻伤 1～2 人	机动车事故财产损失不足 1 000 元	非机动车事故财产损失不足 200 元	—	—
一般事故	重伤 1～2 人	轻伤 3 人以上	财产损失不足 3 万元	—	—
重大事故	死亡 1～2 人	重伤 3～10 人	财产损失 3 万～6 万元	—	—
特大事故	死亡 3 人以上	重伤 11 人以上	死亡 1 人，重伤 8 人以上	死亡 2 人，重伤 5 人以上	财产损失 6 万元以上

2. 按事故原因分类

道路交通事故在进行分析处理过程中，可以找出其发生的原因，并以此对发生过的交通事故进行分类。通常情况下，可以分为主观原因和客观原因两大类。主观原因类是指交通事故当事人本身存在的不利因素（即主观故意或过失）导致的交通事故。客观原因类则是指由于车辆和道路条件等客观方面存在不利因素导致的交通事故。其具体的分类又有若干种类，见图 26－1。

按事故原因分类
- 主观原因
  - 1.违反规定
  - 2.疏忽大意
  - 3.操作不当
- 客观原因
  - 1.车辆原因
  - 2.道路及交通设施原因
  - 3.交通环境、自然条件原因

图 26－1　道路交通事故按原因分类框架图

3. 按事故对象分类

交通事故按事故对象分类有六种情况：车辆间产生的交通事故（车辆之间发生刮擦、碰撞而引起的事故）；车辆与行人间产生的交通事故（机动车对行人的碰撞、碾压、刮擦等事故）；机动车与非机动车之间产生的交通事故（我国混合交通路段较多，常易出现）；车辆单独事故（自行翻车、坠车事故）；车辆对固定物的交通事故（机动车与道路两侧的固定物相撞的事故）；铁路道口事故（车辆或行人在铁路道口被火车撞死撞伤的事故）。

① 该标准原文为：轻微事故，是指一次造成轻伤 1～2 人，或者财产损失机动车事故不足 1 000 元，非机动车事故不足 200 元的事故。一般事故，是指一次造成重伤 1～2 人，或者轻伤 3 人以上，或者财产损失不足 3 万元的事故。重大事故，是指一次造成死亡 1～2 人，或者重伤 3 人以上 10 人以下，或者财产损失 3 万元以上不足 6 万元的事故。特大事故，是指一次造成死亡 3 人以上，或者重伤 11 人以上，或者死亡 1 人，同时重伤 8 人以上，或者死亡 2 人，同时重伤 5 人以上，或者财产损失 6 万元以上的事故。

4. 按事故中肇事方的交通工具分类

根据构成道路交通事故的交通方式或交通工具来划分交通事故，主要有三种类型：机动车事故（即在事故当事方中机动车负主要以上责任的事故）；非机动车事故（指非机动车负主要以上责任的事故）；行人事故（即由于行人过失或违反交通规则而发生的交通事故）。2013 年的交通事故发生次数按事故中肇事方交通工具划分的各种类事故占比如图 26－2所示。

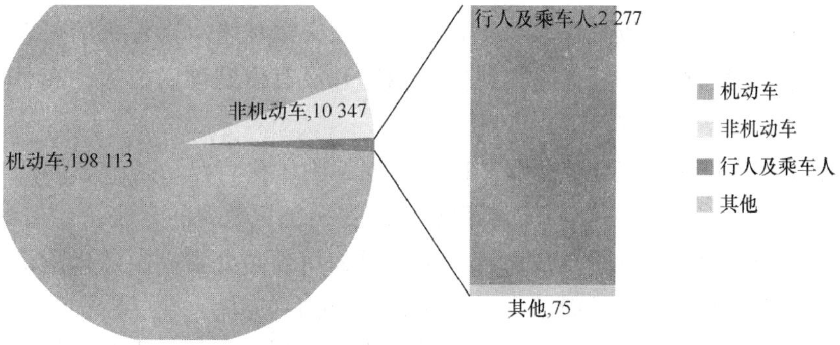

图 26－2　2013 年道路交通事故中肇事方交通工具占比饼状图（单位：次）

资料来源：《中国统计年鉴（2014）》。

5. 按事故发生地点分类

在我国，公路分为高速公路及一、二、三、四级公路五个等级；城市道路则分为快速路、主干路、次干路、支路四个等级。同时，也可以分为路段和道路交叉口两类。

除了以上五种主要的道路交通事故分类方法外，还可以根据具体的使用目的从其他角度进行分类，比如按伤亡人员职业类型分类、按肇事者所属行业分类、按肇事驾驶员所持驾驶证种类或驾龄分类。目前，我国在道路交通事故的统计过程中，普遍采用按事故后果分类、按事故原因分类和按事故发生地点分类三种方式，本篇的灾因分析也将在后文采用这三种分类方法对相应的事故基本数据进行分类分析。

三、我国道路交通事故的现状

（一）我国道路交通安全现状

汽车等交通工具作为人类文明的标志，彻底地改变了人类发展的历史进程，给人类带来舒适便捷等诸多正面效应。我国是世界人口大国，机动车与非机动车保有量也居世界领先地位，同时也是世界上路网最多、最繁忙的国家之一。最新版的《中国统计年鉴（2014）》和《中国交通年鉴（2014）》中所公布的数据显示，我国 2013 年公路里程达到 435.62 万千米。民用汽车拥有量总计 12 670.14 万辆，新增注册民用车辆 2 030.94 万辆。与此同时，公路运输在社会经济生活中也在发挥着更大的效能，2013 年全年公路客运量达到 185.346 3 亿人，货运量达到 307.67 亿吨。然而，这些高科技产物也带来了一些负面效应，随着我国道路交通事业的飞速发展，交通事故猛增已成为交通管理所面临的严重问题。由于缺乏有效的管理机制和先进的管理手段，加之人们的交通安全意识还不强、车辆与道路的设计建造和保养维护水平还有待提高，因而我国也成为世界上发生道路交通事故最严重的国家之一。据统计，在2013年全年期间，全国共发生道路交通事故198 394起，造成58 539人死亡、213 724人受伤，直接财产损失10. 39亿元。由上可以看出，虽然我国2013年的交通事故状况有所改善，但是事故总量数据仍然居高不下，交通事故仍然是十分严重、危害巨大的灾害。因此，对道路交通事故的研究非常必要。

（二）道路交通事故致因现状

目前，我国道路交通事故数量和人身伤亡、财产损失情况绝对指标依然很大，形势严峻不容乐观。这是由于我国固有的一些道路交通安全隐患并没有得到彻底根除，甚至一些顽疾并没有得到太大的改观。归结起来有以下几点：

第一，人们的交通安全意识还很薄弱，违法违规驾驶比比皆是，抢行、无视交通信号灯指示的依然大有人在。这也从另外一个方面折射出交通安全意识教育的方法还存在不完善的地方。例如媒体在报道交通事故时，分析事故原因较少，对如何预防此类事故的提醒讲得更少，因而不能让人们从思想深处吸取事故教训，达到防患于未然的目的。

第二，公路无论从数量上还是从质量上都还远没有达到与车辆、人口、经济发展水平相适应的要求。我国公路交通主要存在着三个突出问题：一是运输工具种类繁多，城市中无轨电车、汽车、自行车、行人混行，车辆行驶纵向干扰大；二是人口稠密，公路沿线穿越城镇较多，横向干扰大；三是公路平交道口多，通过能力低，交通事故容易发生。这些问题都严重影响了公路交通功能的发挥。

第三，车辆性能差强人意，很多驾驶员不注重车辆保养，一些货运车辆经常出现超载现象和将近报废仍在使用现象，尤其是超载，存在的安全隐患极大。超载会使车辆的稳定性变差，尤其是在高速公路上，当车辆行驶到弯道或下坡实施制动时，极易产生车辆侧滑或侧翻，在遇到紧急情况时也不利于刹车，这为道路交通安全增添了极大的隐患。

第四，更为严重的隐患是，我国的道路交通安全管理体系和手段还很落后，而且发展极不均衡，北京、上海等大城市的道路交通管理设施相对非常完备，而其他大部分城市、乡镇、农村的交通管理水平还很落后。

第五，驾驶人驾车技术欠熟练，许多新手的避险能力较差，造成避险失误。行车过程中，当事人可能会由于观察疏忽、左顾右盼等过错行为无法感觉到交通环境中的危险，导致避险失误；或者当事人意识到潜在的危险，但由于技术不娴熟而无法避免危险的发生。

四、我国道路交通法律法规

自新中国成立以来，为了加强道路交通管理，维护交通秩序，保障交通安全和畅通，以适应社会主义现代化建设的需要，我国对于道路交通的法律法规不断推出与更新，对驾驶员的要求与惩罚措施不断细化，2013新交通规则的记分项更是由38项增加至52项，驾照积分规则更加明确，对交通违法行为的处罚也更加严厉。此外，2013新交通规则对于驾照考取的时间长度和难度也做出了更为严格的规定，提高了驾驶员的风险意识和驾驶水平，这在另外一方面对防止交通事故的发生产生了积极的影响。

本部分就现行的主要道路交通法规予以列示，见表 26－2。

表 26－2　现行主要道路交通法规

道路交通法规	开始实施时间
《中华人民共和国道路交通管理条例》	1988 年 8 月 1 日
《中华人民共和国道路交通安全法》	2004 年 5 月 1 日
《机动车交通事故责任强制保险条例》	2006 年 7 月 1 日
《机动车驾驶证申领和使用规定》	2013 年 1 月 1 日

五、数据来源及说明

道路交通事故的统计数据主要来自《中国交通年鉴》和《中国统计年鉴》，具体包括：《中国交通年鉴》（1986—2014）、《中国法律年鉴》（1991—1993）、《国民经济和社会发展统计公报》（2004—2014）。各种交通事故的统计指标基本都为事故次数、死亡人数、受伤人数和直接损失（或称损失折款）。

其中，事故次数是在轻微事故、一般事故、重大事故和特大事故的分类基础上所指的一般事故、重大事故和特大事故的总数；死亡是指事故发生后 7 天内死亡的；受伤包括重伤和轻伤，重伤是指人体受伤程度达到司法部、最高人民法院、最高人民检察院、公安部颁布的《人体重伤鉴定标准》的；轻伤是指人体受伤程度达到最高人民法院、最高人民检察院、公安部、司法部发布的《人体轻伤鉴定标准（试行）》的；直接损失是指交通事故造成的车辆、物资的直接损失折款，包括修理费、赔偿费和牲畜死、残作价等，但不包含现场抢救（抢险）、人身伤亡善后处理的费用，也不包含企业或其他单位、个体工商户等的停工、停产、停业等所造成的财产间接损失。

最终得到的道路交通事故数据为：1951—2013 年全国道路交通事故统计、1985—2013 年各地区道路交通事故统计、1990—2013 年道路交通事故级别统计数据、1996—2013 年道路交通事故主要原因统计。

1990—2013 年道路交通事故级别统计数据中缺少 2004 年数据，且 2005 年和 2006 年的数据中，特大事故包括在了重大事故之内，主要表现在 2005 年重大事故死亡人数和总计死亡人数相等，2007 年重大事故死亡人数加特大事故死亡人数超过了总计死亡人数，另外，从其排列方式也可以看出这一点。由于重大事故和特大事故的定义未发生变化，故将数据口径调整为和之前的统计口径一致。1990—1993 年级别统计数据的总计数与全国道路交通事故中的总数稍有差别，对此，可以认为是统计口径差别造成的，不作调整。从 2012 年起，根据《生产安全事故报告和调查处理条例》，重大、特大事故统计口径有所调整，使得 2012 年和 2013 年交通事故级别统计数据与以前年份相比发生了明显的改变。

1996—2013 年道路交通事故主要原因统计中，2004 年和 2005 年的原因将第一类由原来的机械故障调整为意外原因，包括机件故障、自然灾害、爆胎和其他意外。对于这项变化，可以认为是由于 2003 年通过的《道路交通安全法》将交通事故的定义进行了修改，将交通事故定义为：车辆在道路上因过错或者意外造成的人身伤亡或者财产损失的事件。相比之前，将道路交通事故的原因归纳为过错或者意外两类情形。在新的分类标准中的意外原因中，机件故障与原来的机械故障类似，其他各项意外原因原来未作统计。为了与新的标准一致，可以将第一类原因的名称保持为新的意外原因，2004 年以前的这一类数据等于原来的机械故障原因数据。

需要说明的是，引起交通事故的车辆包括机动车和非机动车，大部分交通事故都是由机动车造成的。其中，机动车又分为汽车、电车、摩托车、拖拉机和轮式自行机械车。在数据的搜集过程中，民用汽车数量比较完整，其他机动车的数量都只能得到部分年份的，无法有效利用。另外，所谓“民用”，是相对“军用”而言，对保险公司来说，汽车中只考虑民用汽车即可。故在需要用到车辆数的时候，如对交通事故次数进行调整时，用民用汽车代替民用车辆。这样做除了数据的局限外，也是有一定道理的，首先，交通事故大多数都是由汽车引起的，其次，车辆数的整体变化趋势和汽车数是一致的，只是幅度更大。

本节小结

道路交通事故是当代社会经济生活中最常见的一类灾害事故，本节从道路交通事故的定义、特点、分类、成因、现状以及有关的法律法规等多方面进行介绍，对道路交通事故进行了详细的阐述，表明了研究这一灾因对社会经济的重要意义。

第二节　道路交通事故的频数统计分析

一、道路交通事故的频数分析

（一）道路交通事故发生频数的数据处理及统计量分析

随着经济快速发展和汽车工业的繁荣，我国每年道路交通事故发生频数呈明显的增长趋势。本节先就道路交通事故发生频数进行基本统计分析和拟合，分析其发展变化的趋势，同时考虑到道路交通事故与民用车辆数之间密切的关系，用民用车辆数来调整频数，从而更深层次地反映道路交通事故的变化趋势。

由于改革开放后，我国的经济增长有着质的飞跃，所以改革开放前的数据指导意义不大，因此课题组舍弃改革开放前的数据，仅对 1978—2013 年的道路交通事故发生频数进行数据处理及分析。表 26－3 和图 26－3 是 1978—2013 年全国道路交通事故发生频数（未调整）。

表 26－3　1978—2013 年全国道路交通事故频数　（单位：次）

年份	频数	年份	频数
1978	107 251	1996	287 685
1979	117 848	1997	304 217
1980	116 692	1998	346 129
1981	114 679	1999	412 860
1982	103 777	2000	616 971
1983	107 758	2001	754 919
1984	118 886	2002	773 137
1985	202 394	2003	667 507
1986	295 136	2004	517 889
1987	298 147	2005	450 254
1988	276 071	2006	378 781
1989	258 030	2007	327 209
1990	250 297	2008	265 204
1991	264 817	2009	238 351
1992	228 278	2010	219 521
1993	242 343	2011	210 812
1994	253 537	2012	204 196
1995	271 843	2013	198 394

资料来源：《中国交通年鉴》（1986—2014）。

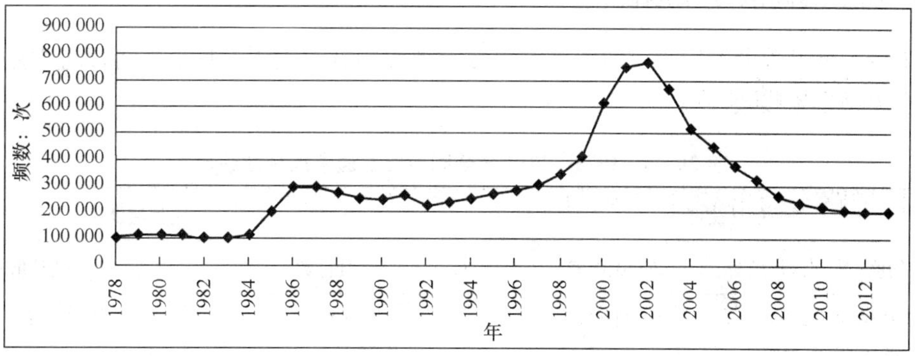

图 26－3　1978—2013 年全国道路交通事故频数

从表 26－3 和图 26－3 可以较清晰地看出，2003 年以前，道路交通事故发生频数有着不断上升的趋势。存在两个明显的增长跳跃点，第一个跳跃点是在 1984—1987 年，在这个阶段中，道路交通事故发生次数从每年 118 886 起增加到 298 147 起，增加了近两倍，这与当时经济环境发生变化、道路交通环境落后有很大关系；第二个跳跃点是在 1997—2001 年，道路交通事故发生次数从 304 217 起增加到 754 919 起。之所以发生意外次数不断增加，主要原因在于基数的不断增加，即人们生活水平不断提高，交通设施不断健全，人均拥有汽车量增大，出门远行越来越频繁，人们越来越多地以车代步，依赖汽车工业带来的便利，因此不可避免地发生意外事故次数增多。而近年来人们越来越意识到汽车在给人们带来便利的同时，也给人身、财产带来的巨大伤害，汽车安全性能逐渐加强，道路安全性研究渐渐深入，自2004年以来，我国道路交通事故发生频数逐渐回落。

从1978—2013年全国道路交通事故频数表26-3可得到频数直方图（见图26-4），由直方图可以直观地看出，26年来每年全国道路交通事故发生频数在180 000起到300 000起之间的最多，有18年的全国道路交通事故频数都是位于此区间内。由表26-3可以看出，1978—2013年这36年间，我国每年意外事故发生频数平均为300 050起，约50%的年份每年发生频数在203 295起到336 669起之间。

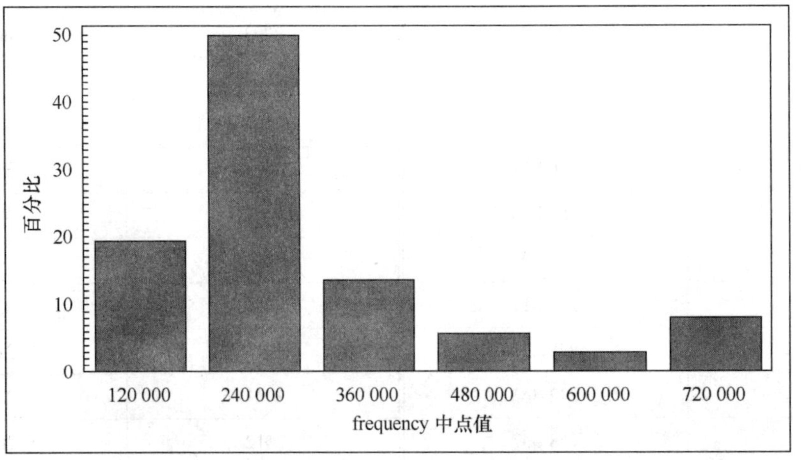

图26-4　1978—2013年全国道路交通事故频数直方图

（二）频数的离散分布拟合

由表26-4可以看出，历年交通意外灾害发生频数的方差大于其均值，可以考虑用负二项分布拟合洪涝灾害发生频数。

表26-4　1978—2013年全国道路交通事故频数统计

基本统计测度		分位数统计测度	
均值	300 050. 556	分位数	估计值
中位数	261 424	100%	773 137
标准差	174 918. 463	95%	754 919
方差	3. 059 65E+10	90%	616 971
变异系数	58. 296 330 4	75%	336 669
偏度	1. 387 877 9	50%	261 424
峰度	1. 556 878 61	25%	203 295

对于负二项分布有：

$$E(x) = \frac{rq}{p}, p + q = 1, Var(x) = \frac{rq}{p^2}$$

先将数据调整为以万为单位，应用 Excel 数据分析功能，得到如表 26－5 所示的基本统计量。

表 26－5　以万为单位的频数数据基本统计量

平均	30.005 055 6	区域	67
标准误差	2.915 307 72	最小值	10
中位数	26	最大值	77
众数	—	求和	1 080
标准差	17.491 846 3	观测数	36
方差	305.964 687	最大	77
峰度	1.556 878 61	最小	10
偏度	1.387 877 9	置信度（95.0%）	10.292 24

根据样本数据可以得到 $p=0.098$，$r=3.26$，在负二项分布中 r 应该是一个整数，所以将 r 近似取为 3，再用一阶矩估计求得 $p=0.090\ 895$。

在 95% 的置信区间下，判别值 D（36，0.05）＝0.226 7，而拟合函数 D 值为 0.153 630 04，所以在 95% 的置信区间里，负二项分布通过了检验。其概率函数形式为：

$$Pr(X=x)=C_{x+2}^{2}\times 0.090\ 895^{3}\times 0.909\ 105^{x}$$

（三）频数的连续分布拟合

由前面的分析可以看出，偏度系数 *skewness*＝1.387 9＞0，说明意外发生频率密度函数应为右偏。本节先利用 SAS 统计软件对频率用连续型分布进行拟合分布，SAS 统计软件采用拟合分布为正态、对数正态、指数、韦伯和伽玛分布。显著性水平为 5% 时，按照 Test for Distribution 的 P 值标准，分布均没有通过检验。

二、基于民用汽车总量调整的道路交通事故发生频数的分析

（一）道路交通事故发生频数的数据处理及统计量分析

这一节用民用汽车总量来对道路交通事故发生频数进行调整，道路交通事故的发生大部分都是由机动车引起的，因此道路交通事故与机动车所行驶的总里程数以及民用车辆数有很大的关系。但是由于民用车总量数据不全，而民用汽车总量占民用车总量的绝大部分比例，并且大部分交通意外都是由汽车引起的，因此本节用民用汽车总量代替民用车总量来对道路交通事故发生频数进行调整处理，对每单位车辆道路交通意外发生频率进行如下定义：

每单位车辆道路交通意外发生频率＝意外发生频数/民用汽车总量

因此，在这里，对调整后的数据进行分析和拟合分布。本节舍弃改革开放前的数据，仅对 1978—2013 年的道路交通事故发生频数进行数据处理及分析，表 26－6 和图 26－5 是每单位车辆道路交通事故发生频率：

表 26－6　1978—2013 年每单位车辆道路交通事故频率　（单位：次/万辆）

年　份	每单位车辆交通事故频率	年　份	每单位车辆交通事故频率
1978	790	1987	731
1979	758	1988	594
1980	655	1989	505
1981	576	1990	454
1982	481	1991	437
1983	463	1992	330
1984	457	1993	296
1985	630	1994	269
1986	815	1995	261
1996	262	2005	143
1997	250	2006	102
1998	262	2007	75
1999	284	2008	52
2000	383	2009	38
2001	419	2010	28
2002	377	2011	23
2003	280	2012	19
2004	192	2013	16

资料来源：《中国交通年鉴》《中国统计年鉴》。

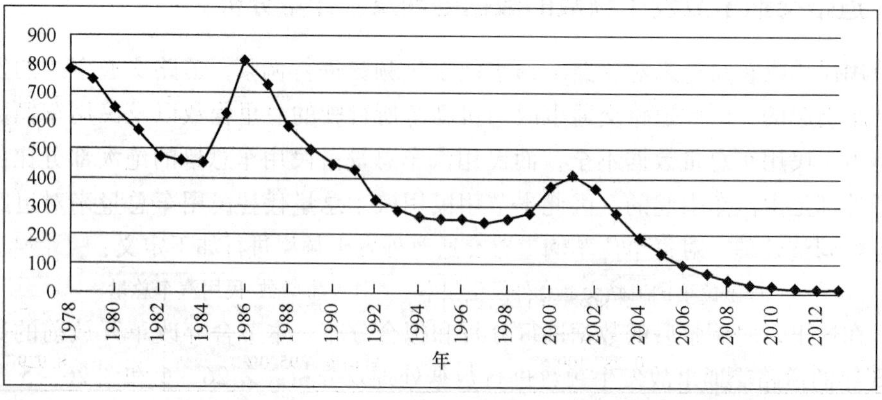

图 26－5　1978—2013 年每单位车辆道路交通事故频数

从表26－6和图26－5可以较清晰地看出，每单位车辆道路交通事故发生频数有着不断下降的趋势。在这36年中，每单位车辆道路意外发生频数也有两次增长阶段，第一阶段在1984—1986年，交通事故发生频数三年内由457起增加到815起；第二阶段发生在1997—2001年这五年内，这一次由初始的250起增加到419起。而其他年份，特别是从1986年后，交通事故发生频数一直下滑，直到2013年的16起。之所以发生道路交通事故次数会不断增加，主要原因在于基数的不断增加，即随着人们生活水平不断提高，人均拥有汽车量增大，出门远行也越来越频繁，加之交通设施不完善，因此不可避免地使交通事故次数增多。

（二）频数的离散分布拟合

图26－6可以看出，历年交通意外灾害发生频数的方差大于其均值，可以考虑用负二项分布拟合交通事故发生频数。

矩

N	36	权利总和	36
均值	352.972 222	观测总和	12 707
标准差	237.179 798	方差	56 254.256 63
偏度	0.287 109 67	峰度	-0.809 539 1
未校平方和	6 454 117	校正平方和	1 968 898.97
变异系数	67.195 032	标准误差均值	39.529 966 3

图26－6　1978—2013年全国每单位车辆交通事故频数统计特征量

对于负二项分布有：

$$E(x) = \frac{rq}{p}, p + q = 1, Var(x) = \frac{rq}{p^2}$$

首先，将上述调整数据除以10，为每10万辆车发生交通意外的频数；然后做离散拟合，应用Excel数据分析功能，得到如表26－7所示的基本统计量。

表26－7　以10万为单位的频数数据基本统计量

平均	35.297 222 2	区域	79
标准误差	3.952 996 63	最小值	2
中位数	31	最大值	82
众数	—	求和	1271
标准差	23.717 98	观测数	36
方差	562.542 56	最大	82
峰度	－0.809 539 1	最小	2
偏度	0.287 109 67	置信度（95.0%）	8.929 232

根据样本数据可以得到$p=0.062\ 7$，$r=2.363\ 0$，在负二项分布中r应该是一个整数，所以将r近似取为2，再用一阶矩估计求得$p=0.053\ 6$。

在95%的置信区间下，判别值 D（36，0.05）＝0.226 7，而拟合函数 D 值为0.148 1，所以在95%的置信区间里，负二项分布通过了检验。其函数形式为：

$$Pr(X = x) = C_{x+1}^{1} \times 0.053\ 62^{2} \times 0.946\ 38^{x}$$

（三）频数的连续分布拟合

要对频数分布进行估计，可以通过估计频数的密度函数来进行，本节利用SAS统计软件对频数用连续型分布进行拟合分布，SAS统计软件采用拟合分布为正态、对数正态、指数和韦伯分布。

当显著性水平为5%时，按照Test for Distribution的 P 值标准，正态分布可以通过检验：

正态分布：

$$f(x) = \frac{1}{237.18\sqrt{2\pi}} e^{-\frac{1}{2}\left(\frac{x-352.97}{237.18}\right)^{2}} \qquad (x > 0)$$

本节小结

本节主要对道路交通事故的频数进行统计分析，2012年和2013年的道路交通事故发生频数（无论是绝对值还是经民用汽车数调整后的相对值）延续了2002年以后的下降趋势。交通事故发生频数的离散分布拟合结果（负二项分布）可以证明这一点，这说明随着交通法规走向成熟和管理日趋严格，我国交通安全状况正向好的方向发展，总体上有了很大的改善。但是，与2010年和2011年的交通事故数相比，近两年的交通事故数下降速度减少，呈现出缓和下降的趋势，这主要是由于我国的汽车拥有量在逐年增长。2014年《国民经济和社会发展统计公报》的数据显示，2014年末全国民用汽车保有量达到15 447万辆（包括三轮汽车和低速货车972万辆），比上年末增长12.4%，因而机动车基数的增加是导致交通事故下降速度趋缓的主要原因。

第三节　道路交通事故的损失统计分析

一、道路交通总损失额的分析

（一）道路交通事故总损失额的数据处理及统计量分析

前面对全国道路交通事故频数进行了分析统计，本节要对道路交通事故的损失程度进行分析，这里损失程度用损失金额来衡量大小。为使数据更具可比性，将各年数据按GDP调整到2013年（调整后的损失额＝当年损失额×2013年全国 *GDP*/当年全国 *GDP*），调整后损失金额见表26－8。

表 26－8　1985—2013 年全国道路交通事故总损失额概况

年份	直接财产损失（万元）	GDP（亿元）	调整后财产损失（万元）	年份	直接财产损失（万元）	GDP（亿元）	调整后财产损失（万元）
1985	15 867. 64	9 016. 04	1 001 130. 699	2000	266 890. 40	99 214. 55	1 530 212. 242
1986	24 018. 00	10 275. 18	1 329 662. 866	2001	308 787. 26	109 655. 17	1 601 859. 290
1987	27 938. 94	12 058. 62	1 317 973. 252	2002	332 438. 11	120 332. 69	1 571 524. 974
1988	30 861. 37	15 042. 82	1 167 024. 466	2003	336 914. 69	135 822. 76	1 411 047. 110
1989	33 598. 45	16 992. 32	1 124 762. 148	2004	277 477. 52	159 878. 34	987 261. 700
1990	36 354. 81	18 667. 82	1 107 802. 458	2005	188 401. 20	183 217. 40	584 939. 641
1991	42 835. 97	21 781. 50	1 118 703. 349	2006	148 956. 00	211 923. 50	399 827. 801
1992	64 482. 96	26 923. 48	1 362 410. 348	2007	119 878. 40	249 529. 90	273 282. 896
1993	99 907. 01	35 333. 92	1 608 415. 270	2008	100 972. 17	300 670. 00	191 031. 813
1994	133 382. 72	48 197. 86	1 574 221. 904	2009	91 436. 83	340 506. 90	152 752. 865
1995	152 266. 56	60 793. 73	1 424 753. 908	2010	92 633. 50	401 512. 80	131 238. 963
1996	171 768. 52	71 176. 59	1 372 778. 571	2011	107 873. 00	472 881. 56	129 764. 078
1997	184 615. 85	78 973. 04	1 329 793. 669	2012	117 489. 60	519 470. 10	128 656. 868
1998	192 951. 40	84 402. 28	1 300 432. 641	2013	103 896. 60	568 845. 21	103 896. 600
1999	212 401. 81	89 677. 05	1 347 320. 700	—	—	—	—

资料来源：《中国交通年鉴》《中国统计年鉴》各期。

由图 26－7 可以看出，与未调整损失只出现一个极值点不同，调整后的损失额出现了若干个极值点，波动性较大，并且呈现出一定的周期性。特别是第二个极大值点和第三个极大值点，其折线形状出现了惊人的相似。调整后的损失额在 1993 年取得最大值，为 1 608 415. 27 万元，未调整的直接损失在 2003 年取得最大值，为 336 914. 69 万元。

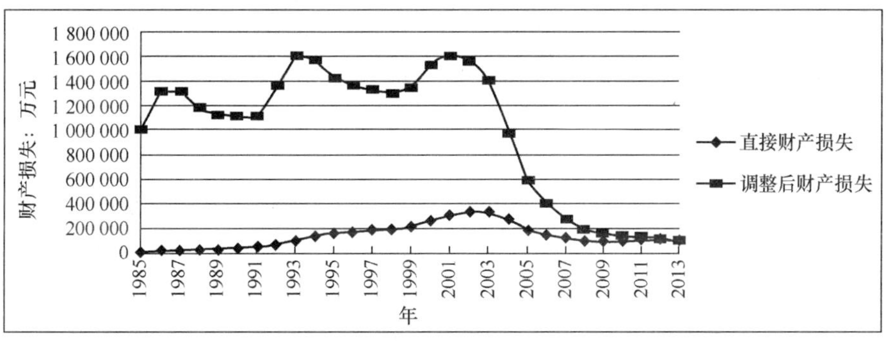

图 26－7　1985—2013 年全国道路交通事故财产损失

进一步分析，从表 26－9 可以看出，1985—2013 年我国每年交通事故调整后损失额平均为 989 120. 107 万元，约 50% 的年份平均损失在 399 828 万 ~ 1 372 779 万元。调整后损失额的偏度为 $-0.6627227<0$，说明调整后损失总额密度函数应为左偏。

表 26－9　1985—2013 年全国道路交通事故调整后损失统计

基本统计测度		分位数统计测度	
均值	989 120. 107	分位数	估计值
中位数	1 167 024	100%	1 608 415
标准差	547 464. 271	95%	1 601 859
方差	2. 997 17E＋11	90%	1 574 222
变异系数	55. 348 614 1	75%	1 372 779
偏度	－0. 662 722 7	50%	1 167 024
峰度	－1. 214 365 3	25%	399 828

（二）道路交通事故总损失额的拟合分布

利用 SAS 统计软件对全国意外总损失额分别用正态、对数正态、指数、韦伯、伽玛分布进行拟合，从 SAS 统计软件的拟合效果来看，在原假设是服从某个分布的前提下，当显著性水平为 5% 时，按照 Test for Distribution 的标准，以上几种分布都无法通过检验。

二、全国道路交通事故平均次损失额的分析

将全国各年道路交通事故总损失按 GDP 调整后再除以当年意外发生次数，得到意外次均损失额，见表 26－10。

表 26－10　1985—2013 年全国道路交通事故次损失额概况

年份	事故次数（起）	调整后财产损失（万元）	次均损失（万元）	年份	事故次数（起）	调整后财产损失（万元）	次均损失（万元）
1985	202 394	1 001 130. 699	4. 95	2000	616 971	1 530 212. 242 0	2. 48
1986	295 136	1 329 662. 866	4. 51	2001	754 919	1 601 859. 290 0	2. 12
1987	298 147	1 317 973. 252	4. 42	2002	773 137	1 571 524. 974 0	2. 03
1988	276 071	1 167 024. 466	4. 23	2003	667 507	1 411 047. 110 0	2. 11
1989	258 030	1 124 762. 148	4. 36	2004	517 889	987 261. 699 6	1. 91
1990	250 297	1 107 802. 458	4. 43	2005	450 254	584 939. 640 8	1. 30
1991	264 817	1 118 703. 349	4. 22	2006	378 781	399 827. 801 4	1. 06
1992	228 278	1 362 410. 348	5. 97	2007	327 209	273 282. 895 6	0. 84
1993	242 343	1 608 415. 27	6. 64	2008	265 204	191 031. 813 0	0. 72
1994	253 537	1 574 221. 904	6. 21	2009	238 351	152 752. 864 6	0. 64
1995	271 843	1 424 753. 908	5. 24	2010	219 521	131 238. 962 7	0. 60
1996	287 685	1 372 778. 571	4. 77	2011	210 812	129 764. 077 9	0. 62
1997	304 217	1 329 793. 669	4. 37	2012	204 196	128 656. 868 4	0. 63
1998	346 129	1 300 432. 641	3. 76	2013	198 394	103 896. 600 0	0. 52
1999	412 860	1 347 320. 700	3. 26	—	—	—	—

资料来源：《中国交通年鉴》《中国统计年鉴》。

由表 26 – 10 可以看出，平均次损失基本上呈现出逐年递减的特征，可能是交通事故发生频数逐年增加，而调整后的意外损失额却没有过强的增加趋势，从而导致交通事故年平均次损失随着时间的推移而逐渐减少。这也与人们的意识逐步提高，交通基础设施建设逐渐完善，交通管理逐渐规范等原因有关，这些因素都会使平均次损失减小。

从 1985—2013 年交通事故次损失额概况表可得到表 26 – 11，可以看出，1985—2013 年，我国道路交通事故次损失额平均为 3.066 2 万元，约 50% 的年份平均次损失在 1.06 万元 ~ 4.43 万元。年平均次损失额最少是 0.52 万元，最多 6.64 万元。全国各年意外次损失额的偏度为 0.112 5 > 0，说明意外损失总额密度函数应为稍右偏。

表 26 – 11　1985—2013 年全国道路交通事故次损失额统计

基本统计测度		分位数统计测度	
均值	3.066 206 9	分位数	估计值
中位数	3.26	100%	6.64
标准差	1.956 305 58	90%	5.97
方差	3.827 131 53	75%	4.43
变异系数	63.802 138 8	50%	3.26
偏度	0.112 545 36	25%	1.06
峰度	–1.337 410 9	0%	0.52

利用 SAS 统计软件对全国交通事故平均次损失额分别用正态、对数正态、指数、韦伯和伽玛分布进行拟合。从 SAS 统计软件的拟合效果来看，在原假设是服从某个分布的前提下，当显著性水平为 5% 时，按照 Test for Distribution 的标准，五种分布均无法通过检验。

本节小结

本节主要对道路交通事故的损失进行统计分析，2012 年和 2013 年的直接财产损失相比前两年呈上升趋势，但是经 GDP 调整后的直接财产损失还是延续了 2011 年的下降趋势。同时，2012 年和 2013 年经 GDP 调整后的次均损失也延续了之前的下降趋势。这说明我国道路交通事故直接财产损失的增加主要是由物价水平上升造成的。

第四节　依级别的道路交通事故基本统计分析

从 2012 年开始，根据《生产安全事故报告和调查处理条例》，《中国统计年鉴》对于重大、特大事故统计口径有所调整：特别重大事故，是指造成 30 人以上死亡，或者 100 人以上重伤，或者 1 亿元以上直接经济损失的事故；重大事故，是指造成 10 人以上 30 人以下死亡，或者 50 人以上 100 人以下重伤，或者 5 000 万元以上 1 亿元以下直接经济损失的事故；较大事故，是指造成3人以上10人以下死亡，或者10人以上50人以下重伤，或者1 000万元以上5 000万元以下直接经济损失的事故。根据《中国统计年鉴》，本报告找到1990—2013年道路交通事故级别统计的数据。

一、数据概况

（一）事故次数

由表26－12和图26－8可以看出，分级别的事故次数数据与总体数据的趋势很相似，都是先逐年递增，在2002年左右达到峰值，然后再下降。究其原因也与前面分析的一致，随着20世纪90年代人们生活水平的逐步提高，汽车保有量大增，但是相应的基础设施建设、交通法规、人们的交通安全意识等水平尚未同步提高，所以不可避免地导致事故大量发生。问题的出现促进了人们的意识觉醒，交管部门等政府机构也大力加强道路交通安全建设，在人们的共同努力下，事故数量稳步下降。需要说明的是，其中2012年和2013年数据有较大改变是由统计口径的改变造成的。从后面的死伤人数、损失额统计中也能发现同样的趋势，产生的原因皆与如上的分析相似，不再赘述。

表26－12　1990—2013年道路交通事故依级别分类事故次数　（单位：次）

年份＼分类	特大	重大	一般	合计
1990	2 307	48 047	199 890	250 244
1991	2 978	52 350	209 268	264 596
1992	1 193	52 410	174 732	228 326
1993	1 703	56 364	182 556	240 623
1994	2 285	60 088	191 164	253 537
1995	2 556	64 956	204 331	271 843
1996	2 813	66 591	218 281	287 685
1997	2 865	66 908	234 444	304 217
1998	2 770	70 418	272 941	346 129
1999	2 878	75 991	333 991	412 860
2000	3 014	85 637	528 320	616 971
2001	3 495	99 327	652 097	754 919
2002	4 022	103 309	665 806	773 137
2003	3 927	91 758	571 822	667 507
2004	—	—	—	517 889
2005	1 924	84 136	364 194	450 254
2006	1 671	76 275	300 835	378 781
2007	1 469	69 820	255 920	327 209
2008	1 290	62 894	201 020	265 204

续表

年份＼分类	特大	重大	一般	合计
2009	1 276	57 959	179 116	23 8351
2010	1 244	57 000	161 277	219 521
2011	1 201	53 503	156 108	210 812
2012	1	24	204 171	204 196
2013	0	16	198 378	198 394

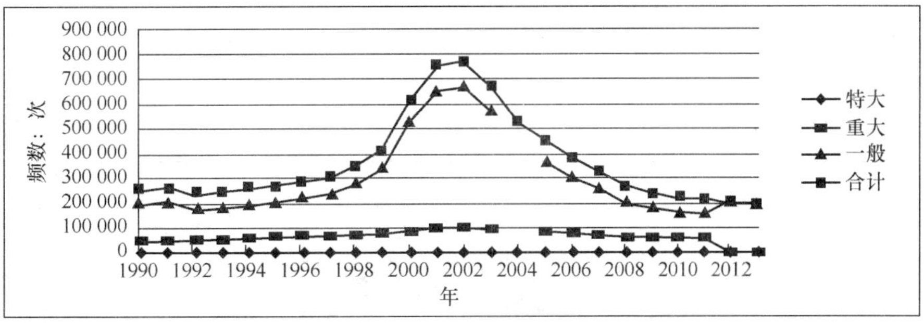

图 26－8　1990—2013 年道路交通事故依级别分类事故次数折线图

（二）死亡人数

1990—2013 年道路交通事故依级别分类死亡人数如表 26－13 所示，图 26－9 为其折线图。

表 26－13　1990—2013 年道路交通事故依级别分类死亡人数　　（单位：人）

年份＼分类	特大	重大	一般	合计
1990	3 477	45 316	450	49 243
1991	4 064	48 720	420	53 204
1992	4 111	53 383	1 229	58 723
1993	5 223	57 674	654	63 551
1994	6 548	59 814	0	66 362
1995	6 651	64 817	26	71 494
1996	7 226	66 397	32	73 655
1997	6 956	66 836	69	73 861
1998	7 221	70 787	59	78 067
1999	7 265	76 264	0	83 529
2000	7 421	86 432	0	93 853
2001	7 467	98 463	0	105 930
2002	8 217	101 164	0	109 381
2003	7 720	92 594	4 058	104 372
2004	—	—	—	107 077

续表

年份 \ 分类	特大	重大	一般	合计
2005	7 639	91 099	0	98 738
2006	6 611	82 427	417	89 455
2007	5 713	75 936	0	81 649
2008	5 222	68 262	0	73 484
2009	5 058	62 701	0	67 759
2010	5 061	60 164	0	65 225
2011	5 047	57 340	0	62 387
2012	36	325	59 636	59 997
2013	0	208	58 331	58 539

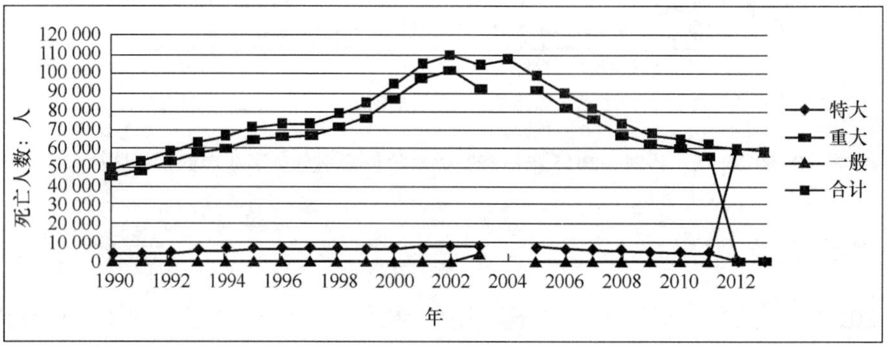

图 26－9　1990—2013 年道路交通事故依级别分类死亡人数折线图

（三）损失折款

1990—2013 年道路交通事故依级别分类损失折款如表 26－14 所示，图 26－10 为其折线图。

表 26－14　1990—2013 年道路交通事故依级别分类损失折款　　（单位：万元）

年份 \ 分类	特大	重大	一般	合计
1990	4 413.40	6 994.30	23 953.90	35 361.60
1991	6 380.70	8 978.00	27 398.90	42 757.60
1992	5 040.10	11 109.30	48 184.20	64 333.60
1993	9 103.80	20 224.00	70 688.30	100 016.10
1994	15 633.00	28 536.30	89 213.40	133 382.70
1995	17 916.80	33 445.20	100 904.60	152 266.60
1996	20 917.90	37 413.70	113 436.90	171 768.50
1997	23 682.20	39 028.20	121 905.40	184 615.80
1998	20 456.10	40 138.50	132 356.80	192 951.40

续表

分类 年份	特大	重大	一般	合计
1999	21 090. 50	42 438. 80	148 872. 50	212 401. 80
2000	23 825. 30	46 021. 70	197 043. 40	266 890. 40
2001	25 538. 70	52 638. 90	230 609. 70	308 787. 30
2002	33 525. 70	57 203. 60	241 708. 80	332 438. 10
2003	33 922. 00	58 312. 00	244 680. 60	336 914. 60
2004	—	—	—	239 141. 00
2005	7 811. 90	50 074. 20	130 515. 10	188 401. 20
2006	6 689. 00	45 752. 00	96 515. 00	148 956. 00
2007	5 441. 00	40 225. 60	74 211. 70	119 878. 30
2008	4 083. 00	41 725. 00	55 164. 20	100 972. 20
2009	4 604. 40	37 554. 70	49 277. 70	91 436. 80
2010	5 484. 50	38 440. 90	48 708. 10	92 633. 50
2011	8 025. 00	44 358. 00	55 490. 00	107 873. 00
2012	49. 00	262. 80	117 177. 80	117 489. 60
2013	0	258. 50	103 638. 10	103 896. 60

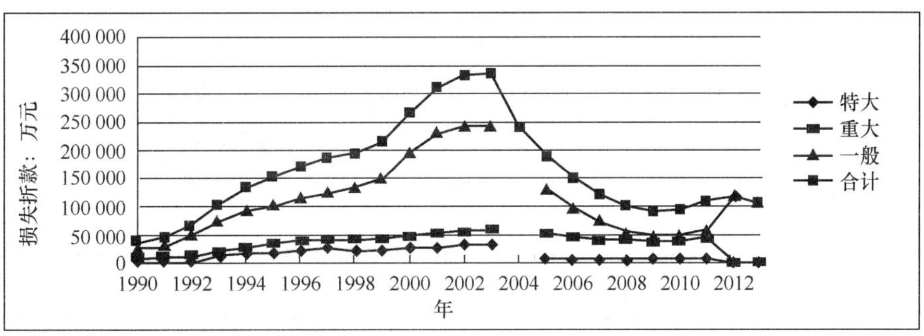

图 26－10　1990—2013 年道路交通事故依级别分类事故损失折线图

（四）次损失额

1990—2013 年道路交通事故依级别分类平均每起事故损失如表 26－15 所示，图 26－11 为其折线图。

表 26－15　1990—2013 年道路交通事故依级别分类平均每起事故损失　（单位：元）

分类 年份	特大	重大	一般	合计
1990	19 130. 00	1 456. 00	1 198. 00	21 784. 00
1991	21 426. 00	1 715. 00	1 309. 00	24 450. 00

续表

年份＼分类	特大	重大	一般	合计
1992	42 247.00	2 120.00	2 758.00	47 125.00
1993	53 457.00	3 588.00	3 872.00	60 917.00
1994	68 416.00	4 749.00	4 667.00	77 832.00
1995	70 097.00	5 149.00	4 938.00	80 184.00
1996	74 362.00	5 618.00	5 197.00	85 177.00
1997	82 660.00	5 833.00	5 200.00	93 693.00
1998	73 849.00	5 700.00	4 849.00	84 398.00
1999	73 282.00	5 585.00	4 457.00	83 324.00
2000	79 049.00	5 374.00	3 730.00	88 153.00
2001	73 072.00	5 300.00	3 536.00	81 908.00
2002	83 356.00	5 537.00	3 630.00	92 523.00
2003	86 381.00	6 355.00	4 279.00	97 015.00
2004	—	—	—	—
2005	40 602.00	5 952.00	3 584.00	50 138.00
2006	40 030.00	5 998.00	3 208.00	49 236.00
2007	37 039.00	5 761.00	2 900.00	45 700.00
2008	31 651.00	6 634.00	2 744.00	41 029.00
2009	36 085.00	6 480.00	2 751.00	45 316.00
2010	44 088.00	6 744.00	3 020.00	53 852.00
2011	66 819.00	8 291.00	3 555.00	78 665.00
2012	490 000.00	109 500.00	5 739.00	605 239.00
2013	—	161 563.00	5 224.00	166 787.00

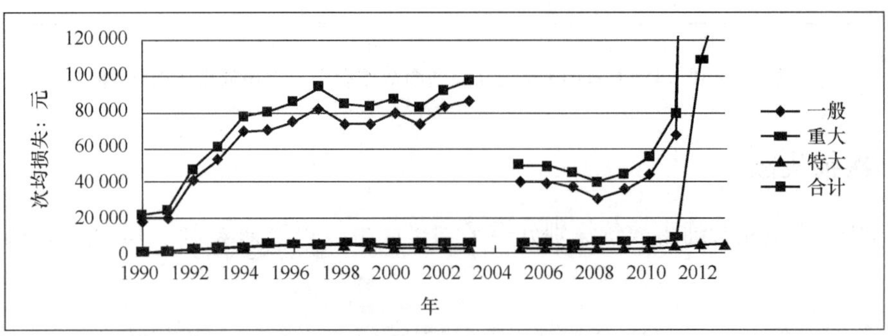

图 26－11　1990—2013 年道路交通事故依级别分类平均损失折线图

由于统计口径发生改变，2012 年和 2013 年的统计数据与之前各个年份的统计数据差异较大，会影响分析结果的准确性和可靠性，因此，在进行后续的统计分析时，这两年的数据作为异常值进行剔除，仅以 1990—2011 年的统计数据作为样本进行分析。

二、各项指标的基本统计分析

表 26－16 至表 26－19 列分别列示了特大事故、重大事故、一般事故的发生频数、死亡人数、调整损失折款与次均损失。

表 26－16　各级事故发生频数基本统计表

特大事故				重大事故				一般事故			
基本统计测度		分位数统计测度		基本统计测度		分位数统计测度		基本统计测度		分位数统计测度	
均值	2 327.67	分位数	估计值	均值	69 321	分位数	估计值	均值	298 005.38	分位数	估计值
中位数	2 307	99%	4 022	中位数	66 591	99%	103 309	中位数	218 281	99%	665 806
最大值	4 022	95%	3 927	最大值	103 309	95%	99 327	最大值	665 806	95%	652 097
标准差	905.49	90%	3 495	标准差	15 848	90%	91 758	标准差	163 667.96	90%	571 822
方差	819 904	75%	2 878	方差	251 170 843	75%	76275	方差	2.68E＋10	75%	333 991
偏度	0.3	25%	1 469	偏度	0.775	25%	57 000	偏度	1.403	25%	191 164
峰度	－0.97	10%	1 244	峰度	－0.263	10%	52410	峰度	0.67	10%	174 732

表 26－17　各级事故死亡人数基本统计表

特大事故				重大事故				一般事故			
基本统计测度		分位数统计测度		基本统计测度		分位数统计测度		基本统计测度		分位数统计测度	
均值	6 186.6	分位数	估计值	均值	71 079.86	分位数	估计值	均值	353	分位数	估计值
中位数	6 611	99%	8 217	中位数	66 836	99%	101 164	中位数	0	99%	4 058
最大值	8 217	95%	8 217	最大值	101 164	95%	98 463	最大值	4 058	95%	4 058
标准差	1 383	90%	7 639	标准差	15 891.5	90%	92 594	标准差	904.2	90%	654
方差	1 912 814	75%	7265	方差	252 539 878	75%	82 427	方差	817 538	75%	417
偏度	－0.448	25%	5061	偏度	0.422	25%	59 814	偏度	3.8	25%	0
峰度	－1.01	10%	4 111	峰度	－0.66	10%	53 383	峰度	15.6	10%	0

表 26－18　各级事故调整损失折款基本统计表

特大事故				重大事故				一般事故			
基本统计测度		分位数统计测度		基本统计测度		分位数统计测度		基本统计测度		分位数统计测度	
均值	81 972.3	分位数	估计值	均值	167 834	分位数	估计值	均值	560 952	分位数	估计值
中位数	111 324.8	99%	153 131	中位数	198 748	99%	279 523	中位数	734 562	99%	992 879
最大值	153 131	95%	141 576	最大值	279 523	95%	270 223	最大值	992 879	95%	948 324
标准差	58 130	90%	139 139	标准差	86 466.5	90%	259 730	标准差	360 266	90%	944 503
方差	3 379 049 252	75%	131 535	方差	747 645 677	75%	226 634	方差	1.30E＋11	75%	850 501
偏度	－0.44	25%	10 294	偏度	－0.58	25%	76 107	偏度	－0.44	25%	140 410
峰度	－1.72	10%	6 411	峰度	－1.12	10%	45 398	峰度	－1.72	10%	57 524

表 26－19　各级事故调整后的平均每起事故损失基本统计表

特大事故				重大事故				一般事故			
基本统计测度		分位数统计测度		基本统计测度		分位数统计测度		基本统计测度		分位数统计测度	
均值	343 080	分位数	估计值	均值	26 023	分位数	估计值	均值	20 526	分位数	估计值
中位数	376 156	99%	740 825	中位数	25 573	99%	47 943	中位数	17 748	99%	51 738
最大值	740 825	95%	714 273	最大值	47 943	95%	46 519	最大值	51 738	95%	48 356
标准差	230 534	90%	670 157	标准差	13 102	90%	39 986	标准差	17 697	90%	45 713
方差	5. 31E＋12	75%	493 241	方差	171 653 022	75%	37170	方差	313 167 964	75%	31 085
偏度	0. 1	25%	89 177	偏度	0. 028	25%	13 363	偏度	0. 05	25%	7147
峰度	－1. 13	10%	52 067	峰度	－1. 3	10%	8 994	峰度	－0. 68	10%	3 815

本节小结

本节主要从道路交通事故的等级划分角度进行频数、损失额的分析。相比于 2011 年和 2010 年，由于统计口径发生改变，重大事故和特大事故的发生频数仍延续了之前的下降趋势，但是下降速度大幅减少。2013 年与 2012 年相比，一般事故的发生频数和总体事故发生次数趋势没有发生显著变化。各等级事故的死亡人数的下降趋势与事故发生频数趋势相同，这也从一个侧面说明近两年每次事故的平均死亡人数并没有发生大的变化。不同于以上三种指标，各等级交通事故直接财产损失和平均损失折款在 2009 年后呈现出了上升趋势，且特大事故的平均损失折款在 2010 年和 2011 年出现了巨大上升。2012 年、2013 年由于统计口径改变，无法直接与以前年度的数据进行比较；用这两年的数据进行比较，可以发现 2013 年各等级交通事故直接财产损失和平均损失折款均有所下降。

第五节　依地区的道路交通事故基本统计分析

一、资料来源

本节中所有数据来自《中国交通年鉴》、《中国法律年鉴》和《中国统计年鉴》。在《中国交通年鉴》中有 1985—2013 年 29 年的依地区统计的道路交通事故数据，包括事故次数、死亡人数、受伤人数与损失折款。其中，由于各地区损失折款统计项缺少 1990 年、1991 年、1992 年、1993 年这四年数据，1991—1993 年采用中国法律年鉴中的数据予以补充，而 1993 年根据《中国交通年鉴》1994 年的损失折款和增长率倒推得出。

二、数据概况

（一）各地区事故次数统计

图 26－12 为全国各省（区、市）1985—2013 年各年交通事故次数的柱状图，表 26－20 列出了图 26－12 的部分数据。通过柱状图，可以清晰地看出各省、自治区、直辖市的交通事故次数从 1985 年到 21 世纪初期随年份的增长而增加，基本在 2001 年或 2002 年两年达到最大值，随后的年份交通事故次数逐年减少。其中，广东、浙江、四川、山东等省属于交通事故多发地区，而西藏、青海、海南、贵州等省（区、市）发生交通事故的次数则相对较少。

表 26－20　2008—2013 年全国各省（区、市）交通事故次数表　　（单位：次）

省（区、市）	2013 年	2012 年	2011 年	2010 年	2009 年	2008 年
广东	25 424	25 720	26 586	30 370	32 455	39 389
浙江	18 298	19 270	20 178	21 698	23 391	25 911
安徽	17 610	18 076	14 005	7 901	8 191	8 412
江苏	13 395	13 517	13 436	13 793	14 542	15 431
山东	12 879	13 275	13 375	14 560	16 166	19 594
四川	9 571	10 024	11 860	13 072	21 680	17 037
福建	8 521	9 942	11 517	12 714	13 633	15 657
湖南	8 699	8 748	8 118	8 413	7 444	7 622
河南	6 449	6 732	6 877	7 890	8 587	11 529
湖北	5 798	6 009	6 490	6 543	6 630	7 686
辽宁	5 777	5 984	6 446	6 781	6 973	7 214
陕西	5 952	5 996	6 362	6 004	5 501	7 205
山西	5 303	5 587	6 239	6 962	7 697	7 867
重庆	5 642	5 791	5 729	5 908	5 992	7 262
河北	5 204	5 285	5 197	5 959	6 802	7 621
新疆	4 944	4 943	5 182	5 298	5 120	5 684
云南	3 748	3 941	5 022	4 739	5 075	5 037
内蒙古	3 643	3 957	4 591	4 780	4 166	5 056
广西	3 821	3 984	4 290	4 351	5 196	6 106
北京	3 063	3 196	3 934	4 279	3 814	3 943
吉林	2 458	2 820	3 639	4 438	5 277	5 782
黑龙江	3 283	3 285	3 435	3 466	3 331	4 528

续表

省（区、市）	2013 年	2012 年	2011 年	2010 年	2009 年	2008 年
江西	2 880	3 103	3 354	4 126	4 262	5 914
甘肃	2 915	2 954	3 027	3 090	2 937	3 364
天津	4 313	3 101	2 600	3 165	3 839	4 048
上海	2 011	2 256	2 085	2 176	2 831	2 745
宁夏	1 794	1 767	1 829	1 806	1 856	2 172
海南	1 976	1 752	1 737	1 488	1 323	1 449
贵州	1 241	1 360	1 566	1 764	1 816	2 219
青海	1 065	1 096	1 163	1 206	1 146	1 120
西藏	717	725	943	781	687	600

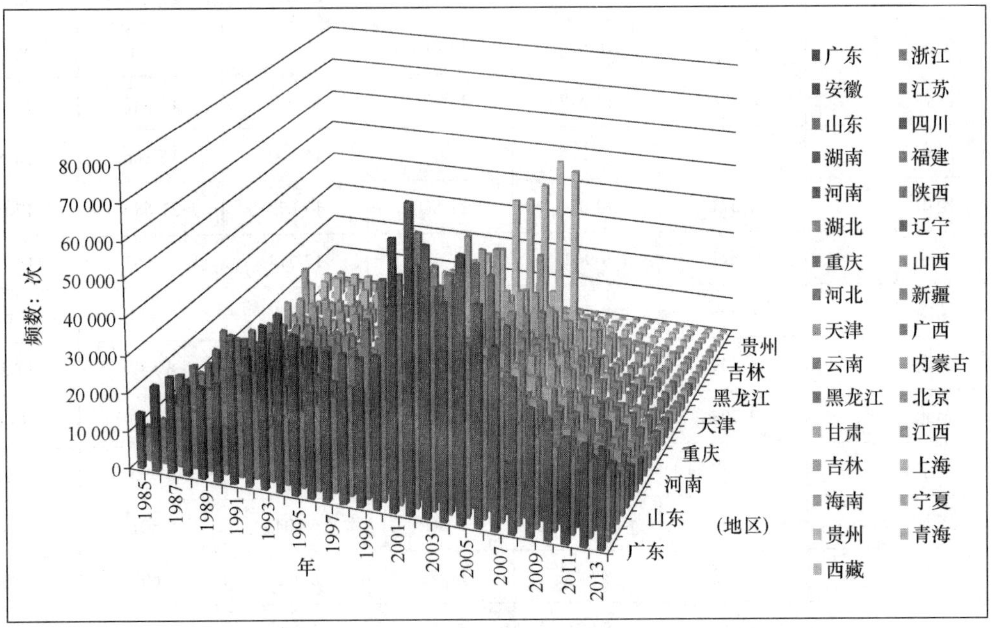

图 26－12[①] 1985—2013 年全国各省（区、市）交通事故次数柱状图

（二）各地区死亡人数统计

图26－13 为全国各省（区、市）1985—2013 年道路交通事故死亡人数的柱状图，表26－21 列出了图 26－13 的部分数据。通过柱状图，可以清晰地看出各省、自治区、直辖市各年的道路交通事故死亡人数的变化曲线与交通事故次数相似。其中，广东、山东、江苏、浙江等省每年的道路交通事故死亡人数较多，西藏、青海、海南、宁夏等省（区、市）每年的道路交通事故死亡人数则相对较少。

① 彩图见附录一。

表 26－21　2006—2013 年全国各省（区、市）交通事故死亡人数表　　（单位：人）

省（区、市）	2013 年	2012 年	2011 年	2010 年	2009 年	2008 年
广东	5 647	5 714	5 873	6 203	6 542	7 182
浙江	4 860	4 962	5 235	5 382	5 689	5 864
江苏	4 679	4 733	4 899	5 031	5 202	5 252
山东	3 748	3 838	3 974	4 268	4 518	5 026
四川	2 658	2 708	2 805	2 931	3 057	3 344
安徽	2 669	2 691	2 758	2 877	2 931	3 027
福建	2 138	2 473	2 680	2 822	2 911	3 071
河北	2 501	2 503	2 602	2 693	2 766	2 928
山西	2 133	2 294	2 308	2 449	2 773	2 910
广西	2 172	2 184	2 287	2 342	2 437	2 677
辽宁	2 015	2 024	2 090	2 129	2 156	2 280
湖南	1 882	1 956	2 039	2 162	2 154	2 530
新疆	1 929	1 943	1 993	2 023	2 080	2 314
湖北	1 801	1 822	1 909	1 944	1 952	2 022
陕西	1 800	1 804	1 893	1 944	2 034	2 156
云南	1 747	1 768	1 806	1 886	1 888	2 082
河南	1 633	1 636	1 670	1 825	2 018	2 822
江西	1 351	1 399	1 507	1 603	1 644	1 779
甘肃	1 435	1 438	1 505	1 506	1 553	1 556
吉林	1 345	1 388	1 424	1 454	1 483	1 660
黑龙江	1 158	1 192	1 302	1 395	1 419	1 703
内蒙古	1 096	1 202	1 270	1 375	1 440	1 610
贵州	847	931	1 020	1 136	1 210	1 348
重庆	970	980	985	1 017	1 031	1 048
上海	914	916	944	1 009	1 042	1 100
北京	860	918	924	974	981	986
天津	836	848	908	950	945	1 225
青海	532	536	559	573	578	604
海南	493	457	473	471	499	469
宁夏	400	404	428	442	457	525
西藏	290	335	317	409	369	384

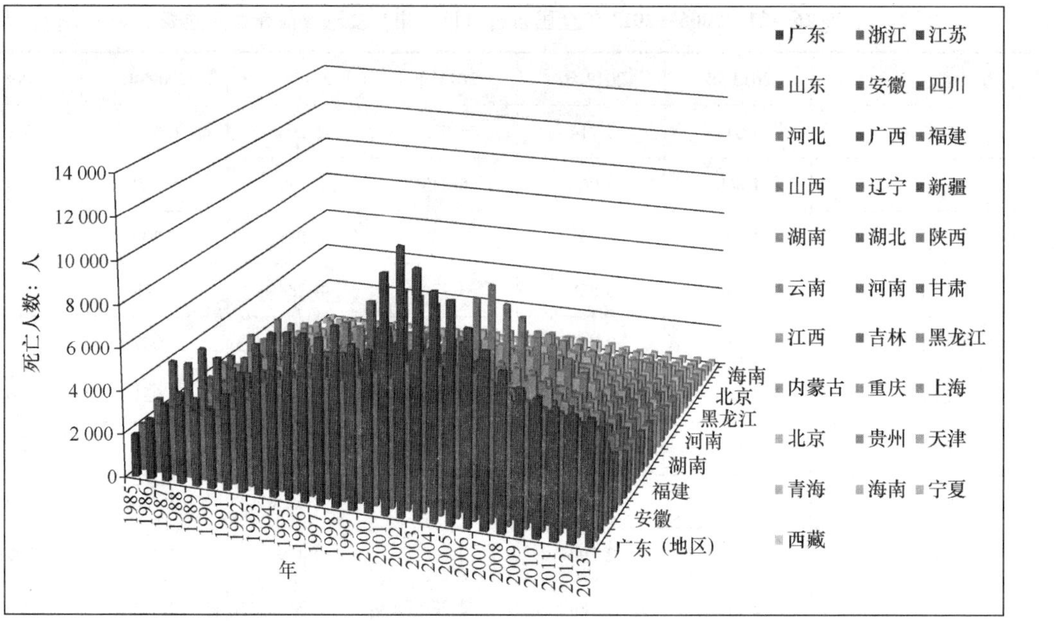

图 26－13[①] 1985—2013 年全国各省（区、市）交通事故死亡人数柱状图

（三）各地区受伤人数统计

图 26－14 为全国各省（区、市）1985—2013 年道路交通受伤人数的柱状图，表 26－22 列出了图 26－14 的部分数据。通过柱状图，可以清晰地看出各省、自治区、直辖市各年的道路交通受伤死亡人数也是先逐年增加，大部分地区在 2002 年受伤人数达到最大值，后逐年减少。其中，广东、四川、山东、浙江等省每年的道路交通受伤人数较多，而西藏、青海、海南、宁夏等省（区、市）每年的道路交通受伤人数则相对较少。

表 26－22 2006—2013 年全国各省（区、市）交通事故受伤人数表 （单位：人）

省（区、市）	2013 年	2012 年	2011 年	2010 年	2009 年	2008 年
广东	28 435	29 099	31 015	36 518	38 598	46 998
浙江	18 558	18 558	21 263	23 589	25 489	28 917
安徽	20 343	21 109	16 493	9 596	10 307	10 282
四川	11 414	12 046	14 982	16 980	25 179	21 983
福建	9 501	11 410	13 705	15 430	16 247	18 831
山东	11 971	12 710	12 902	14 611	16 948	20 058
江苏	12 177	12 478	12 460	13 234	13 997	15 377
湖南	11 293	11 741	11 037	11 621	10 082	9 899
重庆	7 883	8 548	8 528	8 728	9 178	10 905
湖北	6 353	6 818	7 609	7 884	8 201	9 547
河南	6 569	7 144	7 398	8 710	10 159	13 024
山西	5 520	5 982	7 212	8 200	8 829	8 937

① 彩图见附录一。

续表

省（区、市）	2013 年	2012 年	2011 年	2010 年	2009 年	2008 年
云南	4 573	5 053	6 467	5 900	6 549	5 917
辽宁	5 527	5 609	6 184	6 428	6 657	6 794
陕西	5 452	5 505	6 087	6 144	5 404	6 889
新疆	5 647	5 463	5 895	6 028	5 787	6 300
广西	3 922	4 304	4 885	5 375	6 504	7 395
内蒙古	3 514	4 108	4 866	5 202	4 632	5 450
河北	4 770	4 738	4 661	5 785	7 422	8 056
北京	3 359	3 613	4 503	4 857	4 426	4 530
吉林	2 310	2 773	4 034	5 178	6 313	6 691
江西	2 935	3 394	3 910	4 938	5 163	6 853
黑龙江	3 294	3 431	3 595	3 740	3 638	4 905
甘肃	3 336	3 345	3 578	3 728	3 353	3 691
天津	4 920	3 429	2 875	3 671	4 608	4 494
海南	2 720	2 372	2 421	2 205	1 873	2 114
宁夏	2 179	2 122	2 404	2 564	2 192	2 369
贵州	1 677	1 982	2 270	2 906	2 606	3 209
上海	1 458	2 053	1 749	1 862	2 702	2 553
青海	1 233	1 410	1 420	1 494	1 334	1 291
西藏	881	809	1 013	969	748	660

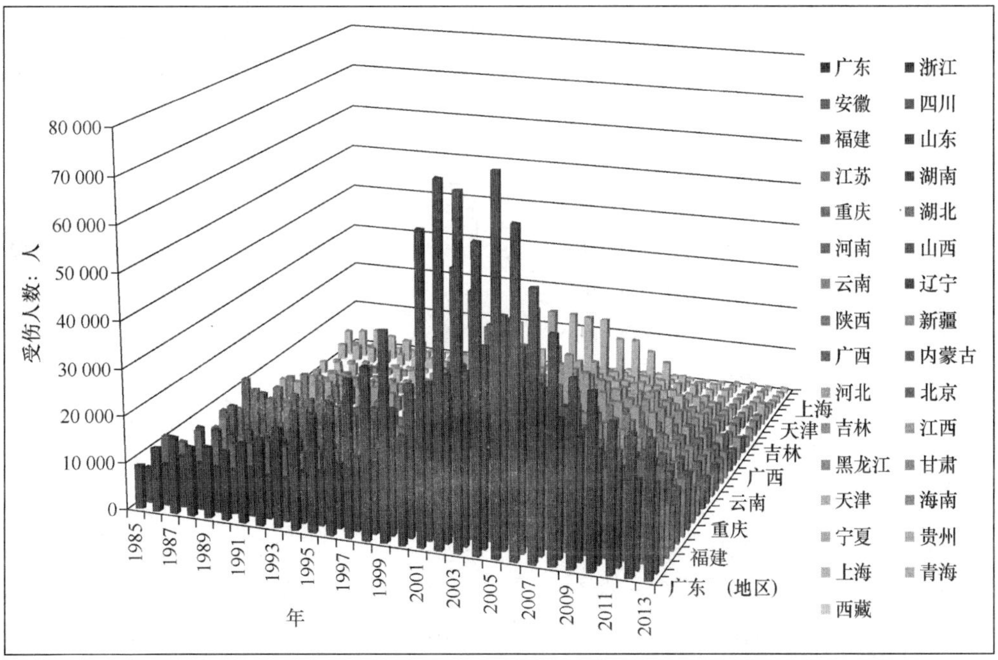

图 26－14①　1985—2013 年全国各省（区、市）交通事故受伤人数

① 彩图见附录一。

（四）各地区损失折款统计

图 26－15 为全国各省（区、市）1985—2013 年道路交通事故损失折款金额的柱状图，表 26－23列出了图 26－15 的部分数据。通过柱状图，可以清晰地看出各省（区、市）各年的道路交通事故损失折款金额都在随年份的增长而增加。其中，浙江、广东、山东、江苏等省（区、市）每年的道路交通事故损失折款金额较高，西藏、青海、海南、宁夏等省（区、市）每年的道路交通事故损失折款金额则相对较低。

表 26－23　2006—2013 年全国各省（区、市）交通事故损失折款表　（单位：万元）

省（区、市）	2013 年	2012 年	2011 年	2010 年	2009 年	2008 年
浙江	7 522.8	8 054.5	8 453.8	10 547.28	12 436.72	14 745.27
广东	8 016.9	8 005.2	9 358.7	9 307.768	11 526.63	14 926.57
四川（含重庆）	7 489.8	8 440.1	8 694.4	8 187.964	10 232.36	12 202.72
山东	4 970.6	5 260.3	5 050.7	6 092.884	7 515.671	10 032.45
江苏	6 764.1	7 198.6	6 012.7	5 869.572	7 834.478	8 114.475
福建	3 408.1	3 939.7	4 691.3	5 766.203	6 726.702	7 912.373
江西	3 738.2	4 549.8	4 857.1	5 180.748	5 994.234	9 982.308
湖南	6 455.5	6 685.1	5 170.5	5 033.791	5 756.482	6 595.408
河北	3 938.3	5 022.3	3 372.3	4 677.096	6 332.042	7 300.859
山西	2 889.6	3 528.5	3 113	4 389.197	5 347.002	5 544.878
湖北	4 472.8	5 391.1	4 030	4 225.195	4 317.33	4 835.08
陕西	3 696.2	4 015.0	3 331.9	4 103.167	4 577.482	5 327.616
辽宁	2 880.4	2 914.7	2 745.2	3 763.082	4 595.951	6 212.922
河南	3 034.9	2 825.7	3 617.3	3 716.545	4 566.107	7 184.122
吉林	3 118.5	5 128.4	5 971.5	3 250.914	3 283.526	4 027.874
云南	2 051.6	2 881.1	2 688.6	3 114.73	3 418.596	3 965.949
安徽	7 375.6	1 0726.6	4 837.4	2 993.073	3 689.948	3 979.813
黑龙江	3 760.1	3 962.0	4 560.2	2 981.014	3 091.596	3 036.79
内蒙古	1 607.3	1 878.1	2 335.7	2 903.225	2 253.485	2 667.453
北京	2 805.2	3 017.9	1 946.8	2 799.667	2 747.891	3 202.321
天津	3 924.2	3 396.9	2 170.8	2 435.774	3 391.6	5 462.402
广西	1 735.4	1 543.7	1 622.6	2 055.655	2 813.788	3 307.233
贵州	1 477.9	1 698.4	1 611.4	1 605.677	1 769.019	2 531.975
甘肃	1 212.2	1 659.7	2 839.5	1 359.883	1 815.368	2 287.629
新疆	1 319.3	1 242.6	1 031	1 098.095	1 539.584	1 776.577
上海	986.2	1 488.0	1 295.8	1 069.709	1 551.667	2 069.571
宁夏	799.5	707.2	763.6	818.663 1	829.812 4	1 566.271
西藏	865.1	935.0	689.3	740.663 2	803.102 6	949.311 9
海南	935.0	939.9	554.9	675.234 6	609.449 7	751.018 8
青海	645.2	453.2	455	482.912 7	606.764 6	468.671 1

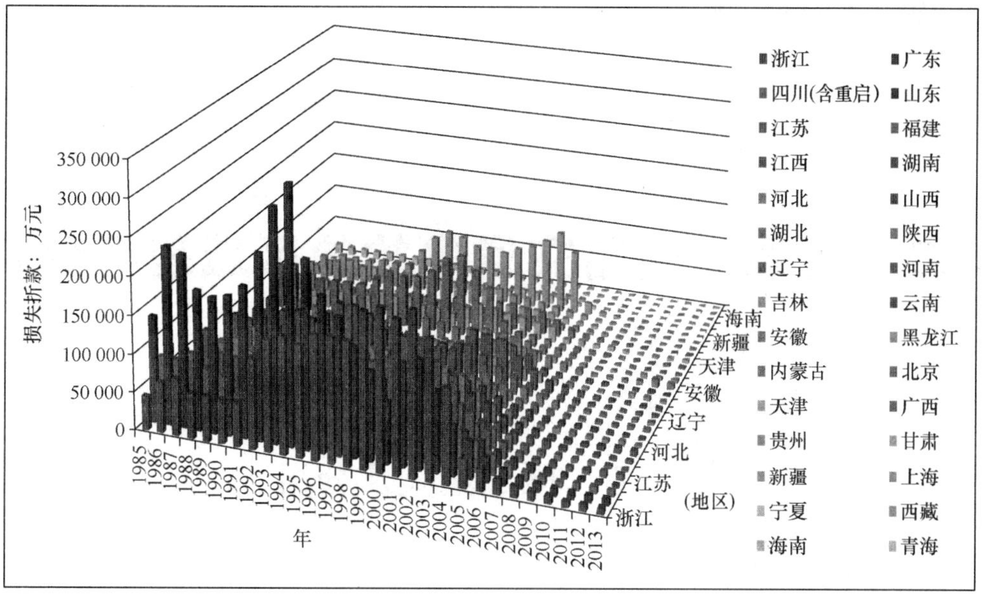

图 26-15[①]　1985—2013 年全国各省（区、市）交通事故损失折款图

以上的事故次数图、死伤人数图、损失折款图等基本反映了一个相同的情况，那就是东部沿海地区、中部地区损失次数多且损失程度大，中部地区比西部地区损失次数多且损失程度大。东部地区是我国经济相对发达地区，人口密度大汽车保有量高，虽然相应的基础设施建设也比较完善，但是交通事故的随人属性决定了人多车多的地区发生交通事故的可能性更大，而且我国尚在发展阶段，即使北京、上海等一线大城市的交通设施建设、交通安全管理水平跟世界一流水平相比仍相差甚远，所以人多车多的地方交通事故更加频繁且损失程度较大也是可以理解的。在这些事故频发的地区，作为事后补救的最佳手段之一，保险的作用发挥得比较充分，保险公司在做好这些相对发达地区业务的同时也可以将积攒的经验用于相对欠发达地区，避免这些地区在发展的过程中重走弯路，加快我国道路交通安全的建设步伐。

本节小结

本节主要从道路交通事故的地区划分角度进行频数、损失额的分析，与 2012 年相比，2013 年全国有 31 个省（区、市）事故死亡人数同比减少，同时较大以上事故起数保持平稳下降走势，华东、西南、西北等片区同比明显减少。与以前年份相比，2012 年、2013 年各省（区、市）的交通事故分布没有发生明显变化，广东、浙江、四川、山东等省仍属于交通事故多发地区，西藏、青海、海南、贵州等省（区、市）发生交通事故的次数则相对较少。

① 彩图见附录一。

第二十七章　道路交通事故的区域差异分析

第一节　区域聚类及分组

一、聚类使用指标说明

本章通过聚类分析的方法，选取累计交通事故次数、每次事故平均死亡人数、每次事故平均受伤人数和每次事故平均 GDP 调整损失折款四个指标，对各地区交通事故的情况进行分组，讨论组间差异，拟合各组交通事故指标的分布。

在本次聚类分析中，选取 1985—2013 年全国 30 个省（区、市）（由于重庆市在 1997 年前没有独立的统计数据，所以将重庆市合并到四川省内进行分析）的交通事故统计数据作为样本。采取系统聚类中的离差平方和法，对数据作标准化处理，使其均值为 0，标准差为 1。样本间的距离用 SAS 默认的欧式距离。

对于道路交通事故的四项指标（事故次数、死亡人数、受伤人数和 GDP 调整后的损失折款）进行预先处理：

将各地区事故次数逐年加总，得到累计事故次数的指标。

将死亡人数、受伤人数和 GDP 调整后的损失折款处理为次死亡人数、次受伤人数和 GDP 调整后的次损失折款（采用 2013 年的 GDP 作为基数进行调整）。具体为将各个年份统计数值加总，除以相应地区的各年事故次数总和。这里需要注意的是，次死亡人数和次受伤人数得到的结果均为小数，作为聚类的指标，不考虑其实际意义，只将其作为聚类分组的依据之一，调整后的各地区指标值如表 27 – 1 所示。

表 27 – 1　各省（区、市）交通意外事故频数及损失统计表

省（区、市）	累计事故次数（起）	平均次死亡人数（人/起）	平均次受伤人数（人/起）	平均次损失（万元/起）
北京	319 124	0. 087 398 6	0. 532 921 4	3. 879 741 2
天津	141 904	0. 153 998 5	0. 729 267 7	4. 144 174 7
河北	359 437	0. 259 119 1	0. 765 224 5	2. 693 286 3
山西	255 501	0. 264 590 0	0. 823 300 1	2. 408 513 5

续表

省（区、市）	累计事故次数（起）	平均次死亡人数（人/起）	平均次受伤人数（人/起）	平均次损失（万元/起）
内蒙古	150 690	0. 253 540 4	0. 815 210 0	2. 536 867 3
辽宁	411 858	0. 188 480 0	0. 632 654 9	2. 738 930 6
吉林	210 667	0. 237 797 1	0. 642 620 8	2. 011 312 0
黑龙江	140 600	0. 322 219 1	0. 860 988 6	1. 456 357 1
上海	460 241	0. 059 705 7	0. 382 784 2	2. 795 979 0
江苏	605 947	0. 239 468 1	0. 656 965 0	3. 071 325 3
浙江	815 361	0. 179 553 6	0. 762 775 0	3. 344 006 7
安徽	334 736	0. 247 409 9	0. 925 347 1	1. 713 304 1
福建	469 422	0. 172 893 5	0. 871 305 6	2. 448 900 2
江西	208 645	0. 279 096 1	0. 813 434 3	2. 646 400 7
山东	690 965	0. 224 568 5	0. 793 763 8	2. 267 435 5
河南	506 212	0. 201 243 7	0. 830 806 1	2. 360 639 7
湖北	295 287	0. 260 411 1	0. 836 101 8	2. 408 645 8
湖南	381 624	0. 216 126 3	0. 954 672 7	2. 576 930 6
广东	1 149 519	0. 171 912 8	0. 905 777 1	3. 303 802 3
广西	224 900	0. 309 799 9	0. 946 291 7	2. 829 634 6
海南	44 801	0. 239 749 1	1. 010 513 2	2. 675 237 2
四川（含重庆）	546 835	0. 153 304 0	0. 961 176 6	2. 670 861 1
贵州	101 527	0. 360 347 5	0. 736 493 7	3. 042 972 8
云南	237 718	0. 252 017 1	0. 693 708 5	2. 483 046 4
西藏	20 901	0. 436 055 7	0. 884 311 8	3. 959 187 7
陕西	260 020	0. 219 998 5	0. 720 763 8	2. 587 855 2
甘肃	104 992	0. 379 724 2	0. 866 580 3	1. 688 179 5
青海	47 440	0. 330 543 8	0. 780 902 2	3. 495 396 5
宁夏	89 126	0. 182 247 6	0. 749 175 3	2. 179 356 9
新疆	187 449	0. 300 700 5	0. 834 739 0	2. 580 913 9

二、聚类过程、结果及分组

（一）聚类分组过程

运用 SAS 软件进行聚类分析，全国 30 个省（区、市）进行聚类的全部过程如图 27 – 1 所示：首先将山西和湖北合并为一类成第 29 类，之后将江西和新疆合并为一类成第 28 类，依次进行，最终，将所有样本合并为一类。

合适的聚类数目可以由输出的 RSQ，PSF，PST2 这些量决定。R^2 可以代表新分组对原有数据的信息保留程度，再合并成新类时 R^2 减少得越多，说明合并造成的信息损失越大。所以，根据 R^2 统计量（RSQ），应该选择使 RSQ 下降较多之前一次的聚类类数。结合本次结果，在合并为 4 类之前，RSQ 是逐渐减小的，但减小的幅度不大；而继续合并为 4 类时，RSQ 减小幅度突然变大（0.659 - 0.563 = 0.096），且在此之后，每合并一次，RSQ 的减小幅度都在增大（分别为 0.122，0.195 和 0.246）。这说明，在合并为 4 类之前，合并对信息造成的损失程度不太明显，而合并成 5 类后，再进行合并，会造成差异信息的较大损失。由此可以得出，将样本划分为 5 个类别是比较合适的。

伪 F 统计量（PSF）用于评价划分为 n 个类的聚类效果，它越大，表示样本越可显著他划分为 n 类。本次结果中，PSF 在第一次合并时最大，以后逐渐减少。这说明各省（区、市）之间明显都存在差异，不管怎么聚类都会丧失一部分信息。

伪 t^2 统计量（PST2）越大，表示此次合并的两个类的差异越显著，即上一次聚类的效果比较好，所以，在 PST2 出现峰值的前一行所对应的分类数比较合适。本次结果中，PST2 在分类数为 4 时出现最大值 9.6，说明划分为 5 类是比较合适的。

结合各个统计量的评价结果，可以认为这 30 个省（区、市）用 Ward 法聚类为 5 组是比较合理的，可以通过树形图来验证这一观点。SAS 输出的树形图如图 27 - 1 所示。

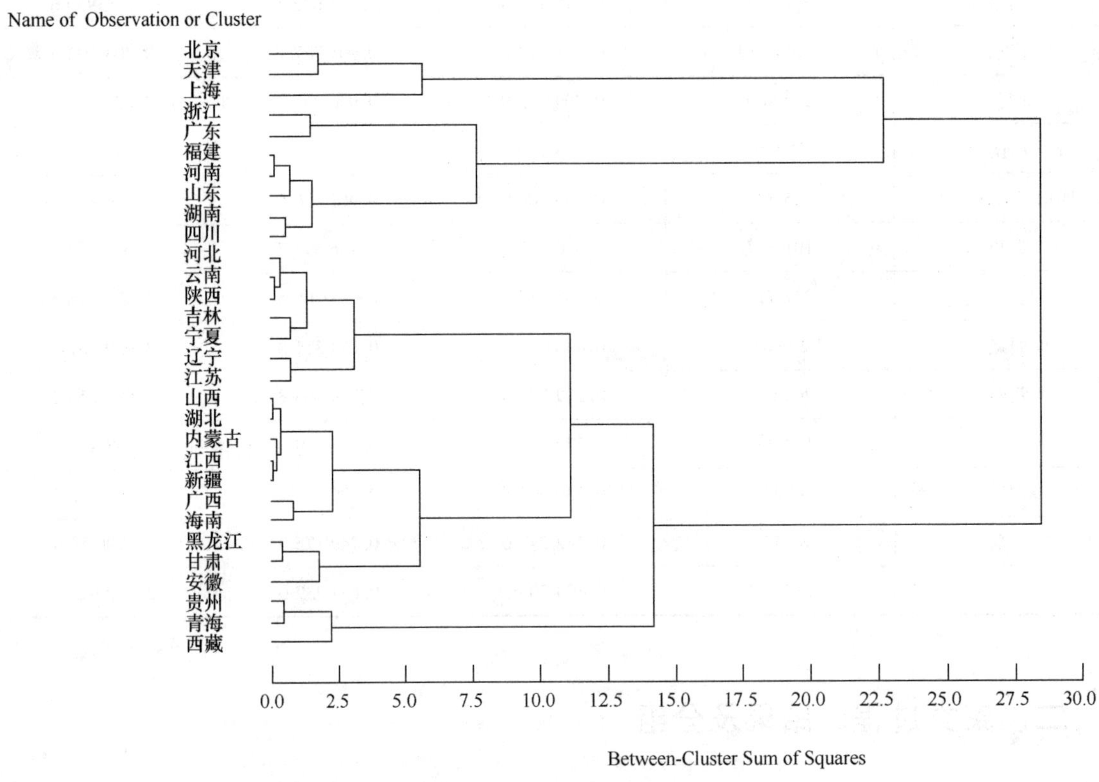

图 27 - 1　SAS 聚类树形图

结合树形图综合考虑后，决定将各省（区、市）分为 5 类。具体的分组如下：

第一组：北京、上海、天津

第二组：浙江、广东、福建、河南、湖南、山东、四川（含重庆）

第三组：河北、云南、陕西、吉林、宁夏、辽宁、江苏

第四组：山西、湖北、内蒙古、江西、新疆、广西、海南、黑龙江、甘肃、安徽

第五组：贵州、青海、西藏

通过不同组在地图上的分布，可以发现同一组的地区要么是地理位置接壤的（如第四组和第三组），要么是地质环境接近的（如第五组）。再结合各地区的经济发展和人口分布可以发现，经济发展程度相近或人口密度相近的省、市被分为一组的很多（如第一组和第二组）。这说明，经济发展程度、人口分布、地理特征和文化特征都会影响到交通事故的发生和损失程度的大小，此结果与因素分析的结果是相同的。这从另一个方面验证了聚类分组结果的合理性。

（二）各组定量分析

本部分根据前面聚类所得到的结果，首先对各组道路交通事故发生的频数和损失进行描述性统计分析，得到各组频数和损失的均值等基本统计数据。再对各组频数和调整次均损失进行分布拟合分析，分析组内数据的分布特征，为因素分析和趋势分析打下基础。

第一组：北京、上海、天津

1. 第一组道路交通事故的频数分析

第一组包括北京、上海和天津三个直辖市，先对这一组的道路交通事故发生频数进行分析。同前面频数拟合所运用的方法一样，由于道路交通事故的发生有着一定的趋势性，因此，用全国各年的民用汽车总量对第一组各地区各年的道路交通事故次数总和进行调整，可以得到本组各年调整后的交通事故频数（简称调整事故频数，后四组数据调整方式与第一组相同），调整统计结果如表 27－2① 所示。从检验结果来看，在 5% 的显著性水平下，只有正态分布通过检验，可以接受数据服从正态分布的原假设，分布密度函数如下：

$$f(x) = \frac{1}{19.891\sqrt{2\pi}} e^{-\frac{1}{2}\left(\frac{x-27.8684}{19.891}\right)^2} \quad (x > 0)$$

2. 第一组道路交通损失程度统计分析

以北京、上海和天津三个直辖市 1985—2013 年各年各地区道路交通事故直接损失折款为基础，为了消除时间对货币价值的影响，使历史记录能够用于拟合现在或将来的损失分布，用 2013 年各地的 GDP 对原始损失记录进行调整，使其具有可比性，再将本组各地区调整损失折款求和，并除以各年本组道路交通事故频数之和，得到第一组各年平均次调整次均损失（简称调整次均损失，后四组数据的处理方式与第一组相同），调整结果如表 27－3 所示。

从检验结果来看，在 5% 的显著性水平下，只有指数分布进行拟合 P 值大于 0.05，通过检验，指数分布密度函数如下：

$$f(x) = \frac{1}{3.6471} e^{-\frac{1}{3.6471}} \quad (x > 0)$$

① 选取各地区的民用汽车总量对各地区的道路交通事故次数进行调整更加合理，但是由于缺乏 1995 年之前的分省、市民用汽车总量数据，所以只好用各年全国的民用汽车总量进行调整。

表 27－2　1985—2013 年第一组事故频数统计量和分位数

基本统计测度		分位数统计测度	
均值	27	分位数	估计值
中位数	31.6	99%	62.19
最大值	62.19	95%	60.15
标准差	19.89	90%	55.95
方差	395.6	75%	39.89
偏度	－0.01	25%	4.69
峰度	－1.18	10%	0.92

表 27－3　1985—2013 年第一组调整事故损失统计量和分位数

基本统计测度		分位数统计测度	
均值	3.64	分位数	估计值
中位数	3.14	99%	10.37
最大值	10.37	95%	9.6
标准差	2.72	90%	7.94
方差	7.4	75%	5.3
偏度	0.86	25%	1.18
峰度	0.13	10%	0.73

第二组：浙江、广东、福建、河南、湖南、山东、四川（含重庆）

1. 第二组道路灾害频数统计分析

从表 27－4 可以清晰地看出，1985 年后第二组的道路交通事故发生频数最多为每万辆民用汽车 327.39 起，最低为每万辆 7.54 起，均值为每万辆 130.88 起。大部分年份的事故发生频数都落在每万辆 56.5～192.3 起。

另外，可以看出第二组的频数的偏度系数为 0.25，为右偏。根据前面基本统计分析的结果，用 SAS 里自带的三种分布对调整频数进行拟合，在 5% 的显著性水平下，正态分布通过检验，并且拟合效果良好，拟合分布密度函数如下：

$$f(x) = \frac{1}{86.0051\sqrt{2\pi}} e^{-\frac{1}{2}\left(\frac{x-130.8752}{86.0051}\right)^2} \qquad (x > 0)$$

2. 第二组道路交通损失程度统计分析

以浙江、广东、福建、河南、湖南、山东、四川（含重庆）7 个地区 1985—2013 年各年道路交通事故直接损失折款记录为基础，用 2013 年各地区的 GDP 对原始损失记录进行调整，使其具有可比性，再除以每年本组总的事故发生频数，得到第二组各年的次均调整次均损失，调整结果如表 27－5 所示。

基本统计特征为：最大值 6.73 万元，最小值为 0.42 万元，均值为 3.09 万元，大部分损失发生在 0.75 万元～4.74 万元。另外，损失分布的偏度系数为 0.17，分布呈现右偏特征，但是由于偏度系数比较接近 0，因此可以考虑用正态分布和韦伯分布进行拟合。

根据前面基本统计分析的结果，用 SAS 里自带的四种分布对调整次均损失数据进行拟合。在 5% 的置信水平下，四种分布均未通过检验，不能接受数据服从正态分布、对数正态分布和指数分布的假设，用正态分布拟合具有一定的参考意义。所以，给出正态分布密度函数作为参考：

$$f(x) = \frac{1}{2.2367\sqrt{2\pi}} e^{-\frac{1}{2}\left(\frac{x-3.0976}{2.2367}\right)^2} \qquad (x > 0)$$

表 27 – 4　1985—2013 年第二组事故频数统计量和分位数

基本统计测度		分位数统计测度	
均值	130.88	分位数	估计值
中位数	134	99%	327.39
最大值	327	95%	267.96
标准差	327	90%	257.55
方差	7 397	75%	192.3
偏度	0.25	25%	56.5
峰度	–0.5	10%	11.14

表 27 – 5　1985—2013 年第二组调整事故损失统计量和分位数

基本统计测度		分位数统计测度	
均值	3.09	分位数	估计值
中位数	3.02	99%	6.73
最大值	6.73	95%	6.49
标准差	2.24	90%	6.46
方差	5	75%	4.74
偏度	0.17	25%	0.75
峰度	–1.5	10%	0.45

第三组：河北、云南、陕西、吉林、宁夏、辽宁、江苏

1. 第三组道路灾害频数统计分析

从表 27 – 6 可以清晰地看出，1985 年后第三组的调整道路交通事故发生频数最多为每万辆民用汽车 189.48 起，最低为每万辆民用汽车 3.03 起，均值为每万辆民用汽车 67.62 起。大部分年份的调整事故频数都落在每万辆 18.61 ~ 100.83 起。另外，可以看出第三组的调整事故频数的偏度系数为 0.73，右偏特征明显。根据前面基本统计分析的结果，用 SAS 里自带的四种分布对调整频数进行拟合。在 5% 的显著性水平下，正态分布和指数分布通过检验，接受数据服从正态分布的原假设，分布密度函数：

$$f(x) = \frac{1}{53.749\,0\sqrt{2\pi}}e^{-\frac{1}{2}\left(\frac{x-67.619\,7}{53.749\,0}\right)^2} \qquad (x>0)$$

$$f(x) = \frac{1}{67.619\,7}e^{-\frac{1}{67.619\,7}} \qquad (x>0)$$

2. 第三组道路交通损失程度统计分析

根据前面基本统计分析的结果，用 SAS 里自带的四种分布对调整次均损失数据（见表 27 – 7）进行拟合，在 5% 的置信水平下，只有正态分布通过检验，接受数据服从正态分布的假设，分布密度函数如下：

$$f(x) = \frac{1}{1.846\,6\sqrt{2\pi}}e^{-\frac{1}{2}\left(\frac{x-2.981\,4}{1.846\,6}\right)^2} \qquad (x>0)$$

表 27 – 6　1985—2013 年第三组事故频数统计量和分位数

基本统计测度		分位数统计测度	
均值	67.62	分位数	估计值
中位数	59.64	99%	189.48
最大值	189.48	95%	189.1
标准差	53.75	90%	145.99
方差	2 889	75%	100.83
偏度	0.73	25%	18.61
峰度	–0.05	10%	4.48

表 27 – 7　1985—2013 年第三组调整事故损失统计量和分位数

基本统计测度		分位数统计测度	
均值	2.98	分位数	估计值
中位数	3.4	99%	6.19
最大值	6.19	95%	6.06
标准差	1.85	90%	6.02
方差	3.4	75%	4.4
偏度	0.16	25%	1.17
峰度	–1.3	10%	0.68

第四组：山西、湖北、内蒙古、江西、新疆、广西、海南、黑龙江、甘肃、安徽

1. 第四组道路灾害频数统计分析

表 27－8 为 1985—2013 年第四组事故频数统计量和分位数表。在 5% 的置信水平下，正态分布、对数正态分布和指数分布都通过了检验，可以接受数据服从正态分布或对数正态分布和指数分布的原假设，且拟合效果良好，二者的分布密度函数如下：

$$f(x)=\frac{1}{40.2776\sqrt{2\pi}}e^{-\frac{1}{2}\left(\frac{x-54.6086}{40.2776}\right)^2}\quad(x>0)$$

$$f(x)=\frac{1}{0.7176\sqrt{2\pi x}}e^{-\frac{1}{2}\left(\frac{\ln x-3.9611}{0.7176}\right)^2}\quad(x>0)$$

$$f(x)=\frac{1}{54.6087}e^{-\frac{1}{54.6087}}\quad(x>0)$$

2. 第四组道路交通损失程度统计分析

根据前面基本统计分析的结果，用 SAS 里自带的四种分布对调整次均损失数据（见表 27－9）进行拟合。在 5% 的置信水平下，正态分布、对数正态分布、韦伯分布和指数分布都没有通过检验。但是，本组偏度系数为 －0.05，比较接近 0，且正态分布检验统计量的 P 值比较接近 0.05，可以考虑用正态分布拟合损失作为参考，分布密度函数为：

$$f(x)=\frac{1}{1.1281\sqrt{2\pi}}e^{-\frac{1}{2}\left(\frac{x-1.9521}{1.1281}\right)^2}\quad(x>0)$$

表 27－8　1985—2013 年第四组事故频数统计量和分位数

基本统计测度		分位数统计测度	
均值	54.6	分位数	估计值
中位数	42.79	99%	134.7
最大值	134.7	95%	134.7
标准差	40.3	90%	127.49
方差	1622	75%	83.62
偏度	0.55	25%	21.46
峰度	－0.73	10%	5.6

表 27－9　1985—2013 年第四组调整事故损失统计量和分位数

基本统计测度		分位数统计测度	
均值	1.95	分位数	估计值
中位数	2.05	99%	3.57
最大值	3.57	95%	3.52
标准差	1.13	90%	3.29
方差	1.27	75%	3.05
偏度	－0.05	25%	0.82
峰度	－1.7	10%	0.5

第五组：贵州、青海、西藏

1. 第五组道路灾害频数统计分析

从表 27－10 可以清晰地看出，1985 年后第四组的道路交通事故发生频数最多为每万辆民用汽车 25.68 起，最低为每万辆民用汽车 0.24 起，均值为每万辆民用汽车 7.09 起。大部分年份的调整事故次数发生频数都落在每万辆民用汽车 1.2～8.41 起。

另外，可以看出第二组的频数的偏度系数为 1.29，为右偏。根据前面基本统计分析的结果，用 SAS 里自带的四种分布对调整频数进行拟合。在 5% 的置信水平下，对数正态通过检验，可以接受数据服从对数正态分布原假设，且拟合效果良好。分布密度函数如下：

$$f(x)=\frac{1}{1.6741\sqrt{2\pi x}}e^{-\frac{1}{2}\left(\frac{\ln x-0.9913}{1.6741}\right)^2}\quad(x>0)$$

2. 第五组道路交通损失程度统计分析

在 5% 的置信水平下对数正态分布通过检验，可以接受数据服从对数正态分布且拟合效果良

好（见表27－11），分布密度函数如下：

$$f(x)=\frac{1}{1.6342\sqrt{2\pi}}e^{-\frac{1}{2}\left(\frac{x-1.3.0986}{1.6342}\right)^2}\quad(x>0)$$

表27－10　1985—2013年第五组事故频数统计量和分位数

基本统计测度		分位数统计测度	
均值	7.09	分位数	估计值
中位数	3.39	99%	25.68
最大值	25.68	95%	25.15
标准差	8.23	90%	23.09
方差	67.76	75%	8.41
偏度	1.29	25%	1.2
峰度	0.22	10%	0.39

表27－11　1985—2013年第五组调整事故损失统计量和分位数

基本统计测度		分位数统计测度	
均值	3.25	分位数	估计值
中位数	3.33	99%	5.79
最大值	5.79	95%	5.58
标准差	1.6	90%	5.43
方差	2.5	75%	4.6
偏度	－0.08	25%	2.08
峰度	－1.17	10%	0.87

本节小结

本节采用系统聚类中的离差平方和法，选取累计交通事故次数、每次事故平均死亡人数、每次事故平均受伤人数和每次事故平均GDP调整损失折款四个指标，对1985—2013年各地区交通事故的情况进行聚类分组。结合各个统计量的评价结果和树形图，可以把全国道路交通事故发生地分成五组，即东部沿海地区、西部地区、东北地区和中原地区各成一组，北京、天津、上海三大直辖市成为一组。这说明交通事故的发生和损失程度与当地地形、交通路况、文化习俗和经济发展程度都有密切的关系。地理位置相近的省市呈现出相似的交通事故风险特征。

本节从道路交通事故的频数和调整次均损失两个角度对每一组进行了数据分析并用理论分布对其进行了拟合，主要选取了正态分布、对数正态分布、指数分布和韦伯分布。由于全国损失水平呈下降趋势，因此，拟合分布与原有分布参数选择上出现差异。

第二节　区域的差异率分析

各个组之间的差异率状况是聚类分析的重要信息，对了解各组交通事故特点有重大意义。聚类可以说明组内省份的共性，而差异率用来说明组间省份和组内省份的差异，两者结合有利于交通事故分布的全貌。从成因分析来看，环境因素、各地区发展水平与道路交通事故发生有关，但人的因素在引发交通事故的原因中是占主导地位的，因此，交通事故按地区分类的差异率不会同自然灾害的差异率一样明显。

组间差异率分析：

通过前面聚类分析得到的分组：

第一组：北京、上海、天津

第二组：浙江、广东、福建、河南、湖南、山东、四川（含重庆）

第三组：河北、云南、陕西、吉林、宁夏、辽宁、江苏

第四组：山西、湖北、内蒙古、江西、新疆、广西、海南、黑龙江、甘肃、安徽

第五组：贵州、青海、西藏

根据上面组间差异率计算方法，得到表 27－12。

表 27－12　组间差异分析表

组　别	平均次损失	标准差	差异率	1 倍标准差差异率
第一组	3. 61	0. 71	1. 00	1. 00
第二组	2. 71	0. 44	0. 75	0. 73
第三组	2. 54	0. 36	0. 70	0. 67
第四组	2. 29	0. 49	0. 64	0. 64
第五组	3. 50	0. 46	0. 97	0. 92

通过计算各组年均损失额的差异率，可以得到如下结论：如果以第一组的平均次损失为单位损失的话，则第二组的平均次损失额约为第一组平均次损失额的 75%，第三组的平均次损失额约为第一组平均次损失额的 70%，第四组的平均次损失额约为第一组平均次损失额的 63%，而第五组的平均次损失额约为第一组平均次损失额的 97%。

通过各组之间平均次损失和差异率的横向比较可以发现，第一组的平均次损失最高，这与北京、上海、天津的经济发达程度高、人口密度大、车辆保有量高、道路设计复杂有关，与前面的聚类结果相同。第五组的平均损失第二高，这应与西部地区地形险阻、道路交通状况复杂、道路交通设施不完善、道路安全意识淡薄有关。此外，各组间的损失差异率相差不大，这与计算前的分析是一致的，道路交通事故应该是受人的影响因素比较大，受自然因素的影响相对较小。

本节小结

为更好地制定差别费率，在上节聚类结果的基础上，本部分对各聚类小组进行了组间差异比率和组内差异比率分析，可为差异化定价提供基准。通过计算各组年均损失额的差异率，可以得到如下结论：如果以第一组的平均次损失为单位损失的话，则第二组的平均次损失额约为第一组平均次损失额的 75%，第三组的平均次损失额约为第一组平均次损失额的 70%，第四组的平均次损失额约为第一组平均次损失额的 63%，而第五组的平均次损失额约为第一组平均次损失额的 97%。就组内差异比率而言，第一组和第二组的组内差异较明显，第三、四、五组的组内差异较小。与之前数据相比，2013 年组内差异率更小，且经济发达程度更加相似，地域相连特征更加明显，这更加符合交通事故影响因素理论，也进一步证明了“具有相似地理特征、经济发展水平的地区，交通事故的发生规律呈现相似的特征”的结论。

第二十八章　道路交通事故的影响因素及脆弱性分析

第一节　道路交通事故影响因素的定性分析①

一、交通事故的成因分布

美国的特里特（Treat）和英国的萨比（Sabey）经过对大量交通事故的深入研究得到表 28－1 的结论。从表中可以看出，在造成交通事故的各类原因中，与道路有关的原因大约是 28%～34%，与人有关的因素是 93%～94%，与车辆有关的因素是 8%～12%，这表明人是造成交通事故的关键因素。

表 28－1　各因素对交通事故的影响程度

原　因	Sabey 结论	Treat 结论	原　因	Sabey 结论	Treat 结论
单纯路	2%	3%	人和车	4%	6%
单纯人	65%	57%	路和车	1%	1%
单纯车	2%	2%	人、车、路	1%	3%
路和人	24%	27%	其他	1%	1%

然而，苏联莫斯科公路学院的 O. A. 季沃奇金经过对 13 000 起交通事故进行研究，并仔细对照了事故发生地点的道路特征后，却得出了与特里特和萨比差别很大的结论，认为 70% 的交通事故都与不良的道路条件之间存在直接或间接的联系。一般认为这种差别是由不同国家道路交通发展水平不同，以及各国对交通安全评价的具体标准不一致所造成的。

二、交通事故中的人为因素

人是道路交通运行的支配者和受益人，具体控制着道路交通运行的方向、方式、节奏和强度，并通过道路交通的运行活动获取利益。交通事故则会损害人在交通运行中的利益。人在道

① 裴玉龙，王炜．道路交通事故成因及预防对策［J］．北京：科学出版社，2004.

路交通系统中的这种独特地位和作用，决定了他既是交通事故的受害者，同时也是交通事故的肇事者，大部分的交通事故都是由人的因素引起的。交通事故中人的因素包括机动车驾驶人的因素、非机动车驾驶人的因素、行人的因素和乘车人的因素等，其中最重要的是机动车驾驶人的因素。

（一）人的反应特征对交通事故的影响

无论是机动车驾驶人、非机动车驾驶人，还是行人、乘车人，他们引发交通事故的基本原因都是大体相同的，因为他们从事道路交通活动的过程，实质上都是一个根据一定外部信息做出相应动作的刺激反应过程，人在感知、判断、反应三个环节中的任何一个环节出现错误，都可能导致其交通行为发生偏差，并偏离安全的状态和时空领域，最终引发交通事故。美国印第安大学对 2 258 起交通事故的研究结论是：感知错误引起交通事故占 48.1%，判断错误占 36.0%，反应操作错误占 7.9%，打瞌睡占 0.9%，其他占 7.1%。日本汽车技术研究会安全评价委员会对 385 起交通事故的研究结论是：198 起因认识迟缓引起，占总事故的 51.43%；142 起因判断错误引起，占总事故的 36.85%；19 起因行为故障引起，占总事故的 4.94%；26 起因其他原因引起，占总事故的 6.78%。

第一，感知错误，也称观察错误，是指人不能正确或者及时地感知交通环境中的事物，包括没有感知到事物的存在、对被发觉的事物感知错误、感知不全面和对事物感知不及时等。以汽车驾驶过程为例，驾驶人在感知方面发生的错误主要表现为注意不当、观察错误、视觉障碍和干扰等

第二，判断错误，是指驾驶人对感知到的事物，通过大脑思考后，所做出的判断和决定与道路交通实际情况不符。驾驶人在行车过程中需要判断的内容主要包括道路线形、距离、速度、超车时机、其他车辆和行人的交通行为等。对这些问题的判断出现错误，将会导致车辆操作上的错误，进而容易引发交通事故。

第三，反应操作错误，驾驶人对车辆的操作行为，主要包括通过手操纵方向盘来控制车辆的行驶轨迹和通过操纵加速、刹车踏板来控制车辆行驶速度两个方面。而反应操作错误是指驾驶人在接收到外部信息，经过大脑的思考并向手和脚下达操作指令之后，出现的手和脚的反应动作不及时和不准确的现象。

（二）影响人反应特性的主要因素

如前所述，人之所以会造成交通事故，其直接原因是人在参与道路交通活动时出现了感知、判断和反应上的错误，而人自身能够导致或影响这些错误的有生理和心理两个方面的因素。例如，感觉器官的暂时性障碍、酒后或疲劳驾驶、疾病、应急情绪状态等生理或心理因素可能导致驾驶人感知上出现错误，而年龄、饮酒、性格、能力、情绪等生理或心理因素也可能导致驾驶人判断出现错误。具体如图 28 – 1 所示。

三、交通事故中的非人为因素

（一）车辆对发生交通事故的影响

车辆是构成道路交通的基本要素之一，与发生交通事故之间有着紧密的联系。一方面，如

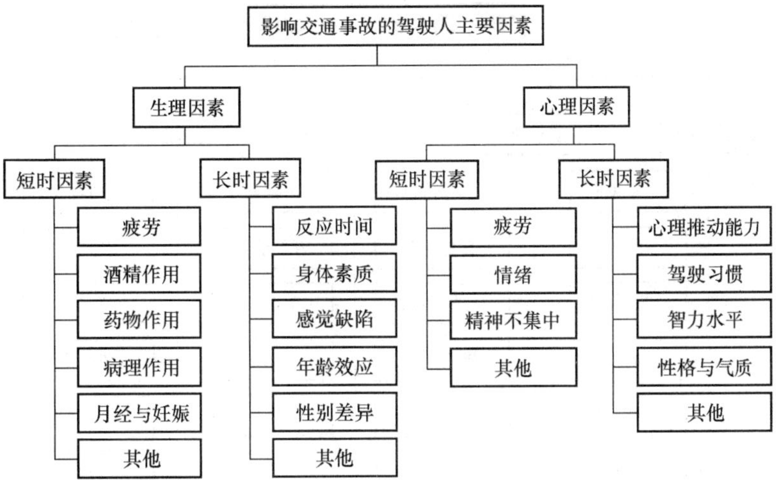

图 28－1 影响交通事故的驾驶人方面主要因素结构图

果车辆本身安全可靠性不高，可能使车辆因为出现机械故障而引发交通事故；另一方面，如果车辆的结构和性能不够完善，将容易导致驾驶人因为出现操作失误而发生交通事故。

实际交通事故的统计结果也证实了车辆的制动性、操作稳定性、灯光和其他性能不良是引发交通事故的重要原因。根据交通事故统计资料，引起交通事故的各项车辆因素主要包括机动车的转向系统、制动系统、行驶系统、电气系统和其他系统、装置、零部件等。

（二）道路对发生交通事故的影响

道路是车辆及行人通行的场所和基础条件。一旦道路的结构及性能出现缺陷，往往也会成为引发交通事故的重要因素。例如，2005 年 4 月 12 日发生在四川省阿坝州巴郎山上的一起造成 26 人死亡、13 人受伤，车辆报废的特大交通事故，就与现场路面的横坡过大和附着系数过低有关。道路对交通事故的影响可分为两种情况：一种是道路出现缺陷直接导致交通事故发生，如路基塌陷、路面溜滑、路面坑洼等；另一种是道路出现缺陷诱使驾驶人的驾驶行为发生偏差，进而导致交通事故发生，例如道路几何线形设计不合理、路面宽度不足、行车视距不足等。

影响交通事故的道路因素可分为道路几何特征、道路交叉、路面状况和交通设施四个大方面（见图 28－2）。

（三）环境对发生交通事故的影响

环境是车辆、道路、行人共同所处的时间、空间范围及其特征的综合。其中，影响交通事故的环境因素可分为地理环境、气候条件、交通条件和其他因素四个方面（见图 28－3）。

除了上述几方面因素以外，环境噪声、道路出入口，以及道路及其周边的建筑物、广告牌、霓虹灯、标语、跨线桥等人文景观对交通事故的发生也有一定影响。

（四）交通安全管理对发生交通事故的影响

交通安全管理是有关部门为了实现交通安全目的，而根据道路交通的具体状况和条件，通

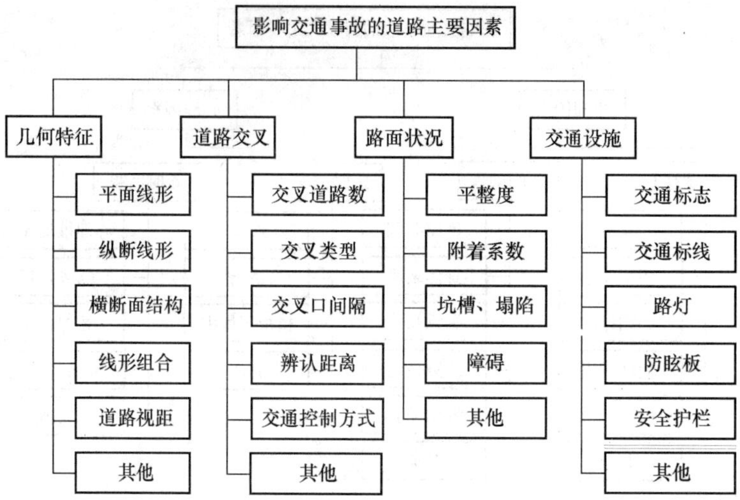

图 28－2　影响交通事故的道路主要因素

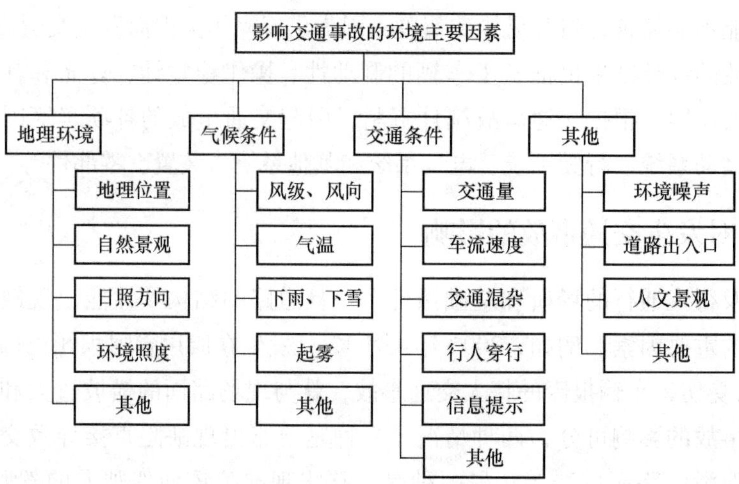

图 28－3　影响交通事故的环境主要因素

过采取一系列方法和措施，对人员、车辆、道路和环境所施加的控制和影响。如果交通安全管理不能从宏观上有效协调人员、技术和环境子系统的关系，就有可能使整个道路交通系统处于容易发生交通事故的危险境地。交通组织管理缺陷作为引发车辆、道路不安全状态和交通参与者违法行为或事物的隐性故障，是导致交通事故的间接原因，对道路交通系统发生交通事故的影响很大。

（五）政策对发生交通事故的影响

道路交通事故不同于其他自然灾害，它极易受人的行为的影响，而人的行为又不可避免地受政策及法律法规以及执法人员尺度的影响。结合历史数据可以看到，重大法律法规政策出台的年份，道路交通事故的次数及损失数据常会有剧烈的变动。例如，《中华人民共和国道路交通安全法》的颁布，明显地抑制了两项数据的增长势头。

本节小结

本节分别从人为因素和非人为因素两个方面对交通事故的影响因素进行了定性分析，人为因素主要是指机动车驾驶人、非机动车驾驶人、行人、乘车人的各方面心理和生理因素，非人为因素主要指是车辆、道路、环境、交通安全管理和交通法律法规等方面的影响。

第二节　道路交通事故影响因素的定量分析

上一节是对道路交通事故的定性分析，即从逻辑上涵盖了导致意外事故发生的各种因素，并分别分析了这些因素对交通意外事故的影响。这种定性的影响因素分析不够直观，且无法确定这些影响因素对交通意外事故的影响程度。因此，有必要建立一个定量的分析模型，即影响因素回归分析模型，以对损失的各种影响因素能够有更加直观的印象。此外，对损失的回归分析一定程度上可以帮助预测损失的发展趋势。因此，本节采用计量中的多元回归模型对道路交通事故进行回归分析，使用的统计软件是 R。

一、变量选取

（一）被解释变量

由于本部分是对损失的灾因进行分析，所以选取相关的损失变量作为被解释变量。与损失相关的变量有损失次数、损失总额以及次损失额。考虑到以上三个变量的参考意义，这里选择损失次数作为被解释变量。

（二）解释变量

凡是能够对损失造成影响的变量都应该包括在解释变量的范围之内，受数据来源方面限制，本节只能尽量选取相对比较贴合的指标。然而大多数宏观数据存在较强的线性相关性，这个问题是无法避免的，课题组在变量选取时力求将多重共线性的影响降到最小。相信随着数据结构的完善，未来的回归模型还能够进一步得到完善。

这里课题组选择全国人口总数、客货运因子、政策因子作为模型的解释变量。

客货运因子是每年的客运量与货运量之和。客运量、货运量、GDP、民用汽车数和公路里程数相互之间存在着极强的线性相关性（相关系数 >0.9），将这些数据纳入统计模型会造成共线性的问题。综合考虑，课题组选取客货运因子作为这一系列数据的代表。需要注意，客运量和货运量数据的单位分别是万人与万吨，但是因其在数量级上的相似性，本节采取了直接对其求和的方法。

政策因子作为一个虚拟变量加入模型。之所以使用政策因子这个变量，原因在于，道路交通事故极易受人的行为影响，而人的行为又不可避免地受政策及法律法规以及执法人员尺度的影响。结合历史数据可以看到，重大法律法规政策出台的年份，道路交通事故的次数及损失数据常会有剧烈的变动。对事故次数产生重要影响的政策法律法规有两个，分别是1986年的道路交通管理体制改革和2003年的《中华人民共和国道路交通安全法》。政策因子在这两年取1，其他各年为0。

二、数据来源

根据灾因分析报告对公共数据的需求，首先进行数据收集和整理，然后对部分数据进行甄别和调整，最终得到可以进行统计计算的初等数据。参考《中国财产保险重大灾因报告（2012）》和对公共数据的掌握情况，课题组从1981—2014年的《中国统计年鉴》中选择性收集和整理了1980—2013年部分官方公共数据。根据解释变量的选取和处理，得到具体数据如表28－2所示。

表28－2　1980—2013年定量回归分析数据表

年份	事故次数	全国人口总数（万人）	客货运因子	政策因子
1980	116 692	98 706	604 847	0
1981	114 679	100 072	625 222	0
1982	103 777	101 541	679 815	0
1983	107 758	102 495	738 378	0
1984	118 886	103 475	923 718	0
1985	202 394	104 532	1 014 548	0
1986	295 136	105 721	1 164 372	1
1987	298 147	107 240	1 305 106	0
1988	276 071	108 978	1 382 788	0
1989	258 030	110 676	1 378 289	0
1990	250 297	113 274	1 372 125	0
1991	264 817	114 511	1 416 588	0
1992	228 278	115 563	1 512 715	0
1993	242 343	116 277	1 700 975	0
1994	253 537	117 674	1 848 854	0
1995	271 843	121 121	1 981 197	0
1996	287 685	122 389	2 105 970	0
1997	304 217	123 626	2 181 119	0
1998	346 129	124 761	2 233 336	0
1999	412 860	125 786	2 259 448	0
2000	616 971	126 743	2 386 205	0
2001	754 919	127 627	2 459 110	0

续表

年份	事故次数	全国人口总数（万人）	客货运因子	政策因子
2002	773 137	128 453	2 591 581	0
2003	667 507	129 227	2 624 292	1
2004	517 889	129 988	2 869 516	0
2005	450 254	130 756	3 039 159	0
2006	378 781	131 448	3 326 834	0
2007	327 209	132 129	3 690 112	0
2008	265 204	132 802	4 598 873	0
2009	238 351	133 474	4 906 915	0
2010	219 521	134 091	5 500 790	0
2011	210 812	134 735	6 106 320	0
2012	204 196	135 404	6 745 485	0
2013	198 394	136 072	4 930 111	0

资料来源：《中国统计年鉴》（1981—2014）。

三、回归分析

依据前面对被解释变量及解释变量的分析，建立多元回归方程如下：

$$\log(\text{事故次数}) = \alpha_1 \times \log(\text{客货运因子}) + \alpha_2 \times \log(\text{全国人口总数}) + \alpha_3 \times \text{政策因子}$$

采用逐步回归方法，得到回归结果（见表28－3）。

表28－3　回归分析参数表

变量	Coefficient	Std. E	T value	P
截距项	－99. 338 3	20. 321 5	－4. 888	3. 19E－05
客货运因子	－1. 297 2	0. 331 8	－3. 909	0. 000 49
全国人口总数	11. 175 8	2. 131 8	5. 242	1. 17E－05
政策因子	0. 578 8	0. 245 7	2. 356	0. 025 2

为了检验回归模型的优良性，可以利用R软件做出如图28－4所示的四个图形，用可视化的方式对模型进行评估。

从回归结果看出，全国人口总数、政策因子系数为正，客货运因子系数为负，在0. 05显著水平下均显著。对此可以解释为：

随着全国人口总数的增加，人口密度相应增加，造成车人之间的事故概率增加，因而会造成交通事故次数的增加。

政策因子的系数为正，是由于政策出台的年份往往对应着高事故次数，而政策出台后事故次数显著下降，表现在数据上，似乎是政策出台的年份事故次数明显高于其他年份，因此系数

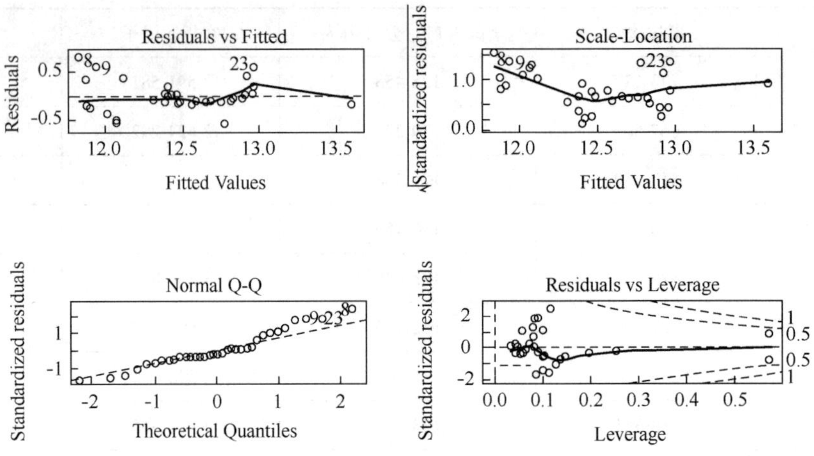

图 28－4　回归模型评估图

为正，不能简单理解为政策导致事故次数上升。事实上，政策因子显著恰恰说明两点：其一，数据上升会导致政策法规的出台；其二，政策法规出台后数据明显下降。

客货运因子作为 GDP、民用汽车数等数据的代表数据，其结果也并不像数据展示的那样简单直观。一方面，民用汽车数等数据的提高必然带来事故次数的增加；另一方面，公路里程数及 GDP 等数据也反映了我国道路交通体系的发展健全，减少了事故的发生。由于各数据之间具有较强的线性关系，模型难以分离其中各项因素的影响。

从回归模型的评估结果看出，该模型能较好地拟合数据，分析如下：

左上方的图形表示的是残差和它们的拟合值，从图中可以看出，残差值没有明显的分布趋势，是绕着水平线（代表残差值为 0）上下波动的，符合预期。

左下方的图形是标准的 QQ 图，应该显示残差是正态分布的，但此处数量较少，因此这个图形的分析价值不大。

右上方的图形表示的是标准差的平方根，能看出来并没有明显的分布趋势，这也是符合预期的。

右下方的图形表示的是每个点在模型估计中的重要性，距离越大表示对模型的影响越大，大于 1 的距离说明出现了异常值，有可能损害模型的估计有效性。可以看出，在本模型估计中，并没有出现距离大于 1 的点，即并没有出现影响模型有效性的异常值。

本节小结

本节采用多元回归模型对道路交通事故进行定量分析，选择全国人口总数、客货运因子、政策因子作为模型的解释变量，从回归结果看出，全国人口总数、政策因子系数为正，客货运因子的系数为负，在 0.05 显著水平下均显著。另外，相比于《灾因报告（2012）》，本次《灾因报告（2014）》中加入了用图形对模型拟合效果进行分析的过程，从图形结果来看，残差值没有表现出明显的趋势，模型估计中也没有出现异常值，拟合效果较好。

第三节　道路交通系统的脆弱性分析

一、道路交通系统脆弱性概述

（一）道路交通系统脆弱性的概念

脆弱性强调的是承灾体易于受到损害的性质，是承灾体对破坏和伤害的敏感性，同时也强调了承灾体自身抵御灾害的能力，是承灾体易受或敏感于灾变破坏与伤害的状态。在道路交通安全系统中，交通系统的脆弱性就是指机动车辆、驾乘人员、车载货物及交通环境易受或敏感于交通事故破坏与伤害的状态或性质。

交通系统的脆弱性也可以用交通系统的安全性加以描述，即系统脆弱性增加，交通安全性就降低；系统脆弱性越强，抗御事故和从事故灾难中恢复的能力就越差。道路交通系统由人、车、路三要素构成，系统内任何一个要素受到外界的扰动和影响都会造成道路交通系统的状态变化，道路交通系统的脆弱性正是对状态变化敏感程度的度量，也就是交通状态的易受干扰性，它从另一个角度反映了道路交通系统对环境的适应能力。

（二）道路交通系统脆弱性的形成机理

道路交通系统脆弱性的形成存在多方面的原因与渠道，具体如下：

第一，道路交通系统存在着内在的不稳定性。道路交通系统总体来看由人、车、路三个基本要素构成。而人、车、路三要素说起来简单，本身也是三种非常复杂、极不稳定的子系统。人员、车辆和道路三者相互作用的过程中又会产生新的不稳定性。

第二，道路交通系统的外部影响因素也存在着极大的不稳定性。道路交通系统如同人体的循环系统一般，担负着物质运输、互通有无的重要职能，是社会经济系统中极为重要的组成部分，道路交通系统在宏观经济体系中受到其他系统的制约和影响，这就使得道路交通系统的脆弱性也受到这些方面的干扰。比如自然环境、社会环境都可能对道路交通系统产生扰动。

第三，对于来自外部和内部的这些干扰和影响，道路交通系统的反应非常敏感。并且由于道路交通系统内三要素——人、车、路的数量日益增加，系统规模日益庞大，这种敏感性越发增强了。一个很不起眼的小扰动或者几个因素相互作用，就会造成交通系统的稳定性受到冲击。比如，雾天情况下，交通高峰时段重点路段出现两车的刮擦，造成两个车道的阻塞，结果就可能导致整个路段瘫痪。

第四，道路交通系统在内外部不稳定因素的作用冲击下，会产生系统内的损失，这种损失难以复原。这一点主要表现在，道路交通事故本身会造成人员伤亡和财产损失，而且会引起间接的损失，这些损害后果都是不可逆的，一旦发生，即便得到保险公司的补偿，其损害都已经发生了，从社会经济整体上讲，造成的经济损伤都无法弥补、不可挽回。虽然道路交通事故造成的直接经济损失和人员伤亡可能不会像自然灾害那样巨大，然而由于道路交通事故的频发性，数量累积起来依旧是非常巨大的，甚至是超过自然灾害所造成的损害的。

综合以上四点分析，可以粗略看出道路交通系统脆弱性的形成。同时也表明，对道路交通系统的脆弱性进行评价是非常重要且必要的。本章即采取脆弱性分析方法，对我国各地区的道路交通系统加以评价，从而了解各地区的道路交通系统脆弱性等级状况。

二、全国各省（区、市）道路交通系统的脆弱性分析

（一）评价指标体系构建

1. 各因素指标选取

在道路交通系统脆弱性形成机理的指导下，建立道路交通系统脆弱性层次结构，即脆弱性评价的指标体系。本节将影响道路交通系统脆弱性的指标划分为两大类别：内在因素指标和外在因素指标。内在因素指标主要包括有关驾乘人员、车辆情况和道路情况三个方面的指标，外在因素指标主要包括社会经济发展状况、自然环境状况、道路运输状况、交通管理状况等方面的指标（见图28－5）。

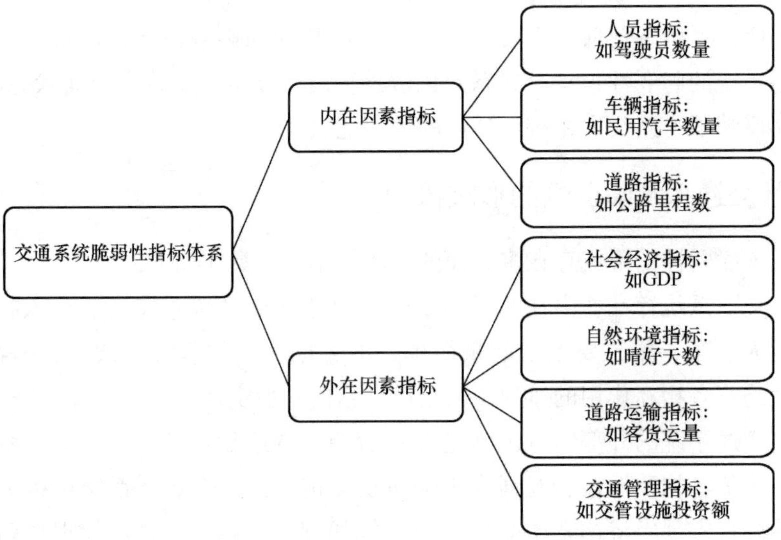

图28－5　交通系统脆弱性指标体系框架图

根据道路交通系统脆弱性分析需要及能够收集到的数据信息的筛选，选取6个指标作为脆弱性分析的选择指标：驾驶员数量、公路里程数、民用车辆数、人均GDP、客运量和货运量。这其中，前三者属于内在因素指标层次，并且三种要素指标各选取一个；后三者属于外在因素指标层次，选取了一个社会经济指标和两个交通运输指标。交通管理指标由于数据信息缺乏没有选取，没有选取自然环境指标分析范围的主要原因是考虑到我国行政区划较多且地理上幅员辽阔，各地区的气候差异性极大，自然环境及天气状况可能不具可比性。

对六项指标的原始数据进行处理，把绝对指标转化为相对指标，包括该地区的人均GDP（单位：万元）、该地区驾驶员占人口比例、该地区客运量占人口比例、该地区每千米公路货运量（简称为每千米货运量，单位：万吨），该地区的公路里程数（单位：千米）及民用车辆数（单位：辆）则仍使用绝对指标。

2. 评价指标权重赋值

熵权法原理详见第一篇，此处不再赘述。表 28－4 为道路交通事故脆弱性指标权重表。

表 28－4　道路交通事故脆弱性指标权重表

年份	公路里程	民用车辆	人均 GDP	驾驶员人数	客运量	每千米公路货运量
2013	15.56%	19.20%	22.09%	7.00%	12.84%	23.31%
2012	15.81%	19.50%	20.51%	6.96%	13.26%	24.24%
2011	15.88%	19.64%	19.50%	7.84%	13.64%	26.48%
2010	15.95%	20.11%	20.35%	9.28%	13.87%	27.76%
2009	15.78%	20.71%	22.38%	12.92%	16.78%	28.63%

（二）脆弱性指数的计算结果与分析

在上述指标体系基础上，构造道路交通事故脆弱性评估模型。本章采用的脆弱性评价模型为：

$$V = \sum_i P_i \times W_i$$

式中：V 为脆弱性指数；P_i 为某省（区、市）第 i 种指标的标准值；W_i 为第 i 种指标所占权重。

各省（区、市）各年脆弱性结果如表 28－5 所示。

表 28－5　2009—2013 年全国各省（区、市）脆弱性指数

省（区、市）	2013 年	2012 年	2011 年	2010 年	2009 年
北京	53.06%	53.43%	54.50%	55.49%	53.37%
浙江	51.32%	48.44%	48.25%	46.99%	42.66%
江苏	50.98%	49.44%	47.96%	45.64%	40.81%
广东	50.76%	54.34%	53.44%	52.24%	51.24%
上海	50.39%	50.92%	52.41%	53.03%	53.54%
山东	46.19%	49.70%	48.20%	47.65%	45.38%
天津	43.24%	41.83%	41.00%	39.58%	36.91%
四川（含重庆）	42.29%	42.43%	41.30%	39.98%	37.52%
辽宁	39.61%	35.19%	34.21%	32.90%	29.47%
河南	32.77%	32.40%	32.06%	30.67%	28.88%
河北	32.07%	33.22%	32.23%	30.55%	28.57%
湖南	31.87%	26.87%	26.11%	25.09%	22.31%
安徽	31.85%	27.73%	25.94%	24.12%	21.70%

续表

省（区、市）	2013 年	2012 年	2011 年	2010 年	2009 年
内蒙古	31.79%	32.16%	31.56%	28.46%	26.41%
福建	30.32%	27.98%	27.40%	26.38%	23.65%
陕西	29.22%	26.77%	25.35%	23.39%	20.78%
湖北	28.88%	26.28%	25.41%	24.45%	22.23%
新疆	23.93%	19.61%	18.77%	18.09%	16.56%
山西	22.40%	21.64%	22.00%	21.38%	20.27%
江西	22.25%	19.87%	19.43%	18.65%	16.95%
吉林	21.90%	22.89%	22.21%	21.41%	19.14%
云南	21.22%	19.26%	18.96%	18.75%	18.30%
贵州	21.02%	14.50%	13.34%	13.11%	11.54%
广西	20.92%	21.01%	20.32%	16.74%	14.41%
黑龙江	20.75%	19.83%	20.19%	19.66%	18.34%
宁夏	18.43%	18.00%	17.39%	16.09%	14.16%
海南	14.82%	20.73%	20.58%	20.05%	16.63%
甘肃	14.00%	13.27%	12.63%	11.79%	10.29%
青海	10.89%	13.25%	13.04%	12.15%	10.58%
西藏	3.09%	4.59%	4.81%	7.89%	7.67%

如表 28－5 所示，全国各省（区、市）的脆弱性水平存在较大的差异，以 2013 年为例，脆弱性水平最高的三个地区分别为北京、浙江和江苏；脆弱性水平最低的三个地区分别为西藏、青海和甘肃。同一省（区、市）历年的脆弱性水平也会发生变化，这主要是由人口增加、经济发展、民用车辆数目等情况在各年、各省（区、市）间的发展差异造成的。

以北京为例，其脆弱性指标一直保持在较高水平是由以下几个原因造成的：①人口多、面积小，人口密度大；②人均 GDP 水平高；③民用汽车拥有量较大，驾驶人员在人口中占比很大，远高于其他地区，而公路里程数较小，造成道路交通十分拥挤；④客运量和货运量大。由于以上原因，北京的脆弱性指标较大，一旦发生道路交通事故，损失将较其他地区更加严重。

脆弱性水平较低的地区以西藏为例，西藏地区地广人稀，人均 GDP 较低，民用汽车拥有量较少，驾驶人员比重较低，并且货运量和客运量规模都比较小，因而总体上道路交通事故发生概率和损失规模较小，脆弱性较低。

从纵向比较的角度来看，2013 年除了海南省的脆弱性指数较前年有了明显的下降，其余各省（区、市）都呈现上升、小幅下降或基本保持稳定的特点。2013 年海南省脆弱性下降的原因可以从以下几点考虑：首先，从交通运输角度看，2013 年海南省交通运输业完成了 206.21 亿元的基础设施投资，基础设施投入的加大改善了交通运输环境，为降低交通事故提供了良好的条件；除此之外，从监管的角度来看，海南省开展了道路交通秩序专项整治行动，针对交通领域突出问题开展整治，重点规范交通秩序、缓解城市交通拥堵、改善道路通行条件和提高交通参与者文明交通意识，也有利于减少交通事故的发生。

根据 2013 年脆弱性水平分析结果，将各省（区、市）道路交通脆弱性情况进行分级，结果如表 28－6 所示。

表 28－6　全国各省（区、市）脆弱性分级

脆弱性指数（%）	分级	省（区、市）
60～100	极度脆弱	—
45～60	高度脆弱	北京、浙江、江苏、广东、上海、山东
25～45	中度脆弱	天津、四川（含重庆）、辽宁、河南、河北、湖南、安徽、内蒙古、福建、陕西、湖北
10～25	低度脆弱	新疆、山西、江西、吉林、云南、贵州、广西、黑龙江、宁夏、海南、甘肃、青海
0～10	极低脆弱	西藏

如表 28－6 所示的排序应该说和预期情况大致吻合，造成这样的脆弱性排序，原因大致有如下几个方面：

第一，经济发展水平使得同样程度的道路交通事故损失在不同地区会有很大不同，比如同样剐蹭事故，在乡村公路上的事故车辆可能是两辆拖拉机，剐蹭事故双方可能粗略查看一下车体刮痕，认为没有多大影响就不再深究了；而在发达城市道路上，两辆高级轿车剐蹭，却可能造成很大的经济损失，因为两辆车在维修时费用会非常高昂。

第二，交通系统的发展水平也会因地区有很大差距，进而造成脆弱性的差异，比如发达城市的路网密集、行人车辆数量都十分大，有限空间内的交通量就会非常巨大，交通密度大大超过欠发达地区，这都会使得交通系统水平较为发达地区的安全性降低，即脆弱性较高。

第三，客货运量的差异造成损失上的差异会很大。发达地区的客运量、货运量都会非常大，其发生事故造成损失的概率也就会相应高很多，这也使得发达地区的脆弱性有所提高。就结论情况来看，排在前两个等级的六个地区为北京、浙江、江苏、广东、上海、山东，这都是我国经济最为发达、道路交通系统最为繁忙的地区，它们都是经济发展水平较高、人口稠密、交通处于枢纽地位的地区，无论是人员流动还是货物运输数量都十分巨大，因此它们的脆弱性也就居高不下。而甘肃、青海和西藏地区，相对经济发展水平落后，又都是交通上相对发展程度不高且处于国内交通网络终点位置的地区，人口密度较低、汽车拥有量较低、道路网也相对稀疏，客货运量又不是很高，因此它们的脆弱性相对会比较弱一些。

本节小结

本节首先介绍了道路交通系统的脆弱性的概念和形成机理，选取驾驶员数量、公路里程数、民用车辆数、人均 GDP、客运量和货运量六个指标作为脆弱性分析的选择指标，并采用了新的

权重确定方法熵权法建立道路交通系统脆弱性评价的指标体系；最后，对计算出的各地区各年的脆弱性指标进行横向和纵向比较，分析脆弱性强弱的原因。

相比于《灾因报告（2012）》，在选取指标不变的情况下，全国各省（区、市）脆弱性的排序情况变化不大，脆弱性程度较高的省（区、市）仍然集中在经济发达、交通便利、人口稠密的地区，只是在个别省（区、市）的排序上有了一定的调整；除此之外，大多数省（区、市）各年度间的脆弱性指数波动幅度较小，总体保持在相对稳定的水平。全国各省（区、市）脆弱性各等级比例有了较大调整。由于采取新的统计方法，各省（区、市）脆弱性指数的绝对值较以前方法测算下的脆弱性指数绝对值有了较大变化；随着脆弱性指数的改变，脆弱性分级也有所调整。北京、浙江、江苏、广东、上海、山东成为高度脆弱区，西藏仍为极低脆弱区。

第二十九章　道路交通事故的趋势分析

第一节　道路交通事故趋势的定性分析

预测是科学决策的重要前提，道路交通安全决策也不例外。我国的道路交通事故目前正处在多发的关键时期。道路交通事故数量在一段时期内，还将随着经济的发展，汽车保有量的增加而增多。在道路交通规划、设计、管理、法规和教育等方面，道路交通安全的科学决策显得越来越重要，对时间和质量的要求也越来越高。因此，做好道路交通事故的趋势分析工作，对提高道路交通安全管理工作水平具有十分重要的意义。预测道路交通事故可以为制定预防道路交通事故对策、针对性防范措施及交通法规提供依据，此外预测道路交通事故近期状态特征还可以为制定合理的交通安全管理目标和评价交通安全措施的可行性和实施成果提供数量上的参考。因此，对道路交通事故的损失量进行合理的预测和趋势分析是很有必要的。

目前趋势分析的方法主要有定性趋势分析和定量趋势分析，前者指在数据资料掌握不多，或需要短时间内做出预测的情况下，运用专家的经验和判断能力，用逻辑思维方法，把有关资料予以加工，对道路交通事故的发展趋势和特征做出定性的描述。常用的道路交通事故方面的定性趋势分析技术有专家会议法、德尔菲法（专家调查法）、主观概率法、趋势判断法、类推法和相互影响分析法等。定性趋势分析的主要缺点在于其预测精度受相关专家专业知识、社会背景的制约，它多采用主观经验方面的判断预测方法，与数学上较为完善的定量趋势分析方法相比，显得粗糙、简单，预测精度不高。因此，其比较适用于短期宏观预测。

定量趋势分析则是依据历史数据和统计资料，运用数学或其他分析技术，建立可以表现数量关系的模型，利用它来预测道路交通事故在未来可能出现的数量。常用的定量趋势分析技术有时间序列趋势外推法、回归分析法、灰色预测法和组合预测法等。由于定量分析具有可靠、客观的特点，它常常是人们认识事物和进行决策的重要依据。但是，定量趋势分析对样本的数据量和分布都有一定的要求，需要对样本进行考查和检验。

接下来将分别采用小波分析、马尔可夫、灰色模型、神经网络和时间序列方法来做道路交通事故的定量趋势分析。其中，时间序列分析大体上可以分为确定性时间序列模型和随机时间序列模型。道路交通事故的发生受到许多经济和环境因素的影响，这些因素又具有明显的不确定性。因此，在分析的时候采用了随机时间序列模型。

本节小结

本节对我国交通事故的发展变化进行了概述，道路交通事故在一段时期内，还将随着经济的发展，汽车保有量的增加，呈增长的趋势。因此，做好道路交通事故的趋势分析工作，对提高道路交通安全管理工作水平具有十分重要的意义。

第二节　道路交通事故趋势的定量分析

一、交通事故的小波分析

（一）交通事故频数的小波分析

图 29－1 反映了 1985—2013 年我国交通事故频数的整体趋势，我国交通事故总体呈现先上升后下降的趋势，在 2002 年左右达到峰值。图 29－2 为交通事故频数小波系数实部等值线图，通过图 29－2 可以看出，在 12—15 年尺度交通事故频数形成了 4 个完整的平均周期约 4 年的震荡周期，并且在整个研究时间段内非常平稳，分别产生了 1987 年、1995 年、2003 年和 2011 年 4 个高值中心与 1991 年、1999 年和 2007 年 3 个低值中心；其他时间尺度下的周期性则不太明显。小波系数模方图 29－3 反映了不同时间尺度变化周期所对应的能量密度在时间域中的分布情况，可以分析出不同周期的震荡能量。通过图 29－3 可以看出，在 12—14 年时间尺度下，1991—1995 年存在一个较强震荡中心，反观图 29－2 也可得到验证。根据小波系数实部等值线图和模方图可以预测，2014 年交通事故频数在 12—15 年尺度下处于震荡期范围之外，并且在 13 年的主周期尺度下也不属于灾害偏多中心范围内，说明 2014 年交通事故频数应该呈现下降趋势。

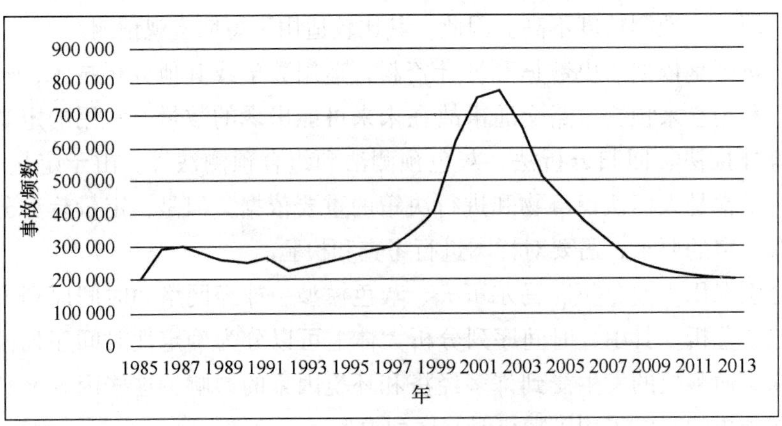

图 29－1　1985—2013 年全国交通事故频数折线图

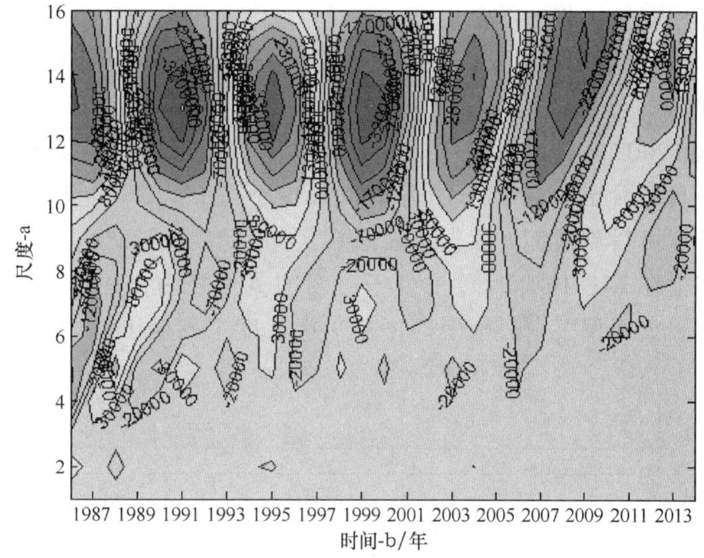

图 29－2① 1985—2013 年全国交通事故频数小波系数实部等值线图

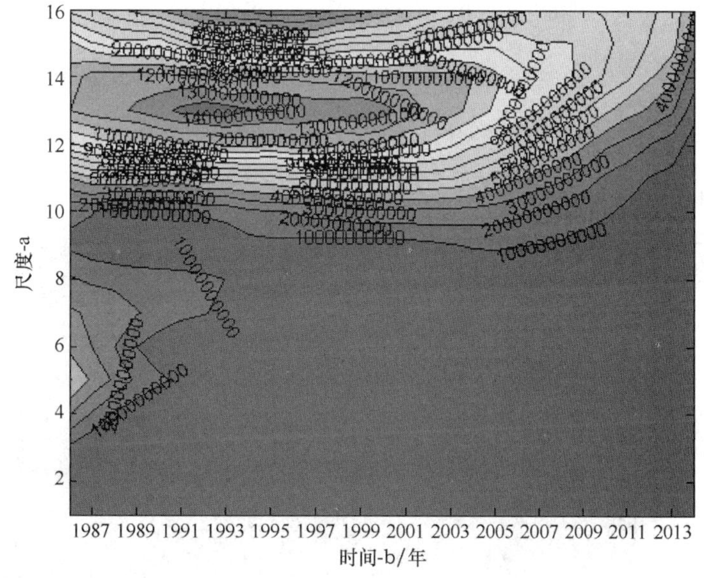

图 29－3② 1985—2013 年全国交通事故频数小波系数模方图

（二）交通事故年次均损失的小波分析

图 29－4 反映了 1985—2013 年我国交通事故年次均损失的实际情况，总体呈现先上升后下降的趋势，在 1994 年左右达到峰值。图 29－5 为交通事故年次均损失小波系数实部等

① 彩图见附录一。
② 彩图见附录一。

值线图，通过图 29－5 可以看出，在 8—10 年尺度交通事故年次均损失在 2007—2013 年形成一个完整的平均周期约 4 年的震荡周期，产生了 2009 年 1 个高值中心与 2013 年 1 个低值中心；在 12—16 年尺度下形成了 4 个完整的平均周期为 4 年的振荡周期，并且在整个研究时间段内非常平稳，分别产生了 1987 年、1995 年、2003 年和 2011 年 4 个高值中心与 1991 年、1999 年和 2007 年 3 个低值中心；其他时间尺度下的周期性则不太明显。从小波系数模方图 29－6 可以看出，在 14—16 年时间尺度下 2005—2009 年存在一个较强震荡中心，反观图 29－5 也可得到验证。根据小波系数实部等值线图和模方图可以预测，2014 年交通事故年次均损失在 14—16 年尺度下处于震荡期范围之内，并且 9 年和 15 年左右两个主周期尺度下都属于灾害偏多中心范围内，在 9 年尺度主周期下有减弱趋势，15 年尺度下有加强趋势。

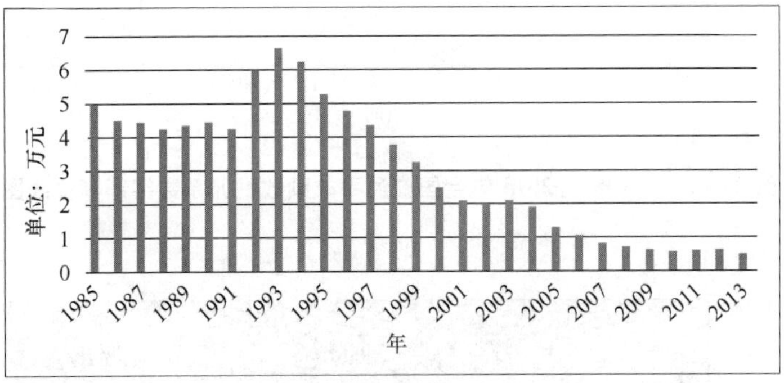

图 29－4　1985—2013 年全国交通事故年次均损失柱状图

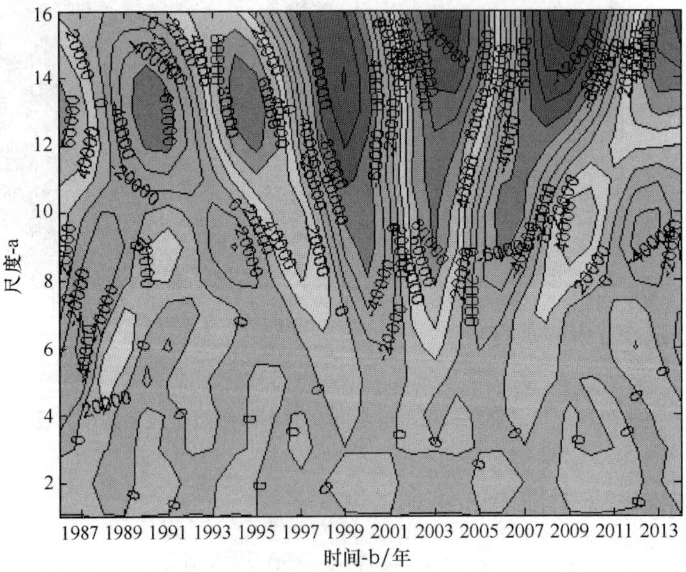

图 29－5[①]　1985—2013 年全国交通事故年次均损失小波系数实部等值线图

① 彩图见附录一。

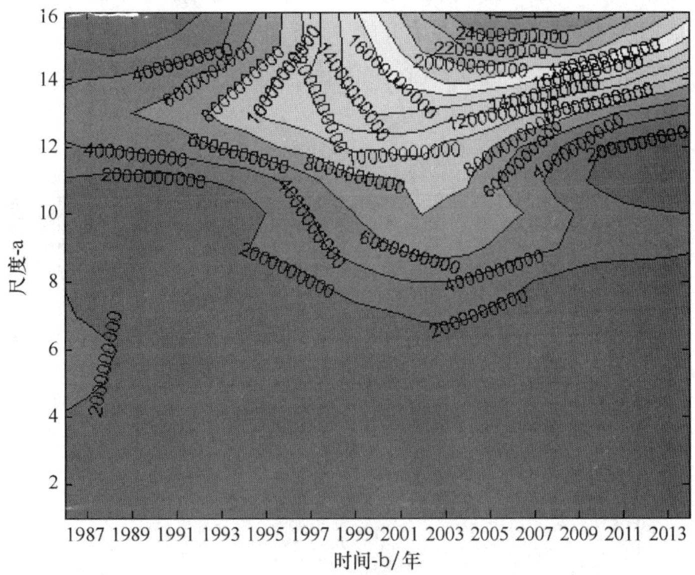

图 29－6[①]　1985—2013 年全国交通事故年次均损失小波系数模方图

（三）交通事故年总损失的小波分析

由图 29－7、图 29－8、图 29－9 可以看到，全国交通事故年总损失周期波动与年次均损失周期波动十分类似：从图 29－7 可以看出，我国交通事故年总损失总体上呈现下降趋势，局部来看震荡较大，呈现上升下降交替出现的局面。通过图 29－8 可以看出，在 8—10 年尺度交通事故年总损失在 2007—2013 年形成一个完整的平均周期约 4 年的震荡周期，产生了 2009 年 1 个高值中心与 2013 年 1 个低值中心；在 12—16 年尺度下形成 4 个完整的平均周期为 4 年的振荡周期，并且在整个研究时间段内非常平稳，分别产生了 1987 年、1995 年、2003 年和 2011 年 4 个高值中心与 1991 年、1999 年和 2007 年 3 个低值中心；其他时间尺度下的周期性则不太明显。从小波系数模方图 29－9 可以看出，在 14—16 年时间尺度下 2005—2009 年存在一个

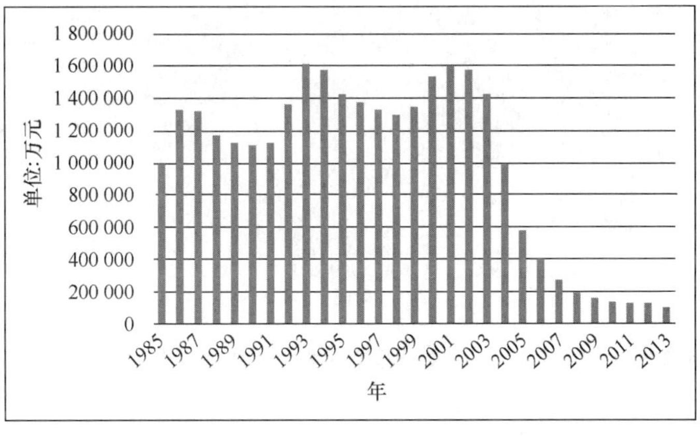

图 29－7　1985—2013 年全国交通事故年总损失柱状图

① 彩图见附录一。

较强震荡中心，反观图 29－8 也可得到验证。根据小波系数实部等值线图和模方图可以预测，2014 年交通事故年总损失在 14—16 年左右的尺度下处于震荡期范围之内，并且 9 年和 15 年左右两个主周期尺度下都属于灾害偏多中心范围内，在 9 年尺度主周期下有减弱趋势，15 年尺度下有加强趋势。

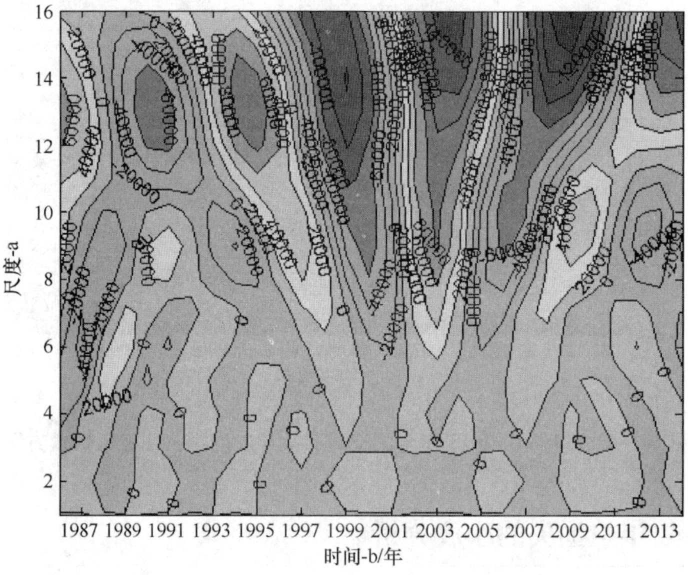

图 29－8[①] **1985—2013 年全国交通事故年总损失小波系数实部等值线图**

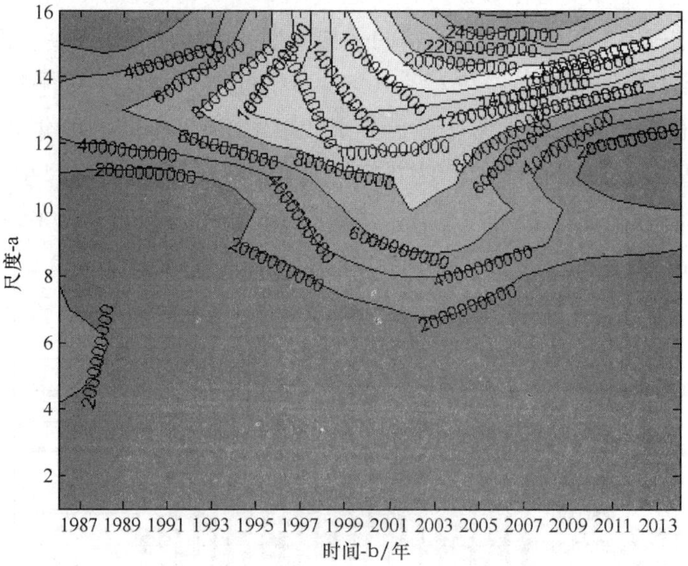

图 29－9[②] **1985—2013 年全国交通事故年总损失小波系数模方图**

① 彩图见附录一。
② 彩图见附录一。

二、交通事故的马尔可夫趋势预测

（一）交通事故频数的马尔可夫过程预测

根据各省（区、市）1997—2012年全国交通事故频数构造马尔可夫转移矩阵，预测2013年度交通事故频数，然后与2013年实际情况进行对比，检验马尔可夫链的构造效果；之后再将2013年数据也用于马尔可夫转移矩阵的构造中，对2014年度交通事故频数进行预测。根据灾害相关指标变化率情况，将所有年度的逐年变化情况等分为五个等级，即-2，-1，0，1，2，分别表示显著下降、小幅下降、相对平稳、小幅上升、显著上升。从图29-10可以看出，马尔可夫过程预测结果对河北、辽宁、黑龙江、江苏、安徽等16个省（区、市）的预测比较准确，但对有些省（区、市）的预测有些偏差，主要原因在于构造交通事故频数的转移概率矩阵的历史记录年份较少。表29-1是对2014年度交通事故频数的预测。从结果来看，2014年度各省（区、市）交通事故次数的变化幅度都不大，基本保持在相对平稳的范围内，只有海南省出现显著下降。原因主要有以下两点：从交通运输角度看，2013年海南省大力增加交通运输基础设施投资，基础设施投入的加大改善了交通运输环境，为降低交通事故提供了良好的条件；除此之外，从监管的角度来看，海南省开展了道路交通秩序专项整治行动，针对交通领域突出问题开展整治，重点规范交通秩序、缓解城市交通拥堵、改善道路通行条件和提高交通参与者文明交通意识，也有利于减少交通事故的发生。

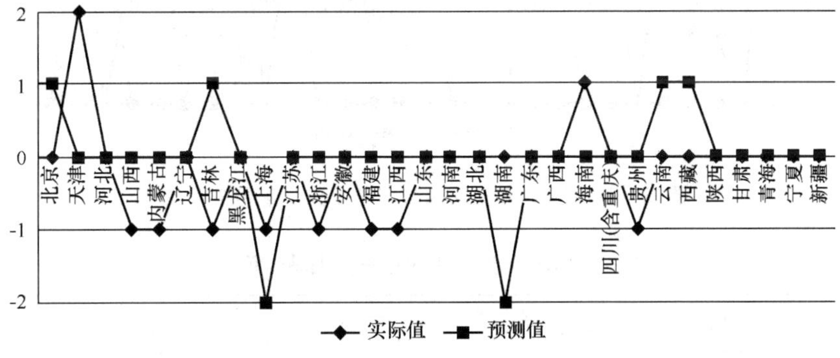

图29-10　2013年交通事故次数马尔可夫预测

表29-1　2014年交通事故频数预测表

北京	天津	河北	山西	内蒙古	辽宁
相对平稳	相对平稳	相对平稳	相对平稳	相对平稳	相对平稳
吉林	黑龙江	上海	江苏	浙江	安徽
相对平稳	相对平稳	相对平稳	相对平稳	相对平稳	相对平稳
福建	江西	山东	河南	湖北	湖南
相对平稳	相对平稳	相对平稳	相对平稳	相对平稳	相对平稳

续表

广东	广西	海南	四川	贵州	云南
相对平稳	相对平稳	显著下降	相对平稳	相对平稳	相对平稳
西藏	陕西	甘肃	青海	宁夏	新疆
相对平稳	相对平稳	相对平稳	相对平稳	相对平稳	相对平稳

（二）交通事故年总损失的马尔可夫过程预测

与交通事故频数预测相似，对于交通事故年总损失的预测首先选取1997—2012年各地区经GDP调整后的损失折款数据构造转移矩阵，对2013年数据进行预测并与实际数据相对比，结果如图29-11所示，然后将2013年数据也用于马尔可夫转移矩阵的构造中并对2014年度进行预测。受到数据年限限制与个别突发事故影响，对于2013年的交通事故年总损失的预测在某些省（区、市）同样存在偏差。表29-2是对2014年度交通事故年总损失的预测，可以看出，2014年大部分省（区、市）都将呈现总损失下降的趋势。

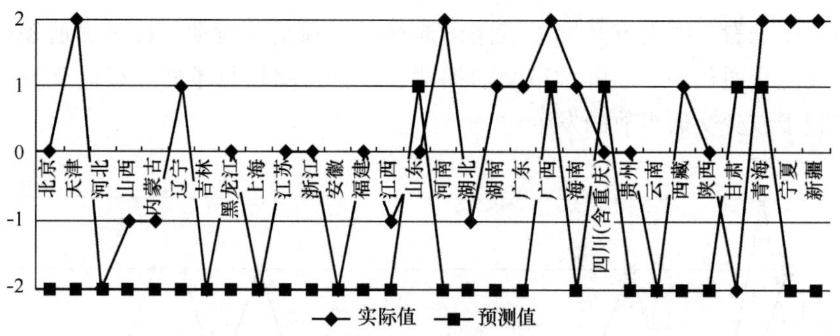

图29-11 2013年交通事故年总损失马尔可夫预测

表29-2 2014年交通事故年总损失马尔可夫预测

北京	天津	河北	山西	内蒙古	辽宁
显著下降	显著下降	小幅上升	显著下降	显著下降	小幅上升
吉林	黑龙江	上海	江苏	浙江	安徽
小幅上升	显著下降	小幅上升	显著下降	显著下降	小幅上升
福建	江西	山东	河南	湖北	湖南
显著下降	显著下降	显著下降	显著下降	显著下降	小幅上升
广东	广西	海南	四川	贵州	云南
小幅上升	显著下降	小幅上升	显著下降	显著下降	小幅上升
西藏	陕西	甘肃	青海	宁夏	新疆
小幅上升	显著下降	小幅上升	显著下降	显著下降	显著下降

（三）交通事故年次均损失的马尔可夫过程预测

对于交通事故年次均损失的预测首先选取1997—2012年各地区经GDP调整后的次均损失数据构造转移矩阵，对2013年数据进行预测并与实际数据相对比，结果如图29-12所示，然后将2013年数据也用于马尔可夫转移矩阵的构造中并对2014年度进行预测。受到数据年限限制与个别突发事故影响，对于2013年的次均损失情况预测在某些省（区、市）同样存在偏差。表29-3是对2014年度交通事故次均损失的预测，可以看出2014年大部分省（区、市）次均损失也呈现下降的趋势。

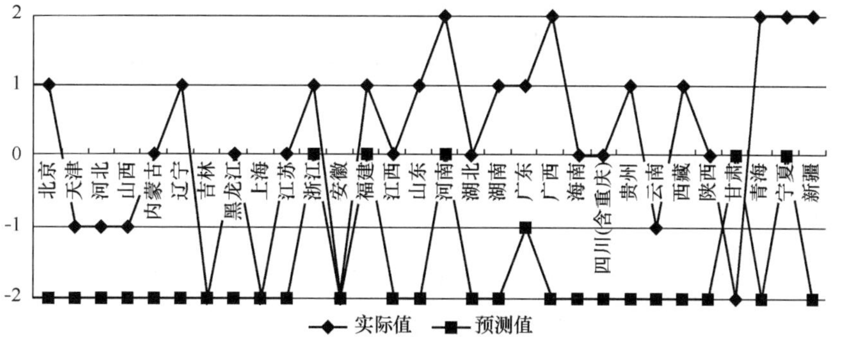

图29-12　2013年交通事故年次均损失马尔可夫预测

表29-3　2014年交通事故年次均损失马尔可夫预测

北京	天津	河北	山西	内蒙古	辽宁
相对平稳	小幅下降	相对平稳	小幅下降	显著下降	显著下降
吉林	黑龙江	上海	江苏	浙江	安徽
相对平稳	显著下降	相对平稳	显著下降	相对平稳	相对平稳
福建	江西	山东	河南	湖北	湖南
显著下降	显著下降	相对平稳	显著下降	显著下降	相对平稳
广东	广西	海南	四川	贵州	云南
显著下降	显著下降	显著下降	显著下降	显著下降	相对平稳
西藏	陕西	甘肃	青海	宁夏	新疆
相对平稳	显著下降	相对平稳	显著下降	显著下降	显著下降

三、道路交通事故趋势的灰色分析

（一）全国道路交通事故频数的灰色模型

由于灰色系统反映的是数据内在的联系，并不要求大量的数据，相邻几年的数据更能反映出变化趋势，因此选取近期的单一趋势数据，即2003—2013年的全国道路交通事故总频数作为样本（见表29-4），建立GM（1，1）模型，进行预测。用R软件得到预测结果见图29-13。

表 29－4　2003—2013 年全国道路交通事故总频数　（单位：次）

年份	事故次数	年份	事故次数
2003	667 507	2009	238 351
2004	517 889	2010	219 521
2005	450 254	2011	210 812
2006	378 781	2012	204 196
2007	327 209	2013	198 394
2008	265 204	—	—

GM(1,1)参数估计值：
发展系数a=-0. 127 183 7　灰色作用量b=614 211.9

x(0)的实际值：
667 507　517 889　450 254　378 781　327 209　265 204　238 351　219 521　210 812　204 196　198 394
x(0)的模拟值：
667 507　497 039　437 678　385 407　339 379　298 847　263 157　231 728　204 053　179 684　158 224
x(0)的下一预测值：
139 328

平均相对误差=7.639 916%
方差比值=0.083 498 3

图 29－13　2003—2013 年交通事故频数 GM（1，1）拟合结果

分析拟合结果可以发现，模型的平均相对误差＜10%，方差比 C＜0.35，模型通过了检验。观察图 29－14 可以发现，实际事故频数和拟合事故频数的曲线重叠较多，说明拟合效果良好。以上两点都说明 2003—2013 年我国道路交通事故损失数据确实具有比较明显的下降趋势，且这种下降规律可以用 GM（1，1）模型来拟合。在 2003—2007 年这段时间，我国的宏观经济、民用汽车保有量、交通法律法规和相关管理政策等影响交通事故发生次数的因素都没有发生突变，所以交通事故次数具有稳定的下降规律是合理的。2007 年我国对道路交通安全法进行了第一次修正，于 2008 年 5 月 1 日正式实施，这使得 2008 年的交通事故次数显著下降，实际值小于预测值，并且这种影响维持了较长时间，在今后的几年中交通事故发生频数都要小于预测值，说明政策的影响效力可持续多年。从 2011 年 1 月 1 日起，我国开始实行新的《道路交通安全法》和《中华人民共和国机动车号牌规定》，对驾车过程中的违法违规行为做出了更加严格的规定和处罚；同时，从 2013 年 1 月 1 日起实施新的《机动车驾驶证申领和使用规定》，严格了对驾驶员的管理，驾驶证考试的难度也大幅增加。从逻辑上分析，新法律法规的实施可以增强驾驶员的安全意识和新驾驶员的驾驶能力，应该会使道路交通事故的发生频率大幅降低。但是，从 2011 年开始，预测结果要小于实际值。这是因为政策的实施一般具有时滞性，时滞过后，政策的影响先增大后减小。所以 GM（1，1）模型所依赖的稳定系统会被新政策打破，2014 年的预计结果仍具有参考意义，实际频数会大幅小于预测结果。当然，以上分析建立在只有政策发生变化，其他影响因素保持不变的假设之上，要分析真实的变化趋势，需要在 2013 年的新系统之上建立模型。

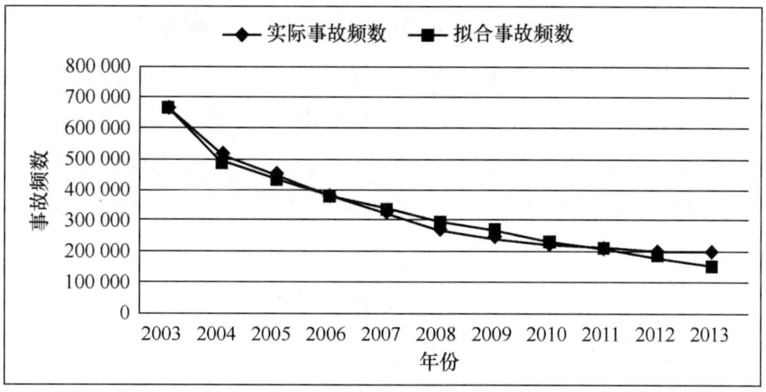

图 29－14　2003—2013 年交通事故频数实际值与拟合值

（二）全国道路交通事故次均损失额的灰色模型

同前，为方便分析全国道路交通事故总财产损失额的变化，我们选取 2003—2013 年的全国道路交通事故调整次均损失数据（以 2013 年全国 GDP 与各年 GDP 的比例调整各年交通事故直接损失折款）作为样本（见表 29－5），建立 GM（1，1）模型，进行预测。用 R 软件得到预测结果见图 29－15。

表 29－5　2003—2013 年全国道路交通事故调整次均损失　　（单位：万元）

年份	调整次均损失	年份	调整次均损失
2003	2. 113 906 086	2009	0. 640 873 605
2004	1. 906 319 114	2010	0. 597 842 406
2005	1. 299 132 58	2011	0. 615 544 077
2006	1. 055 564 565	2012	0. 630 065 566
2007	0. 835 193 701	2013	0. 523 688 216
2008	0. 720 320 255	—	—

GM(1,1)参数估计值:
发展系数a=-0.164 123 1　　灰色作用量b=2.118 649

x(0)的实际值:
2 113 906 1.906 319 1.299 133 1.055 565 0.835 193 7 0.720 320 3 0.640 873 6 0.597 842 4 0.615 544 1 0.630 065 6 0.523 688 2
x(0)的模拟值:
2.113 906 1.633 957 1.386 637 1.176 752 0.998 636 0.847 48 0.719 203 4 0.610 343 0.517 96 0.439 560 3 0.373 027 3
x(0)的下一预测值:
0.316 565

平均相对误差=15.889 8%
方差比值=0.147 161 1

图 29－15　2003—2013 年交通事故调整次均损失 GM（1，1）拟合结果

分析拟合结果可以发现，模型的平均相对误差 <20%，方差比 C <0.35，模型通过了检验。观察图 29 - 16 可以发现，实际事故频数和拟合事故频数的曲线在 2005 年以后重叠较多，说明此后各年拟合效果良好，在 2005 年之前，拟合曲线没有表现出实际曲线的波动性。这显示出灰色预测的一个缺点，即对单调变化数据拟合良好但对波动性的拟合效果较差，容易平滑实际曲线而去掉波动性规律。综上所述，2005—2011 年我国道路交通事故损失数据确实具有比较明显的下降趋势，且这种下降规律可以用 GM（1，1）模型来拟合；而 2003—2005 年、2011—2013 年的次均损失数据具有波动性，这种波动性用 GM（1，1）模型不易表现。从理论上分析，次均财产损失数据也应该受到政策性影响，但是它受到物价水平和汽车及零部件价格的影响也较大。物价水平存在持续上升的趋势。而汽车及零部件的平均价格则受到全国汽车品质分布和技术进步的影响。随着经济的发展，全国汽车中低高档的结构也在发生变化，高档汽车占比增加和汽车平均档次的提升都会导致汽车及零部件价格上升，与此同时，由于技术进步等原因，同种汽车及零部件的价格会随时间下降，所以，全国汽车及零部件的平均价格变化趋势不明。多种趋势不同的因素共同作用，导致 2003—2005 年、2011—2013 年次均损失发生波动。但是，由于人的因素在交通事故的原因中占大部分比例，新政策的影响力较大，在 2004 年后，系统进入稳定期，呈现出持续下降的趋势。与交通事故发生频数的分析相同，在 2011 年实施新的交通安全法后，稳定的系统被打破，现有的 GM（1，1）模型预测能力下降。但是由于次均损失受到的影响因素更加复杂，各因素的影响力都较大，可以预测未来三年次均损失不会如事故频数一样呈现出大幅下降的趋势，而是会出现波动。

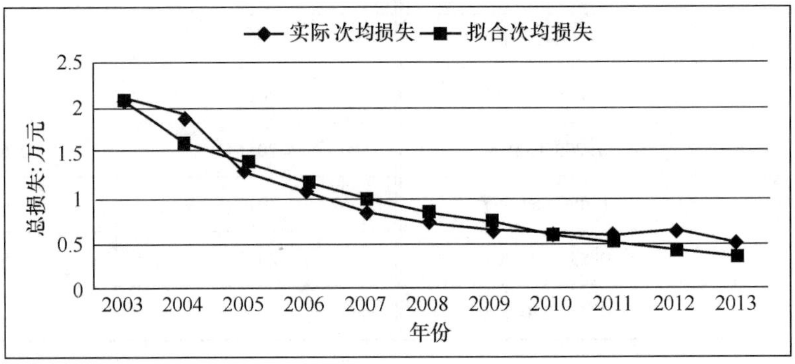

图 29 - 16　2003—2013 年交通事故调整次均损失实际值与拟合值

（三）全国道路交通事故年总损失的灰色模型

全国交通事故年总损失额是事故频数和次均损失两个随机变量的乘积。选取 2003—2013 年的全国道路交通事故调整次均损失数据（以 2013 年全国 GDP 与各年 GDP 的比例调整各年交通事故直接损失折款）作为样本（见表 29 - 6），使用事故频数和次均损失的拟合结果乘积来拟合总损失，拟合值与真实值的曲线见图 29 - 17。

表 29－6　2003—2013 年全国道路交通事故调整总损失　　　（单位：万元）

年份	调整总损失	年份	调整总损失
2003	1 411 047. 110 0	2009	152 752. 864 6
2004	987 261. 699 6	2010	131 238. 962 7
2005	584 939. 640 8	2011	129 764. 077 9
2006	399 827. 801 4	2012	128 656. 868 4
2007	273 282. 895 6	2013	103 896. 600 0
2008	191 031. 813 0	—	—

GM(1,1)参数估计值：
发展系数a=-0.343 419 8　　灰色作用量b=154 468 8

x(0)的实际值：
1 411 047 987 261.7 584 939.6 399 827.8 273 282.9 191 031.8 152 752.9 131 239.0 129 764.1 128 656.9 103 896.6
x(0)的模拟值：
1 411 047 897 240.3 636 448.7 451 458.8 320 237.9 227 157.7 161 132.1 114 297.5 81 075.84 57 510.37 40 794.42
x(0)的下一预测值：
28 973.13

平均相对误差=23.888 02%
方差比值=0.066 569 94

图 29－17　2003—2013 年交通事故调整总损失 GM（1，1）拟合结果

观察图 29－18 可以发现，实际事故频数和拟合事故频数的曲线在 2005 年以后重叠较多，说明此后各年拟合效果良好，在 2005 年之前，拟合曲线扩大了实际曲线的波动性。这与次均损失拟合的结果有关，次均损失的拟合消除了实际值的波动性，使得 2004 年的拟合值小于真实值。所以，用平滑过的次均损失乘以拟合的事故频数，得到的拟合损失呈现出虚假的波动性。为了修正这个问题，可以选择 2005 年以后的单调数据建立模型，也可以直接对总损失建立模型，消除随机变量间的相互影响。最后，总损失呈现出的下降趋势与事故频数相似。从理论上分析，总损失受到事故频数和次损失的影响。从事故频数和次损失的量级和变化量来看，事故频数对总损失的影响较大，所以总损失呈现出与事故频数相似的发展趋势。

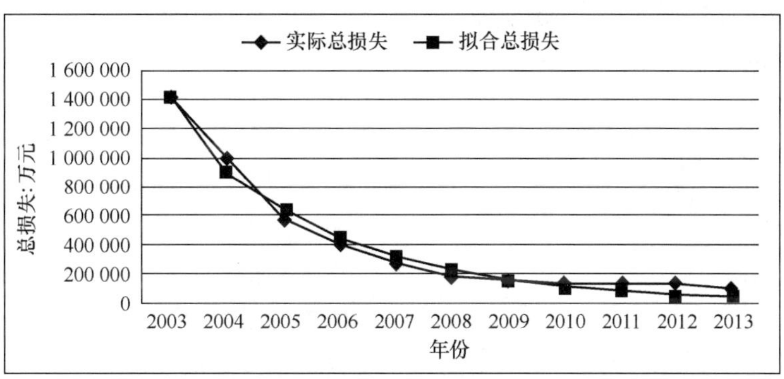

图 29－18　2003—2013 年交通事故调整总损失实际值与拟合值

四、道路交通事故趋势的神经网络分析

道路交通事故与其影响因素（人、车、路、环境）之间呈现多因素、复杂的非线性关系，很难用函数模型进行描述。本节利用 BP 神经网络在非线性统计回归方法中的优势对道路交通事故的发生进行预测分析。数据均来自各年《中国统计年鉴》和《中国交通年鉴》。

（一）BP 神经网络的结构设计

1. 神经网络变量的选取

道路交通事故是人、车、路以及气候环境等因素共同作用的结果。其中，人的因素是造成交通事故发生的最主要因素，其次是车辆。道路交通事故的直接后果是造成人员伤亡以及经济损失。模型选择四个输入层变量，分别是：X_1：全国人口数；X_2：人均收入；X_4：客货运因子；X_6：公路里程数。两个输出层变量，分别为：Y_1：事故次数；Y_2：年平均次损失。因此，$n=4$，$l=2$，隐含层节点数在 4～13。数据选取 1980—2013 年共 33 年的数据。

2. 神经网络结构的确定

在神经网络的训练过程中，样本的数据被重新打乱，这样可以让数据更加具备典型性和具有更优良的泛化能力。为了提高神经网络的拟合效果，对模型进行如下设定：隐含层的节点数为 6，训练目标为 0.000 001，最大学习迭代次数为 100 000 次，训练重复数为 0.01，误差定义为加总平方和，神经元的柔化方程为 logistic，这将被用于输出的数据。三层 BP 神经网络模型参数如表 29－7 所示。

表 29－7　三层 BP 神经网络模型参数率定成果表

参数名	神经元数目			学习步长	训练目标设置
	输入层	隐含层	输出层		
参数值	4	6	2	0.01	0.000 001

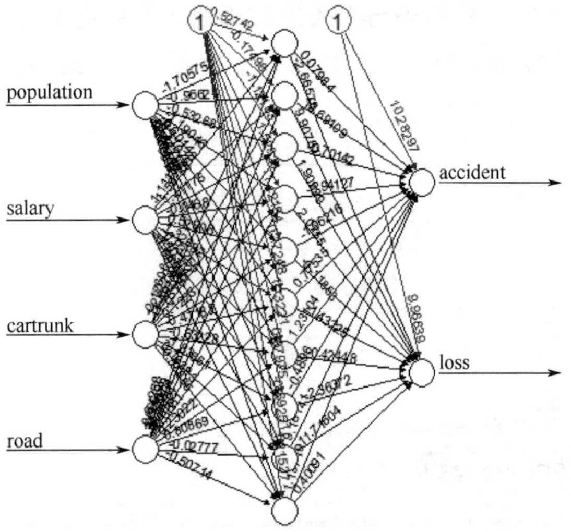

图 29－19　三层 BP 神经网络模型直观图

（二）神经网络预测结果分析

由于已经对训练目标进行了设置，所以此处不展示神经网络的拟合效果，以下展示神经网络的模型。首先是得到的网络图，如图 29－19 所示。

该图直观地展示了输入神经元对隐藏层的影响，以及隐藏层不同因子对输出层的影响。但由于选择的节点数过多，因子的影响系数看得不太清楚，接下来将列示各个因子的影响系数，可以看出结果已经符合设定的目标精度要求。

五、道路交通事故趋势的时间序列分析

（一）道路交通事故频数的趋势分析和预测

1. 数据

对于道路交通事故频数的趋势分析和预测，本节将采用1973—2013年全国道路交通事故发生次数的数据进行分析。通过图29－20可以看到，我国道路交通事故的发生次数2002年之前逐年攀升，尤其是在1998—2002年事故次数急剧增加，随后在波动中逐渐有所减少，这说明2002年以来我国严格的交通管制手段无疑卓有成效。同时还可以看出，我国道路交通事故频数不具有明显的季节性；分段来看，均值和方差变化很大，该序列还不具有平稳性。

2. 时间序列ARIMA模型

通过观察原频数序列的自相关图和偏自相关图，并进行相关检验，可知该序列确实为非平稳序列，为了消除异方差，首先对原序列取对数，可发现仍然为非平稳序列（见图29－21），接下来需要构造ARIMA模型。为了找到最合适的ARIMA模型，调用R软件中的auto. arima（）函数，使用的准则是AIC准则，得出的结论是最优良的模型为ARIMA（1，1，0），可画出差分后的图形（见图29－22）。

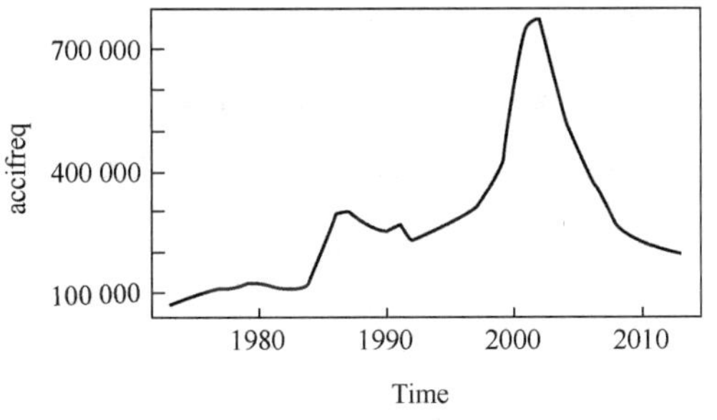

图29－20　1973—2013年全国道路交通事故频数折线图

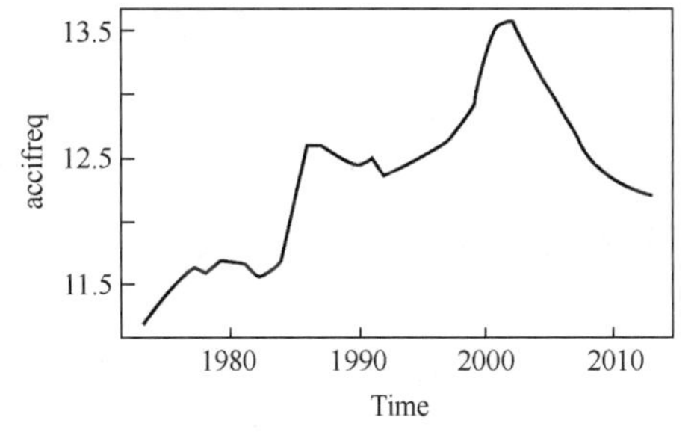

图29－21　1973—2013年全国道路交通事故频数对数折线图

接下来对ARIMA模型中的参数进行估计，在R中进行计算后得出该模型中唯一的参数为0. 633 7。把该参数带入模型，使用模型对未来5年的交通事故数量进行预测，得到预测表29－8和预测表29－9和预测图29－23，其中，深色阴影表示95%置信区间，浅色阴影表示80%置信区间。

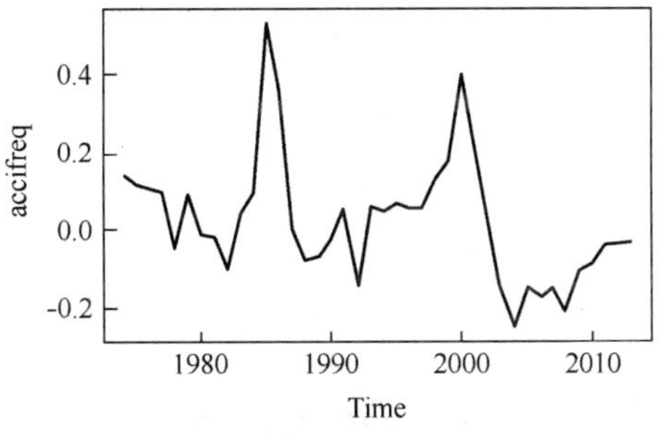

图29－22　1973—2013年全国道路交通事故频数对数差分折线图

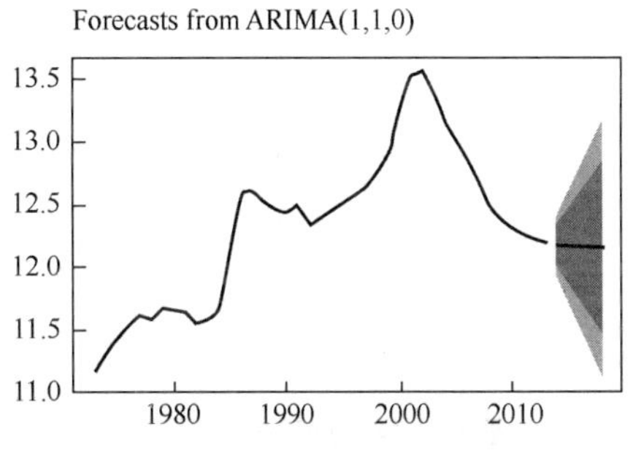

图29－23　全国道路交通事故频数对数的ARIMA（1，1，0）预测图

表 29－8 全国道路交通事故频数对数的 ARIMA（1，1，0）预测表

年份	点预测	80%下分位点	80%上分位点	95%下分位点	95%上分位点
2014	12.179 74	12.021 72	12.337 77	11.938 07	12.421 42
2015	12.168 17	11.865 49	12.470 85	11.705 26	12.631 08
2016	12.160 84	11.719 20	12.602 47	11.485 41	12.836 26
2017	12.156 19	11.585 27	12.727 11	11.283 05	13.029 33
2018	12.153 25	11.463 37	12.843 12	11.098 17	13.208 32

表 29－9 全国道路交通事故频数 ARIMA（1，1，0）预测表

年份	预测值	年份	预测值
2014	194 802.207 1	2017	190 268.212 4
2015	192 561.334 0	2018	189 709.645 4
2016	191 155.019 8	—	—

（二）道路交通事故年总损失的趋势分析和预测

1. 数据

对于道路交通事故总损失额的趋势分析和预测，将采用 1973—2013 年全国道路交通事故未经 GDP 调整的年直接财产损失的数据进行分析。

通过图 29－24 可以看到，我国道路交通事故年总损失额折线图与道路交通事故年发生次数十分类似，2003 年之前逐年攀升，随后急剧减少，2009 年之后又有起升的势头。同时还可以看出，我国道路交通事故年总损失额不具有明显的季节性；分段来看，均值和方差变化很大，该序列还不具有平稳性。

2. 时间序列 ARIMA 模型

通过观察原频数序列的自相关图和偏自相关图，并进行相关检验，可知该序列确实为非平稳序列，为了消除异方差，首先对原序列取对数，可发现仍然为非平稳序列（见图 29－25），因此再次进行差分。接下来需要构造 ARIMA 模型。为了找到最合适的 ARIMA 模型，调用了 R 软件中的 auto. arima（）函数，使用的准则是 AIC 准则，得出的结论是最优良的模型为 ARIMA（0，2，0），可画出差分后的图形（见图 29－26）。

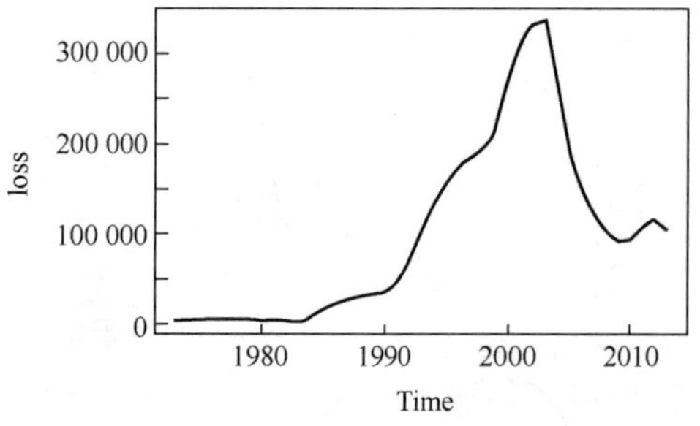

图 29－24 1973—2013 年全国道路交通事故年总损失折线图

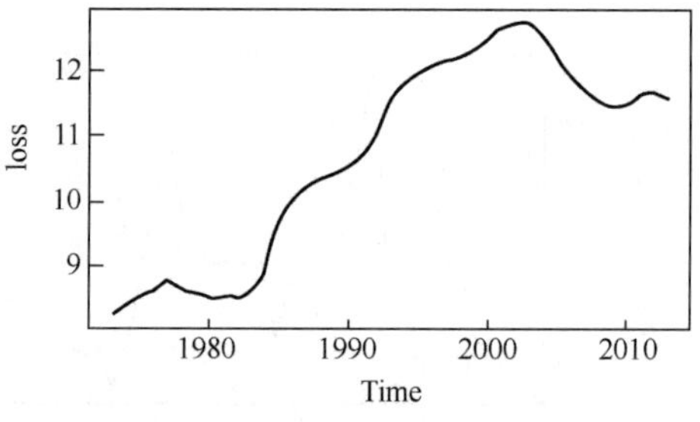

图 29－25 1973—2013 年全国道路交通事故年总损失对数折线图

使用模型对未来 5 年的交通事故数量进行预测，得到的预测表如表 29－10 和表 29－11 所示，预测图如图 29－27 所示，其中深色阴影表示 95% 置信区间，浅色阴影表示 80% 置信区间。

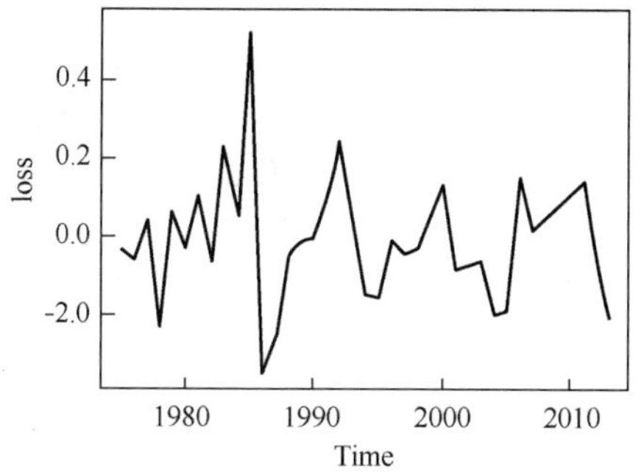

图 29－26　1973—2013 年全国道路交通事故年总损失对数差分析线图

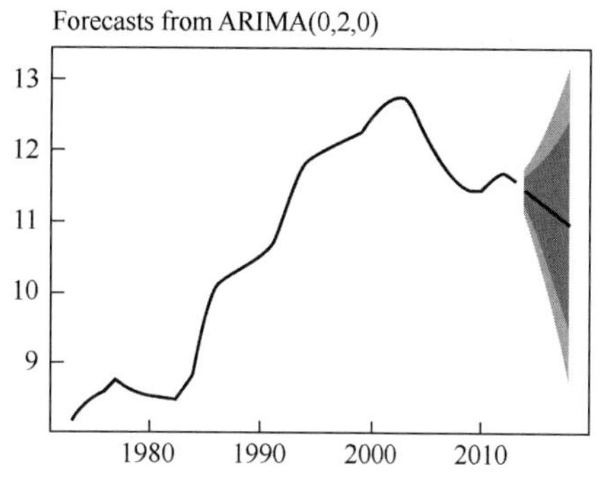

图 29－27　全国道路交通事故年总损失对数的 ARIMA（0，2，0）预测图

表 29－10　全国道路交通事故年总损失对数的 ARIMA（0，2，0）预测表

年份	点预测	80% 下分位点	80% 上分位点	95% 下分位点	95% 上分位点
2014	11. 428 20	11. 225 666	11. 630 73	11. 118 452	11. 737 94
2015	11. 305 24	10. 852 37	11. 758 12	10. 612 632	11. 997 86
2016	11. 182 29	10. 424 486	11. 940 09	10. 023 329	12. 341 25
2017	11. 059 34	9. 950 025	12. 168 65	9. 362 791	12. 755 88
2018	10. 936 38	9. 434 368	12. 438 40	8. 639 250	13. 233 52

表 29－11　全国道路交通事故年总损失 ARIMA（0，2，0）预测表

年份	预测值	年份	预测值
2014	91 876. 448 28	2017	63 534. 605 19
2015	81 246. 254 45	2018	56 183. 589 98
2016	71 846. 702 77	—	—

（三）道路交通事故年次均损失的趋势分析和预测

1. 数据

对于道路交通事故次均损失的趋势分析和预测，本节将采用 1973—2013 年全国道路交通事故未经 GDP 调整的年次均直接财产损失额的数据进行分析。

通过图 29－28 可以看到，我国道路交通事故次均损失额在 1997 年之前逐年攀升，尤其在 1991—1994 年之前急剧上升，随后在波动中逐渐有所减少，2007 年之后又有起升的势头。同时还可以看出，我国道路交通事故年总损失额不具有明显的季节性；分段来看，均值和方差变化很大，该序列还不具有平稳性。

2. 时间序列 ARIMA 模型

通过观察原频数序列的自相关图和偏自相关图，并进行相关检验，可知该序列确实为非平稳序列，为了消除异方差，首先对原序列取对数，可发现仍然为非平稳序列（见图 29－29），接下来需要构造 ARIMA 模型。为了找到最合适的 ARIMA 模型，调用了 R 软件中的 auto. arima（）函数，使用的准则是 AIC 准则，得出的结论是最优良的模型为 ARIMA（1，1，0），可画出差分后的图形（见图 29－30）。得出模型中唯一的参数值为 0. 638 3。

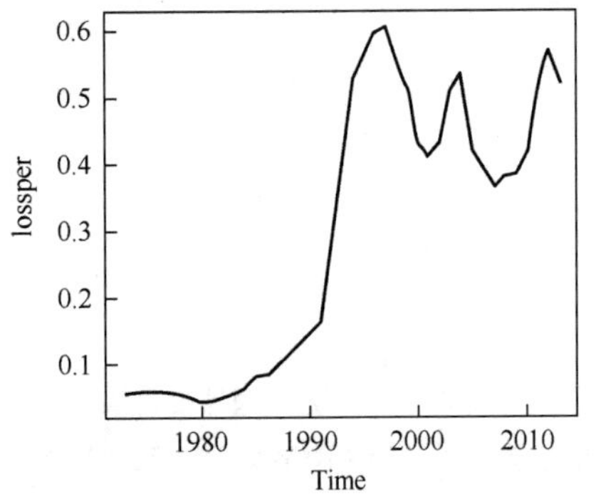

图 29－28 1973—2013 年全国道路交通事故年次均损失折线图

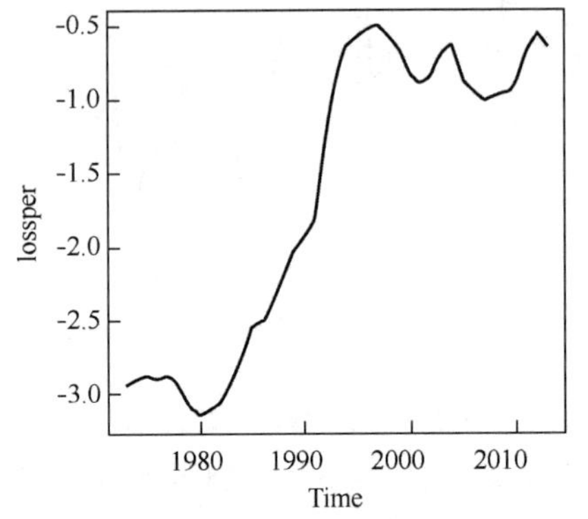

图 29－29 1973—2013 年全国道路交通事故年次均损失对数折线图

使用模型对未来 5 年的交通事故数量进行预测，得到预测表 29－12 和预测表 29－13 和预测图 29－31，其中深色阴影表示 95% 置信区间，浅色阴影表示 80% 置信区间。

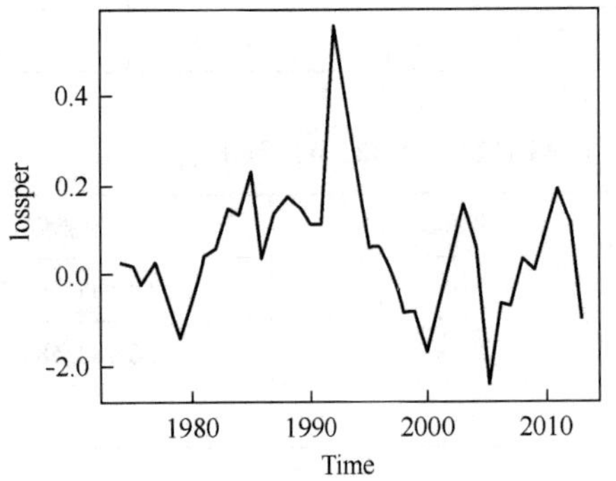

图 29－30 1973—2013 年全国道路交通事故年次均损失对数差分折线图

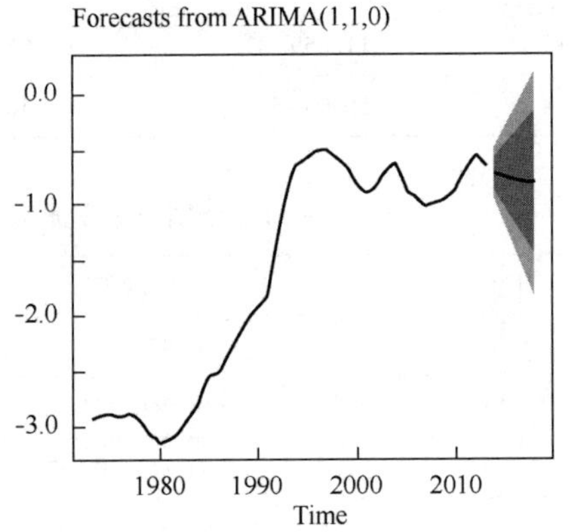

图 29－31 全国道路交通事故年次均损失对数 ARIMA（1，1，0）预测图

表 29－12 全国道路交通事故年次均损失对数的 ARIMA（1，1，0）预测表

年份	点预测	80% 下分位点	80% 上分位点	95% 下分位点	95% 上分位点
2014	－0. 706 94	－0. 858 720 1	－0. 555 152 4	－0. 939 069 6	－0. 474 802 92
2015	－0. 745 28	－1. 036 605 7	－0. 453 956	－1. 190 823 7	－0. 299 737 9
2016	－0. 769 75	－1. 195 518 4	－0. 343 990 1	－1. 420 904 3	－0. 118 604 19
2017	－0. 785 37	－1. 336 504 1	－0. 234 244 8	－1. 628 254 5	0. 057 505 59
2018	－0. 795 34	－1. 462 034 7	－0. 128 653 5	－1. 814 959 4	0. 224 271 24

表 29－13　全国道路交通事故年次均损失 ARIMA（1，1，0）预测表

年份	预测值	年份	预测值
2014	0.493 152 757	2017	0.455 948 917
2015	0.474 601 013	2018	0.451 425 873
2016	0.463 126 845	—	—

本节小结

本节通过小波分析、马尔可夫分析、灰色分析和神经网络分析，进一步分析交通事故发生的规律；最后采用时间序列模型对 1973—2013 年全国交通事故的频数、总损失和次均损失进行拟合，分析交通事故的未来发展趋势并预测未来 10 年各指标的发生值。

相比于《灾因报告（2012）》，《灾因报告（2014）》对小波分析方法进行了改进，通过小波分析，可以验证之前关于道路交通事故上升下降趋势的判断，区分真假极致点。灰色预测可以分析“部分信息已知、部分信息未知”的“小样本”“贫信息”的数据，通过对“已知数据”的生成、开发，提取有价值的信息，实现对系统运行行为、演化规律的正确描述和有效控制。通过灰色预测，可以从道路交通事故三个指标本身的内在规律出发，通过 GM（1，1）模型分析数据的变化规律，预测未来发展趋势。马尔可夫为新增加的内容，可用于对不同省（区、市）的受灾变化情况做出预测，虽然目前看来预测情况并不十分理想，但仍然能为接下来进行深层原因的探索提供一种思路。神经网络可以对道路交通事故与其影响因素（人、车、路、环境）之间的多因素、复杂的非线性关系进行描述，进而预测道路交通事故的发展规律。通过建立三层的神经网络模型，从影响因素与道路交通事故的内在联系出发，分析道路交通事故的变化规律。以上三种方法从不同角度对道路交通事故的发展趋势进行了分析和预测，可以相互验证和修正，提供更多的趋势走向的信息，为时间序列模型的选择提供依据。

第三十章　道路交通事故的异常损失分析

第一节　道路交通事故的极值分析及赔期

一、道路交通事故的极值分析

（一）Gumbel 异常损失分析的适用性

在第一篇中介绍过，Gumbel 的应用有一系列的假设条件，其中之一就是将过去发生的损失看成独立同分布的有限连续随机变量的现实值。而在交通意外事故当中，过去年份的损失额具有趋势性，从定性的角度来讲，损失额会随着机动车数的增加而增加，随着监管力度增强而下降，不能完全看作是独立同分布的。本章运用 Gumbel 方法对交通事故的异常损失进行分析，主要提供统计学上的分析结果以供参考。

（二）对未来年份交通事故造成的总损失的分析

在未来年份交通事故造成的总损失的分析中，可以利用的年度损失数据是 1985—2013 年的数据，一共 29 个，数据量较小，其中最大值为 1993 年的 160. 84 亿元（经过调整）。先对数据进行排序，按照降序，其中前五个顺序统计量分别为 160. 19 亿元、157. 42 亿元、157. 15 亿元、153. 02 亿元、142. 47 亿元，通过计算，得到表 30 - 1，未来 20 年内交通事故年度总损失不超过 1993 年 160. 84 亿元的概率为 0. 591 837，超过 1993 年 1 次的概率为 0. 246 599，超过 2 次的概率为 0. 099 689。同样的，未来 20 年中，交通事故年度总损失不超过以前第二大总损失的概率为 0. 345 238，超过 1 次的概率为 0. 293 82，超过 2 次的概率为 0. 182 04。

表 30 - 1　未来 20 年内交通事故年度总损失分析情况

	不超过	超过 2 次	超过 2 次	超过 3 次	超过 4 次
最大值	0. 591 837	0. 246 599	0. 099 689	0. 039 009	0. 014 737
第二顺序量	0. 345 238	0. 293 820	0. 182 040	0. 097 088	0. 046 889
第三顺序量	0. 198 328	0. 258 689	0. 218 449	0. 148 942	0. 088 326
第四顺序量	0. 112 099	0. 199 286	0. 215 139	0. 180 116	0. 127 582
第五顺序量	0. 062 277	0. 141 539	0. 187 621	0. 187 621	0. 155 588

图 30－1 描绘的是表 30－1 中第一列数据的变化情况，未来 20 年不超过前 5 大极值的概率从 0. 591 837 到 0. 062 277 逐渐变小，起初下降迅速，而后从第三顺序量起下降较缓和，且对应概率处于较低水平，这说明未来 20 年内不超过 142. 47 亿元的概率较低，但是不超过最大值 160. 84 亿元的概率还是比较大的。

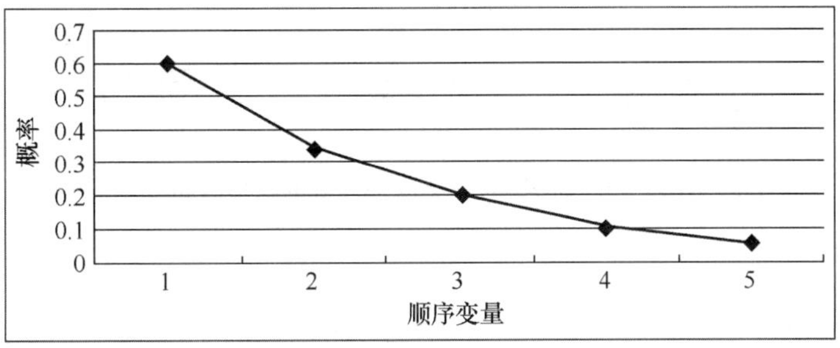

图 30－1　未来 20 年不超过前 5 大极值的概率分布图

与图 30－1 的构造方法类似，绘制出未来 5 年、10 年、15 年中不超过最大的 5 个顺序统计量的概率，并画在图 30－1 的坐标系中，得到图 30－2。从图 30－2 可以看到，分析的时间期限越长，不超过特定值的概率越小，即超过特定值的概率越大，这跟一般的常识理解是一致的。但是这几条线的曲度不是很一致。未来 5 年的情况下，不超过前 5 大极值的概率差不多呈直线型下降，而分析期为未来 20 年的情况下，是一个下凸型的下降曲线，概率下降速度先快后慢。

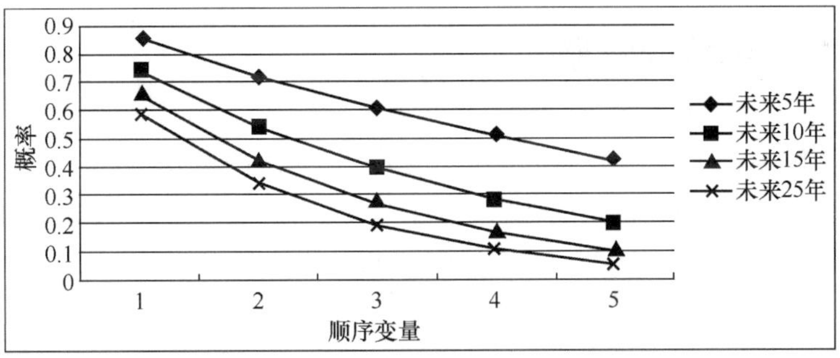

图 30－2　未来不超过最大的 5 个顺序统计量的概率

图 30－3 描绘的是表 30－1 第一行数据的变化情况，可以看到未来 20 年的年度损失量中，不超过最大损失量的概率比较大，超过 1 次的概率约在 0. 25 的位置，以后超过次数越多，概率越小，超过 2 次及以上的可能性很小。

与图 30－3 的构造方法类似，绘制出未来 5 年、10 年、15 年、20 年中超过历史最大值的概率（见图 30－4），并在图 30－4 中对比，可以看到未来不超过最大值的概率随着估计年限的增长而降低，而超过未来最大值的概率随着估计年限的增长而增长，且超过两次及以上的概率都处于较低水平。

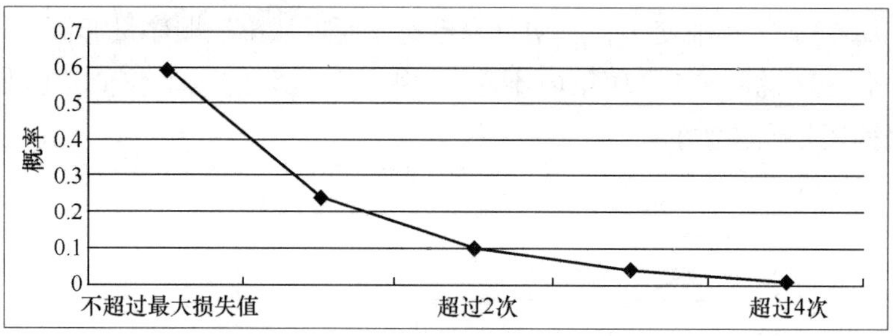

图 30－3　未来 20 年年度损失量的极值分析图

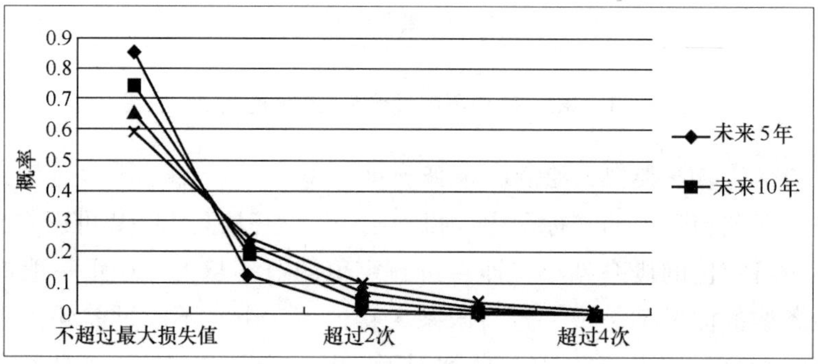

图 30－4　未来年度损失量的极值分析

二、道路交通事故的赔期

X_i 可以作为分布为 F 的独立的随机变量，u 定义为一个已经给定的开始值，因此可以把 $I_{\{X_i>u\}}$ 当成一个 Bernoulli 随机变量，成功概率为 $p=\overline{F}(u)$ 。定义第一次成功的时间为：

$$L(u)=\min(i\geqslant 1:X_i>u)$$

则：

$$P[L(u)=k]=(1-p)^{k-1}p$$

注意到独立同分布的随机变量：

$$L_1(u)=L(u)$$

$$L_{n+1}(u)=\min\{i>L_n(u):X_i>u\}\qquad(n\geqslant 1)$$

$L_{n+1}(u)$ 可以用来表示连续两个超过给定值的损失之间的时间间隔。

事件 $\{X_i>u\}$ 的赔期可以定义为 $EL(u)=p^{-1}=[\overline{F(u)}]^{-1}$ 。下面可以通过几何分布的特性来解决这个问题。定义 r_k 为在 k 段时间之前至少发生 1 次超过 u 的损失的概率。表达式如下：

$$r_k=P[L(u)\leqslant k]=p\sum_{i=1}^{k}(1-p)^{i-1}=1-(1-p)^k\qquad(k\in N)$$

这样就可以得到 r_k 与 p 之间一一对应的关系。

在赔期之前的时间内发生 1 次超过 u 的损失的概率表示如下：

$$P[L(u)\leqslant EL(u)]=P[L(u)\leqslant(1/p)]=1-(1-p)^{(1/p)}$$

根据前面对年度总损失的分析，可以得到，未来 20 年内损失超过 u 的概率为：

$$P(X_i > u) = 1 - P(X_i < u) = 1 - 0.591\ 837 = 0.408\ 163$$

即：

$$P[L(u) \leqslant 20] = 0.408\ 163$$

根据前面的分析，可以得到：

$$P[L(u) \leqslant 20] = 1 - (1 - p)^{20} = 0.408\ 163$$

解得 p 为 0.025 885 281，赔期为 p 的倒数 38.63 年，即像 1993 年那样大的年度损失，统计意义上 38.63 年才会再发生一次。

本节小结

本节首先采用 Gumbel 方法，对未来年份交通事故损失超过历史极值的概率进行分析，并从交通事故的赔期角度计算了历史最大值再次发生的时间。通过计算，未来 20 年内交通事故年度总损失不超过 1993 年 160.84 亿元（损失最大值）的概率为 0.591 837，超过 1993 年 1 次的概率为 0.246 599，超过 2 次的概率为 0.099 689。同样的，未来 20 年中，交通事故年度总损失不超过以前第二大总损失的概率为 0.345 238，超过 1 次的概率为 0.293 82，超过 2 次的概率为 0.182 04。从赔期角度来看，1993 年那样大的年度损失，统计意义上 38.63 年才会再发生一次。

第二节 道路交通事故的重点灾区分析

广东省毗邻港澳，与闽、赣、湘、桂、琼五省（区、市）相接，面积 17.8 万平方千米，人口 7 000 多万。境内河流众多，海域辽阔，大陆海岸线 3 368.1 千米，沿海岛屿 759 个，内陆江河主要有珠江、韩江、漠阳江和鉴江等；陆上公路四通八达，是水陆交通较发达的省份之一。广东的交通繁荣，同时也致使道路交通事故居高不下，所以，本节将以广东省为代表，从道路交通事故的发生规律和发生原因两个方面分析交通事故重灾区的特点。

一、广东省交通事故基本统计分析

1985—2013 年 29 年间，广东省的交通事故次数在全国排名中 28 年都居于前三位，24 年位居首位，2002 年更达到了 78 929 次的巅峰。广东省的道路交通事故死亡和受伤人数在 29 年中一直居于全国前十名，近十年更是一直居于全国首位。在各省根据本省 GDP 进行调整的交通事故损失折款的比较中，广东省在这 29 年中也始终处于前四名。2011 年，广东省道路交通事故发生次数占全国总事故次数的 12.81%，死亡人数、伤亡人数和调整损失折款分别占全国 9.65%，13.30% 和 6.81%，可谓是我国交通事故的重灾区。表 30 - 2 展示了广东省 1985—2013 年交通事故的详细情况，其中，调整损失折款为各年广东省交通事故直接损失折款按照本省 GDP 调整到 2013 年水平的值。

表 30－2　1985—2013 年广东省交通事故状况

年份	事故次数（次）	名次	死亡人数（人）	名次	受伤人数（人）	名次	调整损失折款（万元）	名次
1985	14 767	3	1 984	7	9 316	3	16 5011. 01	1
1986	22 642	1	2 773	3	13 484	1	275 157. 49	1
1987	25 668	1	3 594	2	16 172	1	265 611. 38	1
1988	23 993	1	3 640	2	14 635	1	214 671. 42	1
1989	24 299	1	3 478	2	15 133	1	208 075. 93	1
1990	25 909	1	3 639	2	14 875	1	214 092. 80	1
1991	30 326	1	4 429	1	16 979	1	232 329. 62	1
1992	34 023	1	5 509	1	18 270	1	285 030. 98	1
1993	42 700	1	6 933	1	21 075	1	356 648. 91	1
1994	46 195	1	7 504	1	25 039	1	394 310. 38	1
1995	41 570	1	7 639	1	25 031	1	285 993. 76	1
1996	38 967	1	7 664	1	27 635	1	236 646. 59	1
1997	38 820	1	7 592	1	33 020	1	209 094. 67	1
1998	38 830	1	8 229	1	36 038	1	167 868. 48	2
1999	38 339	3	7 487	2	43 834	1	136 640. 89	2
2000	39 527	5	7 333	3	22 800	6	95 283. 91	4
2001	69 555	1	10 801	1	64 788	1	156 191. 00	2
2002	78 929	1	12 035	1	75 040	1	165 800. 58	2
2003	68 903	1	11 151	1	73 170	1	123 759. 67	3
2004	55 082	2	10 261	1	63 417	1	76 133. 45	3
2005	67 756	1	9 959	1	77 591	1	58 330. 37	1
2006	56 217	1	8 828	1	67 637	1	39 063. 69	1
2007	46 558	1	7 994	1	55 566	1	24 594. 38	1
2008	39 389	1	7 182	1	46 998	1	17 525. 45	1
2009	32 455	1	6 542	1	38 598	1	13 533. 55	2
2010	30 370	1	6 203	1	36 518	1	10 928. 36	2
2011	26 586	1	5 873	1	31 015	1	10 988. 16	1
2012	25 720	1	5 714	1	29 099	1	8 763. 65	1
2013	25 424	1	5 647	1	28 435	1	8 016. 90	2

资料来源：《中国交通年鉴》（1986—2014），《中国法律年鉴》（1991—1993）。

下面，从交通事故发生次数、死亡人数、受伤人数和调整损失折款四个方面分析广东省道路交通事故的发展规律。

（一）事故次数

如图 30－5 所示，广东省的道路交通事故次数在 1995 年之前呈缓慢上升趋势，而在 1995—2000 年保持平稳，在 2001 年出现巨大增长并在 2002 年达到峰值，此后，虽然在 2005 年出现小幅回升，但总体呈现较快下降趋势。

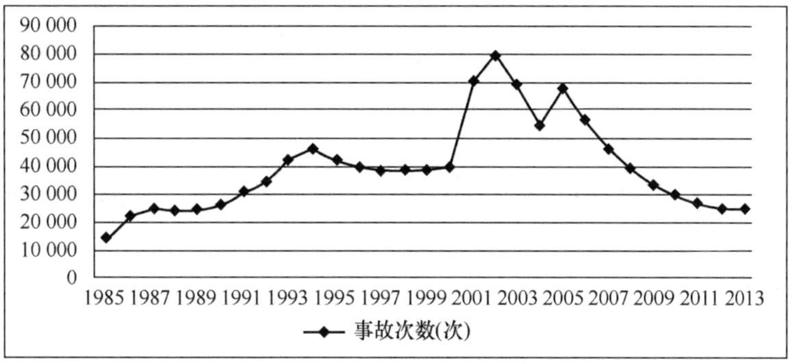

图 30－5　1985—2013 年广东省道路交通事故次数发展趋势

使用 R 软件对事故次数进行描述性统计分析，结果如图 30－6 所示。在 29 年中，广东省道路交通事故次数的最大值是 78 929 起，最小值是 14 767 起，大部分事故次数分布在 25 909 起与 46 195 起之间。事故次数均值为 39 638.59 起，偏度系数为 0.92，具有右偏特征。

num	mean	var	sd
29.00	39 638.59	260 704 972.00	16 146.36
css	uss	Q3	Q1
7 299 739 205.00	52 865 047 183.00	46 195.00	25 909.00
max	min	median	Skewness
78 929.00	14 767.00	38 820.00	0.92

图 30－6　1985—2013 年广东省道路交通事故次数统计量与分位数

（二）死亡人数

如图 30－7 所示，广东省的道路交通事故死亡人数在 1995 年之前呈缓慢上升趋势，而在 1995—2000 年基本保持平稳，具有小幅波动，在 2001 年开始出现巨大增长并在 2003 年达到峰值，此后呈现较快下降趋势。死亡人数的总体时间趋势变化与事故次数是基本一致的。

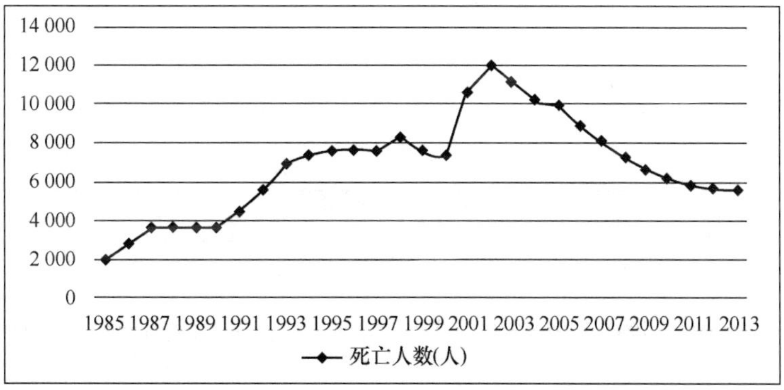

图 30－7　1985—2013 年广东省道路交通事故死亡人数发展趋势

使用R软件对事故次数进行描述性统计分析，结果如图30－8所示。在29年中，广东省道路交通事故死亡人数的最大值是12 035人，最小值是1 984人，大部分年份死亡人数分布在5 509～7 994人。年死亡人数均值为6 814.38人，偏度系数为0.09，虽然具有右偏特征，但是偏度系数比较接近于0，这说明死亡人数关于均值基本是对称分布的。

num	mean	var	sd
29.00	6 814.38	6 683 976.00	2 585.34
css	uss	Q3	Q1
187 151 317.00	1 533 788 513.00	7 994.00	5 509.00
max	min	median	Skewness
12 035.00	1 984.00	7 182.00	0.09

图30－8　1985—2013年广东省道路交通事故死亡人数统计量与分位数

（三）受伤人数

如图30－9所示，广东省的道路交通事故受伤人数在1999年之前呈缓慢上升趋势，而在2000年突然下降，后于2001年大幅增加后开始小幅波动，2005年达到峰值，然后呈现较快下降趋势。虽然受伤人数与死亡人数和事故次数的总体变化趋势不尽相同，但都是从2001年开始激增，2005年后开始下降。

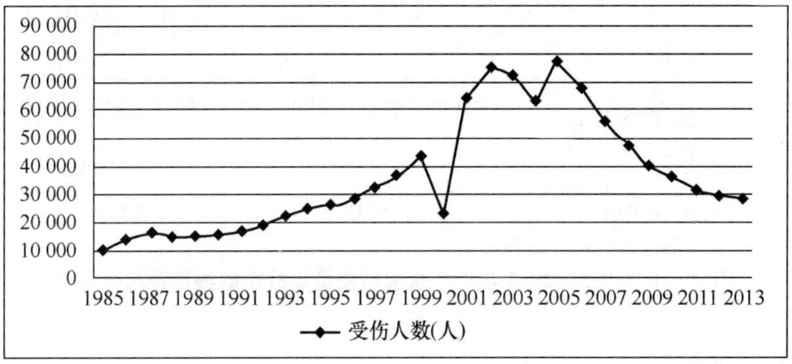

图30－9　1985—2013年广东省道路交通事故受伤人数发展趋势

使用R软件对受伤人数进行描述性统计分析，结果如图30－10所示。在29年中，广东省道路交通事故受伤人数的最大值是77 591人，最小值是9 316人，大部分事故次数分布在18 270～46 998人。年受伤人数均值为35 903.72人，偏度系数为0.77，与交通事故次数一样，具有右偏特征。

num	mean	var	sd
29.00	35 903.72	437 902 551.00	20 926.12
css	uss	Q3	Q1
12 261 271 428.00	49 644 516 230.00	46 998.00	18 270.00
max	min	median	Skewness
77 591.00	9 316.00	29 099.00	0.77

图30－10　1985—2013年广东省道路交通事故受伤人数统计量与分位数

（四）调整损失折款

如图 30－11 所示，广东省的道路交通事故调整损失折款的发展趋势与其他三个指标都不相同，波动呈现出了一定的周期性且整体趋势是下降的。1985 年和 1986 年调整损失折款上升，而后下降，到 1989 年到达波谷，而后从 1990 年开始上升，1994 年达到波峰后开始下降，2000 年达到波谷，而后开始上升，2002 年达到波峰后一直保持下降趋势。与交通事故次数的趋势相比，虽然波动周期并不相同，但是调整损失折款的两个趋势变化点仍然是 2000 年和 2002 年。这种周期性可能是 GDP 调整产生的，也可能是损失的内在变化规律。

图 30－11　1985—2013 年广东省道路交通事故调整损失折款发展趋势

使用 R 软件对交通事故调整损失折款进行描述性统计分析，结果如图 30－12 所示。在 29 年中，广东省道路交通事故调整损失折款的最大值是 394 310. 40 万元，最小值是 8 016. 90 万元，大部分损失分布在 39 063. 69 万元～232 329. 60 万元，调整损失折款均值为 153 658. 50 万元，偏度系数为 0. 25，具有右偏特征。

num	mean	var	sd
29.00	153 658.50	12 811 911 176.00	1 113 189.70
css	uss	Q3	Q1
358 733 512 931.00	1 043 451 000 000.00	232 329.60	39 063.69
max	min	median	Skewness
394 310.40	8 016.90	165 011.00	0.25

图 30－12　1985—2013 年广东省道路交通事故调整损失折款统计量与分位数

综上所述，从纵向来看，广东省道路交通事故的四项指标在 2005 年后都呈现出下降趋势，且趋势变化相同，这说明广东省的道路交通事故的发生和损失已经得到了一定的控制，道路交通治理成效显著。但从指标的绝对值来看，广东省的事故在各地区横向比较间仍处于前列，是交通事故的重灾区。

二、广东省交通事故发生原因分析

中国交通年鉴中，将道路交通事故按以下原因分类：意外原因（自然灾害、机械故障、爆胎、其他意外），机动车违法（超速行驶、酒后行驶、逆向行驶、疲劳行驶、违法变更车道、违法超车、违法倒车、违法掉头、违法会车、违法牵引、违法抢行、违法上道路行驶、违法停车、违法占道行驶、违法装载、违法装载超限及危险品运输、违反交通信号、未按规定让行、无证驾驶、不按规定使用灯光、其他影响安全行为），机动车非违法过错行为（制动不当、转向不当、油门控制不当、其他操作不当），非机动车违法（超速行驶、酒后行驶、逆行、违法超车、违法牵引、违法抢行、违法上道路行驶、违法停车、违法占道行驶、违法装载、违反交通信号、未按规定让行、无证驾驶、其他影响安全行为），行人乘车人违法（违法上道路行驶、违法占道、违法装载超限及危险品运输、违反交通信号、其他影响安全行为），道路原因（未设置道路安全设施、安全设施损坏、灭失、道路缺陷、其他道路原因），其他原因。

国内外对于几种主要自然灾害的理论研究主要有致灾因子论、孕灾环境论和承灾体论。本节将其引入交通事故这一人为因素占主导地位的巨灾分析当中，分别从这三个方面分析为什么广东省是全国交通事故灾害最严重的地区。

（一）致灾因子

一般认为灾害是致灾因子对承灾体作用的结果，没有致灾因子就没有灾害，道路交通事故的直接致灾因子是碰撞或翻坠等，而为了使研究有意义，可以将其引申到上述因子的原因。人和车的因素便成为道路交通事故的致灾因子，如《中国交通年鉴》分类中的机动车、非机动车和行人的违法违规行为以及意外原因。

在广州发生的道路交通事故中，因为驾驶人违法驾驶车辆造成事故的占事故总数的绝大多数。超速超员、疲劳驾驶、酒后驾驶等违法行为成为恶性交通事故的幕后黑手。这种情况与全国其他省（区、市）的情况基本相同，由于本节旨在探究广东交通事故异常严重的原因，下面分析中对于与其他省市相同情况将不再赘述。

（二）孕灾环境①

本节将孕灾环境指标定义为影响行车、路面和驾驶员状况的各种环境因素，如交通繁忙程度、雨雪雾等天气状况、光线状况、盘山道高速公路等特殊路段以及《中国交通年鉴》原因分类中的道路原因、监管情况等。广东道路交通事故频发可能与以下两点有关：

1. 广东交通繁忙

广东省的运输业在全国占有举足轻重的地位，此外，每人每年旅客出行也高于全国平均水平。据广东省和国家国民经济统计公报显示，2013 年全国公路客运量 1 853 463 万人，货运量 3 076 648万吨，广东公路客运量 153 120 万人，货运量 349 011 万吨，分别占全国的 8. 26% 和 11. 34%。此外，广东外来人员较多，特别是来粤务工人员较多，客流量集中，尤其是春运期，旅客运输局部性和季节性紧张情况严重。

2. 广东特殊路段

广东的地形复杂，存在一些临崖、临水，多弯路桥梁隧道的危险路段。此外，地处山区和东西两翼经济基础薄弱，交通建设资金筹集困难等原因，使广东交通运输业发展相对比较缓慢。有些地区的公路路面等级偏低，高速公路里程在地区公路里程中所占比重较低。

（三）承灾体

承灾体是各种致灾因子作用的对象，是人类及其活动所在的社会与各种资源的集合。道路交通

① 参考资料：《广东交通运输发展现状分析》，广东统计信息网。

事故的主要承灾体包括人和车，但在道路交通事故面前，人与人之间差别微乎其微且不易考量，而车的性能、种类和用途对事故造成的损失有重大影响，因此本节首先考虑车这一主要成灾体。

广东机动车数量巨大，交通事故次数有一定的趋势性，随着机动车保有量的增加而增加。这是广东道路交通事故频发的主要原因之一。

本节小结

本节首先从事故次数、死亡人数、受伤人数、损失折款四个角度分析了我国道路交通事故较为严重的省份——广东省的道路交通事故特征，然后结合地理、经济、人文等因素，从致灾因子、孕灾环境和承灾体三个方面分析广东省交通事故频发的原因。

第三节　道路交通事故的重大灾害分析

多年以来，交通资金和科技投入与防灾减损能力的不断加强，使得我国道路交通安全状况逐渐好转。但是由于机动车数量、驾驶员数量和通车里程数逐年大幅增多，我国的道路交通安全工作仍然任重道远。虽然我国道路交通事故稳中有降，但总量仍然较大，并且80%以上道路交通事故因交通违法导致。典型案例的致灾因子、承灾体和孕灾环境可以有代表性地反映我国道路交通事故的整体情况。

一、2012 年重特大道路交通事故分析

（一）2012 年包茂高速陕西延安“8·26”特别重大道路交通事故[①]

2012 年 8 月 26 日，包茂高速公路陕西省延安市境内发生一起特别重大道路交通事故，造成 36 人死亡、3 人受伤，直接经济损失 3 160.6 万元。国家安全监管总局发布的《包茂高速陕西延安“8·26”特别重大道路交通事故调查报告》，还原了事故发生时的情况。

1. 事故过程概述

（1）事故车辆驾驶人情况

卧铺大客车驾驶人为陈强和高金良，重型半挂货车驾驶人兼押运员为闪文全和张军。经调查，上述驾驶人都不存在酒后驾驶、吸毒后驾驶的迹象。除张军之外，陈强、高金良、闪文全的驾驶资格和从业资格证件齐全有效；张军虽然具备从业资格证件，但因连续两年以上未提交《机动车驾驶人身体条件证明》，驾驶证处于注销可恢复状态，不具备机动车驾驶资格。至事故发生时，陈强连续驾驶时间达 4 小时 22 分，属疲劳驾驶。

（2）事故车辆情况

卧铺大客车核载 39 人，发生事故时实载 39 人。事故发生前，车辆的行驶速度为 77.2 千米/小时，

① 参考资料：《包茂高速陕西延安“8·26”特别重大道路交通事故调查报告》，国家安全生产监督管理总局网站。

不存在超速或低速行驶的违法行为。

重型半挂货车分为重型半挂牵引车和罐式半挂车两部分。其中：罐式半挂车核定整备质量为6.5吨，实际整备质量达到9.9吨，超重3.4吨；核定载货为33.5吨，实际装载35.22吨甲醇，超载1.72吨；牵引车准牵引总质量为40吨，实际牵引总质量达到45.12吨，超出牵引质量5.12吨。事故发生前，车辆的行驶速度为21千米/小时，属于违法低速行驶。

经调查，事故车辆的行驶证、运营资质、保险等齐全且均在有效期内，车辆制动性能无异常。其中：卧铺大客车运营线路符合规定；卧铺大客车和重型半挂牵引车符合出厂时的国家标准要求，但罐式半挂车出厂时实际整备质量与调查时发现的相关参数信息不一致。

（3）事故道路情况

事故发生路段位于包茂高速公路陕西省延安市境内，南北走向，双向四车道，设计时速80千米/小时。事故发生地点位于包头（北）至西安（南）方向一侧，两条行车道宽均为3.75米，纵断面坡度为0.35%，平面上位于两个不设超高的反向圆曲线间直线连接处，前后圆曲线半径分别为2 600米和2 500米，视线良好。

事故发生路段右侧为安塞服务区，高速公路主路与服务区出口、入口连接形成的三角区均施划了车行道分界线、边缘线和导流线。服务区下行（南侧）驶入高速公路主路的加速车道宽5.25米、长219.38米，高速公路路侧提前设置了车辆合流指示标志。服务区上行（北侧）高速公路481千米加600米、482千米加600米和483千米加300米处，分别设置了服务区2千米、服务区1千米和服务区出口三级指示标志。

经核查，事故路段的技术指标、交通安全设施的设置情况均符合国家和行业相关标准规范。事故发生时天气晴间多云，能见度较好。

（4）事故经过

2012年8月25日16时55分，卧铺大客车从内蒙古自治区呼和浩特市长途汽车站出发前往陕西省西安市，出站时车辆实载38人。22时50分，该车在包茂高速与榆神高速互通式立交桥处，搭载另外一名转乘乘客，此时卧铺大客车实载39人，其间车辆由陈强、高金良轮换驾驶。8月25日19时3分，重型半挂货车在兖州矿业陕西榆林能化有限公司装载35.22吨甲醇后，前往陕西省韩城市昌顺化工厂，其间车辆由闪文全、张军轮换驾驶。

8月26日2时15分，重型半挂货车进入安塞服务区停车休息并更换驾驶员。2时29分，闪文全驾驶重型半挂货车从安塞服务区出发，违法越过出口匝道导流线驶入包茂高速公路第二车道。此时，卧铺大客车正沿包茂高速公路由北向南在第二车道行驶至安塞服务区路段。2时31分许，卧铺大客车在未采取任何制动措施的情况下，正面追尾碰撞重型半挂货车。碰撞致使卧铺大客车前部与重型半挂货车罐体尾部铰合，大客车右侧纵梁撞击罐体后部卸料管，造成卸料管竖向球阀外壳破碎，导致大量甲醇泄漏。碰撞也造成卧铺大客车电气线路绝缘破损发生短路，产生的火花使甲醇蒸气和空气形成的爆炸性混合气体发生爆燃起火，大火迅速引燃重型半挂货车后部和卧铺大客车，并沿甲醇泄漏方向蔓延至附近高速公路路面和涵洞。事故共造成大客车内36人死亡、3人受伤，大客车报废，重型半挂货车、高速公路路面和涵洞受损，直接经济损失3 160.6万元。

2. 事故原因分析

（1）直接原因

1）卧铺大客车驾驶人陈强遇重型半挂货车从匝道驶入高速公路时，本应能够采取安全措施避免事故发生，但因疲劳驾驶而未采取安全措施，其违法行为在事故发生中起重要作用，是导致卧铺大客车追尾碰撞重型半挂货车的主要原因。

2）重型半挂货车驾驶人闪文全从匝道违法驶入高速公路，在高速公路上违法低速行驶，且违法超载，其违法行为也在事故发生中起一定作用，是导致卧铺大客车追尾碰撞重型半挂货车的次要原因。

（2）间接原因

1）事故相关企业的安全管理主体责任落实不力。客车所属公司未认真督促事故大客车在凌晨2点至5点期间停车休息，开展道路运输车辆动态监控工作不到位，对事故大客车驾驶人夜间疲劳驾驶的问题失察。货车所属公司安全管理制度不健全，安全管理措施不落实；未纠正事故重型半挂货车驾驶人没有在公司内部备案、没有参加过安全教育培训等问题；未认真开展危险货物运输动态监控工作，对事故重型半挂货车未按规定配备两名合格驾驶人和超量装载危险货物等问题失察。

2）相关交通运输管理部门的监管责任落实不到位。呼和浩特市交通运输管理局组织开展道路客运市场管理和监督检查工作不力，对呼运（集团）有限责任公司落实车辆动态监控工作的情况督促检查不到位；孟州市交通运输局及公路运输管理所组织开展危险货物道路运输管理和监督检查工作不力，未认真督促孟州市汽车运输有限责任公司整改安全管理制度不健全和安全管理措施不落实等问题；焦作市道路运输管理局指导孟州市道路运输管理部门开展危险货物道路运输管理工作不力，对孟州市汽车运输有限责任公司存在的安全隐患督促检查不到位；陕西省延安市公安交通警察支队对包茂高速安塞服务区出口加速车道的通行秩序疏导不到位，对车辆违法越过导流区进入高速公路主线缺乏有效管控措施。

3. 教训与启示①

驾驶疲劳是指驾驶人在长时间连续驾驶机动车后，产生生理机能和心理机能的失调，而在客观上出现驾驶技能下降的现象。因此《道路交通安全法实施条例》明确规定连续驾驶机动车超过4小时要停车休息且时间不得少于20分钟。2012年国务院下发《关于加强道路交通安全工作的意见》（国发〔2012〕30号）明确要求驾驶人24小时累计驾驶时间不超过8小时。

根据车载GPS卫星定位装置记录，此次事故中，陈强连续驾驶时间达4小时22分，中途未停车休息，造成驾驶时精力不集中，反应和判断能力下降，未及时发现前方汽车列车从匝道违法驶入高速公路且在高速公路上违法低速行驶的险情，未能采取安全、有效的避让措施，导致事故发生。根据事后实验，大客车驾驶人有足够的时间发现汽车列车，如能采取有效的避险措施，可以避免事故的发生。

综上所述，这次事故的直接原因是卧铺大客车驾驶人员疲劳驾驶，追尾碰撞在高速公路上违法低速行驶且超载的重型半挂货车。事故暴露出客运企业未严格执行驾驶员落地休息制度、对卧铺客车驾驶人员夜间疲劳驾驶问题失察；货运企业未纠正重型半挂货车驾驶人员没有在公司备案、没有参加安全教育培训等问题，对该车未按规定配备两名驾驶人、超载运输等问题失察；地方有关部门安全监管工作开展不力。

---

①　资料来源：《疲劳驾驶是“帮凶”　卧铺客车敲警钟——2012·8·26包茂高速公路陕西延安特别重大道路交通事故》，国家安全生产监督管理总局网站。

（二）2012年连霍高速公路河南三门峡段“8·31”重大道路交通事故①

8月31日8时48分，灵宝市宝通汽车客运有限责任公司驾驶人郭世平驾驶大型普通客车沿连霍高速公路（G30）自西向东行驶至784千米加420米处河南三门峡境内，因遇大雨，车辆发生侧滑，翻至道路右侧沟中，造成大客车上11人死亡，14人受伤，直接经济损失610万元。

1. 事故过程概述

（1）事故车辆驾驶人情况

大型普通客车驾驶人为郭世平，2008年在三门峡市公路运输管理处门前以500元的价格购买了伪造的旅客、货物运输从业资格证。

（2）事故车辆情况

事故车辆所有人为灵宝市宝通汽车客运有限责任公司，虽然车辆入户登记在公司名下，但李新华和辛博博合伙各出资16万元购买该车，车辆实际经营者是李新华，李新华与该公司签订《车辆租赁经营合同书》，租金以管理费的形式按月缴纳。

该车于2012年8月21日在灵宝金源汽车服务有限公司进行二级维护，在没有进行实质维护的情况下，直接出具了汽车维修合同、维修材料清单和二级维护作业单，开具了机动车维修竣工出厂合格证。

经司法机关的鉴定，该车辆因制动鼓磨损严重及右前制动气室膜片（皮碗）老化、开裂、漏气致制动系统不符合标准，并且事故发生前车辆行驶速度不低于85.6千米/小时。

（3）事故经过

2012年8月31日，郭世平驾驶豫M15260号金龙牌大型普通客车（核载29人，实载27人），7时从客运站外出发，沿310国道向东行驶，7时40分进入西站陕县客运站停靠10分钟，8时26分由连霍高速公路三门峡东收费站进入高速公路，8时50分，行驶至连霍高速公路三门峡市境内南半幅784千米加458米处时，车辆突然失控撞向道路左侧桥面中央护墙，然后又向右前撞向784千米加482米处道路右侧护栏，并冲破护栏翻入20米深沟内，导致车辆损毁，造成8人当场死亡，3人经抢救无效死亡，14人受伤，直接经济损失610万元。

2. 事故原因分析

（1）直接原因

客车驾驶员郭世平雨天驾驶制动系统不合格的机动车超速行驶，采取措施不当，导致车辆发生侧滑，撞击桥面中央护墙后冲出道路南侧护栏坠入沟内侧翻。

（2）间接原因

1）驾驶员郭世平、乘务员辛博博没有提醒、督促乘客系好安全带，加重了事故后果。

2）灵宝市宝通汽车客运有限责任公司未落实安全生产主体责任，GPS监控管理制度没有落实到位，没有对所属车辆的超速行为进行查处和纠正，没有对客运车辆驾驶人从业资格条件进行审核，豫M15260号客车不按核定站点停靠运营。

3）三门县公路运输管理处在年度审验中未能及时发现郭世平无客运从业资格证驾驶客车问题。

4）有关监管部门开展道路交通安全管理和监督检查工作不到位。

① 资料来源：《连霍高速三门峡段“8·31”重大道路交通事故调查及有关责任人处理情况》，河南能源网。

3. 教训与启示[①]

当高速行驶的汽车发生碰撞或者遇到意外紧急制动时，将产生巨大的惯性力，这个惯性力可以超过驾驶人、乘车人自身体重的20倍（不同的行车速度及撞击程度有所不同），使驾驶人及乘车人与车内的方向盘、玻璃、座椅靠背、车门等发生碰撞，极易造成对驾乘人员的伤害。美国每年有超过1万名驾驶人因为使用安全带而保住生命，欧洲通过使用安全带每年挽救超过5 000人的生命。我国对于驾驶人和乘车人使用安全带有明确规定。《道路交通安全法》第51条规定，机动车行驶时，驾驶人、乘坐人员应当按规定使用安全带。交通运输部明确要求，7月1日起没有配备安全带的客运车辆不得上高速公路行驶。

此次事故中，肇事车座位虽然全部装有安全带，但40%的座位配备安全带不能正常使用，存在缺少安全带锁扣等问题；客运车驾驶人在发车前未履行安全告知义务，提醒乘车人系安全带，客运站也未对出站车辆乘车人系安全带情况进行检查。从事故的后果来看，车辆左前部直接撞击地面的部分变形较为严重，车体大部分变形不严重，未影响内部生存空间，大部分乘员是先被甩出车外，后被事故车辆砸压致死。如果能够有效使用安全带，必然会大大减少伤亡人数。

二、2013年重特大道路交通事故分析

（一）2013年四川达州市渠县“9·15”重大交通事故[②]

2013年9月15日，四川省达州市渠县发生了一起重大道路交通事故，一辆重型货车和客车相撞，造成21人死亡、7人受伤，直接经济损失1 069万元。四川省政府随即成立了渠县“9·15”重大道路交通事故调查组，通过现场勘察、技术鉴定、调查取证、综合分析，查明了事故发生的经过和原因，认定了事故的性质及责任，并提出了事故处理建议意见和整改防范措施。

1. 事故过程概述

（1）事故车辆驾驶人情况

重型自卸货车驾驶人为孙志强，大型普通客车驾驶人为罗燕。其中，孙志强无道路货物运输从业资格证，罗燕持有合法有效的道路旅客运输从业资格证。经勘验，未发现孙志强、罗燕有酒驾、毒驾、药驾和疲劳驾驶迹象，事故发生时孙志强、罗燕无接听、拨打手持电话行为。

（2）事故车辆情况

重型自卸货车核定载货15.67吨，使用性质为货运。事故发生后，经四川华大司法鉴定所鉴定，该车不符合国家标准有关要求；事故发生前，该车驶过约1.25千米的下坡路段，通过对各制动器的拆卸检验，确认在此下坡过程中该车制动效能降低。在发生事故时，该车在严重超载的状态下，质心升高、制动效能降低，降低了通过弯道时车辆稳定性。通过四川华大科技司法鉴定所鉴定，证实该货车事故发生前的行驶速度在42～44千米/小时，超过法定限速值40%～46.67%。

大型普通客车核载24人，使用性质为公路客运。事故发生后，经四川华大科技司法鉴定所

① 资料来源：《“带”血的教训——2012·8·31连霍高速公路河南三门峡重大道路交通事故》，国家安全生产监督管理局网站。

② 资料来源：《达州市渠县“9·15”重大交通事故调查报告》，四川省人民政府网站。

鉴定，该车不符合国家标准有关要求。通过调取川S31500大型普通客车GPS监控记录，证实川S31500车事故发生前的行驶速度为11千米/小时，在法定限速值内，经查，事故货车和客车的行驶证、运营资质、保险等齐全且均在有效期内。

（3）事故路段情况

事故现场位于渠县县道（山重二级路）望（溪）石（梯）路54千米加60米处，是三汇镇至渠北乡、三板乡至渠北乡两条公路的“T”形平面交叉路口。南北走向道路为石桥，桥面长18.7米，宽7.1米，干燥沥青路面，道路平直，视线良好。桥身两侧按规定安装有符合规定的波形防护栏。三汇镇至渠北乡方向属于左转弯，平曲线半径为25米，纵坡设计坡度为-3.48%，连续下坡长度为1.25千米，设计速度为40千米/小时。无停车让行、限速等交通标志。

（4）事故经过

9月15日9时20分许，孙志强驾驶货车在渠县聚力兴石膏矿业有限公司装载46.8吨（核载15.67吨）石膏，运往渠县华新水泥厂。12时许，罗燕驾驶客车从渠县三汇镇汽车站出发前往渠县县城，出站时实载24人（核载24人），途中共上下客5次，至事故发生时，客车实载27人。13时11分许，货车在左转弯过程中失控向右侧翻，将右侧同向正常行驶的客车挤撞翻坠至5.4米高的桥下河沟内，所载约4/5石膏倾泻于桥下，将客车中后部掩埋，造成21人死亡、7人受伤，客车报废，货车严重受损。

2. 事故原因分析

（1）直接原因

孙志强驾驶非法改装、严重超载的货车上路行驶，车辆在长下坡时制动效能降低，在转弯时孙志强处置不当，致使车辆失控向右侧翻，是事故发生的主要原因。客车超员3人，是事故伤亡后果加重的原因。

（2）间接原因

1）事故相关企业安全生产主体责任不落实，安全管理流于形式。事故相关企业未严格履行安全生产主体责任，未健全并落实安全生产相关管理制度。货车所属公司未按规定对驾驶人进行安全教育和培训；未及时督促整改非法改装、长期超载运输问题；未按规定落实车辆二级维护工作，并违规购买虚假二级维护竣工出厂合格证应付监管部门检查；货车进行年检前，违法安排人员临时调换货厢。

客车所属公司对驾驶人的安全管理和教育不到位，事故发生时客车超员3人，加重了事故后果。

2）有关监管部门开展道路交通安全管理和监督检查工作不到位。有关监管部门未按规定查处非法改装货车从事货运行为；未有效督促事故相关企业加强对驾驶员的安全教育和职业道德教育；对达州市山力汽车修理厂监督检查不到位，致使货车多次出具虚假机动车二级维护竣工出厂合格证。渠县公安局交警大队开展路面巡查工作不到位，未按规定纠正货车非法改装、超载行为。

3. 教训与启示

针对此次事故暴露出来的问题，为进一步细化工作措施，切实落实企业安全生产主体责任和相关部门监管责任，有效防范类似事故再次发生，四川省政府提出了以下工作建议：

第一，政府及其有关部门要高度重视道路交通安全工作，认真贯彻落实文件精神。结合实际，明确细化责任分工方案，确保道路运输企业安全生产主体责任、部门监管责任、属地管理责任、道路交通安全工作目标考核和责任追究制度等落到实处。

第二，公安车辆管理部门要加强车辆安全检测、登记上户、年检年审工作，非法拼装、改装和加装的车辆一律不得上户、一律不得年审、一律现场整改。公安交通管理部门要进一步加大路面执法力度，对超载车辆要严格执行《道路交通安全法》规定的罚款、记分、扣车、卸载等行政处罚措施。

第三，交通运输部门要加大对超限运输的打击力度，对超限车辆采取吊销营运证、责令停业整顿等措施；要进一步加强维修企业的监管，严禁超经营许可范围作业、严厉打击非法改装机动车和伪造维修合格证等违法行为；要督促客运企业强化驾驶人的培训教育和管理，严处超员超速、行驶途中接打移动电话等交通违法行为。

第四，公安、交通运输、安全监管、工商、经信、质监等部门要加强协调配合，进一步落实联合执法机制，强化路面执法，加强源头监管，把道路交通安全法规、制度及各项防范措施真正落实到"操作层面"。

（二）2013 年江西省南丰县"7·23"重大道路交通事故①

7 月 23 日晚 8 时 40 分左右，江西省道 S209 江西省南丰县与福建省建宁县交界处发生一起重大道路交通事故，一辆重型半挂货车发生侧翻，造成 16 人死亡（其中当场死亡 15 人，送医院途中死亡 1 人），10 人受伤（其中重伤 1 人）。

1. 事故过程概述

（1）事故车辆驾驶人情况

重型半挂车驾驶人为梅广文，事故发生时持有有效的道路运输从业资格证。

（2）事故车辆情况

事故车辆由重型半挂牵引车和重型厢式挂车组成。重型半挂牵引车准牵引总质量为 30 500 千克，驾驶室核载 3 人；重型厢式半挂车车辆自重 8 000 千克，核定载质量为 32 000 千克。发生事故时，车辆实载 29 840 千克货物并乘坐 21 人。事故发生前，原车辆所有人南丰县桔圣汽车贸易物流配送有限公司以分期付款的方式将车辆出售给他人，因此，事故发生时该车的实际"车主"为梅广文和孙国勇。

经对驾驶人梅广文的讯问，在事发当日返程途中发现挂车后轮制动淋水冷却装置发生故障，但未采取措施继续强行行驶，在途经事发长下坡路段时，感觉到车速加快且制动失效，行驶至事发地点时车辆发生侧翻，事故发生时车辆行驶速度为 50 千米/小时。

事故发生后，根据司法中心的鉴定，两车制动性能技术条件均不符合国家安全技术标准要求。

（3）事故道路情况

事故路段位于南建公路（S209 省道）33 千米加 190 米处（南丰县付坊乡境内）。该路段按一般三级公路山岭重丘标准设计，限速 30 千米/小时，水泥路面，纵坡度为 3%，转弯半径为 60 米。事故发生路段为下坡右转弯，道路宽 9 米，道路右侧为山体，路肩宽 1.5 米，弯道左侧设置了水泥防撞墙（防撞墙总长 47 米，高 0.85 米），东端路外有 1 米高的土堆，现场来车方向是约 200 米直线下坡道路，设置了路面横向减速标线以及右转弯警告标志，弯道外侧设立线形转向诱

① 资料来源：《南丰县"7·23"重大道路交通事故调查报告》，江西省安全生产监督管理局网站。

导标志。

事故发生后，经抚州赣东公路设计院勘察，事故路段的技术指标、交通安全设施的设置情况均符合国家和行业相关标准规范。经现场勘察，路面未见事故车辆制动痕迹。

事故发生时天气晴朗，能见度较好。

（4）事故经过

2013 年 7 月 23 日 5 时许，南丰县太和镇下洋村居民陈俊明雇请驾驶人梅广文及 1 名随车司机和 24 名农民前往福建省建宁县溪口镇收购黄花梨运往广东，当日 19 时左右，在收购了 6 万斤黄花梨后，驾驶人梅广文驾车（核载 3 人，实载 27 人。其中：驾驶室乘坐 6 人，车厢内货物上乘坐 21 人）沿南建公路由福建省建宁县溪口镇返回江西省南丰县，20 时 35 分，当车辆进入江西境内 3.6 千米，行驶至南建公路（209 省道）33 千米加 190 米处下坡右转弯路段时，车辆失控向左侧翻后，车头冲至左侧路外土堆，造成 16 人死亡，10 人受伤。

2. 事故原因分析

（1）直接原因

驾驶人梅广文驾驶非法改装且制动不良车辆上路行驶，在长下坡急弯路段车速过快、制动失效，导致车辆失控并侧翻是造成事故发生的直接原因。货运车辆违法载人、人货混装、驾驶室严重超员造成了事故重大伤亡的后果。

（2）间接原因

1）事故相关企业安全生产主体责任不落实，疏于对从业人员进行安全教育和职业道德教育；安全管理混乱，为事故车辆办理虚假年度检验和季度维修保养合格证明；对公司所属车辆非法改装造成车辆机件不符合国家标准以及日常生产经营过程中存在违法载人严重违法行为等问题失察。

2）机动车安检机构及二类汽车维修保养单位出具虚假安全技术检验报告和检测合格证明。致使不符合国家安全标准、存在严重安全隐患的车辆以合法形式正常使用，是事故发生的主要原因之一。

3）黄花梨贩运者陈俊明组织劳务人员违法搭乘货运车辆。

4）有关监管部门开展道路交通安全管理和监督检查工作不到位。

5）有关地方组织开展安全生产工作不到位。

三、2014 年重特大道路交通事故分析

（一）2014 年沪昆高速湖南邵阳段“7·19”特别重大道路交通危化品爆燃事故[①]

2014 年 7 月 19 日 2 时 57 分，湖南省邵阳市境内沪昆高速公路 1 309 千米加 33 米处，一辆自东向西行驶运载乙醇的轻型货车，与前方停车排队等候的大型普通客车发生追尾碰撞，轻型货车运载的乙醇瞬间大量泄漏起火燃烧，致使大客车、轻型货车等 5 辆车被烧毁，造成 54 人死亡、6 人受伤（其中 4 人因伤势过重医治无效死亡），直接经济损失 5 300 余万元。

① 资料来源：《沪昆高速湖南邵阳段“7·19”特别重大道路交通危化品爆燃事故调查报告》，国家安全生产监督管理总局网站。

1. 事故过程概述

（1）事故车辆驾驶人情况

轻型货车驾驶人为刘斌，从业资格类别为普通货物运输，未取得道路危险货物运输从业资格证。大客车驾驶人为贾安奎和彭骏昌，均持有有效的道路运输从业资格证。

（2）事故车辆情况

轻型货车整备质量2.72吨，最大设计总质量4.495吨；核定载货量1.58吨，实际装载乙醇6.52吨，存在超重行为。经营范围为普通货运，事故发生时运输资格已过期，并且未取得危险货物道路运输资格证。大客车核载53人，事发时实载56人，存在超载行为。

（3）事故道路情况

事故发生路段位于湖南省邵阳市境内沪昆高速公路1 309千米加33米处，东西走向，双向四车道，水泥混凝土路面，小客车限速120千米/小时，其他车辆限速100千米/小时。事故发生地点在由东向西车道，第一、第二行车道宽均为3.7米，应急车道宽2.9米，道路线形为左向转弯，弯道半径2 000米，超高值2%，自东向西下坡坡度0.5%。事发地点7月19日凌晨1时至4时为晴天，能见度20～10.5千米，温度24.9℃～24.0℃，空气湿度90%～95%。凌晨3时风速为2.5米/秒，风向为东北风。

（4）事故经过

本次事故发生前1小时45分钟，在沪昆高速公路1 312千米加450米处，一辆自西向东行驶的空油罐车冲过中央隔离护栏，与自东向西行驶的一辆大型客车和一辆小型客车发生刮碰并起火，造成1人死亡，双向交通中断，出现车辆排队。湖南省高速公路交警在自东往西方向距事故点300米以外，实施临时交通管制，禁止车辆进入事故现场路段，并安排一辆警车停放在自东往西方向距离车流尾端500米外向来车方向，随滞留车辆的延长，适时移动警车，通过闪警灯、鸣警笛、喊话方式示警。至本次事故发生时，自东向西方向车道内排队车辆约400辆，排队长度约3.1千米。

7月18日6时45分，由贾安奎、彭骏昌驾驶的大客车载1名乘客从福建省长乐市营前镇出发，车辆未按核准路线行驶，行车过程中上下客9次。22时26分，客车沿炎睦高速进入湖南省境内，此时车上共有乘客54人，后再无人员上下车。19日2时57分，贾安奎驾驶大客车到达沪昆高速公路1 309千米加33米处时，因前方临时交通管制停于第一车道排队等候。

7月18日17时，刘斌驾驶轻型货车在位于湖南省长沙县的长沙新鸿胜化工原料有限公司土桥仓库充装6.52吨乙醇，运往武冈市湖南湛大泰康药业有限公司，行经长沙绕城高速公路、长潭西高速公路，22时45分进入沪昆高速公路。

7月19日2时57分，轻型货车沿沪昆高速公路由东向西行驶至1 309千米加33米路段时，以85千米/小时的速度与前方排队等候通行的大客车发生追尾碰撞，致轻型货车运载的乙醇瞬间大量泄漏燃烧，引燃轻型货车、大客车及前方快车道上排队等候的其他车辆，造成大客车52人死亡、4人受伤，轻型货车2人死亡，重型厢式货车和小型越野车各1人受伤，5辆车被烧毁以及公路设施受损。

2. 事故原因分析

（1）直接原因

这起事故是由于轻型货车追尾大客车致使轻型货车所运载乙醇泄漏燃烧所致。

车辆追尾碰撞的原因：刘斌驾驶严重超载的轻型货车，未按操作规范安全驾驶，忽视交警的现场示警，未注意观察和及时发现停在前方排队等候的大客车，未采取制动措施，致使轻型货车以85千米/小时的速度撞上大客车，其违法行为是导致车辆追尾碰撞的主要原因。贾安奎驾驶大客车未按交通标志指示在规定车道通行，遇前方车辆停车排队等候时，作为本车道最末车辆未按规定开启危险报警闪光灯，其违法行为是导致车辆追尾碰撞的次要原因。

起火燃烧和造成大量人员伤亡的原因：轻型货车高速撞上前方停车排队等候的大客车尾部，车厢内装载乙醇的聚丙烯材质罐体受到剧烈冲击，导致焊缝大面积开裂，乙醇瞬间大量泄漏并迅速向大客车底部和周边弥漫，轻型货车车头右前部由于碰撞变形造成电线短路产生火花，引燃泄漏的乙醇，火焰迅速沿地面向大客车底部和周围蔓延将大客车包围。经调查和现场勘验，事故路段由东向西下坡坡度0.5%，事发时段风速2.5米/秒，风向为东北风，经专家计算，火焰从轻型货车车头处蔓延至大客车车头，将大客车包围所需时间不足7秒钟，最终仅有6人从大客车内逃出，其中2人下车后被大火烧死，4人被严重烧伤（烧伤面积均在90%以上），轻型货车上2人死亡，小型越野车和重型厢式货车各1人受伤。

（2）间接原因

1）事故相关企业安全生产主体责任不落实，安全管理流于形式，非法违法经营。

2）有关监管部门开展道路交通安全管理和监督检查工作不到位。

3）有关地方组织开展安全生产工作不到位。

（二）2014年西藏拉萨“8·9”特别重大道路交通事故①

2014年8月9日14时37分许，西藏自治区拉萨市尼木县境内318国道发生一起特别重大道路交通事故，一辆越野车与大客车相撞，造成44人死亡、11人受伤，直接经济损失3 900余万元。

1. 事故过程概述

（1）事故车辆驾驶人情况

越野车驾驶人为白聪聪；大客车驾驶人为董超。经调查，没有发现白聪聪、董超酒后驾驶迹象，两名驾驶人证照齐全，均在有效期内。

（2）事故车辆情况

经检验鉴定，事故发生时越野车转向系统和制动系统技术状况正常。大型普通客车核载55人，事故发生时实载50人。经检验鉴定，大客车在碰撞前转向系统技术状况正常，事故前右后轮制动不符合规定。

（3）事故道路情况

事故现场位于318国道4 740千米加237米处，海拔3 850米。事故路段为山岭重丘区二级公路标准，设计速度40千米/小时，沥青混凝土路面，呈东西走向，北侧为高山，南侧为雅鲁藏布江峡谷，路基宽8.5米，路面宽7米，中心施划有单黄虚线，临山一侧设有宽0.6米的排水沟，临江一侧设有波形梁护栏。事发地点纵坡度为5.7%，横坡度为1.5%，弯道半径700米。距事发地点西侧304米处设置有“下坡”警示标志，距事发地点东侧160米处设置有“事故多发路段谨慎驾驶”道路警示标志。事故现场南侧大客车坠崖处距路面的垂直高度为11米。距事故现场大客车行驶方向7千米和小型普通客车行驶方向7千米处，分别设置有限速40千米/小时

① 资料来源：《西藏拉萨“8·9”特别重大道路交通事故调查报告》，国家安全生产监督管理总局。

的禁令标志。

该路段2005年7月交工通车，事故路段的道路技术指标符合当时的《公路工程技术标准》(JTJ001－97)。交通安全设施符合现行《公路交通安全设施设计规范》(JTG D81－2006) 有关路侧B级波形梁护栏设置规定。事故发生时天气为晴转多云。

(4) 事故经过

2014年8月9日14时37分许，驾驶人董超驾驶大客车，沿318国道由日喀则驶往拉萨。当车辆行驶至拉萨市尼木县境内318国道4 740千米加237米处左转弯下坡路段时，白聪聪驾驶的越野车违法越过道路中心线，致使两车左前部发生正面相撞，大客车随后向右前方与路侧波型梁护栏刮擦并撞断护栏后，仰翻坠落至11米深的山崖，客车顶部坠地受挤压后严重变形，导致车内42人死亡、8人受伤。越野车在撞击后逆时针旋转180°并回到原车道，又与随后同向驶来的轻型普通货车剐撞后，停在道路左侧边沟处，导致越野车内2人死亡、2人受伤，轻型普通货车内1人受伤。该事故共造成44人死亡、11人受伤、两辆汽车严重损坏，直接经济损失3 900余万元。

2. 事故原因分析

(1) 直接原因

1) 大客车制动性能不合格、超速行驶。经调查，大客车右后轮制动性能不符合技术规范要求，存在严重安全隐患。该车在从日喀则返回拉萨的途中，长时间超速行驶，在下坡限速40千米/小时的路段超速60%以上，导致与越野车相撞后，车身左前部严重变形，车辆无法转向，最终翻坠下山崖。

2) 大客车在会车时未安全驾驶，未采取处置措施。越野车在发生事故前4.6秒内行驶了73米，按照大客车事故发生前行驶速度计算，4.6秒行驶了82～93米，两车相距150米以上，而且视线良好，大客车完全可以发现越野车违法占道并可采取减速、鸣喇叭等措施避免发生事故，但大客车既未减速，也未警示，更未停车或者避让，直接导致事故的发生。

3) 越野车超速行驶、违法占道。经证人证言、现场勘察和检验鉴定，确认在事故发生前该车靠道路中心线行驶，在上坡限速40千米/小时的路段，超速20%以上，在与对向大客车会车前，违法越过道路中心线占道行驶，导致两车相撞，大客车失控坠崖。

综上所述，越野车在上坡路段超速行驶，在会车时违法占道是导致事故的重要原因。大客车安全性能不符合国家标准，存在严重安全隐患，在下坡路段严重超速行驶，会车时发现对方车辆违法占道未采取减速、警示、停车或者避让等措施，也是导致事故发生的重要原因。

(2) 间接原因

1) 事故相关企业安全管理规章制度缺失，安全责任制不落实。

2) 拉萨市运输管理部门安全监督管理不到位，整治汽车租赁非法营运行为不力，没有认真履行道路运输企业源头安全监督管理职责。

3) 拉萨市、尼木县公安交通管理部门对车辆超速和违法占道巡查管控不力，对全市道路交通客运安全防范工作监控不到位。

4) 拉萨市、尼木县人民政府履行道路交通安全监管职责不到位，对公安交通管理部门路面执法监管及旅游客车超速违法行为整治督促指导不力。对交通运输企业属地安全管理不到位，督促指导市交通运输管理部门落实汽车租赁企业和旅游客运企业源头安全监管职责工作不力。

（三）2014年晋济高速公路山西晋城段岩后隧道“3·1”特别重大道路交通事故①

3月1日14时45分许，位于山西省晋城市泽州县的晋济高速公路山西晋城段岩后隧道内，两辆运输甲醇的铰接列车追尾相撞，前车甲醇泄漏起火燃烧，隧道内滞留的另外两辆危险化学品运输车和31辆煤炭运输车等车辆被引燃引爆，造成40人死亡、12人受伤和42辆车烧毁，直接经济损失8 197万元。

1. 事故过程概述

（1）事故车辆驾驶人情况

晋E23504/晋E2932挂铰接列车驾驶人和押运员分别为李建云和牛冲，豫HC2923/豫H085J挂铰接列车驾驶人和押运员分别为汤天才和冯国强。两车驾驶员均具有危险货物运输驾驶员从业资格证，押运员均具有危险货物运输押运员从业资格证。

（2）事故车辆情况

晋E23504/晋E2932挂铰接列车由半挂牵引车和罐式半挂车组成。半挂牵引车准牵引总质量37.6吨；罐式半挂车最大设计总质量39.8吨，核定载重质量30.6吨，实际装载29.14吨甲醇。事发时机动车所有人为晋城市福安达物流有限公司，车辆使用性质为危险化学品运输，检验有效期至2014年5月31日。

豫HC2923/豫H085J挂铰接列车由半挂牵引车和罐式半挂车组成。半挂牵引车准牵引总质量37.6吨；罐式半挂车厂最大设计总质量40吨，核定载重质量32吨，实际装载29.66吨甲醇。机动车所有人为河南省焦作市孟州市汽车运输有限责任公司，车辆使用性质为危险化学品运输，检验有效期至2014年5月。罐式半挂车未经质检部门认定的检验机构出厂检验。

（3）事故道路情况

事故发生在晋济高速公路（国家高速公路网二连浩特至广州主干线山西晋城段）山西晋城至河南济源方向的岩后隧道内K9+605.305处。该隧道为左右分离式，事发隧道（右洞）长786.875米，隧道进口段（K9+574.125至K10+265.319）位于直线上，出口段（K10+265.319至K10+361）位于半径为835米的平曲线上，隧道纵坡为2.2%。隧道建筑限界为净宽9.75米，限高5米，隧道内轮廓采用半径为5.29米的单心圆曲墙式断面。隧道围岩属二、三、四类，采用复合式衬砌，路面铺装为4厘米加6厘米改性沥青混凝土。

隧道内设有人行横洞一处，与隧道左洞相通，长35米，宽2.4米，用于维修、养护和消防救援；人行横洞两端设计可开启的钢质卷闸门，隧道正常运营时关闭。岩后隧道左右洞均采用自然通风；隧道内每50米设置一组消防箱，内置4具手提式灭火器。

事故发生前，晋济高速公路全线因降雪相继封闭；3月1日7时10分，解除交通管制措施。3月1日11时起，事故路段车流量逐渐增加；12时45分，泽州收费站出省方向车辆增多，开始出现通行缓慢的情况；13时，持续出现运煤车辆在右侧车道和应急车道排队等候通行的情况；事发时岩后隧道右侧车道排队等候，左侧车道行驶缓慢。

（4）事故经过

3月1日14时43分许，由汤天才驾驶、冯国强押运的豫HC2923/豫H085J挂铰接列车（前车）装载29.66吨甲醇运往洛阳，在沿晋济高速公路由北向南行驶至岩后隧道右洞入口以北约

① 资料来源：《晋济高速公路山西晋城段岩后隧道“3·1”特别重大道路交通危化品燃爆事故调查报告》，国家安全生产监督管理总局网站。

100 米处时，发现右侧车道上有运煤车辆排队等候，遂从右侧车道变道至左侧车道进入岩后隧道，行驶了 40 余米后，停在皖 BTZ110 号轻型厢式货车后。

14 时 45 分许，由李建云驾驶、牛冲押运的晋 E23504/晋 E2932 挂铰接列车（后车）装载 29.14 吨甲醇运往河南省博爱县，在沿晋济高速公路由北向南行驶至岩后隧道右洞入口以北约 100 米处时，看到右侧车道上有运煤车辆排队缓慢通行，但左侧车道内至隧道口前没有车辆，遂从右侧车道变至左侧车道。驶入岩后隧道后，突然发现前方大约 5 ~6 米处停有前车。李建云虽采取紧急制动措施，但仍与前车追尾。碰撞致使后车前部与前车尾部铰合在一起，造成前车尾部的防撞设施及卸料管断裂、甲醇泄漏，后车前脸损坏。

两车追尾碰撞后，前车押运员冯国强从右侧车门下车，由车前部绕到车身左侧尾部观察，发现甲醇泄漏。为关闭主卸料管根部球阀，冯国强要求汤天才向前移动车辆。该车向前移动 1.18 米后停住，汤天才下车走到车身左侧罐体中部时，冯国强发现地面泄漏的甲醇起火燃烧。

甲醇形成流淌火迅速引燃了两辆事故车辆（后车罐体没有泄漏燃烧）和附近的 4 辆运煤车、货车及面包车，由于事发时受气象和地势影响，隧道内气流由北向南，且隧道南高北低，高差达 17.3 米，形成“烟囱效应”，甲醇和车辆燃烧产生的高温有毒烟气迅速向隧道内南出口蔓延。发现着火后，后车驾驶员李建云、押运员牛冲从隧道北口跑出，前车驾驶员汤天才、押运员冯国强跑向隧道南口，并警示前方的皖 BTZ110、皖 BTZ016 驾乘人员后方起火。当时隧道内共有 87 人，部分人员在发现烟、火后驾车或弃车逃生，48 人成功逃出（其中 1 人因伤势过重经抢救无效死亡）。

17 时 5 分许，距离南出口约 100 米的 1 辆装载二甲醚的鲁 RH0900/鲁 RC877 挂铰接列车罐体受热超压爆炸解体。事故导致滞留隧道内的 42 辆车辆全部烧毁，隧道受损严重。

2. 事故原因分析

（1）直接原因

1）两车追尾的原因：晋 E23504/晋 E2932 挂铰接列车在进入隧道后，驾驶员未及时发现停在前方的豫 HC2932/豫 H085J 挂铰接列车，距前车仅五六米时才采取制动措施；晋 E23504 牵引车准牵引总质量（37.6 吨）小于晋 E2932 罐式半挂车的整备质量与运输甲醇质量之和（38.34 吨），存在超载行为，影响刹车制动。经认定，在晋 E23504/晋 E2932 挂铰接列车追尾碰撞豫 HC2932/豫 H085J 挂铰接列车的交通事故中，晋 E23504/晋 E2932 挂铰接列车驾驶员李建云负全部责任。

2）车辆起火燃烧的原因：追尾造成豫 H085J 罐式半挂车的罐体下方主卸料管与罐体焊缝处撕裂，该罐体未按标准规定安装紧急切断阀，造成甲醇泄漏；晋 E23504 车发动机舱内高压油泵向后位移，启动机正极多股铜芯线绝缘层破损，导线与输油泵输油管管头空心螺栓发生电气短路，引燃该导线绝缘层及周围可燃物，进而引燃泄漏的甲醇。

（2）间接原因

1）事故相关企业安全生产主体责任不落实。

2）晋济高速公路煤焦管理站违规设置指挥岗加重了车辆拥堵。

3）湖北东特车辆制造有限公司、河北昌骅专用汽车有限公司生产销售不合格产品。

4）山西省晋城市、泽州县政府及其交通运输管理部门对危险货物道路运输安全监管不力。

5）河南省焦作市交通运输管理部门和孟州市政府及其交通运输管理部门对危险货物道路运输安全监管不到位。

6）山西省高速公路管理部门对高速公路管理和拥堵信息处置不到位。

7）山西省公安高速交警部门履行道路交通安全监管责任不到位。

8）山西省锅炉压力容器监督检验研究院、河南省正拓罐车检测服务有限公司违规出具检验报告。

9）此次事故中的危险化学品罐式半挂车实际运输介质均与设计充装介质、公告批准、合格证记载的运输介质不相符。按照要求，不同的介质因为化学特性差异，在计算压力、卸料口位置和结构、安全泄放装置的设置要求等方面均存在差异，不按出厂标定介质充装，造成安全隐患。

四、道路交通事故的诱发原因与应对措施

（一）重大灾害诱发原因分析

分析以上案例可以发现，每个事故都是由致灾因子、孕灾环境和承灾体三个因素共同作用引发的，下面我们就从这三个方面分析以上典型案例，更加清晰地认识我国道路交通事故发生的原因。

1. 致灾因子

从事故发生的主要原因来看，这几起典型案例，主要都是由于司机违法违规操作导致的。如2012年“8·26”特别重大道路交通事故主要是由司机疲劳驾驶所导致，2014年沪昆高速湖南邵阳段“7·19”特别重大道路交通事故与驾驶员违规驾驶有关，2014年西藏拉萨“8·9”特别重大道路交通事故与大客车驾驶员会车时未安全驾驶和越野车驾驶员非法占道、超速行驶有关。因此，加强驾驶人员的安全意识和法制教育仍然是防范交通事故的重要途径。

从事故发生的原因个数来看，所有的典型事故都是由多个原因导致的，有些是发生事故的司机双方皆有过错，如一方是疲劳驾驶，另一方是高速公路违法低速行驶；有些是造成事故的司机多错并犯，如超载且同时逆向超速行驶。

以上分析说明，交通事故的致灾因子是复杂且并存的，同时，人的因素仍然是影响交通事故发生的主要因素，疲劳驾驶和违规驾驶应该被更多地关注。

2. 孕灾环境

从路段上看，典型交通事故多发生在高速公路或弯道、盘山道、坡面、交叉路口等特殊路段，事故的过程为翻倒、撞入隔离带或正面碰撞。特殊路段容易出现车速过快、刹车失灵、视线遮挡或躲闪不及的情况，易造成交通事故，驾驶员在此类路面上行驶时应有意识地提醒自己谨慎慢行。

从时间上看，典型交通事故多发生在凌晨，发生事故的皆为长途客车，事故原因皆包括疲劳驾驶。凌晨驾驶员容易疲劳，且这段时间光线不足，可视性差，容易发生交通事故。

从天气上看，上述几起特大交通道路事故受天气影响不大，除了2012年连霍高速“8·31”事件的发生与大雨有关之外，其余事故发生时均未出现雨雪等不利于驾驶的天气环境。这说明在大雾或雨雪天气时，驾驶人员行车更为谨慎，交通管理人员也更加注重道路安全的监管，反而不容易发生特别重大的交通事故。但在一般情况下，交通事故多发生在大雾或雨雪天气之后，这是因为大雾或雨雪天气发生后，路面湿滑，可视性差，易酿交通事故，所以驾驶人员和交通

管理人员也应该注重天气环境的变化。

3. 承灾体

从承载车辆类型上看，大型货车客车居多。恶性道路交通事故的特点之一就是群死群伤，较之多车连环相撞而言，载客多的大型车辆和装载危险物品的货车肇事是恶性事故的主流，发生概率高，损失大。大型货车客车多为长途运送且以营利为目的，容易出现疲劳、超载、疏于检修等违规操作。装载危险物品的货车对驾驶员的驾驶技术和安全防范措施要求更高，稍有不慎即可引发爆炸等事故。大型货车客车的运行路段也与日常出行的小型家用商用车有所不同。

从承载车辆安全性上看，这几起事故中有三起事故与车辆运行异常、车辆违法改装有关。刹车异常、安全带损坏都会造成事故或加大损失，所以，加强车辆的安全检查可以有效地降低交通事故的发生率和损失额。

综上所述，道路交通事故的发生一般都是由多因素造成的，与致灾因子、孕灾环境和承灾体息息相关，只有从这三个方面同时加强管理，才能有效地降低交通事故的发生次数和损失程度。

（二）应对措施

1. 政府层面

从以上事故的应急处理措施和事后整改意见可以看出，国家对道路交通安全问题十分重视，总能在第一时间妥善处理事故现场以确保道路交通的正常秩序。除此之外，还立即成立调查小组展开详尽的调查，全面分析事故的经过及原因，以确保事故责任得到落实，维护遇难和受伤人员的合法权益。及时的事故处理能有效地降低道路交通事故带来的社会和经济负面影响，同时为日后同类道路交通事故的发生提供有效的防范和处理措施。因此，有关部门应高度重视道路交通安全工作，加强监管，良好的法律和交通治理环境能有效减少交通事故的发生，降低交通事故的损失。

2. 保险公司

对于保险公司来说，在发生交通事故时应该做到以下两点：一是配合政府工作，积极启动预案。各保险公司应迅速启动突发事件应急预案，并根据突发事件的等级，启动相应级别的组织领导体系和工作方案，切实落实有关责任，全面开展事故理赔处置工作。对于本系统内异地分支机构承保车辆，积极配合承保公司做好代查勘工作，主动做好出险客户与承保公司的沟通与协调。二是积极应对，主动理赔。保险公司应安排相关人员迅速赶赴事故现场，简化理赔流程，对能够初步确认的理赔损失，按照相关规定及时预付保险赔款；开辟理赔绿色通道，提前做好理赔准备工作，主动核实伤亡客户信息，一经确认，第一时间开展保险理赔工作。

本节小结

本节详细描述了2012—2014年全国特大或重大交通事故的基本情况，包括事故驾驶车辆人员情况、事故车辆情况、事故道路情况、事故经过、事故原因、事故防范和整改措施等。事故的发生地点遍布全国，能让读者全面了解我国的重大交通事故情况。同时，我们可以从这些大型交通事故中找到相似点，从而采取相应的整改防范措施。

另外，本节从致灾因子、孕灾环境和承灾体三个方面深入分析了这些事故的成因和影响。可以发现，虽然事故的发生地点较为分散，但致灾、孕灾和承灾等方面原因有很大的共同之处，值得引起大家关注。这也说明，只要有效防范这些基本原因，将有助于我国道路交通事故数量的大幅减少。

专 题

专题一 城市洪涝灾害风险管理

一、城市系统与城市洪涝灾害系统

随着全球气候变化与城市化过程叠加效应的不断显现，城市系统这一典型的自然—人文—社会—经济耦合的地域综合体的系统结构更加复杂。当前，城市系统已成为各种灾害的巨大承灾体以及国家安全设防的重心。了解城市系统、城市洪涝灾害系统及其特征，对开展城市洪涝灾害风险评估与管理研究以及城市可持续发展的实现有着十分重要的理论和实践意义。

（一）城市系统

城市系统是城市洪涝灾害作用的对象，是由社会系统、经济系统、生态系统复合而成的巨系统，是由城市居民与其周围环境相互作用而形成的巨大网络结构，如图1所示。

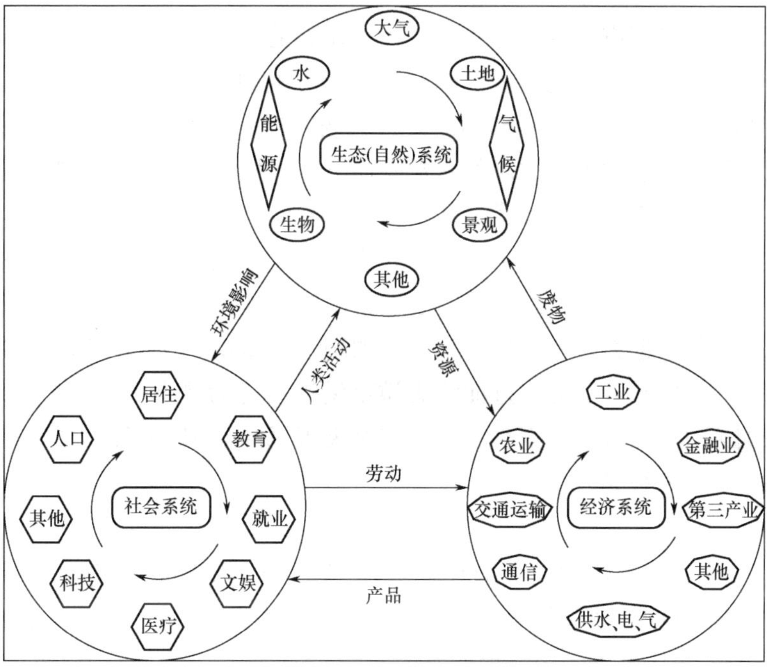

图1 城市系统网络结构

随着城市化水平的不断提高，城市系统内部各要素间以及城市系统之间的相互依存度会越来越高，关联性越来越强，进而导致城市系统可靠性变差，诱发危机的渠道增多，危机蔓延的可能性以及危机的连锁效应更加严重。当城市系统中某个要素受到自然灾害的侵袭时，灾害效应就会通过城市系统要素间的“网状链接”迅速扩散到城市系统的其他部分，导致城市系统功能紊乱或者丧失。

（二）城市洪涝灾害系统

1. 城市洪涝灾害系统的构成

城市洪涝灾害系统是典型的城市自然灾害系统之一，其具体组成如下：

（1）致灾因子

大气层变异是最重要的洪涝灾害诱因之一。短时高强度降水事件或持续几天、几周甚至数月的强降水事件会造成严重的洪涝灾害，如2011年9月四川、陕西、河南、重庆、湖北、青海、山东、山西、甘肃9省64市（含自治州）310个县的洪涝灾害就是由持续性强降水引发的。

天然堤坝、人工水利工程设施失效是城市洪涝灾害另一较常见的致灾因子。过去200年中由天然堤坝和人工堤坝失效引发的洪灾已经造成至少3万人丧生以及数百万美元的财产损失和严重的河道变更。最常见的水坝失效诱发的洪灾往往是由集水区高强度的降水事件，加之不合理、不科学的大坝设计共同作用产生的，往往造成严重的人员伤亡和经济损失。

（2）孕灾环境

城市洪涝灾害的孕灾环境是城市大气圈、水圈、岩石圈和以人为主体的生物圈共同作用而成的地球表层系统。它包括人为因素与自然因素两方面。

自然因素主要包括城市局地气候、城市水循环过程中的排水模式以及城市下垫面如地质、地貌、地形、土壤湿润程度、土地利用类型与结构、植被类型与结构等。人为因素主要是指以人为主体的城市社会经济环境，如人口年龄结构、性别比例、受教育程度、灾害意识、社会制度以及城市灾害风险管理与应急模式等。

人为作用影响显著是城市洪涝灾害孕灾环境最显著的特征。城市气候特征形成的基本环境要素如城市所处的宏观地理及其周边具体的自然地形、地貌、植被、水系等受人类活动影响显著，使得“城市热岛效应”与“城市雨岛效应”问题突出。人类在河流集水区的各种活动影响了洪涝灾害，天然的地表植被为不透水的水泥硬质路面、屋顶以及各种混凝土地面所替代，将导致降雨产流汇流的时间大大缩短、径流量增大，一旦发生强降雨事件，极易诱发城市内涝灾害。城市规模的急剧扩张，极大改变了天然的排水模式，因此，人工排水系统成为城市排水的主要或唯一途径；而排水系统建设远远落后于城市发展的速度，并且大量的河道填没也降低了城市雨水排水系统的排水能力，这在很大程度上加剧了城市洪涝灾害。河道上船舶航行等交通行为也会降低河流系统的承载能力，进而增大城市洪涝灾害的严重程度。另外，城市洪涝灾害风险管理制度与灾害防范教育制度完善程度、市民灾害风险意识及其抗灾能力的大小，在很大程度上决定了城市洪灾的最终大小。

（3）承灾体

自然致灾因子如果不对承灾体（人类生命及其财产等）构成威胁，就不能称之为自然灾害。基于城市系统理论，本专题系统梳理了城市洪涝灾害中的承灾体体系及其可能遭受的损害形式，如表1所示。

表1　城市洪涝灾害承灾体类型

<table>
<tr><th colspan="2">类型</th><th>承灾体具体种类</th><th>主要损害形式</th></tr>
<tr><td rowspan="3">社会系统</td><td>人口</td><td>人</td><td>死、伤、病、家园与生计丧失</td></tr>
<tr><td>住宅</td><td>钢结构、钢筋混凝土结构、砖结构住宅、简易住宅等</td><td rowspan="2">变形、开裂、沉陷、倒塌、浸水、流失、淤埋、报废等</td></tr>
<tr><td>财产</td><td>汽车、摩托、电动车、家用电器、家具、衣服等</td></tr>
</table>

续表

类型		承灾体具体种类	主要损害形式
经济系统	农林牧副渔业	农产品：小麦、大米、棉花、玉米、大豆、棉花等	流失、腐烂、发芽、变质、冲蚀、浸泡、淤埋、虫害、折断、死亡、疫病、水土流失、恶化生长条件等
		农作物：粮食作物、经济作物、油料作物、果茶作物等	
		禽畜及牲畜加工品：鸡、鸭、鹅、牛、羊、马、螺、猪、驴、狐、兔、蛇、鹿、蚕及肉、奶、皮制品等	
		林产品：林木、林果等	
		水产养殖业：鱼、虾、贝、蟹，塘、池等	
		草地：人工绿地、苗圃、草地、草场等	
	生命线	供水系统：水厂、管线、泵站等	变形、开裂、沉陷、倾倒、折断、淤埋、泄漏、垮塌、渗漏等
		供电系统：电厂、输变电线路、塔架、变电站等	
		供气系统：气厂、管线、储气罐、调压站等	
		供热系统：厂（站）、管线、粟房等	
		通信系统：发射接收站、线路等	
	水利工程	水库、大坝、水电站、堤防、水间、渠道、渡槽、机井等	变形、开裂、沉陷、淤埋、泄漏、垮塌、渗漏、溃决等
	交通设施	铁路、公路、地铁（轻轨）、城市道路的路基、路面、轨道、隧道、涵洞、信号、防护设施、站点等	下沉、开裂、垮塌、变形、积水、淤埋、沉陷、浸水、淤泥、滑动、漂失、失效等
		桥梁：正桥、引桥、信号与防护设施等	
		港口：码头、港池、过船建筑、航标、防波堤等	
		机场：导航站、航站楼、跑道、飞机等	
	工业	生产构筑物：厂房、水塔、烟囱、高炉、贮器、容器、井架等	开裂、浸水、积水、变形、沉陷、折断、倒塌、泄漏、淤埋、漂失、腐蚀、变质、失效等
		各种机械设备、原料、产品：机械、仪器、工具、生产线、飞机、火车、汽车、船只、金属材料、原料、工业、产品与半成品等	
	商业	商业建筑及室内财产：宾馆、商场、娱乐设施及其内部家具、电脑、饮水机等商用物质等	浸泡、腐蚀、变形、开裂、塌陷、沉陷、浸水、淤埋等
		文化古迹：文化遗址、古建筑、石刻、历史纪念物、手稿、古旧图书资料等	
	公共设施	行政机关、医院、学校、消防站、图书馆、博物馆、应急避难设施、人防工程等	变形、开裂、沉陷、倒塌、淤埋、浸水、积水等
生态系统	土地	耕地、果园地、茶林地、橡胶林地等	水土流失、浸泡、冲蚀、淤埋等
	野生动植物	野生动物：除人工饲养的家禽、家畜外的一切兽类、鸟类、爬行类、两栖类、鱼类、昆虫等	死亡、伤病、流失、浸泡、淤埋等
		野生植物：除人工栽培外的所有植物	
	水体	河流、湖泊、水库等	泛滥、污染等
	环境	居住区环境、道路环境、公园、绿地等	浸泡、积水、淤埋、退化等

2. 城市洪涝灾害系统的特征

随着城市化水平的不断提高，城市系统中人口与财富的高度集中以及城市系统的正常运行与发展对城市基础设施的高度依赖，城市洪涝灾害系统与其他区域相比表现出截然不同的特征，具体为以下几个方面：

（1）人为因素作用显著

从根本上说，城市灾害是由人为因素引起的。人为因素可改变城市洪涝灾害致灾因子的发生频率和强度，具体表现在：人类活动导致的全球气候变化及海平面上升在城市局地的具体表征，改变了城市洪涝灾害重要的致灾因子——气团、锋、气旋和反气旋等天气系统产生的强降雨发生概率与强度。

人类活动对城市洪涝灾害的孕灾环境与承灾体影响显著。城市化过程是城市洪涝灾害孕灾环境发生变化的过程，城市下垫面土地利用、覆被发生巨大变化，改变了原有的流域蒸发、产流、汇流模式，再加上落后的城市排水系统建设，使得城市洪涝灾害系统变得更为复杂。同时，城市化的过程也是人口财富不断集聚、城市系统规模不断扩大的过程。随着城市化过程的深入，城市常住人口、外来人口与流动人口数量急剧增加，使得城市人口在城市洪涝灾害中的暴露性与脆弱性更加不确定，大大增加了城市灾害风险管理的难度。城市用地紧张，在地表建筑越来越高的同时，城市地下空间如地下商场、地下车库、地下轨道交通迅猛发展；人口集聚、地下空间的大规模开发等使得城市原有的致灾隐患、致灾源不断扩展、激化，新的致灾因子与承灾体类型不断涌现；加之城市系统内部要素的高度关联性、高度依存性，使得城市洪涝灾害呈现出链式或网状群发特征，可能造成的损失也更加趋于多元化。

（2）时空差异性

城市洪涝灾害系统的时空差异性是指在不同时空状态下，城市洪涝灾害类型、特征、造成的后果及影响均具有显著差异性。就地域性而言，在致灾因子的发生概率和强度相同的条件下，由于地理位置的不同，城市洪涝灾害的孕灾环境、承灾体特征（类型、数量等）以及致灾因子造成的灾情存在一定的差异性。同一城市洪涝灾害系统特征在不同时间或季节也存在显著差异性，即由于城市洪涝灾害致灾因子（台风、强对流天气引发的强降雨，河流洪水量增大导致的溃堤，冰雪融水等）的强度、频率存在季节性差异，其造成的灾情大小也存在季节性差异。

（3）动态演化性

人类的主观能动性，使得城市洪涝灾害系统一直处于动态演化过程中。人类通过限制自身活动来降低对气候的不利影响，促使城市洪涝灾害致灾因子的发生概率、强度朝着对人类有益的方向发展。人类还可以通过科学的城市规划、土地利用规划等，改造城市洪涝灾害系统的孕灾环境，减少可能暴露于灾害中的承灾体类型与数量，改造各种落后建筑设施以降低其暴露性与脆弱性。随着人类自身对洪涝灾害认知能力不断增强，还可以通过建立适合城市系统的洪涝灾害管理与宣传教育机制，提高城市系统抗干扰能力。总之，人类可以通过采取各种工程或非工程性措施，降低或避免洪涝灾害对人类的不利影响。

二、城市洪涝灾害风险管理国际经验

我国是个洪灾比较严重的国家，但洪涝灾害风险管理尚不成熟，目前还无法广泛开展。针对此问题，本专题梳理了美国、英国、日本等典型国家的洪涝灾害风险管理模式，希望在借鉴国际经验的基础上，提出适合我国城市洪水灾害风险管理的政策建议。

（一）美国模式

美国是世界上最早倡导洪水管理的国家。美国的防洪事务早先以陆军工程兵团兴建防洪工程为主，经过四五十年代的经济快速增长之后，面对水灾损失不断增长的状况，联邦政府陷入救灾负担日益严重的困境。20 世纪五六十年代，美国的洪灾损失继续攀升，联邦政府用于灾害救济的费用急剧增长，地方政府对洪泛区管理的有效性遭到质疑，多方面因素促使美国颁布了 1968 年《洪水保险法》，并以此为据，出台了“国家洪水保险计划”（National Flood Insurance Programme，NFIP）。根据美国政府问责办公室（Government Accountability Office，GAO）在 2007 年 10 月 2 日所指出的，NFIP 的三大目标是：第一，为众多财产所有者提供财产的洪水保险保障；第二，当洪水灾害发生时减少纳税人资助的灾难援助；第三，基于精确的、有用的洪水风险图和相关建筑标准执行对洪泛区的管理，减少洪水对财产造成的损失。

1. 组织模式：政府、公司和私人的角色

NFIP 由国土安全部（Department of Homeland Security，DHS）下属的联邦紧急事务管理局（Federal Emergency Management Agency，FEMA）主管。在 FEMA 的主持下，联邦政府和地方社区签订协议，联邦政府对特别洪水灾害区（Special Flood Hazard Area，SFHA）那些实施了减灾措施的社区提供洪水保险。其中，特别洪水灾害区内，由联邦政府监管的贷款银行提供抵押贷款支持的不动产，必须购买洪水保险保单。在这些区域，新建筑和新改建必须符合 NFIP 的建筑安全标准。地方政府或者社区，必须同意加强土地管理，按照法规进行新建筑审批，对高风险区域的建筑物实施严格的洪泛区管理措施，以保证降低未来洪灾损失。

由于洪灾具有大面积爆发的特点，在传统理论中不具有可保性，因此私营保险公司一般都不愿意提供这一风险的保障，所以在市场主导的情况下，很难看到洪水保险的普遍发展。而政府提供洪水保险可以避免这种局面的出现。在美国，洪水保险投保人参与 NFIP 除了要按照要求支付保险费外，还必须按照规范采取建筑物减灾措施。强制性的洪水保险制度让足够广泛的人群参加保险计划，从而能够让风险真正在更广的范围内实现充分的分散。

目前，已有超过 2 万个社区参加了 NFIP，NFIP 也在全国范围进行洪水风险地图的绘制，这一地图将决定社区的洪水保险费率。可见，美国洪水保险计划是在联邦政府主导下开展的政策性保险计划。政府组织洪水保险的实施、运行，并负责洪灾损失的赔付。

尽管 NFIP 事实上是一个政府主导的政策性洪灾保险计划，政府在各个方面都扮演核心角色，但是 FEMA 却聪明地利用了私营保险公司在营销体系、服务体系上的天然优势，通过合作协议的方式，让私营保险参与其中。NFIP 在 1981 年启动了一项计划“Write Your Own（WYO）”，意即“以你自己的名义”，私营保险公司可以以自己的名义评估风险、销售保单、提供服务、办理索赔。但事实上，WYO 保险人不承担洪水导致的任何损失。他们利用自己的营销渠道来帮助 NFIP 办理洪水保险并提供与之相关的理赔服务，由 NFIP 按照保单销售和理赔服务的数量支付佣金。到目前为止，大约有 200 家保险公司成为 NFIP 的协议合作者。NFIP 体系中，投保人（业主或者承租人），尤其是那些位于洪灾高风险区域的物业所有人，最大限度地获取了洪水保险带来的公共福利。

2. 保单设计：费率结构和保险限额

FEMA 根据社区的洪灾风险状况制定了全国范围的洪灾风险地图（Flood Insurance Rate

Maps，FIRMs)，并根据洪灾风险对社区的物业进行费率确定。NFIP 制定了两种类型的保险费：全风险费率和补贴费率。全风险费率，是保单按照社区洪灾风险地图以及其建筑物的风险状况收取全额保费。而补贴费率则是受到财政补贴后的折扣费率。1968 年国家洪水保险法案要求 NFIP 对那些在洪灾风险地图编制之前投保 NFIP 的社区物业提供补贴费率，一方面是为了激励这些社区参加 NFIP，另一方面也是为了避免对这些业主无意地把房子建在高风险地区的行为进行惩罚。这类补贴费率一般不用考虑实际风险水平，仅仅是完全风险费率的 35% ~40%，因此足够便宜，约有 25% 的保单能够享受补贴费率，而剩下的则支付“全风险费率”。

当然，为了限制承保风险和抑制逆选择，NFIP 也对保单设定保险限额。NFIP 提供建筑财产和内部财产两种保险。针对住宅类房屋，建筑财产的保险额度为 25 万美元；内部财产的保险限额为 10 万美元；针对非住宅物业，建筑财产的保险额度为 50 万美元，内部财产的保险限额为 50 万美元。对参加一般洪水计划的财产，标准免赔额为 1 000 美元和 2 000 美元；对紧急洪水保险计划，标准免赔额为 2 000 美元。

3. 风险管理：社区评分系统和减灾管理

NFIP 设计了社区评分系统（Community Rating System，CRS)，鼓励社区在洪泛区加强管理，以减少洪水风险。CRS 对在社区建立洪泛区管理项目（超过 NFIP 的最低要求）的个人提供洪水保险费率折扣。根据社区四个领域（即公共信息、测绘和管理活动、减少洪水灾害、防洪准备工作）开展活动的水平，社区的 CRS 评分为 10 ~0 级。对获得 1 级评价的社区提供最大程度的洪水保险费折扣（即 45%)，而评为第 10 级的社区不能获得洪水保险保费折扣。FEMA 认为，CRS 保险折扣是鼓励积极参与 NFIP 社区实施防洪减灾的有效手段。

州和社区也可为业主提供保险费折扣机会，通过参与建筑规范效果等级表（Building Code Effectiveness Grading Schedule，BCEGS®）项目对社区进行综合评估，评估内容主要包括：社区建筑规范的采用、对规范的修订，以及规范执行的效果。BCEGS®项目特别强调减少自然灾害造成的损失，尤其是飓风、龙卷风和地震造成的损失。社区收到 BCEGS®分类评估结果后，可提供给保险公司。保险公司可以选择使用这些信息来为在这些社区生活的业主提供保险折扣。但是，目前这一制度的有效性和广泛性还需进一步加强。

4. 洪水风险地图

FEMA 在全国范围内识别洪水灾害风险状况，并编制洪水风险地图（FIRMs)。洪水风险地图呈现洪水海拔基线、保险风险区域以及洪泛区边界等重要信息。洪水风险地图上风险等级最高的区域被称为特别洪灾区域（SFHAs)，该区域被定义为每年有 1% 的概率发生洪灾，或者叫百年一遇洪灾区。SFHAs 中又可划分为 A 和 V 两个区域。A 区一般紧邻江河湖等陆地水系，容易遭受内陆洪涝；而 V 区则为海滨地带，极易遭受海潮袭击。这两类地区洪灾风险极高，因此一般被要求严格按照洪灾管理法规进行设计建筑和管理，并且是 NFIP 项目强制要求保险的区域。除此而外，其他中低风险区域被命名为 X 区，该地区较少受到洪灾威胁，因此 X 区的建筑不会被强制投保洪水保险。这样，这些地区的财产就可以选择通过私营保险公司的洪水保单进行保障。洪水风险地图需要不断地进行重新评估和及时更新。1994 年的洪水保险法案要求 FEMA 以至少 5 年一次的频率更新洪水灾害地图。

（二）英国模式

英国虽然不是一个洪水灾害严重的国家，但仍有许多地区时常遭受洪水灾害的影响。20 世纪40年代末英国政府开始重视防洪工程的建设。60年代初发生几次大洪水之后，政府在加强防洪工程措施的同时，开始重视非工程措施，最重要的一个措施就是发挥保险的作用。为此，60年代初政府与保险行业协会签订了一份“协定”，该协定规定了政府和保险业在应对洪水灾害中所承担的责任，即政府承诺继续建立有效的防洪工程体系，以使保险损失控制在可以承受的范围之内；保险行业保证向位于任何洪水风险区域的居民和小型企业提供财产洪水保险，以便在出现洪水损失的情况下给予补偿。

1. 工程性措施

（1）“硬工程”措施

20世纪40年代末英国政府开始重视防洪工程的建设，典型的防洪工程包括堤防、河道整治、水库、防洪墙、防洪堰、挡潮闸及排水泵站等，俗称“硬工程”。

1）堤防。堤防不仅仅在英国应用，它是世界范围内使用最广泛的防洪设施。其所需投资小，防洪作用直接。到目前为止，英国现有堤防2.4万平方千米。

2）河道整治。水道的输水能力对于洪水风险管理来说至关重要，其维护也是未来洪水防御的重点。河道整治主要包括疏浚、清障、清淤，环保部门和地方政府都有权去管理主要河流、河道的整治。在2007—2008年，环保署每年花费300万英镑来疏通，花费800万英镑来清除杂草，花费2 300万英镑来通堵，还对关键区域的河流进行清淤工作以保证船只可以通过。

3）水库。在英国，政府从未为防洪建造专门的水库。原因是单目标水库造价过高，并且选址困难，以地易地无意义，上游筑坝对远距离的下游防洪效益极小。

4）挡潮闸。泰晤士河流经伦敦，洪水经常给该城市带来威胁。在1953年洪灾后，伦敦的洪水问题开始受到政府重视，并于1975年开工建设挡潮闸，1982年建成，该挡潮闸及其下游防洪工程能防御千年一遇的高水位，至1996年，为保护伦敦曾关闭过9次，发挥了重要作用。

5）临时的、可拆卸的防御设施。临时防御设施为抵御河流洪水泛滥提供了一个快捷和相对容易的措施，它们便于运输，还可以重复利用，与传统的沙袋相比有很多优势，可拆卸的防御设施有固定的工程基础，伴有可拆卸的配件。现在，英国增加了各种各样非永久性的防御设施，它们性能灵活，为地方防洪提供了保障，但不能作为长久的洪水防御手段。

（2）“软工程”措施

在英国，洪水风险管理正在进行一个重大范式的转换，原来是以“把洪水阻挡在外”为核心理念，现在逐步转变为“为水提供空间”的理念。相关部门试图利用天然条件来抵御洪水，即“软工程”，这要求与自然过程协同。

“软工程”措施一般有三类：

1）通过渗透的手段保留水分，例如保护或增强土壤条件；

2）储备，如在农场水库增加湿地和河漫滩；

3）通过管理山坡和河流运输放慢流速，如种植覆盖作物或者恢复一个较小水道，裁弯取直。这些措施需要占用更多的土地，但投资少、维护费用低，可以提供更可持续的方式去管理风险，能弥补和延伸传统防御工事的生命周期。

2. 非工程性措施

政府在加强防洪工程措施的同时，开始重视非工程措施，最重要的一个措施就是发挥保险的作用。

英国的洪水保险由商业保险公司承保，并由商业保险公司承担全部赔偿责任。居民家庭及小企业可就其财产自愿选择商业保险公司投保。政府的主要职责不是参与洪水保险的经营、对洪水保险承担赔偿责任，而是投资防洪工程，建立有效的防洪体系，并向商业保险公司提供相关地区洪水风险评估、洪水灾害预警、气象研究等与洪水风险相关的信息和资料，从而使这些地区的洪水风险成为商业保险公司可以按照商业原则经营的商业性可保风险。在此基础上，政府要求商业保险公司对这些地区投保洪水保险的居民家庭及小企业予以承保。

英国的洪水保险制度模式基本上属于一种完全市场化的模式。居民家庭和小业主可以自愿在市场上选择保险公司进行投保，洪水灾害发生后，承保公司对已投保的居民家庭和小企业因洪水灾害而发生的财产损失负责赔偿。各商业保险公司可以通过英国发达的再保险市场与分入公司签订再保险合同，以控制承保风险。英国存在洪水风险的财产比例约为10%，目前，居民家庭及小企业的洪水保险参保率已达到80%左右。这表明，绝大多数居民家庭和小企业的财产都能得到保险保障。

英国的洪水保险制度是一种完全商业保险模式。这种模式的一个基本前提是对洪水风险的商业可保性的肯定判断，即洪水风险是可以按照商业原则（对保险人一方来说就是自主经营、自负盈亏）承保的。显然，这种保险模式是有严格的条件限制的：第一，或者实行这种模式的国家或地区或者巨灾风险本来就比较小；第二，或者巨灾风险虽然不小，但被保险人一方有足够的按公平费率负担比普通保险多得多的巨灾保险保费的经济承受能力和心理承受能力；第三，或者对多种巨灾风险进行筛选，将风险程度较高的巨灾风险排除在外，而把风险程度较低的巨灾风险作为巨灾保险保障的风险；第四，或者严格控制赔偿限额，使承保巨灾保险的商业保险公司所收取的保险费足以应对赔款和费用支出，并取得合理利润。

英国政府按照其在“君子协定”中的承诺继续兴建防洪工程等工程防灾措施，力求通过兴建防洪工程等工程防灾措施把洪水风险降低到商业保险公司可以按照商业原则经营的程度；同时英国经济发达，保险发展的历史悠久，国民对洪水保险的保费支出具有较强的经济承受能力和心理承受能力。可见，英国的洪水保险是基本符合前两个条件的。尽管如此，英国的商业性洪水保险模式还是面临着严峻的挑战。2000 年，英国遭受了 50 年一遇的洪水灾害，承保洪水保险的商业保险公司的赔款总额达到 10 亿英镑。2007 年，英国中西部发生了特大洪水，牛津郡等地有 6 万住家和企业房产被毁，保险公司面临高达 30 亿英镑的巨额赔款。这样的赔款规模已经接近甚至超过了完全商业性巨灾保险模式下商业保险公司所能承受的最高界限。于是，英国保险人协会强烈要求政府每年以 10% 的比例增加对防洪设施的投入，到 2011 年达到年投入 7.5 亿英镑。否则，商业保险公司将撤销其对洪水灾害易发地区的水灾保险。这表明，英国的商业性洪水保险模式存在着严重的局限性，即单独由商业保险公司作为风险承担主体经营居民家庭及家庭性质的小企业的洪水保险，在严重的洪水灾害发生后，承保洪水保险的商业保险公司面对由洪水灾害所导致的巨大的累积损失赔偿责任极有可能力不从心。而之所以如此，不只是因为与政府相比商业保险公司的经济实力较为有限，更为重要的是，既然把居民家庭及家庭性质的小企业从其他企业等众多类别的风险主体中独立出来，专门针对他们开办巨灾保险，费率的厘定必然会受到他们对保费支付的经济承受能力及心理承受能力的限制，很难达到使商业保险公司足以应对巨灾损失和费用支出，同时又能获得合理利润的公平费率的水平。

（三）日本模式

日本的河流具有源短流急、洪水暴涨暴落的特点，在仅占国土面积 10% 的洪泛区，居住了 50% 的人口并集中了 70% 以上的资产，洪泛区土地已处于高度开发利用的状态。为保障防洪安全，日本选择了建设高标准防洪工程体系辅以强化应急管理体制的模式。20 世纪 70 年代后期，为了适应经济快速发展与高度城市化后防洪形势的变化，在城市化显著的区域推进综合治水的模式：在治水对策上，从不断扩大保护范围、提高堤防标准转为确保流域的蓄滞水功能，发展雨水渗透、蓄存设施，既避免加重河道行洪负担，又减轻内涝的威胁；在治水理念上，强调完善的防洪工程体系是人与自然和谐的基础，努力建立起人与自然相和谐的、治山治水事业与国民经济发展相协调的关系。

1. 防止城市水灾

在日本，城市治水的主要工程措施有修建水库、整治河道、修建滞洪区、开挖地下河流等，通过上述各种工程措施，在提高城市防洪标准的同时向城市提供稳定的生活和工业用水。

（1）修建水库

从 1960 年开始，日本经济进入高速发展阶段。随着城市化的发展，以提高治水标准和满足水资源需求为目的的水库建设大量进行。通过水库调节河流洪水，有效地削减了下游河道的洪峰流量，提高了下游地区的防洪安全度，满足了各地的生活、工农业和发电用水要求。但是，日本的很多河流属于陡坡急流型河流，每当发生洪水时，巨大的水动能将大量的泥沙带入水库并淤积其中。最近，水库泥沙淤积引起了各种各样的社会、经济、自然环境和生态问题。如水库上游河床上升导致防洪安全度降低，水库库容减小导致其原有功能降低或给水库运行管理带来不便，在水库下游则引起水质恶化、河床降低和生态破坏、海岸线倒退等不利影响。因此，现在很多河流都实施以流域为单元的综合泥沙管理制度，将过去的水库上游、水库本身和水库下游分开的泥沙管理整合为整个流域的泥沙管理，尽量保证河流泥沙的连贯性，保证河道形态的多样性，恢复河流原来的自然生态环境。

（2）整治河道

河道整治的工程措施有：河道加宽，堤防加高、加宽、加固以及桥梁加高、加固，挡水堰的改造等，以提高河道行洪能力，将流入河道的雨洪安全、迅速地排到大海。河道整治的典型例子有复式断面河道和堤防宽度为高度 30 倍的所谓超级堤防。复式断面河道的主要特点是，将河道断面分成断面面积相对较小的低洼主河槽和断面面积相对较大的滩区河床两部分。平时，由于河流流量较小，水流顺着断面面积较小的低洼河槽流动，而较高的滩区河槽可作为公园或运动休闲场所来利用。只有发生特大洪水时，水流才能漫滩，保证洪峰顺利通过。可以说复式断面河道是河流治理、土地利用、生态环境以及景观等相结合的治河工程典范。超级堤防主要修建在东京和大阪等社会资产较集中的大城市河流上。其特点是，由于堤防外坡坡度较缓，即使洪水漫过堤防也不会出现溃堤破坏，能够防止毁灭性水灾的出现。

（3）开挖地下河流

从成本、土地利用等条件考虑，在城市中进行大规模的河道改造是非常困难的。作为补救措施，日本很多城市正在进行或规划开挖地下河流工程。地下河流能够分流部分雨水，同时可作为临时地下滞洪设施来运用。

（4）滞洪区和排涝泵站的建设

除了修建水库（挡水）、整治河道（加大河流行洪能力）及开挖地下河流（分流）等工程措施之外，需将剩余的雨水短暂滞留在流域内以减小河道洪峰流量。在内涝易发地区增设排水泵站，在加快排水的同时修筑二线堤防，防止居民房屋进水。出现特大暴雨时，在城市河湖区域，将一些绿地、运动场、学校等公共场所或设施临时作为滞洪区来运用，滞留部分雨水，有效控制雨水迅速流入河道。必要时将部分建筑物的一层或地下停车场也作为临时雨水滞留区来运用。

2. *减轻城市水灾*

自从2000年“东海豪雨灾害”中名古屋市受淹以来，日本的决策者、河流管理者和专家学者普遍认识到完全防止出现洪水灾害是不可能的，只有在建设工程措施的基础上提高全社会的减灾能力，才能将灾害损失降至最低程度。目前，日本在减轻城市水灾方面的对策主要有：提高洪水预测预报水平，提高险情信息传达速度，提高全民的防灾意识，制作“可能受灾区域的洪水险情图”，进行重要城市中小河流的洪水预报等。

（1）预测预报

日本国土面积是37.8万平方千米，有人气象观测站127个，官方雨量观测网，即所谓的AMDAS（Automated Meteorological Data Acquisition System）自动观测系统约有1 300个。这些观测站除了观测降雨量外，还观测气温、风速风向、日照时间等，并将实时数据传送到指定地点进行自动分析处理。现在的预测预报水平是提前1天预测预报发生集中暴雨的可能性；提前3～2小时捕捉发生集中暴雨的征兆，预测预报可能发生的地点和时间；当出现集中暴雨时，掌握暴雨情况并预报可能降雨量和持续时间。

（2）防灾气象预报

当台风、低气压和大雨等原因可能引起灾害时，各气象部门发布“防灾气象预报”。“防灾气象预报”分注意报和警报两种，目的是引起人们注意或警戒，进行防灾或减灾准备。发出注意报和警报的降雨量等级因地而异。目前，将日本全国划分为227个分区，根据每个分区的地质、土地利用状态来制定大雨注意报和大雨警报的基准。

（3）洪水预报和防汛警报

日本于1955年制定了洪水预报和防汛警报制度。因大雨等原因可能发生洪水灾害时，以防灾或避难为目的，向防汛团和一般居民发出“洪水预报”。“洪水预报”分气象厅单独发布的洪水注意报、洪水警报和气象厅、国土交通省共同发布的指定河流洪水预报两种。气象厅单独发布的洪水预报以区域为对象，认为可能发生重大洪水灾害从而提醒大家注意防范，但不进行水位预报。而气象厅和国土交通省共同发布的指定河流洪水预报是以特定河流的特定区间为对象，以防汛活动和广泛通知为目的，发布河流名称、水位和流量预报。

（4）洪水预报和防汛警报的传达

国土交通大臣和气象部门所发出的洪水预报或防汛警报通知，通过传真等方式传达到都道府县知事，而都道府县知事将洪水预报或防汛警报通知传达给防汛负责人和指定的可能进水的市区街道负责人。当通知内容为洪水预报时，做好避难准备和发出避难劝告；当通知内容为防汛警报时，指示消防机构和防汛团体做好防汛准备，指示居民立即避难。

（5）信息传达方式的改进和制作《可能受灾区域的洪水险情图》

改进信息传达方式是最近特别重视的新动向。新的减灾系统中，险情传达系统不仅包括河流管理部门和行政管理部门，也包括市民个体，河流管理部门和行政部门之间、行政部门和居民之间、居民相互之间的灾害信息相互传达形成网络系统。近年来，日本国土交通省特别重视《可能受灾区域的洪水险情图》的制作和发行工作。根据过去的实际受灾情况和数值计算等方法，指定市区的可能受灾区域，制作险情预测图。在险情预测图上反映预测受灾区域的水深和避难路径、避难场所等信息，以便居民在出现洪水险情时知道如何行动、如何避难。此外召集老一代有灾难经验者，听取他们的经验教训，不断更新洪水险情图，保证其实用性和有效性。另外，各行政部门制定自己管辖区内的市区街道防灾计划。市区街道如有可能为受灾区域，则要确认每个可能受灾区域的洪水预报等信息的传达方法和方式，确保避难场所和避难线路，并特别重视地铁、地下商街等易受洪涝灾害的空间，因为在地下空间活动的人往往不知道外面发生的暴雨险情。确保地下空间管理人员的联系方式畅通，将险情预测图提交给地下设施管理人员，确认进水形态和避难方法。

（6）避难

当气象部门和国土交通大臣发出大雨或洪水警报时，根据《防灾对策基本法》的有关规定，市政府成立灾害对策总部。市区街道负责人为了保护居民的生命安全，防止灾情扩大，在必要时向居民发出避难劝告或指示，说明避难理由，保证避难路线的畅通。自我保护是最近特别重视的措施之一。让居民义务参加避难训练，进行必要的防灾物资准备。当居民通过各种渠道得知避难指示时，自主进行避难，并得到警察的援助。同时，和自主防灾组织或自治会、居民组织、红十字会等组织联系，尽量进行集体避难，避难场所一般是学校、居民区福利设施、企业见习场所和一些广场等公共场所。这些避难场所都配备有必要的避难物资，供避难居民使用。

（四）美英日模式比较以及对我国的启示

美国洪水保险制度模式的主要优点是把政府作为风险承担主体纳入洪水保险系统之中，而其主要缺陷则是没有发挥商业保险公司作为风险承担主体的作用，而单独由政府作为风险承担主体承担可能发生的赔偿责任，从而使政府承担的风险过大，同时在商业保险公司不承担承保风险的条件下，很难使它们在承保与理赔中谨慎从事，自觉地维护政府的利益。

英国洪水保险制度模式的主要优点是发挥了商业保险公司作为风险承担主体的作用，而其主要缺陷则是没有把政府作为风险承担主体纳入洪水保险系统之中，而单独由商业保险公司作为风险承担主体承担可能发生的赔偿责任，在严重的洪水灾害发生后，承保洪水保险的商业保险公司面对由洪水灾害所导致的巨大的累积损失赔偿责任极有可能力不从心。

由此给我们提供的重要启示是：在设计我国的洪水保险制度时，要吸收英美两国洪水保险制度模式的优点，而摒弃其缺点，把商业保险公司和政府都作为承保主体纳入洪水保险系统之中。商业保险公司主要负责一般的洪水灾害所导致的居民家庭财产损失的补偿，政府主要负责大的洪水灾害所导致的居民家庭财产损失超过商业保险公司赔偿限额部分的补偿。

日本是一个洪水灾害多发国家，因此对洪水灾害管理非常重视。日本非常重视工程措施，防洪工程体系十分完善，除此之外，十分重视非工程措施，如公民防洪意识、实时预警系统、灾害保险等的防灾研究；另外，还特别重视信息技术在洪水风险管理中的应用，强调洪水风险沟通和洪灾保险的作用，注重洪水风险防范与城市区域发展的结合，强化洪水风险的综合管理，这些已成为日本洪水风险管理研究领域的潮流。日本的许多经验能为我国的洪水风险研究和管理提供有益的借鉴，如增加洪水风险研究的资金投入；强化洪水风险形成机制和综合管理的跨学科研究；重视公众参与研究；重视和推进实施灾害保险制度的研究；加快防洪减灾高新技术的研究开发和应用；等等。

三、我国城市洪涝灾害风险管理

（一）城市洪涝灾害风险管理的战略目标

1. 现实目标

通过优化洪水灾害风险管理的法律规范、体制机制，进一步完善现有洪水灾害风险管理制度，从而有效地规避风险、承受风险、分担风险，提高化解和承担洪水风险的能力。

所谓规避风险，就是要以防为主，防患于未然，采取永久性或临时性的有效措施，将水灾弱势群体与重要易损资产安置或转移到可能的洪水位以上或受淹区之外。所谓承受风险，就是通过经济、社会与生态等综合分析、权衡利弊，将洪水灾害风险控制在一定的程度之内，既不可能也没有必要控制所有量级的洪水，并要准备承受超标准的洪水风险。修建防洪工程时标准要适度，还要按照风险管理的要求合理确定工程的风险，避免一味转移风险。所谓分担风险，就是要公平地对待风险转移，除国家财政承担必要的责任外，要根据厉害相关因素在不同区域以不同形式合理分担风险，建立洪水风险补偿救助机制和洪水保险制度。

2. 客观原则

（1）综合减灾原则

洪水风险具有复杂性特征，减轻洪水灾害损失是一项跨部门、跨学科的庞大复杂的系统工程，它不仅涉及自然科学的各个领域，还涉及社会科学的领域诸多方面。综合减灾原则是指行政上采取中央与地方政府风险管理的综合指导，理论上坚持灾害学、环境学、管理学等各学科的统一指导，实施上加强各防灾减灾等灾害管理部门的紧密合作。

（2）政府和市场结合的原则

洪水风险的管理是一项巨大的工程，不是单靠政府或单靠市场力量就能解决的。在洪水风险管理制度下，坚持政府和市场结合的原则，也就是坚持效率和公平相统一的原则，既发挥出政府在洪水灾害风险管理中的全局指导和部门协调作用，也发挥出市场在其中的资源优化配置作用。

（3）“软硬兼施”原则

洪水灾害风险管理是一项复杂的系统工程，一方面要采取“硬”的工程措施，实施减灾工程，提高灾害综合防范防御能力，另一方面也要采取“软”的非工程措施。“软”的非工程措施包括：构建监测体系，提高监测预警预报能力；建立抢险救灾应急体系，提高应急处置能力；建立自然灾害保险体系，提高巨灾风险转移能力。

（二）城市洪涝灾害风险管理的具体措施

1. 完善法律法规体系

根据洪水管理工作的实际需要，按照中国现行法律框架，将适应中国国情的洪水灾害风险管理理念引入相关法律体系，从法律、行政法规、部门规章和技术标准四个层次，制定立法和制度建设的总体规划，要通过修订或制定《防汛条例》《洪水影响评价管理办法》《蓄滞洪区管理条例》等洪水管理法规，进一步明确和规范各级行政首长和相关政府部门在洪水管理工作中的管理权限、职能、责任和分工，建立工作评价和责任追究制度。通过法律法规建设，推动洪泛区、蓄滞洪区、河道和防洪规划保留区的管理，规范经济社会发展的各项活动；规范汛期工程抢险、防洪调度、救灾救助、损失补偿、物质调运、宣传动员、灾害评价等行为，明确各类突发事件的处理程序；进一步规范台风和山洪灾害的防御工作。

适时修订《防洪法》，为体现由控制洪水向洪水管理转变的思想，应进一步明确洪水管理的协调机制，加强中央、地方和各行政管理部门之间在洪水管理行动中的沟通与协调，将国家防汛抗旱总指挥部的职能按照洪水管理的需求加以扩展是可行的选择之一；将“防洪规划”扩展为“洪水管理规划”，其中不仅包括以往关注的调控洪水的规划，还包括推进防洪区土地合理利用措施的规划以及增强减灾能力建设的规划，并在洪水分析评价的基础上确定有关规划的措施；明确规定每 10 年进行一次全国性的堤防安全评价工作，以保证防洪工程体系正常发挥其作用；在“保障措施”中，进一步明确洪水管理资金的来源，明确中央和地方的洪水管理投入的原则，明确洪水管理基金在水利建设基金中的比例。

研究开展《巨灾保险法》或《洪水保险法》的立法工作。我国应该有专门的巨灾保险法律，辅之以众多法规规章，组成完善的巨灾保险立法体系。只有制定专门的巨灾保险法律，提高效力层次，才能够解决有关法律法规的矛盾。而巨灾保险的公共品性质更是要求有众多政府部门共同承担责任，没有全国性的法律法规对各部门的职责做出明确规定，不可能有效推进巨灾保险制度的完善。根据法律效力的层级由高到低，制定有关巨灾保险的规范性法律文件。首先，由全国人大或人大常委会制定针对不同的灾害的巨灾保险法律，将巨灾保险的发展模式、保险人和被保险人的权利义务等在法律中加以明确。其次，由国务院颁布关于巨灾风险的预防和巨灾发生时的应急和救助的行政法规。再次，由保险监督管理部门发布关于巨灾保险的具体实施细则等部门规章。这一科学的立法体系模式的构建，不仅可以解决我国巨灾保险立法实践中的各种矛盾与冲突，而且能够充分利用各有关部门的资源，从而使巨灾风险的防御、巨灾发生后的救灾和经济补偿都有保障。

2. 健全体制机制建设

（1）健全中国现行防汛抗洪工作体制

进一步明确和规范各级行政首长和相关政府部门在防汛抗洪工作中的管理权限、责任、任务和分工，健全工作评价和责任追究制度；推动洪泛区、蓄滞洪区、河道、防洪规划保留区中土地利用和建筑标准的管理，规范经济社会发展的各项活动，强化部门间的协调机制；明确各类突发事件的处理工作程序，增强各级应急预案的可操作性；对已经正式实施的法律法规，要加强执法检查，维护法律的权威性和严肃性。明确堤防安全管理的相关机构，这些机构可以是代表中央政府的流域水利委员会、水利厅、城市水务局和地方水利局。其职责是进行堤防工程的管理和维护、保证汛期防洪工程的安全运行、进行定期安全评价、提出工程加固建议等。

（2）加强防汛抗洪队伍建设

要将防汛抗洪组织机构延伸到乡镇村组，在洪水灾害严重的地区建立乡镇、社区等基层防汛抗洪组织。要建立专业化与社会化相结合、地方与军队武警相结合的应急抢险救援队伍，力争建成包括国家级、省级（流域）、地市级、县级和乡镇及以下 5 个层次的防汛抗洪应急队伍体系。要着力推进县乡两级防汛抗洪服务组织建设，积极推广湖南、江苏、山西等省的经验，加大政策和资金扶持力度，加强防汛抢险队、抗洪服务队和物资仓库“两队一库”建设。要切实加强各级防办自身能力建设，进一步强化防办的组织机构和工作职能，在机构规格、干部配备、设备配置、资金保障等方面积极争取政府和有关部门的支持。要加强人员培训，不断提高防汛抗洪队伍的综合素质、专业水平和处置防汛抗洪突发事件的能力。

3. 加强工程性措施

（1）城市防洪排涝工程建设

随着城市的发展，外河变成了城市内河贯穿市区，而暴雨引起河流倒灌，造成城市洪涝灾害在我国屡见不鲜。因此，修建堤防等工程，为城市建设和发展创造良好的外部环境显得尤为重要。在建设时要考虑到城市总体规划、城市交通规划、城市旅游休闲、城市环境整治、城市排涝问题等因素。

（2）城市绿地、湿地建设

专家提出治理城市洪涝的五字箴言，即“渗、滞、蓄、用、排”，而“渗、滞、蓄”的响应都需要城市绿地、湿地、洼地来支持。我国的城市绿化为了凸显美观，高于地面，而湿地在规划中也渐渐被侵蚀，导致它们在减轻城市排水压力时没有起到作用，解决该问题势在必行。哈尔滨建成了我国首个雨洪公园，解决新区雨洪的排放和滞留，使城市免受涝灾威胁，我国其他城市可以借鉴。

（3）城市地下空间建设

为了缓解城市土地资源匮乏，减轻地面交通压力，我国大多城市都开发利用了地下空间，如交通设施（地下通道、地铁、隧道、停车场）、商业设施（地下商场）、仓储设施（地下仓库、油库），这些地下设施对洪涝灾害很敏感，一旦被淹，所造成的直接和间接损失都很巨大。因此，在地下空间设计时，就要考虑到防洪排涝问题，如入口设置防淹门，里面设置排水设施等。

（4）城市基础设施建设

城市发生内涝灾害，多数都因排水不畅。我国城市排水系统标准低、投资小、维护差，这些都导致城市洪涝风险增加。

我国地下干管门类多，供水排水、供电供气、通信等管道形成一个复杂的网络系统，这种复杂性就导致已经建好的排水系统不能推倒重来，只能提高其排水能力，对于新开发的地区，建议政府将地下各种基础设施建好后，再建地面建筑。

4. 加强非工程措施

（1）应用现代信息技术，强化洪水的预测和预警研究

1）制定洪水风险地图。洪水风险地图是在对该地区洪涝风险进行评估后绘制的，它能使公众了解自己周围的洪水风险水平。它是我国开展洪水保险和制定洪涝灾害应急预案的重要依据，2011 年 5 月，《中国自然灾害风险地图集》正式发布，该地图集着重展示了我国各类自然灾害风险的区域分布特点，下一步要努力的方向就是将洪水风险地图细化，最好到社区一级。

2）利用现代信息技术预测。暴雨洪涝灾害的最理想的防御方法之一就是能够实时预测、监测降水变动过程，我国洪水预测借鉴了美国的先进经验，应用遥感技术（remote sensing）、地理信息系统（geography information systems）、全球定位系统（global positioning systems），即3S 集成

技术对洪水进行预测，但目前仅处于开始阶段，尚未得到普及，还有较大发展空间。

3）开展国际交流合作。洪涝灾害的承灾体可能是一个国家，但是防灾减灾救灾却是全球的问题。因此，在灾害预警时，可以考虑与国际上先进的国家开展合作。

4）应用媒介进行预警。媒体是沟通政府和公众的桥梁，在突发应急事件时，是最有效的传播媒介。因此，可以考虑通过媒体来达到洪灾预警的目的。为了达到全方位覆盖，既要考虑到应用报纸、电视、广播等传统媒体，也要考虑应用互联网、手机短信等新媒体。如果是全城应急的话，可以考虑专用报警器，但这可能会引起全城恐慌，使用前应认真考虑。

（2）将多方参与贯彻到城市洪涝风险管理之中

城市洪水风险的管理不能单单依赖政府，应该让更多的补充力量加入进来，应号召将多方参与贯彻到城市洪涝管理中。多方包括本地企业、民间组织（如非政府组织、非营利组织等）、社区和民众等。

1）促进企业参与防灾减灾。企业作为现代经济社会的组成部分，是灾害管理的重要资源和潜在参与者。企业参与灾害管理是整合社会资源、提高灾害管理水平的重要手段。

2）注重民间组织的培养。在2008年汶川抗震救灾中，大量来自非政府组织的志愿者做了很多工作，让人们第一次发现志愿者力量的强大。这给城市洪水风险管理带来了很大的启示，政府可以加大对这些民间组织的培养力度，对该组织的志愿者进行专业化的培训，在灾害发生时参加救援活动。

3）发挥社区的作用。社区是城市的最基本单元，也是最熟悉灾害地的组织。因此，提高社区防灾减灾能力，可以最大限度地降低灾害影响，是城市任何风险管理的基础。

4）强化公民洪涝灾害意识。公民是城市洪涝灾害的承灾体之一，因此，强化其灾害意识，增加其应急避险能力是城市洪涝灾害管理的重中之重。在2007年“7·18”济南洪灾死亡的37人中，有26人是溺水死亡的，这缘于他们不清楚如何采取适当措施去避险。这项工作可以通过社区和学校来开展，不仅要让民众知道自己所在地区可能会面临水灾，还要让其知道在水灾来临时，采取何种措施可以确保自己受害最小。在适当时候，可以组织公民进行一些水灾逃生演练，提前确认安全的避难地。

（3）建立多层次风险转移机制

1）设计长期的巨灾保险产品。国际经验表明，洪水保险是转移洪水风险的最佳方式。洪水保险的开展，最大的问题就是如何提高保单覆盖面或者说提高洪水保险的参保率。参保率低是由以下两个原因导致的，一是人们的风险意识淡漠，大多数人认为洪水风险离自己比较遥远，或者在近几年不会发生大的洪水灾害事件，从而缺乏购买动机；二是人们不愿意为发生与否存在不确定性的风险事件支出高额的保费。长期的洪水保险可以很好地解决以上两个问题，这种保险产品在一段固定的时间期限内（5年、10年或20年）以固定的费率提供保险保障，如果业主在保单到期前搬离，那么保单将以同样的费率自动转给新的业主。长期洪水保险中的“长期”是相对于“一年期”保单而言的，“长期”既可以是3年、5年，也可以是30年、50年，根据当地洪水发生频率的高低，“长期”洪水保险的年限有所变化。具体而言，如果当地洪水发生频率为100年一次至50年一次之间，则长期洪水保险的年限也相对较长，为50年期保单；如果当地洪水发生频率为50年一次至10年一次之间，则长期洪水保险的年限也相应减少，为20年期保单。依此类推。相对于一年期的洪水保险，人们更愿意接受长期保险。以20年期的洪水保险为例，人们从心理上认为，在20年内发生洪水灾害的概率比在1年内发生洪水灾害的概率大得多，事实上也是如此；从经济性上看，20 年期保单的保费也远远低于 1 年期保单的保费连续缴纳 20 年的总额。

我国开展长期洪水保险应遵循“政府扶持、市场运作，保障基本、责任共担，突出重点、区域有别，试点先行、逐步完善”的原则。

在次序上，可以在洪水风险高的区域和城市先行试点，逐步在全国推行。由于我国尚未绘制出全国范围的洪水风险图，在此之前，可以采用历史洪灾数据作为长期洪水保单年限设定的依据。受到气候特征和地貌特征两个因素的影响，我国的洪水灾害大都发生在东部沿海及珠江、长江、淮河、黄河、海滦河、辽河和松花江等七大流域。我国可以在七大流域优先开展长期洪水保险试点，以各流域洪灾发生的频率为基础来厘定保险费率。例如，在长江流域开展 2 年期的洪水保险，在海滦河流域开展 20 年期的洪水保险等。待洪水风险图绘制完成后，再依据全国各地各流域洪水风险的等级高低，开发出不同年限的长期洪水保单。

在方式上，采取政府与市场合作。政府负责全国大江大河流域洪水风险图的制作与洪水风险区域等级的划分，授权一家或几家实力强、运营状况好、风险管理水平高的大型商业保险公司负责保单的销售与理赔，保费的制定采取精算费率，国家给予一定的财政补贴，政府颁布法律将长期保单的销售与住房抵押贷款捆绑在一起，这样既可以迅速地扩大保单覆盖面，也可以避免财产所有者在获得贷款后就取消保单，或者在一些年份没有大洪灾发生就停止购买洪水保险的情况发生。

在具体运作上，可以采取具有销售长期洪水保单资质的商业保险公司与银行贷款部门合作的模式。银行负责保单的销售，并按比例提取佣金，保险公司负责保单的理赔，承担洪水风险，同时，保险公司可以通过再保险分散部分洪水累积风险。

2）安排合理的巨灾风险再保险。国际经验表明，巨灾风险再保险一般由政府或商业再保险公司提供。我国洪水保险的再保险安排可采用事故超赔再保险的形式，将较高层次的风险转移给政府，这一政府再保险项目可以由中国再保险集团公司代为办理，同时也可以向国内外的再保险公司寻求商业再保险服务；或者由政府成立专门的洪水再保险公司，负责长期洪水保险的再保险业务，并将洪水风险进一步在国际市场上进行分散。该部门的职责应包括设计洪水再保险方案，负责洪水保险的核保与费率厘定，管理再保险合约事宜，提取洪灾损失准备金，并在资本市场上寻求巨灾风险分散的机会以应对特殊年份的重大洪灾损失等。

3）研发可行的巨灾风险转移新技术。作为一项典型的“非传统风险转移技术”，巨灾风险证券化是目前国际上重要的巨灾风险融资工具，从长远来看，这类工具也应该成为我国巨灾风险管理体制建设的重要内容。目前国际上应用最多的巨灾风险证券是巨灾债券，通过发行巨灾债券，保险公司可以将部分巨灾风险转移给债券投资者。但是巨灾风险证券化交易成本高，发行要求严格，手续烦琐，需要依靠外部中介人，而且我国目前还不具备发行巨灾债券的条件。虽然“侧挂车”和行业损失担保在操作成本和灵活性上更具有优势，但是也存在着流动性低、起步晚等不足，许多技术问题尚待解决，此外，我国发行巨灾风险证券在制度环境、市场环境和技术环境方面都存在着极大的障碍。尽管困难重重，但是在全球气候变暖、极端洪水事件频发的大趋势下，利用资本市场转移洪水巨灾风险是大势所趋。当前我们应做好以下准备工作：政府层面上，政府应当尽早出台一套完善的法律法规，为巨灾风险证券的发展提供法律保障；在目前分业监管的格局下，需要研究巨灾风险证券协调监管的问题，明晰监管的责任边界，避免“多头监管、无效监管”的局面出现；市场层面上，应当加紧完善我国的金融市场，发展多样化的金融衍生品，规范市场交易规则，为投资者创造一个公平的交易环境，并大力发展会计、审计、律师事务所等中介服务机构，加快发展我国的资信评级机构，为发行巨灾风险证券创造有利条件；技术层面上，应加快搜集各地历年巨灾发生情况以及巨灾损失分布等相关资料，建立一套完整的巨灾风险数据库，为巨灾模型的运算、巨灾损失的评估和巨灾产品的定价提供数据支持。此外，加强巨灾风险证券的理论研究，培养相关专业人才，为我国巨灾风险证券的发行提供理论支持和人才队伍也是必不可少的。

专题二　北京市内涝车险事故高风险点挖掘

近几年，我国北京、广州、上海、天津等多个城市都发生了不同程度的内涝问题，引起了社会各界的注意。城市内涝的发生对生产和生活造成了极大的影响，特别是2012年北京“7·21”特大暴雨所形成的内涝灾害，使得交通大面积瘫痪，同时造成了人员的重大伤亡。给政府和保险公司造成了巨大的损失。因此，分析和研究城市内涝问题，挖掘城市内涝灾害事故发生的高风险点，对保险公司和社会都有重大意义。本专题拟通过对2011—2015年北京市几次较大内涝事件所导致的车险事故的地点数据进行分析，采用文本挖掘技术得到北京市内涝车险事故的高风险点，并运用可视化方法对相应结果进行直观展示。

本专题分为如下几个部分：问题定义；数据提取；数据查看与预处理；词频分析；词频分析及其可视化；词云可视化；经纬度分析；相关结论；可能原因分析。

一、问题定义

数据挖掘技术是计算科学中的一个非常实用的分支，它通过运用机器学习、自然语言处理、信息检索等方法完成对海量数据的处理，以发现和建立隐藏在数据背后的规律与模式。本专题将针对北京市内涝车险事故数据，运用基本的数据挖掘方法，找出内涝车险事故发生的高风险区域，对事故的高风险点进行判断，为保险公司和机动车主预防和规避内涝车险事故提供参考。

二、数据提取

本专题通过搜索北京市2011—2015年新闻报道的5次较大内涝事件，提取了人保财险公司在这几次内涝事件中车险的理赔数据。由于内涝事件的发生时间具有连续性，车险的报案时间与内涝事件的新闻报道时间也不相一致，因此，在数据获取时，课题组选择了包含内涝新闻报道时间在内的一个时间区间来提取数据，总共提取用于实验的数据18 961条，均为有效数据。数据名称包括险种名称、出险日期、出险地点、出险经过等。

三、数据查看与预处理

由于R语言在处理文本、字符、数值、图片等数据上具有很强的灵活性，在可视化方面具有得天独厚的优势。在接下来的几个部分中，本专题将主要运用R语言来实现对实验数据的处理，同时，本专题将源程序提供在附录中（见附录2）供感兴趣的读者参考。

数据的类型和存储方式一定程度上决定着数据处理的方法。因此，在处理数据之前，需要对数据的存储结构和类型有一个明确的了解，以对不同类型的数据采用不同的分析方法。相关结果如下：

```
'data. frame':   18961 obs. of  10 variables:
$ 险种名称：chr  " 机动车商业保险产品" " 机动车商业保险产品" " 机动车商业保险产
```

品" " 机动车商业保险产品" ...

$ 报案日期：chr " 2011/6/2" " 2011/6/9" " 2011/6/11" " 2011/6/13" ...

$ 出险日期：chr " 2011/6/1" " 2011/6/9" " 2011/6/11" " 2011/6/11" ...

$ 出险原因：chr " 暴雨" " 暴雨" " 暴雨" " 暴雨" ...

$ 立案日期：chr " 2011/6/2" " 2011/6/9" " 2011/6/13" " 2011/6/13" ...

$ 保险金额：num 790820 559000 926000 492432 600346 ...

$ 已决赔款：num 2180 41600 9400 6900 22347 ...

$ 未决赔款：num 0 0 0 0 0 0 0 0 0 0 ...

$ 出险地点：chr " 海淀区八达岭高速" " 黑龙江省安达市致远宁路派出所" " 密云县长安小区西区 6 号楼" " 西城区马连道红莲南路" ...

$ 出险经过：chr " 行驶时飞石击伤前风挡玻璃，无人伤。" " 行驶时本车泡在水里，无人伤。" " 阴雨天，停放车被冰雹砸。" " 停放期间被暴雨淹，本车受损不清。" ...

由上述结果可以看出，该数据总共包含 10 个变量，其中 7 个字符型变量，3 个数值型变量。即对每一条内涝车险事故的记录，都有 10 个相应的变量从不同角度来进行刻画。在这些变量中，仅“保险金额”“已决赔款”“未决赔款”为数值型变量，其中赔付金额为已结赔款与未结赔款之和，因此根据这两个变量可以统计每一次内涝事件的赔付情况。结果见表 1。

表 1 北京市内涝事件车险赔付情况 （单位：万元）

内涝事件时间	内涝时间总赔付	内涝事件平均赔付
2011 年 6 月至 10 月	3 195. 22	1. 05
2012 年 6 月至 10 月	28 101. 10	2. 16
2013 年 6 月至 10 月	2 132. 03	3. 61
2014 年 6 月至 10 月	3 190. 70	4. 02
2015 年 6 月至 9 月	2 750. 22	1. 81

由表 1 可知，每年导致的内涝车险赔付总额均超过千万元，其中，2012 年的重大内涝事件导致的赔付总额更为显著，超 2 亿元，事实上，仅 2012 年 7 月 21 日与 22 日两天的车险事故赔付额就达到 25 529. 22 万元。

由于“出险原因”在数据提取时就默认为暴雨或洪水，因此该变量并不是此次研究需要关注的变量，在剩余的这 9 个变量中，为挖掘内涝车险出险事故的高风险点，“出险地点”无疑是最重要的变量，“险种名称”“报案日期”“出险日期 ”“立案日期”等数据对高风险点的挖掘均无重要影响。因此，在接下来的过程中，重点关注“出险地点”变量，运用 R 语言一步一步地对该变量进行处理，以找出内涝车险事故的高频区域和地点。

四、词频分析及其可视化

首先对“出险地点”数据进行缺省值检验，结果表明这些地点变量的统计数据中存在 214 个缺省值，将“出险地点”为缺失值的数据删除后得到 18 747 个事故地点。为方便分析，在后面的讨论中，不妨认为由内涝引起的车险事故均已报案，一段时间内因此报案次数可以近似地等于该段时间内车险事故的总次数。

接着对所有出险地点按北京市目前的行政区进行分类，总共可以分为 16 类（14 个区，2 个县），统计每一类中洪涝车险的出险次数。结果如表 2 所示。

表 2　北京市各行政区内涝车险事故次数统计

行政区	出险总次数	行政区	出险总次数
朝阳区	3 314	东城区	397
石景山区	946	通州区	573
丰台区	3 040	平谷区	90
海淀区	2 301	昌平区	623
大兴区	1 163	怀柔区	66
门头沟区	148	顺义区	410
房山区	2 543	延庆县	31
西城区	518	密云县	317

由表 2 可以看出不同区域内涝车险事故次数的差别很大。其中，朝阳区是内涝车险事故最多的区域，达 3 314 次，占总出险次数的 17.48%，另外，出险次数达 2 000 以上的区域还有丰台区、房山区和海淀区。延庆县是出险次数最少的区域，仅 31 次，占总出险次数的 0.16%。事实上可以用分区域的内涝车险事故次数为指标，将上述结论通过可视化方法总结（见图 1）。

由图 1 可以明显地看到，房山区、丰台区、海淀区、朝阳区为内涝车险事故次数较多的几个行政区域。

图 1　北京市内涝车险事故次数空间统计图

以行政区域内内涝车险事故总次数为指标来刻画风险并不具有说服力，因为这种情况忽略了区域面积对内涝车险事故总次数的影响。更具体地，虽然朝阳区内涝车险事故总次数最多，但其同时是北京市市区中最大的一个区，内涝车险事故发生的次数很有可能与行政区的面积有关。为消除行政区面积对内涝车险事故次数的影响，本专题采用单位面积（次数/千米^2）上发生的内涝车险事故次数为指标重新进行比较，得到如表3所示结果。

表3　北京市各行政区内涝车险单位面积出险次数统计　（单位：次数/千米^2）

行政区	单位面积出险次数	行政区	单位面积出险次数
朝阳区	7.04	东城区	9.49
石景山区	11.00	通州区	0.63
丰台区	9.94	平谷区	0.09
海淀区	5.34	昌平区	0.46
大兴区	1.12	怀柔区	0.03
门头沟区	0.10	顺义区	0.40
房山区	1.28	延庆县	0.02
西城区	10.22	密云县	0.14

因此，按照单位面积（次数/千米^2）发生的内涝车险事故次数衡量，石景山区是内涝车险事故风险最高的区域，每平方千米大约11次车险事故。另外，内涝车险单位面积出险次数大于5次的区域还有西城区、丰台区、东城区、朝阳区、海淀区。其中总次数最多的朝阳区虽排在第五位，但风险仍较高，约为7次每平方千米。相对应地，通州区、平谷区、昌平区等区域内涝车险事故风险较低，其中，风险最低的区域是延庆县，每平方千米的车险事故接近于0。

为更直观地进行比较，可将上面的结果进行可视化，如图2所示。

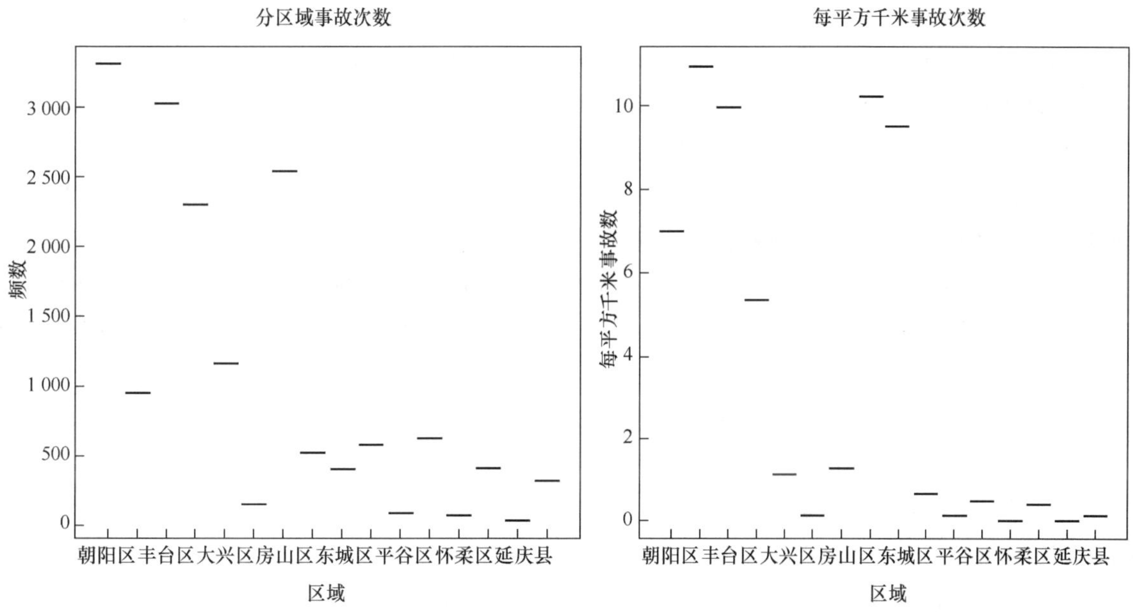

图2　北京市内涝车险事故不同风险度量指标的结果比较

不同区域发生的内涝车险事故总数是一个很粗略的风险衡量指标，它既不能排除区域面积因素可能存在的影响，又不能精确地反映某个具体地点的风险情况。单位面积（次数/千米^2）

发生的内涝车险事故次数虽然排除了面积因素的影响，但是也具有很大的不精确性，不能反映某个具体地点的风险情况。区域内内涝车险事故总数是一个总体的指标，单位面积（次数/千米²）发生的内涝车险事故次数是一个平均的指标，这两个指标都会不可避免地忽略某些特定地点的风险，也会夸大另一些地点的风险。

为了弥补这些不足，需要对地理位置进行更细致的挖掘，以确定具体的内涝车险事故高风险地点。这主要有两种途径：一种是将所有的地点数据一次性进行挖掘，直接找出整个北京市内涝车险事故的高风险点；另一种是先将地点数据进行分区，再对每一个区的地点数据进行挖掘，找出每个区的内涝车险事故高风险点，这一途径也可通过比较每个区的高风险点来确定整个北京市的内涝车险事故高风险点，结果理应与第一种途径一致。接下来对这两种途径分别进行描述并比较其结果。

文档—词频矩阵是文专题数据挖掘中一个非常重要的概念，该矩阵能直观地表示不同的词在各个文档中出现的频率。因此，在地点数据挖掘中，可以将所有出现过的地理位置看成一个语料库，将每一次车险事故的地点看成一个文档，以此来构建文档—词频矩阵，显然这样构建的矩阵为0—1矩阵，即所有的元素都由0和1组成，其中0表示词在文档中没有出现，1表示词在文档中出现一次。事实上，容易得到该文档—词频矩阵的每一行有且只有一个元素为1，其余均为0。

构建语料库和文档—词频矩阵结果为：

```
< <DocumentTermMatrix（documents: 18747, terms: 10042） > >
Non -/sparse entries: 18747/188238627
Sparsity            : 100%
Maximal term length: 38
Weighting           : term frequency（tf）
```

由该文档—词频矩阵的输出结果来看，这是一个18 747×10 042的矩阵，表示有18 747个文档，100 042个不重复的地点词。这个矩阵中包含18 747个非稀疏项（事实上这些元素均为1），188 238 627个稀疏项。由于该矩阵中的词是一个具体的地点，因此词的频率就表示该地点出现内涝车险事故的次数。如果希望观测发生车险事故次数大于等于50的风险点，则可以通过词频分析，输出发生内涝车险事故次数大于等于50的地点为：

```
[1] " 昌平区回龙观"   " 昌平区天通苑"   " 朝阳区北苑家园"   " 朝阳区立水桥"
[5] " 朝阳区青年路"   " 朝阳区望京"     " 大兴区黄村"       " 大兴区旧宫"
[9] " 大兴区西红门"   " 大兴区亦庄"     " 房山区良乡"       " 房山区燕山"
[13] " 房山区长阳"    " 房山区长阳镇"   " 房山区周口店"     " 丰台区云岗"
[17] " 丰台区长辛店"
```

由该结果可以看出，总共输出有17个点为内涝车险事故次数不低于50的风险点。值得注意的是，该输出结果仅表示这些地点发生的内涝车险事故次数大于等于50次，其输出顺序为按首字母顺序排列，并不是按次数的高低排列，因此，为更方便了解输出的17个风险地点的风险大小情况，可以进一步将结果进行可视化处理。

由图3可以立即得到房山区良乡为内涝车险事故的最高风险地点，其内涝车险事故次数约为570次，明显地超过其他16个输出的内涝风险地点。除此之外，房山区燕山、大兴区黄村、朝阳区望京等地也均为内涝车险事故的高风险地点。同时通过图3可以得到内涝车险事故的前十大风险地区，它们为：房山区良乡、房山区燕山、大兴区黄村、朝阳区望京、大兴区西红门、昌平区天通苑、昌平区回龙观、大兴区亦庄、房山区周口店、丰台区长辛店。

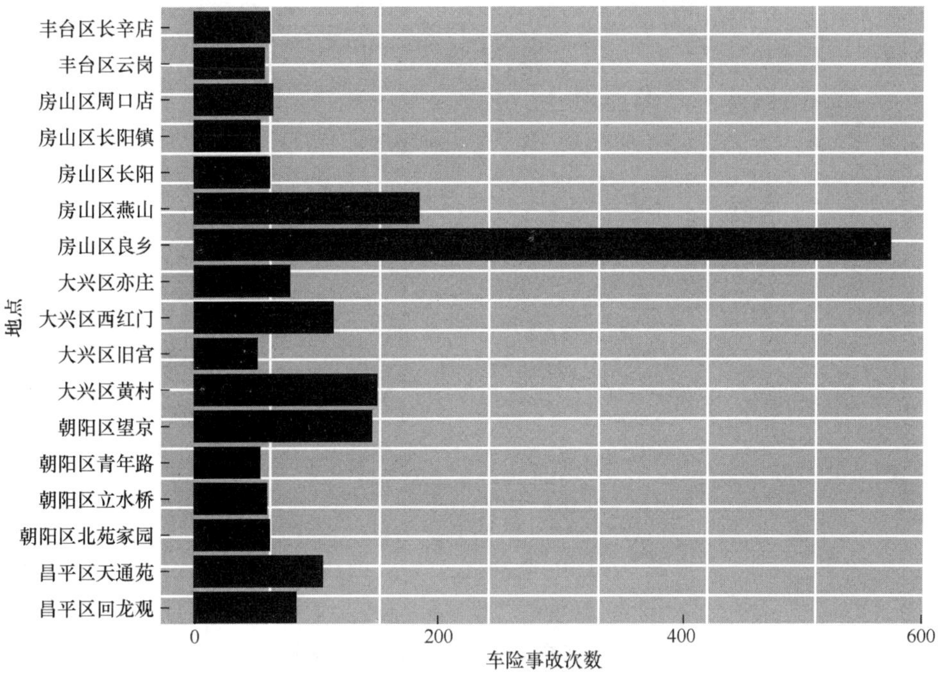

图 3 北京市内涝车险事故高风险点次数统计图

五、词云可视化

词云可视化是文本挖掘中内容简捷明了的一种可视化形式，它是建立在文档—词频矩阵基础上的一种可视化分析方法，其作用为将文档中的词按出现频率从高到低进行分类，以不同颜色和大小对不同频率的词进行输出，突出频率较高的词的地位，同时，以极为直观的方式对重要的词进行展现。因此，可以借用词云方法，对出险地点数据中所有出现过的地点进行分析，将这些地点通过词云可视化展现出来，以突出地显示发生内涝车险事故次数较多的地点。

实际操作中，一方面由于涉及的地点位置较多，将所有出现的地点全部输出会导致图片中的地点太过密集而影响阅读。另一方面，仅需关注内涝车险事故次数较多的地点，忽略部分事故次数较少的地点对分析结果没有影响。因此，本专题将输出地点的内涝车险事故次数设定为最少 3 次，低于 3 次的事故地点将不在词云中出现。相关结果如图 4 所示。

通过以上词云分析，可以明显地看到房山区良乡处于最中心的位置，字体大小和颜色也最为突出，该地点为内涝车险事故总次数最多的地点，因此，房山区良乡就为北京市内涝车险事故的最高风险点。另外，房山区燕山、大兴区黄村、朝阳区望京等地点位置比较靠近中心，与其他地点能够明显进行分别，这几个地点也为内涝车险事故次数较高的几个地点，因此，这些地点也即内涝车险事故的高风险点。相反地，处于词云边缘的地点如石景山区杨庄路无论是位置还是字的大小和颜色都不显著，这表明石景山区杨庄路这一地点是内涝车险事故次数较少的地点，因此是风险较小的地点。

图4　北京市内涝车险事故地点词云图

最小词频：3 次

对数据先分区进行处理：

首先是对全体数据进行分区域归类处理，得到 16 组数据子集。这些数据子集中，处于同一类的两个数据含有相同的区域名称，如石景山区法海寺与石景山区八角东街均为石景山区这一子集中的数据。

接着可以对每一组数据运用与全体数据相同的方法进行处理，以找出每一个区域的内涝车险事故高风险点。为比较不同区域高风险点之间的风险状况，得到整个北京市的内涝车险事故高风险点，将各风险点的出险次数进行统计。所得结果见表 4。

表4　分区域内涝车险事故风险点结果

区域名称	最高风险点	第二风险点	第三风险点
朝阳区（3 314）	朝阳区望京（146，4.41%）	朝阳区北苑家园（61，1.84%）	朝阳区立水桥（59，1.78%）
石景山区（946）	石景山区古城（35，3.70%）	石景山区苹果园（30，3.17%）	石景山区金顶街（30，3.17%）
丰台区（3 040）	丰台区长辛店（64，2.11%）	丰台区云岗（59，1.94%）	丰台区方庄（44，1.45%）
海淀区（2 301）	海淀区玉泉路（49，2.13%）	海淀区清河（48，2.09%）	海淀区西三旗（41，1.78%）
大兴区（1 163）	大兴区黄村（150，12.90%）	大兴区西红门（114，9.80%）	大兴区亦庄（78，6.71%）
门头沟区（148）	门头沟区三家店（16，10.81%）	门头沟区永定镇（7，4.73%）	门头沟区双峪（5，3.38%）
房山区（2 543）	房山区良乡（572，22.53%）	房山区燕山（184，7.24%）	房山区周口店（64，2.52%）
西城区（518）	西城区西直门（11，2.12%）	西城区三里河（9，1.74%）	西城区德胜门（8，1.54%）

续表

区域名称	最高风险点	第二风险点	第三风险点
东城区（397）	东城区春秀路（12，3.02%）	东城区和平里（12，3.02%）	东城区广渠门（12，3.02%）
通州区（572）	通州区张家湾（47，8.22%）	通州区马驹桥（33，5.77%）	通州区宋庄（17，2.97%）
平谷区（90）	平谷区岳各庄（7，7.78%）	平谷区二环路（5，5.56%）	平谷区府前街（4，4.44%）
昌平区（623）	昌平区天通苑（106，17.01%）	昌平区回龙观（84，13.48%）	昌平区北七家（28，4.49%）
怀柔区（66）	怀柔区青春路（3，4.55%）	怀柔区迎宾路（2，3.03%）	怀柔区迎宾环岛（2，3.03%）
顺义区（410）	顺义区天竺（11，2.68%）	顺义区金汉绿港（9，2.20%）	顺义区后沙峪（7，1.71%）
延庆县（31）	延庆县县城（3，9.68%）	延庆县东外大街（2，6.45%）	延庆县康庄（2，6.45%）
密云县（317）	密云县花园小区（19，5.99%）	密云县密东广场（18，5.68%）	密云县一街（9，2.84%）

说明：1. 表格中，最高风险点表示该地区内涝车险事故次数最多的地点，第二风险点表示内涝车险事故次数排第二的地点，第三风险点表示内涝车险事故次数排第三的地点。

2. 区域名称中后面括号内的数字表示该区域内涝车险事故的总次数；风险点后面括号内的数对，第一个数值表示该地点内涝车险事故的次数，第二个数值表示该地点内涝车险事故次数占该区域内涝车险事故总次数的百分比。

如表4 所示，从区域之间的比较来看，房山区良乡以572 次内涝车险事故次数成为所有地点中的最高风险地点，其占到房山区事故总次数的22.53%，占到所有区域事故总数的3.06%。其次，房山区燕山、大兴区黄村依次成为北京市的第二和第三风险点，分别占到所有区域事故总数的0.98%，0.80%。对整个北京市来说最高风险点、第一风险点、第二风险点内涝车险事故次数占所有区域事故总数的比例为4.84%。另外，内涝车险事故次数大于100 的地点还有朝阳区望京、大兴区西红门、昌平区天通苑，这些地点均出现在前两个风险点。显然，区域之间比较的这些结果均与前述对所有数据进行一次性处理的结果相同。同时，也可以通过表4 得到内涝车险事故十大风险地区：

房山区良乡、房山区燕山、大兴区黄村、朝阳区望京、大兴区西红门、昌平区天通苑、昌平区回龙观、大兴区亦庄、房山区周口店、丰台区长辛店。

显然，这与前面用所有数据进行一次性处理所得到的结果一致。但分区域数据更为观察单个区域中的内涝车险事故风险提供了可能，有利于针对特定的区域进行风险定位。

从单个区域来看，朝阳区望京、石景山区古城、密云县花园小区等地点成为对应区域内的最高风险点，这些区域的最高风险点内涝车险事故次数占对应区域内涝车险事故高风险点的比例从2.11%到22.53%不等，其中，房山区良乡以22.53%的比例成为房山区内内涝车险风险最高的地点，这意味着在房山区的2 000 多次内涝车险事故中有超过1/5 的事故发生在房山区良乡。在第二风险点中，仍然有占比较多的风险地点，如昌平区回龙观，虽然是第二风险点，但其内涝车险事故次数占到昌平区的13.48%，是昌平区内不可忽略的风险点。第三风险点较最高和第二风险点均有较大幅度地减少，同时内涝车险事故次数占比也均处于10%之内。因此，采用最高风险点、第二风险点、第三风险点足以衡量一个区域内的内涝车险事故风险。

事实上，对单个的区域，也可以采用词云直观地展示高风险点，接下来仅以朝阳区和海淀区为例进行分析，其他词云图见附录1（见图11 ~ 图24）。

由图5 可知，朝阳区望京处于词云的中心位置，是该区域的最高风险点，朝阳区北苑家园、朝阳区立水桥两地依次偏离中心位置成为第二、第三风险点。另外，朝阳区青年路、十八里店、垡头等地风险虽不及前三个高风险点，但也是不可忽略的风险点。

图6中，海淀区玉泉路、海淀区清河、海淀区西三旗依次成为最高、第二、第三风险点。离中心位置较远的地点（如左下角海淀区师范大学南门）为内涝车险事故风险较小的地点。

图5　朝阳区内涝车险事故地点词云图

最小词频：3次

图6　海淀区内涝车险事故地点词云图

最小词频：3次

六、经纬度分析

前面所有的分析，都是基于出险地点数据，该数据主要以文字记录，数据类型为字符型，因此数据处理方法的运用受到了一定限制。为使处理方法能够多样化，可以将地点数据转化为对应的经纬度值，这就可以运用数值型数据的处理方法进行分析。

通过对地点进行转化，共得到18 645个经纬度坐标①，对所得经纬度进行简单统计分析，可以得到北京市内涝车险事故高风险点集中在纬度范围为［39°48′45.00″，40°0′0″］，经度范围为［116°11′15.00″，116°33′45.00″］的区域，事实上该区域也包含了内涝车险事故最高风险点——房山区良乡。

以这些经纬度值为基础，可以对北京市内涝车险事故进行地图展示，若以出险地点的内涝车险事故次数为参考指标，可以得到内涝车险事故点密度热力图，如图7所示。

在内涝车险事故点的密度热力图中，设定中间灰色部分为内涝车险事故相对集中的区域范围，则通过图7可以看到北京市中心地区为内涝车险事故的安全地区，而环绕中心出现了大片灰色范围②，这表明在环绕中心的这些灰色范围中，内涝车险事故发生的地点非常集中。这些地点所涉及的行政区域有海淀区、丰台区、朝阳区、石景山区等。另外，左下角的房山区也是内涝车险事故非常集中的区域。为了更具体地表示内涝车险高风险点的特点，可以将发生内涝车险事故的地点及其车险次数在地图上进行对应点的标记，结果如图8所示。

---

① 有的地点的记录存在错别字现象，也有记录模糊的地址，因此在经纬度转换过程中，这些地址无法正常解析。

② 这里的区域并不是按行政区划分。

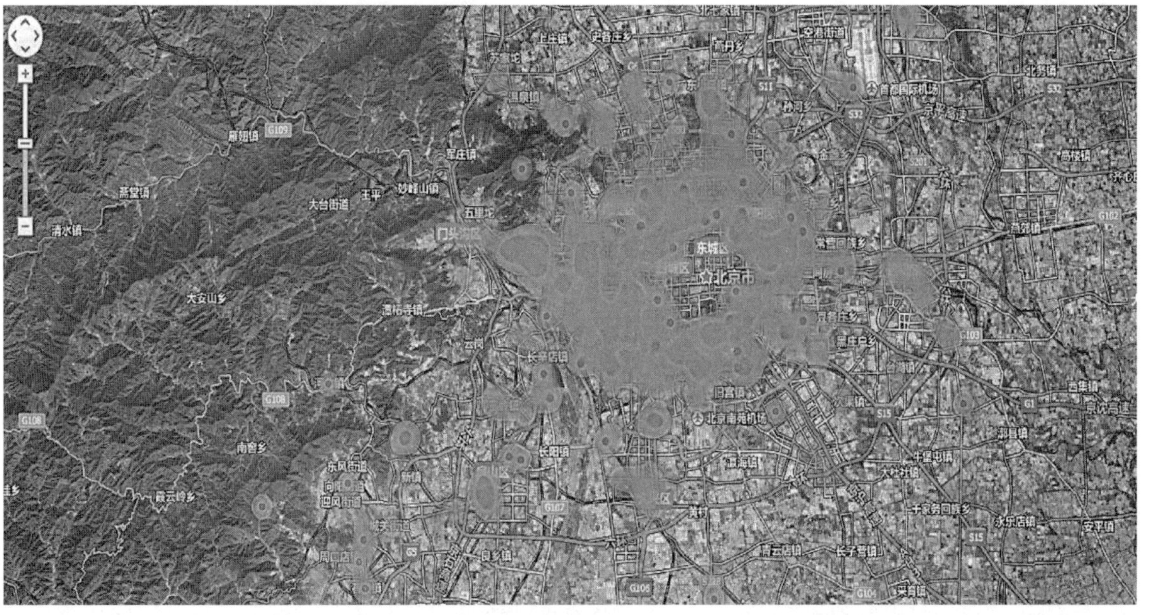

图 7　北京市内涝车险事故点密度热力图

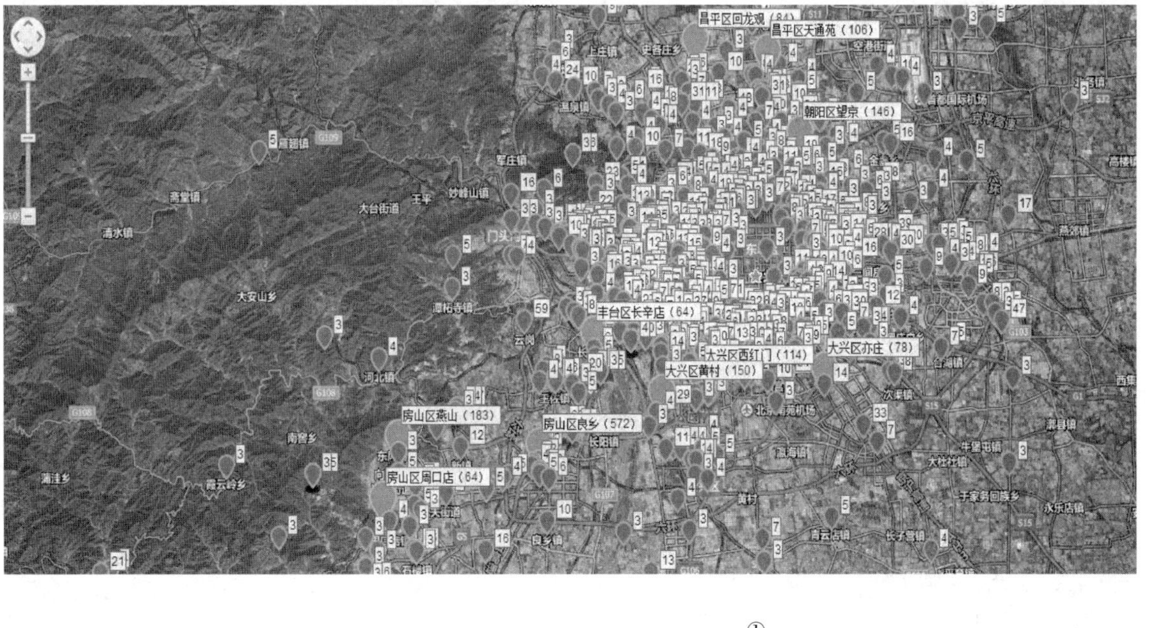

图 8　北京市内涝车险事故点标记图①

由图 8 可看出，围绕市中心的这些区域上标记的点非常密集，这进一步验证了这些范围是内涝车险事故发生的高集中地。同时，通过标记点上的数字该图能直观地表示每个点的内涝车险事故情况。更进一步地，图中的文字标记点是内涝车险事故处于前十位的地点以及该地点的内涝车险事故次数，相应结果为：房山区良乡（572）、房山区燕山（183）、大兴区黄村

① 图中的数字表示该点内涝车险事故发生的次数，该图仅展示了内涝车险事故次数不低于 3 次的地点。

(150)、朝阳区望京（146）、大兴区西红门（114）、昌平区天通苑（106）、昌平区回龙观（84）、大兴区亦庄（78）、房山区周口店（64）、丰台区长辛店（64）。

事实上，有了每个出险地点的位置信息后，对分区域的数据也可以在地图上进行相应的点标记。这里仅以房山区为例进行分析，其他图见附录1（见图25～图39）。

图9中，本专题省略了内涝车险事故次数仅为1次的地点的展示，该图显示，房山区内涝车险分布范围较广，基本包含了房山区的大部分地点。其中，房山区良乡、房山区燕山，房山区周口店等地的风险较为突出。特别地，本专题将最高风险点房山区良乡的内涝车险事故点在地图上进行更细的标记（见图10）。如图10所示，房山区良乡镇的内涝车险事故高度集中在房山区良乡这一点上。同时，房山区良乡长虹小区也是该镇的高风险地点。

图9　房山区内涝车险事故点标记图

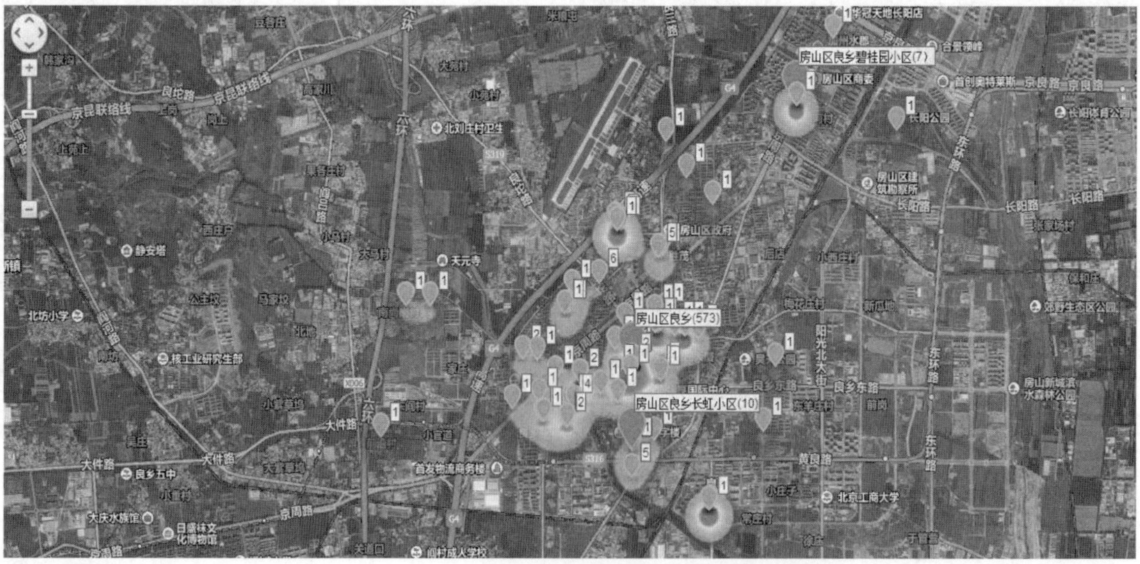

图10　房山区良乡内涝车险事故密度热力及点标记图

七、相关结论

本专题通过对内涝车险事故的地点历史数据进行挖掘得到如下结论：

第一，单从区域上来看，若以内涝车险事故总次数为区域的风险衡量指标，朝阳区为内涝车险事故风险最高的区域，同时房山区、丰台区、海淀区、大兴区这几个区域也为内涝车险事故的高风险区域。若以内涝车险单位面积出险次数为区域的风险衡量指标，石景山区成为内涝车险事故风险最高的区域，同时，西城区、丰台区、东城区、朝阳区、海淀区等几个区域也为内涝车险事故的高风险区域。

第二，从具体地点方面来看，通过词频、词云等文本分析方法，得到房山区良乡为内涝车险事故的最高风险点这一结论。另外，房山区燕山、大兴区黄村、朝阳区望京等地点为出现频率较高的几个词，这些地点也是内涝车险事故的高风险点。

第三，不管是对整体数据的一次性处理，还是对数据进行分组挖掘，都得到内涝车险事故前十大风险地点为：房山区良乡、房山区燕山、大兴区黄村、朝阳区望京、大兴区西红门、昌平区天通苑、昌平区回龙观、大兴区亦庄、房山区周口店、丰台区长辛店。

第四，将数据分区进行处理，以观察不同区域风险情况（结果见表4）。以第一、第二、第三风险点来表示区域内的高风险地点。结果显示，房山区良乡以572次内涝车险事故次数成为所有地点中的最高风险点。另外，通过比较分区结果得到：房山区燕山、大兴区黄村、朝阳区望京、大兴区西红门、昌平区天通苑等地也为北京市内涝车险事故高风险点。

第五，将具体地点数据转换为经纬度坐标，得到北京市内涝车险事故高风险点集中在纬度范围为［39°48′45.00″，40°0′0″］，经度范围为［116°11′15.00″，116°33′45.00″］这一区域。

第六，将内涝车险事故地点在地图上进行标记，得到北京市内涝车险事故点的标记图。该图直观地展示了北京市及各个区域的内涝车险事故高风险点。同时，内涝车险事故点的标记图详细地展示了最高风险点——房山区良乡的风险情况（见图9～图10）。

第七，可视化处理为各结论提供了极为直观的展示，成为本专题的一大特色。

八、可能原因分析

本专题通过地点数据挖掘得到房山区良乡、房山区燕山、大兴区黄村等地为北京市内涝车险事故高风险点。可能导致这些地点成为高风险点的原因有：

第一，与该地区的降雨量有关。降雨量大会导致路面排水系统瘫痪，是造成车辆受涝事故的主要原因，如2012年的“7·21”特大洪涝事件中，北京市房山区局部降雨量接近500年一遇，直接导致大量机动车辆受涝。

第二，与事故地点的地势有关。整体而言，房山区良乡地势较低，出现暴雨时容易产生积水，使处于低地势的车辆难能脱险。局部来看，如该地点处于桥底，或其他地势较低的位置，则出现暴雨时，周围的降水会迅速汇成洪水朝低地势汇聚，使处于该地的车辆受淹。

第三，与该地区的地质地貌有关，如地处北京山区的农村，一般山高路陡，在大雨来临时容易产生泥石流、山体滑坡。这是造成车辆事故的不可忽略因素。因为一旦发生该类事故，受害面积往往较大。

第四，伴随洪涝发生的房屋倒塌、桥梁受损等也可能是造成机动车辆事故的一个重要因素。

专题二　附录1

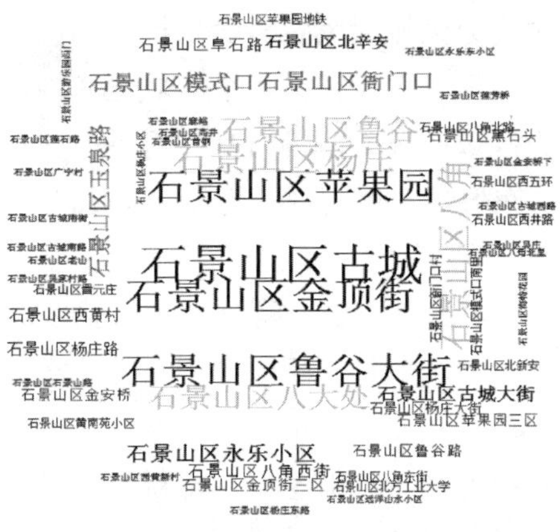

图11　石景山区内涝车险事故地点词云图

最小词频：3次

图12　丰台区内涝车险事故地点词云图

最小词频：3次

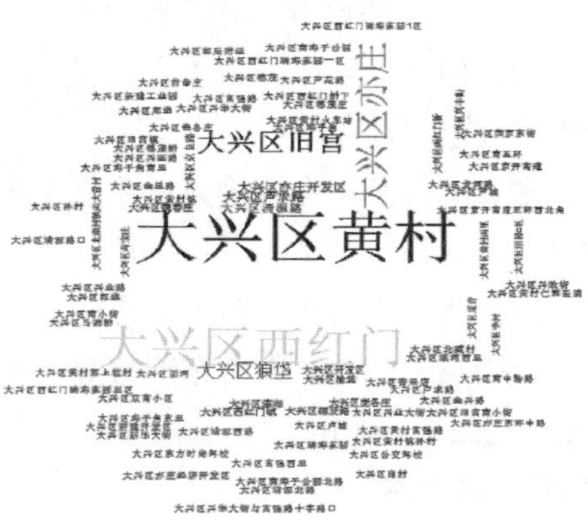

图13　大兴区内涝车险事故地点词云图

最小词频：2次

图14　门头沟区内涝车险事故地点词云图

最小词频：1次

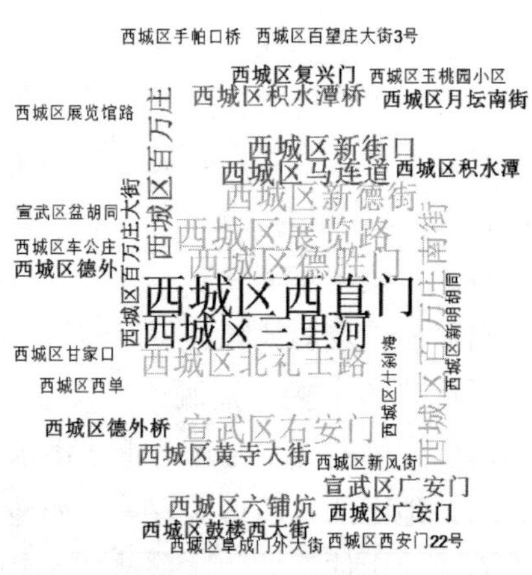

图15　房山区内涝车险事故地点词云图

最小词频：3次

图16　西城区内涝车险事故地点词云图

最小词频：3次

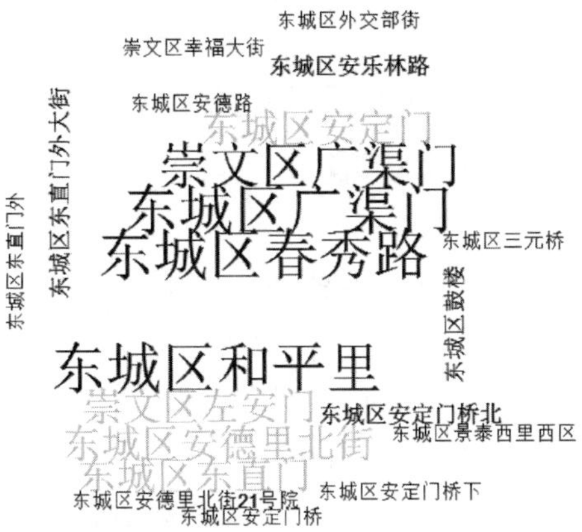

图 17 东城区内涝车险事故地点词云图

最小词频：3 次

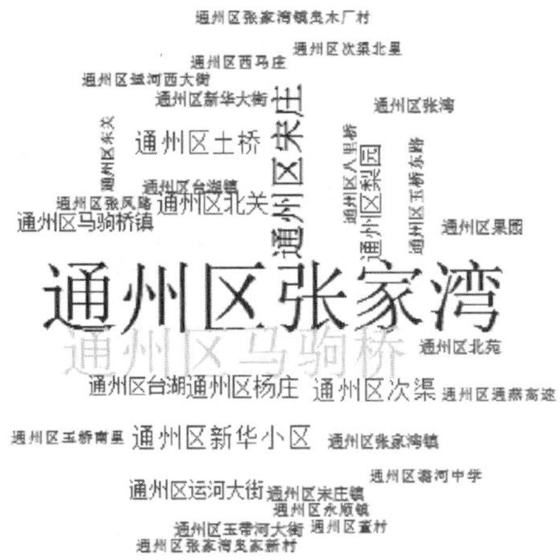

图 18 通州区内涝车险事故地点词云图

最小词频：3 次

图 19 平谷区内涝车险事故地点词云图

最小词频：1 次

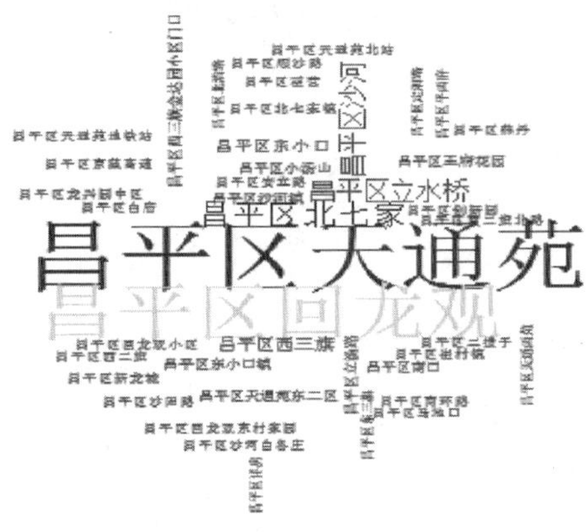

图 20 昌平区内涝车险事故地点词云图

最小词频：2 次

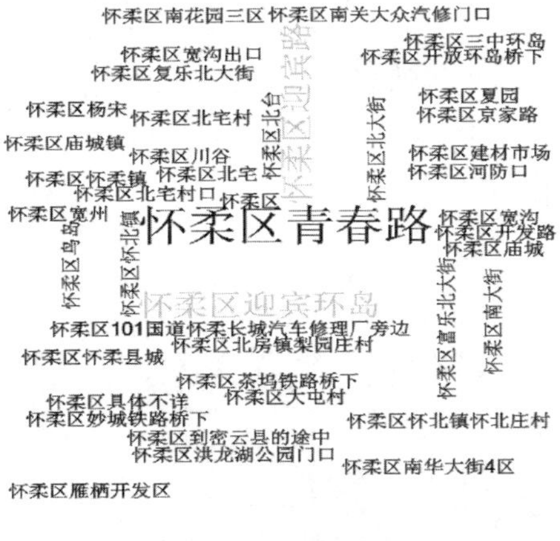

图 21 怀柔区内涝车险事故地点词云图

最小词频：1 次

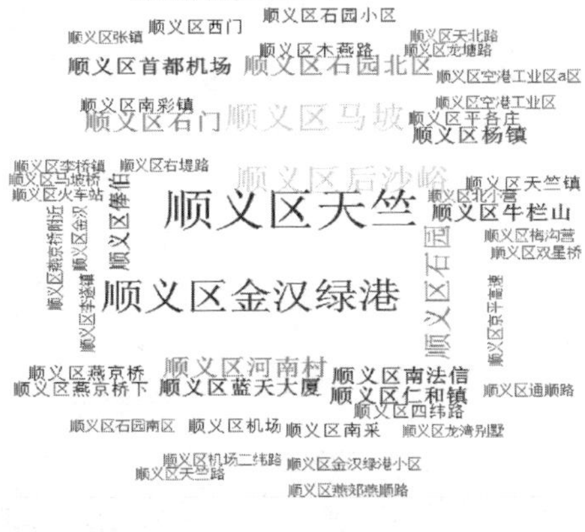

图 22 顺义区内涝车险事故地点词云图

最小词频：2 次

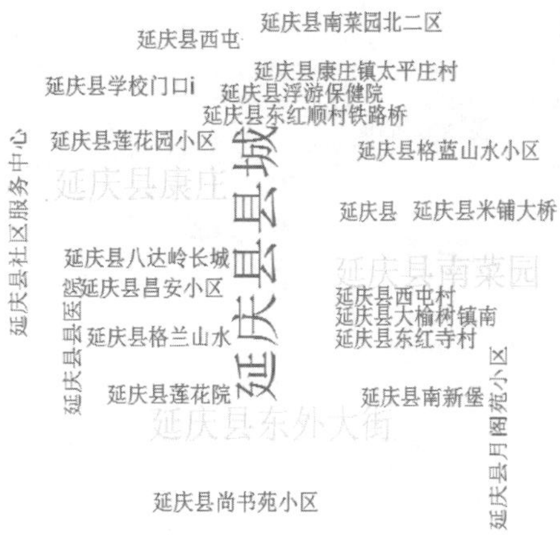

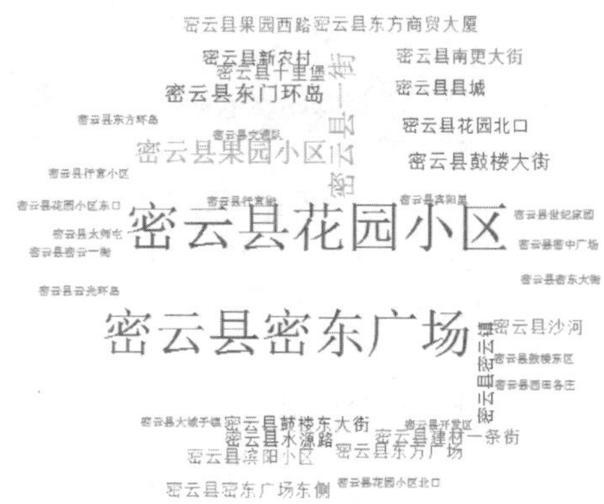

图 23　延庆县内涝车险事故地点词云图

最小词频：1 次

图 24　密云县内涝车险事故地点词云图

最小词频：2 次

图 25　朝阳区内涝车险事故点标记图

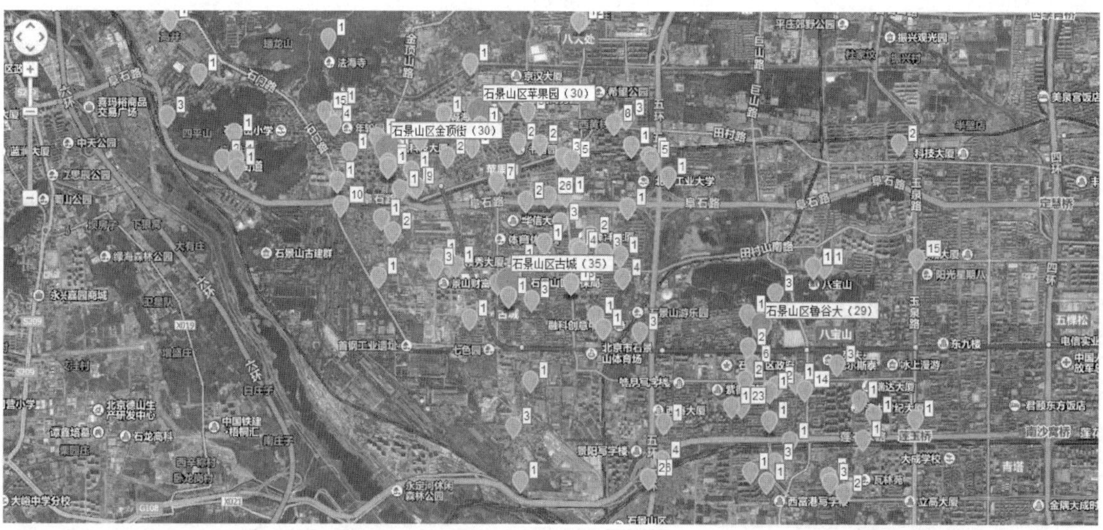

图 26　石景山区内涝车险事故点标记图

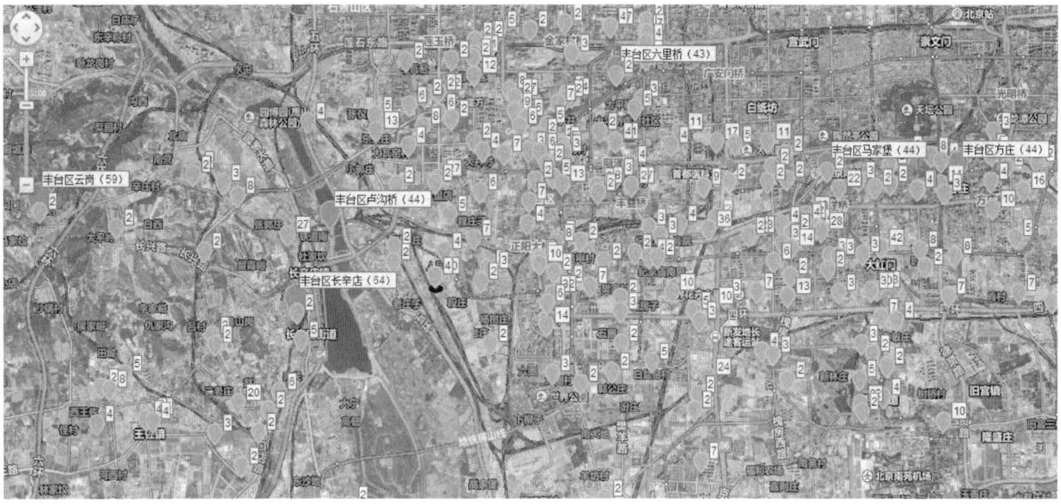

图 27　丰台区内涝车险事故点标记图

图 28　海淀区内涝车险事故点标记图

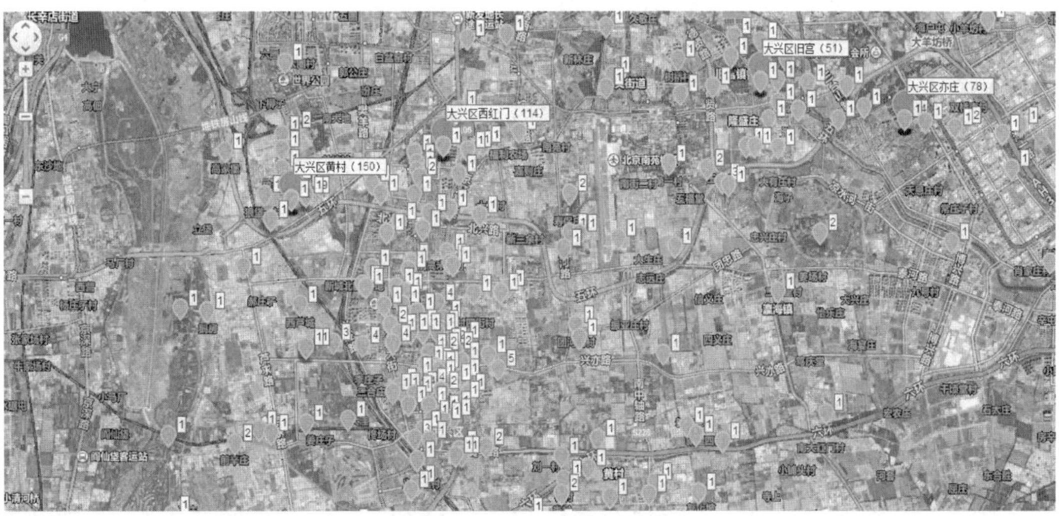

图 29　大兴区内涝车险事故点标记图

图 30　门头沟区内涝车险事故点标记图

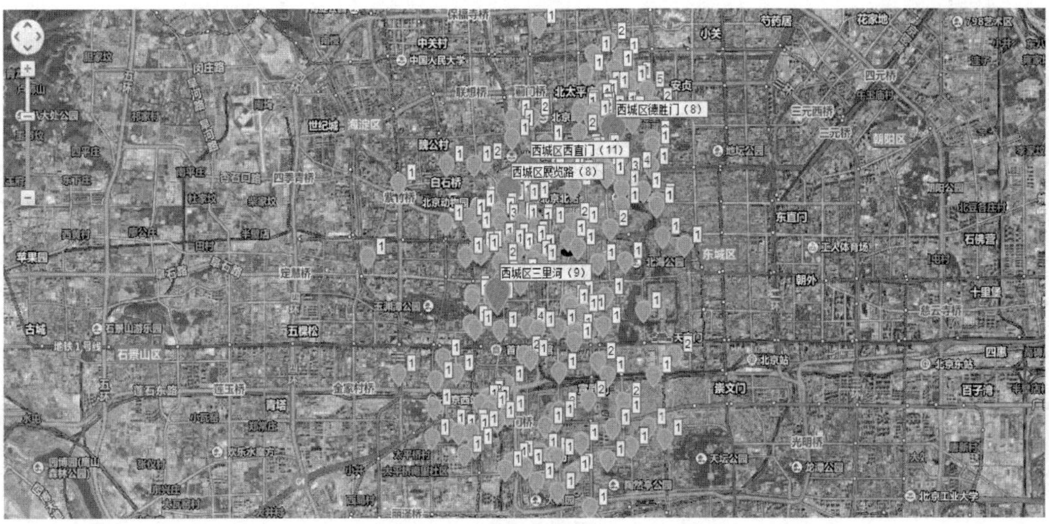

图 31　西城区内涝车险事故点标记图

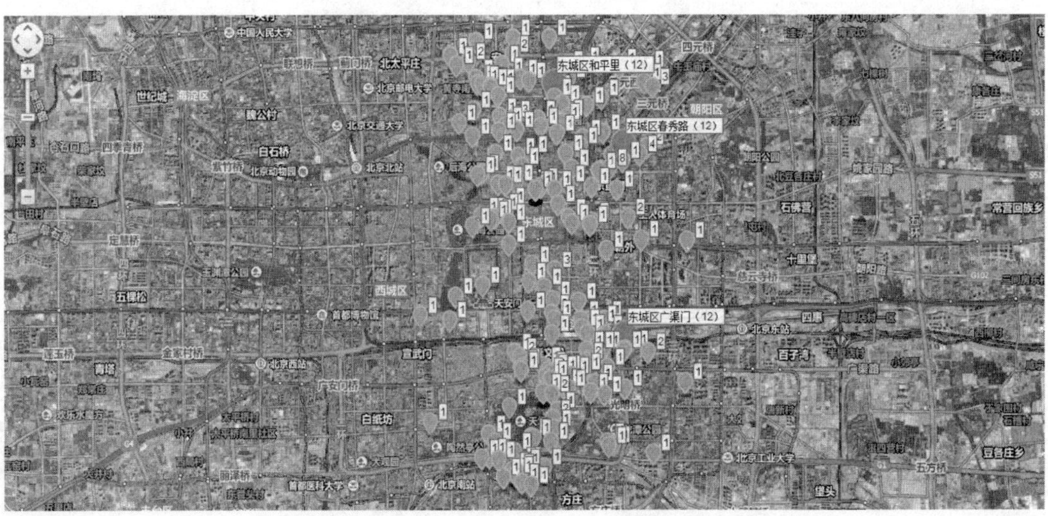

图 32　东城区内涝车险事故点标记图

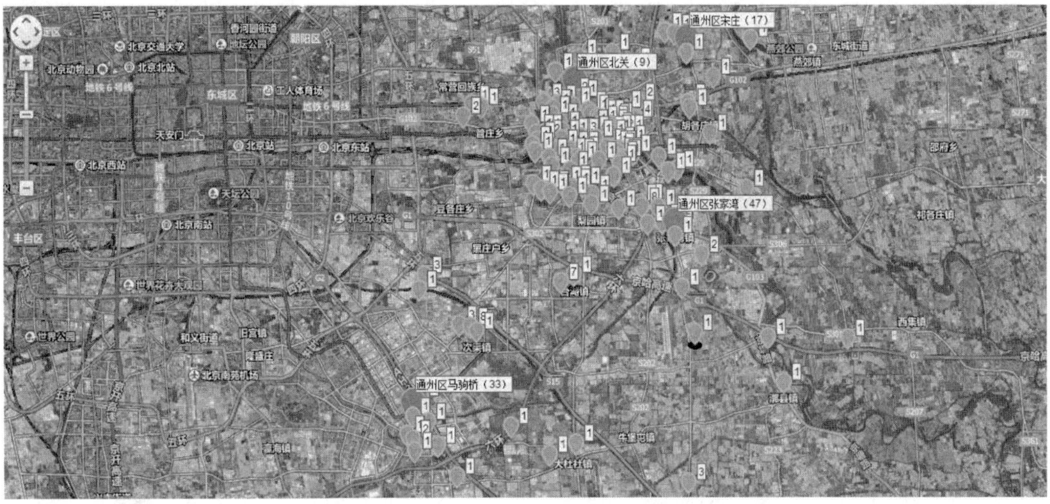

图 33　通州区内涝车险事故点标记图

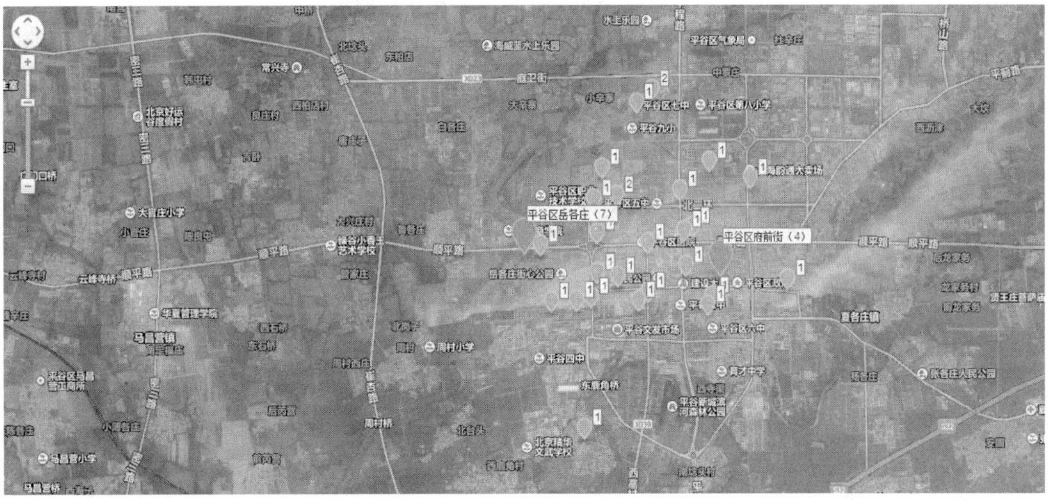

图 34　平谷区内涝车险事故点标记图

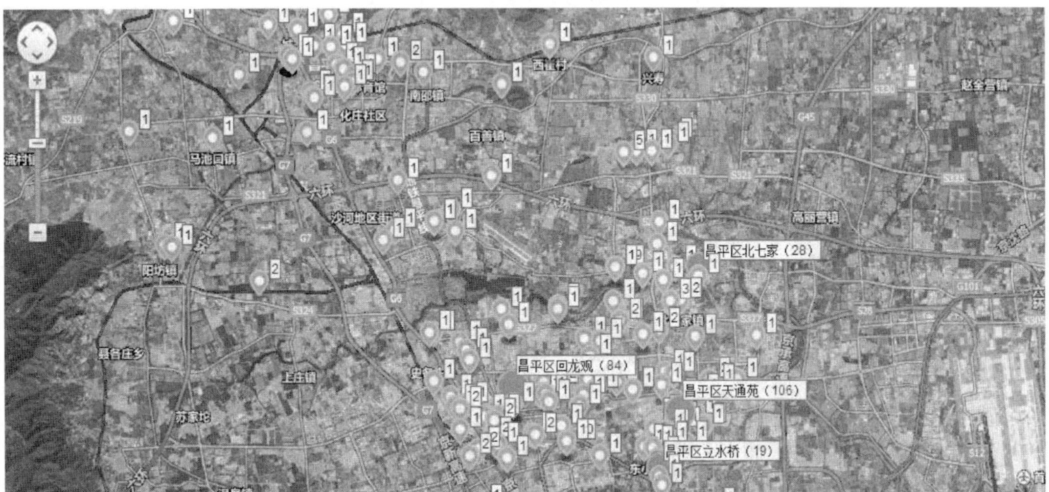

图 35　昌平区内涝车险事故点标记图

图 36　怀柔区内涝车险事故点标记图

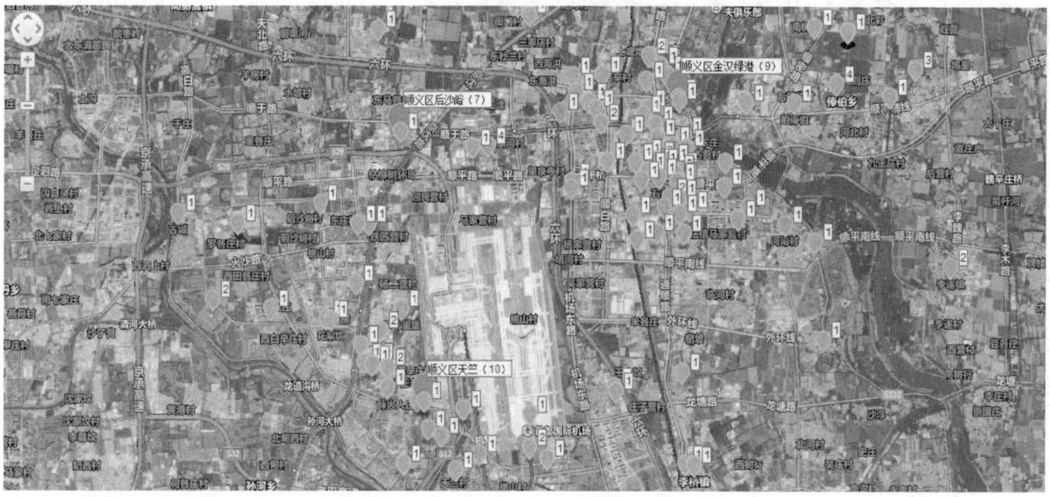

图 37　顺义区内涝车险事故点标记图

图 38　延庆县内涝车险事故点标记图

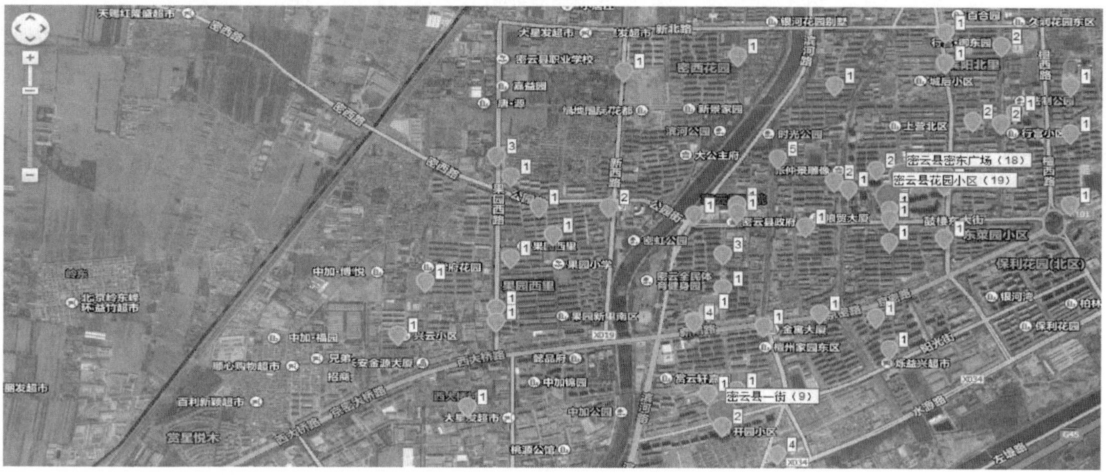

图 39　密云县内涝车险事故点标记图

专题二　附录 2

```
> didian. data < - subset (data, ! is. na (data $ 出险地点) = =1)
> dim (didian. data)
[1] 18747    9
> 朝阳区 Cases < - lapply (didian. data $ 出险地点, grep, pattern =" \ \ <朝阳区")
> sum (unlist (朝阳区 Cases))
[1] 3314
> 石景山区 Cases < - lapply (didian. data $ 出险地点, grep, pattern =" \ \ <石景山区")
> sum (unlist (石景山区 Cases))
[1] 946
> 丰台区 Cases < - lapply (didian. data $ 出险地点, grep, pattern =" \ \ <丰台区")
> sum (unlist (丰台区 Cases))
[1] 3040
> 海淀区 Cases < - lapply (didian. data $ 出险地点, grep, pattern =" \ \ <海淀区")
> sum (unlist (海淀区 Cases))
[1] 2301
> 大兴区 Cases < - lapply (didian. data $ 出险地点, grep, pattern =" \ \ <大兴区")
> sum (unlist (大兴区 Cases))
[1] 1163
> 门头沟区 Cases < - lapply (didian. data $ 出险地点, grep, pattern =" \ \ <门头沟区")
> sum (unlist (门头沟区 Cases))
[1] 148
> 房山区 Cases < - lapply (didian. data $ 出险地点, grep, pattern =" \ \ <房山区")
> sum (unlist (房山区 Cases))
```

[1] 2543
> 宣武区 Cases < - lapply (didian. data $ 出险地点, grep, pattern =" \ \ <宣武区")
> sum (unlist (宣武区 Cases))
[1] 80
> 西城区 Cases < - lapply (didian. data $ 出险地点, grep, pattern =" \ \ <西城区")
> sum (unlist (西城区 Cases))
[1] 438
> 东城区 Cases < - lapply (didian. data $ 出险地点, grep, pattern =" \ \ <东城区")
> sum (unlist (东城区 Cases))
[1] 318
> 通州区 Cases < - lapply (didian. data $ 出险地点, grep, pattern =" \ \ <通州区")
> sum (unlist (通州区 Cases))
[1] 573
> 平谷区 Cases < - lapply (didian. data $ 出险地点, grep, pattern =" \ \ <平谷区")
> sum (unlist (平谷区 Cases))
[1] 90
> 昌平区 Cases < - lapply (didian. data $ 出险地点, grep, pattern =" \ \ <昌平区")
> sum (unlist (昌平区 Cases))
[1] 623
> 怀柔区 Cases < - lapply (didian. data $ 出险地点, grep, pattern =" \ \ <怀柔区")
> sum (unlist (怀柔区 Cases))
[1] 66
> 崇文区 Cases < - lapply (didian. data $ 出险地点, grep, pattern =" \ \ <崇文区")
> sum (unlist (崇文区 Cases))
[1] 79
> 顺义区 Cases < - lapply (didian. data $ 出险地点, grep, pattern =" \ \ <顺义区")
> sum (unlist (顺义区 Cases))
[1] 410
> 延庆县 Cases < - lapply (didian. data $ 出险地点, grep, pattern =" \ \ <延庆县")
> sum (unlist (延庆县 Cases))
[1] 31
> 密云县 Cases < - lapply (didian. data $ 出险地点, grep, pattern =" \ \ <密云县")
> sum (unlist (密云县 Cases))
[1] 317
>cases < - c (sum (unlist (朝阳区 Cases)), sum (unlist (石景山区 Cases)),
+ sum (unlist (丰台区 Cases)), sum (unlist (海淀区 Cases)), sum (unlist (大兴区 Cases)),
+ sum (unlist (门头沟区 Cases)), sum (unlist (房山区 Cases)), sum (unlist (宣武区 Cases)),

```
+ sum (unlist (西城区 Cases)), sum (unlist (东城区 Cases)), sum (unlist (通州区 Cases)),
+ sum (unlist (平谷区 Cases)), sum (unlist (昌平区 Cases)), sum (unlist (怀柔区 Cases)),
+ sum (unlist (崇文区 Cases)), sum (unlist (顺义区 Cases)), sum (unlist (延庆县 Cases)),
+ sum (unlist (密云县 Cases)))
> area < - c (455.08, 84.32, 305.80, 430.73, 1036.32, 1450.70, 1989.54, 18.91, 31.62, 25.34,
+ 906.28, 950.13, 1343.54, 2122.62, 16.52, 1019.89, 1993.75, 2229.45)
> unit. area < - cases/area
> unit. area
[1]   7.28223609 11.21916509  9.94113800  5.34209365  1.12224023  0.10201971
[7]   1.27818491  4.23056584 13.85199241 12.54932912  0.63225493  0.09472388
[13]  0.46370037  0.03109365  4.78208232  0.40200414  0.01554859  0.14218754
> y< - c ('朝阳区', '石景山区', '丰台区',
+ '海淀区', '大兴区', '门头沟区', '房山区', '宣武区',
+ '西城区', '东城区', '通州区', '平谷区', '昌平区',
+ '怀柔区', '崇文区', '顺义区', '延庆县', '密云县')
> m < - cbind (y, cases, unit. area)
> m [order ( - unit. area), 1]
[1] "西城区"   "东城区"   "石景山区" "丰台区"   "朝阳区"   "海淀区"
[7] "崇文区"   "宣武区"   "房山区"   "大兴区"   "通州区"   "昌平区"
[13] "顺义区"  "密云县"   "门头沟区" "平谷区"   "怀柔区"   "延庆县"
> c1 < - do. call (" rbind", lapply (cases, as. data. frame))
> c2 < - do. call (" rbind", lapply (y, as. data. frame))
> x < - cbind (c2, c1)
> z < - cbind (c2, unit. area)
> colnames (x) < - c ('区域', '频数')
> colnames (z) < - c ('区域', '每平方千米事故数')
> png (paste (" 区域事故次数"," . png", sep = ""), width = 600, height = 600 )
> plot (x, type =" h")
> title (main = " 分区域事故次数")
> dev. off ( )
> png (paste (" 每平方千米事故数"," . png", sep = ""), width = 600, height = 600 )
> plot (z, type =" h")
> title (main = " 每平方千米事故次数")
> dev. off ( )
> library (rJava)
```

```
> library (tm)
> myCorpus < - Corpus (VectorSource (didian. data $ 出险地点))
> myCorpus < - tm_ map (myCorpus, stripWhitespace)
> control = list (removePunctuation = T, minDocFreq = 1, wordLengths = c (1, Inf))
> mydtm < - DocumentTermMatrix (myCorpus, control)
> mydtm
> findFreqTerms (mydtm, lowfreq =50, highfreq =Inf)
> dtm_ removed = removeSparseTerms (mydtm, 0. 9996)
> findFreqTerms (dtm_ removed, lowfreq =50)
> termFrequency < - colSums (as. matrix (dtm_ removed))
> termFrequency < - subset (termFrequency, termFrequency > =50)
> library (ggplot2)
> png (paste (" 词频统计"," . png", sep = ""), width = 600, height = 600 )
> df < - data. frame (term = names (termFrequency), freq = termFrequency)
> ggplot (df, aes (x = term, y = freq)) + geom_ bar (stat =" identity") + xlab ("
Terms") + ylab (" Count") + coord_ flip ()
> dev. off ()
> library (wordcloud)
> m < - as. matrix (dtm_ removed)
> wordFreq < - sort (colSums (m), decreasing = TRUE)
> set. seed (235)
> colors = c ('red', 'blue', 'green', 'yellow', 'purple')
> png (paste (" 词云可视化"," . png", sep = ""), width = 600, height = 600 )
> wordcloud (words = names (wordFreq), freq = wordFreq, min. freq = 3,
+ random. order = F, colors = colors)
> dev. off ()
> 朝阳区 data < - subset (didian. data, 朝阳区 Cases = =1)
> 石景山区 data < - subset (didian. data, 石景山区 Cases = =1)
> 丰台区 data < - subset (didian. data, 丰台区 Cases = =1)
> 海淀区 data < - subset (didian. data, 海淀区 Cases = =1)
> 大兴区 data < - subset (didian. data, 大兴区 Cases = =1)
> 门头沟区 data < - subset (didian. data, 门头沟区 Cases = =1)
> 房山区 data < - subset (didian. data, 房山区 Cases = =1)
> 宣武区 data < - subset (didian. data, 宣武区 Cases = =1)
> 西城区 data < - subset (didian. data, 西城区 Cases = =1)
> 东城区 data < - subset (didian. data, 东城区 Cases = =1)
> 通州区 data < - subset (didian. data, 通州区 Cases = =1)
> 平谷区 data < - subset (didian. data, 平谷区 Cases = =1)
> 昌平区 data < - subset (didian. data, 昌平区 Cases = =1)
```

```
> 怀柔区 data < - subset (didian. data, 怀柔区 Cases = =1)
> 崇文区 data < - subset (didian. data, 崇文区 Cases = =1)
> 顺义区 data < - subset (didian. data, 顺义区 Cases = =1)
> 延庆县 data < - subset (didian. data, 延庆县 Cases = =1)
> 密云县 data < - subset (didian. data, 密云县 Cases = =1)
> location < - subset (data $ 出险地点, ! is. na (data $ 出险地点) = =1)
> location < - data. frame (location)
> library (rjson)
> library (RCurl)
> latt = (NULL)
> lngg = (NULL)
> for (i in 1: dim (location) [1]) {
+ url _ string < - paste ( " http: //api. map. baidu. com/geocoder/v2/? ak = unCGC8wvlFhSPmwOoyqSTW4F&output = json&address = ", location [i, 1], sep = "")
+ url_ string < - URLencode (url_ string)
+ connect < - url (url_ string)
+ gc < - fromJSON (paste (readLines (connect, warn = F), collapse = ""))
+ lat < - gc $ result $ location $ lat
+ lng < - gc $ result $ location $ lng
+ latt = c (latt, lat)
+ lngg = c (lngg, lng)
+ }
> x < - cbind (1: dim (location) [1], location [1: dim (location) [1], 2], latt, lngg)
> colnames (x) < - c (编号', 地点', latitude', longitude')
>write. csv (x, " Location5. csv", row. names = FALSE)
```

专题三　空难问题研究

一、我国空难重大事件[①]

中国近30年来发生的重大空难事故如下：

1982年12月24日，中国民航一架从长沙飞往广州的飞机在广州白云机场发生事故，机组11人，旅客58人，造成25名旅客遇难。

1983年9月14日，中国民航三叉戟从桂林飞往北京，在桂林地面发生撞机事故，机组6人，旅客100人，造成11名旅客遇难。

1988年10月7日，山西航空IL-14在旅游观光飞行时，超载发生坠机意外，机组4人，旅客42人，造成4名机组人员、38名旅客和2名地面人员共44人遇难。

1990年10月2日，广州白云机场发生劫机事件。劫机者蒋晓峰乘上一架开往广州白云机场的波音737飞机，并闯入驾驶室。蒋晓峰声称藏有爆炸物，威胁飞行员将飞机开往台湾寻求政治庇护。飞行员并没有打算满足劫机犯的要求，并试图使其相信飞机上没有足够的燃料，继续飞往广州，并寻求机会降落。劫机犯随后试图袭击飞行员并独自驾机未果。在飞行员试图降落时，这架波音737撞上了另一架飞机而起火。灾难共造成128名乘客遇难。

1992年7月31日，通用航空GP7552航班从南京飞往福州时，在南京发生起飞意外，机组10人，旅客116人，事故共造成106人遇难。

1993年7月23日，中国西北航空WH2119航班从银川飞往北京时，在银川起飞发生意外，机组5人，旅客108人，共造成1名机组人员和54名旅客共55人遇难。

1994年6月6日，中国西北航空WH2303航班从西安飞往广州，在西安发生空难，机组14人，旅客146人，全部遇难。

1997年5月8日，南方航空B737的CZ3456航班从重庆飞往深圳，恶劣天气状况下，在深圳强行着陆失败。在着陆过程中，飞机在地面弹跳三次，起落架严重受损，机身结构也严重受创。复飞后，驾驶舱多处发生报警，机组报告飞机处于紧急状态，要求反向迫降，再次尝试强行着陆时，依然没能控制好飞机姿态，高速接地后，飞机在地面断成三截，解体，爆炸起火。事故共造成2名机组人员和33名旅客共35人遇难。

1999年2月24日，中国西南航空SZ4509航班从成都飞往温州，在浙江瑞安发生空难，机组11人，旅客50人，全部遇难。

2004年11月21日，中国东方航空CJ5210航班从包头飞往上海，在包头机场起飞后坠入距机场不远的南海公园，机组6人，旅客47人，全部遇难。

2010年8月24日，河南航空有限公司机型为ERJ-190号飞机在执行哈尔滨至伊春的定期客运航班任务时，在黑龙江省伊春市林都机场距离跑道690米处坠毁，部分乘客在坠毁时被甩出机舱。机上乘客共计96人，其中儿童5人。事故造成44人遇难，52人受伤，直接经济损失

① 参考资料：《民航行业发展统计公报》，中国民用航空局网站。

30 891万元。

二、空难成因

空难[①]是飞机等在飞行过程中发生故障、遭遇自然灾害或其他意外事故所造成的灾难。由于不可抗拒的原因或人为因素造成的飞机失事，并由此带来灾难性的人员伤亡和财产损失。

（一）人为因素

造成飞机空难大部分原因都是人为因素，其常见的情况有地面指挥失误、机组人员配合不协调、维修检测不严格、驾驶员没有做好本职工作等。就拿2009年的法航447航班失事来说，就因为飞行员的不当操作和空客A330机型的技术隐患，最后导致机上228人全部遇难。

人为因素主要包括操作失误、维修失误和设计缺陷等。从历年世界空难事故的统计结果来看，人为过失原因直接导致飞机失事的约占整个飞行事故总量的2/3以上，因此人为因素是最重要的一个因素。根据分析，人为因素是非常复杂的，既有机组飞行人员的原因，也有地面机务维修人员和空中交通指挥人员的原因等。

对机组人员来说，影响飞行安全的情况有安全责任感不高、操作技能不高、操作过失、判断失误、作业环境不熟悉、缺乏特殊情况的处置经验、心理素质差、反应不灵敏、身体突然发病、精力不集中、机组人员配合不和谐等因素。空中交通管制人员是飞机安全飞行的“警察”，“警察”指挥失误同样会对航空安全产生不利的影响，如在空中交通管制中，所给信号失误、语言交流失误等。维修工作失误，也是飞行事故的主要因素之一。飞机的设计和制造质量对保障飞行安全固然重要，然而，在实际过程中，飞机的维修更加重要。维修技术和部件质量是关键。根据飞机失事事故统计分析，与机械有关的事故占空难事故的30%左右。

（二）环境气象原因

天气原因是飞机失事的另一个主要原因，天有不测风云，所以天气原因随时可能导致空难，但概率相对较小。一般遇到恶劣天气时机场都会采取相应措施，比如延迟或取消航班。现代飞机虽然可以进行全天候飞行，但是，雷电、切变风、冰雹等恶劣的天气情况容易使飞机机械或通信导航出现问题。尤其是通用航空飞行，飞行高度不如公共航空，更容易受到气象因素的影响。飞行人员面对突发状况的心理素质不好而判断处理失误，最终都有可能导致飞机失事。与天气原因密切相关的空难数不胜数，如伊春空难、巴基斯坦空难以及波兰总统坠机事件，均是因为浓雾天气。而雷击多发生在夏季，飞机遇到雷击时电流会经由铝合金外壳扩散。此外，降落时遭遇风切变、天冷导致的机翼结冰以及飞机起飞等也可能导致飞机失事。

（三）机器故障原因

在飞机延误和事故分析中，机械故障也是常见的原因。一般包括发动机障碍、液压失灵、油箱起火、仪表失灵等状况，一般在起飞之前的维护和检查中能发现不少机械故障，因此真正

① 出自中国民用航空局网站。

出现在飞行途中的突发性机械故障还是相对较少的。

发动机是为飞机提供推力的装置，没有引擎就无法飞行，如今的客机都有两个以上的发动机，一个坏掉一般不会造成机毁人亡的事故，波音 747 备有四个发动机，坏掉两个还能正常降落。但是，发动机故障在历史上也造成过飞机失事，如 2009 年英国米德兰航空 092 航班空难的飞行员误把好的发动机关掉引发悲剧。

液压失灵是另一种机械故障原因。在客机上液压管道连接着飞行员的踏板和手柄，以及飞机的所有控制面、副翼、升力面等等，飞机完全是靠它的液压系统来控制的。液压就像针管一样，从一头推进去，再从另一头出来，在一般情况下液压系统非常可靠，不过有个缺点，一旦液压管道上有任何裂缝，里面的液体就会很快漏光。整套液压系统也就没用了。一架液压失灵的飞机就像一辆没有方向盘的汽车，所以液压失灵是非常可怕的。为了防止这样的事故，大型客机上一般装有三套独立的液压系统，以避免一套液压系统失灵后飞机失去控制。

油箱起火也可能导致飞机失事。航空燃油在气化状态下非常易爆。1990 年以来，美国共发生 3 起废机油箱爆炸事故，其中最严重的是 1996 年 7 月环球航空公司一架波音 747 客机在纽约长岛上空爆炸的事故，共造成 230 人遇难。据分析，事故主要是由于静电火花点燃油箱内燃料蒸汽引起的。

（四）恐怖分子劫机

由于现在机场安检非常严格，恐怖分子劫机事件近几年鲜有发生。但“9 · 11 事件”以及“广州白云机场空难事件”仍是令人难以忘记的两件空难惨案。2001 年 9 月 11 日早晨，19 名基地组织恐怖分子劫持了四架美国民航喷气式客机。他们迫使其中两架客机冲撞纽约世界贸易中心双塔，两座建筑均在两小时之内倒塌，劫机者还故意使第三架飞机撞向位于弗吉尼亚州的五角大楼，而第四架飞机于宾夕法尼亚州的乡村坠毁。2 993 人因此丧生。这就是撼动世界的“9 · 11”袭击事件，也从此拉开了美国“反恐战争”的序幕。另外，1990 年 10 月 2 日，在广州白云机场，一名歹徒劫持了一架从厦门飞往广州的波音 737 – 200 型 2510 号航班，驾驶员在油料不足的情况下，在白云机场紧急迫降，然而，歹徒对驾驶员施暴，导致飞机失控，撞上了停在客机坪上的另两架航班（波音 757 – 2812 号航班和波音 707 – 2402 号航班），三架飞机全部烧毁，使得 128 人遇难。这次空难之后，我国就出台了一项规定：发生劫机时不鼓励机组人员与劫机犯搏斗，尽量满足其要求，以保证乘客和飞机的安全。

（五）飞机相撞

飞机相撞事件发生的概率非常小，虽然最近几年没有发生过，但这不代表以后不会发生。“空中走廊”的形成就是为了防止撞击，要求客机在自己的航线内飞行，以免发生碰撞。碰撞的高发地带是机场，机场附近有很多飞机在盘旋等待降落，危险系数大大上升。一旦飞机偏离航线，后果就不堪设想。1986 年墨西哥航空公司的 498 次航班，在美国加州上空与一家私人飞机相撞，撞掉尾翼后坠入住宅区，两架飞机均无人生还；1996 年一架伊尔 76 和一架波音 747 在新德里上空迎面相撞，死亡 349 人；2002 年一架图 154 在德国上空被一架波音 757 的尾翼切成两半……由此可见，空中撞击死亡率基本上是百分之百，不容小觑。

（六）其他原因

造成飞机失事的原因还有很多，比如飞机的神秘失踪、小鸟撞飞机、金属疲劳，甚至被其他国家的大炮所打到，都会导致空难发生。

三、空难的基本统计分析

自1918年至2014年7月，在包括商业民航、军用飞机、私人飞机等所有航空事故中，空难总数高达21 642起，遇难人数为136 200人。

（一）历史上空难死亡人数最多的年份

据统计，历史上空难死亡人数最多的年份依次为1972年、1985年、1973年、1996年和1974年。其统计数据如图1所示。由图中可以看出，历史上空难死亡人数最多的年份为1972年，据统计，当年共发生了331起空难，遇难人数高达3 344人。

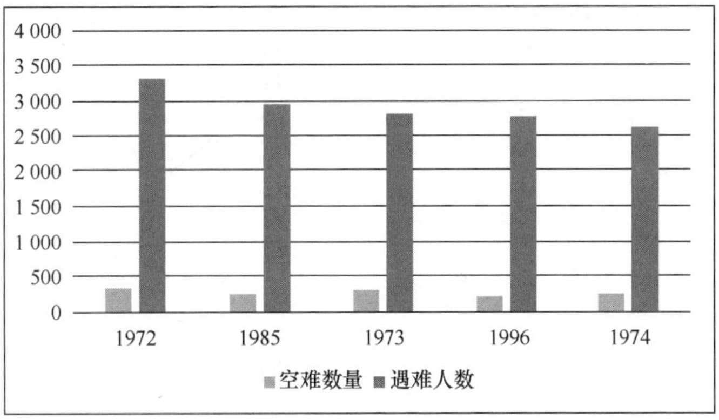

图1 历史上空难死亡人数最多的年份统计柱状图

资料来源：《2014年空难比往年多？数据告诉你直觉并不可靠》，http：//www. gywb. cn/content/2014 – 12/29/content_2126585. htm。

（二）近五年空难数据统计

在近五年（2010—2014年）中，空难发生次数比较稳定，并在2014年出现了下降的趋势。在这五年中，空难分别发生为162起、154起、155起、137起和68起。遇难人数分别为1 130人、828人、800人、453人、991人。由此不难发现，虽然2014年发生的空难次数比往年低，但是当年的空难引起的损失是较为惨重的。近五年空难统计情况见图2。

（三）最近十年商业航班（定期）空难

航空事故包括商业民航、军用飞机、私人飞机等引起的事故。而在这些事故中，商业民航事故是最贴近民生的，也是最普遍的空难事故。所以，对商业航班的空难分析就显得尤为重要。近十年商业航班（定期）空难统计情况见图3。

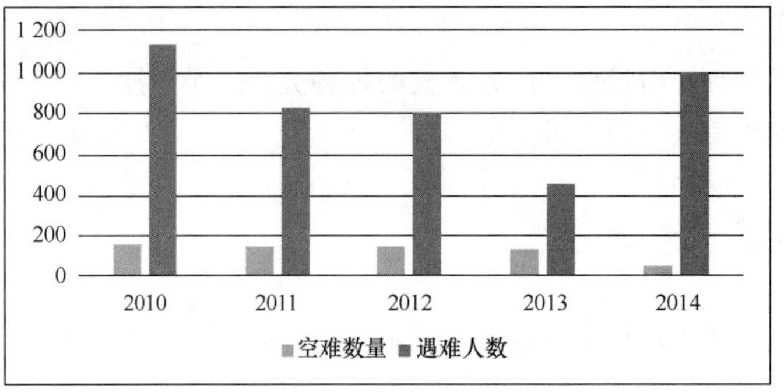

图 2　近五年空难数据统计柱状图

资料来源：《2014 年空难比往年多？数据告诉你直觉并不可靠》，http：//www. gywb. cn/content/2014 – 12/29/content_2126585. htm。

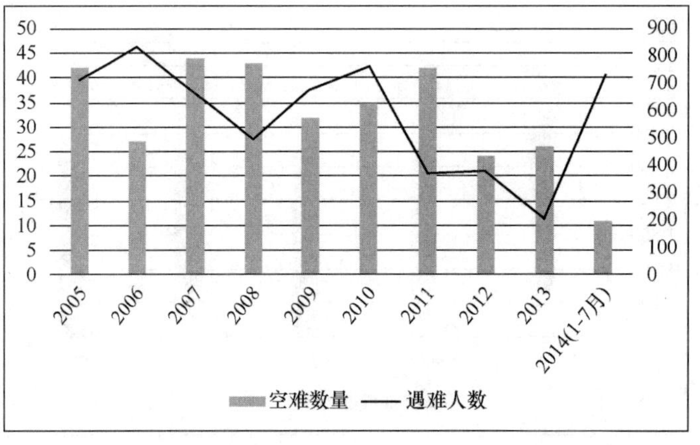

图 3　近十年商业航班（定期）空难统计组合图

资料来源：《2014 年空难比往年多？数据告诉你直觉并不可靠》，http：//www. gywb. cn/content/2014 – 12/29/content_2126585. htm。

图 3 为柱状图和折线图的组合图，其空难数量用柱状图表示，遇难人数用折线图表示，柱状图对应左边的坐标轴，折线图对应右边的坐标轴，即次坐标轴。由于 2014 年只统计了 1—7 月的数据，所以其空难数量与往年的差异较大。

（四）事故原因统计

事故原因在本专题的第二部分已经做了详细的介绍。通过对往年空难事故原因进行归类汇总，得出其事故原因主要有人为操作失误、机械故障、恐怖袭击劫持、天气原因等。各原因之间的比例情况见图 4。由图 4 可以看出，人为操作失误是空难事故的主要原因，占比高达 45. 9%，另外机械故障对航空事故的影响也较大。

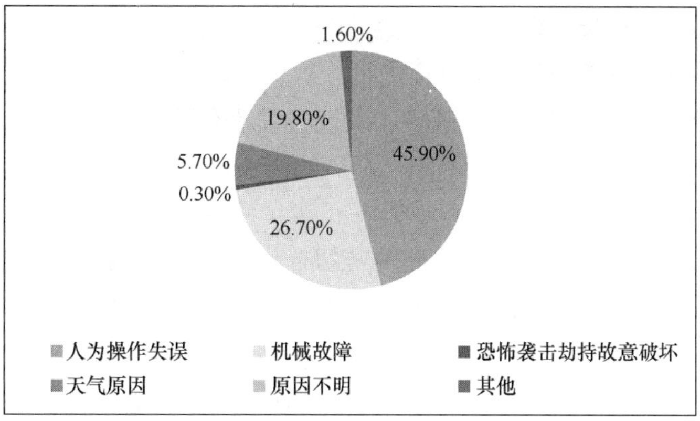

图 4　事故原因统计饼图

资料来源：《2014 年空难比往年多？数据告诉你直觉并不可靠》，http：//www. gywb. cn/content/2014 - 12/29/content_2126585. htm。

（五）区域分布统计

在区域分布上，亚洲和美洲是空难的高发地区，而大洋洲空难发生次数相对较少。这主要与各个大洲的国家数、经济发展情况以及战争发生的频率有关。具体统计情况见图 5。

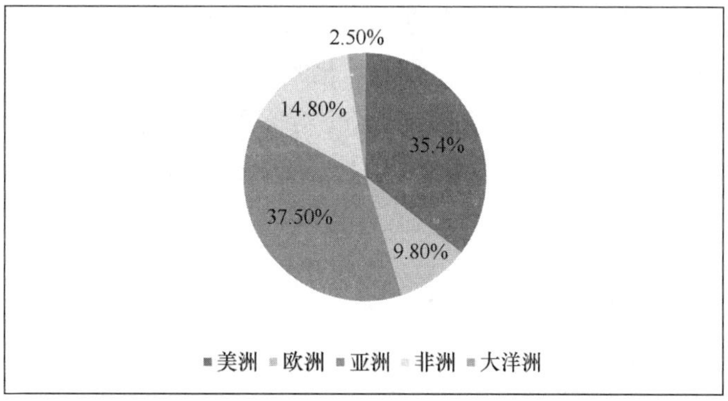

图 5　区域分布统计饼图

资料来源：《2014 年空难比往年多？数据告诉你直觉并不可靠》，http：//www. gywb. cn/content/2014 - 12/29/content_2126585. htm。

四、空难的预防与应急管理

（一）加强对自然因素的预测预警

造成空难的原因是多种多样的，其中技术因素和自然因素是民航事故中的最主要因素。故加强自然因素预警对降低空难发生率有非常高的价值。

1. 建立科学的检测指标体系

科学合理的风险管控指标体系是当代应急管理的一个重要监测手段和工具。通过对以往灾害发生的统计，进而对突发事件的演进过程进行分析，可以发现各种测量突发事件的敏感因素。方便民航管理机构及航空公司识别社会风险、发现突发事件可疑危险，并对灾害发生的概率进行度量。

2. 综合分析监测信息

依照全风险应急预防的原则，与气象部门密切合作建立统一的灾害应急、预防信息管理平台，依托高效通信汇总各渠道、各部门所获取的信息，综合分析加以分析判断。

3. 规范应急预防风险管理流程

要认真完成风险监测、风险识别、风险评估、风险排序、风险沟通等各个环节的工作，尤其要同时兼顾危险要素与脆弱性两个方面，考察二者相互作用的结果。

4. 加强预警信息传播

可将媒体、非政府组织、社会公众等力量都纳入风险管理中，实现多手段、多途径、多渠道传播预警信息，做到动态监测、综合分析、科学预警、有效报警。

南方航空公司即拥有相应的应急预案和措施以保证航班的正常安全运行。2008 年中国南方大面积冻雨，多城市机场无法正常起降，南方航空及时启动预警机制。南航气象部门、飞行签派放行部门对天气变化、机场开放情况进行 24 小时实时跟踪，并重点研究预测天气走势，制订了航班调整预案。南航广州地面服务部门妥善安排好所有滞留旅客的住宿和饮食，并突破因天气原因延误旅客自行负担相关费用的常规，承担旅客所有住宿、饮食和交通等费用，同时承诺为旅客全额退票、免收手续费，以便旅客及时更改行程安排，尽可能减少旅客损失①。公司部门经理承诺："公司已根据天气变化趋势做好运力和人员的安排预案，一旦天气状况允许，机场跑道恢复正常，将调用波音 777 等多架大型飞机尽快将滞留旅客运送出去，尽最大努力使旅客尽早回家过年。"未雨绸缪，应急方案的提前制订，对航班安全有非常高的价值。

（二）做好应急准备策略与应急预案

要坚持预防为主，防治结合，力争把突发事件损害消解在萌芽状态，保证损失降到最低。众所周知，预防并不是万能的，突发事件的不确定性使得预防、应急方案不能面面俱到。在这种情况下，显示出企业全面风险管理理念的重要性。全面的风险分析、风险估计、风险规避和转移等应急准备工作可以做到最大限度地为应急突发事件的发生提供最大便利。

突发事件的风险管理策略主要包含下几方面：第一，提前编撰突发事件响应预案，未雨绸缪，提前计划突发事件处理方式；第二，设立应急事件统筹管理中心，指派航空公司高层领导牵头负责，灾害发生时统筹管理中心集中力量按预案稳步执行；第三，构建突发事件应急保障体系，在应急法律、应急资金、应急物资、应急避难场所、应急通信等方面做好准备。第四，建立专业户的应急事件救援队伍，有效应对突发事件。

空难社会影响巨大，损失金额较高。针对这些特点，空难危机管理应有完整的应急机制，包括应急预案建设、应急规章条例和章程建设、应急管理队伍和救援队伍建设等，并以此建立

① 参考资料：《中国南方航空公司启动应急预案应对恶劣天气》，http：//www. gd. chinanews. com/2008/2008 －01 －28/8/60023. shtml。

起完备的突发事件应急保障体系。而应急预案的编制应该按照成立预案编制小组、风险识别与风险评估、风险分类、制订应急救援具体措施方案、确定应急救援统筹中心及其人员职责、应急处理及救援能力测评、审核与实时发布、演习与评估的步骤来进行，以保证应急预案的准确性和可行性。现阶段，我国空难的预防、风险责任评估、突发事件应急处理，以及事后救援、赔偿机制都有明确的规定。在此基础上，配套较强的预案执行力并提高风险范意识，才能从根源上减少空难悲剧的发生，给民众一个安全的航空体验。航空公司要设立专门准备金账户，计提足够的应急资金、购置足够应急物资、准备相应急避难场所、保证应急通信设备运行畅通。唯有在方案、组织、人员上同心协力，航空突发事件应急管理建设才能做到真正有效。

我国空难突发事件应急响应预案主要是按照事前预警，事中应急处理、应急的救援，事后赔偿进行编制的。除了全国性的航空应急预案之外，各地方也有各自的航空应急预案[①]。《上海市处置民用航空器事故应急预案》对空难预警、处理、救援、赔偿四个方面进行相关规定，并对应急管理中心、应急措施以及应急发难的贯彻落实管理明确了相应的规定[②]。虽然我国的空难应急管理有一定进步，但与发达国家相比仍存在巨大的差距。和北美的航空应急法案相比，我国的空难应急管理体系与北美体系在预案体系上的规定无较大区别。但是碍于我国起步较晚，应急物资保障、应急演习、航空公司员工应急培训还是存在着非常大的差距。故坚持预防为主、防治结合的理念不能动摇，应积极开展空难救援模拟演练，而航空公司及各有关部门时刻保持警惕也显得尤为重要。

五、空难赔偿国内外差异

空难发生后，公众往往将关注点集中在空难事故原因及损害赔偿上。在处理损害赔偿过程中，我国空难赔偿标准与国外赔偿标准的差异使得争议罹难旅客与航运人之间矛盾重重。在同一起空难中，航空公司对外籍乘客与国内旅客实行双重赔偿标准的情况时常发生，引发国内罹难家属的强烈不满。

（一）国外空难赔偿制度现状

欧美等国家，作为国际航空责任事故赔偿制度的引导者与缔约国，一直遵从并致力于完善国际航空责任事故赔偿制度的建设，并多次对相关制度进行修订与补充[③]：

《华沙公约》自 1929 年签订后，一直是国际航空运输私法方面的主要国际法文件。依据《华沙公约》，承运人对旅客伤亡的赔偿责任限额约合 10 000 美元。在《华沙公约》生效一段时间后，部分发达国家的律师提出其承运人对旅客的赔偿责任限额过低，不足以满足旅客的赔偿要求，故各国在制定《海牙议定书》时，提高了旅客伤亡赔偿限额。此后新出台的修订议定书、补充性公约确立了一系列关于国际航空运输有关规则和承运人责任制度的统一规则体系，也就是所谓的“华沙体制”。

然而“华沙体制”已经不能适应国际航空业的高速发展，其中一些规定已不能适应现代国际航空运输的需要。1999 年“航空法国际会议”外交大会在蒙特利尔召开并最终通过了《统一

① 王文俊.《突发事件应对法》与中国民航安全［J］. 唐山学院学报，2008（21）。

② 参考资料：《上海市处置民用航空器事故应急预案》。

③ 欧阳彦美. 中外空难赔偿法律问题研究［J］. 法制与社会，2014（17）。

国际航空运输某些规则的公约》。公约以统一国际航空运输规则和国际航空运输承运人责任为主要内容，对“华沙体制”下的各项公约和议定书规定的国际航空运输规则和承运人责任制度进行了重大修改，并确定以公约为主体，构建起了现行的国际航空管理法规并沿用至今①。从自身的利益和国情出发，美国、欧盟、日本等国家和组织，制定出了一系列相关的法律法规对公约继续补充。

余生收入计算法主要是指“死伤者的年收入（现有的和将来可预期增加的）×预期寿命的年数（一般到60岁）-死伤者自己的开销和税款=实际赔偿损失的数额”。这是美国在华沙体制的基础上提出的。而且根据美国法律，空难赔偿要遵循此计算法。其中，赔偿数额与生前收入与死亡年龄有关。而日本则遵循赔偿金额无限原则。受害者的受害程度、受害者的年龄、职业、正常收入情况及其家庭负担与未来发展潜力等综合因素都在赔偿金额的计算考虑范围内。需要指出的是，欧盟没有对不同人员提出不同的赔偿机制，欧盟的大多数国家仅仅要求在其国内的经营人和在其领空内飞行的航空公司依据航空器登记程序提供相应的保险保证金的证明，同时对旅客、行李、货物的保险赔偿责任限定为250000SDR、1000SDR 和17SDR。

（二）我国空难赔偿的现行标准

我国目前在空难赔偿问题上采取一视同仁的方式，不区分旅客的身份，法律明确规定统一的赔偿数额，并未根据个人情况而有所不同。根据《国内航空运输承运人赔偿责任限额规定》及《蒙特利尔公约》规定，我国空难赔偿机制为双梯度责任：

在第一梯度中，不管承运人是否有过错，承运人必须对旅客的人身伤亡承担赔偿113 100SDR；而第二梯度限定每名旅客的赔偿责任限额为人民币40万元。同时，随身携带的行李赔偿限额为300元人民币，托运行李以及航空运输货物赔偿责任为100元人民币/千克。

同时，空难赔偿规定责任免除。依照《中华人民共和国民用航空法》第127条第1款规定：“在旅客、行李运输中，经承运人证明，损失是由索赔人的过错造成或者促成的，应当根据造成或者促成此种损失的过错程度，相应免除或者减轻承运人的责任。旅客以外的其他人就旅客死亡或者受伤提出赔偿请求时，经承运人证明，死亡或者受伤是旅客本人的过错造成或者促成的，同样应当根据造成或者促成此种损失的过错程度，相应免除或者减轻承运人的责任。”②

（三）我国航空法体系下国际航线与国内航线赔偿金额的不平衡

目前我国航空公司对罹难旅客与家属的赔偿实行这样一种制度：如果是国内航空运输，应按照国内法的规定进行赔偿，国际航空运输则主要按照国际公约的规定赔偿。然而，我国航空立法规定严重滞后，空难赔偿数额远低于国际公约标准，其更新也比国际公约变化要迟。因此，界定国际航线与国内航线对于赔偿数额至关重要。

根据我国《民用航空法》第107条规定：“本法所称国际航空运输，是指根据当事人订立的航空运输合同，无论运输有无间断或者有无转运，运输的出发地点、目的点或约定的经停地点之一不在中华人民共和国境内的运输。”③ 然而，根据《华沙公约》、《海牙议定书》与1999年

---

① 欧阳彦美. 中外空难赔偿法律问题研究［J］. 法制与社会，2014（17）。

② 参考资料：中华人民共和国中央人民政府网站，http://www.gov.cn/banshi/2005-08/23/content_25581.htm。

③ 参考资料：中华人民共和国中央人民政府网站，http://www.gov.cn/banshi/2005-08/23/content_25581.htm。

《蒙特利尔公约》，国际航空运输包括三种类型：第一，依据双方当事人签订的航空运输合同，运输的始发地和目的地处不同的两个缔约国领土内；第二，航空运输的出发地和目的地位于同一个缔约国内，但飞行途中存在至少一次约定经停在另一缔约国领土内；第三，出发机场和目的机场虽都处于同一个缔约国，但在某非缔约国领土内有一个约定的经停地点。除此之外，其他情况的运输则不在国际运输范围之列。按照这种解释，如果运输的始发地和目的地分别位于两个不同的非缔约国领域内，或者发生一缔约国与非缔约国之间的航空运输以及空难发生地点和目的地都处于同一个国家且为非缔约国，那么无论其是否经停在缔约国或非缔约国，此处航空运输都不会在《华沙公约》及《蒙特利尔公约》的管控范围之内。综上所述，《民用航空法》规定下为国际运输的航线，但依照《华沙公约》或《蒙特利尔公约》规定不符合国际运输条件的现象非常普遍。

是否为国际航线对空难赔偿的影响非常巨大，故界定是否为国际航线显得尤为重要。我国于2005年7月加入了《蒙特利尔公约》，国际航空旅客伤亡赔偿额度在航空公司免责的情况下提高到10万SDR（约为110万人民币），对比国内航线的赔偿金额则显示出了相当大的差距。因此，我国空难发生时，赔偿金额的双轨制引发遇难乘客家属巨大的不满。

六、案例分析——伊春空难与保险

2010年8月24日21时38分08秒，一架从哈尔滨飞往伊春的定期客运航班在降落伊春市林都机场30号跑道时发生坠毁意外，飞机断成两截，部分乘客在坠毁时被甩出机舱。发生事故时，机上乘客共计96人，其中儿童5人。事故共造成44人遇难，52人受伤，直接经济损失30 891万元。该事故属可控飞行撞地，事故原因为飞行员失误①。

据中国保监会统计，“8·24”伊春坠机事故遇难人员中，有35人在20家保险公司投保了人身险，预计赔付2 543.98万元。具体赔付情况如表1所示。

表1 “8·24”坠机事故遇难者人身保险赔付情况② （单位：万元）

序号	公司	人数	预计理赔金额	人均赔付金额
1	中国人寿	12	280.22	23.35
2	太平洋人寿	6	128.4	21.40
3	平安人寿	3	32	10.67
4	新华人寿	5	490	98.00
5	泰康人寿	5	250	50.00
6	太平人寿	4	47	11.75
7	合众人寿	2	80	40.00
8	生命人寿	2	160	80.00
9	平安养老	2	28	14.00

① 参考资料：百度百科，http://baike.baidu.com/view/4174587.htm。

② 数据来源：中国保监会网站，http://www.circ.gov.cn/web/site0/tab5207/info139423.htm。

续表

序号	公司	人数	预计理赔金额	人均赔付金额
10	正德人寿	1	3.96	3.96
11	人民人寿	4	365	91.25
12	阳光人寿	4	130	32.50
13	华泰人寿	1	12	12.00
14	平安财险	3	85	28.33
15	阳光财险	5	250	50.00
16	人保财险	3	120	40.00
17	中银保险	1	8	8.00
18	中英人寿	1	14.4	14.40
19	信诚人寿	1	20	20.00
20	嘉禾人寿	1	40	40.00
	合计	66	2 543.98	38.55

注：部分遇难者在多家保险公司投保。

根据各保险公司对“伊春空难”赔付数据，可以发现我国保险业对于空难意外的保障水平较低。

（一）国寿、平安、太保赔付额较低

国寿、平安、太保三家市场份额较大的寿险公司的人均赔付额较低，分别为23.35万元、10.67万元和21.4万元，均低于行业38.55万元的平均赔付水平。

按照产品类型来看，航意险或旅行意外险的保额相对较高，一般可达40万元以上。而三家大公司的人均赔付金额均较低，说明遇难人员投保的险种大多数为理财型保险产品，这是因为近年来寿险产品多以分红险、万能险等兼具理财功能的业务为主，意外险产品业务较少。这也从一个方面反映了我国保险业存在产品结构不合理，保险保障水平较低的问题。

（二）保险行业赔付额水平差异较大

1. 财险公司

涉及空难赔付的保险公司中，有平安、阳光、人保和中银保险四家财险公司。从数据看，这四家财险公司平均赔付额相对较高，分别为28.33万、50万、40万和8万。究其原因，财险公司只能经营除了财产保险以外的意外险和健康险，通常情况下，意外伤害保险的保额相对较高。具体来看，阳光财险和人保财险的人均赔付额较大，说明遇难人员在这两家公司投保的险种很有可能是航意险或综合旅行意外险，保额较高。平安财险网站上的信息显示，在平安财险投保的三名遇难者中，有两名投保了航意险或旅行意外险，另一人则通过普通意外伤害保险获得赔偿。而中银保险赔付金额相对较低，说明遇难人员投保的险种为保额较低的理财型保险产品。

2. 其他寿险公司

相对于三家大型保险公司而言，新华、泰康、合众、生命、人民等寿险公司的人均赔付额较大，说明这些公司的遇难客户可能大多通过人身意外伤害保险、航意险、旅行意外险、综合交通意外险等险种获得赔付。而其他寿险公司如正德人寿、华泰人寿的人均赔付金额较低，说明遇难人员在这些公司投保的险种也应为理财型保险产品。

（三）投保险种分布不合理

根据保监会的初步确认，伊春空难中，有 15 人投保航意险，保额 700 万元；12 人投保意外伤害保险，保额 647 万元；16 人投保其他寿险产品，保额 140 万元①。在这 43 人中，投保航意险的人数仅占 35%，投保航意险或意外险的人数比重约为 63%。而且，部分遇难人员存在在多家保险公司投保的情况，这说明实际通过意外险获得赔偿的遇难人数可能更低，也就是说将近一半的遇难者是通过保障功能较低的理财型寿险产品获得保险赔偿的。

（四）与航空公司赔款相比差距较大

通常情况下，空难罹难者家属或受伤乘客除了可以从保险公司得到赔偿以外，还可获得来自航空公司的赔偿。近年来，我国经济高速发展，人民生活水平逐步提高，人均可支配收入持续增加，国民生命价值随之提升。从近十年航空公司对空难罹难者家属的赔偿情况，可以更直观地看到国民生命价值的提高。十年来，我国共发生 5 起空难，航空公司对遇难者的赔偿额度明显增加，对空难罹难家属的赔偿额度增加近 8 倍。

依据 2006 年中国民用航空总局令第 164 号《国内航空运输承运人赔偿责任限额规定》（以下简称《规定》），国内民用航空运输旅客伤亡赔偿最高限额为 40 万元，每名旅客随身携带物品和托运行李的最高赔偿限额分别为 3 000 元、2 000 元，共计 40. 5 万元。考虑到 2006 年以来全国城镇居民可支配收入大幅增长，伊春空难的赔偿限额调增至 59. 23 万元；加上生活费补贴和抚慰金等，航空公司向每位罹难者家属赔偿 96. 2 万元。而在伊春空难中，保险公司对已投保罹难者的人均赔付额仅为 38. 55 万元，与航空公司赔付额度相比差距较大。

（五）改进建议

保险的主要职能是在被保险人发生保险责任范围内的保险事故时，为其提供保障，弥补其损失。如果保险产品设计不合理，如保额过低或保障范围过小，在发生意外时，被保险人依然无法获得充分的保障，也就丧失了保险产品的风险保障作用。以航空意外险为例，我国保险公司在航意险的设计上未充分考虑到经济社会发展和物价水平的提高，保额水平仍维持在较低水平。据相关数据显示，2004—2006 年，我国航意险保费收入累计 6. 6 亿元，发生赔付累计 1 140 多万元。假设不考虑航意险保费收入增长，2007—2010 年，航意险保费收入至少为 8. 8 亿元，扣除“伊春空难”航意险的赔付金额以及相关费用，航意险仍有结余。因此，根据以上的测算，保险业降低费率提高航意险保额，在技术上和经营上是可以承受的。

从保监会公布的数据来看，此次伊春空难中，遇难者投保比例很高。但事实上，近一半遇难者是通过保障功能较低的理财型保险获得赔付的。相对于保障功能较强的意外险，理财型保

---

① 数据来源：中国保监会，http：//www. circ. gov. cn/web/site0/tab5207/info139340. htm。

险产品不仅保额较低，且在保额相同的情况下所需缴纳的保费也更高。民众之所以愿意购买理财型产品，最主要的原因是缺乏科学的保险意识，片面地将保险作为一种投资理财产品，加上保险业经营导向失衡，导致投保人整体的保险保障水平较低。民众在购买保险时，应当遵循以保障为主的原则，不能盲目追求其理财功能，本末倒置。要在对养老、疾病、意外等风险保障充足的基础上，再行配置理财型产品。

提高国民保险意识，可以带动保险业回归保障。因此，保险公司还应当从产品的设计和销售模式层面积极引导消费者购买保障型产品，提高国民的总体保障水平①。

① 许栩．从伊春空难看保险产品结构与国民保险意识［J］．经济，2010（10）。

参考文献

[1] Kristin J Forbes, Roberto Rigobon. No contagion, only interdependence: Measuring stock market comovements [J]. Journal of Finance, 2002 (57): 2223 – 2261.

[2] Hefferman J E. A directory of coefficient of tail dependence [J]. Extremes, 2000 (3): 279 – 290.

[3] Kanamori H. 72 Earthquake prediction: An overview [J]. International Geophysics, 2003, 81: 1205 – 1216.

[4] Longin F M. From value at risk to stress testing: The extreme value approach [J]. Journal of Banking & Finance, 2000, 24 (7): 1097 – 1130.

[5] Longin F M, Solnik B. Extreme correlation of international equity markets [J]. The Journal of Finance, 2001 (56): 649 – 676.

[6] Pielke, Roger A, Christopher W. Landsea. Normalized Hurricane Damages in the United States: 1925 ~ 1995 [J]. Weather Forecasting, 13, 621 – 631.

[7] Zhang Z, ShinKi K. Extreme co – movements and extreme impacts in high frequency data in finance [J]. Journal of banking and Finance, 2007 (31): 1399 – 1415.

[8] Kanamori H. 72 Earthquake prediction: An overview [J]. International Geophysics, 2003, 81: 1205 – 1216.

[9] Binswanger H P. Attitudes toward risk: Experimental measurement in rural India [J]. American journal of agricultural economics, 1980, 62 (3): 395 – 407.

[10] Carter M R, Barrett C B. The economics of poverty traps and persistent poverty: An asset – based approach [J]. The Journal of Development Studies, 2006, 42 (2): 178 – 199.

[11] Chantarat S, Barrett C B, Mude A G, et al. Using weather index insurance to improve drought response for famine prevention [J]. American Journal of Agricultural Economics, 2007, 89 (5): 1262 – 1268.

[12] 张国民. 我国地震预报研究近十年的发展与展望 [J]. 地球物理学报, 1997 (40).

[13] 中国地震局. 中国地震烈度区划图 [M]. 北京: 地震出版社, 1991.

[14] 中国法学会. 中国法律年鉴 [M]. 北京: 中国法律年鉴社, 1991—1993.

[15] 中国交通运输协会. 中国交通年鉴 [M]. 北京: 中国交通年鉴社, 1986—2014.

[16] 中国统计局. 中国统计年鉴 [M]. 北京: 中国统计出版社, 1986—2012.

[17] 中国统计局. 中国灾情报告: 1949—1995 之地震灾情报告 [M]. 北京: 中国统计出版社, 1995.

[18] 陈佩燕, 杨玉华, 雷小途, 等. 我国台风灾害成因分析及灾情预估 [J]. 自然灾害学报, 2009, 18.

[19] 陈运泰. 地震预测——进展、困难与前景 [J]. 地震地磁观测与研究, 2007, 28 (2).

[20] 范维澄，王清安，周建军. 火灾学简明教程［M］. 合肥：中国科学技术大学出版社，1995.
[21] 范维澄，孙金华，陆守香，等. 火灾风险评估方法学［M］. 北京：科学出版社，2006.
[22] 冯利华，吴樟荣. 区域易损性的模糊综合评判［J］. 地理学与国土研究，2001（2）.
[23] 高吉喜，潘英姿，柳海鹰，等. 区域洪水灾害易损性评价［J］. 环境科学研究，2004（17）.
[24] 公安部消防局. 中国火灾统计年鉴［M］. 北京：中国人事出版社，1998—2003.
[25] 公安部消防局. 中国消防年鉴［M］. 北京：国际文化出版公司，2004—2014.
[26] 国家防办. 2010 年全国洪涝灾情［J］. 中国防汛抗旱，2011（1）.
[27] 国家防办. 2010 年全国洪涝灾情［J］. 中国防汛抗旱，2013（2）.
[28] 何刚. 火灾与气象因素的二元线性回归关系浅析［J］. 消防管理研究，2005（5）.
[29] 黄勇，李崇银，王颖. 西北太平洋热带气旋频数变化特征及其与海表温度关系的进一步研究［J］. 热带气象学报，2009（6）.
[30] 蒋灏，夏雅琴. 地震预报研究水平、预报方法及展望综述［J］. 北京工业大学学报，2001，27（2）.
[31] 李剑兵，侯雪梅. 台风临近环境预兆与台风灾害［J］. 广东气象，2001（3）.
[32] 李景保，王克林，朱宁，等. 湖南省水旱灾害与暴雨径流资源的调控［J］. 自然资源学报，2004（19）.
[33] 李善邦. 中国地震［M］. 北京：地震出版社，1981.
[34] 李英，陈联寿，张胜军. 登陆我国热带气旋的统计特征［J］. 热带气象学报，2004（2）.
[35] 刘松涛，刘文利，张向阳，等. 基于能力和脆弱性分析的火灾风险综合评价体系研究［J］. 建筑科学，2010（5）.
[36] 刘哲民. 致灾因素分析［J］. 宝鸡文理学院学报：自然科学版，1997（12）.
[37] 欧阳资生. 极值估计在金融保险中的应用［D］. 北京：中国人民大学统计学院，2004.
[38] 潘懋，李铁锋. 灾害地质学［M］. 北京：北京大学出版社，2002.
[39] 裴玉龙，王炜. 道路交通事故成因及预防对策［M］. 北京：科学出版社，2004.
[40] 沈浒英，匡奕煜，訾丽. 2010 年长江暴雨洪水成因及与 1998 年比较［J］. 人民长江，2011（6）.
[41] 史培军. 再论灾害研究的理论与实践［J］. 自然灾害学报，1996（11）.
[42] 覃筱. 多元极值统计学的前沿问题及在金融危机中的应用研究［D］. 北京：北京航空航天大学经济管理学院，2009.
[43] 覃筱，任若恩. 多元极值的参数建模方法及其金融应用：最新进展述评［J］. 统计研究，2010（7）.
[44] 田宏伟，詹原瑞. 极值理论（EVT）方法用于受险价值（VaR）计算的实证比较与分析［J］. 系统工程理论与实践，2000，15（1）.
[45] 田玉敏. 消防经济学［M］. 北京：化学工业出版社，2007.
[46] 万昕，吴玉锋. 长江流域洪灾规律、成因及对策研究［J］. 湘潭师范学院学报：自然科学版，2004（1）.
[47] 魏一鸣，金菊良. 洪水灾害评估体系研究［J］. 灾害学，1997（12）.

[48] 翁向宇，胡丽甜，李晓娟，等. 登陆中国的热带气旋强度和频数物理统计预测模型及其应用［J］. 热带气象学报，2010（8）.
[49] 燕文明，刘凌. 长江流域生态环境问题及其成因［J］. 河海大学学报：自然科学版，2006，34（6）.
[50] 杨立中，江大白. 中国火灾与社会经济因素的关系［J］. 中国工程科学，2003（2）.
[51] 张国民，刘杰，张晓东，等. 地震预报回顾与展望［J］. 国际地震动态，2005（5）.
[52] 张晓峒. 应用数量经济学［M］. 北京：中国机械工业出版社，2007.
[53] 赵宏声. 对中国本世纪第五次大震高潮的探讨［J］. 地震研究，1990.
[54] 中国地震台网中心. 中国地震趋势预测研究（1998 年度）［C］. 北京：地震出版社，1997.
[55] 周成虎，万庆，黄诗峰，等. 基于 GIS 的洪水灾害风险区划研究［J］. 地理学报，2000（1）.
[56] 周俊华，史培军，范一大，等. 西北太平洋热带气旋风险分析［J］. 自然灾害学报，2004（13）.
[57] 朱文晶，李长安. 长江中游洪涝灾害的成因与防治对策［J］. 华中师范大学学报：自然科学版，2006，40（1）.
[58] 杨喆. 重庆市“2007・7”特大暴雨灾害对社会经济的影响及对策研究［D］. 重庆：西南大学，2009.
[59] 陈莜云. 北京“7・21”和深圳“6・13”暴雨内涝成因对比与分析［J］. 水利发展研究，2013（1）：39－43.
[60] 万玲. 吉安市“2010・6”暴雨洪水分析［J］. 江西水利科技，2012（3）.
[61] 刘福茂，徐鹏. 吉安市 2010 年暴雨洪水分析［J］. 江西水利科技，2011（9）.
[62] 肖媚. 湖南暴雨气候特征及典型暴雨个例研究［D］. 兰州：兰州大学，2012.
[63] 刘福茂，周润根，李惠明. 江西省暴雨特性分析［J］. 水资源研究，2005（26）.
[64] 武汉暴雨研究所. 暴雨年鉴［M］. 北京：气象出版社，2008—2010.
[65] 中国水利局. 中国水利统计年鉴［M］. 北京：中国水利水电出版社，1991—2014.
[66] 董树文，张岳桥，龙长兴，等. 四川汶川 Ms 8. 0 地震地表破裂构造初步调查与发震背景分析［J］. 地球学报，2008，29（3）：392－396.
[67] 皇甫岗，石绍先，苏有锦. 20 世纪云南地震活动研究［J］. 地震研究，2001，23（1）.
[68] 刘思峰，谢乃明. 灰色系统理论及其应用［M］. 5 版. 北京：科学出版社，2008.
[69] 刘毅. 基于 DEA 模型的我国自然灾害区域脆弱性评价［J］. 地理研究，2010，29（7）.
[70] 王瑛，史培军，王静爱. 云南省农村乡镇地震灾害房屋损失评估［J］. 地震学报，2005，27（5）：551－560.
[71] 王瑛，王阳. 城乡承灾体差异对地震灾情的影响［J］. 灾害学，2009，24（1）.
[72] 王新政. 新疆地震活动主要特点及其与地质构造的关系［C］//中国地质科学院 562 综合大队文集.［出版地不详］：［出版者不详］，1981.
[73] 解强. 极值理论在巨灾损失拟合中的应用［J］. 金融发展研究，2008（7）.
[74] 丁一汇. 气象灾害丛书——暴雨洪涝［M］. 北京：气象出版社，2009.
[75] 汪朝辉，王克林，熊鹰，等. 湖南省洪涝灾害脆弱性评估和减灾对策研究［J］. 长江流域资源与环境，2003（6）.

［76］游雪晴. 洪涝高温轮番登场气候专家细说缘由［N］. 科技日报，1998－07－25.
［77］张景忠. 森林火灾经济损失初探［J］. 森林防火，2000（2）.
［78］张国防. 森林火灾直接损失和间接经济损失［J］. 森林防火，1998（56）.
［79］白凤领，高锦田，苏丹. 新农村消防力量建设问题研究［J］. 消防科学与技术，2010，（29）.
［80］田玉敏，吴立志. 对消防经济学理论与方法研究框架的探讨［J］. 灾害学，2006，21（3）.
［81］卢梦华. 保险与消防合作的意义和方法探析［J］. 广西民族大学学报：自然科学版，2009（1）.
［82］沈斐敏，张荣贵. 道路交通事故预测与预防［M］. 北京：人民交通出版社，2007.
［83］裴玉龙. 道路交通安全［M］. 北京：人民交通出版社，2007.
［84］陈宽民，王玉萍. 城市道路交通事故分布特点及预防对策［J］. 交通运输工程学报，2003，3（1）.
［85］张铁军，康云霞，赵丹. Poisson 系列交通事故预测模型特点分析及应用［J］. 公路交通科技，2010，27（6）.
［86］吴彪，许洪国，张文会. 基于 Ward 聚类法的道路交通事故多元统计分析［J］. 黑龙江工程学院学报：自然科学版，2009，23（3）.
［87］管红毅，李相勇，张殿业. 道路交通事故等间隔序列的灰色预测方法［J］. 世界科技研究与发展，2004（2）.
［88］张杰，刘晓明，贺玉龙，等. ARIMA 模型在交通事故预测中的应用［J］. 北京工业大学学报，2007，33（12）.
［89］季彦婕，王炜，邓卫. 道路交通事故多因素时间序列宏观预测模型［J］. 武汉理工大学学报：交通科学与工程版，2006，30（3）.
［90］邓聚龙：灰色预测与决策［M］. 武汉：华中理工大学出版社，1986.
［91］刘秋菊，景国勋，房耀洲. GM（1，1）模型在道路交通事故预测中的应用研究［J］. 交通标准化，2007，19（7）.
［92］伍雄斌. 残差灰色预测模型在交通事故预测中的应用［J］. 交通科技与经济，2009，11（1）.
［93］刘志强. 道路交通事故预测方法比较研究［J］. 交通与计算机，2001，19（5）.
［94］董四辉，史卓屾. 道路交通事故 BP 神经网络预测研究［J］. 中国安全科学学报，2010，20（9）.
［95］韩文涛，刘明琴. 道路交通事故的神经网络预测方法研究［J］. 科技与经济，2004（6）.
［96］陈红萍. 改进 BP 神经网络模型在道路交通事故预测中的应用［J］. 企业家天地，2011（11）.
［97］李晓娟，丁艺，岳小泉，等. 基于 BP 神经网络的道路交通事故损失预测［J］. 森林工程，2006，22（5）.
［98］张利军，周育才，越爱琼. 基于 BP 神经网络的道路交通事故预测［J］. 邵阳高等专科学校学报，2001，14（1）.
［99］李娟，邵春福. 基于 BP 神经网络的交通事故预测模型［J］. 交通与计算机，2006，24（2）.

［100］唐秋生，杜营营．基于BP神经网络的交通事故预测模型及仿真［J］．交通信息与安全，2011，29（1）．
［101］周育才，秦志斌，李岳林，等．基于神经网络的交通事故预测［J］．公路与汽运，2002（3）．
［102］王鸿斌，张立毅，胡志军．人工神经网络理论及其应用［J］．山西电子技术，2006（2）．
［103］朱大奇．人工神经网路研究现状及其展望［J］．江南大学学报：自然科学版，2004，3（1）．
［104］易帆．神经网络预测研究［D］．西安：西安交通大学，2005.
［105］吴昌友．神经网络的研究及应用［D］．哈尔滨：东北农业大学，2007.
［106］吴佳梁，李成峰．海上风力发电技术［M］．北京：化学工业出版社，2010.
［107］郑成功．中国灾情论：中国灾害黑皮书［M］．长沙：湖南出版社，1994.
［108］何春生．热带作物气象学［M］．北京：中国农业大学出版社，2006.
［109］郭铁男．中国消防手册［M］．上海：上海科学技术出版社，2008.
［110］姚学祥，田翠英．风灾害特点和成因的初步分析［J］．灾害学，1989（2）．
［111］国家科委全国重大自然灾害综合研究组．中国重大自然灾害及减灾对策（分论）［M］．北京：科学出版社，1993.
［112］汤国安，杨昕．ARCGIS地理信息系统空间分析实验教程［M］．北京：科学出版社，2007.
［113］国家防汛抗旱总指挥部办公室，水利部南京水文水资源研究所．中国水旱灾害［M］．北京：中国水利水电出版社，1997.
［114］孙力，安刚．1998年松嫩流域东北冷涡大暴雨过程的诊断分析［J］．大气科学，2001（3）．
［115］张辉，许新宜，张磊．2000—2010年我国洪涝灾害损失综合评估及其成因分析［J］．水利经济，2011（5）．
［116］田玲，刘沐泽，王季薇．洪水风险下的我国洪水保险定价研究［J］．武汉理工大学学报：社会科学版，2015（2）．
［117］许涛，王春连，洪敏．基于灰箱模型的中国城市内涝弹性评价［J］．城市问题，2015（4）．
［118］河江．城市风险与治理研究——以中国为例［D］．北京：中央民族大学，2010.
［119］郑通彦．2014年中国大陆地震灾害损失评述［J］．世界地震工程，2015（2）．
［120］裴向军．“4·20”芦山地震地质灾害特征分析［J］．成都理工大学学报，2013（3）．
［121］马婧瑶．四川汶川与芦山地震应急机制研究［D］．成都：西南财经大学，2014.
［122］黄建平，冉津江，季明霞．中国干旱半干旱区洪涝灾害的初步分析［J］．气象学报，2014（6）．
［123］唐黎明．从北京内涝看城市系统的危机［J］．战略观察，2012（310）．
［124］孙喆．北京中心城区内涝成因［J］．地理研究，2014（9）．
［125］李宁，刘吉平，王宗明．2000—2010年东北地区湖泊动态变化及驱动力分析［J］．湖泊科学，2014（4）．
［126］韩茜．我国政策性森林保险制度的构建［D］．哈尔滨：东北林业大学，2012.
［127］孙晓敏．普通物资仓库的火灾危险性分析及防火对策［J］．消费导刊，2012（6）．

[128] 卢悉早. 城市洪涝灾害风险研究 [D]. 武汉：武汉理工大学，2005.
[129] 刘建芬，王慧敏，张行南. 城市化背景下城区洪涝灾害频发的原因及对策 [J]. 河海大学学报：哲学社会科学版，2012 (1).
[130] 吴洪，华金秋. 美国洪水保险计划的运营启示 [J]. 保险研究，2012 (5).
[131] 蒋永辉，蒋思聪. 关于建立我国洪水保险制度的思考 [J]. 中国保险，2012 (9).
[132] 李莎莎，翟国方，何仲禹，等. 基于风险管理视角下的城市暴雨洪涝灾害研究 [C] //风险分析和危机反应中的信息技术——中国灾害防御协会风险分析专业委员会第六届年会论文集. [出版地不详]：[出版者不详]，2014.
[133] 甄林锋. 全国洪水风险图应用管理平台研究与实现 [D]. 北京：中国科学院大学（工程管理与信息技术学院），2013.
[134] 权瑞松. 典型沿海城市暴雨内涝灾害风险评估研究 [D]. 上海：华东师范大学，2012.
[135] 刘高峰，李娜. 城市洪水灾害损失评估指标体系的构建 [J]. 现代农业科技，2008 (22).
[136] 胡新辉，王慧敏，马树建. 我国城市洪水风险管理新模式：政府、市场、公众合作 [J]. 华东经济管理，2008 (9).
[137] 刘朝辉，胡新辉，王慧敏. 国际洪水保险比较及对我国的启示 [J]. 水利经济，2008 (5).
[138] 李莎莎，翟国方，吴云清. 英国城市洪水风险管理的基本经验 [J]. 国际城市规划，2011 (4).
[139] 赵苑达. 英美两国的洪水保险制度的对比分析与评价 [J]. 管理观察，2009 (16).
[140] 翟国方. 日本洪水风险管理研究新进展及对中国的启示 [J]. 地理科学进展，2010 (1).
[141] 刘树坤. 强化城市洪涝灾害风险管理——建设不怕水的城市 [J]. 中国水利，2010 (17).
[142] 尚志海. 国外灾害风险管理对我国城市洪水保险的启示 [J]. 世界地理研究，2007 (2).
[143] 许栩. 从伊春空难看保险产品结构与国民保险意识 [J]. 经济，2010 (10).
[144] 欧阳彦美. 中外空难赔偿法律问题研究 [J]. 法制与社会，2014 (17).
[145] 中国保险监督管理委员会. 2013 年重大灾害事故保险理赔案例选编 [M]. 北京：中国金融出版社，2015.

附　录

附录一　主要插图

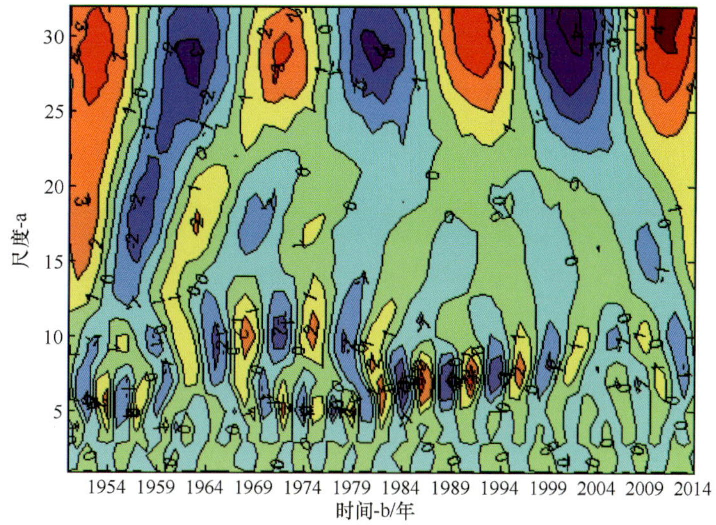

图 4－2　1949—2013 年全国台风频数小波系数实部等值线图

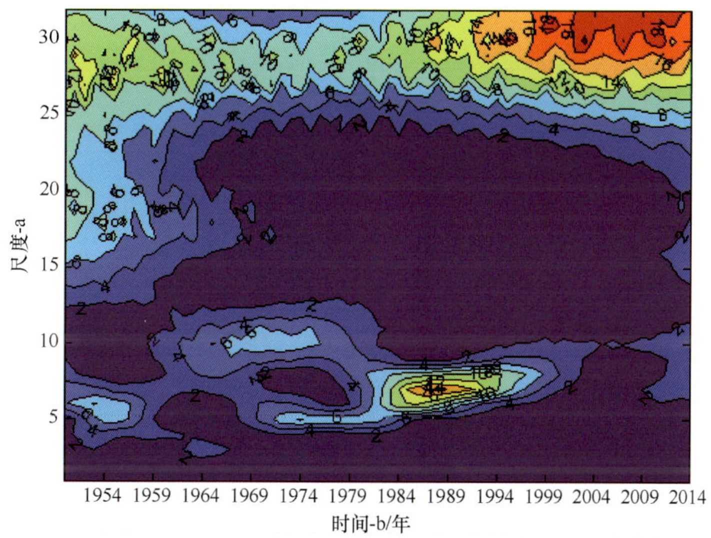

图 4－3　1949—2013 年全国台风频数小波系数模方图

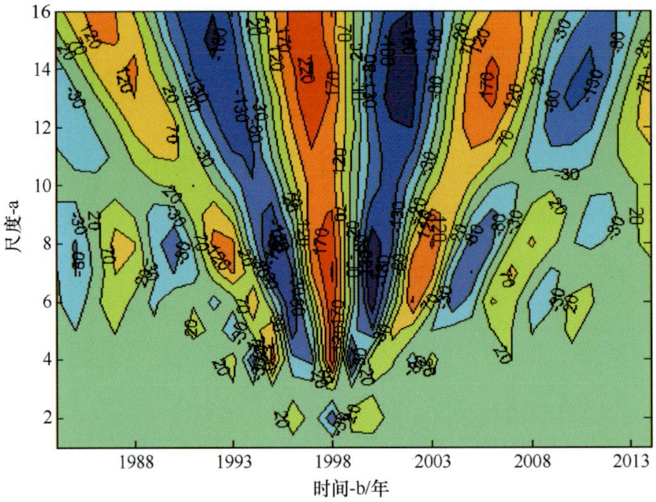

图 4－6　1983—2013 年全国台风年次均损失小波系数实部等值线图

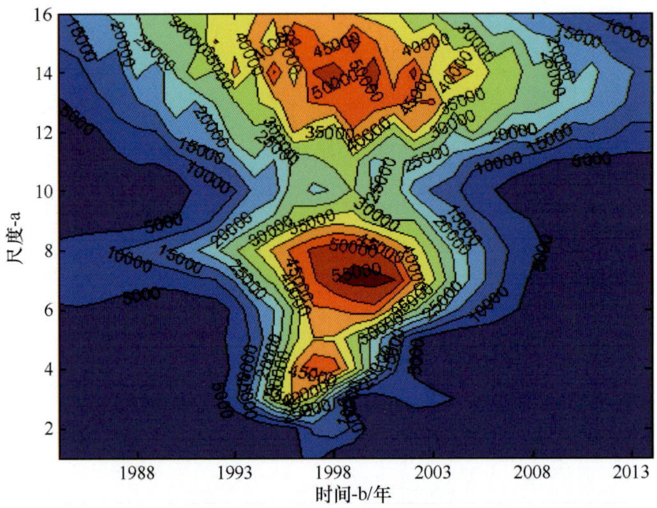

图 4－7　1983—2013 年全国台风年次均损失小波系数模方图

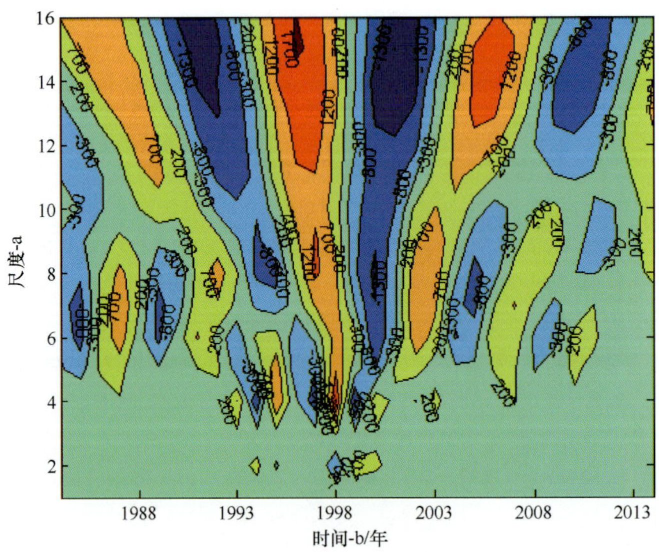

图 4－10　1983—2013 年全国台风年总损失小波系数实部等值线图

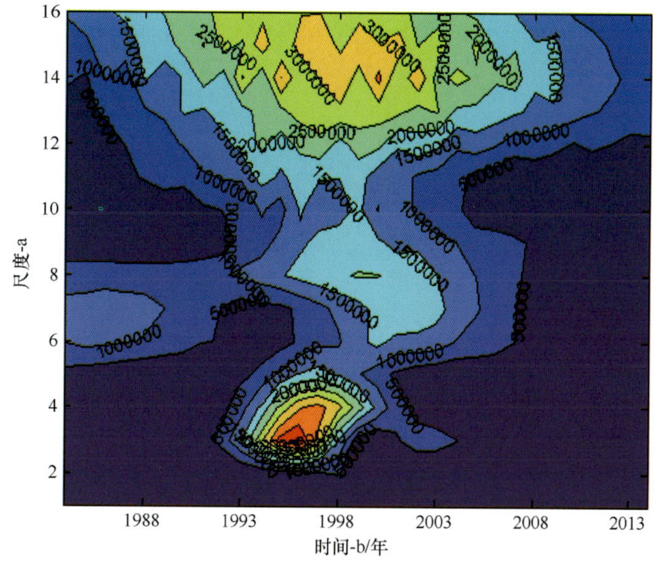

图 4-11 1983—2013 年全国台风年总损失小波系数模方图

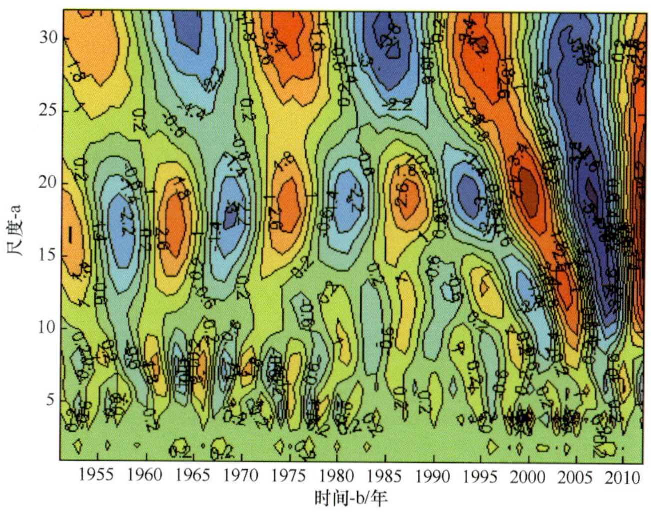

图 9-2 1952—2013 年全国地震频数小波系数实部等值线图

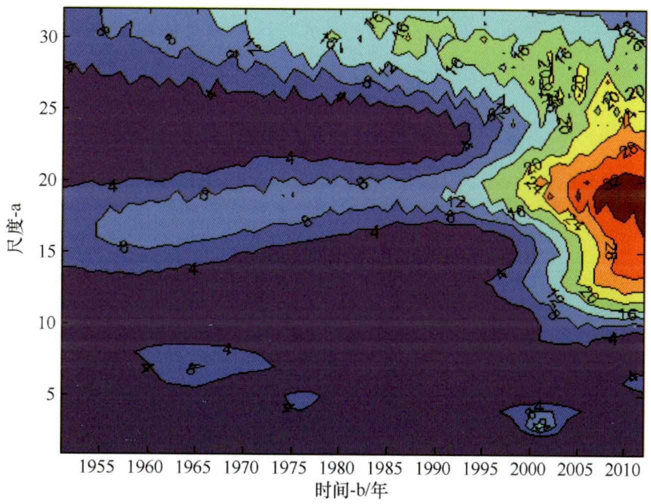

图 9-4 1952—2013 年全国地震频数小波系数模方图

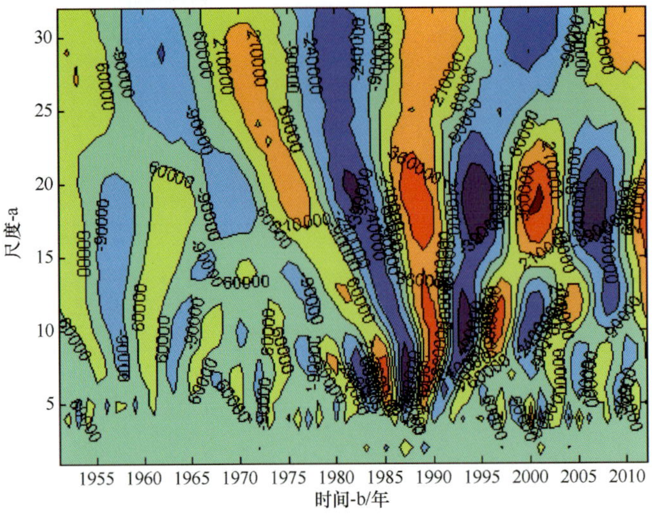

图 9－6　1952—2013 年全国地震年总损失小波系数实部等值线图

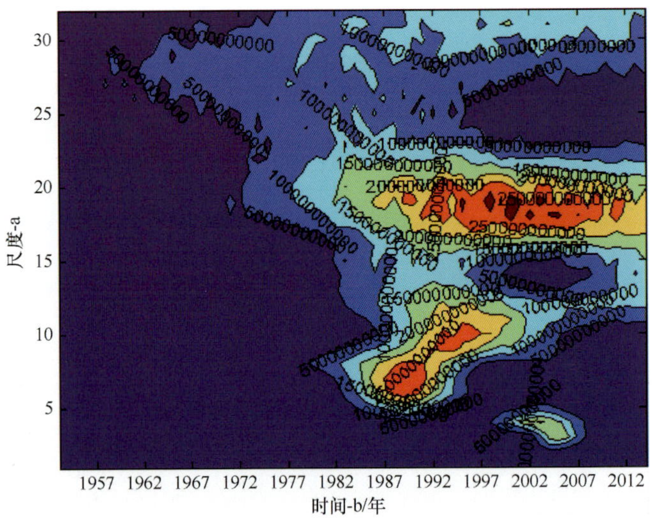

图 9－8　1952—2013 年全国地震年总损失小波系数模方图

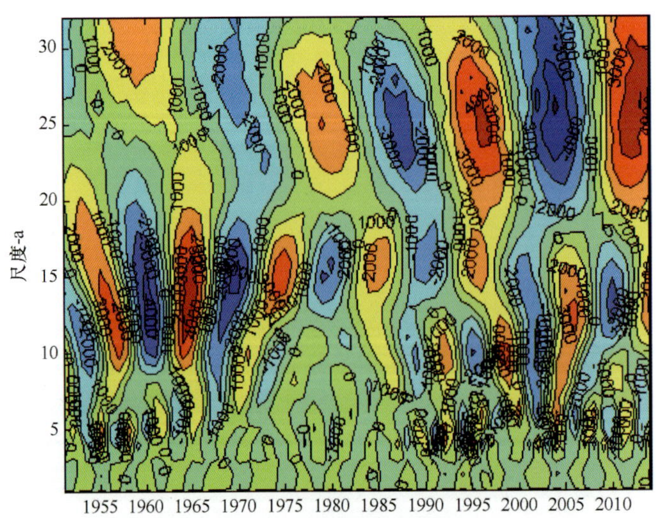

图 14－2　1950—2013 年洪涝灾害受灾面积小波系数实部等值线图

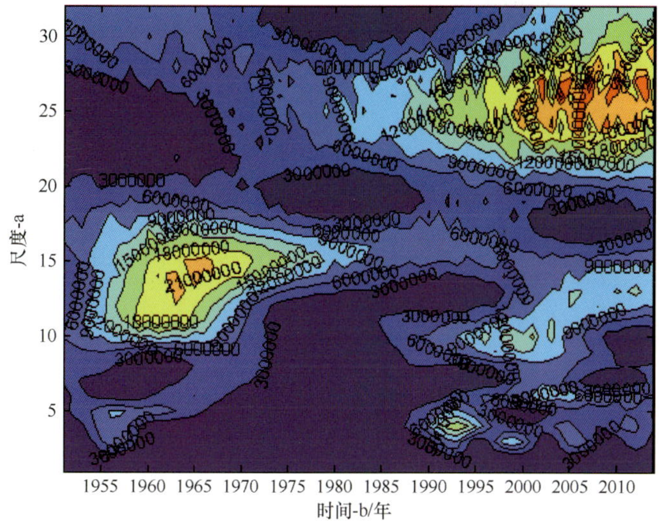

图 14－4　1950—2013 年洪涝灾害受灾面积小波系数模方图

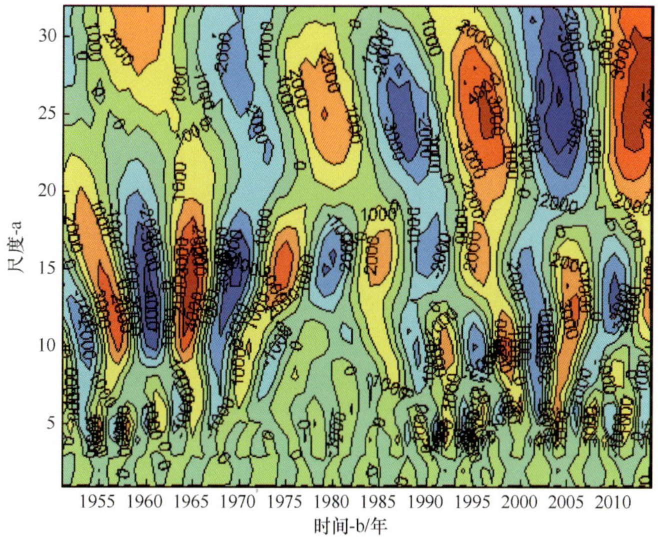

图 14－6　1950—2013 年洪涝灾害成灾面积小波系数实部等值线图

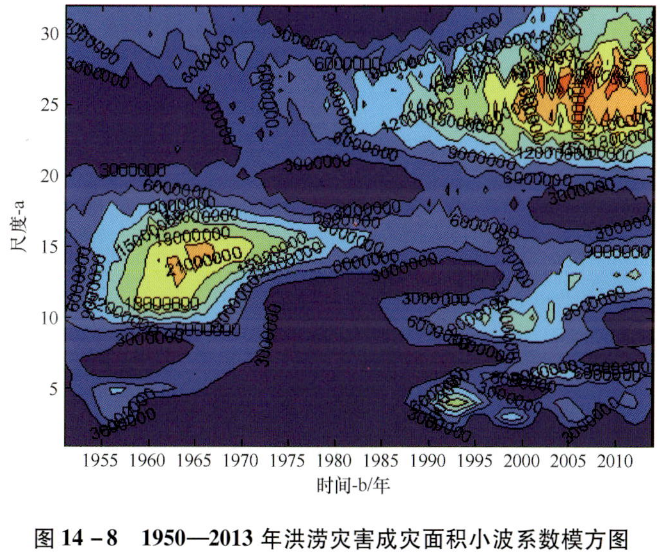

图 14－8　1950—2013 年洪涝灾害成灾面积小波系数模方图

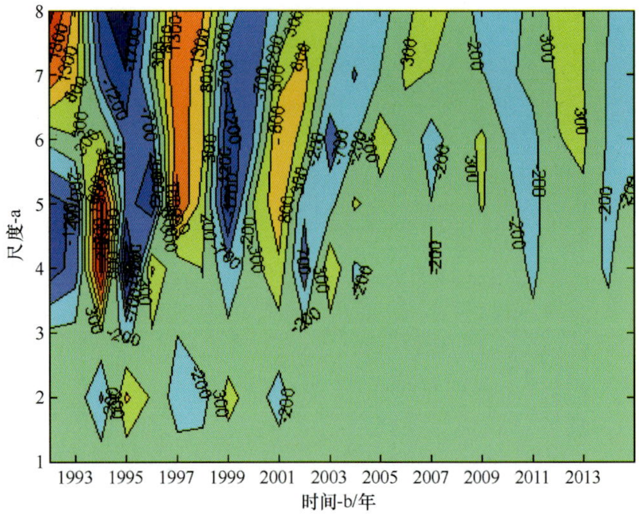

图 19－2　1990—2013 年全国暴雨总损失小波系数实部等值线图

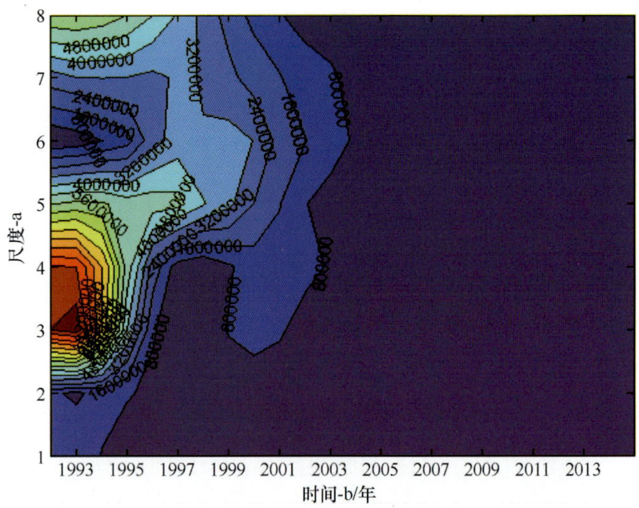

图 19－4　1990—2013 年全国暴雨总损失小波系数模方图

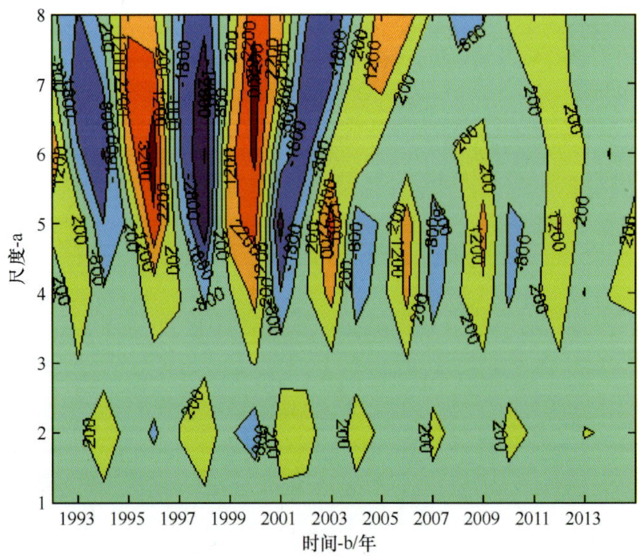

图 19－6　1990—2013 年全国暴雨农作物受灾面积小波系数实部等值线图

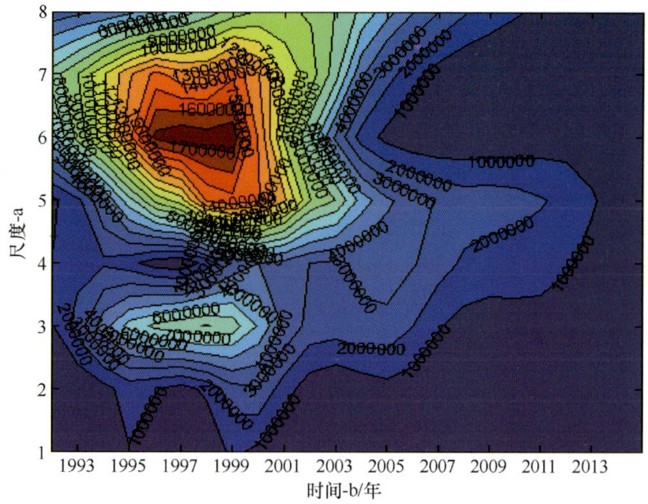

图 19 -8　1990—2013 年全国暴雨灾害农作物受灾面积小波系数模方图

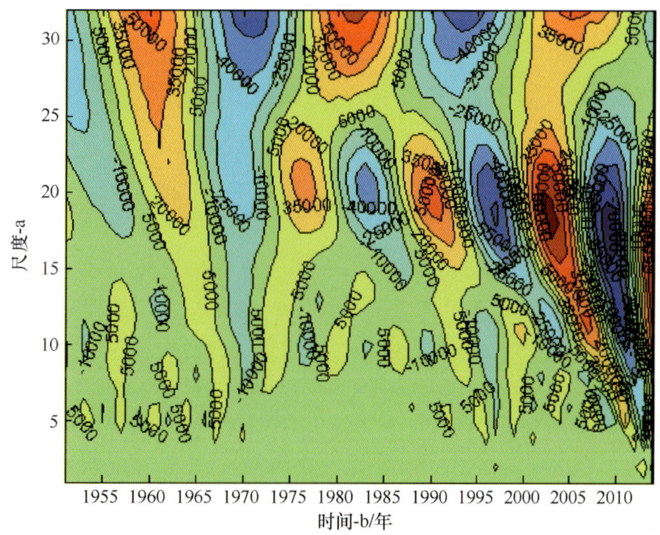

图 24 -1　1955—2010 年火灾年发生频次小波系数实部等值线图

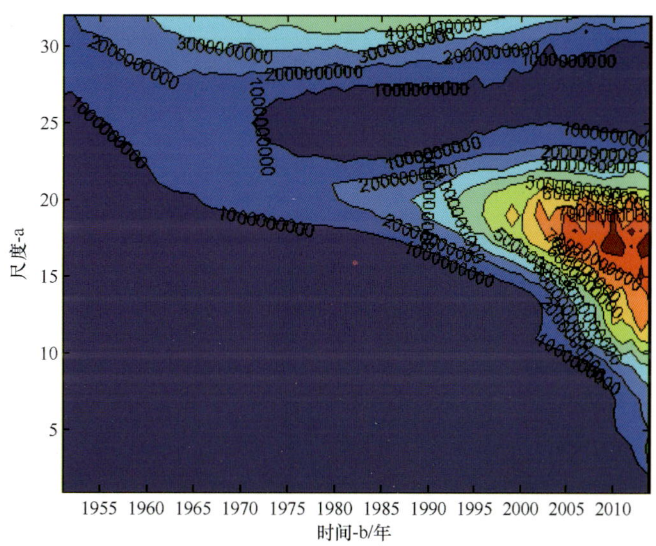

图 24 -3　1955—2010 年火灾年发生频次小波系数模方图

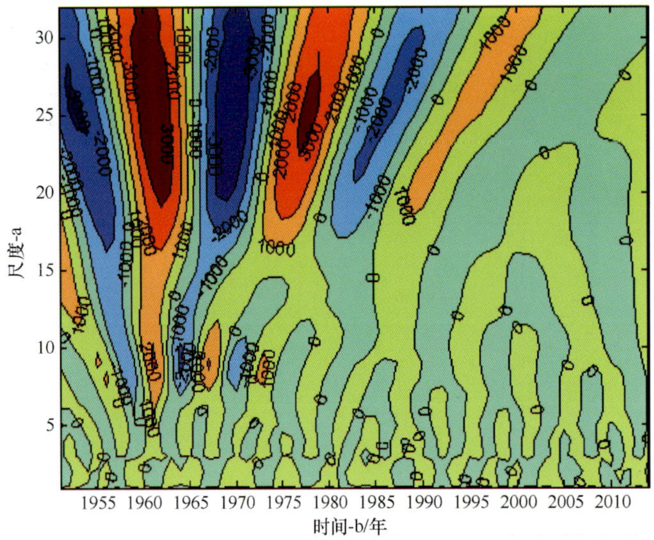

图 24－4　1955—2010 年火灾致死人数小波系数实部等值线图

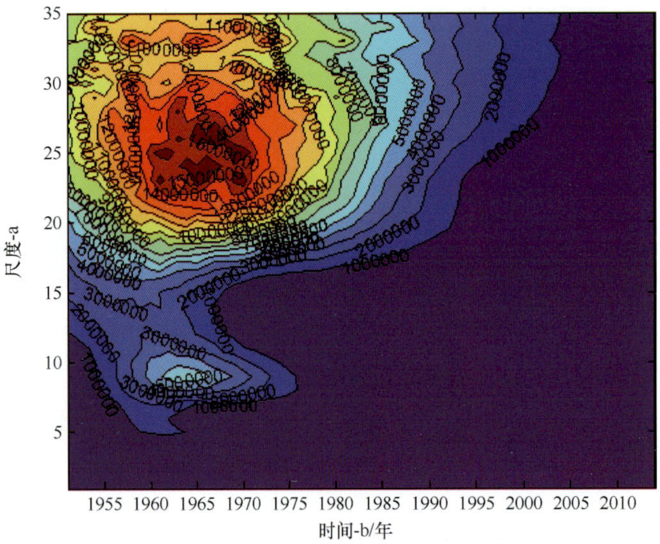

图 24－6　1955—2010 年火灾致死人数小波系数模方图

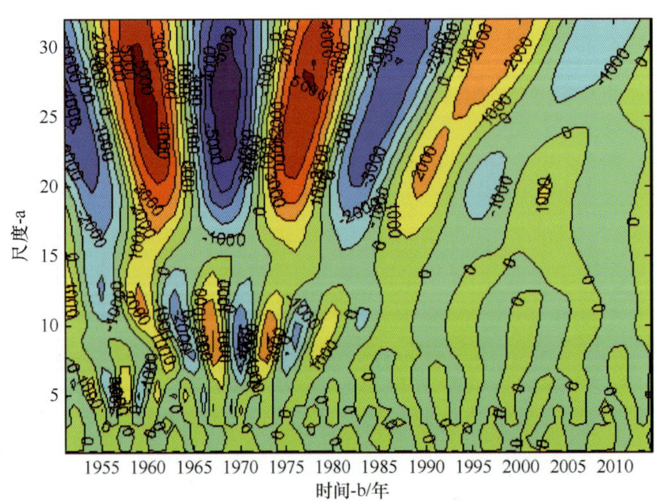

图 24－7　1955—2010 年火灾年致伤人数小波系数实部等值线图

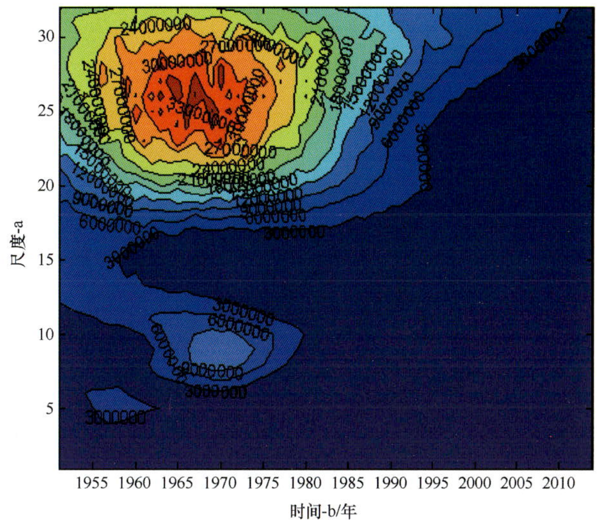

图 24－9　1955—2010 年火灾年致伤人数小波系数模方图

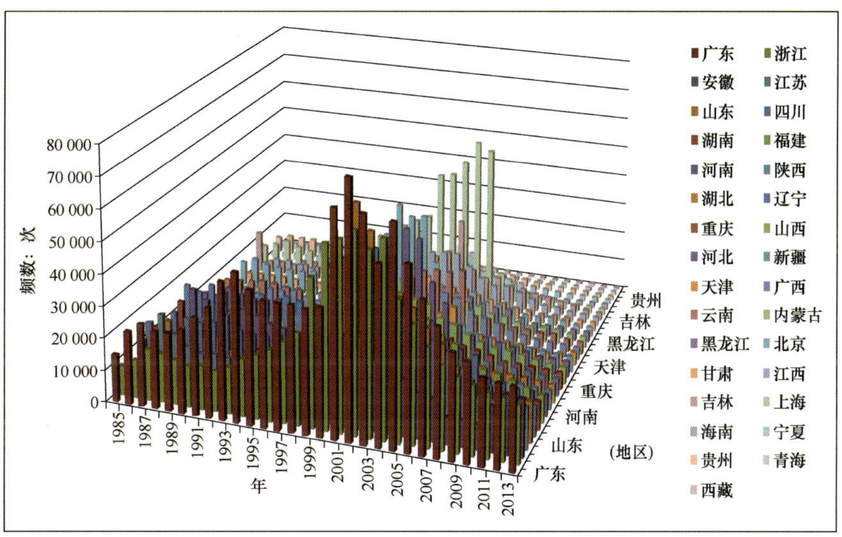

图 26－12　1985—2013 年全国各省（区、市）交通事故次数柱状图

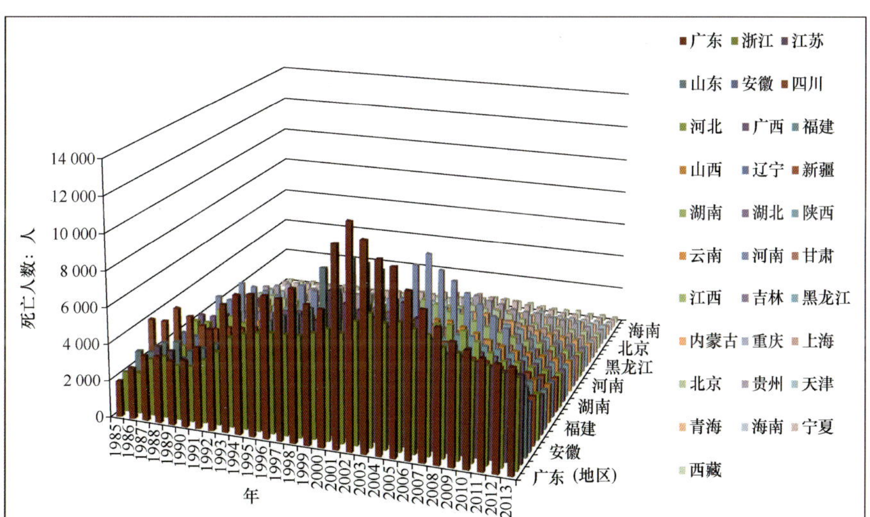

图 26－13　1985—2013 年全国各省（区、市）交通事故死亡人数柱状图

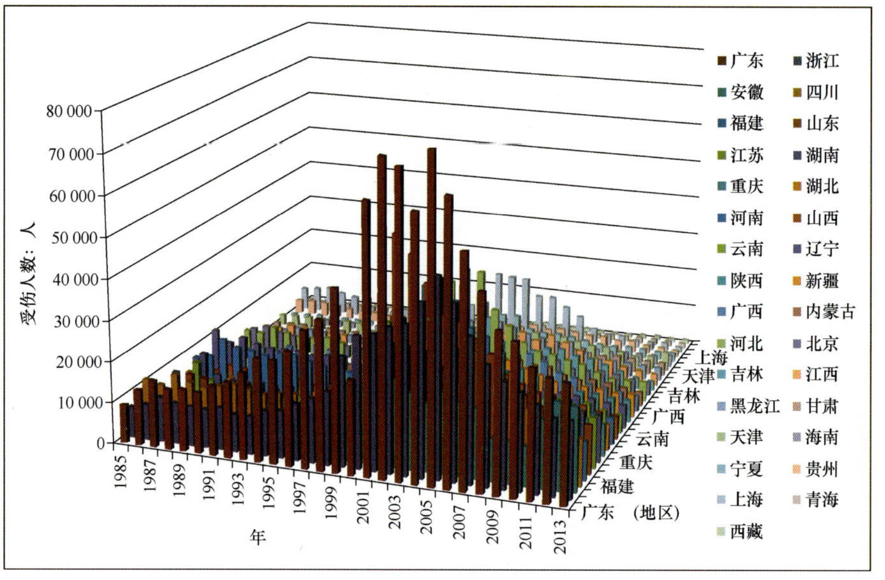

图 26-14　1985—2013 年全国各省（区、市）交通事故受伤人数

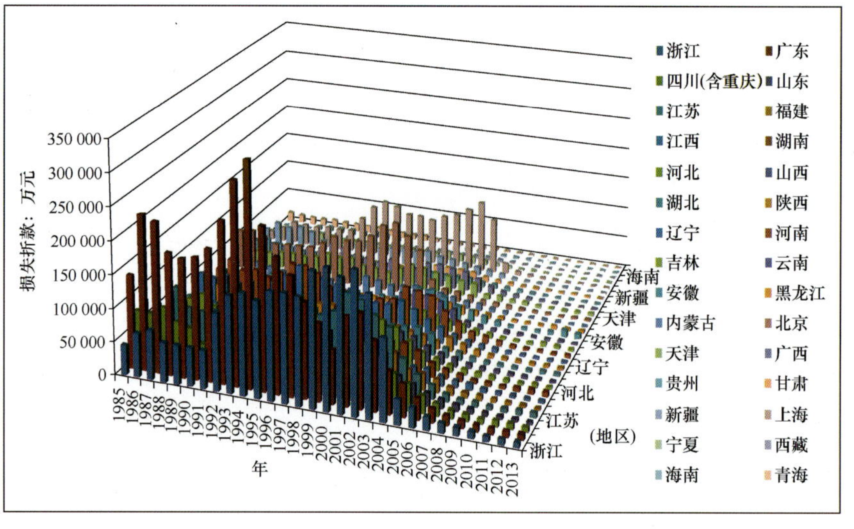

图 26-15　1985—2013 年全国各省（区、市）交通事故损失折款图

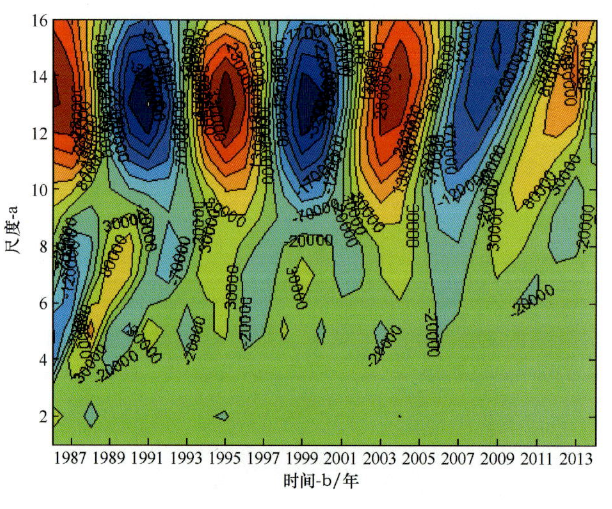

图 29-2　1985—2013 年全国交通事故频数小波系数实部等值线图

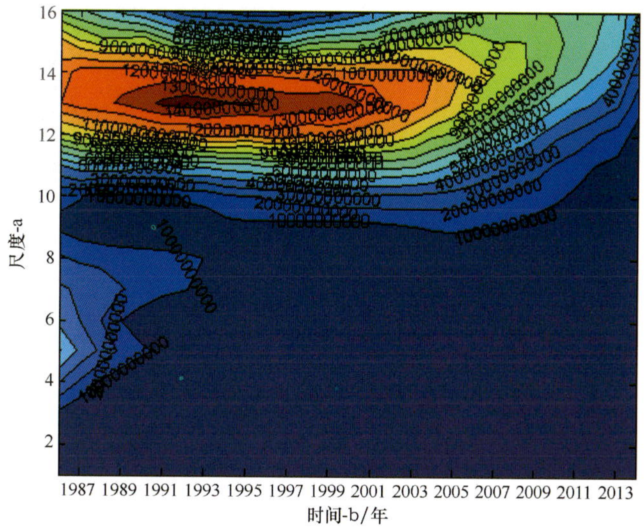

图 29－3　1985—2013 年全国交通事故频数小波系数模方图

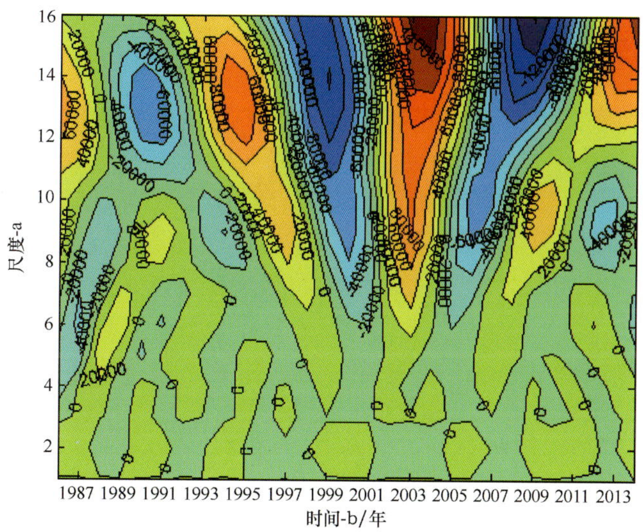

图 29－5　1985—2013 年全国交通事故年次均损失小波系数实部等值线图

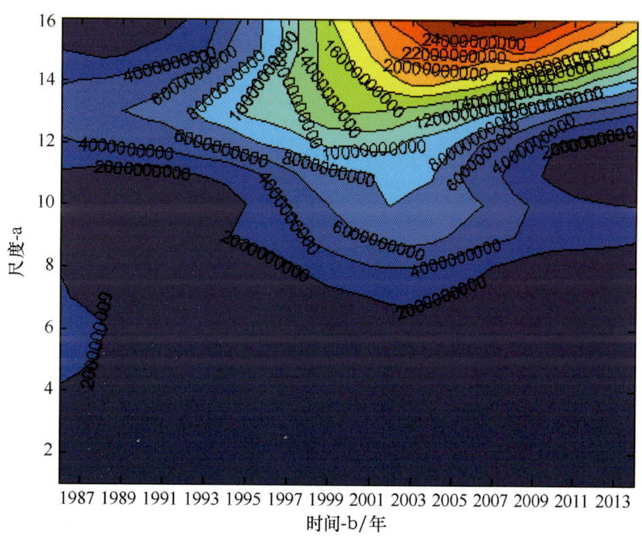

图 29－6　1985—2013 年全国交通事故年次均损失小波系数模方图

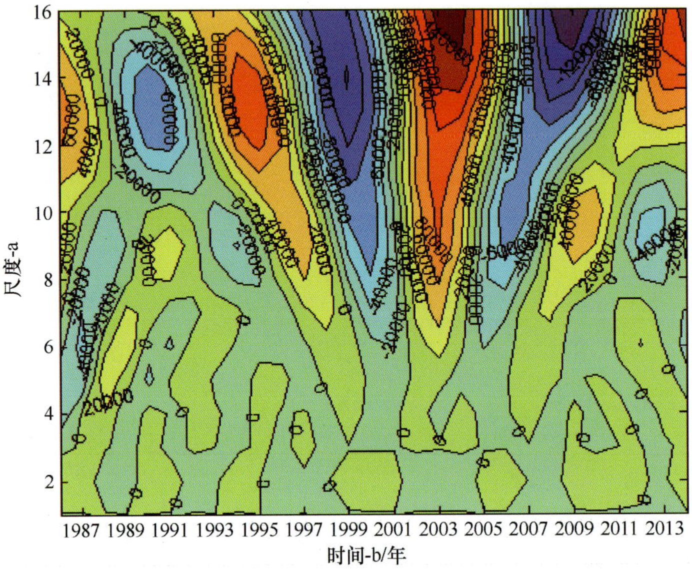

图 29－8　1987—2013 年全国交通事故年总损失小波系数实部等值线图

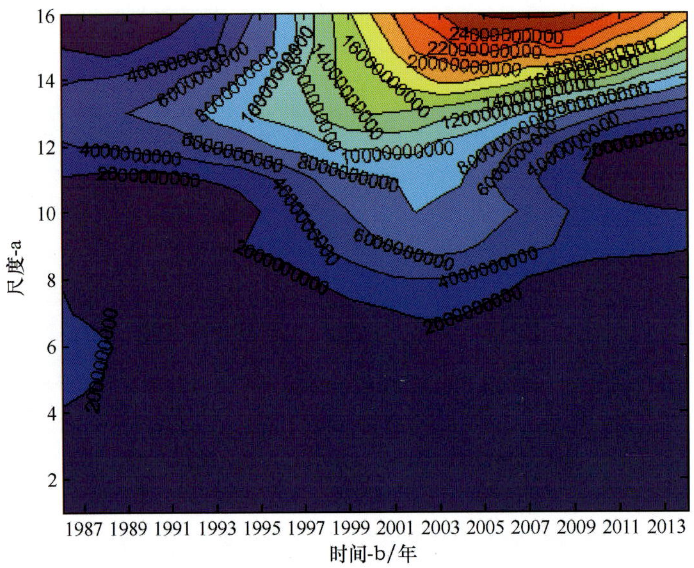

图 29－9　1987—2013 年全国交通事故年总损失小波系数模方图

附录二 我国主要灾害事故风险地图

一、台风

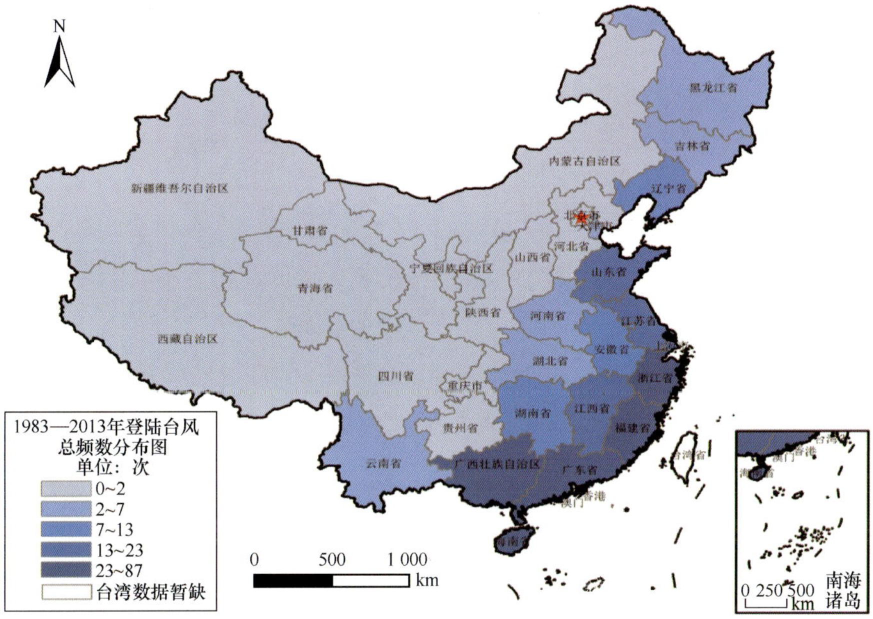

图 1－1 1983—2013 年全国各省（区、市）台风总频数

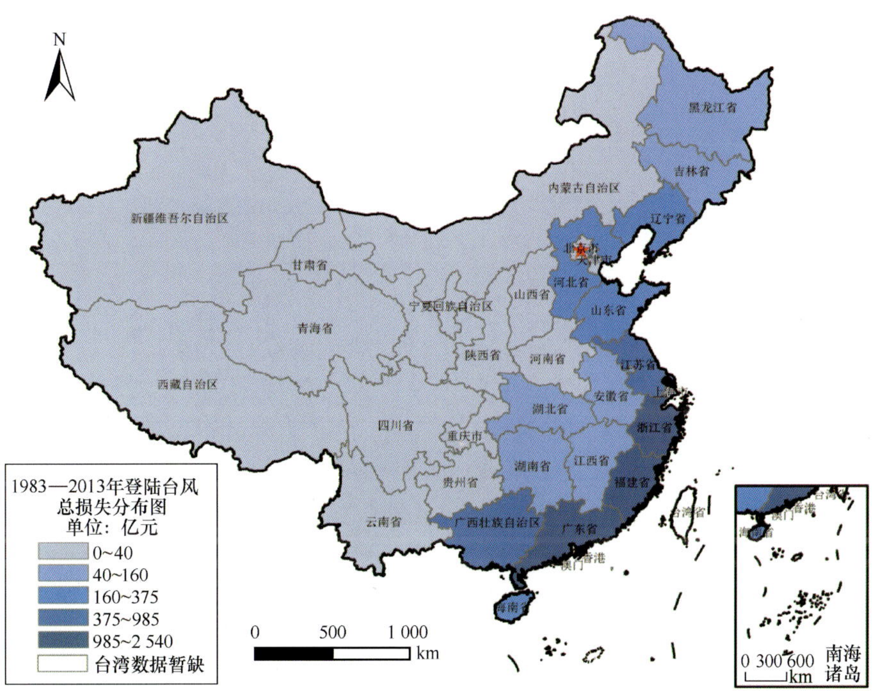

图 1－2 1983—2013 年全国各省（区、市）台风总损失

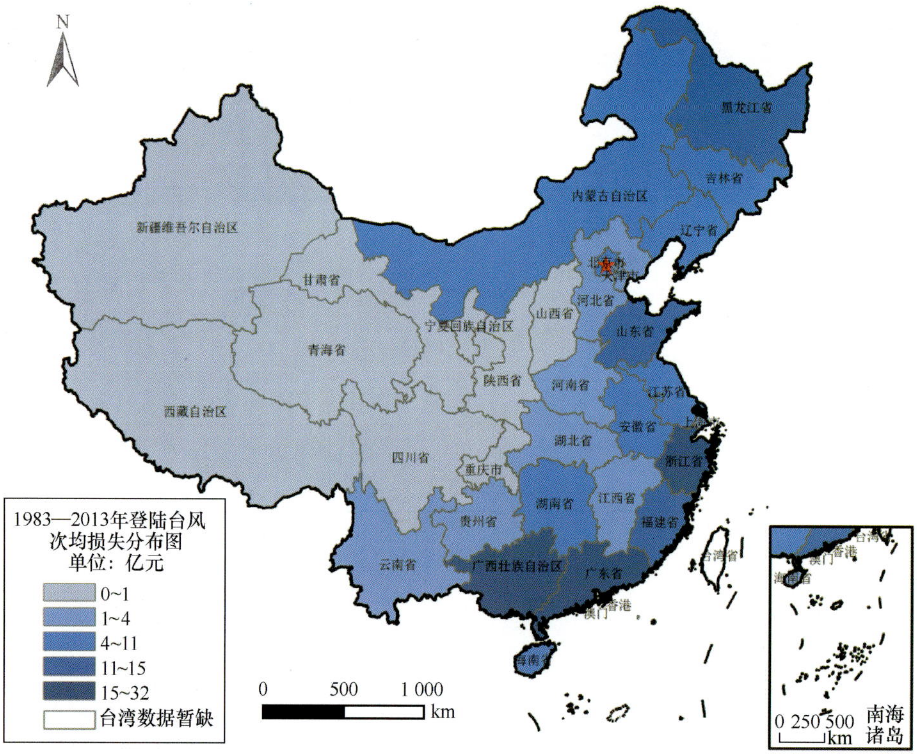

图 1－3　1983—2013 年全国各省（区、市）台风次均损失

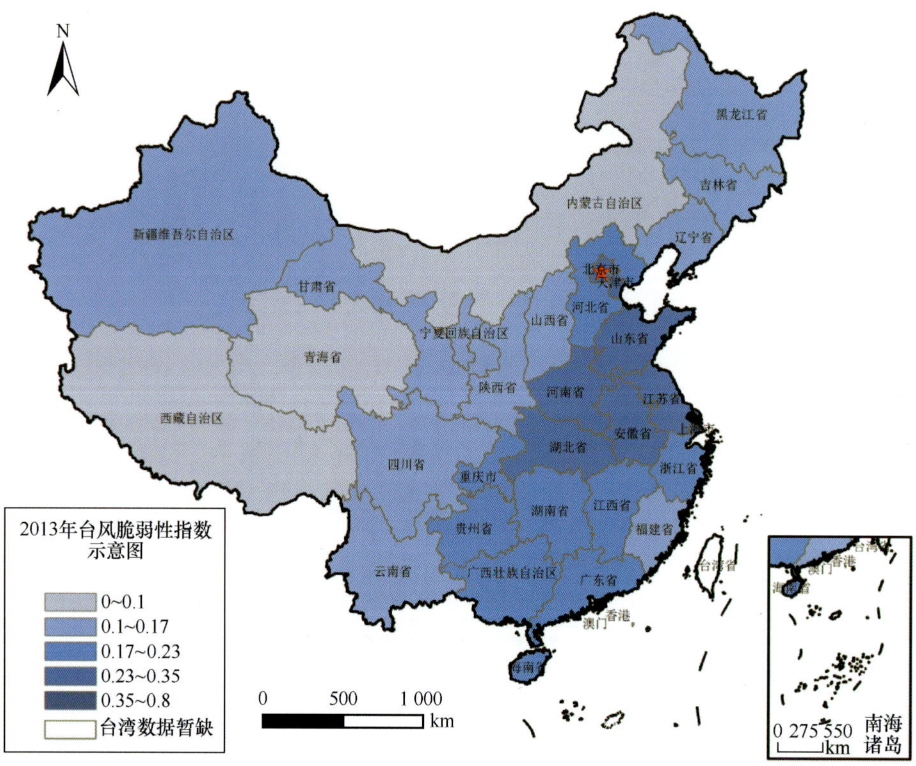

图 1－4　2013 年台风脆弱性指数示意图

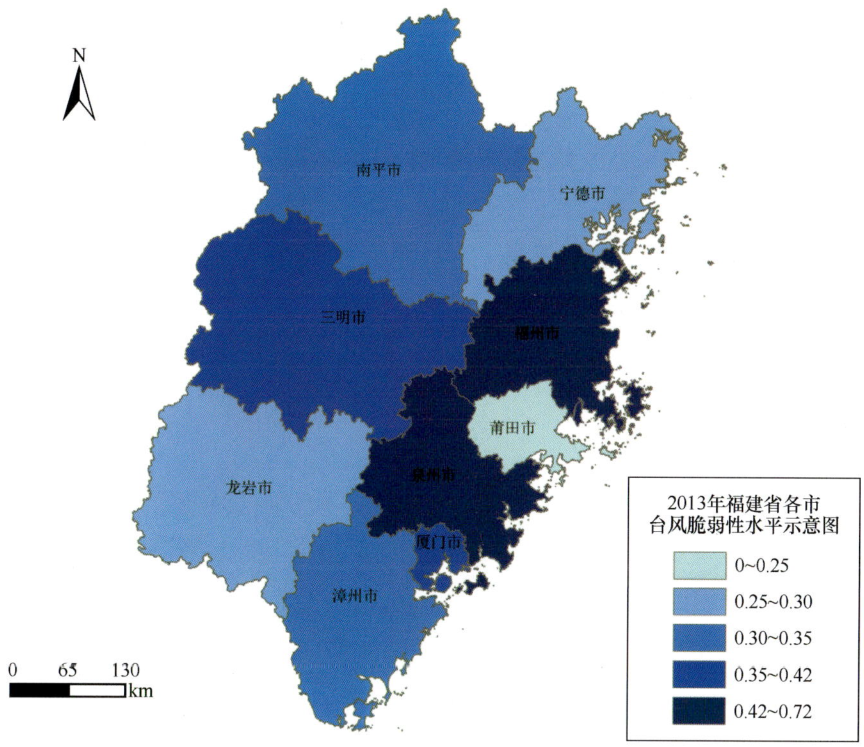

图 1－5　2013 年福建省各市台风脆弱性指数

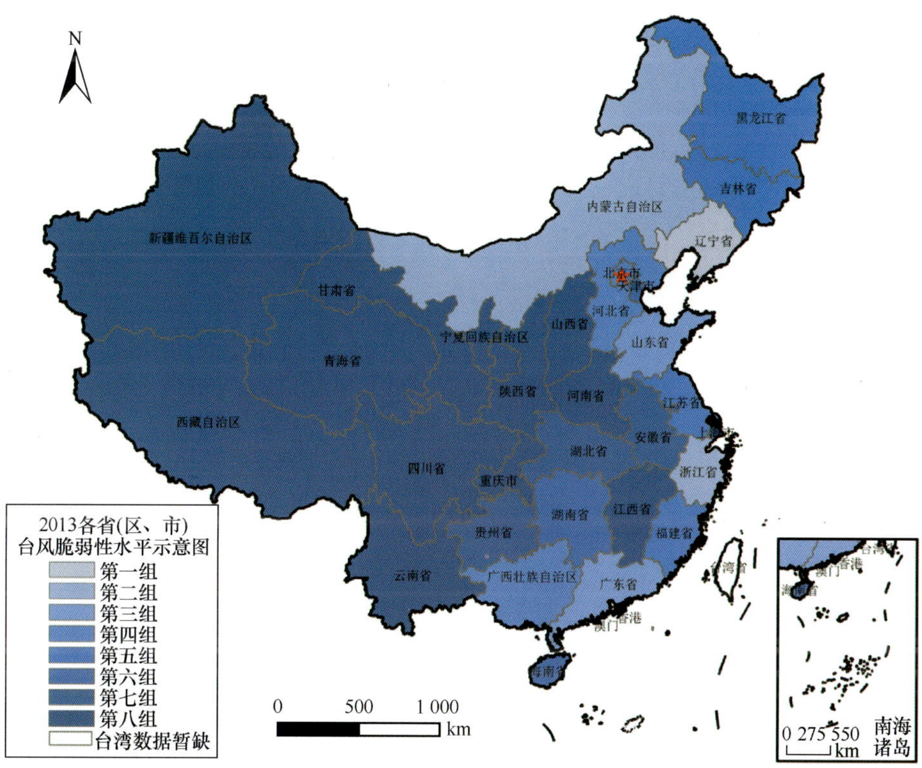

图 1－6　2013 年全国各省（区、市）台风聚类分组

二、地震

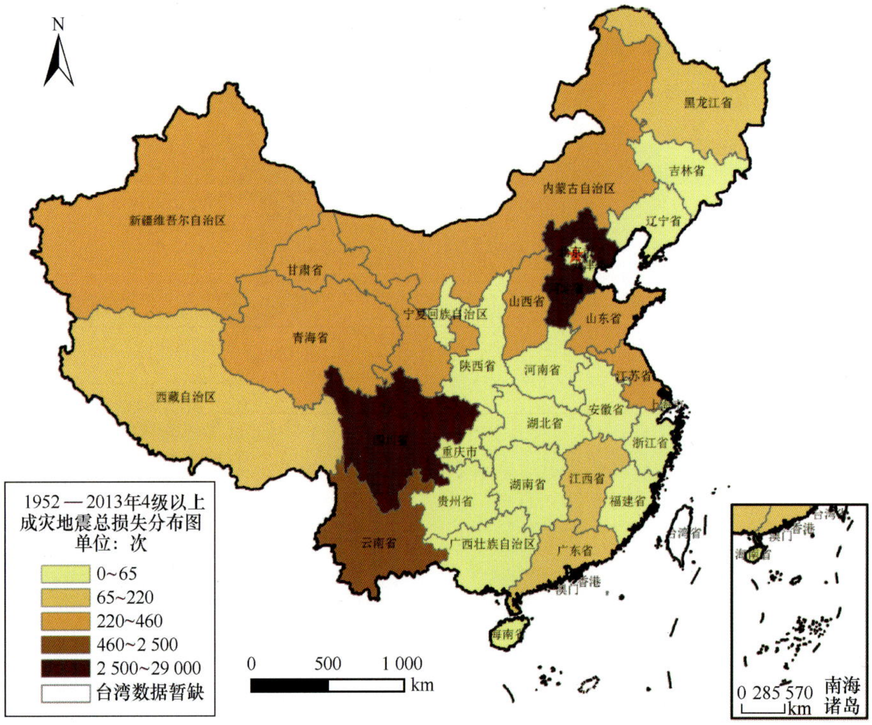

图 2－1　1952—2013 年全国各省（区、市）4 级以上成灾地震总频数

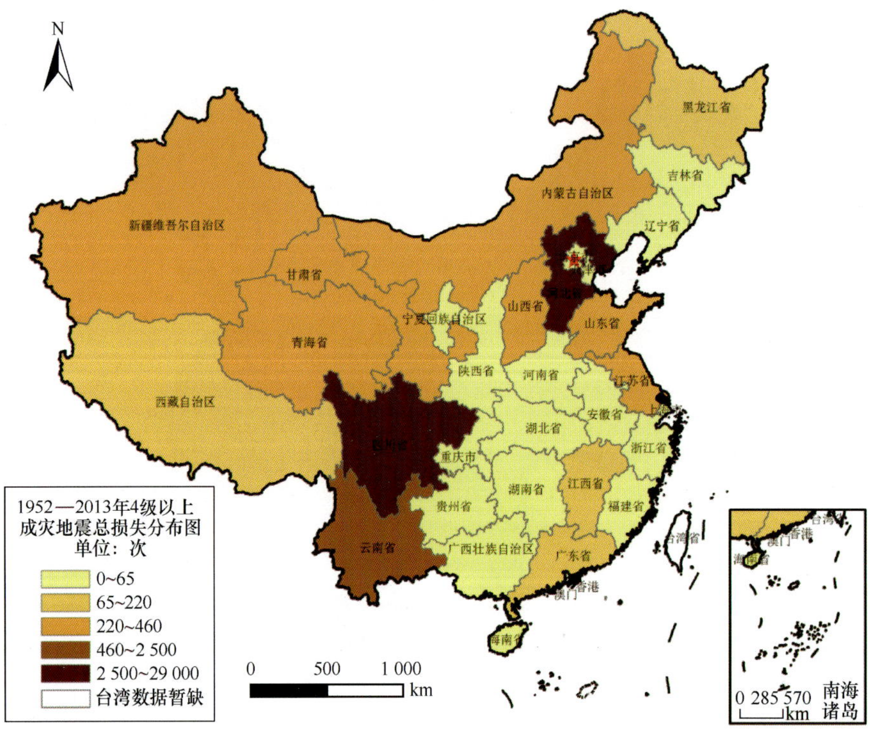

图 2－2　1952—2013 年全国各省（区、市）4 级以上成灾地震总损失

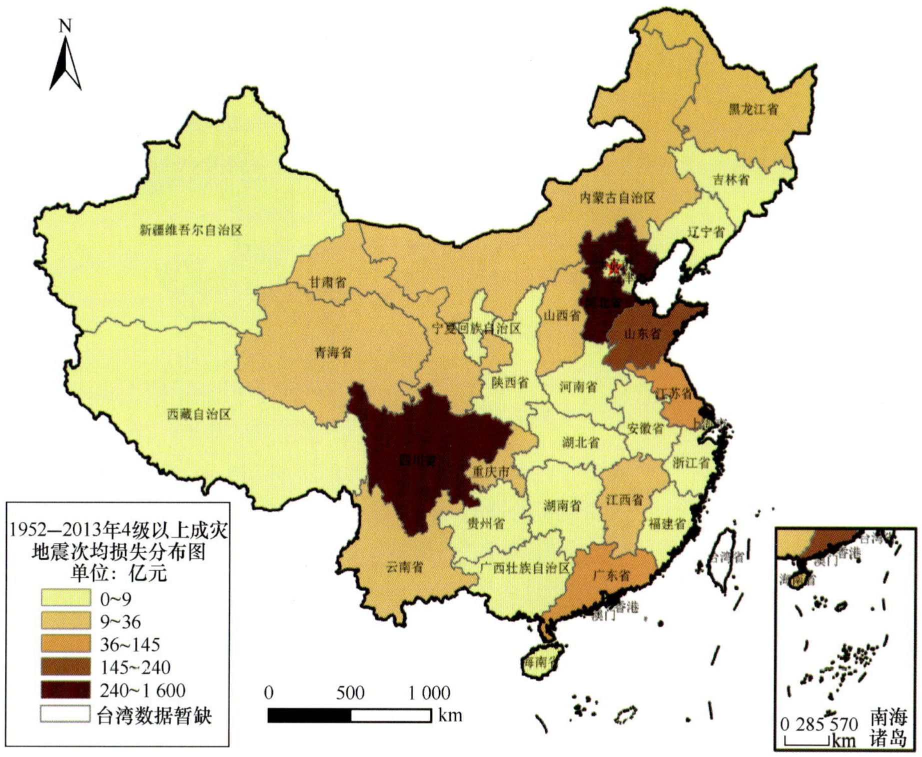

图 2－3　1952—2013 年全国各省（区、市）4 级以上成灾地震次均损失

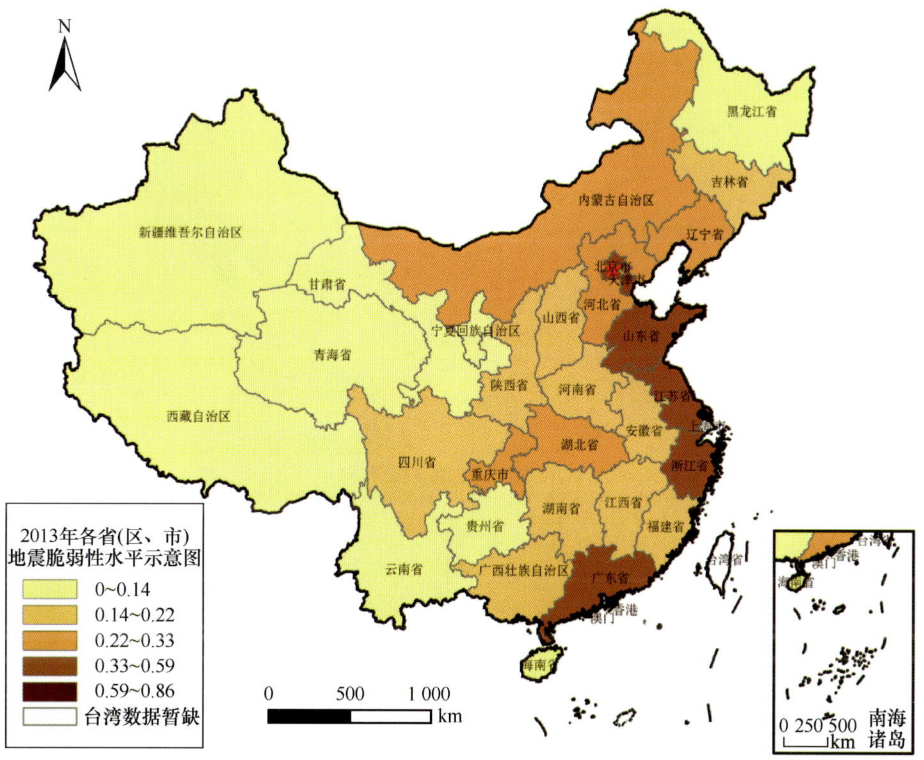

图 2－4　2013 年全国各省（区、市）地震脆弱性指数

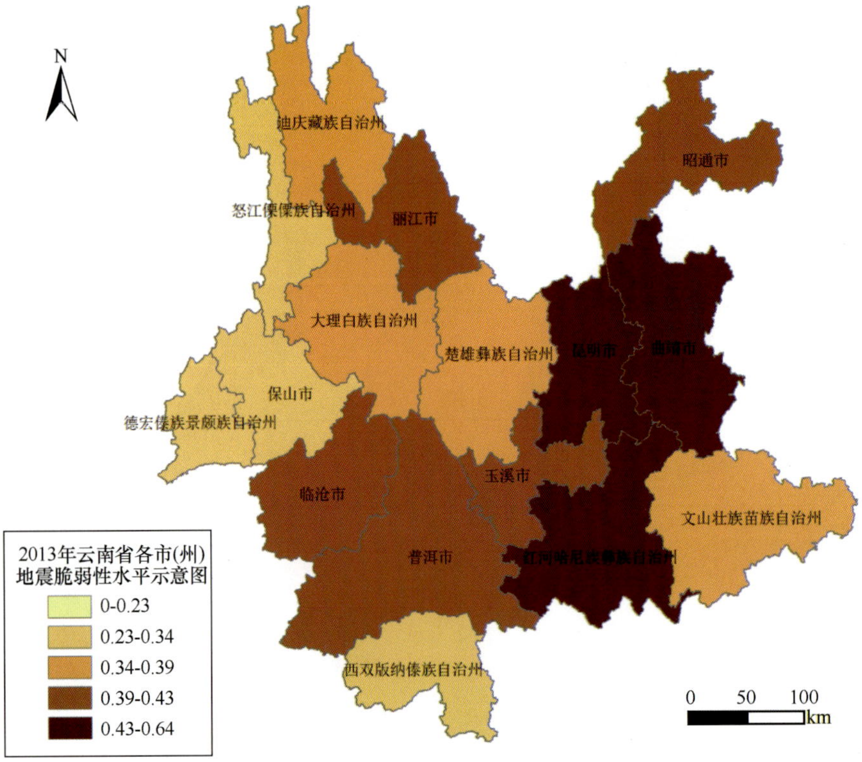

图 2－5　2013 年云南省各市州地震脆弱性指数

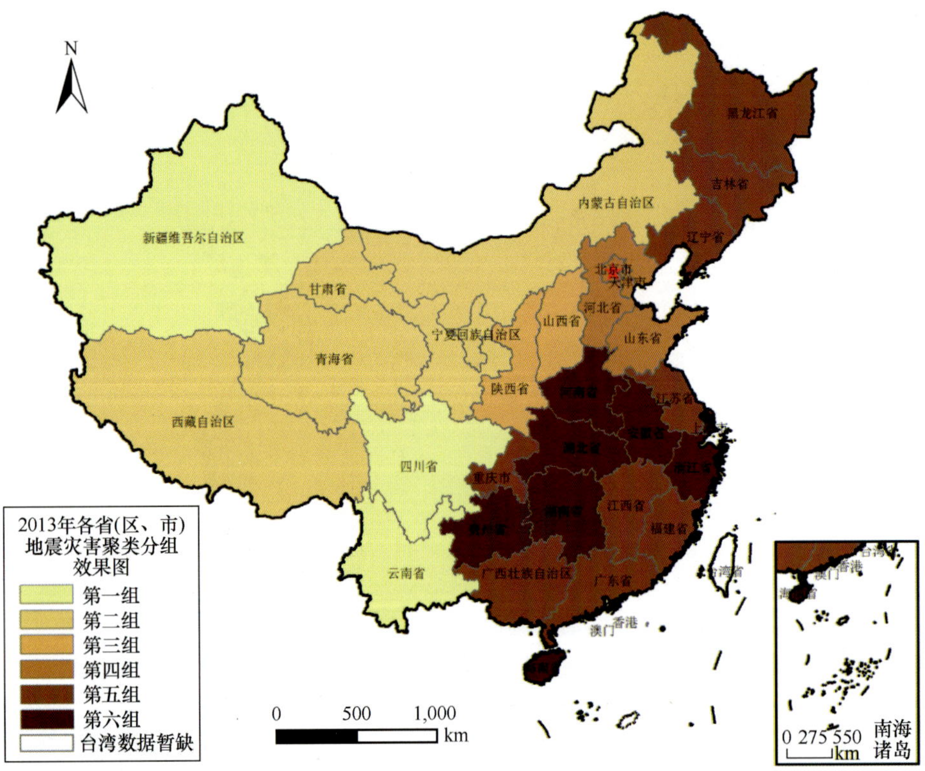

图 2－6　2013 年全国各省（区、市）地震灾害聚类分组

三、洪涝

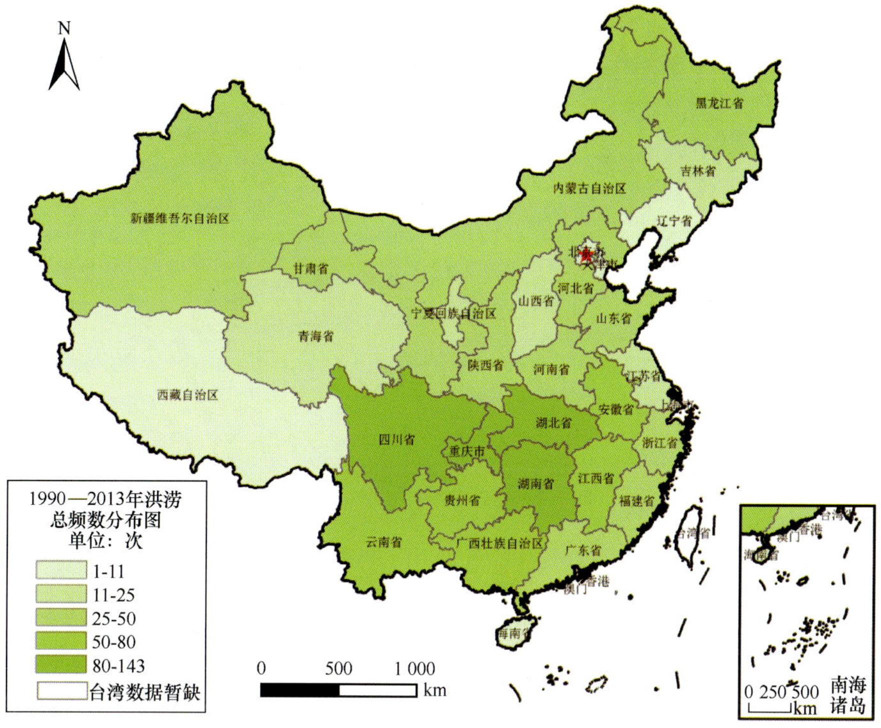

图 3－1　1990—2013 年全国各省（区、市）洪涝总频数

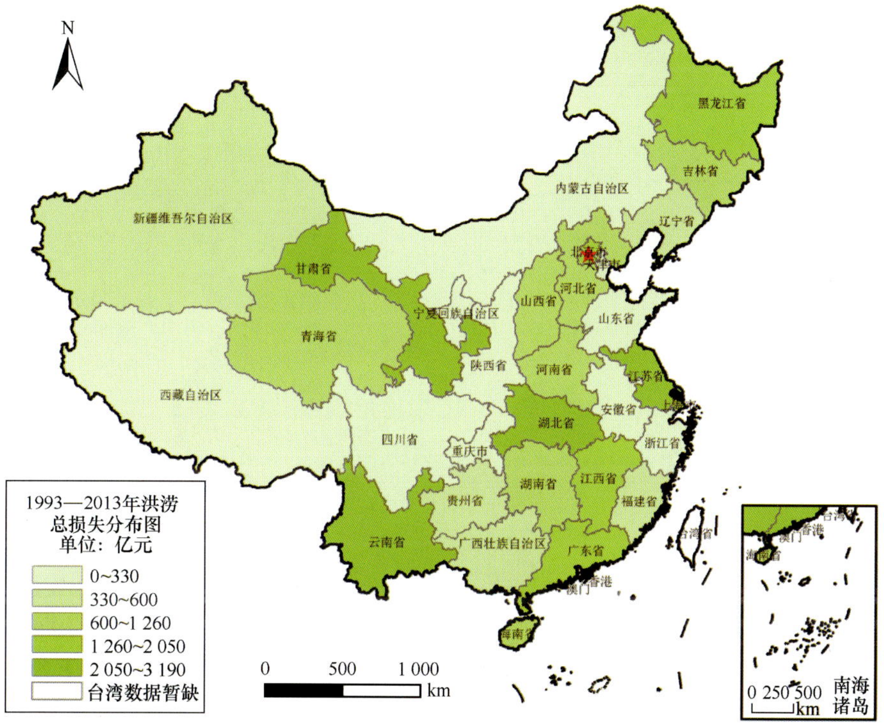

图 3－2　1993—2013 年全国各省（区、市）洪涝总损失

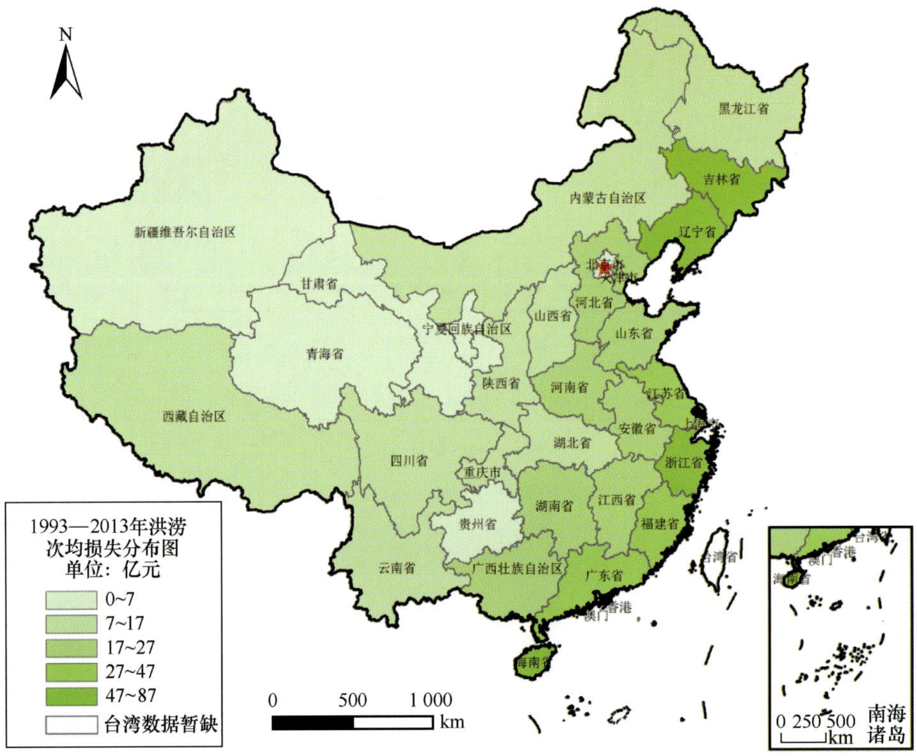

图 3-3　1993—2013 年全国各省（区、市）洪涝次均损失

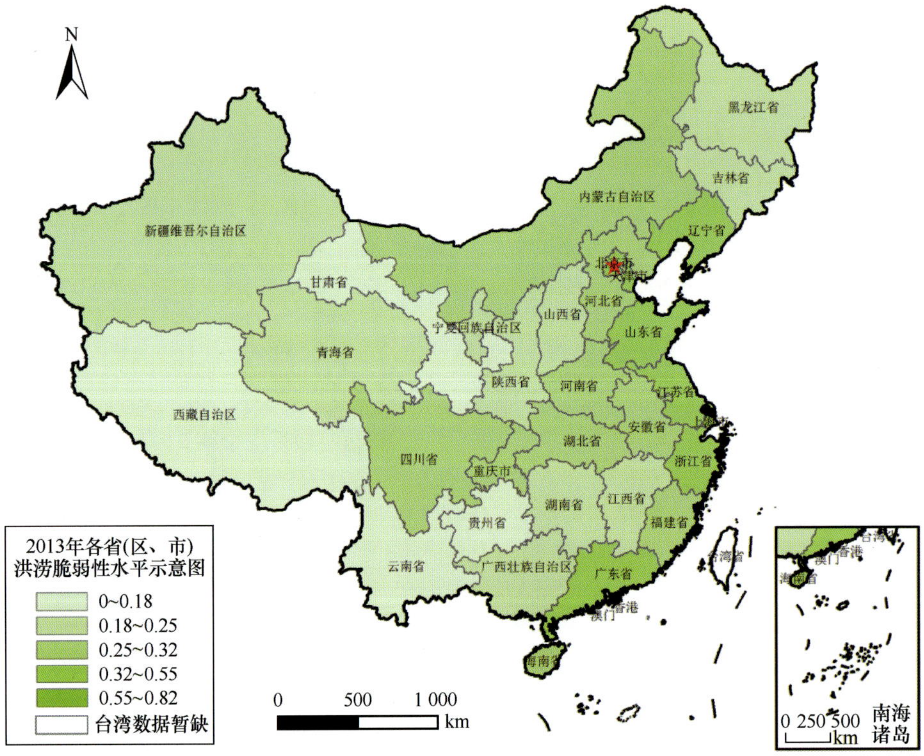

图 3-4　2013 年全国各省（区、市）洪涝脆弱性指数

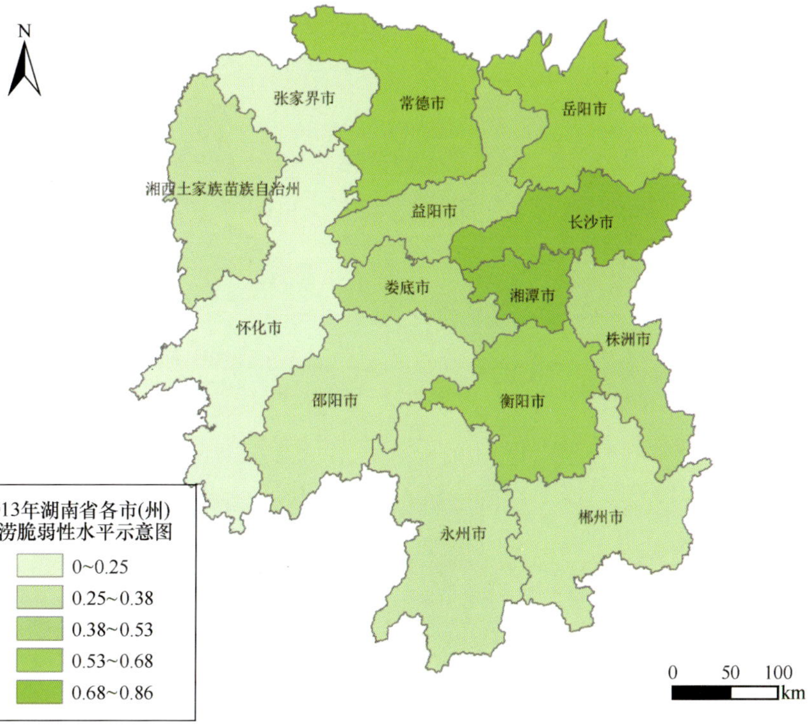

图 3－5　2013 年湖南省各市、州洪涝脆弱性指数

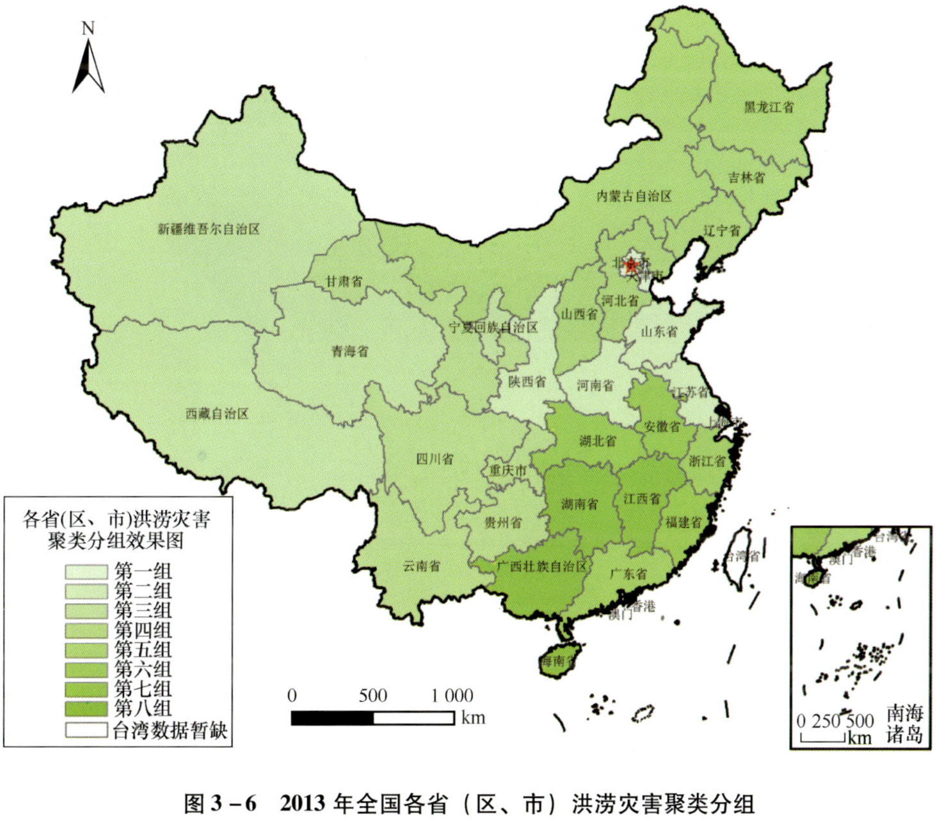

图 3－6　2013 年全国各省（区、市）洪涝灾害聚类分组

四、暴雨

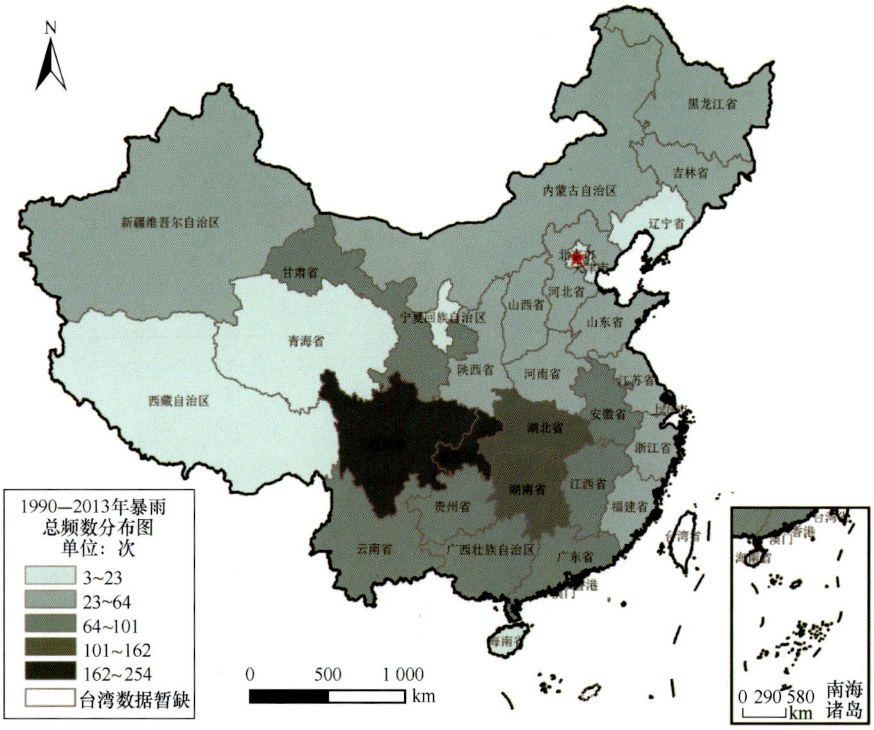

图 4－1　1990—2013 年全国各省（区、市）暴雨总频数

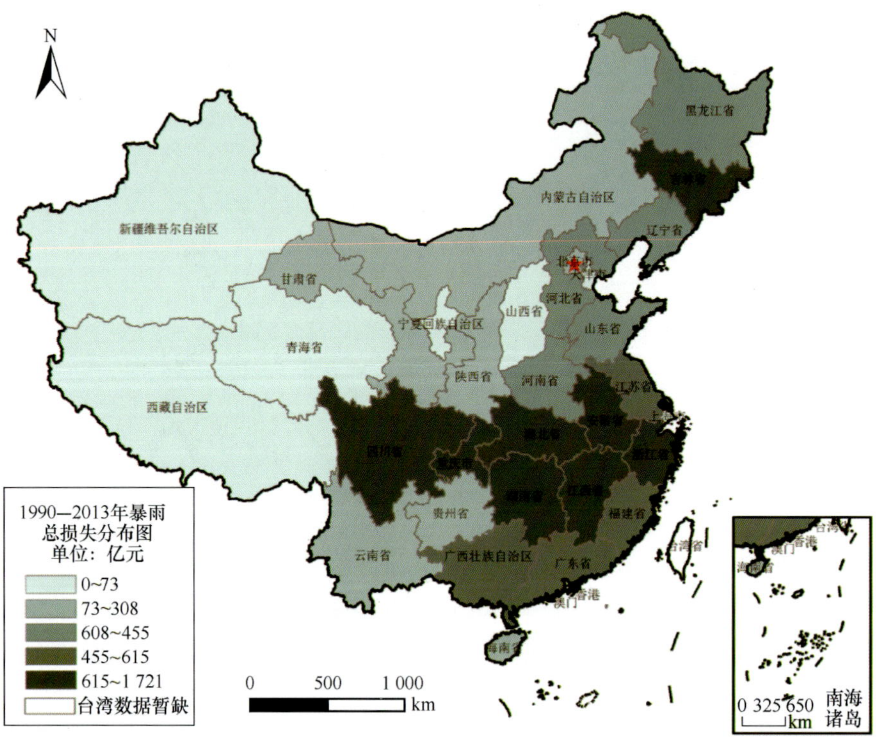

图 4－2　1990—2013 年全国各省（区、市）暴雨总损失

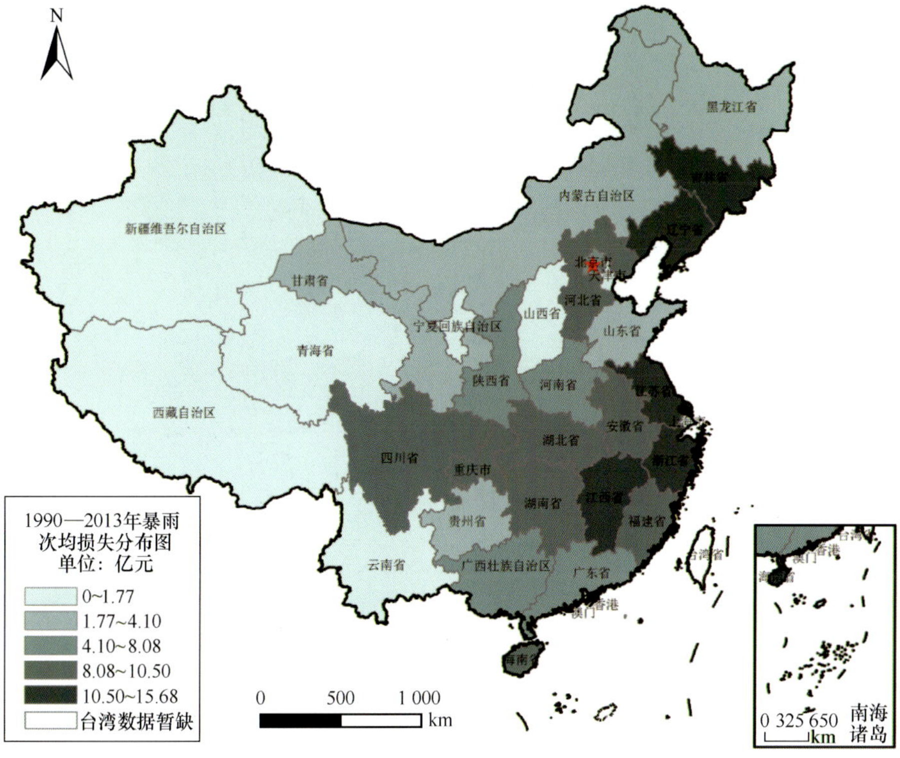

图 4－3　1990—2013 年全国各省（区、市）暴雨次均损失

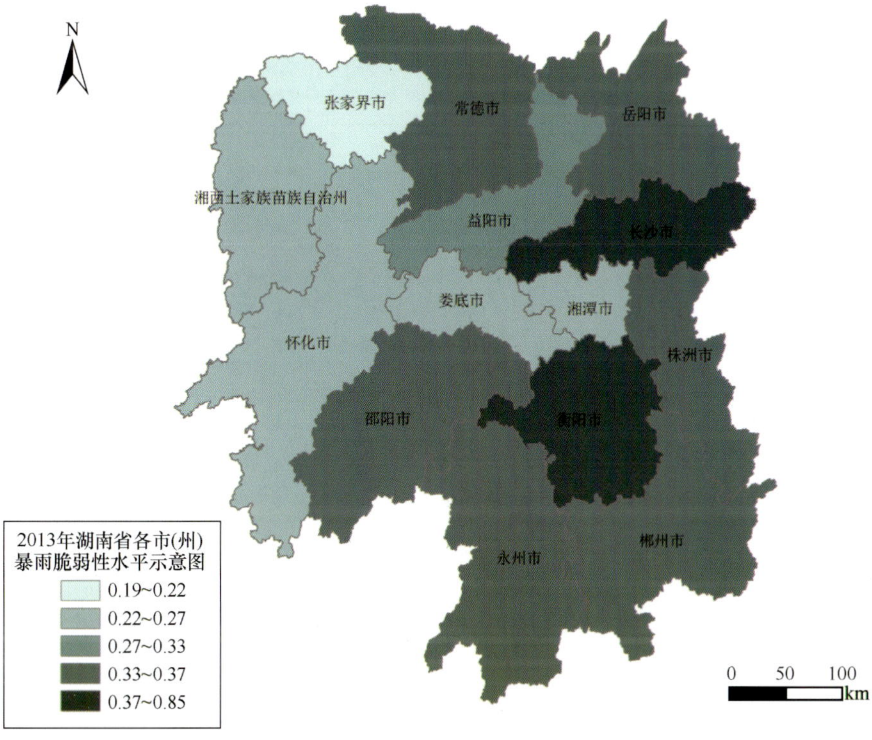

图 4－4　2013 年全国各省（区、市）暴雨脆弱性指数

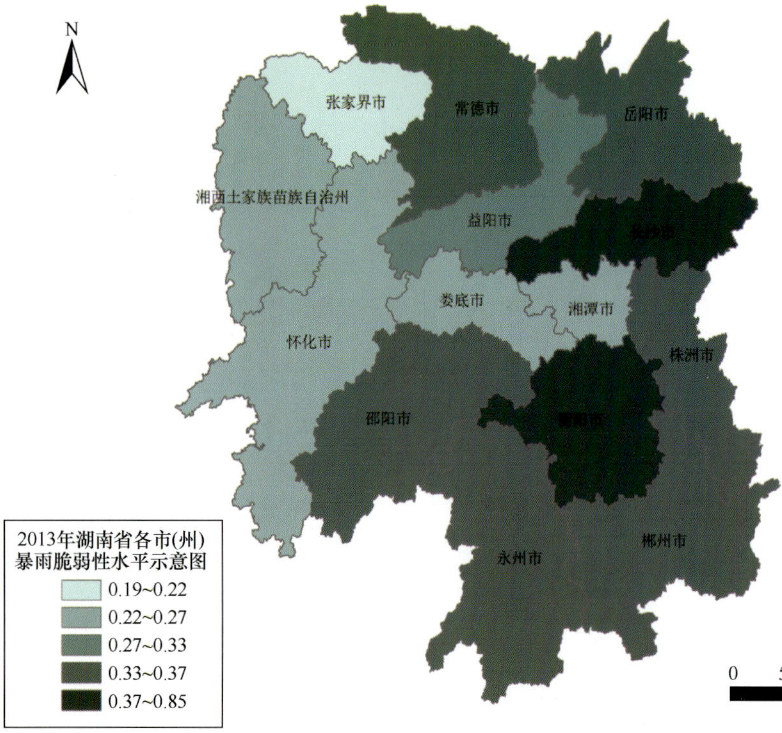

图 4-5　2013 年湖南省各市、州暴雨脆弱性指数

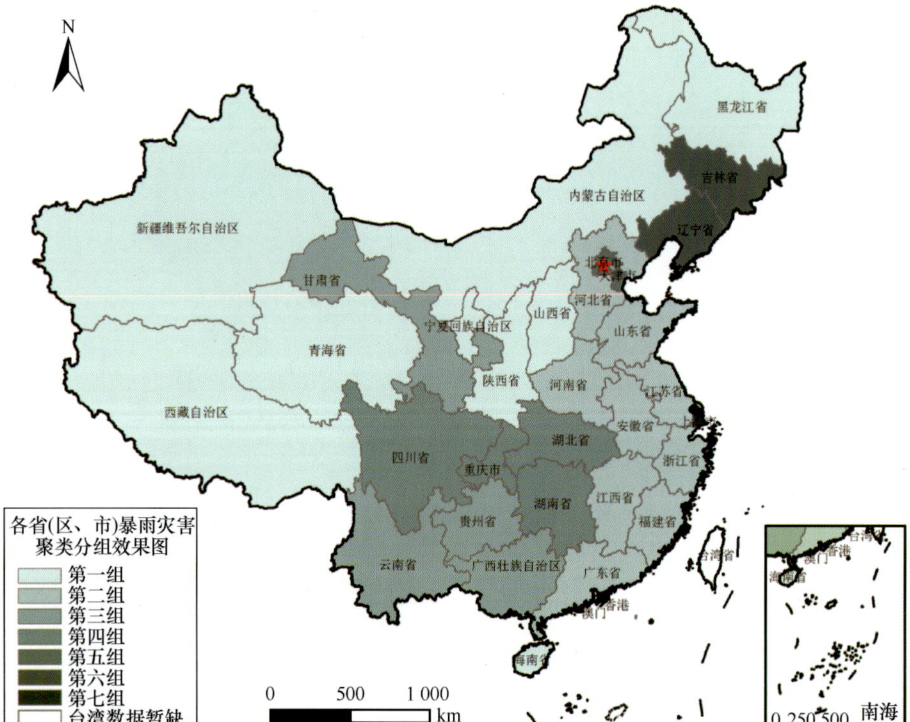

图 4-6　2013 年全国各省（区、市）暴雨灾害聚类分组

五、火灾

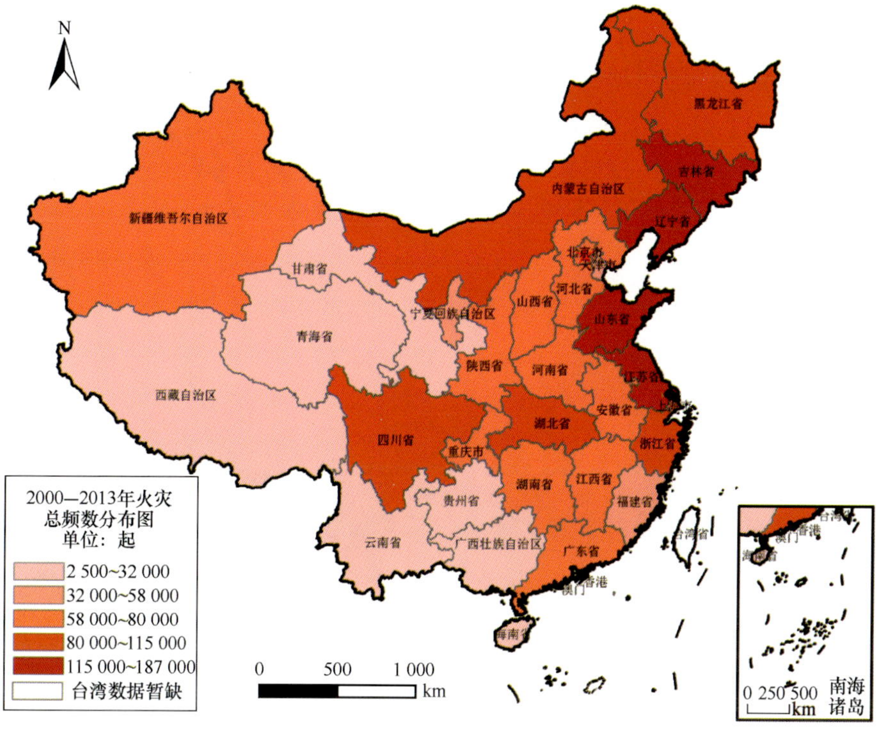

图 5－1　2000—2013 年全国各省（区、市）火灾总频数

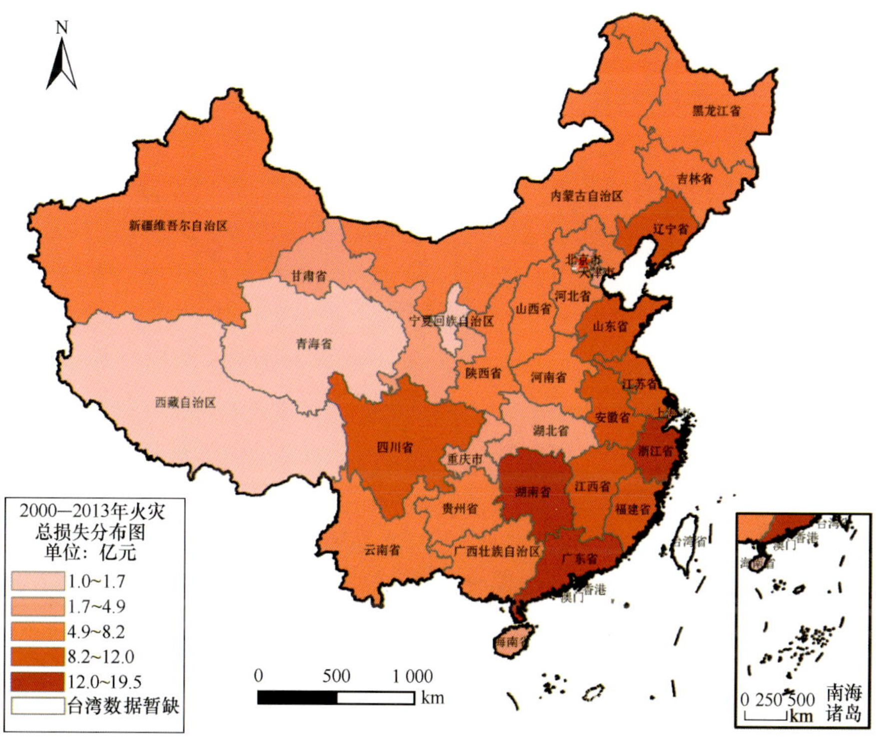

图 5－2　2000—2013 年全国各省（区、市）火灾总损失

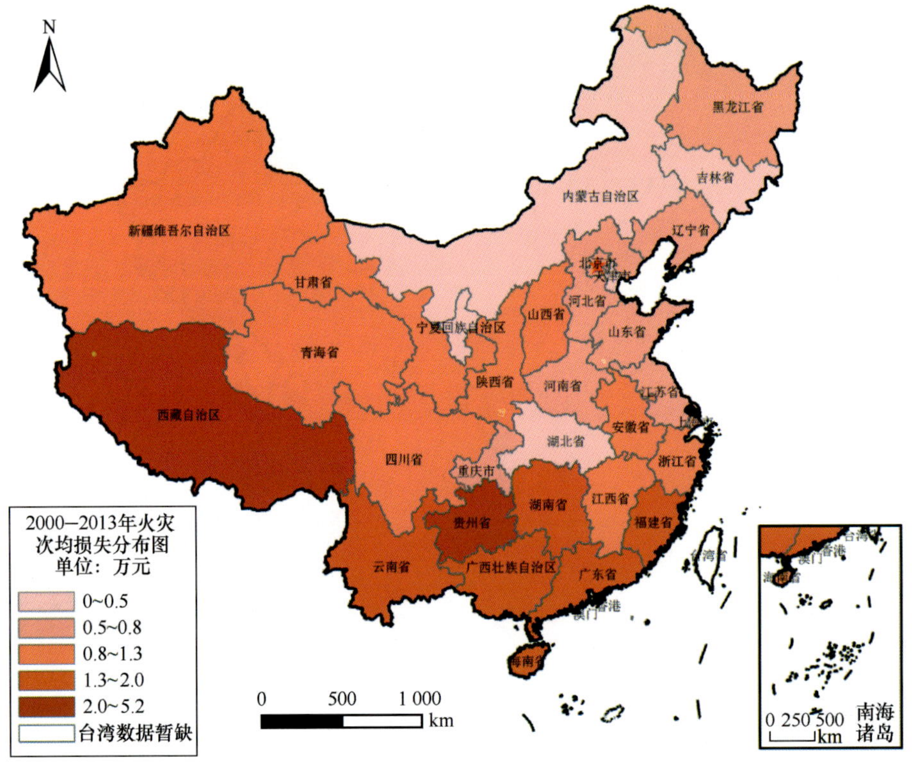

图 5－3　2000—2013 年全国各省（区、市）火灾次均损失

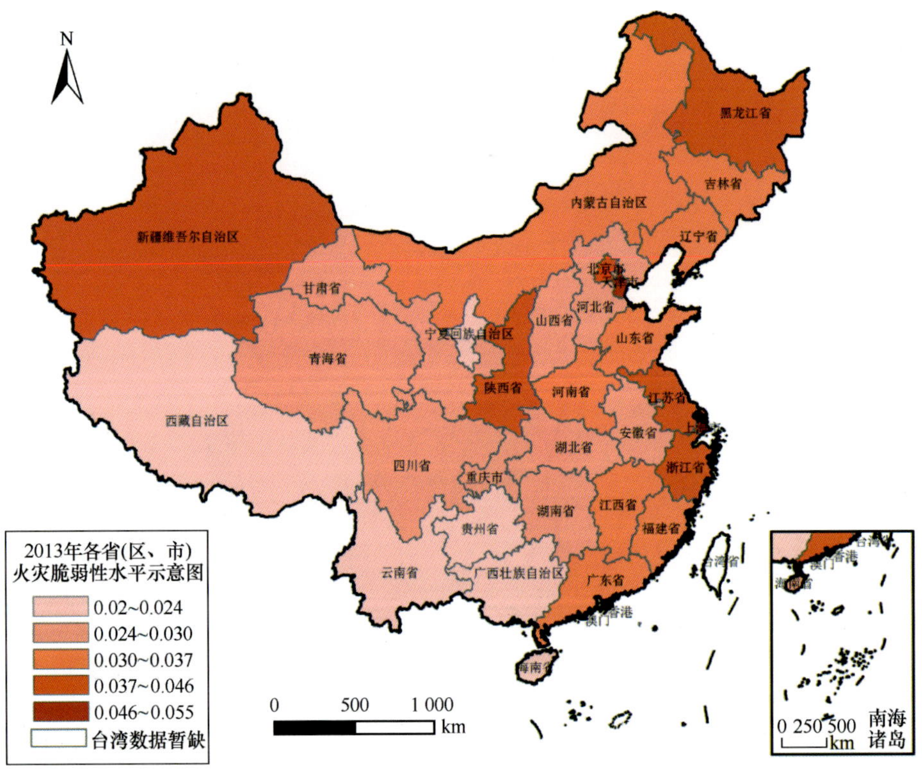

图 5－4　2013 年全国各省（区、市）火灾脆弱性指数

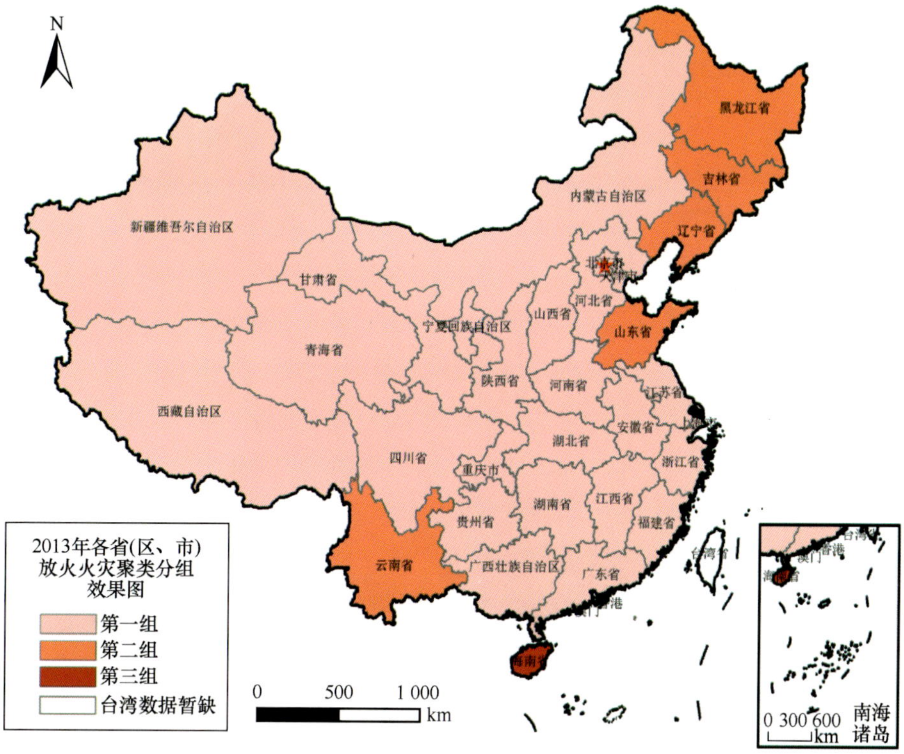

图 5－5　2013 年全国各省（区、市）放火火灾聚类分组

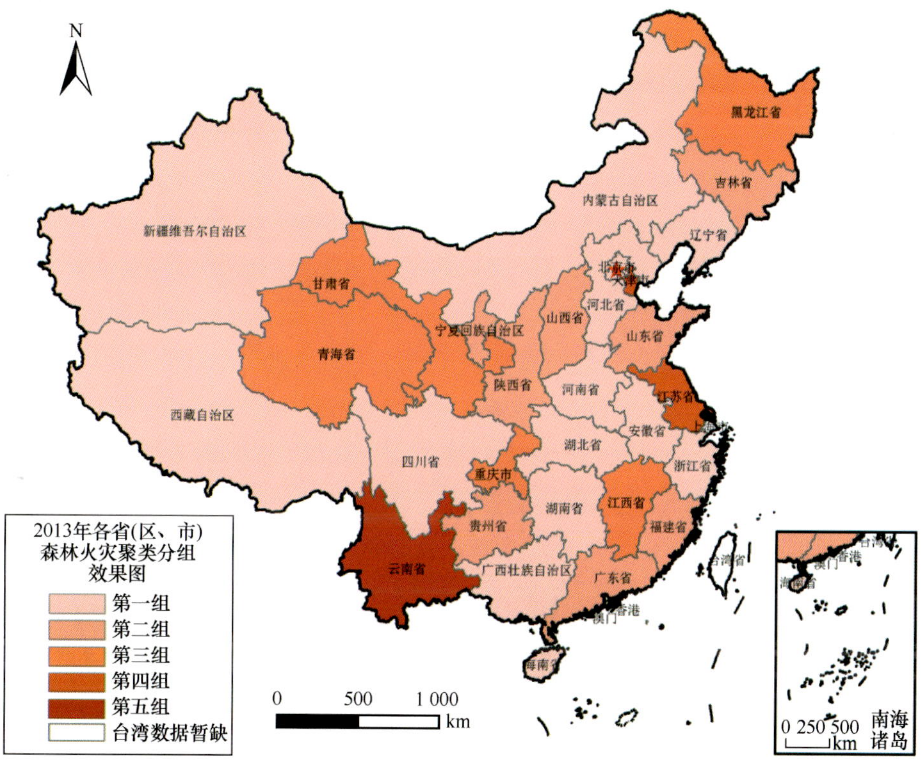

图 5－6　2013 年全国各省（区、市）森林火灾聚类分组

六、道路交通

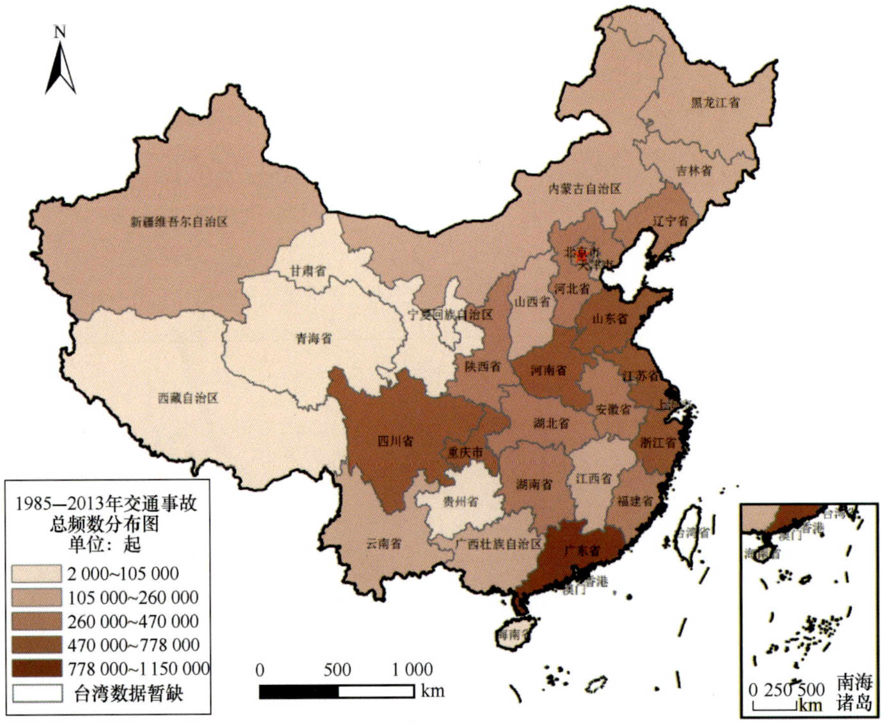

图 6－1　1985—2013 年全国各省（区、市）交通事故总频数

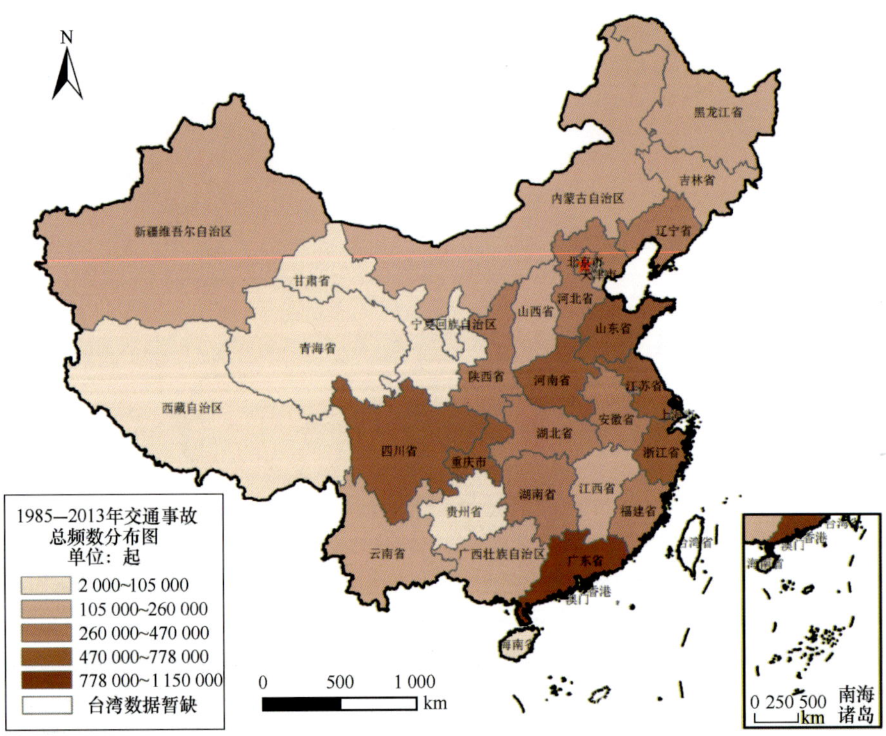

图 6－2　1985—2013 年全国各省（区、市）交通事故总频数

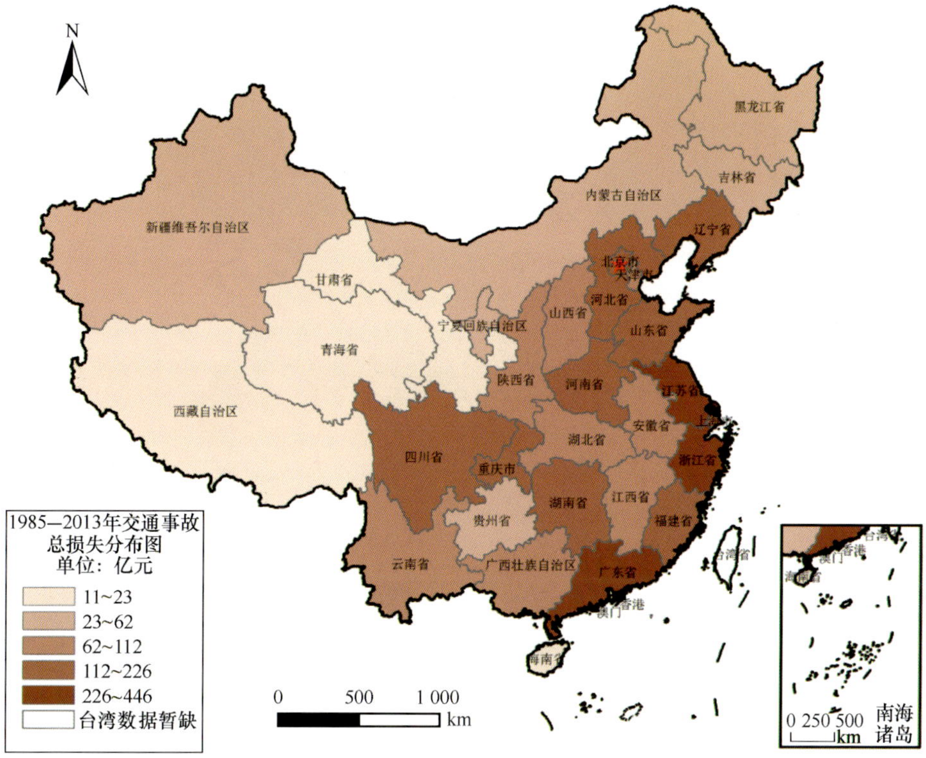

图 6－3　1985—2013 年全国各省（区、市）交通事故总损失

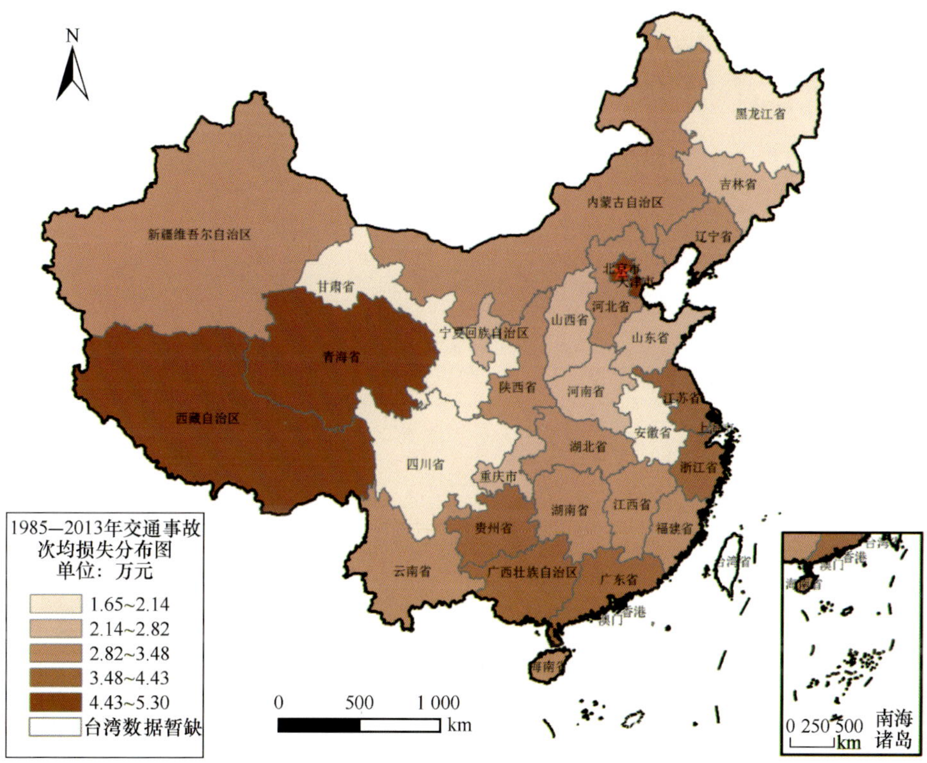

图 6－4　1985—2013 年全国各省（区、市）交通事故次均损失

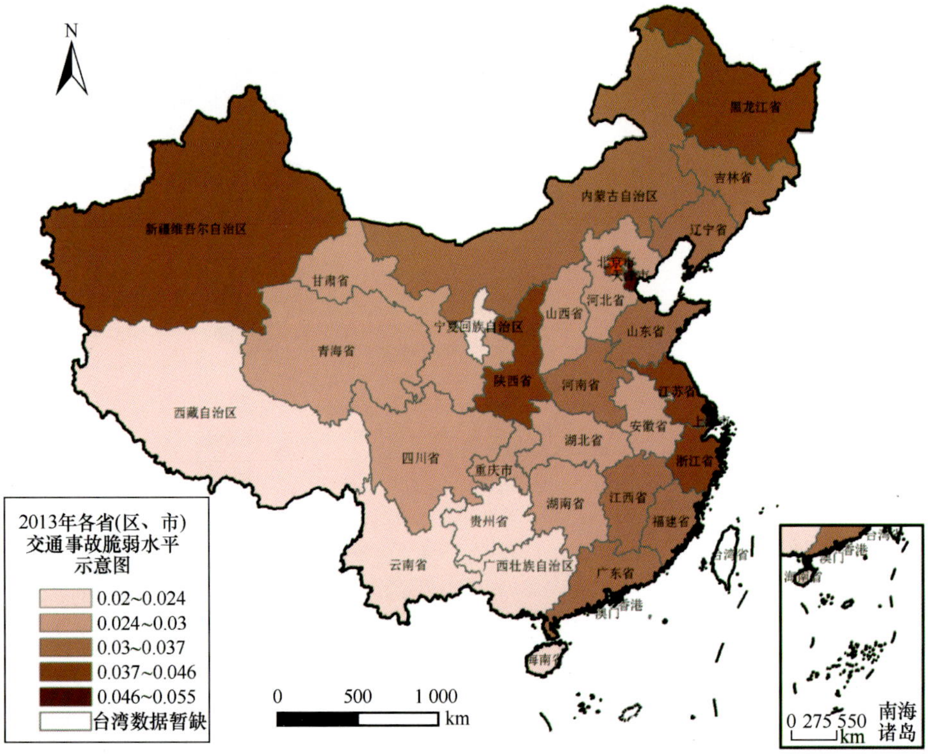

图 6－5　2013 年全国各省（区、市）交通事故脆弱性指数

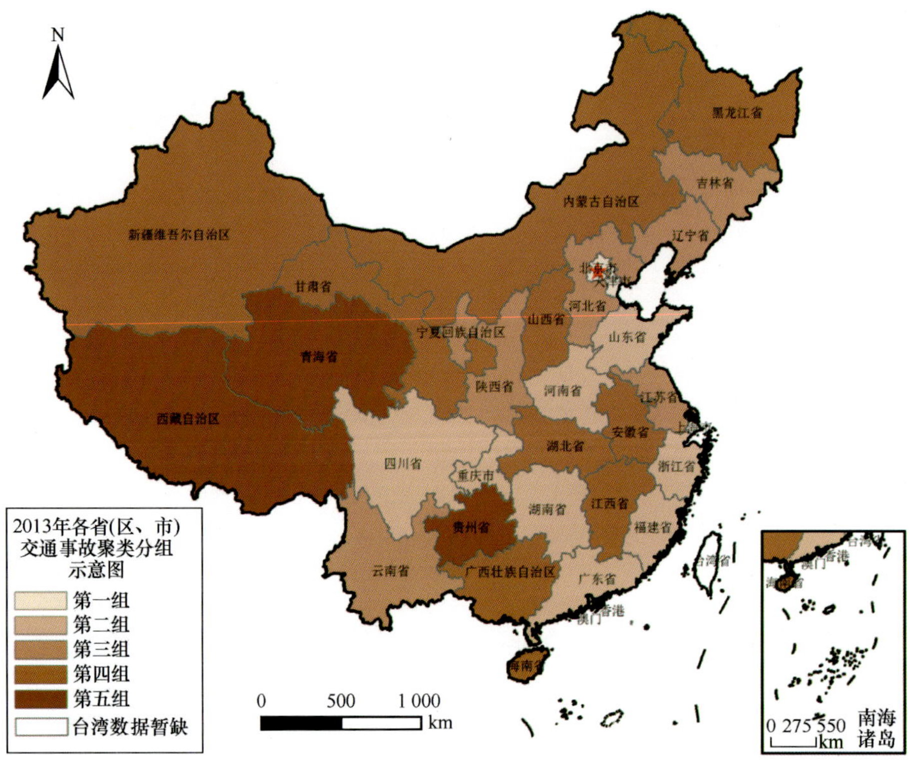

图 6－6　2013 年全国各省（区、市）交通事故聚类分组